本書爲

2015 年度浙江省哲學社會科學研究基地規劃課題（編號：15JDSX01YB）

中央高校基本科研業務費資助項目

中央高校「雙一流」引導專項資金資助項目

禮

中華禮藏

禮制卷

總制之屬

第三冊

浙江大學出版社

ZHEJIANG UNIVERSITY PRESS

中華禮藏編纂委員會

總　序

　　中華民族的禮義傳統積澱了人與人、人與社會、人與自然和諧相處的經驗與秩序,從而形成了一種"標誌着中國的特殊性"(錢穆語)的生存方式。《禮記·曲禮上》對此有概括的説明:"道德仁義,非禮不成;教訓正俗,非禮不備;分争辨訟,非禮不決;君臣上下,父子兄弟,非禮不定;宦學事師,非禮不親;班朝治軍,涖官行法,非禮威嚴不行;禱祠祭祀,供給鬼神,非禮不誠不莊。"千百年來,正因爲中華民族各個階層對"禮"的認同與踐行,不僅構建了中華民族的精神家園,彰顯了民族文化的獨特面貌,也爲人類社會樹立了一個"禮義之邦"的文化典範。實際上,對"禮"的認同,體現了對文化的認同,對民族的認同,對國家的認同。

　　在不同文化交流日益頻繁的今天,弘揚傳統文化,提升文化實力,强化精神歸屬,增强民族自信,已是社會各界的共識,也是刻不容緩的要務。温故籍以融新知,繼傳統而闡新夢,大型專業古籍叢書的整理與編纂,分科別脈,各有專擅,蔚然已成大觀。然而對於當今社會有重要意義的禮學文獻的整理與編纂,至今仍付之闕如。即使偶有禮學文獻被整理出版,因未形成規模而不成系統,在傳統觀念的影響下往往還被視爲經學典籍,既不能反映中華禮學幾千年的總體面貌與發展軌迹,也直接影響了在弘揚優秀傳統文化的前提下重建體現民族精神的禮儀規範。醪澄莫饗,孰慰饑渴。浙江大學古籍研究所全體同仁爲順應時代要求,發揮學科特色與優勢,在學校的大力支持下,願精心整理、編纂傳統禮學文獻，謹修《中華禮藏》。

自從歷史上分科治學以來，作爲傳統體用之學之致用部分的禮學就失去了學科的獨立性。漢代獨尊儒術，視記載禮制、禮典、禮義的《周禮》、《儀禮》、《禮記》爲儒家的經學典籍。《漢書·藝文志》著録禮學文獻十三家，隸屬於六藝，與《易》、《書》、《詩》、《樂》、《春秋》、《論語》、《孝經》相提並論。迄至清修《四庫全書》，采用經、史、子、集四分法，將禮學原典及歷代研究禮學原典的文獻悉數歸於經學，設《周禮》之屬、《儀禮》之屬、《禮記》之屬、三禮總義之屬、通禮之屬、雜禮之屬六個門類著録纂輯禮學文獻，又於史部政書類下設典禮之屬著録纂輯本屬於禮學範疇的文獻，至於記載區域、家族、個人禮儀實踐的文獻則又散見於多處。自《漢書·藝文志》至於《四庫全書》，著録纂輯浩如煙海的禮學文獻，不僅使禮學失去了學科的獨立性，而且還使禮學本身變得支離破碎。因此，編纂《中華禮藏》，既以專門之學爲標幟，除了裒輯、點校等方面的艱苦工作外，還面臨着如何在現代學術語境中界定禮學文獻範圍的難題。

《説文》云：“禮，履也，所以事神致福也。”事神以禮，即履行種種威儀以表達敬畏之義而得百順之福。禮本是先民用來提撕終極關懷的生存方式，由此衍生出了在政治生活和社會生活中表達尊讓、孝悌、仁慈、敬畏等禮義的行爲規範。《禮記·禮器》云：“禮器，是故大備。”以禮爲器而求成人至道，與儒學亞聖孟子的“禮門義路”之論頗相一致。然而踐履之禮、大備之禮的具體結構又是怎樣的呢？《禮記·樂記》云：“簠簋俎豆、制度文章，禮之器也；升降上下、周還裼襲，禮之文也。故知禮樂之情者能作，識禮樂之文者能述。作者之謂聖，述者之謂明。明聖者，述作之謂也。”根據黃侃《禮學略説》及沈文倬《略論禮典的實行和〈儀禮〉書本的撰作》的論述，所謂“禮之文”、“禮之情”又被稱爲“禮儀”和“禮意”。禮器、禮儀用以呈現和表達禮意，此即所謂“器以藏禮，禮以行義”（《左傳·成公二年》）。三者之中，禮儀和禮意的内容相對明確，而禮器的内容則比較複雜，具目則可略依《樂記》所論分爲三種：物器（簠簋俎豆之類）、名器（制度之類）和文器（文章之類）。基於這樣的理解，參考歷代分門別類著録匯輯專業文獻的經驗，可以將歷史上遺留下來的全部傳統禮學文獻析分爲如下三個部分。

第一部分是作爲源頭的禮學原典和歷代研究禮學的論著。根據文獻的性質，又可細分爲兩類。

1.禮經類。《四庫提要》經部總序所謂“經稟聖裁，垂型萬世”，乃“天下之公理”之所，爲後世明體達用、返本開新的源頭活水。又經部禮類序云：“三《禮》並立，一從古本，無可疑也。鄭康成注，賈公彦、孔穎達疏，於名物度數特詳。宋儒攻擊，僅摭其好引讖緯一失，至其訓詁則弗能逾越。……本漢唐之注疏，而佐以宋儒之義理，亦無可疑也。”《周禮》是制度之書，《儀禮》主要記載了士大夫曾經踐行過的各種典禮儀式，《禮記》主要是七十子後學闡發禮義的匯編。雖然三《禮》被列爲儒家研習的典籍之後變成了經學，然而從禮學的角度來看，於《周禮》可考名物典章制度，於《儀禮》可見儀式典禮的主要儀節及揖讓周旋、坐興起跪的威儀，於《禮記》可知儀式典禮及日常行爲的種種威儀皆有意義可尋。若再從更加廣泛的禮學角度審視先秦兩漢的文獻，七十子後學闡釋禮義的文獻匯編還有《大戴禮記》，漢代出現的禮緯也藴藏着不見於其他文獻記載的禮學内容。因此，禮經類除三

《禮》之外還應該包括《大戴禮記》與禮緯。至於後人綜合研究禮經原典而又不便歸入任何一部經典之下的文獻，宜倣《四庫全書》設通論之屬、雜論之屬分別纂輯。

2. 禮論類。此類文獻特指歷代綜合禮學原典與其他文獻，突破以禮學原典爲經學典籍的傳統觀念，自擬論題，自定體例，結合禮儀實踐、禮學原典與禮學理念等進行研究而撰作的文獻，如朱熹的《儀禮經傳通解》、任啓運的《天子肆獻裸饋食禮纂》、秦蕙田的《五禮通考》等都宜歸入禮論類。此類文獻與禮經類中綜論性質的文獻容易混淆，最大的區別就在於禮經類中綜論性質的文獻是對禮學原典的闡釋，而禮論類文獻則是對各類文獻所記禮儀實踐與理念的綜合探索，二者研究的問題、對象，特別是研究目的皆有所不同。

第二部分是基於對禮儀結構的觀察而針對某一方面進行獨立研究而撰作的文獻。根據文獻關注的焦點，又可分爲三類。

3. 禮器類。根據前引《禮記・樂記》的説明，禮器包括物器、名器和文器。物器爲禮器之代表形態，自來皆無疑議。名器所涉及之制度、樂舞、數術，因逐漸發展而略具專業特點，有相對的獨立性，固當別爲門類。就制度、樂舞、數術本屬於禮儀實踐活動而言，可分別以禮法、禮樂、禮術概之。又文器亦皆因器而顯，故宜附於禮器類中。因此，凡專門涉及輿服、宮室、器物的禮學文獻，如聶崇義的《新定三禮圖》、張惠言的《冕弁冠服圖》和《冕弁冠服表》、程瑶田的《釋宮小記》、俞樾的《玉佩考》等都屬禮器類文獻。

4. 禮樂類。據《禮記・樂記》所言"樂統同，禮辨異，禮樂之説，管乎人情矣"，可知禮與樂本是關乎人情的兩個方面。因此，禮之所至,樂必從之。考察歷代各個階層踐行過的許多儀式典禮,若不借助於禮樂則無以行禮。《通志·樂略第一》云:"禮樂相須以爲用,禮非樂不行,樂非禮不舉。"禮與樂既相將爲用,則凡涉及禮樂的文獻,皆當歸入禮樂類。然而歷史上因囿於經學爲學科正宗、樂有雅俗之分的觀念,故有將涉及禮樂的文獻一分爲二分別纂輯的方法。《四庫提要》樂類云:"大抵樂之綱目具於《禮》,其歌詞具於《詩》,其鏗鏘鼓舞則傳在伶官。漢初制氏所記,蓋其遺譜,非別有一經爲聖人手定也。特以宣豫導和,感神人而通天地,厥用至大,厥義至精,故尊其教得配於經。而後代鐘律之書亦遂得著録於經部,不與藝術同科。顧自漢代以來,兼陳雅俗,豔歌側調,並隸《雲》、《韶》。於是諸史所登,雖細至箏琶,亦附於經末。循是以往,將小説稗官未嘗不記言記事,亦附之《書》與《春秋》乎? 悖理傷教,於斯爲甚。今區別諸書,惟以辨律吕、明雅樂者仍列於經,其謳歌末技,弦管繁聲,均退列雜藝、詞曲兩類中。用以見大樂元音,道侔天地,非鄭聲所得而奸也。"此乃傳統文獻學之舊旨,今則據行禮時禮樂相將的事實,凡涉及禮樂的文獻不分雅俗兼而存之,一並歸於禮樂類。

5. 禮術類。《禮記·表記》載孔子之語云:"昔三代明王,皆事天地之神明,無非卜筮之用。"卜筮之用在於"決嫌疑,定猶與"(《禮記·曲禮上》)。歷代踐行的各種儀式典禮,正式行禮之前往往都有卜筮的儀節,用於判斷時空、賓客、牲牢等的吉凶,本是整個儀式典禮的組成部分。《儀禮》於《士冠禮》、《士喪禮》、《既夕禮》、《特牲饋食禮》、《少牢饋食禮》皆記卜筮的儀節,而於其他儀式典禮如《士婚禮》等皆略而不具。沈文倬先生已指出,《儀禮》一書,互文見義,其實每一個儀式典禮都有卜筮的儀節。因儀式典禮所用數術方法有相對的獨立性,故歷代禮書多有專論。秦蕙田《五禮通考》立"觀象授時"之目,黄以周《禮書通故》設"卜筮通故"之卷。自《漢書·藝文志》數術略分數術爲六類:天文、曆譜、五行、蓍龜、雜占、形法,又於諸子略中收有與數術相關的陰陽家及兵陰陽文獻之目,至清修《四庫全書》子部術數類分爲六目:數學(三易及擬易書)、占候、相宅相墓、占卜、命書相書、陰陽五行(栻占曆數),分類著録纂輯數術文獻,各有錯綜,亦因時爲變以求其通耳。因此,就歷代各個階層踐行的儀式典禮皆有卜筮的儀節而言,凡涉及卜筮的文獻宜收入禮術類。

第三部分是基於對歷代禮儀實踐的規模、等級、性質的考察而撰作的文獻,又可以分爲如下四類。

6.禮制類。《左傳·桓公二年》載晉大夫師服之語云:"禮以體政,政以正民,是以政成而民聽,易則生亂。"《國語·晉語四》記寧莊子之語云:"夫禮,國之紀也,……國無紀不可以終。"凡此皆説明禮在政治生活和社會生活中有重要的主導作用,故自春秋戰國之際禮崩樂壞之後,歷代皆有制禮作樂的舉措。《隋書·經籍志》云:"儀注之興,其所由來久矣。自君臣父子,六親九族,各有上下親疏之别,養生送死、弔恤賀慶則有進止威儀之數,唐虞已上分之爲三,在周因而爲五,《周官》宗伯所掌吉、凶、賓、軍、嘉,以佐王安邦國,親萬民,而太史執書以協事之類是也。是時典章皆具,可履而行。周衰,諸侯削除其籍;至秦,又焚而去之;漢興,叔孫通定朝儀,武帝時始祀汾陰后土,成帝時初定南北之郊,節文漸具;後漢又使曹褒定漢儀,是後相承,世有制作。"歷代踐行的禮,不僅僅是進止威儀之數,而是對文明制度的實踐。因此,歷代官方頒行的儀注典禮皆可稱爲禮制,是朝野實現認同的文化紐帶，涉及禮制的文獻世有撰作。漢代以後，此類文獻也往往被稱爲儀注，傳統目録學多歸入史部。今則正本清源，一並歸入禮制類。

7. 禮俗類。從人類學的角度來看，禮俗的産生先於禮制並成爲歷代制禮作樂的基礎。所謂“禮失而求諸野”，正説了俗先於禮、禮本於俗。實際上，歷代踐行的禮制，根基都在於風俗，長期流行於民間的風俗若得到官方認可並制度化就是禮制。因此，禮俗者，禮儀之於風俗也，特指在民間習慣上形成而具備禮儀特點的習俗，其特點是以民間生活爲基礎、以禮儀制度爲主導，在一定程度上兼具形式的自發性和内容的複雜性。早在先秦時代，荀子就曾説：“儒者在本朝則美政，在下位則美俗。”又説：“遇君則修臣下之義，遇鄉則修長幼之義，遇長則修子弟之義，遇友則修禮節辭讓之義，遇賤而少者則修告導寬容之義。無不愛也，無不敬也，無與人争也，恢然如天地之苞萬物。如是則賢者貴之，不肖者親之。”因此，自漢代應劭《風俗通義》以來，歷代有識之士往往述其所聞、條其所遇之禮俗，或筆記偶及，或著述專論，數量之多，可汗馬牛，以爲美俗、修義之資糧，故立禮俗類以集其精華，以見禮儀風俗具有强大的生命力且早已滲透到民族精神之中。此類文獻在傳統的文獻學中分佈較廣，史部的方志、譜牒，子部的儒家、農家、雜家乃至小説家，集部中的部分著作，皆有涉及禮俗的篇章，固當集腋成裘，匯編爲册，歸於禮俗類中。

8. 家禮類。《左傳·隱公十一年》云：“禮，經國家、定社稷、序民人、利後嗣者也。”禮之於國，則爲國家禮制；禮之於家，則爲家禮。家禮一詞，最早見於先秦禮書。《周禮·春官》云：“家宗人掌家祭祀之禮，凡祭祀致福。國有大故，則令禱祠，反命，祭亦如之。掌家禮，與其衣服、宮室、車旗之禁令。"自古以來，家禮就是卿大夫以下至於庶人修身、齊家的要器，上至孝悌謹信等倫理觀念，下至婚喪嫁娶之居家禮儀，無不涵蓋於其中。家禮包括家庭内部的禮儀規範和倫理觀念：禮儀規範主要涉及冠婚喪祭等吉凶禮儀以及居家雜儀；倫理觀念則包括父慈子孝、兄友弟恭、夫義婦順等綱常。涉及家禮的文獻源於《周禮》，經《孔子家語》、《顏氏家訓》的發展，定型於司馬光的《書儀》、《家範》和朱熹的《朱子家禮》，其中《朱子家禮》成了宋代以來傳統家禮的範本。因國家禮制的"宏闊"和民間禮俗的"偏狹"，故素負修身、齊家、治國、平天下之理想的有識之士，往往博稽文獻、出入民俗而備陳家禮儀節之曲目與要義，以爲齊家之據、易俗之本。家禮類文獻中以此種撰作爲代表形態，延伸則至於鄉約、學規之類的文獻。

9. 方外類。中華民族是一個多種文化相互融合的共同體，整理、編纂《中華禮藏》不能不涉及佛、道兩家有關儀軌的文獻。佛教儀軌是規範僧尼、居士日常生活與行爲之戒律清規以及用於各種節日與法事活動之科儀，雖然源於印度，與中華本土文化長期互動交融，固已成爲中華禮樂文明不可分割的一部分。佛教儀軌與儒家禮儀相互影響，在一定程度上改變、重塑了中華傳統的禮樂文明。道教是中國的本土宗教，深深根植於中國的現實社會，具有鮮明的中國特色與社會調節功能。魯迅曾指出："中國根柢全在道教。"道教儀軌有其特定的從教規範，體現了道教的思想信仰，規範着教徒的生活方式，體現了儀式典禮的特點。另外，佛教儀軌和道教儀軌保存相對完整，也是重建中華禮

樂文明制度的重要參考。因此，凡涉及佛教儀軌和道教儀軌的
文獻分别歸入方外佛教類和方外道教類。

綜上所述，《中華禮藏》的編纂是因類設卷，卷内酌分子目，
子目内的文獻依時代順序分册纂輯（其中同書異注者則以類相
從），目的是爲了充分展示中華禮儀實踐和禮學研究的全貌以及
發展變化的軌迹。

編纂《中華禮藏》不僅僅是爲了完成一項學術事業，更重要
的現實意義是爲了通過整理、編纂傳統禮學文獻，從中提煉出滲
透了民族精神的價值觀和價值體系，爲民族國家認同提供思想
資源，爲制度文明建設提供借鑒，爲構建和諧社會提供禮儀典
範。

《中華禮藏》編委會

二○一六年

凡　例

一、整理工作包括題解、録文和校勘等項。

二、題解除揭示書名、卷數、内容及著者生平事迹、版本流變等情況外，亦須交代已有的重要校勘研究成果，其具有創見性的校勘意見則别於校記中加以采納。

三、底本原文中明確的錯誤（訛奪衍乙）一般皆直接改正，並用校記加以説明。其不影響文意表達的兩可之異文，則酌情忽略不校。至於文意不通或懷疑有誤之處，則適當以校記形式提出疑問或給出可能的詮釋理路。

四、録文一依底本，個别生僻的異體字、俗體字等改作通行字，然不甚生僻而爲古籍通用者，保留底本文字原樣。鑒於俗寫"扌"旁與"木"旁、"巾"旁與"忄"旁、"礻"旁與"衤"旁以及"己"與"已""巳"、"瓜"與"爪"、"曰"與"日"之類相混無别，一般皆徑據文意録定，其不影響文意的則不别爲出校説明。

五、避諱字一律改爲通行繁體字，但須在題解或首見條下説明。

六、底本所用省代符等一律改爲相應的本字。

七、底本缺字用"□"號表示，缺幾字用幾個"□"號，不能確定者用長條形符號（長度爲三個空格字，其中原文一行的上部或前部殘缺用"☐☐☐☐"，中部殘缺用"☐☐☐☐"，下部或後部殘缺用"☐☐☐☐"）表示。模糊不清無法録出者用"⊠"號表示，有幾個字不清楚就用幾個"⊠"號。

八、文本的段落格式一依今日之文意理解重行設計，不必盡依原書之舊貌。

九、底本圖片如果可以重繪者，則自行改繪，以便觀覽。

總目録

政和五禮新儀

[宋] 鄭居中等　撰

汪瀟晨　周　佳　點校

【題解】

《政和五禮新儀》(以下簡稱《政和儀》)是北宋徽宗時期編成的國家禮典。原書共二百二十卷,又《卷首》一卷,《目錄》六卷,今本闕二十卷,卷七五、九一、九二亦闕部分文字,存二百零一卷,六十余萬字。

徽宗朝改制,先樂後禮。崇寧二年(1103)至大觀初主要以講議司爲主,由蔡京主導改革雅樂,創設新樂"大晟樂",並設立雅樂官署"大晟府"專董其事。大觀元年(1107)開始著手禮制改革,專設"議禮局"負責,從各部抽調人員充任修撰禮書的詳議、檢討等官。由於此時蔡京已因政治原因暫時下野,實際總領其事的是外戚、知樞密院事鄭居中。與此前禮制改革不同的是,本次改制大到禮制原則的制定、儀制定性問題,小至儀物規制等細節問題,徽宗都親自予以指導,並以當時盛行的命令文書"御筆手詔"的形式對請示奏章進行批示,形成了位於《政和儀》卷首的《尚書省牒議禮局》、《御筆手詔》等文字。由於《卷首》部分保留了修撰禮典時皇帝與議禮局官員來往討論儀制條目的記錄,使得此書存有禮典的文獻價值同時,具有考訂史實的史料價值,可稍補徽宗朝史料之闕。

在禮制改革之初,徽宗親自著手撰寫《御製冠禮》十卷,叙述漢魏以來的冠禮沿革,作爲以後撰寫各項儀禮的綱領文件。大觀四年(1110),議禮局呈上階段性成果《大觀新編禮書》,包括《吉禮》以及《祭服制度》等内容。政和元年(1111)編成其餘四禮共四百九十七卷。《大觀新編禮書》成書,呈徽宗審定,並親自作序後,又經過議禮局多次的討論。《大觀新編禮書》主要倣照《御製冠禮》,梳理各禮的歷代沿革,類似於作史料長編,在此基礎上討論,並沿革文字,最後寫定《五禮儀注》的標準文本。政和三年(1113)二月,鄭居中奏請將其改名爲《政和五禮新儀》,四月頒行。①

《政和儀》體現了中唐以來國家禮制系統的變革。玄宗朝頒行《大唐

---

① 吳羽:《〈政和五禮新儀〉編撰考論》,《學術月刊》2013 年第 6 期。

開元禮》以來，雖然五禮體系的大架構未有變動，但在其内部儀禮項目内容屢有存廢，亦有新禮産生。中晚唐《開元後禮》、《禮閣新儀》、《曲台禮》、《續曲台禮》，北宋《太常因革禮》、《禮閣新編》、《太常新禮》等禮典的不斷出現就是其間儀制變革的證明。

《政和儀》正是唐宋禮制變革過程中重要的節點，其中沉澱了此前諸多禮制變動的結果。例如神宗朝以來改此前的天地合祭爲南北郊分祭，徽宗朝"紹述"熙豐制度，這一成果就體現在《政和儀・吉禮》中。① 又如《政和儀・吉禮》中所收九宫貴神、十神太一等祭祀，爲《大唐开元禮》以後、中唐五代以來基於讖緯思想所出現的祭祀，逐漸納入國家典禮系統。祀感生帝、陽德觀、大火等禮目爲祈祀趙宋德運，主要基於五行之説。景靈宫則爲具有道教祭祀背景的趙宋"原廟"祭祀。皆是傳統儒教禮典之外的禮目。宋代以後，由於朱子禮學的勃興，摒棄了此類帶有道教、讖緯背景的祀儀，此類祀典遂不見於國家典禮系統，僅於《政和儀》與南宋《中興禮書》中有所留存。②

又如《賓禮》中外國來朝一類禮目中，按國别將遼、高麗、西夏等國分等列序，其中遼使朝參等儀格外隆重，體現了宋代一元化天下觀念的鬆動以及對等的國際秩序的形成。③《賓禮》朝參一類中，按北宋六殿的不同政務處理職能分爲大朝、朔視朝、望參、四參、日參、再坐、起居、批答等不同等級、類别的政治、政務處理程序，是北宋中期以來朝會制度變動調整的結果。與之相關的朝會、朝參班位的制定也是此前官制改革的成果之一，體現了新的官僚制度秩序與原則。

---

① 小島毅：《郊祀制度の変遷》，《東京大学東洋文化研究所紀要》第 108 輯，1989年 12 月。

② 小島毅：《宋代の国家祭祀——〈政和五禮新儀〉の特徴》，池田温編：《中国禮法と日本律令制》，東方書店 1992 年版。

③ 朱溢：《北宋賓禮的建立及其變遷——以禮儀制定原則的討論爲重點》，《學術月刊》2014 年第 4 期。

在繼承中唐以來儀禮變化成果的同時,《政和儀》又體現了徽宗朝制禮作樂的時代特徵。例如,將群臣朝會儀制從此前的嘉禮類歸入賓禮類,以標示君臣朝會有如古諸侯朝覲,賦予所謂"不純臣之意",體現復古傾向。① 又如,祀九鼎儀爲此前雅樂改革鑄造九鼎的遺産,其誕生背景具有緯書的特色,實爲祈祀皇帝本命的儀典。再如,辟廱釋菜爲改革官學制度後的產物。此外,又列庶人昏、冠、喪禮,首開"禮下庶人"之例,體現了徽宗制定"一代之典",貫通士庶,構建各有等差的完整禮制序列的意圖。②

爲配合將此前僅作爲禮官參考、藏於內府的國家禮典頒行天下,成爲天下之法,徽宗大力推行禮典的落實工作。除了在京師太學等機構推行外,又設置禮直官、禮生,就《政和儀》諮詢答疑,並令各路監司任督導之責,負責在地方民間推行禮制。國家中央典禮系統改制較爲順利,而將新禮推行至下層民間則較爲困難。宋代民間自有成熟的禮俗,慣於行用,新禮推行效果十分不理想。當時的詔令、上奏的文獻以及兩宋間筆記文獻中對此多有記述,所謂"立禮欲以齐民,今为害民之本"。鑒於現實,宣和元年(1119)以來民間的推行工作逐漸停止。儘管如此,在中央朝廷禮制系統層面還是得到了一定程度的施行。

就五禮架構而言,《政和儀》是現存宋代國家禮典中各項條目較爲完整的著作。《政和儀》成書後的宣和時期又有創設明堂制度、設立"禮制局"對儀物等重新制定等舉措,但並未超出《政和儀》的基本框架。

《政和儀》誕生以來,行用時間僅十年左右,許多儀典自編成後便未曾舉行,空有條目,如祀高禖;或僅施行一兩次,如親蠶儀等。至宣和末期由於戰局等原因,基本禮制運行基本停廢。南宋以降,由於時局,朝廷未暇大規模全面整頓禮制,仍采用北宋舊制,將《政和儀》作爲太常寺等典禮機

---

① 朱溢:《中古中國賓禮的構造及其演進——從〈政和五禮新儀〉的賓禮制定談起》,《中華文史論叢》2015 第 2 期。

② 張文昌:《制禮以教天下——唐宋禮書與國家社會》,臺灣大學出版中心 2012 年版。

構制定具體儀典時的參考文件之一，而並非作爲一代不易之典嚴格尊法。朝廷制禮、行禮的原則趨於務實，多隨事討論，參酌前典而制定。南宋中期出現的《中興禮書》以及《續編》就是帶有北宋時期儀制長編性質，是專供太常寺禮官參考的禮典沿革彙編。《政和儀》不叙因革，僅列儀注，意圖定於一尊，是宋代禮典體例發展的主流脈絡上的特殊例子。

儘管《政和儀》在成書後曾經"鏤版頒降"，由於其後推行的停滯以及靖康戰亂，保存有限，南宋以來《政和儀》等禮書僅在朝廷禮制官署内保存，以致收藏流傳行用範圍狹窄。特别是新儀典彙編《中興禮書》等出現後，僅作爲掌故參考，以致"遂格不行"。

明清以來《政和儀》已經僅見於内府藏書目録。清代以來，流傳更爲稀少，基本以鈔本形式在秀水朱彝尊、虞山錢氏、兩淮馬裕、虞山張金吾、吴興陸心源、錢塘丁氏等東南少數藏書家圈内流轉。

考慮到文本的完整性等原因，本次整理以文淵閣《四庫全書》本爲底本（凡校記中"底本"即指文淵閣《四庫全書》本），以文津閣《四庫全書》本（凡校記中"文津閣本"即指文津閣《四庫全書》本）爲通校本，以日本静嘉堂文庫現藏三個鈔本，即原陸心源十萬卷樓藏本（凡校記中"十萬卷樓本"即指陸心源十萬卷樓藏鈔本）、原楊守敬藏本（凡校記中"楊本"即指楊守敬藏鈔本）、原繆荃孫藏本（凡校記中"繆本"即指繆荃孫藏鈔本）爲參校本，並參考《宋會要輯稿》（上海古籍出版社 2014 年點校本）、《文獻通考》（中華書局 2011 年點校本）、《宋史》（中華書局 1985 年點校本）、《皇宋通鑑長編紀事本末》（江蘇古籍出版社 1988 年影印《宛委别藏》本，凡校記中"《長編紀事本末》"即指此）、《宋大詔令集》（中華書局 1962 年整理本）、《中興禮書》（上海古籍出版社 2002 年版《續修四庫全書》影印清蔣氏寶彝堂鈔本）、《慶元條法事類》（黑龍江人民出版社 2003 年點校本）、《宋史全文》（中華書局 2016 年點校本）等史籍，對《政和儀》進行整理、標點、校刊，以饗學界。

本次整理，汪瀟晨負責《卷首》、《序例》、《吉禮》部分，周佳負責《賓禮》、《軍禮》、《嘉禮》、《凶禮》部分，最後由汪瀟晨負責統稿。

政和五禮新儀

（上册）

［宋］鄭居中等　撰

汪瀟晨　點校

目　録

卷第七十八　吉禮

卷第七十九　吉禮

卷第八十　吉禮

卷第八十一　吉禮

卷第九十四　吉禮

卷第九十五　吉禮

卷第九十六　吉禮

卷第一百一　吉禮

卷第一百二　吉禮

卷第一百三　吉禮

卷第一百四　吉禮

卷第一百七十九　嘉禮

卷第二百　　嘉禮闕

卷第二百一　　嘉禮

卷第二百二　　嘉禮

卷第二百三　　嘉禮

卷第二百四　　嘉禮

卷第二百五　　嘉禮

卷第二百六　　嘉禮

原　序

　　禮緣人情而爲之節文。先王稽其典常，制其等差，辨其儀物，秩其名位，所以正人倫、定尊卑、別貴賤也。故有君道焉，有父道焉，有子道焉。夫唱而婦隨，兄友而弟恭，莫不有叙，人倫正也。上不可以逼下，下不得以僭上；大不可以凌小，小不得以加大①，無得而踰，尊卑定也。朝廷、邦國、鄉黨、遂序有典有則，有倫有節，有條而不紊，貴賤別也。天下有萬不同之情，先王同之于一堂之上。薄海内外，雖愚夫愚婦，莫敢以私智側言改度易制者，以分定故也。夫人倫正、尊卑定、貴賤別則分守明，分守明則人志一，人志一而好作亂者，未之有也。下不好亂，上無僭差，而天下不治者，亦未之有也。

　　先王以是成教化、移風俗，其和至于廣樂，其大至于與天地同節，深所慕之。朕獲承至尊，洪惟祖考燕翼之謀，垂休錫美，功成治定，歷考前世承平之久莫如今日。

　　然承五季禮廢樂壞，大亂之後，先王之澤竭，士弊于俗學②，人溺于末習，忘君臣之分，廢父子之親，失夫婦之道，絶兄弟之好，至以衆暴寡、以智欺愚、以勇威怯、以强陵弱。庶人服侯服，墙壁被文繡，公卿與皂隸同制，倡優下賤得爲后飾。昏冠喪祭、宫室器用，家殊俗異，人自爲制，無復綱紀，幾年於兹，未之能革。

---

① “得”字，底本作“可”，據繆本校改。
② “弊”字，十萬卷樓本、十三卷本作“蔽”。

　　昔在神考，憲道立政，稽若往古①，作新斯人，以追三代之隆，謂安上治民，別嫌明微，釋回增美，莫善于禮，親降策問，下詢承學造庭之士，將因今之材而起之也②。命官討論郊祀之儀、服章之飾，是正訛舛，大勳未集，仰惟先志明發，不寐繼而承之，罔敢忽怠。乃詔有司，張官設局③，講求比次，以書來上。朕乙夜省閱，考驗先王制禮之文，親加筆削，復命有司循古之意而勿泥于古，適今之宜而勿牽于今，乃作吉禮以祀，以祭，以享，乃作凶禮以哀，以弔，以檜，以恤。乃作賓禮以朝、以會、以覲、以問，乃作軍禮以用衆、恤衆、簡衆、任衆、合衆，乃作嘉禮，以親宗族、親男女、親賓客、親異國。

　　籩豆尊罍、冕弁旂常、車輿圭璧、羔鴈幣筐④，有不可施於今，則用之有時，示不廢古；有不可用于時，則唯法其義，示不違今。又爲之多寡之數、高下之等、長短之度、疏數之限，將自躬而達之天下，自朝廷而達于庶民。使士安于分，無見利忘義之心；人知所守，無犯令陵政之悖。行四方以無拂⑤，而天下如一家。爭訟之端庶幾乎息⑥，廉恥之道庶幾乎興，而刑其措歟。《傳》曰："商因于夏禮，所損益可知也。周因于商禮，所損益可知也。其或繼周者⑦，百世可知也。"今天下去周千有餘歲，道之不明未有疏于此時也；世染污俗，冒上無等，未有甚于此時也。朕因今之俗，做

---

① "稽若"，底本作"若稽"，據文津閣本、十萬卷樓本、楊本、繆本乙正。
② "因"字，楊本作"用"。
③ "局"字，十萬卷樓本、楊本作"屬"。
④ "筐"字，底本作"筐"，據十萬卷樓本校改。
⑤ "行"字，底本無，據繆本校補。
⑥ "乎"字，底本作"永"，據繆本校改。
⑦ "者"字，底本無，據文津閣本校補。

古之政，以道損益，制而用之^①，推而行之。由乎百世之後，奮乎百世之上，等百世之王，若合符契，其歸一揆，所謂百世而繼周者也。雖其法其制未頒天下，朕將禮刑並用，俟之以慶賞刑威，遹觀厥成焉。萬機之暇，書其意，記其制作之因，以兼明天下後世。政和新元三月一日序^②。

---

① "制"字，底本無，據十萬卷樓本、楊本校補。
② 文津閣本"序"前有"御製"二字。

卷　首

尚書省牒議禮局　御筆指揮

尚書省牒議禮局

知樞密院事鄭居中等劄子，奏：竊以禮有五經，而威儀至于三千，事爲節文，物有防範，本數末度，刑名比詳，遭秦變古書缺簡脱，遠則《開元》所紀，多襲隋餘；近則《開寶》之傳，間存唐舊。在昔神考，躋時極治，新美憲章，是正郊廟，緝熙先猷，實在今日。

恭惟陛下德備明聖，觀時會通，考古驗今，沿情稱事，斷自聖學，付之有司。因革綱要既爲禮書，纖悉科條又載儀注，勒成一代之典，跨越三王之隆。臣等備員參訂，徒更歲月，悉稟訓指，靡所建明，謹編成《政和五禮新儀》并《序例》，總二百二十卷，《目錄》六卷，共二百二十六册。辨疑正誤，推本六經，朝著官稱，一遵近制。上之御府，仰塵乙覽，恭候宸筆裁定其當，以治神人，以辨上下，從事新書其自今始。若夫蒐補闕遺，講明稀闊，告成功而示德意，則臣等顧雖匪材，猶當時順聖志而成之。取進止。

牒奉敕，宜頒降。牒至准敕，故牒。政和三年四月二十九日牒。

通議大夫、守右丞薛

大中大夫、守左丞侯①

少傅、太宰、太師、魯國公蔡②

政和三年四月日進呈。

宣教郎、議禮局檢討官、臣郭熙

朝奉郎、充權樞密院編修官、充議禮局檢討官臣丁彬

朝散郎、秘書省校書郎、充議禮局檢討官、編修六典檢閱文字臣王俣③

奉議郎、秘書省校書郎、充議禮局檢討官、編修六典檢閱文字臣莫儔

朝奉郎、八行在尚書吏部員外郎④、充議禮局檢討官臣李邦彥

奉議郎、守符寶郎、充議禮局檢討官、編修國朝會要所檢閱文字、賜緋魚袋臣葉著

朝散郎、試秘書少監、國史編修官、充議禮局檢討、編修六典臣蘇恒⑤

朝議大夫、試尚書兵部侍郎、同修國史、充議禮局詳議官、河南縣開國公、食邑五百户臣宇文粹中

朝散大夫、試尚書禮部侍郎、同修國史、充議禮局詳議官、陳

---

① “侯”字，底本作“候”，據文津閣本、楊本、繆本校改。

② “蔡”字，楊本、繆本無。

③ “俣”字，底本作“俣”，據文津閣本、繆本、《宋會要輯稿·職官》五之二二《議禮局》校改。

④ “郎八”，楊本、繆本作“大夫”，文津閣本作“郎兼”。

⑤ “蘇恒”，底本作“蘇恒”，據《靖康要録》卷一政和五年二月甲寅條、《忠惠集》卷四《秘書少監蘇桓吏部員外郎李邦彥校書郎黃齊等編修五禮新儀成遷秩制》校改。

留縣開國公、食邑三百户臣張澄

朝議大夫、試尚書吏部侍郎兼詳定一司敕令所①、充議禮局詳議官、東明縣開國公、食邑五百户臣劉焕

翰林學士承旨、大中大夫、知制誥兼侍讀、修國史②、充議禮局詳議官、虢畧縣開國伯、食邑九百户臣强淵明

中奉大夫、試刑部尚書兼侍講、充議禮局詳議官、河南縣開國子、食邑六百户臣慕容彦逢

通議大夫、試刑部尚書兼侍講、充議禮局詳定官、南陽縣開國伯、食邑九百户臣白時中

特進、知樞密院事、滎陽郡開國公、食邑四千七百户、實封八百户兼領臣鄭居中③

御筆指揮

崇寧二年九月十六日，奉手詔：王者政治之端，咸以禮樂爲急，蓋制五禮則示民以節，諧六樂則道民以和。夫隆禮作樂，實內治外修之先務，損益述作其敢後乎？宜令講議司官詳求歷代禮樂沿革，酌今之宜，修爲典訓，以貽永世。非徒考辭受登降之儀、金石陶匏之音而已也，在博究情文，漸熙和睦，致安上治民至德著，移風易俗美化成，酒稱朕咨諏之意焉耳。

大觀元年正月一日，奉御筆手詔：禮以辨上下、定名分，貴不以逼，賤不敢廢。自三代以迄于今，宮室之度、器服之用、冠婚之

---

① "一"字，底本無，據繆本校補。
② 底本"修"前衍"監"字，據《宋會要輯稿·職官》六之五三《學士院》删。
③ "兼領"二字，底本無，據繆本校補。

義、祭享之節，卑得以踰尊，小得以陵大，國異家殊，無復防範。在昔神考，親策多士，命官討論，父作子述，朕敢忽哉。夫治定制禮，百年而興，於茲其時，可以義起，宜令三省依舊置司，差官講求聞奏。朕將觀覽，因今之材而起之，以追法先王而承先志。故茲詔示，想宜知悉①。

本局劄子：臣等伏以功成作樂，治定制禮。國家承祖宗積累之基，陛下以盛德大業緝熙太平，視六服承德之世，可謂並隆矣。迺者既成雅樂，於是又置官設局，詔修五禮②。臣等竊聞孔子云③："商因于夏禮，所損益可知。周因于商禮，所損益可知。"然則禮不可以不因，亦不可以無損益，因之所以稽古，損益所以趨時，不可一也。今去唐虞三代爲甚遠，其所制作，恐當上法先王之意，下隨當世之宜。稽古而不迁，隨時而不陋，取合聖心④，斷而行之，庶幾有以追治古之彌文，善天下之習俗，以成陛下聖治之美意，一代之盛典。取進止。

大觀元年二月初五日，奉御筆：依奏。

本局劄子：臣等竊以國家祈報社稷，崇奉先聖，上自京師，下逮郡邑，以春秋上下社日行事。然太社、太學、獻官、祝、禮皆以法服，至于郡邑則用常服，豈非因習日久，而未知所以建明歟？仰惟陛下若稽前王，紹述先志，百度修明，禮樂備舉，太平之功，

---

① "想"字，底本作"相"，據楊本、繆本校改。
② "詔"字，《長編紀事本末》卷一三三《議禮局》作"講"。
③ "云"字，底本無，據文津閣本校補。《長編紀事本末》卷一三三《議禮局》作"稱"。
④ 底本"取"後衍"舍"字，據繆本、《長編紀事本末》卷一三三《議禮局》删。

千載一時。今大晟新樂推行京輔、節鎮，而祭服未能如古，臣等竊惑之。欲望聖明揆自獨斷，命有司降祭服于州郡，俾凡祭祀獻官祝禮各服其服，以盡事神之儀，以補禮文之缺，以竦動士民之觀聽，天下幸甚。取進止。

貼黃稱：臣等伏觀雅樂頒四輔并節鎮，今來祭服欲乞先頒於雅樂去處，其餘州郡候頒樂日逐旋施行，如允所奏，即乞降付本局討論典禮，具合頒名件，取稟聖裁。

大觀元年七月十六日，奉御書：可依所奏，以衣服制度頒之，使州郡自製，敝則聽其改造①，庶簡而易成。

大觀元年七月二十六日，承御筆：承平百五十年，功成治定，禮可以興，而彌年討論，尚或未就。稽古之制，適今之宜，而不失先王之意，斯可矣。防民範俗，在于五禮，可先次檢討來上，朕將裁成損益，親製法令，施行之天下，以成一代之典。

大觀元年八月二十一日，内降封送下朝奉郎、差權提舉江南東路常平等事何誼直劄子：臣聞上下辨然後民志定，制度立然後民德一。先王盛時，車輿宫室以爲居，衣冠弁冕以爲服，冠婚喪祭以爲禮。凡繫于守分者，一不假人。禁督犯令其制嚴②，故其服習成俗，無冒上亡等之僭，無窮欲敗度之戾，此三代之治焕乎百世之上也。仰惟國家累聖儲休，百度興起，陛下繼志揚功，去邪用正，太平之嘉祥，天地之景貺，雜沓薦至。功成治定，制作禮

---

①　“敝”字，底本脱，據《宋會要輯稿·禮》一四之六一《群祀二》、《宋會要輯稿·輿服》四之二二《祭服》、《宋史》卷一〇二《禮五·社稷》校補。
②　“制”字，底本脱，據文津閣本、楊本、繆本校補。

樂，巍乎三代之隆矣。臣竊見豪右兼并之家，雕楹刻桷，異服奇器，極珠璣紈綺之飾，備聲樂妙妾之奉，傷生以送死，破產以嫁子，專利自厚，莫知藝極。臣願申明禁令，事爲規制，待以期月，行之必信，蓋防範禮樂，以輔太平之功者有在於是也。取進止。

奉御筆①：可詳所奏，定五禮之制條上。

大觀二年五月十日，尚書省劄子：宣德郎、試起居舍人②、充議禮局檢討官俞桌劄子：臣聞時異事殊，古今不同，然制度不可不循古者，祭服是也。且玄以象道，纁以象事，故凡冕皆玄衣纁裳，今太常寺祭服則衣色青矣，前三幅以象陽，後四幅以象陰，故裳制不相連屬，今之裳則爲六幅而不殊矣。冕玄表而朱裏，今乃青羅爲覆，以金銀飾之，佩用綬以貫玉。今既有玉佩矣，又有錦綬，以銀、銅二鐶飾之。以至宗彝，宗廟之彝也，乃爲虎蜼之狀，而不作虎彝、蜼彝。粉米，散利以養人也，乃分爲二章，而以五色圓花爲藉，其餘不合古者甚多。蓋後世諸儒論議失真，故沿襲至今，未之改作。恭惟陛下天縱聰明，灼見妙理，建官設屬，俾討論禮制，而臣愚以謂禮莫重于祭，祭服所以事神者也，又安可以不正哉！臣欲乞降下禮局，俾博考古制，畫太常寺及古者祭服樣二本進呈，至於損益裁成，伏乞斷自聖學。取進止。

大觀二年五月初九日，奉御筆：先王有祭服、燕服之異，禮廢久矣。制度沿襲，悉不如古，因時制宜，可以義起。衣服制度，方在所議，可依所奏，令議禮局詳定以聞。

① "奉"字，底本脱，據繆本校補。
② "試"字，底本脱，據繆本校補。

大觀二年八月十七日,正奉大夫、同知樞密院事兼領鄭居中崇政殿面奉聖旨:議禮局修撰到《冠禮儀注》,添入皇太子冠禮,其皇太子冠禮別具詳定以聞。

本局劄子:臣等伏聞禮有五經,莫重於祭[1],祭者所以追養繼孝也。周制適士以上祭於廟,庶士以下祭於寢。凡營居室,必先建宗廟;凡造養器,必先備祭器。庶羞不踰於牲牷,燕衣不踰于祭服。自公侯達于比閭,所以致孝於其先者如此,故民風以厚,國勢以寧。有唐推原周制,崇尚私廟,侍中王珪通貴已久,而烝嘗猶設于寢,太宗爲立廟以媿其心。及開元制禮,自品官薦享乃至拜掃,皆有常儀。五代擾攘,文物隓缺,臣庶薦享,家自爲俗。革而化之,實在聖時,所有臣庶祭禮,臣等欲乞參酌古今討論條上,斷自聖學施行。取進止。

大觀二年十一月十六日,奉御筆:禮以祭爲重。先王制禮,自士以上皆有廟,享其祖考,以盡奉先報本之義。今稽古制法,明倫厚俗,廟制亦當如古。然其世數之節、薦享之儀、疏數之數,與遷徙之不常、貧富之有異,使不逼不僭,皆得其宜,然後爲稱。可依所奏條畫來上。

本局劄子:臣等伏聞先王之制昏禮,所以成男女之別,明夫婦之義也。昏禮行,而後父子親、君臣正,故昏者禮之本,而人倫之所先也,是以先王重之。秦漢以還,典章廢缺,其間建議者多

---

[1]　"祭服所以事神者也……莫重於祭"二百二十字,底本脱,據繆本校補。

矣。迂或泥古，陋或狥俗，不足以究三代述作之隆①。惟禮之情文，可以義起，推原先王之意與時宜之屬在今日。臣等恭稟聖訓，博考載籍，本之周禮，參以歷代沿革，撰到《皇子娶婦儀注》二冊、《看詳》二冊、《公主下嫁儀注》二冊、《看詳》三冊、《品官婚禮儀注》二冊、《看詳》三冊、《士庶人儀注》三冊②、《看詳》二冊，凡在昔之可用于今者因之，後世不失先王之意者，亦有取焉。至於損益裁成，伏乞斷自聖學，以幸天下。取進止。

大觀二年十一月十六日，奉御筆：禮因時而制，故三代之王皆不相襲，非禮不同，時異故也。去古既遠，其宮車衣服之制，祭祀昏聘幣帛之用，循沿千載，名殊制異，或古有今無，或古無今有，不可考合，苟希奇膠古③，不惟駭聽，亦無補于事。閱所上《昏禮》，有用鮮、用尊、用筐、用帨、用筭，至於布席、設几、北牗、阼階之數，以古之器用責今日之士庶行之于千載之後，非適變從宜之義，可並改正。《昏禮》以親萬民，禮之嘉也，可依《冠禮》以降指揮議定。

大觀二年，本局進《冠禮》，十二月十七日，奉御筆下項：

周禮④，嘉禮以親萬民，以昏、冠之禮親成男女，自本而觀，昏以親之，冠以成之，先昏而後冠也。考于《儀禮》，以嘉爲五禮之首，以《冠》居《昏禮》之上，殆失周王制禮後先之次，則知《儀禮》乃諸儒之論，非先王之典。後世因之，源流並革，本數末度，亂倫

---

① "究"字，繆本作"窺"，文津閣本作"追"。

② "士"字，底本脱，據繆本校補。

③ "苟"字，底本無，據繆本校補。

④ "周禮"，底本作"因"，據繆本、《宋大詔令集》卷一四八《政事一·依周吉禮之制御筆手詔》校改。

失序，不足取法。今有司以禮來上，先冠後昏，習非承誤①，失禮之意。且昏者②，人道之始；冠者，人道之成。親之而後成之，事之序也。可依周制改正，餘依所奏。

　　禮緣人情，以義而起，因時之宜，御今之有，故商因于夏，所損益可知，周因于商，所損益可知，而不相襲也。善法古者，不法其法，法其所以爲法之意而已。去古綿邈，禮之遺文掃蕩殆盡。雖間見于書傳，類多諸儒之臆説，非古人之大全，無所稽考。而士或是古非今、捨近求遠，膠繁文末節而忘經緯之大體，歷世千百③，莫能興作，可勝慨嘆。今接千歲之統，乘久安之運，當百年可興之時，修前世已墜之典，亦難矣。然稽古而不泥於古，驗今而不失於義，因今之材而起之，雖情文度數與古有異，要其辨上下、分貴賤、定尊卑，別嫌明微，移風易俗，質諸先王而不謬，貽之後世而可法，則庶幾焉。先王有吉、凶、賓、軍、嘉五禮，有司講議首以《冠禮》來上，編序靡次，參訂弗審。機事之暇，歷觀載籍，遠稽成周以迄隋唐。指授類例，倫次有秩，易于披省。然周以吉禮事邦國之鬼神示，《易》曰④："與鬼神合其吉凶。"則吉者天之所命也。以嘉禮親萬民，《易》曰："嘉會足以合禮。"則嘉者人道之美也。祭祀、祼獻謂之吉，昏、冠、燕、饗謂之嘉，其名殊，其事異，自

---

　　① "承"字，底本作"成"，據繆本、《宋大詔令集》卷一四八《政事一·依周吉禮之制御筆手詔》校改。

　　② "且"字，底本作"其"，據文津閣本、楊本、繆本、《宋大詔令集》卷一四八《政事一·依周吉禮之制御筆手詔》校改。

　　③ "歷世千百"，底本作"歷千百世"，據繆本、《宋大詔令集》卷一四八《政事一·依周吉禮之制御筆手詔》乙正。

　　④ "曰"字，底本無，據文津閣本、《宋大詔令集》卷一四八《政事一·依周吉禮之制御筆手詔》校補。

漢以來失先王之禮意①，以冠爲吉禮之首，有司承誤循沿，豈可以追迹先王，垂訓萬世？可依逐項批降。

禮以序人倫，爲尊卑先後之等，以辨上下，故知禮之序，然後可以制禮。禮壞久矣，失先後之序，無復統紀。考于周書，其制具在，以禋祀祀天帝，以實柴祀日月星辰②，以槱燎祀司中、司命、風師、雨師，以血祭祭社稷五祀，以貍沈祭山林川澤，以疈辜祭四方百物，以肆獻祼享先王，與禴、祠、烝、嘗爲吉禮之事，而冠不在焉。蓋先天而後人，爲禮之序，不可踰也。今以義起于千載廢缺之後，不追述先王制作之原，以冠爲吉禮之首，失先王之意遠矣，可並改正，依周吉禮之制。

《冠禮》册内，奉御筆，下項：考《儀禮》祝詞曰："令月吉日，始加元服。嘉爾幼志，順爾成德，壽考維祺，介爾景福。"至三加，祝詞曰："以歲之正，以月之令，咸加爾服。兄弟具在，以成厥德，黃耇無疆，受天之慶。"今制一代之典③，以詔後世，不當循用舊文。

古有八酒，醴居其一，又酌酒於樽罍，後世酒無八色，而一器注之。今儀言醴言酌者④，是古者盥必以罍⑤，爲位必以席，非罍不盥，非席不坐，此常用之器、常行之禮。後世易之，洗不以罍，坐不以席，安便于古遠矣。今猶置洗設席，非適今之宜。

今天下民雖曰上户，皆僑居寄處，至或假賃舍宇，或有廳而

①　"之"字，繆本、《宋大詔令集》卷一四八《政事一·依周吉禮之制御筆手詔》無。

②　"月"字，底本無，據《宋會要輯稿·禮》一四之六二《群祀二》、《宋大詔令集》卷一四八《政事一·依周吉禮之制御筆手詔》校補。"辰"字，底本無，據《宋大詔令集》卷一四八《政事一·依周吉禮之制御筆手詔》校補。

③　"制"字，底本作"則"，據繆本校改。

④　"今"字，底本作"令"，據楊本校改。

⑤　文津閣本"是"後有注文小字"闕"。

無房,或有房而無東西階。今著儀具令,使之必行其位于廳事,待於房中,陳于西階,不可檠於天下,亦膠古之過,可行改正。

世異事殊,衣冠器用其制不同,弁、笄、組、紞、筐、篋、簞、筵皆古人之常用,其制度非今人之所見,品官之家豈能遵行,可改用今人器用①。闕

制禮具令,將行天下,簡而易行,則不爲闕。服。遇朝會,尚假給于官二梁冠,豈天下品官之家所能辦具。

古冠於廟,嘉事之不忘本也。今既不即廟而告于廟,亦古重冠之意。古者寢不踰廟,廟寢之儀同,不即廟則必即于寢,廟尊祖,寢親親也。龍圖閣,祖宗藏書之所,非廟非寢,於古無稽,於義不可,宜移就寢。

賓對主而言,今天子自爲主而臣爲賓,方其爲賓則勿臣,其酳幣饗食、降階再拜是敵禮②。若施於今日,豈所謂訓?時有不同,禮則異制,可改命有司行禮。

古者,禮有賓主,示不敢專,亦君不敵於臣也。至於義所當專者,則必自爲之主,故于昏則命主,於冠則自爲之。昏、冠之禮異也,冠者所以成之也,父成其子,兄成其弟,父子兄弟相成之道。古之冠者③,父兄自爲主,後之議禮者憚送迎酳酢之勞,使同姓者爲之,非先王父兄相成之意。今若稽先王以制一代之典,而失其意,豈足以訓萬世。禮自漢以迄隋唐,其所存法稽諸先王而不合,考于義理而不當,不足取法,若《開元》之制以宗正卿爲主,不可施行。禮當追述三代之意,適今之宜,《開元禮》不足爲法。

---

① "人"字,繆本作"日"。
② "禮"字,文津閣本、繆本作"於君"。
③ "古"字,底本作"告",據繆本校改。

　　大觀二年十一月十七日，内降《御製冠禮沿革》十一卷，奉御筆：其餘五禮，可並依此編次，各有類例，易于披閲。

　　大觀二年十一月二十日，承尚書省劄子，朝議大夫、試兵部尚書兼侍郎、充議禮局詳議官薛昂劄子，奏：臣竊見有司所用禮器，如尊、爵、簠、簋之類，與士大夫家所藏古器不同①。蓋古器多出於墟墓之間，無慮千數百年，其規制必有所受，非僞爲也。《傳》曰："禮失則求諸野。"今朝廷欲訂正禮文，則苟可以備稽考者，宜博訪而取資焉。臣愚欲乞下州縣，委守令訪問士大夫或民間有收藏古禮器者，遣人往詣所藏之家，圖其形製，點檢無差誤，申送尚書省議禮局。其采繪物料，並從官給，即不得令人供借及有騷擾②，如違並以違制論。取進止。
　　十一月十五日，奉聖旨：依所奏。

　　大觀二年十二月十八日，内降下西京左藏庫副使、新就差知登州軍事賈君文劄子：臣伏觀陛下即位以來，禮樂政刑、典章文物，天下焕然一新，至于軍容行陣之間，偏裨擬主帥之服飾，卒長混將佐之旗幟，非所以辨等列、嚴名分也。臣愚欲乞申詔有司③，講明制度，使尊卑貴賤各有品秩，立爲一代之典，無使司常所頒，專美于成周，天下幸甚。取進止。
　　奉御筆：可以於軍禮中參議修入。

---

① "士"字，底本脱，據十萬卷樓本校補。
② "即"字，底本無，據繆本校補。
③ "有司"二字，底本無，據繆本校補。

　　大觀三年四月初五日①，内降下朝奉大夫、行開封府刑曹參軍陳仲明劄子：臣竊惟神宗皇帝稽古立政，垂裕後昆；陛下繼志述事，增光前烈，文物憲章於兹大備，頌聞洋溢，和樂以興，視成周全盛之時，宜出其右。然禮禁之設人或未喻②，講明訓迪正在今日。蓋以承平既久，財豐物阜，民庶之家織文組繡被于牆屋。泥金理玉，施於器用，流競成俗，恬不爲怪。臣願深詔禮官申飭禁約，事爲之制，典爲之防，嚴分守而辨等差，以崇起敦厚之俗，則制禮作樂，明昭帝王之功於是焉③。至管見妄議，惟陛下裁幸。取進止。

　　奉御筆：禮以別尊卑、明分守，則器用之制、設飾之文、多寡之數、等殺之節④，宜各隨其品秩，分其貴賤，以立制度。速裁定以聞。

　　本局劄子：臣等聞國之事莫大于祀，禮之經莫重于祭，所以嚴神祇之奉，隆本始之報。聖王之以此爲先，其器服之用、牲幣之等、疏數之節、多寡之數，則載于《周官》者爲詳。自秦漢以還，禮文殘缺，謏聞俗學因陋就寡，雖天地大祀，所當明察而合祭之，失千載莫革，則其餘蓋可知矣。道興世盛⑤，理若有待。恭惟皇帝陛下天錫明聖，丕承先志，爰詔有司討論舊典，親御翰墨，著爲

---

　　①　"三年"，底本作"二年"，據文津閣本、《宋史全文》卷一四"大觀三年夏四月"條校改。

　　②　"喻"字，底本無，據文津閣本校補。

　　③　"明昭"，繆本作"昭明"。

　　④　"殺"字，《宋史全文》卷一四"大觀三年夏四月"條作"衰"。

　　⑤　"興"字，繆本、《長編紀事本末》卷一三三《徽宗皇帝・議禮局》作"與"。"盛"字，《長編紀事本末》卷一三三《徽宗皇帝・議禮局》作"昇"。

格目,科指部居①,總集該盡,承學之臣獲遵謨訓,實千載難逢之會。

臣等今恭依所頒冠禮格目②,博極載籍③,先次編成《大觀新編禮書》,《吉禮》二百三十一卷④,并《目録》五卷,共二百三十六册⑤;《祭服制度》一十六卷,共一十六册;《祭服圖》一册。其據經稽古酌今之宜,以正沿襲之誤。又別爲《看詳》一十二卷⑥、《目録》一卷,共一十三册,《祭服看詳》二册,謹隨劄子上進。損益財成,伏乞斷自聖學,仍乞降付本局修定儀注。取進止。

大觀四年二月初九日⑦,奉御筆:閲所上《禮書》并《祭服制度》,頗見詳盡。内禘⑧、祫祭禮,自昔所論不一,今編次討論尤爲允當⑨,除依今來指揮改正外,餘依所奏修定。

御筆改正下項⑩:

① "格目科指部居"六字,底本作注文小字"闕",據《長編紀事本末》卷一三三《徽宗皇帝·議禮局》校補。
② "目"字,底本作"日",據文津閣本、楊本、繆本、《宋會要輯稿·職官》五之二二《議禮局》校改。
③ "載"字,底本作"典",據繆本、《宋會要輯稿·職官》五之二二《議禮局》、《長編紀事本末》卷一三三《徽宗皇帝·議禮局》校改。
④ "三"字,底本作"二",據《宋會要輯稿·職官》五之二二《議禮局》、《長編紀事本末》卷一三三《徽宗皇帝·議禮局》校改。
⑤ "共"字,底本無,據《宋會要輯稿·職官》五之二二《議禮局》、《長編紀事本末》卷一三三《徽宗皇帝·議禮局》校補。
⑥ "一十二",底本作"一十三",據《長編紀事本末》卷一三三《徽宗皇帝·議禮局》校改。
⑦ "二月",底本作"一月",據楊本、《宋會要輯稿·職官》五之二二《議禮局》、《長編紀事本末》卷一三三《徽宗皇帝·議禮局》校改。
⑧ "禘"字,底本作"録",據《宋會要輯稿·職官》五之二二《議禮局》、《長編紀事本末》卷一三三《徽宗皇帝·議禮局》校改。
⑨ "今"字,底本無,據《宋會要輯稿·職官》五之二二《議禮局》、《長編紀事本末》卷一三三《徽宗皇帝·議禮局》校補。
⑩ "下"字,《長編紀事本末》卷一三三《徽宗皇帝·議禮局》作"七"。

《禮書》卷第一①，議：先奏六樂，後奏黄鍾，合用禮神祀神之禮②。先王祀天，各以象類求之。方其求于幽③，則體其道而象其色，璧以圜、犢以蒼、日以冬至，以其幽而遠，故備樂而求之。自黄鍾陽生之律至《雲門之舞》，六變而後，天神始降，可得而禮。其求於顯，則體其用而象其色，不以璧之圜而以圭之鋭，不以犢之蒼而以特之赤，日以上辛，以其顯而近④，故分樂而序之，奏黄鍾、歌大吕⑤、舞《雲門》而已。天、帝一也⑥，自其本而求之則曰天，自其用而求之則曰帝，其禮、其義、其所、其事各異也。祀天者不可以求帝⑦，求帝者不可以祀天。天者，昊天也；帝者，感生帝也。《詩》曰："皇天上帝。"既曰天，又曰帝，體用不同故也。今先禮後祀，先六變後黄鍾，先飾以蒼後薦以赤⑧。考《周官》之書，有分而序之之言，無合而祀之之説⑨；有蒼璧四圭之異，無先璧後圭之制；有蒼犢騂牲之殊，無先蒼後赤之禮。夫牲本赤而飾以蒼，欲以降神格天，天其可欺乎？蓋自周以迄于今，千數百歲，未之有改，今無所稽據，合其禮于圜丘、冬祀之日，違經背義，不可施行。

---

① "禮書卷第一"五字，底本無，據繆本、《長編紀事本末》卷一三三《徽宗皇帝·議禮局》校補。

② "合"字，底本作"命"，據《長編紀事本末》卷一三三《徽宗皇帝·議禮局》校改。

③ "于"字，底本無，據《長編紀事本末》卷一三三《徽宗皇帝·議禮局》校補。

④ "而以圭之鋭不以犢之蒼而以特之赤日以上辛以其顯而近"二十四字，底本無，據文津閣本、《長編紀事本末》卷一三三《徽宗皇帝·議禮局》校補。

⑤ "歌"字，底本作"合"，據《長編紀事本末》卷一三三《徽宗皇帝·議禮局》校改。

⑥ "帝"字，底本無，據《長編紀事本末》卷一三三《徽宗皇帝·議禮局》校補。

⑦ "祀"字，底本作"禮"，據《長編紀事本末》卷一三三《徽宗皇帝·議禮局》校改。

⑧ "薦"字，繆本、《長編紀事本末》卷一三三《徽宗皇帝·議禮局》作"獻"。

⑨ "祀"字，底本作"禮"，據繆本、《長編紀事本末》卷一三三《徽宗皇帝·議禮局》校改。

《禮書》卷第二①。議：設壺尊於壇下。禮之所施，各有其宜。禮運所稱，後聖有作，爲臺榭宮室，以炮以燔以烹以炙。玄酒在室，醴醆在戶，粢醍在堂，澄酒在下，陳其犧牲，列其琴瑟，以降上神，與其先祖考。其言曰室、曰戶、曰堂、曰下，蓋在寢在廟之制，非丘壇之禮。考《周書》：“酒正，掌酒之政令。”有酌數，有器量，亦無在上在下之文，于古所稽，可不須改。

《禮書》卷第四②。議：乞立春後上辛日祈穀。先王祈鬼神③，各隨其事，各協其時，各異其禮。萬物萌于春，新于辛。正月，春之始和也；上辛日④，新之初應也⑤，故祈穀以正月之上辛，不可易也。若立春前遇辛不祈，于立春後別以辛日⑥，是爲次辛，非上辛也。今歲在庚寅⑦，上辛在丑，立春在申，次辛在亥，遇丑不祈而祈于亥日，則辛之氣已過，不逆其氣而求之，非禮也。不可施行。

《禮書》卷第五⑧。議：蜡祭增日月于南北壇，罷去二十八舍星次重複。先王制禮以求鬼神，或于其所出之方，或本其所立之地。蓋日陽月陰，方求神而覲之，則禮日于南、禮月于北，日出東、月出西方，求神而祀之，則祀日于東壇，祀月于西壇，各有所

① “禮書卷第二”五字，底本無，據繆本、《長編紀事本末》卷一三三《徽宗皇帝·議禮局》校補。

② “禮書卷第四”五字，底本無，據繆本、《長編紀事本末》卷一三三《徽宗皇帝·議禮局》校補。

③ “祈”字，底本作“祀”，據《長編紀事本末》卷一三三《徽宗皇帝·議禮局》校改。

④ “辛”字，底本無，據《長編紀事本末》卷一三三《徽宗皇帝·議禮局》校補。

⑤ “新”字，底本無，據楊本、《長編紀事本末》卷一三三《徽宗皇帝·議禮局》校補。

⑥ “以”字，底本作“于”，據《長編紀事本末》卷一三三《徽宗皇帝·議禮局》校改。

⑦ “今”字，底本無，據《長編紀事本末》卷一三三《徽宗皇帝·議禮局》校補。

⑧ “禮書卷第五”五字，底本無，據繆本、《長編紀事本末》卷一三三《徽宗皇帝·議禮局》校補。

主也。先王之於日、月，或賓其出，或致其至，或餞其入，或禮之，或祀之，其義不同。蜡祭兼日月①，既祀于東西矣，而又禮之于南北。天無二日，豈不瀆乎？且《覲禮》所載，覲而禮之非祀禮也。今去星次重複，而增日月之祀②，重複甚矣，不可施行。

《禮書》卷第十一③。議：乞執政以上祭四廟，餘通祭三廟。禮有等差，以別貴賤，故廟祭之數，天子七世，諸侯五世，大夫三世，適士二世，不易之道也。今以執政官方古諸侯，而止祭四世，古無祭四世之文。又侍從官以至士庶④，通祭三世，無等差多寡之别，豈禮意乎？古者天子七世，今太廟已增爲九室，則執政視古諸侯，以事五世不爲過矣。先王制禮，以齊萬有不同之情⑤，賤者不得僭⑥，貴者不得踰。故事，二世者雖有孝思追遠之心，無得而越，事五世者，亦當跂以及焉⑦。今恐奪人之恩⑧，而使通祭三世，狥流俗之情，非先王制禮等差之義。可文臣執政官、武臣節度使以上，祭五世，文武升朝官祭三世，餘祭二世。

---

①　"祭蜡"，底本作"蜡祭"，據繆本、《長編紀事本末》卷一三三《徽宗皇帝·議禮局》乙正。

②　"祀"字，底本作"祠"，據《長編紀事本末》卷一三三《徽宗皇帝·議禮局》校改。

③　"禮書卷第十一"六字，底本無，據繆本、《長編紀事本末》卷一三三《徽宗皇帝·議禮局》校補。

④　"士庶"，《文獻通考》卷一〇四《宗廟考十四·諸侯家廟》作"匹庶"。

⑤　"有萬不同之情"，底本作"萬有不同之情"，據《宋會要輯稿·禮》一二之二《羣臣士庶家廟》、《宋史》卷一〇九《禮十二·羣臣家廟》乙正。

⑥　"僭"字，底本作"替"，據楊本、繆本、《宋會要輯稿·禮》一二之二《羣臣士庶家廟》、《文獻通考》卷一〇四《宗廟考十四·諸侯家廟》、《宋史》卷一〇九《禮十二·羣臣家廟》校改。

⑦　"亦"字，底本作"正"，據《宋會要輯稿·禮》一二之二《羣臣士庶家廟》、《文獻通考》卷一〇四《宗廟考十四·諸侯家廟》、《宋史》卷一〇九《禮十二·羣臣家廟》、《長編紀事本末》卷一三三《徽宗皇帝·議禮局》校改。

⑧　"恩"字，底本作"思"，據《宋會要輯稿·禮》一二之二《羣臣士庶家廟》、《宋史》卷一〇九《禮十二·羣臣家廟》校改。

議：乞立廟者，居處狹隘①，聽於私第之側，又無則隨宜創置禮以制情，使貴賤、大小各當其分，則禮必有制②，制必有數，故不敢踰、不敢紊也。古者，廟在大門之內，中門之左，內示親，左示仁也。今臣僚寓居僦舍，無有定止，禮令一下，人不立廟，當麗於法矣。可應有私第者，立廟於門內之左，如狹隘聽於私第之側。力所不及，仍許隨宜。

議：及品官廟視宅堂之制，寢勿踰於廟，間數以世數爲限，庶幾易行。陽數奇，陰數耦，天下屋室之制，皆以陽爲數。今立廟制寢，視其所祭之數，則祭四世者寢四間，陰數也。古者，寢不踰廟，禮之廢失久矣。士庶堂寢有踰度僭禮，有五楹、七楹、九楹者，若一旦使就五世、三世之數③，則當徹毀居宇，以應禮制，人必駭政④，豈得爲易行？可今後立廟⑤，其間數視所祭世數，寢間數不得踰廟。事二世者，寢用三間者聽⑥。

本局劄子：臣等謹按：古者祫祭朝踐之時，設始祖之坐，戶西

---

①　“狹隘”，底本作“隘狹”，據繆本、《宋會要輯稿·禮》一二之二《羣臣士庶家廟》、《長編紀事本末》卷一三三《徽宗皇帝·議禮局》乙正。

②　“必”字，底本作“又”，據繆本、《宋會要輯稿·禮》一二之二《羣臣士庶家廟》、《長編紀事本末》卷一三三《徽宗皇帝·議禮局》校改。

③　“一旦”，底本作“一切”，據繆本、《宋會要輯稿·禮》一二之二《羣臣士庶家廟》、《文獻通考》卷一〇四《宗廟考十四·諸侯家廟》、《宋史》卷一〇九《禮十二·羣臣家廟》、《長編紀事本末》卷一三三《徽宗皇帝·議禮局》校改。

④　底本“人”後作注文小字“闕”，據《長編紀事本末》卷一三三《徽宗皇帝·議禮局》校補。

⑤　“今後”，《文獻通考》卷一〇四《宗廟考十四·諸侯家廟》、《宋史》卷一〇九《禮十二·羣臣家廟》作“自今”。

⑥　“寢用三間者聽”，《文獻通考》卷一〇四《宗廟考十四·諸侯家廟》、《宋史》卷一〇九《禮十二·羣臣家廟》作“寢聽用三間”。

南面,昭在東,穆在西,相向而坐。薦籩豆脯醢,王則北面而事之①。若此者,堂上之位也。設饌之後,設席於室,在户内西方,東面爲始祖之位,次北方南面布昭席,次南方北面布穆席,其餘昭穆各依次而坐。若此者,室中之位也。設始祖南面之位而朝踐焉,在禮謂之堂事;設始祖東面之位而饋食焉,在禮謂之室事。考《漢舊儀》,宗廟三年大祫祭,子孫諸帝以昭穆坐於高廟,墮廟神主皆合食,設左右坐,高祖南面,則自漢以前堂上之位未嘗廢也。元始以後,初去此禮,專設室中東面之位②。晉、宋、隋、唐所謂始祖位不過論室中之位耳。且少牢饋食,大夫禮也;特牲饋食,士禮也。以《儀禮》考之,大夫、士祭無薦腥、朝踐之事,故惟饋食于室。至於天子祭宗廟,則堂事、室事皆舉,堂上位廢而天子北面事祖之禮缺矣。伏請每行大祫,堂上設南面之位,室中設東面之位,始祖南面,則昭穆東西相向;始祖東面,則昭穆南北相向,以應古義。取進止。

大觀四年三月六日③,奉御筆:堂室各異,而朝踐設饌禮亦不同,廢其一而止舉室中之禮,歷代沿習之誤也。可依所奏。

本局劄子:臣等聞古之祭祀,必七日戒,三日齋。戒者,防其非僻以無爲也④;齋者,一其思慮以無思也。無爲無思以致一,則能神明其德,然後可以交于神明。所以齋則見其所爲齋者,有能一日盡其誠於此,則可以承祭祀矣,必期以十日者,何也? 人之

---

① “王”字,底本作“主”,據繆本、《長編紀事本末》卷一三三《徽宗皇帝·議禮局》校改。
② “面”字,繆本、《長編紀事本末》卷一三三《徽宗皇帝·議禮局》作“向”。
③ “六日”,繆本作“九日”,文津閣本作“八日”。
④ “非”字,繆本作“邪”。

精神，易動而難静，非俟之以久，則夜氣之所息，不足勝旦晝之所爲。今夫自甲至癸日，一周也，五行剛柔氣一成也。《周官·太宰》："祀五帝，則前期十日帥執事而卜日①，遂戒。"謂散齋七日，致齋三日也。秦變古法，改用三日。漢則天地七日，宗廟五日，魏晉因之。唐則大祀七日。雖多寡不同，皆非先王之制。臣等欲乞明詔有司，應郊廟大祭祀②，皆前期十日而戒③，散齋七日以定之，致齋三日以齊之，以應典禮。取進止。

大觀四年三月九日，奉御筆：祭祀雖有不同，而其齋明致一以交神明者不可異也，宜依所奏。

本局劄子：臣等伏覩陛下度律均鍾④，更造雅樂，頒之天下，爲萬世法。至於禮器，尚仍舊制，未聞有所改作。禮樂，有國之大本，而其末起於度數。度數得則權量正，法度一而民不疑。今禮樂異制，不相取法，非所以一民也⑤。臣等欲乞明詔有司，取新定樂律之度⑥，審校禮器，有不合者悉行改正，以副制作之意。取進止。

───────────────

　　①　"十日"，底本作"書"，據《宋會要輯稿·禮》一四之六二《群祀二》、《長編紀事本末》卷一三三《徽宗皇帝·議禮局》校改。
　　②　"應"字，底本無，據繆本、《宋會要輯稿·禮》一四之六三《群祀二》、《長編紀事本末》卷一三三《徽宗皇帝·議禮局》校補。
　　③　"十日"二字，底本無，據《宋會要輯稿·禮》一四之六三《群祀二》、《長編紀事本末》卷一三三《徽宗皇帝·議禮局》校補。底本"戒"前衍"誓"字，據《宋會要輯稿·禮》一四之六三《群祀二》、《長編紀事本末》卷一三三《徽宗皇帝·議禮局》删。
　　④　"覩"字，底本作"觀"，據繆本、《宋會要輯稿·食貨》四一之三○《量衡》校改。
　　⑤　"也"字，底本作"之道"，據《宋會要輯稿·食貨》四一之三○《量衡》、《長編紀事本末》卷一三三《徽宗皇帝·議禮局》校改。
　　⑥　"樂律"，底本作"律樂"，據繆本、《宋會要輯稿·食貨》四一之三○《量衡》、《長編紀事本末》卷一三三《徽宗皇帝·議禮局》乙正。

　　大觀四年二月初九日[①]，奉御筆：律度量衡，先王之制不相襲，而歷代亦不同，今以身爲度[②]，起律作樂，則於禮制，宜依所奏。

　　本局劄子：臣等謹按：《周官》五禮，以吉、凶、賓、軍、嘉爲序，自唐貞觀中所列叙次與《周官》不同，《開元》因而不改，至本朝《開寶通禮》亦遵用之。今來議禮局除已進古禮，於其見討論禮書次序，伏乞斷自聖裁。取進止。

　　大觀四年二月十五日，奉御筆：先王制禮，有不可易，有不可循者，各以其宜而已。故禮以義起，不必同也。吉凶相生，古人以爲必然之理，故先吉後凶。然以情考之，凶事當後於諸禮。可依《開寶》之序。

　　大觀四年二月十八日，内降下宣德郎、新差權發遣提擧淮南東路學事于權劄子[③]：臣聞《詩》曰："古長民者，衣服不貳，從容有常，以齊其民，則民德歸一。"臣謂作此詩者，其知道乎！黃帝、堯舜垂衣裳而天下治，蓋衣裳所以示上下之分，明尊卑之等，辨隆殺之節，聖人寓道德之意[④]，賾性命之理於其間[⑤]。深知其意者，禮實由己，聖主盡知焉。

---

　　① "二月"，底本作"一月"，據文津閣本、楊本、《宋會要輯稿·食貨》四一之三〇《量衡》、《長編紀事本末》卷一三三《徽宗皇帝·議禮局》校改。

　　② "今"字，底本作"人"，據文津閣本、楊本、繆本、《宋會要輯稿·食貨》四一之三一《量衡》校改。

　　③ "于權"，《宋史》卷一三三《輿服五·士庶人服》作"丁瓘"。

　　④ "道德"，楊本、繆本作"以道"。

　　⑤ "賾"字，底本作"順"，據繆本校改。

　　陛下設官置局,討論禮制,親灑宸翰,屢煩訓詞,所以齊民德者,可謂至矣。臣愚以爲衣服之制①,尤不可緩。今閭閻之卑,倡優之賤,男子服帶犀玉,婦人塗飾金珠,尚多僭侈,未合古制。臣恐禮官所議,止正大典,未遑及此。伏願明詔有司,嚴正法度,酌古便今,以義起禮,俾閭閻之卑不得與尊者同榮,倡優之賤不得與貴者並麗。此法一正,名分自明,陛下高拱無爲于一堂之上,而風俗移易于萬里之外矣。平澆偷以歸忠厚②,豈曰小補之哉。取進止。

　　大觀四年二月十六日,正奉大夫、知樞密院事鄭居中於崇政殿進呈,奉聖旨送議禮局,留俟。

　　大觀四年三月,内降指揮:臣僚之家霑被恩典,澤及祖先,最爲榮遇,其追贈官爵,雖是寵以虛名,緣直下子孫皆得用蔭,及本户差科輸納類便爲官户③,故所贈三代愈多,所庇之子孫愈衆,不特虛名而已。今《司封格》④:三公以下至僉書樞密院,初除及每遇大禮,並封贈三代。節度使雖封三代,遇大禮方許封贈,尚不在初除封贈之例。其次官,雖至東宮三師⑤,階雖至特進,職雖至大觀文,亦止封三代,有以知祖宗以來慎惜名器之意。

　　又高祖之上,又有一祖未有稱呼,可令議禮局看詳⑥。

---

　　①　"以爲",繆本作"以謂"。
　　②　"平"字,《宋史》卷一五三《輿服五・士庶人服》作"革"。
　　③　"官户",底本作"管户",據繆本、《宋會要輯稿・職官》九之五《司封》、《中興禮書》卷一七〇引《政和五禮新儀》校改。
　　④　"封"字,底本無,據繆本、《宋會要輯稿・職官》九之五《司封》校補。
　　⑤　"至"字,底本作"主",據楊本、繆本、《宋會要輯稿・職官》九之五《司封》校改。
　　⑥　"可令議禮局看詳"七字,底本無,據《宋會要輯稿・職官》九之五《司封》校補。

本局劄子:臣等看詳:家祭之禮,子孫所以致孝也,其世數之遠近,必視爵秩之高下以爲之等,是以或祭五世,或祭三世,或祭二世。封贈之制,朝廷所以廣恩也,其世數之遠近,亦必視爵秩之高下以爲之等,是以或贈三代,或贈二代,或贈一代。蓋朝廷之典,以義制恩;人子之心,奉先以孝。故遠近雖不同,乃所爲稱也。今來家廟所祭世數儀注,已遵依御筆修定,其封贈自合依司封定格施行①。至于高祖以上一祖稱呼,臣等檢詳《爾雅》,曰父爲考,父之考爲王父,王父之考爲曾祖王父,曾祖王父之考爲高祖王父,至高祖而止②。按《禮記·王制》,諸侯五廟,二昭二穆與太祖之廟而五,則所謂太祖者,蓋始封之祖,不必五世,又非臣下所可通稱③。祭法,諸侯立五廟,曰考、曰王考、曰皇考、曰顯考、曰祖考④,則祖考亦《王制》所謂太祖,不必五世者也。今高祖以上一祖,欲乞稱五世祖,庶于禮經無誤。更乞斷自聖學。取進止。

大觀四年四月初八日,奉御筆:依所奏施行。

本局劄子:臣等契勘議禮局見編修賓、軍已下四禮,謹具下項。

一、賓禮,據《周禮·春官》,以朝宗、覲遇、會同、問視爲賓禮。蓋以古者天子之于諸侯,有不純臣之義,故其來也以賓禮待

---

① “定”字,《宋會要輯稿·職官》九之六《司封》無。

② “高祖”,《宋會要輯稿·職官》九之五《司封》作“四世”。

③ “臣”字,底本作“自”,據《宋會要輯稿·職官》九之五《司封》、《宋會要輯稿·禮》一二之三《羣臣士庶家廟》、《中興禮書》卷一七〇引《政和五禮新儀》校改。

④ “曰”字,底本無,據文津閣本、《宋會要輯稿·職官》九之五《司封》校補。

之。《開元》及《開寶》，惟以蕃國主及蕃國使朝見爲賓禮①，自大朝會以下並於嘉禮修入。

　一、軍禮，除依《周禮》合編外，有大均、大役之禮，乃均賦貢力政及修築宮邑之事。看詳古者，六師出于六鄉②，軍政寓于井田，故大均、大役列爲軍禮。降周以來兵農判而爲二，其事又非禮官所掌。故《開元》及《開寶》軍禮並不編入。又有大封之禮，自置郡縣，其禮不存。《開元》、《開寶》雖有册拜諸王公儀③，係于嘉禮中編入④。

　一、嘉禮，除依《周禮》合編外，有飲食之禮，親宗族兄弟；有饗燕之禮，親四方之賓客。古者，飲食、燕饗之禮，其事不同，行之或在路寢，或在祖廟。今朝廷所行，均謂之燕禮。又有脤膰之禮，親兄弟之國；賀慶之禮，親異姓之國。説者謂兄弟同姓之國也，異姓婚姻甥舅之國也。今雖有賜胙之禮，祀事既畢，止及羣臣，其儀已具吉禮。昏姻甥舅，置第京師，非如昔時裂土受封。《開元》及《開寶》定禮，並無上件儀注。右伏乞斷自聖裁，降本局遵依編修。取進止。

　大觀四年四月九日，奉御筆指揮下項：

　賓禮。《鹿鳴》之詩以燕羣臣，而其詩曰：“以燕樂嘉賓之

---

　①　“蕃國主及”四字，底本無，據《長編紀事本末》卷一三三《徽宗皇帝·議禮局》校補。

　②　“鄉”字，底本作“卿”，據文津閣本、楊本、繆本、《長編紀事本末》卷一三三《徽宗皇帝·議禮局》校改。

　③　“有”字，底本作“存”，據繆本、《長編紀事本末》卷一三三《徽宗皇帝·議禮局》校改。

　④　“係”字，底本作“俱”，據《長編紀事本末》卷一三三《徽宗皇帝·議禮局》校改。

心。"蓋方其燕樂,則羣臣亦謂之賓,非特諸侯也。主尊賓卑[①],君爲主而尊,臣爲賓而卑,此賓主尊卑之義辨矣。今雖不封建諸侯,賓禮豈可廢缺? 自罷侯置守,守臣亦古諸侯也,其赴闕來朝,被召奏事之類,則朝覲會遇之禮,豈可廢乎? 唐不知此而移于嘉禮,非先王制禮之意,可依《周禮》參詳去取修立。

軍禮。兵農雖分,均而恤之,役而任之,固在也。大均之禮,恤衆,恤其事也;大役之禮,任衆,任其力也。恤其事,非特地賦地職而已[②];任其力,非特築宫邑而已也。今諸侯軍,三年一成,無久近之差,無勞逸之異,無遠邇之殊,均之也。營建城邑、起保甲、興兵夫之類,役之也,則均役之禮豈可無之? 禮,春也,故軍禮在焉,其事則各隨所隸。如大蒐禮在《春官》,而蒐田之制在《夏官》,朝宗在《春官》,而圖事比功在《秋官》[③],則豈害於所掌乎? 至如大封,今有五等封爵,然無合衆之事在所去取。禮緣人情,因情立制,古有今無,則不必膠古;古無今有,則自我有作,惟當而已。

嘉禮。飲食以親宗族兄弟,今宗室親王皆有歲時生餼酒食之賜是也。脤膰以親兄弟之國,今兄弟雖不之國,祭而受福,豈可不與兄弟共之? 有司自當參酌時事,考循古意,以立禮制。

大觀四年四月二十八日,尚書省劄子:朝奉郎、試給事中蔡薿劄子:臣聞虞舜五載一巡狩,則必同律度衡量。成王制禮作

---

① "主"字,底本作"王",據繆本、《長編紀事本末》卷一三三《徽宗皇帝·議禮局》校改。

② 前"地"字疑衍。

③ "圖"字,底本作"國",據繆本、《長編紀事本末》卷一三三《徽宗皇帝·議禮局》校改。

樂，頒度量而天下大服。然則度量權衡之致謹者，聖人所以行四方之政也。恭惟陛下與神爲謀，以身爲度，因帝指之尺以起鐘律之制，奏之郊廟，八音克諧，而天地和應矣。臣尚願頒指尺于天下，以同五度、五量、五權之法。區區之愚，於今日所用度之長短①、量之多寡、權之輕重，非將有所增損也。特因仍其舊，悉使考協于新尺之度數，而定爲永法，則自我有作，無駭於俗，備一代之典，昭示無窮，實天下幸甚。如蒙聖慈允俞②，乞即詔有司討論施行③。取進止。

四月二十五日，奉聖旨：依奏。令議禮局討論，申尚書省。

大觀四年八月六日，尚書省劄子：中大夫、試尚書户部侍郎鄭僅奏：准御史臺牒，八月一日文德殿視朝，輪當接對④，臣聞正分明理則風俗淳，敦本抑末則民生厚。先王之時，崇車輿、衣服之制，故奢侈不戢而自禁，斥彫巧浮僞之作⑤，故財用不費而自給，後世禮浸不講，法亦不明。是以下僭上而世不以爲奢，賤越貴而衆不以爲過。臣庶宅王侯之第，倡優服嬪御之飾，争華競麗，棄本而逐末，妄費無節，靡然成風。國家承列聖之德，天下熙洽。陛下克以儉勤，焦勞圖治，法度修而上下之分明。近者又禁民庶用真珠爲飾，足以見抑豪富、弭僭侈之意。古人謂事雖小而

---

① “所”字，底本作“初”，據繆本、《宋會要輯稿·食貨》四一之三一《量衡》校改。
② “俞允”，底本作“允俞”，據繆本乙正。
③ “乞即”，繆本作“即乞”。
④ “接”字，繆本作“時”。
⑤ “斥”字，繆本作“黜”。

關于理者不可失①，失之則亂所由生，此得其旨矣②。然真珠特一事耳，至於金玉錦繡衣服之飾，宅舍車馬器用之度，賤不得以踰貴，卑不得以侔尊者，臣愚願詔有司檢舉著令而申飭之。令所未載者，裁爲等差而頒行之，使天下曉然知分，而奢僭之風止③。則游手末作，復事本業，財無妄費，力不虚出，而家給人足矣。臣不勝區區之愚，伏候敕旨。

八月三日④，奉聖旨：送議禮局。

大觀四年八月十九日，降下朝奉郎、樞密院編修官陳元老劄子：臣竊謂祀國之大事，必齋戒以奉。古之齋者，不飲酒，不茹葷，防其邪物，去其嗜慾，然後致一之精，通乎神明。《記》曰：“齋者，精明之至也，所以交于神明之道也。”今州縣社稷，釋奠，風、雨、雷師，歲凡六祀爾。祭祀疏則於禮宜謹，然偏郡左邑齋居之日，或將迎過位，有不廢宴樂者，肅心不存，非事神福民之道。按諸祠散齋惟不作樂，而宴飲之禁未有明文，臣愚欲乞睿旨立法，俾遐逖之吏知所祗畏，庶幾仰副陛下嚴恭昭事之誠意。取進止。

奉御筆，送議禮局。

大觀四年閏八月初三日⑤，被受御筆指揮下項：士庶每歲中元節，折竹爲樓，紙作偶人，如僧居其側，號曰“盂蘭盆”，釋子曰：

---

① “古”字，底本作“在”，據繆本校改。
② 底本“此”前衍“至”字，據文津閣本、楊本、繆本删。
③ “僭”字，底本作“逼”，據繆本校改。
④ “敕旨八月”四字，底本作注文小字“闕”，據文津閣本、繆本校補。
⑤ “閏”字，底本無，據《長編紀事本末》卷一三三《徽宗皇帝·議禮局》校補。

“薦度亡者①，解脱地獄，往生天界，以供孝德②。”行於世俗可矣。景靈兩宮，祖考靈遊所在，不應俯狥流俗，曲信金狄不根而設此物，縱復釋教藏典具載此等，在先儒典籍有何據執？并是日，於帝后神御座上鋪陳麻株練葉以藉瓜花，不委逐項，可與不可施之宗廟，詳議以聞。

　　佛乃西方得道之士，自漢明帝感夢之後，像教流於中國，以世之九卿視之。見今景靈兩宮帝后忌辰，用釋教設水陸齋會，盛陳幃幄，揭榜曰“帝號浴室”。僧從召請，曰“不違佛敕，來降道場”。以祖宗在天之靈，遽從佛敕之呼召，不亦瀆侮之甚乎？況胡佛可以稱呼敕旨乎？有何典常？可檢引條陳，實封進入。

　　犬之爲物，在道教中謂之“厭獸”，人且罕食，而歲時祭祀備於禮科，登於鼎俎，於典禮經據如何該載③？可檢閱因依，詳陳進入。

　　本局劄子奏，奉御筆指揮，詳議下項：盂蘭盆本梵語，譯以華音，即救倒垂器也。釋氏之説，以爲大目犍連爲其母墮餓鬼趣中，乃于僧自恣之日，具飯、五果百味置盆中，以供十方，而母得食。然則具飯以度苦趣，設器以救倒垂，行於世俗可也。景靈東西兩殿，嚴事祖考，神靈在天，對越在下，奈何俯狥流俗，設盂蘭盆之儀乎？稽之先儒載籍，靡所據執④。

---

　　① “度”字，底本作“嚴”，據《長編紀事本末》卷一三三《徽宗皇帝·議禮局》校改。
　　② “孝德”，底本作“者聽”，據《長編紀事本末》卷一三三《徽宗皇帝·議禮局》校改。
　　③ “如何”，底本作“何如”，據《長編紀事本末》卷一三三《徽宗皇帝·議禮局》乙正。
　　④ “據”字，底本作“拘”，據楊本校改。

　　至若麻株練葉以藉瓜花，亦非經訓①，獨出於疏鈔，麻穀衆草之論②，及楚人五月五日記屈原之説，尤乖典禮，不可施用。景靈兩宮帝后忌辰，用釋教設水陸齋供，而僧徒召請有"不違佛敕"之呼，以祖宗而從佛敕，以胡佛而稱敕旨，失禮畔經，不可以訓，求之典常，所宜刊正。今景靈宮所用水陸儀式，除功德名位，崇寧五年已奉睿旨編類成册外③，而其間應用詞語④，臣等以謂亦宜如《金錄齋儀》，令逐一供具明詔所屬，選官再行看詳⑤，凡涉僭紊，悉行删正，庶于行用無誤。

　　太廟親祠，雖具犬牲之薦，蓋亦未備。矧犬爲厭獸，人猶弗食，而載之鼎俎以享神明，豈事死如事生之意乎？臣等以爲宗廟之祭宜如六牲之不具馬雞，四豆之弗薦鴈醢之義，去犬牲不用，更乞特降睿旨施行。取進止。

　　閏八月十三日，奉聖旨：第一、第三項依所議並罷，第二項令禮部取索删潤聞奏⑥。

　　大觀四年閏八月八日，尚書省劄子：朝散郎、試給事中蔡薿奏：准御史臺牒，閏八月一日，文德殿視朝輪當。臣觀輦轂之下、士庶之間，侈靡之風曾未少革，富民牆屋得被文繡，倡優下賤得

---

　　①　"非"字，文津閣本作"乖"。
　　②　底本"衆草"前衍"桑蒿"二字，據繆本、《長編紀事本末》卷一三三《徽宗皇帝・議禮局》删。
　　③　"册"字，底本作"用"，據《長編紀事本末》卷一三三《徽宗皇帝・議禮局》校改。
　　④　"而其"二字，底本無，據《長編紀事本末》卷一三三《徽宗皇帝・議禮局》校補。
　　⑤　"再"字，底本作"一册"，據《長編紀事本末》卷一三三《徽宗皇帝・議禮局》校改。
　　⑥　"删"字，底本作"册"，據繆本、《長編紀事本末》卷一三三《徽宗皇帝・議禮局》校改。

爲后飾,殆有甚于漢儒之所太息者。彫文纂組之日新,金珠奇巧之相勝。富者既以自夸,貧者恥其不若,則人欲何由而少定哉?願明詔有司,因時立法,若衣服之所宜,若屋室之所制、械器之用、金玉之制,辨其等威,以示制度。惟無駭于俗,無甚苛細而易以遵行者,具爲品式而頒焉。其制一定,然後嚴爲之禁,孰敢有不從者乎?庶幾法完令具,仰稱陛下敦厚風俗之意,伏俟敕旨①。

閏八月五日,奉聖旨:送議禮局。

大觀四年十月二十四日,内降指揮:下項二事,可更契勘,於儀注内修入。

一、穆清殿門外并皇城里至角門内外②,可設仗執擎排列。

一、文德殿發册日③,太尉、司徒押册寶自文德殿門出,由端禮門,右長慶門,右銀臺門,右承天門,至延福宫門内授執事内侍以入。

大觀四年十月二十四日,奉御筆:據所奏皇后受册儀制頗未詳備,比覽《開元禮類釋·嘉禮》,册命皇后于皇后殿,設幄位,展宫架,奏樂,進重翟,諸衛屯門外列仗之類,其禮詳盡。今可于非六寢之殿爲皇后受册殿,謂如延福宫、穆清殿是也。内進重翟、諸衛屯門更不施行外,其設宫架、奏樂等,宜精加討論,子細比類,參酌

---

① “俟”字,繆本作“候”。
② “里至”,底本作“重屋”,據本書卷一八八《嘉禮·册皇后儀二·皇后受册》改。“外”字,底本無,據繆本、本書卷一八八《嘉禮·册皇后儀二·皇后受册》補。
③ 底本“文德殿”後衍“角”字,據繆本删。

古今,隨宜增損①,重别議定禮制②,畫開具進入。

　　本局劄子:臣等准尚書劄子:奉聖旨,中書省會議禮局講究册儀禮範以聞③,本局今具儀範節目畫一下項,如可施用,即具看詳進納,候得旨修立儀注。取進止。

　　一、臨軒命使,《開元》、《開寶禮》皆御露寢,今乞依近行儀注,皇帝御文德殿。

　　一、臨軒命使,歷代皆服衮冕,今乞依近行儀注,皇帝服通天冠、絳紗袍,羣臣並朝服。

　　一、臨軒命使,《開元》、《開寶禮》所司陳黄麾細仗④。

　　一、臨軒命使。乞依古用宫架。

　　一、册使,《開元》、《開寶禮》並于發册殿門外乘輅,近儀不用,今乞更不乘輅。

　　一、奉册寶授皇后,其執事人歷代不同,近儀皆用内侍,今乞遵用。

　　一、皇后受册,《開元》、《開寶禮》並别有受册殿,近儀止于穆清殿爲受册殿。

　　一、皇后受册服,歷代並用褘衣,今乞遵用。

　　一、皇后受册及内外命婦班賀,《開元》、《開寶禮》皆于受册之殿陳宫架,用女工人升降行止⑤,並以樂,近儀不用,伏乞定皇后受册及内外命婦班賀樂名,仍乞别撰樂章。

----

① “損”字,底本無,據繆本校補。
② “議”字,底本作“儀”,據《宋會要輯稿·禮》五三之七《册后》校改。
③ “禮”字,底本脱,據十萬卷樓本校補。
④ “黄麾”,底本作“黄蓋”,據繆本、《宋會要輯稿·禮》五三之七《册后》校改。
⑤ “行止”,底本作“止行”,據繆本、《宋會要輯稿·禮》五三之七《册后》乙正。

一、皇后受册,《開元》《開寶禮》內外命婦並立班稱賀①,伏乞遵用。

一②、皇后受册,《開元》《開寶禮》羣臣詣受册殿稱賀,伏乞近儀于內東門上牋③。

一、皇后受册,《開元》《開寶禮》皆上表謝皇帝,今乞遵用。

一、皇后受册,《開元》《開寶禮》皇后乘重翟見太廟,今參酌乞修立皇后謁景靈宮儀注。

一、册皇后,近儀羣臣或入殿稱賀,或止於東上閤門拜表,今乞羣臣入殿稱賀。

一、册皇后,歷代羣臣皆有上禮儀注。今乞進止降令施行④。

一、册皇后,《開元》《開寶禮》有會羣臣儀注,今乞遵用。

一、皇后受册,《開元》《開寶禮》內命婦賀訖,次引外命婦稱賀,有會外命婦儀注⑤,今乞遵用。

大觀四年十一月十一日,崇政殿進呈,奉聖旨:並依奏,付議禮局。

本局劄子:臣等昨奉聖旨講究皇后册儀禮範以聞,恭惟中宮正位,國家大慶,載筆議禮,臣子至榮。臣等皆以腐儒仰承睿訓,謹參酌古今⑥,因時之宜,先次修成《看詳》七册、《目錄》一册,隨劄子上進。惟是見聞卑淺,雖竭疲駑,懼無稱塞明詔,伏乞斷自

---

① “立”字,底本作“列”,據文津閣本、楊本、繆本、《宋會要輯稿·禮》五三之七《册后》校改。

② “一”字,底本無,據文津閣本、十萬卷樓卷本、楊本、繆本校補。

③ “內東門”,底本作“東門內”,據《宋會要輯稿·禮》五三之七《册后》、《長編紀事本末》卷一三三《徽宗皇帝·議禮局》、《宋史》卷一一一《禮四·册立皇后儀》乙正。

④ “進止降令”,《宋會要輯稿·禮》五三之七《册后》作“進馬條令”。

⑤ “命”字,底本無,據楊本、繆本、《宋會要輯稿·禮》五三之七《册后》校補。

⑥ “古今”,繆本作“今古”。

聖學,損益裁定,降付本局修立儀注。取進止。

　　大觀四年十一月十八日,奉御筆:講究議論已得詳備①,宜依此修成儀注進呈訖頒下。

　　大觀四年十二月初三日,内降指揮:皇后用二月一日受册曲名,可依下項:出閣,《坤安曲》②;升座,《和安曲》;降殿、迎册寶,《承安曲》;册寶入殿,《宜安曲》;受册寶,《成安曲》;命婦入門,《咸安曲》;命婦稱賀,《惠安曲》;降座,《徽安曲》;歸閣,《泰安曲》。

　　本局劄子:臣等准本局承受、内客省使賈祥奉宣聖旨,皇后受册、捧册寶升殿,作《至安》之曲,欲望聖慈許令修撰樂章,添入今來所用儀注。取進止。

　　大觀四年十二月二十一日,奉御筆:依奏。

　　本局劄子:臣等恭以選建坤儀,莫大之盛禮,建隆以來册命屢進③,而當時之臣類皆循沿舊習,因仍簡陋,未始蒐裒參討,以著成一王之典。恭惟皇帝陛下睿智生知,聖學高妙,爰詔儒臣悉加考究④,蓋欲彌文縟禮,炳然追三代之風,以光昭太平典章之盛⑤。臣等猥以樸學備數書局,雖夙夜自竭,深慙無以仰承訓敕之餘緒,討論上奏,幸蒙賜可,俾得修立儀注。今斟酌損益,譔次到《皇后册儀禮注》四册、《目録》一册、《樂章》一册、《章服圖》二

――――――――――

① "詳"字,底本無,據文津閣本、繆本校補。
② "坤安",底本作"神安",據《宋會要輯稿·樂》七之二五校改。
③ "進"字,文津閣本、楊本作"請",繆本作"講"。
④ "爰"字,底本作"受",據楊本校改。
⑤ "光昭",底本作"充昭",據繆本校改。

册,并前所上《皇后册禮儀範看詳》七册、《目録》一册,隨劄子上進。冒塵睿覽,伏增戰汗。倘合天心,乞即頒降付有司施行。取進止。

大觀四年十二月,奉御筆:依此頒降施行。

本局劄子:臣等伏奉聖恩,頒降《御製御書政和新修五禮序》。齊捧跪讀①,如向天庭以瞻日月之光②,照曜心目,罔知所喻③。臣等契勘比年以來所頒御製皆勒金石,以垂永久,若恢崇學校之詔,載于辟廱;賓興八行之訓④,刻之大學;新樂之記⑤,立之大晟。所有今來頒降《御製御書政和新修五禮序》,欲望特許依上件體例摹勒,立石於太常寺⑥。取進止。

政和元年三月,奉御筆⑦:依所奏。

政和元年三月五日尚書省劄子:禮部狀:准都省批送下太常寺劄子:契勘聖朝自大中祥符中,封五嶽爲帝、四海四瀆爲王,獨五鎮封爵尚仍唐舊,至元豐七年,神宗皇帝方加封西鎮吳山爲成德王。其餘東鎮沂山、南鎮會稽山、中鎮霍山、北鎮醫無閭山,未及加封,欲乞特降指揮加封王爵。本部看當⑧,欲依太常寺所申

---

① "齊"字,繆本作"齋"。
② "向"字,繆本作"仰"。
③ "喻"字,底本作"踰",據文津閣本、繆本校改。
④ "興"字,底本作"典",據繆本校改。
⑤ "新樂",底本作"新學",據繆本校改。
⑥ "石"字,底本無,據文津閣本、楊本、繆本校補。
⑦ "奉"字,底本作"奏",據文津閣本、楊本、繆本校改。
⑧ "看當",繆本作"勘當"。

事理施行①。

三月二日②,奉聖旨:送議禮局詳議,申尚書省。

本局劄子:臣等竊以五禮之文,其詳見于《周官》,而歷世以還,損益因革類多出于一時。俗學之陋,刊述秕稗③,罔得厥中④。恭惟皇帝陛下天縱成能,以義起禮,躬灑翰墨,著爲科條,付之有司,俾加考次。而臣等猥以承乏,獲奉訓指,討論參訂,本末該盡。今恭依所頒《冠禮》格目,續次編成《大觀新編禮書》賓、軍等四禮四百九十七卷、《目録》八卷,共五百五册,又別爲《看詳》一十六卷、《目録》一卷,共一十七册,謹隨劄子進上⑤。伏乞斷自聖學,制詔裁定,仍乞降付本局修立儀注。取進止。

政和元年三月初六日,奉御筆:可依此修定儀注進呈,鏤板頒降。

本局、禮部、太常寺劄子:准尚書省劄子,奉聖旨,可倣古宜今就先蠶壇之側⑥,度地築公桑蠶室,歲養蠶以供祭服,應合行制度、事件,令議禮局、禮部、太常寺限十日參詳,條具以聞。今參詳條具列下項⑦:

一、合置公桑蠶室。按古者,公桑蠶室近川而爲之,築宫仞

---

① "欲"字,底本無,據繆本校補。

② "三月",底本作"二月",據繆本校改。

③ "刊述"二字,底本無,據繆本校補。

④ "得"字,繆本作"迪"。

⑤ "上"字,底本作"止",據文津閣本、繆本校改。

⑥ "今"字,底本作"令",據繆本校改。"就"字,底本無,據繆本、《長編紀事本末》卷一三三《徽宗皇帝・議禮局》校補。

⑦ "具"字,底本無,據繆本校補。

有三尺①,棘牆而外閉之。後齊之制,爲蠶宮方九千步②,牆高一丈五尺,被以棘,其中起蠶室二十七間。今乞倣後齊之制,度地爲宮,四面爲牆,高仞有三尺,其屋室架多寡合視養蠶簿數修建。

一、合置繭館。按《漢舊儀》③,皇后桑於蠶宮,手三盆于繭館④。今乞依倣漢制置繭館於蠶宮中,度地爲之。

一、合置織室。按《漢舊儀》,凡蠶絲絮,織室以作祭服,故有東西織室。今乞依倣漢制,于蠶宮中創立織室。

一、養蠶簿數,於經無見。按《漢舊儀》,養蠶千簿以上,今乞依倣漢制。

一、合置桑林。按晉制,桑林在東,而無多寡廣狹之限,今若倣漢制養蠶,即當約千簿所用之數,度地爲桑林。

一、合置採桑壇。按晉制,築採桑壇于桑林之側,至《開元禮》築于先蠶牆南,相去二十步⑤,方三丈,高五尺,四出陛⑥。國朝《開寶通禮》因之,慮合依此修建。

一、蠶室建殿。按後齊制爲蠶宮,其中建別殿一區,用爲親蠶之所。今籍田有思文殿,以俟御耕臨幸。慮合依倣籍田之制,于蠶宮中置親蠶殿。

---

① "宮"字,底本作"室",據繆本、《長編紀事本末》卷一三三《徽宗皇帝·議禮局》校改。

② "宮"字,底本作"室",據繆本、《長編紀事本末》卷一三三《徽宗皇帝·議禮局》校改。

③ "按"字,底本無,據《長編紀事本末》卷一三三《徽宗皇帝·議禮局》校補。

④ "三"字,底本作"一",據繆本、《長編紀事本末》卷一三三《徽宗皇帝·議禮局》校改。

⑤ "相去",《文獻通考》卷八七《郊社考二十·親蠶祭先蠶》、《宋史》卷一〇二《禮五·先蠶》作"相距"。

⑥ "陛"字,底本作"階",據《長編紀事本末》卷一三三《徽宗皇帝·議禮局》、《文獻通考》卷八七《郊社考二十·親蠶祭先蠶》、《宋史》卷一〇二《禮五·先蠶》校改。

一、應緣公桑蠶室,踏逐營造及一應事件①,並乞候得旨日,下合屬去處條畫申請施行。

右件如前,謹録奏聞,伏候敕旨。

觀文殿學士、紫金光禄大夫②、太乙宮使、兼侍讀鄭居中劄子奏:臣伏奉聖訓,令臣等看詳議禮局等所奏,今看詳已得允當,伏望聖慈更賜詳酌施行。取進止。

政和元年四月二十一日,奉聖旨:公桑蠶室親蠶之殿,可以"無斁"爲名,餘依議禮局等所奏施行。

政和元年四月二十六日,内降下朝散大夫、尚書倉部員外郎、充議禮局檢討官張邦光劄子:臣竊觀唐《開元禮》文多重出,如祀五方帝,其儀皆同,唯時日、幣玉小異③,祇應用一儀,但注其異,則粲然畢見,而各備載其事。若此之類④,不可悉數。統例不立,倫類不通,甚昧作者之體⑤。至國朝開寶定儀,姑循唐舊,未暇改作。且《舜典》祀四岳,其事同者,但云如岱禮;《周官》祀神示,其禮類者,皆曰亦如之。辭約而意備,舉此而彼見,未嘗重出也。方今修一代儀,爲萬世法,臣愚欲乞倣《舜典》、《周官》,取儀之同者類而爲一,其有小異隨事入注,庶幾不至重複。取進止。

奉御寶批:修定儀注進呈。

---

① "一應",楊本、繆本作"應行"。
② "金紫",底本作"紫金",據文津閣本、楊本、繆本乙正。
③ "幣玉",底本作"玉帛",據《長編紀事本末》卷一三三《徽宗皇帝·議禮局》校改。
④ 底本"若"前衍"若"字,據文津閣本、楊本、繆本删。
⑤ "昧"字,楊本、繆本、《長編紀事本末》卷一三三《徽宗皇帝·議禮局》作"失"。

本局劄子：臣等今具《皇子冠禮儀》合奏稟事如後：

一、冠所。臣等看詳古者言寢有二，有所謂有廟之寢，即《爾雅》所謂"室有東西廂曰廟，無東西廂有室曰寢"是也。有所謂朝之寢，即《周禮·宫人》所謂"路寢一、小寢五"是也。今准御筆，古冠于廟，不即廟則必即于寢，未委合用何處爲寢。

一、賓贊。臣等看詳古者冠必命賓贊。齊武帝南郡王昭業冠，用太常掌冠，大鴻臚爲贊。《開元》、《開寶禮》親王冠，止稱賓贊，及無臨軒遣命之儀。今皇子冠，准御筆命有司行禮，未委合用何官及何稱呼①，合與不合臨軒。又歷代皆有醴賓儀注，今既命有司，恐合更不修立②。

一、冠禮不命主人。臣等看詳，《開元》、《開寶禮》皇子冠皆於廳事，並主行禮，天子不自主冠。今准御筆，昏則命主，于冠則自爲之。竊緣冠禮有三加之節，及醴皇子、字皇子等，其儀不一，未審皇帝親臨冠所，出入升降之節，欲乞明降指揮，修立儀注。并看詳古者于子，父名之，賓字之。今既以有司代賓，其字皇子及撰字詞，慮合專委官及聖裁。

一、冠位。臣等看詳，《儀禮》或冠于阼，或冠于房外南面，故《開元》、《開寶禮》皇太子③、皇子冠席不同。今乞參酌。

一、醮醴位。臣等看詳，《儀禮》冠子之位，嫡庶不同，故醮醴之位亦異。《開元》、《開寶禮》皇太子、皇子冠禮，並倣此修立。今乞參酌。

一、冠用樂。臣等看詳，古者諸侯冠必以樂。《開元》、《開寶

---

① "用"字，繆本作"命"。
② "更不"，底本作"更否"，據十萬卷樓本、楊本校改。
③ "禮"字，底本無，據文津閣本校補。

禮》惟太子加元服有樂①，而親王冠禮則無之。今修立《皇子冠儀》，乞增用樂。

右件謹如前，謹録進呈，并本局元進《皇子冠儀》，除已奉御筆改正及今來畫一外，恐合並依元進儀注。取進止。

政和元年五月②，奉御筆指揮下項：

冠所。古者王居曰宫，而享祖宗曰廟，通有寝焉。王寝以朝羣臣，廟寝以藏衣冠。今既不即廟而即寝，則禮不在廟矣。可以文德殿爲冠所。

賓贊。冠以成之，父成其子，於事爲重。親臨主冠，乃事之稱，掌冠之事，則禮部、太常，掌贊之事③，則鴻臚、閤門，是其所職，可參酌修立。

冠禮不命主人。《家語》曰：“王太子④、庶子冠，皆天子自爲主，其禮與士無變。”則古者，自天子達于士爲主明矣。前已降處分訖，所有三加之節、醴字之制、出入升降之儀，可參考修立。

冠位、醮醴位。制禮以追先王之緒，立萬世法，當以禮經爲據。《儀禮》，禮之經也。冠嫡子於東序，冠庶子於房之外。醴嫡子於户西，醴庶子於冠之所。適庶長幼之序，於是乎辨，可依《儀禮》。

冠用樂。依所奏，用大晟樂。

餘依奏⑤。

---

① “禮”字，底本無，據文津閣本校補。
② “政和”，底本作“正和”，據文津閣本、楊本、繆本校改。
③ “掌贊”，底本作“堂贊”，據繆本校改。
④ “王太子”，底本作“主太子”，據繆本校改。
⑤ “奏”字，底本作“議”，據楊本、文津閣本、繆本校改。

　　政和元年九月三日,尚書省劄子:奉議郎、試中書舍人任熙明劄子奏:臣聞古者天子親耕、后親蠶,以事天地宗廟,其禮甚大,故聖王務焉①。本朝端拱、明道中,太宗、仁宗嘗親耕于東郊,事載國史,人到于今頌之。然東郊實諸侯禮,則祠壇之位未正也。暨我神考稽古制治,度地國南,肇開耤田,是正祠壇之位,然公桑之制未備也。乃者,陛下訓敕有司,講求公桑制度,築蠶室、置蠶官,其制備矣,舉而行之,其不在兹時乎?夫躬耕帝耤,先王之盛禮也,後世常難之,何哉?臣嘗考國朝耕耤儀注,一準郊例,故後之議者因憚其勞費②,以爲難行,遂爲闕典。臣竊伏思神考既正王耤,而未遑三推之事,意者留以待陛下述而成之爾。天錫陛下聖智,紹休前烈,凡熙寧、元豐意有欲爲而未臻厥成者,詢求講究,細大畢舉。緝熙遵揚,昭示達孝,雖舜循堯道,武廣文聲,無以尚兹。臣愚伏願陛下特命諸儒刺經謀議③,參酌故典,不牽不拘,用適厥中。省其文而務其實,略其儀而致其禮,然後發德音,下明詔,將以某年某月涓選令旦,舉端拱、明道之故事,躬執耒以勸天下,則不特希闊盛典復見於今,而陛下繼志述事,恢張增飾,遂臻乎不可加矣。兹天下之幸,願取進止。

　　政和元年八月三十日,奉手詔:農,天下之本也,粢盛于是乎出。古者天子必親耕耤田,以爲天下先。去古逾遠,因陋就寡,或憚勞費而莫之舉。昔周宣不耤千畝④,則大夫非之。祖宗誕受天命,作民父母,太宗、仁宗,聿修上儀。洎我神考緝熙禮文,是

---

① “焉”字,繆本作“爲”。
② “者”字,底本無,據繆本校補。
③ “特”字,底本作“時”,據楊本校改。
④ “昔”字,底本作“若”,據繆本校改。

正位處，設倉廩、置吏卒，以隆一代之典，蓋將躬行而志未及就。肆朕纂承，遵制揚功，罔敢失墜，比閲臣僚章疏，適契朕心。其令議禮局、禮部、太常寺稽考舊章及合行事件，詳具以聞。朕將裁處其當，擇取歲月之吉述而成之，不其善歟。

本局、禮部、太常寺劄子：臣等竊惟國朝耕耤之禮，太宗皇帝、仁宗皇帝嘗行于端拱、明道之間，固隆平之盛舉也。然當時禮官、博士往往因襲漢唐，未嘗深考典禮，以追參三代之舊。且天子爲耤于南郊，諸侯爲耤于東郊，是爲不易之典，而歷世帝王循用東郊之制。蓋禮之大者猶若是，況其餘哉！恭惟神宗皇帝稽古制作，度地國南，肇正壇位，三推之禮[1]，將以次舉而未遑也。皇帝陛下邁追先志[2]，特發德音，詔詳具耕耤之禮以聞。謹參酌古今，掇其大者，先次條具如右。其他以禮例從事者，續具奏禀。伏望斷自聖學，降付議禮局修立儀注施行。取進止。

一、謹按唐《開元禮》、本朝《開寶禮》，天子耕耤必先享先農，並爲中祠，無告天、告廟之儀，而端拱、明道儀注，權升先農爲大祠，前二日告。

一、謹按《月令》，孟春之月，天子乃擇元辰，帥三公九卿、諸侯大夫，躬耕帝耤。鄭氏以爲元辰郊後吉亥也[3]，而附會之説。或以陰陽式法，正月亥爲天倉，以其耕事，故用天倉。此孔穎達之論也。或以爲正月建寅，日月會辰在亥，此皇氏之論也。或以爲亥爲水辰，含育爲性。此顧嵩之之論也。或以爲陽生於子，元起于亥，取陽之元以爲生萬物。此桑惠度之論也。竊謂《禮記》

---

① “三推”二字，底本無，據繆本校補。
② “追”字，底本作“進”，據楊本、繆本校改。
③ “以爲”，繆本作“以謂”。

止言擇元辰，未嘗有專用郊後吉亥之説。若專用吉亥，則不當更爲之擇，要之不失孟春之月斯足矣。後漢以來，有用乙丑、辛丑者，有用戊子、丙子者，又有用戊寅者，不必皆用吉亥也①。參議將來親耕，乞下太史局擇日。

一、謹按歷代耕耤所乘，皆耕根車，耒耜載于車右。端拱中，有司以天子所乘，皆合有副。今耕根車無副，乞約南郊例，止乘玉輅②，而以耕根車載耒耜于仗内，有詔從之。明道中，因以不改。竊謂禮之别見于車服旂常之間爲最著，今舉希世之禮以風天下，而所乘之車未合于古，伏乞改用耕根車。

一、謹按北齊耕耤禮，備法駕，耕官具朝服從。宋《元嘉儀》，御乘耕根三蓋車，著通天冠③、青幘，朝服青袞，佩蒼玉。唐《開元禮》、本朝《開寶通禮》及《雍熙儀注》，皇帝起行宮則服通天冠、絳紗袍，享先農、告昊天上帝及太廟。竊以爲圓壇以事帝，而配以祖考，故有告天、告廟之儀。今皇帝躬耕耤田，本勸農以先天下，而禮不主于祀，不惟告天、告廟舊無是禮，至于先農之祠，乍降乍升亦近于瀆，皆于古無考。參議將來親耕、享先農，依常禮爲中祠及止命有司攝事，皇帝止行耕耤之禮。

一、竊惟國家三歲大祀④，于是肆大眚、行慶賜，以均福于中外。而端拱元年、明道元年，天子耕耤之禮一準郊例，而弗躬日至之祀，明是以享先農而輟事天之禮，是爲舉小而遺大，二者並

---

① "皆用"，《文獻通考》卷八七《郊社考二十·籍田享先農》、《宋史》卷一〇二《禮五·籍田》作"專用"。

② "玉輅"，底本作"王輅"，據楊本、《文獻通考》卷八七《郊社考二十·籍田享先農》、《宋史》卷一〇二《禮五·籍田》校改。

③ "天"字，底本作"元"，據文津閣本、楊本、繆本校改。

④ "大祀"，楊本、文津閣本、繆本作"大禮"。

行,則官兵之費至于不貲。今若罷升先農爲大祠,特因法駕臨耤田,遂舉常祭,則是禮不專爲祀事而設,不獨躬耕之禮曲盡勸農之實,亦深得先王制禮之本意,而非常賚予之費皆爲無名,一切當略。其端拱、明道中,命五使及稱賀、肆赦之類並乞不行。農耕耤則服衮冕①,今享先農既當以有司行事,伏乞皇帝躬耕之服,止用通天冠、絳紗袍,百官並朝服。

一、謹按《禮記》,耕耤天子三推,三公五推,卿、諸侯九推。《雍熙儀注》云:“三公、諸王五推,九卿、諸侯九推。九卿以左右僕射、六尚書、御史大夫攝,諸侯以正員三品官及上將軍攝。”今欲倣此修立儀注。

一、謹按唐《開元禮》、本朝《開寶通禮》,耕耤不設庶人耕位。《雍熙儀注》,庶人耕位在諸侯耕位之南,退近東十步之外,北向,以成終畝之禮。今乞依此設庶人耕位,修入儀注。

一、謹按《隋志》,耤田令帥其屬耕十畝,以青箱奉穜稑之種,跪呈司農詣耕所灑之②。唐《開元禮》、本朝《開寶通禮》不載青箱奉種之儀,《雍熙》、明道《儀注》皆備青箱以設九穀③,如隋之制。今乞依此修立儀注。

政和元年十一月十七日,奉御筆:依此修立儀注進呈。

政和二年正月十日尚書省劄子:承議郎、充顯謨閣待制、知襄州俞桌奏:臣政和元年五月四日,准四月十五日聖旨,依臣僚

---

① “農”前疑有脱字。

② “詣”字,底本作“請”,據《隋書·禮儀志二》校改。

③ “穀”字,底本作“谷”,據繆本、《文獻通考》卷八七《郊社考二十·籍田享先農》、《宋史》卷一〇二《禮五·籍田》校改。

申請修建州縣社稷等壇,臣爲所設之色與大觀四年四月中御筆依議禮局看詳指揮不同,遂具奏稟。六月二十四日,奉聖旨,依申施行。臣謹遵依指揮,行下諸路縣。續據襄陽穀城、宜城、中廬等縣申,皆稱舊壇地狹,難以修布。若依新圖,當須增展,並無有係官空地①。臣切見聖旨戒喻,不得侵占民居及不必增廣侈華②。若依所申,實慮有違聖訓。續據簽書節度判官廳公事趙令儦具到元豐八年十二月四日敕:重修諸州社壇,方二丈五尺,注云:"壇壝地步如不及③,量宜爲之。"今臣僚陳請,不載《元豐敕》注文一十一字,是致地狹者未敢修。此臣愚竊未喻也。

《周禮》,社稷在右,而四類之神各以郊兆。先儒謂:"兆風師於西郊,兆雨師于北郊。"《歷代禮要略》曰④:"周立春後丑日祭風師于東北⑤,立夏後申日祀雨師于西南。"《禮儀鑑》曰:"祀風師于東北,就畢宿也,在漢縣邑。"之儀,則有戌地、丑地之別,而《隋志》亦有西方水陸位之異。古人所謂風師、雨師之法皆隨其類而祭之者,義出於此。今臣僚陳請依唐諸郡之制,與社稷等壇同列,恐于禮未合,有失各隨其類之意,臣愚竊未喻也。

《春秋文義》曰:"天子社廣五丈,諸侯半之。其色東方青,南方赤,西方白,北方黑,冒以黃土。故將封東方諸侯,取青土,奠以白茅。"蔡邕《獨斷》曰:"天子大社,封諸侯者,取其土苞以白茅授之,以立社其國,故謂之受茅土。"《歷代禮要略》曰:"天子社以五色土,各備方色爲壇,廣五丈。諸侯則用當方色爲壇,皆以石

---

① "係"字,底本作"縣",據文津閣本、楊本、繆本校改。
② "侈華",繆本作"華侈"。
③ "地"字,底本無,據繆本校補。
④ "要"字,底本作"樂",據繆本校改。
⑤ 底本"東北"後衍"就畢宿也在漢縣邑"八字,據繆本刪。

爲主。大夫以下，則各以所宜木而立之。”《禮儀鑑》曰：“地有廣狹，隨地而立，故在國爲大祀，在州爲中祀，非社稷有大小也。”由是考之，國與郡邑，其制果可同乎？今臣僚陳請，州縣二丈五尺，正合諸侯半之之説，然縣邑亦用此制，或恐可議。

至于風師等壇，只云卑小于社，未有丈尺。且風師、雨師壇在通化、金光門外，爲壇皆三尺，此隋國城之制也。去通化門十三里爲風師壇，高三尺，周迴二十三步；去金光門一里半爲雨師、雷師壇，高三尺，周迴六十步，此唐長安之制也。或在建春門之外①，或在苑中，高廣如長安之數，此唐洛陽之制也。風師壇高四尺，東西長四步三尺，南北長四步二尺；雨師壇高三尺，方丈九尺，此國朝都城之制也。郡縣依倣此制，則爲不倫。且社稷，土示也，宜有瘞坎；風師等，天神也，宜建燎壇。今圖中無瘞坎方位，臣愚竊未喻也。

且具五色者，都城之制也；不備方色，諸侯之制也。本州在京西南，恐宜以西爲飾，蓋古有青社、玄社、赤社之稱。若以西南方爲間色，或慮未合古義。至于雨師等壇，其設飾亦在所議也。

稷神祝板，稱以后稷氏，配神作主。宣聖祝板，稱以先師，兗國公顔子、鄒國公孟子等配。惟社稷則曰以后土勾龍氏配神作主。《傳》曰：“共工氏有子曰勾龍，爲后土官，能平水土，故祀以爲社。”又曰：“勾龍配食于稷。”棄，后稷之名也；勾龍，后土之名也。考諸禮典，未有名呼以祀者。若曰尊社神故稱名，則稷神之前當稱后稷棄矣，宣聖之前當稱兗國公回、鄒國公軻矣②。今獨

---

① “建春”，底本作“春建”，據繆本乙正。
② “矣”字，底本作“以”，據楊本校改。

于后土氏如此，恐亦在所議也。

社稷等位以北向爲正，風師等位以南向爲正。祥符二年，禮院請諸州風伯、雨師比附祭社《儀注》，惟神位南向爲異。《元豐儀注》：祭風雨師，設祭官次于壇東門之外道北，南向；設祝位二于壇南，北向。以此明之，神位所向者南也。今按圖爲門與社稷同爲北向，恐亦在所議也。

臣備員州郡[①]，職在奉行，敢以所疑，上瀆威尊，罪當萬死。臣竊慮依圖修建之後，將來頒降新修五禮卻有改易，則國用民力不無所費。朝以禮典爲重，禮典以祭祀爲先，今郡邑之民所建者，社稷、風、雨之祭耳[②]，則古義豈可不正。臣區區之誠，實在於是，伏望聖慈察臣愚衷，赦臣狂妄，付之禮局討論古義，斷自聖學，以頒州郡，仍乞先降睿旨，速下諸路，所有社稷等壇，候頒降新禮修建施行。臣愚豈勝幸甚，幸甚，無任惶恐戰慄，待罪之至。伏候敕旨。

正月初九日，奉聖旨：依所議奏，送議禮局詳議講究施行。

本局劄子：臣等契勘《開寶通禮》，皇帝親祠出明德門，即今宣德門。樂備而不作，及祀事畢，車駕還宮，鼓吹振作。至明德門內，大樂令始奏《采茨》之曲。若養老等禮，即出入並奏樂。蓋緣禮令，凡齋戒不作樂，所以親祠、養老體制不同。今來朝旨，耕耤更不親享先農，即與養老諸禮無異，欲乞車駕詣耤田行耕耤之禮及還宮，並依養老禮奏樂。如蒙俞允，乞批降付本局施行。取

---

① "臣"字，底本作"日"，據楊本校改。
② "風雨"，底本作"風師"，據繆本校改。

進止。

政和二年二月二十七日,奉御筆:依養老例奏樂。

本局劄子:臣等契勘北齊、隋耕耤皆備法駕,唐《開元禮》、本朝《開寶通禮》及端拱、明道間耕耤皆備大駕鹵簿①,今來已准朝旨更不親享先農,止行耕耤之禮,其端拱、明道命五使及稱賀、肆赦之類,更不施行。所有鹵簿儀仗,欲乞止用法駕。如蒙俞允,乞批降付本局施行②。取進止。

政和二年三月二十七日,奉御筆:依所奏。

政和二年四月二十七日③,内降下朝奉郎、監城南新置炭場許尚志劄子:臣聞安上治民莫善于禮,人主一四海萬里不齊之情於廟堂之上者,治定制禮而分守嚴故也。蓋衣服有常,器用有節,居室有度,從馬有數④,尊卑異等,貴賤異勢,百物庶事有隆有降,人安其位望,絕覬覦,則道德一、風俗同也。方今朝廷清明,海内乂安,四夷咸賓,天休兹至,太平之治可謂高越前古。然公卿大夫之家不識典儀,民庶下賤至于爭奢尚侈⑤,無所憚畏,臣以謂未可也。比者朝廷固已明示令戒,重加約束,方且新禮書以頒四方⑥,斯其時矣。臣愚竊恐俗狃于久習,或未易革也;禮文之淵

---

① "大駕",底本作"法駕",據繆本、《長編紀事本末》卷一三三《徽宗皇帝·議禮局》校改。
② "施行",底本作"兹行",據文津閣本、楊本、繆本校改。
③ "二十七",繆本作"二十四"。
④ "從馬",繆本作"徒馬"。
⑤ "爭"字,底本作"事",據繆本校改。
⑥ "方"字,底本無,據繆本校補。

深，或未易喻也。臣欲願陛下特降睿旨，內自京邑，外遍州郡，各擇以官兼掌禮事，內則糾之以御史臺，外則總之以監司，使之委曲訓導①，以上之德意志慮達于民，而察其犯違者，則人人曉然知陛下稽古以善天下者如此，莫不歡欣從律②，浮僞息而防範謹矣。然臣聞《履》之象曰："君子以辨上下，定民志。"辨上下者，禮也；定民志者，法也。法非禮不立，禮非法不行，禮已備矣，猶有不化者，則折獄致刑，不可不特重於豐亨之時，所以弼教也。取進止。

奉御筆：禮以辨上下，法以定民志。神考成訓，具在典冊，道無廢興，洪之在人③，官舉其職，事乃無廢。顧方討論以昭先烈，尚志所奏頗有可取。宜令議禮局俟《五禮儀注》成書④，採酌條具，取旨施行。

本局劄子：臣等取會到《秘書正辭録》"祭歷代帝王門"內有《坊州祭聖祖青詞》，契勘《元符祀令》，享前代帝王爲中祠。今景靈宮天興殿每遇大禮年朝獻用十二籩豆⑤，行禮則進酒、望燎，所以極其崇奉之意。其坊州祭享聖祖，即不與歷代帝王祀秩一同。又緣朝獻景靈宮及京師宮觀青詞去處，皆設素饌。今來坊州祭享聖祖亦合用素饌，而《秘書省正辭録·坊州祭聖祖配位祝文》云："恭以牲幣。"則禮科與正位不同，尤爲非禮。臣等欲乞改正上件坊州祭聖祖天尊大帝，別作一儀爲朝獻聖祖天尊大帝儀，用

---

① "之"字，底本作"以"，據繆本校改。
② "從"字，底本作"重"，據繆本校改。
③ "洪"字，底本作"法"，據繆本、《長編紀事本末》卷一三三《徽宗皇帝·議禮局》校改。
④ "俟"字，繆本、《長編紀事本末》卷一三三《徽宗皇帝·議禮局》作"候"。
⑤ "今"字，底本作"令"，據繆本校改。

大祠禮科,皆以素饌行事,祭酒云進酒,禮畢又望燎,庶與景靈宮崇奉之意一同。配位禮科視正位,其祭酒、奠幣、祝板依自來體例①。如蒙俞允,乞批降付本局修立儀注。取進止。

　　政和二年二月二十九日,奉御筆:依所奏。

　　本局劄子:臣等契勘五禮儀注,見已編修成書,伏覩近降指揮,大晟府樂章已令翰林學士、中書舍人改定以聞,兼本局創立儀注內有合行擬定曲名②、製撰樂章等,慮合一就付翰林學士、中書舍人改撰,欲乞令大晟府先次擬定合用樂名編入儀注內,及儀注內合用冊③、祝文等,秘書省已得指揮改撰。今來親祠儀注內,合用冊④、祝文等,亦慮合一就付秘書省,候將來逐處改撰到樂章、冊、祝文等,即乞別作卷秩編載。取進止。

　　政和二年八月,奉御筆:依所奏。

　　觀文殿學士、金紫光禄大夫⑤、中太乙宮使、兼侍讀、兼領議禮局鄭居中劄子⑥:臣伏覩近降御筆指揮,五禮儀注內有合行擬定曲名⑦、修撰樂章等,并親祠及其餘儀注內合用祝文等,已令學士、舍人、秘書省官改撰外,臣契勘冬至、夏至宗祀、祫享大禮畢,羣臣賀詞并宣答、宣勞將士,及凡冊命賀詞⑧、宣答詞、制文、答

---

① "體例",底本作"本例",據繆本校改。
② "創立",底本作"剏",據繆本校改。
③ "及儀注內"四字,底本無,據繆本校補。
④ "合"字,底本無,據繆本校補。
⑤ "金紫",底本作"紫金",據楊本、繆本乙正。
⑥ "議禮局"三字,底本無,據文津閣本校補。
⑦ "五"字,底本作"內",據繆本校改。
⑧ "凡"字,底本作"九",據文津閣本、楊本、繆本校改。

文、賓主請答詞，皇帝御殿三師、三公等賀詞并宣答，皇后受内外命婦賀詞并宣答①，皇太子、皇子已下冠婚六禮詞并宣答，臣等欲乞付本局，並令詳議官分撰，庶協體制②，不致乖錯。取進止。

政和二年十一月三日，奉御筆：依奏，令詳議官撰進。

本局劄子：臣等謹按《禮記》“食三老五更于太學，天子袒而割牲，執醬而饋，執爵而酳，冕而總干”，則古之人君所以憲老乞言以事尊者老者，可謂至矣。然而親拜之文，不見于經。後漢明帝永平二年，以李躬爲三老，桓榮爲五更，始迎拜于門屏之間，與之交禮。後魏孝文帝太和十六年，以尉元爲三老，游明根爲五更，而高祖親拜焉。故唐《開元禮》、本朝《開寶通禮》皇帝養老于太學，皆有交拜之儀，蓋遵用後世故事也。今欲于儀注内删去親拜之文，以合經典。又老者不以筋力爲禮，則三老進見欲乞特與免拜，但令贊禮者引當御座前，躬揖皇帝爲興。其執醬、執爵亦乞命近臣爲之，庶不失禮意。伏望揆自聖學，批降指揮修立③。取進止。

政和二年十一月九日，奉御筆：依擬定修立。

本局劄子：臣等契勘見修五禮儀注内新舊官名若“侍中奏中嚴”、“外辦”字，合改作左輔；又位應諸司使字合改作祇應武功大夫以下。如此之類，可以依所換官名改正外，有新舊官名事理不

---

① “賀”字，底本脱，據繆本校補。
② “體制”，底本作“本制”，據繆本校改。
③ “批”字，底本作“披”，據楊本、繆本、《長編紀事本末》卷一三三《徽宗皇帝·議禮局》校改。

同，未敢便行改正，若俟施行奏請，即見成書尚有未備。今具下項，合取自聖裁①，伏望睿慈特賜詳酌，批降指揮以憑遵守。取進止。

一、《親祠儀注·齋戒門》內，左僕射讀誓文于朝堂②，右僕射讀誓文於太廟齋坊，今若依僕射合換官名改正③，即左僕射合作太宰，右僕射合作少宰。今來三公爲真相之任，三少爲次相之任，又有輔弼之官在太宰、少宰之上，未敢只依所換僕射官名改正。所有讀誓于朝堂及太廟齋坊，乞自聖裁。

一、乘輿詣文德、大慶殿，即樞密、客省使以下至閤門副使，並自垂拱殿分左右前導，蓋爲自來客省使以下橫行使副皆通管客省、四方館、閤門公事，並合于閤門祗應④，故皆前導。今來五司分隸，未審依舊自知客省事至簽書閤門官並合前導，惟復分隸一司，與樞密前導。

一、儀注"受賀門"內，樞密、樞密直學士，內客省使賀訖，並分東西升殿侍立。蓋爲國朝以來，樞密直學士、內客省使並係內朝，皆升殿侍立。今來內客省使已改作通侍大夫，係是寄禄階官，與文臣等寄禄階官一同，若不領在內職事，未審合與不合升殿侍立。

一、羣臣朝服，執政冠服七梁冠，節度使服六梁冠。今契勘新置太尉在執政官之下、節度使之上，未審合服何等朝服。

政和二年十二月十九日，奉御筆：第一項，讀誓文仍舊以太

---

① "合"字，底本作"令"，據繆本校改。
② "朝堂"，底本作"廟堂"，據繆本校改。
③ "依"字，底本作"仍"，據繆本校改。
④ "祗應"，底本作"位應"，據繆本校改。

宰、少宰。第二項，樞密、知客省已下，至簽書、東上閤門官並前
導。第三項，不合侍立。第四項，只合依節度使本品服。

本局劄子：臣等謹按先儒議鄉飲酒禮有四。《周禮》：卿大夫
三年大比，興賢者、能者，鄉老及卿大夫帥其吏，與其衆寡，以賓
禮禮之，謂之鄉飲酒一也。黨正，國索鬼神而祭祀，則以禮屬民
而飲酒于序，以正齒位，謂之鄉飲酒二也。州長，春秋習射于序，
先行鄉飲酒，三也。《鄉飲酒義》又有卿大夫士飲國中賢者，用鄉
飲酒，四也。後世臘蜡百神，春秋習射、序賓飲酒之儀，不行于鄉
國，惟今州郡貢士之日設鹿鳴宴，正古者賓興賢能，行鄉飲酒之
遺禮也。

竊詳古者鄉飲酒儀，立賓主、僎介，則與今之禮不同。其器
以籩豆尊俎，則與今之器不同。賓坐于西北，介坐于西南，主人
坐于東南，僎坐于東北，則與今之位不同。主人獻賓，賓酢主人，
主人酬賓。次主人獻介，介酢主人。次主人獻衆賓，則與今之儀
不同，今欲因今之宜，參酌循立。每歲惟于州軍貢士之日，以禮
飲酒，以知州軍事爲主人。學事司所在，以提舉學事爲主人。其
次本州官以下爲主黨，八行、上舍生當貢者與州之羣老爲衆賓①，
亦古者謀賓養老之意也。當貢生與州老序位以齒，亦古者正齒
位之意也。是日也，會凡學之士，及武士習射，亦古者習射于序
之意也。其餘降登之節，與舉酒、作樂、器用之類，並參照辟雍宴
貢士儀，庶幾可行于今而不失稽古之意。兼契勘以鹿鳴名燕②，

① “八行上舍生”五字，底本無，據繆本校補。
② “名”字，底本無，據文津閣本、楊本、繆本校補。

亦恐未當。伏望斷自聖學，以幸天下。取進止。

　　貼黃：如允所請，乞應州郡鹿鳴宴並改作鄉飲酒禮，仍乞先次施行。

　　政和三年正月一日，謹奉御筆[1]：稽古者不必循其跡，州郡鹿鳴宴乃古鄉飲之意，可止改鹿鳴之名，有古樂處令用古樂。

　　政和三年正月二十七日[2]，特進、知樞密院事、兼領鄭居中，崇政殿面奉聖旨：議禮局新修五禮儀注，宜以《政和五禮新儀》爲名，劄付議禮局。

　　本局劄子：臣等契勘《大觀新編禮書》係遵依御筆《冠禮沿革》類例編修[3]，今檢會政和元年六月二十二日太常寺已得指揮，令候議禮局結局日，《五禮沿革》付本寺置櫃匣收掌。竊緣《冠禮沿革》係是御製，當時不敢與本局修定《五禮沿革》一例編次[4]。今來本局已限兩月結罷，臣等竊慮御製《冠禮沿革》別合繕寫[5]，裝褙成册進呈，就付太常寺。取進止。

　　政和三年四月二十一日[6]，奉御筆：依所奏。

---

　　① “謹”字，繆本無。
　　② “三年”，底本作“二年”，據《宋會要輯稿・職官》五之二二《議禮局》、《長編紀事本末》卷一三三《徽宗皇帝・議禮局》校改。“正月”，底本作“二月”，據《宋會要輯稿・職官》五之二二《議禮局》、《長編紀事本末》卷一三三《徽宗皇帝・議禮局》校改。
　　③ “遵依”，繆本作“依遵”。
　　④ “與”字，底本作“分”，據文津閣本、繆本、《宋會要輯稿・職官》五之二二《議禮局》校改。
　　⑤ “慮”字，底本作“據”，據繆本、《宋會要輯稿・職官》五之二二《議禮局》校改。
　　⑥ “二十一”，底本作“二十二”，據繆本、《宋會要輯稿・職官》五之二二《議禮局》校改。

卷第一　序例

辨祀　時日　壇壝燎壇瘞坎附

辨祀

昊天上帝、上帝、祈穀、雩祀、明堂。感生帝、五方帝、高禖、皇地祇、神州地祇、大社、大稷、朝日、夕月、熒惑、九宮貴神、太一宮、陽德觀、帝鼐、太廟、別廟、東蜡、西蜡、坊州朝獻聖祖、應天府祀大火，右爲大祀。

嶽鎮海瀆、先農、先蠶、風師、雨師、雷神、南蜡、北蜡、文宣王、武成王、歷代帝王、寶鼎、牡鼎、蒼鼎、罡鼎、彤鼎、阜鼎、晶鼎、魁鼎、會應廟、慶成軍祭后土，右爲中祀。

司中、司命、司民、司禄、司寒、靈星、壽星、馬祖、先牧、馬社、馬步、七祀、司命、户、竈、中霤、門、厲、行。山林川澤之屬，州縣祭社稷、祀風師、雨師、雷神，右爲小祀。

凡祭祀之禮，天神曰祀，地祇曰祭，宗廟人鬼曰享，至聖文宣王、昭烈武成王曰釋奠。

時日

凡祀有常日者：

立春日祀青帝，祀東太一宮，祭東方嶽鎮海瀆、牡鼎，祀司命、户。

立春後丑日，祀風師。

孟春上辛日，祈穀祀上帝，祀感生帝。

孟春，朝獻景靈宮。九日、十日。

孟春吉亥日，享先農。

元日，釋菜文宣王。

仲春上丁日，釋奠文宣王；上戊日，祭太社、太稷，釋奠武成王。

春分，朝日，祀高禖，祭蒼鼎，開冰享司寒。

季春吉巳日，享先蠶。

立夏日，祀赤帝、熒惑，祀中太一宮，祀陽德觀，祭南方嶽鎮海瀆、罼鼎，祀竈。

立夏後申日，祀雨師、雷神。

夏日至，祭皇地祇、彤鼎。

季夏土王日，祀黄帝，祀中太一宮、帝鼐，祭中嶽、中鎮，祀中雷。

立秋日，祀白帝，祀西太一宮，祭西方嶽鎮海瀆、阜鼎，祀門、厲。

立秋後辰日，祭靈星。

孟秋，朝獻景靈宮。十五日、十六日、十七日。

仲秋上丁日，釋奠文宣王；上戊日，祭太社、太稷，釋奠武成王。

秋分，夕月，祀壽星①，祭晶鼎。

---

① “秋分夕月祀壽星”，底本作“上戊日祭祀壽星”，據文津閣本校改。

立冬日，祀黑帝，祀中太一宫，祭北方嶽鎮海瀆、魁鼎，祀行。

立冬後亥日，祀司中、司命、司民、司禄。

孟冬，朝獻景靈宫。十五日、十六日、十七日。

冬日至，祀昊天上帝，祭寳鼎。

臘前一日，祭太社、太稷，蜡百神。

臘日，享太廟、别廟。

朔日，祭太廟、别廟。

凡祀無常日：

孟夏，雩祀上帝，朝獻景靈宫。

季秋，大享明堂，祀上帝。

立冬後，祭神州地祇。

四孟月，享太廟、别廟。

孟冬，祫享太廟。三年一祫。

仲春、仲秋，祀九宫貴神，冬祀大禮年遣官行事，以親祀日。太常卿薦獻諸陵，祀會應廟，坊州朝獻聖祖，慶成軍祭后土，諸州享歷代帝王。

仲春，祀馬祖。

仲夏，祀享先牧。

仲秋，祀馬社。

仲冬，祭馬步，藏冰享司寒。

季春、季秋，應天府祀大火。

凡祀無常日者，並擇日。太廟、别廟薦新，藏冰享司寒，不擇日。

每歲元日、冬至、寒食各三日，上元并前後各一日，中元前一日，立春日，二月二日，春秋二社，上巳，重午，初伏，七夕，仲秋望日,重陽,下元,臘朔、望各一日,並進獻諸陵。

壇壝_{燎壇瘞坎附}

昊天上帝圓壇,四成,下成縱廣二十丈,再成十五丈,三成十丈,四成五丈,高八尺一寸;爲十有二陛,每成十有二級①;三壝,每壝二十五步。周垣四門。

皇地祇方丘,五成,每成高四尺,上廣十六步;設四陛,上成陛廣八尺,中成陛廣一丈,下成陛廣一丈二尺;三壝,每壝二十五步。

雩祀上帝壇,高一丈,廣四丈,周十二丈,四出陛;三壝,每壝二十五步。

感生帝、朝日、熒惑壇,廣四丈,高七尺,_{朝日壇,高八尺。感生帝壇飾依方色。}四出陛;兩壝,每壝二十五步。

五方帝壇,廣四丈,_{青帝壇,高八尺;赤帝壇,高七尺;黃帝壇,高五尺;白帝壇,高九尺;黑帝壇,高六尺。壇飾依方色。}四出陛;兩壝,每壝二十五步。

夕月坎,深三尺,廣四丈;壇高一丈,廣二丈;四方各爲陛,入坎中,然後升壇;兩壝,每壝二十五步。

高禖壇,廣四丈,高八尺;四出陛,廣五尺;兩壝,每壝二十五步。_{以青石爲主,長三尺八寸,本生成之數,形准廟社,植壇上稍北,露首三寸。}

九宫貴神壇,三成,一成縱廣十四丈,再成縱廣十二丈,三成縱廣十丈,各高三尺;其上依方位置小壇九,各高一尺五寸,縱廣八尺,四陛;又西南爲一陛,曰坤道;兩壝,每壝二十五步。

---

① "級"字,底本作"綴",據楊本、《宋史》卷九九《禮二·南郊》校改。

太社壇，廣五丈，高四尺[①]，四出陛，五色土爲之。太稷壇在西，如社壇之制。社以石爲主，其形如鐘，長五尺，方二尺，剡其上，培其下半。

神州地祇壇，廣四十八步，高五尺，四出陛；兩墠，每墠二十五步。

四方蜡壇，廣四丈，高八尺，四出陛；兩墠，每墠二十五步。

五方嶽鎮海瀆壇，各高五尺，周四十步，四出陛；兩墠，每墠二十五步。壇飾依五色。

風師、雨師、雷神壇，各高三尺，四出陛；並一墠，二十五步。風師壇，廣二十三步；雨師、雷神壇，廣十五步。

司中、司命、司民、司禄壇，各廣二十五步，高三尺，四出陛；同一墠，二十五步。

先農壇，高五尺，周四十步，四出陛；兩墠，每墠二十五步。

先蠶壇，方二丈，高五尺，四出陛；一墠，二十五步。

靈星壇，高三尺，周八步四尺。四出陛；一墠，二十五步。

壽星壇，高三尺，東西長一丈三尺，南北長一丈二尺，四出陛；一墠，二十五步。

馬祖、先牧、馬社、馬步壇，各廣九步，高三尺，四出陛；一墠，二十五步。

燎壇之制，昊天上帝、上帝、感生帝、五方帝、朝日、夕月、高禖、熒惑、九宫貴神、東蜡、西蜡，各方一丈，高一丈二尺；開上南出户，方六尺，並在壇南二十步丙地。明堂在端誠殿庭東南。南蜡、北蜡，各方五尺，高五尺，開上南出户，方二尺。風師、雨師、雷神，各方八尺，高一丈，開上南出户，三尺。餘皆方五尺，高五尺，開

---

① “四尺”，《文獻通考》卷八二《郊社考十五·社稷》作“五尺”。

上南出户,二尺。並在壇南二十步丙地。

　　瘞坎之制,皆在内壝之外壬地,南出陛,方深取足容物。

　　州縣社壇,方二丈,高三尺,四出陛;稷壇如社壇之制。社以石爲主,其形如鐘,長二尺五寸,方一尺,剡其上,培其下半。四門同一壝,二十五步。壇飾各隨方色,幡以黄土①。風師、雨師、雷神壇,皆卑小於社,四出陛,四門,皆一壝,二十五步。雨師、雷神壇外一壝。燎壇,於神壇之左,壝之外,稍高於神壇。瘞坎,於壇之北壬地,南出陛,方深取足容物。

---

　　① "幡"字,底本作"上燾",據《文獻通考》卷八二《郊社考十五・社稷》校改。"黄土",底本作"黄金",據十萬卷樓本、《文獻通考》卷八二《郊社考十五・社稷》校改。

卷第二　序例

神位上

冬日至，祀昊天上帝，設位於壇上北方，南向；以太祖皇帝配其位，東方，西向；凡設神主位皆南向，配位皆西向。天皇大帝、五方帝、大明、夜明、北極九位在第一龕；北斗、天一、太一、帝座、五帝内座、五星、十二辰、河漢等内官神位五十四座在第二龕①；二十八宿等中官神位一百五十九座在第三龕②；外官神位一百六座在内壝之内；衆星三百六十座在内壝之外。

子階第二龕，鉤星、天柱、玄枵、天廚、柱史五位；第三龕，虛宿、女宿、牛宿、織女四位在前③，人星、月命、司危、司非、司禄、天津、離珠、羅堰、天桴、奚仲、左旗、河鼓、右旗十有三位在後，天壘城、璃瑜、代星、齊星、周星、晉星、韓星、秦星、魏星、燕星、楚星、鄭星十有二位在内壝之内。並各爲一列，以西爲上。

丑階第一龕，北極一位；第二龕，女史、星紀、御史三位；第三龕，建星④、斗宿、箕宿三位在前，天雞、輦道、漸臺、敗瓜、扶筐⑤、匏瓜、天弁⑥、天桴、帛度、屠肆、宗星、宗

---

① “等内官神位”，底本作“内官等神位”，據《宋史》卷九九《禮二・南郊》乙正。
② “等中官神位”，底本作“中官等神位”，據《宋史》卷九九《禮二・南郊》乙正。
③ “位”字，底本作“座”，據文津閣本校改。
④ “建星”，底本作“達星”，據文津閣本、《宋史》卷五〇《天文三・二十八舍上》校改。
⑤ “扶筐”，底本作“扶箱”，據文津閣本、《宋史》卷五〇《天文三・二十八舍上》校改。
⑥ “天弁”，底本作“天井”，據文津閣本、《宋史》卷五〇《天文三・二十八舍上》校改。

人、宗正十有三位在後；越星、趙星、九坎、天田、狗國、天淵、狗星、鱉星、農丈人、杵星、糠星十有一位在內壝之內。並各爲一列①，以西爲上。

寅階第一龕，青帝一位；第二龕，帝座一位在前，尚書、析木、河漢、大理、歲星五位在後；第三龕，尾宿、天紀、心宿②、日星四位在前，天籥③、女牀、候星、市樓、宦者、天江、東肆、斗星、斛星、天市垣④、列肆、東咸、罰星十有三位在後；魚星、龜星、傅說、神宮、積卒、從官、天輻、騎陣將軍八位在內壝之內。並各爲一列，以北爲上。

卯階第一龕，大明一位；第二龕，陰德、大火、天槍、玄戈⑤、天牀五位；第三龕，房宿、七公、氐宿、帝席、大角、亢宿六位在前，貫索、鍵閉、鈎鈐、周伯星、西咸、天乳、招搖、梗河、亢池、周鼎十位在後；陣車、車騎、騎官、頓頏、折威、陽門、五柱、天門、衡星、庫樓十位在內壝之內。並各爲一列，以北爲上。

辰階第二龕，三師、輔星、壽星、相星⑥、太陽守五位⑦；第三龕，攝提、角宿、軫宿、太微垣、太子五位在前，天田、平道、進賢、郎將、郎位、內五諸侯、九卿內座⑧、三公內座、謁者、幸臣⑨、常陳十有一位在後；平星、南門、青丘、長沙、土司空五位在內壝之內。並各爲一列，以北爲上。

巳階第一龕，赤帝一位；第二龕，太一、天一二位，在前；大理、勢星、鶉尾、熒惑、內廚五位在後；第三龕，明堂、翼宿、張宿三位在前，屛星、從官、虎賁、靈臺、少微、長垣、黃帝座⑩、四帝八位在後；左右轄、軍門、器府、東甌、天廟、酒旗六位在內壝之內。並各

---

① “各”字，底本無，據文津閣本校補。

② “心宿”，底本作“星宿”，據文津閣本、十萬卷樓本、楊本校改。

③ 底本“天籥”後衍“星”字，據文津閣本、十萬卷樓本、楊本、《宋史》卷五〇《天文三·二十八舍上》删。

④ “天市垣”，底本作“帝市垣”，據文津閣本、《宋史》卷四九《天文二·天市垣》校改。

⑤ “玄戈”，底本作“真戈”，據文津閣本、《宋史》卷四九《天文二·紫微垣》校改。下同。

⑥ “相星”，底本作“象星”，據文津閣本、《宋史》卷四九《天文二·紫微垣》校改。

⑦ “太陽守”，底本作“太陽星”，據文津閣本、《宋史》卷四九《天文二·紫微垣》校改。

⑧ “九卿”，底本作“七卿”，據文津閣本、《宋史》卷四九《天文二·太微垣》校改。

⑨ “幸臣”，底本作“倖臣”，據文津閣本、十萬卷樓本、楊本、《宋史》卷四九《天文二·太微垣》校改。

⑩ “黃帝”，底本作“皇帝”，據《宋史》卷四九《天文二·太微垣》改。

爲一列，以東爲上。

午階第一龕，黃帝一位；第二龕，北斗一位在前，天牢、三公、鶉火、文昌、内階五位在後[1]；第三龕，軒轅、七星、三台、柳宿四位在前，内平、太尊、積薪、積水、北河五位在後；天相、天稷、爟星、天紀[2]、外廚、天狗、南河七位在内壝之内。並各爲一列，以東爲上。

未階第二龕，鎮星、鶉首、四輔三位；第三龕，鬼宿、井宿、參宿三位在前，天尊、五諸侯、鉞星、座旗、司怪、天闕六位在後，天社、天田[3]、水位[4]、闕丘[5]、狼星[6]、弧矢[7]、老人星、四瀆、野雞、軍市、水府、孫星、子星十有三位在内壝之内。並各爲一列，以東爲上。

申階第一龕，白帝一位；第二龕，實沈、太白二位；第三龕，觜宿、五車、諸王、畢宿四位在前，咸池、天潢[8]、三柱、天高、礪石、天街、天船七位在後，丈人[9]、天矢、天廁、伐星、屏星、軍井、玉井、九斿、參旗、附耳、九州殊口[10]、天節十有二位在内壝之内。並各爲一列，以南爲上。

西階第一龕，夜明一位；第二龕，八穀、大梁、杠星、華蓋四位；第三龕[11]，月星、昴

①　“内階”，底本作“内陞”，據文津閣本、《宋史》卷四九《天文二・紫微垣》校改。

②　“天紀”，底本作“天記”，據文津閣本、《宋史》卷四九《天文二・天市垣》校改。

③　“天田”，底本作“天星”，據文津閣本、《宋史》卷五〇《天文三・二十八舍上》校改。

④　“水位”，底本作“水星”，據文津閣本、十萬卷樓本、楊本、《宋史》卷五一《天文四・二十八舍下》校改。

⑤　“闕丘”，底本作“閭丘”，據文津閣本、十萬卷樓本、《宋史》卷五一《天文四・二十八舍下》校改。

⑥　“狼星”，底本作“根星”，據文津閣本、十萬卷樓本、《宋史》卷五一《天文四・二十八舍下》校改。

⑦　“弧矢”，底本作“弧星”，據《宋史》卷五一《天文四・二十八舍下》校改。

⑧　“天潢”，底本作“天漢”，據文津閣本、《宋史》卷五一《天文四・二十八舍下》校改。

⑨　“丈人”，底本作“文人”，據文津閣本、十萬卷樓本、《宋史》卷五一《天文四・二十八舍下》校改。

⑩　“九州殊口”，底本作“九州珠口”，據文津閣本、十萬卷樓本、楊本、《宋史》卷五一《天文四・二十八舍下》校改。

⑪　“三”字，底本作“二”，據文津閣本、十萬卷樓本、楊本校改。

宿、胃宿三位在前①；積水、天讒、卷舌、天阿②、積尸、大陵、左更、天大將軍③、軍南門九位在後④，天園、天陰、天廩、天苑、天困、芻藁⑤、天庾、天倉、鈇鑕、天溷十位在內壝之內⑥。並各爲一列，以南爲上。

戌階第一龕，天皇大帝一位；第二龕，五帝内座一位在前，傳舍、六甲、降婁三位在後；第三龕，婁宿、奎宿、壁宿三位在前⑦，右更、附路、閣道、王良、策星、天厩、土公、雲雨、霹靂九位在後，外屏、土司空⑧、八魁、羽林四位在內壝之內。並各爲一列，以南爲上。

亥階第一龕，黑帝一位；第二龕，鈎陳、陬訾、辰星、紫微垣四位；第三龕，室宿、危宿二位在前，螣蛇、雷電、離瑜⑨、造父⑩、土公吏、内杵、臼星、蓋屋、虛梁、墳墓、車府十有一位在後，壘壁陣、斧鉞、敗臼、北落師門、天網、天錢、泣星、哭星八位在內壝之內。並各爲一列，以西爲上。

每階衆星三十位，在內壝之外。

正月上辛祈穀，祀上帝，以太宗皇帝配。同日，祀感生帝，以僖祖皇帝配。

孟夏，雩祀上帝，以太宗皇帝配。

---

① "昴宿胃宿"，底本作"心宿昴宿"，據文津閣本校改。
② "天阿"，文津閣本作"天河"。
③ "天大將軍"，底本作"天火將軍"，據文津閣本、楊本、《宋史》卷五一《天文四·二十八舍下》校改。
④ "軍南門"，底本作"單南門"，據文津閣本、楊本、《宋史》卷五一《天文四·二十八舍下》校改。"九位"，底本作"九宿"，據文津閣本校改。
⑤ "天芻"，底本作"天蒭"，據文津閣本、楊本、《宋史》卷五一《天文四·二十八舍下》校改。
⑥ "天溷"，底本作"天園"，據《宋史》卷五一《天文四·二十八舍下》校改。
⑦ "壁宿"二字，底本脱，據文津閣本、十萬卷樓本、楊本校補。"三"字，底本作"二"，據文津閣本、十萬卷樓本、楊本校改。
⑧ "土司空"，底本作"上司空"，據文津閣本、十萬卷樓本、《宋史》卷五一《天文四·二十八舍下》校改。
⑨ 底本"造父"後衍"星"字，據文津閣本、十萬卷樓本、《宋史》卷五一《天文三·二十八舍上》删。
⑩ "離瑜"，底本作"離宮"，據《宋史》卷五一《天文三·二十八舍上》校改。

　　夏日至，祭皇地祇，以太祖皇帝配；神州地祇、五嶽、五官、五行之神於壇之第一等，四海、四瀆、五鎮於壇之第二等①，崑崙、五山、五林、五川、五澤於壇之第三等，五丘、五陵、五墳、五衍、五原、五隰於内壇之内。木神勾芒、東嶽鎮海瀆、山林川澤、丘陵、墳衍、原隰，皆在卯階之北②，以南爲上。神州地祇、火神祝融、南嶽鎮海瀆、山林川澤、丘陵、墳衍、原隰，皆在午階之東，以西爲上。金神蓐收、西嶽鎮海瀆、山林川澤、丘陵、墳衍、原隰，皆在酉階之南，以北爲上。水神玄冥、北嶽鎮海瀆、山林川澤、丘陵、墳衍、原隰，皆在子階之西，以東爲上。

　　季秋，大享明堂，祀上帝，以神宗皇帝配。

　　孟冬，祭神州地祇，以太宗皇帝配。

　　立春，祀青帝，以帝太昊氏配，以勾芒氏、歲星、三辰、七宿從祀。勾芒位於壇下卯階之南。歲星、析木、大火、壽星於壇下子階之東，西上。角宿、亢宿、氐宿、房宿、心宿、尾宿、箕宿位於壇下午階之西，東上。

　　立夏，祀赤帝，以帝神農氏配，以祝融氏、熒惑、三辰、七宿從祀。祝融位於壇下卯階之南。熒惑、鶉首、鶉火、鶉尾位於子階之東，西上。井宿、鬼宿、柳宿、星宿、張宿、翼宿、軫宿位於子階之西，東上。

　　季夏，祀黄帝，以帝軒轅氏配，以后土、鎮星從祀。后土位於壇下卯階之南。鎮星位於壇下子階之東。

　　立秋，祀白帝，以帝少昊氏配③，以蓐收、太白、三辰、七宿從祀。蓐收位於壇下卯階之南。太白、大梁、降婁、實沈位於壇下子階之東，西上。婁宿、奎宿、胃宿、昴宿、畢宿、觜宿、參宿位於子階之西，東上。

　　立冬，祀黑帝，以帝高陽氏配，以玄冥、辰星、三辰、七宿從祀。玄冥位於壇下卯階之南。辰星、娵訾、玄枵、星紀位於子階之東，西上。斗宿、牛

---

① 　"五鎮"，底本作"五嶽"，據文津閣本校改。
② 　"皆"字，底本作"階"，據文津閣本、十萬卷樓本、楊本校改。
③ 　"少昊"，《文獻通考》卷七八《郊社考十一·祀五帝》作"少暤"。

宿、女宿、虛宿、危宿、室宿、壁宿位於子階之西[①]，東上。

春分，祀高禖、青帝[②]，伏羲氏、帝高辛氏配，簡狄、姜嫄從祀。

立夏，祀熒惑，以閼伯配。

孟春吉亥，享先農，以后稷氏配。

仲春、仲秋、臘前一日，祭太社，以后土氏配；祭太稷，以后稷氏配。太社、太稷位南方，北向。后土、后稷氏位西方，東向。

仲春、仲秋，祀九宮貴神。太一、攝提、軒轅、招搖、天符、青龍、咸池、太陰、天一。

上元己亥、戊申、丁巳、丙寅、乙亥、甲申、癸巳，中元壬寅、辛亥、庚申、己巳、戊寅、丁亥、丙申，下元乙巳、甲寅、癸卯、壬申、辛巳、庚寅，太乙在正北，軒轅在正東，咸池在正西，天一在正南，青龍在西北，太陰在東北，攝提在西南，招搖在東南，天符在正中。

上元庚子、己酉、戊午、丁卯、丙子、乙酉、甲午，中元癸卯、壬子、辛酉、庚午、己卯、戊子、丁酉，下元丙午、乙卯、甲子、癸酉、壬午、辛卯，天一在正北[③]，攝提在正東，青龍在正西，太陰在正南，天符在西北，咸池在東北，太乙在西南，軒轅在東南，招搖在正中。

上元辛丑、庚戌、己未、戊辰、丁丑、丙戌、乙未，中元甲辰、癸丑、壬戌、辛未、庚辰、己丑、戊戌，下元丁未、丙辰、乙丑、甲戌、癸未、壬辰，太陰在正北，太乙在正東，天符在正西，咸池在正南，招搖在西北，青龍在東北，天一在西南，攝提在東南，軒轅在正中[④]。

上元壬寅、辛亥、庚申、己巳、戊寅、丁卯、丙申，中元乙巳、甲寅、癸亥、壬申、辛巳、庚寅，下元己亥、戊申、丁巳、丙寅、乙亥、甲申、癸巳，咸池在正北，天乙在正東，招搖在正西，青龍在正南，軒轅在西北，天符在東北，太陰在西南，太乙在東南，攝提在正中。

上元癸卯、壬子、辛酉、庚午、己卯、戊子、丁酉，中元丙午、乙卯、甲子、癸酉、壬午、辛卯，下元庚子、己酉、戊午、丁卯、丙子、乙酉、甲午，青龍在正北，太陰在正東，軒轅在

---

①　“壁宿”，底本作“畢宿”，據文津閣本、楊本、《文獻通考》卷七八《郊社考十一·祀五帝》校改。

②　“祀高禖”，底本作“高禖祀”，據《文獻通考》卷八五《郊社考十八·高禖》乙正。

③　“天一”，底本作“太乙”，據本書卷七〇《祀九宮貴神儀·陳設》改。

④　“天一在西南攝提在東南軒轅在正中”，底本作“軒轅在西南天乙在東南攝提在正中”，據本書卷七〇《祀九宮貴神儀·陳設》改。

正西，天符在正南，攝提在西北，招搖在東北，咸池在西南，天乙在東南，太乙在正中。

上元甲辰、癸丑、壬戌、辛卯、庚申、己丑、戊戌，中元丁未、丙辰、乙丑、甲戌、癸未、壬辰，下元辛丑、庚戌、己未、戊辰、丁丑、丙戌、乙未，天符在正北，咸池在正東，攝提在正西，招搖在正南，太乙在西北，軒轅在東北，青龍在西南，太陰在東南，天乙在正中。

上元乙巳、甲寅、癸亥、壬申、辛卯、庚寅，中元己亥、戊申、丁巳、丙寅、乙卯、甲申、癸巳，下元壬寅、辛卯、庚辰、己巳、戊寅、丁卯、丙申，招搖在正北，青龍在正東，太乙在正西，軒轅在正南，天乙在西北，攝提在東北，天符在西南，咸池在東南，太陰在正中。

上元丙午、乙卯、甲子、癸酉、壬申、辛卯，中元庚子、己酉、戊午、丁卯、丙子、乙酉、甲午，下元癸卯、壬子、辛酉、庚午、己未、戊子、丁酉，軒轅在正北，天符在正東，天乙在正西，攝提在正南，太陰在西北，太乙在東北，招搖在西南，青龍在東南，咸池在正中。

上元丁未、丙辰、乙丑、甲戌、癸未、壬辰，中元辛丑、庚戌、己未、戊辰、丁丑、丙戌、乙未，下元甲辰、癸丑、壬戌、辛未、庚辰、己丑、戊戌，攝提在正北，招搖在正東，太陰在正西，太乙在正南，咸池在西北，天乙在東北，軒轅在西南，天符在東南，青龍在正中。

臘前一日，蜡百神。東方壇設大明位，西方壇設夜明位，以神農氏、后稷氏配。配位以北爲上。南方、北方壇設神農氏位，以后稷氏配。五星、二十八宿、十二辰、五官、五嶽、五鎮、四海、四瀆、五山、五林、五川、五澤、五丘、五陵、五墳、五衍、五原、五隰、五井泉、五田畯、青龍[①]、朱雀、麒麟、白虎、真武、五水庸、五坊[②]、五於菟[③]、五鱗、五羽、五介、五毛、五郵表畷、五羸、五貓、五昆蟲從祀，各依其方設位[④]。中方鎮星、后土、田畯設於南方蜡壇酉階之西，中方嶽鎮以下設於南方蜡壇午階之西，伊耆設於北方蜡壇卯階之南[⑤]，其位次於辰星。

---

①　“青龍”，《文獻通考》卷八五《郊社考十八·八蜡》作“蒼龍”，《宋史》卷一〇三《禮六·蜡》作“倉龍”。

②　“坊”字，底本作“方”，據《文獻通考》卷八五《郊社考十八·八蜡》、《宋史》卷一〇三《禮六·蜡》校改。

③　“於菟”，《宋史》卷一〇三《禮六·蜡》作“虎”。

④　“各依其方設位”，《文獻通考》卷八五《郊社考十八·八蜡》作“方依其分設”。

⑤　“南”字，底本作“東”，據十萬卷樓本、楊本、《文獻通考》卷八五《郊社考十八·八蜡》、《宋史》卷一〇三《禮六·蜡》校改。

祭九鼎，北曰寶鼎，西南曰阜鼎，東曰蒼鼎，東南曰罡鼎，西北曰魁鼎，西曰晶鼎，東北曰牡鼎，南曰彤鼎，中曰帝鼐。

祀壽星，設老人星、壽星二位。朝日，設大明位。夕月，設夜明位。風師、雨師、雷神、司中、司命、司民、司禄、司寒、靈星、先蠶、馬祖、馬牧、馬社、馬步，設神位各一。

祭嶽鎮海瀆，設位南向，以西爲上；山川從祀，西向，以北爲上。諸嶽鎮海瀆，年別一祭，以祭五帝日祭之：東嶽泰山於兗州界，東鎮沂山於青州界，東海於萊州界，東瀆大淮於唐州界；南嶽衡山於潭州界，南鎮會稽山於越州界，南海於廣州界，南瀆大江於益州界；中嶽嵩山於河南府界，中鎮霍山於晉州界；西嶽華山於華州界，西鎮吳山於隴州界，西海、西瀆大河於河中府界；北嶽常山及遥祀北鎮醫巫閭山於定州界，北海、北瀆大濟於洛州界。

太廟七祀。春祀司命於廟南門閾外之西，祀户於僖祖室户之西。夏祀竈於廟南門閾外之東。土王日祀中霤於廟庭之中。秋祀門、厲。冬祀行於廟南門閾外之西。臘享、祫享則徧祭，設位於殿下橫街之北道西，東向之次[①]，北上。

太廟祭配享功臣，設位於殿庭之次：韓王趙普、周王曹彬位於橫街之南道西，東向第一次；太師薛居正、太師石熙載、鄭王潘美位於第二次；太師李沆、太師王旦、太師李繼隆位於第三次，俱北上。又設太師王曾、太師吕夷簡、侍中曹瑋位於橫街之南道東，西向第一次；司徒韓琦、太師曾公亮位於第二次；舒王王安石位於第三次；太師蔡確位於第四次，俱北上。惟冬享、祫享徧祭

---

① 《文獻通考》卷八六《郊社考十八·五祀》、《宋史》卷一〇三《禮六·七祀》"東向"後無"之次"二字。

設位。

中太一宮真室殿，五福太一在中，君基太一在東，大遊太一在西，俱南向。延休殿，四神太一。承釐殿，臣基太一在東，西向，北上。凝祐殿，真符太一①。臻福殿，民基太一在西，東向，北上。膺慶殿，小遊太一在中，天一太一在東，地一太一在西；靈貺殿，太歲在中，太陰在西，俱南向。三皇、五方帝、日月、五星、二十八宿、十日、十二時、天地水三官、五行、九宮、八卦、五嶽、四瀆、十二山神等，並爲從祀。東、西太一宮准此。

東太一宮大殿，五福太一在東，君基太一在西，俱南向。大遊太一殿在大殿之北，南向。臣基太一殿在南，北向②。小遊太一、四神太一、真符太一殿在大殿之東，西向，北上。天一太一、民基太一、地一太一殿在大殿之西，東向③，北上。

西太一宮黃庭殿，五福太一在中，君基太一在東，大遊太一在西；均福殿，小遊太一在中，俱南向。延貺殿，天一太一在中，四神太一在南，臣基太一在北，俱西向。資祐殿，地一太一在中，民基太一在南，真符太一在北，俱東向。

陽德觀、火德、熒惑，以閼伯配，俱南向。五方火德神等④，並爲從祀。

———————

①　“真符”，《文獻通考》卷八〇《郊社考十三・祭星辰》、《宋史》卷一〇三《禮六・九宮貴神》皆作“直符”。下同。

②　“在南北向”，底本作“在東北南向”，據《文獻通考》卷八〇《郊社考十三・祭星辰》、《宋史》卷一〇三《禮六・九宮貴神》校改。

③　“之西東向”，底本作“之東西向”，據《文獻通考》卷八〇《郊社考十三・祭星辰》、《宋史》卷一〇三《禮六・九宮貴神》乙正。

④　“火精”，底本作“火德”，據《文獻通考》卷八〇《郊社考十三・祭星辰》、《宋史》卷一〇三《禮六・大火》校改。

卷第三　序例

神位下　太廟祫享昭穆位

神位下

仲春、仲秋，朝獻聖祖天尊大帝於坊州，以有熊氏、相風后、后土、力牧配。

享歷代帝王：帝女媧氏於晉州，無配；帝太昊氏於陳州，以金提、勾芒配；帝神農氏於衡州，以祝融配；帝高陽氏於澶州，以玄冥配；帝高辛氏於應天府，無配；帝陶唐氏於濮州，以唐司徒咼配；帝有虞氏於道州，以虞相庭堅配；夏王大禹於越州，以夏相伯益配；商王成湯於慶成軍，以商相伊尹配；商王中宗於大名府，以商相伊陟、臣扈配；商王高宗於陳州，以商相甘盤、傅説配①。周文王於永興軍，以周師鬻熊配；以下，至漢宣帝，並永興軍享祭。武王以周太保召康公配；成王以冢宰周文公、唐侯太叔配；康王以周太師畢公配；秦始皇帝以丞相李斯、内史蒙恬、將軍王翦配；漢高皇帝以相國、酇文終侯蕭何配；太宗孝文皇帝以丞相曲逆獻侯陳平、太尉絳武侯周勃、衛將軍宋昌、城陽景王劉章配；孝景皇帝以丞

---

① “商王高宗於陳州以商相甘盤傅説配”十五字，底本無，據《文獻通考》卷一〇三《宗廟考十三·祀先代帝王賢士》校補。

相魏其侯竇嬰、丞相故安節侯申屠嘉配；世宗孝武皇帝以丞相平津侯公孫弘、大將軍長平烈侯衛青、驃騎將軍冠軍景桓侯霍去病、車騎將軍秺侯金日磾配；中宗孝宣皇帝以丞相博陽定侯丙吉、丞相高平憲侯魏相①、大司馬大將軍博陸宣成侯霍光、大司馬衛將軍富平侯張安世配。後漢世祖光武皇帝於河南府，以太傅高密元侯鄧禹、大司馬廣平忠侯吳漢、左將軍膠東剛侯賈復、建威大將軍好時愍侯耿弇配；魏文皇帝於河南府，以太尉魏壽鄉肅侯賈詡②、司徒蘭陵成侯王景興、大司馬、邵陵元侯曹真、衛尉潁鄉肅侯辛毗配③；周太祖文皇帝於耀州，以大冢宰上柱國齊煬王憲、行臺尚書邛國公蘇綽、太傅燕國文公于謹、大將軍范陽公盧辨配；隋高祖文皇帝於鳳翔府，以右光禄大夫奇章憲公牛里仁、左僕射上柱國高熲、右武大將軍宋公賀若弼配④；唐高祖神堯皇帝於耀州，以贈司空揚州都督河間元王孝恭⑤、贈右僕射郇國節公殷開山、民部尚書邢國襄公劉政會、贈司空淮安靖王神通配；太宗文皇帝於永興軍，以太尉趙公長孫無忌、贈太尉梁國文昭公房喬⑥、贈司空萊國公杜如晦、贈司空鄭國文貞公魏元成⑦、贈司

---

① "高平憲侯"，底本作"高平新侯"，據文津閣本、《文獻通考》卷一○三《宗廟考十三·祀先代帝王賢士》校改。

② "壽鄉肅侯"，底本作"壽鄉蕭侯"，據文津閣本、十萬卷樓本、楊本、《文獻通考》卷一○三《宗廟考十三·祀先代帝王賢士》校改。

③ "潁鄉肅侯"，底本作"潁鄉蕭侯"，據文津閣本、十萬卷樓本、楊本、《文獻通考》卷一○三《宗廟考十三·祀先代帝王賢士》校改。

④ 底本"武"後衍"侯"字，據《文獻通考》卷一○三《宗廟考十三·祀先代帝王賢士》刪。

⑤ 底本"督"後衍"府"字，據《文獻通考》卷一○三《宗廟考十三·祀先代帝王賢士》刪。

⑥ "房喬"，文津閣本作"房玄齡"。

⑦ "贈司空萊國公杜如晦贈司空鄭國文貞公魏元成"二十字，底本無，據《文獻通考》卷一○三《宗廟考十三·祀先代帝王賢士》校補。

徒衛國景武公李靖配；明皇帝於華州，以贈太師燕國文正公張
説、贈太子少保代公郭元振配；肅宗宣孝皇帝於永興軍，以贈太
師韓文正公苗晉卿①、贈太尉冀公裴冕配；憲宗章武皇帝於華州，
以中書令晉公裴度、贈太傅岐國安簡公杜佑、贈太尉涼國武公李
愬配；宣宗獻文皇帝於耀州②，以門下侍郎平章事夏侯孜、中書令
贈太尉白敏中、中書侍郎平章事馬植配。後唐莊宗皇帝於河南
府，以下至漢高祖並於河南府享祭。以侍中兼樞密使郭崇韜、中書令贈
太師隴西郡王李嗣昭、開府儀同三司贈尚書令符存審配；明宗皇
帝以中書令贈太師晉國忠武公霍彦威、工部尚書平章事贈太傅
任圜配；晉高祖皇帝以中書令魏公桑維翰③、中書令趙瑩配；漢高
祖皇帝無配。周嵩陵太祖皇帝、慶陵世宗皇帝於鄭州。

　　祭后土於慶成軍，祀大火於應天府，以商丘公配。

　　釋奠至聖文宣王，以兗國公顏回、鄒國公孟軻、舒王王安石
配饗，西上。

殿上：瑯琊公閔損、東平公冉耕、下邳公冉雍、臨淄公宰予、黎陽公端木賜，並西
向；彭城公冉求、河內公仲由、丹陽公言偃、河東公卜商、武城侯曾參，並東向。

東廡：潁昌侯顓孫師、金鄉侯澹臺滅明、單父侯宓不齊、任城侯原憲、高密侯公冶
長、汶陽侯南宮縚、北海侯公晳哀、萊蕪侯曾點、曲阜侯顏無繇、須昌侯商瞿、共城侯高
柴、平輿侯漆雕開、壽張侯公伯寮、睢陽侯司馬耕、益都侯樊須、鉅野侯公西赤、平陰侯

① "太師韓文正公苗晉卿"九字，底本無，據《文獻通考》卷一〇三《宗廟考十三・
祀先代帝王賢士》校補。
② "獻文"，底本作"憲文"，據《文獻通考》卷一〇三《宗廟考十三・祀先代帝王賢
士》校改。
③ "書"字，底本脱，據楊本、《文獻通考》卷一〇三《宗廟考十三・祀先代帝王賢
士》校補。

有若、東阿侯巫馬施[①]、南頓侯陳亢、千乘侯梁鱣、陽谷侯顏辛、臨沂侯冉孺、諸城侯冉
季、沭陽侯伯虔、枝江侯公孫龍、新息侯秦冉、鄆城侯秦商、濮陽侯漆雕哆、雷澤侯顏
驕、高苑侯漆雕徒父、上邽侯壤駟赤、鉅平侯公夏首、梁父侯公肩定、聊城侯鄡單、馮翊
侯秦祖、建城侯樂欬、沂水侯孔伋、臨淄伯公羊高、蘭陵伯荀況、中都伯左丘明、睢陵伯
穀梁赤、乘氏伯伏勝、萊蕪伯高堂生、考城伯戴聖[②]、樂壽伯毛萇、曲阜伯孔安國、彭城
伯劉向、中牟伯鄭眾、成都伯揚雄，並西向。

　　西廡：長山侯林放、鄒平侯商澤、成紀侯石作蜀、當陽侯任不齊、牟平侯公良孺、文
登侯申棖、上蔡侯曹卹、濟陽侯奚容箴、滏陽侯句井疆、淄川侯申黨、即墨侯公祖句茲、
厭次侯榮旂[③]、武城侯縣成、南華侯左人郢、汧源侯燕伋、朐山侯鄭國、華亭侯秦非、臨
濮侯施之常、濟陰侯顏噲、博昌侯步叔乘、宛句侯顏之僕、內黃侯蘧瑗、博平侯叔仲會、
堂邑侯顏何、林慮侯狄黑、高堂侯邦巽、鄆城侯孔忠、臨朐侯公西輿如、徐城侯公西
箴[④]、陽平侯琴張、膠東侯后處、富陽侯顏祖、祁鄉侯罕父黑、樂平侯原亢、祚城侯廉潔、
侯氏伯杜子春、扶風伯馬融、良鄉伯盧植、高密伯鄭玄、岐陽伯賈逵、滎陽伯服虔、任城
伯何休、司空王肅、偃師伯王弼、司徒杜預、新野伯范甯、昌黎伯韓愈、臨川伯王雱，並
東向。

釋奠武成王，以漢少傅留侯張良配。

　　殿上：齊相管仲、吳將軍孫武、燕昌國君樂毅、蜀丞相諸葛亮、唐司空英國公李勣，
並西向；齊大司馬田穰苴、秦武安君白起[⑤]、漢淮陰侯韓信、唐尚書右僕射魏國公李靖、
唐太尉汾陽王兼中書令郭子儀，並東向。

　　東廡：越相范蠡[⑥]、齊將孫臏、趙將信平君廉頗、趙大將軍武安君李牧、漢相平陽侯

---

　　① "東阿"，底本作"河東"，據《文獻通考》卷四三《學校考四·祠祭褒贈先聖先
師》校改。
　　② "戴聖"，底本作"戴勝"，據文津閣本、《文獻通考》卷四三《學校考四·祠祭褒
贈先聖先師》校改。
　　③ "榮旂"，文津閣本作"榮祈"，《文獻通考》卷四三《學校考四·祠祭褒贈先聖先
師》作"榮期"。
　　④ "公西點"，文津閣本、楊本、《文獻通考》卷四三《學校考四·祠祭褒贈先聖先
師》作"公西箴"。
　　⑤ "秦武安君白起"，《宋史》卷一〇五《禮八·武成王廟》作"范蠡"。
　　⑥ "越相范蠡"，《宋史》卷一〇五《禮八·武成王廟》作"白起"。

曹參、漢右丞相周勃、漢前將軍李廣、漢大司馬冠軍侯霍去病、後漢太傅高密侯鄧禹、後漢征西將軍陽夏侯馮異、後漢大司馬廣平侯吳漢、後漢伏波將軍新息侯馬援[①]、後漢太尉槐里侯皇甫嵩、魏太尉鄧艾、蜀車騎將軍西鄉侯張飛、吳南郡太守屠陵侯呂蒙、吳大司馬陸抗、晉鎮南將軍當陽侯杜預、晉太尉長沙公陶侃、前燕太宰慕容恪、宋司空武陵侯檀道濟、後魏太尉長孫嵩、北齊左僕射太原王慕容紹宗、後周大冢宰齊王宇文憲、後周左僕射鄭國公韋孝寬、隋司徒越國公楊素、隋右武衛將軍宋國公賀若弼、唐司空河間王孝恭、唐右武衛大將軍邢國公蘇定方、唐夏官尚書王孝傑、唐兵部尚書中山郡王王晙、唐太尉臨淮王李光弼,並西向。

西廡:魏西河太守吳起、齊將安平君田單、趙將馬服君趙奢、秦將王翦、漢梁王彭越、漢太尉絳侯周亞夫、漢大將軍長平侯衛青、漢後將軍營平侯趙充國、後漢執金吾寇恂、後漢左將軍膠東侯賈復、後漢定威將軍好時侯耿弇、後漢太尉新豐侯段熲、魏征東將軍晉陽侯張遼、蜀前將軍壽亭侯關羽[②]、吳南郡太守周瑜、吳丞相陸遜、晉征南將軍南城侯羊祜、晉撫軍將軍襄陽侯王濬[③]、晉車騎將軍康樂公謝玄、前秦丞相王猛、宋征虜將軍王鎮惡、北齊右丞相咸陽王斛律光、梁太尉康寧公王僧辯、後周太傅燕公于謹、陳司空南平公吳明徹、隋上柱國新義公韓擒虎、隋上柱國太平公史萬歲、唐左武衛大將軍鄂國公尉遲敬德、唐禮部尚書聞喜縣公裴行儉、唐右武衛大將軍韓國公張仁愿、唐兵部尚書同中書門下三品代國公郭元振、唐太尉中書令李晟,並東向。

太廟祫饗昭穆位

僖祖皇帝東向;順祖皇帝、宣祖皇帝、真宗皇帝、英宗皇帝、哲宗皇帝南向,爲昭;翼祖皇帝、太祖皇帝、太宗皇帝、仁宗皇帝、神宗皇帝,北向,爲穆。

凡祫享,堂上設始祖南面之位,室中設東面之位。始祖南面,則昭穆東西相向;始祖東面,則昭穆南北相向。

---

①　"後漢",底本作"後漢",據文津閣本、十萬卷樓本、楊本校改。
②　"關羽",底本作"關某",據十萬卷樓本、楊本、《宋史》卷一〇五《禮八・武成王廟》校改。
③　"王濬",底本作"王濟",據《宋史》卷一〇五《禮八・武成王廟》校改。

卷第四　序例

册祝　玉幣　神席<small>神位版附</small>

册祝

　　親祠用竹册，有司常祀用祝版，宫觀用青詞。册制，以竹爲之，每册二十四簡，長尺有一寸，闊一寸，貫以紅絲，條以紅綿。祝版，以梓、楸木爲之，長二尺，廣一尺，厚六分。

　　昊天上帝、感生帝、五方帝、高禖、<small>謂青帝位</small>。日、月、太一、陽德觀、<small>火德位</small>。皇地祇、神州地祇、后土、帝鼐稱"嗣天子臣<small>御書</small>。謹遣某官臣姓名，敢昭告"。<small>太一稱"昭薦"。凡非親祠，並稱"謹遣某官"。以下准此。</small>

　　九宫貴神、風師、雨師、雷神、太社、太稷、蜡祭<small>謂歲星、熒惑、鎮星、太白、星辰</small>。稱"嗣天子<small>御書</small>。謹遣某官臣姓名，敢昭告"。<small>風師、雨師、雷神稱"昭薦"。</small>

　　司中、司命、司民、司禄、靈星、壽星稱"嗣天子謹遣某官姓名，恭祭"。

　　聖祖天尊大帝稱"嗣皇帝臣<small>御書</small>。謹遣某官臣姓名，謹上啟"。

　　太廟稱"嗣皇帝臣，<small>御書</small>。謹遣某官姓名敢昭告"。僖祖皇帝室、翼祖皇帝室、宣祖皇帝室、太祖皇帝室、太宗皇帝室、真宗皇帝室、仁宗皇帝室,並稱"孝曾孫"。英宗皇帝室稱"孝孫"。神宗皇帝室稱"孝子"。哲宗皇帝室稱"孝弟"。别廟稱"皇帝謹遣某官臣姓名,昭薦"①。

五方帝、高禖、太社、太稷之配,熒惑,嶽鎮海瀆,八鼎,勾芒、祝融、后土、蓐收、玄冥、神農、后稷,蒼龍、朱雀、麒麟、玄武、白虎,先農氏、后稷氏,文宣王,歷代帝王女媧氏、帝太昊氏、帝神農氏、帝高陽氏、帝高辛氏、帝陶唐氏、帝有虞氏、夏王大禹、商王成湯、高宗、中宗、周文王、武王、成王、康王、漢高皇帝、永興軍。後漢世祖光武皇帝、唐高祖神堯皇帝、嵩陵周高祖、慶陵世宗皇帝、懿陵符皇后,稱"皇帝御書。謹遣某官臣姓名,敢昭薦"。熒惑稱"昭告",禖神、簡狄、姜嫄稱"恭祭"。

歷代帝王,秦始皇帝、漢太宗孝文皇帝、孝景皇帝、世宗孝武皇帝、中宗孝宣皇帝、魏文宣皇帝、後周太祖文皇帝、隋高祖文皇帝、唐太宗文皇帝、明皇帝、肅宗宣孝皇帝、憲宗章武皇帝、宣宗獻文皇帝、後唐莊宗皇帝、明宗皇帝、晉高祖皇帝、漢高祖皇帝,河南府②。大火、應天府③。商丘公,從祀山川,稱"皇帝謹遣某官姓名,敢昭薦"。

先蠶、昭烈武成王、會應廟、司寒、馬祖、先牧、馬社、馬步、七祀、歷代帝王之配,謂聖祖,太昊,神農,高陽,陶唐,有虞,夏禹④,商成湯、高宗、中宗,周文王、武王、成王、康王之配。稱"皇帝謹遣某官姓名,恭祭"。

---

① "謹遣",文津閣本、十萬卷樓本、楊本作"恭遣"。
② "河南府"三字,底本作正文大字,據文津閣本、十萬卷樓本、楊本改爲注文小字。
③ "應天府"三字,底本作正文大字,據文津閣本、十萬卷樓本、楊本改爲注文小字。
④ "禹"字,底本脱,據文津閣本、十萬卷樓本、楊本校補。

文宣王、昭烈武成王之配，歷代帝王之配_{謂秦始皇帝，漢高帝、孝文}帝、孝景帝、孝武帝、孝宣帝，後漢光武帝，魏文帝，後周太祖，隋高祖，唐高祖、太宗、明皇、肅宗、憲宗、宣宗，後唐莊宗、明宗，晉高祖之配[①]。稱"皇帝謹遣某官姓名，致祭"。

贈祭文武官、皇親、內侍二品以上及太夫人二品以上，稱"皇帝遣某官姓名，致祭"。

州縣祭社稷、風師、雨師、雷神，並釋奠文宣王，並稱"某官姓名，敢昭告"。

凡親祠，前祀一日有司以祝冊授通進司進御書降付尚書禮部。其常祀係進御書者，並前期進御書。

凡祝版，天神則燔燎；地祇、人鬼則瘞埋；太廟、別廟則藏諸匱。

玉幣

凡禮神之玉幣，冬至祀昊天上帝，以蒼璧，幣以蒼。_{并配位，用}蒼幣二。親祠則第一龕用白幣，赤幣二，帛幣二，青幣二，黃幣一；第二龕、第三龕及內壇之內，白幣六十五，青幣七十六，赤幣五十七[②]，帛幣一百一十八，黃幣一；內壇之外衆星，青幣六十，赤幣六十，白幣六十，帛幣六十，黃幣一百二十。常祀則設從祀白幣二[③]，帛幣二，赤幣二，青幣二，黃幣二。

雩祀上帝、上辛祈穀祀上帝、明堂祀上帝，以蒼璧，幣以蒼。

感生帝以四圭有邸，幣以赤。

皇地祇以黃琮，幣以黃。

高禖以青圭，幣以青。

---

① "之"字，底本脫，據文津閣本、十萬卷樓本、楊本校補。

② "五十七"，文津閣本、十萬卷樓本、楊本作"五十九"。

③ "常祀"，底本作"尚祀"，據文津閣本校改。

青帝以青圭,赤帝以赤璋,黄帝以黄琮,白帝以白琥,黑帝以黝璜,幣如其玉。

日以日圭,幣以赤。

月以月圭,幣以白。

熒惑以兩圭有邸,幣以赤。

九宫以兩圭有邸,太一黑,攝提黄,軒轅青,招摇、天符黄,青龍紫,咸池白,太陰紅,天一赤,幣如其玉。

神州地祇、太社、太稷以兩圭有邸,幣以黑。

帝𩛲,幣以黄。

寶鼎、魁鼎,幣以黑;牡鼎、蒼鼎,幣以青;罡鼎[①]、彤鼎,幣以赤;阜鼎、晶鼎,幣以白。

嶽鎮海瀆以兩圭有邸,幣如其方色。

先農幣以青。

先蠶幣以黑。

會應廟以五方色幣。

太廟、别廟以裸圭,幣以白。

其餘禮神之幣,皆以白。上帝,蒼幣二。感生帝,赤幣二。黄帝、皇地祇,各用黄幣二。高禖,青幣五。青帝、先農,各用青幣二。赤帝,赤幣一。白帝,白幣二。黑帝、神州地祇,各用黑幣二。朝日,赤幣一。夕月,白幣一。熒惑,赤幣二。太廟,每室白幣一。别廟,白幣一。太社、太稷,黑幣四。嶽鎮海瀆,東方青幣五,南方赤幣五,中方黄幣三,西方白幣五,北方黑幣五。九宫貴神、九鼎,各方色幣九。蜡祭,東方青幣四,赤幣一;西方青幣二,白幣三;南方青幣二,赤幣二,黄幣二;北方青幣,白幣二。先蠶,黑幣一。風師、雨師、雷神,各白幣一。會應廟,方色幣五。文宣王,白幣四。昭烈武成王,白幣二。

---

①　“罡鼎”,底本作“岡鼎”,據文津閣本、十萬卷樓本、楊本校改。

宮觀：景靈宮，幣以蒼。上清儲祥宮、儲慶宮，幣以青。醴泉觀，幣以赤。九成宮，幣以黄。佑神觀，以五方色幣^①。中太一宮，立春幣以青，立夏以赤，立秋以白，立冬以皂。景靈宮，蒼幣一。上清儲祥宮，青幣五。儲慶宮，青幣十一。醴泉觀，白幣一。陽德觀，赤幣二。九成宮，黄幣一。佑神觀，五方色幣五。中太一宮，幣一十一。

凡小祠，不用幣。

凡燔、瘞之玉，用珉，其色如禮神之玉。

凡幣之制，長一丈八尺。

凡祠事畢，天神則燔玉幣於燎壇；神祇、人鬼則瘞於坎；太廟、別廟則埋幣於西階東。

神席神位版附

昊天上帝、上帝、祈穀、雩祀、明堂。天皇大帝、北極大帝、五方帝、感生帝、高禖、謂青帝位。大明、夜明、熒惑、九宮貴神^②、皇地祇、神州地祇、太社、太稷，並席以藁秸；配位僖祖皇帝、太祖皇帝、太宗皇帝，並席以蒲越；其餘神位皆設莞席。太廟每室鋪筵，設几。別廟同。

凡祠昊天上帝、上帝、五方帝、感生帝、高禖、謂青帝位。皇地祇、神州地祇、大明、夜明與配帝神位版，皆以黄金飾木，鏤青爲字；其餘用朱漆金字。

---

① "色"字，底本無，據文津閣本校補。
② "九宮貴神"，底本作"九宮貴人"，據文津閣本、十萬卷樓本、楊本校改。

卷第五　序例

齋戒　獻官　祭器<small>器實附</small>　牲牢<small>牲體附</small>

齋戒

凡大祀，前十日應行事、執事及陪祠官受誓戒，<small>每歲大祀，行事、執事官受誓戒。</small>散齋七日，致齋三日；中祀，散齋三日，致齋二日；小祀，散齋二日，致齋一日。皇帝散齋七日，於別齋致齋三日。<small>冬祀、夏祭，一日於大慶殿，一日於太廟，一日於行宮；宗祀，二日於大德殿，一日於太廟；祫享，二日於大慶殿，一日於太廟；其餘親祠，皆二日於大慶殿，一日於行宮。</small>

散齋，不弔喪，問疾，作樂，有司不奏刑殺文書。

致齋日，前後殿不視事，唯行祀事。應行事、執事、陪祠官及從升者，散齋七日，宿于正寢；致齋三日，各宿于其次。<small>三省、樞密院官各宿於其本廳及都堂。侍從官并尚書、侍郎分宿於秘書、中書後省。親王於本府翊善廳。宗室於睦親、廣親宅。都廳及學舍餘官、內廳有所司者，各宿於其司。諸方各使許赴陪位者，各宿於其次。</small>

散齋，致事如故，惟不弔喪，問疾，作樂，判書刑殺文書，行刑罰及與穢惡。致齋之日，惟祀事得行。祀官已齋而闕者，通攝。<small>每歲常祀，行事、執事官散齋、致齋准此。</small>

凡每歲常祀，行事、執事官致齋於本司；無本司者，於太常齋舍、太廟齋宮，前一日質明赴祠所齋宮。有司先告州府及金吾，平明清所行之道路，不得見諸凶穢讓經①，過訖②。其哭泣之聲聞於祭所者，權禁斷。

獻官

親祠，親王爲亞獻、終獻。有司攝事及常祀，禮部尚書、侍郎爲亞獻，太常卿少、禮部祠部郎官爲亞獻，太常博士爲終獻。中祀，以太常卿少、禮部祠部郎官爲初獻，禮部祠部郎官爲亞獻，太常博士爲終獻。

太學、辟廱釋奠文宣王，武學釋奠武成王，大司成、祭酒、司業、丞爲初獻③，祭酒、司業、丞爲亞獻，丞、博士爲終獻。宗學釋奠文宣王，宗正卿少爲初獻，少卿、丞爲亞獻，丞、博士爲終獻。

太廟、別廟，親王、宗室、使相、節度使，並郡王及觀察使以上爲初獻，宗室正仕以上爲亞獻、終獻。每歲奏告配帝室，以宗室、節度使至遙郡防禦使爲獻官；朔祭太廟、別廟及薦新，以太常少卿爲獻官。

祀太一宮、陽德觀，以中書舍人爲獻官。

祭馬祖、先牧、馬社、馬步，以太僕卿少爲獻官。

其餘小祀一獻，並以禮部祠部郎官、太常博士充。

凡每歲大、中、小祀，行事官以次差充外；若闕，聽以主客、膳部郎官充；又闕，遞差五曹郎官；如吏部闕，差戶部之類。又闕，初獻聽報秘書省長貳，亞、終獻禮官、獻官謂以小祀。闕，以太常丞；又闕，以秘書丞以下充；又闕，報尚書吏部，仍報太常寺，以職事官高下

---

① “讓經”疑爲“縩絰”之訛。

② “過訖”後疑有脫字。

③ “丞”字，底本無，據文津閣本、十萬卷樓本校補。

爲叙。

祭器<small>器實附</small>

凡籩豆簠簋之數，大祀，每位籩十二、豆十二、<small>時享太廟、別廟，每室加豆二。</small>簠二、簋二^①；中祀，籩十、豆十、簠二、簋二；小祀，籩八、豆八、簠一、簋一。

凡俎用犢者，俎四；用羊豕者，俎八；用牛羊豕者，俎十二。若小祀，皆用俎二。太廟、別廟朔祭，俎五；時享，俎十；祫享，俎十五；親祠，俎有七。大興殿帝鼐，俎八；八鼎，俎二。

凡登、鉶、槃之數，大祀，昊天上帝、上帝、感生帝、皇地祇、神州地祇各用登一、槃一，朝日、夕月、五方帝、東西蜡、熒惑各用登一，太廟、別廟各用槃一、登二、鉶三，太社、太稷各用槃一、鉶三；中祀，嶽鎮海瀆、先農、先蠶、文宣王、武成王、南北蜡各用槃一、登二、鉶三，風師、雨師、雷神各用登一^②；小祀，用槃一。<small>靈星、壽星、馬祖，不設。</small>

凡酒尊之數，親祠用太尊五、山尊五；常祀，昊天上帝、上帝、感生帝、皇地祇、神州地祇、太社、太稷，每位用太尊五、山尊五；其餘大祀用犧尊五、象尊五；<small>太廟、別廟用犧尊五、象尊五，又設烏彝一、雞彝一；秋、冬臘享用著尊五、壺尊五，又設黃彝二、牢彝一；祫享用太尊五、山尊五，又設蜼彝一、虎彝一，彝有舟。</small>中祀^③，用犧尊四；小祀，用犧尊三。<small>內小祀三獻即用犧尊三、象尊三。</small>以上爲酌尊。凡大、中、小祀，皆設太尊二、山尊二、著尊二、犧尊二、象尊二、壺尊六。

---

① “簠二簋二”，底本作“簋二簠二”，據文津閣本、十萬卷樓本、楊本乙正。

② “雷神”二字，底本無，據文津閣本校補。

③ “中”字，底本脫，據文津閣本、十萬卷樓本校補。

　　凡從祀祭器之數，昊天上帝壇之第一龕，每位籩八、豆八、簠一、簋一、俎二、登一、爵二、加坫，凡爵皆有坫。太尊二、著尊二；第二、第三龕，每位籩二、豆二、簠一、簋一、俎一、登一、爵一；內壝內外，每位籩一、豆一、簠一、簋一、俎一、爵一。第二龕，每位犧尊二①；第三龕，每位象尊二②、壺尊二；內壝內，每位概尊二；內壝外，每位散尊二。皇地祇壇之第一等，每位籩四、豆四、簠一、簋一、俎一、登一、槃一、惟五官神設槃。爵一；第二等及壇下內壝之內，每位各籩二、豆二、簠一、簋一、俎一、爵一。神州地祇、五嶽，各犧尊二、象尊二。五行、五官、鎮海瀆，各山尊二。山林、川澤，各蜃尊二。丘陵、墳衍、原隰，各散尊二。五帝壇下從祀，每位籩二、豆二、簠一、簋一、俎一、爵一，共設象尊四、壺尊二。高禖壇下禖神位，籩十、豆十、簠二、簋二、俎十二、犧尊三。蜡祭從祀，每位籩二、豆二、簠一、簋一、俎一、爵一。東西蜡，卯階之南設象尊二，子階之東壺尊二③，子階之西山尊二、蜃尊二④、散尊一。南蜡，卯階之西設象尊二，北蜡，設卯階尊准此。子階、午階之西各設蜃尊二⑤、山尊二、散尊二，子階之東壺尊二⑥。北蜡設子階尊准此。嶽鎮海瀆從祀，每位籩四、豆四、簠一、簋一、俎一、登一、爵一、蜃尊一。太一宮、三皇、五帝，每位籩十、豆十、簠二、簋二、爵一。天地水三官、九曜，每位籩八、豆八、簠一、簋一、爵一。五嶽、九真君，每位籩四、豆四、簠一、簋一、爵一。餘從祀，皆籩二、豆二、簠

---

① "位"字，底本作"龕"，據文津閣本校改。
② "位"字，底本作"龕"，據文津閣本校改。
③ "子"字，底本作"於"，據文津閣本、十萬卷樓本校改。
④ "二"字，底本脫，據文津閣本校補。
⑤ "午"字，底本作"于"，據十萬卷樓本校改。
⑥ "二"字，底本脫，據文津閣本校補。

一、籩一、爵一。太廟配享功臣禮，各位又設俎一。文宣王、武成王，殿堂、兩處廡各設象尊二①。陽德觀，兩廡各設犧尊二。

　　凡祭祀，共五齊三酒，以太尊實泛齊，山尊實醴齊，著尊實盎齊，犧尊實醍齊，象尊實沉齊，以壺尊實事酒、昔酒、清酒，皆設而弗酌。凡酌尊，太尊、著尊實以泛齊，以供內法酒代；山尊、犧尊實以醴齊，以祠祭法酒代。

　　凡酌尊，皆有副。大祀所酌，凡一尊，以三爲副；中祀，以二尊；小祀，以一尊。凡齊，皆加明水；酒，皆加玄酒，各設於逐尊之上。謂如用犧尊凡五者②，以四尊實齊，一尊實明水；用壺尊六者，以三尊實三酒，三尊實玄酒。

　　凡用籩、豆各十二者，籩實以形鹽、魚鱐、乾棗、乾桃、乾菱、栗、榛實、菱、芡、鹿脯、糗餌、粉餈，豆實以芹菹、筍菹、葵菹、菁菹、韭菹、魚醢、兔醢、豚拍、醯醢③、鹿臡、酏食、糝食。用籩、豆各十者，籩減糗餌、粉餈，豆減酏食、糝食。用籩、豆各八者，籩又減菱、栗，豆又減豚拍、葵菹。用籩、豆各四者，籩實以栗、鹿脯、乾棗、形鹽，豆實以芹菹、菁菹、鹿臡、兔醢。用籩、豆各二者，籩實以栗、鹿脯，豆實以菁菹、鹿臡。用籩、豆各一者，籩實以鹿脯，豆實以鹿臡。用簠、簋各一者，簋實以黍，簠實以稷。用簠、簋各二者，簋實以稷、黍，簠實以稻、粱。甒實以太羹。鉶實以肉羹。俎實以牲體，牲皆。盤實以毛血。

　　凡宮觀用籩、豆各十二者，籩實以菱、芡、榛實、栗、乾桃、乾菱、乾棗、形鹽、梨、乾柿、糗餌、粉餈，豆實以芹菹、筍菹、葵菹、菁

---

①　"處"字疑爲衍文。

②　文津閣本"五"前無"凡"字。

③　"醯"字，底本脱，據十萬卷樓本、楊本校補。

菹、蘸子、蒿苣、松脯、蓁脯、瓜虀、法醬、醭食、糝食；用籩、豆各十者，籩減糗餌、粉粢；豆減醭食、糝食；用籩、豆各八者，籩又減菱、乾柿，豆又減蘸子、蒿苣；籩豆各四者，籩實以栗、梨、乾棗、形鹽，豆實以芹菹、菁菹、蓁脯、法醬；籩、豆各二者，籩實以梨、栗，豆實以菁菹、法醬。用簠、簋各一者，簋實以黍，簠實以稷；用簠、簋各二者，簋實以黍、稷，簠實以稻、粱。俎實以乳餅。

凡祀神之物有當時所無者，則以時物代之。

凡太廟、別廟，加豆二，春實以韭、卵；夏實以鮪、麥；秋實以豚、黍；冬實以稻、鴈。

凡太廟、別廟薦新，孟春，豆三，實以韭，以卵，以葑；仲春，豆一，實以冰；季春，豆三，實以笋、蒲、鮪，如鮪闕，以魴、鯉代。籩一，實以含桃；孟夏，豆二，實以彘、麥；仲夏，豆二，實以雛，以黍，籩一，實以瓜；季夏，籩二，實以芡，以菱；孟秋，豆二，實以粟[1]，以稷，籩二，實以棗、梨；仲秋，豆二，實以麻，以稻；季秋，豆二，實以菽，以兔，籩一，實以栗；孟冬，豆一，實以鴈；仲冬，豆一，實以麕；季冬豆一，實以魚。

凡諸陵薦獻，孟春薦韭菁、茵陳、卵；仲春薦冰、鳧茈[2]；季春薦笋、蒲、煮酒、鮪魚、酪、藕；孟夏薦荼、豕、麥、含桃、李；仲夏薦雛、黍、瓜、杏、林擒；季夏薦菱、芡、蓮實；孟秋薦棗、粟[3]、梨實、蒲萄；仲秋薦醴酒[4]、麻、稻、鶉；季秋薦菽、兔、栗、榴、楹梓；孟冬薦鴈、山藥；仲冬薦麕、橙、橘、柑；季冬薦魚。以鱣、鮪、鮓、鱠、鱮、鯉充。

---

① "粟"字，底本作"栗"，據《宋會要輯稿·禮》一七之八九《薦新》校改。
② "鳧茈"，底本作"鳧菰"，據本書卷一一九《薦新諸陵儀·時日》改。
③ "粟"字，底本作"栗"，據《宋會要輯稿·禮》一七之八九《薦新》校改。
④ "醴酒"，底本作"瀑酒"，據本書卷一一九《薦新諸陵儀·時日》改。

牲牢_{牲體附}

凡祀昊天上帝，犢二、羊十、豕十。祈穀祀上帝、感生帝、雩祀上帝、神州地祇，各犢二。皇地祇，犢二、羊五、豕五。大享明堂、祀上帝，犢二、羊二、豕二。高禖，犢一、羊三、豕三。太社、太稷，犢二、羊四、豕四。祫享太廟，犢十一、羊十一、豕十一。時享太廟，各羊十、豕十；配享功臣、七祀，各用羊二。別廟，羊一、豕一。朔祭太廟，羊十；別廟，羊一。薦新太廟、別廟，各豕一。惟四月薦新用。祀五方帝，各羊二、豕二。九宮貴神，羊九、豕九。朝日、夕月，各羊二、豕二。蜡祭東方、西方，各羊四、豕四；南方、北方，各羊三、豕三。中方嶽鎮，羊二、豕二；四方嶽鎮海瀆，各羊四、豕四。先農、雨師，各羊二、豕二；先蠶、風師、雷神，各羊一、豕一。釋奠文宣王，羊五、豕五；武成王，羊三、豕三。司中、司命、司民、司禄，各羊一、豕一。靈星、壽星、司寒、馬祖、先牧、馬步，各羊一、豕一。司命、户、竈、中霤、門、厲、行，各羊一。都門載祭，羊一、豕一。

凡大祀，養牲在滌，芻之三月，月易一牢；中祀，六十日；小祀，三十日。

凡天神之祀，皆燔牲首以報陽。凡地祇之祭，皆瘞牲之左髀以報陰。凡薦享太廟、別廟，皆升首於室。

凡薦腥體七，兩髀、兩肩、兩脅並脊[①]，左右胖俱用。其載於俎，則以兩髀在兩端，兩肩次之，兩脅次之，脊在於中。薦熟體十一，用右胖，髀不升。前體肱骨離爲三，曰肩、臂、臑。後體股骨

---

① "並"字，底本作"升"，據十萬卷樓本校改。

去髀，離爲二，曰肫、胳。前脊二骨，謂之正脊。其次直者二骨，謂之直脊。又其次闊於直脊者一骨，謂之橫脊。脅最後二骨爲短脅，旁中二骨爲正脅，最前二骨爲代脅。升於俎，則肩、臂、臑在上端，肫、胳在下端，脊、脅在中央。其載之次序，則肩、臂、臑、正脊、直脊、橫脊、代脅、長脅、短脅、肫、胳。

凡牛羊腸胃，腸三、胃三，其長皆及俎距；離肺一，小而長，半割之，不絕中央少許；刌肺三。其載之次序，則離肺在上端，刌肺次之，腸胃在下端。

凡豕膚九，橫載於俎，令其皮革相順。

以上皆分生熟之薦。

卷第六　序例

親祠登歌大朝會同　親祠宮架景靈宮　宣德門　大朝會附
大祠登歌中祠同　大祠宮架

親祠登歌大朝會同

金鐘一，在東；玉磬一，在西，俱北向。柷一，在金鐘北，稍西；敔一，在玉磬北，稍東。搏拊二：一在柷北，一在敔北，東西相向。一絃、三絃、五絃、七絃、九絃琴各一，瑟四，在金鐘之南，西上；玉磬之南亦如之，東上。又於午階之東太廟則于泰階之東，宗祀則於東階之西，大朝會則於丹墀香案之東。設笛二、篪二[①]、巢笙二、和笙二，爲一列，西上。大朝會，和笙在笛南。塤一，在笛南。大朝會在篪南。閏餘匏一、簫一，各在巢笙南。又於午階之西，太廟則於泰階之西，宗祀則於西階之東，大朝會則於丹墀香案之西。設笛二、篪一、巢笙二、和笙二，爲一列，東上。塤一，在笛南。七星匏一、九星匏一[②]，在巢笙南。簫一，在九星匏西。鐘、磬、柷、敔、搏拊、琴、瑟工各坐於壇上，太廟、宗祀、大朝會則於殿上。塤、篪、笙、笛、簫、匏工並立於午階之東西。太

① “二”字，十萬卷樓本、《宋會要輯稿·樂》五之二一《郊祀樂》、《文獻通考》卷一四〇《樂考十三·樂懸》、《宋史》卷一二九《樂四》作“一”。

② “九星匏一”四字，底本無，據《宋會要輯稿·樂》五之二一《郊祀樂》、《文獻通考》卷一四〇《樂考十三·樂懸》、《宋史》卷一二九《樂四》校補。

廟則於泰階之東西,宗祀則於兩階之間①,大朝會則於丹墀香案之東西。樂正二人在鐘、磬南,歌工四人在敔東。俱東西相向②。執麾挾仗色掌事一名,在樂虡之西,東向。樂正紫公服,_{大朝會服絳朝服③,}方心曲領,緋白大帶,金銅革帶,烏皮履④。樂正黑介幘⑤,執麾人平巾幘,並緋繡鷺衫、白絹夾袴、抹帶。_{大朝會同。}

親祠宮架_{景靈宮宣德門大朝會附}

四方各設編鐘三、編磬三。東方,編鐘起北,編磬間之,東向。西方,編磬起北,編鐘間之,西向。南方,編磬起西⑥,編鐘間之;北方,編鐘起西⑦,編磬間之,俱北向。設十二鎛鐘、特磬于編架內,各依月律。四方各鎛鍾三、特磬三。東方,鎛鐘起北,特磬間之,東向。西方,特磬起北,鎛鐘間之,西向。南方,特磬起西,鎛鐘間之;北方,鎛鐘起西,特磬間之,皆北向。_{景靈宮、天興殿鎛鍾、編鐘、特磬、編磬如每歲大祠宮架陳設。}

植建鼓、鞞鼓、應鼓於四隅,建鼓在中,鞞鼓在左,應鼓在右。

---

① “兩”字,底本作“西”,據楊本、《文獻通考》卷一四〇《樂考十三·樂懸》、《宋史》卷一二九《樂四》校改。

② “相”字,底本脱,據《宋會要輯稿·樂》五之二一《郊祀樂》、《文獻通考》卷一四〇《樂考十三·樂懸》、《宋史》卷一二九《樂四》校補。

③ “朝服”,底本作“公服”,據《文獻通考》卷一四〇《樂考十三·樂懸》、《宋史》卷一二九《樂四》校改。

④ “烏”字,底本作“馬”,據《文獻通考》卷一四〇《樂考十三·樂懸》、《宋史》卷一二九《樂四》校改。

⑤ “黑”字,底本無,據《宋會要輯稿·樂》五之二一《郊祀樂》、《文獻通考》卷一四〇《樂考十三·樂懸》、《宋史》卷一二九《樂四》校補。

⑥ “西”字,底本作“兩”,據文津閣本、十萬卷樓本、楊本、《宋會要輯稿·樂》五之二一《郊祀樂》、《文獻通考》卷一四〇《樂考十三·樂懸》、《宋史》卷一二九《樂四》校改。

⑦ “西”字,底本作“兩”,據文津閣本、十萬卷樓本、楊本、《宋會要輯稿·樂》五之二一《郊祀樂》、《文獻通考》卷一四〇《樂考十三·樂懸》、《宋史》卷一二九《樂四》校改。

設柷、敔於北架内：柷一，在道東；敔一，在道西。設瑟五十二，朝會五十六。宣德門五十四。列爲四行：二行在柷東，二行在敔西。次一絃琴七，左四右三。次三絃琴一十有八，宣德門二十。次五絃琴一十有八，宣德門二十①。並分左右。次七絃琴二十有三，次九絃琴二十有三，並左各十有二，右各十有一。宣德門七絃、九絃各二十五，並左十有三，右十有二②。次巢笙二十有八，分左右。宣德門三十二。次匏笙三，在巢笙之間，左二、右一。次簫二十有八，宣德門、大朝會三十。次竽二十，次篪二十有八，宣德門三十六。朝會篪三十三，左十有七，右十有六③。次塤一十有八，宣德門、朝會二十。次笛二十有八，並分左右。宣德門笛三十六。朝會笛三十三，左十有七，右十有六④。雷鼗、雷鼗各一，在左；又雷鼗、雷鼓各一，在右，地祇，靈鼗各二。太廟，路鼗、路鼓各二⑤。大朝會晉鼗二。宣德門不設。並在三絃、五絃琴之間，東西相向。晉鼗一，在匏笙間，少南北向。

副樂正二人在柷、敔之前，北向。歌工三十有二⑥，宣德門四十。朝會三十有六。次柷、敔，東西相向，列爲四行，左右各二行。樂師

---

① "次五絃琴一十有八宣德門二十"十三字，底本無，據《文獻通考》卷一四〇《樂考十三·樂懸》、《宋史》卷一二九《樂四》校補。

② "並左十有三右十有二"九字，底本作正文大字，據文津閣本、楊本、《文獻通考》卷一四〇《樂考十三·樂懸》、《宋史》卷一二九《樂四》改爲注文小字。

③ "左十有七右十有六"八字，底本作正文大字，據文津閣本、十萬卷樓本、《文獻通考》卷一四〇《樂考十三·樂懸》、《宋史》卷一二九《樂四》改爲注文小字。

④ "左十有七右十有六"八字，底本作正文大字，據文津閣本、十萬卷樓本、楊本、《文獻通考》卷一四〇《樂考十三·樂懸》、《宋史》卷一二九《樂四》改爲注文小字。

⑤ "地祇靈鼗各二太廟路鼗路鼓各二"十四字，底本作正文大字，據《文獻通考》卷一四〇《樂考十三·樂懸》、《宋史》卷一二九《樂四》改爲注文小字。

⑥ "歌工"，底本作"敔工"，據《宋會輯稿·樂》五之二二《郊祀樂》、《文獻通考》卷一四〇《樂考十三·樂懸》、《宋史》卷一二九《樂四》校改。

四人,在敔工之南北①,東西相向。運譜二人,在晉皷之左右,北向。執麾挾仗色掌事一名,在樂虡之右,東向。副樂正同樂正服,大朝會同樂正朝服。樂師緋公服,運譜綠公服,大朝會介幘、絳韝衣、白絹抹帶②。樂工③、執麾人並同登歌執麾人服。朝會同。

　　文舞六十四人,執籥翟;武舞六十四人,執干戚:俱爲八佾。文舞分立於表之左右,各四佾。引文舞二人,執纛在前,東西相向。舞色長二人,在執纛之前,分東西。若武舞則在執旌之前。引武舞執旌二人④,鼗二人,雙鐸二人,單鐸二人,鐃二人,持金錞四人,奏金錞二人,鉦二人⑤,相二人,雅二人,分立於宮架之東西,北向,北上,武舞在其後。舞色長幞頭、抹額、紫繡袍。引二舞頭及二舞郎,並紫平冕、皂繡鷺衫、金銅革帶、烏皮履。大朝會引文舞頭及文舞郎並進賢冠、黃鷺衫、銀褐裙、綠襘襠⑥、革帶、烏皮履;引武舞頭及武舞郎並平巾幘⑦,緋鷺衫、黃畫甲身、紫襘襠、豹文大口袴、起梁帶、烏皮鞾。引武舞人,武

――――――

　　①　"歌工",底本作"敔工",據《宋會要輯稿・樂》五之二二《郊祀樂》、《文獻通考》卷一四〇《樂考十三・樂懸》、《宋史》卷一二九《樂四》校改。"之"字,底本無,據《宋會要輯稿・樂》五之二二《郊祀樂》、《文獻通考》卷一四〇《樂考十三・樂懸》、《宋史》卷一二九《樂四》校補。

　　②　底本作"絹"前衍"帽"字,據《文獻通考》卷一四〇《樂考十三・樂懸》、《宋史》卷一二九《樂四》刪。

　　③　"樂工",底本作"樂正",據《宋會要輯稿・樂》五之二二《郊祀樂》、《文獻通考》卷一四〇《樂考十三・樂懸》、《宋史》卷一二九《樂四》校改。

　　④　"舞色長二人在執纛之前分東西若武舞則在執旌之前引武"二十四字,底本脫,據《宋會要輯稿・樂》五之二二《郊祀樂》、《文獻通考》卷一四〇《樂考十三・樂懸》、《宋史》卷一二九《樂四》校補。

　　⑤　"鉦"字,底本作"鐲",據十萬卷樓本、《宋會要輯稿・樂》五之二三《郊祀樂》、《文獻通考》卷一四〇《樂考十三・樂懸》、《宋史》卷一二九《樂四》校改。

　　⑥　"綠"字,底本無,據《文獻通考》卷一四〇《樂考十三・樂懸》、《宋史》卷一二九《樂四》校補。

　　⑦　"幘"字,底本脫,據《文獻通考》卷一四〇《樂考十三・樂懸》、《宋史》卷一二九《樂四》校補。

弁、緋繡鸞衫、抹額、紅錦臂韝、白絹袴、金銅革帶、烏皮履。_{大朝}

會同。

大祠登歌_{中祠同}

編鐘一，在東；編磬一，在西：俱北向。柷一，在編鐘之北，稍西；敔一，在編磬之北①，稍東。搏拊二：一在柷北，一在敔北，俱東西相向。一絃、三絃、五絃、七絃、九絃琴各一，瑟一，在編鐘之南，西上②。編磬之南亦如之，東上。又於午階之東③，_{太廟、別廟則於殿下泰階之東，明堂、祠廟則於東階之西。}設笛一、篪一、塤一，爲一列，西上。和笙一，在笛南；巢笙一，在篪南；簫一，在塤南。午階之西亦如之，東上。_{太廟、別廟則於泰階之西，明堂、祠廟則於西階之東。}鍾、磬、柷、敔、搏拊、琴、瑟工各坐於壇上④，_{明堂、太廟、別廟於殿上，祠廟於堂上。}塤、篪、笙、簫、笛工並立於午階東西。_{太廟、別廟則于泰階之東西，明堂、祠廟於兩階之間，若不用宮架，即登歌工人並坐。}樂正二人在鍾、磬南，歌工四人在敔東，俱東西相向。執麾挾仗色掌事一名，在樂虡之西，東向。樂正公服，執麾挾仗色掌事平巾幘，樂正黑介幘，並緋繡鸞衫、白絹抹帶。

---

①　“編磬”，底本作“編琴”，據文津閣本、十萬卷樓本、楊本、《宋會要輯稿·樂》五之二三《郊祀樂》、《宋史》卷一二九《樂四》校改。

②　“編鐘之南西上”六字，底本脱，據《宋會要輯稿·樂》五之二三《郊祀樂》、《文獻通考》卷一四〇《樂考十三·樂懸》、《宋史》卷一二九《樂四》校補。

③　“又於”，底本作“列於”，據文津閣本校改。十萬卷樓本、楊本、《宋會要輯稿·樂》五之二二《郊祀樂》、《文獻通考》卷一四〇《樂考十三·樂懸》、《宋史》卷一二九《樂四》作“壇下”。

④　“坐”字，底本作“立”，據十萬卷樓本、楊本、《宋會要輯稿·樂》五之二三《郊祀樂》、《文獻通考》卷一四〇《樂考十三·樂懸》、《宋史》卷一二九《樂四》校改。

大祠宮架

四方各設鎛鐘三，各依月律。編鐘一[①]，編磬一。北方，應鍾起西，編鍾次之，黃鍾次之，編磬次之，大吕次之，皆北向。東方，太簇起北，編鐘次之，夾鍾次之，編磬次之，姑洗次之，皆東向。南方，仲吕起東，編鐘次之，蕤賓次之，編磬次之，林鍾次之，皆南向。西方，夷則起南，編鐘次之，南吕次之，編磬次之，無射次之，皆西向。設十二特磬，各在鎛鐘之内。

植建鼓、鞞鼓、應鼓於四隅。設柷、敔於北架内，柷在左，敔在右[②]。雷鼓、雷鼗各二，地祇以靈鼓、靈鼗，太廟、別廟以路鼓、路鼗。分東西，在敔工之南[③]。瑟二，在柷東。次一絃琴，次三絃琴，次五絃琴，次七絃琴，次九絃琴各二，各爲一列。敔西亦如之。巢笙、簫、竽、篪、塤、笛各四，爲四列，在雷鼓之後；若地祇即在靈鼓後，太廟、別廟在路鼓後。晉鼓一，在笛之後：俱北向。副樂正二人在柷、敔之北。歌工八人，左右各四，在柷、敔之南，東西相向[④]。執麾挟仗色掌事一名，在宮架西，北向[⑤]。副樂正本色公服，執麾挟仗色掌

---

①　"編鐘一"三字，底本無，據《宋會要輯稿·樂》五之二三《郊祀樂》、《文獻通考》卷一四〇《樂考十三·樂懸》、《宋史》卷一二九《樂四》校補。

②　"敔在"二字，底本脱，據文津閣本、《宋會要輯稿·樂》五之二三《郊祀樂》、《文獻通考》卷一四〇《樂考十三·樂懸》、《宋史》卷一二九《樂四》校補。

③　"在"字，底本無，據《宋會要輯稿·樂》五之二四《郊祀樂》、《文獻通考》卷一四〇《樂考十三·樂懸》、《宋史》卷一二九《樂四》校補。"歌工"，底本作"敔工"，據《宋會要輯稿·樂》五之二四《郊祀樂》、《文獻通考》卷一四〇《樂考十三·樂懸》、《宋史》卷一二九《樂四》。"南"字，《宋史》卷一二九《樂四》作"側"。

④　"南東西相向"，底本作"東南西向"，據《宋會要輯稿·樂》五之二四《郊祀樂》、《文獻通考》卷一四〇《樂考十三·樂懸》、《宋史》卷一二九《樂四》校改。

⑤　底本"北"後衍"東"字，據《文獻通考》卷一四〇《樂考十三·樂懸》、《宋史》卷一二九《樂四》删。

事及樂正平巾幘，服同登歌樂工。

文舞六十四人，執籥翟；武舞六十四人，執干戚，俱爲八佾。文舞分立於表之左右，各四佾。引文舞二人，執纛在前，東西相向。舞色長二人，在執纛之前，分東西。若武舞則在執旌之前。引武舞、執旌二人，鼗二人，雙鐸二人，單鐸二人，鐃二人，持金錞四人，奏金錞二人，鉦二人，相二人，雅二人，分立於宮架之東西，北向，北上。武舞在其後，舞色長幞頭、抹額、紫繡袍。引文舞、武舞頭，文郎、武郎並紫平冕、皂繡袍、銀褐裙、白絹抹帶、金銅革帶、烏皮履。引武舞樂工武弁、緋繡鷺衫、抹額[1]、紅錦臂鞲、白絹抹帶、金銅革帶、烏皮履。

三京司府等每歲祭社稷，祀風師、雨師、雷神，釋奠文宣王，用登歌樂，陳設樂器並同每歲大、中祀登歌樂。

凡軒架之樂三面，其制，去宮架之南面。判架之樂二面，其制，又去軒架之北面[2]。特架之樂一面。

---

① “鷺衫抹額”，底本作“抹額鷺衫”，據《宋史》卷一二九《樂四》乙正。
② “又”字，底本無，據《文獻通考》卷一四〇《樂考十三・樂懸》、《宋史》卷一二九《樂四》校補。

96

卷第七　序例

親祠降御札奏告天地太廟別廟太社太稷_{祠廟附}
非泛奏告天地太廟別廟太社太稷_{祠廟附}
報謝天地太廟別廟太社太稷_{祠廟附}

親祠降御札奏告天地太廟別廟太社太稷_{祠廟附}

前期，太史擇日報太常寺，太常寺具時日散告。_{凡奏告、報謝之儀准此。}

前二日，儀鸞司設行事、執事官次於祠所。

前一日質明，行事官、執事官赴祠所清齋，集告官齋所肄儀，太祝習讀祝文，視禮饌香幣訖，俱還齋所。次贊者引監察御史點閱禮饌，視牲充質①。

實之②。每位各左有十二籩，爲三行，以右爲上。_{第一行：形鹽在前，魚鱐、糗餌、粉餈次之。第二行：榛實在前，乾桃、乾蔆、乾棗次之。第三行：蔆在前，芡、栗、鹿脯次之。若太廟、別廟，則爲四行。第一行：魚鱐在前，糗餌、粉餈次之。第二行：乾蔆在前，乾棗、形鹽次之。第三行：鹿脯在前，榛實、乾桃次之。第四行：蔆在前，芡、栗次之。其餘祠廟陳設，如常祀之儀。}右有十二豆，爲三行，以左爲上。_{第一行：芹菹在前，筍菹、葵菹、菁菹次之。第二行：韭菹在前，酏食、魚醢、兔醢}

---

① "質"字疑爲"腊"之誤。
② "實之"前疑有脱文。

次之。第三行:豚拍在前,鹿臡、醓醢、糝食次之。若太廟、別廟,則爲四行。第一行:芹菹在前,筍菹、葵菹次之。第二行:菁菹在前,韭菹、酏食次之。第三行:魚醢在前,兔醢、豚拍次之。第四行:鹿臡在前,醓醢、糝食次之。其餘祠廟陳設,如常祀之儀。俎二:一在籩前,實以羊腥七體:兩髀、兩肩、兩脅并脊。兩髀在兩端,兩肩、兩脅次之,脊在中①。一在豆前。實以豕腥七體,其載如羊。又俎六在豆右②,爲三重,以北爲上。第一重:一實以羊腥,腸、胃、肺,離肺一在上端,刊肺三次之,腸三、胃三又次之;一實以豕腥膚九,橫載。第二重:一實以羊熟腸、胃、肺,一實以豕熟胃,其載如腥。第三重:一實以羊熟十一體,肩、臂③、臑、肫、胳、正脊一,直脊一,橫脊一,長脅一,短脅一,代脅一,皆二骨以並。肩、臂、臑在上端,肫、胳在下端,脊、脅在中。一實以豕熟十一體,其載如羊。皆羊在左,豕在右。太廟、別廟,加俎二,實以羊、豕牲首,在牲俎之北。其餘祠廟陳設,如常祀之儀。槃一,在神位前。天地、社稷,實以血。太廟、別廟,實以毛血。置於戶室外之左。登一,在槃之前。天地,實以太羹,在鉶前,一實以肝膋,在籩之左。餘不設。太廟、別廟、社稷,每位又設鉶三,實以羹,加芒滑④。社稷,在槃之前;太廟、別廟,在登後,皆在籩、豆之間。餘不設。簠二、簋二,在籩豆外、二俎間⑤,簠在左,簋在右。簠實以稻、粱,粱在稻南。簋實以黍、稷,稷在黍南。犧尊一,置於坫,加勺、冪,在壇上東南隅⑥,北向。實以供內法酒。社稷,西北隅,南向。太廟、別廟於本室前楹間,祠廟於堂上前楹間,俱北向。

太常設燭於神位前。洗二於卯階東,北向。太廟、別廟於東階下直東霤。祠廟於東階之東。盥洗在東,爵洗在西。罍在洗東,加勺,篚在洗西南肆,實以巾。若爵洗之篚,則又實以爵,加坫。執罍、篚者位於其後。

---

① “中”字,底本作“次”,據文津閣本、楊本校改。
② “右”字,底本作“各”字,據楊本校改。
③ “臂”字,底本作“臂”,據文津閣本、十萬卷樓本、楊本校改。
④ “芒”字疑爲“芼”之訛。
⑤ “俎”字,底本作“豆”,據文津閣本校改。
⑥ “東南”,底本作“東西”,據文津閣本校改。

又設揖位於壇之東。太廟、別廟於齋宮內道南及東神門外。祠廟於南神門外。告官在南，北向。監察御史、奉禮郎、太祝、太官令在北，南向，西上。

　　設燎柴於壇之東南，北向。地祇開瘞坎於子階之北，社稷於子階之西北，太廟、別廟於西階之東，俱南向。祠廟，於廟廷之東南。設望燎位於其北，告官在北，南向；監察御史在西，東向；奉禮郎、太祝在東，西向，北上。設望瘞位則於瘞坎之南①。告官在南，北向。監察御史在西，東向。奉禮郎、太祝在東，西向，北上。若社稷，則監察御史在東，西向；奉禮郎、太祝在西，東向，南上。

　　又設告官席位於卯階之東，西向；太廟、別廟於東階之東②，西向，祠廟准此。社稷於北牖下，南向。監察御史位於午階之南，北向。太廟、別廟，於殿庭之南；祠廟准此。奉禮郎、太祝、太官令位其後，西上。光禄卿席位於監察御史之東，北向。太廟、別廟及祠廟准此。社稷，監察御史在兩壇之間，南向；奉禮郎、太祝、太官令在其後，東上；光禄卿位於其西，南向。又設監察御史位於壇上之西，東向。太廟、別廟在殿上之西，祠廟准此。奉禮郎、太祝在東，西向，北上。太廟、別廟及祠廟准此。社稷，監察御史於壇上，西向；奉禮郎、太祝於壇上，東向，南上。太官令於酒尊所③，北向。社稷南向。

　　告日未明，太官令帥其屬實饌具畢，贊者引光禄卿入詣席位，北向。贊者曰：“再拜。”光禄卿再拜，升自卯階，太廟、別廟升自西階，祠廟升自東階。凡行事、執事官階升降准此。點視禮饌畢。次引監察御史升壇，點閱陳設，糾察不如儀者。光禄卿還齋所④。餘官各服祭服。

---

①　“瘞”字，底本作“燎”，據十萬卷樓本校改。
②　“東”字，底本脫，據十萬卷樓本校補。
③　“酒尊”，底本作“尊酒”，據文津閣本、十萬卷樓本、楊本乙正。
④　“還”字，底本脫，據十萬卷樓本校補。

次引監察御史、奉禮郎、太祝、太官令入就席位，次引告官就位。太廟、別廟告官既就位，祠祭官于殿上贊"奉神主"，宮闈令入室，搢笏，於祐室內奉神主詣神幄內，於几後啟匱，設於座，白羅綾巾覆之，別廟以青羅巾覆之，執笏，退，復執事位。祠祭官於殿上贊"奉神主訖"。禮直官稍前，贊："有司謹具，請行事。"贊者曰："再拜。"在位者皆再拜。次引監察御史、奉禮郎、太祝、太官令俱升，就位立定。

次引告官詣盥洗位，北向立。社稷南向。以下詣盥洗①、爵洗位准此。搢笏，盥手，帨手，執笏，升詣神位前②，搢笏，跪，三上香。祠廟，搢笏，上香乃跪。引奉禮郎搢笏，西向跪，社稷東向。執事者以玉、幣授奉禮郎，奉禮郎以玉、幣授告官訖，執笏，興，復位。告官受玉、幣，奠訖，執笏，俛伏，興，再拜，復位③。若詣太廟次室，則奉禮郎、告官行禮並如上儀。

少頃，引告官再詣盥洗位，北向立。告官搢笏，盥手，帨手，執笏，詣爵洗位，北向立，搢笏，洗爵，拭爵，以授執事者，搢笏，升詣尊所，西向立。社稷東向。執事者以爵授告官，搢笏，盥手，帨手，執笏，詣爵洗位，北向立，搢笏，洗爵，拭爵，以授執事者，搢笏，升詣尊所，西向立。社稷東向。執事者以爵授告官。告官搢笏，執爵。執尊者舉冪，太官令酌酒。告官以爵授執事者，執笏，詣神位前，搢笏，跪。執事者以爵授告官，執爵，三祭酒，奠爵，執笏，俛伏，興，少立。若太廟、別廟，則祭酒訖，告官出室戶外立。引太祝詣神位前，東向若太廟、別廟，則太祝於室戶外，東向；社稷則西向。搢笏，跪讀祝文訖，執笏，興，復位。若詣太廟次室，則太祝、告官行禮並如上儀。告官再拜，復位。

① 底本"詣"前衍"請"字，據文津閣本刪。
② "升"字，底本作"外"，據十萬卷樓本校改。
③ "位"字，底本脫，據十萬卷樓本校補。

少頃，引告官詣望燎位。地祇、社稷詣望瘞位。太廟、別廟俟祠祭官於殿上贊“納神主入祐室”，引宮闈令搢笏，捧匱置於神座，納神主於匱，捧匱入祐室訖，詣望燎位。有司各詣神位前，取玉、幣、祝版，置於燎柴。地祇、社稷、太廟、別廟置於瘞坎。次引監察御史、奉禮郎、太祝降詣望燎位，立定，禮直官曰：“可燎。”瘞則曰：“可瘞。”火燎半柴。瘞則置土半坎。禮直官贊：“禮畢。”引告官以下復詣揖位，立。禮直官贊：“禮畢。”搢笏，退。太官令帥其屬徹禮饌，引監察御史監視收徹訖，退。太廟、別廟宮闈令闔户以降，太常藏祝版於匱①。

非泛奏告天地太廟別廟太社太稷祠廟附

前二日，儀鸞司設行事、執事官次於祠所。

前一日質明，行事官、執事官赴祠所清齋，集告官齋所肄儀，太祝習讀祝文及視禮饌香幣訖，俱還齋所。

告日前三刻，禮直官②、贊者、諸司職掌各服其服③。太常設神位席，天地、社稷席以藁秸，餘以莞。太廟、別廟宮闈令入殿開室，帥其屬掃除，於神幄内鋪筵④，南向設几席上，如常儀。太史設神位版於壇上北方，南向。社稷位南方，北向。太常陳玉幣各於神位之左⑤。禮神之玉，奠於神前，燔玉加於幣。地祇、社稷則瘞土，太廟、別廟及祠廟用幣。祝版於神位之右，香爐并合置於案上。以御香封。

次設祭器，皆藉以席，光禄實之。每位各左有一籩，實以鹿脯。

---

① “祝”字，底本脱，據十萬卷樓本校補。
② “禮直官”，底本作“禮引官”，據十萬卷樓本、《宋會要輯稿·禮》二之二二《郊祀奏告》校改。
③ “職掌”，底本作“謂掌”，據文津閣本、十萬卷樓本、楊本校改。
④ “神幄”，底本作“神惟”，據《宋會要輯稿·禮》二之二二《郊祀奏告》校改。
⑤ “玉幣”，底本作“幣篚”，據《宋會要輯稿·禮》二之二二《郊祀奏告》校改。

右一豆。實以鹿臡。犧尊一，置於坫，加勺、幂，在壇上東南隅，北向。實以供內法酒。社稷於西北隅，南向。太廟、別廟於本室前楹間，祠廟於堂上前楹間①，俱北向。

太常設燭於神位前。洗二於卯階東，北向。太廟、別廟，於東階下直東霤。祠廟，於東階之東。並盥洗在東，爵洗在西。罍在洗東，加勺，篚在洗西南肆，實以巾。若爵洗之篚，則又實以爵，加坫。執罍、篚者位於其後。

設燎柴於壇之東南，北向②。地祇開瘞坎於子階之北，社稷於子階之西北，太廟、別廟於西階之東，俱南向。祠廟於廟廷之東南③。設望燎位於其北，告官在北，南向；設望瘞位則於瘞坎之南。告官在南，北向。奉禮郎、太祝在其後，西上。

設告官席位於卯階之東，西向。太廟、別廟於東階之東，西向，祠廟准此。社稷於北牖下，南向。光禄卿席位於午階之南，北向。太廟、別廟於殿庭之南，北向。社稷於壇之北，南向。惟天地、太廟、別廟、社稷設光禄卿位。奉禮郎、太祝、太官令位於其東，北向，西上。太廟、別廟、祠廟准此。社稷於壇之北，南向，西上，在光禄卿後。又設奉禮郎、太祝位於壇上之東，西向，北上。社稷，奉禮郎、太祝位於壇上，東向，南上。太廟、別廟於殿上之東，西向，北上④。祠廟准此。太官令於酒尊所，北向。社稷南向。

告日未明，太官令帥其屬實饌具畢，贊者引光禄卿入就位。凡告官行事禮直官引，餘官贊者引。贊者曰："再拜。"光禄卿再拜，升自卯階，太廟、別廟升自西階，祠廟升自東階。凡行事、執事官升降階，准此。點視禮

---

① "堂"字，底本作"室"，據《宋會要輯稿·禮》二之二二《郊祀奏告》校改。
② "向"字，底本作"面"，據《宋會要輯稿·禮》二之二三《郊祀奏告》校改。
③ "廟"字，底本無，據十萬卷樓本校補。
④ "西向北上"，底本作"向西上"，據《宋會要輯稿·禮》二之二三《郊祀奏告》校改。

饌畢，退還齋所。餘官各服祭服。

次引奉禮郎、太祝、太官令先入就席位。次引告官入就位。太廟、別廟告官既就位，祠祭官於殿上贊"奉神主"。宮閣令入室，搢笏，於祐室內奉神主詣神幄內，於几後啟匱，設於座，以白羅巾覆之，別廟以青羅巾覆之，執笏，退，復執事位。祠祭官於殿上贊"奉神主訖"①。禮直官稍前，贊："有司謹具②，請行事。"贊者曰："再拜。"在位者皆再拜。次引奉禮郎、太祝、太官令俱升，就位立定。

次引告官詣盥洗位，北向立，社稷南向。以下詣盥洗、爵洗位准此。搢笏，盥手，帨手，執笏，升詣神位前，搢笏，跪，三上香。祠廟，搢笏，上香乃跪。次引奉禮郎搢笏，西向跪，社稷東向。執事者以玉、幣授奉禮郎，奉禮郎以玉、幣授告官訖，執笏，興，復位。告官受玉、幣，奠訖，執笏，俛伏，興，再拜，降，復位。若詣太廟次室，奉禮郎、告官行禮並如上儀。

少頃，引告官再詣盥洗位，北向立③，搢笏，洗爵，拭爵，以授執事者，執笏，升詣尊所④，西向立⑤。社稷東向。執事者以爵授告官，告官搢笏，執爵，執尊者舉冪，太官令酌酒。告官以爵授執事者，執笏，詣神位前，北向立，搢笏，跪。執事者以爵授告官，告官執爵，三祭酒，奠爵，執笏，俛伏，興，少立。若太廟、別廟則祭酒訖，告官出室戶外立。次引太祝詣神位前東向，若太廟、別廟，則太祝於室戶外東向，社稷則西向。搢笏，跪讀祝文訖，執笏，興，復位。若詣太廟次室，則太祝、

① "奉"字，底本作"禮"，據文津閣本、十萬卷樓本、《宋會要輯稿·禮》二之二三《郊祀奏告》校改。

② "謹"字，底本脫，據《宋會要輯稿·禮》二之二三《郊祀奏告》校補。

③ 底本"北"前衍"在"字，據文津閣本、《宋會要輯稿·禮》二之二三《郊祀奏告》刪。

④ "升"字，底本作"行"，據十萬卷樓本校改。

⑤ "西向"，底本作"向西"，據文津閣本乙正。

告官行禮並如上儀。告官再拜，復位。

次引告官詣望燎位。地祇、社稷詣望瘞位[①]。太廟、別廟俟祠祭官於殿上贊"納神主入祐室"，引宮闈令摺笏，捧匱置於神座，納神主於匱，捧匱入祐室訖，詣望瘞位[②]。有司各詣神位前，取玉、幣、祝版，置於燎柴。地祇、社稷、太廟、別廟置於瘞坎。次引奉禮郎、太祝降詣望燎位，立定，禮直官曰："可燎。"瘞則曰："可瘞。"火燎半柴。瘞則置土半坎。禮直官贊："禮畢。"引告官以下退。太廟、別廟宮闈令闔户以降，太常藏祝版於匱。

報謝天地太廟別廟太社太稷<small>祠廟附</small>[③]

報謝天地、太廟、別廟、太社、太稷，並同親祠降御札奏告之儀[④]。

---

①　"瘞"字，底本作"燎"，據文津閣本、《宋會要輯稿·禮》二之二四《郊祀奏告》校改。

②　"瘞"字，底本作"燎"，據《宋會要輯稿·禮》二之二四《郊祀奏告》校改。

③　"報謝天地太廟別廟太社太稷祠廟附"，底本無，據本書《目錄》補。

④　"降御札奏告"，底本作"降御禮奉告"，據本書卷七《序例·親祠降御札奏告天地太廟別廟太社太稷》改。

卷第八　序例

親祠降御札奏告宮觀非泛奏告同　　報謝宮觀

親祠降御札奏告宮觀非泛奏告同

前二日，儀鸞司設行事、執事官次於宮觀。

前一日質明，行事、執事官赴本宮觀清齋，集告官齋所肄儀，太祝習讀青詞、祝文，視禮饌香幣訖，俱還齋所。

告日前三刻，禮直官、贊者、諸司職掌各服其服。太常設篚於神位之左，青詞、祝文於神位之右，香爐并合置於案上。以御香封。次設祭器，皆藉以席。光禄實之，每位各左一籩、實以時果。右一豆。實以法醬。犧尊一，置於坫，加勺、冪，在殿上前楹間，北向。實以供內法酒。

太常設燭於神位前。洗二，於東階之東，北向。盥洗在東，爵洗在西。罍在洗東，加勺。篚在洗西南肆，實以巾。若爵洗之篚，則又實以爵，加坫。執罍、篚者位於其後。設燎柴於殿庭之東南隅，北向。設望燎位於其北，告官在北，南向。奉禮郎、太祝在其後，西上。又設告官席位於殿下東階之東，西向。奉禮郎、太祝、太官令位於殿庭，北向，西上。又設奉禮郎、太祝位於殿上之東，西向，北上。太官令於酒尊所，北向。

告日未明，告官以下並常服以俟。贊者引奉禮郎、太祝、太官令詣殿庭,各就席位。禮直官引告官就位。凡告官行事,禮直官引,餘官贊者引。禮直官稍前,贊:"有司謹具,請行事。"贊者曰:"再拜。"在位者皆再拜。次引奉禮郎、太祝、太官令升殿,就位立定。次引告官詣盥洗位,北向立,搢笏,盥手,帨手,執笏,升自東階,詣神位前,搢笏,三上香,跪。次奉禮郎搢笏,西向,跪。執事者以幣授奉禮郎,奉禮郎奉幣授告官訖,執笏,興,復位。告官受幣,奠訖,執笏,俛伏,興,再拜訖,復位。若詣以次神位,奉禮郎、告官行禮並如上儀。

少頃,引告官再詣盥洗位,北向立,搢笏,盥手,帨手,執笏,詣爵洗位,搢笏,洗爵,拭爵,以授執事者,執笏[1],詣酒尊所,西向立。執事者以爵授告官,告官搢笏,執爵。執尊者舉冪,太官令酌酒。告官以爵授執事者,執笏,詣神位前,搢笏,跪。執事者以爵授告官,執爵,三祭酒,奠爵。景靈宮進酒。執笏,俛伏,興,少立。次引太祝詣神位前,東向,搢笏,跪,讀青詞、祝文訖,執笏,興,復位。告官再拜,復位。若詣以次神位前,太祝、告官行禮並如上儀。

少頃,引告官詣望燎位,有司各詣神位前,取詞、幣置於燎柴。次引奉禮郎、太祝詣望燎位,立定。禮直官贊曰:"可燎。"火燎半柴。禮直官贊:"禮畢。"[2]引告官以下退。

報謝宮觀

前二日,儀鸞司設行事、執事官次於宮觀。

---

① "執笏詣爵洗位搢笏洗爵拭爵以授執事者執笏"十九字,底本無,據《宋會要輯稿・禮》二之二五《奏告天地宗廟太社太稷儀注》校補。

② "禮"字,底本脱,據文津閣本、楊本、《宋會要輯稿・禮》二之二五《奏告天地宗廟太社太稷儀注》校補。

前一日質明，行事、執事官赴本宫觀清齋，集告官齋所肄儀，太祝習讀青詞、祝文，視禮饌香幣訖①，俱還齋所。

告日前三刻，禮直官、贊者、諸司職掌各服其服。太常陳幣篚於神位之左，青詞、祝文於神位之右，香爐并合置於案。以御香封。次設祭器，皆藉以席，光禄實之，每位各籩、豆十有二。籩爲三行，以右爲上；第一行：栗在前，形鹽、糗餌、粉餈次之。第二行：乾蕟在前，乾棗、榛實、乾柿次之。第三行：菱在前，芡、榛實、乾桃次之。豆爲三行，以左爲上；第一行：芹菹在前，葵菹、菁菹次之。第二行：萬苣在前②，蓮子、松脯次之。第三行：瓜蕫在前，法醬③、酏食、糝食次之。俎二，一在籩前，一在豆前④；簠一、簋一⑤，在籩豆外，二俎間，簠在左，簋在右；簠實以稻、粱，粱在稻南⑥。簋實以黍、稷，稷在黍南⑦。犧尊一，置於北，加勺、幂，在殿上前楹間，俱北向。盥洗在東，爵洗在西。執罍、篚者位於其後。

設燎柴於殿庭之東南隅，北向。設望燎位於其北，告官在北，南向。奉禮郎、太祝在其後，西上⑧。設告官席位於殿下東階之東，西向；奉禮郎、太祝、太官令立於殿庭，北向，西上。又設奉禮郎、太祝位於殿上之東，西向，北上；太官令於酒尊所，北向。

告日未明，告官以下並常服以俟。贊者引奉禮郎、太祝、太官令詣殿庭，各就席位。禮官引告官就位。凡告官行事，禮直官引，餘

---

① “禮饌香幣”，底本作“禮香饌幣”，據文津閣本乙正。
② “苣”字，底本脱，據文津閣本校補。
③ “法”字，底本脱，據文津閣本校補。
④ “一在籩前一在豆前”，底本作“一在籩豆外二俎間”，據文津閣本、十萬卷樓本校改。
⑤ “簠一簋一”四字，底本脱，據文津閣本、十萬卷樓本校補。
⑥ “粱”字，底本脱，據文津閣本、楊本校補。
⑦ “稷”字，底本脱，據文津閣本、楊本校補。
⑧ “奉禮郎太祝在其後西上”，底本作“奉禮郎在後太祝西上”，據文津閣本校改。

官贊者引。禮直官稍前，贊："有司謹具，請行事。"贊者曰："再拜。"在位者皆再拜。次引奉禮郎、太祝、太官令升殿就位。次引告官詣盥洗位，北向立，搢笏，盥手，帨手，執笏，升自東階，詣神位前，搢笏，跪，三上香。次引奉禮郎搢笏，西向跪。執事者以幣授奉禮郎，奉禮郎奉幣授告官訖，執笏，興，復位。告官受幣奉奠訖，執笏，俛伏，興，再拜，復位。若詣以次神位，則奉禮郎、告官并如上儀。

　　少頃，引告官再詣盥洗位，北向立，搢笏，盥手，帨手，執笏，詣爵洗位，北向立，搢笏，洗爵，拭爵，以授執事者，執笏，升詣酒尊所，西向立。執事者以爵授告官，告官搢笏，執爵。執尊者舉冪，太官令酌酒。告官以爵授執事者，執笏，詣神位前，搢笏，跪。執事者以爵授告官，告官執爵，三祭酒，奠爵，景靈宮進酒。執笏，俛伏，興，少立。次引太祝詣神位前，東向，搢笏，跪，讀青詞、祝文訖，執笏，興，復位。告官再拜，復位。若詣以次神位，則太祝、告官行禮並如上儀。

　　少頃，引告官詣望燎位，有司各詣神位前，取詞、幣置於燎柴。次引奉禮郎、太祝詣望燎位，立定。禮直官贊曰："可燎。"火燎半柴。禮直官贊："禮畢。"引告官以下退。

卷第九　序例

親祠奏告配帝室_{常祀同}

冬至日，祀昊天上帝。前二日，奏告太祖皇帝室。

正月上辛，祈穀祀上帝。前二日，奏告太宗皇帝室。

同日，祀感生帝。前二日，奏告僖祖皇帝室。

孟夏，雩祀上帝。前二日，奏告太宗皇帝室。

夏日至，祭皇地祇。前二日，奏告太祖皇帝室。

季秋，大享明堂，祀上帝。前二日，奏告神宗皇帝室。

孟冬，祭神州地祇。前二日，奏告太宗皇帝室。

奏告前二日，儀鸞司設行事、執事官次於齋宮。

前一日質明，告官以下赴齋宮致齋，_{內行事、執事官以差正祭並齋戒如別儀}。集告官齋所肄儀，太祝習讀祝文及視禮饌香幣訖，俱還齋所。

告日前三刻，禮直官、贊者、諸司職掌各服其服。宮闈令入殿開室，帥其屬埽除，於神幄內鋪筵，南向設几筵上，如常儀。

太常陳幣篚於神位之左，_{幣以白}。祝版於神位之右，置於坫，香爐并合置於案上。_{以御香封}。

次設祭器①,皆藉以席②。光禄實之,每室各左一籩,實以鹿脯。右一豆,實以鹿臡。犧尊一,置於坫,加勺、羃,在殿上前楹間、室户之左,北向。實以供内法酒。

太常設燭於神位前,洗二於東階下直東霤③。盥洗在東,爵洗在西。罍在洗東,加勺。篚在洗西角肆,實以巾。若爵洗之篚,用巾實以爵,加坫。執罍、篚者位於其後。

設褥位於齋宫内,南向。告官在南,北向。監察御史、奉禮郎、太祝、太官令在北,南向,西上。又設褥位於東神門外,如齋宫内位。

開瘞坎於殿西階之東,方深取足容物,南出陛④。設望瘞位於其南,告官在南,北向;監察御史在西,東向;奉禮郎、太祝在東,西向,北上。

設告官席位於殿下東南,西向;監察御史於殿庭之南,北向;奉禮郎、太祝、太官令位於其後,俱西上;光禄卿席位於監察御史之南,北向。又設監察御史位於殿上之西,東向;奉禮郎、太祝在西,東向,北上;太官令位於酒尊所,北向。

告日未明,祠祭官引宫闈令入詣殿庭,北向立。凡宫闈令行事,皆祠祭官引。祠祭官曰:"再拜。"宫闈令再拜,升殿,開室,帥其屬埽除邪穢,拂神位⑤,退,就執事位。太官令帥其屬實饌具畢。贊者引光禄卿入詣殿下席位,北向。凡告官行事,禮直官引,餘官皆贊者引。贊者曰:"再拜。"光禄卿再拜,升自西階,凡行事、執事官升降,皆自西階。

---

① "祭器",底本作"酒器",據文津閣本、十萬卷樓本校改。
② "藉"字,底本作"籍",據十萬卷樓本校改。下同。
③ "洗二",底本作"盥洗",據文津閣本、十萬卷樓本、楊本校改。
④ "陛"字,底本作"階",據文津閣本、十萬卷樓本校改。
⑤ "拂"前疑脱"整"字。

視禮饌畢。次引監察御史升殿,點閱陳設,糾察不如儀者。光禄卿還齋所,餘官各服祭服。

次引行事、執事官各就齋宮内揖位,立定。禮直官贊揖。引詣東神門外揖位,贊揖。次引監察御史、奉禮郎、太祝、太官令先入就席位。次引告官入就位,祠禮官於殿上贊:“奉神主。”宮闈令入室,執笏,於祏室内奉神主①,設於座,_{奉神主詣神幄内,於几後啟匱,以白羅巾覆之。}執笏,退,復執事位。祠祭官於殿上贊:“奉神主訖。”禮直官稍前,贊:“有司謹具,請行事。”贊者曰:“再拜。”在位者皆再拜。次引監察御史、奉禮郎、太祝、太官令升殿,各就位立定。

以次告官詣盥洗位,北向立,搢笏,盥手,帨手,執笏,升殿,詣神位前,搢笏,跪,三上香。次引奉禮郎搢笏,西向跪。執事者以幣授奉禮郎,奉禮郎以幣授告官訖,執笏,興,復位。_{若正月上辛奏告僖祖皇帝室,奉幣訖,引奉禮郎先詣太宗皇帝室神位前,西向立,告官奠幣訖,詣太宗皇帝室行禮,並如上儀。}告官受幣,奠訖,執笏,俛伏,興,再拜,降,復位。

少頃,引告官再詣盥洗位,北向立,搢笏,盥手,帨手,詣爵洗位,北向立,洗爵,拭爵,以授執事者,執笏,升殿,詣尊所,西向立。執事者以爵授告官,告官搢笏,執爵。執尊者舉冪,太官令酌酒。告官以爵授執事者,執笏,詣神位前,搢笏,跪。執事以爵授告官,告官執爵,三祭酒,奠爵,執笏,俛伏,興,出户外,北向,少立。引太祝於堂户外,東向,搢笏,跪讀祝文,讀訖②,執笏,興,復位。_{若正月上辛奉禮郎詣僖祖皇帝室,讀祝文訖,引太祝先詣太宗皇帝室户外東}

---

① 底本“神主”後衍“殿”字,據文津閣本删。
② 底本“讀”後衍“祝”字,據十萬卷樓本、楊本删。

向立,告官再拜訖,詣太宗皇帝室行禮如上儀。告官再拜,復位,祠祭官於殿上贊:"奉神主入祔室。"①次引宮闈令擂笏,奉入室内訖,宮闈令先捧匱,置神主於神座,納神主於匱②,捧入祔室。擂笏,退,復位。

次引告官詣望燎位。有司詣室,取幣,置於瘞坎。引監察御史、奉禮郎、太祝望瘞位,禮直官曰:"可瘞。"置土半坎。引告官以下詣齋官揖位立。禮直官贊:"禮畢。"揖,退。太官令帥其屬徹禮饌,引監察御史監視收徹訖,還齋所。宮闈令闔户以降,太常藏祝版於匱。

---

① "告官再拜復位祠"七字,底本脱,據文津閣本、十萬卷樓本校補。
② "神座納神主於"六字,底本脱,據十萬卷樓本校補。

卷第十　序例

奏告諸陵上宮

齋戒

告官以下，沿路宿於驛舍。有坊即官廨或觀寺。不弔喪，問疾，作樂，刑罰罪人及與穢惡。至陵，宿於齋所。惟奏告事得行，其餘悉禁。

前一日質明，應行事、執事、陪位官並齋於陵所，本陵設酒饌。告官已齋而闕者，通攝行事。

陳設

前一日，都監常服，帥其屬詣陵，闔宮殿門①，升殿，行掃除於上，降，行埽除於下，設神御座於殿上當中，南向。惟永安陵，則設宣祖皇帝座，稍西，又設昭憲皇后座於宣祖皇帝之東，俱南向。陳香案及供奉之物於座前訖，闔宮殿門。

永昌陵則先詣太祖皇帝陵陳設畢，次詣孝惠皇后、孝明皇后、孝章皇后、章懷皇后陵。永熙陵則先詣太宗皇帝陵陳設畢，次詣淑惠皇后、懿德皇后、明德皇后、元德皇后、章穆皇后陵。永

---

① “闔”字，底本作“闕”，據十萬卷樓本校改。

定陵則先詣真宗皇帝陵陳設畢,次詣章獻明肅皇后、章懿皇后、章惠皇后陵。永昭陵則先詣仁宗皇帝陵陳設畢,次詣慈聖光獻皇后陵。永厚陵則先詣英宗皇帝陵陳設畢,次詣宣仁聖烈皇后陵。永裕陵則先詣神宗皇帝陵陳設畢,次詣欽聖憲肅皇后、欽成皇后、欽慈皇后、惠恭皇后陵。陳設並如上儀。又設告官以下次於門外。

告日行事前,陳表於案上,在右;^{惠恭皇后位陳祝文。}置燎柴於爐内,設望燎位於其北[①]。告官、陪位官在北,南向;太祝位於其後。又設告官席位於階東,陪位席位又於其南,俱西向,北上。設太祝位於庭南,北向。又設告官位於香案之前,北上。設太祝位於香案之西,東向。

省饌

前一日,告官以下常服,並集告官齋所肄儀。太祝習讀表及祝文訖。告官詣廚,閲饌物,省鑊,視滌溉[②]。

既晡,陵監帥其屬臨造神饌。

行事

告日質明,告官以下常服,並詣陵南門外就次。奉饌者各陳於外。都監帥其屬闢宮殿門。進饌者設饌俱畢,都監還。以告官先入,升殿,點閲陳設乃還。次禮生引太祝,次引陪位官,次引告官各入就位。

---

① "望燎",底本作"望瘞",據文津閣本校改。
② "溉"字,底本作"既",據文津閣本、十萬卷樓本、楊本校改。

礼生贊："有司謹具，請行事。"次贊者曰："再拜。"在位者再拜。礼生引太祝升殿，就位①。

次引告官詣神御香案前。執事官奉香，告官搢笏，三上香。執事者奉茶酒，告官跪，執醆酹茶②，三祭酒，皆以虛醆授執事者，執笏，俛伏，興，少退，立。太祝搢笏，取表，侍於神座右，東向跪讀訖，執笏，興，置表於案。惠恭皇后陵即讀祝文。告官再拜，俱降階，復位。惟永安陵詣宣祖皇帝神御香案前，行礼畢，次詣昭憲皇后神御香案前，行礼并如上儀。礼生曰："再拜。"在位皆再拜。

次引告官以下就望燎位。執事者取表置於燎柴。惠恭皇后陵即取祝文置於燎柴。次引太祝就望燎位。礼生曰："可燎。"火燎半柴。

告官以下退，闔宮殿門。永昌陵則先詣太祖皇帝陵行礼畢，次詣孝惠皇后、孝明皇后、孝章皇后、章懷皇后陵。永熙陵先詣太宗皇帝陵行礼畢，次詣淑德皇后、懿德皇后、明德皇后、元德皇后、章穆皇后陵。永定陵先詣真宗皇帝陵行礼畢，次詣章獻明肅皇后、章懿皇后、章惠皇后陵。永昭陵先詣仁宗皇帝陵行礼畢，次詣慈聖光獻皇后陵。永厚陵先詣英宗皇帝陵，行礼畢，次詣宣仁聖烈皇后陵。永裕陵先詣神宗皇帝陵行礼畢，次詣欽聖憲肅皇后、欽成皇后、欽慈皇后、惠恭皇后陵。行礼並如上儀。

奏告諸陵下宮

齋戒

如奏告上宮之儀。

---

① "就"字，底本脱，據十萬卷樓本校補。
② "酹"字，底本作"酬"，據十萬卷樓本校改。

陳設

前一日，都監常服，帥其屬闢寢宮門，設神御座，南向，永安陵設宣祖皇帝座當寢殿，又設昭憲皇后座於其西。永昌陵設太祖皇帝座當寢殿，又設孝惠皇后座於其西，孝明皇后座於其東，孝章皇后座於孝惠皇后之西。永熙陵設太宗皇帝座當寢殿[①]，又設淑德皇后座於其西，懿德皇后座於其東，明德皇后座於淑德皇后之西，元德皇后座於懿德皇后之東。永定陵設真宗皇帝座當寢殿，又設章懷皇后座於其西，章穆皇后座於其東，章獻明肅皇后座於章懷皇后之西，章懿皇后座於章穆皇后之東。永昭陵設仁宗皇帝座當寢殿，又設慈聖光獻皇后座於其西。永厚陵設英宗皇帝座當寢殿，又設宣仁聖烈皇后座於其西。永裕陵設神宗皇帝座當寢殿，又設欽聖憲肅皇后座於其西，欽成皇后座於其東，欽慈皇后座於欽聖憲肅皇后之西。永泰陵設哲宗皇帝座當寢殿。俱南向。陳供奉之物於座前訖，闔寢宮門。又設告官以下次於門外。

告日行事前，陳表於案上，在右，惠恭皇后位陳祝文。置燎柴於爐內。

設望燎位於其北，獻官、陪位官在北，南向；太祝位於其後。又設告官席位於階東，陪位官席位又於其南，並西向，北上。設太祝位於庭中之南，北向。又設告官位於香案之前，北向；太祝位於香案之西，東向。永裕陵下宮、惠恭皇后位陳設並如上儀。

省饌

前一日，告官以下常服，並集告官齋所肄儀。太祝習讀表及祝文訖。告官詣廚，閱饌物，省鑊，視滌溉[②]。

既晡，陵監帥其屬臨造神饌。

---

① "殿"字，底本作"室"，據文津閣本、十萬卷樓本校改。
② "溉"字，底本作"既"，據文津閣本、十萬卷樓本、楊本校改。

行事

告日，闔寢宮門。告官以下常服，並詣南門外就次。奉饌者各陳於外，以俟進饌者設於神御座前訖，降以出。引告官先入殿點閱陳設，乃還。次禮生引太祝，次引陪位官各入就位。

禮生贊："有司謹具，請行事。"次贊曰："再拜。"在位者皆再拜。禮生引太祝升，就位。次引告官升自東階，由殿後詣神位室。不捲簾，不褰帳。惟永泰陵捲簾①，褰帳。告官詣神御香案，執事者奉香，告官搢笏，三上香。執事者奉茶酒，告官跪，執醆酹茶②，三祭酒，皆以虛醆授執事者，執笏，俛伏，興，少退，立。太祝搢笏，取表，侍於神座右，東向跪讀訖，執笏，興，置表於案。惠恭皇后位即讀祝文。告官再拜。永泰陵告官再拜訖，降，復位。次詣逐位神御前，行禮如上儀。永安陵詣宣祖高皇帝，次詣昭憲皇后。永昌陵詣太祖皇帝，次詣孝惠皇后、孝明皇后、孝章皇后。永熙陵詣太宗皇帝，次詣淑德皇后、懿德皇后、明德皇后、元德皇后。永定陵詣真宗皇帝，次詣章懷皇后、章穆皇后、章獻明肅皇后、章懿皇后、章惠皇后。永昭陵詣仁宗皇帝，次詣慈聖光獻皇后。永厚陵詣英宗皇帝，次詣欽聖憲肅皇后、欽成皇后、欽慈皇后、惠恭皇后。俱降階，復位，執笏。禮生曰："再拜。"在位皆再拜。

次引告官以下就望燎位。執事者取表，置於燎柴。惠恭皇后位即取祝文，置於燎柴。次引太祝就望燎位。禮生曰："可燎。"火燎半柴。

告官以下退，闔宮殿門。

---

① "永"字，底本脫，據文津閣本校補。
② "醆"字，底本作"酧"，據十萬卷樓本校改。

卷第十一　序例

車輅

皇帝車輅_{鹵簿內車輦附}　　皇后車輿

皇太子車輅　　王公以下車輅

皇帝車輅_{鹵簿內車輦附}

玉輅，箱上置平盤、黃屋，四柱皆油畫刻鏤。左青龍，右白
虎，龜文，金鳳翅，雜花，龍鳳，金塗銀裝，間以玉飾。花羅繡雲
龍。頂輪三層[1]，內一層素[2]，輪頂上施塗金銀山花葉及翟羽，青
絲繡雲龍絡帶二，周綴雜色銀帶八、銅佩八、銀穗毬二。平盤上
布紅羅綉雲龍褥，曲几、扶几，上下設銀螭首二十四。四角勾欄
設圓鑑一十六，青羅綉寶相花帶，火珠二十八。香櫃設香爐，紅
羅繡寶相花帶香囊，香寶，銀結綬一[3]，紅羅綉雲龍結綬一、紅錦
織龍鳳門簾一。青畫輪轅，銀轂乘葉。軾櫃、橫轅、前轅並飾以
金塗銀螭首，橫轅上施銀立鳳一十二。左建太常，十有二旒；右
載闟戟，繡黻文。杠袴一，以青繡，杠首飾以銀螭首。金塗銅鈒，

---

① “頂輪”，底本作“輪頂”，據《宋史》卷一四九《輿服一・五輅》乙正。

② “內一層素”四字，底本脫，據十萬卷樓本、《宋史》卷一四九《輿服一・五輅》校補。

③ “一”字，十萬卷樓本、楊本、《宋史》卷一四九《輿服一・五輅》作“二”。

青犛牛尾拂①,青繒裹索。駕青馬六,馬有銅面,插鶡羽,鞶纓,攀胷鈴拂,青線織屜,紅錦包尾。又踏路馬二,在輅前,飾同駕馬。

金輅赤質,以金飾諸末,建大旂,餘同玉輅,駕赤馬六。

象輅淺黃飾,金塗銅裝,以象諸飾末,建大赤,餘同玉輅,駕赭白馬六。

革輅黃質,鞔之以革,建大白,餘同玉輅,駕騮馬六。

木輅黑質漆之,建大麾,餘同玉輅,駕黑騮六。

凡玉輅之飾以青者,金輅以緋,象輅以銀褐,革輅以黃,木輅以皂。凡玉輅用金塗銀裝者,象輅、革輅、木輅及五副輅,並金塗銅裝。

右玉輅,凡大祭祀皇帝乘之,金輅以下並以次列其後。若大朝會、册命皇太子諸王大臣,則設五輅於大慶殿庭,爲充庭之儀。

耕根車,青質,蓋三層,餘同五輅之副,駕六青馬,駕士四十人②。親祠具大駕、法駕鹵簿,並列於仗内。若耕藉則乘之。

大輦,赤質,正方,油畫,金塗銀龍鳳裝,朱漆天輪一,金塗銀頂龍一。四面施行龍一十六,火珠四。四角龍頭,四穗毬一十二。頂輪施耀葉,紅羅輪衣一,綴銀鈴,紅羅絡帶二。中設御座、曲几、錦褥等,施屏風、香爐、結綏。長竿四,飾以金塗銀龍頭。

逍遥輦,以樱欄爲屋,赤質,金塗銀裝,朱漆扶版二,雲板一,長竿二,飾以金塗銀龍頭。

平輦,飾如逍遥而無屋。

---

①　底本"青"後衍"内一層素"四字,據十萬卷樓本、《宋史》卷一四九《輿服一·五輅》刪。

②　"駕六青馬駕士四十人"九字,底本無,據《宋史》卷一四九《輿服一·五輅》校補。

小輿,赤質,頂輪下施曲柄如蓋,紅羅綉輪衣一,輅帶二,紅裙襴。長竿二,飾以金塗銀螭首。

腰輿,上施錦褥,別設小牀,金塗銀裝。長竿二,飾以金塗銀螭首。

芳亭輦,紅羅綉雲鸞幨頂衣一,絡帶一,兩面施紅絲網,并銅鐸,前後施簾,紅羅綉鵝,簾內設御座等褥,長竿四,飾以金塗銅螭首,橫竿二。

鳳輦,赤質,朱漆輪頂一,紅羅綉雲鳳輪衣一,絡帶二,兩旁刻畫龜文、金鳳翅。前設軾櫃[①]、香爐、香寶、結綬。內設紅錦褥。長竿三,飾以金塗銅螭首。

右大輦等,親祠具大駕、法駕鹵簿,並列於仗內。祀畢,車駕還內。若不進輅,則乘大輦。法駕鹵簿不設鳳輦。元正、冬至大慶殿大朝會,朔日文德殿視朝及紫宸殿大遼使朝見,尚輦陳設如常儀。逍遥輦、平輦皆常行幸所御。

指南車,赤質。頂有五彩飾鏤仙人一、童子四。

記里皷車,赤質,重臺,彩畫,刻木擊鉦二人。銅鉦、畫皷各一。

白鷺車,黑漆,木輪,五層,上置刻木白鷺一。

鸞旗車,赤質,建緋羅綉鸞旗一。

崇德車,赤質,建黃羅綉崇德旐一,彩畫刻木獬豸四。

皮軒車,赤質,上有漆柱,貫朱漆皮軒五。

進賢車,赤質。中設黑漆牀,香案[②]、紫羅案衣一,緋羅綉雲

---

① “軾櫃”二字,底本脱,據《宋史》卷一四九《輿服一·五輅》校補。

② “香”字,底本脱,據《宋史》卷一四九《輿服一·進賢車》校補。

鳳輪衣一,絡帶二。

明遠車,重欄勾欄,四面施簾。

屬車,赤質。紫羅綉雲鶴幰衣、門簾各一,絡帶二。兩箱外施紫絲網。

黃鉞車,赤質,中建黃鉞。

豹尾車,赤質,上載朱漆竿[①],首綴豹尾一。

右指南車等,各駕赤馬二,有銅面,插羽鏊纓,扳胷鈴拂,緋絹韈,紅錦包尾。屬車,駕牛二。親祠具大駕、法駕鹵簿,並列仗內。法駕鹵簿不設白鷺車、崇德車、進賢車、明遠車,屬減四[②]。

皇后車輿[③]

重翟車,青質,金飾諸末,間以五彩。輪金根朱牙。其箱飾以重翟羽,四面施雲鳳、孔雀,刻鏤龜文。頂輪上施金立鳳、耀葉。青羅幰衣一,紫羅畫雲龍絡帶二,青絲絡網二,紫羅畫帷一,青羅畫雲龍夾幔二。車內設紅褥及座,橫轅上施立鳳八。香櫃設香爐、香寶,香櫃飾以螭首。前後施簾,長轅三,飾以鳳頭,青繒裹索。駕青馬六,馬有銅面,插翟羽,鏊纓,扳胷鈴拂,青韈,青包尾。

厭翟車,赤質。其箱飾以次翟羽;紫幰衣,紅絲絡網,紅羅畫絡帶,夾幔錦帷,餘如重翟車。駕赤騮四。

翟車,黃質。其車側飾以翟羽;黃幰衣,黃絲絡網,錦帷絡

---

①　"漆"字,底本脱,據《宋史》卷一四九《輿服一·豹尾車》校補。

②　"屬"後疑脱"車"字。

③　"輿"字,底本脱,據《文獻通考》卷一一九《王禮考十四·后妃命婦以下車輦鹵簿》、《宋史》卷一四九《輿服二·后妃車輿》校補。

帶,餘如重翟車。駕黃騮四。

安車,赤質,金飾,間以五彩,刻鏤龜文;紫幰衣,錦帷絡帶,紅絲絡網,前後施簾;車内設褥及座。長轅三①,飾以鳳頭。駕赤騮四。凡駕馬鞶纓之飾,並從車質②。

四望車,朱質,青幰衣,餘同安車。駕牛三。

金根車,朱質,紫幰衣③,餘同安車。駕牛三。

右重翟車等,備鹵簿則皆以次陳設。若受册、謁景靈宫則乘重翟車,親蠶則乘厭翟車,常行之儀則用金塗銀裝藤輿,上覆棕櫚屋,以龍飾。

皇太子車輅

金輅,赤質,金飾諸末。重較,箱畫苣文鳥獸;黃屋,伏鹿軾,龍輈,金鳳一在軾前。設障塵。朱蓋黃裏。輪畫朱牙。左建旂,九斿,右載闒戟。旂首金龍頭,銜結綬及鈴綬。八鸞在衡,二鈴在軾。駕赤騮四,金鍐方釳,插翟尾,鏤錫,鞶纓九就。

軺車,金飾諸末,紫油通幰,紫油繡朱裏。駕馬一。

四望車,金飾諸末,青油通幰④,青油繡朱裏⑤,朱絲絡網。駕

---

① "轅"字,底本作"輅",據文津閣本、《宋史》卷一五〇《輿服二·后妃車輿》校改。

② "質"字,底本作"駕",據《文獻通考》卷一一九《王禮考十四·后妃命婦以下車輦鹵簿》、《宋史》卷一五〇《輿服二·后妃車輿》校改。

③ "幰"字,底本脱,據楊本、《文獻通考》卷一一九《王禮考十四·后妃命婦以下車輦鹵簿》、《宋史》卷一五〇《輿服二·后妃車輿》校補。

④ "青油",底本作"清油",據《文獻通考》卷一一九《王禮考十四·皇太子皇子公卿以下車輦鹵簿》、《宋史》卷一五〇《輿服二·皇太子王公以下車輿》校改。

⑤ "青油",底本作"清油",據《文獻通考》卷一一九《王禮考十四·皇太子皇子公卿以下車輦鹵簿》、《宋史》卷一五〇《輿服二·皇太子王公以下車輿》校改。

馬一。

右金輅，從祀、謁太廟、納妃則供之，輅車、四望車以次列於鹵簿仗內。

王公以下車輅

象輅以象飾諸末，朱班輪，八鸞在衡，左建旂，右載闒戟，駕馬四，親王昏則用之。

革車，赤質，載闒戟，緋羅綉輪衣、簾、旂、韜杠、絡帶，駕赤馬四。大駕鹵簿六引，法駕鹵簿三引，開封牧第乘之。_{王公、一品、二品、三品備鹵簿，皆供革車一乘。}其輪、衣、簾、旂、韜杠、絡帶綉文：開封牧以隼，大司樂以鳳，少傅以瑞馬，御史大夫以獬豸，兵部尚書以虎。

輜車，黑質，紫幰衣、絡帶並繡以雉，施紅錦簾，香爐、香寶結帶，駕赤馬二。鹵簿內第一引縣官令乘之。駕馬皆有銅面[①]，插羽，鞶纓，攀胸鈴拂[②]，緋絹屜，紅錦包尾。

---

① “馬”字，底本作“車”，據十萬卷樓本、楊本、《宋史》卷一五〇《輿服二·皇太子王以下車輿》校改。

② “攀”字，底本作“扳”，據十萬卷樓本、《宋史》卷一五〇《輿服二·皇太子王以下車輿》校改。

卷第十二　序例

冠服

皇帝冕服　　皇后冠服_{妃冠服附}　　皇太子冠服
皇太子妃冠服　　命婦冠服　　羣臣祭服
羣臣朝服

皇帝冕服

衮冕，冕版廣八寸，長一尺六寸，前高八寸五分，後高九寸五分。青表朱裏，前後各十有二旒，五采藻十有二就。_{就間相去一寸。}青碧錦織成天河帶①，長一丈二尺，廣二寸。朱絲組帶爲纓，黈纊充耳，金飾玉簪導，長一尺二寸。

衮服，青衣八章，繪日、月、星辰、山、龍、華蟲、火、宗彝；纁裳四章，繡藻、粉米、黼、黻。蔽膝隨裳色，繡升龍二。白羅中單，皂褾、襈，紅羅勒帛，青羅抹帶。緋白羅大帶，革帶，白玉雙佩。大綬六采，_{赤、黃、黑、白、縹、綠。}小綬三色，如大綬，間施玉環三。朱襪，赤舄，緣以黃羅。親祠服之。

大裘，青表纁裏，黑羔皮爲領、褾、襈，朱裳，被以衮服。冬至祀昊天上帝服之。_{立冬祀黑帝，立冬後祀神州地祇亦如之。}

---

① 《文獻通考》卷一一三《王禮考八・君臣冠冕服章》"織"後無"成"字。

通天冠二十四梁,加金博山、附蟬十二。高一尺,廣一尺,犀簪導,朱絲組帶爲纓。絳紗袍,織成雲龍,皂羅褾、襈,紅羅爲裏。絳紗裙,蔽膝如袍飾,並皂褾、襈,繡雲龍。白羅方心曲領,革帶。餘同冕服。大祭祀致齋,詣景靈宮、太廟、行宮,禮畢還宮,元正、冬至大朝會,臨軒册命皇后、皇太子、諸王、大臣,親耕耤田服之。

皇后冠服 妃冠服附

首飾花一十二株,小花如大花之數,并兩博鬢。冠飾以九龍、四鳳。

褘衣深青[①],織成翟文,赤質[②],五色,十二等。青紗中單,黼領,羅縠褾、襈,蔽膝隨裳色,以緅爲領緣,用翟爲章,三等。大帶隨衣色,朱裏,紕其外,上以朱錦,下以綠錦,紐約用青組,以青衣革帶[③],白玉雙佩,黑組,雙大綬,小綬三,間施玉環三,章采尺寸,與乘輿同。青襪、舃[④],舃加金飾。受册、朝謁景靈宮服之。

鞠衣,以黃羅爲之,蔽膝、大帶、革帶[⑤]、舃隨衣色,餘同褘衣,唯無翟文,親蠶服之。

妃首飾花九株,小花如大花之數,并兩博鬢。冠飾以九翬、

---

① 底本"褘"後衍"之"字,據《文獻通考》卷一一四《王禮考九·后妃以下首飾服章制度》、《宋史》卷一五一《輿服三·后妃之服》删。

② "赤質",《文獻通考》卷一一四《王禮考九·后妃以下首飾服章制度》作"素質"。

③ "革帶",底本作"帶革",據《文獻通考》卷一一四《王禮考九·后妃以下首飾服章制度》、《宋史》卷一五一《輿服三·后妃之服》乙正。

④ "舃",底本作"赤",據《文獻通考》卷一一四《王禮考九·后妃以下首飾服章制度》、《宋史》卷一五一《輿服三·后妃之服》校改。

⑤ "帶"字,底本脱,據《文獻通考》卷一一四《王禮考九·后妃以下首飾服章制度》校補。

四鳳。

褕翟，青羅綉爲搖翟之形，编次於衣，青質，五色九等。青紗中單，黼領，羅縠襈襦，蔽膝隨裳色，以緅爲領緣，以搖翟爲章，二等。大帶隨衣色，不朱裏，紕其外。餘倣皇后冠服之制，受册服之。

皇太子冠服

袞冕，垂白珠九旒，紅絲組爲纓，青纊充耳，犀簪導。青衣朱裳，九章；五章在衣，山、龍、華蟲、火、宗彝；四章在裳，藻、粉米、黼、黻。白紗中單，青褾、襈、裾。革帶，塗金銀鈎䚢。蔽膝隨裳色，爲山、火二章。瑜玉雙佩，四采織成，大綬間施玉環三，白襪，朱舄①。舄加金塗銀釦。加元服。從祀、納妃、釋奠文宣王服之②。

具服遠遊冠③，十八梁，金塗銀花飾。博山、附蟬，紅絲組爲纓，犀簪導。朱明服，紅裳，白紗中單，方心曲領，紅紗蔽膝，白襪，黑舄。餘同袞冕。受册、謁太廟、朝會服之。

皇太子妃冠服

首飾花九株，小花如大花之數，并兩博鬢。

褕翟，青織成，文爲搖翟之形，青質，五色九等。素紗中單，黼領，羅縠褾、襈，皆以朱色。蔽膝隨裳色，以緅爲領緣，以搖翟

---

　　①　"朱"字，底本作"白"，據文津閣本、十萬卷樓本、楊本、《宋會要輯稿・輿服》四之二《皇太子服》、《文獻通考》卷一一三《王禮考八・君臣冠冕服章》校改。

　　②　"納妃釋奠"四字，底本無，據《宋會要輯稿・輿服》四之二《皇太子服》、《文獻通考》卷一一三《王禮考八・君臣冠冕服章》校補。

　　③　"具服"二字，底本無，據《宋會要輯稿・輿服》四之二《皇太子服》、《文獻通考》卷一一三《王禮考八・君臣冠冕服章》校補。

爲章,二等。大帶隨衣色,不朱裏,紕其外,上以朱錦,下以綠錦,鈕約用青組。以青衣革帶,白玉雙佩,純朱雙大綬。<small>章采尺寸與皇太子同。</small>受册、朝會服之。

鞠衣,黃羅爲之,蔽膝、大帶、革帶隨衣色,餘與褕翟同,唯無翟。從蠶服之。

命婦冠服

花釵冠[①],皆施兩博鬢,寶鈿飾。

翟衣,皆青質,羅爲衣,繡爲翟,編次於衣及裳。第一品,花釵九株,寶鈿準花數,<small>以下準此。</small>翟九等;第二品,花釵八株,翟八等;第三品,花釵七株,翟七等;第四品,花釵六株,翟六等;第五品,花釵五株,翟五等。並素紗中單,黼領,朱襈、禩,亦通用羅縠,蔽膝隨裳色,以緅爲領緣,加以文繡重雉,爲章二等。<small>二品以下準此。</small>大帶以青衣,革帶,青襪、舄,佩,綬。受册、從蠶服之。

羣臣祭服

正一品,九旒冕,<small>金塗銀稜,有額花。</small>犀簪,青衣,<small>畫降龍。</small>朱裳,蔽膝,白羅中單,大帶[②],革帶,玉佩,錦綬,青絲網玉環,朱襪、履。<small>革帶以金塗銀,玉佩以金塗銀裝,綬以天下樂暈。</small>親祠大禮使、亞獻、終獻、太宰、少宰、左丞[③],每歲大祠宰臣、親王、執政官、郡王充初獻服之。<small>奏告官並依本品服,以下准此。</small>

---

① “冠”字,底本脱,據《宋史》卷一五一《輿服三·命婦服》校補。
② 底本“大帶”後衍“以青衣”三字,據《宋史》卷一五二《輿服四·諸臣服上》删。
③ “左丞”,底本作“右丞”,據十萬卷樓本、楊本、《宋史》卷一五二《輿服四·諸臣服上》、《宋會要輯稿·輿服》五之九《諸臣冕》校改。

　　從一品，九旒冕，無額花。白綾中單，紅錦綬，銀環，金塗銀佩，餘如正一品服。親祠吏部、户部、禮部、兵部、工部尚書，太廟進受幣爵、奉幣爵宗室，每歲大祠捧俎官，大祠、中祠初獻官服之。

　　二品，七旒冕，角簪，青衣，無降龍。餘如從一品服。親祠吏部侍郎、殿中監、大司樂、光禄卿、讀册官，太廟薦俎、贊進飲福宗室，七祀、配享功臣分獻官，每歲大祠謂用宫架者。大司樂，大祠、中祠亞終獻、大祠禮官、小祠獻官，朔祭太常卿服之。

　　三品，五旒冕，皂綾綬，銅環，金塗銅革帶，佩，餘如二品服。親祠舉册官、大樂令、光禄丞、奉俎饌籩豆簠簋官①、分獻官，分獻壇墠從祀。太廟奉瓚盤、薦香燈、安奉神主、奉毛血槃、蕭蒿筐、肝膋豆宗室，每歲祠祭大樂令，大中祠分獻官服之。

　　無旒冕，素青衣，朱裳，蔽膝，無佩綬，餘如三品服。奉禮協律郎、郊祀令、太祝太官令、親祠抬鼎官、進搏黍官②、太廟供亞終獻金罍、供七祀獻官、執爵官服之。

　　五旒冕，紫檀絁衣，餘如三品服，監察御史服之。

　　州郡祭服：三都初獻，八旒冕；經略、安撫、鈐轄初獻，六旒冕；亞獻並二旒冕，終獻無旒；節鎮、防團、軍事初獻四旒冕，亞、終獻並無旒冕。

羣臣朝服

　　七梁冠，金塗銀稜。貂蟬籠巾，犀簪導，銀立筆，朱衣，朱裳，白

---

　　① "奉"字，底本作"捧"，據《宋會要輯稿·輿服》五之九《諸臣冕》、《宋史》卷一五二《輿服四·諸臣服上》校改。

　　② "進"字，底本脱，據《宋會要輯稿·輿服》五之九《諸臣冕》、《宋史》卷一五二《輿服四·諸臣服上》校補。

羅中單，並皂襟、襈，蔽膝隨裳色，方心曲領，緋白羅大帶，革帶，玉佩，錦綬，青絲網間施三玉環，白襪，黑履。革帶以金塗銀，玉佩以金塗銀裝，綬以天下樂暈。三公、左輔、右弼、三少、太宰、少宰、親王、開府儀同三司服之。

七梁冠，無貂蟬籠巾。銀裝玉佩，雜花暈錦綬，餘同三公以下服。執政官、東宮三師服之。

六梁冠，白紗中單，銀革帶，佩，方勝宜男錦綬，銀環，餘同七梁冠服。大學士，學士，直學士，東宮三少，御史大夫、中丞，六曹尚書、侍郎，殿中監，大司成，散騎常侍，特進，金紫、銀青光禄大夫，光禄大夫，太尉，節度使，左右金吾衛，左右衛上將軍服之。

五梁冠，翠毛錦綬，餘同六梁冠服。太子賓客、詹事，給事中，中書舍人，諫議大夫，待制，九寺卿，大司樂，秘書監，殿中少監，國子祭酒，宣奉、正奉、通奉、通議、太中、中大夫，中奉、中散大夫，上將軍，節度觀察留後，觀察使，通侍大夫，樞密都承旨服之。

四梁冠，簇四盤鵰錦綬，餘同五梁冠服。九寺少卿，大晟典樂，秘書少監，國子、辟雍司業，少府、將作、軍器監，都水使者，起居舍人，侍御史，太子左右庶子、少詹事、諭德，尚書左右司郎中、員外，六曹諸司郎中，朝議、奉直、朝請、朝散^①、朝奉大夫，防禦、團練使，刺史，大將軍，正侍、中侍、中亮、中衛、拱衛、左武、右武大夫，駙馬都尉，帶遥郡武功大夫以下，樞密副都承旨服之。

三梁冠，金塗銅革帶，佩，黃獅子錦綬，鍮石環，餘同四梁冠

服。殿中侍御史，監察御史，司諫，正言，尚書六曹員外郎，外符寶郎，少府、將作、軍器少監，太子侍讀、侍講，中書舍人，親王府翊善、侍讀、侍講，九寺、秘書、殿中監，辟雍丞，大晟樂令，兩赤縣令，大理正、司直、評事，著作郎，秘書郎，著作佐郎①，太常、宗學、國子、辟雍博士，太史局令、正、丞，五官正，朝請、朝散、朝奉、承議、奉議、通直郎，中亮、中衛、拱衛、左武、右武郎，諸衛將軍，衛率府率，武功、武德、武顯、武節、武畧、武經、武義、武翌大夫郎，醫職翰林醫正以上，內符寶郎，閤門通事舍人，敦武郎，修武郎服之。

二梁冠，角簪，方勝練鵲錦綬，餘同三梁冠服。在京職事官，閤門祗候，看班祗候，率府副率，升輦輅立侍內臣服之。

御史大夫、中丞，刑部尚書、侍郎，大理卿、少卿，侍御史，刑部郎中，大理寺正、丞、司直、評事並冠獬豸冠，服青荷蓮綬。

---

① “佐郎”，底本作“左郎”，據楊本、《宋史》卷一五二《輿服四·諸臣服上》校改。

卷第十三　序例

鹵簿

大駕六引中道　六引　中道鹵簿

大駕六引中道

象六,中道,分左右,爲三重,各持鐵鈎一人跨其上,執轉光小緋旗一名前引。次擊鑼一人,節級二人爲一列;次執七寶鈎二人在左,執銀鈎二人在右,行第一重象前。次三人行象内,爲三重;執轉光小緋旗十四人,分左右,行象外,爲七重。執鍮石鈎二人,行第三重旗前;執朱漆鈎二人,行第五重旗前;執鍮石鈎二人,分行第七重旗前①;又二人分行旗後;又執鐵鈎一人,在第三重象後當中。並服花脚幞頭、緋絁襖衫。若夏祭大禮,則以繡衫。凡六引及鹵簿内服飾以絁者並准此,金鍍銀雙鹿帶②。

六引

第一引開封令。中道,清道二人重行。次幰弩一,執人騎。諸引、執幰弩人並騎。次誕馬二,控馬每匹各二人。諸引控誕馬

---

① “分”字,底本脱,據《宋會要輯稿·輿服》二之二《政和宣和大駕鹵簿》校補。
② “鹿”字,底本脱,據《宋會要輯稿·輿服》二之二《政和宣和大駕鹵簿》校補。

人准此。次輻車一乘,駕赤馬二,駕士十八人。次方繖一,次朱團扇一,次曲蓋一。外仗,青衣二人,爲一列。次車輻棒二,次告止幡二,次傳教幡二,次信幡二,各爲一列。執幡各一人,絼二人。諸引執絼幡人數准此。戟三十,爲十五重,在車輻棒至信幡外,並分左右廂。以下外仗,並分左右廂。仗內清道服武弁、緋絁繡雲鶴衫、革帶,執黑漆杖。執幡憚弩人平巾赤幘、緋絁繡辟邪衫、赤袴、革帶。控誕馬人平巾赤幘[1]、緋絁繡寶相花衫、大口袴、革帶;青衣人服平巾青幘、青絁衫、革帶,執仗,仗袋以青絹[2]。執車輻棒人平巾赤幘、緋絁繡白澤衫、赤袴、革帶;執方繖、扇、戟,執絼、傳教幡、信幡人並黃絁繡抹額[3]、寶相花衫、行縢、鞋襪、革帶。執朱團扇、曲蓋,執、絼告止幡人並緋絁繡抹額、寶相花衫、大口袴、革帶。駕士武弁、緋絁繡雉大袖、勒帛[4]。

　　第二引開封牧。中道,清道二人。次憚弩一。次捆敔一,在左;金鉦一,在右。次大鼓十,爲二重。次節一、夾稍二,爲一列,執人騎。諸引執節、夾稍人並騎。次誕馬四,爲二重。次革車一乘,駕赤馬四,駕士二十五人。次方繖一。次朱團扇四,爲二重。次曲蓋一,次僚佐四員[5]。次幢一在左,麾一在右,執人騎。諸引執幢、麾人並騎[6]。

----

① “赤”字,底本無,據《宋會要輯稿・輿服》二之三《政和宣和大駕鹵簿》校補。
② “絹”字,底本作“綃”,據《宋會要輯稿・輿服》二之三《政和宣和大駕鹵簿》校改。
③ “信幡”二字,底本無,據《宋會要輯稿・輿服》二之三《政和宣和大駕鹵簿》校補。
④ “袴革帶駕士武弁緋絁繡皁大”十二字,底本脫,據《宋會要輯稿・輿服》二之三《政和宣和大駕鹵簿》校補。
⑤ 底本“員”後衍“一”字,據文津閣本、《宋會要輯稿・輿服》二之三《政和宣和大駕鹵簿》刪。
⑥ “人”字,底本脫,據《宋會要輯稿・輿服》二之三《政和宣和大駕鹵簿》校補。

　　次大角六，爲一列。次鐃一，次簫二，次笳二，次大橫吹二，各爲一列。次笛、簫、觱篥、笳各一，笛、簫在左，觱篥、笳在右。外仗，青衣八人，次車輻棒八，各四重。次告止幡二，次傳教幡二，次信幡四，爲二重。次儀刀十四，爲七重。戟七十，在車輻棒至儀刀外，爲三十五重。刀盾六十，在戟外，爲三十重，盾在左，刀在右。次弓矢六十，在刀盾外，爲三十重。每弓一箭二，連靫①。稍六十，在弓矢外，爲三十重。仗內執節、夾稍、幢、麾、大角、儀刀人並平巾幘、緋絁繡寶相花衫、大口袴、革帶。執刀盾人銀褐絁繡抹額、寶相花衫、大口袴、行縢、鞵襪、革帶。執弓矢、稍人並錦帽、絁繡寶相花戎服大袍、窄袴、革帶。內執弓矢人袍以青②，執稍人以紫。執搊錟、金鉦人平巾幘、緋繡對鳳衫、抹帶、大口袴、錦螣蛇。執大錟人黃繡雷花抹額、生色袍、抹帶、袴。執簫、鐃、笳、笛、觱篥人並平巾幘、緋繡寶相花袍、大口袴、白抹帶。執大橫吹人緋繡苣文抹額、生色袍、抹帶、袴。駕士武弁、緋絁繡皂大袖、勒帛。其餘執人行列、重數並服飾並同第一引。

　　第三引大司樂。中道，清道二人。次幰弩一。次搊錟、金鉦各一。次大錟十。次節一，夾稍二。次誕馬四。次革車一乘，駕士、駕馬並同第二引，以下革車准此。次方繖一③。次朱團扇二。次曲蓋一。次僚佐二員。次幢、麾各一。次大角四。次鐃一。次簫、笳各二④，次大橫吹各二。次笛、簫，次觱篥⑤、笳各一。外仗，青衣

---

①　"靫"字，底本作"戟"，據《宋會要輯稿・輿服》二之三《政和宣和大駕鹵簿》校改。
②　"矢"字，底本脫，據《宋會要輯稿・輿服》二之四《政和宣和大駕鹵簿》校補。
③　"一"字，《宋會要輯稿・輿服》二之四《政和宣和大駕鹵簿》作"二"。
④　"各"字，底本無，據文津閣本校補。
⑤　"次"字，底本無，據《宋會要輯稿・輿服》二之四《政和宣和大駕鹵簿》校補。

六人，次車輻棒六，各爲三重。次告止幡二，次傳教幡二，次信幡四。次儀刀十二，爲六重；戟六十，爲三十重；刀盾、弓矢、矟各五十，各爲二十五重。駕士服武弁、緋絁繡鳳大袖、勒帛。其餘執人行列、重數并服飾並同第一、第二引。

第四引少傅。中道，清道四人。次幰弩一。次掆鼓、金鉦各一。次大鼓十六，次長鳴十六，爲二重。次節一，夾矟二。次誕馬六，爲三重。次革車一乘，府佐四員，夾革車。次方繖一，次朱團扇四，次曲蓋二，爲一列。次幢、麾各一，次大角八，次鐃一，次簫四，次笳四，次大横吹四[①]，各爲一列。次節鼓一，次笛、簫、觱篥、笳各四，各爲一列。外仗，青衣十人，次車輻棒十，各爲五重。次告止幡二，次傳教幡二，次信幡六，爲三重。次儀刀十六，爲八重。次戟九十，爲四十五重。絳引幡六，在戟外，爲一列分引。刀盾、弓矢、矟[②]，各八十，各爲四十重。仗内執長鳴人服同執大鼓人，執節鼓人服同執鐃人，執、絇絳引幡人服同執方繖人。駕士服武弁、緋絁繡瑞馬大袖、勒帛。其餘執行人列、重數并服飾並同第一、第二引。

第五引御史大夫。中道，清道二人。次幰弩一。次掆鼓、金鉦各一。次大鼓十。次節一[③]，夾矟二。次誕馬四。次革車一乘。次方繖一。次朱團扇二。次曲蓋一。次僚佐二員。次幢、麾各一。次大角四。次鐃一。次簫、笳、大横吹各二。次笛、簫、

① “次大横吹四”五字，底本無，據《宋會要輯稿·輿服》二之五《政和宣和大駕鹵簿》校補。

② 底本“刀盾弓矢矟”後衍“刀盾弓矢矟”五字，據文津閣本、《宋會要輯稿·輿服》二之五《政和宣和大駕鹵簿》删。

③ “一”字，底本脱，據文津閣本、《宋會要輯稿·輿服》二之五《政和宣和大駕鹵簿》校補。

䌸纛、笳各一。外仗，青衣六人，次車輻棒六，各爲三重。次告止幡二，次傳教幡二，次信幡四。次儀刀十二，戟、刀盾、弓矢、矟各六十。駕士服武弁、緋絁繡獬豸大袖、勒帛。其餘執人行列、重數並服飾並同第一、第二引。

第六引兵部尚書。革車一乘，駕士服武弁、緋絁繡虎大袖、勒帛，其餘並同第五引。

中道鹵簿

金吾本司纛、矟，左右皂纛各六，爲一列。執、托各一人，綷四人。次押纛二人，騎。次押衙四人[①]，騎，引䅫矟。次䅫矟八[②]，爲二重；執䅫矟八，爲一列。次本衛上將軍、將軍各四人，爲二重。次衛司䅫矟，本衛大將軍二人，騎；䅫矟四，夾大將軍。執䅫矟各一人，夾二人，並騎。已上並分左右隊。内上將軍、將軍花脚幞頭、緋羅繡抹額、紫羅繡辟邪袍[③]、鞾、弩，佩牙刀[④]、器仗、珂馬。大將軍平巾幘、紫絁繡辟邪袍、錦螣蛇[⑤]、大口袴，佩横刀、弓

---

① “押衙”，底本作“狎衙”，據十萬卷樓本、楊本、《宋會要輯稿·輿服》二之五《政和宣和大駕鹵簿》、《文獻通考》卷一一八《王禮考十三·乘輿車旗鹵簿》校改。

② “次䅫矟”三字，底本脱，據《宋會要輯稿·輿服》二之六《政和宣和大駕鹵簿》校補。

③ “抹額紫羅繡”五字，底本脱，據《宋會要輯稿·輿服》二之六《政和宣和大駕鹵簿》校補。

④ “佩牙刀”，底本作“牙佩刀”，據文津閣本、《宋會要輯稿·輿服》二之六《政和宣和大駕鹵簿》乙正。

⑤ “袍錦”二字，底本脱，據《宋會要輯稿·輿服》二之六《政和宣和大駕鹵簿》校補。

矢。凡仗內大將軍、將軍[1]、都尉、校尉[2]、旅帥、中郎將[3]、郎將並佩橫刀、弓矢,唯朝服並黃麾仗內帥兵官不佩。執夾衛司穳稍人平巾幘、緋絁繡寶相花裲襠、大口袴,佩橫刀。執、托[4]、綀皂纛人皂紗帽、皂絁寬衫[5]、絹袴、鞋襪。押纛人撲頭、皂絁繡寶相花寬衫、絹袴、革帶、烏皮鞾。押衙金鵝帽、紫絁繡辟邪袍[6]、革帶,佩儀刀。執穳稍錦帽、寶照錦袍、錦臂褠[7]、革帶、烏皮鞾。

次朱雀旗隊,並騎。金吾衛折衝都尉一員引隊[8],穳稍二,夾都尉。次朱雀旗,執旗一人,引二人,夾二人。凡仗內引、夾、執旗人數准此。次弩四,爲一列。次弓矢十六,次稍二十,各爲二重。次左右金吾衛果毅都尉二人押隊。隊內折衝果毅都尉平巾幘[9]、紫絁繡辟邪袍[10]、大口袴、錦螣蛇、革帶。執穳稍、弩、弓矢稍人並平巾幘、緋絁繡寶相花衫、大口袴、革帶。內執弩、弓矢[11]、稍人加佩橫

---

　　① “將軍”二字,底本脱,據《宋會要輯稿・輿服》二之六《政和宣和大駕鹵簿》校補。

　　② “尉”字,底本脱,據文津閣本、《宋會要輯稿・輿服》二之六《政和宣和大駕鹵簿》校補。

　　③ “中郎將”,底本作“中節將”,據文津閣本、《宋會要輯稿・輿服》二之六《政和宣和大駕鹵簿》校改。

　　④ “托”字,底本作“柘”,據《宋會要輯稿・輿服》二之六《政和宣和大駕鹵簿》校改。

　　⑤ “皂”字,底本無,據《宋會要輯稿・輿服》二之六《政和宣和大駕鹵簿》校補。

　　⑥ “絁”字,底本無,據《宋會要輯稿・輿服》二之六《政和宣和大駕鹵簿》校補。

　　⑦ “錦”字,底本脱,據《宋會要輯稿・輿服》二之六《政和宣和大駕鹵簿》校補。

　　⑧ “引”字,底本作“列”,據文津閣本、《宋會要輯稿・輿服》二之六《政和宣和大駕鹵簿》、《文獻通考》卷一一八《王禮考十三・乘輿車旗鹵簿》校改。

　　⑨ “隊”字,底本脱,據《宋會要輯稿・輿服》二之六《政和宣和大駕鹵簿》校補。

　　⑩ “絁”字,底本無,據《宋會要輯稿・輿服》二之六《政和宣和大駕鹵簿》校補。

　　⑪ “弩弓矢”,底本作“弓弩矢”,據《宋會要輯稿・輿服》二之六《政和宣和大駕鹵簿》乙正。

刀。引、夾、執朱雀旗人並緋絁繡抹額、寶相花衫[①]、大口袴、革帶，佩橫刀。内引、夾人加佩弓矢。凡中道仗、外仗内旗引、夾旗人並執旗人並佩橫刀，引、夾人並加佩弓矢。

次龍旗隊。大將軍一員檢校，騎。次引旗十二人，爲二重，並騎。次風伯旗一在左，雨師旗一在右。次雷公旗一在左，電母旗一在右。次五星旗五，爲一列。木星旗在左，餘火星、土星、金星、水星以次列于右[②]。次左右攝提旗二，爲一列。次北斗旗一居後。次護旗十二人，爲二重，並騎。次副竿二，爲一列，執人並騎，分左右隊。内大將軍朝服。引旗、護旗人並黃絁繡抹額、寶相花衫，佩弓矢。引、夾、執風伯旗等人五色絁繡抹額、寶相花衫。執副竿人錦帽、黃絁繡寶相花衫、大口袴、革帶。

次指南車一，次記里皷車一，駕馬各四[③]，駕士各三十人。次白鷺車一，次鸞旗車一，次崇德車一，次皮軒車一，駕士各十八人，並服武弁、緋絁繡大袖、勒帛。指南車駕士服繡以孔雀，記里皷車以對鵝[④]，白鷺車以白鷺，鸞旗車以瑞鸞，崇德車以辟邪，皮軒車以虎。

次金吾引駕，騎。本衛果毅都尉二人，分左右，平巾幘、緋絁繡辟邪袍[⑤]、大口袴，執儀刀。次弩、弓矢、稍各八，爲四重，每重

---

①　“衫”字，底本脱，據《宋會要輯稿·輿服》二之六《政和宣和大駕鹵簿》校補。

②　“于”字，底本作“爲”，據《宋會要輯稿·輿服》二之七《政和宣和大駕鹵簿》校改。

③　“駕馬各四”四字，底本無，據《文獻通考》卷一一八《王禮考十三·乘輿車旗鹵簿》、《宋史》卷一四六《儀衛四·政和大駕鹵簿并宣和增減》校補。

④　“車”字，底本脱，據文津閣本、《宋會要輯稿·輿服》二之七《政和宣和大駕鹵簿》校補。

⑤　“幘緋”，底本作“緋幘”，據文津閣本、楊本、《宋會要輯稿·輿服》二之八《政和宣和大駕鹵簿》乙正。

弩二、弓矢二、稍二，相間行，分左右^①。執人平巾幘、緋絁繡寶相花褠襠、大口袴、革帶。

次大晟府前部鼓吹。令二人，次府史四人，各爲一列，分左右。次管轄指揮使一名^②。次摑鼓、金鉦各十二，爲四重，鼓在左，鉦在右。部内摑鼓、金鉦並分左右^③。帥兵官八人領，爲一列，在摑鼓、金鉦重内行。次大鼓一百二十，爲十重；帥兵官二十人領，在大鼓車内行。次長鳴一百二十，爲十二重；帥兵官六人領，每二人領四重，各在前一重内行^④。次鐃鼓十二，爲二重；帥兵官四人領，在鐃鼓内行。次歌工，次拱辰管，次簫，次笳，各二十四，各爲二重。次大橫吹一百二十，爲十重；帥兵官十人領，每二人領二重，各在前一重内行。小鼓行次准此。次節鼓二，次笛、簫，次觱篥，次笳，次桃皮觱篥，各二十四，各二重。次摑鼓、金鉦各十二，爲二重；帥兵官四人領。次小鼓一百二十，爲十重。次中鳴一百二十，爲十二重；帥兵官八人領，每二人領三重，各在前一重内行。次羽葆鼓十二，爲二重；帥兵官四人領，各在鼓内行。次歌工，次拱辰管，次簫，次笳，各二十四，各爲二重。部内鼓吹令本色服，府史襆頭、綠羅寬衫、黃絹半臂；管轄指揮使平巾幘、紫繡寶相花袍、錦螣蛇、白抹帶。帥兵官並執摑、鼓金鉦、拱辰管、簫、笳、節

---

①　“行分”，底本作“分行”，據《宋會要輯稿・輿服》二之八《政和宣和大駕鹵簿》乙正。

②　“管轄”，《文獻通考》一一八卷《王禮考十三・乘輿車旗鹵簿》、《宋史》卷一四六《儀衛四・政和大駕鹵簿并宣和增減》作“管押”。

③　“並”字，底本作“各”，據《宋會要輯稿・輿服》二之八《政和宣和大駕鹵簿》校改。

④　“一”字，底本脱，據十萬卷樓本、《宋會要輯稿・輿服》二之八《政和宣和大駕鹵簿》校補。

鼗、笛、觱篥、箫、桃皮觱篥、歌工服平巾幘①、緋繡對鸎衫②、大口袴、白抹帶。執搊鼗、金鉦人加錦螣蛇。執長鳴、中鳴、大鼓、小鼓同第二引執大鼓③、長鳴服，執鐃、大橫吹人同第二引執大橫吹服，執羽葆鼗人青繡苣文抹額、生色袍、抹帶、袴。

　　次太史相風、行漏等輿④。次太史令一員，次書令使一人，並騎。次相風烏輿一⑤，輿士四人。次交龍鉦一在左，交龍鼓一在右，輿士各六人。次司辰一人，典士一人，並騎。次漏刻生四人，分左右，爲二重。次鼓樓一在左，鐘樓一在右，次行漏輿一，輿士各一百人。次太史正一員，騎。次清道二人。次十二神輿一，輿士二十四人⑥。太史令、正朝服；書令史⑦，綠公服；司辰、典士、漏刻生並袴褶、青絁大袖、絹袴、勒帛；輿士并管押節級并武弁、緋絁繡寶相花大袖⑧、白絹袴、勒帛。清道平巾幘、青絁大袖、白絹袴、勒帛，執黑漆杖。管押相風烏等輿人員平巾幘、紫絁繡寶相

---

　　①　"桃皮觱篥歌工"，底本作"桃皮鼓二"，據《宋會要輯稿·輿服》二之八《政和宣和大駕鹵簿》校改。

　　②　"繡"字，底本脱，據《宋會要輯稿·輿服》二之九《政和宣和大駕鹵簿》校補。

　　③　"二"字，底本作"三"，據《宋會要輯稿·輿服》二之九《政和宣和大駕鹵簿》校改。

　　④　"次太史相風行漏等輿"九字，底本無，據《文獻通考》卷一一八《王禮考十三·乘輿車旗鹵簿》、《宋史》卷一四六《儀衛四·政和大駕鹵簿幷宣和增減》校補。

　　⑤　"輿"字，底本脱，據《文獻通考》卷一一八《王禮考十三·乘輿車旗鹵簿》、《宋史》卷一四六《儀衛四·政和大駕鹵簿并宣和增減》校補。

　　⑥　"二十四"，《宋會要輯稿·輿服》二之九《政和宣和大駕鹵簿》、《文獻通考》卷一一八《王禮考十三·乘輿車旗鹵簿》、《宋史》卷一四六《儀衛四·政和大駕鹵簿并宣和增減》作"十四"。

　　⑦　"史"字，底本脱，據《宋會要輯稿·輿服》二之九《政和宣和大駕鹵簿》校補。

　　⑧　"緋"字，底本脱，據《宋會要輯稿·輿服》二之九《政和宣和大駕鹵簿》校補。

花大袖、白絹袴、勒帛①、錦縢蛇。

　　次持鈒前隊②。左右武衛果毅都尉二人引隊,次左右武衛校尉二人,並分左右。次絳引幡一,在中③;金節十二,分左右,夾幡。執人騎。内絳引幡加紤二人④。次罕一在左⑤,罼一在右⑥。次朱雀幢一,次叉一,次導蓋一,在中;青龍幢一,在左;白虎幢一,在右。次叉三,爲一列。幢、叉、導蓋執人並騎。次稱長一名,次鈒戟二百八十八,爲四十八重。次左右武衛將軍二人檢校,次左右武衛校尉四人押隊,並分左右。内左右武衛將軍⑦、果毅都尉、校尉平巾幘⑧、紫紬繡瑞鷹袍、大口袴、錦縢蛇、革帶。執絳引幡、金節、罕、罼⑨、朱雀幢、叉導蓋、叉鈒戟人并武弁、緋紬繡寶相花衫、大口袴、白勒帛。

---

　　①　"清道平巾幘青紬大袖白絹袴勒帛執黑漆杖管押相風烏等輿人員平巾幘紫紬繡寶相花大袖白絹袴勒帛"四十三字,底本脱,據《宋會要輯稿·輿服》二之九《政和宣和大駕鹵簿》校補。

　　②　"持鈒",底本作"節級",據十萬卷樓本、楊本、《宋會要輯稿·輿服》二之九《政和宣和大駕鹵簿》、《文獻通考》卷一一八《王禮考十三·乘輿車旗鹵簿》校改。

　　③　"次"字,底本作"以",據文津閣本、《宋會要輯稿·輿服》二之九《政和宣和大駕鹵簿》、《文獻通考》卷一一八《王禮考十三·乘輿車旗鹵簿》校改。

　　④　"紤",底本作"級",據文津閣本、《宋會要輯稿·輿服》二之一〇《政和宣和大駕鹵簿》校改。

　　⑤　"罕"字,底本作"罕",據文津閣本、《宋會要輯稿·輿服》二之九《政和宣和大駕鹵簿》校改。

　　⑥　"罼"字,底本作"畢",據《宋會要輯稿·輿服》二之一〇《政和宣和大駕鹵簿》、《文獻通考》卷一一八《王禮考十三·乘輿車旗鹵簿》校改。

　　⑦　"内左右"三字,底本脱,據《宋會要輯稿·輿服》二之一〇《政和宣和大駕鹵簿》校補。

　　⑧　"校尉"二字,底本脱,據《宋會要輯稿·輿服》二之一〇《政和宣和大駕鹵簿》校補。

　　⑨　"罕罼",底本作"罕畢",據《宋會要輯稿·輿服》二之一〇《政和宣和大駕鹵簿》校改。

次黄麾幡一，執幡一名，絆二人，服飾同持鈒前隊執絳引幡人①，内執人騎。

次六軍儀仗。左右神武軍統軍二員，分左右。次都頭二人押仗②，在本軍旗内。左右神武軍旗各一，排闌旗二十③，在仗外，分夾本軍旗。槍棒仗每二人爲一列，執旗、槍棒仗各一人，前一重與本軍旗齊行。次吏兵旗一，在左；力士旗一，在右。以下吏兵、力士旗分左右同。次白柯槍二，次哥舒棒二。又次白柯槍六，次鐙杖二。次白柯槍二，次吏兵旗④、力士旗各一。次白柯槍四，次哥舒棒四⑤。次白柯槍八，次鐙仗二。次吏兵旗、力士旗各一。次白柯槍四，次哥舒棒二，次白柯槍四，次吏兵旗、力士旗各一，次鐙杖二。次白柯槍四⑥，次哥舒棒二。次白柯槍二，次吏兵旗、力士旗各一。次白柯槍二，次鐙仗二⑦。次白柯槍四，次哥舒棒二。次白柯槍四，次掩尾天馬旗二。次左右羽林軍統軍二員，次都頭二人，次節級二人。左右羽林軍旗各一，排闌旗二十，在仗外，如神武軍分夾。次赤豹旗一在左，黄熊旗一在右。以下赤豹、黄熊旗分左右同。其餘槍棒杖等行列、重數並同神武軍。次左右龍武軍統

---

① "持鈒"，底本作"節級"，據十萬卷樓本、《宋會要輯稿·輿服》二之一〇《政和宣和大駕鹵簿》校改。

② "都頭"，底本作"部頭"，據文津閣本、《宋會要輯稿·輿服》二之一〇《政和宣和大駕鹵簿》校改。

③ "排闌旗"，底本作"緋闌袍"，據文津閣本、《宋會要輯稿·輿服》二之一〇《政和宣和大駕鹵簿》校改。

④ "次"字，底本無，據文津閣本、《宋會要輯稿·輿服》二之一〇《政和宣和大駕鹵簿》校補。

⑤ "四"字，《宋會要輯稿·輿服》二之一一《政和宣和大駕鹵簿》作"二"。

⑥ "四"字，《宋會要輯稿·輿服》二之一一《政和宣和大駕鹵簿》作"八"。

⑦ "次白柯槍二次吏兵旗力士旗各一次白柯槍二次鐙仗二"二十三字，底本脱，據《宋會要輯稿·輿服》二之一一《政和宣和大駕鹵簿》校補。

軍二員,次都頭二員①。左右龍武軍旗各一,排闌旗二十,在仗外,如羽林軍分夾。次龍君旗一,在左;虎君旗一,在右。以下龍君、虎君旗分左右同②。其餘槍棒杖等行列、人數並同羽林軍③。仗內神武、羽林、龍武軍統軍並花腳幞頭④、紫絁繡抹額⑤、孔雀衫、韡弩,佩橫刀、鞦轡、韉韀、珂馬。押仗都頭幞頭、紫絁繡寶相花大袖襖⑥、革帶。引夾神武、羽林、龍武軍旗人貼金帽,執人錦帽,並五色絁繡寶相花衫、錦臂韝、革帶。其餘執旗人服飾准此。執哥舒棒、鐙杖人同夾旗人服飾。執白柯槍人交腳幞頭、五色絁繡抹額、寶相花衫、銀褐繡撲獸桿腰⑦、錦臂韝、革帶。

　　次引駕旗。天王旗二,次排仗通直官二人押旗,分左右⑧。次十二辰旗各一:午未在前,次巳申,次辰酉,次卯戌,次寅亥⑨,次丑子,午、巳、辰、卯、寅、丑旗在左,餘在右。次天王旗二,分左右。押旗幞頭、紫公服、烏皮靴,執旗人並同執神武軍旗人服飾。

　　次龍墀旗。天下太平旗一,排仗大將二人,夾太平旗。次五

---

① “次都頭二員”五字,底本脱,據《宋會要輯稿·輿服》二之一一《政和宣和大駕鹵簿》校補。

② 底本“分”後衍“列”字,據《宋會要輯稿·輿服》二之一一《政和宣和大駕鹵簿》刪。

③ “人數”,底本作“數人”,據文津閣本、《宋會要輯稿·輿服》二之一〇《政和宣和大駕鹵簿》乙正。

④ “龍武軍”,底本作“軍龍武”,據文津閣本、《宋會要輯稿·輿服》二之一〇《政和宣和大駕鹵簿》乙正。

⑤ “繡”字,底本脱,據《宋會要輯稿·輿服》二之一一《政和宣和大駕鹵簿》校補。

⑥ 底本“襖”前衍“袴”字,據《宋會要輯稿·輿服》二之一一《政和宣和大駕鹵簿》刪。

⑦ “腰”字,底本脱,據《宋會要輯稿·輿服》二之一一《政和宣和大駕鹵簿》校補。

⑧ “分”字,底本脱,據《宋會要輯稿·輿服》二之一二《政和宣和大駕鹵簿》校補。

⑨ “次”字,底本脱,據文津閣本、《宋會要輯稿·輿服》二之一二《政和宣和大駕鹵簿》校補。

方龍旗各一,爲三重:赤龍旗在前,次黃龍旗在中,青龍旗在左,白龍旗在右,次黑龍旗在後①。次金鸞旗一在左,金鳳旗一在右。次師子旗二②,次君王萬歲旗一。次日旗一在左,月旗一在右③。排仗大將同押、引駕旗通直官服,引、夾、執旗人同引④、夾、執神武軍旗人服飾。

次御馬二十四,分左右,爲十二重。控馬每匹天武二人,服貼金帽、紫繡寶相花大袖襖、革帶。騎御馬直二人,烏紗帽、青錦襖、束帶。部押天武節級錦帽、紫繡寶相花寬衫⑤。管押騎御馬直人員節級紅錦襖。

次中道隊。大將軍一員檢校,朝服,騎。

次日月合璧旗一在中,苣文旗二⑥,分左右,爲一列。次五星連珠旗一,在中;祥雲旗二,分左右,爲一列。引、夾、執旗人各五色絁繡抹額、寶相花衫、錦臂褠。次長壽幢一⑦,執人平巾幘、緋絁繡寶相花衫、大口袴、革帶。

次金吾牙門旗,左右各二,爲中道第一門。執、夾人青絁繡抹額、寶相花寬衫、白絹袴、革帶。内夾人執矢,騎。次監門校

---

① “次”字,底本脱,據《宋會要輯稿・輿服》二之一二《政和宣和大駕鹵簿》校補。

② “次”字,底本脱,據《宋會要輯稿・輿服》二之一二《政和宣和大駕鹵簿》校補。

③ 底本“日旗”、“月旗”後各脱“一”字,據《宋會要輯稿・輿服》二之一二《政和宣和大駕鹵簿》、《文獻通考》卷一一八《王禮考十三・乘輿車旗鹵簿》校補。

④ “引夾執旗人同”六字,底本脱,據《宋會要輯稿・輿服》二之一二《政和宣和大駕鹵簿》校補。

⑤ “寬”字,底本無,據《宋會要輯稿・輿服》二之一二《政和宣和大駕鹵簿》校補。

⑥ “苣文”,底本作“苣大”,據文津閣本、《宋會要輯稿・輿服》二之一三《政和宣和大駕鹵簿》校改。

⑦ “一”字,《文獻通考》卷一一八《王禮考十三・乘輿車旗鹵簿》、《宋史》卷一四六《儀衛四・政和大駕鹵簿并宣和增減》作“二”。

尉，左右各三人，爲一列。押旗幞頭[1]、緋絁繡抹額、師子衲襠、烏皮鞾，佩橫刀，騎。

　　次金吾細杖。青龍旗一在左，白虎旗一在右，押旗二人，分左右，騎。次五嶽神旗五，爲三重[2]：南嶽旗在前，次中嶽旗在中，東嶽旗在左，西嶽旗在右[3]，次北嶽旗在後。次五方神旗五[4]，如五嶽旗陳列。五方龍旗各五，相間爲五隊，每隊爲三重：赤龍旗在前，次黃龍旗在中，青龍旗在左[5]，白虎旗在右，次黑龍旗在後[6]。前一隊次北方神旗，餘隊各次右仗黑鳳旗。五方鳳各五，如五方龍旗陳列，各次左仗黑龍旗。內執青龍、白虎旗、五嶽、五方神旗各一人，絼三人。執、絼人四色絁繡抹額、寶相花寬衫。執人青，絼人左青，右銀褐，後皁。內絼人執弓矢。執五方龍鳳旗人五色絁繡抹額、寶相花寬衫；押旗人並同押龍墀旗人服飾。次江瀆旗、河瀆旗各一，次淮瀆旗、濟瀆旗各一，並各爲一列。江淮旗在左，河濟旗在右。引、夾、執旗人並皁絁繡寶相花衫、繡抹額、革帶。

---

　　① “旗”字，底本作“騎”，據文津閣本、十萬卷樓本、楊本、《宋會要輯稿·輿服》二之一三《政和宣和大駕鹵簿》校改。

　　② “重”字，底本脱，據文津閣本、十萬卷樓本、楊本、《宋會要輯稿·輿服》二之一三《政和宣和大駕鹵簿》校補。

　　③ “旗在前次中嶽旗在中東嶽旗在左西嶽旗”十七字，底本脱，據文津閣本、《宋會要輯稿·輿服》二之一三《政和宣和大駕鹵簿》校補。

　　④ “五”字，底本脱，據《宋會要輯稿·輿服》二之一三《政和宣和大駕鹵簿》校補。

　　⑤ 底本“青龍旗”前衍“次”字，據文津閣本、《宋會要輯稿·輿服》二之一三《政和宣和大駕鹵簿》刪。

　　⑥ “次”字，底本脱，據文津閣本、《宋會要輯稿·輿服》二之一三《政和宣和大駕鹵簿》校補。

卷第十四　序例

鹵簿

大駕中道

次八寶，爲四重：鎮國神寶在左，受命寶在右；皇帝之寶在左，天子之寶在右；皇帝行寶在左，天子行寶在右；皇帝信寶在左，天子信寶在右。香案八，爲四重，每重列於寶輿之前。碧襴二十四人①，爲十二重，夾受命等寶。服弓脚幞頭、碧襴、塗金銅帶、烏皮鞾，後二重執長刀②，騎。内外符寶郎行於碧襴之間。

次方繖二，分左右。大雉尾扇四，夾方繖，執各一人。以下執繖、扇人准此。執人弓脚幞頭、碧襴衫、金銅帶、烏皮靴。

次金吾四色官六人，爲三重，每二人爲一重。幞頭、緑公服、白絹袴、塗金銅帶、烏皮靴。前二名執笏，餘執金銅儀刀。次押仗二人，幞頭、紫公服、塗金銅帶、烏皮靴，騎。次金甲二人，分左右，服金甲、鳳翅兜鍪，執鉞。次太僕寺進馬四人，平巾幘、紫絁

---

①　"碧襴"，底本作"碧欄"，據《宋史》卷一四六《儀衛四·政和大駕鹵簿并宣和增減》校改。下同。

②　"後"字，底本作"復"，據文津閣本、《宋會要輯稿·輿服》二之一三《政和宣和大駕鹵簿》校改。

繡犀牛襴襠、大口袴、革帶、鞾叉①，佩橫刀、弓矢，騎。

　　次引駕千牛衛將軍一員，乘珂馬，服飾同太僕寺進馬人。次千牛八人，次中郎將二人，並乘珂馬。次千牛二人，騎。並花脚幞頭、緋絁繡抹額、紫絁繡犀牛襴襠、大口袴、革帶、鞾叉②，佩橫刀、弓矢。次長史二人，綠公服、白袴、金銅帶、烏皮靴，並騎。

　　次金吾引駕官四人，爲二重，並騎。服同金吾押仗。次導駕官，分左右。執政以上人從六人，待制、諫議、防禦使以上五人，監察御史、刺史、諸衛將軍以上四人③。次大纛二，分左右。中雉尾扇四，夾大纛。小雉尾扇四，夾腰輿。執人並武弁、緋絁繡寶相花大袖、白絹袴、白勒帛④。以下執纛、扇、華蓋人服飾並同。腰輿一⑤，小雉尾扇四夾⑥，應奉人員一人。指揮使以上宜男錦襖，餘紅地黃盤師子錦襖。十將⑦、將虞候、節級二十人。十將⑧、將虞候紅方勝練鵲錦襖，節級紅地白師子錦襖。長行十六人，紅地白師子錦襖。

　　次排列官二人，次中雉尾扇十二，次華蓋二，執各二人。次

---

　　①　“叉”字，底本作“義”，據《宋會要輯稿・輿服》二之一四《政和宣和大駕鹵簿》校改。

　　②　“叉”字，底本作“義”，據《宋會要輯稿・輿服》二之一五《政和宣和大駕鹵簿》校改。

　　③　“執政以上人從六人待制諫議防禦使以上五人監察御史刺史諸衛將軍以上四人”三十二字，底本無，據《文獻通考》卷一一八《王禮考十三・乘輿車旗鹵簿》、《宋史》卷一四六《儀衛四・政和大駕鹵簿并宣和增減》校補。

　　④　“勒帛”，底本作“勒帶”，據文津閣本、十萬卷樓本、楊本、《宋會要輯稿・輿服》二之一五《政和宣和大駕鹵簿》校改。

　　⑤　底本“輿”後衍“執”字，據文津閣本、《宋會要輯稿・輿服》二之一五《政和宣和大駕鹵簿》刪。

　　⑥　“小雉尾扇四夾”六字，底本無，據《文獻通考》卷一一八《王禮考十三・乘輿車旗鹵簿》、《宋史》卷一四六《儀衛四・政和大駕鹵簿并宣和增減》校補。

　　⑦　底本“十將”後衍“並”字，據文津閣本、楊本刪。

　　⑧　“十將”二字，底本脫，據《宋會要輯稿・輿服》二之一五《政和宣和大駕鹵簿》校補。

香鐙一，執擎八人，服飾同尚輦執繖人。次香匙在左，火燎在右。

次小輿一，應奉人，<small>逍遥、平輦下人</small>①。長行二十四人。次逍遥子一，應奉人、十將、將虞候、節級共九人，長行二十六人。次平輦一，應奉人員七人②，<small>大輦下人</small>③。十將、將虞候、節級共九人，長行二十六人，服飾與腰輿下同。

駕前第五班。開道旗一，皂纛旗一十二，爲四行，每行三人。次引駕六十二人，次鈞容直三百人，引駕回作樂。次東第五班五方色龍旗五。次門旗四十。次御龍四直步執門旗六十。次天武駕頭下一十二人。次下茶酒班内東門執從物一十二人。次御龍直仗劍六人。次天武把行門八人。以上並分左右。次東第五班麇旗一④。次殿前班擊鞭一十人，次東第五班執簇輦龍旂八，並分左右。次日旂一在左，月旂一在右。次麟旂一在左，鳳旂一在右。次青龍旗一在左，白虎旗一在右；次赤龍旂一在左，黑龍旂一在右。次御龍直四十人⑤，踏路馬二。次夾輅大將軍二員。次進輅職掌二員。次部押二人，教馬官二員，爲一列，教馬官在部押官外。

皇帝乘玉輅，駕青馬六，駕士一百二十八人，扶駕八人，骨朵

---

① “下人”，底本作“人全”，據《宋會要輯稿·輿服》二之一五《政和宣和大駕鹵簿》、《文獻通考》卷一一八《王禮考十三·乘輿車旗鹵簿》校改。

② “人”字，底本作“十”，據文津閣本、《宋會要輯稿·輿服》二之一五《政和宣和大駕鹵簿》校改。

③ “人”字，底本作“同”，據《宋會要輯稿·輿服》二之一五《政和宣和大駕鹵簿》校改。

④ “麇”字，底本作“大”，據《宋會要輯稿·輿服》二之一六《政和宣和大駕鹵簿》、《文獻通考》卷一一八《王禮考十三·乘輿車旗鹵簿》校改。

⑤ 底本“御龍”後衍“旂”字，據文津閣本、《宋會要輯稿·輿服》二之一六《政和宣和大駕鹵簿》、《文獻通考》卷一一八《王禮考十三·乘輿車旗鹵簿》删。

一百三十四人。行門一十八人，在玉輅之左；一十七人在右；陪乘將軍二員在後。

奉宸隊。分左右，充禁衛。從裏第一重御龍直，第二重左廂骨朵子直、右廂弓箭直，第三重弩直，第四重御龍四直，並以逐班直所管人數列成隊伍。第五重天武骨朵、大劍三百一十人，分左右。

駕後東第五班。大黃龍旗一。次駕後樂，東第四班三十一人。次鈞容直三十一人。次扇筤下天武二十人。次茶酒班簇輦三十一人。次招箭班三十二人①。奉宸隊人員服帽子，十將以下戴兜鍪，並服紅錦襖、背子，內人員緋背子。帶鐵甲、劍，人員並弓箭手帶弓箭器械，執骨朵。弩手挾弩，帶弩箭②、鞊鞡子，執骨朵。槍刀手執骨朵。至宣德門執槍刀③。天武步隊人員帽子、錦襖④、背子，襖子正副指揮使以黃師子，都頭以方勝練鵲⑤。背子正副指揮使以緋羅夾繡小團搭花⑥，都頭以紅羅罨畫⑦。錦帶，執骨朵。十將以下至長行一百人，服

---

① "三十二"，文津閣本、《文獻通考》卷一一八《王禮考十三・乘輿車旗鹵簿》、《宋史》卷一四六《儀衛四・政和大駕鹵簿并宣和增減》作"三十三"。

② "帶弩"二字，底本脫，據《宋會要輯稿・輿服》二之一七《政和宣和大駕鹵簿》校補。

③ "槍刀"，底本作"松刀"，據十萬卷樓本、《宋會要輯稿・輿服》二之一七《政和宣和大駕鹵簿》校改。

④ "襖"字，底本作"後"，據文津閣本、《宋會要輯稿・輿服》二之一七《政和宣和大駕鹵簿》校改。

⑤ "都頭"，底本作"都使"，據《宋會要輯稿・輿服》二之一七《政和宣和大駕鹵簿》校改。

⑥ "方勝練鵲背子正副指揮使以"十二字，底本脫，據《宋會要輯稿・輿服》二之一七《政和宣和大駕鹵簿》校補。"搭花"，《宋會要輯稿・輿服》二之一七《政和宣和大駕鹵簿》作"簇花"。

⑦ "罨畫"，底本作"絹花"，據文津閣本、楊本、《宋會要輯稿・輿服》二之一七《政和宣和大駕鹵簿》校改。

紫絁繡孔雀襖①、帶簇四金雕硬帽②、金鍍銀帶，執骨朵；二百人，服緋絁繡對鳳襖③、帶金鍍銀花朱紅笠子、金鍍銀帶，執大劍。天武扇筭下二十人④，錦帽、紫絁繡對鳳花襖。十人服紫，十人服緋。駕前玉龍直執從物人員帽子、紅錦襖。十將以下裹真珠頭巾。殿前指揮使擊鞭帽子、紅錦襖，執仗劍帽子、紅錦襖、背子，帶鐵甲、弓、劍、箭、器械、骨朵。玉輅下夾輅陪乘大將軍並朝服⑤，骨朵直並帽子、紅錦襖、緋背子，帶鐵甲、弓、劍、箭、器械、骨朵。駕士平巾幘、青繡鳳大袖、絹袴⑥、勒帛⑦、鞋襪。下茶酒班執從物帽子、碧錦襖、紅背子。御龍四直頭旂戴兜鍪、紅錦襖、背子，帶鐵甲、劍。執槍繫旂東第五班人員⑧，帽子、紅錦襖、緋背子，帶鐵甲、弓、劍、箭、器械，執骨朵。執旂殿侍戴兜鍪、執皂纛人黑漆鐵笠。紅錦襖、背子，執皂纛人皂絹衫、袴。帶鐵甲、劍。執皂纛人皮甲。

　　殿前指揮使、行門、諸班直引駕人員。殿前指揮使、引駕人帽子、紅錦襖、緋背子，帶鐵甲、弓、劍、箭、器械，執骨朵。駕後執

①　“繡”字，底本脱，據《宋會要輯稿·輿服》二之一七《政和宣和大駕鹵簿》校補。

②　“簇”字，底本作“旅”，據文津閣本、《宋會要輯稿·輿服》二之一七《政和宣和大駕鹵簿》校改。

③　“緋”字，底本脱，據《宋會要輯稿·輿服》二之一七《政和宣和大駕鹵簿》校補。

④　“執大劍天武扇筭下二十人”，底本作“執天武劍扇筭下二十人”，據《宋會要輯稿·輿服》二之一八《政和宣和大駕鹵簿》校改。

⑤　底本“夾輅”後衍“夾”字，據文津閣本、宋會要輯稿·輿服》二之一八《政和宣和大駕鹵簿》删。

⑥　“絹袴”，底本作“袴絹”，據文津閣本、宋會要輯稿·輿服》二之一八《政和宣和大駕鹵簿》乙正。

⑦　“勒帛”，底本作“物帛”，據文津閣本、宋會要輯稿·輿服》二之一八《政和宣和大駕鹵簿》校改。

⑧　“槍繫”，底本作“檢繫”，據《宋會要輯稿·輿服》二之一八《政和宣和大駕鹵簿》校改。“東”字，底本作“象”，據十萬卷樓本、《宋會要輯稿·輿服》二之一八《政和宣和大駕鹵簿》校改。

大黃龍旗殿侍戴兜鍪、紅錦襖、背子①。帶鐵甲、劍東四班鈞容直、駕後樂人員以下並帽子、紅繡襖、背子。內人員緋背子，皆執骨朵②。招箭班、茶酒班人員帽子、紅錦襖、緋背子，內殿侍碧錦襖、紅背子。扶駕人本色服，進輅職掌紫羅寬衫③。

次副玉輅一，駕青馬六。駕士四十人，武弁、青繡對鳳大袖、絹袴、勒帛、鞋襪。次掌輦四人，在大輦前，爲二重④。武弁、黃純繡寶相花衫、紫羅組帶、行縢、銀褐抹帶、革帶。

次大輦一，應奉人員十二人。七人集輦內⑤，一人傳唱⑥，執骨朵，餘從輦。指揮使以上宜男錦襖，餘黃地黃師子錦襖。十將、將虞候、節級共十人。十將、將虞候紅方勝練鵲錦襖，節級紅地白師子錦襖。長行共五百十五人⑦，武弁、紅地白師子錦襖、黃純繡寬衫、紫羅生色雲鳳組帶、白絹勒帛、夾袴、紫絹行縢。次尚輦奉御二人。次殿中少監。次供奉職官二員，幞頭、紫公服、烏皮靴。次令史四人⑧，三人烏皮介幘、緋純褉衫⑨、白袴、白勒帛，一名幞頭、

---

① “背”字，底本脱，據《宋會要輯稿・輿服》二之一八《政和宣和大駕鹵簿》校補。
② “皆”字，底本作“背”，據文津閣本校改。
③ “職掌”二字，底本脱，據《宋會要輯稿・輿服》二之一八《政和宣和大駕鹵簿》校補。
④ “在大輦前爲”五字，底本脱，據《宋會要輯稿・輿服》二之一八《政和宣和大駕鹵簿》校補。
⑤ “集”字，底本作“進”，據《宋會要輯稿・輿服》二之一八《政和宣和大駕鹵簿》校改。
⑥ “傳唱”，《宋會要輯稿・輿服》二之一八《政和宣和大駕鹵簿》作“傳喝”。
⑦ “五百十五人”，楊本、《宋會要輯稿・輿服》二之一八、一九《政和宣和大駕鹵簿》、《文獻通考》卷一一八《王禮考十三・乘輿車旗鹵簿》、《宋史》卷一四六《儀衛四・政和大駕鹵簿并宣和增減》作“三百五十五人”。
⑧ “四人”二字，底本脱，據《宋會要輯稿・輿服》二之一九《政和宣和大駕鹵簿》校補。
⑨ “褉”字，底本作“袴”，據文津閣本、十萬卷樓本、《宋會要輯稿・輿服》二之一九《政和宣和大駕鹵簿》校改。

紫公服、烏皮鞾。次書令史，烏皮介幘、緋絁裌衫、白袴、白勒帛①。次太僕御馬二十四，爲十二重，分左右。天武等服飾並同。次龍墀旗後控御馬等二人②。

次持鈒後隊。左右武衛旅帥二人，騎。次重輪旗二，分左右。次大麾二③，次大雉尾扇四，夾大麾。次中雉尾扇四④，爲一列。次小雉尾扇十二，次朱團扇十二，各爲三重。次華蓋二。次叉二。次睥睨十二，爲二重。次御刀六，爲一列。次真武幢一，在中；絳麾二，分左右，爲一列。次叉一。次細稍十二，爲二重。次左右金吾衛果毅都尉二人，總領大角，並騎。次大角一百二十⑤，爲十重⑥。殿中省執朱團扇人黃絁繡抹額⑦、寶相花衫、行縢、革帶。太僕寺執叉人武弁、緋絁繡衫、白袴、錦螣蛇。執睥睨人武弁、緋絁繡寶相花大袖、白絹袴、勒帛。左右武衛旅帥、金吾衛果毅都尉，並服平巾幘、紫絁繡袍、大口袴、錦螣蛇、革帶。武衛以瑞鷹，金吾衛以辟邪。引、夾、執重輪旂人各五色絁繡抹額⑧、寶相花

------

①　“勒”字，底本作“鞾”，據楊本、《宋會要輯稿·輿服》二之一九《政和宣和大駕鹵簿》校改。

②　“後”字，底本作“人”，據文津閣本、十萬卷樓本、楊本、《宋會要輯稿·輿服》二之一九《政和宣和大駕鹵簿》校改。

③　“二”字，底本脱，據文津閣本、《宋會要輯稿·輿服》二之一九《政和宣和大駕鹵簿》校補。

④　“中雉尾扇四”，底本作“大雉尾四”，據文津閣本校改。

⑤　“次大角”三字，底本脱，據《宋會要輯稿·輿服》二之二〇《政和宣和大駕鹵簿》校補。

⑥　“十”字，底本作“一”，據文津閣本、《宋會要輯稿·輿服》二之二〇《政和宣和大駕鹵簿》校改。

⑦　“省”字，底本作“有”，據《宋會要輯稿·輿服》二之一九《政和宣和大駕鹵簿》校改。

⑧　“引夾執”，底本作“引矢引”，據《宋會要輯稿·輿服》二之一九《政和宣和大駕鹵簿》校改。

衫。執幢叉、執絳麾人並武弁①、絁繡寶相花衫。執幢人以皁②，絳麾人以紫③。執大角、細稍人並平巾幘、緋絁繡寶相花衫、大口袴、革帶。執御刀人武弁、緋絁繡寶相花大袖、大口袴、白勒帛。絳麾加紒二人。

次大晟府後部皷吹。丞二人，次典事四人。次管押指揮使一名④。次羽葆皷十二，爲二重；帥兵官四人領，在皷内行。下除小橫吹外，並爲二重。次歌工，次拱辰管，次簫，次笳，各二十四。帥兵官二人領，在笳前一重内行。次鐃皷十二，帥兵官四人領，在鐃皷内行。次歌工，次簫，次笳，各二十四。次小橫吹一百二十，爲十重；帥兵官八人領，第一、第四、第七、第十重各二人，在橫吹内行。次笛，次簫，次觱篥，次笳，次桃皮觱篥，各二十四。丞本品服，典事同前部府史服，其餘並同前部人服飾。

次黄麾一，執、紒人數并服飾並同前部黄麾。

次芳亭輦一，奉輦六十人。次鳳輦一，奉輦五十人。并武弁、黄絁繡寶相花衫、組帶、行縢、銀褐抹帶、革帶。

次金輅一，踏路赤馬二。次副金輅一，各駕赤馬六。次象輅一，次副象輅一，各駕赭白馬六⑤。次革輅一，次副革輅一，各駕騧馬六⑥。次木輅一，次副木輅一，各駕黑馬六。

---

① “絳”字，底本作“絎”，據文津閣本、十萬卷樓本校改。
② “人”字，底本脱，據文津閣本、楊本校補。
③ “人”字，底本作“又”，據文津閣本、十萬卷樓本、楊本校改。
④ “管押”，據文津閣本、《宋會要輯稿・輿服》二之二〇《政和宣和大駕鹵簿》、《文獻通考》卷一一八《王禮考十三・乘輿車旗鹵簿》、《宋史》卷一四六《儀衛四・政和大駕鹵簿并宣和增減》具作“管轄”。
⑤ “赭”字，底本脱，據《宋會要輯稿・輿服》二之二一《政和宣和大駕鹵簿》、《文獻通考》卷一一八《王禮考十三・乘輿車旗鹵簿》校補。
⑥ “騧馬”，《宋史》卷一四六《儀衛四・政和大駕鹵簿并宣和增減》作“䮽馬”。

　　次耕根車一，駕青馬六。金輅駕士六十人，平巾赤幘、緋絁繡鳳大袖、絹袴、勒帛。其餘輅駕士各四十人，并武弁、繡大袖、絹袴、勒帛、鞵韈。耕根車駕士，服以青繡鳳銜嘉禾合穗①，其餘繡對鳳，副金輅以緋，象輅以銀褐②，革輅以黃，木輅以皂。

　　次進賢車一，駕士二十四人。次明遠車一，駕士四十人。次屬車十二乘，每乘駕牛三，駕士十人。

　　次門下省局官二員③，在左；中書省局官二員，在右。次秘書省局官二員④，在左；殿中省局官二員，在右。次黃鉞車一，次豹尾車一，各駕赤馬二，駕士十五人。進賢車以下駕士並武弁、緋絁繡大袖、勒帛。進賢車駕士繡以瑞麟，明遠車以對鳳，屬車以雲鶴，黃鉞車以對鵝，豹尾車以立豹⑤。

　　次掩後隊。左右威衛折衝都尉二人領隊，平巾幘、紫絁繡飛麟袍、大口袴、錦縢蛇、革帶。次大戟，次刀盾，次弓矢，次矟，各五十，各爲一列。執人並黑鍪甲、錦臂韝、皂袴、行縢、鞵韈。

　　次金吾牙門旗⑥，左右各二，爲中道第二門。執、夾人緋絁繡抹額、寶相花寬衫、白絹袴、革帶，騎。次監門校尉⑦，左右各三人，爲一列。幞頭、紫絁繡抹額、師子裲襠、烏皮鞾，佩橫刀，騎。

　　次真武隊。金吾衛折衝都尉一名，穳矟二，夾都尉爲一列。

---

　　①　“嘉禾”，底本作“普禾”，據《宋會要輯稿·輿服》二之二一《政和宣和大駕鹵簿》校改。

　　②　“褐”字，底本作“將”，據文津閣本、十萬卷樓本校改。

　　③　“次”次，底本作“以”，據文津閣本校改。

　　④　“書”字，底本脫，據《宋會要輯稿·輿服》二之二一《政和宣和大駕鹵簿》校補。

　　⑤　“立豹”，《宋會要輯稿·輿服》一之二《大駕五副輅》作“玄豹”。

　　⑥　“牙門”，底本作“衛門”，據《宋會要輯稿·輿服》二之二二《政和宣和大駕鹵簿》校改。

　　⑦　“校尉”，底本作“校府”，據文津閣本、十萬卷樓本、楊本、《宋會要輯稿·輿服》二之二一《政和宣和大駕鹵簿》校改。

次仙童旗一。次真武旗一,在中;螣蛇旗一,在左;神龜旗一,在右;爲一列。次矟二十五,爲五重。次弓矢二十,爲四重。次弩五,爲一列。隊内金吾衞折衝都尉服平巾幘、紫絁繡辟邪袍①、大口袴、錦螣蛇、革帶。執瓚矟及矟、弓矢、弩人平巾幘、緋絁繡絁寶相花衫、大口袴、革帶。引、夾、執仙童、真武、神龜、螣蛇旗五色絁繡抹額、寶相花衫。

---

① “絁”字,底本作“袍”,據文津閣本、楊本、十萬卷樓本、《宋會要輯稿·輿服》二之二一《政和宣和大駕鹵簿》校改。

卷第十五　序例

鹵簿

大駕外仗並左右廂

清遊隊。次第六引外仗，白澤旗二，左右金吾衛折衝都尉二人分領①，行旗外，並騎。次弩八，爲一列。次弓矢三十二，次稍四十，各爲二重。隊内折衝都尉平巾幘、紫紬繡辟邪袍、大口袴、錦臆蛇、革帶。引、夾、執旗、執弩、弓矢、稍人並甲、騎、冠，具裝錦臂褠、大口袴。

次左右金吾各十六，騎。帥兵官二人。次弩八，次弓矢，次稍，各十二，各爲一列。帥兵官及執弩、弓矢、稍人並平巾幘、緋紬繡辟邪裲襠、大口袴，佩橫刀。帥兵官加佩弓、矢。

次伙飛隊。左右金吾衛果毅都尉二人分領，並騎，服佩並同清遊隊折衝都衛。次虞候伙飛四十八人，爲二十四重，平巾幘、緋紬繡寶相花衫、大口袴，佩橫刀、弓矢，並騎。鐵甲伙飛二十四人，爲六重，在虞候伙飛外，並甲、騎，具裝錦臂褠，佩橫刀、弓矢。

---

① “二人”，底本作“三人”，據文津閣本、《宋會要輯稿·輿服》二之二二《政和宣和大駕鹵簿》校改。

次前隊殳杖①。次金吾十六騎，在佽飛仗最外行②。左右領軍衛將軍二人檢校，並騎。次穳矟四，爲二重，騎。次左右領軍衛帥兵官四人，爲一列。以下帥兵官人數、行列准此。次殳叉一百六十，每二人爲一重，殳叉間行③。以下殳叉並二人爲一重，行列准此。次左右威衛帥兵官，次殳叉八十。次左右武衛帥兵官，次殳叉一百。次左右驍衛帥兵官，次殳叉八十。次左右衛帥兵官，次殳叉八十④。隊内左右領軍衛將軍平巾幘、紫絁繡白澤袍、大口袴、錦螣蛇、革帶。執穳矟及帥兵官並平巾幘⑤、緋絁繡寶相花衫、大口袴、革帶。執殳叉人並五色絁繡抹額、寶相花衫、行縢、革帶。

次後隊殳仗。左右衛帥兵官，次殳叉八十。次左右驍衛帥兵官，次殳叉八十。次左右武衛帥兵官，次殳叉一百。次左右威衛帥兵官，次殳叉八十。次左右領軍衛帥兵官，次殳叉一百六十。

凡前後隊殳仗，前接中道北斗旗，後盡鹵簿後隊⑥。帥兵官人數、行列、服飾及執殳叉人行列、服飾並同前隊。

次前部馬隊⑦。次佽飛隊。第一隊：左右金吾衛折衝都尉二

---

①　“殳仗”，底本作“殳义”，據《宋會要輯稿·輿服》二之二三《政和宣和大駕鹵簿》、《文獻通考》卷一一八《王禮考十三·乘輿車旗鹵簿》校改。

②　“佽飛仗最外行”六字，底本脱，據《宋會要輯稿·輿服》二之二三《政和宣和大駕鹵簿》校補。

③　底本“行”後衍“列”字，據《宋會要輯稿·輿服》二之二三《政和宣和大駕鹵簿》删。

④　“次”字，底本無，據文津閣本、楊本、《宋會要輯稿·輿服》二之二三《政和宣和大駕鹵簿》校補。

⑤　“並”字，底本無，據《宋會要輯稿·輿服》二之二四《政和宣和大駕鹵簿》校補。

⑥　“盡”字，底本脱，據文津閣本、《宋會要輯稿·輿服》二之二四《政和宣和大駕鹵簿》、《文獻通考》卷一一八《王禮考十三·乘輿車旗鹵簿》校補。

⑦　“次前部馬隊”，底本作“前部馬部隊”，據《宋會要輯稿·輿服》二之二四《政和宣和大駕鹵簿》、《文獻通考》卷一一八《王禮考十三·乘輿車旗鹵簿》校改。

人分領。隊内都尉並分領。次角宿旗一，在左；斗宿旗一，在右。次亢宿旗一，在左；牛宿旗一①，在右。次弩十，次弓矢二十，各爲一列。次矟四十，爲二重。第二隊②：左右領軍衛果毅都尉。次氐宿旗一，在左；女宿旗一，在右。次房宿旗一，在左；虚宿旗一，在右。第三隊：左右領軍衛果毅都尉。次心宿旗一，在左；危宿旗一，在右。第四隊：左右領軍衛果毅都尉③。次尾宿旗一，在左；室宿旗一，在右。第五隊：左右威衛折衝都尉。次箕宿旗一，在左；壁宿旗一，在右。第六隊：左右威衛折衝都尉。次奎宿旗一，在左；井宿旗一，在右。第七隊：左右武衛果毅都尉。次婁宿旗一，在左；鬼宿旗一，在右。第八隊：左右武衛果毅都尉。次胃宿旗一，在左；柳宿旗一，在右。第九隊：左右武衛果毅都尉。次昴宿旗一，在左；星宿旗一，在右。第十隊：左右驍衛折衝都尉。次畢宿旗一，在左；張宿旗一，在右。第十一隊：左右驍衛折衝都尉。次觜宿旗一，在左；翼宿旗一，在右。第十二隊：左右驍衛折衝都尉。次參宿旗一，在左；軫宿旗一，在右。自第二隊至第十二隊，都尉及執弩、弓矢④、矟人數、行列並同第一隊。隊内都尉並錦帽、緋絁繡戎服大袍、窄袴、革帶。繡文，金吾衛以辟邪，領軍衛以白澤，威衛以飛麟，武衛以瑞鷹，驍衛以赤豹，左右衛以瑞馬⑤。引、夾、執旗人並

---

① 底本“牛”前衍“次”字，據楊本、《宋會要輯稿·輿服》二之二四《政和宣和大駕鹵簿》刪。

② “二”，底本作“一”，據文津閣本、十萬卷樓本、楊本、《宋會要輯稿·輿服》二之二四《政和宣和大駕鹵簿》校改。

③ “都尉”二字，底本脱，據文津閣本、《宋會要輯稿·輿服》二之二四《政和宣和大駕鹵簿》校補。

④ “弓”字，底本脱，據《宋會要輯稿·輿服》二之二五《政和宣和大駕鹵簿》校補。

⑤ “衛”字，底本作“騎”，據文津閣本、《宋會要輯稿·輿服》二之二五《政和宣和大駕鹵簿》校改。

五色絁繡抹額、寶相花衫。執弩、弓矢人並錦帽①、青絁繡寶相花袍、大口袴、革帶。執矟人並錦帽、緋絁繡寶相花袍、大口袴、革帶。

次步甲前隊。左右領軍衛將軍二人，騎，分檢校十二隊②。穳矟四③，在將軍內，為二重。第一隊：左右領軍衛折衝都尉二人，騎，分領。<small>隊內都尉並騎，分領。</small>鶡雞旂二。次穳矟，在都尉內。次朱鍪甲、弓矢六十人，為三重。第二隊：左右領軍衛果毅都尉，貔旂，次朱鍪甲、刀盾。第三隊：左右領軍衛折衝都尉，玉馬旂，次青鍪甲、刀盾。第四隊：左右領軍衛果毅都尉④，三角獸旂，次青鍪甲、刀盾。第五隊：左右威衛折衝都尉，黃鹿旗⑤，次黑鍪甲、弓矢。第六隊：左右威衛果毅都尉，飛麟旂，次黑鍪甲、刀盾。自第二隊以下每隊都尉及執旂、刀盾、弓矢人數、行列並同第一隊。隊內將軍及都尉並平巾幘、紫絁繡袍、大口袴、錦螣蛇、革帶，繡文並同前部馬隊都尉服。執穳矟人平巾幘、緋絁繡寶相花衫、大口袴、革帶。執旂人並五色絁繡抹額、寶相花衫。執刀盾、弓矢人並錦臂韝、行縢、鞋襪⑥。內行縢、鞋襪各隨鍪甲本色⑦。第七隊

---

① "帽"字，底本作"幘"，據文津閣本、十萬卷樓本、楊本、《宋會要輯稿·輿服》二之二五《政和宣和大駕鹵簿》校改。

② "檢校"，底本作"校尉"，據《宋會要輯稿·輿服》二之二五《政和宣和大駕鹵簿》校改。

③ "矟"字，底本脱，據文津閣本、《宋會要輯稿·輿服》二之二五《政和宣和大駕鹵簿》校補。

④ "玉馬旂次青鍪甲刀盾第四隊左右領軍衛果毅都尉"二十一字，底本脱，據《宋會要輯稿·輿服》二之二五、二六《政和宣和大駕鹵簿》校補。

⑤ 底本"黃鹿"前衍"重"字，據《宋會要輯稿·輿服》二之二五《政和宣和大駕鹵簿》删。

⑥ "襪"字，底本脱，據《宋會要輯稿·輿服》二之二六《政和宣和大駕鹵簿》校補。

⑦ "襪"字，底本脱，據《宋會要輯稿·輿服》二之二六《政和宣和大駕鹵簿》校補。

至第十二隊内都尉、執旗^①、弓矢、刀盾人並准此。

次金吾牙門旗四，爲左右道第一門。監門校尉左右各四人，並騎。執、夾旗人服飾，校尉服佩並同中道第二門。

次步甲前隊。第七隊：左右武衛折衝都尉二人分領，駃騠旗，次白鍪甲、弓矢。第八隊：左右武衛果毅都尉，鷺旗^②，次白鍪甲、刀盾^③。第九隊：左右驍衛折衝都尉，麟旗，次黄鍪甲、弓矢。第十隊：左右驍衛果毅都尉，馴象旗，次黄鍪甲、刀盾。第十一隊：左右衛折衝都尉，玉兔旗，次黄鍪甲、弓矢^④。第十二隊：左右衛果毅都尉，辟邪旗，次黄鍪甲、刀盾。

次金吾牙門旗四，爲左右道第二門。監門校尉左右各四人，並騎。執、夾旗人服飾，校尉服佩並同中道第二門^⑤。

次前部黄麾仗。絳引幡二十，爲一列。次第一部，左右威衛。殿中侍御史二員，騎，分左右。次本衛大將軍二人，分檢校。次本衛折衝都尉二人，分領。次帥兵官二十人^⑥，爲一列。次龍

---

①　“執”字，底本脱，據文津閣本、《宋會要輯稿・輿服》二之二六《政和宣和大駕鹵簿》校補。

②　“鷺旗”二字底本脱，據文津閣本、《宋會要輯稿・輿服》二之二六《政和宣和大駕鹵簿》校補。

③　“刀盾”，底本作“弓矢”，據文津閣本、《宋會要輯稿・輿服》二之二六《政和宣和大駕鹵簿》校改。

④　“次”字，底本無，據文津閣本、《宋會要輯稿・輿服》二之二六《政和宣和大駕鹵簿》校補。

⑤　“校尉服”三字，底本脱，據文津閣本、《宋會要輯稿・輿服》二之二六《政和宣和大駕鹵簿》補。

⑥　“次”字，底本無，據文津閣本、《宋會要輯稿・輿服》二之二七《政和宣和大駕鹵簿》校補。“兵”字，底本脱，據《宋會要輯稿・輿服》二之二七《政和宣和大駕鹵簿》校補。

頭竿二十，並掛青繡孔雀五角氅①。本部氅同。次揭鼓二②，在仗外③。仗内諸部揭皷排列同。次儀鍠五色幡二十④。次龍頭竿二十。次小戟二十。次揭鼓二。次龍頭竿二十。次弓矢二十。次龍頭竿二十。次朱縢絡盾并刀二十。次龍頭竿二十。次弓矢二十。次矟二十。次揭皷二。次緑縢絡盾并刀二十。並各爲二重⑤。第二部左右領軍衛，第三部左右威衛，第四部左右武衛，第五部左右驍衛⑥，第六部左右衛。諸部内殿中侍御史⑦、大將軍、折衝都尉、帥兵官、龍頭竿等人數⑧、行列並同第一部。惟第二部龍頭竿則以緋繡鳳六角氅，第三部以青繡孔雀五角氅⑨，第四部以皂繡鵝六角氅，第五部以白繡鵝四角氅，第六部以黄繡雞四角氅。仗内執、綀絳引幡人武弁、緋絁繡寶相花衫、大口袴、白勒帛。大將軍、都尉並平巾幘、紫絁繡袍、大口袴、錦臕蛇、革帶。繡文並同前部馬隊都尉服⑩。帥兵官並執

---

　　① “角”字，底本脱，據文津閣本、《宋會要輯稿・輿服》二之二七《政和宣和大駕鹵簿》校補。

　　② “鼓”字，底本作“頭”，據文津閣本、《宋會要輯稿・輿服》二之二七《政和宣和大駕鹵簿》校改。

　　③ “仗”字，底本作“使”，據文津閣本、十萬卷樓本、《宋會要輯稿・輿服》二之二七《政和宣和大駕鹵簿》校改。

　　④ “鍠”字，底本作“錦”，據《宋會要輯稿・輿服》二之二七《政和宣和大駕鹵簿》校改。

　　⑤ “二”字，底本作“一”，據《文獻通考》卷一一八《王禮考十三・乘輿車旗鹵簿》、《宋史》卷一四六《儀衛四・政和大駕鹵簿并宣和增減》校改。

　　⑥ “驍衛”，底本作“騎衛”，據文津閣本、《宋會要輯稿・輿服》二之二七《政和宣和大駕鹵簿》校改。

　　⑦ “内”字，底本脱，據《宋會要輯稿・輿服》二之二七《政和宣和大駕鹵簿》校補。

　　⑧ “頭”字，底本脱，據文津閣本、《宋會要輯稿・輿服》二之二七《政和宣和大駕鹵簿》校補。

　　⑨ 底本“角”前衍“色”字，據文津閣本、《宋會要輯稿・輿服》二之二七《政和宣和大駕鹵簿》删。

　　⑩ “服”字，底本脱，據《宋會要輯稿・輿服》二之二七《政和宣和大駕鹵簿》校補。

儀刀，平巾幘、緋繼繡寶相花衫[1]、大口袴。執龍頭竿、揭鼓、五色
旛、小戟、弓矢、盾、刀、矟等人繼繡抹額、寶相花衫、行縢、鞵襪。
衫、抹額並隨麾色。

　　次青龍白虎旗隊。青龍旗一，在左；白虎旗一，在右。引、
夾、執旗人五色繼繡抹額、寶相花衫、錦臂韝。次左右衛果毅都
尉二人，分押旗，兼領後七十騎。平巾幘、緋繼繡瑞馬袍、大口
袴、革帶。弩八，爲一重。弓矢二十二，爲二重，前十，後十二。
矟四十，爲四重。執人平巾幘、緋繼繡寶相花衫、大口袴、革帶，
佩橫刀。

　　·次班劍、儀刀隊。並騎，左右衛將軍二人分領。次郎將二十
四人，爲一列。親衛在內，餘以次外列。左右親衛四人，勳衛四人。每
衛班劍二百二十人，以四人爲列，次郎將，爲五十五重。諸翊衛、
左右衛六人，領儀刀四百八人，以六人爲列，各次郎將，在班劍
外，爲六十八重。左右驍衛二人，領儀刀一百三十六人，並以二
人爲列，各次郎將，在左右衛外，爲六十八重。下至金吾衛執人爲列、次
郎將並同，所領儀刀並重數亦准此。左右武衛二人，在左右驍衛外。左右
威衛二人，在左右武衛外。左右領軍衛二人，在左右威衛外。左
右金吾衛二人，在左右領軍衛外。隊內左右衛將軍平巾幘、紫繼
繡瑞馬袍、大口袴、錦螣蛇、革帶；郎將並緋繼繡衫；餘同本隊內
將軍服。繡文，親、勳衛以瑞馬，諸翊衛、左右衛以雕虎，驍衛以

---

① 底本"緋繼繡"後爲"尉虓虪旗第八隊左右威衛果毅都尉驍牙旗左右威衛都尉
白狼旗第十一隊左右領軍衛折衝都尉金牛旗自第二隊至第十二隊都尉旗弩弓矢矟人
數行列並同第一隊隊內都尉服飾繡文引夾執弩弓矢矟人服飾並同前部馬隊"九十二
字。經查對，其後有大段闕文，今據《宋會要輯稿·輿服》二之二二七至三四《政和宣和
大駕鹵簿》補入，并參《文獻通考》卷一一八《王禮考十三·乘輿車旗鹵簿》、《宋史》卷
一四六《儀衛四·政和大駕鹵簿并宣和增減》。

赤豹，武衛以瑞鷹，威衛以飛麟，領軍衛以白澤，金吾衛以辟邪。執班劍、儀刀人平巾幘、緋絁繡寶相花衫、大口袴、錦螣蛇。

　　親勳、散手、驍衛翊衛隊。並騎。左右衛供奉中郎將四人，爲一列，分領親勳翊衛。隊內郎將行列准此。次親勳翊衛四十八人，爲十二重。左右衛郎將二人，分領散手翊衛，在中郎將外。次散手翊衛六十人，爲三十重，在親勳翊衛外。左右驍衛郎將二人，分領驍衛翊衛，在左右衛郎將外。次驍衛翊衛五十六人，在散手翊衛外，爲二十八重。隊內中郎將、郎將並同班劍、儀刀隊左右衛將軍服飾。唯繡文，驍衛以赤豹，親勳、散手翊衛以瑞馬衫。驍衛甲、騎、冠、具裝、錦臂韝，佩橫刀，執矟。

　　次左右驍衛翊衛三隊。並騎。第一隊：本衛大將軍二人分領，在旗外。花鳳旗二。次弩十，爲一列；次弓矢二十，爲二重；次矟四十，爲四重。第二隊：本衛將軍二人分領，飛黃旗二。第三隊：本衛郎將二人分領，吉利旗二。第二、第三隊弩、弓矢、矟數、行列並同第一隊。隊內大將軍、將軍、郎將並同班劍、儀刀隊左右衛將軍服飾，唯繡文以赤豹。引、夾、執旗人銀褐絁繡抹額、寶相花衫、革帶。執弩弓人、矟人服飾並同執班劍、儀刀人。

　　次夾轂隊。第一隊、第四隊左右衛折衝都尉二人，騎，分檢校。寶符旗二，分左右。次朱鍪甲、刀、盾，每隊各六十人，爲六重。第四隊在第一隊外，並行。第二、第五隊在左右衛果毅都尉二人，分檢校。次白鍪甲、刀、盾，每隊各六十人，爲六重。第六隊在第三隊外，並行。隊內都尉並同班劍、儀刀隊左右衛將軍服飾。引、夾、執旗人並五色繡抹額、寶相花衫。執刀盾人並行縢、鞵襪，各隨鍪甲色。

　　次金吾牙門四，爲左右道第三門。監門校尉左右各四人，並騎。執、夾旗人服飾、校尉服佩並同中道第一門。

次捧日隊，每隊人員三人，内引隊一名，押隊二人。長行殿侍二十八人，内旗頭三人，槍手五人，弓箭手二十人，並以逐班直所管人數結成隊伍。左右廂天武約欄各一百五十五人，在捧日隊外。諸班直總領人員在捧日隊前，内左廂五人，右廂四人。捧日隊人員並殿前指揮使、長行服並帽子，金槍、銀鎗，戴鐵笠，餘並兜鍪。紅錦襖、緋背子。餘並紅背子。帶鐵甲、劍人員，帶弓箭器械、執骨朵長行殿侍，旗頭執槍繫旗槍手，執槍弓箭手，帶弓箭器械、執骨朵金槍、銀槍並槍手東第四班二隊弩手，挾弩、帶弩箭、鞦鞢子、執骨朵天武約欄人員以下，帽子、銀帶。執骨朵正副指揮使黄獅子紅錦襖，都頭方勝練鵲紅錦襖，十將至長行白獅子紅錦襖。

次後部黄麾仗。第一部左右衛，第二部左右驍衛，第三部左右武衛，第四部左右威衛，第五部左右領軍衛，第六部左右武衛。部内殿中侍御史、大將軍、都尉、帥兵官、龍頭竿等行列服飾並同前部。如後部左右衛並同前部左右衛，其餘准此。次絳引幡二十。執、缾人武弁、黄絁繡寶相花衫、大口袴、白勒帛。執、缾人數同前部絳引幡。

次金吾牙門旗四，爲左右道第四門。監門校尉左右並四人，並騎。執、夾旗人三色絁繡抹額、寶相花寬衫。執人黄，夾人左青右銀褐，並白絹袴、革帶。校尉服佩同中道第一門。

次步甲後隊第一隊至第六隊。第一隊左右衛果毅都尉二人，騎，分領。隊内都尉並騎，分領。總旗二，在都尉内，次黄鍪甲、刀、盾六十人，爲三重。第二隊左右衛折衝都尉，鶡雞旗，次黄鍪甲、弓矢。第三隊左右驍衛果毅都尉，金仙鹿旗，次黄鍪甲、刀、盾。第四隊左右驍衛折衝都尉，金鸚鵡旗，次黄鍪甲、弓矢。
第五隊左右武衛果毅都尉，瑞麥旗，次白鍪甲、刀、盾。第六隊左
右武衛折衝都尉，孔雀旗，次白鍪甲、弓矢。自第二隊以左，每隊
都尉及旗、刀、盾、弓矢人數、行列並同第一隊。隊内都尉及引、
夾、執旗人服飾並同步甲前隊；執刀、盾、弓矢人並錦臂鞲、行縢、
鞋襪。内行縢、鞋襪各隨鍪甲本色。第七隊至第十二隊内都尉、旗、弓矢、
刀、盾人並准此。

　　次金吾牙門旗四，爲左右道第五門。監門校尉左右各四人，
並騎。執、夾旗人服、校尉服佩並同中道第二門。

　　次步甲後隊第七隊至第十二隊。第七隊左右威衛果毅都尉
二人分領，野馬旗，次黑鍪甲、刀、盾。第八隊左右威衛折衝都
尉，犛牛旗，次黑鍪甲、弓矢。第九隊左右領軍衛果毅都尉，甘露
旗，次青鍪甲、刀、盾。第十隊左右領軍衛折衝都尉，網子旗，次
青鍪甲、弓矢。第十一隊左右領軍衛果毅都尉，祥光旗，次朱鍪
甲、刀、盾。第十二隊左右領軍衛都尉，翔鶴旗，次朱鍪甲、弓矢。

　　次後部馬隊。第一隊左右衛折衝都尉二人分領，角鷓旗二，
爲一列。次弩十，次弓矢二十，次矟四十，爲二重。第二隊左右
衛折衝都尉，赤熊旗。第三隊左右驍衛果毅都尉，兕旗。第四隊
左右驍衛果毅都尉，天下太平旗一。第五隊左右武衛折衝都尉，
馴犀旗。第六隊左右武衛折衝都尉，駿麑旗。第七隊左右武衛
折衝都尉，驦驦旗。第八隊左右威衛果毅都尉，騶牙旗。第九隊
左右威衛果毅都尉，蒼烏旗。第十隊左右領軍衛折衝都尉，白狼
旗。第十一隊左右領軍衛折衝都尉，龍馬旗[①]。第十二隊左右領

---

① "龍馬"，《宋史》卷一四六《儀衛四·政和大駕鹵簿并宣和增減》作"龍虎"。

軍衛折衝都尉，金牛旗。自第二隊至第十二隊都尉、旗、弩、弓
矢、稍人數、行列並同第一隊。内都尉服飾繡文，引、夾、執旗、執
弩弓人、稍人服飾並同前部馬隊。

卷第十六　序例

鹵簿

法駕三引中道　三引

法駕三引中道

象五,中道前一;餘分左右,爲二重。各持鐵鈎一人跨其上,執轉光小緋旗一名前引。次擊鑼一人,節級二人爲一列。次執七寶鈎一名在左,執銀鈎一人在右行第二重象前[①]。次二人行象内,爲二重。執轉光小緋旗十四人,分左右,行象外,爲七重。第四、第七重旗前執鍮石鈎二人[②],又執鐵鈎一人,在第三重象後當中,並服花脚幞頭、緋絁裌衫、金鍍銀雙鹿帶[③]。

三引

第一引開封令。中道,清道二人[④]。次幰弩一,執人騎。以下

執幰人准此。次誕馬二,控馬每疋各二人。諸引控誕馬人准此。次軺車一乘,駕赤馬二,駕士十八人。次方繖一,次朱團扇一,次曲蓋一,次僚佐四員。外仗青衣二人,爲一列。次車輻棒二,次告止幡二,各爲一列。次傳教幡一,在左;信幡一,在右,執幡各一名,絑二人。諸引執、絑幡人數准此。㦸十六,爲八重,在車輻棒至信幡外,並分左右廂。以下外仗並分左右廂。仗内清道服武弁、緋絁繡雲鶴衫、革帶,執黑漆杖。執幰弩人平巾赤幘、緋絁繡辟邪袍、赤袴、革帶。控誕馬人平巾赤幘①、緋絁繡寶相花衫、大口袴、革帶。青衣人平巾青幘②、青絁衫③、袴④、革帶,執杖。杖袋以青絹。執車輻棒人平巾赤幘、緋絁繡白澤衫、赤袴、革帶。執方繖、扇、㦸,執、絑傳教幡、信幡人並黄絁繡抹額、寶相花衫、行縢、鞵韈、革帶。執朱團扇、曲蓋,執、絑告止幡人並緋絁繡抹額、寶相花衫、大口袴、革帶。駕士武弁、緋絁繡雉大袖、勒帛。

　　第二引開封牧,中道。清道二人,重行。次幰弩一。次捆鼓一,在左;金鉦一,在右。次大鼓六,爲二重。次節一,夾稍二,爲一列,執人騎。第三引執節、夾稍人並騎。次誕馬四。次革車一乘,駕赤馬四,駕士二十五人。次方繖一。次朱團扇四,爲二重。次曲蓋一。次僚佐四員。次幢一在左,麾一在右,執人騎。第三引執幢、麾人並騎。次大角四,爲一列。次鐃一,次簫一在左,笳一在右。次大橫吹一。次笛、簫、觱篥、笳各一,笛、簫在左,觱篥、笳在右。外仗青衣四人,次車輻棒四,次告止幡二,次傳教幡二,次信幡

　　①　“赤”字,底本脱,據《宋會要輯稿·輿服》二之二《政和宣和大駕鹵簿》校補。
　　②　“青”字,底本脱,據《宋會要輯稿·輿服》二之二《政和宣和大駕鹵簿》校補。
　　③　底本“青”前衍“赤”字,據《宋會要輯稿·輿服》二之三《政和宣和大駕鹵簿》删。
　　④　“袴”字,《宋會要輯稿·輿服》二之二《政和宣和大駕鹵簿》無。

167

二。次儀刀十，爲五重。戟四十，爲二十重，在車輻棒外以次排列。刀盾三十六，在戟外，爲十八重，盾在左，刀在右。弓矢三十六，在刀盾外，爲十八重。每弓一箭二，連靮。矟三十六，在弓矢外①，爲十八重。第三引執刀盾、弓矢、矟排列准此。仗内執節、夾矟、幢②、麾、大角、儀刀人並平巾幘、緋絁繡寶相花衫、大口袴、革帶。執刀盾人銀褐絁繡抹額③、寶相花衫、大口袴、行縢、鞋襪、革帶。執弓矢、矟人並錦帽、絁繡寶相花戎服、大袍、窄袴、革帶。内執弓矢人袍以青，執矟人以紫。執搥鼓、金鉦人平巾幘、緋繡對鳳衫、抹帶、大口袴、錦縢蛇。執大鼓人黄繡雷花抹額、生色袍④、抹帶、袴。執鐃、簫、笳、笛、鷖簫人平巾幘、緋絁繡寶相花袍、大口袴、白抹帶。執大横吹人緋繡苣文抹額、生色袍⑤、抹帶、袴。駕士服武弁、緋絁繡皂大袖⑥、勒帛。其餘執人行列、重數并服飾並同第一引。

　　第三引御史大夫，中道。清道二人。次幰弩一。次搥鼓、金鉦各一。次大鼓六，次節一⑦，夾矟二。次誕馬四。次革車一乘，駕赤馬四，駕士二十五人。次方繖一。次朱團扇二。次曲蓋一。次僚佐二員。次幢、麾各一。次大角三。次鐃一。次簫、笳各

----

① "六在"二字，底本脱，據文津閣本、《宋會要輯稿·輿服》二之三《政和宣和大駕鹵簿》校補。

② 底本"幢"前衍"三十在弓矢外爲"七字，據文津閣本、《宋會要輯稿·輿服》二之三《政和宣和大駕鹵簿》删。

③ "繡"字，底本脱，據文津閣本、《宋會要輯稿·輿服》二之三《政和宣和大駕鹵簿》校補。

④ "袍"，底本作"袴"，據文津閣本、《宋會要輯稿·輿服》二之四《政和宣和大駕鹵簿》校改。

⑤ "袍"，底本作"袴"，據文津閣本、《宋會要輯稿·輿服》二之四《政和宣和大駕鹵簿》校改。

⑥ "皂"字，底本作"隼"，據十萬卷樓本校改。

⑦ "次"字，底本無，據文津閣本、十萬卷樓本、《宋會要輯稿·輿服》二之五《政和宣和大駕鹵簿》校補。

一。次大橫吹一,次笛、簫、觱篥、笳各一①。外仗青衣四人。次車輻棒四。次告止幡二,次傳教幡二,次信幡二。次儀刀六,分左右,爲三重;戟三十六,爲十八重;刀盾、弓矢、稍各三十,各爲十五重。駕士服武弁、緋絁繡獅豸大袖、袴②、勒帛。其餘行列、重數、服飾並同第一、第二引。

---

① “次”字,底本無,據文津閣本、十萬卷樓本、《宋會要輯稿·輿服》二之五《政和宣和大駕鹵簿》校補。

② “袴”字,《宋會要輯稿·輿服》二之四《政和宣和大駕鹵簿》無。

卷第十七　序例

鹵簿

中道鹵簿

金吾本司纛、矟，左右皂纛各六，爲一列。執、托各一人，紨四人。次押纛二人，騎。次押衙四人，騎，引䂎矟[①]，次䂎矟六，爲一列，執䂎矟各一人。次本衙上將軍、將軍各二人，爲二重。次衛司䂎矟，本衙大將軍二人，並騎；䂎矟四，夾大將軍。執䂎矟各一人，夾二人，並騎。以上並分左右隊。内上將軍、將軍花脚幞頭、緋羅繡抹額[②]、紫羅繡辟邪袍、韡、弩，佩牙刀器仗、珂馬；大將軍平巾幘、紫絁繡辟邪袍、錦䘳蛇、大口袴，佩横刀、弓矢。凡仗内大將軍[③]、將軍、都尉、校尉、旅帥、中郎將、郎將並佩横刀、弓矢，唯朝服並黄麾仗内帥兵官不佩。執夾衛司䂎矟人平巾幘、緋絁繡寶相花裲襠、大口袴，佩横刀。執、托、紨皂纛人皂紗帽、皂絁寶衫、絹袴、鞵襪。押纛人

① 底本"引"前衍"次"字，據文津閣本、十萬卷樓本、《宋會要輯稿・輿服》二之六《政和宣和大駕鹵簿》校補。

② "羅"字，底本無，據《宋會要輯稿・輿服》二之六《政和宣和大駕鹵簿》校補。

③ "凡仗内"三字，底本脱，據文津閣本、《宋會要輯稿・輿服》二之六《政和宣和大駕鹵簿》校補。"大將軍"，底本作"上將軍"，據文津閣本、《宋會要輯稿・輿服》二之六《政和宣和大駕鹵簿》校改。

襆頭、皂絁繡寶相花寬衫、革帶、絹袴、烏皮鞾。押衙金鵝帽①、紫絁繡辟邪袍、革帶，佩儀刀。執穰稍錦帽、寶照錦袍、錦臂構、革帶、烏皮鞾。

次朱雀隊，並騎。金吾衛折衝都尉一人引隊，穰稍二，夾都尉。次朱雀旗一，執旗一人，引二人，夾二人。凡仗內引、夾、執旗人數准此。次弩二，爲一列。次弓矢十，次稍十二，各爲二重。次左右金吾衛果毅都尉二人，押隊②。隊內折衝、果毅都尉平巾幘、紫絁繡辟邪袍、大口袴、錦螣蛇、革帶。執穰稍、弩、弓矢、稍人並平巾幘、緋絁繡寶相花衫、大口袴、革帶。內執弩弓、矢、稍人加佩橫刀。引、夾、執朱雀旗人並緋絁繡抹額、寶相花衫、大口袴、革帶，佩橫刀。內引、夾人加佩弓矢。凡中道仗外仗內旗，引、夾旗人並執旗人並佩橫刀③，引、夾旗人並加佩弓矢。

次龍旗隊。大將軍一員檢校，騎。次引旗八人，爲二重，並騎。次風伯旗一在左，雨師旗一在右。次雷公旗一在左，電母旗一在右。次五星旗五，爲一列。木星在左，餘火星、土星、金星、水星以次列於右。次左右攝提旗二，爲一列。北斗旗一居後。次護旗八人，並騎。次副竿二，爲一列④，執人並騎，分左右。隊內大將軍朝服；引旗、護旗人並黃絁繡抹額、寶相花衫，佩弓矢；引、夾、執風伯旗等人五色絁繡抹額、寶相花衫；執副竿人錦帽、

---

① "衙"字，底本作"衛"，據文津閣本、十萬卷樓本、《宋會要輯稿・輿服》二之六《政和宣和大駕鹵簿》校改。

② "押隊"，底本作"押引"，據十萬卷樓本、《宋會要輯稿・輿服》二之六《政和宣和大駕鹵簿》校改。

③ "旗引夾旗人並"六字，底本脫，據《宋會要輯稿・輿服》二之六《政和宣和大駕鹵簿》校補。

④ "爲一列"三字，底本無，據《宋會要輯稿・輿服》二之七《政和宣和大駕鹵簿》校補。

黃絁繡寶相花衫、大口袴、革帶。

次指南車一，次記里皷車一，駕士各三十人。次鸞旗車一，次皮軒車一，駕士各十八人，並服武弁、緋絁繡大袖、勒帛。指南車駕士服繡以孔雀，記里皷車以對鵝，鸞旗車以瑞鸞，皮軒車以虎。

次金吾引駕，騎①。本衛果毅都尉二人，分左右，服平巾幘、緋絁繡辟邪袍、大口袴，執儀刀。次弩、弓矢、稍各六，爲三重，每重弩二，弓矢二，稍二，相間行，分左右。執人平巾幘、緋絁繡寶相花裲襠、大口袴、革帶。

次大晟府前部皷吹。令二人，次府史四人，各爲一列。次管轄指揮使一名。次摡皷、金鉦各八，爲二重，摡皷在左，金鉦在右。部內摡皷、金鉦並分左右。帥兵官八人領，爲一列，在摡皷、金鉦重內行。次大鼓八十，爲十重。帥兵官十二人領，第一、第三、第五、第七、第九、第十重各二人，在大皷內行。次長鳴八十，爲十重。帥兵官六人領，第一、第五、第八重各二人，在長鳴內行。領大橫吹、小鼓帥兵官並同領長鳴帥兵官。次鐃皷八，帥兵官四人領。次歌工，次拱辰管，次簫，次笳，各十六，各爲二重。次大橫吹八十，帥兵官六人領。次節皷二，次笛，次簫，次觱篥，次笳，次桃皮觱篥，各十六，各爲二重。次摡皷、金鉦各八，帥兵官四人領。次小皷八十，爲十重。次中鳴八十，爲十重；帥兵官四人領，每二人押五重，各在前一重內行。次羽葆皷八，爲二重，帥兵官四人領，各在皷內行。次歌工，次拱辰管，次簫，次笳，各十六，各爲二重。部

---

① “騎”字，底本作“旗”，據《宋會要輯稿・輿服》二之七《政和宣和大駕鹵簿》校改。

內敔吹令本色服。府史幞頭、綠羅寬衫、黃絹半臂①。管轄指揮使平巾幘、紫繡寶相花袍、錦螣蛇、白抹帶。帥兵官并執捆敔、金鉦、拱辰管、簫、笳、節敔、笛、觱篥、桃皮觱篥、歌工服平巾幘、緋繡對鸞衫、大口袴、白抹帶。執捆敔、金鉦人加錦螣蛇。執長鳴、中鳴、大敔、小鼓同第二引執大敔、長鳴服。執鐃、大橫吹人同第二引執大橫吹服。執羽葆敔人青繡苣文抹額、生色袍、抹帶、袴。

　　次太史令一員。次書令史一員。次相風烏輿一②，輿士四人。次交龍鉦一在左，交龍敔一在右，輿士各六人。次司辰一人，次典士一人，並騎。次漏刻生四人，分左右，爲二重。次敔樓一在左，鐘樓一在右。次行漏輿一，輿士各六十人。次太史正一員，騎。次清道二人③。次十二神輿一④，輿士十六人。太史令、太史正朝服。書令史綠公服。司辰、典士、漏刻生並袴褶、青絁大袖、絹袴、勒帛。輿士并管轄節級並武弁⑤、緋絁繡寶相花大袖、白絹袴、勒帛。清道平巾幘、青絁大袖、白絹袴、勒帛，執黑漆杖。管押相風烏等輿人員平巾幘、紫絁繡寶相花大袖、白絹袴、勒帛、錦螣蛇。

　　次持鈒前隊。左右武衛果毅都尉二人引隊，次左右武衛校尉二人，並分左右。次絳引幡一，在中；金節八，分左右，夾幡，執

---

　　①　“半臂”，底本作“錦臂”，據文津閣本、十萬卷樓本、楊本、《宋會要輯稿·輿服》二之八《政和宣和大駕鹵簿》校改。

　　②　“輿”字，底本脱，據《文獻通考》卷一一八《王禮考十三·乘輿車旗鹵簿》、《宋史》卷一四六《儀衛四·政和大駕鹵簿并宣和增减》校補。

　　③　“清”，底本作“青”，據文津閣本、楊本、《宋會要輯稿·輿服》二之九《政和宣和大駕鹵簿》、《文獻通考》卷一一八《王禮考十三·乘輿車旗鹵簿》校改。

　　④　“十二”二字，底本脱，據《宋會要輯稿·輿服》二之九《政和宣和大駕鹵簿》、《文獻通考》卷一一八《王禮考十三·乘輿車旗鹵簿》校補。

　　⑤　“管轄”，《宋會要輯稿·輿服》二之九《政和宣和大駕鹵簿》作“管押”。

人騎。內絳引幡加紖二人。次罕一在左,罼一在右。次朱雀幢一,次叉一,次導蓋一,在中;青龍幢一①,在左;白虎幢一,在右。次叉三,爲一列。幢、叉、導蓋執人並騎。次稱長一人②,次鈒戟二百一十六,爲三十六重。次左右武衛將軍二人檢校,次左右武衛校尉四人押隊③,並分左右。隊內左右武衛將軍、果毅都尉、校尉並平巾幘、紫絁繡瑞鷹袍、大口袴、錦臘蛇、革帶。執絳引幡、金節、罕、罼、朱雀幢、叉導蓋、叉鈒戟人并武弁、緋絁繡寶相花衫、大口袴、白勒帛。

次殿中侍御史二員,分左右。次黃幡幢一,執幡一人,紖二人,服飾同持鈒前隊執絳引幡人,內執人騎。

次六軍儀仗④。左右神武軍統軍二員,分左右。次都頭二人押仗,在本軍旗內。左右神武軍旗各一,排闌旗一十六,在仗外,分夾本軍旗。槍棒杖每二人爲一列,執旗、槍棒杖各一人,前一重與本軍旗齊行⑤。次吏兵旗一,在左;力士旗一,在右。以下吏兵、力士旗分左右同。次白柯槍二,次哥舒棒二。次白柯槍四,次哥舒棒二,次白柯槍四。次鐙杖二,次吏兵旗、力士旗各一。次白柯

---

①　“青龍”,底本作“前龍”,據文津閣本、《宋會要輯稿·輿服》二之一〇《政和宣和大駕鹵簿》、《文獻通考》卷一一八《王禮考十三·乘輿車旗鹵簿》校改。

②　底本“稱”後衍“隊”字,據十萬卷樓本、楊本、《宋會要輯稿·輿服》二之一〇《政和宣和大駕鹵簿》刪。

③　“押隊”,底本作“壓隊”,據文津閣本、《宋會要輯稿·輿服》二之一〇《政和宣和大駕鹵簿》、《文獻通考》卷一一八《王禮考十三·乘輿車旗鹵簿》校改。

④　“六”字,底本作“大”,據《宋會要輯稿·輿服》二之一〇《政和宣和大駕鹵簿》、《文獻通考》卷一一《王禮考十三·乘輿車旗鹵簿》校改。

⑤　“旗”字,底本脱,據文津閣本、十萬卷樓本、《宋會要輯稿·輿服》二之一〇《政和宣和大駕鹵簿》校補。

槍四①,次鐙杖二。次白柯槍二,次吏兵旗、力士旗各一。次白柯
槍四,次哥舒棒二。次白柯槍四,次吏兵旗、力士旗各一,次鐙杖
二。次白柯槍四,次哥舒棒二。次白柯槍二,次掩尾天馬旗二。
次左右羽林軍統軍二員,次都頭二人②。左右羽林軍旗各一,排
闌旗十六,在仗外,如神武軍分夾。次赤豹旗一在左,黃熊旗一
在右。以下赤豹、黃熊旗分左右同。其餘槍棒杖等行列、重數並同神武
軍。次左右龍武軍統軍二員③,次都頭二人④。左右龍武軍旗各
一,排闌旗十六,在仗外,如羽林軍分夾。次龍君旗一在左,虎君
旗一在右。以下龍君、虎君旗分左右同。其餘槍棒杖等行列、重數並同
羽林軍。仗內神武、羽林、龍武統軍並花脚幞頭、紫絁繡抹額、孔
雀衫、韡弩⑤,佩橫刀、鞠鞡、鞦軒、珂馬。押仗都頭幞頭、紫絁繡
寶相花大袖襖、革帶。引夾神武、羽林、龍武軍旗人貼金帽,執人
錦帽,並五色絁繡寶相花衫、錦臂韝⑥、革帶。其餘執旗人服准此。執
哥舒棒、鐙杖人同夾旗人服飾。執白柯槍人交脚幞頭⑦、五色絁
繡抹額、寶相花衫、銀褐繡幞獸捍腰、錦臂韝、革帶。

---

　　①　"白"字,底本脱,據文津閣本、十萬卷樓本、楊本、《宋會要輯稿·輿服》二之一
〇《政和宣和大駕鹵簿》校補。

　　②　"次"字,底本無,據《宋會要輯稿·輿服》二之一一《政和宣和大駕鹵簿》校補。

　　③　"二"字,底本作"一",據文津閣本、十萬卷樓本、《宋會要輯稿·輿服》二之一
一《政和宣和大駕鹵簿》、《文獻通考》卷一一八《王禮考十三·乘輿車旗鹵簿》校改。

　　④　"次"字,底本無,據《宋會要輯稿·輿服》二之一一《政和宣和大駕鹵簿》校補。

　　⑤　"弩"字,底本作"袴",據《宋會要輯稿·輿服》二之一一《政和宣和大駕鹵簿》
校改。

　　⑥　底本"花衫"後衍"錦帽並五色絁繡寶相花衫"十一字,據文津閣本、《宋會要輯
稿·輿服》二之一一《政和宣和大駕鹵簿》删。

　　⑦　"交"字,底本作"花",據文津閣本、《宋會要輯稿·輿服》二之一一《政和宣和
大駕鹵簿》校改。

次引駕旗。天王旗二，次排杖道直官二人押旗①，各分左右。次十二辰旗各一：午未在前，次巳申，次辰酉，次卯戌，次寅亥，次丑子，午、巳、辰、卯、寅、丑旗在左，餘在右。次天王旗二，分左右。押旗幞頭②、紫公服、烏皮鞾。執旗人並同執神武軍旗人服飾。

次龍墀旗一，天下太平旗一③，排仗大將二人，夾太平旗。次五方旗各一，爲三重：赤龍旗在前，次黄龍旗在中，青龍旗在左，白龍旗在右，次黑龍旗在後④。次君王萬歲旗一。次日旗一在左，月旗一在右。排仗大將同押引駕旗通直官服飾⑤。引、夾、執旗人同引、夾、執神武軍旗人服飾⑥。

次金吾牙門旗，左右各二，爲中道第一門。執、夾人青絁繡抹額、寶相花寬衫、白絹袴、革帶。内夾人執弓矢，騎。次監門校尉，左右各三人，爲一列，押旗幞頭、緋絁繡抹額、師子裲襠、烏皮鞾，佩横刀，騎。

次御馬十六，分左右，爲八重。控馬每匹天武二人，服貼金帽⑦、紫絁繡寶相花大袖襖、革帶。騎御馬直二人，皂紗帽、青錦

①　“押旗”，底本作“駕旗”，據文津閣本、十萬卷樓本、《宋會要輯稿·輿服》二之一二《政和宣和大駕鹵簿》、《文獻通考》卷一一八《王禮考十三·乘輿車旗鹵簿》校改。

②　“押旗”，底本作“神旗”，據文津閣本、《宋會要輯稿·輿服》二之一二《政和宣和大駕鹵簿》校改。

③　“天下太平旗一”六字，底本無，據文津閣本、《宋會要輯稿·輿服》二之一二《政和宣和大駕鹵簿》、《文獻通考》卷一一八《王禮考十三·乘輿車旗鹵簿》校補。

④　“次”字，底本無，據《宋會要輯稿·輿服》二之一二《政和宣和大駕鹵簿》校補。

⑤　“通”字，底本作“道”，據文津閣本、十萬卷樓本、《宋會要輯稿·輿服》二之一二《政和宣和大駕鹵簿》校改。

⑥　前一“執”字，底本脱，據《宋會要輯稿·輿服》二之一二《政和宣和大駕鹵簿》校補。

⑦　“帽”字，底本作“幞頭”，據《宋會要輯稿·輿服》二之一二《政和宣和大駕鹵簿》校改。

襖、束帶。部押天武節級錦帽①、紫絁繡寶相花寬衫。管押騎御馬直人員節級紅錦襖。

次中道隊。大將軍一員檢校，朝服，騎。

次日月合璧旗一在中，莒文旗二，分左右，爲一列。次五星連珠旗一，在中；祥雲旗二，分左右，爲一列。引、夾、執騎人各五色絁繡抹額、寶相花衫、錦臂褠。次長壽幢一，執人平巾幘、緋絁繡寶相花衫、大口袴、革帶。

次金吾細仗②。青龍旗一在左，白虎旗一在右。押旗二人，分左右，騎。次五嶽神旗五，爲三重：南嶽旗在前，次中嶽旗在中，東嶽旗在左，西嶽旗在右，次北嶽旗在後。次五方神旗五，如五嶽旗陳列。五方龍旗各三③，相間爲二隊，每隊三重：赤龍旗在前，次黃龍旗在中，青龍旗在右，白龍旗在右，次黑龍旗在後④。前一隊次北方神旗⑤，餘隊各次右仗黑鳳旗。五方鳳旗各三，如五方龍旗陳列，各次左仗黑龍旗。內執青龍、白虎旗、五嶽、五方神旗各一人，絊三人。執、絊人四色絁繡抹額、寶相花寬衫。執人

---

①　底本“錦帽”前衍“紅”字，據十萬卷樓本、《宋會要輯稿·輿服》二之一二《政和宣和大駕鹵簿》删。

②　“細仗”，底本作“押仗”，據《宋會要輯稿·輿服》二之一三《政和宣和大駕鹵簿》、《文獻通考》卷一一八《王禮考十三·乘輿車旗鹵簿》校改。

③　“五方”，底本作“四方”，據文津閣本、《宋會要輯稿·輿服》二之一三《政和宣和大駕鹵簿》、《文獻通考》卷一一八《王禮考十三·乘輿車旗鹵簿》校改。

④　“次”字，底本無，據《宋會要輯稿·輿服》二之一三《政和宣和大駕鹵簿》校補。

⑤　“北”字，底本脱，據文津閣本、《宋會要輯稿·輿服》二之一三《政和宣和大駕鹵簿》校補。“神”字，底本脱，據文津閣本、《宋會要輯稿·輿服》二之一三《政和宣和大駕鹵簿》校補。

黄，絣人左青[①]、右銀褐，後皂。内絣人執弓矢[②]。執五方龍鳳旗人五色絁繡抹額、寳相花寬衫。押旗人並同押龍墀旗人服飾[③]。次江瀆旗、河瀆旗各一，次淮瀆旗、濟瀆旗各一，並各爲一列。江淮旗在左[④]，河濟旗在右[⑤]。引、夾、執旗人並皂絁繡寳相花衫、繡抹額、革帶。

① "絣"字，底本作"衍"，據文津閣本、《宋會要輯稿·輿服》二之一三《政和宣和大駕鹵簿》校改。

② "絣"字，底本作"衍"，據文津閣本、《宋會要輯稿·輿服》二之一三《政和宣和大駕鹵簿》校改。

③ "墀"字，底本脱，據文津閣本、《宋會要輯稿·輿服》二之一三《政和宣和大駕鹵簿》校補。

④ "旗"字，底本脱，據《宋會要輯稿·輿服》二之一三《政和宣和大駕鹵簿》校補。

⑤ "旗"字，底本脱，據《宋會要輯稿·輿服》二之一三《政和宣和大駕鹵簿》校補。

卷第十八　序例

鹵簿

皇后鹵簿

清遊隊。旗一。執旗一人，引二人，夾二人，服平巾幘、緋裲襠、大口袴，佩橫刀。引、夾人加佩弓矢，並騎。金吾衛折衝都尉一員，騎，平巾幘、紫繡裲襠、大口袴、錦螣蛇、革帶，佩橫刀、弓矢，餘折衝果毅服，並准此。領四十騎，執矟二十人，弩四人，服、佩同執旗人，帶弓矢。橫刀一十六人，平巾幘、緋裲襠、大口袴。執穮矟二人，平巾幘、緋寬衫、大口袴、騎，夾折衝。次虞候伙飛二十八，騎，夾道單行，分左右，均布至黃麾仗，並平巾幘、緋裲襠、大口袴。次內僕令一員，在左；內僕丞一員，在右，本品服。餘文官服，並准此。各書令史二人，騎從，平巾幘、緋衫、大口袴。餘從人服，並准此。

次正道黃麾一。執麾一人，夾二人，並騎，武弁、緋寬衫、革帶。次左右廂黃麾仗，廂各三行，行一百人[①]：內第一行，短戟、五

---

① 底本"行"後衍"別"字，據文津閣本、《文獻通考》卷一一九《王禮考十四·后妃命婦以下車輦鹵簿》、《宋史》卷一四七《儀衛五·皇太后皇后鹵簿》删。"人"字，底本作"從"，據文津閣本、《文獻通考》卷一一九《王禮考十四·后妃命婦以下車輦鹵簿》、《宋史》卷一四七《儀衛五·皇太后皇后鹵簿》校改。

色氅，執人並黃繡抹額①、寶相花衫、行縢、鞵襪；第二行，戈、五色氅②，執人並緋繡抹額、寶緋繡抹額、寶相花衫、行縢、鞵襪③；次外第三行：儀鍠④、五色幡，執人並青繡抹額、寶相花衫、行縢、鞵襪。

左右領軍衛、左右威衛、左右武衛、左右驍衛、左右衛等衛各三行，行二十人。前十人，後十人。各帥兵官六人領⑤，並平巾幘、緋繡寶相花衫、大口袴，執鍮石，裝長刀，並騎，各分前後。繡文，左右衛以瑞馬，驍衛以赤豹，武衛以瑞鷹，威衛以飛麟，領衛以白澤。左右領軍衛帥兵官各三人，服仗同前護後衛。各果毅都尉一員檢校，平巾幘、紫繡袍、大口袴、錦螣蛇、革帶。各一人步從⑥。左右領軍衛各絳引旗六。引前旗六，掩後旗六。執人平巾、幘緋衫、大口袴。

次內謁者監四人，給事二人，內常侍二人，內侍二人，並騎，分左右。自內謁者監以下，各內給事一人，步從。次內給使一百二十人，分左右，單行，後盡宮人車，並革巾幘、緋衫、大口袴。次偏扇、團扇、方扇各二十四，分左右⑦，宮人執，間綵大袖襜、襦綵衣、革帶。以下宮人服准此。次香鐙一，執擎內給使四人，在重翟車

---

① 底本"抹額"後衍"寶緋繡抹額"五字，據文津閣本、十萬卷樓本刪。

② "第二行戈五色氅"七字，底本脫，據《文獻通考》卷一一九《王禮考十四·后妃命婦以下車輦鹵簿》、《宋史》卷一四七《儀衛五·皇太后皇后鹵簿》校補。

③ "執人並緋繡抹額寶緋繡抹額寶相花衫行縢鞵襪"二十字，底本脫，據文津閣本、十萬卷樓本校補。

④ "儀"字，底本脫，據《文獻通考》卷一一九《王禮考十四·后妃命婦以下車輦鹵簿》、《宋史》卷一四七《儀衛五·皇太后皇后鹵簿》校補。

⑤ 底本"各帥兵官"前衍"衛"字，據《文獻通考》卷一一九《王禮考十四·后妃命婦以下車輦鹵簿》、《宋史》卷一四七《儀衛五·皇太后皇后鹵簿》刪。

⑥ "人"字，底本作"各"，據文津閣本、《文獻通考》卷一一九《王禮考十四·后妃命婦以下車輦鹵簿》、《宋史》卷一四七《儀衛五·皇太后皇后鹵簿》校改。"步從"，底本作"步於"，據文津閣本、十萬卷樓本、楊本、《文獻通考》卷一一九《王禮考十四·后妃命婦以下車輦鹵簿》、《宋史》卷一四七《儀衛五·皇太后皇后鹵簿》校改。

⑦ "分左右"，底本作"分四"，據文津閣本、十萬卷樓本校改。

前，並平巾幘、緋裲襠①、大口袴。

次重翟車②。駕青馬六，駕士二十四人，並平巾幘、青衫、大口袴、鞾襪。次行障六，俱分左右，夾車③；坐障三，一在中，二分左右，夾車，並宮人執。次内寺伯二人，騎，領寺人六人，分左右夾重翟車，並平巾幘、緋裲襠、大口袴，執刀。

次腰輿一，輿士八人，團雉尾扇二④，夾輿。次大繖四，次大雉尾扇八⑤，並分左右，橫行，爲二重。次錦花蓋二，單行。次小雉尾扇、朱畫團扇各十二，並橫行。次錦曲蓋二十，橫行，爲二重。次錦六柱扇八，分左右。自腰輿以下，並内給使執。次宮人車。次絳麾二，分左右，各一人執，武弁、繡寬衫、革帶、鞾襪。

次正道後黃麾一，執麾一人，夾二人，並騎，武弁、緋寬衫、革帶。次供奉宮人，在黃麾後。次厭翟車駕赤騮四，次翟車駕黃騮四，次安車駕赤騮四，駕士各二十四人。次四望車，次金根車，各駕牛三，駕士各一十二人。駕士並平巾幘、大口袴、鞾襪，衫隨車色。

次左右廂各置牙門二。每門執二人，夾四人，第一門在前黃麾前，第二門

---

① "裲"字，底本作"繡"，據文津閣本校改。

② "次"字，底本無，據《文獻通考》卷一一九《王禮考十四·后妃命婦以下車輦鹵簿》、《宋史》卷一四七《儀衛五·皇太后皇后鹵簿》校補。

③ 底本"夾車"後衍"四"字，據《文獻通考》卷一一九《王禮考十四·后妃命婦以下車輦鹵簿》、《宋史》卷一四七《儀衛五·皇太后皇后鹵簿》刪。

④ "二"字，底本作"三"，據文津閣本、《文獻通考》卷一一九《王禮考十四·后妃命婦以下車輦鹵簿》、《宋史》卷一四七《儀衛五·皇太后皇后鹵簿》校改。

⑤ 底本"扇"前衍"四"字，據文津閣本《文獻通考》卷一一九《王禮考十四·后妃命婦以下車輦鹵簿》、《宋史》卷一四七《儀衛五·皇太后皇后鹵簿》刪。

在後黃麾後①，並黃繡抹額、寶相花革帶，騎。次左右領軍衛，每廂各一百五十人執㲇②，並黃繡抹額、寶相花衫、行縢、鞵襪，前與黃麾仗齊，後盡鹵簿，曲折倍後門。廂各帥兵官四人，並平巾幘、繡緋寶相花、大口袴，執鍮石，裝長刀，騎，檢校。次左右領軍衛折衝都尉各一員，檢校㲇仗。各一人騎從。

次後盡鹵簿㲇仗③。内正道置牙門一，所開牙門並在㲇仗内行④。每牙門監門校尉二人⑤，騎，並平巾幘、緋裲襠、大口袴，執長刀。每廂各巡檢校尉一員，騎，服仗同前，佩橫刀，往來檢校⑥。

前後部鼓吹。金鉦、掆鼓、大鼗、長鳴、中鳴、鐃吹、羽葆鼓吹、節鼓、御馬，並減大駕之半。鼗吹二人等服飾並同大駕部内鼓吹二人。皇太子鹵簿准此⑦。

---

① “後”字，底本作“前”，據《文獻通考》卷一一九《王禮考十四·后妃命婦以下車輦鹵簿》、《宋史》卷一四七《儀衛五·皇太后皇后鹵簿》校改。底本“第一門在前黃麾前第二門在後黃麾後”十六字在下文“寶相花革帶騎”後，據文津閣本、十萬卷樓本、楊本、《文獻通考》卷一一九《王禮考十四·后妃命婦以下車輦鹵簿》、《宋史》卷一四七《儀衛五·皇太后皇后鹵簿》移正。

② “人”字，底本作“員”，據文津閣本、十萬卷樓本、《文獻通考》卷一一九《王禮考十四·后妃命婦以下車輦鹵簿》、《宋史》卷一四七《儀衛五·皇太后皇后鹵簿》校改。

③ “盡鹵簿”三字，《文獻通考》卷一一九《王禮考十四·后妃命婦以下車輦鹵簿》、《宋史》卷一四七《儀衛五·皇太后皇后鹵簿》無。

④ “開”字，底本作“門”，據文津閣本、十萬卷樓本校改。

⑤ “監”字，底本作“間”，據文津閣本校改。

⑥ “往來”，底本作“來往”，據《文獻通考》卷一一九《王禮考十四·后妃命婦以下車輦鹵簿》、《宋史》卷一四七《儀衛五·皇太后皇后鹵簿》乙正。

⑦ “太”字，底本脱，據文津閣本、十萬卷樓本校補。

卷第十九　序例

鹵簿

皇太子鹵簿　皇太子妃鹵簿

皇太子鹵簿

家令，次率更令，次詹事，乘軺車；次太保，次太傅，次太師，乘軺車，各正道，威儀、鹵簿依本品。次清遊隊旗。執旗一名，引二人，夾二人，並平巾幘、緋裲襠、大口袴，佩橫刀，引、夾人加佩弓矢，並正道①。清道率府折衝都尉一員，平巾幘、紫裲襠、大口袴、錦螣蛇、革帶，佩橫刀、弓矢，餘折衝、果毅中郎將、郎將服佩准此。領三十人②，騎。執矟十八人，弓矢九人，弩三人，并平巾幘、緋裲襠、大口袴，佩橫刀。二人騎從折衝，平巾幘、緋衫、大口袴。餘從人及令史、府史服飾准此。次左右清道率府率各一員，平巾幘、紫裲襠、大口袴、錦螣蛇、革帶，佩橫刀、弓矢，餘率府率服佩准此。領清道直

① “並”字，底本無，據《文獻通考》卷一一九《王禮考十四·皇太子皇子公卿以下車輦鹵簿》、《宋史》卷一四七《儀衛五·皇太子鹵簿》校補。“道”字，底本脱，據文津閣本、十萬卷樓本、楊本、《文獻通考》卷一一九《王禮考十四·皇太子皇子公卿以下車輦鹵簿》、《宋史》卷一四七《儀衛五·皇太子鹵簿》校補。
② “三十”，《文獻通考》卷一一九《王禮考十四·皇太子皇子公卿以下車輦鹵簿》、《宋史》卷一四七《儀衛五·皇太子鹵簿》作“二十”。

簿及檢校清遊隊龍旗等①,執穦稍各二人,平巾幘、緋衫、大口袴,騎從。餘執穦稍人服飾准此。次外清道直簿二十四人,騎,分左右,平巾幘、緋裲襠、大口袴,佩橫刀、弓矢,夾道單行,引至儀仗。

次正道龍旗六,各執旗一人,前二人引,後二人護,並戎服大袍,佩橫刀、弓矢。副竿二,分左右,執各一人,騎,佩②、服同執旗人。次正道細仗引,爲六重,每重二人。自龍旗後均布至細仗。稍一重,弓箭一重,以次相間,並平巾幘、緋裲襠、大口袴,佩橫刀,騎;每廂各果毅都尉一員領。次率更丞一員,本品服。餘文官服③,准此。

次正道前部鼓吹。府史二人領鼓吹,並騎。次搁鼓二在左,金鉦二在右,以下搁鼓、金鉦並分左右。執搁鼓、金鉦各一人,以下鼓吹准此。夾二人,以下搁鼓、金鉦夾人准此。帥兵官二人④。次大鼓三十六,橫行,長鳴以下准此。帥兵官八人;次長鳴三十六,帥兵官二人;次鐃吹一部,鐃鼗二,執各一人,夾二人。後部鐃節鼗准此。簫、笳各六,帥兵官二人。次金搁鼓、金鉦各二,帥兵官二人。次小鼓三十六,帥兵官四人。次中鳴三十六,帥兵官二人。以上並騎。

次誕馬十,分左右,控誕馬人,平巾幘、緋衫、大口袴。每匹二人控⑤,餘控馬人服准此。次廄牧令一員在左,丞一員在右,各府史二人,騎從。次左右翊府郎將各一員,領班劍;次左右翊衛執班劍

---

① "直簿",底本作"直盞",據文津閣本校改。下同。

② "佩"字,底本作"並",據《宋會要輯稿·輿服》五之二七《戎服大袍》校改。

③ "服"字,底本作"員",據文津閣本、十萬卷樓本、楊本校改。

④ "二人",底本作"人二",據文津閣本、《文獻通考》卷一一九《王禮考十四·皇太子皇子公卿以下車輦鹵簿》、《宋史》卷一四七《儀衛五·皇太子鹵簿》乙正。

⑤ "控"字,底本作"拉",據文津閣本、《文獻通考》卷一一九《王禮考十四·皇太子皇子公卿以下車輦鹵簿》、《宋史》卷一四七《儀衛五·皇太子鹵簿》校改。

二十四人,分左右,並武弁、緋寬衫、革帶。次通事舍人四人,次司直二人,次文學四人,次洗馬二人,並分左右。次司議郎二人在左,次太子舍人四人在右;次中允二人在左,次中舍二人在右;次左右諭德二人,次左右庶子四人,並分左右,並騎。自通事舍人以後,各步從一人。

次左右衛率府副率各一員,步從;親、勳、翊衛每廂各中郎將、郎將一員,並領六行儀刀:第一行,親衛二十三人,曲折三人陪後門①;第二行:親衛二十五人,曲折四人陪後門;第三行,勳衛二十七人,曲折五人陪後門;第四行,勳衛二十九人,曲折六人陪後門;第五行:翊衛三十一人②,曲折七人陪後門;第六行,翊衛三十三人,曲折八人陪後門,並執儀刀。以上三衛,並平巾幘、緋裲襠、大口袴、錦螣蛇、革帶,騎。

次三衛一十八人,分左右,騎,服同前,佩鍮石、橫刀。中郎將二人分左右,夾輅,在六行儀刀仗內。金輅,駕馬四,僕寺僕馭③,左右率府率一員,執儀刀,陪乘。駕士二十二人,並平巾幘、緋衫、大口袴。次夾輅左右衛率府率各一員。各步從一人,在供奉官人後④。

次左右內率府率各一員⑤,副率各一員,領細刀、弓矢,並騎,

<hr/>

① “人”字,底本作“十”,據楊本、《文獻通考》卷一一九《王禮考十四·皇太子皇子公卿以下車輦鹵簿》、《宋史》卷一四七《儀衛五·皇太子鹵簿》校改。

② “一”字,底本脫,據《文獻通考》卷一一九《王禮考十四·皇太子皇子公卿以下車輦鹵簿》、《宋史》卷一四七《儀衛五·皇太子鹵簿》校補。

③ 底本“僕”前衍“太”字,據《文獻通考》卷一一九《王禮考十四·皇太子皇子公卿以下車輦鹵簿》、《宋史》卷一四七《儀衛五·皇太子鹵簿》刪。

④ “後”字,底本作“役”,據文津閣本、十萬卷樓本、楊本校改。

⑤ “率府”二字,底本脫,據十萬卷樓本、《文獻通考》卷一一九《王禮考十四·皇太子皇子公卿以下車輦鹵簿》、《宋史》卷一四七《儀衛五·皇太子鹵簿》校補。

各步從一人,在供奉官人後。次千牛騎,執細刀、弓矢,服同三衛。次三衛儀刀仗,後開牙門。次左右監軍率府直長各六人,監後門,服同三衛,執儀刀,並騎。次左右衛率府每廂各翊衛二隊,並騎,在執儀刀行外,前後過三衛仗。次厭角隊各三十人①,執旗一人②,引二人,夾二人,執稍一十五人,弓矢七人,弩三人,並平巾幘、緋裲襠、大口袴,佩橫刀。引、夾旗人加佩弓矢,每隊各郎將一員領。

次正道纛二,雉尾扇四,夾纛。次腰輿一,輿士八人,團雉尾扇二,小方雉尾扇八,夾腰輿。執扇各一人,服同親衛③。次内直郎二人,各令史二人騎從檢校腰輿。次誕馬十,分左右;次輿乘二人,分左右,府史二人,騎從。

次左右司禦率府校尉各一人,騎從,平巾幘、緋裲襠、大口袴,執鍮石,裝長刀,領團扇、曲蓋。餘率兵官、監門率府直長服佩,准此。次朱團扇六、紫曲蓋六,執各一人,橫行,並平巾幘、緋衫、大口袴。次諸司供奉官人。

次左右清道率府校尉各一名,佩鍮石,裝橫刀,騎,領大角。次大角三十六,爲六重,橫行,執人平巾幘、緋裲襠、大口袴。次鐃吹一部,鐃鼓二,簫、笳各六,帥兵官六人;次橫吹一部,橫吹十,節鼓一,笛、簫、觱篥五,帥兵官二人,並騎。次管轄指揮使二人檢校鐃吹等。

---

①　"次"字,底本無,據《文獻通考》卷一一九《王禮考十四·皇太子皇子公卿以下車輦鹵簿》、《宋史》卷一四七《儀衛五·皇太子鹵簿》校補。

②　"一"字,《文獻通考》卷一一九《王禮考十四·皇太子皇子公卿以下車輦鹵簿》作"二"。"人"字,底本作"名",據《文獻通考》卷一一九《王禮考十四·皇太子皇子公卿以下車輦鹵簿》、《宋史》卷一四七《儀衛五·皇太子鹵簿》校改。

③　"同",底本作"並",據文津閣本、十萬卷樓本、楊本校改。

次副輅，駕四馬，駕士二十人，平巾幘、緋衫、大口袴。次軺車，駕一馬，駕士十四人；次四望車，駕一馬，駕士一十人，並同副輅駕士服。

次左右廂步隊十六隊①，每隊各果毅都尉一人領，並戎服大袍，佩橫刀，騎。每隊三十人，執旗一人，引二人②，夾二人，並帶弓矢，騎。步二十五人。前一隊執稍③，一隊帶弓矢，以次相間。左右司禦率府、左右衛率府廂各四隊，二隊在前，二隊在後。次左右司禦率府副率各一員檢校，步隊各二人，執穳稍騎從。

次儀仗，左右廂各六色，色九行，行六人。前第一行，戟、赤氅；次第二行，弓矢；次第三行，儀鋋青氅；次第四行，刀盾；次第五行，儀鍠、五色幡；次第六行：油戟。次前仗首左右廂各六色④，色三行，行六人。左右司禦率府率各一員⑤，果毅都尉各一員，帥兵官各六人領。次左右廂各六色，色三行，行六人。次左右衛率府副率各一員，果毅都尉各一員，帥兵官各六人領。次盡後鹵簿左右廂各六色，色三行，行六人。次左右司禦率府副率各一員⑥，果毅都尉各一員，帥兵官各六人領，左右司禦率府率兵官各六

---

①　"廂"字，底本作"扇"，據文津閣本、《文獻通考》卷一一九《王禮考十四·皇太子皇子公卿以下車輦鹵簿》、《宋史》卷一四七《儀衛五·皇太子鹵簿》校改。

②　"二"字，《文獻通考》卷一一九《王禮考十四·皇太子皇子公卿以下車輦鹵簿》、作"三"。

③　底本"前"前衍"府"字，據十萬卷樓本、楊本、《文獻通考》卷一一九《王禮考十四·皇太子皇子公卿以下車輦鹵簿》、《宋史》卷一四七《儀衛五·皇太子鹵簿》刪。

④　"次"字，底本作"以"字，據《文獻通考》卷一一九《王禮考十四·皇太子皇子公卿以下車輦鹵簿》、《宋史》卷一四七《儀衛五·皇太子鹵簿》校改。

⑤　"左右司禦率府率"，底本作"左右司府率府"，據文津閣本校改。

⑥　"司"字，底本作"副"，據文津閣本、《文獻通考》卷一一九《王禮考十四·皇太子皇子公卿以下車輦鹵簿》、《宋史》卷一四七《儀衛五·皇太子鹵簿》校改。

人，護後①，並騎。率及副率各一人步從。每廂各絳引幡一十二，執幡各一人；引前旗六，引後旗六。揭鼓十二，爲六重，在儀仗外及仗内。執儀仗、揭鼓人，並緋繡抹額、寶相花衫、行縢、鞵襪。執絳引幡人，平巾幘、緋衫、大口袴。揭鼓左右司禦率府四重，左右衛率府二重。

次左右廂𢓈。各一百五十人②，並緋繡抹額、寶相花衫、行縢、鞵襪，左右司禦率府各六十六人③，左右衛率府各六十四人。並分前後，在步隊儀仗外、馬隊内，前接六旗，後盡鹵簿，曲折至門，每廂各司禦率府果毅都尉一員檢校，各一人從，每廂各帥兵官七人，分前後，並騎。左右司禦率府各四人，左右衛率府各三人④。次馬隊。左右廂各十隊，每隊帥兵官以下三十一人，旗一，執旗一人，引二人，夾二人，執矟十六人，弓矢七人，弩三人，並戎服大袍，佩橫刀，執旗並引、夾人加佩弓矢。前第一隊，左右清道率府果毅都尉各一員領；第二隊、第三隊、第四隊，左右司禦率府果毅都尉各一員領⑤；第五隊、第六隊、第七隊；左右衛率府果毅都尉各一員領⑥；第八隊、第九隊、第十隊，左右司禦率府果毅都尉各一員領，並戎服大

----

① “護”字，底本脱，據《宋史》卷一四七《儀衛五・皇太子鹵簿》校補。

② “𢓈各”，底本作“各𢓈”，據《文獻通考》卷一一九《王禮考十四・皇太子皇子公卿以下車輦鹵簿》、《宋史》卷一四七《儀衛五・皇太子鹵簿》乙正。

③ “六十六”，《文獻通考》卷一一九《王禮考十四・皇太子皇子公卿以下車輦鹵簿》、《宋史》卷一四七《儀衛五・皇太子鹵簿》作“八十六”。

④ “三人”，《文獻通考》卷一一九《王禮考十四・皇太子皇子公卿以下車輦鹵簿》作“二人”。

⑤ “率”字，底本脱，據文津閣本、《文獻通考》卷一一九《王禮考十四・皇太子皇子公卿以下車輦鹵簿》、《宋史》卷一四七《儀衛五・皇太子鹵簿》校補。

⑥ “左右衛率府果毅都尉”，底本作“左右清道率府”，據《宋會要輯稿・輿服》五之二七《戎服大袍》、《文獻通考》卷一一九《王禮考十四・皇太子皇子公卿以下車輦鹵簿》校改。

袍，佩橫刀、弓矢。次後拒隊旗一，執一人①，引二人，夾二人。清道率府果毅都尉一員領四十騎，執矟二十人，弓矢一十六人，弩四人。又二人②，騎從。果毅並平巾幘、緋裲襠、大口袴，帶橫刀；引、夾旗人加佩弓矢。

次後拒隊前當正道及仗行內開牙門。次左右廂各開牙門三：前第一門，左右司禦率府步隊後，左右率府步隊前開；第二門，左右衛率府步隊後，司禦率府儀仗前開；第三門，左右司禦率府儀仗後，左右衛率府步隊前開。每開牙門，執旗二人，夾四人，並騎，黃繡抹額、寶相花衫、革帶。

監門率府直長各二人③，並騎；次左右監門率府副率各一員，騎；來往檢校諸門，各一人騎從。次左右清道率府副率各三人，仗內檢校並糾察，各一人騎從。率及副率應得矟稍從者，並不得將入儀仗內。次少師，次少傅，次少保，皇太子隊仗引盡，即三少，正道乘輅，威儀、鹵簿各依本品④，文武官以次陪從。

皇太子妃鹵簿

清道率府校尉六人，騎，分左右，爲三重，引前，並平巾幘、緋裲襠、大口袴，帶橫刀、弓矢。次青衣十人。次導客舍人四人，<small>本品服以下文官准此。</small>引導；次內給使六十人，並分左右，並平巾幘、緋

---

①　"執一"二字，底本脫，據《文獻通考》卷一一九《王禮考十四·皇太子皇子公卿以下車輦鹵簿》、《宋史》卷一四七《儀衛五·皇太子鹵簿》校補。

②　"又"字，底本作"右"，據《文獻通考》卷一一九《王禮考十四·皇太子皇子公卿以下車輦鹵簿》、《宋史》卷一四七《儀衛五·皇太子鹵簿》校改。

③　底本"各"字在"監門"前，據《文獻通考》卷一一九《王禮考十四·皇太子皇子公卿以下車輦鹵簿》、《宋史》卷一四七《儀衛五·皇太子鹵簿》移正。

④　"品"字，底本作"次"，據文津閣本校改。

衫、大口袴"，單行，後盡內人車。以下給使服並准此。次偏扇①、團扇、方扇各十八②，各分左右，宮人執，並間綵衣、革帶。以下宮人服准此。次行障四，次坐障二③，並分左右，夾車④，宮人執。次典內二人，騎，分左右。厭翟車，駕三馬，駕士十四人，並平巾幘、緋衫、大口袴、鞾襪。次閣率二人⑤，領內給使十八人，分左右，夾車。次六柱扇二，內給使執。次供奉內人，乘犢車。次繖一，正道。雉尾扇二，團扇四，曲蓋二，並分左右。執繖、扇，各內給使一人。次戟九十，分左右，在內給使外單行前，與青衣齊，從盡內人⑥，執人並緋繡抹額、寶相花衫、革帶、行縢、鞾襪。

---

　　① "扇"字，底本脱，據文津閣本、《文獻通考》卷一一九《王禮十考四・后妃命婦以下車輦鹵簿》、《宋史》卷一四七《儀衛五・皇太子鹵簿妃附》校補。

　　② "方扇"二字，底本無，據《文獻通考》卷一一九《王禮考十四・后妃命婦以下車輦鹵簿》、《宋史》卷一四七《儀衛五・皇太子鹵簿妃附》校補。

　　③ "二"字，底本作"行"，據文津閣本、《文獻通考》卷一一九《王禮考十四・皇太子皇子公卿以下車輦鹵簿》、《宋史》卷一四七《儀衛五・皇太子鹵簿》校改。

　　④ "車"字，《文獻通考》卷一一九《王禮考十四・后妃命婦以下車輦鹵簿》作"輦"。

　　⑤ "率"字，《宋史》卷一四七《儀衛五・皇太子鹵簿妃附》作"帥"。

　　⑥ "後"字，底本脱"從"，據文津閣本校改。

卷第二十　序例

鹵簿

王公鹵簿　　一品鹵簿_{命婦同}

二品鹵簿_{命婦同}　　三品鹵簿_{命婦同}

王公鹵簿

中道清道六人^①，分左右。次幰弩一騎。次大晟府前部鼓吹。令一員在左，職掌一人在右。次局長一人在左，院官一人在右。次㧁鼓一在左，金鉦一在右。_{以下㧁鼓、金鉦分左右准此。}次大鼓一十八，次長鳴一十八，並分左右。次㧁鼓、金鉦各一。次引樂官二人，次小鼓一十，次中鳴一十，在小鼓外。次麾、幢各一，並分左右。次節一，夾稍二，分節左右。_{以上並騎。}誕馬八^②，分左右。_{每匹，控馬各二人。一品以下控馬人准此。}革車一乘，駕赤馬四，駕士二十五人，繳扇十分左右，行於車前，方繳二，朱團扇四分左右，夾方繳，曲蓋二，爲一列。次大角八。次後部鼓吹。丞一員在

---

①　“六人”，底本作“二人”，據文津閣本、十萬卷樓本、楊本、《文獻通考》卷一一九《王禮考十四·皇太子皇子公卿以下車輦鹵簿》、《宋史》卷一四七《儀衛五·王公以下鹵簿》校改。

②　“八”字，底本作“三”，據文津閣本、《文獻通考》卷一一九《王禮考十四·皇太子皇子公卿以下車輦鹵簿》、《宋史》卷一四七《儀衛五·王公以下鹵簿》校改。

左,録事一人在右。次鐃鼙一,次簫四,次笳四,次大橫吹六,並分左右。次節鼓一,次夾色二,以觱篥充,以下准此。次笛,次簫,次觱篥,次笳各四,並分左右。

次外仗[①]。青衣十二。次車輻棒十二。次戟九十。次絳引幡六。次刀盾,次矟,次弓矢各八十。次儀刀十八,次信幡八,次告止幡四,次傳教幡四[②],次儀鋋二,次儀鍠斧柱五色幡六,次油戟十八,次儀矟十二,次細矟十二,並分左右。次左右衛尉寺排列[③]、押當職掌一十一人,騎;部轄步兵人員一人[④],部轄騎兵人員一人,太僕寺部押人員一人,教馬官一人。押當職掌四人,騎。

仗内清道武弁、青繡衫。執黑漆杖、執韣弩人武弁、緋繡衫、緋繡袴。執麾、幢、車輻棒人赤平巾幘、緋繡衫、緋繡袴。執、節、夾矟、大角、儀刀,控誕馬、押馬人黑平巾幘、緋繡衫、白絹袴。青衣人執青竹杖,青繡衫、青絹袴、抹額。執戟、刀盾、儀鋋、鍠斧、油戟、儀矟、細矟人服錦帽、黃繡衫。執絳引幡、信幡、告止幡、傳教幡人服並緋幘衫、抹額。執矟人,錦帽、皂繡衫。執弓矢人錦帽、青繡衫。駕士武弁、緋繡大袖。衛尉寺排列押當職掌、太僕

---

① "次"字,底本無,據《文獻通考》卷一一九《王禮考十四·皇太子皇子公卿以下車輦鹵簿》、《宋史》卷一四七《儀衛五·王公以下鹵簿》校補。

② "幡"字,底本脱,據文津閣本、十萬卷樓本、楊本、《文獻通考》卷一一九《王禮考十四·皇太子皇子公卿以下車輦鹵簿》、《宋史》卷一四七《儀衛五·王公以下鹵簿》校補。

③ "次左右"三字,底本脱,據《文獻通考》卷一一九《王禮考十四·皇太子皇子公卿以下車輦鹵簿》、《宋史》卷一四七《儀衛五·王公以下鹵簿》校補。"排列"二字,底本脱,據文津閣本校補。

④ "部"字,底本脱,據文津閣本、十萬卷樓本、楊本、《文獻通考》卷一一九《王禮考十四·皇太子皇子公卿以下車輦鹵簿》、《宋史》卷一四七《儀衛五·王公以下鹵簿》校補。"步兵",底本作"部兵",據文津閣本、楊本、《文獻通考》卷一一九《王禮考十四·皇太子皇子公卿以下車輦鹵簿》、《宋史》卷一四七《儀衛五·王公以下鹵簿》校改。

寺押當職掌，並紫羅寬衫。衛尉寺部轄部兵人員黑平巾幘、紫繡衫、錦騰蛇。部轄騎兵人員，本色服。太僕寺部押人員武弁、緋繡大袖、錦騰蛇。教馬官，幞頭、緋羅繡抹額、紫羅繡大袖。鼓吹令、丞，本品服。職掌，紫羅寬衫。局長，緋羅寬衫。院官、錄事，綠羅寬衫。引樂官，綠隔職寬衫。執搊鼓、金鉦、節鼓、夾色、笛、簫、箛、觱篥人並平巾幘、緋繡鸞衫、白絹袴、抹額。執搊鼓、金鉦人，加錦騰蛇。大鼓、長鳴、小鼓、中鳴服黃繡雷花袍、抹額、抹帶①、袴。鐃鼓、大橫吹服緋繡苣文袍②、抹額、抹帶、袴。

一品鹵簿命婦同

中道清道四人。次幰弩一，騎③。次大晟府前部鼓吹。令一員，職掌一人。次局長一人，院官一人。次搊鼓、金鉦各一。次大鼓一十六。次長鳴一十六。次麾、幢各一。次節一，夾稍二。次誕馬六。次革車一乘，駕赤馬四④，駕士二十五人。命婦厭翟車，駕士二十三人，二品、三品准此。散扇八，二品減四，三品減六，命婦散扇五十，行障五，行於車前，二品、三品准此。方繖二，朱團扇四，曲蓋二。次大角八。命婦屬車六，駕黃牛十八，駕士五十九人，行大角前，二品、三品准此。次後部鼓吹。丞一員，錄事一名，引樂官二員⑤，分左右。次鐃鼓一。次簫

---

①　“抹”字，底本脱，據《宋會要輯稿・輿服》五之二五《黃繡雷花袍》校補。

②　底本“緋繡”前衍“繡”字，據文津閣本、十萬卷樓本、《宋會要輯稿・輿服》五之二四《緋繡苣文袍》删。

③　“騎”字，底本脱，據《文獻通考》卷一一九《王禮考十四・皇太子皇子公卿以下車輦鹵簿》、《宋史》卷一四七《儀衛五・王公以下鹵簿》校補。

④　“四”字，底本脱，據文津閣本、《文獻通考》卷一一九《王禮考十四・皇太子皇子公卿以下車輦鹵簿》、《宋史》卷一四七《儀衛五・王公以下鹵簿》校補。

⑤　“鼓吹丞一員錄事一名引樂官二”十三字，底本脱，據《宋史》卷一四七《儀衛五・王公以下鹵簿》校補。

四。次笳四。次大橫吹四。次節鼓一。次笛四。次簫四。次觱篥四。次笳四。

外仗。青衣十人。次車輻棒十。次戟九十。次刀盾，次稍，各八十四①，弓矢六十。次儀刀三十。次信幡八。次告止幡四。次傳教幡四。次儀鍠斧柱五色幡四。以上行列、重數並同王公鹵簿。次衛尉寺排列②、押當職掌一十八人，部轄人員一名③，太僕寺部押人員一名，教馬官一員。押當職掌四人。命婦加二人。

仗內清道青衣，並青繡衫抹額，執黑漆杖。青衣執青竹杖。執幰弩人武弁、緋繡衫，麾、幢人黑平巾幘、黃繡衫。執節、夾稍、大角、方繖、朱團扇、曲蓋、稍、儀鍠斧，控誕馬人黑平巾幘、緋繡衫。執車輻棒人平巾幘、緋繡衫。執戟、儀刀人緋繡衫、抹額。執刀盾人皂繡衫、抹額。執弓矢人黃繡衫、抹額。執信幡、告止幡、傳教幡人黑平巾幘、黃繡衫。其餘服飾並同王公鹵簿。

二品鹵簿命婦同

中道清道二人。次幰弩一。次大晟府前部鼓吹。令一員，職掌一人。次局長一人，院官一人。次搯鼓、金鉦各一。次大鼓一十四。次麾、幢各一。次節一，夾稍二。次誕馬四。次革車一乘，駕赤馬四，駕士二十五人。散扇四，方繖二，朱團扇二，曲蓋二。次大角八。次後部鼓吹，丞一員。次錄事一人，引樂官一

---

① 底本“十”後衍“四”字，據文津閣本、《文獻通考》卷一一九《王禮考十四·皇太子皇子公卿以下車輦鹵簿》、《宋史》卷一四七《儀衛五·王公以下鹵簿》刪。

② “次”字，底本無，據《文獻通考》卷一一九《王禮考十四·皇太子皇子公卿以下車輦鹵簿》、《宋史》卷一四七《儀衛五·王公以下鹵簿》校補。

③ “部轄”，底本作“部押”，據文津閣本、《文獻通考》卷一一九《王禮考十四·皇太子皇子公卿以下車輦鹵簿》、《宋史》卷一四七《儀衛五·王公以下鹵簿》校改。

人。次鐃鈸一。次簫二。次笳二。次大橫吹四。次笛二。次簫二。次觱篥二。次笳二。外仗。青衣八人。次車輻棒八。次戟七十。次刀盾六十。次矟六十。次弓矢六十。次儀刀十四。次信幡四。次告止幡二。次傳教幡二。次衛尉寺排列①、押當職掌九人，部轄人員一人②，太僕寺部押人員一人，教馬官一人。押當職掌四人。命婦加二人。仗內行列、服飾並同一品鹵簿。

三品鹵簿 命婦同

中道清道二人③。憧弩一，麾、幢各一，節一，夾矟二，誕馬四。次革車一乘④，駕赤馬四，駕士二十五人。散扇二，方繖二，曲蓋一。次大角四。外仗。青衣八人，車輻棒六，戟六十，刀盾、矟、弓矢各五十，儀刀十二，信幡四，告止幡二，傳教幡二。次衛尉寺排列⑤、押當職掌七人，部轄人員一人，太僕寺部押人員一人，教馬官一員。押當職掌四人。命婦加二人。仗內行列、服飾並同一品鹵簿。

凡王公以下應給鹵簿者，有司各以令式排列如儀。

---

① “次”字，底本無，據《文獻通考》卷一一九《王禮考十四·皇太子皇子公卿以下車輦鹵簿》、《宋史》卷一四七《儀衛五·王公以下鹵簿》校補。

② “部轄”，底本作“部押”，據《文獻通考》卷一一九《王禮考十四·皇太子皇子公卿以下車輦鹵簿》、《宋史》卷一四七《儀衛五·王公以下鹵簿》校改。

③ “人”字，底本脫，據文津閣本、《文獻通考》卷一一九《王禮考十四·皇太子皇子公卿以下車輦鹵簿》、《宋史》卷一四七《儀衛五·王公以下鹵簿》校補。

④ “次”字，底本無，據《文獻通考》卷一一九《王禮考十四·皇太子皇子公卿以下車輦鹵簿》、《宋史》卷一四七《儀衛五·王公以下鹵簿》校補。

⑤ “次”字，底本無，據《文獻通考》卷一一九《王禮考十四·皇太子皇子公卿以下車輦鹵簿》、《宋史》卷一四七《儀衛五·王公以下鹵簿》校補。

卷第二十一　序例

朝會儀衛

大慶殿大朝會　文德殿視朝大慶殿冊命諸王大臣黃麾仗准此

大慶殿大朝會

黃麾大仗五千二十五人。仗首左右廂各二部，絳引幡十，執幡各一人，當御廂左右部並設，内仗首第二部不設。服武弁、緋繡寶相花寬衫、革帶、大口袴。諸部隊大將軍、折衝、果毅、帥兵官，錦帶、袴，並執儀人帽，並隨色。第一部，左右領軍衛大將軍各一員，第二部，左右領軍衛折衝①。服平巾幘、紫繡白澤袍、銀帶、大口袴、錦縢蛇，佩橫刀、弓矢。後部及部甲隊大將軍②、折衝、果毅服、佩同。掌鼓四人③，後部並服同。服帽、緋繡抹額、寶相花寬衫、革帶、行縢、鞵襪。帥兵官一十人，分左右，後部並服同。服平巾幘、緋繡寶相花寬衫、銀帶、大口袴。執儀刀部十二行，每行持各十人：後部並仗同。第一行，龍頭竿黃雞四角氅；凡氅，皆持以龍頭竿④。第二行，儀鍠五色幡；第三行，青孔雀五角氅；

---

① “衛”字，底本脱，據《宋史》卷一四三《儀衛一·殿庭立仗》校補。
② “部甲”疑爲“步甲”之誤。
③ “四人”，《宋史》卷一四三《儀衛一·殿庭立仗》作“一人”。
④ “持”字，底本脱，據《宋史》卷一四三《儀衛一·殿庭立仗》校補。“竿”字，底本脱，據《宋史》卷一四三《儀衛一·殿庭立仗》校補。

第四行，烏戟；第五行，緋鳳六角氅①；第六行，細弓矢；第七行，白鵝四角氅；第八行，朱縢絡盾刀；第九行，皂鵝六角氅；第十行，細弓矢；第十一行，稍；第十二行，綠縢絡盾刀。揭鼓二，掌揭鼓二人，_{後部同。}服帽、黃繡抹額、寶相花寬衫、革帶、行縢、鞋襪。_{第二、第七行銀褐，第三、第十一行青，第四、第九行皂，第五、第八、第十、第十二行並揭鼓緋。後部准此。}以上排列左右廂。第一部各於軍員之南，居次廂第一部稍前。第二部於第一部之後，並相向。

　　次廂左右各三部：第一部，左右屯衛大將軍各一員②，_{第二部③，左右武衛大將軍；第三部，左右衛將軍。}果毅各一員，_{第二、第三部，折衝。}服飛麟袍，_{第二部瑞鷹，第三部瑞馬。}列仗首左右廂第一部之南，相向。持黃麾幡二人，服武弁、黃繡寶相花寬衫、革帶、大口袴，在御廂廂前分立④。當御廂左右各一部⑤，左右衛果毅各一人，服瑞馬袍，於玉輅之前分左右，並北向。

　　次後廂左右各三部⑥：第一部，左右驍衛將軍各一員⑦，_{第二部，左右領軍衛折衝⑧；第三部，左右領軍衛果毅。}服赤豹袍。_{第二、第三部，白澤。}第一部，分於當御廂之左右差後；第二部，左在金輅之後偏西，右在象輅之後偏東；第三部，左在革輅之後偏西，右在木輅之

---

①　“緋”字，底本作“排”，據《宋史》卷一四三《儀衛一·殿庭立仗》校改。

②　“屯衛”，底本作“此衛”，據文津閣本、《宋史》卷一四三《儀衛一·殿庭立仗》校改。

③　“第”字，底本作“後”，據《宋史》卷一四三《儀衛一·殿庭立仗》校改。

④　“在御廂廂前分立”，《宋史》卷一四三《儀衛一·殿庭立仗》作“在當御廂前分立”。

⑤　“御廂”，底本作“御前”，據《宋史》卷一四三《儀衛一·殿庭立仗》校改。

⑥　“後廂”，底本作“御廂”，據《宋史》卷一四三《儀衛一·殿庭立仗》校改。

⑦　“驍衛”，底本作“騎衛”，據文津閣本、《宋會要輯稿·輿服》五之二三《赤豹袍》、《宋史》卷一四三《儀衛一·殿庭立仗》校改。

⑧　“折衝”二字，底本脫，據《宋史》卷一四三《儀衛一·殿庭立仗》校補。

後偏東，並北向。

次後左右廂各三部：第一部，左右武衛將軍各一員，第二部，左右屯衛將軍；第三部左右領軍衛折衝。服瑞鷹袍，第二部，飛麟。第三部，白澤。各在綱子、鸐雞①、貔旗之前，東西相向。左右廂各步甲十二隊②：第一隊，左右衛果毅各一員，第二隊，左右衛，第四隊，左右驍衛③，第六隊，左右武衛，第八隊，左右屯衛，第十、第十二隊，左右領軍衛，並折衝；第三隊，左右驍衛，第五隊，左右武衛，第七隊，左右屯衛，第九、第十一隊，左右衛；並果毅④。服瑞馬袍。第三、第四隊，赤豹。第五、第六隊，瑞鷹。第七、第八隊，飛麟。第九至第十二隊，白澤。貔旗二⑤，第二、第十一隊，瑞雞。第三隊，仙鹿。第四隊，金鸚鵡⑥。第五隊，瑞麥。第六隊，孔雀。第七隊，野馬。第八隊，犎牛。第九隊，甘露。第十隊，綱子。第十二隊，同第一隊。執旗二人，服帽、黃繡抹額、寶相花寬衫、第五隊、第六隊銀褐，第七隊、第八隊皂，第五、第十隊青，第十一、十二隊緋。革帶，佩橫刀、黃鍪甲。第五、第六隊白，第七、第八隊黃，第九、第十隊青，第十一、十二隊緋。刀盾第四、第六、第九、第十、第十二隊，弓矢。三十人，爲五重，服錦臂韝、行縢、鞋襪。以上第一至第六隊，在仗首第三部北；第七至第十二隊，在仗首第二部南，東西相向。

左右廂後部各十二隊：第一隊，左右衛折衝各一員，第二隊，左右衛；第五至第七隊，左右武衛；第十至第十二隊，左右領軍衛，並折衝。第三、第四隊，左右驍衛；第八、第九隊，左右屯衛，並果毅。服錦帽、緋繡戎服、瑞馬大

---

① "鸐"字，底本作"鵲"，據《宋史》卷一四三《儀衛一·殿庭立仗》校改。

② "步甲"，底本作"部甲"，據《宋史》卷一四三《儀衛一·殿庭立仗》校改。

③ "驍衛"，底本作"驍將"，據文津閣本、《宋史》卷一四三《儀衛一·殿庭立仗》校改。

④ "並果毅"三字，底本脫，據文津閣本、《宋史》卷一四三《儀衛一·殿庭立仗》校補。

⑤ "二"字，《宋史》卷一四三《儀衛一·殿庭立仗》作"一"。

⑥ "鸚鵡"，底本作"鴨鵡"，據《宋史》卷一四三《儀衛一·殿庭立仗》校改。

袍、第三隊、第四隊,赤豹。第五至第七隊,瑞鷹。第八、第九隊,飛麟。第十至第十二隊,白澤。銀帶、窄袴,佩橫刀、弓矢。角觿旗二,第二隊,赤熊。第三隊,兕。第四隊,太平。第五隊,馴犀。第六隊,鵁鶄①。第七隊,騶驥。第八隊,騶牙。第九隊,蒼烏②。第十隊,白狼。第十一隊,龍馬③。第十二隊,金牛。執旗二人,服、佩同步甲隊。第一、第六、第十一隊青,第二、第七、第十二隊緋,第三、第八隊黃,第四、第九隊銀褐,第五、第十隊皂。執弩五人爲一列,弓矢十人爲二重,稍二十人爲四重,服錦帽、青繡寶相花袍、執稍以緋。革帶、大口袴。以上在大慶門外,第一至第四隊在前,第五至八隊在後,第九至第十二隊又在其後,東西相向④。

真武隊:金吾折衝都衛一員,服平巾幘、紫繡辟邪袍、銀帶、大口袴、錦螣蛇,佩橫刀、弓矢。仙童、真武、螣蛇、神龜旗各一,執旗各一人,服皂繡抹額、寶相花寬衫、革帶,佩橫刀、弓矢。執穟稍二人,分左右。弩五人爲一列,弓矢二十人爲四重,稍二十五人爲五重,服平巾幘、緋繡寶相花寬衫、革帶、大口袴。以上在大慶門外中道,北向排列。

殿中省尚輦陳孔雀扇四十於簾外,執扇各一人,服介幘、絳鞲衣、錦革帶、白綾襪、烏皮履。陳輦輿於龍墀。大輦在東部,押、執、擎人二百二十有二人;腰輿在其南,一十有七人;小輿又在其南,二十有五人,皆西向。平輦在西,逍遙在其南,共三十七人,皆東向。將、校尉、都將並帽子,忠佐至指揮使以宜男錦襖,副指揮使、軍使、副兵馬使黃獅子,十將、將虞候以方勝練鵲,節

---

① "鵁鶄",底本作"雞鶄",據《宋史》卷一四三《儀衛一·殿庭立仗》校改。

② "蒼烏",底本作"蒼馬",據《宋史》卷一四三《儀衛一·殿庭立仗》校改。

③ "龍馬",底本作"童馬",《宋史》卷一四三《儀衛一·殿庭立仗》校改。

④ "相"字,底本脫,據《宋史》卷一四三《儀衛一·殿庭立仗》校補。

級白獅子，皆銀帶。腰輿、小輿下節級並輿輦下長行，並武弁冠、黃絁繡對鳳寬衫、紫羅生色袒帶、白絹勒、白袴、紫絹行縢、白獅子錦襖、銀帶。

設繖、扇於沙墀：方繖二，分左右。執繖將校二人①，服弓脚襆頭、碧襴衫、金銅革帶、烏皮鞾。團龍扇四，分左右。執繖都將四人②，服同將校。方雉扇一百，分繖、扇之後，各五行，每行十。執扇長行一百人，服武弁、緋繡寶相花大袖、大口袴、銅革帶。押當職掌二人，各立團龍扇之北，服介幘、絳襂衣、革帶、襪履。金吾引駕官二人，分立團扇之南，服二梁冠、朝服。

文德殿視朝大慶殿册命諸王大臣黃麾仗准此

黃麾半仗，共二千二百六十五人。殿内仗首，左右廂各一部，每部一百二十四人。在金吾仗南，東西相向。絳引幡十，執幡各一人，分部之南北，爲五重，當御廂左右部同。左部在帥兵官東，右部在帥兵官西，各爲十重。服武弁、緋繡寶相花寬衫、革帶、大口袴。當御廂左右部服同，弁以紗爲之。其餘弁、幘，同絹衫。二月一日至九月終，以縑袍，抹額，錦帽、臂韝、臘蛇，並准此。左右領軍衛大將軍各一員，在部中間，稍南，次廂左右第一、第二、第三部同。服平巾幘③、紫繡白澤袍、銀帶、大口袴、錦臘蛇，佩橫刀、弓矢。次廂左右各三部當御廂。次後廂左右一部及部甲隊④，左右各六隊。大將軍、折衝、果毅服、佩同。掌鼓一人，次大將軍後，次廂左右第

---

① 底本"繖"後衍"扇"字，據《宋史》卷一四三《儀衛一·殿庭立仗》删。

② "執"字，底本作"夾"，據《宋史》卷一四三《儀衛一·殿庭立仗》校改。底本"扇"前衍"繖"字，據《宋史》卷一四三《儀衛一·殿庭立仗》删。

③ "衛大將軍各一員在部中間稍南次廂左右第一第二第三部同服平巾"二十八字，底本脱，據文津閣本、《宋史》卷一四三《儀衛一·殿庭立仗》校補。

④ "部甲"疑爲"步甲"之誤。

一部並當御廂左右部①。次果毅②,次廂左右第二部、三部,次折衝,次後廂左右部,次將軍。服帽、緋繡抹額、寶相花寬衫、革帶、行縢、鞵襪。帥兵官十人,分部之南北,爲五重,北在絳引幡之南,南在絳引幡之北。次廂左右第一、第二、第三部之南北,當御廂、次後廂左部在黄麾東,右部在黄麾西。服平巾幘、緋繡寶相花寬衫、銀帶、大口袴。

執儀刀部十行,每行持各十人,每色兩行,爲五重。次廂左右第一、第二、第三部同,當御廂、次後廂左右部,每色一行,爲十重。左部以東爲首,右部以西爲首,並次帥兵官。第一行,龍頭竿黄雞四角麾;凡麾皆持以龍頭竿。第二行,儀鍠五色幡;第三行,青孔雀五角麾;第四行,烏戟;第五行,緋鳳六角麾;第六行:細弓矢;第七行:白鵝四角麾;第八行,朱縢絡盾刀;第九行:皂鵝六角麾;第十行:稍。揭皷二,掌揭皷二人,分立緋麾、烏戟後當中③。次廂左右第一、第二、第三部同,當御廂、次後廂並一在儀鍠、青麾間,一在弓矢、白麾間,與後行齊。服帽繡、抹額、寶相花寬衫、革帶、行縢、鞵襪。服隨麾色。内白麾、儀鍠、幡並以銀褐,烏戟以皂,弓矢以黄,稍以青,刀盾、揭皷並以緋。

次廂左右各三部。每部一百一十五人,次左右廂仗首之南,東西相向。第一部,左右屯衛大將軍各一員,第二部,左右武衛大將軍。第三部,左右衛將軍。果毅各一員,第二、第三部折衝。次大將軍後,第三部,次將軍後。服飛麟袍。第四部,瑞鷹。第五部,瑞馬。掌皷以下至掌揭皷人,服飾、人數並同仗首。當御廂、次後廂准此。黄麾幡二,執各一人,分立當御左右廂前中間,北向,服武弁、黄繡寶相花寬衫、革帶、

---

① “御廂”,底本作“御扇”,據《宋史》卷一四三《儀衛一·殿庭立仗》校改。底本“當御廂左右”後衍“廂”字,據《宋史》卷一四三《儀衛一·殿庭立仗》删。

② 底本“果毅”前衍“廂”字,據文津閣本、《宋史》卷一四三《儀衛一·殿庭立仗》删。

③ 底本“當中”後衍“間”字,據《宋史》卷一四三《儀衛一·殿庭立仗》删。

大口袴。

當御廂左右各一部，每部一百二十四人。在殿門裏中道①，分東西，並北向。次後廂左右部同。大慶殿列於樂架之南。左右衛果毅各一員，左在部西，右在部東。次後左右廂將軍准此。服瑞馬袍。

次後廂左右各一部，每部一百一十四人。次當御廂南。左右驍衛將軍各一員，服赤豹袍②。左右廂各步軍六隊，第一隊，每隊三十三人。第二至第六隊，每隊二十七人。分東西，在仗隊後。第一隊，左右衛果毅各一員，第二隊，左右驍衛；第四隊，左右屯衛；第六隊，左右領軍衛，並折衝。第三隊，左右武衛；第五隊，左右領軍衛，並果毅。服瑞馬袍。第二隊，赤豹。第三隊，瑞鷹。第四隊，飛麟。第五、第六隊，白澤。貔旅二，第二隊，金鸚鵡。第三隊，瑞麥。第四隊，犛牛。第五隊，甘露。第六隊，鸐雞。執各一人，服帽、黃繡抹額、寶相花寬衫、第三隊，銀褐。第四隊，皂。第五隊，青。第六隊，緋。革帶，佩橫刀、黃鍪甲。第三隊，銀褐。第四隊，黑。第五隊，青。第六隊，赤。四月一日至七月終，皮囤項以纈絹代，減披髆副腿，加隨色領衫襯。刀盾、內第二、第四、第九隊，弓矢。三十人，爲五重。第二隊至第六隊，各服錦臂韝、行縢、鞵襪。

左右廂步軍③，殿門外大慶殿於大慶門外。左右廂後部各六隊，每隊三十八人，在部下親從後④，東西相向。第一隊左右衛折衝各一員，第三隊，左右武衛；第五隊，左右領軍衛，並折衝。第二隊，左右驍衛；第四隊、六隊，左右衛，並果毅。服錦帽、緋繡戎服、瑞馬大袍、第二隊，赤豹。第三隊，瑞鷹。第五隊，白澤。第四、第六隊，飛麟。銀帶、窄袴，佩橫刀、弓矢。

---

① “裏”字，《宋史》卷一四三《儀衛一·殿庭立仗》作“內”。

② “服”字，底本脫，據文津閣本、《宋會要輯稿·輿服》五之二三《赤豹袍》校補。

③ “左右廂步軍”五字，底本脫，據《宋史》卷一四三《儀衛一·殿庭立仗》校補。

④ “部下”，底本作“都下”，據《宋史》卷一四三《儀衛一·殿庭立仗》校改。

角觿旗二。第二隊，太平。第三隊，馴犀。第四隊，驎牙。第五隊，白狼。第六隊，蒼烏①。執旗各一人，服、佩同步隊。第一、第六隊，黃。第二隊，銀褐。第三隊，青。第四隊，皂。第五隊，緋。執弩五人，爲一列；弓矢十八，爲二重；稍二十人，爲四重，並服錦帽、青繡寶相花袍、稍以緋。革帶、大口袴。

真武隊五十七人，在端禮門內中道，北向②。大慶殿於殿門外。金吾折衝都尉一員，在隊前，服平巾幘、紫繡辟邪袍、銀帶、大口袴、錦螣蛇，佩橫刀、弓矢。仙童、真武、螣蛇、神龜旗各一。執旗各一人，服皂繡抹額、寶相花寬衫、革帶，佩橫刀。執穫稍二人，分左右。弩五人，爲一列；弓矢二十人，爲四重；稍二十五人，爲五重，服平巾幘、緋繡寶相花寬衫、革帶、大口袴。排列仗隊職掌六人，分立仗隊之間，殿內四人，殿外二人，服直腳幞頭、紫羅寬衫。

殿中省尚輦陳扇二十於簾外，執扇殿侍二十人，服直腳幞頭、紫羅寬衫、銀帶。陳腰輿、小輿於東西朵殿，腰輿在東，小輿在西，人員、都將各一員，輦官共四十人，人員並帽子，都將各官並直腳幞頭、紫羅夾三襜紅錦襖、銀帶。二月一日至九月終，錦帽、纈羅衫。

陳繖、扇於殿下，方繖二，分左右；團龍扇四，分左右夾方繖，並執扇各一人。將校或節級。方雉扇六十，分左右，作三重，在繖、扇之後。輦官長行各一人。執人服並同大朝會執繖、扇等人。金吾左右將軍各一員，在繖、扇之南，稍前，服本色服。四色官四人，二人立於將軍之南，與繖、扇一列。宣敕放仗二人，在引駕官

---

① “蒼烏”，底本作“蒼馬”，據十萬卷樓本、《宋史》卷一四三《儀衛一·殿庭立仗》校改。

② “向”字，底本脫，據《宋史》卷一四三《儀衛一·殿庭立仗》校補。

南,並直脚幞頭、緑公服、金銅帶、烏皮鞾。執儀刀引駕官二人,在親從官後,服直脚幞頭、紫公服。長行二十四人,在四色官之南,並弓脚幞頭、碧襴衫,餘同四色官。排列官二人,在長行之西①,並帽子、紫繡大袖、袴。次金甲天武官二人,在長行南,並金銅兜鍪衣甲,執鉞。以上並分東西廂向立。

設旗於殿門之外。青龍旗一在左,五嶽神旗各一次之,五方色龍旗各一次之,五方色龍旗各一又次之。白虎旗一在右,五星神旗各一次之,五方色鳳旗各一次之,五方色鳳旗各一又次之。執人,並帽子、繡抹額、寬衫,隨方色。

---

① “西”字,《宋史》卷一四三《儀衛一·殿庭立仗》作“南”。

卷第二十二　序例

朝會儀衛

紫宸殿大遼使朝　文德殿發册

紫宸殿大遼使朝

黃麾角仗等，共一千五十六人。殿內黃麾幡二，執各一人，次四色官之南，分左右，服武弁、黃繡寶相花寬衫、革帶、大口袴。并以紗爲之。其餘巾幘同繡衫。二月一日至九月終，以纈袍，抹額，錦帽臂鞲、螣蛇，並准此。仗首左右廂各一部，每部一百一十四人[①]。在朵殿下稍南。絳引幡十，執幡各一人，分部之南北，各爲五重，服武弁、繡寶相花寬衫、革帶、大口袴。左右領軍衛大將軍各一員，在部中間稍南，次廂左右第一、第二部同。服平巾幘、紫繡白澤袍、銀帶、大口袴、錦螣蛇，佩橫刀、弓矢。次廂左右第一、第二部，次步甲隊大將軍、折衝、果毅服、佩同。掌鼓一人，次大將軍後，次廂左右第一部次果毅，第二部次折衝。服帽、緋繡抹額、寶相花寬衫、革帶、行縢、鞋襪。帥兵官十人，分部之南北，北在絳引幡之南，南在絳引幡之北。次廂左右第一部在南，第二部在北。各爲五重，服平巾幘、緋繡寶相花衫、銀帶、大口袴。

---

① “一百一十四”，《宋史》卷一四三《儀衛一·殿庭立仗》作“一百四十”。

執儀刀部九行,每行持各十人。第一行,龍頭竿黃雞四角氅①；凡氅皆持以龍頭竿。第二行,儀鍠五色幡；第三行,青孔雀五角氅；第四行,烏戟；第五行,緋鳳六角氅；第六行,細弓矢；第七行,白鵝四角氅；第八行,稍；第九行,皂鵝六角氅。掌揭鼓一人,在緋氅、烏戟之後,中間,次廂左右第一、第二部同。服帽、繡抹額、寶相花寬衫、革帶、行縢、鞵襪,仗各五重。服隨氅色。內氅、儀鍠、幡並以銀褐,烏戟以皂,弓矢以黃,稍以青,揭鼓以緋②。

次廂左右各二部,每部一百五人。次左右廂仗首之南。第一部,左右屯衛大將軍各一員,第二部,左右武衛大將軍。果毅各一員,第二部,折衝。次大將軍後,服飛麟袍。第二部,瑞鷹。掌鼓吹以下至掌揭皷服飾、人數並同仗首。殿外左右廂各步甲三隊③。每隊三十三人。第一隊,左右衛果毅各一員,第二隊,左右驍衛折衝④；第三隊,左右武衛果毅。服瑞馬袍。第二隊,赤豹。第三隊,瑞鷹。貔旗二,第二隊,金鸚鵡。第三隊,瑞麥。執旗各一人,服帽、黃繡抹額、寶相花寬衫、第二隊,左青,右銀褐。第三隊⑤,左赤,右黑褐⑥。革帶、佩橫刀、黃鍪甲。第二隊,左青,右銀褐。第三隊,左赤,右黑。刀盾內第二隊弓矢。三十人爲五重,鍪甲。四月一日至七月終,皮囤項以纈代,減披膊副腿,加隨色領衫襯。服錦臂韝、行縢、鞵襪。

左右廂後部各三隊,第一隊每隊三十八人,第二隊每隊三十三人。第一

---

①　"黃雞",底本作"黃鸛",據文津閣本、十萬卷樓本、楊本、《宋史》卷一四三《儀衛一·殿庭立仗》校改。

②　"緋"字,底本作"繡",據文津閣本、十萬卷樓本校改。

③　"步甲",底本作"部甲",據《宋史》卷一四三《儀衛一·殿庭立仗》校改。

④　"驍衛",底本作"驍將",據文津閣本、《宋史》卷一四三《儀衛一·殿庭立仗》校改。

⑤　"三"字,底本作"二",據文津閣本、楊本校改。

⑥　底本"褐"字正文大字,據楊本改爲注文小字。

隊，左右衛折衝各一員，_{第二隊，左右驍衛果毅；第三隊，左右武衛折衝。}服
錦帽、緋繡戎服、瑞馬大袍、_{第二隊，赤豹。第三隊，瑞鷹。}銀帶、窄袴，
佩橫刀、弓矢。角鷉旗二。_{第二隊，太平。第三隊，馴犀。}執旗各一名①，
服、佩同步甲隊。執弩五人，爲一列，弓矢十人，爲二重；_{第一、第三}
_{隊爲一列}②。稍二十人，爲四重，服錦帽、青繡寶相花袍、_{稍以緋。}革
帶、大口袴。排列仗隊職掌二人，次廂第二部之南，分左右，服直
脚幞頭、紫羅寬衫。以上殿内外仗隊，東西相向排列。

　　殿中省尚輦陳輿、輦於東西朵殿，平輦在東，西向；逍遥輦在
西，東向。設繖、扇於殿下。方繖二③，分左右；團龍扇四，分左
右，夾方繖。方雉扇二十四，分左右，各二重，在繖、扇之後。金
吾四色官一名，宣敕放仗，服飾同視朝四色官。

文德殿發册

　　黄麾細仗，共一千四百二人。設日旗、君王萬歲旗、獅子旗、
金鸞旗、青龍旗、赤龍旗各一④，在殿東階之東，以西爲上；月旗、
天下太平旗、獅子旗、金鳳旗、白龍旗、黑龍旗各一，在殿西階之
西，以東爲上。每旗執擡四人，俱北向立，並服五色繡衫、錦臂
韝。押當職掌二人⑤，分左右立於日、月旗南，服介幘、絳褠衣、革
帶、履韈。次方繖二，團龍扇四，夾方繖，執繖、扇各一人。執人
並弓脚幞頭，服碧襴衫、革帶、烏皮鞾。次金吾上將軍二人，將軍

---

①　“名”字，底本作“各”，據文津閣本、十萬卷樓本校改。
②　“爲”字，底本脱，據《宋史》卷一四三《儀衛一·殿庭立仗》校補。
③　“二”字，底本作“一”，據《宋史》卷一四三《儀衛一·殿庭立仗》校改。
④　“赤龍旗”三字，底本脱，據《宋史》卷一四三《儀衛一·殿庭立仗》校補。
⑤　“二人”，底本作“一人”，據十萬卷樓本、《宋史》卷一四三《儀衛一·殿庭立仗》
校改。

四人，引駕官四人①。次金甲二人，服金甲兜鍪、鳳翅，執鉞。次四色官六人，内二人執笏，餘執金銅儀刀，並服幞頭、綠羅公服、金銅帶、白絹袴、烏皮韡。次碧襴二十四人，並弓脚幞頭、碧襴衫、金銅帶、白絹袴、烏皮韡，内執金銅儀刀左右各六人，在北。次都押衙二人，立於碧襴之南，少退，服幞頭、紫羅繡襖、金銅帶。次皂纛旗一十二，每旗執擎五人，並皂紗帽、皂寬衫、皂絹袴、皂鞵襪。左右金吾仗司員僚各一人押纛，立於旗南，服幞頭、紫繡寶相花大袖。次青龍旗一在東，白虎旗一在西。每旗執擎六人，服繡抹額、寬衫、白絹袴。執青龍旗人以青，執白虎旗人以銀褐。員僚二人押旗，分左右，在旗之北，並幞頭、紫繡寶相花大袖。以上並分左右，東西相向。

次五方龍旗二十五在東，五方鳳旗二十五在西。每五旗相間，各依方色排列。次五嶽神旗五在東②，五星神旗五在西，各依方位排列。每旗執擎三人，並服逐色抹額、繡寬衫、白絹袴。次朱雀旗一在東，真武旗一在西。每旗執擎六人，服繡抹額、寬衫、白絹袴。抹額、衫，執朱雀旗人以緋，玄武旗人以皂。以上並北向。員僚二人押旗，在旗之南，分左右，並幞頭、紫繡寶相花大袖襖。次紅門旗二十八③，分左右。每旗執擎五人，各服五色繡抹額、寬衫、白絹袴。

次寅、卯、辰、巳、午、未旗六在東，申、酉、戌、亥、子、丑旗六

---

① “次金吾上將軍二人將軍四人引駕官四人”十七字，底本脱，據《宋史》卷一四三《儀衛一・殿庭立仗》校補。

② “次”字，底本無，據《宋史》卷一四三《儀衛一・殿庭立仗》校補。

③ “次”字，底本作“以”，據文津閣本、《宋史》卷一四三《儀衛一・殿庭立仗》校改。

在西。天王旗四①，分左右，夾辰旗②。次龍君旗五，次赤豹旗五，次吏兵旗五，每旗各爲一列在東，每列押尾天馬旗一，以次在東③。次虎君旗五，次黃熊旗五，次力士旗五，每旗各爲一列在西。每列押尾天馬旗一④，以次在西⑤。以上每旗執撦三人，並服錦帽、臂褠、五色繡衫、白絹袴。次員僚六人押仗，各分於旗前，並幞頭、紫羅繡大袖、袴。次員僚四人押旗，分左右，東西爲一列。每列一員。

左廂第一隊，鸑雞、白澤、玉馬、貔旗、四瀆旗各一，爲一列⑥；下至第九隊旗行列准此。第二隊，角宿、亢宿、氐宿、房宿、心宿旗各一⑦；第三隊：虛宿、危宿、室宿、壁宿、奎宿旗各一；第四隊：參宿、井宿、鬼宿、柳宿、騕褭旗各一；第五隊：三角獸⑧、黃鹿、苣文、馴象、飛麟旗各一；第六隊：辟邪、玉兔、吉利、仙鹿、祥雲旗各一；第七隊：花鳳、飛黃、野馬、金鸚鵡、瑞麥旗各一；第八隊：孔雀、兕、甘露、綱子、角鯔旗各一⑨，並各爲一列；第九隊，犛牛旗一，設於孔雀旗後。

---

① "天王"，底本作"天黃"，據十萬卷樓本、《宋史》卷一四三《儀衞一·殿庭立仗》校改。

② "辰"字，底本作"衣"，據《宋史》卷一四三《儀衞一·殿庭立仗》校改。

③ "每列押尾天馬旗一以次在東"十二字，底本無，據《宋史》卷一四三《儀衞一·殿庭立仗》校補。

④ "天馬"，底本作"天黃"，據文津閣本、十萬卷樓本、楊本、《宋史》卷一四三《儀衞一·殿庭立仗》校改。

⑤ "在"字，底本作"於"，據《宋史》卷一四三《儀衞一·殿庭立仗》校改。

⑥ "每列一員左廂第一隊鸑雞白澤玉馬貔旗四瀆旗各一爲一列"二十五字，底本無，據《宋史》卷一四三《儀衞一·殿庭立仗》校補。

⑦ "房宿心宿"四字，底本無，據《宋史》卷一四三《儀衞一·殿庭立仗》校補。

⑧ "三角"，底本作"角三"，據文津閣本、《宋史》卷一四三《儀衞一·殿庭立仗》乙正。

⑨ "鯔"字，底本脫，據《宋史》卷一四三《儀衞一·殿庭立仗》校補。

　　右廂第一隊,同左廂第一隊①。第二隊:尾宿、箕宿、斗宿、牛宿、女宿旗各一;第三隊:婁宿、胃宿、昴宿、畢宿、觜宿旗各一;第四隊:星宿、張宿、翼宿、軫宿、騕䮂旂各一;第五隊至第八隊②,並同左廂第五至第八隊;第九隊:騊牙旂二、蒼烏旂二,旂間爲一列③。以上每旗執擎三人④,俱北向,並服五色繡寶相花抹額、衫、革帶。

　　員僚二人,押黄麾立於龍鳳旂之北,服幞頭、紫絁繡瑞鷹袍。左右廂五色龍鳳旂之東西,各設黄麾幡二,執幡各一人。以下執幡人數准此。次告止幡五,次傳教幡五,次信幡五,次絳麾幡二,次絳引幡五。執黄麾、絳麾幡,絳引幡人並服武弁、繡寶相花衫、革帶。執黄麾、絳麾人以黄繡,絳引幡人以緋繡。執告止傳教幡、信幡人,服繡寶相花抹額、衫、革帶。執告止、傳教幡人以緋繡⑤,信幡人以黄繡。

　　員僚二人⑥,押黄麾立於龍鳳旗北少東,服幞頭、紫繡瑞鷹袍⑦。排欄旗三十,自黄麾幡東西排列,以次於南。每旗執擎三人,俱北向。鐙杖、哥舒各三十,於殿東西兩廂排列⑧。鐙杖起北,哥舒間之,執各一人,俱東西相向⑨。執擎排欄旂,執鐙杖、哥舒人並服錦帽、錦臂褠、五色繡衫。左右廂執白柯槍各七十五

---

　　① “一”字,底本作“二”,據文津閣本、《宋史》卷一四三《儀衛一·殿庭立仗》校改。

　　② “八”字,底本作“六”,據《宋史》卷一四三《儀衛一·殿庭立仗》校改。

　　③ “旂”字,《宋史》卷一四三《儀衛一·殿庭立仗》作“相”。

　　④ “以”字,底本作“次”,據文津閣本校改。

　　⑤ “以”字,底本脱,據文津閣本校補。

　　⑥ “二人”,《宋史》卷一四三《儀衛一·殿庭立仗》作“五人”。

　　⑦ “袍”字,底本脱,據十萬卷樓本校補。

　　⑧ “列”字,底本脱,據《宋史》卷一四三《儀衛一·殿庭立仗》校補。

　　⑨ “相”字,底本脱,據《宋史》卷一四三《儀衛一·殿庭立仗》校補。

人，東西相向，並服交腳幞頭、五色繡抹額、衫、錦臂韝、銀帶、桿腰①。

又於驕牙旗南設大黃龍旗一，在殿門裏少西，執擡二十人。小黃龍旗一，在大黃龍旗後少西，執擡三人。次火神旗六，分左右，並服錦帽、錦臂韝、五色繡衫、革帶、白絹袴。

衛尉寺押當儀仗職掌四人，排仗通直官二人，大將二人②，節級二人，檢察六人，左右金吾仗司押當職掌各一名，排列官一名。職掌、大將、檢察並幞頭、寬衫。衛尉職掌緋羅衫，大將、檢察、金吾職掌繡羅衫③。排仗通直官，幞頭，紫公服。金吾排列官，服帽；節級，幞頭，並紫繡寶相花大袖襖。

凡大朝會等儀衛，有司皆依令式陳設如常儀。

①　"桿腰"，底本作"腰桿"，據十萬卷樓本乙正。
②　底本"大將"後衍"軍"字，據文津閣本、《宋史》卷一四三《儀衛一·殿庭立仗》刪。
③　"繡"字，底本脫，據文津閣本校補。

卷第二十三　序例

班位

朝堂行事陪祠助祭官受誓戒班　太廟齋坊行事陪祠助祭受誓戒班　奏請皇帝致齋垂拱殿樞密以下班　奏請皇帝致齋大慶殿文武官班_{明堂即於宣德殿}　親祠陪祀文武官班_{侍耕籍侍田獵班同}　親祠景靈官天興殿太廟助祭文武官班　親祠禮畢文武官稱賀班　御樓肆赦文武官班_{受降宣露布同}　四孟朝獻景靈宮文武官班

朝堂行事陪祠助祭官受誓戒班

三公、左輔在東，西向；太宰、少宰在其東；門下、中書侍郎，尚書左、右丞又在其東。左散騎常侍在右丞之南，稍東；給事中、左諫議大夫在其東；起居郎、左司諫、符寶郎、左正言又在其東。觀文殿大學士、學士，資政殿大學士，翰林學士承旨，翰林學士，資政、端明殿學士在右散騎常侍之南[①]。觀文殿學士、資政殿大學士稍前。觀文殿大學士又稍前。特進在端明殿學士之南；稍前。六曹尚書在

---

① “右”字疑爲“左”之訛。

其東；與端明殿學士班齊。次六曹侍郎、開封尹至司成，開封尹以下稍空。
次太常卿至秘書書監，次殿中少監至秘書少監，次七寺少卿至都
水使者，次尚書左右司員外郎至六曹諸司郎中，次六曹諸司員外
郎至少府、將作、軍器少監又在其東。御史大夫在工部尚書之
南，中丞在其東，侍御史、殿中侍御史、監察御史又在其東。太子
三師在御史大夫之南；與執政官班齊。三少在其東；與御史大夫班齊。
次賓客、詹事，次左庶子以下又在其東。每等各重行異位，俱西
向，北上。仗內官各綴本班。

　　三少、右弼在西，東向；與三公班相對。使相在其西；次知樞密
院，同知、僉書樞密院又在其西。右散騎常侍在僉書樞密院事之
南，稍西；與左散騎常侍班相對。中書舍人、右諫議大夫在其西。閣學
士在右散騎常侍之南，與觀文殿大學士班相對。直學士在其西，待制
又在其西。太尉在閣學士之南；與特進班相對。節度使在其西；與閣
學士班齊。次節度觀察留後、觀察使，次防禦使，次團練使，次刺
史①，次執事武功大夫以下又在其西②。次左右金吾衛、左右衛、
諸衛上將軍在節度使之南。諸衛上將軍稍却。知客省使至知東上閣
門事在大將軍之南；僉書客省事至僉書西上閣門事在其西；次閣
門通事舍人③，次閣門祗候，次省班祗候又在其西。執事通侍大
夫以下，在知東上閣門事之南。每等各重行異位，俱東向，北上。

太廟齋坊行事陪祠助祭受誓戒班

親王、宗室、使相在東，稍北。宗室、使相，稍却。節度使在東，稍

---

① 底本“次”後衍“以”字，據文津閣本刪。
② “次”字，底本作“以”，據文津閣本校改。
③ “次”字，底本作“以”，據文津閣本、楊本校改。

南。觀察留後、觀察使在節度使之東，觀察使稍却。次防禦使，次團練使，次刺史，次遙郡、大將軍及准備行事宗室、大將軍以下又在其東。每等各重行異位，俱西向，北上。

奏請皇帝致齋垂拱殿樞密以下班[1]

知樞密院，同知、僉書樞密院事並當殿，北向[2]，東上。知、同知入內內侍省事在樞密東南；次知客省事至知西上閤門事在其南；次僉書客省事至僉書西上閤門事，次閤門通事舍人，次閤門祗侯，次閤門省班祗侯又在其南。

管勾六尚書在同知、入內內侍省事之東，典御在其南，奉御又在其南。祗應武功大夫以下在僉書客省事之西；武功郎在其南；次敦武郎，次從義、忠訓、成忠郎又在其南。每等各重行異位，並北向，西上。

內符寶郎在武功大夫之東[3]，祗應武德大夫至武翼大夫在武功大夫之西；留班心。武德郎至武翼郎在其南；次修武郎，次秉義、忠翊、保義郎又在其南。每等各重行異位，俱北向，東上。

知內侍省，同知、僉書內侍省事，帶御器械官，大內留守於樞密班東南，別爲一班。帶御器械官如不係正任即各歸本班。宣贊閤門舍人二員[4]，一員在知樞密院事之前，一員在大內留守前，並稍東，西向。

---

① "奏"字，底本作"奉"，據文津閣本、十萬卷樓本、楊本校改。
② "向"字，底本作"上"，據十萬卷樓本校改。
③ "並北向內符寶郎在武功大夫之東"，底本作"內符寶郎在武功大夫之東並北向西上"，據文津閣本、楊本乙正。
④ "舍人"，底本作"內人"，據十萬卷樓本校改。

奏請皇帝致齋大慶殿文武官班_{明堂即於宣德殿}

三公、三少、左輔、右弼在丹墀上香案之南，稍東；_{明堂即於橫街之南、黃道之東。}太宰、少宰在其南；尚書左、右丞又在其南，俱北向，西上。門下侍郎在右弼之北，稍東；左散騎常侍在其東；次給事中、左諫議大夫，次起居郎、左司諫、符寶郎、左正言又在其東①；觀文殿大學士，資政殿大學士，翰林學士承旨，翰林學士，資政、端明殿學士在左散騎常侍之南；_{觀文殿學士、資政殿大學士稍前，觀文殿大學士又稍前。}俱西向，北上。

親王在丹墀香案之稍西南，_{與三公相對。}使相在其南，俱北向，東上。中書侍郎在使相之北，稍西；_{與門下侍郎班相對。}右散騎常侍在其西；次中書舍人、右諫議大夫，次起居舍人、右司諫、右正言又在其西；閣學士在右散騎常侍之南，_{與觀文班相對。}直學士在其西；待制又在其西，俱東向，北上。

左金吾衛、左衛、左諸衛上將軍在黃道之東，_{諸衛上將軍稍却。}諸大將軍在其東，率府率又在其東，俱西向，北上。右金吾衛、右衛、右諸衛上將軍在黃道之西，_{諸衛大將軍稍却。}諸將軍在其西，率府副率又在其西，俱東向，北上。

特進在橫街之內，稍東。六曹尚書在其南，次六曹侍郎、開封尹至大司成，_{開封尹以下稍却。}次太常卿至秘書監、左右司員外郎至六曹諸司郎中②，次六曹諸司員外郎至軍器少監又在其南。_{行事、執事官，仗內官各綴本班。}御史大夫在工部尚書之東，丞在其南，次

---

① "次起居郎左司諫符寶郎左正言又在其東"十七字，底本脫，據文津閣本校補。
② "左"字，底本脫，據文津閣本校補。

侍御史、殿中侍御史、監察御史又在其南。太子三師在御史大夫之東，_{與特進班齊}。三少在其南^①，_{與御史大夫班齊}。次賓客、詹事，次左右庶子以下又在其南。每等各重行異位，俱北向，西上。

太尉在橫街之南，稍西。_{與特進班齊}。節度使在其南，次節度觀察留後、觀察使，次防禦使，次團練使，次刺史，次執事武功大夫以下又在其南。執事通侍大夫以下，在防禦使之西。每等各重行異位，俱北向，東上。

親祠陪祀文武官班_{侍耕籍侍田獵班同}

三公、三少、左輔、右弼在壇午階之南，稍東；_{大社、大稷在午階之北，稍西。以下逐班倣此}。太宰、少宰在其東；門下、中書侍郎，尚書左、右丞又在其東。特進在尚書右丞之南，稍東；六曹尚書在其東；次六曹侍郎及又開封尹至大司成在其南；_{開封府尹以下稍空}。次太常卿至秘書監，次殿中少監至秘書少監，次七寺少卿至都水使者，次左右司員外郎至六曹諸司郎中又在其東；六曹諸司員外郎至軍器少監又在其東。_{仗内官各綴本班}。觀文殿大學士、學士，資政殿大學士，翰林學士承旨，翰林學士，資政、端明殿學士，閣學士在六曹尚書之南；_{觀文殿學士、資政殿大學士稍前。觀文殿大學士又稍前}。直學士在其東；待制又在其東。御史大夫在閣學士之南，御史中丞在其東，侍御史、殿中侍御史、監察御史又在其東。左右散騎常侍在御史大夫之南^②，給事中、中書舍人、左右諫議大夫在其東，次起居郎、舍人，左右司諫，左右正言又在其東。太子三師在散

---

① “南”字，底本作“内”，據文津閣本、十萬卷樓本、楊本校改。

② “左”字，底本無，據十萬卷樓本、楊本校補。

騎常侍之南；<small>與執政官班齊。</small>三少在其東；次賓客、詹事、左右庶子以下又在其東。每等各重行異位，並西向，北上。

親王在西，<small>與三公班相對。</small>使相在其西。太尉在使相之南，稍西；節度使在其西；次節度觀察留後、觀察使，次防禦使，次團練使，次刺史①，次宗室、遙郡大將軍，次行事、執事武功大夫以下又在其西。左右金吾衛，左右衛、諸衛上將軍在節度使之南。<small>諸衛上將軍稍却。</small>執事通侍大夫以下在防禦使之南。每等各重行，異位，東向，北上。

諸軍都指揮使以上在上將軍之南，稍西，東向；諸方客使在文官之南，隨其方國，西向，並北上。

親祠景靈宫天興殿太廟助祭文武官班

親王在終獻之南。宗室、使相在其西。宗室、節度使於橫街之南道東；<small>與行事官班齊。</small>節度觀察留後、觀察使在其東；次防禦使，次團練使，次刺史，次遙郡大將軍及準備行事官又在其東。每等各重行異位，並西向，北上。

三公、三少、左輔、右弼位在大禮使之南，<small>與親王班相對。</small>太宰、少宰、使相在其西，執政官又在其西。

文武群官於橫街之南。<small>景靈宫於天興殿庭之南。</small>特進位於執政官之南，稍西；六曹尚書在其西；次侍郎、開封尹至大司成，<small>開封尹以下稍空。</small>次太常卿至秘書監，次殿中少監至秘書少監，次七寺少卿至都水使者，次左右司員外郎至六曹諸司郎中，次六曹諸司員外郎至軍器少監又在其西。<small>仗內官各綴本班。</small>觀文殿大學士、學士，資

<small>①　“刺史”，底本作“判”，據文津閣本、十萬卷樓本、楊本校改。</small>

政殿大學士,翰林學士承旨,翰林學士,資政、端明殿學士,閣學士在工部尚書之南;_{觀文殿學士以下稍前,觀文殿大學士又稍前。}直學士在其西;待制又在其西。左右金吾衛、左右衛、左右諸衛上將軍在御史大夫之南。_{諸衛上將軍稍却。}左右散騎常侍在上將軍之南;給事中、中書舍人、左右諫議大夫在其西;起居郎、舍人,左右司諫、左右正言又在其西。太子三師在左散騎常侍之南[1];_{與執政官班齊。}三少在其西;_{與尚書班齊。}次賓客[2]、詹事,次左右庶子以下又在其西。每等各重行異位,西向,北上。

諸軍都指揮使以上,分立於文武官之南,北上。

親祠禮畢文武官稱賀班

管軍臣僚并行門當殿北向立。太史局奏祥瑞官面西,側立。

次知樞密院事,同知、僉書樞密院事當殿北向立。知、同知入內內侍省事在知樞密院事之南,稍東;知客省事至知西上閣門事在其南;次僉書客省事至僉書西上閣門事,次閣門通事舍人,次閣門祗候,次省班祗候又在其南。內符寶郎在僉書西上閣門事之東。六尚局管勾官在同知入內內侍省事之東,典御在其南,奉御又在其南。祗應通侍、中侍、中衛、左武大夫在知樞密院事之南,稍東;武功大夫在其南;次武功郎以下又在其南。中亮、拱衛、左武郎在左武大夫之東,稍却。每等重行異位,北向,西上。

樞密直學士在知樞密院事之南,稍西。_{視入內內侍省官班,稍前。}樞密都承旨在樞密直學士之西;_{與入內內侍省事班齊。}承旨在其南;

---

① "散"字,底本脱,據文津閣本、楊本校補。

② "次"字,底本無,據文津閣本校補。

次副都承旨，次副承旨，諸房、逐房副承旨又在其南①。祗應正侍、中亮、拱衛、右武大夫在僉書樞密院事之南，稍西；武德大夫以下在其南；武德郎以下又在其南；中衛、右武郎在右武大夫之南，稍却，並北向，東上。

次三公、親王、文武百僚，分東西相向。三公、三少、左輔、右弼在東，太宰、少宰在其東，尚書左右丞又在其東。門下侍郎在尚書左丞之北，稍東；左散騎常侍在其東；次給事中、左諫議大夫，次起居郎、左司諫②、符寶郎、左正言又在其東。觀文殿大學士、學士，資政殿大學士，翰林學士承旨，翰林學士，資政、端明殿學士在左右丞之南，稍東。<small>觀文殿學士以下，稍却。資政、端明殿學士又稍却。</small>俱西向，北上。

親王在西。<small>與三公班相對。</small>使相在其西。中書侍郎在使相之北，稍西；<small>與門下侍郎班相對。</small>右散騎常侍在其西；次中書舍人、右諫議大夫，次起居舍人、右司諫、右正言又在其西。閣學士在使相之南，稍西；<small>與觀文殿大學士班相對，與右散騎常侍班齊。</small>直學士在其西；待制又在其西。俱東向，北上。

左金吾衛、左衛、左諸衛上將軍在端明殿學士之南，<small>諸衛上將軍稍却。</small>諸大將軍在其東，率府率又在其東，俱西向，北上。右金吾衛、右衛、右諸衛上將軍在閣學士之南，<small>諸衛上將軍稍却。</small>諸將軍在其西，率府副率又在其西，俱東向，北上。

特進在左諸衛將軍之南，<small>與觀文殿大學士班齊。</small>六曹尚書在其東。次六曹侍郎、開封尹至大司成，<small>開封尹以下稍空。</small>次太常卿至秘

---

① “逐”字，底本作“諸”，據文津閣本、十萬卷樓本、楊本校改。

② 底本“左”後衍“右”字，據文津閣本刪。

書監,次殿中少監至秘書少監,次七寺少卿至都水使者,次尚書左、右司員外郎至六曹諸司郎中①,次六曹諸司員外郎至軍器少監又在其東。仗內官各綴本班。御史大夫在六部尚書之南,中丞在其東,侍御史、殿中侍御史、監察御史又在其東。太子三師在御史大夫之南;與執政官班齊。三少在其東;與尚書班齊。次賓客、詹事,次左右庶子以下又在其東。每等各重行異位,西向,北上。

太尉在右諸衞上將軍之南,稍却,與特進班相對。節度使在其西。節度觀察留後、觀察使,次防禦使,次團練使②,次刺史又在其西。每等各重行異位,東向,北上。

諸軍都指揮使以上,分立於文武官之南,北向。班如賀祥瑞儀。

御樓肆赦文武官班受降宣露布同

三公、三少、左輔、右弼在東,西向。太宰、少宰在其東,尚書左右丞又在其東。門下侍郎在左丞之北,稍東;左散騎常侍在其東;次給事中、左諫議大夫,次起居郎、左司諫、符寶郎、左正言又在其東。觀文殿大學士、學士③,資政殿大學士,翰林學士承旨,翰林學士,資政、端明殿學士在右丞之南,稍東。觀文殿學士以下稍却,翰林學士承旨以下又稍却。俱西向,北上。

親王在西,東向。與三公班相對。使相在其西。中書侍郎在使相之北,稍西。與門下侍郎班相對。右散騎常侍在其西。次中書舍人、右諫議大夫,次起居舍人、右司諫、右正言又在其西。閣學士在使相之南,與觀文殿大學士班相對,與右散騎常侍班齊。直學士在其西,

---

① “次”字,底本作“至”,據文津閣本校改。
② “次防禦使次團練使”八字,底本脱,據文津閣本校補。
③ “學士”二字,底本脱,據文津閣本校補。

待制又在其西。俱東向，北上。

左金吾衛、左衛、左諸衛上將軍在端明殿學士之南，諸衛上將軍稍却。諸大將軍在其東，率府率又在其東，俱西向，北上。右金吾衛、右衛、右諸衛上將軍在閣學士之南，諸衛上將軍稍却。諸將軍在其西，率府副率又在其西，俱東向，北上。

特進在左諸衛上將軍之南，與觀文殿大學士班齊①。六曹尚書至光祿大夫在其東。次開封尹至大司成，次太常卿至中大夫，次殿中少監至中散大夫，次七寺少卿至朝議大夫，次左右司員外郎至朝奉大夫，次六曹諸司員外郎至朝奉郎，次太常丞至承議郎，次開封祥符知縣至奉議郎，次太史局正至通直郎，次宣德郎以下又在其東。

御史大夫在光祿大夫之南，中丞在其東，侍御史、殿中侍御史、監察御史又在其東。太子三師在御史大夫之南；與執政官班齊。三少在其東；與六曹尚書班齊。次太子賓客、詹事，次左右庶子以下又在其東。每等各重行，異位，西向，北上。

太尉在右諸衛上將軍之南，稍前。節度使在其西。次節度觀察留後、觀察使，次防禦使②，次團練使，次刺史，次武功大夫至武翼大夫，次武功郎至武翼郎，次敦武郎至備武郎，次從義郎以下又在其西。和安大夫至翰林良醫在武翼大夫之南，少空。和安郎至翰林醫正在其西。知客省事至知西上閣門事在防禦使之南；僉書客省事至僉書西上閣門事在其西；次閣門通事舍人，次閣門祗候，次省班祗候又在其西。通侍大夫至右武大夫在知西上閣

---

① “與觀文殿學士班齊”八字，底本無，據文津閣本校補。

② “次”字，底本無，據文津閣本校補。

門事之南①；中亮郎至右武郎在其西。每等各重行異位，東向，北上。

諸軍將、校在百官後，北向。班如視朝儀。

四孟朝獻景靈宮文武官班

三公、三少、左輔、右弼在東；太宰、少宰在其南；次門下、中書侍郎，尚書左、右丞，次特進，次六曹尚書，次六曹侍郎、開封尹至大司成，開封尹以下，稍空。次太常卿至秘書監，次殿中少監至太府卿又在其南。觀文殿大學士、學士，資政殿大學士，翰林學士承旨，翰林學士，資政、端明殿學士，閣學士在工部尚書之東；觀文殿學士、資政殿學士稍前。觀文殿大學士又稍前。直學士在其南；待制又在其南。御史大夫在閣學士之東，丞在其南。左右散騎常侍在御史大夫之東②，給事中，中書舍人、左右諫議大夫在其南，當直起居郎、舍人又在其南。太子三師在左散騎常侍之東，與執政班齊。三少在南，與左散騎常侍班齊。賓客、詹事又在其南。每等各重行異位，北向，西上。

親王在西。與三公班齊。使相在其南。次知、同知、僉書樞密院事，次太尉、節度使，次節度觀察留後、觀察使，次防禦使，次團練使，次刺史，次宗室遙郡以上又在其南。左右金吾衛、左右衛、左右諸衛上將軍在節度使之西。諸衛上將軍稍却。每等各重行異位，北向，東上。

---

① "通侍"，底本作"通事"，據文津閣本、十萬卷樓本、楊本校改。
② "在"字，底本作"左"，據文津閣本、十萬卷樓本、楊本校改。

卷第二十四　序例

五服制度_{衣服喪葬制附}

斬衰_{三年}　齊衰_{三年}　杖期　不杖期　五月　三月　大功_{中殤}

七月　成人九月　小功五月_殤　成人　緦麻三月_殤　成人

衰裳制度_{喪冠之制　衰裳之制　首絰之制　絰帶絞帶之制　喪屨之制　杖}

喪葬之制

斬衰_{三年}

正服

子爲父。

加服

嫡孫爲祖。謂承重者。
父爲長子。重其當先祖之正體，將代己爲宗廟主者。

義服

婦爲舅。夫爲祖，曾、高祖後者，其妻從服亦如之。

爲人後者爲所後父。爲父所後者，祖亦如之。

妻爲夫。

妾爲君。妾謂夫爲君。

齊衰三年

正服

子爲母。

加服

嫡孫爲祖母。

母爲長子。謂父服爲斬衰者①。

義服

婦爲姑。嫡孫爲祖，曾、高祖後者，其妻從服亦如之。

爲繼母。

爲慈母。謂妾無子，妾子無母，而父命爲母子者。

繼母爲長子。

妾爲君之長子。

齊衰杖期

降服

父卒母嫁及出妻之子爲母。爲生己者。若爲父後則不服，母猶服之。

---

① "服"字，底本脱，據《慶元條法事類》卷七七《服制門·服制·格》校補。

正服

嫡孫，祖在爲祖母。

義服

父卒，爲繼母嫁己從之。謂繼母嫁而子從之寄育者。若不從或繼母出，則不服[1]。

夫爲妻。

齊衰不杖期

正服

爲祖父母。女適人同係於父所生庶母服亦同[2]。惟爲祖後者不服。

爲伯叔父。

爲兄弟。

爲衆子。謂長子之弟及妾子若女子。凡父母于子[3]，舅姑于婦，不傳至於嫡孫，所傳至非嫡及養子爲後者，服之皆如衆子、衆婦。

爲兄弟之子。

爲姑姊妹及適人無適祭主者。謂無夫與子爲祭主者。

婦人無夫與子者，爲其兄弟、姊妹及兄弟之子[4]。

---

　　① "服"字，底本作"從"，據文津閣本、《慶元條法事類》卷七七《服制門・服制・格》校改。

　　② "係於"，底本作"孫子"，據《慶元條法事類》卷七七《服制門・服制・格》校改。

　　③ "于子"，底本作作"子於"，據文津閣本、《慶元條法事類》卷七七《服制門・服制・格》乙正。

　　④ "姊"字，底本脱，據《慶元條法事類》卷七七《服制門・服制・格》校補。

妾爲其子。

加服

爲嫡孫。有嫡子則無嫡孫。凡爲後承嫡者,雖曾孫、玄孫,與孫同。

女適人者爲兄弟之爲父後者①。

降服

嫁母、出母爲其子。

妾爲其父母。凡妾爲私親如衆人。

爲人後者爲其父母。

父母爲其子之爲人後者。

女適人者爲父母。所降之服未滿被出者,不降。如降服已除被出而本服未除者②,不服。凡女適人應降之服未除、已除被出者,皆准此。

義服

繼母嫁,爲前夫之子從己者。

爲伯叔母③。

爲繼父同居者。謂子無大功之親,從母適人,所適者亦無大功之親。

妾爲嫡妻。

妾爲君之衆子。

爲夫之兄弟之子。

---

① “父”字,底本作“人”,據《慶元條法事類》卷七七《服制門·服制·格》校改。

② “如降”二字,底本脱,據《慶元條法事類》卷七七《服制門·服制·格》校補。

③ 底本“伯叔母”後衍“爲母”二字,據《慶元條法事類》卷七七《服制門·服制·格》删。

舅姑爲嫡婦。

齊衰五月

正服

爲曾祖父母。女適人同。

齊衰三月

正服

爲高祖父母。女適人同。

義服

爲繼父不同居。謂先同今異者，即同居而繼父有子或已有大功以上親[①]，亦爲異居。原不同居者不服。

大功九月

殤中殤七月

正服

爲子之長殤、中殤。

爲嫡孫之長殤、中殤。嫡曾孫、玄孫亦同。

---

① "即"字，《慶元條法事類》卷七七《服制門・服制・格》作"雖"。"以"字，底本脱，據《慶元條法事類》卷七七《服制門・服制・格》校補。

爲叔父之長殤、中殤。

爲姑、姊妹之長殤、中殤。

爲兄弟之長殤、中殤①。

爲兄弟之子長殤、中殤。

義服

爲夫之兄弟之子長殤②、中殤。

成人

正服

爲從父兄弟、姊妹。謂同堂兄弟、姊妹。

爲衆孫。男女同。餘稱孫者准此③。

降服

爲姑、姊妹適人者。

爲女適人者。

女適人者爲姑、姊妹、兄弟及兄弟之子。

出母爲女適人者。

女適人者爲出母。

------

① “爲兄弟之長殤中殤”八字,底本脱,據《慶元條法事類》卷七七《服制門·服制·格》校補。

② “夫”字,底本作“父”,據文津閣本、十萬卷樓本、楊本、《慶元條法事類》卷七七《服制門·服制·格》校改。

③ “餘”字,底本作“食”,據《慶元條法事類》卷七七《服制門·服制·格》校改。

爲兄弟女適人者^①。

女適人者爲伯叔父。

爲人後者爲其姑、姊妹、兄弟^②。

爲兄弟姪爲人後者。

義服

爲夫祖父母。

爲夫伯叔父母。

爲兄弟子之婦。

爲夫兄弟子之婦。

爲夫兄弟女適人者。

女適人者爲伯叔母。

夫爲人後者，其妻爲本生舅姑。

爲衆子婦。

小功_{五月}

殤

正服

爲子之下殤。

---

① 底本“爲兄弟女適人者”後衍“爲出母爲兄弟女適人者”十字，據文津閣本、《慶元條法事類》卷七七《服制門·服制·格》刪。

② 底本“其姑”前衍“出母”二字，據《慶元條法事類》卷七七《服制門·服制·格》刪。

爲嫡孫之下殤。

爲叔父之下殤。

爲姑、姊妹之下殤。

爲兄弟之下殤。

爲兄弟子之下殤。

爲從父兄弟、姊妹之長殤。

爲衆孫之長殤。

降服

爲人後者爲其姑、姊妹、兄弟之長殤。

女適人者爲兄弟之子長殤。

義服

爲夫兄弟之子下殤。

爲夫叔父長殤。

成人

正服

爲從祖祖父。謂祖之兄弟。

爲兄弟之孫。

爲從祖父。謂父之同堂兄弟。

爲從祖姑。謂父之同堂姊妹。

爲同堂兄弟之子。

爲從祖兄弟。謂再從兄弟。

爲從祖姊妹。_{謂再從姊妹。}

爲從祖祖姑。_{謂祖之姊妹。}

爲外祖父母①。

爲舅。

爲從母。_{謂母之姊妹。}

爲甥。_{謂姊妹之子。}

女爲姊妹之子。

爲同母異父兄弟、姊妹。

降服

爲從父姊妹適人者。

女適人者爲從父兄弟。

爲孫女適人者。

爲人後者爲其姑、姊妹適人者。

爲人後者爲其從父兄弟。

女適人者爲其兄弟侄之爲人後者。

義服

爲從祖祖母。

爲夫兄弟之孫。

爲從祖母。

爲夫同堂兄弟之子。

爲夫之姑姊妹。_{適,同。}

---

① “祖”字,底本脱,據《慶元條法事類》卷七七《服制門·服制·格》校補。

女在室及適人者爲兄弟姪之妻。

爲娣、姒婦^①。兄弟之妻相名也^②。長婦謂稚婦爲娣婦，衆謂長婦爲姒婦^③。或云妯娌。

爲嫡母之父母、兄弟、從母。

母出，爲繼母之父母、兄弟、從母。

爲庶母慈己者。謂庶母乳養己者^④。

爲嫡孫之婦。有嫡婦則無嫡孫婦^⑤。曾孫、玄孫爲後者，服其婦如嫡孫之婦。

爲兄弟妻。

爲夫之兄弟。

緦麻_{三月}

殤

正服

爲從父兄弟、姊妹之中殤、下殤。

爲衆孫之中殤、下殤。

爲從祖叔父之長殤。

爲從祖兄弟之長殤。

---

①　“姒”字，底本作“如”，據文津閣本、《慶元條法事類》卷七七《服制門·服制·格》校改。

②　“兄”字，底本作“凡”，據《慶元條法事類》卷七七《服制門·服制·格》校改。

③　“衆”字，《慶元條法事類》卷七七《服制門·服制·格》作“娣婦”。

④　“己”字，底本作“之”，據《慶元條法事類》卷七七《服制門·服制·格》校改。

⑤　“婦”字，底本脱，據《慶元條法事類》卷七七《服制門·服制·格》校補。

爲舅及從母之長殤。

爲從祖姑、姊妹之長殤。

爲從父兄弟之子長殤。

爲兄弟之孫長殤。

降服

女適人者爲兄弟之子中殤、下殤。

爲人後者爲其姑、兄弟、姊妹之中殤、下殤。

爲人後者爲其從父兄弟之長殤。

義服

爲夫之叔父中殤、下殤。

爲夫之姑、姊妹之長殤。

成人

正服

爲族兄弟、姊妹。謂三從兄弟、姊妹。

爲族曾祖父。謂曾祖之兄弟。

爲族曾祖姑。謂曾祖之姊妹。

爲兄弟之曾孫。

爲族祖父。謂祖之同堂兄弟。

爲族祖姑。謂祖之同堂姊妹[①]。

---

① "之"字，底本無，據《慶元條法事類》卷七七《服制門·服制·格》校補。

爲同堂兄弟之孫。

爲族父、族姑。<small>謂父之再從兄弟、姊妹。</small>

爲再從兄弟之子。<small>女出嫁則不服。族姊妹以下，姑及姊妹孫女出嫁並</small>准此。

爲曾孫、玄孫。

爲外孫。<small>謂女子之子。</small>

爲從母兄弟、姊妹。<small>謂兩姨兄弟、姊妹。</small>

爲姑之子。<small>謂外兄弟、姊妹。</small>

爲舅之子。<small>謂內兄弟、姊妹。</small>

降服

爲從祖姑、姊妹適人者。

女適人者爲從祖姑。

女適人者爲從祖祖姑。

女適人者爲從祖兄弟。

女適人者爲從祖姊妹。

女適人者爲從祖父。<small>謂父之同堂兄弟。</small>

女適人者爲同堂兄弟之子。

爲同堂兄弟之女適人者。

庶子爲父後者爲其母。<small>若無嫡母及嫡母卒，則爲所生母服。其外祖父</small>母、舅、從母並不服。

爲從祖祖姑適人者。

女適人者爲兄弟之孫。

爲人後者爲本生外祖父母。

爲兄弟之孫女適人者。

女適人者爲從祖祖父。

義服

女適人者爲從祖祖母。

爲族曾祖母。

爲夫兄弟之曾孫。

爲族祖母①。

爲夫同堂兄弟之孫。

爲族母。

爲夫再從兄弟之子。<small>女適人則不服。</small>

爲衆孫之婦。

女適人者爲從祖母。

爲庶母。<small>父之妾有子者②。</small>

爲乳母。

爲壻。<small>謂女之夫。</small>

爲妻之父母。<small>妻亡再娶同③。即生妻身之母雖改嫁被出④，亦如之。</small>

爲夫之曾祖、高祖父母。

爲夫之從祖祖父母。<small>謂夫之祖兄弟及其妻。</small>

爲兄弟孫之婦。

爲夫兄弟孫之婦。

爲夫之從祖父母。<small>謂夫之父同堂兄弟及其妻。</small>

---

① “祖母”，底本作“父母”，據《慶元條法事類》卷七七《服制門・服制・格》校改。
② “者”字，底本作“孫”，據《慶元條法事類》卷七七《服制門・服制・格》校改。
③ “妻亡”，底本作“妾出”，據《慶元條法事類》卷七七《服制門・服制・格》校改。
④ “同即”，底本作“即同”，據《慶元條法事類》卷七七《服制門・服制・格》乙正。

爲同堂兄弟子之婦。

爲夫同堂兄弟子之婦。

爲夫從父兄弟之妻。

爲夫之兄弟之孫女適人。

爲夫之從父兄弟之女適人。

爲夫之從父姊妹。適人同。

爲夫之外祖父母。

爲夫之舅及從母。

爲外孫婦。

女爲姊妹子之婦。

爲甥之婦。

衰裳制度[①]

喪冠之制

斬衰,同屈繩爲武。齊衰以降,以布爲武。緦麻,澡治其布爲武。皆垂其下爲纓。

其冠以布爲三辟,攝前後,屈而出於武。其外厭而縫之爲外繹,其内厭而縫之爲内繹。大功以上,辟攝向右;小功以下,辟攝向左。

衰裳之制

凡衰外削幅,縫之,邊幅向外。裳内削幅。縫之,邊幅向内。裳前三

---

① 此處標題爲整理者所加。

幅,後四幅,皆三辟,攝之。斬衰,衰與裳皆不緝緝。齊衰而下,衰則外緝,裳則內緝。又以方一尺八寸之布,置背上,縫著領①,下垂之,出於辟領外一寸。又以博四寸之布爲領,出於衰之兩旁。又以長六寸,博四寸之布綴於衣之外襟,廣袤當心。

衣帶,下尺。衽,二尺有五寸,以掩裳之兩際。袂,屬其幅。衣,自領至腰長二尺有五寸。祛,尺二寸。

凡斬衰之裳,以繩爲帶;齊衰之裳,以布爲帶。

首経之制

冕以布,廣一寸,長三尺,自項而前,交於額上,却繞髻,如幓頭。斬衰,苴麻爲首経,苴者,麻之有蕡也。大九寸,左本在下。本者,麻根。齊衰,牡麻爲首経,牡者,枲麻。大九寸二分,右本在上。大功,以牡麻爲経。加皆以繩爲纓②。中殤無纓,其大五寸七分。小功成人服,以牡麻爲経;小功殤服,以澡麻爲経,皆大四寸六分③。緦麻,以澡麻爲首経,其大三寸七分。大功以上,麻皆有本。小功以下,麻経皆繫本。

経帶絞帶之制

五分首経,殺一以爲腰経。五分腰経,殺一以爲絞帶。斬衰以麻。齊衰以下,経帶以麻,絞帶以布。麻有苴,有牡;有澡,有不澡;有有本,有繫本者,皆如首経之等。

---

① “縫”前疑脫“上”字。
② “加”字疑爲衍字。
③ 底本“四寸六分”後衍“緦麻以澡麻爲経皆大四寸六分”十三字,據文津閣本刪。

喪屨之制

斬衰以菅屨,外納其餘。齊衰三年及杖周以藨屨,内納其餘;菅與藨草名藨屨,又號為疏屨。不杖周,麻屨。五月、三月及大功,繩屨。小功以下,吉屨,無絇。絇在屨頭,喪屨去之。

杖

為父,杖竹而苴。色之黯者為苴。為母,杖桐而削。去其色之苴。其大皆如腰絰,其長皆齊心。

凡五服衰裳,以布之稍細為之等。

喪葬之制①

凡品官以下喪葬之制:

重。柱鬲:一品,六。六品以上,四。九品以上,二。

銘旌。書官封姓名之柩:四品以上,長九尺。六品以上,長八尺。九品以上,長七尺。

四品以上,紼四、披四、鐸六、翣六。六品以上,紼二、披二、鐸四、翣四。九品以上,鐸二、翣二。

挽歌:四品以上,六行,行六人;六品以上,四行,行四人。八品以上,陞朝官准六品。六人。九品,四人。

轝:一品,一百十二人。五品以上,七十六人②。七品以上,

---

①　“喪葬”,底本作“喪制”,據文津閣本校改。

②　“七十六”,底本作“七十二”,據文津閣本、《慶元條法事類》卷七七《服制門・喪葬・格》校改。

三十二人。八品，二十六人。九品，二十人。庶人，一十六人。

車：四品以上，八十二人。九品以上，六十二人。

輴車：四品以上，油幰，朱絲絡網，施襈，兩廂畫龍，幰竿，諸末垂旒蘇六。八品以上，油幰，施襈，兩廂畫雲氣，垂旒蘇四。

持紼披者，布幘，布深衣。挽歌者，白練幘，白練褠衣，執紼、鐸。

方相，魌頭①，深青衣，朱裳，執戈，揚盾，載以車。五品以上，方相四目。八品以上，魌頭兩目。

明器：四品以上，五十。六品以上，三十。九品以上，隆朝官准六品。二十。庶人，一十。

墓：一品，方九十步。二品，方八十步。三品，方七十步。四品，方六十步。五品，方五十步。六品，方四十步。七品以下，方二十步。庶人，方十八步。

墳：一品，高一丈八尺。二品，高一丈六尺。三品，高一丈四尺。四品，高一丈二尺；五品，高一丈。六品以下，高八尺。庶人，高六尺。

墓域門及四隅：四品以上，築闕。六品以上，立埈②。七品以下，庶人同。封塋。

碑：螭首龜趺③，上高九尺。

碣：圭首方趺④，上高四尺。

---

① “魌頭”，底本作“其頭”，據文津閣本、十萬卷樓本、楊本、《慶元條法事類》卷七七《服制門·喪葬·格》校改。

② “埈”字，底本作“侯”，據《慶元條法事類》卷七七《服制門·喪葬·式》校改。

③ “龜”字，底本脫，據《慶元條法事類》卷七七《服制門·喪葬·式》校補。

④ “圭”字，底本作“主”，據《慶元條法事類》卷七七《服制門·喪葬·式》校改。

獸：四品以上，六。六品以上[1]，四。

凡虞祭[2]，三品以上，七虞；五品以上，五虞；九品以上，再虞；庶人，一虞。凡虞祭、祔祭，用柔日；卒哭祭，不擇日。

---

① "六"字，底本脱，據文津閣本、《慶元條法事類》卷七七《服制門·喪葬·式》校補。

② "凡"字，底本作"九"，據文津閣本、十萬卷樓本、楊本校改。

卷第二十五　吉禮

皇帝祀昊天上帝儀一

時日　齋戒　奏告　陳設

時日

前期，降御札①，以今年冬日至祀天于圓壇。太常寺具時日散告。

齋戒

前祀十日質明，有司設行事、執事及陪祠文武官位於朝堂。太宰、刑部尚書在北，南向，太宰在左，刑部尚書在右。刑部尚書稍却。行事太宰、左丞在南，吏部、户部、禮部尚書，吏部、禮部侍郎，大司樂、光禄卿，大樂令、光禄丞，功臣獻官在其南。凡設大樂令以下位皆稍却。次分獻官，次執事官，又于其南，俱北向，西上。監察御史位二，在西，東向，北上。讀册、舉册官，奉禮、協律郎，太祝②、郊社、太官令在東，西向，北上。奉禮郎以下位，皆稍却。設陪祠文武百官位於行事官之南，又設行事、執事及陪祠親王、宗室位於太

---

①　"御札"，底本作"御禮"，據十萬卷樓本、楊本校改。

②　"太祝"，底本作"大祝"，據《文獻通考》卷七二《郊社考五·郊》校改。

廟齋坊。少宰、刑部侍郎在北,南向,少宰在左,刑部侍郎在右。_{刑部侍郎稍却。}亞、終獻在南,北向,西上。親王及行事、執事、陪祠宗室在東,西向,北上。東上閤門、御史臺、太常寺自下分引羣官各就位。_{凡將引行事、執事、陪祠文武官立班,即御史臺引殿中侍御史一員先入就位。}太宰讀誓於朝堂①,刑部尚書涖之;少宰讀誓於太廟齋坊②,刑部侍郎涖之。誓文曰:"今年十一月某日,冬日至,皇帝祀天於圓壇。前二日,朝獻景靈宮;前一日,朝享太廟。各揚其職,其或不恭,國有常刑。"讀訖。_{内朝堂執事官奉禮郎以下,文官宣德郎以下,武官從義郎以下先退③。}餘官並對拜,拜訖,退。

皇帝散齋七日於別殿,致齋三日。_{一日於大慶殿,一日於太廟,一日于青城。}凡散齋,不吊喪、問疾、作樂,有司不奏行殺文書。致齋日,前後殿不視事,惟行祀事。

前致齋一日④,殿中監帥其屬尚舍鋪御座於大慶殿當中,南向;設東西房於御座之左右,稍北;又設西閤及齋室於殿後之左右,殿上前楹施簾。

致齋之日,質明,有司陳大駕鹵簿於宣德門外,尚輦陳平輦於垂拱殿庭。文武百官俱就次,各服其服。東上閤門奏請皇帝未後詣齋室,通事舍人等自下分引知樞密院事以下詣垂拱殿庭,立班。東上閤門附内侍進班齋牌,垂拱殿簾降。皇帝乘輦出,至殿上⑤,少駐。輦官迎駕,自贊常起居。宣輦官上殿,簾捲,鳴鞭,行門禁衛諸班親從迎駕,自贊常起居,次舍人先贊知内侍省官以

---

① "讀"字,底本作"請",據《文獻通考》卷七二《郊社考五·郊》校改。
② "讀"字,底本作"請",據《文獻通考》卷七二《郊社考五·郊》校改。
③ "郎"字,底本脱,據文津閣本校補。
④ "致齋",底本作"後齋",據《文獻通考》卷七二《郊社考五·郊》校改。
⑤ "至"字,底本作"自",據《文獻通考》卷七二《郊社考五·郊》校改。

下常起居，次樞密以下通班常起居，贊"祗候引駕"。樞密、知客省事以下，至僉書、東上閣門官分左右立。六尚局應奉官，祗應通侍大夫以下[1]，武功大夫以下，並先退。次管軍臣僚宣名常起居，贊"祗候引駕"，並分左右。前導輦降東階垂拱殿門外，禁衛諸班親從自贊常起居。次行宮使、御營巡檢一班常起居。如通侍大夫以下，知客省事以下，武功大夫以下，知內侍兩省、帶御器械官、充行宮使，御營巡檢，各歸本班。至大慶殿後閣降輦，入西閣，大慶殿簾降。前導官並就次易朝服，詣御榻前左右侍立。知樞密院事、僉書樞密院事在東，西向，北上；同知樞密院事在西，東向；左輔一員在知樞密院事之北，贊拜東上閣門官一員又在其北，並西向；知客省事以下在僉書樞密院之南，稍東，西向，北上[2]；僉書知客省事以下又在其南，稍却。通事舍人等分引行事、執事、陪祠文武官，各絟結佩，入詣大慶殿庭立班。舍人引禮部侍郎奏請中嚴。侍臣詣幄，奉迎內外。符寶郎奉寶先出，陳於御榻之左右。少頃，引禮部侍郎奏外辦。皇帝服通天冠、絳紗袍、絟結佩，出西閣乘輿，稱警蹕，侍衛如常儀。由西房至御榻西降輿，皇帝即御座，南向，侍臣夾侍，贊拜東上閣門官於御榻前贊："樞密以下拜。"殿之上下應在位官皆再拜。東上閣門官贊拜訖，轉身北向隨拜訖，面西，贊"各祗候"。次禮直官引左輔詣御座前，俛伏，跪奏稱："左輔具官臣某言，請皇帝降座，就齋室。"奏訖，俛伏，興，還侍位。凡左輔奏請准此。皇帝降座，乘輿，由東房入齋室，侍臣各還所司，直衛者如常儀。通事舍人分引行事、執事、陪祠文武官以次出。三省、親王、樞密、宗室起居問聖體，並如儀。

　　應行事、執事、陪祠官及從升者並散齋七日，宿於正寢；致齋

---

① "通侍"，底本作"通事"，據《文獻通考》卷七二《郊社考五·郊》校改。

② "北"字，底本作"比"，據文津閣本校改。

三日，各宿於其次。三省、樞密院官各宿於其所及都堂。侍從官并尚書、侍郎分宿於秘書省、中書後省。餘官內庭有所司者各宿於其司。諸方客使許赴陪位官各宿於其次。凡散齋，治事如故，惟不吊喪、問疾、作樂，判書刑殺文書[1]，決罰罪人及與穢惡[2]。致齋之日，官給酒饌。惟祀事得行，其餘悉禁。與祀之官已齋而闕者[3]，通攝行事。

奏告

前祀二日，奏告太祖皇帝室，如常告之儀。

陳設

前祀三日，殿中監帥其屬尚舍設大次於外壝東門之內道北，南向；小次於午階之東，西向。儀鸞司設文武侍臣次於大次之前[4]，隨地之宜；行事、陪祠官、宗室及有司次於外壝東門之外；設東方、南方客使次於文官之後，西方、北方客使次於武官之後。設饌幔於內壝東門西門之外道北，南向；北門之外道東，西向。壝上及東方、南方午階之東，饌陳於東門外；西方、南方午階之西，饌陳于西門外；北方之饌陳於北門外。

前祀二日，郊社令帥其屬掃除壇之上下，積柴於燎壇。光禄牽牲詣祠所。大晟陳登歌之樂於壇上稍南，北向。設宮架於壇南內壝之外，立舞表於酇綴之間[5]。

前祀一日，太常設神位席，太史設神位版：昊天上帝位於壇

---

① “刑殺文書”四字，底本脱，據《文獻通考》卷七二《郊社考五·郊》校補。
② “與”字，底本脱，據《文獻通考》卷七二《郊社考五·郊》校補。
③ “與”字，底本作“典”，據《文獻通考》卷七二《郊社考五·郊》校改。
④ “次於”，底本作“於此”，據《文獻通考》卷七二《郊社考五·郊》校改。
⑤ “舞表”，底本作“舞衣”，據楊本、《文獻通考》卷七二《郊社考五·郊》校改。

上北方，南向，席以藁秸；太祖皇帝位於壇上東方，西向，席以蒲越；天皇大帝、五方帝、大明、夜明[①]、北極九位於第一龕；北斗、天一、太一、帝座、五帝内座、五星、十二辰、河漢等内官神位五十有四於第二龕；二十八宿等中官神位五百十有九於第三龕[②]；外官神位一百有六於内壝之内[③]；衆星神位三百有六十於内壝之外。第一龕席以藁秸，餘以莞席[④]，皆内向。

子階之東第二龕，鈎星、天柱、玄枵、天廚、柱史五位。第三龕：虚宿、女宿、牛宿、織女四位在前，人星、司命、司危、司非、司禄、天津、離珠、羅堰、天桴、奚仲、左旗、河鼓、右旗十有三位在後。天壘城、璃瑜、代星、齊星、周星、晉星、韓星、秦星、魏星、燕星、楚星、鄭星十有二位在内壝之内。衆星三十位在内壝之外。皆各爲一列，以西爲上。

丑階之東第一龕，北極一位。第二龕：女史、星紀、御女三位。第三龕：建星、斗宿、箕宿三位在前，天鷄、輦道、漸臺、敗瓜、扶筐、匏瓜、天井、天棒、帛度、屠肆[⑤]、宗星、宗人、宗正十有三位在後。越星、趙星、九坎[⑥]、天田、狗國、天淵、狗星、鱉星、農丈人、杵星、糠星十有一位在内壝之内。衆星三十位在内壝之外。皆各爲一列，以西爲上。

寅階之南第一龕，青帝一位。第二龕：帝座一位在前，尚書、析木、河漢、大理、歲星五位在後。第三龕：尾宿、天紀、心宿、日星四位在前，天籥、女牀、候星[⑦]、市樓、宦者、天江、車肆[⑧]、斗星、斛星[⑨]、天市垣、列肆[⑩]、東咸、罰星十有三位在後，魚星、龜星、

---

①　“夜明”，底本作“夜光”，據《文獻通考》卷七二《郊社考五·郊》、《宋史》卷九九《禮二·南郊》校改。

②　“中官”，底本作“守官”，據《文獻通考》卷七二《郊社考五·郊》、《宋史》卷九九《禮二·南郊》校改。

③　“官”字，底本脱，據《文獻通考》卷七二《郊社考五·郊》、《宋史》卷九九《禮二·南郊》校補。

④　底本“莞”後衍“而”字，據《宋史》卷九九《禮二·南郊》删。

⑤　“屠肆”，底本作“署四”，據十萬卷樓本、本書卷二《序例·神位上》校改。

⑥　“九坎”，底本作“九次”，據本書卷二《序例·神位上》改。

⑦　“候星”，底本作“侯星”，據本書卷二《序例·神位上》改。

⑧　“車肆”，底本作“車四”，據十萬卷樓本、本書卷二《序例·神位上》校改。

⑨　“斛星”，底本作“解星”，據十萬卷樓本、本書卷二《序例·神位上》校改。

⑩　“列肆”，底本作“列四”，據十萬卷樓本、本書卷二《序例·神位上》校改。

傅説、神宫、積卒、從官、天輻、騎陣將軍八位在内壇之内①。衆星三十位在内壇之外。皆各爲一列，以北爲上。

卯階之南第一龕，大明一位。第二龕：陰德、大火、天槍、玄戈、天牀五位。第二龕：房宿、七公、氐宿、帝座、大角、亢宿六位在前，貫索、鍵閉②、鈎鈐、周伯星、西咸③、天乳、招摇、梗河、亢池、周鼎十位在後。陣車、車騎、騎官、頓頑、折威、陽門、五柱、天門、衡星、庫樓十位在内壇之内。衆星三十位在内壇之外。皆各爲一列，以北爲上。

辰階之南第二龕，三師、輔星、壽星、相星、太陽守五位。第三龕：攝提、角宿、軫宿、太微垣、太子五位在前，天田、平道、進賢、郎將、郎位、内五諸侯、九卿内座、三公内座、謁者、幸臣、常陳十有一位在後，平星、南門、青丘、長沙、土司空五位在内壇之内。衆星三十位在内壇之外。皆各爲一列，以北爲上。

巳階之西第一龕，赤帝一位。第二龕：太一、天一二位在前，大理④、勢星、鶉尾、熒惑、内廚五位在後。第三龕：明堂、翼宿、張宿三位在前，屏星、從官、虎賁、靈臺、少微、長垣、黄帝座、四帝八位在後。左右轄、軍門、器府、東甌、天廟、酒旗六位在内壇之内。衆星三十位在内壇之外。皆各爲一列，以東爲上。

午階之西第一龕，黄帝一位。第二龕：北斗一位在前，天牢、三公、鶉火、文昌、内階五位在後。第三龕：軒轅、七星、三台、柳宿四位在前，内平、太尊、積薪、積水、北河五位在後。天相、天稷、爟星⑤、天紀、外廚、天狗、南河七位在内壇之内。衆星三十位在内壇之外。皆各爲一列，以東爲上。

未階之西第二龕，鎮星、鶉首、四輔三位。第三龕：鬼宿、井宿、參宿三位在前，天尊、五諸侯、鉞星⑥、座旗、司怪、天闕六位在後。天社、天星、水位、闕丘、狼星、弧矢⑦、老人星、四瀆、野鷄、軍市、水府、孫星、子星十有三位在内壇之内。衆星三十位在内壇之外。皆各爲一列，以東爲上。

---

① “騎陣將軍”，底本作“騎陳將軍”，據本書卷二《序例・神位上》改。
② “鍵閉”，底本作“天閑”，據本書卷二《序例・神位上》改。
③ “西咸”，底本作“四咸”，據本書卷二《序例・神位上》改。
④ “大理”，底本作“天理”，據本書卷二《序例・神位上》改。
⑤ “爟星”，底本作“權星”，據本書卷二《序例・神位上》改。
⑥ “鉞星”，底本作“越星”，據文津閣本、十萬卷樓本、本書卷二《序例・神位上》改。
⑦ “弧矢”，底本作“狐星”，據本書卷二《序例・神位上》改。

　　申階之北第一龕，白帝一位，第二龕：實沈、太伯二位。第三龕：觜宿、五車、諸王、畢宿四位在前，咸池、天潢、三柱、天高、礪石、天街、天魟七位在後，丈人、天矢、天厠、伐星①、屏星、軍井、玉井、九斿、參旗、附耳、九州殊口②、天節十有二位在內壝之內。衆星三十位在內壝之外。皆各爲一列，以南爲上。

　　酉階之北第一龕，夜明一位。第二龕：八穀、大梁、杠星、華蓋四位。第三龕：月星、昴宿、胃宿三位在前，積水、天讒、卷舌、天河、積尸、大陵、左更、天大將軍③、軍南門九位在後④。天園、天陰、天廩、天苑、天囷、芻藁、天庾、天倉、鈇鑕、天溷十位在內壝之內。衆星三十位在內壝之外。皆各爲一列，以南爲上。

　　戌階之北第一龕，天皇大帝一位。第二龕：五帝內座一位在前，傳舍、六甲、降婁三位在後。第三龕：婁宿、奎宿、壁宿三位在前，右更、附路、閣道、王良、策星、天厩、土公、雲雨、霹靂九位在後。外屏⑤、土司空、八魁、羽林四位在內壝之內。衆星三十位在內壝之外。皆各爲一列，以南爲上。

　　亥階之東第一龕，黑帝一位。第二龕：勾陳、娵訾、辰星、紫微垣四位。第三龕：室宿、危宿二位在前，螣蛇、雷電、離瑜⑥、造父、土公吏、內杵、臼星、蓋屋、虛梁、墳墓、車府十有一位在後，壘壁陣⑦、斧鉞、敗臼、北落師門、天網、天錢、泣星、哭星八位在內壝之內。衆星三十位在內壝之外。皆各爲一列，以西爲上。

　　昊天上帝、配帝、天皇大帝、五方帝、大明、夜明、北極之座及禮神之玉俟告潔訖，權徹。其內官、中官、外官、衆星等位，皆設定。

　　奉禮郎、禮直官設皇帝位版於壇下小次前⑧，西向；飲福位於壇下午階之西，北向；望燎位于柴壇之北，南向。設爟火于望燎位之東⑨，南向。東西各六人。

---

①　底本“伐”前衍“天”字，據本書卷二《序例·神位上》刪。
②　“九州殊口”，底本作“九州珠口”，據文津閣本、十萬卷樓本、楊本校改。
③　“天大將軍”，底本作“天火將軍”，據文津閣本、十萬卷樓本校改。
④　“軍南門”，底本作“單南門”，據文津閣本、十萬卷樓本校改。
⑤　“外”字，底本脫，據本書卷二《序例·神位上》補。
⑥　“離瑜”，底本作“離宮”，據本書卷二《序例·神位上》改。
⑦　“壘壁陣”，底本作“壁壘陣”，據本書卷二《序例·神位上》乙正。
⑧　“直”字，底本作“真”，據文津閣本、楊本校改。
⑨　“于”字，底本無，據文津閣本校補。

　　贊者設亞、終獻位於小次之南稍東,西向;大禮使、太宰、左丞位於其南;行事吏部、户部、禮部尚書,吏部、禮部侍郎,光禄卿,讀册、舉册官,光禄丞位於大禮使之東;<small>光禄丞稍却。</small>奉禮郎、搏黍太祝、郊社、太官令位於小次之東北,俱西向,北上。監察御史位二,一於壇下午階之西南,一於子階西北;協律郎二,一於壇上樂虡西北,一於宫架西北,俱東向。大樂令於登歌樂虡北[1],大司樂於宫架北,良醖令於酌尊所,俱北向。又設陪祠文武官位於執事官之南,諸方客使在文官之南,隨其方國。

　　光禄陳牲於東壝門外,西向,祝史各位於牲後;太常設省牲位於牲西。大禮使、太宰[2]、左丞在南,北向,西上,分獻官位於其後。行事吏部、户部、禮部尚書,吏部、禮部侍郎,大司樂、光禄卿,讀册、舉册官,大樂令、光禄丞,奉禮、協律部,搏黍太祝、郊社、太官令在北,南向,西上。<small>凡設大樂令以下位皆稍却。</small>監察御史在吏部尚書之西,異位稍却。

　　光禄陳禮饌於東壝門外道北,南向;太常設省饌位於禮饌之南。大禮使、太宰、左丞在南,北向,西上,分獻官位於其後。監察御史位二,俱在西,東向,北上。行事吏部、户部、禮部尚書,吏部、禮部侍郎,大司樂、光禄卿,讀册、舉册官,大樂令、光禄丞,奉禮、協律郎,搏黍太祝、郊社[3]、太官令在東,西向,北上。

　　禮部帥其屬設祝册案於神位之右,司尊彝帥其屬設玉幣篚於酌尊所[4]。

---

　　①　"登歌"二字,底本脱,據《文獻通考》卷七二《郊社考五・郊》校補。
　　②　"太宰",底本作"太常",據本書卷八〇《皇帝祭地皇地祇儀一・陳設》改。
　　③　"郊社",底本作"郊禮",據文津閣本、十萬卷樓本、楊本校改。
　　④　"篚"字,底本作"筐",據十萬卷樓本、楊本、《文獻通考》卷七二《郊社考五・郊》校改。

　　次設籩、豆、簠、簋之位①：正、配位皆左十有一籩，右十有一豆，俱爲三行；俎三，一在籩前，二在豆前，爲二重；登一，在籩、豆間；簠一、簋一，在籩、豆外；簠在左，簋在右。又設尊坫之位：正、配位皆太尊五，山尊五，爲二重，在壇上東南隅，北向，西上。配位設於正位酒尊之東。太尊在前，皆有坫，加勺、幂，爲酌尊。又設太尊二②、山尊二在神位前，著尊二、犧尊二在午階之西第一龕，配位設於酉階之北第一龕。象尊二、壺尊六在壇下午階之西，俱北向，西上，配位即設於壇下酉階之北，俱東向，北上。皆加幂，設而不酌。又設從祀諸神籩、豆、簠、簋之位：第一龕每位皆左十籩，右十豆，俱爲三行；俎二，在籩、豆前；登一，在籩、豆間；簠一、簋一，在籩、豆外，簠在左，簋在右；爵一，在俎前，加坫。其餘神位，每位皆左二籩，右二豆；俎一，在神位前；爵一，次之；簠一、簋一，在爵之前，簠在左，簋在右；登一，在籩、豆間。內壝外衆星位，皆不設登。設從祀尊坫之位：第一龕，每龕太尊二、著尊二，太尊在上；第二龕，每龕犧尊二；第三龕，每龕象尊二、壺尊二，象尊在上；內壝之內，每階概尊二；內壝之外，每階散尊二、皆加勺、幂，在神位之左。又設正、配位籩、豆、簠、簋、盤、俎各一於饌幔內。設御洗二於壇下午階東南，北向。盥洗在東，爵洗在西。罍在洗東，加勺；篚在洗西南肆，實以巾。若爵洗之篚，則又實以爵，加坫。設皇帝位於洗南，北向；內侍酌水位於洗東，執巾位於酌水內侍之北，俱西向。吏部侍郎位于爵洗之西③，東向④。又設亞、終獻盥洗、爵洗于本位之南，分獻官盥洗

① “次”字，底本作“以”，據《文獻通考》卷七二《郊社考五·郊》校改。

② “又”字，底本作“之”，據十萬卷樓本、楊本校改。

③ “爵洗”，底本作“洗爵”，據文津閣本乙正。

④ 底本“東向”後衍“又設爵洗之西東向”八字，據十萬卷樓本、本書卷八〇《皇帝祭皇地祇儀一·陳設》刪。

各於其方。陛道之左,罍、筐各設於左右,皆内向,執罍①、筐者位其後。

祀日丑前五刻,郊社令與太史官屬皆服其服升壇,設昊天上帝、太祖皇帝神位版於壇上。又設天皇大帝、五方帝、大明、夜明、北極九位於第一龕。太府卿、少府監帥其屬陳玉、幣於筐。昊天上帝以蒼璧,青帝以青珪,赤帝以赤璋②,黄帝以黄琮,白帝以白琥,黑帝以黝璜,日、月以珪璧③,皆盛於匣。昊天上帝、配帝幣皆以蒼,日、月、内官以下各從其各色。禮神之玉,各置於神位前,燔玉加於幣。

光禄卿帥其屬入實正、配位籩、豆、簠、簋。籩三行,以右爲上。第一行:形鹽在前,魚鱐、糗餌次之。第二行:榛實在前,乾桃、乾蔆、乾棗次之。第三行:蔆在前,芡、栗、鹿脯次之。豆三行④,以左爲上⑤。第一行:芹菹在前,笋菹、菁菹、葵菹次之。第二行:韭菹在前,酏食⑥、魚醢次之。第三行:豚拍在前,鹿臡、醓醢次之。簠實以稻。簋實以黍。登實以太羹。

太官令帥其屬入實俎。籩前之俎一,實以牛腥七體⑦,兩髀、兩脅、兩肩並脊,兩髀在兩端,兩肩、兩脅次之,脊在中。豆右之俎二,爲二重,以北爲上。第一重實以牛腥,腸、胃、肺、離肺一在上端,刌肺三次之,腸三、胃三又次之。第二重實以牛熟,腸、胃、肺,其載如腥。若配位即以東爲上。

良醖令帥其屬入實尊。太尊實以泛齊,山尊實以醴齊,著尊實以盎齊,犧尊實以醍齊,象尊實以沉齊,各以一尊實明水。壺尊三實玄酒,三實三酒。明水、玄酒皆在上。又實從祀神位之饌,第一龕每龕籩三行,以右爲上。第一行:乾蔆在

---

① "執"字,底本脱,據《文獻通考》卷七二《郊社考五·郊》校補。

② "青帝以青珪赤帝以赤"九字,底本脱,據《文獻通考》卷七二《郊社考五·郊》校補。

③ 《文獻通考》卷七二《郊社考五·郊》"璧"前無"珪"字。

④ "豆"字,底本脱,據楊本校補。

⑤ "以"字,底本脱,據《文獻通考》卷七二《郊社考五·郊》校補。

⑥ "酏食",底本作"配食",據楊本校改。

⑦ 底本"牛腥"前衍"十"字,據楊本、《文獻通考》卷七二《郊社考五·郊》删。

前,乾棗、形鹽、魚鱐次之。第二行:鹿脯在前,榛實①、乾桃次之。第三行:菱在前,芡、栗次之。豆三行,以右爲上。第一行:芹菹在前,筍菹、葵菹、菁菹次之。第二行:韭菹在前,魚醢、兔醢次之。第三行:豚拍在前,鹿臡、醓醢次之。簠實以稻、粱,粱在稻前。簋實以黍、稷,稷在黍前。籩前之俎實以羊腥髀一,豆前之俎實以豕腥髀一。登實以太羹。爵實以泛齊。其餘諸神位,每位左二籩,栗在前,鹿脯次之;右二豆,菁菹在前,鹿臡次之。簠實以稷,簋實以黍,俎實以羊、豕腥肉,登實以大羹,爵實以齊酒。**又實從祀神位之尊**。太尊實以泛齊,犧尊實以醴齊,壺尊實以沉齊,各以一尊實明水。概尊實以清酒,散尊實以昔酒,各一尊實玄酒。著尊、象尊實以明水。上帝、配帝之饌升卯階,青帝升寅階,赤帝升巳階,黃帝升未階,白帝升酉階,黑帝升子階,大明升辰階,夜明升戌階,天皇大帝升戌階,北極升丑階,其餘神位各由其升階。

　　太常設燭於神位前,又設大禮使以下行事、執事官揖位於卯階之東内壝外②,如省牲位。所司陳異寶嘉瑞及伐國之寶於宮架之南③,東西相向。

---

①　"榛"字,底本作"棽",據楊本、《文獻通考》卷七二《郊社考五·郊》校改。

②　"揖"字,底本作"設",據《文獻通考》卷七二《郊社考五·郊》校改。

③　"伐"字,底本作"大",據本書卷八〇《皇帝祭皇地祇儀一·陳設》改。

卷第二十六　吉禮

皇帝祀昊天上帝儀二

車駕自太廟詣青城　省牲器　奠玉幣

車駕自太廟詣青城

前祀一日，皇帝於太廟朝享畢，既還大次。禮部郎中奏解嚴。皇帝常服，乘輿，還齋殿。所司轉仗衛鹵簿。陪祀文武官先赴圓壇、齋宮①。導駕官以下就次，各服其服。尚輦奉御進輿於齋殿。乘黃令進玉輅於廟南門外，少西，南向。設千牛將軍一員位於輅前，北向。門下侍郎一員位於左輔之前，贊者二人位又於其前。

質明，知客省事以下，知內侍省事以下，帶御器械官、祗應通侍大夫以下②，武功大夫以下，并六尚局應奉官於齋戒門前鬭班立定③。東上閤門、御史臺、太常寺分引管軍臣僚及左輔、門下侍郎、太僕卿、乘黃令詣齋殿門外立班，並北向，東上。乘黃令位其後。次引導駕官以下俱於大次門外，分東西向立，以俟奉迎前導。次行宮使、御營巡檢各就位，立定。禮直官、通事舍人引禮部侍郎

① "祀"字，底本脫，據文津閣本、十萬卷樓本、楊本校補。
② "通侍"，底本作"通事"，據《文獻通考》卷七二《郊社考五・郊》校改。
③ "鬭"字，底本脫，據十萬卷樓本、楊本校補。

奏請中嚴①。凡左輔、門下侍郎、禮部侍郎奏請，皆禮直官②、通事舍人引。少頃，又奏外辦。皇帝服通天冠、絳紗袍，乘輿以出，稱警蹕，如常儀。行門禁衛、諸班親從迎駕，奏"聖躬萬福"。知客省事以下，知內侍省事以下，帶御器械官、祗應通侍大夫以下③，武功大夫以下，六尚局應奉官序班迎駕，奏"聖躬萬福"。次管軍臣僚宣名④，奏"聖躬萬福"。次左輔以下常起居。次導駕官北向，常起居，內有已起居者止奏"聖躬萬福"。分東西立。次行宮使、御營巡檢常起居。該宣名者並宣名。

　　太僕卿出詣玉輅所，攝衣而升，正立執轡。導駕官前導皇帝至廟南門內⑤，少東。左輔進當輿前，俯伏，跪奏："左輔具臣某言，請皇帝降輿。"奏訖，俯伏，興，退，復位。凡左輔奏請准此。皇帝降輿，步出門外，至玉輅所。千牛將軍前跪執轡。左輔奏請升輅。乘黃令稍前，東向，進玉輅。皇帝升輅，太僕卿立授綏，導駕官分左右步導。門下侍郎進，當輅前俯伏，跪奏："門下侍郎具官臣某言，請車駕進發。"奏訖，俯伏，興，退，復位。凡門下侍郎奏請准此。車駕動，稱警蹕。左輔先詣廟西門內以俟。門下侍郎及贊者夾侍以出。千牛將軍夾輅而趨。車駕將及廟西門，至侍臣上馬所，門下侍郎奏請車駕少駐，敕侍臣上馬，左輔前承旨，退稱曰："制可。"門下侍郎退，傳制稱："侍臣上馬。"贊者承傳敕侍臣上

---

①　"奏請"，底本作"奉請"，據文津閣本、十萬卷樓本校改。

②　"禮"字，底本脫，據文津閣本、十萬卷樓本、楊本校補。

③　"通侍"，底本作"通事"，據《文獻通考》卷七二《郊社考五·郊》校改。

④　"宣名"二字，底本無，據本書卷八一《皇帝祭皇地祇儀二·車駕自太廟詣青城》補。

⑤　"導"字，底本脫，據十萬卷樓本、楊本、《文獻通考》卷七二《郊社考五·郊》校補。

馬，諸侍衛之官各督其屬左右翊駕①，在黃麾內。符寶郎奉八寶前導，殿中監後部從，導駕官夾侍於前，贊者在左輔、門下侍郎之前。侍臣上馬畢，門下侍郎奏請車駕進發。車駕動，稱警蹕，不鳴鼓吹。

　　大駕鹵簿前導詣青城。車駕將至青城，東上閣門、御史臺分引陪祠文武官、宗室、客使，禮直官、贊者引行事、執事官俱詣泰禋門外立班②，再拜奉迎訖，退。內有已起居者，止奏"聖躬萬福"。車駕及門稍駐③，文武侍臣皆下馬，導駕官步導入門。車駕動，千牛將軍夾輅而趨。至端誠殿前迴輅南向，千牛將軍立於輅右。左輔奏請皇帝降輅乘輿，尚輦奉御進輿于輅後。皇帝降輅乘輿入齋殿④，侍衛如常儀。導駕官步導至殿前，皇帝降輿歸殿後閣，簾降。通事舍人承旨敕羣官各還次。學士院以祝册授通進司進御書訖，付尚書禮部。

省牲器

　　省牲之日，午後七刻，去壇三百步禁行者。

　　未後二刻，郊社令帥其屬掃除壇之上下，司尊彝帥府史及執事者以祭器入設於位。凡設祭器皆藉以席，籩、豆又加巾蓋。太府卿、少府監陳玉、幣於筐⑤。告潔畢，權徹。

---

　　① "翊"字，底本作"翼"，據十萬卷樓本、《文獻通考》卷七二《郊社考五·郊》校改。

　　② "泰"字，底本作"奉"，據《文獻通考》卷七二《郊社考五·郊》校改。

　　③ "稍"字，底本作"外"，據《文獻通考》卷七二《郊社考五·郊》校改。

　　④ "尚輦奉御進輿于輅後皇帝乘輿"十三字，底本脫，據本書卷八一《皇帝祭皇地祇儀二·車駕自太廟謁青城》補。

　　⑤ "玉"字，底本脫，據《文獻通考》卷七二《郊社考五·郊》校補。

　　未後三刻，禮直官、贊者分引大禮使以下詣東壝門外省牲位立定。光禄卿、丞與執事者牽牲就位。禮直官贊揖①，贊者引大司樂入行樂架。凡亞、終獻行事皆禮直官、太常博士引，大禮使、太宰②、左丞行事，皆禮直官引。餘官皆贊者引③。次引禮部尚書升自卯階，視滌濯。凡行事、執事官升降皆自卯階。次引太宰申眡滌濯，執事者皆舉冪曰：“潔。”俱復位。禮直官稍前，曰：“告潔畢，請省牲。”次引禮部尚書、侍郎稍前省牲訖，退，復位④。次引光禄卿出班循牲一匝，西向躬曰：“充。”曰：“備。”次引光禄丞出班循牲一匝，西向躬曰：“腯。”俱復位。禮直官稍前曰：“省牲畢，請就省饌位。”贊揖訖，引大禮使以下各就位立定。禮直官贊揖所司省饌具畢，禮直官贊：“省饌畢。”揖訖，俱還齋所。光禄卿、丞及執事者以次牽牲詣廚，授太官令。次引禮部尚書詣廚，省鼎鑊，視濯溉。協律郎展視樂器，乃還齋所。

　　晡後一刻，太官令帥宰人以鸞刀割牲，祝史各取毛血實於槃，俱置饌所，遂烹牲。郊社令帥其屬掃除壇之上下。

奠玉幣

　　祀日丑前五刻，行事用丑時七刻。諸祀官及陪祠之官各服其服。郊社令與太史官屬入設神位版，太府卿、少府監入陳玉、幣，光禄卿入實籩、豆、簠、簋，太官令入實俎，良醞令入實尊，樂正帥工人二舞以次入，與執尊、罍、篚、冪者各就位。次引分獻、執事官各

---

　　① 底本“贊”後衍“者”字，據楊本、《文獻通考》卷七二《郊社考五·郊》刪。
　　② “太宰”，底本作“太常”，據本書卷八一《皇帝祭皇地祇儀二·省牲器》改。
　　③ “官皆”二字，底本脱，據《文獻通考》卷七二《郊社考五·郊》校補。
　　④ “復”字，底本脱，據楊本、《文獻通考》卷七二《郊社考五·郊》校補。

位於龕陛上下，並外向。次通事舍人分引陪祠文武官及宗室、客使各入就位。次禮直官、贊者分引大禮使以下行事、執事官就卯階內壝門外揖位立定①，禮直官贊揖。次引監察御史，次引大禮使以下入就位②。次引監御史按視壇之上下，糾察不如儀者，退，復位。

尚輦奉御進輿於齋殿。皇帝服通天冠、絳紗袍，乘輿以出。近侍及扈從之官前導至大次門外。皇帝降輿入次，簾降。禮儀使、樞密院官、太常卿、東上閤門官、太常博士、禮直官分引於大次外之左右。次引禮部侍郎詣前奏請中嚴。少頃，又奏外辦。符寶郎奉寶陳於宮架之北。禮儀使當次前俯伏，跪奏：“禮儀使臣具官某言，請皇帝行事。”奏訖，俯伏，興，還侍位③。禮儀使奏禮畢，准此。簾卷，皇帝服裘被袞以出，侍衛如常儀。禮儀使以下前導至中壝門外，殿中監跪進大圭，殿中少監副之。凡殿中監進圭、受圭，皆少監副之。禮儀使奏請執大圭，前導皇帝入自正門。侍衛不應入者，止於門外。協律郎跪④，俯伏，舉麾，興，凡行禮執事者取物、奠物，皆跪，俯伏，興。工鼓柷，宮架《乾安之樂》作。皇帝升降、行止，皆作《乾安之樂》。至午階版位西向立，偃麾，戛敔，樂止。凡樂，皆協律郎跪，俛伏，舉麾，興，工鼓柷而後作；偃麾，戛敔而後止⑤。禮儀使以下分左右侍立。凡行禮，皆禮儀使⑥、樞密院官、太常卿、東上閤門官、太常博士、禮直官前導，至位則分立於左右。禮儀使前奏：“有司謹具，請行事。”宮架作《景安之樂》、《文德之

---

① “立定”，底本作“定立”，據文津閣本、楊本乙正。
② “就位”，底本作“就次”，據本書卷三一《皇帝宗祀上帝儀二・奠玉幣》改。
③ “侍位”，底本作“侍衛”，據本書卷八一《皇帝祭皇地祇儀二・奠玉幣》改。
④ “跪”字，底本無，據《文獻通考》卷七二《郊社考五・郊》校補。
⑤ “戛敔”二字，底本脱，據《文獻通考》卷七二《郊社考五・郊》校補。
⑥ “皆禮”二字，底本脱，據《文獻通考》卷七二《郊社考五・郊》校補。

舞》，六成，止①。太常升煙，燔牲首。禮儀使奏請再拜，皇帝再拜。贊者曰：“再拜。”在位官皆再拜。内侍取玉、幣於篚，立於尊所。_{應龕陛上下及壇内諸位太祝取玉、幣，亦各立於尊所。}次引太宰，吏部尚書、侍郎升詣昊天上帝神位前立。太宰、吏部尚書俱西向，北上，侍郎東向。

　　禮儀使前導皇帝詣盥洗位②，宫架樂作，至洗位，北向立，樂止。内侍酌水以進。禮儀奏請搢大圭，盥手。内侍跪，取巾於篚，興以進，皇帝帨手。内侍受巾，跪，奠於篚。

　　禮儀使奏請執大圭，前導。皇帝升壇。大禮使從。_{皇帝升降，大禮使皆從，左右侍衛量人數升。}宫架樂作，至壇下，樂止。升自午階，登歌樂作，至壇上，樂止。登歌《嘉安之樂》作，殿中監跪進鎮圭，禮儀使奏請搢大圭，執鎮圭，前導皇帝詣昊天上帝神位前，北向立。内侍先設繅藉於地。禮儀使奏請跪奠鎮圭於繅藉，執大圭，俯伏，興。又奏請搢大圭，跪。内侍加玉於幣，以授吏部尚書，吏部尚書以授太宰，太宰西向跪以進。禮儀使奏請受玉、幣，皇帝受奠訖，吏部侍郎東向，跪受以興，進奠於昊天上帝神位前。太宰，吏部尚書、侍郎俱詣太祖皇帝神位前以俟。禮儀使奏請執大圭，俯伏，興。内侍取鎮圭、繅藉，詣太祖皇帝神位前，先設繅藉於地。禮儀使奏請再拜，皇帝再拜訖，樂止。禮儀使前導皇帝詣太祖皇帝神位前，東向，奠幣，並如上儀。_{惟登歌作《廣安之樂》。}太宰以下俱復位。

　　禮儀使導皇帝還版位，登歌樂作，内侍舉鎮圭、繅藉，以鎮圭授殿中監，以還有司①。皇帝降階，樂止。宮架樂作，至版位西向立，樂止。

　　初，皇帝將奠配位之幣，贊者引分獻官俱詣盥洗位，搢笏，盥手，帨手，執笏，各由其階升②，詣諸從祀神位前，各搢笏，跪，奠幣，執笏，俯伏，興，再拜。祝史、執事官各助奠訖，退，復位。祝史奉毛血盤立於壝門外③，由其階升，太祝迎於壇上，俱進奠於神位前，太祝與執事者退立於尊所④。

------

　　①　"以還"，底本作"還次"，據楊本、《文獻通考》卷七二《郊社考五·郊》校改。

　　②　"各"字，底本無，據《文獻通考》卷七二《郊社考五·郊》校補。

　　③　"毛血槃"，底本作"毛架"，據十萬卷樓本、楊本、《文獻通考》卷七二《郊社考五·郊》校改。

　　④　"尊所"，底本作"所奠"，據楊本、《文獻通考》卷七二《郊社考五·郊》校改。

卷第二十七　吉禮

皇帝祀昊天上帝儀三

進熟　望燎　端誠殿受賀

進熟

祀日，有司陳鼎四於神廚，各在鑊右，太官令帥進饌者詣廚，以匕升牛於鑊，實於一鼎，肩、臂、臑、肫、胳、正脊一，橫脊一，長脅一，短脅一，代脅一，皆二骨以並。正、配位各一鼎①。皆設扃羃，祝史對舉，陳於饌幔內，重行西向，以南爲上。光祿實籩、豆、簠、簋於饌幔內。籩實以粉餈，豆實以糝食，簠實以粱，簋實以稷②。次引禮部侍郎詣饌所，視腥熟之節。俟皇帝升奠玉、幣訖，還位，樂止，引禮部尚書詣饌所，執籩、豆、簠、簋以入，戶部尚書詣饌所，奉俎以入。太官令引入正門，宮架《豐安之樂》作，設卯階之下，北向，西上。奉牲者在東，祝史抽扃，委於鼎右，除羃。

初，鼎序入。有司執匕及俎以從，至卯階下，各設於鼎西，匕加於鼎。太官令以匕升牛，載於一俎，肩、臂、臑在上端，肫、胳在下端，脊、

---

① “一”字，底本作“以”，據楊本、《文獻通考》卷七二《郊社考五·郊》校改。
② “稷”字，底本作“黍”，據《文獻通考》卷七二《郊社考五·郊》校改。

脅在中端。正、配位各一俎①。鼎先退。俟祝史進徹毛血槃，以次出。

次引禮部尚書搢笏，執籩、豆、簠、簋，户部尚書搢笏，奉俎以升，執事者各迎於壇上。禮部尚書奉籩、豆、簠、簋詣昊天上帝神位前，北向，跪奠，蓋啟於下②，執笏，俯伏，興。有司設籩於糗餌前③，豆於醓醢前，簠於稻前，簋於黍前。次引户部尚書奉俎詣昊天上帝神位前，北向，跪奠，執笏，俯伏，興，有司設於豆前。次詣太祖皇帝神位前，東向，跪奠，並如上儀④。樂止，俱降，復位。太祝取蕭擩於脂，祭於豆間三⑤。又取黍、稷、肺祭如初，皆藉用茅，各還尊所。次引太宰、左丞詣昊天上帝神位前，西向立，以北爲上。次引吏部侍郎於爵洗位，東向立。

禮儀使前導皇帝詣盥洗位，宮架樂作，至洗位，北向立，樂止。內侍酌水以進。禮儀使奏請搢大圭，盥手。內侍跪，取巾於篚，興以進，皇帝帨手。內侍受巾，跪，奠於篚。禮儀使奏請執大圭，前導皇帝詣爵洗位，宮架樂作，至洗位⑥，北向立，樂止。吏部侍郎跪，取爵於篚，興以進。禮儀使奏請搢大圭，受爵。內侍酌水以進。禮儀使奏請洗爵，內侍跪，取巾於篚，興以進，皇帝拭爵。內侍受巾，跪，奠於篚。吏部侍郎受爵，升自午階。

禮儀使奏請執大圭，前導。皇帝升壇，宮架樂作，至午階，樂止。升自午階，登歌樂作，至壇上，樂止。登歌《僖安之樂》作，吏

---

① “各”字，底本作“合”，據十萬卷樓本、楊本、《文獻通考》卷七二《郊社考五·郊》校改。

② “啟”，底本作“訖”，據本書卷八二《皇帝祭皇地祇儀三·進熟》改。

③ “於”字，底本脱，據《文獻通考》卷七二《郊社考五·郊》校補。

④ “並”字，底本脱，據《文獻通考》卷七二《郊社考五·郊》校補。

⑤ “祭”字，底本作“登”，據楊本、《文獻通考》卷七二《郊社考五·郊》校改。

⑥ “至”字，底本作“立”，據文津閣本、十萬卷樓本、楊本校改。

部侍郎奉爵詣正位酌尊所，西向立，執尊者舉冪，良醞令酌太尊之泛齊訖，先詣配位酌尊所，北向立。禮儀使前導皇帝詣昊天上帝神位前，北向立，禮儀使奏請搢大圭，跪，吏部侍郎以爵授左丞，左丞授太宰，太宰西向跪以進。禮儀使奏請執爵，祭酒，三祭於茅苴。奠爵，執大圭，俯伏，興，又奏請少立^①，樂止。太宰、左丞俱詣太祖皇帝神位前，北向立以俟。舉册官舉祝册，進於昊天上帝神位之右。讀册官搢笏，東向，跪讀册文，讀訖，執笏，興，先詣太祖皇帝神位前，南向立。禮儀使奏請再拜，皇帝再拜。有司奠册於昊天上帝神位前。禮儀使前導皇帝詣太祖皇帝神位前，酌獻^②，並如上儀。唯登歌作《彰安之樂》^③。太宰以下俱復位。

　　禮儀使前導皇帝還版位，登歌樂作^④。降階，樂止。宮架樂作。至版位西向立，樂止。禮儀使奏請還小次，宮架樂作。將至小次，樂止。禮儀使奏請釋大圭，殿中監跪受大圭。皇帝入小次，簾降，樂止。

　　文舞退，武舞進，宮架《正安之樂》作，舞者立定，樂止。

　　初，皇帝將詣小次。禮直官、太常博士引亞獻詣盥洗位，北向立，搢笏，盥手，帨手，執笏，詣爵洗位，北向立。搢笏，洗爵，拭爵，以授執事者，執笏，升，詣正位酌尊所，西向立。宮架作《正安之樂》、《武功之舞》。執事者以爵授亞獻，亞獻搢笏，跪^⑤，執爵。執尊者舉冪，太官令酌山尊之醴齊訖，先詣配位酌尊所，北向立。

---

① "奏"字，底本脱，據《文獻通考》卷七二《郊社考五·郊》校補。
② 底本"酌"後衍"南"字，據文津閣本、楊本删。
③ "唯"字，底本作"將"，據十萬卷樓本校改。
④ "樂"字，底本脱，據文津閣本校補。
⑤ "跪"字，底本無，據《文獻通考》卷七二《郊社考五·郊》校補。

亞獻以爵授執事者，執笏，詣昊天上帝神位前，北向，搢笏，跪①。執事者以爵授亞獻，亞獻執爵，祭酒，三祭於茅苴②，奠爵，執笏，俯伏，興，少退，北向，再拜。次詣太祖皇帝神位前，酌獻，並如上儀。樂止，降，復位③。

初，亞獻行禮將畢，次禮直官、太常博士引終獻詣洗及升壇，酌獻，並如亞獻之儀，降，復位。

初，亞獻將升，次分引分獻官詣盥洗位，搢笏，盥手，帨手，執笏，各由其階升。詣從祀諸神位前，俱搢笏，跪，執爵，三祭酒，奠爵，執笏，俯伏，興，再拜，降，復位。

初，皇帝既奠玉、幣，光禄以牛左臂一骨及長脅、短脅俱二骨以並，載於胙俎，設於壇下飲福位之西。俟終獻既升獻，引戶部尚書、搏黍太祝、太官令詣飲福位，東向立④，奉俎、豆、爵酒者各位於其後。

禮儀使奏請詣飲福位，簾捲⑤，出次，宮架樂作，殿中監跪進大圭，禮儀使奏請執大圭，前導皇帝詣飲福位，將至位，樂止。宮架《禧安之樂》作，皇帝至飲福位，北向立。尚醞典御執尊，升詣酌尊所。良醞令酌上尊福酒合置一尊，典御奉尊，降，詣飲福位，以授殿中少監。尚醞奉御執爵，殿中少監酌之。奉御以爵酒授殿中監，殿中監西向捧以立。禮儀使奏請再拜，皇帝再拜。殿中

---

① "跪"字，底本無，據《文獻通考》卷七二《郊社考五・郊》校補。

② "三祭於茅苴"五字，底本無，據十萬卷樓本、楊本、《文獻通考》卷七二《郊社考五・郊》校補。

③ "止降"，底本作"降止"，據楊本、《文獻通考》卷七二《郊社考五・郊》乙正。

④ "東向"，底本作"東面"，據十萬卷樓本、《文獻通考》卷七二《郊社考五・郊》校改。

⑤ "簾捲"，底本作"捲簾"，據十萬卷樓本、《文獻通考》卷七二《郊社考五・郊》乙正。

監跪以爵酒進。禮儀使奏請搢大圭,跪受爵①,祭酒,三祭於地。啐酒,奠爵,殿中監跪受爵以興。

諸太祝帥執事者持胙俎進,減神位前正脊二骨、橫脊二骨,加於俎上②,内侍受俎以授户部尚書③,户部尚書西向跪以進。皇帝受俎,奠之。户部尚書受俎以興,退,復位。太官令取黍於簋,搏以授太祝,太祝受以豆,東向跪進。皇帝受訖,奠之。太祝受豆以興,退,復位。

次殿中監再跪以爵酒進,禮儀使奏請受爵,飲福酒,奠爵。殿中監受虛爵,興,以授典御奉御④。執事者俱退,復位。禮儀使奏請執大圭,俯伏,興。又奏請再拜,皇帝再拜,樂止。

禮儀使前導皇帝還版位,宮架樂作,至版位,西向立⑤,樂止。

次引禮部尚書升壇,徹籩、豆,户部尚書升壇,徹俎,籩、豆、俎各一,俱少移故處,登歌《熙安之樂》作,卒徹,樂止。禮部、户部尚書降,復位。禮直官曰:“賜胙。”行事。陪祀官拜,贊者承傳曰:“賜胙,再拜。”在位官皆再拜。

送神,宮架《景安之樂》作,一成,止。

望燎

《景安之樂》畢,禮儀使奏請詣望燎位,前導皇帝詣望燎位,

---

①　“受爵”,底本作“授爵”,據十萬卷樓本、《文獻通考》卷七二《郊社考五·郊》校改。

②　“上”字,底本脱,據《文獻通考》卷七二《郊社考五·郊》校補。

③　“内侍受俎”四字,底本脱,據《文獻通考》卷七二《郊社考五·郊》校補。

④　“奉御”,底本作“奏”,據楊本、《文獻通考》卷七二《郊社考五·郊》校改。

⑤　“西向”,底本作“西南”,據十萬卷樓本、《文獻通考》卷七二《郊社考五·郊》校改。

宮架樂作。至位，南向立，樂止。

初，賜胙再拜訖，郊社令以黍、稷、肺祭，藉以白茅束之。吏部侍郎帥太祝執篚進詣神位前，取玉、幣、祝册藉以茅。大明、夜明以上，並以俎載牲體、黍稷飯、爵酒，各由其階降壇，南行詣柴壇，自南階升，以玉、幣、祝册、饌物置於燎柴，諸太祝又以諸位幣帛從燎。禮直官曰：“可燎。”舉爛火，東西各以炬燎。半柴。

禮儀使奏禮畢[①]，前導皇帝還大次，宮架樂作。出中壝門外[②]，禮儀使奏請釋大圭，殿中監跪受大圭，以還有司，侍衛如常儀。皇帝至大次，樂止。禮部郎中奏解嚴。次引大禮使以下詣卯階之東，内壝外揖位立，禮直官贊：“禮畢。”[③]揖訖，退。通事舍人等引陪祀文武官及宗室、客使以下出。將士不得輒離部伍。

端誠殿受賀

皇帝既還大次，奏解嚴訖。皇帝常服，乘輿，還青城，侍衛如常儀，鼓吹振作。至殿前，降輦，還齋殿。東上閤門、御史臺分引文武官、宗室並常服詣殿前立班稱賀。東上閤門附内侍進班齋牌。皇帝常服出，升御座，鳴鞭，禁衛奏“聖躬萬福”。

次舍人揖管軍臣僚等并行門躬，贊“再拜”，管軍臣僚以下皆再拜，班首奏“聖躬萬福”。舍人引班首出班，俯伏，跪，致詞訖，俯伏，興，退，復位。舍人揖，躬贊“再拜”，管軍臣僚以下皆再拜，三稱“萬歲”。内侍詣御座前承旨，退，降階，西向宣答訖。舍人

---

① 後一“禮”字，底本脱，據十萬卷樓本、楊本、《文獻通考》卷七二《郊社考五·郊》校補。

② “中”字，底本脱，據文津閣本、十萬卷樓本、楊本、《文獻通考》卷七二《郊社考五·郊》校補。

③ “畢”字，底本作“儀”，據《文獻通考》卷七二《郊社考五·郊》校改。

贊"再拜"，管軍臣僚以下皆再拜，三稱"萬歲"。舍人贊"各祗候"，管軍臣僚詣殿下侍立，行門分左右立。

次太史局官詣當殿北向立，舍人揖躬，贊"再拜"。太史局官再拜[1]，奏"聖躬萬福"，出班躬身奏祥瑞訖，退，復位。舍人揖，躬贊"再拜"，太史局官再拜，贊"祗候"，太史局官東出。

次舍人揖樞密以下躬，舍人當殿通某官姓名以下起居稱賀，轉身於班前西向立。舍人贊"再拜"，樞密以下皆再拜[2]，摺笏，舞蹈，三稱"萬歲"，又再拜。班首不離位，奏"聖躬萬福"，又再拜。舍人引班首出班，俯伏，跪，致詞訖，俯伏，興，退，復位。舍人揖，躬贊"再拜"，樞密以下皆再拜，摺笏，舞蹈，三稱"萬歲"，又再拜。東上閣門官當殿北向承旨，退，西向，稱"有制"，樞密以下皆再拜，宣答訖，復位。舍人曰："再拜。"樞密以下皆再拜，摺笏，舞蹈，三稱"萬歲"，又再拜。樞密直學士升殿侍立[3]。並升西階。知客省事以下殿廷東侍立。餘官分班出。

舍人、禮直官揖宰臣以下躬，舍人當殿通文武百僚宰臣姓名以下起居稱賀[4]。三公通某官。舍人揖班首以下橫行北向立，學士、待制[5]、兩省官[6]、將軍仍舊相向立[7]。稱賀如上儀。惟典儀贊拜，樞密詣御座前承

---

① "拜"字，底本脱，據楊本、《文獻通考》卷七二《郊社考五·郊》校補。

② "樞密以下皆再拜"七字，底本脱，據《文獻通考》卷七二《郊社考五·郊》校補。

③ 底本"樞密"前衍"樞密"二字，據《文獻通考》卷七二《郊社考五·郊》删。

④ "通"字，底本作"道"，據十萬卷樓本、楊本、《文獻通考》卷七二《郊社考五·郊》校改。

⑤ "待制"二字，底本脱，據《文獻通考》卷七二《郊社考五·郊》校補。

⑥ "兩省"，底本作"西省"，據十萬卷樓本、《文獻通考》卷七二《郊社考五·郊》校改。

⑦ "相向"，底本作"西向"，據《文獻通考》卷七二《郊社考五·郊》校改。

旨，退詣折檻東，稱"有制宣答"^①。賀訖，宰臣、執政官升殿，東西相向立。宰臣、執政官升東階，中書侍郎升西階。樞密直學士下殿。餘官以次退。皇帝降座，鳴鞭。殿上侍立官以次退^②。

卷第二十八　吉禮

皇帝祀昊天上帝儀四

車駕還內　宣德門肆赦

車駕還內

前期，殿中監帥其屬尚舍設御幄於大慶殿門外之東，南向。大晟設宮架於宣德門外，稍南。

其日，端誠殿受賀禮畢，所司轉仗衛鹵簿於還塗，如來儀。文武百官、宗室、客使先詣宣德門外，就次以俟①，立班奉迎②。乘黃令進金輅於行宮殿門外，南向。千牛將軍一員執長刀立於輅前。尚輦奉御進輿於齋殿，導駕官俱詣齋殿奉迎。禮部侍郎奏請中嚴，少頃，又奏外辦。簾卷，皇帝服通天冠、絳紗袍，乘輿以出。應導駕官等並迎駕，奏"聖躬萬福"。內祇應官贊謝花再拜。太僕御出詣金輅所，攝衣而升，正立執轡。皇帝乘輿，降自西階，至金輅所。左輔奏請皇帝降輿乘輅。有司仍具大輦。若乘輦，仍奏云："降輿乘輦。"太僕卿立授綏，千牛將軍馭駕，如來儀。門下侍郎奏請車駕進發，車駕動，稱警蹕，侍衛如儀。

---

① "以"字，底本脫，據《文獻通考》卷七二《郊社考五·郊》校補。
② "立班"，底本作"至班"，據十萬卷樓本、《文獻通考》卷七二《郊社考五·郊》校改。

至侍臣上馬所，門下侍郎奏請車駕少駐，敕侍臣上馬。左輔前承旨，退，稱曰："制可。"門下侍郎傳制，稱："侍臣上馬。"贊者承傳敕侍臣上馬。門下侍郎奏請車駕進發，車駕動，稱警蹕，鼓吹及諸軍樂振作[1]。車駕將至宣德門外，文武百官、宗室、客使並立班，再拜奉迎。次大内留守至[2]，再拜訖，退。

車駕至宣德門外[3]，少駐。文武侍臣皆下馬步導，千牛將軍降，立於輅右。車駕動，千牛將軍夾輅而趨。大樂正令奏《采茨之樂》，入門，樂止。車駕至御幄前，左輔奏請皇帝降輅乘輿。若乘輦，即奏云："降輦乘輿。"皇帝降輅乘輿以入。禮部郎中奏解嚴。通事舍人承旨，敕羣官各還次，將士各還其所。

宣德門肆赦

前期，殿中監帥其屬尚舍張設宣德門之外。又設御座於前楹當中，南向。又設御幄於後。東上閣門設捧赦書儀物於御座之東，稍南。儀鸞司設文武百僚次於樓前，隨地之宜。八作司設鷄竿於御階之東，稍北。大晟府設鉦鼓一於宮架之西[4]，稍北[5]，東向[6]。

其日，刑部、大理寺、開封府以囚徒集於仗後。東上閣門、御史臺、太常寺設文武百官位於樓下。皇帝既歸幄次。少頃，乘

---

[1]　"鼓"字，底本脱，據文津閣本、十萬卷樓本、楊本、《文獻通考》卷七二《郊社考五·郊》校補。

[2]　"至"字，《文獻通考》卷七二《郊社考五·郊》作"見"。

[3]　"至"字，底本作"自"，據《文獻通考》卷七二《郊社考五·郊》校改。

[4]　"鉦"字，底本脱，據《文獻通考》卷七二《郊社考五·郊》校補。

[5]　"稍北"，底本作"北稍"，據十萬卷樓本、楊本、《文獻通考》卷七二《郊社考五·郊》乙正。

[6]　"向"字，底本作"上"，據《文獻通考》卷七二《郊社考五·郊》校改。

輦，升宣德門。至御閣東①，降輦，歸御閣②，簾降。內侍進呈赦
書③。東上閣門官於樓下侍立。三員於樓上祗應。禮直官、通事舍人
分引三公、親王以下詣樓前，分班立定。左輔、樞密升詣御座之
東，翰林學士承旨一員，升詣御座之西，俱南向立。翰林學士承旨闕，
即翰林學士。次引禮部侍郎奏請中嚴。少頃，又奏外辦，降，復本
班。簾卷，大樂正令撞黃鍾之鐘，右五鐘皆應，《乾安之樂》作。
內侍索扇，扇合，皇帝出御閣，臨軒，即御座，樓下鳴鞭，簾卷。內
侍贊“扇開”，扇退，樂止，侍衛如常儀。禮直官、通事舍人分引三
公、親王以下橫行北向立定。學士、侍制、兩省官、將軍仍舊相向立。典儀
曰：“再拜。”在位皆再拜，分班東西相向立④。

　　樓下舍人詣樓前北向立，左輔詣御座前承旨，退，稍前，西向
宣曰：“奉敕立金雞。”退，復位。樓下舍人應喏，趨詣文武班南，
北向揖訖，東向宣曰：“奉敕立金雞。”宣付所司退，復位。金雞初
立，大晟府擊鼓。每擊鼓投一杖，囚集，鼓聲止。初，宣立金雞，即擊
鼓，立金雞訖，即止，更不投杖。

　　樓上降赦書，閣門受以置於案。承受二人舉案於東偏門之
西南，舍人二員對捧。東上閣門官揖引至班心⑤，北向揖，稱“宣
付門下省”，退詣案西，東向立。引門下侍郎詣案南，北向搢笏，
跪。閣門捧赦書以授門下侍郎受訖，執笏，俯伏，興。舍人捧案，
退，置於樓下近北訖，歸本班。東上閣門官還侍立位。次門下侍

---

①　底本“閣”後衍“門”字，據本書卷八三《皇帝祭皇地祇儀四·宣德門肆赦》刪。
②　“歸”字，底本脫，據《文獻通考》卷七二《郊社考五·郊》校補。
③　“進呈”，底本作“遣呈”，據文津閣本校改。
④　“立”字，底本脫，據《文獻通考》卷七二《郊社考五·郊》校補。
⑤　“揖”字，底本作“捧”，據十萬卷樓本、楊本、《文獻通考》卷七二《郊社考五·
郊》校改。

郎捧赦書,詣班前,北向俯伏,跪奏:"制書請付外施行。"①制書權付禮直官②。奏訖,俯伏,興,躬身北向。次引左輔詣御座前承旨,退,西向宣曰:"制可。"退,復位。門下侍郎稱"宣付班首",稍西,東向立。次引班首相向,各俯伏,跪。門下侍郎搢笏,捧制書以授班首,班首受訖③,執笏,俯伏,興,捧,歸位,以付舍人。舍人跪受,付提點承受啟封訖④,復以授舍人。舍人捧制書,折方行至班心,近南,西向,又折方,北向立。東上閤門官一員并捧制書舍人於左省班後詣宣制位,起居郎、舍人一員指摘句讀。舍人宣曰:"有制。"典儀曰:"再拜。"在位官皆再拜。舍人宣制至"咸赦除之",獄吏詣南班,北向躬,稱"脫枷"訖,奏"聖躬萬福",三稱"萬歲"。以罪人過宣制訖,樓上舍人贊樞密院官、左輔、翰林學士承旨並賀再拜。樓上閤門官不拜。東上閤門官歸侍立位,舍人捧制書詣班前,東向立,搢笏,跪,以制書授班首。班首受訖⑤,舍人執笏,退,復侍立位。禮直官次引刑部尚書詣班首前⑥,東向,搢笏,跪。班首搢笏,以制書授刑部尚書。刑部尚書受訖,執笏⑦,以制書加于笏上,以授所司,歸本班。禮直官、通事舍人引三公、親王以下及應

---

① "施行",底本作"誕行",據十萬卷樓本、楊本、《文獻通考》卷七二《郊社考五·郊》校改。

② "禮直官",底本作"禮職官",據楊本、《文獻通考》卷七二《郊社考五·郊》校改。

③ "班首"二字,底本脱,據文津閣本、十萬卷樓本、楊本校補。

④ "受付",底本作"付受",據本書卷八三《皇帝祭皇地祇儀四·宣德門肆赦》乙正。

⑤ "班首"二字,底本脱,據文津閣本、十萬卷樓本、楊本校補。

⑥ "刑部",底本作"西部",據十萬卷樓本、楊本、《文獻通考》卷七二《郊社考五·郊》校改。

⑦ "以制書授刑部尚書刑部尚書受訖執笏"十六字,底本脱,據《文獻通考》卷七二《郊社考五·郊》校補。

橫行官就北向位立定①。典儀曰：“再拜。”在位官皆再拜。禮直官、通事舍人引班首少前，俯伏，跪，致詞訖，俯伏，興。典儀曰：“再拜。”在位官皆再拜，搢笏，舞蹈，三稱“萬歲”，又再拜。東上閤門官詣樓前，北向承旨，退，於班首前西向宣制。典儀曰：“再拜。”在位者皆再拜。東上閤門官宣答訖，歸侍立位。典儀曰：“再拜。”在位者皆再拜，舞蹈，三稱“萬歲”，又再拜。禮直官、通事舍人引三公、親王以下分東西班叙立。

禮直官引左輔詣御座前，奏“禮畢”，退，復位。内侍索扇，扇合，大樂正令撞蕤賓之鐘，左五鐘皆應，《乾安之樂》作。簾降，皇帝降座，還御幄，樂止。樓下鳴鞭，舍人詣樓前，北向躬承旨②，四色官應喏，舍人北向稱“奉敕放仗”，四色官趨至班南，宣曰：“奉敕放仗。”百僚再拜，退。宣詞令舍人於樓下宣勞訖，將士始退。賜茶酒，拽馬隊並如儀③。

---

① “位”字，底本作“住”，據文津閣本、十萬卷樓本、楊本校改。
② “躬”字，底本脱，據《文獻通考》卷七二《郊社考五·郊》校補。
③ “賜茶酒拽馬隊”，底本作“賜酒拽馬隊茶”，據本書卷八三《皇帝祭皇地祇儀四·宣德門肆赦》改。

卷第二十九　吉禮

祀昊天上帝儀_{有司行事}

時日　齋戒　奏告　陳設　省牲器

奠玉幣　進熟　望燎

時日

太常寺預於隔季以冬日至祀昊天上帝於圓壇，關太史局。太史局以其日報太常寺。太常寺參酌訖，具時日散告。

齋戒

前祀十日，受誓戒於尚書省。

其日五鼓，贊者設位版於公相廳下：初獻官在左，刑部尚書在右，並南向。亞、終獻禮官位於其南，稍東，北向，西上。分獻官位其後。監察御史位於其西，稍北，東向。户部尚書，大司樂，光禄卿，大樂令、光禄丞位於其南，稍西，北向[1]，東上。_{大樂令、光禄丞位稍却。若夏祭大禮年上公攝事，增讀册、舉册官位在光禄卿下。其揖位、省牲、省饌位並准此。}奉禮、協律郎，太祝、郊社、太官令位於其東，西向，

---

[1]　“稍西北向”，底本作“稍北西向”，據本書卷八四《祭皇地祇儀有司行事·齋戒》改。

北上。

質明，贊者引行事、執事就位立定。禮直官引初獻降階，就位。禮直官贊揖，在位者對揖。初獻搢笏，讀誓文云："某月某日冬至，祀昊天上帝。各揚其職，不共其事，國有常刑。"讀訖，執笏。禮直官贊奉禮、協律郎，太祝，郊社、太官令先退，餘官對拜，乃退。

散齋七日，治事如故，宿於正寢，不弔喪、問疾、作樂、判書刑殺文書、決罰罪人及與穢惡。致齋三日，光禄卿、丞，太官令齋一日。二日於本司。無本司者，於太常齋舍，質明至齋所。惟祀事得行，其餘悉禁。

前祀一日質明，俱赴祠齋宮，官給酒饌。祀官已齋而闕者，通攝行事。若夏祭大禮年上公攝事，未受誓戒前，贊者引亞獻官以下俱立階下。亞獻，禮部尚書，終獻，太常卿，讀册、舉册官，大樂令，分獻官，協律郎，太官令西向，北上；户部尚書、刑部尚書、光禄卿、監察御史、禮直官[①]、光禄丞、奉禮郎、太祝、郊社令東向，北上，立定。禮直官引初獻入就南向位，贊揖訖，歸次，以俟受誓。

奏告

前祀二日，奏告太祖皇帝，如常告之儀。

陳設

前祀三日，儀鸞司設行事、執事官次於壇東壝門之外及齋宮之內，隨地之宜，設饌幔於內壝東門外道北，南向。

前二日，光禄牽牲詣祠所。

前一日，郊社令帥其屬掃除壇之上下。太常設正、配神位

---

① "直"字，底本脱，據本書卷八四《祭皇地祇儀有司行事・齋戒》補。

席，太史設正、配神位版於壇上。凡設神位版，皆郊社令監視。太常設祭器，凡設祭器，皆藉以席，籩、豆又加巾蓋。以俟告潔。既畢，權徹。

　　光禄陳牲於卯階之東南内壇之外，西向，祝史各位於牲後；太常設省牲位於牲西。三獻官、禮官在南，北向，分獻官在其後。户部尚書，大司樂，光禄卿，大樂令，光禄丞，奉禮、協律郎，太祝、郊社①、太官令在北，南向。俱西上。凡設大樂令、光禄丞以下位皆稍却。監察御史於户部尚書之西，少絶。

　　光禄陳禮饌於壇之東南内壇之外，南向。太常設齋饌位版於禮饌之南。三獻官、禮官在南，北向，西上。分獻官在其後。監察御史在西，東向。户部尚書，大司樂，光禄卿，大樂令，光禄丞，奉禮、協律郎，太祝，郊社、太官令在東，西向，北上。大晟設登歌之樂於壇上稍南②，北向。設宮架於壇南内壇之外，立舞表於酇綴之間。

　　祀日丑前五刻，禮直官、贊者、諸司職掌各服其服。

　　太常設神位席，太史設神位版於壇之上下③：昊天上帝位於壇上北方，南向，席以藁秸。太祖皇帝位於壇上東，西向，席以蒲越。天皇大帝、五方帝④、大明、夜明、北極九位於第一龕。北斗、天一、太一帝位，五星、十二辰、河漢等内官神位五十有四於第二龕。二十八宿等中官神位百五十有九於第三龕。外官神位百有六於内壇之内。衆星神位三百有六十於内壇之外。第一龕皆席

---

①　底本"郊祀"前衍"郊祀"二字，據楊本、《文獻通考》卷七二《郊社考五・郊》删。

②　"上"字，底本脱，據本書卷八四《祭皇地祇儀有司行事・齋戒》補。

③　"設神位席太史"六字，底本脱，據文津閣本、十萬卷樓本、楊本、《文獻通考》卷七二《郊社考五・郊》校補。

④　"帝"字，底本脱，據楊本、《文獻通考》卷七二《郊社考五・郊》校補。

以藁秸，餘以莞席①，皆内向。

　　子階之東第二龕，鈎星、天柱、玄枵、天廚、柱史五位。第三龕：虛宿、女宿、牛宿、織女四位在前，人星、司命、司危、司非、司禄、天津、離珠、羅堰、天桴、奚仲、左旗、河鼓、右旗十有三位在後，天壘城、璃瑜、代星、齊星、周星、晉星、韓星、秦星、魏星、燕星、楚星、鄭星十有二位在内壝之内。衆星三十位在内壝之外。皆各爲一列，以西爲上。

　　丑階之東第一龕，北極一位。第二龕：女史、星紀、御女三位。第三龕：建星、斗宿、箕宿三位在前，天雞、輦道、漸臺、敗瓜、扶箱、匏瓜、天井、天棒、帛度、屠肆、宗人、宗星、宗正十有三位在後，越星、趙星、九坎②、天田、狗國、天淵、狗星、鼈星、農丈人、杵星、糠星十有一位在内壝之内。衆星三十位在内壝之外。皆各爲一列，以西爲上。

　　寅階之南第一龕，青帝一位。第二龕：帝座一位在前，尚書、析木、河漢、大理、歲星五位在後。第三龕：尾星、天紀、心宿、日星四位在前，天籥、女牀、候星、市樓、宦者、天江、車肆、斗星、斛星、天市垣、列肆、東咸、罰星十有三位在後，魚星、龜星、傅說、神宫、積卒、從官、天輻、騎陣將軍八位在内壝之内。衆星三十位在内壝之外。皆各爲一列，以北爲上。

　　卯階之南第一龕，大明一位。第二龕：陰德、大火、天槍、玄戈、天牀五位。第三龕：房宿、七公、氐宿、帝座③、大角、亢宿六位在前，貫索、鍵閉④、鈎鈐、周伯星、西咸、天乳、招摇、梗河、亢池、周鼎十位在後。陣車、車騎、騎官⑤、頓頑⑥、折威、陽門、五柱、天門、衡星、庫樓十位在内壝之内。衆星三十位在内壝之外。皆各爲一列，以北爲上。

　　辰階之南第二龕，三師、輔星、壽星、相星、太陽守五位。第三龕：攝提、角宿、軫宿、太微垣、太子五位在前，天田、平道、進賢、郎將、郎位、内五諸侯、九卿内座、三公内座、謁者、幸臣、常陳十有一位在後。平星、南門、青丘、長沙、土司空五位在内壝之内。衆星三十位在内壝之外。皆各爲一列，以北爲上。

---

①　底本“莞”後衍“而”字，據《宋史》卷九九《禮二·南郊》删。
②　“九坎”，底本作“九次”，據本書卷二《序例·神位上》改。
③　“帝座”，底本作“帝席”，據本書卷二《序例·神位上》改。
④　“鍵閉”，底本作“天閑”，據本書卷二《序例·神位上》改。
⑤　“騎官”，底本作“官騎”，據本書卷二《序例·神位上》乙正。
⑥　“頓頑”，底本作“頓頁”，據本書卷二《序例·神位上》改。

　　巳階之西第一龕，赤帝一位。第二龕：太一、天一二位在前，大理[①]、勢星、鶉尾、熒惑、内廚五位在後。第三龕：明堂、翼宿、張宿三位在前，屏星、從官、虎賁、靈臺、少微、長垣、黄帝座、四帝八位在後。左右轄、軍門、器府、東甌、天廟、酒旂六位在内壝之内。衆星三十位在内壝之外。皆各爲一列，以東爲上。

　　午階之西第一龕，黄帝一位。第二龕：北斗一位在前，天牢、三公、鶉火、文昌、内階五位在後。第三龕：軒轅、七星、三台、柳宿四位在前，内平、太尊、積薪、積水、北河五位在後。天相、天稷、燧星[②]、天紀、外廚、天狗、南河七位在内壝之内。衆星三十位在内壝之外。皆各爲一列，以東爲上。

　　未階之西第二龕，鎮星、鶉首、四輔三位。第三龕：鬼宿、井宿、參宿三位在前，天尊、五諸侯、鉞星、座旂、司怪、天關六位在後[③]。天社、天星、水位、闕丘、狼星、弧矢[④]、老人星、四瀆、野雞、軍市、水府、孫星、子星十有三位在内壝之内。衆星三十位在内壝之外。皆各爲一列，以東爲上。

　　申階之北，第一龕，白帝一位。第二龕：實沉、太伯二位。第三龕：觜宿、五車、諸王、畢宿四位在前，咸池、天潢、三柱、天高、礪石、天街、天缸七位在後。丈人、天矢、天廁、伐星、屏星、軍井、玉井、九斿、參旂、附耳、九州殊口、天節十有二位在内壝之内。衆星三十位在内壝之外。皆各爲一列，以南爲上。

　　西階之北第一龕，夜明一位。第二龕：八穀、大梁、杠星、華蓋四位。第三龕：月星、昴宿、胃宿三位在前，積水、天讒、卷舌、天河、積尸、大陵、左更、天大將軍、軍南門九位在後。天園[⑤]、天陰、天廩、天苑、天困、芻藁、天庾、天倉、鈇鑕、天溷十位在内壝之内。衆星三十位在内壝之外。皆各爲一列，以南爲上。

　　戌階之北第一龕，天皇大帝一位。第二龕：五帝内座一位在前，傳舍、六甲、降婁三位在後。第三龕：婁宿、奎宿、壁宿三位在前，右更、附路、閣道、王良、策星、天厩、土公、雲雨、霹靂九位在後。外屏[⑥]、土司空、八魁、羽林四位在内壝之内。衆星三十位在

---

　　① "大理"，底本作"天理"，據本書卷二《序例・神位上》改。
　　② "燧星"，底本作"權星"，據本書卷二《序例・神位上》改。
　　③ "天關"，底本作"天闕"，據本書卷二《序例・神位上》改。
　　④ "弧矢"，底本作"狐矢"，據本書卷二《序例・神位上》改。
　　⑤ "天園"，底本作"天圓"，據本書卷二《序例・神位上》改。
　　⑥ "外"字，底本脱，據本書卷二《序例・神位上》補。

內壝之外。皆各爲一列，以南爲上。

亥階之東第一龕，黑帝一位。第二龕：鈎陳、娵訾、辰星、紫微垣四位。第三龕：室宿、危宿二位在前，騰蛇、雷電、離瑜①、造父、土公吏、內杵、臼星、蓋屋、虛梁、墳墓、軍府十有一位在後。壘壁陣②、斧鉞、敗臼、北落師門、天網、天錢、泣星、哭星八位在內壝之內。衆星三十位在內壝之外。皆各爲一列，以西爲上。

太常陳玉於神位之左，玉以蒼璧，盛以匣，燔玉用珉。禮神之玉，奠於神前，燔玉加於幣，配位不用玉。陳幣篚各於神位之左③，幣以蒼。五方帝、日、月與內官各隨方色。祝版各於神位之右，置於坫。若夏祭大禮年上公攝事，用竹册，置於案。

太常設祭器，光禄實之。正、配位各左十有二籩，爲三行，以右爲上；第一行：形鹽在前，魚鱐、糗餌、粉餈次之。第二行：榛實在前，乾桃、乾薐、乾棗次之。第三行：薐在前，芡、菱、鹿脯次之。右十有二豆，爲三行，以左爲上；第一行：芹菹在前，筍菹、葵菹、菁菹次之。第二行：韭菹在前，鮑食、魚醢次之，第三行：豚拍在前，鹿臡、醓醢、糝食次之。俎三，一在籩前，實以牛腥七體，兩髀、兩肩、兩脅并脊。兩髀在兩端，兩肩、兩脅次之，脊在中。二在豆右，爲二重，以北爲上；第一重，實以牛腥。腸、胃、肺、離肺一在上端④，刌肺三次之，腸三、胃三又次之。第二重，實以牛熟，腸、胃、肺，其載如腥。若配位，即以東爲上。登一，在籩、豆間⑤；實以太羹。槃一，在登前；實以毛血。簠二、簋二，在籩、豆外，簠在左，簋在右。簠實以稻、粱，粱在稻前。簋實以黍、稷，稷在黍前。

設太尊五、山尊五，爲二重，在壇上東南隅，北向，西上，配位即設於正位酒尊之東。太尊在前，皆有坫，加勺、冪，爲酌尊。太尊一實明

---

① “離瑜”，底本作“離宮”，據本書卷二《序例·神位上》改。

② “壘壁陣”，底本作“壁壘陣”，據本書卷二《序例·神位上》改。

③ “幣”字，底本脱，據本書卷三四《宗祀上帝儀有司行事·陳設》補。

④ “端”字，底本作“又”，據文津閣本、楊本校改。

⑤ “豆”字，底本脱，據文津閣本校補。

水^①，爲上尊，餘實以泛齊，代以供内法酒，初獻酌之。山尊實以明水，爲上尊；餘實以醴齊，代以祭祠法酒，亞、終獻酌之。又設太尊二、山尊二在神位前，太尊實以泛齊，山尊實以醴齊，各以一尊實明水。著尊二、犧尊二在午階之西第一龕，著尊實以盎齊，犧尊實以醍齊，各以一尊實明水。若配位即設於酉階之北第一龕。象尊二、壺尊六在壇下午階之西，象尊一實明水，一實沉齊。壺尊三實玄酒，三實三酒。明水、玄酒皆在上。若配位，即設于壇下酉階之北。俱北向，西上，若配位，即東向，北上。皆加幂。五齊三酒，設而不酌。

第一龕每龕左八籩，爲三行^②，以右爲上；第一行：形鹽在前，魚鱐次之。第二行：乾桃在前，乾藤、乾棗次之。第三行：芡在前，鹿脯、糝食次之。右八豆，爲三行，以左爲上；第一行：芹菹在前，筍菹次之。第二行：菁菹在前，韭菹、魚醢次之。第三行：兔醢在前，鹿臡、醓醢次之。俎二，在籩、豆外；左實羊腥一髀，右實豕腥一髀。簠一、簋一，在俎前，簠在左，簋在右；簠實稷。簋實黍。登一，在籩、豆之間。實以大羹。爵一，在俎前，加坫。實以祠祭法酒。第二、三龕每位各左二籩^③，棗在前，鹿脯次之。右二豆；菁菹在前，鹿臡次之。俎一，在籩、豆之外；實以羊、豕腥肉。爵一，次之；實以祠祭法酒。簠一、簋一，在爵之前，簠在左，簋在右；簠實以稷。簋實以黍。登一，在籩、豆之間；實以太羹。爵一，在俎前，加坫。實以祠祭法酒。内壝内、外每位左一籩；實以鹿脯。右一豆；實以鹿臡。俎一，在籩、豆之外；實以羊、豕腥肉。爵一，次之；實以祠祭法酒。簠一、簋二，在俎之前，簠在左，簋在右。簠實稷。簋實黍。

第一龕每龕設太尊二、著尊二，太尊在右。太尊一實以祠祭法酒，

---

① “一實”，底本作“實以”，據本書卷三四《宗祀上帝儀有司行事·陳設》改。

② “三”字，底本作“一”，據十萬卷樓本校改。

③ “二”字，底本作“一”，據十萬卷樓本、《文獻通考》卷七二《郊社考五·郊》校改。

餘皆實明水。第二龕每龕設犧尊二。第三龕，每龕設象尊二、壺尊二。內壝之內每階設概尊二；內壝之外，每階設散尊二，皆加勺、冪，皆一實明水，一實以祠祭法酒。在神位之左。

太常設燭於神位前，又設俎二於饌幔內，洗二於卯階之東，北向。盥洗在東，爵洗在西。罍在洗東，加勺，篚在洗西南肆，實以巾。若爵、洗之篚，則又實以爵①，加坫。禮官、分獻官盥洗各於階道之左，俱內向。執罍、篚者位其後。

又設揖位於卯階之東內壝之外，如省牲位。惟不設光禄卿、丞位。

積柴於燎壇。設望燎位於卯階之東南內壝之內。三獻官、禮官在北，南向，西上，分獻官在其後。監察御史在西，東向。户部尚書，大司樂，大樂令，奉禮、協律郎，太祝，郊社令在東，西向，北上。又設三獻官、禮官席位於卯階之東北，西向，南上。分獻官位其後。户部尚書席位於卯階之東南，西向。設監察御史席位於午階之南，北向。夏祭大禮年上公攝事，增讀册、舉册官位於監察御史之西。奉禮郎，太祝、郊社、太官令位於其後，大司樂、大樂令席位于監察御史之東，協律郎位于其後②，光禄卿席位於大司樂之東，俱北向，西上。又設監察御史位於壇上樂虡之北在西，東向。奉禮郎、太祝、郊社令在東，西向，北上。夏祭大禮年上公攝事，增讀册、舉册官位在奉禮郎上③。大樂令於樂虡之北，太官令於酌尊所，俱北向。協律郎位二，一於壇上樂虡之西北④，一於宮架之西北，俱東向。大

---

①　“爵洗在西罍在洗加勺篚在洗西南肆實以巾若爵洗之篚則又實”二十六字，底本脱，據本書卷三四《宗祀上帝儀有司行事·陳設》補。

②　“大司樂大樂令席位于監察御史之東協律郎位于其後”二十二字，底本脱，據本書卷三四《宗祀上帝儀有司行事·陳設》補。

③　“上”字，底本作“後”，據楊本校改。

④　“西”字，底本脱，據《文獻通考》卷七二《郊社考五·郊》校補。

司樂位於宮架之北,北向。

省牲器

前祀一日,行事、執事官集初獻齋所肄儀,太祝習讀祝文,視玉、幣及神位版訖,並赴壇所,各就次。禮直官、贊者分引行事、執事官詣壇東省牲位①,凡初獻行事禮直官引,餘官皆贊者引。立定。禮直官贊揖。次引大司樂入行樂架。次引監察御史升自卯階,凡行事、執事官升降,皆自卯階。視滌濯,執事者舉幂,曰:"潔。"降,復位。禮直官稍前,曰:"告潔畢,請省牲。"太祝出班巡牲一匝,詣初獻前,西向躬曰:"充。"退,復位。光禄丞出班巡牲一匝,詣初獻前,西向躬曰:"腯。"退,復位。禮直官贊:"省牲畢,請詣省饌位。"揖訖,引行事、執事官各就位立定。禮直官贊揖所司省饌具畢,禮直官贊:"省饌畢。"揖訖,俱還齋所。光禄丞、太祝以次牽牲詣廚,授太官令。次引監察御史詣廚,省鼎鑊,視祭器滌溉,協律郎展視樂器,仍還齋所。

未後一刻,太官令帥宰人以鸞刀割牲,祝史以槃取毛血,各置於饌所,遂烹牲。

晡後,郊社令帥其屬掃除壇之上下訖,還齋所。

奠玉幣

祀日丑前五刻,行事用丑時七刻。初獻以下並赴壇所就次。郊社令先入,視設神位版訖,退。樂正帥工人二舞入就位②。登歌工

---

① "位"字,底本脱,據本書卷八四《祭皇地祇儀有司行事‧省牲器》補。
② "人"字,底本脱,據《文獻通考》卷七二《郊社考五‧郊》校補。

人俟監察御史點閱訖，升卯階，各就位。次太常令帥其屬實饌具畢。次引光禄卿入詣午階之南席位，北向立，贊者曰：“再拜。”光禄卿再拜，升壇，點視禮饌畢。次引監察御史升壇，點閱陳設，糾察不如儀者。凡點視、點閱，皆先詣正位。光禄卿還齋所。餘官各服祭服。

　　次引行事、執事官各就卯階東内壝外揖位立定，禮直官贊揖。次引大司樂、大樂令、協律郎先入就午階南席位，北向立。贊者曰：“再拜。”大司樂以下皆再拜①，各就位。次引監察御史、奉禮郎、太祝、郊社、太官令入就午階南席位，北向立。若夏祭大禮年上公攝事，則又引讀册、舉册官。次引初獻、户部尚書、亞獻、終獻、禮官、分獻官各入就卯階東席位，西向立②。禮直官稍前，贊：“有司謹具，請行事。”協律郎跪，俛伏，舉麾，興，工鼓柷，宮架作《景安之樂》、《帝臨嘉至之舞》，六成，偃麾，戛敔，樂止。凡樂，皆協律郎跪，俛伏，舉麾，興工鼓柷而後作，偃麾，戛敔而後止。太常升煙，燔牲首。贊者曰：“再拜。”③在位者皆再拜。次引監察御史，奉禮郎，太祝、郊社、太官令升壇，各就位立定。太官令就正位酌尊所。

　　次引初獻詣盥洗位，宮架《正安之樂》作，凡初獻升降、行止，皆作《正安之樂》。至洗位，北向立，搢笏，盥手，帨手，執笏，升壇，樂止。登歌樂作。詣昊天上帝神位前，北向立，樂止，登歌《嘉安之樂》作，搢笏，跪。次引奉禮郎搢笏，西向跪。執笏者以玉、幣授奉禮郎，奉禮郎捧玉、幣授初獻訖，執笏，興，先詣太祖皇帝神位前，北向立。初獻受玉、幣，奠訖，執笏，俯伏，興，再拜訖，樂止。次引

---

①　“大司樂以下皆再拜”八字，底本脱，據本書卷八四《祭皇地祇儀有司行事·奠玉幣》補。

②　底本“立”前衍“北”字，據本書卷八四《祭皇地祇儀有司行事·奠玉幣》删。

③　底本“曰”前衍“皆”字，據楊本、本書卷八四《祭皇地祇儀有司行事·奠玉幣》删。

初獻詣太祖皇帝神位前，東向立，<small>酌獻詣配位准此。</small>奠玉^①、幣如上儀。<small>惟登歌作《定安之樂》。</small>樂止，奉禮郎復位。初獻將降壇，登歌樂作，降階，樂止。宮架樂作，復位，樂止。

進熟

祀日，有司設鼎二於神廚，各在鑊右。光祿帥進饌者詣廚，以匕升牛於鑊，實於一鼎，<small>肩、臂、臑、肫、胳、正脊一，橫脊一，直脊一，長脅一，短脅一，代脅一，皆二骨以並。正、配位各實一鼎。</small>皆設扃、冪。祝史對舉，入設於饌幔內。俟初獻既升，奠玉、幣，入陳於卯階下，西向，南上。祝史抽扃，委於鼎內，除冪。

初，鼎序入。有司執匕及俎以從，至卯階下，俎各設於鼎西，匕加於鼎。光祿以匕升牛，各載於一俎。<small>肩、臂、臑在上端，肫、胳在下端，脊、脅在中。正、配位各設一俎。</small>鼎先退。

次引户部尚書詣卯階下，搢笏，奉俎^②，升壇。宮架《豐安之樂》作，詣昊天上帝神位前，北向跪奠，執笏，俯伏，興，有司設於豆前。次詣太祖皇帝神位前，東向，奉俎，如上儀訖。樂止，降，復位。

初，獻俎訖，引太祝取菹擩於醢，祭於豆間三^③，又取黍、稷、肺祭如初，俱藉以茅，退，復位。

次引初獻再詣盥洗位，宮架樂作，至洗位，北向立，搢笏，盥手，帨手，執笏。詣爵洗位，北向立，搢笏，洗爵，拭爵，以授執事者，執笏，升壇，樂止。登歌樂作，詣正位酌尊所，西向立，樂止。

---

① “玉”字，底本脫，據本書卷八四《祭皇地祇儀有司行事·奠玉幣》補。
② “奉俎”，底本作“捧俎”，據楊本、《文獻通考》卷七二《郊社考五·郊》校改。
③ “祭”字，底本作“登”，據《文獻通考》卷七二《郊社考五·郊》校改。

登歌《嘉安之樂》作。執事者以爵授初獻，搢笏，執爵。執尊者舉
冪，太官令酌太尊之泛齊訖，先詣配位酌尊所，北向立。初獻以
爵授執事者，執笏，詣昊天上帝神位前，北向立，搢笏，跪。執事
者以爵授初獻[①]，初獻執爵[②]，祭酒，三祭於茅苴，奠爵，執笏，俯
伏，興。少立，樂正。次引太祝於神位前，東向，搢笏，跪讀祝文。
讀訖，執笏，興，先詣太祖皇帝神位前，南向立。<small>若夏祭大禮年上公攝
事，則次引讀册、舉册官詣神位之右，舉册官搢笏，對捧册，跪，讀册官東向，搢笏，跪讀
册文。讀訖，各執笏，興，先詣配帝神位前，南向立。</small>初獻再拜。次詣太祖皇
帝神位前，酌獻，並如上儀。<small>惟登歌作《來安之樂》。</small>太官令復詣正位
酌尊所，太祝復位。初獻將降壇，登歌樂作，降階，樂止。宮架樂
作，復位，樂止。

　　文舞退，武舞進，宮架《正安之樂》作。舞者立定，樂止。

　　次引亞獻詣盥洗位，北向立，搢笏，盥手，帨手，執笏。詣爵
洗位，北向立，搢笏，洗爵，拭爵，以授執事者，執笏，升壇，詣正位
酌尊所，西向立。宮架作《文安之樂》、《神保錫羨之舞》。執事者
以爵授亞獻[③]，亞獻搢笏，執爵，執尊者舉冪，太官令酌山尊之醴
齊訖，先詣配位酌尊所，北向立。亞獻以爵授執事者，執笏，詣昊
天上帝神位前，北向立，搢笏，跪。執事者以爵授亞獻，亞獻執
爵，祭酒，三祭於茅苴，奠爵，執笏，俛伏，興，再拜。次詣太祖皇
帝神位前，行禮並如上儀訖。樂止，降，復位。

　　次引終獻詣洗及升壇行禮，並如亞獻之儀，降，復位。

　　初，亞獻將升獻，分引禮官及分獻官各詣盥洗位，搢笏，盥

---

① 　“授”字，底本脫，據文津閣本、楊本校補。

② 　“初獻”二字，底本無，據楊本校補。

③ 　底本“亞獻”後衍“官”字，據楊本、《文獻通考》卷七二《郊社考五·郊》刪。

手,帨手,執笏。詣從祀神前,搢笏,跪,奠幣,執爵,三祭酒,奠爵,_{神位無幣者俱祭酒}。執笏,俛伏,興,再拜,復位。

次引太祝詣正、配神位前,徹籩、豆,_{籩、豆各一,少移故處}[①]。登歌《肅安之樂》作。卒徹,樂止。次引郊社令束茅訖。俱復位。禮直官曰:"賜胙。"贊者承傳曰:"賜胙,再拜。"在位者皆再拜。

送神,宫架《景安之樂》作,一成,止。

望燎

初,《景安之樂》畢,引三獻官、户部尚書、禮官、分獻官詣望燎位,宫架樂作。至位,樂止。有司各詣神位前,取玉、幣、祝版、饌物及牲之左髀,束茅[②],置於燎壇[③]。_{至夏祭大禮年上公攝事,則又取祝册置於燎壇}。次引監察御史,大司樂,大樂令,奉禮、協律郎,太祝、郊社令詣望燎位,立定。禮直官曰:"可燎。"火燎半柴。

次引初獻以下詣東壝門外揖位,立定。禮直官贊:"禮畢。"揖訖,退。太官令帥其屬徹禮饌,次引監察御史詣壇,監視收徹訖,還齋所。光禄以胙奉進,監察御史就位展視,光禄卿望闕,再拜,乃退。

---

① "籩豆各一少移故處"八字,底本無,據十萬卷樓本校補。
② "束"字,底本作"求",據文津閣本、十萬卷樓本、楊本校改。
③ "於"字,底本作"主",據文津閣本、十萬卷樓本校改。

卷第三十　吉禮

皇帝宗祀上帝儀一

時日　齋戒　奏告　陳設

時日

前期，降御札，以今年季秋宗祀於明堂。太常寺帖太史局擇日，報太常寺參酌訖，申奏，具時日散告。

齋戒

前祀十日質明，有司設行事、執事及陪祠文武官位於朝堂[①]。太宰、刑部尚書在北，南向，太宰在左[②]，刑部尚書在右；刑部尚書稍却。行事太宰、左丞在南[③]。吏部尚書，户部、禮部、兵部、工部尚書，吏部、禮部侍郎，大司樂、光禄卿，大樂令、光禄丞，功臣獻官在其南。凡設大樂令以下位皆稍却[④]。執事官又在其南，俱北向，西上。監察御史位二，在西，東向[⑤]，北上。讀册、舉册官，奉禮、協律郎，

---

① “執事”二字，底本脱，據《文獻通考》卷七五《郊社考八·明堂》校補。
② “太宰”，底本作“太常”，據十萬卷樓本校改。
③ 底本“南”前衍“東”字，據《文獻通考》卷七五《郊社考八·明堂》删。
④ “以”字，底本脱，據《文獻通考》卷七五《郊社考八·明堂》校補。
⑤ “西東”，底本作“東西”，據《文獻通考》卷七五《郊社考八·明堂》乙正。

太祝、郊社、太官令在東，西向，北上。奉禮郎以下位，皆稍却。設陪祠文武百官位於行事官之南，又設行事、執事及陪祠親王、宗室位於太廟齋坊。少宰、刑部侍郎在北，南向，少宰在左，刑部侍郎在右。刑部侍郎稍却。亞、終獻在南，北向，西上。親王及行事、執事、陪祠宗室在東，西向，北上。東上閤門、御史臺、太常寺自下分引羣官各就位。凡將引行事、執事、文武陪祠官立班，即御史臺引殿中侍御史一員先入就位①。太宰讀誓於朝堂，刑部尚書涖之；少宰讀誓於太廟齋坊，刑部侍郎涖之。誓文曰："今年九月某日，皇帝宗祀於明堂。前二日，朝獻景靈宮；前一日，朝享太廟。各揚其職，其或不恭，國有常刑。"讀訖。內朝堂執事官奉禮郎以下，文官宣德郎以下，武官從義郎以下先退。餘官並對拜訖，退。

皇帝散齋七日於別殿，致齋三日。一日於文德殿，一日於太廟，一日再赴文德殿②。凡散齋，不弔喪、問疾、作樂，有司不判刑殺文書。致齋日，前後殿不視事，惟行祀事。

前致齋一日，殿中監帥其屬舍鋪御座於文德殿當中，南向；設東西房於御座之左右，稍北；又設西閣及齋室於殿後之左右，殿上前楹施簾。

致齋之日，質明，有司陳法駕鹵簿於宣德門外，尚輦陳平輦於垂拱殿庭。文武百官俱就次，各服其服。東上閤門奏請皇帝未後詣齋室，通事舍人等自下分引知樞密院事以下詣垂拱殿庭，立班。東上閤門附內侍進班齋牌，垂拱殿簾降。皇帝乘輦出，至殿上，少駐。輦官迎駕，自贊常起居。宣輦官上殿，簾捲，鳴鞭，

---

① "引"字，底本作"司"字，據文津閣本、十萬卷樓本、楊本校改。
② 底本"再"後衍"拜"字，據《文獻通考》卷七五《郊社考八·明堂》刪。

行門禁衛諸班親從迎駕，自贊常起居。次舍人先贊内侍省官以下常起居，次樞密下通班起居，贊“祗候引駕”。樞密、知客省事以下，至僉書、東上閣門官分左右立。六尚局應奉官，祗應通侍大夫以下，武功大夫以下，並先退。次管軍臣僚宣名常起居，贊“祗候引駕”，並分左右。前導輦降東階垂拱殿門外，禁衛諸班親從自贊常起居。次行宫使、御營巡檢一班常起居。如通侍大夫以下，知客省事以下，武功大夫以下，知內侍兩省、帶御器械官①、充行宫使②，御營巡檢，各歸本班。至文德殿後閣降輦，入西閣。文德殿簾降，前導官並就次易朝服，詣御榻前分左右侍立。知樞密院事、僉書樞密院事在東，西向，北上；同知樞密院事在西，東向③；左輔一員在樞密事院之北，贊拜東上閣門官一員又在其北④，並西向；知客省事以下在僉書樞密院之南，稍東，西向，北上；僉書知客省事以下又在其南，稍却。通事舍人等分引行事、執事、陪祠文武官，各綪結佩，入詣文德殿庭立班。次引禮部侍郎奏請中嚴⑤。侍臣詣幄，奉迎内外。符寶郎奉寶先出，陳於御榻之左右⑥。少頃，引禮部侍郎奏外辦。皇帝服通天冠、絳紗袍、綪結佩，出西閣乘輿，稱警蹕，侍衛如常儀。由西房至御榻西降輿，皇帝即御座，南向，侍臣夾侍，贊拜東上閣門官於榻前贊：“樞密以下拜。”殿之上下應在官皆再拜。東上閣門官贊拜訖，轉身北向隨拜畢，面西，贊“各祗候”。次禮直

---

　　①　“内侍”，底本作“内事”，據《文獻通考》卷七五《郊社考八·明堂》校改。底本“御”後衍“營”字，據《文獻通考》卷七五《郊社考八·明堂》删。

　　②　“行宫使”，底本作“營宫使”，據十萬卷樓本、《文獻通考》卷七五《郊社考八·明堂》校改。

　　③　“西東”，底本作“東西”，據《文獻通考》卷七五《郊社考八·明堂》乙正。

　　④　“其”字，底本脱，據《文獻通考》卷七五《郊社考八·明堂》校補。

　　⑤　“立班次引”，底本作“次引立班”，據《文獻通考》卷七五《郊社考八·明堂》乙正。

　　⑥　“於”字，底本作“詣”，據《文獻通考》卷七五《郊社考八·明堂》校改。

官引左輔詣御座前，俛伏，跪奏稱："左輔具官臣某言，請皇帝降座，就齋室。"奏訖，俛伏，興，還侍立。凡左輔奏請准此。皇帝降座，乘輿，由東房入齋室，侍臣各還所司①，直衛者如常儀②。通事舍人分引行事、執事、陪祠文武官以次出。三省、親王、樞密、宗室起居問聖體，並如儀。

　　應行事、執事、陪祠官及從升者並散齋七日，宿於正寢；致齋三日，各宿於其次。三省、樞密院官各宿於其所及都堂③。侍從官並尚書、侍郎分宿於秘書省、中書後省。餘官内庭有所司者各宿於其司。諸方客使許赴陪位者各宿於其次。凡散齋，治事如故，惟不吊喪、問疾、作樂、判書刑殺文書、決罰罪人及與穢惡。致齋之日，官給酒饌。惟視祀事得行，其餘悉禁。與祀之官已齋而闕者，通攝行事。

奏告

　　前祀二日，奏告神宗皇帝室，如常告之儀。

陳設

　　前祀三日，殿中監帥其屬尚舍設大次於明堂東門之外，西向。儀鸞司設文武侍臣次於行事明堂門之外，文官在左，武官在右，隨地之宜④；行事、陪祠宗室及有司次各如其式；設東方、南方客使次於文官之後；西方、北方客使次於武官之後。設饌於明堂

---

　　①　"臣"字，底本脱，據文津閣本、楊本、《文獻通考》卷七五《郊社考八·明堂》校補。

　　②　"者"字，底本脱，據楊本、《文獻通考》卷七五《郊社考八·明堂》校補。

　　③　"三省親王樞密宗室起居問聖體並如儀應行事執事陪祠官及從升者並散齋七日宿於正寢致齋三日各宿於其次三省樞密院官各宿於其所及"五十八字，底本無，據《文獻通考》卷七五《郊社考八·明堂》校補。

　　④　"宜"字，底本作"儀"，據文津閣本、楊本校改。

門外，東西相向。

前祀二日，郊社令帥其屬掃除明堂内外，置燎壇於明堂庭之東南隅。郊社令積柴於燎壇。光禄牽牲於祠所。大晟陳登歌之樂於堂上前楹間，稍前，南北向，設宫架於庭中，立舞表於酇綴之間①。

前祀一日，太常設神位席，太史設神位版。上帝位於堂上北方，南向；神宗皇帝位於堂上東方，西向，俱席以筵。

奉禮部、禮直官設皇帝位版於阼階之上，西向；飲福位於上帝位之西南，北向；望燎壇於柴壇之北，南向。

贊者設亞、終獻位於堂下東階之東②，少南，西向。大禮使、太宰、左丞在於其南，行事吏部、户部、禮部、兵部、工部尚書，吏部、禮部侍郎，光禄卿，讀册、舉册官，光禄丞位於大禮使之東；光禄丞稍却。奉禮郎，搏黍太祝、郊社③、太官令位於亞獻之北，少東，俱西向，北上。監察御史位二，並於堂下西階之西，東向，北上。協律郎位二，一於堂下前楹間，少西；一於宫架之西北，俱東向。大樂令位於登歌樂簴之北，大司樂位於宫架之北，良醖令位於酌尊所，俱北向。又設陪祀文武官位於横街之南；諸方客使在文官之南，隨其方國。

光禄陳牲於明堂東偏門之外，北向。祝史各位於牲後。太常設省牲位於牲北。大禮使、太宰、左丞在西，東向，北上。吏

---

①　“酇”字，底本作“節”，據十萬卷樓本、楊本、《文獻通考》卷七五《郊社考八·明堂》校改。

②　“終”字，底本作“中”，據文津閣本、十萬卷樓本、楊本、《文獻通考》卷七五《郊社考八·明堂》校改。

③　“社”字，底本作“祉”，據文津閣本、十萬卷樓本校改。

部、戶部、禮部、兵部、工部尚書，吏部、禮部侍郎，大司樂，光禄卿①，讀册、舉册官，大樂令，光禄丞，奉禮、協律郎，摶黍太祝，郊社、太官令在東，西向，北上。<small>凡設大樂令以下位皆稍却。</small>監察御史在吏部尚書之北，異位稍却。

　　光禄陳禮饌於明堂東偏門外，稍東，南向。太常設省饌位版於禮饌之南②。大禮使、太宰、左丞在南，北向，西上。監察御史位二，俱在西，東向，北上。行事吏部、户部、禮部、兵部、工部尚書，吏部、禮部侍郎，大司樂，光禄卿，讀册、舉册官，大樂令，光禄丞，奉禮、協律郎，摶黍太祝，郊社、太官令在東，西向，北上。

　　禮部帥其屬設祝册案於神位之右。司尊彝帥其屬設玉幣篚於酌尊所。

　　次設籩、豆、簠、簋之位：每位皆左十有一籩，右十有一豆，俱爲三行。俎三：二在籩前，一在豆前。又俎六，在豆右，爲二重。登一，在籩、豆間；鉶三，在登之前③。簠一、簋一，在籩、豆外，二俎間，簠在左，簋在右。又設尊坫之位：每位皆太尊五、山尊五，爲二重，在堂上東南隅，北向，西上。<small>配位設於正位酒尊之東。</small>太尊在前，皆有坫，加酌、冪，爲酌尊。又設太尊二、山尊二在神位前，著尊二、犧尊二、象尊二、壺尊六在堂下，俱北向，西上，<small>配位即設於正位之東。</small>皆加冪，設而不酌。又設正、配位籩、豆、簠、簋、槃各一，俎各三於饌幔内。太常設御洗二於丹墀上直東霤，北向。<small>盥洗在東，</small>

---

①　“卿”字，底本脱，據文津閣本、《文獻通考》卷七五《郊社考八・明堂》校補。

②　底本“大晟陳登歌……禮饌之南”四百六十二字，誤攙入本書卷三一《皇帝宗祀上帝儀二・車駕自太廟詣文德殿》，據《文獻通考》卷七五《郊社考八・明堂》移正。

③　“在”字，底本作“右”，據文津閣本、十萬卷樓本、楊本、《文獻通考》卷七五《郊社考八・明堂》校改。

爵洗在西。罍在洗東，加勺①；篚在洗西南肆②，實以巾。若爵洗之篚，則又實以爵，加坫。設皇帝位於洗南，北向；内侍酌水位於洗東，執巾位於酌水内侍之北，俱西向。吏部侍郎位於爵之西，東向。又設亞、終獻盥洗、爵洗於本位之南。罍、篚各設於左右，皆内向，執罍、篚者位其後。

　　祀日丑前五刻，郊社令與太史官屬各服其服升堂，設上帝、神宗皇帝神位版於堂上。太府卿、少府監帥其屬陳玉、幣於篚。玉，上帝以蒼璧，盛以匣。幣皆以蒼。配位不以玉。禮神之玉，置於神位前，燔玉加於幣。光禄帥其屬入，實籩、豆、簠、簋。籩三行，以右爲上。第一行：形鹽在前③，魚鱐、糗餌次之。第二行：榛在前，乾桃、乾菱、乾棗次之。第三行：菱在前，芡、栗、鹿脯次之。豆三行，以左爲上。第一行：芹菹在前，筍菹、葵菹、菁菹次之。第二行：韭菹在前，酏食、魚醢、兔醢次之。第三行：豚拍在前，鹿臡、醓醢次之。簠實以稻。簋實以黍。登實以大羹。太官令帥其屬入實俎。籩前之俎，爲二重，以北爲上。第一重：實以牛腥七體，兩髀④、兩肩、兩脅並脊。兩髀在兩端，兩脅、兩肩次之，脊在中。第二重：實以羊腥七體，其載如牛。豆前之俎，實以豕腥七體，其載如羊。豆右之俎，爲二重，以北爲上。第一重：一實以牛腥，腸、胃、肺、離肺一在上端，刌肺三次之，腸三、胃三又次之⑤；一實以羊腥，腸、胃、肺，其載如牛；一實以豕腥膚九，橫載⑥。第二重：一實以牛熟，腸、胃、肺；一實以羊熟，腸、胃、肺；一實以豕膚九。其載如腥。牛在左，羊在中，豕在右。若配位即以東爲上。良醞令帥其屬入實尊。太尊實以泛齊，山尊實以醴齊，著尊實以盎齊，犧尊實以醍齊，象尊實以沉齊，各一尊實

①　"勺"字，底本作"酌"，據十萬卷樓本、《文獻通考》卷七五《郊社考八·明堂》校改。

②　"肆"字，底本作"洗"，據十萬卷樓本、楊本、《文獻通考》卷七五《郊社考八·明堂》校改。

③　"形鹽"，底本作"行鹽"，據十萬卷樓本校改。

④　"髀"字，底本作"骨"，據楊本校改。

⑤　"之"字，底本脱，據文津閣本、楊本校補。

⑥　"載"字，底本作"左"，據十萬卷樓本校改。

明水。壺尊三實玄酒,三實三酒。明水、玄酒皆在上。

　　太常設燭於神位前,又設大禮使以下行事、執事官揖位於明堂東偏門之外,如省牲位。所司陳異寶嘉瑞及伐國之寶於宮架之南,東西相向。

卷第三十一　吉禮

皇帝宗祀上帝儀二

車駕自太廟詣文德殿　省牲器　奠玉幣

車駕自太廟詣文德殿

前祀一日，皇帝於太廟朝饗畢，既還大次。禮部郎中奏解嚴。皇帝常服，乘輿，還齋殿。所司轉仗衛鹵簿。陪祠文武官先赴宣德門外。導駕官以下就次，各服其服。尚輦奉御進輿於齋殿。乘黃令進玉輅於廟南門外，稍西，南向。設千牛將軍一員位於輅前，北向。門下侍郎一員位於左輔之前，贊者二人位又於其前。

少頃，知客省事以下，知內侍省事以下，帶御器械官、祗應通侍大夫以下，武功大夫已下，並六尚局應奉官於齋殿前鬭班，立定。東上閣門、御史臺、太常寺分引管軍臣僚及左輔、門下侍郎、太僕卿、乘黃令詣齋殿門外立班，並北向，東上。乘黃令位其後。次引導駕官以下，俱詣大次門外，分東西相向立，以俟奉迎前導。次引行宮使、御營巡檢等在其後。禮直官、通事舍人引禮部侍郎奏請中嚴。凡左輔、門下侍郎、禮部侍郎奏請，皆禮直官、通事舍人引。少頃，又奏外辦。皇帝服通天冠、絳紗袍，乘輿以出，稱警蹕，如常儀。行門禁衛、諸班親從迎駕①，奏“聖躬萬福”。次知客省事以下，知内侍省事以下，帶御器械官、祗應通侍大夫以下，武功大夫以下，六尚局應奉官闊班迎駕②，導駕官奏“聖躬萬福”③。次引管軍臣僚奏“聖躬萬福”。次左輔以下常起居。次導駕官北向，常起居，内有已起居者止奏“聖躬萬福”。分東西立。次行宫使、御營巡檢常起居。該宣名者並宣名。

　　太僕卿出詣玉輅所，攝衣而升，正立執轡。導駕官前導皇帝至廟南門内④，少東。左輔進當輿前，俛伏，跪奏：“左輔具官臣某言，請皇帝降輿。”奏訖，俛伏，興，退，復位。凡左輔奏請準此。皇帝降輿，步出門外，至玉輅所。千牛將軍前跪執轡。左輔奏請升輅。乘黄令稍前，東向，進玉輅。皇帝升輅，太僕卿立授綏，導駕分左右步導。門下侍郎進⑤，當輅前俛伏，跪，奏稱：“門下侍郎具官臣某言，請車駕進發。”奏訖，俛伏，興，退，復位。凡門下侍郎奏請準此。車駕動，稱警蹕。左輔先詣廟西門内以俟。門下侍郎及贊者夾侍以出。千牛將軍夾輅而趨。車駕將及廟西門，至侍臣上馬所，門下侍郎奏請車駕少駐，敕侍臣上馬。左輔前承旨，退稱曰：“制可。”門下侍郎傳制稱：“侍臣上馬。”贊者承傳敕侍臣上馬，諸侍衛之官各督其屬左右翊駕，在黄麾内。符寶郎奉八寶前導，殿中監後部從，導駕官夾侍於前，贊者在左輔、門下侍郎之前。侍臣上馬畢，門下侍郎奏請車駕進發。車駕動，稱警蹕，不

---

① “從”字，底本脱，據楊本、《文獻通考》卷七五《郊社考八・明堂》校補。
② “駕”字，底本脱，據《文獻通考》卷七五《郊社考八・明堂》校補。
③ 底本“導駕”前攙入“大晟陳登歌……禮饌之南”四百六十二字，爲本書卷三〇《皇帝宗祀上帝儀一・陳設》文字，據《文獻通考》卷七五《郊社考八・明堂》移正。
④ “官”字，底本脱，據十萬卷樓本、《文獻通考》卷七五《郊社考八・明堂》校補。
⑤ “門下”，底本作“門外”，據文津閣本、十萬卷樓本校改。

鳴鼓吹。

　　大駕鹵簿前導①。車駕將至宣德殿門，東上閤門、御史臺分引陪祠文武官②、宗室、客使，禮直官、贊者引行事、執事者序班，再拜奉迎訖，退。內有已起居者，止奏“聖躬萬福”。大內留守見，再拜訖，退。車駕及門少駐，文武侍臣皆下馬，導駕官步導入門。車駕動，千牛將軍夾輅而趨。至右昇龍門迴輅東向，千牛將軍立于輅右。左輔奏請皇帝降輅乘輿，尚輦奉御進輿於輅後。皇帝乘輿歸文德殿，侍衛如常儀。導駕官步導至殿門③，皇帝降輿歸殿後閤，簾降。通事舍人承旨敕羣臣各還次。學士院以祝册授通進司進御書訖，付尚書禮部。有司轉鹵簿仗衛自宣德門陳列，南至天漢橋，以至祀畢，不得輒離其所。

省牲器

　　省牲之日，未後二刻④，郊社令帥其屬掃除內外，司尊彝帥府史及執事者以祭器入設於位。凡設祭器皆藉以席，簠、豆又加巾蓋。太府卿、少府監入陳玉、幣於篚。告潔畢，權徹。

　　未後三刻，禮直官⑤、贊者分引大禮使以下詣東偏門外省牲位立定。光禄卿、丞與執事者牽牲就位⑥。禮直官贊揖⑦，贊者引

　　①　“大”字，底本脱，據楊本校補。

　　②　“臺”字，底本脱，據《文獻通考》卷七五《郊社考·明堂》校補。

　　③　“官”字，底本脱，據十萬卷樓本、楊本、《文獻通考》卷七五《郊社考八·明堂》校補。

　　④　“二”字，底本作“三”，據《文獻通考》卷七五《郊社考八·明堂》校改。

　　⑤　“未後三刻禮直官”七字，底本脱，據《文獻通考》卷七五《郊社考八·明堂》校補。

　　⑥　底本“就位”後衍“定”字，據《文獻通考》卷七五《郊社考八·明堂》删。

　　⑦　“贊揖”二字，底本脱，據《文獻通考》卷七五《郊社考八·明堂》校補。

大司樂入行樂架①。凡亞、終獻行事皆禮直官、太常博士引，大禮使、太宰、左丞行事，皆禮直官引。餘官皆贊者引。次引禮部尚書入，升自西階，視滌濯。凡行事、執事官升降皆自西階。次又引太宰申視滌濯，執事者皆舉冪，曰：“潔。”俱復位。禮直官稍前，曰：“告潔畢②，請省牲。”次引禮部尚書、侍郎稍前省牲訖，退，復位。次引光禄卿出班，巡牲一匝，西向躬曰：“充。”曰：“備。”次引光禄丞出班巡牲一匝，西向躬曰：“腯。”俱復位。禮直官稍前曰：“省牲畢，請就省饌位。”贊揖訖，引大禮使以下各就位立定。禮直官贊揖。所司省饌具畢，禮直官贊：“省饌畢。”③揖訖，俱還齋所④。光禄卿、丞及執事者以次牽牲詣廚，授太官令。次引禮部尚書詣廚，省鼎鑊，視滌溉。協律郎展禮樂器，乃還齋所。

晡後一刻，太官令帥宰人以鸞刀割牲，祝史各取毛血實於槃，俱置饌所，遂烹牲。郊社令帥其屬掃除内外。

奠玉幣

祀日丑前五刻，行事用丑時七刻。諸與祀及陪祠之官各服其服⑤。郊社令與太史官屬入設神位版⑥，太府卿、少府監入陳玉幣，光禄卿入實籩、豆、簠、簋，太官令入實俎，良醞令入實尊，樂

---

① “入行樂”三字，底本脱，據楊本、《文獻通考》卷七五《郊社考八・明堂》校補。
② “告”字，底本脱，據楊本、《文獻通考》卷七五《郊社考八・明堂》校補。
③ 底本“饌”後衍“具”字，據《文獻通考》卷七五《郊社考八・明堂》删。
④ “齋”字，底本作“各”，據文津閣本、《文獻通考》卷七五《郊社考八・明堂》校改。
⑤ “與祀”，《文獻通考》卷七五《郊社考八・明堂》作“祀官”。
⑥ “屬”字，底本脱，據本書卷二六《皇帝祀昊天上帝儀二・奠玉幣》補。

工帥工人二舞以次入，與執尊^①、罍、篚、羃者各就位。次通事舍人等分引陪祠文武官及宗室、客使各入就位。次禮直官、贊者分引大禮使以下行事、執事官詣明堂東偏門外揖位立定，禮直官贊揖。次引監察御史，次引大禮使以下入就位。次引監察御史按視堂之上下，糾察不如儀者，退，復位。

　尚輦奉御進輿於齋殿。皇帝服通天冠、絳紗袍，乘輿以出。近侍及扈從之官導從至大次門外。皇帝降輿入次，簾降。禮儀使、樞密院官、太常卿、東上閤門官、太常博士、禮直官分立於大次外之左右。次引禮部侍郎詣前奏請中嚴^②。少頃，又奏外辦。符寶郎奉寶陳於宮架之北。禮儀使當次前俛伏，興，跪奏：“禮儀使具官臣某言，請皇帝行事。”奏訖，俛伏，興，還侍位。^{禮儀使奏禮畢，准此。}簾捲，皇帝服衮冕以出，侍衛如常儀。禮儀使以下前導至明堂東門外，殿中監跪進大圭，殿中少監副之。^{凡殿中監進圭、受圭，皆少監副之。}禮儀使奏請執大圭，前導皇帝入自正門。^{侍衛不應入者，止於門外。}協律郎跪，俛伏，舉麾，興。^{凡行禮執事者取物^③、奠物，皆跪，俛伏，興。}工鼓柷，宮架《儀安之樂》作。^{皇帝升降、行止，皆奏《儀安之樂》。}至階下，偃麾，戛敔，樂止。^{凡樂，皆協律郎跪，俛伏，舉麾，興，工鼓柷而後作，偃麾，戛敔而後止。}升自阼階，登歌樂作。^{左右侍衛之官量人數從升。}至版位西向立^④，樂止。禮儀使以下分左右侍立^⑤。^{凡行禮，皆禮儀使、樞密}

① “尊”字，底本作“事”，據文津閣本、《文獻通考》卷七五《郊社考八·明堂》校改。

② “次”字，底本脫，據《文獻通考》卷七五《郊社考八·明堂》校補。

③ “執事”，底本作“直事”，據文津閣本校改。

④ “位”字，底本脫，據文津閣本、楊本、《文獻通考》卷七五《郊社考八·明堂》校補。

⑤ “侍立”，底本作“侍位”，據文津閣本、楊本校改。

院官、太常卿、東上閤門官、太常博士、禮直官前導，至位則分立於左右。禮儀使前奏："有司謹具，請行事。"宮架作《誠安之樂》、《右文化俗之舞》，六成，止。太常升煙，燔牲首。禮儀使奏請再拜，皇帝再拜。贊者曰："再拜。"在位官皆再拜。內侍取玉、幣于篚，立於尊所①。次引太宰②、吏部尚書、侍郎由西階升堂，詣上帝神位前立定。太宰、吏部尚書俱西向，北上，侍郎東向。

　　禮儀使以下前導皇帝詣盥洗位，登歌樂作，降自阼階，樂止。宮架樂作，至洗位，北向立，樂止。內侍酌水以進。禮儀使奏請搢大圭，盥手。內侍跪，取巾于篚③，興以進，皇帝帨手。內侍受巾，跪，奠於篚。

　　禮儀使奏請執大圭，前導。皇帝升堂。大禮使從。皇帝升降，大禮使皆從，左右侍衛量人數升④。宮架樂作，至阼階下，樂止。升自阼階，登歌樂作，至堂上，樂止。登歌《鎮安之樂》作，殿中監跪進鎮圭⑤，禮儀使奏請搢大圭，執鎮圭，前導皇帝詣上帝神位前，北向立。內侍先設繅藉於地。禮儀使奏請跪奠鎮圭於繅藉，執大圭，俛伏，興。又奏請搢大圭，跪。內侍加玉於幣，以授吏部尚書，吏部尚書以授太宰，太宰西向跪以進。禮儀使奏請受玉、幣，皇帝受奠訖，吏部侍郎東向，跪受以興，進奠於上帝神位前。太宰，吏部尚書、侍郎俱詣神宗皇帝神位前以俟。禮儀使奏請執大圭，俛

伏，興。内侍取鎮圭、繅藉，詣神宗皇帝神位前，先設繅藉於地。禮儀使奏請再拜，樂作，皇帝再拜訖，樂止。禮儀使前導皇帝詣神宗皇帝神位前，東向[①]，奠幣，並如上儀。惟登歌作《信安之樂》。太宰以下俱復位。

　　禮儀使前導皇帝還版位，登歌樂作，内侍舉鎮圭、繅藉，以鎮圭授殿中監，以還有司。皇帝至版位西向立，樂止。

　　祝史奉毛血槃立於橫街之南，升自西階，太祝迎於堂上，俱進奠於神位前。太祝、祝史退，立於尊所[②]。

卷第三十二　吉禮

皇帝宗祀上帝儀三

進熟　望燎

進熟

祀日，有司陳鼎六於神廚，各在鑊右。太官令帥進饌者詣廚，以匕升牛於鑊，實於一鼎，肩、臂、臑、肫、胳、正脊一，直脊一，橫脊一，長脅一，短脅一，代脅一，皆二脅以並。次升羊如牛，實於一鼎；次升豕如羊，實於一鼎，每位牛、羊、豕各一鼎。皆設扃、幂。祝史對舉，入陳於饌幔內，重行，以北爲上。光禄實籩、豆、簠、簋於饌幔內。籩實以粉餈①，豆實以糝食，簠實以粱，簋實以稷。次引禮部侍郎詣饌所，視腥熟之節。俟皇帝升奠、玉幣訖，還位，樂止，引禮部尚書詣饌所，執籩、豆、簠、簋以入。户部、兵部、工部尚書詣饌所，奉俎以入。户部奉牛，兵部奉羊，工部奉豕。太官令引入正門，宮架《禧安之樂》作，陳於西階下，北向，北上。奉牲者在南，祝史抽扃，委於鼎右，陳幂。

初，鼎序入。有司執匕及俎以從，至西階下，各設於鼎北，匕加於鼎。太官令以匕升牛，載於一俎；肩、臂、臑在上端，肫、胳在下端，脊、脅在中。次升羊及豕，各於一俎，其載如牛。每位牛、羊、豕各一俎。鼎

---

① “粉餈”，底本作“粉食”，據文津閣本校改。

先退。祝史進徹毛血槃，以次出。

　　引禮部尚書擂笏，執籩、豆、簠、簋；戶部、兵部、工部尚書擂笏①，奉俎以升，執事者各迎於堂上。禮部尚書奉籩、豆、簠、簋，詣上帝神位前，北向跪奠，啟蓋於下，執笏，俛伏，興。有司設於豆右，腸、胃、膚之前。皆牛在左，羊在中，豕在右。次詣神宗皇帝神位前，東向跪奠，並如上儀。樂止，俱降，復位。太祝取葅擩於醓，祭於豆間三。又取黍、稷、肺，祭如初，皆藉用茅，各退還尊所。次引太宰、左丞詣上帝神位前，西向立，以北爲上。次引吏部侍郎詣爵洗位，東向立。

　　禮儀使前導皇帝詣盥洗位，宮架樂作，至洗位，北向立，樂止。內侍酌水以進禮儀使，奏請擂大圭，盥手。內侍跪，取巾於篚，興，以進皇帝，帨手。內侍受巾，跪，奠於篚。禮儀使奏請執大圭，前導皇帝詣爵洗位，宮架樂作，至洗位，北向立，樂止。吏部侍郎跪，取爵於篚，興以進。禮儀使奏請擂大圭，受爵。內侍酌水以進禮儀使，奏請洗爵。內侍跪，取巾於篚，以進皇帝，拭爵。內侍受巾，跪，奠於篚。吏部侍郎受爵，升自阼階②。

　　禮儀使奏請執大圭③，前導。皇帝升堂，宮架樂作，至阼階下，樂止。升自阼階，登歌樂作，至堂上，樂止。登歌《慶安之樂》作，吏部侍郎奉爵，詣正位酌尊所，西向立。執尊者舉冪，良醞令酌太尊之泛齊訖，先詣配位酌尊所，北向立。禮儀使前導皇帝詣上帝神位前，北向立。禮儀使奏請擂大圭，跪。吏部侍郎以爵授

---

①　“擂笏”二字，底本脫，據《文獻通考》卷七五《郊社考八·明堂》校補。

②　底本闕“盥手洗爵”一節文字，今據本書二七《皇帝祀昊天上帝儀三·進熟》補。

③　“奏請執大圭”五字，底本無，據《文獻通考》卷七五《郊社考八·明堂》校補。

左丞,左丞授太宰,西向跪以進。禮儀使奏請執爵,祭酒,_{三祭於茅}
_苴。奠爵,執大圭,俛伏,興。又奏請皇帝少立,樂止。太宰、左丞
俱詣神宗皇帝神位前,北向立以俟。舉册官舉祝册,進於上帝神
位之右。讀册官搢笏,東向跪,讀祝文,讀訖,執笏,興,先詣神宗
皇帝神位前,南向立。禮儀使奏請再拜,皇帝再拜。有司奠册於
上帝神位前。禮儀使前導皇帝詣神宗皇帝神位前,酌獻,並如上
儀。_{惟登歌作《孝安之樂》。}太宰以下俱復位。

　　禮儀使前導皇帝還版位,登歌樂作,至版位,西向立,樂止。

　　文舞退,武舞進,宮架《穆安之樂》作。舞者立定,樂止。

　　禮直官、太常博士引亞獻詣盥洗位,北向立,搢笏,盥手,帨
手,執笏,詣爵洗位,北向立,搢笏,洗爵,拭爵,以授執事者,執
笏,升堂,詣正位酌尊所,西向立。宮架作《穆安之樂》、《威功睿
德之舞》①。執事者以爵授亞獻,亞獻搢笏,跪②,執爵。執尊者舉
幂,太官令酌山尊之醴齊酌訖,先詣配位酌尊所,北向立。亞獻
以爵授執事者,執笏,興③,詣上帝神位前,北向,搢笏,跪。執事
以爵授亞獻,亞獻執爵,祭酒,三祭於茅苴,奠爵,執笏,俛伏,興,
少退,北向,再拜。次詣神宗皇帝神位前,酌獻,並如上儀。樂
止,降,復位。

　　初,亞獻行禮將畢,次禮直官、太常博士引終獻詣洗及升
堂④,酌獻,並如亞獻之儀,降,復位。

　　初,皇帝既奠玉、幣,光禄以牛左臂一骨及長脅、短脅俱二骨

---

　　①　"威功睿德",底本作"成功盛德",據十萬卷樓本、《文獻通考》卷七五《郊社考
八·明堂》校改。

　　②　"跪"字,底本無,據《文獻通考》卷七五《郊社考五·明堂》校補。

　　③　"興"字,底本無,據《文獻通考》卷七五《郊社考五·明堂》校補。

　　④　底本"太常"後衍"寺"字,據《文獻通考》卷七五《郊社考五·明堂》删。

以並,載於胙俎,升,設於堂上。俟終獻既升獻,次引户部尚書,摶黍太祝、太官令升詣飲福位,東向立。奉俎、豆、爵酒者各位於其後。

禮儀使奏請詣飲福位,前導皇帝詣飲福位,登歌樂作,將至位,樂止。登歌《胙安之樂》作,皇帝至飲福位,北向立。尚醞典御執尊,詣酌尊所,良醞令酌上尊福酒合置一尊,典御奉尊詣飲福位,以授殿中少監。尚醞奉御執爵,殿中少監酌之。奉御以爵酒授殿中監,殿中監西向捧以立。禮儀使奏請再拜,皇帝再拜。殿中監跪以爵酒進。禮儀使奏請搢大圭,跪受爵,祭酒,三祭於地,啐酒,奠爵,殿中監跪受爵以興。

諸太祝帥執事者持胙進,減神位前正脊二骨、橫脊二骨,加於俎上。內侍受俎,以授户部尚書,户部尚書西向跪以進。皇帝受俎,奠之。户部尚書乃受以興①,降,復位。太官令取黍於簋,摶以授太祝,太祝受以豆,東向跪以進。皇帝受訖,奠之。太祝受豆以興,降,復位。

次殿中監再跪以爵酒進,禮儀使奏請受爵,飲福酒,奠爵。殿中監受虛爵,興,以授典御奉御。執事者俱降,復位。禮儀使奏請執大圭,俛伏,興。又奏請再拜,皇帝再拜,樂止。

禮儀使前導皇帝還版位,登歌樂作,至版位②,西向立,樂止。

次引禮部尚書升堂,徹籩、豆,户部、兵部、工部尚書升堂,徹俎,籩、豆及牛、羊、豕各一,俱少移故處。登歌《歆安之樂》作,卒徹,樂止。禮部、户部、兵部、工部尚書降,復位。禮直官曰:"賜胙。"行事。

---

① "乃"字,底本作"仍",據《文獻通考》卷七五《郊社考八·明堂》校改。

② "版"字,底本脱,據《文獻通考》卷七五《郊社考八·明堂》校補。

陪祠官拜，贊者承傳曰："賜胙，再拜。"在位者皆再拜。

送神，宮架《誠安之樂》作，一成，止。

望燎

《誠安之樂》畢，禮儀使奏請詣望燎位，前導皇帝降阼階，登歌樂作。至堂下，樂止。宮架樂作。至位，南向立，樂止。

初，賜胙，再拜訖，郊社令以黍、稷、肺祭，藉以白茅束之。吏部侍郎帥太祝執篚進詣神位前[①]，取玉、幣、祝册藉以茅。又以俎載牲體、黍稷飯、爵酒，俱降自西階，南行詣柴壇，自南陛升，以玉、幣、祝册、牲體、饌物置於燎柴。禮直官曰："可燎。"東向各以炬燎。半柴。

禮儀使奏禮畢，前導皇帝還大次，宮架《憩安之樂》作。出明堂東門外，禮儀使奏請釋大圭，殿中監跪受大圭，以還有司，侍衛如常儀。皇帝至大次，樂止。禮部郎中奏解嚴。引大禮使以下詣東偏門外揖位立。禮直官贊："禮畢。"揖訖，退。通事舍人引陪祠文武官及宗室、客使以次出。將士不得輒離部伍。

---

① "前"字，底本脱，據《文獻通考》卷七五《郊社考八・明堂》校補。

卷第三十三　吉禮

皇帝宗祀上帝儀四

紫宸殿受賀　宣德門肆赦

紫宸殿受賀

前期，殿中監帥其屬尚舍設御座於紫宸殿當中，南向，又于殿後設御閣如儀①。儀鸞司設文武百僚次于殿閣之外，隨地之宜。

其日，祀事禮畢，管軍臣僚、東上閣門官引駕，詣紫宸殿後閣。文武百僚並常服，入就次。

少頃，東上閣門、御史臺分引詣殿廷立班。東上閣門附內侍進班齊牌。皇帝常服出，升御座，鳴鞭，禁衛奏“聖躬萬福”。

次舍人揖管軍臣僚等并行門躬，贊“再拜”，管軍臣僚以下皆再拜，班首奏“聖躬萬福”。舍人引班首出班，俛伏，興，跪，致詞訖，俛伏，興，退，復位。舍人揖，躬贊“再拜”。管軍臣僚以下皆再拜，三稱“萬歲”。內侍詣御座前承旨，退，降階，西向宣答訖。舍人贊“再拜”，管軍臣僚以下皆再拜，三稱“萬歲”。舍人贊“各

---

① “御閣”，底本作“御門”，據文津閣本、十萬卷樓本、楊本、《文獻通考》卷七五《郊社考八·明堂》校改。

祗候”，管軍臣僚詣殿下侍立，行門分左右立。

　　次太史局官詣當殿北向立，舍人揖，躬贊“再拜”，太史局官再拜，奏“聖躬萬福”，出班，躬身奏祥瑞訖，退，復位。舍人揖，躬贊“再拜”，太史局官再拜訖，贊“祗候”，太史局官東出。

　　次舍人揖樞密以下躬，舍人當殿通某官姓名以下起居稱賀訖，轉身于班前西向立。舍人贊“再拜”，樞密以下皆再拜，搢笏，舞蹈，三稱“萬歲”，又再拜。班首不離位，奏“聖躬萬福”，又再拜。舍人引班首出班，俛伏，跪，致詞訖，俛伏，興，退，復位。舍人揖，躬贊“再拜”，樞密以下皆再拜，搢笏，舞蹈，三稱“萬歲”，又再拜。東上閤門官當殿北向承旨，退，西向，稱“有制”，樞密以下皆再拜，宣答訖，復位。舍人曰：“再拜。”樞密以下皆再拜，搢笏，舞蹈，三稱“萬歲”，又再拜。樞密直學士升殿侍立。並升西階[①]。知客省事以下殿廷東侍立。餘官分班出。

　　舍人、禮直官揖宰臣以下躬，舍人當殿通文武百僚、宰臣姓名以下起居稱賀。三公通某官。舍人揖班首以下橫行北向立，學士、侍制、兩省官、將軍仍舊相向立[②]。稱賀如上儀。唯典儀贊拜[③]，樞密當御座前承旨，退詣折檻東[④]，稱“有制宣答”。賀訖，宰相、執政官升殿，東西相向立。宰臣、執政官升東階[⑤]，中書侍郎升西階。樞密直學士下殿。餘官以次退。皇帝降座，鳴鞭。殿上侍立官以次退[⑥]。

---

　　①　“並升西階”，底本作“並皆西升”，據《文獻通考》卷七五《郊社考八・明堂》校改。

　　②　“相”字，底本脱，據《文獻通考》卷七五《郊社考八・明堂》校補。

　　③　“拜”字，底本作“者”，據《文獻通考》卷七五《郊社考八・明堂》校改。

　　④　“樞密當御座前承旨退詣折檻東”，底本作“退詣折檻樞密詣御座前承檻東西向”，據《文獻通考》卷七五《郊社考八・明堂》校改。

　　⑤　“階”字，底本脱，據文津閣本、楊本校補。

　　⑥　“殿”字，底本脱，據《文獻通考》卷七五《郊社考八・明堂》校補。

宣德門肆赦

前期，殿中監帥其屬尚舍張設宣德門之內外。又設御座于前楹當中，南向。又設御幄于後。東上閤門設捧赦書儀物于御座之東，稍南。儀鸞司設文武百僚次于樓前，隨地之宜。八作司設雞竿于御街之東，稍北。大晟府設鉦鼓一于宮架之西，稍北，東向。

其日，刑部、大理寺、開封府以囚徒集于仗後。東上閤門、御史臺、太常寺設文武百官位于樓下。皇帝御紫宸殿受賀畢。少頃，乘輦，升宣德門。至御閤東，降輦，歸御閤，簾降。內侍進呈赦書。東上閤門官于樓下侍立。二員於樓上祗應。禮直官、通事舍人分引三公、親王以下詣樓前，分班立定。左輔、樞密升詣御座之東，翰林學士承旨一員，升詣御座之西，俱南向立。翰林學士承旨闕，即翰林學士。次引禮部侍郎奏請中嚴。少頃，又奏外辦，降，復本班。簾卷，大樂正令撞黃鍾之鐘，右五鐘皆應，《乾安之樂》作。內侍索扇，扇合。皇帝出御閤，臨軒，即御座，樓下鳴鞭，簾卷。內侍贊"扇開"[①]，扇退，樂止，侍衛如常儀。禮直官、通事舍人分引三公[②]、親王以下橫行北向立定。學士、侍制、兩省官、將軍仍舊相向立。典儀曰："再拜。"在位官皆再拜，分班東西相向立定。

樓下舍人詣樓前北向立，左輔詣御座前承旨，退，稍前，西向宣曰："奉敕立金雞。"[③]退，復位。樓下舍人應諾，趨詣文武班南，北向揖訖，東向宣曰："奉敕立金雞。"宣付所司退，復位。金雞初

---

① "扇開"二字，底本脫，據《文獻通考》卷七二《郊社考五·郊》校補。
② "三公"，底本作"王公"，據文津閣本、十萬卷樓本校改。
③ "宣"字，底本脫，據楊本、《文獻通考》卷七二《郊社考五·郊》校補。

立，大晟府擊鼓。每擊鼓投一杖^①，囚集，鼓聲止。<small>初，宣立金鷄，即擊鼓，立金鷄訖，即止，更不投杖。</small>

　　樓上降赦書，閤門受以置於案。承受二人舉案於東偏門之西南，舍人二員對捧。東上閤門官揖引至班心，北向揖，稱“宣付門下省”，退詣案西，東向立。引門下侍郎詣案南，北向搢笏，跪。閤門捧赦書以授門下侍郎，門下侍郎受訖，執笏，俛伏，興。舍人捧案，退，置於樓下近於北訖，歸本班。東上閤門官還侍立位。次引門下侍郎捧赦書，詣班前，北向俛伏，跪奏：“制書請付施行。”^②<small>制書權付禮直官。</small>奏訖，俛伏，興，躬身北向。次引左輔詣御座前承旨，退，西向宣曰：“制可。”退，復位。門下侍郎稱“宣付班首”，稍西，東向立。次班首相向，各俛伏，跪。門下侍郎搢笏，捧制書以授班首受訖，執笏，俛伏，興，捧，歸位，以付舍人。舍人跪受，付提點承受啟封訖，復授舍人。舍人捧制書，折方行至班心。近南，西向，又折方，北向立^③。東上閤門官一員并捧制書舍人於左省班復詣宣制位，<small>起居郎、舍人一員指摘句讀^④。</small>舍人宣曰：“有制。”典儀曰：“再拜。”在位官皆再拜。舍人宣制至“咸赦除之”，獄吏詣班南，北向躬，稱“脱枷”訖，奏“聖躬萬福”，三稱“萬歲”。以罪人過宣制訖，樓上舍人贊樞密院官、左輔、翰林學士承旨並賀再拜^⑤。<small>樓上閤門官不拜。</small>東上閤門官歸侍立位^⑥，舍人捧制書詣班首

---

　　①　“每擊鼓”三字，底本脱，據《文獻通考》卷七二《郊社考五·郊》校補。

　　②　“奏”字，底本作“奉”，據《文獻通考》卷七二《郊社考五·郊》校改。

　　③　“立”字，底本脱，據《文獻通考》卷七二《郊社考五·郊》校補。

　　④　“摘”字，底本脱，據文津閣本、《文獻通考》卷七二《郊社考五·郊》校補。“讀”字，底本脱，據文津閣本、《文獻通考》卷七二《郊社考五·郊》校補。

　　⑤　“並”字，底本作“興”，據本書卷二八《皇帝祀昊天上帝儀四·宣德門肆赦》改。

　　⑥　“位”字，底本脱，據《文獻通考》卷七二《郊社考五·郊》校補。

前①，東向立，搢笏，跪，以制書授班首。班首受訖，舍人執笏，退，復侍立位。禮直官次引刑部尚書詣班首前，東向，搢笏，跪。班首搢笏，以制書授刑部尚書。刑部尚書受訖，執笏，以制書加於笏上，以授所司，歸本班。禮直官、通事舍人引三公、親王以下及應橫行官就北向位立定。典儀曰："再拜。"在位官皆再拜。禮直官、通事舍人引班首稍前，俛伏，跪，致詞訖，俛伏，興。典儀曰："再拜。"在位者皆再拜，搢笏，舞蹈，三稱"萬歲"，又再拜。東上閣門官詣樓前，承旨，退，於班首前西向稱"有制"，典儀曰："再拜。"在位者皆再拜。東上閣門官宣答訖，歸侍立位。典儀曰："再拜。"在位者皆再拜，舞蹈，三稱"萬歲"，又再拜。禮直官、通事舍人引三公、親王以下分東西班序立。

　　禮直官引左輔詣御座前，奏"禮畢"，退，復位。內侍索扇，扇合，大樂正令撞蕤賓之鐘，左五鐘皆應，《乾安之樂》作。簾降，皇帝降座，還御幄，樂止。樓下鳴鞭，舍人詣樓前，北向承旨，四色官應喏，舍人北向稱"奉敕放仗"，四色官趨至班南，宣曰："奉敕放仗。"百僚再拜，退。宣詞令舍人於樓下宣勞將士訖，退。賜茶酒，拽馬隊如儀②。

---

　　①　"班首"二字，底本脱，據《文獻通考》卷七二《郊社考五·郊》校補。
　　②　"拽"字，底本作"按"，據十萬卷樓本、楊本校改。

卷第三十四　吉禮

宗祀上帝儀有司行事

時日　齋戒　奏告　陳設　省牲器

奠玉幣　進熟　望燎

時日

太常寺預於隔季以季秋擇日祀上帝于端誠殿，關太史局。太史局擇日報太常寺參酌訖，具時日散告。

齋戒

前祀十日，受誓戒於尚書省。

其日五鼓，贊者設位版於公相廳下：初獻在左，刑部尚書在右，並南向。亞、終獻位於其南，稍東，北向，西上。監察御史位於其西，稍北，東向。戶部、兵部、工部尚書，大司樂，光禄卿，大樂令，光禄丞位於其南，稍西，北向，東上。大樂令、光禄丞位皆稍却。奉禮、協律郎，太祝，郊社、太官令位於其東，西上，北向。

質明，贊者引行事、執事者就位立定。禮直官引初獻降階，就位。禮直官贊揖，在位者對揖訖。初獻搢笏，讀誓文云："某月某日季秋，大享明堂祀上帝。各揚其職，不共其事，國有常刑。"

讀訖，執笏。禮直官贊奉禮、協律郎，太祝、郊社、太官令先退，餘官對拜，乃退。

散齋七日，治事如故，宿於正寢，不弔喪、問疾、作樂、判書刑殺文書、決罰罪人及與穢惡。致齋三日，<small>光祿卿、丞，太官令齋一日[①]。二日於本司。無本司者，於太常齋舍，質明至齋所。</small>唯祀事得行[②]，其餘悉禁。

前祀一日質明，俱赴祠所齋宮，官給酒饌。與祀之官已齋而闕者，通攝行事。

奏告

前祀二日，奏告神宗皇帝室，如常告之儀。

陳設

前祀三日，儀鸞司設行事[③]、執事官次於端誠殿之東偏門外，隨地之宜；設饌幔於端誠殿門外。

前二日，光祿牽牲詣祠所。

前一日，郊社令帥其屬掃除殿之內外。太常設神位席，太史設神位版於殿上。<small>凡設神位版，皆郊社令監視。</small>太常設祭器，<small>凡設祭器，皆藉以席，籩、豆又加巾蓋。</small>以俟告潔。<small>既畢，權徹。</small>

光祿陳牲於東偏門外之北，西向。祝史各位於牲後。太常設省牲位於牲北。三獻官在西，東向；戶部、兵部、工部尚書，大司樂，光祿卿，大樂令，光祿丞，奉禮、協律郎，太祝，郊社、太官令

---

①　“一”字，底本作“三”，據本書卷二九《祀昊天上帝儀有司行事·時日》改。

②　“唯”字，底本作“准”，據文津閣本、十萬卷樓本、楊本校改。

③　“事”字，底本脫，據文津閣本、楊本校補。

在東，西向，俱北上。凡設大樂令以下位皆稍却。監察御史於户部尚書之北，少絶。

光禄陳禮饌於東偏門外，南向。太常設省饌位版於禮饌之南。三獻官在南，北向，西上。監察御史在西，東向。户部、兵部、工部尚書，大司樂，光禄卿，大樂令，光禄丞，奉禮、協律郎，太祝，郊社、太官令在東，西向，北上。大晟設登歌之樂於殿上稍南，北向；又設宫架於殿廷内，立舞表於酇綴之間。

祀日丑前五刻①，禮直官、贊者、諸司職掌各服其服。

太常設神位席，太史設神位版：上帝位于端誠殿上北方，南向。神宗皇帝位于端誠殿上東方，西向。俱席以莞。

太常陳玉於神位之右，玉以蒼璧，盛以匣，燔玉用珉。禮神之玉，奠於神前，燔玉加於幣，配位不用玉。陳幣篚各於神位之左，幣以蒼。祝版各於神位之右，置於坫。

次設祭器，光禄實之。每位各左十有二籩，爲三行，以右爲上；第一行：形鹽在前，魚鱐、糗餌、粉餈次之。第二行：榛實在前，乾棗、乾桃、乾蔏次之。第三行：菱在前，芡、栗、鹿脯次之。右十有二豆，爲三行，以左爲上；第一行：芹菹在前，筍菹、葵菹、菁菹次之。第二行：韭菹在前，酏食、魚醢、醓醢次之。第三行：豚拍、兔醢在前，鹿臡、酏食次之。俎三，二於籩前，爲二重，以北爲上，第一重實以牛腥七體，兩髀、兩肩、兩脅並脊。兩髀在兩端，兩肩、兩脅次之，脊在中。第二重實以羊腥七體，其載如牛。若配位，即以東爲上。一在豆前；實以豕腥七體，其載如羊。又俎六，在豆右，爲二重，以北爲上；第一重，一實以牛腥，腸、胃、肺、離肺一在上端，刌肺三次之，腸三、胃三又次之；一實以羊腥，腸、胃、肺，

---

① “五”字，底本作“三”，據本書卷二九《祀昊天上帝儀有司行事・陳設》改。

其載如牛;一實以豕腥膚九^①,皆橫載^②。第二重,一實以牛熟,腸、胃、肺;一實以豕熟膚,其載如腥。皆牛在左,羊在中,豕在右。若配位,即以東爲上。登一,在籩、豆間;實以大羹。㔶一,在登前;實以毛血。簠二、簋二,在籩、豆外,簠在左,簋在右。簠實以稻、粱,粱在稻前。簋實以黍、稷,稷在黍前。

設太尊五、山尊五,爲二重,在殿上東南隅,北向,西上,配位設於正位酒尊之東。太尊在前,皆有坫,加勺、冪,爲酌尊。太尊一實明水,爲上尊;一實以泛齊,代以供內法酒,初獻官酌之。山尊一實明水,爲上尊;餘實以醴齊,代以祠祭法酒,亞、終獻酌之^③。又設太尊二、山尊二于神位前,太尊一實泛齊,山尊一實醴齊,各以一尊實明水。著尊二、犧尊二、象尊二、壺尊六在下,著尊一實盎齊,犧尊一實醍齊,象尊一實沉齊,各以一尊實明水。壺尊三實玄酒,三實三酒。明水、玄酒皆在上。俱北向,西上,加冪。五齊三酒,皆設而不酌。

太常設燭於神位前,又設俎六於饌幔內,洗二於殿庭東階之東南,北向,南直東霤^④。盥洗在東,爵洗在西。罍在洗東,加勺。篚在洗西南肆,實以巾。若爵洗之篚,則又實以爵,加坫。執罍、篚者各位於其後。

設揖位於東偏門之外,如省牲位。唯不設光祿卿、丞位。

積柴於燎壇。設望燎位於殿庭東階下。三獻官在北,南向,西上。監察御史在西,東向。戶部、兵部、工部尚書,大司樂,奉禮、協律郎,太祝,郊社令在東,西向,北上。又設三獻官席位於殿下東階之稍南,西向,南上。戶部、兵部、工部尚書又於其南,

---

① “豕”字,底本作“豚”,據十萬卷樓本校改。

② “皆”字疑爲衍字。

③ “終”字,底本脫,據本書卷二九《祀昊天上帝儀有司行事·陳設》補。

④ “南”字疑爲衍字。

少絕，西向，北上。監察御史席位於殿庭之南；奉禮郎，太祝，郊社、太官令位於其後；大司樂、大樂令席位於監察御史之東；協律郎位於其後；光禄卿席位於大司樂之東。俱北向，西上。又設監察御史位於殿上前楹之西，東向。奉禮郎、太祝、郊社令在東，西向，北上。大樂令在樂虡北，太官令於酌尊所，俱北向。協律郎位二，一於殿上前楹間稍西，一於宮架之西北，俱東向。大司樂位于宮架北，北向。

省牲器

前祀一日，行事、執事官集初獻齋所肄儀，太祝習讀祝文，視玉、幣及神位版訖，並赴端誠殿東偏門外次。禮直官、贊者分引行事、執事官詣偏門外省牲位[①]，凡初獻行事禮直官引，餘官皆贊者引。立定。禮直官贊揖。次引大司樂入行樂架。次引監察御史升自西階，凡行事、執事官升降，皆自西階。視滌濯，執事官舉冪，曰："潔。"降，復位。禮直官稍前，曰："告潔畢，請省牲。"太祝出班巡牲一匝，詣初獻前，北向躬曰："充。"退，復位。光禄丞出班巡牲一匝，詣初獻前，北向躬曰："腯。"退，復位。禮直官贊："省牲畢，請詣省饌位。"揖訖，引行事、執事官各就位，立定。禮直官贊揖。所司省饌畢，禮直官贊："省饌畢。"揖訖，俱還齋所。光禄丞、太祝以次牽牲詣廚，授太官令。次引監察御史詣廚，省鼎鑊，視祭器滌溉，協律郎展視樂器，乃還齋所。

　　未後一刻，太官令帥宰人以鸞刀割牲，祝史以槃取毛血，各置於饌所，遂烹牲。

---

① 底本"牲"後衍"器"字，據本書卷二九《祀昊天上帝儀有司行事·陳設》刪。

晡後，郊社令帥其屬掃除壇之內外訖，還齋所。

奠玉幣

祀日丑前五刻，行事用丑時七刻。初獻以下並赴端誠殿東偏門外各就次。郊社令先入，視設神位版訖，退。樂正帥工人二舞入就位。登歌工人俟監察御史點閱訖，升西階，各就位。次太官令帥其屬實饌具畢。次引光祿卿入詣殿庭南席位，北向立。贊者曰：“再拜。”光祿卿再拜，升殿，點視饌畢。次引監察御史升殿，點閱陳設，糾察不如儀者。凡點視、點閱，皆先詣正位。光祿卿退還齋所。餘官各服祭服。

次引行事、執事官各就東偏門外揖位立定，禮直官贊揖。次引大司樂、大樂令、協律郎先入就殿庭席位，北向立。贊者曰：“再拜。”大司樂以下皆再拜，各就位。次引監察御史，奉禮郎、太祝、郊社、太官令入，就殿庭席位，北向立。次引初獻官，戶部、兵部、工部尚書，亞、終獻俱入，就殿庭席位，西向，立定。禮直官稍前，贊：“有司謹具①，請行事。”協律郎跪，俛伏，舉麾，興，工皷柷，宮架作《景安之樂》、《帝臨嘉至之舞》，六成，偃麾，戛敔，樂止。凡樂，皆協律郎跪，俛伏，舉麾，興，工皷柷而後作，偃麾，戛敔而止。太常升烟，燔牲首。贊者曰：“再拜。”在位者皆再拜。次引監察御史，奉禮郎，太祝，郊社、太官令升殿，各就位立定。太官令就正位酌尊所。

次引初獻詣盥洗位，宮架《正安之樂》作。凡初獻升降、行止，皆作《正安之樂》。至洗位，北向立，搢笏，盥手，帨手，執笏，升殿，樂止。登歌樂作。詣上帝神位前，北向立，樂止，登歌《嘉安之樂》作，搢

---

① “具”字，底本脫，據楊本校補。

笏,跪。次引奉禮郎搢笏,西向跪。執事者以玉、幣授奉禮郎,奉禮郎奉玉、幣授初獻訖,執笏,興,先詣神宗皇帝神位前,北向立。初獻受玉、幣,奠訖,執笏,俛伏,興,再拜訖,樂止。次引初獻詣神宗皇帝神位前,東向立,_{酌獻詣配位准此}[①]。奠幣如上儀,_{惟登歌作}《乾安之樂》[②]。樂止,奉禮郎復位[③]。初獻將降階,登歌樂作,降階,樂止。宮架樂作,復位,樂止。

進熟

祀日,有司設鼎六於神廚,各在鑊右。光禄卿帥進饌者詣廚,以匕升牛于鑊,實于一鼎;_{肩、臂、臑、肫、胳、正脊一,直脊一,横脊一,長脅一,短脅一,代脅一,皆二骨以並。}次升羊如牛,實于一鼎;次升豕如羊,實于一鼎,_{正、配位各實牛、羊、豕鼎一。}皆設扃、冪。祝史對舉,入設於饌幔内。俟初獻既升,奠玉、幣,入陳於殿庭西階下,北向,東上。祝史抽扃,委于鼎右,除冪。

初,鼎序入。有司執匕及俎以從,至西階下,各設于鼎西南肆,匕加于鼎。光禄以匕升牛,載于一俎。_{肩、臂、臑在上端,肫、胳在下端,脊、脅在中。}次升羊如牛,載于一俎。次升豕如羊,載于一俎。_{正、配位各設牛、羊、豕俎一。}鼎先退。

次引户部、兵部、工部尚書詣西階之下,搢笏,奉俎,_{户部奉牛,兵部奉羊,工部奉豕。}升殿。宮架《豐安之樂》作,詣上帝神位前,北向跪奠,先薦牛,次薦羊,又薦豕,各執笏,俛伏,興。有司設于豆右,腸、胃、膚之前。_{牛在左,羊在中,豕在右。}次詣神宗皇帝神位前,東

---

① “配”字,底本作“酌”,據楊本校改。

② “乾”字,底本作“就”,據文津閣本校改。

③ 底本“復位”前衍“引”字,據本書卷二九《祀昊天上帝儀有司行事·陳設》刪。

向，奉俎，如上儀訖。樂止，俱降，復位。

　　初，奠俎訖，引太祝取葅擩於醢，祭於豆間三，又黍、稷、肺祭如初，俱藉以茅，退，復位。

　　次引初獻再詣盥洗位，宮架樂作，至洗位，北向立，搢笏，盥手，帨手，執笏。詣爵洗位，北向立[①]，搢笏，洗爵，拭爵，以授執事者，執笏，升殿，樂止。登歌樂作，詣正位酌尊所，西向立，樂止。登歌《嘉安之樂》作。執事者以尊授初獻，搢笏，執爵。執尊者舉幂，太官令酌太尊之泛齊訖，先詣配位酌尊所，北向立。初獻以爵授執事者，執笏，詣上帝神位前，北向立，搢笏，跪。執事者以爵授初獻，執爵，祭酒，三祭于茅苴，奠爵，執笏，俛伏，興。少立，樂止。次引太祝於神位前，東向，搢笏，跪讀祝文。讀訖，執笏，興，先詣神宗皇帝神位前，南向立。初獻再拜。次詣神宗皇帝神位前，酌獻，並如上儀，<small>惟登歌作《德安之樂》。</small>樂止。太官令復詣正位酌尊所，太祝復位。初獻將降階，登歌樂作，降階，樂止。宮架樂作，復位，樂止。

　　文舞退，武舞進，宮架《正安之樂》作。舞者立定，樂止。

　　次引亞獻詣盥洗位，北向立，搢笏，盥手，帨手，執笏。詣爵洗位，北向立，搢笏，洗爵，拭爵，以授執事者，執笏，升殿，詣正位酌尊所，西向立。宮架作《文安之樂》、《神娛錫羨之舞》。執事者以爵授亞獻，亞獻搢笏，執爵，執尊者舉幂，太官令酌山尊之醴齊訖，先詣配位酌尊所，北向立。亞獻以爵授執事者，執笏，詣上帝神位前，北向立，搢笏，跪。執事者以爵授亞獻，亞獻執爵，祭酒，三祭于茅苴，奠爵，執笏，俛伏，興，再拜。次詣神宗皇帝神位前，

---

　　① “北向立”三字，底本脱，據文津閣本校補。

行禮並如上儀訖。樂止,降,復位。

次引終獻詣洗及升殿行禮,並如亞獻之儀,降,復位。

次引太祝徹籩、豆,籩、豆各一,少移故處。登歌《肅安之樂》作。卒徹,樂止。次引郊社令束茅訖。俱復位。禮直官曰:"賜胙。"贊者承傳,曰:"賜胙,再拜。"在位者皆再拜。

送神,宫架《景安之樂》作,一成,止。

望燎

初,《景安之樂》畢,引三獻官,户部、兵部、工部尚書詣望燎位,宫架樂作。至位,樂止。有司各詣神位前,取玉、幣、祝版、饌物及牲之左髀,束茅,置於燎壇。次引監察御史、大司樂、大樂令、奉禮郎、協律郎、太祝、郊社令詣望燎位,立定。禮直官曰:"可燎。"火燎半柴。

次引初獻以下詣東偏門外揖位。禮直官贊:"禮畢。"揖訖,退。太官令帥其屬徹禮饌,次引監察御史升殿,監視收徹訖,還齋所。光禄卿以胙奉進,監察御史就位展視,光禄卿望闕,再拜,乃退。

卷第三十五　吉禮

皇帝祈穀祀上帝儀上

時日　齋戒　奏告　陳設

時日

前期,降御札,以來年正月上辛祈穀祀上帝,具時日散告。

齋戒

前祀十日質明,有司設行事、執事及陪祠文武官位於朝堂。太宰、刑部尚書在北,南向,太宰在左,刑部尚書在右。刑部尚書稍却。行事太宰、左丞在南;吏部、户部、禮部尚書,吏部、禮部侍郎,大司樂,光禄卿,大樂令,光禄丞在其南;凡設大樂令,光禄丞皆稍却。如朝獻、朝享,即功臣獻官在光禄丞下。執事官又在其南,俱北向,西上。監察御史位二,在西,東向,北上。讀册、舉册官,奉禮、協律郎,太祝、郊社、太官令在東,西向,北上。奉禮郎以下位,皆稍却。又設陪祠文武百官位於行事官之南。又設行事、執事及陪祠親王、宗室位於太廟齋坊。少宰、刑部侍郎在北,南向,少宰在左,刑部侍郎在右。刑部侍郎稍却。亞、終獻在南,北向,西上。親王及行事、執事、陪祠宗室在東,西向,北上。東上閤門、御史臺、太常寺以下分引羣官各就位。凡引行事、執事、陪祠文武官立班,即御史臺引殿中待御史一員先入就位。太宰讀誓於朝堂，刑部尚書涖之；少宰讀誓於太廟齋坊①，刑部侍郎涖之。誓文曰："來年正月某日上辛，皇帝祈穀祀上帝。如朝獻、朝享，即云："前二日景靈宮，前一日朝享太廟。"各揚其職，其或不恭，國有常刑。"讀訖。內朝堂執事官奉禮郎以下②，文官宣德郎以下，武官從義郎以下先退。餘官並對拜訖，退。

皇帝散齋七日於別殿，致齋三日。二日於大慶殿，一日於青城。如朝獻、朝享，即一日於大慶殿，一日於太廟，一日於青城。凡散齋，不弔喪、問疾、作樂，有司不奏刑殺文書。致齋日，前後殿不視事，惟行祀事。

前致齋一日，殿中監帥其屬尚舍鋪御座於大慶殿當中，南向；設東西房於御座之左右③，稍北；又設西閤及齋室於殿後之左右，殿上前楹施簾。

致齋之日，質明，有司陳大駕鹵簿於宣德門外，尚輦陳平輦於垂拱殿庭④。文武百官俱就次，各服其服。東上閤門奏請皇帝未後詣齋室，通事舍人等自下分引知樞密院事以下詣垂拱殿庭，立班。東上閤門附內侍進班齊牌。垂拱殿簾降，皇帝乘輦出，至殿上⑤，少駐。輦官迎駕，自贊常起居。次宣輦官上殿，簾卷，鳴鞭，行門禁衛諸班親從迎駕，自贊常起居。次舍人先贊知內侍省官以下常起居，次樞密以下通班常起居，贊"祇候引駕"。樞密、知客省事以下，至簽書、東上閤門官分左右立。六尚局應奉官，祇應通侍大夫以下，武功大夫以下，並先退。次管軍臣僚宣名常

---

① "齋坊"，《宋史》卷一〇〇《禮三·祈穀》作"齋房"。
② "朝堂"，底本作"朝常"，據文津閣本校改。"執事"，底本作"職事"，據本書卷二五《皇帝祀昊天上帝儀一·齋戒》改。
③ "東西房於"四字，底本脫，據文津閣本校補。
④ "庭"字，底本作"廷"，據文津閣本校改。
⑤ "至"字，底本脫，據《文獻通考》卷七二《郊社考五·郊》校補。

起居，贊“祇候引駕”，並分左右。前導輦降東階垂拱殿門外，禁衛諸班親從自贊常起居。次行宮使、御營巡檢一班常起居。如通侍大夫以下，知客省事以下，武功大夫以下，知內侍兩省、帶御器械官、充行宮使，御營巡檢，各歸本班。至大慶殿後閣降輦，入西閣，大慶殿簾降。前導官並就次易朝服，詣御榻前分左右侍立。知樞密院事、簽書樞密院事在東，西向，北上；同知樞密院事在西，東向；左輔一員在知樞密院事之北①，贊拜東上閣門官一員又在其北，並西向；知客省事以下在簽書樞密院事之南，稍東，西向，北上；簽書客省事以下又在其南，稍却。通事舍人等分引行事、執事、陪祠文武官，各縉結佩，入詣大慶殿庭立班。舍人引禮部侍郎奏請中嚴。侍臣詣幄，奉迎內外。符寶郎奉寶先陳於御榻之左右。少頃，引禮部侍郎奏外辦。皇帝服通天冠、絳紗袍、縉結佩，出西閣乘輿，稱警蹕，侍衛如常儀。由西房至御榻西降輿，皇帝即御座，南向，侍臣夾侍，贊拜東上閣門官於榻前贊：“樞密以下拜。”殿之上下應在位官皆再拜②。東上閣門官贊拜訖，轉身北向隨拜訖，面西，贊“各祇候”。次禮直官引左輔詣御座前，俛伏，跪奏稱：“左輔具官臣某言，請皇帝降座，就齋室。”奏訖，俛伏，興，還侍位。凡左輔奏請准此。皇帝降座，乘輿，由東房入齋室，侍臣各還所司，直衛者如常儀。通事舍人分引行事、執事、陪祠文武官以次出。三省、親王、樞密、宗室起居問聖體，並如上儀。

應行事、執事、陪祠官及從升者並散齋七日③，宿于正寢；致齋三日，各宿於其次。三省、樞密院官各宿於本廳及都堂。侍從官并尚書、侍

---

① “一員”二字，底本脱，據《文獻通考》卷七二《郊社考五·郊》校補。
② “位”字，底本脱，據《文獻通考》卷七二《郊社考五·郊》校補。
③ “者”字，底本作“官”，據《文獻通考》卷七二《郊社考五·郊》校改。

郎分宿於秘書省、中書後省。餘官內庭有所司者各宿于其司^①。諸方客使許赴陪位者各宿于其次。凡散齋，治事如故，惟不弔喪、問疾、作樂、判書刑殺文書、決罰罪人及與穢惡。致齋之日，官給酒饌。唯祀事得行，其餘悉禁。與祀之官已齋而闕者，通攝行事。

奏告

前祀二日，奏告太宗皇帝室，如常告之儀。

陳設

前祀三日，殿中監帥其屬尚舍設大次於外壝東門之內道北^②，南向；小次於午階之東，西向。儀鸞司設文武侍臣次于大次之前，隨地之宜；行事、陪祠官，宗室及有司次於外壝東門之外；設東方、南方客使次于文官之後，西方、北方客使次于武官之後。設饌幔于內壝東門之外道北，南向。

前祀二日，郊社令帥其屬掃除壇之上下，積柴于燎壇。光禄牽牲詣祠所。大晟陳登歌之樂于壇上稍南，北向。設宮架於壇南內壝之外，立舞表于酇綴之間。

前祀一日，太常設神位席，太史設神位版：上帝位於壇上北方，南向，席以藁秸；太宗皇帝位于壇上東方，西向，席以蒲越。_{告潔畢，權徹。}

奉祀郎、禮直官設皇帝位版于壇下小次前，西向；飲福位於

---

① "宿於本廳及都堂侍從官并尚書侍郎分宿於秘書省中書後省餘官內庭有所司者各宿于其司"，底本作"宿於本廳及都從官并尚書侍郎分宿於秘書省堂侍後省餘官內庭有所司者各宿于中書司"，據本書卷二五《皇帝祀昊天上帝儀一·齋戒》改。
② "尚舍"二字，底本脱，據本書卷二五《皇帝祀昊天上帝儀一·陳設》補。

壇下午階之西，北向；望燎位于柴壇之北，南向。設爟火于望燎位之東，南向。東西各六人。

贊者設亞、終獻位於小次之南稍東，西向；大禮使、太宰、左丞在於其南；行事吏部、禮部尚書，吏部、禮部侍郎，光禄卿，讀册、舉册官，光禄丞位於大禮使之東；光禄丞稍却。奉禮郎、摶黍太祝、郊社、太官令位於小次之東北，俱西向，北上。監察御史位二，一於壇下午階之西南，一於子階之西北，俱東向。協律郎位二，一於壇上樂虡之西北，一於宮架之西北，俱東向。大樂令位於登歌樂虡之北，大司樂位於宮架之北，良醖令位于酌尊所，俱北向。又設陪祠文武官位于執事者之南，諸方客使在文官之南，隨其方國。

光禄陳牲於東壝門外，西向，祝史各位於牲後；太常設省牲位於牲西。大禮使、太宰、左丞在南，北向，西上。行事吏部、户部、禮部尚書，吏部、禮部侍郎，大司樂，光禄卿，讀册、舉册官，大樂令，光禄丞，奉禮、協律郎，摶黍太祝、郊社、太官令在北，南向，西上。凡設大樂令以下位皆稍却。監察御史在吏部尚書之西，異位稍却。

光禄陳禮饌於東壝門外道北，南向；太常設省饌位版於禮饌之南。大禮使、太宰、左丞在南，北向，西上。監察御史位二，俱在西，東向，北上。行事吏部、户部、禮部尚書，吏部、禮部侍郎，大司樂，光禄卿，讀册、舉册官，大樂令，光禄丞，奉禮郎，協律郎，摶黍太祝、郊社、太官令在東，西向，北上。

禮部帥其屬設祝册案於神位之右，司尊彝帥其屬設玉幣篚於酌尊所。

次設籩、豆、簠、簋之位：每位皆左十有二籩，右十有二豆，俱爲三行；俎三，一在籩前，二在豆右①，爲二重；登一，在籩、豆間；籩一、簠一，在籩、豆外，簠在左，簠在右。又設尊坫之位：每位皆太尊五、山尊五，爲二重，在壇上東南隅，北向，西上。配位設於正位酒尊之東。太尊在山尊前，皆有坫，加勺、冪，爲酌尊。又太尊二、山尊二在神位前，著尊二、犧尊二在壇下午階之西②，配位設于壇下西階之北③。象尊二、壺尊六在壇下午階之東，配位設于壇下西階之南④。俱北向，西上，配位即東向，北上。皆加冪，設而不酌。又設每位籩、豆、簠、簠、甒⑤、俎各一於饌幔內。設御洗二於壇下午階東南，北向。盥洗在東，爵洗在西。罍在洗東，加勺；篚在洗西南肆，寔以巾。若爵洗之篚，即又寔以爵，加坫。設皇帝位於洗南⑥，北向；內侍酌水位於洗東，執巾位於酌水內侍之北，俱西向；吏部侍郎位於爵洗之西，東向。又設亞、終獻盥洗、爵洗於本位之南。罍、篚各設於左右，皆西向。執罍、篚者位其後。

　　祀日丑前五刻，郊社令與太史官屬各服其服，升壇，設上帝、太上皇帝神位版於壇上。太府卿、少府監帥其屬陳玉、幣於篚。上帝以蒼璧，盛于匣。幣皆以蒼。配位不用玉。禮神之玉，置於神位前，燔玉加於幣。光禄卿帥其屬入實籩、豆、簠、簠。籩三行，以右爲上。第一行：形鹽在前，魚鱐、糗餌次之。第二行：榛實在前，乾桃、乾蔱、乾棗次之。第三行：菱在前，芡、栗、鹿脯次之。豆三行，以左爲上。第一行：芹菹在前，筍菹、葵菹、菁菹次之。第二行：韭菹在前，酏食、魚醢、兔醢次之。第三行：豚拍在前，鹿臡、醢醢次之。簠實

----

①　“右”字，底本作“后”，據十萬卷樓本校改。
②　“犧尊二”三字，底本脱，據本書卷三九《皇帝雩祀上帝儀上・陳設》補。
③　“西”字，底本作“西”，據十萬卷樓本校改。
④　“西”字，底本作“南”，據本書卷三九《皇帝雩祀上帝儀上・陳設》改。
⑤　“甒”字，底本脱，據《文獻通考》卷七二《郊社考五・郊》校補。
⑥　“洗”字，底本作“壇”，據十萬卷樓本校改。

以稻。簋實以黍。登實以大羹。**太官令帥其屬入實俎。**籩前一俎，實以牛腥
七體，兩髀、兩肩、兩脅，脊。兩髀在兩端，兩肩、兩脅次之，脊在中。豆右之俎，爲二重，
以北爲上。第一重，實以牛腥，腸、胃、肺、離肺一在上端，刌肺三次之，腸三、胃三又次
之。第二重，實以牛熟，腸、胃、肺，其載如腥。若配位，即以東爲上。**良醞令帥其
屬入實尊**①。太尊實以泛齊，山尊實以醴齊，著尊實以盎齊，犧尊實以醍齊，象尊實
以沉齊，各以一尊實明水。壺尊三實玄酒，三實三酒。明水、玄酒皆在上。

　　太常設燭於神位前，又設大禮使以下行事、執事官揖位於卯
階之東内壝外，如省牲位。所司陳異寶嘉瑞及伐國之寶於宮架
之南，東西相向。

―――――――

　　①　“醞”字，底本作“醢”，據文津閣本、十萬卷樓本、楊本校改。

卷第三十六　吉禮

皇帝祈穀祀上帝儀中

車駕自大慶殿詣青城　　省牲器　　奠玉幣

車駕自大慶殿詣青城

前祀一日，陪祠文武官先詣祈穀壇齋宮。

其日，導駕官以下就次，各服其服。尚輦奉御進輿于大慶殿，乘黃令進玉輅于宣德門内，南向。設千牛將軍一員位于輅前，北向。門下侍郎一員位於左輔之前，贊者二人位又於其前。

少頃，東上閤門、御史臺、太常寺分引左輔、門下侍郎、太僕卿、乘黃令詣大慶殿西階下立，北向，東上。乘黃令位其後。次引導駕官在其後，東西相向立，以俟奉迎前導。次管軍臣僚，次行宮使、御營巡檢等又在其後。禮直官、通事舍人引禮部侍郎奏請中嚴。凡左輔、門下侍郎、禮部侍郎奏請，皆禮直官、通事舍人引。少頃，又奏外辦。皇帝服通天冠、絳紗袍，乘輿以出，降自西階，稱警蹕，如常儀。宣贊舍人贊左輔以下常起居，次導駕官常起居，已起居者，止奏"聖躬萬福"。次管軍臣僚，次行宮使、御營巡檢等常起居。該宣名者即宣名。

太僕卿出詣玉輅所①，攝衣而升，正立執轡。導駕官前導皇帝出大慶殿門外②，至玉輅所。千牛將軍前跪執轡。左輔進，當輿前俛伏，跪奏："左輔具官臣某言，請皇帝降輿，升輅。"奏訖，俛伏，興，退，復位。凡左輔奏請准此。乘黃令稍前，東向，進玉輅。皇帝降輿，升輅，太僕卿立授綏，導駕官分左右步導。門下侍郎進，當輅前俛伏，跪奏："門下侍郎具官臣某言，請車駕進發。"③奏訖，俛伏，興，退，復位。凡門下侍郎奏請准此。車駕動，稱警蹕。左輔先詣宣德門內以俟。門下侍郎及贊者夾侍以出。千牛將軍夾輅而趨。車駕將及宣德門，至侍臣上馬所，門下侍郎奏請車駕少駐，敕侍臣上馬。左輔前承旨，退稱曰："制可。"門下侍郎傳制，稱："侍臣上馬。"贊者承傳敕侍臣上馬，諸侍衛之官各督其屬左右翊駕④，在黃麾內。符寶郎奉八寶前導，殿中監後部從，導駕官夾侍於前，贊者在左輔、門下侍郎之前。侍臣上馬畢，次大內留守於宣德門外再拜，奉辭⑤。門下侍郎奏請車駕進發。車駕動，稱警蹕，不鳴鐃吹。

大駕鹵簿前導詣青城。車駕將至青城，東上閤門、御史臺分引陪祠文武官、宗室、客使，禮直官、贊者引行事、執事官俱詣泰禋門外立班，再拜奉迎訖，退。內已起居者，止奏"聖躬萬福"。車駕及門少駐，文武侍臣皆下馬，導駕官步導入門。車駕動，千牛將軍夾

① "輅"字，底本作"輦"，據本書卷四四《皇帝祀感生帝儀中·車駕自大駕詣青城》改。
② "前"字，底本脫，據《文獻通考》卷七二《郊社考五·郊》校補。
③ "跪"字，底本脫，據《文獻通考》卷七二《郊社考五·郊》校補。
④ 底本"侍"後衍"御"字，據《文獻通考》卷七二《郊社考五·郊》刪。
⑤ "奉"字，底本作"奏"，據本書卷四八《皇帝祀五方帝儀中·車駕自大駕詣青城》改。

輅而趨。至端誠殿前迴輅南向^①，千牛將軍立於輅右。左輔奏請皇帝降輅乘輿，尚輦奉御進輿於輅後。皇帝降輅乘輿入齋殿，侍衛如常儀。導駕官步導至殿前，皇帝降輿歸殿後閣，簾降。通事舍人承旨敕羣官各還次。學士院以祝册授通進司進御書訖，付尚書禮部。如朝獻、朝享，即並如冬祀大禮車駕自太廟詣青城儀。

省牲器

省牲之日，午後十刻，去壇三百步禁行者。

未後二刻，郊社令帥其屬掃除壇之上下，司尊彝帥府史及執事者以祭器入設於位。凡設祭器，皆藉以席，籩、豆又加巾蓋。太府卿、少府監陳玉、幣於篚^②。告潔畢，權徹。

未後三刻，禮直官、贊者引大禮使以下詣東壝門外省牲，立定。光禄卿、丞與執事者牽牲就位。禮直官贊揖^③，贊者引大司樂入行樂架。凡亞、終獻行事，皆禮直官、太常博士引，大禮使、太宰、左丞行事，皆禮直官引。餘官皆贊者引。次引禮部尚書升自卯階，視滌濯。凡行事、執事者升降皆自卯階。次又引太宰申視滌濯，執事者皆舉冪，曰："潔。"俱復位。禮直官稍前，曰："告潔畢，請省牲。"次引禮部尚書、侍郎稍前省牲訖，退，復位。次引光禄卿出班巡牲一匝，西向躬曰："充。"曰："備。"次引光禄卿出班巡牲一匝，西向躬曰："腯。"俱復位。禮直官稍前，曰："省牲畢，請就省饌位。"贊揖訖，引大禮使以下各就位立定。禮直官贊揖所司省饌具畢，禮直官贊："省饌

---

① "輅"字，底本作"路"，據《文獻通考》卷七二《郊社卷五・郊》校改。
② "玉"字，底本脫，據《文獻通考》卷七二《郊社考五・郊》校補。
③ "贊揖"二字，底本脫，據《文獻通考》卷七二《郊社考五・郊》校補。

畢。"揖訖①,俱還齋所。光禄卿、丞及執事者以次牽牲詣廚,授太官令。次禮部尚書詣廚,省鼎鑊,視滌溉。協律郎展視樂器,乃還齋所。

晡後一刻,太官令帥宰人以鸞刀割牲,祝史各取毛血實于槃,俱置饌所,遂烹牲。郊社令帥其屬掃除壇之上下。

奠玉幣

祀日丑前五刻,行事用丑時七刻②。諸祀官及陪祠之官各服其服③。郊社令與太史官屬入設神位版,太府卿、少府監入陳玉、幣,光禄卿入陳籩、豆、簠、簋,太官令入實俎,良醖令入實尊,樂正帥工人二舞以次入,與執尊、罍、篚、冪者各就位。次通事舍人等分引陪祠文武官及宗室、客使各入就位。次禮直官、贊者分引大禮使以下行事、執事官就卯階內壝門外揖位立定,禮直官贊揖。次引監察御史,次引大禮使以下入就位。次引監察御史按視壇之上下,糾察不如儀者,退,復位。

尚輦奉御進輿於齋殿。皇帝服通天冠、絳紗袍,乘輿以出。近侍及扈從之官導從至大次門外。皇帝降輿入次,簾降。禮儀使、樞密院官、太常卿、東上閤門官、太常博士、禮直官分立於大次外之左右。次引禮部侍郎詣前奏請中嚴。少頃,又奏外辦。符寶郎奉八寶陳於宮架之北④。禮儀使當次前俛伏,跪奏:"禮儀使具官臣某言,請皇帝行事。"奏訖,俛伏,興,還侍位。禮儀使奏禮

---

① "贊省饌畢揖",底本作"省饌畢贊揖",據文津閣本乙正。
② "用"字,底本作"日",據文津閣本、楊本校改。
③ "祀官",底本作"祠官",據《文獻通考》卷七二《郊社考五‧郊》校改。
④ "八寶",底本作"寶郎",據文津閣本校改。

畢，准此。簾捲，皇帝服袞冕以出，侍衛如常儀。禮儀使以下前導至中壝門外。殿中監跪進大圭，殿中少監副之。凡殿中監進圭、受圭，皆少監副之。禮儀使奏請執大圭，前導皇帝入自正門。侍衛不應入者，止於門外。協律郎跪，俛伏，舉麾，興，凡行禮執事者取物、奠物，皆跪，俛伏，興。工皷柷，宮架《儀安之樂》作。皇帝升降、行止，皆作此樂。至午階版位西向立，偃麾，戛敔，樂止。凡樂，皆協律郎跪，俛伏，舉麾，興，工皷柷而後作，偃麾，戛敔而後止。禮儀使以下分左右侍立。凡行禮，皆禮儀使、樞密院官、太常卿、東上閤門官、太常博士、禮直官前導，至位則分立于左右。禮儀使前奏：“有司謹具，請行事。”宮架作《景安之樂》、《帝臨降康之舞》，六成，止。太常升煙，燔牲首。禮儀使奏請再拜，皇帝再拜。贊者曰：“再拜。”在位官皆再拜。內侍取玉、幣于篚，立於尊所。次引太宰、吏部尚書、侍郎升詣上帝神位前立。太宰、吏部尚書俱西向，北上，侍郎東向。

禮儀使前導皇帝詣盥洗位，宮架樂作，至洗位，北向立，樂止。內侍酌水以進。禮儀使奏請搢大圭，盥手。內侍跪，取巾於篚，興以進，皇帝帨手。內侍受巾，跪，奠於篚。

禮儀使奏請執大圭，前導。皇帝升壇。大禮使從。皇帝升降，大禮使皆從，左右侍衛量人數升。宮架樂作，至壇下，樂止。升自午階，登歌樂作，至壇上①，樂止。登歌《嘉安之樂》作，殿中監跪進鎮圭，禮儀使奏請搢大圭，執鎮圭，前導皇帝詣上帝神位前，北向立。內侍先設繅藉於地。禮儀使奏請跪奠鎮圭於繅藉②，執大圭，俛伏，興。又奏請搢大圭，跪。內侍加玉於幣，以授吏部尚

---

① “上”字，底本作“下”，據《文獻通考》卷七二《郊社考五·郊》校改。

② “奏”字，底本脫，據十萬卷樓本校補。

書，吏部尚書以授太宰，太宰西向跪以進。禮儀使奏請受玉、幣，皇帝受奠訖，吏部侍郎東向跪受以興，進奠于上帝神位前。太宰、吏部尚書、侍郎俱詣太宗皇帝神位前以俟。禮儀使奏請執大圭，俛伏，興。內侍取鎮圭、繅藉，詣太宗皇帝神位前，先設繅藉於地。禮儀使奏請再拜，皇帝再拜訖，樂止。禮儀使前導皇帝詣太宗皇帝神位前①，東向，奠幣，並如上儀。惟登歌作《仁安之樂》。太宰以下俱復位。

　　禮儀使前導皇帝還版位，登歌樂作，內侍舉鎮圭、繅藉，以鎮圭授殿中監，以還有司。皇帝降階，樂止。宮架樂作，至版位西向立，樂止。

　　祝史奉毛血槃立於壝門外，由其階升，太祝迎於壇上，俱進奠于神位前。太祝與執事者退，立於尊所。

---

① “使”字，底本作“司”，據文津閣本、楊本校改。

卷第三十七　吉禮

皇帝祈穀祀上帝儀下

進熟　望燎　車駕還内

進熟

祀日,有司陳鼎二於神廚,各在鑊右。太官令帥進饌者詣廚,以匕升牛於鑊,實於一鼎,肩、臂、臑、肫、胳、正脊一,直脊一,橫脊一,長脅一,短脅一,代脅一,皆二骨以並。正、配位各一鼎[①]。皆設扃、冪。祝史對舉,陳於饌幔内,重行,西向,以南爲上。光禄實籩、豆、簠、簋於饌幔内。籩實以粉餈,豆實以糝食,簠實以粱,簋實以稷。次引禮部侍郎詣饌所,視腥熟之節。俟皇帝升奠玉、幣訖,還位,樂止,引禮部尚書詣饌所[②],執籩、豆、簋、簠以入。户部尚書詣饌所,奉俎以入。太官令引入正門,宮架《豐安之樂》作,設於卯階之下,北向,西上。奉牲者在東,祝史抽扃,委于鼎右,除冪。

初,鼎序入,有司執匕及俎以從,至卯階下,各設於鼎西,匕加於鼎。太官令以匕升牛,載於一俎。肩、臂、臑在上端,肫、胳下端,脊、脅在中。正、配位各一俎。鼎先退。俟祝史進徹毛血槃,以次出。

---

① 底本“一鼎”後衍“一鑊”二字,據文津閣本、楊本删。
② “引”字,底本脱,據《文獻通考》卷七二《郊社考五・郊》校補。

　　次引禮部尚書搢笏，執籩、豆、簠、簋；户部尚書搢笏，奉俎以升，執事者各迎於壇上。禮部尚書奉籩、豆、簠、簋，詣上帝神位前，北向跪奠，啟蓋于下，執笏，俛伏，興。有司設籩於糗餌前，豆於醢醢前，簠於稻前，簋於黍前。次引户部尚書奉俎，詣上帝神位前，北向跪奠，執笏，俛伏，興，有司設於豆前。次詣太宗皇帝神位前，東向跪奠，並如上儀。樂止，俱降，復位。太祝取蕭擩于醢，祭於豆間三，又取黍、稷，肺祭如初，皆藉用茅①，各還尊所。次引太宰、左丞詣上帝神位前，西向立，以北爲上；吏部侍郎詣爵洗位，東向立。

　　禮儀使前導皇帝詣盥洗位，宮架樂作，至洗位，北向立，樂止。内侍酌水以進，禮儀使奏請搢大圭，盥手。内侍跪，取巾於篚，興以進，皇帝帨手。内侍受巾，跪，奠於篚。

　　禮儀使奏請執大圭，前導皇帝詣爵洗位，宮架樂作，至洗位，北向立，樂止。吏部侍郎跪，取爵於篚，興以進。禮儀使奏請搢大圭，受爵。内侍酌水以進。禮儀使奏請洗爵。内侍跪，取巾於篚以進，皇帝拭爵。内侍受巾，跪，奠於篚。吏部侍郎受爵，升自午階。

　　禮儀使奏請執大圭，前導。皇帝升壇，宮架樂作，至午階，樂止。升自午階，登歌樂作，至壇上，樂止。登歌《歆安之樂》作，吏部侍郎奉爵，詣正位酌尊所，西向立。執尊者舉冪，良醞令酌太尊之泛齊訖，先詣配位酌尊所②，北向立。禮儀使前導皇帝詣上帝神位前，北向立。禮儀使奏請搢大圭，跪。吏部侍郎以爵授左

---

　　①　“藉”字，底本作“籍”，據文津閣本校改。下同。
　　②　“先”字，底本作“次”，據《文獻通考》卷七二《郊社考五·郊》校改。

丞，左丞授太宰，太宰西向跪以進。禮儀使奏請執爵，祭酒，_{三祭于}
_{茅苴}。奠爵，執大圭，俛伏，興，又奏請少立，樂止。太宰、左丞俱
詣太宗皇帝神位前，北向立以俟。舉册官舉祝册，進於上帝神位
之右。讀册官搢笏，東向跪，讀册文，讀訖，執笏，興，先詣太宗皇
帝神位前，南向立。禮儀使奏請再拜，皇帝再拜。有司奠册于上
帝神位前。禮儀使前導皇帝詣太宗皇帝神位前，酌獻，並如上
儀。_{惟登歌作《紹安之樂》}。太宰以下俱復位。

　　禮儀使前導皇帝還版位，登歌樂作，降階，樂止。宮架樂作。
至版位西向立，樂止。禮儀使奏請還小次，宮架樂作。將至小
次，禮儀使奏請釋大圭，殿中監跪受大圭，皇帝入小次，簾降，
樂止。

　　文舞退，武舞進，宮架《容安之樂》作。舞者立定，樂止。

　　初，皇帝將詣小次，禮直官、太常博士引亞獻詣盥洗位，北向
立，搢笏，盥手，帨手，執笏，詣爵洗位，北向立，搢笏，洗爵，拭爵，
以授執事者，執笏，升詣正位酌尊所，西向立。宮架作《隆安之
樂》，《神保錫羨之舞》。執事者以爵授亞獻，搢笏，執爵。執尊者
舉冪，太官令酌山尊之醴齊訖，先詣配位酌尊所①，北向立②。亞
獻以爵授執事者③，執笏，詣上帝神位前，北向，搢笏，跪。執事者
以爵授亞獻，亞獻執爵，祭酒，三祭于茅苴，奠爵，執笏，俛伏，興，
少退，北向，再拜。次詣太宗皇帝神位前，酌獻，並如上儀。樂
止，降，復位。

---

① “先”字，底本作“次”，據《文獻通考》卷七二《郊社考五・郊》校改。
② “北向立”，底本作“北向搢笏跪”，據《文獻通考》卷七二《郊社考五・郊》校改。
③ “亞獻以爵授執事者”，底本作“執事者以爵授執事者”，據《文獻通考》卷七二
《郊社考五・郊》校改。

　　初，亞獻行禮將畢，次禮直官、太常博士引終獻詣洗及升壇，酌獻，並如亞獻之儀，降，復位。

　　初，皇帝既奠玉、幣，光禄以牛左臂一骨及長脅、短脅俱二骨以並①，載于胙俎，設于壇下飲福位之西。俟終獻既升獻，引户部尚書，摶黍太祝、太官令詣飲福位，東向立。奉俎、豆、爵酒者各位於其後。

　　禮儀使奏請詣飲福位，簾捲，出次，宮架樂作，殿中監跪進大圭，禮儀使奏請執大圭，前導皇帝詣飲福位，將至位，樂止。宮架《禧安之樂》作，皇帝至飲福位，北向立。尚醖典御執尊，升詣酌尊所，良醖令酌上尊福酒合置一尊，典御奉尊降詣飲福位，以授殿中少監。尚醖奉御執爵，殿中少監酌之。奉御以爵授殿中監②，殿中監西向捧以立。禮儀使奏請再拜，皇帝再拜。殿中監跪以爵酒進。禮儀使奏請搢大圭，跪受爵，祭酒，三祭于地。啐酒，奠爵，殿中監跪受爵以興。

　　太祝帥執事者持胙俎進，減神位前正脊二骨、横脊二骨③，加於俎上。内侍受俎以授户部尚書，户部尚書西向跪以進。皇帝受俎，奠之④。户部尚書受俎以興，退，復位。太官令取黍於簋，摶以授太祝，太祝受以豆，東向跪進。皇帝受訖，奠之。太祝受豆以興，退，復位。

　　次殿中監再跪以爵酒進，禮儀使奏請受爵，飲福酒，奠爵。殿中監受虛爵，興，以授典御奉御。執事者俱退，復位。禮儀使

---

　　①　“左臂一骨”，底本作“左臂一脅”，據楊本、《文獻通考》卷七二《郊社考五·郊》校改。

　　②　“以”字，底本作“於”，據楊本校改。

　　③　“横脊二骨”四字，底本脱，據《文獻通考》卷七二《郊社考五·郊》校補。

　　④　“之”字，底本脱，據《文獻通考》卷七二《郊社考五·郊》校補。

奏請執大圭，俛伏，興。又奏請再拜，皇帝再拜，樂止。

禮儀使前導皇帝還版位，宮架樂作，至版位，西向立，樂止。

次引禮部尚書升壇，徹籩、豆，戶部尚書升壇，徹俎，籩、豆、俎各一，俱少移故處。登歌《成安之樂》作，卒徹，樂止。禮部、戶部尚書降，復位。禮直官曰："賜胙。"行事。陪祠官拜，贊者承傳曰："賜胙，再拜。"在位官再拜。

送神，宮架《景安之樂》作，一成止。

望燎

《景安之樂》畢，禮儀使奏請詣望燎位，前導皇帝詣望燎位，宮架樂作。至位，南向立，樂止。

初，賜胙，再拜訖，郊社令以黍、稷、肺祭，藉以白茅束之。吏部侍郎帥太祝執篚進詣神位前，取玉、幣、祝冊，藉以茅，以俎載牲體[1]、黍稷飯、爵酒，各由其階降壇，南行詣柴壇[2]，自南陛升，以玉、幣、祝冊、饌物置於燎柴。禮直官曰："可燎。"舉燧火，東西各以炬燎。半柴。

禮儀使奏禮畢，前導皇帝還大次，宮架樂作。出中壝門外，禮儀使奏請釋大圭，殿中監跪受大圭，以還有司，侍衛如常儀。皇帝至大次，樂止。禮部郎中奏解嚴，引大禮使以下詣卯階之東，內壝外揖位立，禮直官贊："禮畢。"揖訖，退。通事舍人引陪祠文武官及宗室、客使以次出。將士不得輒離部位。端誠殿受賀並

---

① "體"字，底本作"醴"，據十萬卷樓本、《文獻通考》卷七二《郊社考五・郊》校改。

② "柴"字，底本作"樂"，據文津閣本、十萬卷樓本、《文獻通考》卷七二《郊社考五・郊》校改。

如冬祀大禮儀。

車駕還內

前期，殿中監帥其屬尚舍設御幄於大慶殿門外之東，南向。大晟設宮架於宣德門外，稍南。

其日，祀事禮畢，所司轉仗衛鹵簿於還途，如來儀。文武百官、宗室、客使先詣宣德門外，就次以俟，立班奉迎。乘黃令進金輅於行宮殿門外，南向。千牛將軍一員執長刀立於輅前。尚輦奉迎御輿於齋殿，導駕官俱詣齋殿門外奉迎。禮部侍郎奏請中嚴，少頃，又奏外辦。簾捲，皇帝服通天冠、絳紗袍，乘輿以出。應導駕官等並迎駕，奏"聖躬萬福"。內祗應官贊謝花再拜[1]。太僕卿出詣金輅所，攝衣而升，正立執轡。皇帝乘輿，降自西階，至金輅所。左輔奏請皇帝降輿升輅。有司仍具大輦。若乘輦，即奏云："降輿乘輦。"太僕卿立授綏，千牛將軍馭駕，如來儀。門下侍郎奏請車駕進發，車駕動，稱警蹕，侍衛如常儀。

至侍臣上馬所，門下侍郎奏請車駕少駐，敕侍臣上馬。左輔前承旨，退，稱曰："制可。"門下侍郎傳制，稱："侍臣上馬。"贊者承傳敕侍臣上馬。門下侍郎奏請車駕進發[2]，車駕動，稱警蹕，鼓吹及諸軍樂振作。車駕將至宣德門外，文武百官、宗室、客使並立班，再拜奉迎。次大內留守見，再拜訖，退。

車駕至宣德門外，少駐。文武侍臣皆下馬步導，千牛將軍降，立于輅右。車駕動，千牛將軍夾輅而趨。大樂正令奏《采茨

---

　　①　"花"字，底本"皆"，據文津閣本、十萬卷樓本、楊本校改。

　　②　"敕侍臣上馬門下侍郎奏請"十一字，底本脫，據楊本、《文獻通考》卷七二《郊社考五·郊》校補。

之樂》，入門，樂止。車駕至御幄前，左輔奏請皇帝降輅乘輿。若乘輦，即奏云：“降輦乘輿。”皇帝降輅乘輿以入。禮部侍郎奏解嚴。通事舍人承旨①，敕羣官各還次，將士各還其所。若肆赦，並如冬祀大禮宣德門肆赦之儀。

---

① “舍人”二字，底本脱，據《文獻通考》卷七二《郊社考五·郊》校補。

卷第三十八　吉禮

祈穀祀上帝儀有司行事

時日　齋戒　奏告　陳設　省牲器
奠玉幣　進熟　望燎

時日

太常寺預於隔歲以來年正月上辛祈穀祀上帝，關太史局。太史局以其日報太常寺。太常寺參酌訖，具時日散告。

齋戒

前祀十日，受誓戒于尚書省。

其日五皷，贊者設位版於公相廳下：初獻官在左，刑部尚書在右，並南向。亞、終獻位于其南，稍東，北向，西上。監察御史位于其西，稍北，東向。户部尚書、大司樂、光禄卿、大樂令、光禄丞位於其南，稍西，北向，東上。大樂令、光禄丞位稍却。奉禮、協律郎，太祝、郊社、太官令位於其東，西向，北上。

質明，贊者引行事、執事官就位立定。禮直官引初獻降階[1]，就位。禮直官贊揖，在位者對揖。初獻搢笏，讀誓文云："某月某

---

① "階"字，底本脱，據本書卷二九《祀昊天上帝儀有司行事·陳設》補。

日上辛，祈穀祀上帝。各揚其識，不共其事，國有常刑。"讀訖，執
笏。禮直官贊奉禮、協律郎，太祝、郊社、太官令先退，餘官對拜，
乃退。

散齋七日，治事如故，宿于正寢，不弔喪，問疾，作樂，判書刑
殺文書，決罰罪人及與穢惡。致齋三日。<small>光禄卿、丞，太官令齋一日。</small>
二日于本司。<small>無本司者于太常齋舍，質明至齋所。</small>唯執事得行，其餘悉
禁。前祀一日質明，俱赴祠所齋宮，官給酒饌。祀官已齋而闕
者，通攝行事。

奏告

前祀二日，奏告太宗皇帝室，如常告之儀。

陳設

前祀三日^①，儀鸞司設行事、執事次於壇東壝門之外及齋宮
之內，隨地之宜；設饌幄於內壝東門外道北，南向。

前二日^②，光禄牽牲詣祠所。

前一日，郊社令帥其屬掃除壇之上下。太常設神位席，太史
設神位版於壇上，<small>凡設神位版，皆郊社令監視。</small>太常設祭器，<small>凡設祭器，皆</small>
<small>藉以席，籩、豆又加巾蓋。</small>以俟告潔。<small>既畢，權徹。</small>

光禄陳牲于卯階之東南內壝之外，西向。祝史各位于牲後。
太常設省牲位于牲西。三獻官在南，北向。户部尚書，大司樂，
光禄卿，大樂令，光禄丞，奉禮、協律郎，太祝、郊社、太官令在北，

---

① "三"字，底本作"二"，據本書卷二九《祀昊天上帝儀有司行事·陳設》改。
② "二"字，底本作"三"，據本書卷二九《祀昊天上帝儀有司行事·陳設》改。

南向。俱西上。<small>凡設大樂令、光禄丞以下位皆稍却。</small>監察御史於户部尚書之西,少絶。

光禄陳禮饌於壇之東南内壝之外,南向。太常設省饌位版於禮饌之南。三獻官在南,北向,西上。監察御史在西,東向。户部尚書,大司樂,光禄卿,大樂令,光禄丞,奉禮、協律郎,太祝、郊社、太官令在東,西向,北上。大晟設登歌之樂於壇上稍南,北向。設宫架於壇南内壝之外,立舞表於鄭綴之間。

祀日丑前五刻,禮直官、贊者、諸司職掌各服其服。

太常設神位席,太史設神位版:上帝位於壇上北方,南向,席以藁秸。太宗皇帝位於壇上東方,西向,席以蒲越。

太常陳玉於神位之左。<small>玉以蒼璧,盛以匣,燔玉用珉。</small>禮神之玉,奠於神前,<small>燔玉加於幣,配位不用玉。</small>陳幣篚各於神位之左,<small>幣以蒼。</small>祝版各於神位之右,置於坫。

太常設祭器,光禄實之。每位各左十有二籩,爲三行,以右爲上;<small>第一行:形鹽在前,魚鱐、糗餌、粉餈次之。第二行:榛實在前,乾桃、乾蓤、乾棗次之。第三行:菱在前,芡、栗、鹿脯次之。</small>右十有二豆,爲三行,以左爲上;<small>第一行:芹菹在前,筍菹、葵菹、菁菹次之。第二行:韭菹在前,酏食、魚醢、兔醢次之。第三行:豚胉在前,鹿臡、醓醢、糝食次之。</small>俎三,一於籩前,<small>實以牛腥七體,兩髀、兩肩、兩脅并脊。兩髀在兩端,兩肩、兩脅次之,脊在中。</small>二在豆右,爲二重,以北爲上;<small>第一重實以牛腥,腸、胃、肺、離肺一在上端,刌肺三次之,腸三、胃三又次之。第二重實以牛熟,腸、胃、肺,其載如腥。若配位,即以東爲上。</small>登一,在籩、豆間;<small>實以大羹。</small>鉶一,在登前;<small>實以毛血。</small>簠二、簋二,在籩、豆外,簠在左,簋在右。<small>簠實以稻、粱,粱在稻前。簋實以黍、稷,稷在黍前。</small>

設太尊五、山尊五,爲二重,在壇上東南隅,北向,西上,<small>配位即設于正位酒尊之東。</small>太尊在前,皆有坫,加勺、冪,爲酌尊。<small>太尊一實明</small>

水,爲上尊,餘實泛齊,代以供內法酒,初獻酌之。山尊一實明水[①],爲上尊,餘實以醴齊[②],代以祠祭法酒,亞、終獻酌之。又設太尊二、山尊二在神位前,太尊一實泛齊,山尊一實醴齊,各以一尊實明水。著尊二、犧尊二在午階之西第一龕,著尊一實盎齊,犧尊一實醴齊,各一尊實明水。若配位即設于西階之北第一龕[③]。象尊二、壺尊六在壇下午階之西,象尊一實明水,一實沉齊。壺尊三實玄酒,三實三酒。明水、玄酒皆在上。若配位,即設壇下西階之北[④]。俱北向,西上,若配位,即東向,北上。皆加冪。五齊三酒,設而不酌。

太常設燭於神位前,又設俎二於饌幔內,洗二于卯階東,北向。盥洗在東,爵洗在西。罍在洗東,加勺。篚在洗西南肆,實以巾。若爵洗之篚,則又實以爵,加坫。執罍、篚者位其後。

又設揖位于卯階之東內壝之外,如省牲位。惟不設光禄卿、丞位。

積柴于燎壇。設望燎位于卯階之東南內壝之內。三獻官在北,南向,西上。監察御史在西,東向。户部尚書,大司樂,大樂令,奉禮、協律郎,太祝、郊社令在東,西向,北上。又設三獻官席位於卯階之東北,西向,南上。户部尚書席位于卯階之東南,西向。設監察御史席位於午階之南,北向。奉禮郎、太祝、郊社、太官令位於其後。大司樂、大樂令席位于監察御史之東,協律郎位於其後,光禄卿席位於大司樂之東,俱北向,西上。又設監察御史位于壇上樂虡之北,在西,東向。奉禮郎、太祝、郊社令在東,西向,北上。大樂令於樂虡之北,太官令在酌尊所,俱北向。協律郎位二,一于壇上樂虡之西,一於宮架之西北,俱東向。大司

---

① “明水”,底本作“醴齊”,據楊本校改。

② “爲上尊餘實以醴齊”八字,底本脱,據楊本校補。

③ “酉”字,底本作“西”,據文津閣本、十萬卷樓本校改。

④ “酉”字,底本作“西”,據文津閣本校改。

樂位於宮架之北，北向。

省牲器

　　前祀一日，行事、執事官集初獻齋所肄儀，太祝習讀祝文，視玉、幣及神位版訖，並赴壇所，各就次。禮直官、贊者分引行事、執事官詣壇東省牲位。凡初獻行事禮直官引[①]，餘官皆贊者引。立定。禮直官贊揖。次引大司樂入行樂架。次引監察御史升自卯階，凡行事、執事者升降，皆自卯階[②]。視滌濯，執事者舉冪，曰：“潔。”降，復位。禮直官稍前，曰：“告潔畢，請省牲。”太祝出班巡牲一匝，詣初獻前，西向躬曰：“充。”退，復位。光禄丞出班巡牲一匝，詣初獻前，西向躬曰：“腯。”[③]退，復位。禮直官贊：“省牲畢，請詣省饌位。”[④]揖訖，引行事、執事官各就位立定。禮直官贊揖所司省饌具畢[⑤]，禮直官贊：“省饌畢。”[⑥]揖訖，俱還齋所。光禄丞、太祝以次牽牲詣廚，授太官令。次引監察御史詣廚，省鼎鑊，視祭器滌溉，協律郎展視樂器，乃還齋所。

　　未後一刻，太官令帥宰人以鸞刀割牲，祝史以槃取毛血，各置於饌所，遂烹牲。

　　晡後，郊社令帥其屬掃除壇之上下訖，還齋所。

---

　　①　“引”字，底本脱，據文津閣本、楊本校補。
　　②　“卯”字，底本作“西”，據文津閣本校改。
　　③　“充退復位光禄丞出班巡牲一匝詣初獻前西向躬曰”二十一字，底本脱，據本書卷二九《祀昊天上帝儀有司行事·省牲器》補。
　　④　“位”字，底本作“所”，據本書卷二九《祀昊天上帝儀有司行事·省牲器》改。
　　⑤　“揖訖引行事執事官各就位立定禮直官贊揖所司省饌具畢”二十四字，底本脱，據本書卷二九《祀昊天上帝儀有司行事·省牲器》補。
　　⑥　底本“贊”後衍“者”字，據本書卷二九《祀昊天上帝儀有司行事·省牲器》删。

奠玉幣

祀日丑前五刻，<small>行事用丑時七刻。</small>初獻以下並赴壇所就次。郊社令先入，視設神位版訖，退。樂正帥工人二舞入就位。<small>登歌工人候監察御史點閱訖，升卯階</small>[①]<small>，各就位。</small>次太官令帥其屬實饌具畢。次引光禄卿入詣午階之南席位，北向立[②]。贊者曰：“再拜。”光禄卿再拜，升壇，點視禮饌畢[③]。次引監察御史升壇，點閱陳設，糾察不如儀者。<small>凡點視、點閱，皆先詣正位。</small>光禄卿還齋所，餘官各服祭服。

次引行事、執事官各就卯階東內壝外揖位立定，禮直官贊揖。次引大司樂、大樂令、協律郎先入就午階南席位，北向立。贊者曰：“再拜。”大司樂以下皆再拜，各就位。次監察御史，奉禮郎，太祝、郊社、太官令入就午階南席位，北向立。次引初獻，戶部尚書，亞、終獻入就卯階東席位，西向立。禮直官稍前，贊：“有司謹具，請行事。”協律郎跪，俛伏，舉麾，興，工鼓柷，宮架作《景安之樂》《帝臨嘉至之舞》，六成，偃麾，戛敔，樂止。<small>凡樂，皆協律郎跪，俛伏，舉麾，興，工鼓柷而後作，偃麾，戛敔而後止。</small>太常升煙，燔牲首。贊者曰：“再拜。”在位者皆再拜。次引監察御史，奉禮郎，太祝、郊社、太官令升壇，各就位立定。<small>太官令就正位酌尊所。</small>

次引初獻詣盥洗位[④]，宮架《正安之樂》作，<small>凡初獻升降、行止，皆作《正安之樂》。</small>至洗位[⑤]，北向立，搢笏，盥手，帨手，執笏，升壇，樂止。登歌樂作。詣上帝神位前，北向立，樂止。登歌《嘉安之樂》作，

---

① “卯”字，底本脱，據本書卷二九《祀昊天上帝儀有司行事·奠玉幣》補。
② “立”字，底本脱，據本書卷二九《祀昊天上帝儀有司行事·奠玉幣》補。
③ “點”字，底本脱，據本書卷二九《祀昊天上帝儀有司行事·奠玉幣》補。
④ “次”字，底本作“吹”，據文津閣本、十萬卷樓本、楊本校改。
⑤ “至洗位”三字，底本脱，據本書卷二九《祀昊天上帝儀有司行事·奠玉幣》補。

搢笏,跪。次引奉禮郎搢笏,西向跪①。執事者以玉、幣授奉禮郎,奉禮郎奉玉、幣授初獻訖,執笏,興②,先詣太宗皇帝神位前,北向立。初獻受玉、幣,奠訖,執笏,俛伏,興,再拜訖,樂止。次引初獻詣太宗皇帝神位前,東向立,酌獻詣配位准此。奠幣如上儀,唯登歌作《仁安之樂》。樂止,奉禮郎復位。初獻將降壇,登歌樂作,降階,樂止。宮架樂作,復位,樂止。

進熟

祀日,有司設鼎二於神廚,各在鑊右。光禄帥進饌者詣廚,以匕升牛于鑊,實于一鼎,肩、背、臑、肫、胳、正脊一,直脊一,橫脊一,長脅一,短脅一,代脅一,皆二骨以並。正、配位各一鼎。皆設扃、鼏。祝史對舉,入設於饌幔內。候初獻既升,奠玉、幣,入陳于卯階下,西向,南上。祝史抽扃,委於鼎右,除鼏。

初,鼎序入。有司執匕及俎以從,至卯階下,俎各設於鼎西③,匕加于鼎。光禄以匕升牛,各載於一俎,肩、臂、臑在上端,肫、胳在下端,脊、脅在中。正、配位各一俎。鼎先退。

次引户部尚書詣卯階下,搢笏,奉俎,升壇。宮架《豐安之樂》作,詣上帝神位前,北向跪奠,執笏,俛伏,興,有司設于豆前。次詣太宗皇帝神位前,東向,奉俎,如上儀訖。樂止,降,復位。

初,奠俎訖,引太祝取蕭擩于膟,祭于豆間三,又取黍、稷、肺,祭如初,俱藉以茅,退,復位。

---

① 底本"跪"前衍"立"字,據本書卷二九《祀昊天上帝儀有司行事·奠玉幣》刪。
② "興"字,底本無,據本書卷二九《祀昊天上帝儀有司行事·奠玉幣》補。
③ "有司執匕及俎以從至卯階下俎各設於鼎西"十八字,底本脱,據文津閣本校補。

345

　　次引初獻再詣盥洗位，宮架樂作，至洗位，北向立，搢笏，盥手，帨手，執笏。詣爵洗位，搢笏，洗爵，拭爵，以授執事者，執笏，升壇，樂止。登歌樂作，詣正位酌尊所，西向立，樂止。登歌《嘉安之樂》作。執事者以授爵初獻，初獻搢笏，執爵。執尊者舉冪，太官令酌太尊之泛齊訖，先詣配位酌尊所，北向立。初獻以爵授執事者，執笏，詣上帝神位前，北向立，搢笏，跪。執事者以爵授初獻，初獻執爵，祭酒，三祭於茅苴，奠爵，執笏，俛伏，興。少立，樂止。次引太祝於神位前，東向，搢笏，跪讀祝文。讀訖，執笏，興，先詣太宗皇帝神位前，南向立。初獻再拜。次詣太宗皇帝神位前，酌獻，並如上儀，<small>惟登歌作《紹安之樂》。</small>樂止。太官令復詣正位酌尊所，太祝復位。初獻將降壇，登歌樂作，降階，樂止。宮架樂作，復位，樂止。

　　文舞退，武舞進，宮架《正安之樂》作[1]。舞者立定，樂止。

　　次引亞獻詣盥洗位，北向立，搢笏，盥手，帨手，執笏。詣爵洗位，北向立，搢笏，洗爵，拭爵[2]，以授執事者，執笏，升壇，詣正位酌尊所，西向立。宮架作《文安之樂》、《神娛錫羨之舞》。執事者以爵授亞獻，亞獻搢笏，執爵，執尊者舉冪[3]，太官令酌山尊之醴齊訖，先詣配位酌尊所，北向立。亞獻以爵授執事者，執笏，詣上帝神位前，北向立，搢笏，跪。執事者爵授亞獻，亞獻執爵，祭酒，三祭於茅苴，奠爵，執笏，俛伏，興，再拜。次詣太宗皇帝神位前，行禮並如上儀訖。樂止，降，復位。

---

　　① “復位樂止文舞退武舞進宮架正安之樂作”十七字，底本脱，據本書卷二九《祀昊天上帝儀有司行事・進熟》補。

　　② “拭爵”二字，底本脱，據本書卷二九《祀昊天上帝儀有司行事・進熟》補。

　　③ “尊”字，底本作“事”，據楊本校改。

次引終獻詣洗及升壇行禮，並如亞獻之儀，降，復位。

引太祝徹籩、豆，籩、豆各一少移故處。登歌《肅安之樂》作。卒徹，樂止。次引郊社令束茅訖。俱復位。禮直官曰："賜胙。"贊者承傳曰："賜胙，再拜。"在位者再拜。

送神，宮架《景安之樂》作，一成，止。

望燎

初，《景安之樂》畢，引三獻官、戶部尚書詣望燎位，宮架樂作。至位，樂止。有司各詣神位前，取玉、幣、祝版、饌物及牲之左髀，束茅，置於燎壇。次引監察御史，大司樂，大樂令，奉禮、協律郎，太祝、郊社令詣望燎位，立定。禮直官曰："可燎。"火燎半柴。

次引初獻以下詣東壝門外揖位立。禮直官贊："禮畢。"揖訖，退。太官令帥其屬徹禮饌，次引監察御史詣壇，監視收徹訖，還齋所。光祿卿以胙奉進，監察御史就位展視，光祿卿望闕，再拜，乃退。

卷第三十九　吉禮

皇帝雩祀上帝儀上

時日　齋戒　奏告　陳設

時日

前期,降御劄,以來年四月擇日雩祀上帝。太常寺帖太史局擇日報太常寺。太常寺參酌申奏,具時日散告。

齋戒

前祀十日質明,有司設行事、執事及陪祠文武官位於朝堂。太宰、刑部尚書在北,南向,太宰在左,刑部尚書在右。<small>刑部尚書稍却。</small>行事太宰、左丞在南;吏部、户部、禮部尚書,吏部、禮部侍郎,大司樂、光禄卿、大樂令、光禄丞在其南;<small>凡設光禄丞、大樂令位皆稍却。如朝獻、朝享,即功臣獻官在光禄丞下。</small>執事官又在其南,俱北向,西上。監察御史位二,在西,東向,北上。讀册、舉册官,奉禮、協律郎,太祝、郊社、太官令在東,西向,北上。<small>奉禮郎以下位①,皆稍却。</small>設陪祠文武百官位於行事官之南。又設行事、執事及陪祠親王、宗室位於太廟齋坊。少宰、刑部侍郎在北,南向,少宰在左,刑部侍郎

---

① "郎"字,底本脱,據文津閣本、十萬卷樓本、楊本校補。

在右。刑部侍郎稍却。亞、終獻在南，北向，西上。親王及行事、執事、陪祠宗室在東，西向，北上。東上閤門、御史臺、太常寺以下分引羣官各就位。凡將引行事、執事、陪祠文武官立班，即御史臺引殿中侍御史一員先入就位。太宰讀誓于朝堂，刑部尚書涖之；少宰讀誓於太廟齋坊，刑部侍郎涖之。誓文曰："今年四月某日，皇帝雩祀上帝。如朝獻、朝享，即云①："前二日朝獻景靈宮②，前一日朝享太廟。"各揚其職，其或不恭，國有常刑。"讀訖。内朝堂執事官奉禮郎以下、文官宣德郎以下③、武官從義郎以下先退。餘官並對拜訖④，退。

皇帝散齋七日於別殿，致齋三日。二日於大慶殿，一日於青城。如朝獻、朝享，即一日於大慶殿，一日於太廟，一日於青城。凡散齋，不弔喪、問疾、作樂，有司不奏刑殺文書。致齋日，前後殿不視事，唯行祀事。

前致齋一日，殿中監帥其屬尚舍鋪御座於大慶殿當中，南向；設東西房於御座之左右，稍北；又設西閣及齋室於殿後之左右，殿上前楹施簾⑤。

致齋之日，質明，有司陳大駕鹵簿於宣德門外，尚輦陳平輦於垂拱殿庭⑥。文武百官俱就次，各服其服。東上閤門奏請皇帝未後詣齋室，通事舍人等自下分引知樞密使以下詣垂拱殿廷，立班。東上閤門附内侍進班齊牌⑦。垂拱殿簾降，皇帝乘輦出，至殿上，少駐。輦官迎駕，自贊常起居。宣輦官上殿，簾卷，鳴鞭，

---

① "云"字，底本作"以"，據《文獻通考》卷七二《郊社考五·郊》校改。
② "二日"，底本作"三日"，據《文獻通考》卷七二《郊社考五·郊》校改。
③ "郎"字，底本脫，據文津閣本、十萬卷樓本、楊本校補。
④ "官"字，底本脫，據《文獻通考》卷七二《郊社考五·郊》校補。
⑤ "簾"字，底本脫，據文津閣本、十萬卷樓本、楊本校補。
⑥ "庭"字，底本作"廷"，據《文獻通考》卷七二《郊社考五·郊》校改。
⑦ "附"字，底本作"所"，據楊本、《文獻通考》卷七二《郊社考五·郊》校改。

行門禁衛諸班親從迎駕，自贊常起居。次舍人先贊知內侍省官以下常起居，次樞密以下通班常起居，贊"祇候引駕"。樞密、知客省事以下，至簽書、東上閤門官分左右立。六尚局應奉官，祇應通侍大夫以下，武功大夫以下並先退。次管軍臣僚宣名常起居，贊"祇候引駕"，並分左右。前導輦降東階垂拱殿門外，禁衛諸班親從自贊常起居。次行宮使、御營巡檢一班常起居。如通侍大夫以下，知客省事以下，武功大夫以下，知內侍兩省[1]、帶御器械官、行宮使，御營巡檢，各歸本班。至大慶殿後閤降輦，入西閤，大慶殿簾降。前導官並就次易朝服，詣御榻前分左右侍立。知樞密院事、簽書樞密院事在東，西向，北上；同知樞密院事在西，東向[2]；左輔一員在知樞密院事之北，贊拜東上閤門官一員又在其北，並西向；知客省事以下在簽書樞密院事之南，稍東，西向，北上；簽書客省事以下又在其南，稍卻。通事舍人等分引行事、執事、陪祠文武官，各繫結佩，入詣大慶殿廷立班。引禮部侍郎奏請中嚴。侍臣詣幄，奉迎內外。符寶郎奉寶先出陳於御榻之左右。少頃，禮部侍郎奏外辦。皇帝服通天冠、絳紗袍、繫結佩，出西閤乘輿，稱警蹕，侍衛如常儀。由西房至御榻西降輿，皇帝即御座，南向，侍臣夾侍，贊拜東上閤門官於榻前贊："樞密以下拜。"殿之上下應在位官皆再拜。東上閤門官贊拜訖[3]，轉身北向隨拜訖，面西贊"各祇候"。次禮直官引左輔詣御座前，俛伏，跪奏稱："左輔具官臣某言[4]，請皇帝降座，就齋室。"奏訖，俛伏，興，退侍位。凡左輔奏請准此。皇帝降座，乘輿，由東房入齋室，侍臣各還所司，直衛者如常儀。通事舍人

---

① "內侍"，底本作"內事"，據十萬卷樓本、楊本、《文獻通考》卷七二《郊社考五・郊》校改。
② "在西東向"，底本作"在東西向"，據《文獻通考》卷七二《郊社考五・郊》乙正。
③ "拜"字，底本作"禮"，據《文獻通考》卷七二《郊社考五・郊》校改。
④ "言"字，底本作"官"，據《文獻通考》卷七二《郊社考五・郊》校改。

分引行事、執事、陪祠文武官以次出。三省、親王、樞密、宗室起居問聖體，並如儀。

應行事、執事、陪祠官及從升者並散齋七日，宿於正寢；致齋三日，各宿於其次。三省、樞密院官各宿于本廳及都堂。侍從官并尚書、侍郎分宿于秘書省①、中書後省②。餘官內廷有所司者各宿于其司。諸方客使許赴陪位者各宿于其次。凡散齋，治事如故，唯不弔喪、問疾、作樂、判書刑殺文書、決罰罪人及與穢惡。致齋之日，官給酒饌。唯祀事得行③，其餘悉禁。與祀之官已齋而闕者④，通攝行事。

奏告

前祀二日，奏告太宗皇帝室，如常告之儀。

陳設

前祀三日，殿中監帥其屬尚舍設大次於外壝東門之內道北，南向；小次於午階之東，西向。儀鸞司設文武侍臣次於大次之前，隨地之宜；行事、陪祠官、宗室及有司次於外壝東門之外；設東方、南方客使次於文官之後，西方、北方客使次於武官之後。設饌幔於內壝東門之外道北，南向。

前祀二日，郊社令帥其屬掃除壇之上下，積柴於燎壇。光祿牽牲詣祠所。大晟陳登歌之樂於壇上稍南，北向。設宮架於壇南內壝之外，立舞表於酇綴之間。

---

① "省"字，底本脫，據《文獻通考》卷七二《郊社考五·郊》校補。
② "中書"二字，底本脫，據《文獻通考》卷七二《郊社考五·郊》校補。
③ "祀"字，底本作"祠"，據楊本、《文獻通考》卷七二《郊社考五·郊》校改。
④ "祀"字，底本作"祠"，據《文獻通考》卷七二《郊社考五·郊》校改。

　　前祀一日,太常設神位席,太史設神位版:上帝位於壇上北方,南向,席以藁秸;太宗皇帝位於壇上東方,西向,席以蒲越。_{告潔畢,權徹。}

　　奉禮郎、禮直官設皇帝位版於壇上小次前,西向;飲福位於壇下午階之西,北向;望燎位於柴壇之北,南向。設爟火於望燎位之東,西向。_{東西各六人。}

　　贊者設亞、終獻位於小次之南稍東,西向;大禮使、太宰、左丞在於其南;行事吏部、户部、禮部尚書,吏部、禮部侍郎,光禄卿,讀册、舉册官,光禄丞位於大禮使之東;_{光禄丞稍却。}奉禮郎,搏黍太祝、郊社、太官令位於小次之東北,俱西向,北上。監察御使位二,一於壇下午階之西南,一於子階之西北,俱東向。協律郎位二,一於壇上樂虡之西北①,一於宮架之西北,俱東向。大樂令位於登歌樂虡之北,大司樂位於宮架之北,良醞令位於酌尊所,俱北向。又設陪祠文武官位於執事者之南,諸方客使在文官之南,隨其方國。

　　光禄陳牲於東壝門外,西向,祝史各位於牲後。太常設省牲位於牲西。大禮使、太宰、左丞在南,北向,西上。行事吏部、户部、禮部尚書,吏部、禮部侍郎,大司樂,光禄卿,讀册、舉册官,大樂令,光禄丞,奉禮、協律郎,搏黍太祝、郊社、太官令在北,南向,西上。_{凡設大樂令以下位皆稍却②。}監察御史在吏部尚書之西,異位稍却。

　　光禄陳禮饌於東壝門外道北,南向。太常設省饌位版於禮饌之南。大禮使、太宰、左丞在南,北向,西上。監察御史位二,

---

　　①　"上"字,底本作"下",據《文獻通考》卷七二《郊社考五・郊》校改。
　　②　"設"字,底本作"該",據楊本校改。

俱在西,東向,北上。行事吏部、户部、禮部尚書,吏部、禮部侍郎,大司樂,光禄卿,讀册、舉册官①,大樂令,光禄丞,奉禮、協律郎,搏棳太祝、郊社、太官令在東,西向,北上。

　　禮部帥其屬設祝册案於神位之右,司尊彝帥其屬設玉幣篚於酌尊所。

　　次設籩、豆、簠、簋之位:每位皆左十有一籩,右十有一豆,俱爲三行;俎三,一在籩前,二在豆右,爲二重;登一,在籩、豆間;簠一、簋一,在籩、豆外,簠在左,簋在右。又設尊坫之位:每位皆太尊五、山尊五,爲二重,在壇上東南隅,北向,西上。配位設于正位酒尊之東。太尊在前,皆有坫,加勺、冪,爲酌尊。又太尊二、山尊二在神位前,著尊二、犧尊二在壇下午階之西,配位設于壇下酉階之北。象尊二、壺尊六在壇下午階之東,配位設于壇下酉階之南。俱北向,西上,配位即東向,北上。皆加冪,設而不酌。又設每位籩、豆、簠、簋、盤、俎各一於饌幔内。設御洗二於壇下午階東南,北向。盥洗在東,爵洗在西。罍在洗東②,加勺;篚在洗西南肆。實以巾。若洗爵之篚③,即又實以爵,加坫。設皇帝位於洗南,北向;內侍酌水位於洗東,執巾位於酌水內侍之北,俱西向;吏部侍郎位於爵洗之西,東向④。又設亞、終獻盥洗、爵洗於本位之南,罍、篚各設於左右,皆西向。執罍、篚者位其後。

　　祀日丑前五刻,郊社令與太史官屬各服其服,升壇,設上帝、

----

　　①　"舉册"二字,底本脱,據《文獻通考》卷七二《郊社考五·郊》校補。
　　②　"罍在洗東",底本作"罍洗在東",據《文獻通考》卷七二《郊社考五·郊》乙正。
　　③　"爵洗",底本作"洗爵",據楊本乙正。"之"字,底本作"七",據文津閣本、十萬卷樓本、楊本校改。
　　④　"西東向",底本作"東西向",據十萬卷樓本、《文獻通考》卷七二《郊社考五·郊》乙正。

太宗皇帝神位版於壇上。太府卿、少府監帥其屬陳玉、幣於篚①。禮神之玉，置於神位前，燔玉加於幣。光禄卿帥其屬入實籩、豆、簠、簋。籩三行，以右爲上。第一行：形鹽在前，魚鱐、糗餌次之。第二行：榛實在前，乾桃、乾蓤、乾棗次之。第三行：蔆在前，芡栗、鹿脯次之。豆三行，以左爲上。第一行：芹菹在前，筍菹②、葵菹、菁菹次之。第二行：韭菹在前，酏食、魚醢、兔醢次之。第三行：豚胉在前，鹿臡、醓醢次之。簠實以稻，簋實以黍，登實以大羹。太官令帥其屬入實俎。籩前之俎一實以牛腥七體，兩髀、兩肩、兩脅并脊，兩髀在兩端，兩脅、兩肩次之，脊在中。豆右之俎二，爲二重③，以北爲上④。第一重實以牛腥，腸、胃、肺、離肺一在上端，刌肺三次之，腸三、胃三又次之。第二重實以牛熟，腸、胃、肺，其載如腥。若配位，即以東爲上。良醞令帥其屬入實尊。太尊實以泛齊，山尊實以醴齊，著尊實以盎齊，犧尊實以醍齊，象尊實以沈齊，各以一尊實明水。壺尊三實玄酒，三實三酒。明水、玄酒皆在上。

　　太常設燭於神位前。又設大禮使以下行事、執事官拜位於卯階之東内壝之外，如省牲位。所司陳異寶嘉瑞及伐國之寶於宫架之南⑤，東西相向。

---

① “幣於篚”三字，底本脱，據《文獻通考》卷七二《郊社考五·郊》校補。
② “筍”字，底本作“筍”，據十萬卷樓本、楊本校改。
③ “爲二”二字，底本脱，據文津閣本、十萬卷樓本校補。
④ “以北爲上”四字，底本脱，據文津閣本、十萬卷樓本校補。
⑤ “寶”字，底本作“實”，據文津閣本、楊本校改。

卷第四十　吉禮

皇帝雩祀上帝儀中

車駕自大慶殿詣青城　省牲器　奠玉幣

車駕自大慶殿詣青城

前祀一日，文武陪祠官先詣雩祀壇齋宮。

其日，導駕官以下就次，各服其服。尚輦奉御進輿於大慶殿，乘黃令進玉輅於宣德門內，南向。設千牛將軍一員位於輅前，北向。門下侍郎一員於左輔之前，贊者二人位於其前。

少頃，東上閤門、御史臺、太常寺分引左輔、門下侍郎、太僕卿、乘黃令詣大慶殿西階下立，北向，東上。乘黃令位于其後。次引導駕官在其後，分東西相向立，以俟奉迎前導。次管軍臣僚，次行宮使、御營巡檢等又在其後。禮直官、通事舍人引禮部侍郎奏請中嚴。凡左輔、門下侍郎、禮部侍郎奏請，皆禮直官、通事舍人引。少頃，又奏外辦。皇帝服通天冠、絳紗袍，乘輿以出，降自西階，稱警蹕，如常儀。宣贊舍人贊左輔以下常起居，次導駕官常起居，已起居者，止奏"聖躬萬福"。次管軍臣僚，次行宮使、御營巡檢等常起居。該宣名者即宣名。

太僕卿出詣玉輅所，攝衣而升，正立執轡。導駕官前導皇帝出大慶殿門外，至玉輅所。千牛將軍前跪執轡。左輔進，當輿前

俛伏,跪奏:"左輔具官臣某言,請皇帝降輿,升輅。"奏訖,俛伏,
興,退,復位。<small>凡左輔奏請准此。</small>乘黃令稍前,東向,進玉輅。皇帝降
輿[1],升輅,太僕卿立授綏,導駕官分左右步導。門下侍郎進,當
輅前俛伏,跪奏,稱:"門下侍郎具官臣某言,請車駕進發。"奏訖,
俛伏,興,退,復位。<small>凡門下侍郎奏請准此。</small>車駕動,稱警蹕。左輔先
詣宣德門內以俟。門下侍郎及贊者夾侍以出。千牛將軍夾輅而
趨。車駕將及門,至侍臣上馬所,門下侍郎奏請車駕少駐,敕侍
臣上馬。左輔前承旨,退稱曰:"制可。"門下侍郎傳制,稱:"侍臣
上馬。"贊者承傳敕侍臣上馬,諸侍衛之官各督其屬左右翊駕,在
黃麾內。符寶郎奉八寶前導,殿中監後部從,導駕官夾侍於前,
贊者在左輔、門下侍郎之前。侍臣上馬畢,次大內留守於宣德門
外再拜,奉辭。門下侍郎奏請車駕進發。車駕動,稱警蹕,不鳴
鼓吹。

大駕鹵簿前導詣青城。車駕將至青城,東上閤門、御史臺分
引文武陪祠官、宗室、客使,禮直官、贊者引行事、執事官俱詣泰
禋門外立班,再拜奉迎訖,退。<small>內已起居者,止奏"聖躬萬福"。</small>車駕及門
少駐,文武侍臣皆下馬,導駕官步導入門。車駕動,千牛將軍夾
輅而趨。至端誠殿前迴輅南向,千牛將軍立於輅右。左輔奏請
皇帝降輅乘輿。尚輦奉御進輿於輅後。皇帝降輅乘輿入齋殿,
侍衛如常儀。導駕官步導至殿門[2],皇帝降輿歸殿後閤,簾降。
通事舍人承旨敕羣官各還次。學士院以祝册授通進司進御書
訖,付尚書禮部。<small>如朝獻、朝享,即並如冬祀大禮車駕自太廟詣青城儀。</small>

---

① "降輿"二字,底本無,據本書卷三六《皇帝祈穀祀上帝儀中・車駕自大慶殿詣
青城》補。

② "門"字,底本作"閤",據文津閣本、十萬卷樓本、楊本校改。

省牲器

省牲之日，午後十刻，去壇三百步禁行者。

未後二刻，郊社令帥其屬掃除壇之上下，司尊彝帥府史及執事者以祭器入設於位，凡設祭器，皆藉以席，籩、豆又加巾蓋。太府卿、少府監陳玉、幣於篚。告潔畢，權徹。

未後三刻[1]，禮直官、贊者分引大禮使以下詣東壝門外省牲位，立定。光禄卿、丞與執事者牽牲就位[2]。禮直官贊揖，贊者引大司樂入行樂架。凡亞、終獻行事，皆禮直官、太常博士引，大禮使、太宰、左丞行事，皆禮直官引。餘官皆贊者引。次引禮部尚書陞自卯階，視滌濯。凡行事、執事者升降皆自卯階。次引太宰申視滌濯，執事者舉冪，曰：“潔。”俱復位。禮直官稍前，曰：“告潔畢，請省牲。”次引禮部尚書、侍郎稍前省牲訖，退，復位。次引光禄卿出班巡牲一匝，西向躬曰：“充。”曰：“備。”次引光禄丞出班循牲一匝，西向躬曰：“腯。”俱復位。禮直官稍前，曰：“省牲畢，請就省饌位。”贊揖訖[3]，引大禮使以下各就位立定。禮直官贊揖。所司省饌具畢，禮直官贊：“省饌畢。”贊揖訖，俱還齋所。光禄卿、丞及執事者以次牽牲詣廚[4]，授太官令。次引禮部尚書詣廚[5]，省鼎鑊，視滌溉。協律郎展視樂器，乃還齋所。

晡後一刻，太官令帥宰人以鸞刀割牲，祝史各取毛血實於

---

① “三”字，底本作“二”，據《文獻通考》卷七二《郊社考五·郊》校改。

② “丞”字，底本脱，據文津閣本、十萬卷樓本、楊本校補。

③ 底本“贊”後衍“者”字，據《文獻通考》卷七二《郊社考五·郊》删。

④ “丞”字，底本脱，據文津閣本、十萬卷樓本校補。

⑤ “授太官令次引禮部尚書”十字，底本脱，據楊本、《文獻通考》卷七二《郊社考五·郊》校補。

槃，俱置饌所，遂烹牲。郊社令帥其屬掃除壇之上下。

奠玉幣

祀日丑前五刻，行事用丑時七刻。諸祀官及陪祠之官各服其服。郊社令與太史官屬入設神位版，太府卿、少府監入陳玉、幣，光禄卿入實籩、豆、簠、簋，太官令入實俎，良醖令入實尊①，樂正帥工人二舞以次入，與執尊、罍、篚、幂者各就位。次通事舍人等分引文武陪祠官及宗室、客使各入就位。次禮直官、贊者分引大禮使以下行事、執事官就卯階內壝門外揖位立定，禮直官贊揖。次引監察御史，次引大禮使以下入就位。次引監察御史按視壇之上下，糾察不如儀者，退，復位②。

尚輦奉御進輿於齋殿。皇帝服通天冠、絳紗袍，乘輿以出。迎侍及扈從之官導從至大次門外。皇帝降輿入次，簾降。禮儀使、樞密院官、太常卿、東上閤門官、太常博士、禮直官分立於大次外之左右。次引禮部侍郎詣前奏請中嚴。少頃，又奏外辦。符寶郎奉寶陳于宮架之北③。禮儀使當次前俛伏，跪奏："禮儀使具官臣某言，請皇帝行事。"奏訖，俛伏，興，還侍位。禮儀使奏禮畢，准此。簾卷，皇帝服袞冕以出，侍衛如常儀。禮儀使以下前導至中壝門外。殿中監跪進大圭，殿中少監副之。凡殿中監進圭、受圭，皆少監副之。禮儀使奏請執大圭，前導皇帝入自正門。侍衛不應入者，止於門外。協律郎跪，俛伏，舉麾，興，凡行禮執事者取物、奠物，皆跪，俛伏，興。工皷柷，宮架《儀安之樂》作。皇帝升降、行止，皆作《儀安之樂》。至午階

---

① "俎良醖令入實尊"七字，底本脱，據《文獻通考》卷七二《郊社考五·郊》校補。

② "復"字，原本作"伏"，據文津閣本、十萬卷樓本校改。

③ 底本"陳"後衍"玉"字，據《文獻通考》卷七二《郊社考五·郊》删。

版位西向立,俛麾,戛敔,樂止。凡樂,皆協律郎跪,俛伏,舉麾,興,工皷柷而後作,俛麾,戛敔而後止。禮儀使以下分左右侍立。凡行禮[1],皆禮儀使、樞密院官、太常卿、東上閤門官、太常博士、禮直官前導,至位則分立于左右。禮儀使前奏:"有司謹具,請行事。"宮架作《景安之樂》、《帝臨降康之舞》,六成,止。太常升煙,燔牲首。禮儀使奏請再拜,皇帝再拜。贊者曰:"再拜。"在位官皆再拜。內侍取玉、幣於篚,立於尊所。次引太宰、吏部尚書、侍郎升詣上帝神位前立。太宰、吏部尚書俱西向,北上,侍郎東向。

禮儀使以下前導皇帝詣盥洗位,宮架樂作,至洗位,北向立,樂止。內侍酌水以進。禮儀使奏請搢大圭,盥手。內侍跪,取巾于篚,興以進,皇帝帨手。內侍受巾,跪,奠於篚。

禮儀使奏請執大圭,前導。皇帝升壇。大禮使從,皇帝升降,大禮使皆從,左右侍衛量人數升。宮架樂作。至壇下,樂止。升自午階,登歌樂作,至壇上,樂止。登歌《嘉安之樂》作,殿中監跪進鎮圭,禮儀使奏請搢大圭,執鎮圭,前導皇帝詣上帝神位前,北向立。內侍先設繅藉于地。禮儀使奏請跪,奠鎮圭於繅藉,執大圭,俛伏,興。又奏請搢大圭,跪。內侍加玉於幣,以授吏部尚書,吏部尚書以授太宰,太宰西向跪以進。禮儀使奏請受玉、幣,皇帝受奠訖,吏部侍郎東向跪受以興,進奠于上帝神位前[2]。太宰、吏部尚書、侍郎俱詣太宗皇帝神位前以俟。禮儀使奏請執大圭,俛伏,興。內侍取鎮圭、繅藉,詣太宗皇帝神位前,先設繅藉于地。禮儀使奏請再拜,皇帝再拜訖,樂止。禮儀使前導皇帝詣太宗皇帝

---

[1] "禮"字,原本作"九",據文津閣本、十萬卷樓本、楊本校改。

[2] "受以興進奠",底本作"受以進興奠",據十萬卷樓本、《文獻通考》卷七二《郊社考五·郊》乙正。

神位前，東向，奠幣，並如上儀。<small>惟登歌作《獻安之樂》。</small>太宰以下俱復位。

　　禮儀使前導皇帝還版位，登歌樂作，內侍舉鎮圭、繅藉，以鎮圭授殿中監，以還有司。皇帝降階，樂止。宮架樂作，至版位西向立，樂止。

　　祝史奉毛血槃立於壇門外，由其階陞，太祝迎於壇上，俱進奠於神位前。太祝與執事者退，立於尊所。

卷第四十一　吉禮

皇帝雩祀上帝儀下

進熟　望燎　車駕還內

進熟

祀日，有司陳鼎二於神廚，各在鑊右。太官令帥進饌者詣廚，以匕升牛於鑊，實於一鼎，肩、臂、臑、肫、胳、正脊一，直脊一，橫脊一，長脅一，短脅一，代脅一，皆二骨以並。正、配位各一鼎。設扃、冪。祝史對舉，陳於饌幔內，重行，西向，以南爲上。光禄實籩、豆、簠、簋於饌幔內①。籩實以粉餈，豆實以糝食，簠實以粱，簋實以稷。次引禮部侍郎詣饌所，視腥熟之節。俟皇帝升奠玉、幣訖，還位，樂止。引禮部尚書詣饌所，執籩、豆、簠、簋以入。戶部尚書詣饌所，奉俎以入。太官令引入正門，宮架《豐安之樂》作，設於卯階之下②，北向，西上。奉牲者在東，祝史抽扃，委於鼎右，除冪。

初，鼎序入。有司執匕及俎以從，至卯階下，各設于鼎西，匕加於鼎。太官令以匕陞牛，各載一俎。肩、臂、臑在上端，肫、胳在下端，

①　底本“光禄”後衍“丞”字，據《文獻通考》卷七二《郊社考五·郊》刪。“內”字，底本作“前”，據《文獻通考》卷七二《郊社考五·郊》校改。

②　“卯”字，底本作“外”，據十萬卷樓本、《文獻通考》卷七二《郊社考五·郊》校改。

脊、脅在中。正、配位各一俎。鼎先退。祝史進徹毛血槃，以次出。

　　次引禮部尚書搢笏，執籩、豆、簠、簋，戶部尚書搢笏，奉俎以陞，執事者各迎於壇上。禮部尚書奉籩、豆、簠、簋，詣上帝神位前，北向跪奠，啟蓋於下，執笏，俛伏，興。有司設籩於糗餌前，豆於醓醢前，簠於稻前，簋於黍前。次引戶部尚書奉俎，詣上帝神位前，北向跪奠，執笏，俛伏，興，有司設於豆前。次詣太宗皇帝神位前，東向跪奠，並如上儀。樂止，俱降，復位。太祝取蕭擩於醢，祭於豆間三，又取黍、稷、肺祭如初，皆藉用茅，各還尊所。引太宰、左丞詣上帝神位前，西向立，以北爲上；次引吏部侍郎詣爵洗位，東向立。

　　禮儀使導皇帝詣盥洗位，宮架樂作，至洗位，北向立，樂止。內侍酌水以進，禮儀使奏請搢大圭，盥手。內侍跪，取巾於篚，興以進，皇帝帨手。內侍受巾，跪，奠於篚。

　　禮儀使奏請執大圭，前導皇帝詣爵洗位，宮架樂作，至洗位，北向立，樂止。吏部侍郎跪，取爵於篚，興以進。禮儀使奏請搢大圭，受爵。內侍酌水以進。禮儀使奏請洗爵。內侍跪，取巾於篚，興以進，皇帝拭爵。內侍受巾，跪，奠於篚。吏部侍郎受爵，升自午階。

　　禮儀使奏請執大圭，前導。皇帝升壇，宮架樂作，至午階，樂止。升自午階，登歌樂作，至壇上，樂止。登歌《歆安之樂》作，吏部侍郎奉爵，詣正位酌尊所，西向立。執尊者舉冪，良醞令酌太尊之泛齊訖，先詣配位酌尊所，北向立。禮儀使前導皇帝詣上帝神位前，北向立。禮儀使奏請搢大圭，跪。吏部侍郎以爵授左丞，左丞授太宰，西向跪以進。禮儀使奏請執爵，祭酒，三祭於茅苴。奠爵，執大圭，俛伏，興，奏請少立，樂止。太宰、左丞俱詣太宗皇

帝神位前,北向立以俟。舉册官舉祝册,進於上帝神位之右。讀
册官搢笏,東向跪,讀册文,讀訖,執笏,興,先詣太宗皇帝神位
前,南向立。禮儀使奏請再拜,皇帝再拜。有司奠册於上帝神位
前。禮儀使前導皇帝詣太宗皇帝神位前,酌獻,並如上儀。惟登歌
作《咸安之樂》①。太宰以下俱復位。

　　禮儀使前導皇帝還版位,登歌樂作,降階,樂止。宮架樂作。
至版位西向立,樂止。禮儀使奏請還小次,宮架樂作。將至小
次,禮儀使奏請釋大圭,殿中監跪受大圭,皇帝入小次,簾降,
樂止。

　　文舞退,武舞進,宮架《容安之樂》作。舞者立定,樂止。

　　初,皇帝將詣小次。禮直宮、太常博士引亞獻詣盥洗位②,北
向立,搢笏,盥手,帨手,執笏,詣爵洗位,北向立,搢笏,洗爵,拭
爵,以爵授執事者,執笏,升詣正位酌尊所,西向立。宮架作《隆
安之樂》、《神保錫羨之舞》。執事者以爵授亞獻,亞獻搢笏,執
爵,執事者舉羃,太官令酌山尊之醴齊訖,先詣配位酌尊所,北向
立。亞獻以爵授執事者,執笏,詣上帝神位前,北向,搢笏,跪。
執事者以爵授亞獻,亞獻執爵,祭酒,三祭於茅苴,奠爵,執笏,俛
伏,興,少退,北向,再拜。次詣太宗皇帝神位前,酌獻,並如上
儀。樂止,降,復位。

　　初,亞獻行禮將畢,次禮直官、太常博士引終獻詣洗及升壇,
酌獻,並如亞獻之儀,降,復位。

　　初,皇帝既奠玉、幣,光禄以牛左臂一骨及長脅、短脅俱二骨

---

　　① “咸安”,《宋史》卷一〇〇《禮三·祈穀》作“感安”。
　　② “盥”字,底本脱,據《文獻通考》卷七二《郊社考五·郊》校補。

以並，載於胙俎，設於壇下飲福位之西。俟終獻既升獻，引户部尚書、搏黍太祝、太官令詣飲福位，東向立。奉俎、豆、爵酒者各位於其後。

禮儀使奏請詣飲福位，簾卷，出次，宫架樂作，殿中監跪進大圭，禮儀使奏請執大圭，前導皇帝詣飲福位①，將至位，樂止。宫架《禧安之樂》作，皇帝至飲福位，北向立。典御執尊升詣酌尊所②，良醖令酌上尊福酒合置一尊。典御奉尊降詣飲福位③，以授殿中少監。尚醖奉御執爵，殿中少監酌之。奉御以爵酒授殿中監，殿中監西向捧以立。禮儀使奏請再拜，皇帝再拜。殿中監跪以爵酒進。禮儀使奏請搢大圭，跪受爵，祭酒，三祭於地。啐酒，奠爵。殿中監跪受爵以興。

太祝帥執事者持胙俎進，減神位前正脊二骨、横脊二骨，加於俎上。内侍受俎以授户部尚書，户部尚書西向跪以進。皇帝受俎，奠之。户部尚書受俎以興，退，復位。太官令取黍於簋，搏以授太祝，太祝受以豆，東向跪進。皇帝受訖，奠之。太祝受豆以興，退，復位。

次殿中監再跪以爵酒進，禮儀使奏請受爵，飲福酒，奠爵。殿中監受虛爵，興，以授典御奉御。執事者俱退，復位。禮儀使奏請執大圭，俛伏，興。又奏請再拜，皇帝再拜，樂止④。

禮儀使前導皇帝還版位，宫架樂作，至版位，西向立，樂止。

次引禮部尚書升壇，徹籩、豆，户部尚書升壇，徹俎。籩、豆、俎

---

① "前"字，底本脱，據《文獻通考》卷七二《郊社考五·郊》校補。
② 底本"典御"前衍"良醖令"三字，據《文獻通考》卷七二《郊社考五·郊》删。
③ "福"字，底本脱，據楊本、《文獻通考》卷七二《郊社考五·郊》校補。
④ "樂"字，底本脱，據《文獻通考》卷七二《郊社考五·郊》校補。

各一①，皆少移故處②。登歌《成安之樂》作，卒徹，樂止。禮部、戶部尚書降，復位。禮直官曰：“賜胙。”行事。陪祠官拜，贊者承傳曰：“賜胙。再拜。”在位官皆再拜。

送神，宮架《景安之樂》作，一成，止。

望燎

《景安之樂》畢，禮儀使奏請詣望燎位，前導皇帝詣望燎位，宮架樂作。至位，南向立，樂止。

初，賜胙，再拜訖，郊社令以黍、稷、肺祭，藉以白茅束之。吏部侍郎帥太祝執筐進詣神位前，取玉、幣、祝册，藉以茅，以俎載牲體、黍稷飯、爵酒降壇，南行詣柴壇，自南陛升，以玉、幣、祝册、饌物置於燎柴。禮直官曰：“可燎。”舉爟火，東西各以炬燎。半柴。

禮儀使奏請禮畢，前導皇帝還大次，宮架樂作。出中壝門外③，禮儀使奏請釋大圭，殿中監跪受大圭，以還有司，侍衛如常儀。皇帝至大次，樂止。禮部侍郎奏解嚴，次引大禮使以下詣卯階之東④，內壝外揖位立，禮直官贊：“禮畢。”揖訖，退。通事舍人等引陪祠文武官及宗室、客使以次出。將士不得輒離部位。端誠殿受賀並如冬祀大禮儀⑤。

① “俎”字，底本脱，據十萬卷樓本、《文獻通考》卷七二《郊社考五·郊》校補。
② “皆”字，楊本作“俱”。
③ 底本“中”前衍“自”字，據《文獻通考》卷七二《郊社考五·郊》删。
④ “卯”字，底本脱，據《文獻通考》卷七二《郊社考五·郊》校補。
⑤ “端誠”，底本作“端成”，據楊本、《文獻通考》卷七二《郊社考五·郊》校改。

車駕還內

前期，殿中監帥其屬尚舍設御幄於大慶殿門外之東，南向。大晟設宮架於宣德門外，稍南。

其日，祀事禮畢，所司轉仗衛鹵簿於還途，如來儀。文武百官、宗室、客使先詣宣德門外，就次以俟，立班奉迎。乘黃令進金輅於行宮殿門外，南向。千牛將軍一員執長刀立於輅右。尚輦奉御進輿於齋殿，導駕官俱詣齋殿門外奉迎。禮部侍郎奏請中嚴，少頃，又奏外辦。簾卷，皇帝服通天冠、絳紗袍，乘輿以出。應導駕官並迎駕，奏“聖躬萬福”。内祇應官贊謝花再拜①。太僕卿出詣金輅所，攝衣而升，正立執轡。皇帝乘輿，降自西階，至金輅所。左輔奏請皇帝降輿升輅。有司仍具大輦。若乘輦，即奏云：“降輿陞輦。”太僕卿立授綏②，千牛將軍馭駕，如來儀。門下侍郎奏請車駕進發，車駕動，稱警蹕，侍衛如常儀③。

至侍臣上馬所，門下侍郎奏請車駕少駐，敕侍臣上馬。左輔前承旨，退，稱曰：“制可。”門下侍郎傳制，稱：“侍臣上馬。”贊者承傳敕侍臣上馬。門下侍郎奏請車駕進發，車駕動，稱警蹕，鼓吹及諸軍樂振作。車駕將至宣德門外，文武百官、宗室、客使並立班，再拜奉迎。次大内留守見，再拜訖，退。

車駕至宣德門外，少駐。文武侍臣皆下馬步導，千牛將軍降，立于輅右。車駕動④，千牛將軍夾輅而趨。大樂正令奏《采茨

---

①　“花”字，底本作“皆”，據文津閣本、十萬卷樓本、楊本校改。
②　“授”字，底本作“受”，據《文獻通考》卷七二《郊社考五·郊》校改。
③　“常”字，底本脫，據文津閣本校補。
④　“千牛將軍降立于輅右車駕動”十二字，底本脫，據《文獻通考》卷七二《郊社考五·郊》校補。

之樂》①,入門,樂止。車駕至御幄前,左輔奏請皇帝降輅乘輿。若乘輦②,即奏云:"降輦乘輿。"皇帝降輅乘輿以入。禮部郎中奏解嚴。通事舍人承旨,敕羣官各還次,將士各還其所。若肆赦,並如冬祀大禮宣德門肆赦儀。

卷第四十二　吉禮

雩祀上帝儀_{有司行事}

時日　齋戒　奏告　陳設　省牲器
奠玉幣　進熟　望燎

時日

太常寺預於隔季以來年孟夏擇日雩祀上帝，關太史局。太史局擇日報太常寺參酌訖，具時日散告。

齋戒

前祀十日，受誓戒於尚書省。

其日五鼓，贊者設位服於公相廳下：初獻官在左，刑部尚書在右，並南向。亞、終獻位於其南，稍東，北向，西上。監察御史位於其西，稍北，東向。戶部尚書，大司樂、光禄卿，大樂令、光禄丞位於其南，稍西，北向，東上。_{大樂令、光禄丞位稍却。}奉禮、協律郎，太祝、郊社、太官令位於其東，西向，北上。

質明，贊者引行事、執事官就位立定。禮直官引初獻降階，就位。禮直官贊揖，在位者對揖。初獻搢笏，讀誓文："某月某日孟夏，雩祀上帝。各揚其職，不共其事，國有常刑。"讀訖，執笏。

禮直官贊奉禮、協律郎、太祝、郊社、太官令先退，餘官對拜，乃退。

散齋七日，治事如故，宿於正寢，不弔喪、問疾、作樂、判書刑殺文書、決罰罪人及與穢惡。齋戒三日，光禄卿、丞，太官令齋一日。二日於本司。無本司者于太常齋舍，質明至齋所。唯祀事得行，其餘悉禁。前祀一日質明，俱赴祠所齋宮，官給酒饌。祀官已齋而闕者，通攝行事。

奏告

前祀二日，奏告太宗皇帝室，如常告之儀。

陳設

前祀三日，儀鸞司設行事、執事官次於壇東壝門之外及齋宮之内，隨地之宜；設饌幔於内壝東門外道北，南向。

前二日，光禄牽牲詣祠所。

前一日，郊社令帥其屬掃除壇之上下。太常設神位席，太史設神位版於壇上，凡設神位版，皆郊社令監視。太常設祭器，凡設祭器，皆藉以席，籩、豆又加巾蓋①。俟告潔。既畢，權徹。

光禄陳牲於卯階之東南内壝之外，西向，祝史各位于牲後；太常設省牲位於牲西。三獻官在南②，北向。户部尚書，大司樂、光禄卿，大樂令、光禄丞，奉禮、協律郎，太祝、郊社、太官令牲北，南向。俱西上。凡設大樂令以下位皆稍却③。監察御史於户部尚書之

---

① “豆”字，底本脱，據楊本校補。
② “在”字，底本脱，據本書卷二九《祀昊天上帝儀有司行事·陳設》補。
③ “凡”字，底本作“此”，據十萬卷樓本、楊本校改。

西，少絕。

光禄陳禮饌於壇之東南内壝之外，南向。太常設省饌位於禮饌之南。三獻官牲南①，北向，西上。監察御史牲西，東向。户部尚書，大司樂、光禄卿，大樂令、光禄丞，奉禮、協律郎，太祝、郊社、太官令牲東，西向，北上。大晟設登歌之樂於壇上稍南，北向。設宫架於壇南、内壝之外，立舞表於酇綴之間。

祀日丑前五刻，禮直官、贊者、職掌各服其服。

太常設神位席，太史設神位版：上帝位於壇上北方，南向，席以藁秸。太宗皇帝位於壇上東方，西向，席以蒲越。

太常陳玉於神位之左，玉以蒼璧，盛以匣，燔玉用珉。禮神之玉，奠於神前，璠玉加於幣，配位不用玉。陳幣篚各於神位之左，幣以蒼②。祝版各於神位之右，置於坫。

太常設祭器，光禄實之。每位左十有二籩，爲三行，右爲上；第一行：形鹽在前，魚鱐、糗餌、粉餈次之。第二行：榛實在前，乾桃、乾蓤、乾棗次之。第三行：菱在前，芡、栗、鹿脯次之。右十有二豆，爲三行，以左爲上；第一行：芹菹在前，筍菹、葵菹次之。第二行：韭菹在前，醓食、魚醢、兔醢次之。第三行：豚胉在前，鹿臡、醓醢、糝食次之。俎三，一在籩前，實以牛腥七體、兩髀、兩肩、兩脅并脊。兩髀在前，兩端、兩肩、兩脅次之，脊在中。二在豆右，爲二重，以北爲上；第一重實以牛腥，腸、胃、肺、離肺一在上端，刊肺三次之，腸三、胃三又次之。第二重實以牛熟③，腸、胃④、肺⑤，其載如腥。若配位，即以東爲上。登一，在籩、

---

① “三”字，底本作“正”，據十萬卷樓本、楊本校改。
② “幣以蒼”三字，底本脱，據十萬卷樓本校補。
③ “二”字，底本作“三”，據十萬卷樓本校改。
④ “腸胃”二字，底本脱，據《文獻通考》卷七二《郊社考五・郊》校補。
⑤ “肺”字，底本作“膚”，據文津閣本、十萬卷樓本、楊本、《文獻通考》卷七二《郊社考五・郊》校改。

豆前；實以太羹。槃一，在登前；實以毛血。簠二、簋二，在籩、豆外，簠在左，簋在右。簠實以稻、粱，粱在稻前。簋實以黍、稷，稷在黍前。

　　設太尊五、山尊五，爲二重，在壇上東南隅，北向，西上。配位即設於正位尊之東。太尊在前，皆有坫，加勺、冪，爲酌尊。太尊一實明水，爲上尊，餘實以泛齊，代以供內法酒，初獻酌之。山尊一實明水，爲上尊①；餘實以醴齊，代以祠祭法酒，亞、終獻酌之。又設太尊二、山尊二在神位前，太尊一實以泛齊，山尊一實以醴齊，各以一尊實明水。著尊二、犧尊二在壇下午階之西，著尊一實盎齊，犧尊一實醴齊，以一尊實明水。若配位，即設於西階之北②。象尊二、壺尊六在壇下午階之東，象尊一實明水，一實沈齊。壺尊三實玄酒，三實三酒。明水、玄酒皆在上。若配位，即設於壇下西階之南③。俱北向，西上，若配位，即東向，北上。皆加冪。五齊三酒，設而不酌。

　　太常設燭於神位前，又設俎二於饌幔內④，洗二於卯階之東，北向。盥洗在東，爵洗在西。罍在洗東，加勺。篚在洗西南肆，實以巾。若爵洗之篚，則又實以爵，加坫⑤。執罍、篚者位其後。

　　又設揖位於卯階之東內壝之外，如省牲位。唯不設光禄卿、丞位。

　　積柴於燎壇。設望燎位於卯階之東南內壝之內。三獻官在北，南向，西上。監察御史在西，東向。户部尚書，大司樂、大樂令，奉禮、協律郎，太祝、郊社令在西，東向，北上。又設三獻官席位於卯階之東北，西向，南上。户部尚書席位於卯階之東南，西向。設監察御史席位於午階之南，北向。奉禮郎、太祝、郊社、太官令位於其後，大司樂、大樂令席位於監察御史之東，協律郎位

---

①　“爲”字，底本脱，據楊本校補。
②　“西”字，底本作“西”，據十萬卷樓本校改。
③　“西”字，底本作“西”，據十萬卷樓本校改。
④　“二”字，底本脱，據楊本校補。
⑤　“坫”字，底本作“站”，據文津閣本、十萬卷樓本、楊本校改。

於其後，光祿卿席位於大司樂之東，俱北向，西上。又設監察御史位於壇上樂虡之北，在西，東向。奉禮郎、太祝、郊社令在東，西向，北上。大樂令於樂虡之北，太官令于酌尊所，俱北向。協律郎位二，一於壇上樂虡之西，一於宮架之西北，俱東向。大司樂位於宮架之北，北向。

省牲器

前祀一日，行事、執事官集初獻齋所肄儀，太祝習讀祝文，視玉、幣及神位版訖，並赴壇所，各就次。禮直官、贊者分引行事、執事官詣壇東省牲位①，凡初獻行事禮直官引②，餘官皆贊者引。立定。禮直官贊揖。次引大司樂入行樂架。次引監察御史升自卯階，凡行事、執事官升降，皆自卯階。視滌濯，執事者舉冪，曰："潔。"降，復位。禮直官稍前，曰："告潔畢，請省牲。"太祝出班巡牲一匝，詣初獻前，西向躬曰："充。"退，復位。光祿丞出班巡牲一匝，詣初獻前，西向躬曰："腯。"退，復位。禮直官贊："省牲畢，請詣省饌位。"揖訖，引行事、執事官各就位立定。禮直官贊揖。所司省饌具畢，禮直官贊："省饌畢。"揖訖，俱還齋所。光祿丞、太祝以次牽牲詣廚，授太官令。次引監察御史詣廚，省鼎鑊，視祭器滌溉，協律郎展視樂器，乃還齋所。

未後一刻，太官令帥宰人以鸞刀割牲，祝史以槃取毛血，各置於饌所，遂烹牲。

晡後，郊社令帥其屬掃除壇之上下訖，還齋所。

---

① "位"字，底本脫，據《文獻通考》卷七二《郊社考五・郊》校補。
② "事"字，底本脫，據楊本校補。

奠玉幣

祀日丑前五刻，行事用丑時七刻。初獻以下並赴壇所就次。郊社令先入，視設神位版訖，退。樂正帥工人二舞入就位。登歌工人候監察御史點閱訖[1]，升卯階，各就位。次太官令帥其屬實饌具畢。次引光禄卿入詣午階之南席位，北向立。贊者曰：“再拜。”光禄卿再拜，升壇，點視禮饌畢[2]。次引監察御史升壇，點閱陳設，糾察不如儀者。凡點視、點閱，皆先詣正位。光禄卿還齋所，餘官各服祭服。

次引行事、執事官各就卯階東內壝外揖位立定，禮直官贊揖。次引大司樂、大樂令、協律郎先入就午階南席位，北向立。贊者曰：“再拜。”大司樂以下皆再拜，各就位。次引監察御史，奉禮郎，太祝、郊社令、太官令入就午階南席位，北向立。次引初獻，戶部尚書，亞、終獻各入就卯階東席位，西向立。禮直官稍前，贊：“有司謹具，請行事。”協律郎跪，俛伏，舉麾，興，工鼓柷，宮架作《景安之樂》、《帝臨嘉至之舞》，六成，偃麾，戛敔，樂止。凡樂，皆協律郎跪，俛伏，舉麾，興，工鼓柷而後作，偃麾，戛敔而後止。太常升煙，燔牲首。贊者曰：“再拜。”在位者皆再拜。次引監察御史，奉禮郎，太祝、郊社令、太官令升壇，各就位立定。太官令就正位酌尊所。

次引初獻詣盥洗位，宮架《正安之樂》作，凡初獻升降、行止，皆作《正安之樂》。[3] 至洗位，北向立，搢笏，盥手，帨手，執笏，升壇，樂止。登歌樂作，詣上帝神位前，北向立，樂止。登歌《嘉安之樂》作，搢

---

① “候”字，底本作“從”，據本書卷二九《祀昊天上帝儀有司行事·奠玉幣》改。

② “點視”，底本作“視點”，據文津閣本、楊本乙正。

③ “太官令就正位酌尊所次引初獻詣盥洗位宮架正安之樂作凡初獻升降行止皆作正安之樂”，底本作“凡初獻升降行止皆作正安之樂次引初獻詣盥洗位宮架正安之樂作太官令就正位酌尊所”，據本書卷二九《祀昊天上帝儀有司行事·奠玉幣》乙正。

笏，跪。次引奉禮郎搢笏，西向跪。執事者以玉、幣授奉禮郎，奉禮郎奉玉、幣授初獻訖，執笏，興，先詣太宗皇帝神位前，北向立。初獻授玉、幣，奠訖，執笏，俛伏，興，再拜訖，樂止。次引初獻詣太宗皇帝神位前，東向立，<small>酌獻詣配位准此</small>。奠幣如上儀。<small>唯登歌作《獻安之樂》</small>。樂止，奉禮郎復位。初獻將降壇，登歌樂作，降階，樂止。宮架樂作，復位，樂止。

進熟

祀日，有司設鼎二於神廚，各在鑊右。光禄帥進饌者詣廚，以匕升牛於鑊，實於一鼎，<small>肩、臂、臑、肫、胳、正脊一，直脊一，橫脊一，長脅一，短脅一，代脅一，皆二骨以並。正、配位各一鼎</small>。皆設扃、幂。祝史對舉，入設於饌幔內①。俟初獻既升，奠玉、幣，入陳於卯階下，西向，南上。祝史抽扃，委於鼎右，除幂。

初，鼎序入。有司執匕及俎以從，至卯階下，俎各設於鼎西，匕加於鼎。光禄以匕升牛，各載於一俎。<small>肩、臂、臑在上端，肫、胳在下端，脊、脅在中。正、配位各一俎</small>。鼎先退。

次引户部尚書詣卯階下，搢笏，奉俎，升壇。宮架《豐安之樂》作，詣上帝神位前，北向跪奠，執笏，俛伏，興，有司設於豆前。次詣太宗皇帝神位前，東向，奉俎，如上儀訖。樂止，降，復位。

初，奠俎訖，引太祝取菹擩於醢，祭於豆間三，又取黍、稷、肺，祭如初，俱藉以茅，退，復位。

次引初獻再詣洗位，宮架樂作，至洗位，北向立，搢笏，盥手，

---

① "設"字，底本作"詣"，據楊本校改。

執笏。詣爵洗位,北向立,搢笏,洗爵,拭爵①,以授執事者,執笏,升壇,樂止。登歌樂作,詣正位酌尊所,西向立,樂止。登歌《嘉安之樂》作。執事以爵授初獻,搢笏,執爵。執尊者舉冪,太官令酌太尊之泛齊訖,先詣配位酌尊所,北向立。初獻以爵授執事者,執笏,詣上帝神位前,北向立,搢笏,跪。執事者以爵授初獻,初獻執爵,祭酒,三祭於茅苴,奠爵,執笏,俛伏,興。少立,樂止。次引太祝於神位前,東向,搢笏,跪讀祝文。讀訖,執笏,興,先詣太宗皇帝神位前,南向立。初獻再拜。次詣太宗皇帝神位前,酌獻,並如上儀,唯登歌作《盛安之樂》。樂止。太官令復詣正位酌尊所,太祝復位。初獻將降壇,登歌樂作,降階,樂止。宮架樂作,復位,樂止。

文舞退,武舞進,宮架《正安之樂》作。舞者立定,樂止。

次引亞獻詣盥洗位,北向立,搢笏,盥手,帨手,執笏。詣爵洗位,北向立,搢笏,洗爵,拭爵,以授執事者,執笏,升壇,詣正位酌尊所,西向立。宮架作《文安之樂》、《神娛錫羨之舞》。執事者以爵授亞獻,亞獻搢笏,執爵,執尊者舉冪,太官令酌山尊之醴齊。執事者先詣配位酌尊所,北向立。亞獻以爵授執事者,執笏,詣上帝神位前,北向立,搢笏,跪。執事者以爵授亞獻,亞獻執爵,祭酒,三祭於茅苴,奠爵,執笏,俛伏,興,再拜。次詣太宗皇帝神位前,行禮並如上儀訖。樂止,降②,復位。

次引終獻詣洗所及升壇行禮,並如亞獻之儀,降,復位。

次引太祝徹籩、豆。籩、豆各一稍移故處。登歌《肅安之樂》作。

---

① "爵"字,底本脱,據本書卷二九《祀昊天上帝儀有司行事·進熟》補。

② "降"字,底本無,據本書卷二九《祀昊天上帝儀有司行事·進熟》補。

卒徹，樂止。次引郊社令束茅訖。俱復位。禮直官曰："賜胙。"贊者承傳曰："賜胙，再拜。"在位者皆再拜。

送神，宮架《景安之樂》作，一成，止。

望燎

初，《景安之樂》畢，引三獻官、户部尚書詣望燎位，宮架樂作。至位，樂止。有司各詣神位前，取玉、幣、祝版、饌物及牲之左髀，束茅，置於燎壇。引監察御史，大司樂、大樂令，奉禮、協律郎，太祝、郊社令詣望燎位，立定。禮直官曰："可燎。"火燎半柴。

初獻以下詣東壝門外揖位立。禮直官贊："禮畢。"揖訖，退。太官令帥其屬徹禮饌①，監察御史詣壇，監視收徹訖，還齋所。光禄卿以胙奉進，監察御史就位展視，光禄卿望闕，再拜，乃退。

---

① "禮"字，底本無，據本書卷二九《祀昊天上帝儀有司行事・進熟》補。

卷第四十三　吉禮

皇帝祀感生帝儀上

時日　齋戒　奏告　陳設

時日

前期，降御札，以來年正月上辛祀感生帝，太常寺具時日散告。

齋戒

祀前十日質明，有司設行事、執事及陪祠文武官位於朝堂。太宰、刑部尚書在北，南向，太宰在左，刑部尚書在右。<small>刑部尚書稍却。</small>行事太宰、左丞在南；吏部、戶部、禮部尚書，吏部、禮部侍郎，大司樂、光禄卿，大樂令、光禄丞在其南；<small>凡設大樂令、光禄丞位皆稍却。</small><small>如朝獻、朝享，即亞獻官在光禄丞之下。</small>次執事官又在其南，俱北向，西上。監察御史位二，在西，東向，北上。讀册、奉册官，奉禮、協律郎，太祝、郊社、太官令在東，西向，北上。<small>奉禮郎以下位，皆稍却。</small>設陪祠文武百官位於行事官之南。又設行事、執事及陪祠親王、宗室位於太廟齋坊。少宰、刑部侍郎在北，南向，少宰在左，刑部侍郎在右。<small>刑部侍郎稍却。</small>亞、終獻在南，北向，西上。親王及行事、執事、陪祠宗室在東，西向，北上。閤門、御史臺、太常寺以下分引羣官各就位。凡將引行事、執事、陪祠文武官立班，即御史臺引殿中侍御史一員先入就位。太宰讀誓於朝堂，刑部尚書涖之；少宰讀誓於太廟齋坊，刑部侍郎涖之。誓文曰："來年正月某日上辛，皇帝祀感生帝，如朝獻、朝享，即云："前二日朝獻景靈宮，前一日朝享太廟。"各揚其職，其或不恭，國有常刑。"讀訖。內朝堂執事官奉禮郎以下，文官宣德郎以下，武官從義郎以下，先退①。餘官並對拜訖，退。

皇帝散齋七日於別殿，致齋三日。二日於大慶殿，一日於青城。如朝獻、朝享，即一日於大慶殿，一日於太廟，一日於青城②。凡散齋，不弔喪、問疾、作樂，有司不奏刑殺文書。致齋日，前後殿不視事，唯行祀事。

前致齋一日，殿中監帥其屬尚舍鋪御座於大慶殿當中，南向；設東西房於御座之左右，稍北；又設西閤及齋室於殿後之左右，殿上前楹施簾。

致齋之日，質明，有司陳大駕鹵簿於宣德門外，尚輦陳平輦於垂拱殿庭。文武百官俱就次，各服其服。東上閤門奏請皇帝未後詣齋室，通事舍人等自下分引知樞密院事以下詣垂拱殿，立班。東上閤門附內侍進班齊牌。垂拱殿簾降，皇帝乘輦出，至殿上，少駐。輦官迎駕③，自贊常起居。宣輦官上殿，簾捲，鳴鞭，行門禁衛諸班親從迎駕，自贊常起居。次舍人先贊知內侍省官以下常起居，次樞密以下通班常起居，贊"祗候引駕"。樞密④、知客

---

① "內朝堂執事官奉禮郎以下文官宣德郎以下武官從義郎以下先退"二十七字，底本無，據十萬卷樓本校補。

② "二日於大慶殿一日於青城如朝獻朝享即一日於大慶殿一日於太廟一日於青城"三十三字，底本無，據十萬卷樓本校補。

③ 底本"輦"前衍"宣"字，據《文獻通考》卷七二《郊社考五・郊》刪。

④ 底本"樞密"後衍"院"字，據《文獻通考》卷七二《郊社考五・郊》刪。

省事以下，至僉書、東上閤門官分左右立，六尚局應奉官，祗應通侍大夫以下①，武功大夫以下，並先退。次管軍臣僚宣名常起居，贊"祗候引駕"，並分左右。前導輦降東階垂拱殿門外，禁衛諸班親從自贊常起居。次行宮使、御營巡檢一班常起居。如通侍大夫以下，知客省事以下，武功大夫以下，知內侍兩省②、帶御器械官、充行營使、御營巡檢，各歸本班③。至大慶殿後閤降輦，入西閤，大慶殿簾降④。前導官並就次易服，詣御榻前分左右侍立⑤。知樞密院事、簽書樞密院事在東，西向，北上；同知樞密院事在西，東向；左輔一員在知樞密院事之北，贊拜東上閤門官一員又在其北，並西向；知客省事以下在簽書樞密院事之南，稍東，西向，北上；簽書客省事以下又在其南，稍却⑥。通事舍人分引行事、執事、陪祠文武官，各繫結佩，入詣大慶殿庭立班。舍人引禮部侍郎奏請中嚴。侍臣詣幄，奉迎內外。符寶郎奉寶先出，陳於御榻之左右。少頃，引禮部侍郎奏外辦。皇帝服通天冠、絳紗袍、繫結佩，出西閤乘輿，稱警蹕，侍衛如常儀。由西房至御榻降輿，皇帝即御座，南向，侍臣夾侍，贊拜東上閤門官於榻前贊："樞密以下拜。"殿之上下應在位官皆再拜。東上閤門官贊拜訖，轉身北向隨拜訖⑦，面西⑧，贊"各祗候"⑨。

① "祗應"，底本作"祗候"，據楊本校改。
② "兩"字，底本脫，據《文獻通考》卷七二《郊社考五·郊》校補。
③ "本"字，底本作"右"，據楊本、《文獻通考》卷七二《郊社考五·郊》校改。
④ "降"字，底本作"捲"，據《文獻通考》卷七二《郊社考五·郊》校改。
⑤ "御"字，底本脫，據《文獻通考》卷七二《郊社考五·郊》校補。
⑥ "知樞密院事簽書樞密院事在東西向北上同知樞密院事在西東向左輔一員在知樞密院事之北贊拜東上閤門官一員又在其北並西向知客省事以下在簽書樞密院事之南稍東西向北上簽書客省事以下又在其南稍却"八十九字，底本無，據十萬卷樓本校補。
⑦ "東上閤門官贊拜訖轉身北向"十二字，底本脫，據本書卷二五《皇帝祀昊天上帝儀一·齋戒》補。
⑧ "面西"，底本作"兩"，據本書卷二五《皇帝祀昊天上帝儀一·齋戒》改。
⑨ "祗候"，底本作"祗應"，據本書卷二五《皇帝祀昊天上帝儀一·齋戒》改。

次禮直官引左輔詣御座前俛伏,跪奏稱:"左輔具官臣某言,請皇帝降座,就齋室。"奏訖,俛伏,興,還侍位。凡左輔奏請准此[①]。皇帝降座,乘輿,由東房入齋室,侍臣各還所司,直衛者如常儀。通事舍人分引行事、執事、陪祠文武官以次出。三省、親王、樞密、宗室起居問聖體,並如儀。

應行事、執事、陪祠官及從升者並散齋七日,宿於正寢;致齋三日,各宿於其次。三省、樞密院官各宿於本廳及都堂。侍從官并尚書、侍郎分宿於秘書省、中書後省[②]。從官內庭有所司者各宿於其司。諸方各使許赴陪位者[③],宿於其次。凡散齋,治事如故,唯不弔喪、問疾、作樂、判書刑殺文書、決罰罪人及與穢惡。致齋之日,官給酒饌。唯祀事得行,其餘悉禁。與祀之官已齋而闕者,通攝行事。

奏告

前二日,奏告僖祖皇帝室,如常告之儀。

陳設

前祀三日,殿中監帥其屬尚舍設大次於外壝東門之內道北,南向;小次於午階之東,西向。儀鸞司設文武侍臣次於大次之前,隨地之宜;行事、陪祠官,宗室及有司次於外壝東門之外;設東方、南方客使次於文官之後,西方、北方客使次於武官之後。設饌幔於內壝東門之外道北,南向。

---

① "凡左輔奏請准此"七字,底本脱,據本書卷二五《皇帝祀昊天上帝儀一・齋戒》補。

② "後省"二字,底本脱,據十萬卷樓本、楊本校補。

③ "者"字,底本脱,據楊本校補。

前祀二日，郊社令帥其屬掃除壇之上下，積柴於燎壇。光禄牽牲詣祠所。大晟陳登歌之樂於上，稍南，北向。設宮架於壇南內壝之外，立舞表於酇綴之間。

前祀一日，太常設神位席，太史設神位版：感生帝位於壇上北方，南向，席以藁秸；僖祖皇帝位於壇上東方，西向，席以蒲越。告潔畢，權徹。

奉禮郎、禮直官設皇帝祚位於壇下小次前，西向；飲福位於壇下午階西，北向；望燎位於柴壇之北，南向。設爟火於望燎位之東，南向。東西各六人。

贊者設亞、終獻位於小次之南，稍東，西向；大禮使、太宰、左丞又於其南；行事吏部、禮部、户部尚書，吏部、禮部侍郎，光禄卿，讀册、舉册官，光禄丞位於大禮使之東；光禄丞稍却。奉禮郎，搏黍太祝、郊社、太官令位於小次之東北，俱西向，北上。監察御史位二，一於壇下午階之西南，一於子階之西北，俱東向。協律郎位二，一於壇上樂虡之西北，一於宮架之西北，俱東向。大樂令位於登歌樂虡之北，大司樂位於宮架之北，良醖令位於酌尊所，俱北向。又設陪祠文武官於執事者之南，諸方客使在文官之南，隨其方國。

光禄陳牲於東壝門外，西向，祝史各位於牲後；太常設省牲位於牲西。大禮使、太宰、左丞在南，北向，西上。行事吏部、户部、禮部尚書，吏部、禮部侍郎，大司樂、光禄卿，讀册、舉册官，大樂令、光禄丞，奉禮、協律郎，搏黍太祝、郊社、太官令在北，南向，西上。凡設大樂令以下位皆稍却。監察御史在吏部尚書之西，異位稍却。

光禄陳禮饌於東壝門外道北，南向；太常設省饌位版於禮饌之南。大禮使、太宰、左丞在南，北向，西上。監察御史位二，俱在西，東向，北上。行事吏部、户部、禮部尚書，吏部、禮部侍郎，大司樂、光禄卿，讀册、舉册官，大樂令、光禄丞，奉禮、協律郎，摶黍太祝、郊社、太官令在東，西向，北上。

禮部帥其屬設祝册案於神位之右，司尊彝帥其屬設玉幣篚於酌尊所。

設籩、豆、簠、簋之位：每位皆左十有一籩，右十有一豆，俱爲三行；俎三，一在籩前，二在豆右，爲二重；登一，在籩、豆間；簠一、簋一，在籩、豆外，簠在左，簋在右。又設尊坫之位：每位皆太尊五、山尊五，爲二重，在壇上東南隅，北向，西上。配位設於正位酒尊之東。太尊在前，皆有坫，加勺、幂，爲配尊。又太尊二、山尊二在神位前，著尊二、犧尊二在壇下午階之西，配位設於壇下西階之北。象尊二、壺尊六在壇下午階之東，配位設於壇下西階之南。俱北向，西上，配位即東向①，北上。皆加幂，設而不酌。又設每位籩、豆、簠、簋、槃、俎各一於饌幔内②。設御洗二於壇下午階東南，北向。盥洗在東，爵洗在西。罍在洗東，加勺；篚在洗西南肆③，實以巾。若爵、洗之篚，則又實以爵，加坫。設皇帝位於洗南，北向；内侍酌水位於洗東；執巾在於酌水内侍之北，俱西向；吏部侍郎位於爵洗之東，西向。又設亞獻盥洗、爵洗于本位之南。罍、篚各設於左右，皆西向。執罍、篚者位其後。

祀日丑前五刻，郊社令與太史官屬各服其服，升壇，設感生帝、僖祖皇帝神位版於壇上。太府卿、少府監帥其屬陳玉、幣於

---

① “即”字，底本脱，據文津閣本、十萬卷樓本、楊本校補。
② “内”字，底本脱，據《文獻通考》卷七二《郊社考五·郊》校補。
③ “洗”字，底本脱，據《文獻通考》卷七二《郊社考五·郊》校補。

篚，上帝以赤，四圭有邸，盛於匣，色以赤。配位不用玉。禮神之玉，置於神位前，燔玉加於幣。光禄卿帥其屬入實籩、豆、簠、簋。籩三行，以右爲上①。第一行：形鹽在前，粉餈、魚鱐、糗餌次之。第二行：榛實在前，乾桃、乾䕩、乾棗次之。第三行：菱在前，芡、㮚、鹿脯次之。豆三行，以左爲上。第一行：芹菹在前，笋菹、葵菹、菁菹次之。第二行：韭在前，醓食、魚醢次之。第三行：豚拍在前，鹿臡、醓醢次之。簠實以稻。簋實以黍。登實以大羹。太官令帥其屬入實俎。籩前之俎一，實以牛腥七體，兩髀、兩肩、兩脅并脊，兩髀在兩端，兩肩、兩脅次之，脊在中。豆右之俎二，爲二重，以北爲上。第一重實以牛腥，腸、胃、肺、離肺一在上端，刌肺三次之，腸三、胃三又次之。第二重實以牛熟，腸、胃、肺，其載如腥。若配位，即以東爲上②。良醖令帥其屬入實尊。太尊實以泛齊，山尊實以醴齊，象尊實以盎齊，犧尊實以醍齊，象尊實以沉齊，各以一尊實明水。壺尊三實玄酒，三實明水。明水、玄酒皆在上。

太常設燭於神位前，又設大禮使以下行事、執事官揖位於卯階之東內壝外，如省牲位。所司陳異寶嘉瑞及伐國之寶於宮架之南，東西相向。

---

① “以右爲上”四字，底本脱，據十萬卷樓本、楊本校補。

② “籩前之俎一實以牛腥七體兩髀兩肩兩脅并脊兩髀在兩端兩肩兩脅次之脊在中豆右之俎二爲二重以北爲上第一重實以牛腥腸胃肺離肺一在上端刌肺三次之腸三胃三又次之第二重實以牛熟腸胃肺其載如腥若配位即以東爲上”九十五字，底本脱，據十萬卷樓本校補。

卷第四十四　吉禮

皇帝祀感生帝儀中

車駕自大慶殿詣青城　省牲器　奠玉幣

車駕自大慶殿詣青城

前祀一日，陪祠文武官先詣感生帝壇齋宮。

其日，導駕官以下就次，各服其服。尚輦奉御進輿於大慶殿，乘黃令進玉輅於宣德門內，南向。設千牛將軍一員位於輅前，北向。門下侍郎一員位於左輔之前，贊者二人位又於其前。

少頃，東上閤門、御史臺、太常寺分引左輔、門下侍郎、太僕卿、乘黃令詣大慶殿西階下立，北向，東上。乘黃令位其後。次引導駕官在其後，分東西相向立，以俟奉迎導前。次管軍臣僚，次行宮使、御營巡檢等使又在其後。禮直官、通事舍人引禮部侍郎奏請中嚴。凡左輔、門下侍郎、禮部侍郎奏請，皆禮直官、通事舍人引。少頃，又奏外辦。皇帝服通天冠、絳紗袍，乘輿以出，降自西階，稱警蹕，如常儀。宣贊舍人贊左輔以下常起居[1]，次導駕官常起居。已起居者，止奏"聖躬萬福"。次管軍臣僚，次行宮使、御營巡檢等常起居。該宣名者，即宣名。

---

[1] 　後一"贊"字，底本脫，據《文獻通考》卷七二《郊社考五·郊》校補。

　　太僕卿出詣玉輅所，攝衣而升，正立執轡。導駕官前導皇帝出大慶殿門外，至玉輅所。千牛將軍前跪執轡。左輔進，當輿前俛伏，跪奏：“左輔具官臣某言，請皇帝降輿，升輅。”奏訖，俛伏，興，退，復位。<small>凡左輔奏請准此。</small>乘黃令稍前，東向，進玉輅。皇帝降輿，升輅，太僕卿立授綏，導駕官分左右步導。門下侍郎進，當輅前俛伏，跪奏，稱：“門下侍郎具官臣某言，請車駕進發。”奏訖，俛伏，興，退，復位。<small>凡門下侍郎奏請准此。</small>車駕動，稱警蹕。左輔先詣宣德門內以俟。門下侍郎及贊者夾侍以出。千牛將軍夾輅而趨。車駕將及宣德門，至侍臣上馬所，門下侍郎奏請車駕少駐，敕侍臣上馬。左輔前承旨，退稱曰：“制可。”門下侍郎傳制，稱：“侍臣上馬。”贊者承傳敕侍臣上馬，諸侍衛之官各督其屬左右翊駕，在黃麾內。符寶郎奉八寶前導，殿中監後部從，導駕官夾侍於前，贊者在左輔、門下侍郎之前。侍臣上馬畢，次大內留守於宣德門外再拜，奉辭。門下侍郎奏請車駕進發。車駕動，稱警蹕，不鳴鐃吹。

　　大駕鹵簿前導詣青城。車駕將至青城，東上閤門、御史臺分引文武陪祠官、宗室、客使，禮直官、贊者引行事、執事官俱詣泰禋門外立班，再拜奉迎訖，退。<small>內已起居者，止奏“聖躬萬福”。</small>車駕及門少駐，文武侍臣皆下馬，導駕官步導入門。車駕動，千牛將軍夾輅而趨。至端誠殿前迴輅南向，千牛將軍立於輅右。左輔奏請皇帝降輅乘輿。尚輦奉御進輿於輅後。皇帝降輅乘輿入齋殿，侍衛如常儀。導駕官步導至殿門[1]，皇帝降輿歸殿後閣，簾降。

---

　　[1]　“皇帝降輿升輅……導駕官步導至殿門”四百零三字，底本誤攙入本書卷四四《皇帝祀感生帝儀中·奠玉幣》，據文津閣本移正。

通事舍人承旨敕羣官各還次。學士院以祝册授通進司進御書訖，付尚書禮部。如朝獻、朝享，即並如冬至祀天車駕自太廟詣青城儀。

省牲器

省牲之日午後十刻，去壇三百步禁行者。

未後二刻，郊社令帥其屬掃除壇之上下，司尊彝帥其府史及執事者以祭器入設於位。凡設祭器，皆藉以席，籩、豆又加巾蓋。太府卿、少府監陳玉、幣於篚。告潔畢，權徹。

未後三刻，禮直官、贊者分引大禮使以下詣東壝門外省牲位，立定。光禄卿、丞與執事者牽牲就位。禮直官贊揖，贊者引大司樂入行樂架。凡亞、終獻行事[1]，皆禮直官、太常博士引，大禮使、太宰、左丞，禮直官引。餘官皆贊者引。次引禮部尚書升自卯階，視滌濯。凡行事、執事者升降，皆自卯階。次又引太宰申眡滌濯，執事者舉冪，曰："潔。"俱復位。禮直官稍前，曰："告潔畢，請省牲。"次引禮部尚書、侍郎稍前省牲訖[2]，退，復位。次引光禄卿出班巡牲一匝，西向躬曰："充。"曰："備。"次引光禄丞出班巡牲一匝，西向躬曰："腯。"俱復位。禮直官稍前，曰："省牲畢，請就省饌位。"贊揖訖，引大禮使以下各就位立定。禮直官贊揖訖所司省饌具畢，禮直官贊："省饌畢。"贊揖訖，俱還齋所。光禄卿、丞及執事者以次牽牲詣廚[3]，授太官令。次引禮部尚書詣廚，省鼎鑊，視濯溉。協律郎展視樂器，乃還齋所。

晡後一刻，太官令帥宰人以鸞刀割牲，祝史各取毛血實於

---

① "行事"二字，底本脱，據文津閣本校補。

② "次"字，底本作"以"，據文津閣本、十萬卷樓本、楊本校改。

③ "卿"字，底本脱，據《文獻通考》卷七二《郊社考五·郊》校補。

槃,俱置饌所,遂烹牲。郊社令帥其屬掃除壇之上下。

奠玉幣

祀日丑前五刻,行事用丑時七刻。諸祀官及陪祠之官各服其
服①。郊社令與太史官屬入設神位版②,太府卿、少府監入陳玉、
幣,光禄卿入實籩、豆、簠、簋,太官令入實俎,良醖令入實尊,樂
正帥工人二舞以次入,與執尊、罍、篚、幂者各就其位。次通事舍
人等分引陪祠文武官及宗室、客使各入就位。次禮直官、贊者分
引大禮使以下行事、執事官就卯階內壝門外拜位立定,禮直官贊
拜。次引監察御史,引大禮使以下入就階位③。次引監察御史按
視壇之上下,糾察不如儀者,退,復位。

尚輦奉御進輿於齋殿。皇帝服通天冠、絳紗袍,乘輿以出。
近侍及扈從之官導從至大次門外。皇帝降輿入次④,簾降。禮儀
使、樞密院官、太常卿、東上閣門官、太常博士、禮直官分立於大
次外之左右。次引禮部侍郎詣前奏請中嚴。少頃,又奏外辦。
符寶郎奉寶陳於宮架之北。禮儀使當次前俛伏,跪奏:"禮儀使
具官臣某言⑤,請皇帝行事。"奏訖,俛伏,興,還侍位。禮儀使奏禮
畢,准此。簾卷⑥,皇帝服衮冕以出,侍衛如常儀。禮儀使以下前導
至中壝門外。殿中監跪進大圭,殿中少監副之,凡殿中監進圭、受圭,

①　"祀官",底本作"祠官",據文津閣本、十萬卷樓本、楊本、《文獻通考》卷七二
《郊社考五・郊》校改。
②　"入"字,底本脱,據《文獻通考》卷七二《郊社考五・郊》校補。
③　"階"字疑爲衍字。
④　底本"次"前衍"齋"字,據《文獻通考》卷七二《郊社考五・郊》删。
⑤　"臣"字,底本脱,據《文獻通考》卷七二《郊社考五・郊》校補。
⑥　"禮儀使奏禮畢准此簾卷"十字,底本脱,據《文獻通考》卷七二《郊社考五・
郊》校補。

皆少監副之①。禮儀使奏請執大圭②，前導皇帝入自正門。侍衛不應入者，止於門外。協律郎跪，俛伏，舉麾，興，凡行禮執事者取物、奠物，皆跪，俛伏，興。工鼓柷，宮架《儀安之樂》作。皇帝升降、行止，皆作《儀安之樂》。至午階版位西向立，偃麾，戛敔，樂止。凡樂，皆協律郎跪，俛伏，舉麾，興，工鼓柷而後作，偃麾，戛敔而後止。禮儀使以下分左右侍立。凡行禮，皆禮儀使、樞密院官、太常卿、東上閣門官、太常博士、禮直官前導，至位則分立於左右。禮儀使前奏："有司謹具，請行事。"③宮架作《景安之樂》、《帝臨降康之舞》，六成，止。太常升煙，燔牲首。禮儀使奏請再拜，皇帝再拜。贊者曰："再拜。"在位官皆再拜。內侍取玉、幣於篚，立於尊所。次引太宰、吏部尚書、侍郎升詣感生帝神位前立。太宰、吏部尚書俱西向，北上，侍郎東向。

禮儀使前導皇帝詣盥洗位，宮架樂作，至洗位，北向立，樂止。內侍酌水以進，禮儀使奏請搢大圭，盥手。內侍跪，取巾於篚以進，皇帝帨手。內侍受巾，跪，奠於篚。

禮儀使奏請執大圭，前導。皇帝升壇。大禮使從。皇帝升降，大禮使皆從④，左右侍衛量人數入。宮架樂作，至壇下，樂止。升自午階，登歌樂作，至壇上，樂止。登歌《嘉安之樂》作，殿中監跪進鎮圭，禮儀使奏請搢大圭，執鎮圭，前導皇帝詣感生帝神位前，北向立。內侍先設繅藉於地。禮儀使奏請跪，奠鎮圭於繅藉，執大圭，俛伏，興。又奏請搢大圭，跪。內侍加玉於幣，以授吏部尚書，吏部

---

① "凡殿中監進圭受圭皆少監副之"十三字，底本脱，據十萬卷樓本校補。

② "禮儀使"三字，底本脱，據十萬卷樓本、《文獻通考》卷七二《郊社考五·郊》校補。

③ 底本"行事"後誤攙入"皇帝降輿升輅……導駕官步導至殿門"四百零三字，爲本書卷四四《皇帝祀感生帝儀中·車駕自大慶殿詣青城》，據文津閣本移正。

④ "皆"字，底本脱，據《文獻通考》卷七二《郊社考五·郊》校補。

尚書以授太宰，太宰西向跪以進。禮儀使奏請受玉、幣，皇帝受
奠訖，吏部侍郎東向跪受以興，進奠於感生帝神位前。太宰、吏
部尚書、侍郎俱詣僖祖皇帝神位前以俟。禮儀使奏請執大圭，俛
伏，興。内侍取鎮圭、繅藉，至僖祖皇帝神位前[1]，先設繅藉於地。
禮儀使奏請再拜，皇帝再拜訖，樂止。禮儀使前導皇帝詣僖祖皇
帝神位前，東向，奠幣，並如上儀。<small>惟登歌作《阜安之樂》。</small>太宰以下俱
復位。

　　禮儀使前導皇帝還版位。登歌樂作，内侍舉鎮圭、繅藉，以
鎮圭授殿中監，以還有司。皇帝降階，樂止。宮架樂作，至版位
西向立，樂止。

　　祝史奉毛血槃立於壇門外，由其階升，太祝迎於壇上，俱進
奠於神位前。太祝與執事者退，立於尊所[2]。

---

　　① “僖”字，底本作“禧”，據十萬卷樓本校改。下同。
　　② 底本“立於尊所”後衍“神位前又設大禮使以下行事執事官揖於卯階之東内壇
外如省牲位所司陳異寶嘉瑞及伐國之寶於宮架之南東西相向”四十九字，據楊本、《文
獻通考》卷七二《郊社考五·郊》删。

卷第四十五　吉禮

皇帝祀感生帝儀下

進熟　望燎　車駕還内

進熟

祀日,有司設鼎二於神廚,各在鑊右。太官令帥進饌者詣廚,以匕陞牛於鑊,實於一鼎,肩、背、臑、肫、胳、正脊一,直脊一,長脅一,短脅一,代脅一,皆二骨以並①。正、配位各一鼎。皆設扃、幂。祝史對舉,陳於饌幔内,重行,西向,以南爲上。光禄實籩、豆、簠、簋於饌幔内。籩實以粉餈,豆實以糝食,簠實以粱,簋實以稷。次引禮部侍郎詣饌所,視腥熟之節。俟皇帝升奠玉、幣訖,還位,樂止。引禮部尚書詣饌所,執籩、豆、簠、簋以入。户部尚書詣饌所,奉俎以入。太官令引入正門,宫架《豐安之樂》作,設於卯階之下,北向,西上。奉牲者在東,祝史抽扃,委於鼎右,除幂。

初,鼎序入。有司執匕及俎以從,至卯階下,各設於鼎西,匕加於鼎。太官令以匕升牛,載於一俎。肩、臂、臑在上端,肫、胳在下端,背、脅在中。正、配位各一俎。鼎先退。俟祝史進徹毛血槃,以次出。

次引禮部尚書搢笏,執籩、豆、簠、簋;户部尚書搢笏,奉俎以

---

① “以”字,底本作“一”,據楊本、《文獻通考》卷七二《郊社考五・郊》校改。

升，執事者各迎於壇上。禮部尚書奉籩、豆、簠、簋，詣感生帝神位前，北向跪奠，啟蓋於下，執笏，俛伏，興。有司設籩於糗餌前，豆於醓醢前，簠於稻前，簋於黍前。次引戶部尚書奉俎，詣感生帝神位前①，北向跪奠，執笏，俛伏，興，有司設於豆前。次詣僖祖皇帝神位前，東向跪奠，並如上儀。樂止，俱降，復位。太祝取菹擩於醢，祭於豆間三，又取黍、稷、肺祭如初，皆藉用茅，各還尊所。引太宰、左丞詣感生帝神位前，西向立，以北爲上；吏部侍郎詣爵洗位，東向立。

禮儀使前導皇帝詣盥洗位，宮架樂作，至洗位，北向立，樂止。內侍酌水以進，禮儀使奏請搢大圭，盥手。內侍跪，取巾於篚，興以進，皇帝帨手。內侍受巾，跪，奠於篚。

禮儀使奏請執大圭，前導皇帝詣爵洗位，宮架樂作，至洗位，北向立，樂止。吏部侍郎跪，取爵於篚，興以進。禮儀使請搢大圭，受爵。內侍酌水以進。禮儀使奏請洗爵。內侍跪，取巾於篚，興以進，皇帝拭爵。內侍受巾，奠於篚。吏部侍郎受爵，升自午階。

禮儀使奏請執大圭，前導。皇帝升壇，宮架樂作，至午階，樂止。升自午階，登歌樂作，至壇上，樂止。登歌《歆安之樂》作，吏部侍郎奉爵，詣正位酌尊所，西向立。執尊者舉冪，良醞令酌大尊之泛齊訖，先詣配位酌尊所，北向立。禮儀使前導皇帝詣感生帝神位前，北向立。禮儀使奏請搢大圭，跪。吏部侍郎以爵授左丞，左丞授太宰，太宰西向跪以進。禮儀使奏請執爵，祭酒，三祭於茅苴，奠爵，執大圭，俛伏，興。又奏請少立，樂止。太宰、左丞

----

① “詣”字，底本脱，據十萬卷樓本校補。

俱詣僖祖皇帝神位前，北向立以俟①。舉册官舉祝册，進於感生帝神位之右。讀册官搢笏，東向跪，讀册文，讀訖，執笏，興，先詣僖祖皇帝位前，南向立。禮儀使奏請再拜，皇帝再拜。有司奠册於感生帝神位前。禮儀使前導皇帝詣僖祖皇帝神位前，酌獻，並如上儀，登歌作《咸安之樂》。太宰以下俱復位。

禮儀使前導皇帝還版位，登歌樂作，降階，樂止。宮架樂作。至版位西向立，樂止。禮儀使奏請還小次，宮架樂作。將至小次，禮儀使奏請釋大圭，殿中監跪受大圭，皇帝入小次，簾降，樂止。

文舞退，武舞進，宮架《容安之樂》作。舞者立定②，樂止。

初，皇帝將詣小次，禮直官、太常博士引亞獻詣洗盥位，北向立，搢笏，盥手，帨手，執笏，詣爵洗位，北向立③，搢笏，洗爵，拭爵，以授執事者④，執笏，升詣正位酌尊所，西向立。宮架作《隆安之樂》、《神保錫羨之舞》。執事者以爵授亞獻，搢笏，執爵。執事者舉冪，太官令酌山尊之醴齊訖，先詣配位酌尊所，北向立。亞獻以爵授執事者，執笏，詣感生帝神位前，北向，搢笏，跪。執事者以爵授亞獻，亞獻執爵，祭酒，三祭於茅苴，奠爵，執笏，俛伏，興，少退，北向，再拜。次詣僖祖皇帝神位前，酌獻，並如上儀。樂止，降，復位。

初，亞獻行禮將畢，次禮直官、太常博士引終獻詣洗及升壇，酌獻，並如亞獻之儀，降，復位。

---

① “以”字，底本作“次”，據十萬卷樓本校改。

② “立定”，底本作“退”，據十萬卷樓本、《文獻通考》卷七二《郊社考五·郊》校改。

③ 底本“北向立”前衍“就”字，據《文獻通考》卷七二《郊社考五·郊》刪。

④ “者”字，底本脫，據《文獻通考》卷七二《郊社考五·郊》校補。

初，皇帝既奠玉、幣，光祿以牛左臂一骨及長脅、短脅俱二骨以並，載於胙俎，設於壇下飲福位之西。俟終獻既升獻①，次引戶部尚書，搏黍太祝、太官令詣飲福位，東向立。奉俎、豆、爵酒者各位於其後。

禮儀使奏請詣飲福位，簾卷，出次，宮架樂作，殿中監跪進大圭，禮儀使奏請執大圭，前導皇帝詣飲福位，將至位，樂止。宮架《僖安之樂》作，皇帝至飲福位，北向立。尚醞典御執尊②，升詣酌尊所，良醞令酌上尊福酒合置一尊，典御奉尊降詣飲福位，以授殿中少監。尚醞奉御執爵，殿中少監酌之。奉御以爵酒授殿中監，殿中監西向捧以立。禮儀使奏請再拜，皇帝再拜。殿中監跪以爵酒進。禮儀使奏請搢大圭，跪受爵，祭酒③，三祭於地。啐酒，奠爵，殿中監跪受爵以興。

太祝帥執事者持胙俎進，減神位前正脊二骨、橫脊二骨，加於俎上。內侍受俎以授戶部尚書，西向跪以進。皇帝受俎，奠之。戶部尚書受俎以興，退，復位。太官令取黍於簋，搏以授太祝，太祝受以豆，東向跪進。皇帝受訖，奠之。太祝受豆以興，退，復位。

次殿中監再跪以爵酒進，禮儀使奏請受爵，飲福酒，奠爵④。殿中監受虛爵，興，以授典御奉御。執事者俱退，復位。禮儀使奏請執大圭，俛伏，興。又奏請再拜，皇帝再拜，樂止。

禮儀使前導皇帝還版位，宮架樂作，至版位，西向立，樂止。

① 後一"獻"字，底本脫，據《文獻通考》卷七二《郊社考五·郊》校補。
② 底本"尚醞"後衍"者"字，據《文獻通考》卷七二《郊社考五·郊》刪。
③ "酒"字，底本脫，據《文獻通考》卷七二《郊社考五·郊》校補。
④ "殿中監再跪以爵酒進禮儀使奏請受爵飲福酒奠爵"二十一字，底本脫，據《文獻通考》卷七二《郊社考五·郊》校補。

次引禮部尚書升壇，徹籩、豆，户部尚書升壇，徹俎。籩、豆、俎各一，俱少移故處①。登歌《成安之樂》作，卒徹，樂止。禮部、户部尚書降，復位。禮直官曰："賜胙。"行事。陪祠官拜，贊者承傳曰："賜胙，再拜。"在位官皆再拜。

送神，宫架《景安之樂》作，一成，止。

望燎

《景安之樂》畢，禮儀使奏請詣望燎位，前導皇帝詣望位，宫架樂作。至位，南向立，樂止。

初，賜胙，再拜訖，郊社令以黍、稷、肺祭，藉以白茅束之。吏部侍郎帥太祝執篚進詣神位前②，取玉、幣、祝册，藉以茅，以俎載牲體③、黍稷飪、爵酒，各由其階降壇，南行詣柴壇，自南陛升，以玉、幣、祝册、饌物置於柴壇。禮直官曰："可燎。"舉燋火，東西各以炬燎。半柴。

禮儀使奏禮畢，前導皇帝還大次，宫架樂作。出中壝門外，禮儀使奏請釋大圭，殿中監跪受大圭，以還有司，侍衛如常儀。皇帝至大次，樂止。禮部郎中奏解嚴，引大禮使以下詣卯階之東，内壝外揖位立。禮直官贊："禮畢。"揖訖，退。通事舍人引陪祠文武官及宗室、客使以次出。將士不得輒離部位。端誠殿受賀並如冬祀大禮儀④。

---

① "故處"二字，底本脱，據楊本、《文獻通考》卷七二《郊社考五·郊》校補。
② 底本"篚"前衍"一"字，據《文獻通考》卷七二《郊社考五·郊》删。
③ "以"字，底本脱，據《文獻通考》卷七二《郊社考五·郊》校補。"體"字，底本作"醴"，據《文獻通考》卷七二《郊社考五·郊》校改。
④ "端誠"，底本作"端成"，據文津閣本、十萬卷樓本、楊本校改。

車駕還內

前期，殿中監帥其屬尚舍設御幄於大慶殿門外之東，南向。大晟設宮架於宣德門外，稍南。

其日，祀事禮畢，所司轉仗衛鹵簿於還途，如來儀。文武百官、宗室、客使先詣宣德門外，就次以俟，立班奉迎[①]。乘黃令進金輅於行宮殿門外，南向。千牛將軍一員執長刀立於輅右。尚輦奉御進輿於齋殿，導駕官俱詣齋殿門外奉迎。禮部侍郎奏請中嚴，少頃，又奏外辦。簾卷，皇帝服通天冠、絳紗袍，乘輿以出。應導駕官等並迎駕，奏“聖躬萬福”。內祇應官贊謝花再拜[②]。太僕卿出詣金輅所，攝衣而升，正立執轡。皇帝乘輿，降自西階，至金輅所。左輔奏請皇帝降輿升輅。有司仍具大輦。若乘輦，即云：“降輿乘輦。”太僕卿立授綏，千牛將軍馭駕，如來儀。門下侍郎奏請車駕進發，車駕動，稱警蹕，侍衛如儀。

至侍臣上馬所，門下侍郎奏請車駕少駐，敕侍臣上馬。左輔前承旨，退，稱曰：“制可。”門下侍郎傳制，稱：“侍臣上馬。”贊者承傳敕侍臣上馬。門下侍郎奏請車駕進發，車駕動，稱警蹕，鼓吹及諸軍樂振作。車駕將至宣德門外，文武百官、宗室、客使並立班，再拜奉迎。次大內留守見，再拜訖，退。

車駕至宣德門外，少駐。文武侍臣皆下馬步導，千牛將軍降，立於輅左。車駕動，千牛將軍夾輅而趨。大樂正令奏《采茨之樂》，入門，樂止。車駕至御幄前，左輔奏請皇帝降輅乘輿。若

---

① “奉迎”，底本作“奏迎”，據十萬卷樓本、楊本、《文獻通考》卷七二《郊社考五·郊》校改。

② “花”字，底本作“皆”，據文津閣本校改。

乘輦,奏云:"降輦乘輿。"皇帝降輅乘輿以入。禮部郎中奏解嚴。通事舍人承旨,敕羣官各還次,將士各還其所。若肆赦,並如冬祀大禮宣德門肆赦之儀。

卷第四十六　吉禮

祀感生帝儀_{有司行事}

時日　齋戒　奏告　陳設　省牲器
奠玉幣　進熟　望燎^①

時日

太常寺預於隔季以來年正月上辛祀感生帝，關太史局。太史局以其日報太常寺。太常寺參酌訖，具時日散告。

齋戒

前祀十日，受誓戒於尚書省。

其日五皷，贊者設位版於公相廳下：吏部尚書在左，刑部尚書在右，並南向。初獻、亞、終獻位於其南，稍東，北向，西上。監察御史位於其西，稍北，東向。大司樂、光禄卿，户部郎中，大樂令、光禄丞位於其南，稍西，北向，東上。<small>大樂令、光禄丞位皆稍却。</small>奉禮、協律郎，太祝、郊社、太官令位於其東，西向，北上。

質明，禮直官、贊者引行事、執事官就位立定^②。禮直官引吏

---

① “望燎”，底本作“燎望”，據十萬卷樓本乙正。
② “禮直官”三字，底本脱，據本書卷五〇《祀五方帝儀有司行事·齋戒》補。

部尚書由公相廳降階就位。禮直官贊揖，在位者對揖。吏部尚書搢笏，讀誓文云："某月某日上辛，祀感生帝。各揚其職，不共其事，國有常刑。"讀訖，執笏。禮直官贊奉禮、協律郎，太祝、郊社、太官令先退，餘官對拜，乃退。

散齋七日，治事如故，宿於正寢，不弔喪、問疾、作樂、判書刑殺文書、決罰罪人及與穢惡。致齋三日，<small>光禄卿、丞，太官令齋一日。二日於本司。無本司者於太常齋舍，質明至齋所。</small>唯祀事得行，餘悉禁。前祀一日質明，俱赴祠所齋宮，官給酒饌。祀官已齋而闕者，通攝行事。

奏告

前祀二日，奏告僖祖皇帝室，如常告之儀。

陳設

前祀三日，儀鸞司設行事、執事官次於壇東壝門之外及齋宮之內，隨地之宜；設饌幔於內壝東門外道北，南向。

前二日，光禄牽牲詣祠所。

前一日，郊社令帥其屬掃除壇之上下。太常設神位席，太史設神位版於壇上，凡設神位版，皆郊社令監視。太常設祭器，凡設祭器，皆藉以席，籩、豆又加巾蓋。以俟告潔。既畢，權徹。

光禄陳牲於卯階之東南內壝之外，西向，祝史各位於牲後；太常設省牲位於牲西。三獻官在南，北向。大司樂、光禄卿，戶部郎中，大樂令、光禄丞，奉禮、協律郎，太祝、郊社、太官令在北，南向。俱西上。凡設大樂令、光禄丞以下位皆稍却。監察御史於大司樂之西，少絕。

　　光禄陳禮饌於壇之東南內壝之外，南向。太常設省饌位版於禮饌之南。三獻官在南，北向，西上。監察御史在西，東向。大司樂、光禄卿，户部郎中，大樂令、光禄丞，奉禮、協律郎，太祝、郊社、太官令在東，西向，北上。大晟設登歌之樂於壇上稍西，北向。設宮架於壇南內壝之外，立舞表於酇綴之間。

　　祀日丑前五刻，禮直官、贊者、諸司職掌各服其服。

　　太常設神位席，太史設神位版：感生帝位於壇上北方，南向，席以藁秸。僖祖皇帝位於壇上東方，西向，席以蒲越。

　　太常陳玉於神位之左，玉以赤，四圭有邸，盛以匣，燔玉用珉。禮神之玉，奠於神前，燔玉加於幣，配位不用玉。陳幣篚各於神位之左，幣以赤。祝版於神位之右，置於坫。

　　太常設祭器，光禄實之。每位各左十有二籩，爲三行，以右爲上；第一行：形鹽在前，魚鱐、糗餌、粉餈次之。第二行：榛實在前，乾桃、乾蔆、乾棗次之。第三行：蔆在前，芡、栗、鹿脯次之。右十有二豆，爲三行，以左爲上；第一行：芹菹在前，筍菹、葵菹、菁菹次之。第二行：韭菹在前，酏食、魚醢、兔醢次之。第三行：豚拍在前，鹿臡、醓醢、糝食次之。俎三，一在籩前，實以牛腥七體，兩髀、兩肩、兩脅并脊，兩髀在兩端，兩肩、兩脅次之，脊在中。二在豆右，爲二重，以北爲上；第一重實以牛腥，腸、胃、肺、離肺一在上端，刌肺三次之，腸三、胃三又次之。第二重實以牛熟，腸、胃、肺，其載如腥。若配位，即以東爲上。登一，在籩、豆間；實以大羹。鉶一，在登前；實以毛血。簠二、簋二，在籩、豆外，簠在左，簋在右。簠實以稻、粱，粱在稻前。簋實以黍、稷，稷在黍前。

　　設太尊五、山尊五，爲二重，在壇上東南隅，北向，西上。配位即於正位酒尊之東。太尊在前，皆有坫，加勺、幂，爲酌尊。太尊一實明水^①，爲上尊，餘實以泛齊，代以供内法酒，初獻酌之。山尊一實明水，爲上尊，餘實以醴齊，代以祠祭法酒，亞、終獻酌之。又設太尊二、山尊二在神位前，<small>太尊一實泛齊，山尊一實醴齊，各以一尊實明水。</small>著尊二、犧尊二在壇下午階之西，<small>著尊一實盎齊，犧尊一實醍齊，各以一尊實明水。若配位，即設於西階之北。</small>象尊二、壺尊六在壇下午階之東，<small>象尊一實明水，一實沉齊。壺尊三實玄酒，三實三酒。明水、玄酒皆在上。若配位，即設於壇下西階之南。</small>俱北向，西上，<small>若配位，則東向，北上。</small>皆加幂。五齊三酒，設而不酌。

太常設燭於神位前，又設俎二於饌幔内^②，洗二於卯階之東，北向^③。<small>盥洗在東，爵洗在西。</small>罍在洗東，加勺。篚在洗西南肆^④，實以巾。<small>若爵洗之篚，則又實以爵，加坫。</small>執罍、篚者位其後。

又設揖位於卯階之東内壇之外，如省牲位。<small>唯不設光禄卿、丞位。</small>

積柴於燎壇。設望燎位於午階之東南内壇之内。三獻官在北，南向，西上。監察御史在西，東向。大司樂，户部郎中，大樂令，奉禮、協律郎，太祝、郊社令在東，西向，北上。又設三獻官席位於卯階之東北，西向，南上。户部郎中席位於卯階之東南，西向。設監察御史席位於午階之南，北向。奉禮郎、太祝、郊社、太官令位其後。大司樂、大樂令席位於監察御史之東，協律郎位於其後，光禄卿席位於大司樂之東，俱北向，西上。又設監察御史位于壇上樂虡之北，在西，東向。奉禮郎、太祝、郊社令在東，西

---

①　"一"字，底本作"以"，據楊本校改。

②　"俎"字，底本作"豆"，據楊本、本書卷三八《祈穀祀上帝儀有司行事·陳設》校改。

③　"之東北向"，底本作"之北東向"，據楊本、本書卷三八《祈穀祀上帝儀有司行事·陳設》乙正。

④　"洗西南肆"，底本作"西洗南肆"，據十萬卷樓本、楊本、《文獻通考》卷七二《郊社考五·郊》乙正。

向,北上。大樂令樂虡之北,太官令於酌尊所,俱北向。協律郎位二,一於壇上樂虡之西,一於宮架之西北,俱東向。大司樂位於宮架之北,北向。

省牲器

前祀一日,行事、執事官集初獻齋所肄儀,太祝習讀祝文,視玉、幣及神位版訖,並赴齋所各就次。禮直官、贊者分引行事、執事官詣壇東省牲位,凡初獻行事禮直官引,餘官皆贊者引[①]。立定。禮直官贊揖。次引大司樂入行樂架。次引監察御史升自卯階,凡行事、執事官升降,皆自卯階。視滌濯,執事者舉冪,曰:“潔。”降,復位。禮直官稍前,曰:“告潔畢,請省牲。”太祝出班巡牲一匝,詣初獻前,西向躬曰:“充。”退,復位。光祿丞出班巡牲一匝,詣初獻前,西向躬曰:“腯。”退,復位。禮直官贊:“省牲畢,請就省饌位。”揖訖,引行事、執事官各就位立定。禮直官贊揖所司省饌具畢,禮直官贊:“省饌畢。”揖訖,俱還齋所。光祿丞、太祝以次牽牲詣廚,授太官令。次引監察御史詣廚,省鼎鑊,視祭器滌溉,協律郎展視樂器,乃還齋所。

未後一刻,太官令帥宰人以鸞刀割牲,祝史以槃取毛血,各置於饌所,遂烹牲。

晡後,郊社令帥其屬掃除壇之上下訖,還齋所。

奠玉幣

祀日丑前五刻,行事用丑時七刻。初獻以下並赴壇所就次。郊

---

① “餘”字,底本作“饌”,據十萬卷樓本校改。

社令先入，視設神位版訖，退。樂正帥工人二舞入就位。_{登歌工人}
_{俟監察御史點閱訖，升卯階，各就位。}次太官令帥其屬實饌具畢。次引光
禄卿入詣午階之南席位，北向立①。贊者曰："再拜。"光禄卿再
拜，升壇，點視禮饌畢。次引監察御史升壇，點閱陳設，糾察不如
儀者。_{凡點視、點閱，皆先詣正位。}光禄卿退，還齋所，餘官各服祭服。

次引行事、執事官各就卯階東內壝外揖位立定②，禮直官贊
揖。次引大司樂、大樂令、協律郎先入就午階南席位，北向立。
贊者曰："再拜。"大司樂以下皆再拜訖，各就位。次引監察御史，
奉禮郎，太祝、郊社、太官令入就午階南席位，北向立。次引初
獻，戶部尚書，亞、終獻入就卯階東席位，西向立。禮直官稍前，
贊："有司謹具，請行事。"協律郎跪，俛伏，舉麾，興，工皷柷，宮架
作《大安之樂》、《帝臨嘉至之舞》，六成，偃麾，戛敔，樂止。_{凡樂，皆}
_{協律郎跪，俛伏，舉麾，興，工皷柷而後作，偃麾，戛敔而後止。}太常升煙，燔牲
首。贊者曰："再拜。"在位者皆再拜。引監察御史，奉禮郎，太
祝、郊社、太官令升壇，各就位立定。_{太官令就正位酌尊所。}

次引初獻詣盥洗位，宮架《保安之樂》作，_{初獻升降、行止，皆作《保}
_{安之樂》。}至洗位，北向立，搢笏，盥手，帨手，執笏，升壇，樂止。登
歌樂作，詣感生帝神位前，北向立，樂止。登歌《光安之樂》作，初
獻搢笏，跪。次引奉禮郎搢笏，西向跪。執事者以玉、幣授奉禮
郎，奉禮郎以玉、幣授初獻訖，執笏，興，先詣僖祖皇帝神位前，北
向立。初獻受玉、幣，奠訖，執笏，俯伏，興，再拜，樂止。次引初
獻詣僖祖皇帝位前，東向立，_{酌獻詣配位准此。}奠幣如上儀，_{唯登歌作}

---

① "北向"，底本作"北面"，據十萬卷樓本校改。
② "執事"二字，底本脫，據《文獻通考》卷七二《郊社考五·郊》校補。

《皇安之樂》。樂止，奉禮郎復位。初獻將降壇，登歌樂作，降階，樂止。宮架樂作，復位，樂止。

進熟

祀日，有司設鼎二於神廚，各在鑊右。光禄帥進饌者詣廚，以匕升牛於鑊，各實於一鼎，<small>肩、臂、臑、肫、骼、正脊一，直脊一，橫脊一，長脅一，短脅一，代脅一，皆二骨以並。</small>正、配位各一鼎。皆設扃、幂。祝史對舉，入設於饌幔内。俟初獻既升，奠玉、幣，祝史入陳於卯階之下，西向，南上。祝史抽扃，委於鼎右，除幂。

初，鼎序入。有司執匕及俎以從，至卯階之下，俎各設於鼎西，匕加於鼎。光禄以匕升牛，各載於一俎。<small>肩、臂、臑在上端，肫、骼在下端，脊、脅在中。</small>正、配位各一俎。鼎先退。

次引户部尚書詣卯階之下，搢笏，奉俎，升壇。宮架《咸安之樂》作，詣感生帝神位前，北向跪奠，執笏，俛伏，興，有司設於豆前。次詣僖祖皇帝神位前，東向，奉俎，如上儀訖。樂止，降，復位。

初，奠俎訖，引太祝取蕭擩於醬，祭於豆間三，又取黍、稷、肺，祭如初，俱藉以茅，退，復位。

次引初獻再詣盥洗位，宮架樂作，至洗位，北向立，搢笏，盥手，帨手，執笏。詣爵洗位，北向立，搢笏，洗爵，拭爵，以授執事者，執笏，升壇，樂止。登歌樂作，詣正位酌尊所，西向立，樂止。登歌《嘉安之樂》作。執事者以爵授初獻，初獻搢笏，執爵。執尊者舉幂，太官令酌太尊之泛齊訖，先詣配位酌尊所，北向立。初獻以爵授執事者，執笏，詣感生帝神位前，北向立，搢笏，跪。執事者以爵授初獻，初獻執爵，祭酒，三祭於茅苴，奠爵，執笏，俛伏，興。少立，樂止。次引太祝詣神位前，東向，搢笏，跪讀祝文。讀訖，執笏，興，先詣僖祖皇帝神位前，南向立。初獻再拜。次詣僖祖皇帝神位前，酌獻，並如上儀，_{唯登歌作《肅安之樂》。}樂止。太官令復詣正位酌尊所，太祝復位。初獻將降壇，登歌樂作，降階，樂止。宮架樂作，復位，樂止。

　　文舞退，武舞進，宮架《正安之樂》作。舞者立定，樂止。

　　次引亞獻詣盥洗位，北向立，搢笏，盥手，帨手，執笏。詣爵洗位，北向立^①，搢笏，洗爵，拭爵，以授執事者，執笏，升壇，詣正位酌尊所，西向立。宮架作《文安之樂》、《神保錫羨之舞》。執事者以爵授亞獻，搢笏，執爵，執尊者舉冪，太官令酌山尊之醴齊訖，先詣配位酌尊所，北向立。亞獻以爵授執事者，執笏，詣感生帝神位前，北向立，搢笏，跪。執事者以爵授亞獻，亞獻執爵，祭酒，三祭於茅苴，奠爵，執笏，俛伏，興，再拜。次詣僖祖皇帝神位前，行禮並如上儀訖。樂止，降^②，復位。

　　次引終獻詣盥洗及升壇行禮，並如亞獻之儀，降，復位。

　　次太祝徹籩、豆，_{籩、豆各一少移故處。}登歌《肅安之樂》作。卒徹，樂止。次引郊社令束茅訖。俱復位。禮直官曰：“賜胙。”贊者承傳曰：“賜胙，再拜。”在位者皆再拜。

　　送神，宮架《普安之樂》作，一成，止。

　　望燎

　　初，《普安之樂》畢，引三獻官、戶部郎中詣望燎位，宮架樂

---

　　① “搢笏盥手帨手執笏詣爵洗位北向立”十五字，底本脫，據《文獻通考》卷七二《郊社考五・郊》校補。

　　② “降”字，底本無，據《文獻通考》卷七二《郊社考五・郊》校補。

作。至位，樂止。有司各詣神位前，取玉、幣、祝版、饌物及牲之左髀，束茅，置於燎壇。次引監察御史，大司樂、大樂令，奉禮、協律郎，太祝、郊社令詣望燎位，立定。禮直官曰："可燎。"火燎半柴。

次引初獻以下詣東壝門外揖位立。禮直官贊："禮畢。"揖訖，退。太官令帥其屬徹禮饌，次引監察御史詣壇，監視收徹訖，還齋所。

卷第四十七　吉禮

皇帝祀五方帝儀上

時日　齋戒　陳設

時日

前期,降御札,以來年立春日祀青帝。立夏祀赤帝。季夏土王祀黄帝。立秋祀白帝,立冬祀黑帝。太常寺具時日散告。

齋戒

前祀十日質明,有司設行事、執事及陪祠文武官位於朝堂。太宰、刑部尚書在北,南向,太宰在左,刑部尚書在右。刑部尚書稍却。行事太宰、左丞在南;吏部、户部、禮部尚書,吏部、禮部侍郎,大司樂、光禄卿,大樂令、光禄丞在其南;凡設大樂令,以下位皆稍却。如朝獻、朝享,即初、亞獻官在光禄丞下。次分獻官,次執事官又於其南,俱北向,西上。監察御史位二,在西,東向,北上。讀册、舉册官,奉禮、協律郎,太祝、郊社、太官令在東,西向,北上。奉禮郎以下位①,皆稍却。設陪祠文武百官位於行事官之南。又設行事、執事及陪祠親王、宗室位於太廟齋坊。少宰、刑部侍郎在北,南向,少宰在

---

① “位”字,底本脱,據文津閣本校補。

左,刑部侍郎在右。刑部侍郎稍却。亞獻、終獻在南,北向,西上。親王及行事、陪祠宗室在東,西向,北上。東上閣門、御史臺、太常寺分引羣官各就位。凡將引行事、執事、陪祠文武官立班,即御史臺引殿中侍御史一員先入就位。太宰讀誓於朝堂,刑部尚書涖之;少宰讀誓於太廟齋坊,刑部侍郎涖之。誓文曰:"某年某月某日立春,皇帝祀青帝。立夏祀赤帝。季夏土王祀黃帝。立秋祀白帝。立冬祀黑帝。如朝獻、朝享,即云:"前二日朝獻景靈宮,前一日朝享太廟。"各揚其職,其或不恭,國有常刑。"讀訖。内朝堂執事官奉禮郎以下,文官宣德郎以下,武官從義郎以下先退。餘官並對拜訖,退。

皇帝散齋七日於別殿,致齋三日。二日於大慶殿,一日於青城。如朝獻,朝享,即一日於大慶殿,一日於太廟,一日於青城。凡散齋,不弔喪、問疾、作樂,有司不奏刑殺文書。致齋日,前後殿不視事,唯行祀事。

前致齋一日,殿中監帥其屬尚舍鋪御座於大慶殿當中,南向;設東西房於御座之左右,稍北;又設西閤及齋室於殿後之左右,殿上前楹施簾。

致齋之日,質明,有司陳大駕鹵簿於宣德門外,尚輦陳平輦於垂拱殿庭。文武百官俱就次,各服其服。東上閣門奏請皇帝未後詣齋室,通事舍人等自下分引知樞密院事以下詣垂拱殿庭,立班。東上閣門附内侍進班齊牌。垂拱殿簾降,皇帝乘輦出,至殿上,少駐。輦官迎駕,自贊常起居。宣輦官上殿,簾卷,鳴鞭,行門禁衛諸班親從迎駕,自贊常起居。次舍人先贊知内侍省官以下常起居,次樞密以下通班常起居,贊"祗候引駕"。樞密、知客省事以下,至僉書、東上閣門官分左右立。六尚局應奉官,祗應通侍大夫以下,武功大夫以下,並先退。次管軍臣僚宣名常起居,贊"祗候引駕",並分左右。前導輦降東階垂拱殿門外,禁衛諸從自贊常起居。次行宮使、御營巡檢一班常起居。如通侍大夫以下，知客省事以下，武功大夫以下，知內侍兩省①、帶御器械官①、充行營使，御營巡檢，各歸本班。至大慶殿後閣降輦，入西閣，大慶殿簾降。前導官並就次易朝服，詣御榻前分左右侍立。知樞密事、僉書樞密院事在東，西向，北上；同知樞密院事在西，東向②；左輔一員在知樞密院事之北，贊拜東上閣門官一員又在其北，並西向；知客省事以下在僉書樞密院事之南，稍東，西向，北上；僉書客省事以下又在其南，稍却。通事舍人等分引行事、執事、陪祠文武官，各縝結佩，入詣大慶殿庭立班。舍人引禮部侍郎奏請中嚴。侍臣詣幄，奉迎內外。符寶郎奉寶先出，陳於御榻之左右。少頃，引禮部侍郎又奏外辦。皇帝服通天冠、絳紗袍、縝結佩，出西閣乘輿，稱警蹕③，侍衛如常儀。由西房至御榻西降輿，皇帝即御座，南向，侍臣夾侍，贊拜東上閣門官於榻前贊：“樞密以下拜。”殿之上下應在位官皆再拜。東上閣門官贊拜訖，轉身北向隨拜訖，面西，贊“各祗候”。次禮直官引左輔詣御座前，俛伏，跪奏稱：“左輔具官臣某言，請皇帝降座，就齋室。”奏訖，俛伏，興，還侍位。凡左輔奏請准此。皇帝降座，乘輿，由東房入齋室，侍臣各還所司，直衛者如常儀。通事舍人分引行事、執事、陪祠文武官以次出。三省、親王、樞密、宗室起居問聖體，並如儀。

　　應行事、執事、陪祠官及從升者並散齋七日，宿於正寢；致齋三日，各宿於其次。三省、樞密院官各宿於本庭及都堂。侍從官并尚書、侍郎分宿於秘書省、中書後省。餘官內庭有所司者各宿於其司④。諸方客使許赴陪位者各宿

---

① “兩”字，底本作“西”。據十萬卷樓本、《文獻通考》卷七二《郊社考五・郊》校改。

② 底本“東向”後衍“北上”二字，據《文獻通考》卷七二《郊社考五・郊》刪。

③ “稱”字，底本脫，據《文獻通考》卷七二《郊社考五・郊》校補。

④ “者”字，底本作“省”，據十萬卷樓本校改。

於其次。凡散齋，治事如故，唯不弔喪、問疾、作樂、判書刑殺文書、決罰罪人及與穢惡。致齋之日，官給酒饌。唯祀事得行，其餘悉禁。與祀之官已齋而闕者，通攝行事。

陳設

前祀三日，殿中監帥其屬尚舍設大次於外壝東門之內道北，南向；小次於午階之東，西向。儀鸞司設文武侍臣次於大次之前，隨地之宜；行事、陪祠官、宗室及有司次於外壝東門之外；東方、南方客使次於文官之後；西方、北方客使次於武官之後。設饌幔於內壝東門之外道北，南向。

前祀二日，郊社令帥其屬掃除壇之上下，積柴於燎壇。光祿牽牲詣祠所。大晟陳登歌之樂於壇上稍南，北向。設宮架於壇南內壝之外，立舞表於酇綴之間。

前祀一日，太常設神位席，太史設神位版：青帝位於壇上北方，南向，席以藁秸；帝太昊氏位於壇上東方，西向，席以莞。告潔畢，權徹。又設句芒神位於壇下卯階之南，歲星、析木、大火、壽星位於壇下子階之東，西上。角宿、亢宿、氐宿、房宿、心宿、尾宿、箕宿位於壇下子階之西，東上。俱席以莞，席皆內向[1]。立夏祀赤帝位於壇上北方，南向；帝神農氏位於壇上東方，西向；祝融位於壇下卯階之南；熒惑、鶉首、鶉火、鶉尾位於壇下子階之東，西上；井宿、鬼宿、柳宿、星宿、張宿、翼宿、軫宿位於壇下子階之西，東上。季夏土王祀黃帝位於壇上北方，南向；帝軒轅氏位於壇上東方[2]，西向；后土位於壇下卯階之南；鎮星位於壇上子階之東。立秋祀白帝位於壇上北方，南向；帝少昊氏位於壇上東方，西向；蓐收位於壇下卯階之南；太白、大梁、降婁、實

---

① 底本“席”前衍“所”字，據楊本刪。
② “帝軒轅氏”，《宋史》卷一〇〇《禮三·五方帝》作“黃帝氏”。

沈位於壇下子階之東，西上；奎宿、婁宿、胃宿、昴宿、畢宿、觜宿[1]、參宿位於壇下子階之西，東上。立冬祀黑帝位於壇上北方，南向；帝高陽氏位於壇上東方，西向；玄冥位於壇下卯階之南；辰星、娵訾、玄枵、星紀位壇下子階之東，西上；斗宿、牛宿、女宿、虛宿、危宿、室宿、壁宿位壇下子階之西，東上。凡正、配、從祀神位席，並同青帝壇。

　　奉禮郎、禮直官設皇帝祀位版於壇下小次前，西向；飲福位於壇下午階之西，北向；望燎位於東，南向。設爟火於望燎位之東，南向。東西各六人。

　　贊者設亞、終獻位於小次之西稍東，西向；大禮使、太宰、左丞又於其南；行事吏部、户部、禮部尚書，吏部、禮部侍郎，光禄卿，讀册、舉册官，光禄丞位於大禮使之東；光禄丞稍却。奉禮郎、搏黍太祝、郊社、太官令位於小次之東北，俱西向，北上。監察御史位二，一於壇下午階之西南，一於子階之西北，俱東向；協律郎位二[2]，一於壇上樂虡之西北，一於宮架之西北，俱東向。大樂令位於登歌樂虡之北，大司樂位於宮架之北，良醖令位於酌尊所，俱北向。又設陪祠文武官位於執事者之南，諸方客使在文官之南，隨其方國。

　　光禄陳牲於東壇門外，西向，祝史各位於牲後；太宰設省牲位於牲西。大禮使、太宰、左丞在南，北向，西上。分獻官位於其後。行事吏部、户部、禮部尚書，吏部、禮部侍郎，大司樂、光禄卿，讀册、舉册官，大樂令、光禄丞，奉禮、協律郎，搏黍太祝、郊社、太官令在北，南向，西上。凡設大樂令以下位皆稍却。監察御史在吏部尚書之西，異位稍却。

---

① "觜"字，底本作"嘴"，據楊本、《宋史》卷一〇〇《禮三·五方帝》校改。

② "一於壇下午階之西南一於子階之西北俱東向協律郎位二"二十四字，底本脱，據《文獻通考》卷七二《郊社考五·郊》校補。

　　光禄陳禮饌於東壝門外道北，南向；太常設省饌位版於禮饌之南。大禮使、太宰、左丞在南，北向，西上。分獻官位於其後。監察御史位二，俱在西，東向，北上。行事吏部、户部、禮部尚書，吏部、禮部侍郎，大司樂、光禄卿，讀册、舉册官，大樂令、光禄丞，奉禮、協律郎，搏黍太祝、郊社、太官令在東，西向，北上。

　　禮部帥其屬設祝册案於神位之右，司尊彝帥其屬設玉幣篚於酌尊所。

　　次設籩、豆、簠、簋之位：正、配位皆左十有一籩，右十有一豆，俱爲三行；俎三，一在籩前，二在豆右，爲二重；登一，在籩、豆間；簠一、簋一，在籩、豆外，簠在左，簋在右。又設尊坫之位：正、配位皆太尊五、山尊五，爲二重，在壇上東南隅，北向，西上。配位設於正位酒尊之東。太尊在前，皆有坫，加勺、冪，爲酌尊。又設太尊二、山尊二在神位前，著尊二、犧尊二在壇下午階之西，配位設於西階之北。象尊二、壺尊六在壇下午階之東，配位設於西階之南。俱北向，西上，配位即東向，北上。皆加冪，設而不酌。又設從祀諸神籩、豆、簠、簋之位，每位各左二籩，右二豆；俎一，在籩、豆前；爵一，次之；簠一、簋一，在爵之前，簠在左，簋在右。又設象尊四於卯階之南五官位，二於子階之東五星、三辰位，皆在神位之左；壺尊二設於子階之西七宿位，在神位之右。又設正、配位籩、豆、簠、簋、槃、俎各一於饌幔內。設御洗二於壇下午階東南，北向。盥洗在東，爵洗在西。罍在洗東，加勺；篚在洗西南肆，實以巾。若爵洗之篚①，則又實以爵，加坫。設皇帝位於洗南，北向；內侍酌水位於洗東，執巾於酌水內侍之北，俱西向；吏部侍郎位於爵洗之西，東向。

――――――――――

①　“爵洗”，底本作“洗爵”，據楊本乙正。

又設亞、終獻盥洗、爵洗於本位之南；分獻官盥洗於其方階道之左。罍、篚各設於左右，皆内向。執罍、篚者位其後。

祀日丑前五刻，郊社令與太史官屬各服其服，升壇，設青帝、帝太昊氏神位版於壇上。太府卿、少府監帥其屬陳玉、幣於篚。青帝以青珪，赤帝以赤璋，黄帝以黄琮，白帝以白琥，黑帝以黝璜，盛於匣。配位不用玉。幣皆隨其方色。禮神之玉，各置於神位前，璠玉加於幣。光禄卿帥其屬入實正、配位籩、豆、簠、簋。籩三行，以右爲上[1]。第一行：形鹽在前，魚鱐、糗餌次之。第二行：榛實在前，乾桃、乾蓤、乾棗次之。第三行：菱在前，芡、栗、鹿脯次之。豆三行，以左爲上。第一行：芹菹在前，筍菹、葵菹、菁菹次之。第二行：韭菹在前，酏食、魚醢次之。第三行：豚拍在前，鹿臡、醓醢次之。簠實以稻。簋實以黍。登實以大羹。太官令帥其屬入實俎。籩前之俎一，實以牛腥七體，兩髀、兩肩、兩脅并脊，兩髀在兩端，兩肩、兩脅次之，脊在中。豆右之俎二，爲二重，以北爲上。第一重實以牛腥，腸、胃、肺、離肺一，在其上端，刌肺三次之，腸三、胃三又次之[2]。第二重實以牛熟，腸、胃、肺，其載如腥。若配位，即以東爲上。良醖令帥其屬入實尊，太尊實以泛齊，山尊實以醴齊，象尊實以沉齊，犧尊實以醍齊，象尊實以沉齊，各以一尊實明水。壺尊三實玄酒，三實三酒。明水、玄酒皆在上。又實從祀神位之饌，籩前實以栗，次實以鹿脯。豆前實以菁菹，次實鹿臡。俎實以豕腥肉。簠實以稷。簋實以黍。爵實以祠祭法酒。又實從神位之尊。象尊實以沉齊，壺尊實以清酒。

太常設燭於神位前，又設大禮使以下行事、執事官揖位於卯階之東内壝外，如省牲位。所司陳異寶嘉瑞及伐國之寶於宫架之南，東西相向。

卷第四十八　吉禮

皇帝祀五方帝儀中

車駕自大慶殿詣青城　省牲器　奠玉幣

車駕自大慶殿詣青城

前祀一日，陪祠文武官先詣黃帝壇齋宮①。

其日，導駕官以下就次，各服其服。尚輦奉御進輿於大慶殿，乘黃令進玉輅於宣德門内，南向。設千牛將軍一員位於輅前，北面②。門下侍郎一員位於左輔之前，贊者二人位又於其前。

少頃，東上閤門、御史臺、太常寺分引左輔、門下侍郎、太僕卿、乘黃令詣大慶殿西階下立，北向，東上。乘黃令位其後。次引導駕官在其後，分東西相向立以俟奉迎前導。次管軍臣僚，次行宫使、御營巡檢等又在其後。禮直官、通事舍人引禮部侍郎奏請中嚴。凡左輔、門下侍郎、禮部侍郎奏請，皆禮直官、通事舍人引③。少頃，又奏外辦。皇帝服通天冠、絳紗袍，乘輿以出，降自西階，稱警蹕，如常儀。宣贊舍人贊左輔以下常起居，次導駕官常起居，已起居者，止奏"聖躬萬福"。次管軍臣僚，次行宫使、御營巡檢等常起居。該宣名者，

---

① "黃帝壇"，底本作"皇帝壇"，據本書卷一《序例·壇壝》校改。
② "北面"，十萬卷樓本、楊本作"北向"。
③ "皆"字，底本作"者"，據十萬卷樓本、楊本校改。

即宣名。

　　太僕卿出，詣玉輅所，攝衣而升，正立執轡。導駕官前導皇帝出大慶殿門外，至玉輅所。千牛將軍前跪執轡。左輔進，當輿前俛伏，跪奏：“左輔具官臣某言，請皇帝降輿，升輅。”奏訖，俛伏，興，退，復位。凡左輔奏請准此。乘黃令稍前，東向，進玉輅。皇帝降輿，升輅。太僕卿立授綏，導駕官分左右步導。門下侍郎進當輅前俛伏，跪奏：“門下侍郎具官臣某言，請車駕進發。”①奏訖，俛伏，興，退，復位。凡門下侍郎奏請准此。車駕動，稱警蹕。左輔先詣宣德門內以俟。門下侍郎及贊者夾侍以出，千牛將軍夾輅而趨。車駕將及宣德門，至侍臣上馬所，門下侍郎奏請車駕少駐，敕侍臣上馬。左輔前承旨，退稱曰：“制可。”門下侍郎傳制，稱：“侍臣上馬。”贊者承傳敕侍臣上馬，諸侍衛之官各督其屬左右翊駕，在黃麾內。符寶郎奉八寶前導，殿中監後部從，導駕官夾侍於前，贊者在左輔、門下侍郎之前。侍臣上馬畢，次大內留守於宣德門外再拜，奉辭。門下侍郎奏請車駕進發。車駕動，稱警蹕，不鳴鼓吹。

　　大駕鹵簿前導詣青城。車駕將至青城，東上閤門、御史臺分引陪祠文武官、宗室、客使，禮直官、贊者引行事、執事官俱詣行宮門外立班，再拜奉迎訖，退。內已起居者，止奏“聖躬萬福”。車駕及門少駐，文武侍臣皆下馬，導駕官步導入門。車駕動，千牛將軍夾輅而趨。至行宮齋殿前迴輅南向，千牛將軍立於輅右。左輔奏請皇帝降輅乘輿，尚輦奉御進輿於輅後。皇帝降輅乘輿入齋殿，侍衛如常儀。導駕官步導至殿門，皇帝降輿歸殿後閣，簾降。通

---

　　①　“進當輅前俛伏跪奏門下侍郎”十二字，底本脫，據《文獻通考》卷七二《郊社考五·郊》校補。

事舍人承旨敕羣臣從官各還次^①。學士院以祝册授通進司進御
書訖，付尚書禮部。<small>如朝獻、朝享，即並如冬祀大禮車駕自太廟詣青城儀。</small>

省牲器

省牲之日，午後十刻，去壇三百步禁行者^②。

未後二刻，郊社令帥其屬掃除壇之上下，司尊彝帥府史及執
事者各以祭器入設於位，<small>凡設祭器，皆藉以席，籩、豆又加巾蓋。</small>太府卿、
少府監陳玉、幣於篚。<small>告潔畢，權徹。</small>

未後三刻，禮直官、贊者分引大禮使以下詣東壝門外省牲
位，立定。光禄卿、丞與執事者牽牲就位。禮直官贊揖，贊者引
大司樂入行樂架。<small>凡亞、終獻行事，皆禮直官、太常博士引，大禮使、太宰、左丞
行事，皆禮直官引。餘官皆贊者引。</small>次引禮部尚書升自卯階，眂滌濯。<small>凡
行事、執事官升降皆自卯階。</small>次又引太宰申眂滌濯，執事者皆舉羃，曰：
“潔。”俱復位。禮直官稍前，曰：“告潔畢，請省牲。”次引禮部尚
書、侍郎稍前省牲訖，退，復位。次引光禄卿出班巡牲一匝，西向
躬曰：“充。”曰：“備。”次引光禄丞出班巡牲一匝，西向躬曰：
“腯。”俱復位。禮直官稍前，曰：“省牲畢，請就省饌位。”揖訖，引
大禮使以下各就位立定。禮直官贊揖所司省饌具畢，禮直官贊：
“省饌畢。”贊揖訖，俱還齋所。光禄卿、丞及執事者以次牽牲詣
廚，授太官令。次引禮部尚書詣廚，省鼎鑊，視濯溉。協律郎展
視樂器，乃還齋所。

晡後一刻，太官令帥宰人以鸞刀割牲，祝史各取毛血實於

① “羣臣從官”，十萬卷樓本、楊本作“羣官”。
② “三百步”，底本作“二百步”，據十萬卷樓本、《文獻通考》卷七二《郊社考五·
郊》校改。

槃，俱置饌所，遂烹牲。郊社令帥其屬掃除壇之上下。

奠玉幣

祀日丑前五刻，行事春、冬用丑時七刻，夏、秋用丑時一刻。諸祀官及陪祠之官各服其服①。郊社令與太史官屬入設神位版，太府卿、少府監入陳玉、幣，光禄卿入實籩、豆、簠、簋，太官令入實俎，良醖令入實尊，樂正帥工人二舞以次入，與執尊、罍、篚、冪者各就位。次引分獻、執事官詣從祀神位前立。次通事舍人等分引陪祠文武官及宗室、客使各入就位。次禮直官、贊者分引大禮使以下行事、執事官就卯階内壝門外揖位立定，禮直官贊揖②。次引監察御史按視壇之上下，糾察不如儀者，退，復位。

尚輦奉御進輿於齋殿。皇帝服通天冠、絳紗袍，乘輿以出。近侍及扈從之官導從至大次門外。皇帝降輿入次，簾降。禮儀使、樞密院官、太常卿、東上閤門官、太常博士、禮直官分立於大次外之左右。次引禮部侍郎詣前奏請中嚴。少頃，又奏外辦。符寶郎奉寶陳於宫架之北。禮儀使當次前俛伏，跪奏："禮儀使具官臣某言，請皇帝行事。"奏訖，俛伏，興，還侍位。禮儀使奏禮畢，准此。簾卷，皇帝服衮冕以出，立冬祀黑帝則服裘被衮③。侍衛如常儀。禮儀使以下前導至中壝門外。殿中監跪進大圭，殿中少監副之。凡殿中監進圭、受圭，皆少監副之。禮儀使奏請執大圭，前導皇帝入自正門。侍衛不應入者，立於門外。協律郎跪，俛伏，舉麾，興，凡行禮執事者取

---

① "祀"字，底本作"祠"，據文津閣本、十萬卷樓本、《文獻通考》卷七二《郊社考五·郊》校改。

② "贊"字，底本作"曰"，據文津閣本、楊本、《文獻通考》卷七二《郊社考五·郊》校改。

③ "祀"字，底本作"禮"，據文津閣本、十萬卷樓本、楊本校改。

物、奠物，皆跪，俛伏，興。工皷柷，宮架《儀安之樂》作。皇帝升降、行止，皆作《儀安之樂》。至午階版位西向立，偃麾，戛敔，樂止。凡樂，皆協律郎跪，俛伏，舉麾，興，工皷柷而後作，偃麾，戛敔而後止。禮儀使以下分左右侍立。凡行禮，禮儀使[1]、樞密院官、太常卿、東上閣門官、太常博士、禮直官前導，至位則分立於左右。禮儀使前奏："有司謹具，請行事。"宮架作《景安之樂》《帝臨降康之舞》，六成，止。太常升烟，燔牲首。禮儀使奏請再拜，皇帝再拜。贊者曰："再拜。"在位官皆再拜。內侍取玉、幣於篚，立於尊所。次引太宰、吏部尚書、侍郎升詣青帝神位前立。太宰、吏部尚書俱西向，北上，侍郎東向。

禮儀使前導皇帝詣盥洗位，宮架樂作，至洗位，北向立，樂止。內侍酌水以進。禮儀使奏請搢大圭，盥手。內侍跪，取巾於篚，興以進，皇帝帨手。內侍受巾，跪，奠於篚。

禮儀使奏請執大圭，前導。皇帝升壇。大禮使從，皇帝升降，大禮使皆從，左右侍衛量人數升。宮架樂作，至壇下，樂止。升自午階，登歌樂作，至壇上，樂止。登歌《嘉安之樂》作，殿中監跪進鎮圭，禮儀使奏請搢大圭，執鎮圭，前導皇帝詣青帝神位前，北向立。內侍先設繅藉於地。禮儀使奏請跪，奠鎮圭於繅藉，執大圭，俛伏，興。又奏請搢大圭[2]，跪。內侍加玉於幣，以授吏部尚書，吏部尚書以授太宰，太宰西向跪以進。禮儀使奏請受玉、幣，皇帝受奠訖，吏部侍郎東向跪受以興，進奠於青帝神位前。太宰、吏部尚書、侍郎俱詣帝太昊氏神位前以俟。禮儀使奏請執大圭，俛伏，興。內侍取鎮圭、繅藉，詣帝太昊氏神位前，先設繅藉於地。禮

---

① "禮"字，底本脱，據文津閣本、《文獻通考》卷七二《郊社考五·郊》校補。

② "又"字，底本作"入"，據十萬卷樓本、《文獻通考》卷七二《郊社考五·郊》校改。

儀使奏請再拜，皇帝再拜訖，樂止。禮儀使前導皇帝詣帝太昊氏神位前，東向，奠幣，並如上儀。太宰以下俱復位。禮儀使前導皇帝還版位，登歌樂作，內侍舉鎮圭、繅藉，以鎮圭授殿中監，以還有司。皇帝降階，樂止。宮架樂作，至版位西向立，樂止。

祝史奉毛血槃立於壝門外，由其階升，太祝迎於壇上，俱進奠於神位前。太祝與執事者退，立於尊所。

卷第四十九　吉禮

皇帝祀五方帝儀下

進熟　望燎　車駕還內

進熟

祀日，有司陳鼎二於神廚，各在鑊右。太官令帥進饌者詣廚，以匕升牛於鑊，實於一鼎，肩、臂、臑、肫、胳、正脊一，直脊一，橫脊一，長脅一，短脅一，代脅一，皆二骨以並。正、配位各一鼎。皆設扃、冪。祝史對舉，陳於饌幔內，重行，西向，以南爲上。光禄實籩、豆、簠、簋於饌幔內。籩實以粉餈，豆實以糝食，簠實以粱，簋實以稷。次引禮部侍郎詣饌所，視牲腥熟之節，俟皇帝升奠玉、幣訖，還位，樂止，引禮部尚書詣饌所，執籩、豆、簠、簋以入。户部尚書詣饌所，奉俎以入。太官令引入正門，宮架《豐安之樂》作，設於卯階之下，北向，西上。奉牲者在東，祝史抽扃，委於鼎右，除冪。

初，鼎序入，有司執匕及俎以從，至卯階下，各設於鼎西，匕加於鼎。太官令以匕升牛，載於一俎。肩、臂、臑在上端，肫、胳在下端，脊、脅在中。正、配位各一俎。鼎先退。俟祝史進徹毛血槃[①]，以次出。

次引禮部尚書搢笏，執籩、豆、簠、簋；户部尚書搢笏，奉俎以

升，執事者各迎於壇上。禮部尚書奉籩、豆、簠、簋，詣青帝神位前，北向跪奠，啟蓋於下，執笏，俛伏，興。有司設籩於糗餌前，豆於醓醢前，簠於稻前，簋於黍前。次引戶部尚書奉俎，詣青帝神位前，北向跪奠，執笏，俛伏，興，有司設於豆前。次詣帝太昊氏神位前，東向跪奠，並如上儀。樂止，俱降，復位。太祝取菹擩於醢，祭於豆間三，又取黍、稷、肺祭如初，皆藉用茅，各還尊所。次引太宰、左丞詣青帝神位前，西向立，以北爲上；吏部侍郎詣爵洗位，東向立。

禮儀使前導皇帝詣盥洗位，宮架樂作，至洗位，北向立，樂止。內侍酌水以進，禮儀使奏請搢大圭，盥手。內侍跪，取巾於篚，興以進，皇帝帨手。內侍受巾，跪，奠於篚。

禮儀使奏請執大圭，前導皇帝詣爵洗位，宮架樂作，至洗位，北向立，樂止。吏部侍郎跪，取爵於篚，興以進。禮儀使奏請搢大圭，受爵。內侍酌水以進[1]。禮儀使奏請洗爵。內侍跪，取巾於篚，興以進，皇帝拭爵。內侍受巾，跪，奠於篚。吏部侍郎受爵，升自午階。

禮儀使奏請執大圭，前導。皇帝升壇，宮架樂作，至於午階，樂止。升自午階，登歌樂作，至壇上，樂止。登歌《歆安之樂》作，吏部侍郎奉爵，詣正位酌尊所，西向立。執尊者舉幂，良醞令酌太尊之泛齊訖，先詣配位酌尊所，北向立。禮儀使前導皇帝詣青帝神位前，北向立。禮儀使奏請搢大圭，跪。吏部侍郎以爵授左丞，左丞授太宰，太宰西向跪以進。禮儀使奏請執爵，祭酒，三祭

---

[1]　"禮儀使奏請搢大圭受爵內侍酌水以進"十六字，底本脱，據本書卷二七《皇帝祀昊天上帝儀三・進熟》補。

於茅苴，奠爵，執大圭，俛伏，興，又奏請少立，樂止。太宰、左丞俱詣帝太昊氏神位前，北向立以俟。舉册官舉祝册，進於青帝神位之右。讀册官搢笏，東向跪，讀册文，讀訖，執笏，興，先詣帝太昊氏神位前，南向立。禮儀使奏請再拜，皇帝再拜。有司奠册於青帝神位前。禮儀使前導皇帝詣帝太昊氏神位前，酌獻，並如上儀。唯登歌作《承安之樂》。太宰以下俱復位。

禮儀使前導皇帝還版位，登歌樂作，降階，樂止。宮架樂作。至版位西向立，樂止。禮儀使奏請還小次，宮架樂作。將至小次，禮儀使奏請釋大圭，殿中監跪受大圭，皇帝入小次，簾降，樂止。

文舞退，武舞進，宮架《容安之樂》作。舞者立定，樂止。

初，皇帝將詣小次，禮直官、太常博士引亞獻詣盥洗位[1]，北向立，搢笏，盥手，帨手，執笏，詣爵洗位，北向立，搢笏，洗爵，拭爵，以授執事者，執笏，升詣正位酌尊所，西向立。宮架作《隆安之樂》、《神保錫羨之舞》。執事者以爵授亞獻，亞獻搢笏，執爵。執尊者舉幂，太官令酌山尊之醴齊訖，先詣配位酌尊所，北向立。亞獻以爵授執事者，執笏，詣青帝神位前，北向，搢笏，跪。執事者以爵授亞獻，亞獻執爵，祭酒，三祭於茅苴，奠爵，執笏，俛伏，興，少退，北向，再拜。次詣帝太昊氏神位前，酌獻，並如上儀。樂止，降，復位。

初，亞獻行禮將畢，次禮直官、太常博士引終獻詣洗及升壇，酌獻，並如亞獻之儀，降，復位。

初，亞獻將升，次引分獻官詣盥洗位，搢笏，盥手，執笏。詣

---

① “太常”，底本作“太宰”，據文津閣本校改。

從祀神位前，搢笏，跪，執爵，三祭酒，奠爵，執笏，俛伏，興，再拜，復位。

初，皇帝既奠玉、幣，光禄以牛左臂一骨及長脅、短脅俱二骨以並，載於胙俎，設於壇下飲福位之西。俟終獻既升獻，引户部尚書，搏黍太祝、太官令詣飲福位，東向立。奉俎、豆、爵酒者各位於其後。

禮儀使奏請詣飲福位，簾卷，出次，宮架樂作，殿中監跪進大圭，禮儀使奏請執大圭，前導皇帝詣飲福位，將至位，樂止。宮架《禧安之樂》作，皇帝至飲福位，北向立。尚醖典御執尊，升詣酌尊所，良醖令酌上尊福酒合置一尊，典御奉尊降詣飲福位，以授殿中少監。尚醖奉御執爵，殿中少監酌之。奉御以爵酒授殿中監，殿中監西向捧以立。禮儀使奏請再拜，皇帝再拜。殿中監跪以爵酒進。禮儀使奏請搢大圭，跪授爵，祭酒，三祭於地，啐酒，奠爵，殿中監跪受爵以興。

諸太祝帥執事者持胙俎進，減神位前正脊二骨、橫脊二骨，加於俎上。内侍受俎以授户部尚書，户部尚書西向跪以進。皇帝受俎，奠之。户部尚書受俎以興，退，復位。太官令取黍於簋，搏以授太祝，太祝受以豆，東向跪進。皇帝受訖，奠之。太祝受豆以興，退，復位。

次殿中監再跪以爵酒進，禮儀使奏請受爵，飲福酒，奠爵。殿中監受虛爵，興，以授典御奉御。執事者俱退，復位。禮儀使奏請執大圭，俛伏，興。又奏請再拜，皇帝再拜，樂止。

禮儀使前導皇帝還版位，宮架樂作，至版位，西向立，樂止。

次引禮部尚書升壇，徹籩、豆，户部尚書升壇，徹俎，籩、豆、俎各一，俱少移故處。登歌《成安之樂》作，卒徹，樂止。禮部、户部尚書降，復位。禮直官曰：“賜胙。”行事。陪祠官拜，贊者承傳曰：“賜胙，再拜。”在位官皆再拜。

送神，宮架《景安之樂》作，一成，止。

望燎

《景安之樂》畢，禮儀使奏請詣望燎位，前導皇帝詣望燎位，宮架樂作。至位，南向立，樂止。

初，賜胙，再拜訖，郊社令以黍、稷、肺祭，藉以白茅束之。吏部侍郎帥太祝執篚進詣神位前，取玉、幣、祝册，藉以茅，以俎載牲體、黍稷飯、爵酒，各由其階降壇，南行詣柴壇，自南陛升，以玉、幣、祝册①、饌物置於燎柴。禮直官曰：“可燎。”舉爟火，東西各以炬燎。半柴。

禮儀使奏禮畢，前導皇帝還大次，宮架樂作。出中壝門外，禮儀使奏請釋大圭，殿中監跪受大圭，以還有司②，侍衛如常儀③。皇帝至大次，樂止。禮部郎中奏解嚴，引大禮使以下詣卯階之東，内壝外揖位立，禮直官贊：“禮畢。”揖訖，退。通事舍人引陪祠文武及宗室、客使以次出。將士不得輒離部位。行宮齋殿受賀並如冬祀大禮御端誠殿受賀之儀。

車駕還内

前期，殿中監帥其屬尚舍設御幄於大慶殿門外之東，南向④。

---

① “册”字，底本脱，據文津閣本、楊本校補。
② “以還有司”四字，底本脱，據《文獻通考》卷七二《郊社考五·郊》校補。
③ 底本“侍衛”前衍“殿中監跪”四字，據文津閣本删。
④ “南向”，底本作“向南”，據文津閣本、十萬卷樓本、楊本乙正。

大晟設宮架於宣德門外，稍南。

其日，祀事禮畢，所司轉仗衛鹵簿於還途，如來儀。文武百官、宗室、客使先詣宣德門外，就次以俟，立班奉迎。乘黃令進金輅於行宮殿門外，南向。千牛將軍一員執長刀立於輅右。尚輦奉迎進輿於齋殿，導駕官俱詣齋殿門外奉迎。禮部侍郎奏請中嚴，少頃，又奏外辦。簾卷，皇帝服通天冠、絳紗袍，乘輿以出。應導駕官等並迎駕，奏“聖躬萬福”。內祗應官贊謝花再拜[①]。太僕卿出詣金輅所，攝衣而升，正立執轡。皇帝乘輿，降自西階，至金輅所。左輔奏請皇帝降輿升輅。有司仍具大輦。若乘輦，即奏云：“降輿乘輦。”太僕卿立授綏，千牛將軍馭駕，如來儀。門下侍郎奏請車駕進發，車駕動，稱警蹕，侍衛如儀。

至侍臣上馬所，門下侍郎奏請車駕少駐，敕侍臣上馬。左輔前承旨，退，稱曰：“制可。”門下侍郎傳制，稱：“侍臣上馬。”贊者承傳敕侍臣上馬。門下侍郎奏請車駕進發，車駕動，稱警蹕，鼓吹及諸軍樂振作。車駕將至宣德門外，文武百官、宗室、客使並立班，再拜奉迎。次大內留守見，再拜訖，退。

車駕至宣德門外，少駐。文武侍臣皆下馬步導，千牛將軍降，立於輅右。車駕動，千牛將軍夾輅而趨。大樂正令奏《采茨之樂》，入門，樂止。車駕至御幄前，左輔奏請皇帝降輅乘輿。若乘輦，即奏云：“降輦乘輿。”皇帝降輅乘輿以入。禮部郎中奏解嚴。通事舍人承旨，敕羣官各還次，將士各還其所。若肆赦，並如冬祀大禮宣德門肆赦之儀。

---

①　“贊謝”，底本作“賀謝”，據文津閣本、十萬卷樓本、楊本校改。“花”字，底本作“皆”，據文津閣本、十萬卷樓本、楊本校改。

卷第五十　吉禮

祀五方帝儀<small>有司行事</small>

時日　齋戒　陳設　省牲器

奠玉幣　進熟　望燎

時日

太常寺預於隔季以立春日祀青帝，<small>赤帝以立夏，黄帝以季夏土王，白帝以立秋，黑帝以立冬爲祀日。</small>關太史局。太史局以其日報太常寺。太常寺參酌訖，具時日散告。

齋戒

前祀十日，受誓戒於尚書省。

其日五皷，贊者設位版於公相廳下：吏部尚書在左，刑部尚書在右，並南向。初獻、亞、終獻禮官位於其南，稍東，北向，西上。監察御史位於其西，稍北，東向。光禄卿，兵部、工部郎中、大樂令、光禄丞位於其南，稍西，北向，東上。<small>大樂令、光禄丞位稍却。</small>奉禮郎，太祝、郊社、太官令位於其東，西向，北上。

質明，禮直官、贊者引行事、執事官就位立定。禮直官引吏部尚書由公相廳降階就位。禮直官贊揖，在位者對揖。吏部尚書搢笏，讀誓文云："某月某日立春，祀青帝。立夏，祀赤帝。季夏土王，祀黃帝。立秋，祀白帝。立冬，祀黑帝。各揚其職，不共其事，國有常刑。"讀訖，執笏。禮直官贊奉禮郎、太祝、郊社太官令先退，餘官對拜，乃退。

散齋七日，治事如故，宿於正寢，不吊喪、問疾、作樂、判書刑殺文書、決罰罪人及與穢惡。致齋三日，光禄卿、丞，郊社、太官令齋一日。二日於本司。無本司者，於太常齋舍，質明至齋所。唯祀事得行，餘悉禁。前祀一日質明，俱赴祠所齋宮，官給酒饌。祀官已齋而闕者，通攝行事。

陳設

前祀三日，儀鸞司設行事、執事官次於壇壝門外，隨地之宜；設饌幔於內壝東門外道北，南向。

前二日，光禄牽牲詣祠所。

前一日，郊社令帥其屬掃除壇之上下。太常設正、配神位席，太史設正、配神位版於壇上，凡設神位版，皆郊社令監視。太常設祭器，凡設祭器①，皆藉以席，籩、豆又加巾蓋。以俟告潔。既畢，權徹。

光禄陳牲於卯階之東南內壝外，西向，祝史各位於牲後；太常設省牲位於牲西。三獻官、禮官在南，北向。光禄卿，兵部、工部郎中，大樂令、光禄丞，奉禮郎，太祝、郊社、太官令在北，南向。俱西上。凡設大樂令、光禄丞以下位皆稍却。監察御史於光禄卿之西，少絶。

光禄陳禮饌於壇之東南內壝外，南向。太常設省饌位版於

---

　　①　底本"祭器"前衍"祭席"二字，據十萬卷樓本刪。

禮饌南。三獻官、禮官在南，北向，西上。監察御史在西，東向。光禄卿，兵部、工部郎中、大樂令、光禄丞，奉禮郎，太祝、郊社、太官令在東，西向，北上。大晟設登歌之樂於壇上稍南，北向。

祀日丑前五刻，禮直官、贊者、諸司職掌各服其服。

太常設神位席，太史設神位版於壇之上下：青帝位於壇上北方，南向，席以藁秸。帝太昊氏位於壇上東方，西向，席以莞。又設句芒位於壇下卯階之南；歲星、析木、大火、壽星位於壇下子階之東，西上；角宿、亢宿、氐宿、房宿、心宿、尾宿、箕宿位於壇下子階之西，東上，俱席以莞，席皆内向[1]。立夏祀赤帝位於壇上北方，南向；帝神農氏位於壇上東方，西向；祝融位於壇下卯階之南；熒惑、鶉首、鶉火、鶉尾位於壇下子階之東，西上；井宿、鬼宿、柳宿、星宿、張宿、翼宿、軫宿位於壇下子階之西，東上。季夏土王祀黄帝位於壇上北方，南向；帝軒轅氏位於壇上東方，西向；后土位於壇下卯階之南；鎮星位於壇下子階之東。立秋祀白帝位於壇上北方，南向；帝少昊氏位於壇上東方，西上；蓐收位於壇下卯階之南；太白、大梁、降婁、實沈位於壇下午階之東，西上；奎宿、婁宿、胃宿、昴宿、畢宿、觜宿、參宿位於壇下子階之西，東上。立冬祀黑帝位於壇上北方，南向；帝高陽氏位於壇上東方，西向；玄冥位於壇下卯階之南；辰星、娵訾、玄枵、星紀位於壇下子階之東，西上；斗宿、牛宿、女宿、虚星、危宿、室宿、壁宿位於壇下子階之西[2]，東上。凡正、配、從祀神位席，並同青帝壇。

太常陳玉於神位之左，青帝，玉以青珪；赤帝，以赤璋；黄帝，以黄琮；白帝，以白琥；黑帝，以黝璜，盛於匣。幣皆隨其方色。禮神之玉，奠於神前，燔玉加於幣，配位不用玉。陳幣筐各於神位之左，正、配位幣各隨方色[3]。祝版各於神位之右，置于坫[4]。

---

[1]　底本“席”前衍“兩”字，據楊本刪。
[2]　“壁”字，底本作“璧”，據十萬卷樓本校改。
[3]　“色”字，底本作“也”，據楊本校改。
[4]　“于”字，底本作“之”，據楊本校改。

次設祭器，光禄實之。正、配位各左十有二籩，爲三行，以右爲上；第一行：形鹽在前，魚鱐、糗餌、粉餈次之。第二行：榛實在前，乾桃、乾蕠、乾棗次之。第三行：菱在前，芡、菜、鹿脯次之。右十有二豆，爲三行，以左爲上；第一行：芹菹在前，筍菹、葵菹、菁菹次之。第二行：韭菹在前，酏食、魚醢、兔醢次之。第三行：豚拍在前，鹿臡、醓醢、糝食次之。俎二，一在籩前，實以羊腥七體，兩髀、兩肩、兩脅并脊，兩髀在兩端，兩肩、兩脅次之，脊在中。一在豆前，實以豕腥七體，其載如羊[①]。又俎四，在豆右，爲二重，以北爲上。第一重實以羊腥，腸、胃、肺、離肺一，在上端，刌肺三次之，腸三、胃三又次之。一實以豕腥膚，其載如羊。皆羊在左，豕在右。若配位，即以東爲上。登一，在籩、豆間；實以大羹。鐙一，在登前；實以毛血。簠二、簋二，在籩、豆外，簠在左，簋在右。簠實以稻、粱，粱在稻前。簋實以黍、稷，稷在黍前。

設犧尊五、象尊五，爲二重，在壇上東南隅，北向，西上，配位設於正位酒尊之東。犧尊在前，皆有坫，加勺、冪，爲酌尊。犧尊一實明水，爲上尊，餘皆實泛齊，代以供内法酒，初獻酌之。象尊一實明水，爲上尊，餘皆實醴齊，代以祠祭法酒，亞、終獻酌之。又設太尊二、山尊二在神位前，太尊一實泛齊，山尊一實醴齊，各以一尊實明水。著尊二、犧尊二在壇下午階之西，著尊一實以盎齊，犧尊一實醍齊，各以一尊實明水。若配位即設於壇下酉階之北。象尊二、壺尊六在壇下午階之東，象尊一實明水，一實沈齊。壺尊三實玄酒，三實三酒。明水、玄酒皆在上。若配位即設於壇下酉階之南。俱北向，西上，若配位，即東向，北上。皆加冪。五齊三酒，設而不酌。

又設從祀諸神。每位各左二籩；菜在前，鹿脯次之。右二豆；菁菹在前，鹿臡次之。俎一，在籩、豆前；實以羊、豕腥肉。爵一，次之；實以祠祭法酒。簠一、簋一，在爵之前，簠在左，簋在右。簠實稷，簋實黍。又設象尊四，二於卯階之南五官位，二於子階之東五星、三辰位，皆在

神位之左；壺尊二設於子階之西七宿位，在神位之右。<small>皆實以祠祭法酒。</small>

太常設燭於神位前，設俎四於饌幔内，洗二於卯階東，北向。<small>盥洗在東，爵洗在西。</small>罍在洗東，加勺。篚在洗西南肆，實以巾。<small>若洗爵之篚，則實以爵，加坫。</small>又設禮官盥洗位於陛道之左，俱内向。執罍、篚者位於其後。

又設揖位於卯階之東内壇之外，如省牲位。<small>唯不設光禄卿、丞，郊社令位。</small>

積柴於燎壇。設望燎位於其北。三獻官、禮官在北，南向，西上。監察御史在西，東向。兵部、工部郎中、大樂令、奉禮郎、太祝在東，西向，北上。又設三獻官、禮官席位於卯階之東北，西向，南上。兵部、工部郎中席位於卯階之東南，西向，北上。設監察御史、大樂令席位於午階之南，北向。奉禮郎、太祝、太官令於其後，俱西上[1]。光禄卿席位於監察御史之東，北向。又設監察御史位於壇上樂虡之北[2]，在西，東向。奉禮郎、太祝在東，西向，北上。大樂令在樂虡之北，太官令在酌尊所，俱北向。

省牲器

前祀一日，行事、執事官集初獻齋所肄儀，太祝習讀祝文，視玉、幣及神位版訖，並赴壇所，各就次。禮直官、贊者分引行事執事官詣壇東省牲位，<small>凡初獻行事禮直官引，餘官皆贊者引。</small>立定。禮直官贊揖。次引監察御史升自卯階，<small>凡行事、執事官升降，皆自卯階。</small>視滌濯，執事者舉冪，曰："潔。"降，復位。禮直官稍前，曰："告潔畢，

---

① "上"字，底本作"向"，據文津閣本、十萬卷樓本、楊本校改。
② "上"字，底本作"下"，據本書卷四六《祀感生帝儀有司行事·陳設》改。

請省牲。"太祝出班巡牲一匝,詣初獻前,西向躬曰:"充。"退,復位。光祿丞出班巡牲一匝,詣初獻前,西向躬曰:"腯。"退,復位。禮直官贊:"省牲畢,請詣省饌位。"揖訖,引行事、執事官各就位立定。禮直官贊揖所司省饌具畢,禮直官贊:"省饌畢。"揖訖,俱還齋所。光祿丞、太祝以次牽牲詣廚,授太官令。次引監察御史詣廚,省鼎鑊,視祭器滌溉,乃還齋所。

未後一刻,太官令帥宰人以鸞刀割牲,祝史以槃取毛血,置於饌所,遂烹牲。

晡後,郊社令帥其屬掃除壇之上下訖,還齋所。

奠玉幣

祀日丑前五刻,行事,春、冬用丑時七刻,秋、夏用丑時一刻。初獻以下並赴壇所就次。郊社令先入,視設神位版訖,退。樂正帥工人二舞入就位。登歌工人候監察御史點閱訖,升自卯階,各就位[①]。次太官令帥其屬實饌具畢。次引光祿卿入詣午階南席位,北向立。贊者曰:"再拜。"光祿卿再拜,升壇,點視禮饌畢。次引監察御史升壇,點閱陳設,糾察不如儀者。凡點視、點閱,皆先詣正位。光祿卿還齋所,餘官各服祭服。

次引行事、執事官各就卯階東內壇外揖位立定,禮直官贊揖。次引大樂令先入就午階南席位,北向立。贊者曰:"再拜。"大樂令再拜,升壇就位。次引監察御史、奉禮郎、太祝、太官令入就午階南席位,北向立。次引三獻官、禮部、兵部、工部郎中入就

---

　　① 底本"樂正帥工人二舞入就位登歌工人候監察御史點閱訖升自卯階各就位"二十九字原在下文"光祿卿還齋所"前,據上下文移正。

卯階東席位，西向立。禮直官稍前，贊："有司謹具，請行事。"《高安之樂》作，六成，止。太常升烟，燔牲首。贊者曰："再拜。"在位者皆再拜。次引監察御史、奉禮郎、太祝、太官令俱陞壇，各就位立定。太官令就位酌尊所。

次引初獻詣盥洗位，《正安之樂》作，初獻升降、行止，皆作《正安之樂》。至洗位，北向立，搢笏，盥手，帨手，執笏，升壇，詣青帝神位前，北向立，樂止。《嘉安之樂》作，搢笏，跪。次引奉禮郎搢笏，西向跪。執事者以玉、幣授初獻，執笏，興，先詣太昊氏神位前，北向立。初獻受玉幣①，奠訖，執笏，俛伏，興，再拜。次詣太昊氏神位前，東向立，酌獻詣配位准此。奠幣，如上儀。樂止，奉禮郎復位。初獻將降壇，樂作，復位，樂止。

進熟

祀日，有司設鼎四於神廚，各在鑊右。光禄帥進饌者詣廚，以匕升羊於鑊，實於一鼎；肩、臂、臑、肫、胳、正脊一，直脊一，橫脊一，長脅一，短脅一，代脅一，皆二骨以並。次升豕如羊，實於一鼎，正、配位羊、豕各一鼎。皆設扃、冪。祝史對舉，入設於饌幔內。俟初獻既升，奠玉、幣，入陳於卯階下，西向，南上。祝史抽扃，委於鼎右，除冪。

初，鼎序入。有司執匕及俎以從，至卯階下，俎各設于鼎西，匕加於鼎②。光禄以匕升羊，載於一俎。肩、臂、臑在上端，肫、胳在下端，脊、脅在中。次升豕如羊，載於一俎。正、配位羊、豕各一鼎。鼎先退。

次引兵部、工部郎中詣卯階下，搢笏，奉俎，兵部奉羊，工部奉豕。

① "受"字，底本作"授"，據本書卷四六《祀感生帝儀有司行事·奠玉幣》改。
② 底本"匕加於鼎"後衍"光禄以匕加於鼎"七字，據本書卷四六《祀感生帝儀有司行事·進熟》刪。

431

升壇，《豐安之樂》作，詣青帝神位前，北向跪奠，先薦羊，次薦豕，各執笏，俛伏，興，有司設於豆右，腸、胃、膚之前。羊在左，豕在右。次詣太昊氏神位前，東向奉俎，如上儀。樂止，俱降，復位。

　　次引初獻再詣盥洗位，樂作，至洗位，北向立，搢笏，盥手，帨手，執笏。次詣爵洗位，北向立，搢笏，洗爵，拭爵，以授執事者，執笏，升詣正位酌尊所，西向立，樂止。《僖安之樂》作。執事者以爵授初獻，初獻搢笏，執爵。執尊者奉冪，太官令酌犧尊之泛齊訖，先詣配位酌尊所，北向立。初獻以爵授執事者，執笏，詣青帝神位前，北向立，搢笏，跪。執事者以爵授初獻，初獻執爵，三祭酒，奠爵，執笏，俛伏，興。少立，樂止。次引太祝詣神位前，東向搢笏，跪讀祝文。讀訖，執笏，興，先詣帝太昊氏神位前，南向立。初獻再拜。次詣帝太昊氏神位前，酌獻，並如上儀，樂止。太官令復詣正位酌尊所，太祝復位。初獻將降壇，樂作，復位，樂止。

　　次引亞獻詣盥洗位，北向立，搢笏，盥手，帨手訖，執笏。詣爵洗位，北向立，搢笏，洗爵，拭爵，以授執事者，執笏，升壇，詣正位酌尊所，西向立。《文安之樂》作。執事者以爵授亞獻，亞獻搢笏，執爵，執尊者舉冪，太官令酌象尊之醴齊訖，先詣配位酌尊所[1]，北向立。亞獻以爵授執事者，執笏，詣青帝神位前，北向立，搢笏，跪。執事者以爵授亞獻，亞獻執爵，三祭酒，奠爵，執笏，俛伏，興，再拜。次詣帝太昊氏神位前，酌獻，並如上儀。樂止，降，復位。

　　次引終獻詣洗及升壇行禮，並如亞獻之儀，降，復位。

----

① 　“先”字，底本作“洗”，據十萬卷樓本、楊本校改。

初，亞獻將升獻，引禮官詣盥洗位，搢笏，盥手，帨手，執笏，詣五官神位前，搢笏，跪，執爵，三祭酒，奠爵，執笏，俛伏，興，再拜訖。詣五星、三辰、七宿位，祭奠行禮，如上儀畢，復位。

禮直官曰："賜胙。"贊者承傳曰："賜胙，再拜。"在位者皆再拜訖。

送神，《高安之樂》作，一成，止。

望燎

初，《高安之樂》畢，引三獻官、禮部、兵部、工部郎中詣望燎位。有司各詣神位前，取玉、幣、祝版置於燎壇。次引監察御史、大樂令、奉禮郎、太祝降壇，詣望燎位，立定。禮直官曰："可燎。"火燎半柴。

次引初獻以下詣東壝門外揖位立。禮直官贊："禮畢。"揖訖，退。太官令帥其屬徹禮饌，監察御史詣壇，監視收徹訖，還齋所。光祿以胙奉進，監察御史就位展視訖，光祿卿望闕，再拜訖，乃退。

卷第五十一　吉禮

皇帝祀高禖儀上

時日　齋戒　陳設

時日

前期,降御札,以來年春分日祀高禖,太常寺具時日散告。

齋戒

前祀十日質明,有司設行事、執事及陪祠文武官位於朝堂。太宰、刑部尚書在北,南向,太宰在左,刑部尚書在右。<small>刑部尚書稍却。</small>行事太宰、左丞在南;吏部、户部、禮部、兵部、工部尚書,吏部、禮部侍郎,大司樂、光禄卿,大樂令、光禄丞在其南;<small>凡設大樂令、光禄丞位皆稍却。如朝獻、朝享,即功臣獻官在光禄丞下。</small>次分獻官,次執事官又在其南,俱北向,西上。監察御史位二,在西,東向,北上。讀册、舉册官,奉禮、協律郎,太祝、郊社、太官令在東,西向,北上。<small>奉禮郎以下位,皆稍却。</small>設陪祠文武百官位於行事官之南。又設行事、執事及陪祠親王、宗室位於太廟齋坊。少宰、刑部侍郎在北,南向,少宰在左,刑部侍郎在右。<small>刑部侍郎稍却。</small>亞、終獻在南,北向,西上。親王及行事、執事、陪祠宗室在東,西向,北上。東上閤門、御史臺、太常寺以下分引羣官各就位。<small>凡將引行事、執事、陪</small>

祠文武官立班^①，即御史臺引殿中侍御史一員先入就位。太宰讀誓於朝堂，刑部尚書涖之；少宰讀誓於太廟齋坊，刑部侍郎涖之。誓文曰："今年某月某日春分，皇帝祀高禖。如朝獻、朝享，即云："前二日朝獻景靈宮，前一日朝享太廟。"各揚其職，其或不恭，國有常刑。"讀訖。內朝堂執事官奉禮郎以下，文官宣德郎以下，武官從義郎以下先退。餘官並對拜訖^②，退。

皇帝散齋七日於別殿，致齋三日。二日於大慶殿，一日於青城。如朝獻、朝享，即一日於大慶殿，一日於太廟，一日於青城。凡散齋，不弔喪、問疾^③、作樂，有司不奏刑殺文書。致齋日，前後殿不視事，唯行祀事。

前致齋一日，殿中監帥其屬尚舍鋪御座於大慶殿當中，南向；設東西房於御座之左右，稍北；又設西閣及齋室於殿後之左右，殿上前楹施簾。

致齋之日，質明，有司陳大駕鹵簿於宣德門外，尚輦陳平輦於垂拱殿庭。文武百官俱就次，各服其服。東上閤門奏請皇帝未後詣齋室，通事舍人等自下分引知樞密院事以下詣垂拱殿庭，立班。東上閤門附內侍進班齊牌。垂拱殿簾降，皇帝乘輦出，至殿上，少駐。輦官迎駕，自贊常起居。宣輦官上殿，簾卷，鳴鞭，行門禁衛諸班親從迎駕，自贊常起居。次舍人先贊知內侍省官以下常起居，次樞密以下通班常起居，贊"祗候引駕"。樞密、知客省事以下，至簽書、東上閤門官分左右立。六尚局應奉官，祗應通侍大夫以下，武功大夫以下並先退。次管軍臣僚宣名常起居，贊"祗候引駕"，並分左右。前導輦降東階垂拱殿門外，禁衛

① "將"字，底本作"帥"，據《文獻通考》卷七二《郊社考五·郊》校改。
② "官"字，底本脫，據《文獻通考》卷七二《郊社考五·郊》校補。
③ "疾"字，底本作"病"，據《文獻通考》卷七二《郊社考五·郊》校改。

諸班親從自贊常起居。次行宫使、御營巡檢一班常起居。如通侍大夫以下，知客省事以下，武功大夫以下，知内侍兩省、帶御器械官、充行宫使，御營巡檢，各歸本班。至大慶殿後閣降輦，入西閣^①，大慶殿簾降。前導官並就次易朝服，詣御榻前分左右侍立。知樞密院事、簽書樞密院事在東，西向，北上；同知樞密院事在東，西向；左輔一員在知樞密院事之北，贊拜東上閣門官一員又在其北，並西向；知客省事以下在簽書樞密院事之南，稍東，西向，北上；簽書客省事以下又在其南，稍却。通事舍人等分引行事、執事、陪祠文武官，各縉結佩，入詣大慶殿庭立班。引禮部侍郎奏請中嚴。侍臣詣幄，奉迎内外。符寶郎奉寶先出陳於御榻之左右。少頃，引禮部侍郎奏外辦。皇帝服通天冠、絳紗袍、縉結佩，出西閣乘輿，稱警蹕，侍衛如常儀。由西房至御榻西降輿，皇帝即御座，南向。侍臣夾侍，贊拜東上閣門官於榻前贊："樞密使以下拜。"殿之上下應在位官皆再拜。東上閣門官贊拜訖，轉身北向隨拜訖，面西贊"各祇候"。次禮直官引左輔詣御座前，俯伏，跪奏稱："左輔具官臣某言，請皇帝降座，就齋室。"奏訖，俯伏，興，還侍位。凡左輔奏請准此。皇帝降座，乘輿，由東房入齋室^②，侍臣各還所司，直衛者如常儀。通事舍人分引行事、執事、陪祠文武官以次出。三省、親王、樞密、宗室起居問聖體，並如儀。

　　應行事、執事、陪祠官及從升者並散齋七日，宿於正寢；致齋三日，各宿於其次。三省、樞密院官各宿於本所及都堂。侍從官并尚書^③、侍郎分宿於秘書省、中書後省。餘官内庭有所司者各宿於其司。諸方客使許陪位者各宿於其次。凡散齋，治事如故，唯不弔喪、問疾、作樂、判書刑殺文書、

---

　　①　"閣"字，底本作"門"，據文津閣本、十萬卷樓本、楊本、《文獻通考》卷七二《郊社考五・郊》校改。

　　②　"房"字，底本作"方"，據楊本、《文獻通考》卷七二《郊社考五・郊》校改。

　　③　"侍從官并尚書"，底本作"侍從三省尚書"，據十萬卷樓本、楊本校改。

決罰罪人及與穢惡。致齋之日,官給酒饌。唯祀事得行,其餘悉禁。與祀之官已齋而闕者,通攝行事。

陳設

前祀三日,殿中監帥其屬尚舍設大次於外壝東門之内道北,南向;小次於午階之東,西向。儀鸞司設文武侍臣次於大次之前,隨地之宜;行事、陪祠官、宗室及有司次於外壝東門之外;設東方、南方客使次於文官之後;西方、北方客使次於武官之後。設饌幔於内壝東門之外道北,南向。

前祀二日,郊社令帥其屬掃除壇之上下,積柴於燎壇。光禄牽牲詣祠所①。大晟陳登歌之樂於壇上稍南,北向。設宮架於壇南内壝之外,立舞表於酇綴之間。

前祀一日,太常設神位席,太史設神位版:青帝位於壇上北方,南向,席以藁秸。帝伏犧氏、帝高辛氏位於壇上東方,西向,北上。又設簡狄、姜嫄位於壇下卯階之南,西向,北上。皆席以莞。告潔畢,權徹。

奉禮郎、禮直官設皇帝位版於壇下小次前,西向;飲福位於壇下午階之西,北向;望燎位於柴壇之北,南向。設爟火於望燎位之東,南向。東西各六人。

贊者設亞、終獻位於小次之南,稍東,西向;大禮使、太宰、左丞又於其南;行事吏部、户部、兵部、工部尚書,吏部、禮部侍郎,光禄卿,讀册官,光禄丞位於大禮使之東;光禄丞稍却。分獻官又於其東;奉禮郎、搏黍太祝、郊社、太官令位於小次之東北,俱西向,

---

① "牽"字,底本作"宰",據文津閣本、十萬卷樓本、楊本校改。

北上。監察御史位二，一於壇下午階之西南，一於子階之西北，俱東向。協律郎位二，一於壇上樂虡之西北①，一於宮架之西北，俱東向。大樂令位於登歌樂虡之北，大司樂位於宮架之北，良醞令位於酌尊所，俱北向。又設陪祠文武官位於執事者之南，諸方客使在文官之南②，隨其方國。

　　光禄陳牲於東壝門外，西向，祝史各位於牲後；太常設省牲位於牲西。大禮使、太宰、左丞在南，北向，西上。分獻官位於其後。行事吏部、户部、禮部、兵部、工部尚書，吏部、禮部侍郎，大司樂、光禄卿，讀册、舉册官，大樂令、光禄丞，奉禮、協律郎，搏黍太祝、郊社、太官令在北，南向，西上。凡設大樂令以下位皆稍却。監察御史在吏部尚書之西，異位稍却。

　　光禄陳禮饌於東壝門外道北，南向；太常設省饌位版於禮饌之南。大禮使、太宰、左丞在南，北向，西上。分獻官位於其後。監察御史位二，俱在西，東向，北上。行事吏部、户部、禮部、兵部、工部尚書，吏部、禮部侍郎，大司樂、光禄卿，讀册、舉册官，大樂令、光禄丞，奉禮、協律郎，搏黍太祝、郊社、太官令在東，西向，北上。

　　禮部帥其屬設祝册案於神位之右。司尊彝帥其屬設玉幣篚於酌尊所。

　　次設籩、豆、簠、簋之位：正、配位，皆左十有一籩，右十有一豆，俱爲三行；俎三，二在籩前，一在豆前；又俎六，在豆右，爲二重；登一，在籩、豆前；簠一、簋一，在籩、豆外，簠在左，簋在右。

---

①　“上”字，底本作“下”，據《文獻通考》卷七二《郊社考五·郊》校改。
②　底本“文”後衍“武”字，據《文獻通考》卷七二《郊社考五·郊》删。

又設尊坫之位：正、配位皆太尊五①、山尊五爲二重，在壇上東南隅，北向，西上。配位以次設於正位酒尊之東。太尊在前，皆有坫，加勺、冪，爲酌尊。又太尊二、山尊二在神位前，著尊二、犧尊二在壇下午階之西，配位設於壇下西階之北。象尊二、壺尊六在壇下午階之西，配位設於壇下酉階之南。俱北向，西上，配位即東向，北上。皆加冪，設而不酌。又設從祀神位。左十籩，右十豆，俱爲三行；俎三，二於籩前，一於豆前；又俎六，在豆右，爲二重；簠二、簋二，在籩、豆外，簠在左，簋在右；爵一，在神位前，加坫；犧尊三，有坫内，在神位之左。設御弓矢、弓韣致於祺神之前。又設俎十有五及籩、豆、簠、簋各三於饌幔内。太常設御洗二於壇下午階東南，北向。盥洗在東，爵洗在西。罍在洗東，加勺；篚在洗西南肆，實以巾。若爵洗之篚，則又實以爵，加坫。設皇帝位於洗南，北向；内侍酌水位於洗東，執巾位於酌水内侍之北，俱西向；吏部侍郎位於爵洗之西，東向。又設亞、終獻盥洗、爵洗位於本位之南②，分獻官盥洗於從祀神位之前。罍、篚各設於左右，皆内向。執罍、篚者各位其後。

祀日丑前五刻，郊社令與太史官屬各服其服，升壇，設青帝、帝伏犧氏、帝高辛氏神位版於壇上，簡狄、姜嫄氏神位版於壇下。太府卿、少府監帥其屬陳玉、幣於篚。玉，青帝以青圭，盛於匣。配位及從祀神位皆不用玉。幣皆以青。禮神之玉，置於神位前，燔玉加於幣。光禄卿帥其屬入實籩、豆、簠、簋。籩三行，以右爲上。第一行：形鹽在前，魚鱐、糗餌次之。第二行：榛實在前，乾桃、乾蓤、乾棗次之。第三行：菱在前，芡、栗、鹿脯次之。豆三行，以左爲上。第一行：芹菹在前，筍菹、菁菹次之。第二行：韭菹在前，酏

---

① 底本“正”前衍“在”字，據文津閣本删。“皆”字，底本作“北”，據文津閣本校改。

② “爵洗”二字，底本脱，據文津閣本校補。

食、魚醢、兔醢次之。第三行：豚拍在前，鹿臡、醓醢次之。簠實以稻。簋實以黍。登實以大羹。**太官令帥其屬入實俎**。籩前之俎，第一重實以牛腥七體，兩髀、兩肩、兩脅并脊，兩髀在兩端，兩肩、兩脅次之，脊在中。第二重實以羊腥七體，其載如牛。豆前之俎，實以豕腥七體，其載如羊。豆右之俎，爲二重[①]，以北爲上。第一重，一實以牛腥，腸、胃、肺、離肺一在上端，刌肺三次之，腸三、胃三又次之；一實以羊腥，腸、胃、肺，其次如牛；一實以豕腥膚九，橫載。第二重[②]，一實以牛熟，腸、胃、肺，一實以羊熟，腸、胃、肺，一實以豕熟膚，其次如腥。皆牛在左，羊在中，豕在右。若配位，則皆以東爲上。**良醞令帥其屬入實尊**。太尊實以泛齊，山尊實以醴齊，著尊實以盎齊，犧尊實以醍齊，象尊實以沉齊，各以一尊實明水。壺尊三實玄酒，三實三酒。明水、玄酒皆在上。**又實從祀神位之饌**。籩三行，以右爲上。第一行：形鹽在前，魚鱐、糗餌次之。第二行：乾棗在前，乾桃、乾䕩次之。第三行：菱在前，芡、栗、鹿脯次之。豆三行，以左爲上。第一行：芹菹在前，筍菹、葵菹次之。第二行：菁菹在前，韭菹、魚醢次之。第三行：兔醢在前，豚拍、醓醢、鹿臡次之。簠實以稻、粱，粱在稻前。簋實以黍、稷，稷在黍前。俎之實與正、配位並同[③]。**又實從祀神位之尊**。一實明水，爲上尊，一實醍齊，分獻官酌之。

太常設燭於神位前。又設大禮使以下行事、執事官揖位於卯階之東內壝外，如省牲位。所司陳異寶嘉瑞及伐國之寶於宮架之南，東西相向。

---

① “二”字，底本作“三”，據十萬卷樓本校改。

② “二”字，底本作“一”，據文津閣本、十萬卷樓本校改。

③ “俎之實”，底本作“羹實”，據文津閣本、十萬卷樓本、楊本校改。

卷第五十二　吉禮

皇帝祀高禖儀中

車駕自大慶殿詣青城　省牲器　奠玉幣

車駕自大慶殿詣青城

前祀一日，陪祠文武官先詣高禖壇齋宮。

其日，導駕官以下就次，各服其服。尚輦奉御進輿於大慶殿，乘黃令進玉輅於宣德門內，南向。設千牛將軍一員位於輅前，北向。門下侍郎一員位於左輔之前，贊者二人位又於其前。

少頃，東上閤門、御史臺、太常寺分引左輔、門下侍郎、太僕卿、乘黃令詣大慶殿西階下立，北向，東上。乘黃令位其後。次引導駕官在其後，分東西相向立，以俟奉迎前導。次管軍臣僚，次行宮使、御營巡檢等又在其後。禮直官、通事舍人引禮部侍郎奏請中嚴。凡左輔、門下侍郎、禮部侍郎奏請，皆禮直官、通事舍人引。少頃，又奏外辦。皇帝服通天冠、絳紗袍，乘輿以出，降自西階，稱警蹕，如常儀。宣贊舍人贊左輔以下常起居，次導駕官常起居，已起居者，止奏“聖躬萬福”。次管軍臣僚，次行宮使、御營巡檢等常起居。該宣名者即宣名。

太僕卿出詣玉輅所，攝衣而升，正立執轡。導駕官前導皇帝出大慶殿門外，至玉輅所。千牛將軍前跪執轡。左輔進，當輿前俯伏，跪奏："左輔具官臣某言，請皇帝降輿，升輅。"奏訖，俯伏，興，退，復位。凡左輔奏請准此。乘黃令稍前，東向，進玉輅。皇帝降輿，升輅，太僕卿立授綏，導駕官分左右步導。門下侍郎進，當輅前俯伏，跪奏："門下侍郎具官臣某言，請車駕進發。"奏訖，俯伏，興，退，復位。凡門下侍郎奏請准此。車駕動，稱警蹕。左輔先詣宣德門內以俟。門下侍郎及贊者夾侍以出。千牛將軍夾輅而趨。車駕將及宣德門，至侍臣上馬所，門下侍郎奏請車駕少駐，敕侍臣上馬。左輔前承旨，退，稱曰："制可。"門下侍郎傳制，稱："侍臣上馬。"贊者承傳敕侍臣上馬，諸侍衛之官各督其屬左右翊駕，在黃麾內。符寶郎奉八寶前導，殿中監後部從，導駕官夾侍以前，贊者在左輔、門下侍郎之前。侍臣上馬畢，次大內留守於宣德門外再拜，奉辭。門下侍郎奏請車駕進發。車駕動，稱警蹕，不鳴鼓吹。

　　大駕鹵簿前導詣青城。車駕將至青城，東上閤門、御史臺分引陪祠文武官、宗室、客使，禮直官、贊者引行事、執事官俱詣泰禋門外立班，再拜奉迎訖，退。內已起居者，止奏"聖躬萬福"。車駕及門少駐，文武侍臣皆下馬，導駕官步導入門。車駕動，千牛將軍夾輅而趨。至端誠殿前迴輅南向，千牛將軍立於輅右。左輔奏請皇帝降輅乘輿。尚輦奉御進輿於輅後。皇帝降輅乘輿入齋殿，侍衛如常儀。導駕官步導至殿門，皇帝降輿歸殿後閤，簾降。通事舍人承旨敕羣官各還次。學士院以祝册授通進司進御書訖，付尚書禮部。如朝獻、朝享，即並如冬祀大禮車駕自太廟詣青城儀①。

---

① "車"字，底本脱，據十萬卷樓本校補。

省牲器

省牲之日午後十刻，去壇三百步禁行者。

未後二刻，郊社令帥其屬掃除壇之上下，司尊彝帥府史及執事者以祭器入設於位，凡設祭器，皆藉以席，籩、豆又加巾蓋。太府卿、少府監陳、玉幣於篚。告潔畢，權徹。

未後三刻，禮直官、贊者分引大禮使以下詣東壝門外省牲位，立定。光禄卿、丞與執事者牽牲就位。禮直官贊揖訖，贊者引大司樂入行樂架。凡亞、終獻行事，皆禮直官、太常博士引，大禮使、太宰、左丞行事，皆禮直官引。餘官皆贊者引。次引禮部尚書升自卯階，視滌濯。凡行事、執事者升降，皆自卯階。次又引太宰申眡滌濯，執事者皆舉幂，曰："潔。"俱復位。禮直官稍前，曰："告潔畢，請省牲。"次引禮部尚書、侍郎稍前，省牲訖，退，復位。次引光禄卿出班巡牲一匝，西向躬曰："充。"曰："備。"次引光禄丞出班巡牲一匝，西向躬曰："腯。"俱復位。禮直官稍前，曰："省牲畢，請就省饌位。"贊揖訖，引大禮使以下各就位立定。禮直官贊揖。所司省饌具畢[①]，贊揖訖，俱還齋所。光禄卿、丞及執事者以次牽牲詣廚，授太官令。次引禮部尚書詣廚，省鼎鑊，視滌溉。協律郎展視樂器，及還齋所。

晡後一刻，太官令帥宰人以鸞刀割牲，祝史各取毛血實於槃，俱置饌所，遂烹牲。郊社令帥其屬掃除壇之上下。

---

① "具"字，底本脱，據《文獻通考》卷七二《郊社考五·郊》校補。

奠玉幣

祀日丑前五刻，_{行事用丑時七刻}。諸祀官及陪祠之官各服其服。郊社令與太史官屬入設神位版，太府卿、少府監入陳玉、幣，光禄卿入實籩、豆、簠、簋，太官令入實俎，良醖令入實尊，樂正帥工人二舞以次入，與執尊、罍、篚、幂者各就位。引分獻官、執事官詣從祀神位前立。次通事舍人等分引陪祠文武官及宗室、客使各入就位。次禮直官、贊者分引大禮使以下行事、執事官就卯階内壝門外捱位立定，禮直官贊捱。次引監察御史，次引大禮使以下入就位。次引監察御史按視壇之上下，糾察不如儀者，退，復位。

尚輦奉御進輿於齋殿。皇帝服通天冠、絳紗袍，乘輿以出。近侍及扈從之官導從至大次門外。皇帝降輿入次，簾降。禮儀使、樞密院官、太常卿、東上閤門官、太常博士、禮直官分立於大次外之左右。次引禮部侍郎詣前奏請中嚴。少頃，又奏外辦。符寶郎奉寶陳於宫架之北。禮儀使當次前俯伏，跪奏："禮儀使具官臣某言，請皇帝行事。"奏訖，俯伏，興，還侍位。_{禮儀使奏禮畢[1]，准此}。簾卷，皇帝服衮冕以出，侍衛如常儀。禮儀使以下前導至中壝門外。殿中監跪進大圭，殿中少監副之。_{凡殿中監進圭、受圭，皆少監副之}。禮儀使奏請執大圭，前導皇帝入自正門。_{侍衛不應入者，止於門外}。協律郎跪，俯伏，舉麾。_{凡行事、執事者取物[2]、奠物，皆跪，俯伏，興}。工柷祝，宫架《儀安之樂》作。_{皇帝升、降行止，皆作《儀安之樂》}。至午階版位西向立，偃麾，戞敔，樂止。_{凡樂，皆協律郎跪，俯伏，舉麾，興，工}

---

① "畢"字，底本作"宰"，據文津閣本校改。
② "者"字，底本無，據楊本校補。

皷柷而後作，偃麾，戛敔而後止。禮儀使於下分左右侍立。凡行禮，皆禮儀使、樞密院官、太常卿、東上閤門官、太常博士、禮直官前導，至位則分立於左右①。禮儀使前奏："有司謹具，請行事。"宮架作《景安之樂》、《帝臨降康之舞》，六成，止。太常升煙，燔牲首。禮儀使奏請再拜，皇帝再拜。贊者曰："再拜。"在位官皆再拜。內侍取玉、幣於篚，立於尊所。次引太宰、吏部尚書、侍郎升詣青帝神位前立。太宰、吏部尚書俱西向，北上；侍郎東向。

禮儀使前導皇帝詣盥洗位，宮架樂作。至洗位，北向立，樂止。內侍酌水以進。禮儀使奏請搢大圭，盥手。內侍跪，取巾於篚，興以進，皇帝帨手。內侍受巾，跪，奠於篚。

禮儀使奏請執大圭，前導。皇帝升壇。大禮使從。皇帝升降，大禮使皆從，左右侍衛量人數升。宮架樂作。至壇下，樂止。升自午階，登歌樂作，至壇上，樂止。登歌《嘉安之樂》作，殿中監跪進鎮圭，禮儀使奏請搢大圭，執鎮圭，前導皇帝詣大明神位前②，北向立。內侍先設繅藉於地。禮儀使奏請跪，奠鎮圭於繅藉，執大圭，俯伏，興。又奏請搢大圭，跪。內侍加玉於幣，以授吏部尚書。吏部尚書以授太宰，太宰西向跪以進。禮儀使奏請受玉、幣，皇帝受奠訖，吏部侍郎東向跪受以興，進奠於青帝神位前。太宰、吏部尚書、侍郎俱詣帝伏犧氏神位前以俟。次詣帝高辛氏神位前准此。

---

①　"則"字，底本作"前"，據文津閣本、十萬卷樓本、楊本校改。

②　"立太宰吏部尚書俱西向北上侍郎東向禮儀使前導皇帝詣盥洗位宮架樂作至洗位北向立樂止內侍酌水以進禮儀使奏請搢大圭盥手內侍跪取巾於篚興以進皇帝帨手內侍受巾跪奠於篚禮儀使奏請執大圭前導皇帝升壇大禮使從皇帝升降大禮使皆從左右侍衛量人數升宮架樂作至壇下樂止升自午階登歌樂作至壇上樂止登歌嘉安之樂作殿中監跪進鎮圭禮儀使奏請搢大圭執鎮圭前導皇帝詣大明神位前"一百六十九字，底本脫，據《宋史》卷一〇三《禮六·高禖》言，春分祀高禖，"並如祈穀祀上帝儀"。今據本書卷三六《皇帝祈穀祀上帝儀中·奠玉幣》補。

禮儀使奏請執大圭，俯伏，興。内侍取鎮圭、繅藉，詣帝伏犧氏神位前，先設繅藉於地。次詣帝高辛氏神位前准此。禮儀使奏請再拜，皇帝再拜，樂止。禮儀使前導皇帝詣帝伏犧氏，次詣帝高辛氏神位前，東向，奠幣，並如上儀。太宰以下俱復位。

禮儀使前導皇帝還版位，登歌樂作。内侍舉鎮圭、繅藉，以鎮圭授殿中監，以還有司。皇帝降階，樂止。宮架樂作，至版位西向立，樂止。

初，皇帝將奠配位之幣，引分獻官詣盥洗位，搢笏，盥手，帨手，執笏。詣簡狄氏神位前，搢笏，跪。次引奉禮郎北向跪，執事者以幣授奉禮郎，奉禮郎奉幣授分獻官，執笏，俯伏，興，先詣簡狄氏神位前，北向立。分獻官受幣^①，奠訖，俯伏，興，再拜。次詣姜嫄氏神位前，奠幣，如上儀，退，復位。

祝史奉毛血槃立於壇門外，由其階升^②，太祝迎於壇上，俱進奠於神位前。太祝與執事者退，立於尊所。

---

① “受”字，底本作“授”，據楊本校改。
② “階”字，底本作“陛”，據《文獻通考》卷七二《郊社考五・郊》校改。

卷第五十三　吉禮

皇帝祀高禖儀下

進熟　望燎　車駕還內

進熟

祀日，有司陳鼎九於神廚^①，各在鑊右。太官令帥進饌者詣廚，以匕升牛於鑊，實於一鼎；肩、臂、臑、肫、胳、正脊一，直脊一，橫脊一，長脅一，短脅一，代脅一，皆二骨以並^②。次升羊，如牛，實於一鼎；次升豕，如羊，實於一鼎，正、配每位牛、羊、豕各一鼎。皆設扃、冪。祝史對舉，陳於饌幔內，重行，西向，以南爲上。光禄實籩、豆、簠、簋於饌幔內。籩實以粉餈，豆實以糁食，簠實以粱，簋實以稷。次引禮部侍郎詣饌所，視腥熟之節。俟皇帝升奠玉、幣訖，還位，樂止。引禮部尚書詣饌所，執籩、豆、簠、簋以入。户部、兵部、工部尚書詣饌所，奉俎以入。太官令引入正門，宮架《豐安之樂》作，設於卯階之下，北向，西上。奉牲者在東，祝史抽扃，委於鼎右，除冪。

初，鼎序入，有司執匕及俎以從，至卯階下，各設於鼎西，匕加於鼎。太官令以匕升牛，載於一俎。肩、臂、臑在上端，肫、胳在下端，

---

① “鼎九”，底本作“九鼎”，據文津閣本、十萬卷樓本、楊本乙正。
② “皆”字，底本作“背”，據文津閣本、十萬卷樓本、楊本校改。

脊、脅在中。次升羊及豕，如牛，各載於一俎。正、配每位牛、羊、豕各一俎。鼎先退。俟祝史進徹毛血槃，以次出。

次引禮部尚書搢笏，執籩、豆、簠、簋；户部、兵部、工部搢笏，奉俎以升，執事者各迎於壇上。禮部尚書奉籩、豆、簠、簋詣青帝神位前，北向跪奠，啟蓋於下，執笏，俯伏，興。有司設籩於糗餌前，豆於醓醢前，簠於稻前，簋於黍前。次引户部、兵部、工部尚書奉俎，户部奉牛，兵部奉羊，工部奉豕。詣青帝神位前，北向跪奠，先薦牛，次薦羊，又薦豕，各執笏，俯伏，興。有司設於豆右，腸、胃、膚之前。牛在左，羊在中，豕在右。次詣帝伏犧氏，次詣帝高辛氏神位前，東向跪奠，並如上儀，樂止。次引執事者詣壇下從祀神位前，俱奉俎，跪奠訖，退，復位。俎皆牛、羊、豕各一，其載與正、配位俎並同，皆先設於本位之南。太祝取蕭擩於醢，祭於豆間三；又取黍、稷、肺，祭如初，皆藉用茅，各還尊所。引太宰、左丞詣青帝神位前，西向立，以北爲上；吏部侍郎詣爵洗位，東向立。

禮儀使前導皇帝詣盥洗位，宮架樂作，至洗位，北向立，樂止。内侍酌水以進，禮儀使奏請搢大圭，盥手。内侍跪，取巾於篚，興以進，皇帝帨手。内侍受巾，跪奠於篚。

禮儀使奏請執大圭，前導皇帝詣爵洗位，宮架樂作，至洗位，北向立，樂止。吏部侍郎跪，取爵於篚，興以進。禮儀使奏請搢大圭，受爵。内侍酌水以進。禮儀使奏請洗爵。内侍跪，取巾於篚，興以進，皇帝拭爵。内侍受巾，跪，奠於篚。吏部侍郎受爵，升自午階。

禮儀使奏請執大圭，前導。皇帝升壇，宮架樂作，至午階，樂止。升自午階，登歌樂作，至壇上，樂止。登歌《歆安之樂》作，吏部侍郎奉爵，詣正位酌尊所，西向立。執尊者舉冪，良醖令酌太尊之泛齊訖，先詣帝伏犧氏酌尊所，北向立。禮儀使前導皇帝詣青帝神位前，北向立。禮儀使奏請搢大圭，跪[①]。吏部侍郎以爵授左丞，左丞授太宰，太宰西向跪以進。禮儀使奏請執爵，祭酒，三祭於茅苴，奠爵，執大圭，俯伏，興，又奏請少立，樂止。太宰、左丞俱詣帝伏犧氏神位前，北向立以俟。舉册官舉祝册，進於青帝神位之右。讀册官搢笏，東向跪，讀册文，讀訖，執笏，興，先詣帝伏犧氏神位前，南向立。禮儀使請再拜，皇帝再拜。有司奠册於青帝神位前。禮儀使前導皇帝詣帝伏犧氏，次詣帝高辛氏神位前，酌獻，並如上儀。惟登歌作《承安之樂》。太宰以下俱復位。

禮儀使前導皇帝還版位，登歌樂作，降階，樂止。宮架樂作。至版位西向立，樂止。禮儀使奏請還小次，宮架樂作。將至小次，禮儀使奏請釋大圭，殿中監跪，受大圭。皇帝入小次，簾降，樂止。

文舞退，武舞進。宮架《容安之樂》作，舞者立定，樂止。

初，皇帝將詣小次，禮直官、太常博士引亞獻官詣盥洗位，北向立，搢笏，盥手，帨手[②]，執笏，詣爵洗位，北向立，搢笏，洗爵，拭爵，以授執事者，執笏，升詣青帝酌尊所，西向立。宮架作《隆安之樂》、《神保錫羨之舞》。執事者以爵授亞獻，亞獻搢笏，執爵。執尊者舉冪，太官令酌山尊之醴齊訖，先詣帝伏犧氏酌尊所，北向立。亞獻以爵授執事者，執笏，詣青帝神位前，北向，搢笏，跪。執事者以爵授亞獻，執爵，祭酒，三祭於茅苴，奠爵，執笏，俯伏，興，少退，北向，再拜。次詣帝伏犧氏，次詣帝高辛氏神位前，酌

---

①　"跪"字，底本脱，據《文獻通考》卷七二《郊社考五·郊》校補。

②　"帨手"二字，底本脱，據十萬卷樓本、楊本、《文獻通考》卷七二《郊社考五·郊》校補。

獻，並如上儀。樂止，降，復位。

初，亞獻行禮將畢，次禮直官、太常博士引終獻詣洗及升壇，酌獻，並如亞獻之儀，降，復位。

初，亞獻將升，贊者引分獻官詣盥洗位，搢笏，盥手，帨手，執笏。詣簡狄氏神位前，搢笏，跪，執爵，三祭酒，奠爵，執笏，俯伏，興，少立。次引太祝搢笏，跪讀祝文。讀訖，執笏，興，太祝復位。分獻官再拜，詣姜嫄神位前，酌獻，如上儀，不讀祝文。退，復位。

初，皇帝既奠玉、幣，光禄以牛左臂一骨及長脅、短脅俱二骨以並，載於胙俎，設於壇下飲福位之西。俟終獻既升，引户部尚書、搏黍太祝、太官令詣飲福位，東向立。奉俎、豆、爵酒者各位於其後。

禮儀使奉請詣飲福位，簾卷，出次，宮架樂作，殿中監跪進大圭，禮儀使奏請執大圭，前導皇帝詣飲福位，將至位，樂止。宮架《僖安之樂》作，皇帝至飲福位，北向立。尚醖典御執尊，升詣酌尊所①，良醖令酌上尊福酒合置一尊，典御奉尊降詣飲福位，以授殿中少監②。尚醖奉御執爵③，殿中少監酌之。奉御以爵酒授殿中監，殿中監西向捧以立。禮儀使奏請再拜，皇帝再拜。殿中監跪以爵酒進。禮儀使奏請搢大圭，跪受爵，祭酒，三祭於地。啐酒，奠爵，殿中監跪受爵以興。

諸太祝帥執事者持胙俎進，減神位前正脊二骨、橫脊二骨，加於俎上。内侍受俎以授户部尚書，户部尚書西向跪以進。皇帝受俎，奠之。户部尚書受俎以興，退，復位。太官令取黍於簠，

①　"尊"字，底本脱，據《文獻通考》卷七二《郊社考五·郊》校補。

②　"少監"二字，底本脱，據十萬卷樓本、楊本校補。

③　"尚醖"二字，底本脱，據十萬卷樓本校補。

搏以授太祝，太祝受以豆，東向跪進。皇帝受訖，奠之。太祝受豆以興，退，復位。

次殿中監再跪，以爵酒進。禮儀使奏請受爵，飲福酒，奠爵。殿中監受虛爵，興，以授典御奉御。執事者俱退，復位。禮儀使奏請執大圭，俯伏，興。又奏請再拜，皇帝再拜，樂止。

禮儀使前導皇帝還版位，宮架樂作，至版位，西向立，樂止。

次引禮部尚書升壇，徹籩、豆，户部、工部尚書升壇，徹俎。籩，豆，牛、羊、豕俎各一，俱少移故處。登歌《成安之樂》作，卒徹，樂止。禮部尚書以下降，復位。禮直官曰：“賜胙。”行事。陪祠官再拜，贊者承傳曰：“賜胙，再拜。”在位官再拜。

送神，宮架《景安之樂》作，一成，止。

望燎

《景安之樂》畢，禮儀使奏請詣望燎位，前導皇帝詣望燎位，宮架樂作，至位，南向立，樂止。

初，賜胙，再拜訖，郊社令以黍、稷、肺祭，藉以白茅束之。吏部侍郎帥太祝執篚進詣神位前，取玉、幣、祝册藉以茅，以俎載牲體、黍稷飯、爵酒，各由其階降壇，南行詣柴壇，自南階升，以玉、幣、祝册、饌物置於燎柴。執事者又以從祀神位之幣及祝册、饌物從燎。禮直官曰：“可燎。”舉燧火，東西各以炬燎。半柴。

禮儀使奏禮畢，前導皇帝還大次，宮架樂作。出中壝門外，禮儀使奏請釋大圭，殿中監跪受大圭，以還有司，侍衛如常儀。皇帝至大次，樂止。禮部郎中奏解嚴，引大禮使以下詣卯階之東，内壝外揖位立，禮直官贊：“禮畢。”揖訖，退。通事舍人引陪祠文武官及宗室、客使以次出。將士不得輒離部伍。端誠殿受賀並如冬祀大禮儀。

車駕還內

前期,殿中監帥其屬尚舍設御幄於大慶殿門外之東,南向。大晟設宮架於宣德門外,稍南。

其日,祀事禮畢,所司轉仗衛鹵簿於還途,如來儀。文武百僚、宗室、客使先詣宣德門外,就次以俟,立班奉迎。乘黃令進金輅於行宮殿門外,南向。千牛將軍一員執長刀立於輅右。尚輦奉御進輿於齋殿,導駕官俱詣齋殿門外奉迎。禮部侍郎奏請中嚴,少頃,又奏外辦。簾卷,皇帝服通天冠、絳紗袍,乘輿以出。應導駕官等並迎駕,奏"聖躬萬福"。內祗應官贊謝花再拜[1]。太僕卿出詣金輅所,攝衣而升,正立執轡。皇帝乘輿,降自西階,至金輅所。左輔奏請皇帝降輿升輅。有司仍具大輦。若乘輦,即奏云:"降輿乘輦。"太僕卿立授綏[2],千牛將軍馭駕,如來儀。門下侍郎奏請車駕進發,車駕動,稱警蹕,侍衛如來儀。

至侍臣上馬所,門下侍郎奏請車駕少駐,敕侍臣上馬。左輔前承旨,退,稱曰:"制可。"門下侍郎傳制,稱:"侍臣上馬。"贊者承傳敕侍臣上馬。門下侍郎奏請車駕進發,車駕動,稱警蹕,鼓吹及諸軍樂振作。車駕將至宣德門外,文武百僚、宗室、客使立班,再拜奉迎。次大內留守見,再拜訖,退。

車駕至宣德門外,少駐。文武侍臣皆下馬步導,千牛將軍立於輅右。車駕動,千牛將軍夾輅而趨。大樂正令奏《采茨之

---

① "花"字,底本作"皆",據文津閣本、十萬卷樓本、楊本校改。

② "立"字,底本脫,據《文獻通考》卷七二《郊社考五·郊》校補。

樂》①，入門，樂止。車駕至御幄前，左輔奏請皇帝降輅乘輿。若乘輦，即云："降輦乘輿。"皇帝降輅乘輿以入。禮部郎中奏解嚴。通事舍人承旨，敕羣官各還次，將士各還其所。若肆赦，並如冬祀大禮宣德門肆赦之儀。

---

① "令"字，底本脱，據《文獻通考》卷七二《郊社考五·郊》校補。

卷第五十四　吉禮

祀高禖儀_{有司行事}

時日　齋戒　陳設　省牲器

奠玉幣　進熟　望燎

時日

太常寺預於隔季以春分日祀高禖，關太史局。太史局以其日報太常寺。太常寺參酌訖，具時日散告。

齋戒

前祀十日，受誓戒於尚書省。

其日五皷，贊者設位版於公相廳下：吏部尚書在左，刑部尚書在右，並南向。初獻，亞、終獻禮官位於其南，稍東，北向，西上。監察御史位於其西，稍北，東向。光禄卿，户部、兵部、工部郎中，大樂令、光禄丞位於其南，稍西，北向，東上。_{大樂令、光禄丞位稍却。}奉禮郎、太祝、郊社令、太官令位於其東，西向，北上。

質明，禮直官、贊者引行事、執事官就位立定。禮直官引吏部尚書由公相廳降階，就位。禮直官贊揖，在位者對揖。吏部尚書搢笏，讀誓文云："某月某日春分，祀高禖。各揚其職，不共其事,國有常刑。"讀訖,執笏。禮直官贊奉禮郎、太祝、郊社、太官令先退,餘官對拜,乃退。

散齋七日,治事如故,宿於正寢,不弔喪、問疾、作樂、判書刑殺文書、決罰罪人及與穢惡。致齋三日,光禄卿、丞,郊社、太官令齋一日。二日於本司。無本司者於太常齋舍,質明至齋所。唯祀事得行,其餘悉禁。

前祀一日質明,俱赴祠所齋宮,官給酒饌。祀官已齋而闕者,通攝行事。

陳設

前祀三日,儀鸞司設行事、執事官次於壇壝門外,隨地之宜;設饌幔於内壝西門外道南,北向。

前二日,光禄牽牲詣祠所。

前一日,郊社令帥其屬掃除壇之上下。太常設正、配神位席,太史設正配神位版於壇上。凡設神位版,皆郊社令監視。太常設祭器,凡設祭器,皆藉以席,籩、豆又加巾蓋。以俟告潔。既畢,權徹。

光禄陳牲於卯階之東南内壝外,西向,祝史各位於牲後;太常設省牲位於牲西。三獻官、禮官在南,北向。光禄卿,户部、兵部、工部郎中,大樂令、光禄丞,奉禮郎,太祝、郊社、太官令在北,南向。俱西上。凡設大樂令、光禄丞以下位皆稍却。監察御史於光禄卿之西,少絶。

光禄陳禮饌於壇之東南内壝外,南向。太常設省饌位版於禮饌之南。三獻官禮官在南,北向,西上。監察御史在西,東向。光禄卿,户部、兵部、工部郎中,大樂令、光禄丞,奉禮郎,太祝、郊社令在東,西向,北上。大晟設登歌之樂於壇上稍南,北向。

祀日丑前五刻，禮直官、贊者、諸司職掌各服其服。

太常設神位席，太史設神位版於壇之上下：青帝位於壇上北方，南向，席以藁秸。帝伏犧氏、帝高辛氏位於壇上東方，西向，北上。又設簡狄、姜嫄位於卯階之南，西向，北上，並席以莞。

太常陳玉於神位之左，玉以青珪，盛以匣，燔玉用珉。禮神之玉，奠於神前，燔玉加於幣，配位及簡狄、姜嫄位不用玉。陳幣篚各於神位之左，幣以青。祝版各於神位之右，置於坫。

次設祭器，光祿實之。正、配位各左十有二籩，爲三行，以右爲上；第一行：形鹽在前，魚鱐、糗餌、粉餈次之。第二行：榛實在前，乾桃、乾蔆、乾棗次之。第三行：菱在前，芡、栗、鹿脯次之。十有二豆，爲三行，以左爲上；第一行：芹菹在前，葵菹、菁菹、筍菹次之。第二行：韭菹在前，醢食、魚醢、兔醢次之。第三行：豚拍在前，鹿臡、醓醢、糝食次之。俎三，二在籩前，爲二重，以北爲上，第一重實以牛腥七體，兩髀、兩肩、兩脅并脊，兩髀在兩端，兩肩、兩脅次之，脊在中。第二重實以羊腥七體，其載如牛。若配位，則以東爲上。一在豆前；實以豕腥七體，其載如羊。又俎六，在豆右，爲二重，以北爲上；第一重，一實以牛腥，腸、胃、肺、離肺一在上端，刌肺三次之，腸三、胃三又次之；一實以羊腥，腸、胃、肺，其次如牛；一實以豕腥膚九，橫載。第二重，一實以牛熟，腸、胃、肺；一實以羊熟，腸、胃、肺；一實以豕熟膚，其次如腥。皆牛在左，羊在中，豕在右。若配位，則以東爲上。登一，在籩、豆間；實以大羹。㮚一，在登前；實以毛血。簠二、簋二，在籩、豆外，簠在左，簋在右。簠實以稻、粱，粱在稻前。簋實以黍、稷，稷在黍前。

設犧尊五、象尊五，爲二重，在壇上東南隅，北向，西上，配位即設於正位酒尊之東。犧尊在前，皆有坫，加勺、冪，爲酌尊。犧尊一實明水，爲上尊，餘皆實泛齊，代以供內法酒，初獻酌之。象尊實以明水，爲上尊，餘皆實醴齊，代以祠祭法酒，亞、終獻酌之。又設太尊二、山尊二在神位前，太尊一實泛齊，山尊一實醴齊，各以一尊實明水。著尊二、犧尊二在壇下午階之西，著尊一實盎齊，犧尊一實醴齊，各以一尊實明水。若配位，即於壇下西階之北。象尊二、壺尊六在壇下午階之東，象尊一實明水①，一實沉齊。壺尊三實玄酒，三實三酒。明水、玄酒皆在上。若正、配位，即設於酉階之南。俱北向，西上，若配位，即東向，北上。皆加冪。五齊三酒，設而不酌。

又設從祀神位每位左十籩，爲三行，以右爲上；第一行：乾蓤在前，形鹽、魚鱐次之。第二行：榛實在前，乾桃、乾棗次之。第三行：菱在前，芡、栗、鹿脯次之。右十豆，爲三行，以左爲上；第一行：芹菹在前，筍菹、葵菹次之。第二行：菁菹在前，韭菹、魚醢次之。第三行：兔醢在前，豚拍、醓醢、鹿臡次之。俎三，二在籩前，一在豆前，又俎六在豆右，爲二重，俱以東爲上；簠二、簋二，在籩、豆外，簠在左，簋在右；俎及簠、簋之實與正、配位並同。爵一，在神位前，加坫；犧尊二，并坫、勺，在神位之左。一實明水，爲上尊，一實供内法酒，初獻酌之。

又設御弓矢、韣韣致於祺神之前。

設燭於神位前。設俎十有五於饌幔内。設洗二於卯階之東，北向。盥洗在東，爵洗在西。罍洗在東，加勺。篚在洗西南肆，實以巾。若爵洗之篚，則又實以爵，加坫。又設禮官盥洗於從祀神位之前，執罍、篚者位其後。

又設揖位於卯階之東内壇之外，如省牲位。唯不設光禄丞、郊社令位。

積柴於燎壇。設望燎位於卯階東南内壇之内②。三獻官、禮官在北，南向，西上。監察御史在西，東向。户部、兵部、工部郎中、大樂令、奉禮郎、太祝在東，西向，北上。又設三獻官、禮官席位於卯階之東北，西向，南上。户部、兵部、工部郎中席位於卯階

---

①　"一"字，底本作"以"，據文津閣本校改。
②　後一"内"字，底本作"外"，據本書卷三八《祈穀祀上帝儀有司行事·陳設》改。

之東南，西向，北上。設監察御史、大樂令席位於午階之南，北向，奉禮郎、太祝、太官令位於其後，俱西上，光禄卿席位於監察御史之東，俱北向。又設監察御史位於壇上樂虡之北，在西，東向。奉禮郎、太祝在東，西向，北上。大樂令在樂虡北，太官令在酌尊所，俱北向。

省牲器

前祀一日，行事、執事官集初獻齋所肄儀，太祝習讀祝文，視玉、幣及神位版訖，並赴壇所，各就次。禮直官、贊者分引行事、執事官詣壇東省牲位，凡初獻行事禮直官引，餘官皆贊者引。立定。禮直官贊揖。次引監察御史升自卯階，凡行事、執事官升降，皆自卯階。視滌濯，執事者舉冪，曰："潔。"降，復位。禮直官稍前，曰："告潔畢，請省牲。"太祝出班巡牲一匝，詣初獻前，西向躬曰："充。"退，復位。光禄丞出班巡牲一匝，詣初獻前，西向躬曰："腯。"退，復位。禮直官贊："省牲畢，請詣省饌位。"揖訖，引行事、執事官各就位，立定。禮直官贊揖所司省饌具畢，禮直官贊："省饌畢。"揖訖，俱還齋所。光禄丞、太祝以次牽牲詣廚，授太官令。次監察御史詣廚，省鼎鑊，視祭器滌溉，乃還齋所。

未後一刻，太官令帥宰人以鸞刀割牲，祝史以槃取毛血，置於饌所，遂烹牲。

晡後，郊社令帥其屬掃除壇之上下訖，還齋所。

奠玉幣

祀日丑前五刻，行事用丑時七刻。初獻以下並赴壇所就次。郊社令先入，視設神位版訖，退。次太官令帥其屬實饌俱畢。次引光禄卿入詣午階南席位，北向立。贊者曰："再拜。"光禄卿再拜，升壇，點視禮饌畢。次引監察御史升壇①，點閱陳設，糾察不如儀者。凡點視、點閱，皆先詣正位。樂正帥登歌工人升自卯階各就位。光禄卿還齋所，餘官各服祭服。

次引行事、執事官各就卯階東內壝外揖位立定，禮直官贊揖。次引大樂令先入就午階南席位，北向立。贊者曰："再拜。"大樂令再拜，升壇，就位。次引監察御史、奉禮郎、太祝、太官令入就午階南席位，北向立。次引三獻官、禮官、戶部、兵部、工部郎中入就卯階東席位，西向立。禮直官稍前，贊："有司謹具，請行事。"《高安之樂》作，六成，止。太常升煙，燔牲首。贊者曰："再拜。"在位皆再拜。次引監察御史、奉禮郎、太祝、太官令俱升壇，各就位立定。太官令就正位酌尊所。

次引初獻詣盥洗，《正安之樂》作，初獻升降、行止，皆作《正安之樂》。至洗位，北向立，搢笏，盥手，帨手，執笏，升壇②。詣青帝神位前，北向立，樂止。《嘉安之樂》作，搢笏，跪。次引奉禮郎搢笏，西向跪③。執事者以玉、幣授奉禮郎，奉禮郎奉玉、幣授初獻，執笏，興，先詣帝伏犧氏神位前，北向立。初獻受玉、幣，奠訖，執笏，俯伏，興，再拜，詣帝伏犧氏。次詣帝高辛氏神位前，東向立，酌獻詣配位准此。奠幣如上儀，樂止。奉禮郎先詣簡狄神位前，北向立。初獻將降壇，樂作，復位，樂止。

初獻既升獻訖，次引禮官詣洗及詣簡狄氏，次詣姜嫄氏神位

---

①　"點視禮饌畢次引監察御史升壇"十三字，底本脱，據本書卷三八《祈穀祀上帝儀有司行事‧奠玉幣》補。

②　"升"字，底本作"外"，據文津閣本、楊本校改。

③　底本"跪"前衍"立"字，據本書卷三八《祈穀祀上帝儀有司行事‧奠玉幣》刪。

前，東向，奠幣，並如上儀，俱退，復位。

進熟

祀日，有司陳鼎九於神廚①，各在鑊右。光禄帥進饌者詣廚，以匕升牛於鑊，實於一鼎；肩、臂、臑、肫、胳、正脊一，直脊一，橫脊一，長脅一，短脅一，代脅一，皆二骨以並。次升羊、豕，如牛，各實於一鼎，正、配位，牛、羊、豕各一鼎。皆設扃、冪。祝史對舉，入設於饌幔內。俟初獻既升，奠、玉幣，入陳於卯階下，西向，南上。祝史抽扃，委於鼎右，除冪。

初，鼎序入。有司執匕及俎以從，至卯階下，俎各設於鼎西，匕加於鼎。光禄以匕升牛，載於一俎；肩、臂、臑在上端，肫、胳在下端，脊、脅在中。次羊及豕，如牛，各載於一俎。正、配位牛、羊、豕各一俎。鼎先退。

次引户部、兵部、工部郎中詣卯階下，搢笏，奉俎，户部奉牛，兵部奉羊，工部奉豕。升壇。《豐安之樂》作，詣青帝神位前，北向跪奠，先薦牛，次薦羊，又薦豕，各執笏，俯伏，興，有司設於豆右，膓、膚、胃之前。牛在左，羊在中，豕在右。次詣帝伏犧氏、帝高辛氏神位前，東向，奉俎，如上儀。樂止。户部、兵部、工部郎中降，奉俎，詣簡狄氏、姜嫄氏神位前，東向奉奠，並如上儀，俱退，復位。

次引初獻再詣盥洗位，樂作，至位，北向，搢笏，盥手，帨手，執笏。次詣爵洗位，北向立，搢笏，洗爵，拭爵，以授執事者，執笏，升詣正位酌奠所，西向立，樂止。《祐安之樂》作。執事者以爵授初獻，初獻搢笏，執爵。執尊者舉冪，太官令酌犧尊之泛齊

---

① “鼎九”，底本作“九鼎”，據文津閣本、十萬卷樓本、楊本乙正。

訖，先詣帝伏犧氏位酌尊所，北向立。初獻以爵授執事者，執笏，詣青帝神位前，北向立，搢笏，跪。執爵者以爵授初獻，初獻執爵，三祭酒，奠爵，執笏，俯伏，興。少立，樂止。次引太祝詣神位前，東向，搢笏，跪讀祝文。讀訖，執笏，興，先詣帝伏犧氏神位前，南向立。初獻再拜。次詣帝伏犧氏、帝高辛氏神位前，酌獻，並如上儀，樂止。太官令復詣正位酌尊所，太祝復位。初獻將降壇，樂作，復位，樂止。

次引亞獻詣盥洗位，北向立，搢笏，盥手，帨手，執笏。詣爵洗位，北向立，搢笏，洗爵，拭爵，以授執事者，執笏，升壇，詣正位酌尊所，西向立。《久安之樂》作①。執事者以爵授亞獻，搢笏，執爵，執尊者舉冪，太官令酌象尊之醴齊訖，先詣帝伏犧氏位酌尊所，北向立。亞獻以爵授執事者，執笏，詣青帝神位前，北向立，搢笏，跪②。執事者以爵授亞獻，亞獻執爵，三祭酒，奠爵，執笏，俯伏，興，再拜。次詣帝伏犧氏、帝高辛氏神位前，酌獻，並如上儀。樂止，降，復位。

次引終獻詣洗及升壇行禮，並如亞獻之儀，降，復位。

初，亞獻將升獻，引禮官詣盥洗位，搢笏，盥手，帨手，執笏。詣簡狄神位前，東向立，搢笏，跪，執爵，三祭酒，奠爵，執笏，俯伏，興，少立。次引太祝搢笏，跪讀祝文，讀訖，執笏，興。太祝復位。禮官再拜，詣姜嫄神位前，酌獻，如上儀，唯不讀祝文。退，復位。次禮直官曰：“賜胙。”贊者承傳，曰：“賜胙，再拜。”在位者皆再拜訖。

---

① “久安”，十萬卷樓本作“文安”。
② “跪”字，底本作“訖”，據本書卷三八《祈穀祀上帝儀有司行事·進熟》改。

送神,《理安之樂》作,一成,止。

望燎

初,《理安之樂》畢,引三獻官、禮官、户部、兵部、工部郎中詣望燎位。有司各詣神位前,取玉、幣、祝版置於燎柴。次引監察御史、大樂令、奉禮郎、太祝降壇,詣望燎位,立定。禮直官曰:"可燎。"火燎半柴。

次引初獻以下詣東壝門外揖位立。禮直官贊:"禮畢。"揖訖,退。太官令帥其屬徹禮饌,監察御史詣壇,監視收徹訖,退。内侍奉酒饌及弓韣入内①,如儀。

---

① 文津閣本"内"前有"大"字。

卷第五十五　吉禮

皇帝朝日儀上

時日　齋戒　陳設

時日

前期,降御札,以來年春分朝日。太常寺具時日散告。

齋戒

前祀十日質明,有司設行事、執事及陪祠文武官位於朝堂。太宰、刑部尚書在北,南向,太宰在左,刑部尚書在右。刑部尚書稍却。行事太宰、左丞在南,吏部、户部、禮部尚書,吏部、禮部侍郎,大司樂、光禄卿,大樂令、光禄丞在其南;凡設大樂令、光禄丞位皆稍却。如朝獻、朝享,即功臣獻官在光禄丞下。次執事官又在其南,俱北向,西上。監察御史位二,在西,東向,北上。讀册、舉册官,奉禮、協律郎,太祝、郊社、太官令在東,西向,北上。奉禮郎以下位,皆稍却。設陪祠文武百官位於行事官之南。又設行事、執事及陪祠親王、宗室位於太廟齋坊。少宰、刑部侍郎在北,南向,少宰在左,刑部侍郎在右。刑部侍郎稍却。亞、終獻在南,北向,西上。親王及行事、執事、陪祠宗室在東,西向,北上。東上閤門、御史臺、太常寺以下分引羣官各就位。凡將引行事、執事、陪祠文武官立班,即御史臺引殿中侍御史一員先入就位。太宰讀誓於朝堂,刑部尚書涖之;少宰讀誓於太廟齋坊,刑部侍郎涖之。誓文曰:"今年某月某日春分,皇帝朝日。如朝獻、朝享,即云:"前二日朝獻景靈宮,前一日朝享太廟。"各揚其職,其或不恭,國有常刑。"讀訖。內朝堂執事官奉禮郎以下[①],文官宣德郎以下,武官從義郎以下先退。餘官並對拜訖,退。

皇帝散齋七日於別殿,致齋三日。二日於大慶殿,一日於青城。如朝獻、朝享,即一日於大慶殿,一日於太廟,一日於青城。凡散齋,不弔喪、問疾、作樂,有司不奏刑殺文書。致齋日,前後殿不視事,唯行祀事。

前致齋一日,殿中監帥其屬尚舍鋪御座於大慶殿當中,南向;設東西房於御座之左右,稍北;又設西閣及齋室於殿後之左右,殿上前楹施簾。

致齋之日,質明,有司陳大駕鹵簿於宣德門外,尚輦陳平輦於垂拱殿庭。文武百官俱就次,各服其服。東上閣門奏請皇帝未後詣齋室,通事舍人等自下分引知樞密院事以下詣垂拱殿庭,立班。東上閣門附內侍進班齊牌。垂拱殿簾降,皇帝乘輦出,至殿上,少駐。輦官迎駕,自贊常起居。宣輦官上殿,簾卷,鳴鞭,行門禁衛諸班親從迎駕,自贊常起居。次舍人先贊知內侍省官以下常起居,次樞密以下通班常起居,贊"祇候引駕"。樞密、知客省事以下,至簽書、東上閣門官分左右立。六尚局應奉官,祇應通侍大夫以下,武功大夫以下並先退。次管軍臣僚宣名常起居,贊"祇候引駕",並分左右。前導輦降東階垂拱殿門外,禁衛諸班親從自贊常起居。次行宮使、御營巡檢一班常起居。如通侍大夫以下,知客省事以下,武功大夫以下,知內侍兩省、帶御器械官、充行宮使,御營巡

---

　　① "執事",底本作"職事",據十萬卷樓本、楊本、《文獻通考》卷七二《郊社考五·郊》校改。

檢，各歸本班。至大慶殿後閤降輦，入西閤，大慶殿簾降。前導官並就次易朝服，詣御榻前分左右侍立。知樞密院事、簽書樞密院事在東，西向，北上；同知樞密院事在西，東向；左輔一員在知樞密院事之北，贊拜東上閤門官一員又在其北，並西向；知客省事以下在簽書樞密院事之南，稍東，西向，北上；簽書客省事以下又在其南，稍却。通事舍人等分引行事、執事、陪祠文武官，各縃結佩，入詣大慶殿庭立班。引禮部侍郎奏請中嚴。侍臣詣幄，奉迎内外。符寶郎奉寶先出陳於御榻之左右。少頃，引禮部侍郎奏外辦。皇帝服通天冠、絳紗袍、縃結佩，出西閤乘輿，稱警蹕，侍衛如常儀。由西房至御榻西降輿，皇帝即御座，南向，侍臣夾侍，贊拜東上閤門官於榻前贊：“樞密以下拜。”殿之上下應在位官皆再拜[1]。東上閤門官贊拜訖，轉身北向隨拜訖，面西，贊“各祗候”[2]。次禮直官引左輔詣御座前，俯伏，跪奏稱：“左輔具官臣某言，請皇帝降座，就齋室。”奏訖，俯伏，興，還侍位。凡左輔奏請准此。皇帝降座，乘輿，由東房入齋室，侍臣各還所司，直衛者如常儀。通事舍人分引行事、執事、陪祠文武官以次出。三省、親王、樞密、宗室起居問聖體，並如儀。

應行事、執事、陪祠官及從升者，並散齋七日，宿於正寢；致齋三日，各宿於其次。三省、樞密院官各宿於本廳及都堂。侍從官並尚書、侍郎分宿於秘書省、中書後省。餘官内庭有所司者各宿於其司。諸方客使許赴陪位者各宿於其次。

凡散齋[3]，治事如故，唯不弔喪、問疾、作樂、判書刑殺文書、決罰罪人及與穢惡。致齋之日，官給酒饌。唯祀事得行，其餘悉

---

①　“位官”，底本作“官位”，據楊本乙正。

②　“北向隨拜訖面西贊各祗”十字，底本脱，據十萬卷樓本、《文獻通考》卷七二《郊社考五·郊》校補。

③　“散齋”，底本作“散官”，據楊本、《文獻通考》卷七二《郊社考五·郊》校改。

禁。與祀之官已齋而闕者，通攝行事。

陳設

前祀三日，殿中監帥其屬尚舍設大次於外壝東門之内道北，南向；小次於午階之東，西向。儀鸞司設文武侍臣次於大次之前，隨地之宜；行事、陪祠官、宗室及有司次於外壝東門之外；設東方、南方客使次於文官之後，西方、北方客使次於武官之後。設饌幔於内壝東門之外道北，南向。

前祀二日，郊社令帥其屬掃除壇之上下，積柴於燎壇。光禄牽牲詣祠所。大晟陳登歌之樂於壇上稍南，北向。設宮架於壇南内壝之外，立舞表於酇綴之間。

前祀一日，太常設神位席，太史設神位版：大明位於壇上北方，南向，席以藁秸。告潔畢，權徹。

奉禮郎、禮直官設皇帝位版於壇下小次前，西向；飲福位於壇下午階之西，北向；望燎位於柴壇之北，南向。設爟火於望燎位之東，南向。東西各六人。

贊者設亞、終獻位於小次之南，稍東，西向；大禮使、太宰、左丞又於其南；行事吏部、户部、禮部尚書，吏部、禮部侍郎，光禄卿，讀册、舉册官，光禄丞位於大禮使之東；光禄丞稍却。奉禮郎，搏黍太祝、郊社、太官令位於小次之東北，俱西向，北上。監察御史位二，一於壇下午階之西南，一於子階之西北，俱東向。協律郎位二，一於壇上樂虡之西北，一於宮架之西北，俱東向。大樂令位於登歌樂虡之北，大司樂位於宮架之北，良醞令位於酌尊所，俱北向。又設陪祠文武官位於執事者之南，諸方客使在文官之南①，隨其方國。

光禄陳牲於東壝門外，西向，祝史各位於牲後。太常設省牲位於牲西。大禮使、太宰、左丞在南，北向，西上。行事吏部、户部、禮部尚書，吏部、禮部侍郎，大司樂、光禄卿，讀册、舉册官，大樂令、光禄丞，奉禮、協律郎，搏黍太祝、郊社、太官令在北，南向，西上。凡設大樂令以下位皆稍却。監察御史在吏部尚書之西，異位稍却。

光禄陳禮饌於東壝門外道北，南向。太常設省饌位版於禮饌之南。大禮使、太宰、左丞在南，北向，西上。監察御史位二，俱在西，東向，北上。行事吏部、户部、禮部尚書，吏部、禮部侍郎，大司樂、光禄卿，讀册、舉册官，大樂令、光禄丞，奉禮、協律郎，搏黍太祝、郊社、太官令在東，西向，北上。

禮部帥其屬設祝册案於神位之右。司尊彝帥其屬設玉幣篚於酌尊所。

次設籩、豆、簠、簋之位，左十有二籩，右十有二豆，俱爲三行；俎三，一在籩前，二在豆右，爲二重；登一，在籩、豆間；簠一、簋一，在籩、豆外，簠在左，簋在右。又設尊坫之位，太尊五、山尊五，爲二重，在壇上東南隅，北向，西上，太尊在前，皆有坫，加勺、冪，爲酌尊。又太尊二、山尊二在神位前，著尊二、犧尊二在壇下午階之西，象尊二、壺尊六在壇下午階之東，俱北向，西上，皆加冪，設而不酌。又設籩、豆、簠、簋、㸄、俎各一於饌幔内。設御洗二於壇下午階東南，北向。盥洗在東，爵洗在西。罍在洗東，加勺；篚

———————

①　底本“文”後衍“武”字，據《文獻通考》卷七二《郊社考五·郊》删。

在洗西南肆，實以巾。若爵之篚，則又實以爵，加坫。設皇帝位於洗南，北向；内侍酌水位於洗東，執巾位於酌水内侍之北，俱西向；吏部侍郎位於爵洗之西，東向。又設亞、終獻盥洗、爵洗於本位之南，罍、篚各設於左右，皆内向。執罍、篚者位其後。

祀日丑前五刻，郊社令與太史官屬各服其服，升壇，設神位版於壇上。太府卿、少府監帥其屬陳玉、幣於篚。玉以圭璧，盛於匣，幣以赤。禮神之玉，置於神位前，燔玉加於幣。光禄卿帥其屬入實籩、豆、簠、簋。籩三行，以右爲上。第一行：形鹽在前，魚鱐、糗餌次之。第二行：榛實在前，乾桃、乾榛、乾棗次之。第三行：菱在前，芡、栗、鹿脯次之。豆三行，以左爲上。第一行：芹菹在前，筍菹、葵菹、菁菹次之。第二行：韭菹在前，酏食、魚醢、兔醢次之。第三行：豚拍在前，鹿臡、醓醢次之。簠實以稻。簋實以黍。登實以大羹。太官令帥其屬入實俎。籩前之俎一，實以牛腥七體，兩髀、兩肩、兩脅并脊，兩脾在兩端①，兩肩、兩脅次之，脊在中。豆右之俎二，爲二重，以北爲上。第一重實以牛腥，腸、胃、肺、離肺一在上端，刌肺三次之，腸三、胃三又次之。第二重實以牛熟，腸、胃、肺，其載如腥。良醞令帥其屬入實尊。太尊實以泛齊，山尊實以醴齊，著尊實以盎齊，犧尊實以醍齊，象尊實以沉齊，各以一尊實明水。壺尊三實三酒，三實玄酒。明水、玄酒皆在上。

太常設燭於神位前。又設大禮使以下行事、執事官揖位於卯階之東内壝外，如省牲位。所司陳異寶嘉瑞及伐國之寶於宮架之南，東西相向。

---

① “兩肩兩脅并脊兩脾在兩端”十一字，底本脱，據《文獻通考》卷七二《郊社考五·郊》校補。

卷第五十六　吉禮

皇帝朝日儀中

車駕自大慶殿詣青城　省牲器　奠玉幣

車駕自大慶殿詣青城

前祀一日，陪祠文武官先詣朝日壇齋宮。

其日，導駕官以下就次，各服其服。尚輦奉御進輿於大慶殿，乘黃令進玉輅於宣德門內，南向。設千牛將軍一員位於輅前，北向。門下侍郎一員位於左輔之前，贊者二人位又於其前。

少頃，東上閤門、御史臺、太常寺分引左輔、門下侍郎、太僕卿、乘黃令詣大慶殿西階下立，北向，東上。乘黃令位其後。次引導駕官在其後，分東西相向立，以俟奉迎前導。次管軍臣僚，次行宮使、御營巡檢等又在其後。禮直官、通事舍人引禮部侍郎奏請中嚴。凡左輔、門下侍郎、禮部侍郎奏請，皆禮直官、通事舍人引。少頃，又奏外辦。皇帝服通天冠、絳紗袍，乘輿以出，降自西階，稱警蹕，如常儀。宣贊舍人贊左輔以下常起居，次導駕官常起居，已起居者，止奏"聖躬萬福"。次管軍臣僚，次行宮使、御營巡檢等常起居。該宣名者，即宣名。

太僕卿出詣玉輅所，攝衣而升，正立執轡。導駕官前導皇帝出大慶門外，至玉輅所。千牛將軍前跪執轡。左輔進，當輿前俯伏，跪奏：“左輔具官臣某言，請皇帝降輿，升輅。”奏訖，俯伏，興，退，復位。凡左輔奏請准此。乘黃令稍前，東向，進玉輅。皇帝降輿，升輅，太僕卿立授綏，導駕官分左右步導。門下侍郎進，當輅前俯伏，跪奏：“門下侍郎具官臣某言，請車駕進發。”奏訖，俯伏，興，退，復位。凡門下侍郎奏請准此。車駕動，稱警蹕。左輔先詣宣德門內以俟。門下侍郎及贊者夾侍以出。千牛將軍夾輅而趨。車駕將及宣德門，至侍臣上馬所，門下侍郎奏請車駕少駐，敕侍臣上馬。左輔前承旨，退稱曰：“制可。”門下侍郎傳制，稱：“侍臣上馬。”贊者承傳敕侍臣上馬，諸侍衛之官各督其屬左右翊駕①，在黃麾內。符寶郎奉八寶前導，殿中監後部從，導駕官夾侍於前，贊者在左輔、門下侍郎之前。侍臣上馬畢，次大內留守於宣德門外再拜，奉辭。門下侍郎奏請車駕進發。車駕動，稱警蹕，不鳴鼓吹。

　　大駕鹵簿前導詣青城。車駕將至青城，東上閣門、御史臺分引陪祠文武官、宗室、客使，禮直官、贊者引行事、執事官俱詣行宮門外立班，再拜奉迎訖，退。內已起居者，止奏“聖躬萬福”。車駕及門少駐，文武侍臣皆下馬，導駕官步導入門。車駕動，千牛將軍夾輅而趨。至行宮齋殿前迴輅南向，千牛將軍立於輅右。左輔奏請皇帝降輅乘輿。尚輦奉御進輿於輅後。皇帝降輅乘輿入齋殿，侍衛如常儀。導駕官步導至殿門，皇帝降輿歸殿後閣②，簾降。通事舍人承旨敕羣官各還次。學士院以祝册授通進司進御書訖，付尚書禮部。如朝獻、朝享，即並如冬祀大禮車駕自太廟詣青城儀。

----

　　①　“敕侍臣上馬諸侍衛之官各督其屬左右翊”十七字，底本脫，據楊本、《文獻通考》卷七二《郊社考五・郊》校補。
　　②　底本“閣”後衍“門”字，據《文獻通考》卷七二《郊社考五・郊》刪。

省牲器

省牲之日，午後十刻，去壇三百步禁行者。

未後二刻，郊社令帥其屬掃除壇之上下，司尊彝帥府史及執事者以祭器入設於位，凡設祭器，皆藉以席，籩、豆又加巾蓋。太府卿、少府監陳玉、幣於篚。告潔畢，權徹。

未後三刻，禮直官、贊者分引大禮使以下俱常服，詣東壝門外省牲位，立定。光禄卿、丞與執事者牽牲就位。禮直官贊揖訖，贊者引大司樂入行樂架。凡亞、終獻行事，皆禮直官、太常博士引，大禮使、太宰、左丞行事，皆禮直官引。餘官皆贊者引。次引禮部尚書升自卯階，視滌濯。凡行事、執事者升降皆自卯階。次又引太常申眂滌濯，執事者舉冪①，曰：“潔。”俱復位。禮直官稍前，曰：“告潔畢，請省牲。”次引禮部尚書、侍郎稍前省牲訖，退，復位。次引光禄卿出班巡牲一匝，西向躬曰：“充。”曰：“備。”次引光禄丞出班巡牲一匝，西向躬曰：“腯。”俱復位。禮直官稍前，曰：“省牲畢，請就省饌位。”贊揖訖，引大禮使以下各就位立定。禮直官贊揖所司省饌具畢，禮直官贊：“省饌畢。”贊揖訖，俱還齋所。光禄卿、丞及執事者以次牽牲詣廚，授太官令。次引禮部尚書詣廚，省鼎鑊，視濯溉。協律郎展視樂器，乃還齋所。

晡後一刻，太官令帥宰人以鸞刀割牲，祝史各取毛血實於槃，俱置饌所，遂烹牲。郊社令帥其屬掃除壇之上下。

---

① “者”字，底本作“皆”，據楊本、《文獻通考》卷七二《郊社考五·郊》校改。

奠玉幣

祀日丑前五刻，行事用丑時七刻。諸祀官及陪祠官各服其服。郊社令與太史官屬入設神位版，太府卿、少府監入陳玉、幣，光禄卿入實籩、豆、簠、簋，太官令入實俎，良醞令入實尊，樂正帥工人二舞以次入，與執尊、罍、篚、冪者各就位。次通事舍人等分引陪祠文武官及宗室、客使各入就位。次禮直官、贊者分引大禮使以下行事、執事官就卯階内壝門外拜位立定，禮直官贊揖。次引監察御史，次引大禮使以下入就位。次引監察御史按視壇之上下，糾察不如儀者，退，復位。

尚輦奉御進輿於齋殿。皇帝服通天冠、絳紗袍，乘輿以出。近侍及扈從之官導從至大次門外。皇帝降輿入次，簾降。禮儀使、樞密院官、太常卿、東上閣門官、太常博士、禮直官分立於大次外之左右。次引禮部侍郎詣前奏請中嚴。少頃，又奏外辦。符寶郎奉寶陳于宫架之北。禮儀使當次前俛伏，跪奏："禮儀使具官臣某言，請皇帝行事。"①奏訖，俛伏，興，還侍位。禮儀使奏禮畢，准此。簾卷，皇帝服衮冕以出，侍衛如常儀。禮儀使以下前導至中壝門外。殿中監跪進大圭，殿中少監副之。凡殿中監進圭、受圭，皆少監副之。禮儀使奏請執大圭，前導皇帝入自正門。侍衛不應入者，止於門外。協律郎跪，俯伏，舉麾，興，凡行事執事者取物、奠物，皆跪，俯伏，興。工鼓柷，宫架《儀安之樂》作。皇帝升降、行止，皆作《儀安之樂》。至午階版位西向立，偃麾，戛敔，樂止。凡樂，皆協律郎跪，俯伏，舉麾，興，工鼓柷而後作，偃麾，戛敔而後止。禮儀使以下分左右侍立。凡行禮，皆禮儀

---

① "奏"字，底本作"奉"，據文津閣本、十萬卷樓本、楊本校改。

使、樞密院官、太常卿、東上閤門官、太常博士、禮直官前導,至位則分立於左右。禮儀使前,奏:"有司謹具,請行事。"宮架作《景安之樂》、《帝臨降康之舞》,六成,止。太常升煙,燔牲首。禮儀使奏請再拜,皇帝再拜。贊者曰:"再拜。"在位官皆再拜。內侍取玉幣於篚①,立於尊所。次引太宰②、吏部尚書、侍郎升詣大明神位前立。太宰、吏部尚書俱西向,北上,侍郎東向。

　　禮儀使前導皇帝詣盥洗位,宮架樂作,至洗位,北向立,樂止。內侍酌水以進。禮儀使奏請搢大圭,盥手。內侍跪,取巾於篚,興以進,皇帝帨手。內侍受巾,跪,奠於篚。

　　禮儀使奏請執大圭,前導。皇帝升壇。大禮使從,皇帝升降,大禮使皆從,左右侍衛量人數升。宮架樂作。至壇下,樂止。升自午階,登歌樂作,至壇上,樂止。登歌《嘉安之樂》作,殿中監跪進鎮圭,禮儀使奏請搢大圭,執鎮圭,前導皇帝詣大明神位前,北向立。內侍先設繅藉於地③。禮儀使奏請跪,奠鎮圭於繅藉,執大圭,俯伏,興。又奏請搢大圭,跪。內侍加玉於幣,以授吏部尚書,吏部尚書以授太宰,太宰西向跪以進。禮儀使奏請受玉、幣,皇帝受奠訖,吏部侍郎東向跪,受以興,進奠於大明神位前。禮儀使奏請執大圭,俯伏,興。又奏請再拜,皇帝再拜訖,樂止。太常以下俱復位。

　　禮儀使前導皇帝還版位,登歌樂作,內侍舉鎮圭、繅藉,以鎮圭授殿中監,以還有司。皇帝降階,樂止。宮架樂作,至版位西

---

　　① "幣"字,底本作"帶",據十萬卷樓本、楊本、《文獻通考》卷七二《郊社考五·郊》校改。

　　② "太宰",底本作"太常",據上下文改。

　　③ "繅藉",底本作"繅籍",據文津閣本、十萬卷樓本、楊本校改。下同。

向立,樂止。

　　祝史奉毛血槃出,立於壝門外,由其階升①,太祝迎於壇上,進奠於神位前。太祝與執事者退,立於尊所。

----

① "階"字,底本作"陛",據本書卷六○《皇帝夕月儀中・奠玉幣》改。

卷第五十七　吉禮

皇帝朝日儀下

進熟　望燎　車駕還内

進熟

祀日，有司陳鼎一於神廚，在鑊之右。太官令帥進饌者詣廚，以匕升牛於鑊，實於鼎，肩、臂、臑、肫、骼、正脊一，直脊一，橫脊一，長脅一，短脅一，代脅一，皆二骨以并。乃設扃、冪。祝史對舉，陳於饌幔内。光禄實籩、豆、簠、簋於饌幔。籩實以粉餈，豆實以糝食，簠實以粱，簋實以稷。次引禮部侍郎詣饌所，視腥熟之節。俟皇帝升奠玉、幣訖，還位，樂止。引禮部尚書詣饌所，執籩、豆、簠、簋以入。户部尚書詣饌所，奉俎以入。太官令引入正門，宫架《豐安之樂》作，設於卯階之下，北向。奉牲者在東，祝史抽扃，委於鼎右，除冪。

初，鼎將入。有司執匕及俎以從，至卯階下，設於鼎西，匕加於鼎。太官令以匕升牛於俎。肩、臂、臑在上端[1]，肫、骼在下端，脊、脅在中。鼎先退。俟祝史進徹毛血槃，以次出。

次引禮部尚書擂笏，執籩、豆、簠、簋，户部尚書擂笏，奉俎以升，執事者各迎於壇上。禮部尚書奉籩、豆、簠、簋，詣大明神位

---

①　“在”字，底本脱，據文津閣本、楊本校補。

前，北向跪奠，啟蓋於下，執笏，俯伏，興。有司設邊於糗餌前，豆於醓醢前，簠於稻前，簋於黍前。次引戶部尚書奉俎，詣大明神位前，北向跪奠，執笏，俯伏，興，有司設於豆前。樂止，俱降，復位。太祝取菹擩於醢，祭於豆間三，又取黍、稷、肺祭如初，皆藉用茅，各還尊所。引太宰、左丞詣大明神位前，西向立，以北爲上；吏部尚書詣爵洗位，東向立。

禮儀使前導皇帝詣盥洗位，宮架樂作，至洗位，北向立，樂止。內侍酌水以進，禮儀使奏請搢大圭，盥手。內侍跪，取巾於篚，興以進，皇帝帨手。內侍受巾，跪，奠於篚。

禮儀使奏請執大圭，前導皇帝詣爵洗位，宮架樂作，至洗位，北向立，樂止。吏部侍郎跪，取爵於篚，興以進。禮儀使奏請搢大圭，受爵。內侍酌水以進。禮儀使奏請洗爵。內侍跪，取巾於篚，興以進，皇帝拭爵。內侍受巾，跪，奠於篚。吏部侍郎受爵，升自午階。

禮儀使奏請執大圭，前導。皇帝升壇，宮架樂作，至午階，樂止。升自午階，登歌樂作，至壇上，樂止。登歌《熙安之樂》作，吏部侍郎奉爵，詣酌尊所，西向立。執尊者舉冪，良醞令酌太尊之泛齊訖，禮儀使前導皇帝詣大明神位前，北向立。禮儀奏請搢大圭，跪。吏部侍郎以爵授左丞，左丞授太宰，太宰西向跪以進。禮儀使奏請執爵，祭酒，三祭於茅苴。奠爵，執大圭，俛伏，興，又奏請少立，樂止。太宰、左丞俱復位。舉冊官舉冊，進於大明神位之右。讀冊官東向搢笏，跪讀冊文，讀訖，執笏，興，退，復位。禮儀使奏請再拜，皇帝再拜。有司奠冊於大明神位前。

禮儀使前導皇帝還版位，登歌樂作，降階，樂止。宮架樂作。

至版位西向立,樂止①。禮儀使奏請還小次,宮架樂作。將至小次,禮儀使奏請釋大圭,殿中監跪受大圭,皇帝入小次,簾降,樂止。

文舞退,武舞進,宮架《容安之樂》作。舞者立定,樂止。

初,皇帝將詣小次,禮直官、太常博士引亞獻詣盥洗位,北向立,搢笏,盥手,帨手,執笏,詣爵洗位,北向立,搢笏,洗爵,拭爵,以授執事者,執笏,升詣酌尊所,西向立。宮架作《隆安之樂》、《神保錫羨之舞》。執事者以爵授亞獻,亞獻搢笏,執爵,執尊者舉冪,太官令酌山尊之醴齊訖,亞獻以爵授執事者,執笏,詣大明神位前,北向,搢笏,跪。執事者以爵授亞獻,亞獻執爵,祭酒,三祭於茅苴,奠爵,執笏,俯伏,興,少退,北向,再拜。樂止,降,復位。

初,亞獻行禮將畢,次禮直官、太常博士引終獻詣洗及升壇,酌獻,並如亞獻之儀,降,復位。

初,皇帝既奠玉、幣,光禄以牛左臂一骨及長脅、短脅俱二骨以並,載於胙俎,設於壇下飲福位之西。俟終獻既升獻,引户部尚書、搏黍太祝、太官令詣飲福位,東向立。奉俎、豆、爵酒者各位於其後。

禮儀使奏請詣飲福位,簾卷,出次,宮架樂作,殿中監跪進大圭,禮儀使奏請執大圭,前導皇帝詣飲福位,將至位,樂止。宮架《僖安之樂》作,皇帝至飲福位,北向立。尚醖典御執尊升詣酌尊

___

① "禮儀使奏請執爵祭酒三祭於茅苴奠爵執大圭俯伏興又奏請少立樂止太宰左丞俱復位舉册官舉册進於夜明神位之右讀册官搢笏東向跪讀册文讀訖執笏興退復位禮儀使奏請再拜皇帝再拜有司奠册於夜明神位前禮儀使前導皇帝還版位登歌樂作降階樂止宮架樂作至版位西向立樂止"一百零九字,底本脱,據楊本校補。

所,良醖令酌上尊福酒合置一尊。典御奉尊降詣飲福位,以授殿中少監。尚醖奉御執爵,殿中少監酌之。奉御以爵酒授殿中監,殿中監西向捧以立。禮儀使奏請再拜,皇帝再拜。殿中監跪以爵酒進。禮儀使奏請搢大圭,跪受爵,祭酒,三祭於地。啐酒,奠爵。殿中監跪受爵以興。

諸太祝帥執事者持胙俎進,減神位前正脊二骨、橫脊二骨,加於俎上。內侍受俎以授户部尚書,户部尚書西向跪以進。皇帝受俎,奠之。户部尚書受俎以興,退,復位。太官令取黍於簠,摶以授太祝,太祝受以豆,東向跪進。皇帝受訖,奠之。太祝受豆以興,退,復位。

次殿中監再跪以爵酒進,禮儀使奏請受爵,飲福酒,奠爵。殿中丞受虛爵,興,以授典御奉御。執事者俱退①,復位。禮儀使奏請執大圭,俯伏,興。又奏請再拜,皇帝再拜,樂止。

禮儀使前導皇帝還版位,宮架樂作,至版位,西向立,樂止。

次引禮部尚書升壇,徹籩、豆,户部尚書升壇,徹俎。籩、豆、俎各一②,俱少移故處。登歌《成安之樂》作,卒徹,樂止。禮部、户部尚書降,復位。禮直官曰:“賜胙。”行事。陪祠官拜,贊者承傳曰:“賜胙,再拜。”在位官皆再拜。

送神,宮架《景安之樂》作,一成,止。

望燎

《景安之樂》畢,禮儀使奏請詣望燎位,前導皇帝詣望燎位,

---

① “退”字,底本作“進”,據楊本校改。
② “俎”字,底本作“俱”,據十萬卷樓本、楊本、《文獻通考》卷七二《郊社考五·郊》校改。

宮架樂作。至位，南向立，樂止。

初，賜胙，再拜訖，郊社令以黍、稷、肺祭，藉以白茅束之。吏部侍郎帥太祝執筐進詣神位前，取玉、幣、祝册，藉以茅，以俎載牲體、黍稷飯、爵酒降壇，南行詣柴壇，自南階升，以玉、幣、祝册、饌物，置於燎柴。禮直官曰：“可燎。”舉爟火，東西各以炬燎。半柴。

禮儀使奏禮畢，前導皇帝還大次，宮架樂作。出中壝門外，禮儀使奏請釋大圭，殿中監跪受大圭，以還有司，侍衛如常儀。皇帝至大次，樂止。禮部郎中奏解嚴，引大禮使以下詣卯階之東，内壝外揖位立，禮直官贊：“禮畢。”揖訖，退。通事舍人引陪祠文武官及宗室、客使以次出。將士不得輒離部位。行宮齋殿受賀並如冬祀大禮御端誠殿受賀之儀。

車駕還内

前期，殿中丞監帥其屬尚舍設御幄於大慶殿門外之東，南向。大晟設宮架於宣德門外，稍南。

其日，祀事禮畢，所司轉仗衛鹵簿於還途，如來儀。文武百官、宗室、客使先詣宣德門外，就次以俟，立班奉迎。乘黄令進金輅於行宮殿門外，南向。千牛將軍一員執長刀立於輅右。尚輦奉御進輿於齋殿，導駕官俱詣齋殿門外奉迎。禮部侍郎奏請中嚴，少頃，又奏外辦。簾捲，皇帝服通天冠、絳紗袍，乘輿以出。應導駕官等並迎駕，奏“聖躬萬福”。内祇應官贊謝花再拜[1]。太僕卿出詣金輅所，攝衣而升，正立執轡。皇帝乘輿，降自西階，至金輅

---

① “花”字，底本作“皆”，據文津閣本、十萬卷樓本、楊本校改。

所。左輔奏請皇帝降輿升輅。有司仍具大輦。若乘輦，即奏云："降輿乘輦。"太僕卿立授綏，千牛將軍馭駕，如來儀。門下侍郎奏請車駕進發，車駕動，稱警蹕，侍衛如儀。

　　至侍臣上馬所，門下侍郎奏請車駕少駐，敕侍臣上馬。左輔前承旨，退，稱曰："制可。"門下侍郎傳制，稱："侍臣上馬。"贊者承傳敕侍臣上馬。門下侍郎奏請車駕進發，車駕動，稱警蹕，鼓吹及諸軍樂振作。車駕將至宣德門外，文武百官、宗室、客使並立班，再拜奉迎。次大內留守見，再拜訖，退。

　　車駕至宣德門外，少駐。文武侍臣皆下馬步導，千牛將軍降，立於輅右。車駕動，千牛將軍夾輅而趨。大樂正令奏《采茨之樂》，入門，樂止。車駕至御幄前，左輔奏請皇帝降輅乘輿。若乘輦，即奏云："降輦乘輿。"皇帝降輅乘輿以入。禮部郎中奏解嚴。通事舍人承旨，敕羣官各還次，將士各還其所。若肆赦，並如冬祀大禮宣德門肆赦儀。

卷第五十八　吉禮

朝日儀<small>有司行事</small>

時日　齋戒　陳設　省牲器

奠玉幣　進熟　望燎

時日

太常寺預於隔季以春分朝日，關太史局。太史局以其日報太常寺。太常寺參酌訖，具時日散告。

齋戒

前祀十日，受誓戒於尚書省。

其日五鼓，贊者設位版於公相廳下：吏部尚書在左，刑部尚書在右，並南向。初獻、亞、終獻位於其南，稍東，北向，西上。監察御史位於其西，稍北，東向。光禄卿，兵部、工部郎中，大樂令、光禄丞位於其南，稍西，北向，東上。<small>大樂令、光禄丞位稍却。</small>奉禮郎，太祝、郊社、太官令位於其東，西向，北上。

質明，禮直官、贊者引行事、執事官就位立定。禮直官引吏部尚書由公相廳降階，就位。禮直官贊揖，在位者對揖。吏部尚書搢笏，讀誓文云："某月某日春分，朝日。各揚其職，不共其事，國有常刑。"讀訖,執笏。禮直官贊奉禮郎,太祝、郊社、太官令先退,餘官對拜,乃退。

散齋七日,治事如故,宿於正寢,不弔喪、問疾、作樂、判書刑殺文書、決罰罪人及與穢惡。致齋三日,光禄卿、丞[①],郊社、太官令齋一日。二日於本司。無本司者於太常齋舍,質明至齋所。唯祀事得行,其餘悉禁。前祀一日質明,俱赴祠所齋宫,官給酒饌。祀官已齋而闕者,通攝行事。

陳設

前祀三日,儀鸞司設行事、執事官次於壇壝門外,隨地之宜;設饌幔於内壝西門外道南,北向。

前二日,光禄牽牲詣祠所。

前一日,郊社令帥其屬掃除壇之上下。太常設神位席,太史設神位版於壇上。凡設神位版,皆郊社令監視。太常設祭器,凡設祭器,皆藉以席,籩、豆又加巾蓋。以俟告潔。既畢,權徹。

光禄陳牲於卯階之東南内壝外,西向,祝史各位於牲後。太常設省牲位於牲西。三獻官在南,北向。光禄卿,兵部、工部郎中,大樂令、光禄丞,奉禮郎,太祝、郊社、太官令在北,南向,俱西上。凡設大樂令以下位皆稍却。監察御史位於光禄卿之西,少絶。

光禄陳禮饌於壇之東南内壝外,南向。太常設省饌位版於禮饌南。三獻官在南,北向,西上。監察御史在西,東向。光禄卿,兵部、工部郎中,大樂令、光禄丞,奉禮郎,太祝、郊社、太官令在東,西向,北上。大晟設登歌之樂於壇上稍南,北向。

---

① "光禄卿",底本作"光禄寺",據十萬卷樓本校改。

祀日丑前五刻,禮直官、贊者、諸司職掌各服其服。

太常設神位席,以藁秸。太史設神位版於壇上北方,南向。

太常陳玉於神位之左,玉以圭璧,盛以匣,燔玉用珉①。禮神之玉,奠於神前,燔玉加於幣,陳幣篚於神位之左,幣以赤。祝版於神位之右,置於坫。

次設祭器,光禄實之。左十有二籩,爲四行,以右爲上;第一行:魚鱐在前,糗餌、粉餈次之。第二行:乾蒢在前,乾棗、形鹽次之。第三行:鹿脯在前,榛實、乾桃次之。第四行:菱在前,芡、栗次之。右十有二豆,爲四行,以左爲上;第一行:芹菹在前,筍菹、葵菹次之。第二行:菁菹在前,韭菹、醓食次之。第三行:魚醢在前,兔醢、豚拍次之。第四行:鹿臡在前,醯醢、糝食次之。俎二,一在籩前,實以羊腥七體,兩髀、兩肩、兩脅并脊,兩髀在兩端,兩肩、兩脅次之,脊在中。一在豆前;實以豕腥七體,其載如羊。又俎四,在豆右,爲二重,以北爲上;第一重,一實以羊腥,腸、胃、肺一,離肺一在上端,離肺三次之,腸三、胃三又次之,一實以豕腥膚九,橫載。第二重,一實以羊熟,腸、胃、肺,一實以豕熟膚,其載如腥。皆羊在左,豕在右。登一,在籩、豆間;實以大羹。鉶一,在登前;實以毛血。簠二、簋二,在籩、豆外,二俎間,簠在左,簋在右。簠實以稻、粱,粱在稻前。簋實以黍、稷,稷在黍前。

設犧尊五、象尊五,爲二重,在壇上東南隅,北向,西上,犧尊在前,皆有坫,加勺、冪,爲酌尊。犧尊一實明水,爲上尊,餘實泛齊,代以供內法酒,初獻酌之。象尊一實明水,爲上尊,餘實醴齊,代以祠祭法酒,亞、終獻酌之。又設太尊二、山尊二在神位前,太尊一實泛齊,山尊一實醴齊,各以一尊實明水。著尊二、犧尊二在壇下午階之西,著尊一實盎齊,犧尊一實醴齊,各以一尊實明水。象尊二、壺尊六在壇下午階之東,象尊一實明水,一實沉齊。壺尊三實玄酒,三實三酒。明水、玄酒皆在上。俱北向,西上,皆加冪。五齊

───────────

① "玉"字,底本脱,據本書卷六二《夕月儀有司行事·陳設》補。

三酒，設而不酢。

太常設燭於神位前，設俎二於饌幔内，洗二於卯階東，北向。盥洗在東，爵洗在西。罍在洗東，加勺。篚在洗西南肆，實以巾。若爵洗之篚，則實以爵，加坫。執罍、篚者位其後。

又設揖位於卯階之東内壝之外，如省牲位。唯不設光禄卿、丞，郊社令位。

積柴於燎壇。設望燎位於卯階之東南内壝之内。三獻官在北，南向，西上。監察御史在西，東向。兵部、工部郎中、大樂令、奉禮郎、太祝在東，西向，北上。又設三獻官席位於卯階之東南，西向，北上。兵部、工部郎中席位於卯階之東南，西向，北上。設監察御史、大樂令席位於午階之南，北向；奉禮郎、太官令位於其後，俱西上。光禄卿席位於監察御史之東，北向。又設監察御史位於壇上樂虡之北，在西①，東向。奉禮郎、太祝在東，西向，北上。大樂令在樂虡之北，太官令於酌尊所，俱北向。

省牲器

前祀一日，行事、執事官集初獻齋所肄儀，太祝習讀祝文，視玉、幣及神位版訖，並赴壇所，各就次。禮直官、贊者分引行事、執事官詣壇東省牲位，凡初獻行事禮直官引，餘官皆贊者引。立定。禮直官贊揖。次引監察御史升自卯階，凡行事、執事官升降，皆自卯階。視滌濯，執事者舉冪，曰：“潔。”降，復位。禮直官稍前，曰：“告潔畢，請省牲。”太祝出班巡牲一匝，詣初獻前，西向躬曰：“充。”退，復位。光禄丞出班巡牲一匝，詣初獻前，西向躬曰：“腯。”退，復位。

---

①　“在西”二字，底本脱，據本書卷六二《皇帝夕月儀有司行事・陳設》補。

禮直官贊：“省牲畢，請詣省饌位。”揖訖，引行事執事官各就位立定。禮直官贊揖所司省饌具畢，禮直官贊：“省饌畢。”揖訖，俱還齋所。光禄丞、太祝以次牽牲詣廚，授太官令。次引監察御史詣廚，省鼎鑊，視祭器滌漑，乃還齋所。

未後一刻，太官令帥宰人以鸞刀割牲，祝史以槃取毛血，置於饌所，遂烹牲。

晡後，郊社令帥其屬掃除壇之上下訖，還齋所。

奠玉幣

祀日丑前五刻，行事用丑時七刻。初獻以下並赴壇所就次。郊社令先入，視設神位版訖，退。次太官令帥其屬實饌具畢。次引光禄卿入詣午階南席位，北向立。贊者曰：“再拜。”①光禄卿再拜，升壇，點視禮饌畢。次引監察御史升壇，點閱陳設，糾察不如儀者。樂正帥登歌工人引卯階，各就位。光禄卿還齋所，餘官各服祭服。

次引行事、執事官各就卯階東内壝外揖位立定②，禮直官贊揖。次引大樂令先入就午階南席位，北向立。贊者曰：“再拜。”大樂令再拜，升壇，就位。次引監察御史、奉禮郎、太祝、太官令入就午階向席位，北向立。次引三獻官、兵部、工部郎中入就卯階東席位，西向立。禮直官稍前，贊：“有司謹具，請行事。”《高安之樂》作，六成，止。太常升煙，燔牲首。贊者曰：“再拜。”在位者皆再拜。次引監察御史、奉禮郎、太祝、太官令俱升壇，各就位立定。

---

① “曰”字，底本脱，據文津閣本校補。

② “内”字，底本作“向”，據本書卷六二《皇帝夕月儀有司行事·奠玉幣》改。

次引初獻官詣盥洗位,《正安之樂》作,凡初獻升降、行止,皆作《正安之樂》。至洗位,北向立,搢笏,盥手,執笏,升壇。詣大明神位前,北面立,樂止。《嘉安之樂》作,搢笏,跪。次引奉禮郎搢笏,西向跪。執事者以玉、幣授奉禮郎,奉禮郎受玉、幣授初獻,執笏,興,退,復位。初獻受玉、幣,奠訖,執笏,俯伏,興,再拜,樂止。初獻將降壇,樂作,復位,樂止。

進熟

祀日,有司設鼎二於神廚,各在鑊右。光祿帥進饌者詣廚,以匕升羊於鑊,實於一鼎;肩、臂、肺、肫、胳、正脊一,直脊一,橫脊一,長脅一,短脅一,代脅一,皆二骨以並。次升豕如羊,實於一鼎,皆設扃、冪。祝史對舉,入設於饌幔內。俟初獻既升,奠玉、幣,入陳於卯階下,西向,南上。祝史抽扃,委於鼎右,除冪。

初,鼎序入。有司執匕及俎以從,至卯階下,俎各設於鼎西,匕加於鼎。光祿以匕升羊,載於一俎。肩、臂、臑在上端,肫、胳在下端,脊、脅在中。次升豕如羊,載於一俎。鼎先退。

次引兵部、工部郎中詣卯階下,搢笏,奉俎,兵部奉羊,工部奉豕。升壇。《豐安之樂》作,詣大明神位前,北向跪奠,先薦羊,次薦豕,各執笏,俯伏,興,有司設於豆右,腸、胃、膚之前。羊在左,豕在右。樂止,俱降,復位。

次引初獻再詣盥洗位,樂作,至洗位,北向立,搢笏,盥手,帨手,執笏。次詣爵洗位,北向立,搢笏,洗爵,拭爵,以授執事者,執笏,升詣爵尊所,西向立,樂止。《嘉安之樂》作。執事者以爵授初獻,初獻搢笏,執爵。執尊者舉冪,太官令酌犧尊之泛齊。初獻以爵授執事者,執笏,詣大明神位前,北向立,搢笏,跪。執事者以爵授初獻，初獻執爵，三祭酒，奠爵，執笏，俯伏，興。少立，樂止。次引太祝詣神位前，東向，搢笏，跪讀祝文。讀訖，執笏，興，退，復位。初獻再拜訖，將降壇，樂作，復位，樂止。

次引亞獻詣盥洗位，北向立，搢笏，盥手，帨手，執笏。次詣爵洗位，北向立，搢笏，洗爵，拭爵，以授執事者，執笏，升詣酌尊所，西向立。《文安之樂》作。執事者以爵授亞獻，亞獻搢笏，執爵，執尊者舉冪，太官令酌象尊之醴齊。亞獻以爵授執事者，執笏，詣大明神位前，北向立，搢笏，跪。執事者以爵授亞獻，亞獻執爵，三祭酒，奠爵，執笏，俯伏，興，再拜。樂止，降，復位。

次引終獻詣洗及升壇行禮，並如亞獻之儀，降，復位。

禮直官曰：“賜胙。”贊者承傳，曰：“賜胙，再拜。”在位者皆再拜訖。

送神，《理安之樂》作，一成，止。

望燎

初，《理安之樂》畢，引三獻官、兵部、工部郎中詣望燎位。有司詣神位前，取玉、幣、祝版置於燎柴。次引監察御史、大樂令、奉禮郎、太祝降壇，詣望燎位，立定。禮直官曰：“可燎。”火燎半柴。

次引初獻以下詣東壝門外揖位立。禮直官贊：“禮畢。”揖訖，退①。太官令帥其屬徹禮饌，監察御史詣壇，監視收徹訖，還齋所。光祿以胙奉進，監察御史就位展視訖，光祿卿望闕，再拜訖，乃退。

---

① “退”字，底本作“還”，據文津閣本、十萬卷樓本校改。

卷第五十九　吉禮

皇帝夕月儀上

時日　齋戒　陳設

時日

前期，降御札，以今年秋分夕月。太常寺具時日散告。

齋戒

前祀十日質明，有司設行事、執事及陪祠文武官位於朝堂。太宰、刑部尚書在北，南向，太宰在左，刑部尚書在右。刑部尚書稍却。行事太宰、左丞在南；吏部、户部、禮部尚書，吏部、禮部侍郎，大司樂、光禄卿，大樂令、光禄丞在其南；凡設大樂令、光禄丞位皆稍却。如朝獻、朝享，即功臣獻官在光禄丞下。次執事官又在其南，俱北向，西上。監察御史位二，在西，東向，北上。讀册、舉册官，奉禮、協律郎，太祝、郊社、太官令在東，西向，北上。奉禮郎以下位皆稍却。設陪祠文武百官位於行事官之南。又設行事、執事及陪祠親王、宗室位於太廟齋坊。少宰、刑部侍郎在北，南向，少宰在左，刑部侍郎在右。刑部侍郎稍却。亞、終獻在南，北向，西上。親王及行事、執事、陪祠宗室在東，西向，北上。東上閤門、御史臺、太常寺以下分引羣官各就位。凡將引行事、執事、陪祠文武官立班，即御史臺引殿中侍御史一員先入就位。太宰讀誓於朝堂，刑部尚書涖之；少宰讀誓於太廟齋坊，刑部侍郎涖之。誓文曰："今年某月某日秋分，皇帝夕月。如朝獻、朝享，即云："前二日朝獻景靈宮，前一日朝享太廟。"各揚其職，其或不恭，國有常刑。"讀訖。內朝堂執事官奉禮郎以下①，文官宣德郎以下，武官從義郎以下，先退。餘官並對拜訖，退。

皇帝散齋七日於別殿，致齋三日。二日於大慶殿，一日於青城。如朝獻、朝享，即一日於大慶殿，一日於太廟，一日於青城。凡散齋，不弔喪、問疾、作樂，有司不奏刑殺文書。致齋日，前後殿不視事，唯行祀事。

前致齋一日，殿中監帥其屬尚舍鋪御座於大慶殿當中，南向；設東西房於御座之左右，稍北；又設西閤及齋室於殿後之左右，殿上前楹施簾。

致齋之日，質明，有司陳大駕鹵簿於宣德門外，尚輦陳平輦於垂拱殿庭。文武百官俱就次，各服其服。東上閤門奏請皇帝未後詣齋室，通事舍人等自下分引知樞密院事以下詣垂拱殿庭，立班。東上閤門附內侍進班齊牌。垂拱殿簾降，皇帝乘輦出，至殿上，少駐。輦官迎駕，自贊常起居。宣輦官上殿，簾卷，鳴鞭，行門禁衛諸班親從迎駕，自贊常起居。次舍人先贊知內侍省官以下常起居，次樞密以下通班常起居，贊"祗候引駕"。樞密、知客省事以下，至簽書、東上閤門官分左右立。六尚局應奉官，祗應通侍大夫以下，武功大夫以下，並先退。次管軍臣僚宣名常起居，贊"祗候引駕"，並分左右。前導輦降東階垂拱殿門外，禁衛諸班親從自贊常起居。次行宮使、御營巡檢一班常起居。如通侍大夫以下，知客省事以下，武功大夫以下，知內侍兩省、帶御器械官、充行宮使，御營巡

---

① "執事"，底本作"職事"，據《文獻通考》卷七二《郊社考五·郊》校改。

檢，各歸本班。至大慶殿後閤降輦，入西閤①，大慶殿簾降。前導官並就次易朝服，詣御榻前分左右侍立。知樞密院事、簽書樞密院事在東，西向，北上；同知樞密院事在西，東向；左輔一員在知樞密院事之北，贊拜東上閤門官一員又在其北，並西向；知客省事以下在簽書樞密院事之南，稍東，西向，北上；簽書客省事以下又在其南，稍却。通事舍人等分引行事、執事、陪祠文武官，各綰結佩，入詣大慶殿庭立班。舍人引禮部侍郎奏請中嚴。侍臣詣幄，奉迎内外。符寶郎奉寶先出，陳於御榻之左右。少頃，引禮部侍郎奏外辦。皇帝服通天冠、絳紗袍、綰結佩，出西門乘輿，稱警蹕，侍衛如常儀。由西房至御榻西降輿，皇帝即御座，南向，侍臣夾侍，贊拜東上閤門官於榻前贊："樞密以下拜。"殿之上下應在位官皆再拜②。東上閤門官贊拜訖，轉身北向隨拜訖，面西，贊"各祗候"。次禮直官引左輔詣御座前俯伏，跪奏稱："左輔具官臣某言，請皇帝降座，就齋室。"奏訖，俯伏，興，還侍位。凡左輔奏請准此。皇帝降座，乘輿，由東房入齋室，侍臣各還所司，直衛者如常儀。通事舍人分引行事、執事、陪祠文武官以次出。三省、親王、樞密、宗室起居問聖體，並如儀。

應行事、執事、陪祠官及從升者並散齋七日，宿於止寢；致齋三日，各宿於其次。三省、樞密院官各宿於本廳及都堂。侍從官并尚書、侍郎分宿於秘書省、中書後省。餘官内庭有所司者各宿於其司，諸方客使許赴陪位者各宿於其次。

凡散齋，治事如故，唯不弔喪、問疾、作樂、判刑殺文書、決罰罪人及與穢惡。致齋之日，官給酒饌。唯祀事得行，其餘悉禁。與祀之官已齋而闕者，通攝行事。

---

①　"閤"字，底本作"門"，據文津閣本、十萬卷樓本、楊本校改。
②　"拜殿之上下"五字，底本脱，據《文獻通考》卷七二《郊社考五·郊》校補。

陳設

前祀三日，殿中監帥其屬尚舍設大次於外壝東門之內道北，南向；小次於午階之東，西向。儀鸞司設文武、侍臣次於大次之前，隨地之宜[①]；行事、陪祠官，宗室及有司次於外壝東門之外；設東方、南方客使次於文官之後，西方、北方客使次於武官之後。設饌幔於內壝東門之外道北，南向。

前祀二日，郊社令帥其屬掃除壇之上下，積柴於燎壇。光禄牽牲詣祠所。大晟陳登歌之樂於壇上稍南，北向。設宮架於壇南內壝之外，立舞表於酇綴之間。

前祀一日，太常設神位席，太史設神位版：夜明位於壇上北方，南向，席以稾秸。告潔畢，權徹。

奉禮郎、禮直官設皇帝位版於壇下小次前，西向；飲福位於壇下午階之西，北向；望燎位於柴壇之北，南向。設爟火於望燎位之東，南向。東西各六人。

贊者設亞、終獻位於小次之南，稍東，西向；大禮使、太宰、左丞又於其南；行事吏部、户部、禮部尚書，吏部、禮部侍郎，光禄卿，讀册、舉册官，光禄丞位於大禮使之東；光禄丞稍却。奉禮郎，搏黍太祝、郊社、太官令位於小次之東北，俱西向，北上。監察御史位二，一於壇下午階之西南，一於子階之西北，俱東向。協律郎位二，一於壇上樂虡之西北，一於宮架之西北，俱東向。大樂令位於登歌樂虡之北，大司樂位於宮架之北，良醖令位於酌尊所，俱北向。又設陪祠文武官位於執事者之南，諸方客使在文官之

---

① "宜"字，底本作"可"，據文津閣本、十萬卷樓本、楊本校改。

南,隨其方國。

　　光禄陳牲於東壝門外,西向,祝史各位於牲後。太常設省牲位於牲西。大禮使、太宰、左丞在南,北向,西上。行事吏部、户部、禮部尚書,吏部、禮部侍郎,大司樂、光禄卿,讀册、舉册官,大樂令、光禄丞,奉禮、協律郎,搏黍太祝、郊社、太官令在北,南向,西上。凡設大樂令以下位皆稍却。監察御史在吏部尚書之西,異位稍却。

　　光禄陳禮饌於東壝門外道北,南向。太常設省饌位版於禮饌之南。大禮使、太宰、左丞在南,北向,西上。監察御史位二,俱在西,東向,北上。行事吏部、户部、禮部尚書,吏部、禮部侍郎,大司樂、光禄卿,讀册、舉册官,大樂令、光禄丞,奉禮、協律郎,搏黍太祝、郊社、太官令在東,西向,北上。

　　禮部帥其屬設祝册案於神位之右。司尊彝帥其屬設玉幣篚於酌尊所。

　　次設籩、豆、簠、簋之位,左十有一籩①,右十有一豆②,俱爲三行;俎三,一在籩前,二在豆右,爲二重;登一,在籩、豆間;簠一、簋一,在籩、豆外,簠在左,簋在右。又設尊坫之位,太尊五、山尊五,爲二重,在壇上東南隅,北向,西上,太尊在前,皆有坫,加勺、冪,爲酌尊。又太尊二、山尊二在神位前,著尊二、犧尊二在壇下午階之西,象尊二、壺尊六在壇下午階之東,俱北向,西上,皆加冪,設而不酌。又設籩、豆、簠、簋、槃、俎各一於饌幔内,設御洗二於壇下午階東南,北向。盥洗在東,爵洗在西。罍在洗東,加勺。篚

---

①　"一"字,底本作"二",據十萬卷樓本、楊本校改。

②　"一"字,底本作"二",據十萬卷樓本、楊本校改。

在洗西南肆，實以巾。若爵洗之篚，則又實以爵，加坫。設皇帝位於洗南，北向；內侍酌水位於洗東，執巾位於酌水內侍之北，俱西向；吏部侍郎位於爵洗之西，東向。又設亞、終獻盥洗、爵洗於本位之南。罍、篚各設於左右，皆內向。執罍、篚者位其後。

　　祀日酉前三刻，郊社令與太史官屬各服其服，升壇，設神位版於壇上。太府卿、少府監帥其屬陳玉、幣於篚，玉以圭璧，盛於匣，幣以白。禮神之玉置於神位前，燔玉加於幣。光祿卿帥其屬入實籩、豆、簠、簋。籩三行，以右爲上。第一行：形鹽在前，魚鱐、糗餌次之。第二行：榛實在前，乾桃、乾蔆、乾棗次之。第三行：菱在前，芡、栗、鹿脯次之。豆三行，以左爲上。第一行：芹菹在前，筍菹、葵菹、菁菹次之。第二行：韭菹在前，醓食、魚醢、兔醢次之。第三行：豚拍在前，鹿臡、醓醢次之。簠實以稻。簋實以黍。登實以太羹。太官令帥其屬入實俎。籩前之俎一，實以牛腥七體，兩髀、兩肩、兩脅并脊，兩髀在兩端，兩肩、兩脅次之[1]，脊在中。豆右之俎二，爲二重，以北爲上。第一重實以牛腥，腸、胃、肺、離肺一，在上端，刉肺三次之，腸三、胃三又次之。第二重實以牛熟，腸、胃、肺，其載如腥。良醞令帥其屬入實尊。太尊實以泛齊，山尊實以醴齊，著尊實以盎齊，犧尊實以醍齊，象尊實以沈齊，各以一尊實明水。壺尊三實玄酒，三實三酒。明水、玄酒皆在上。

　　太常設燭於神位前，又設大禮使以下行事、執事官揖位於卯階之東內壝外，如省牲位。所司陳異寶嘉瑞及伐國之寶於宮架之南，東西相向。

---

①　“并脊兩髀在兩端兩肩兩脅”十一字，底本脱，據文津閣本、十萬卷樓本、楊本校補。

卷第六十　吉禮

皇帝夕月儀中

省牲器　車駕自大慶殿詣青城　奠玉幣

省牲器

省牲之日午後七刻,去壇三百步禁行者。

未後二刻,郊社令帥其屬掃除壇之上下,司尊彝帥府史及執事者以祭器入設於位。凡設祭器,皆藉以席,籩、豆又加巾蓋。太府卿、少府監陳玉、幣於篚。告潔畢,權徹。

未後三刻,禮直官、贊者分引大禮使以下俱常服,詣東壝門外省牲位,立定。光禄卿、丞與執事者牽牲就位。禮直官贊揖訖,贊者引大司樂入行樂架。凡亞、終獻行事皆禮直官、太常博士引,大禮使、太宰、左丞行事皆禮直官引。餘官皆贊者引。次引禮部尚書升自卯階,視滌濯。凡行事、執事者升降,皆自卯階。次又引太常申眡滌濯,執事者皆舉冪,曰:"潔。"俱復位。禮直官稍前,曰:"告潔畢,請省牲。"次引禮部尚書、侍郎稍前省牲訖,退,復位。次引光禄卿出班巡牲一匝,西向躬曰:"充。"曰:"備。"次引光禄丞出班巡牲一匝,西向躬曰:"腯。"俱復位。禮直官稍前,曰:"省牲畢,請就省饌位。"贊揖訖,引大禮使以下各就位立定。禮直官贊揖所司省饌具畢,禮直官贊:"省饌畢。"贊揖訖,俱還齋所。光禄卿、丞及執事者以次牽牲詣廚，授太官令。次引禮部尚書詣廚，省鼎鑊，視濯漑。協律郎展視樂器，乃還齋所。郊社令帥其屬掃除壇之上下。

祀日酉前十刻，太官令帥宰人以鸞刀割牲，祝史各取毛血，實於槃，俱置饌所，遂烹牲。

車駕自大慶殿詣青城

祀日，陪祠文武官先詣夕月壇齋宮。

其日，導駕官以下就位次，各服其服。尚輦奉御進輿於大慶殿，乘黃令進玉輅於宣德門內，南向。設千牛將軍一員位於輅前，北向。門下侍郎一員位於左輔之前，贊者二人位又於其前。

少頃，東上閤門、御史臺、太常寺分引左輔、門下侍郎、太僕卿、乘黃令詣大慶殿西階下立，北向，東上。乘黃令位其後。次引導駕官在其後，分東西相向立，以俟奉迎前導。次管軍臣僚，次行宮使、御營巡檢等又在其後。禮直官、通事舍人引禮部侍郎奏請中嚴。凡左輔、門下侍郎、禮部侍郎奏請，皆禮直官、通事舍人引。少頃，又奏外辦。皇帝服通天冠、絳紗袍，乘輿以出，降自西階，稱警蹕，如常儀。宣贊舍人贊左輔以下常起居，次導駕官常起居，已起居者，止奏“聖躬萬福”。次管軍臣僚，次行宮使、御營巡檢等常起居。該宣名者，即宣名。

太僕卿出詣玉輅所，攝衣而升，正立執轡。導駕官前導皇帝出大慶門外，至玉輅所。千牛將軍前跪執轡。左輔進，當輿前俯伏，跪奏：“左輔具官臣某言，請皇帝降輿，升輅。”奏訖，俯伏，興，復位。凡左輔奏請准此。乘黃令稍前，東向，進玉輅。皇帝降輿，升輅，太僕卿立授綏，導駕官分左右步導。門下侍郎進，當輅前俯伏，跪奏：“門下侍郎具官臣某言，請車駕進發。”奏訖，俯伏，興，退,復位。凡門下侍郎奏請准此。車駕動,稱警蹕。左輔先詣宣德門內以俟①。門下侍郎及贊者夾侍以出。千牛將軍夾輅而趨。車駕將及宣德門,至侍臣上馬所,門下侍郎奏請車駕少駐,敕侍臣上馬。左輔前承旨,退稱曰:"制可。"門下侍郎傳制,稱:"侍臣上馬。"贊者承傳敕侍臣上馬,諸侍衛之官各督其屬左右翊駕,在黃麾內。符寶郎奉八寶前導,殿中監後部從,導駕官夾侍於前,贊者在左輔、門下侍郎之前。侍臣上馬畢,次大內留守於宣德門下再拜,奉辭②。門下侍郎奏請車駕進發。車駕動,稱警蹕,不鳴鼓吹。

大駕鹵簿前導詣青城。車駕將至青城,東上閤門、御史臺分引陪祠文武官、宗室、客使,禮直官、贊者引行事、執事官俱詣行宮門外立班,再拜奉迎訖,退。內已起居者,止奏"聖躬萬福"。車駕及門少駐,文武侍臣皆下馬,導駕官步導入門。車駕動,千牛將軍夾輅而趨。至行宮齋殿前迴輅南向,千牛將軍立於輅右。左輔奏請皇帝降輅乘輿。尚輦奉御進輿於輅後。皇帝降輅乘輿入齋殿,侍衛如常儀。導駕官步導至殿門,皇帝降輿歸殿後閤,簾降。通事舍人承旨敕羣官各還次。學士院以祝册授通進司進御書訖,付尚書禮部。如朝獻、朝享,即並如冬祀大禮車駕自太廟詣青城儀。

奠玉幣

祀日酉前三刻,行事用酉後三刻。諸祀官及陪祠官各服其服。

---

①　"內"字,底本脱,據本書卷五六《皇帝朝日儀中·車駕自大慶殿詣青城》補。
②　"奉辭",底本作"奏辭",據本書卷五六《皇帝朝日儀中·車駕自大慶殿詣青城》改。

郊社令與太史官屬入設神位版，太府卿、少府監入陳玉、幣①，光禄卿入實籩、豆、簠、簋，太官令入實俎②，良醖令入實尊，樂正帥工人二舞以次入，與執尊、罍、篚、冪者各就位。次通事舍人等分引陪祠文武官及宗室、客使各入就位。次禮直官、贊者分引大禮使以下行事、執事官就卯階內壝門外揖位立定，禮直官贊揖。次引監察御史，次引大禮使以下入就位。次引監察御史按視壇之上下，糾察不如儀者，退，復位。

尚輦奉御進輿於齋殿。皇帝服通天冠、絳紗袍，乘輿以出。近侍及扈從之官導從至大次門外。皇帝降輿入次，簾降。禮儀使、樞密院官、太常卿、東上閤門官、太常博士、禮直官分立於大次外之左右。次引禮部侍郎詣前奏請中嚴。少頃，又奏外辦。符寶郎奉寶陳於宮架之北。禮儀使當次前俯伏，跪奏：“禮儀使具官臣某言，請皇帝行事。”奏訖，俯伏，興，還侍位。禮儀使奏禮畢，准此。簾卷，皇帝服衮冕以出，侍衛如常儀。禮儀使以下前導至中壝門外。殿中監跪進大圭，殿中少監副之，凡殿中監進圭、受圭，皆少監副之。禮儀使奏請執大圭，前導皇帝入自正門。侍衛不應入者，止於門外。協律郎跪，俯伏，舉麾，興，凡行事、執事者取物、奠物，皆跪，俯伏，興。工鼓柷，宮架《儀安之樂》作。皇帝升降、行止，皆作《儀安之樂》。至午階版位西向立，偃麾，戛敔，樂止。凡樂③，皆協律郎跪，俯伏，舉麾，興，工鼓柷而後作，偃麾，戛敔而後止。禮儀使以下分左右侍立。凡行禮，皆禮儀使、樞密院官、太常卿、東上閤門官、太常博士、禮直官前導，至位則分立於左右④。禮儀

---

① “入”字，底本無，據本書卷五六《皇帝朝日儀中·奠玉幣》補。
② 底本“俎”後衍“豆”字，據本書卷五六《皇帝朝日儀中·奠玉幣》刪。
③ “凡”字，底本作“五”，據十萬卷樓本、楊本校改。
④ “右”字，底本脫，據楊本校補。

使前,奏:"有司謹具,請行事。"宮架作《景安之樂》、《帝臨降康之舞》,六成,止。太常升煙,燔牲首。禮儀使奏請再拜,皇帝再拜。贊者曰:"再拜。"在位官皆再拜。内侍取玉、幣於篚,立於尊所。次引太宰、吏部尚書、侍郎升詣夜明神位前立。太宰、吏部尚書俱西向,北上,侍郎東向。

禮儀使前導皇帝詣盥洗位,宮架樂作,至洗位,北向立,樂止。内侍酌水以進,禮儀使奏請搢大圭,盥手。内侍跪,取巾於篚,興以進,皇帝帨手。内侍受巾,跪,奠於篚。

禮儀使奏請執大圭,前導。皇帝升壇。大禮使從。皇帝升降,大禮使皆從,左右侍衛量人數升。宮架樂作,至壇下,樂止。升自午階。登歌樂作,至壇上,樂止。登歌《嘉安之樂》作,殿中監跪進鎮圭,禮儀使奏請搢大圭,執鎮圭,前導皇帝詣夜明神位前,北向立。内侍先設繅藉於地。禮儀使奏請跪,奠鎮圭於繅藉,執大圭,俯伏,興。又奏請搢大圭,跪。内侍加玉於幣,以授吏部尚書,吏部尚書以授太宰,太宰西向跪以進。禮儀使奏請受玉、幣,皇帝受奠訖,吏部侍郎東向跪,受以興,進奠於夜明神位前。禮儀使奏請執大圭,俯伏,興。又奏請再拜,皇帝再拜,樂止。太宰以下俱復位。

禮儀使前導皇帝還版位,登歌樂作,内侍舉鎮圭、繅藉,以鎮圭授殿中監,以還有司。皇帝降階,樂止。宮架樂作,至版位西向立,樂止。

祝史奉毛血槃出,立於壝門外,由其階升①,太祝迎於壇上,進奠於神位前。太祝與執事者退,立於尊所。

---

① "階"字,底本作"陛",據文津閣本校改。

卷第六十一　吉禮

皇帝夕月儀下

進熟　望燎　車駕還內

進熟

祀日，有司陳鼎一於神廚，在鑊之右。太官令帥進饌者詣廚，以匕升牛於鑊，實於鼎，肩、臂、臑、肫、胳、正脊一，直脊一，橫脊一，長脅一，短脅一，代脅一，皆二骨以並。乃設扃、冪。祝史對舉，陳於饌幔內。光祿實籩、豆、簠、簋於饌幔。籩實以粉餈，豆實以糝食，簠實以粱，簋實以稷。次引禮部侍郎詣饌所，視腥熟之節。俟皇帝升奠玉、幣訖，還位，樂止。引禮部尚書詣饌所，執籩、豆、簠、簋以入。戶部尚書詣饌所，奉俎以入。太官令引入正門，宮架《豐安之樂》作，設於卯階之下，北向。奉牲者在東，祝史抽扃，委於鼎右，除冪。

初，鼎將入。有司執匕及俎以從，至卯階下，設於鼎西，匕加於鼎。太官令以匕升牛於俎。肩、臂、臑在上端，肫、胳在下端，脊、脅在中。鼎先退。俟祝史進徹毛血槃，以次出。

次引禮部尚書摺笏，執籩、豆、簠、簋；戶部尚書摺笏，奉俎以升，執事者各迎於壇上。禮部尚書奉籩、豆、簠、簋，詣夜明神位前，北向跪奠，啟蓋於下，執笏，俯伏，興。有司設籩於糗餌前，豆於醓醢前，簠於稻前，簋於黍前。次引戶部尚書奉俎，詣夜明神位前，北向跪奠，執笏，俯伏，興，有司設於豆前。樂止，俱降，復位。太祝取葅擩於醢，祭於豆間三，又取黍、稷、肺祭如初，皆藉用茅，各還尊所。引太宰、左丞詣夜明神位前，西向立，以北爲上；吏部侍郎詣爵洗位，東向立。

禮儀使前導皇帝詣盥洗位，宮架樂作，至洗位，北向立，樂止。內侍酌水以進，禮儀使奏請搢大圭，盥手。內侍跪，取巾於篚，興以進，皇帝帨手。內侍受巾，跪，奠於篚。

禮儀使奏請執大圭，前導皇帝詣爵洗位，宮架樂作，至洗位，北向立，樂止。吏部侍郎跪，取爵於篚，興以進。禮儀使奏請搢大圭，受爵。內侍酌水以進。禮儀使奏請洗爵。內侍跪，取巾於篚，興以進，皇帝拭爵。內侍受巾，跪，奠於篚。吏部侍郎受爵，升自午階。

禮儀使奏請執大圭，前導。皇帝升壇，宮架樂作。至午階，樂止。升自午階，登歌樂作。至壇上，樂止。登歌《凝安之樂》作，吏部侍郎奉爵，詣酌尊所，西向立。執尊者舉冪，良醞令酌太尊之泛齊訖。禮儀使前導皇帝詣夜明神位前，北向立。禮儀使奏請搢大圭，跪。吏部侍郎以爵授左丞，左丞授太宰，太宰西向跪以進。禮儀使奏請執爵，祭酒，三祭於茅苴。奠爵，執大圭，俯伏，興。又奏請少立，樂止。太宰、左丞俱復位。舉冊官舉冊，進於夜明神位之右。讀冊官搢笏，東向，跪讀冊文，讀訖，執笏，興，退，復位。禮儀使奏請再拜，皇帝再拜。有司奠冊於夜明神位前。

禮儀使前導皇帝還版位，登歌樂作，降階，樂止。宮架樂作，至版位西向立，樂止。禮儀使奏請還小次，宮架樂作。將至小次，禮儀使奏請釋大圭，殿中監跪受大圭，皇帝入小次，簾降，樂止。

文舞退，武舞進，宮架《容安之樂》作。舞者立定，樂止。

初，皇帝將詣小次，禮直官、太常博士引亞獻詣盥洗位，北向立，搢笏，盥手，帨手，執笏，詣爵洗位，北向立，搢笏，洗爵，拭爵，以授執事者，執笏，升詣酌尊所，西向立。宮架作《隆安之樂》、《神保錫羨之舞》。執事者以爵授亞獻，搢笏，執爵。執尊者舉冪，太官令酌山尊之醴齊。亞獻以爵授執事者①，執笏，詣夜明神位前，北向，搢笏，跪。執事者以爵授亞獻，亞獻執爵，祭酒，三祭於茅苴，奠爵，執笏，俯伏，興，少退，北向，再拜。樂止，降，復位。

初，亞獻行禮將畢，次禮直官、太常博士引終獻詣洗及升壇，酌獻，並如亞獻之儀。降，復位。

初，皇帝既奠玉幣，光禄以牛左臂一骨及長脅、短脅，俱二骨以並，載於胙俎，設於壇下飲福位之西。俟終獻既升獻，引户部尚書、摶黍太祝、太官令詣飲福位②，東向立。奉俎、豆、爵酒者各位於其後。

禮儀使奏請詣飲福位，簾卷，出次，宮架樂作，殿中監跪進大圭，禮儀使奏請執大圭，前導皇帝詣飲福位，將至位③，樂止。宮架《僖安之樂》作，皇帝至飲福位，北向立。尚醖典御執尊，升詣酌尊所，良醖令酌上尊福酒合置一尊，典御奉尊降詣飲福位，以授殿中少監。尚醖奉御執爵，殿中少監酌之。奉御以爵酒授殿中監。殿中監西向捧以立④。禮儀使奏請再拜，皇帝再拜。殿中

---

① "執事"，底本作"職事"，據文津閣本、十萬卷樓本校改。
② 後一"太"字，底本脱，據文津閣本、楊本校補。
③ "位"字，底本無，據本書卷五七《皇帝朝日儀下·進熟》補。
④ "立"字，底本脱，據文津閣本校補。

監跪以爵酒進。禮儀使奏請搢大圭，跪授爵，祭酒，_{三祭於地。}啐酒，奠爵，殿中監跪受爵以興①。

諸太祝帥執事者持胙俎進，減神位前正脊二骨、横脊二骨，加於俎上。内侍受俎以授户部尚書，户部尚書西向跪以進。皇帝受俎，奠之。户部尚書受俎以興，退，復位。太官令取黍於簋，搏以授太祝，太祝受以豆，東向跪進。皇帝受訖，奠之。太祝受豆以興，退，復位。

次殿中監再跪以爵酒進，禮儀使奏請受爵，飲福酒，奠爵。殿中丞受虚爵，興，以授典御奉御。執事者俱退，復位②。禮儀使奏請執大圭，俯伏，興。又奏請再拜，皇帝再拜，樂止。

禮儀使前導皇帝還版位，宫架樂作，至版位，西向立，樂止。

次引禮部尚書升壇，徹籩、豆，户部尚書升壇，徹俎，_{籩、豆、俎各一，俱少移故處。}登歌《成安之樂》作，卒徹，樂止。禮部、户部尚書降，復位。禮直官曰：“賜胙。”行事。陪祠官拜，贊者承傳曰：“賜胙，再拜。”在位官皆再拜。

送神，宫架《景安之樂》作，一成，止。

望燎

《景安之樂》作，禮儀使奏請詣望燎位，前導皇帝詣望燎位，宫架樂作。至位，南向立，樂止。

初，賜胙，再拜訖，郊社令以黍、稷、肺祭，藉以白茅束之。吏部侍郎帥太祝執篚進詣神位前，取玉、幣、祝册，藉以茅，以俎載

---

① “爵”字，底本脱，據文津閣本、十萬卷樓本校補。
② “次殿中監再跪以爵酒進禮儀使奏請受爵飲福酒奠爵殿中丞受虚爵興以授典御奉御執事者俱進復位”四十二字，底本脱，據楊本校補。

牲體、黍稷飯、爵酒，降壇，南行詣柴壇，自南階升，以玉、幣、祝册、饌物置於燎柴。禮直官曰：“可燎。”舉爟火，東西各以炬燎。半柴。

　　禮儀使奏禮畢，前導皇帝還大次，宮架樂作。出中壝門外，禮儀使奏請釋大圭，殿中監跪受大圭，以還有司，侍衛如常儀。皇帝至大次，樂止。禮部郎中奏解嚴。引大禮使以下詣卯階之東，內壝外揖位立。禮直官贊：“禮畢。”揖訖，退。通事舍人引陪祠文武官及宗室、客使以次出。將士不得輒離部伍。行宮齋殿受賀並如冬祀大禮御端誠殿受賀之儀。

車駕還內

　　前期，殿中監帥其屬尚舍設御幄於大慶殿門外之東，南向。大晟設宮架於宣德門外，稍南。

　　其日，祀事禮畢，所司轉仗衛鹵簿於途，如來儀。文武百官、宗室、客使先詣宣德門外，就次以俟，立班奉迎。乘黃令進金輅於行宮殿門外，南向。千牛將軍一員執長刀立於輅右。尚輦奉御進輿於齋殿。導駕官俱詣齋殿門外奉迎。禮部侍郎奏請中嚴，少頃，又奏外辦。簾捲，皇帝服通天冠、絳紗袍，乘輿以出。應導駕官等並迎駕，奏“聖躬萬福”。內祗應官贊謝花再拜[①]。太僕卿出詣金輅所，攝衣而升，正立執轡。皇帝乘輿，降自西階，至金輅所。左輔奏請皇帝降輿升輅。有司仍具大輦。若乘輦，即奏云：“降輿乘輦。”太僕卿立授綏，千牛將軍馭駕，如來儀。門下侍郎奏請車駕進發，車駕動，稱警蹕，侍衛如儀。

---

　　①　“花”字，底本作“皆”，據文津閣本、十萬卷樓本、楊本校改。

　　至侍臣上馬所，門下侍郎奏請車駕少駐，敕侍臣上馬。左輔前承旨，退，稱曰："制可。"門下侍郎傳制，稱："侍臣上馬。"贊者承傳敕侍臣上馬。門下侍郎奏請車駕進發，車駕動，稱警蹕，鼓吹及諸軍樂振作。車駕將至宣德門外，文武百官、宗室、客使並立班，再拜奉迎。次大内留守見，再拜訖，退。

　　車駕至宣德門外，少駐。文武侍臣皆下馬步導，千牛將軍降，立於輅右。車駕動，千牛將軍夾輅而趨。大樂正令奏《采茨之樂》，入門，樂止。車駕至御幄前，左輔奏請皇帝降輅乘輿。若乘輦，即奏云："降輦乘輿。"皇帝降輅乘輿以入。禮部郎中奏解嚴。通事舍人承旨，敕羣臣各還次，將士各還其所。若肆赦，並如冬祀大禮宣德門肆赦儀。

卷第六十二　吉禮

夕月儀_{有司行事}

時日　齋戒　陳設　省牲器

奠玉幣　進熟　望燎

時日

太常寺預於隔季以秋分夕月，關太史局。太史局以其日報太常寺。太常寺參酌訖，具時日散告。

齋戒

前祀十日，受誓戒於尚書省。

其日五鼓，贊者設位版於公相廳下：吏部尚書在左，刑部尚書在右，並南向。初獻、亞、終獻位於其南，稍東，北向，西上。監察御史位於其西，稍北，東向。光禄卿，兵部、工部郎中，大樂令、光禄丞位於其南，稍西，北向，東上。大樂令、光禄丞位稍却。奉禮郎，太祝、郊社令、太官令位於其東，西向，北上。

質明，禮直官、贊者引行事、執事官就位立定。禮直官引吏部尚書由公相廳降階，就位。禮直官贊揖，在位者對揖。吏部尚書搢笏，讀誓文云："某月某日秋分，夕月。各揚其職，不共其事，國有常刑。"讀訖，執笏。禮直官贊奉禮郎，太祝、郊社、太官令先退，餘官對拜乃退。

散齋七日，治事如故，宿於正寢，不弔喪、問疾、作樂、判書刑殺文書、決罰罪人及與穢惡。致齋三日，光禄卿、丞，郊社、太官令齋一日。二日於本司。無本司者於太常齋舍，質明至齋所。唯祀事得行，其餘悉禁。前祀一日質明，俱赴祠所齋宮，官給酒饌。祀官已齋而闕者，通攝行事。

陳設

前祀三日，儀鸞司設行事執事官次於壇壝門外，隨地之宜①；設饌幔於内壝東門外道西，東向。

前二日，光禄牽牲詣祠所。

前一日，郊社令帥其屬掃除壇之上下。太常設神位席，太史設神位版於壇上。凡設神位版，皆郊社令監視。太常設祭器，凡設祭器，皆藉以席，籩、豆又加巾蓋。以俟告潔。既畢，權徹。

光禄陳牲於卯階之東南内壝外，西向，祝史各位於牲後。太常設省牲位於牲西。三獻官在南，北向。光禄卿，兵部、工部郎中，大樂令、光禄丞，奉禮郎，太祝、郊社、太官令在北，南向，俱西上。凡設大樂令以下位皆稍却。監察御史位於光禄卿之西，少絶。

光禄陳禮饌於壇之東南内壝外，南向。太常設省饌位版於禮饌南。三獻官在南，北向，西上。監察御史在西，東向。光禄卿，兵部、工部郎中，大樂令、光禄丞，奉禮郎，太祝、郊社、太官令在東，西向，北上。大晟設登歌之樂於壇上稍南，北向。

---

① "地"字，底本作"土"，據文津閣本校改。

祀日酉前五刻，禮直官、贊者、諸司職掌各服其服。

太常設神位席，以藁秸。太史設神位版於壇上北方，南向。

太常陳玉於神位之左，玉以圭璧，盛以匣，燔玉用珉。禮神之玉，奠於神前，燔玉加於幣，陳幣篚於神位之左，幣以白。祝版於神位之右，置於坫。

次設祭器，光禄實之。左十有二籩，爲四行，以右爲上；第一行：魚鱐在前，糗餌、粉餈次之。第二行：乾蕨在前，乾棗、形鹽次之。第三行：鹿脯在前，榛實、乾桃次之。第四行：菱在前，芡、栗次之。右十有二豆，爲四行，以左爲上；第一行：芹菹在前，筍菹、葵菹次之。第二行：菁菹在前，韭菹、醓食次之。第三行：魚醢在前，兔醢、豚拍次之。第四行：鹿臡在前，醢醢、糁食次之。俎二，一在籩前①，實以羊腥七體，兩髀、兩肩并脊，兩髀在兩端，兩肩、兩脅次之，脊在中。一在豆前，實以豕腥七體，其載如羊。又俎四，在豆右，爲二重，以北爲上；第一重，一實以羊腥，腸、胃、肺一，離肺一在上端，刌肺三次之，腸三、胃三又次之，一實以豕腥膚九，橫載。第二重，一實以羊熟，腸、胃、肺，一實以豕熟膚，其載如腥。皆羊在左，豕在右。登一，在籩、豆間；實以大羹，槃一，在登前；實以毛血。簠二、簋二，在籩、豆外，二俎間，簠在左，簋在右。簠實以稻、粱，粱在稻前。簋實以黍、稷。稷在黍前。

設犧尊五、象尊五，爲二重，在壇上東南隅，北向，西上，犧尊在前，皆有坫，加勺、冪，爲酌尊。犧尊一實明水，爲上尊，餘實泛齊，代以供内法酒，初獻酌之。象尊一實明水，爲上尊，餘實醴齊，代以祠祭法酒，亞、終獻酌之。又設太尊二、山尊二在神位前，太尊一實泛齊，山尊一實醴齊，各以一尊實明水。著尊二、犧尊二在壇下午階之西，著尊一實盎齊，犧尊一實醍齊，各以一尊實明水。象尊二、壺尊六在壇下午階之東，象尊一實明水，一實沉齊。壺尊三實玄酒，三實三酒。明水、玄酒皆在上。俱北向，西上，皆加冪。五齊

---

① "一"字，底本脱，據文津閣本、楊本校補。

三酒,設而不酌。

太常設燭於神位前,設俎二於饌幔内,洗二於卯階東,北向。盥洗在東,爵洗在西。罍在洗東,加勺①。篚在洗西南肆,實以巾。若爵之篚,則實以爵,加坫。執罍、篚者位其後。

又設揖位於卯階之東内壝之外,如省牲位。唯不設光禄卿、丞,郊社令位。

積柴於燎壇。設望燎位於卯階之東南内壝之内。三獻官在北,南向,西上。監察御史在西,東向。兵部、工部郎中,大樂令、奉禮郎,太祝在東,西向,北上。又設三獻官席位於卯階之東北,西向,南上。兵部、工部郎中席位於卯階之東南,西向,北上。設監察御史、大樂令席位於午階之南,北向;奉禮郎、太官令位於其後,俱西上。光禄卿席位於監察御史之東,北向。又設監察御史位於壇上樂虡之北,在西,東向。奉禮郎、太祝在東,西向,北上。大樂令在樂虡之北,太官令於酌尊所,俱北向。

省牲器

前祀一日,行事、執事官集初獻齋所肄儀,太祝習讀祝文,視玉、幣及神位版訖,並赴壇所各就次。禮直官、贊者分引行事、執事官詣壇東省牲位,凡初獻行事禮直官引,餘官皆贊者引。立定。禮直官贊揖。次引監察御史升自卯階,凡行事、執事官升降,皆自卯階。視滌濯,執事者舉羃,曰:"潔。"降,復位。禮直官稍前,曰:"告潔畢,請省牲。"太祝出班巡牲一匝,詣初獻前,西向躬曰:"充。"退,復

---

① "勺"字,底本作"酌",據本書卷五八《朝日儀有司行事・陳設》改。

位。光禄丞出班巡牲一匝，詣初獻前，西向躬，曰："腯。"①退，復位。禮直官贊："省牲畢，請詣省饌位。"揖訖，引行事、執事官各就位立定。禮直官贊揖所司省饌具畢，禮直官贊："省饌畢。"揖訖，俱還齋所。光禄丞、太祝以次牽牲詣廚，授太官令。次引監察御史詣廚，省鼎鑊，視祭器滌溉，乃還齋所。

晡後，郊社令帥其屬掃除壇之上下。

祀日酉前十刻，太官令帥宰人以鸞刀割牲，祝史以槃取毛血，置於饌所，遂烹牲。

奠玉幣

祭日酉前三刻，行事用酉後三刻。初獻以下並赴壇所就次。郊社令先入，視設神位版訖，退。次太官令帥其屬實饌具畢。次引光禄卿入詣午階南席位，北向立。贊者曰："再拜。"光禄卿再拜，升壇，點視禮饌畢。次引監察御史升壇，點閱陳設，糾察不如儀者。樂正帥登歌工人升卯階，各就位。光禄卿還齋所，餘官各服祭服。

次引行事、執事官各就卯階東內壝外揖位立定，禮直官贊揖。次引大樂令先入就午階南席位，北向立。贊者曰："再拜。"大樂令再拜，升壇，就位。次引監察御史、奉禮郎、太祝、太官令入就午階南席位，北向立。次引三獻官、兵部、工部郎中入就卯階東席位，西向立。禮直官稍前，贊："有司謹具，請行事。"《高安之樂》作，六成，止。太常升煙，燔牲首。贊者曰："再拜。"在位者

---

① "丞退復位光禄丞出班巡牲一匝詣初獻前西向躬曰"二十一字，底本脱，據本書卷五八《朝日儀有司行事・省牲器》補。

皆再拜。次引監察御史、奉禮郎、太祝、太官令俱升壇，各就位立定。

次引初獻官詣盥洗位，《正安之樂》作，<small>初獻升降、行止，皆作《正安之樂》。</small>至洗位，北向立，搢笏，盥手，執笏，升壇。詣夜明神位前，北向立，樂止。《嘉安之樂》作，搢笏，跪。次引奉禮郎搢笏，西向跪。執事者以玉、幣授奉禮郎，奉禮郎受玉、幣授初獻，執笏，興，退，復位。初獻受玉、幣，奠訖，執笏，俯伏，興，再拜，樂止。初獻將降壇，樂作，復位，樂止。

進熟

祀日，有司設鼎二於神廚，各在鑊右。光禄帥進饌者詣廚，以匕升羊於鑊，實於一鼎；<small>肩、臂、臑、肫、胳、正脊一，直脊一，橫脊一，長脅一，短脅一，代脅一，皆二骨以並。</small>次升豕如羊，實於一鼎，皆設扃、冪。祝史對舉，入設於饌幔内。俟初獻既升，奠玉、幣，入陳於卯階下，西向，南上。祝史抽扃，委於鼎右，除冪。

初，鼎序入。有司執匕及俎以從，至卯階下，俎各設鼎西，匕加於鼎。光禄以匕升羊，載於一俎；<small>肩、臂、臑在上端，肫、胳在下端，脊、脅在中。</small>次升豕如羊，載於一俎。鼎先退。

次引兵部、工部郎中詣卯階下，搢笏，奉俎，<small>兵部奉羊，工部奉豕。</small>升壇。《豐安之樂》作，詣夜明神位前，北向跪奠，先薦羊，次薦豕，各執笏，俯伏，興，有司設於豆右，腸、胃、膚之前。<small>羊在左，豕在右。</small>樂止，俱降，復位。

次引初獻再詣盥洗位，樂作，至洗位，北向立，搢笏，盥手，帨手，執笏。次詣爵洗位，北向立，搢笏，洗爵，拭爵，以授執事者，執笏，升詣酌尊所，西向立，樂止。《嘉安之樂》作。執事者以爵授初獻，初獻搢笏，執爵。執尊者舉冪，太官令酌犧尊之泛齊。初獻以爵授執事者，執笏，詣夜明神位前，北向立，搢笏，跪。執事者以爵授初獻，初獻執爵，三祭酒，奠爵，執笏，俯伏，興。少立，樂止。次引太祝詣神位前，東向，搢笏，跪，讀祝文。讀訖，執笏，興，退，復位。初獻再拜訖，將降壇，樂作，復位，樂止。

次引亞獻詣盥洗位，北向立，搢笏，盥手，帨手，執笏。次詣爵洗位，北向立，搢笏，洗爵，拭爵，以授執事者，執笏，升詣酌尊所，西向立。《文安之樂》作。執事以爵授亞獻，亞獻搢笏，執爵，執尊者舉冪，太官令酌象尊之醴齊。亞獻以爵授執事者，執笏，詣夜明神位前，北向立，搢笏，跪。執事者以爵授亞獻，亞獻執爵①，三祭酒，奠爵，執笏②，俯伏，興，再拜。樂止，降，復位。

次引終獻詣洗及升壇行禮，並如亞獻之儀，降，復位。

禮直官曰：“賜胙。”贊者承傳，曰：“賜胙，再拜。”在位者皆再拜訖。

送神，《理安之樂》作，一成，止。

望燎

初，《理安之樂》畢，引三獻官、兵部、工部郎中詣望燎位。有司詣神位前，取玉、幣、祝版置於燎柴③。次引監察御史、大樂令、奉禮郎、太祝降壇，詣望燎位，立定。禮直官曰：“可燎。”火燎半柴。

次引初獻以下詣東壝門外揖位立。禮直官贊：“禮畢。”揖

---

① “亞獻”二字，底本無，據本書卷五八《朝日儀有司行事·進熟》補。
② 底本“執笏”後衍“跪”字，據本書卷五八《朝日儀有司行事·進熟》刪。
③ “置”字，底本脫，據本書卷五八《朝日儀有司行事·望燎》補。

訖，退。太官令帥其屬徹禮饌，監察御史詣壇，監視收徹訖，還齋所。光禄以胙奉進，監察御史就位展視訖，光禄卿望闕，再拜訖，乃退。

卷第六十三　吉禮

皇帝蜡東方西方百神儀上

時日　齋戒　陳設

時日

前期，降御札，以今年臘前一日蜡祭東方、西方百神。太常寺具時日散告。

齋戒

前蜡十日質明，有司設行事、執事及陪祠文武官位於朝堂。太宰、刑部尚書在北，南向，太宰在左，刑部尚書在右，刑部尚書稍却。行事太宰、左丞在南，吏部、户部、禮部尚書，吏部、禮部侍郎，大司樂、光禄卿，大樂令、光禄丞在其南；凡設大樂令以下位皆稍却。如朝獻、朝享，即功臣獻官在光禄丞下。次分獻官，次執事官又於其南，俱北向，西上。監察御史位二，在西，東向，北上。讀册、舉册官，奉禮、協律郎，太祝、郊社、太官令在東，俱西向，北上。奉禮郎以下位，皆稍却。設陪祠文武百官位於行事官之南。又設行事、執事及陪祠親王、宗室位於太廟齋坊。少宰、刑部侍郎在北，南向，少宰在左，刑部侍郎在右。刑部侍郎稍却。亞、終獻在南，北向，西上。親王及行事、執事、陪祠宗室在東，西向，北上。東上閤門、御史臺、太常寺以下分引羣官各就位。凡將引行事、執事、陪祠文武官立班，即御史臺引殿中侍御史一員先入就位。
太宰讀誓於朝堂，刑部尚書涖之；少宰讀誓於太廟齋坊，刑部侍郎
涖之。誓文曰："今年某月某日臘前一日，皇帝蜡祭東方百神、西方
百神。如朝獻、朝享，即云①："前二日朝獻景靈宮，前一日朝享太廟。"各揚其職，
其或不恭，國有常刑。"讀訖。內朝堂執事官奉禮郎以下②，文官宣德郎以下，
武官從義郎以下，皆先退。餘官並各對拜訖，退。

　　皇帝散齋七日於別殿，致齋三日。二日於大慶殿，一日於祠所齋殿。
如朝獻、朝享，即一日於大慶殿，一日於太廟，一日於齋殿。凡散齋，不弔喪、問
疾、作樂，有司不奏刑殺文書。致齋日，前後殿不視事，唯行
蜡事。

　　前致齋一日，殿中監帥其屬尚舍鋪御坐於大慶殿當中，南
向；設東西房於御坐之左右，稍北；又設西閣及齋室於後殿之左
右，殿上前楹施簾。

　　致齋之日，質明，有司陳法駕鹵簿於宣德門外，尚輦陳平輦
於垂拱殿庭。文武百官俱就次，各服其服。東上閣門奏請皇帝
未後詣齋室，通事舍人等自下分引知樞密院事以下詣垂拱殿庭，
立班。東上閣門附內侍進班齊牌。垂拱殿簾降，皇帝乘輦出，至
殿上，少駐。輦官迎駕，自贊常起居③。宣輦官上殿④，簾卷，鳴
鞭，行門禁衛諸班親從迎駕，自贊常起居⑤。次舍人先贊知內侍
省官以下常起居，次樞密院以下通班常起居，贊"祗候引駕"。樞
密、知客省事以下，至僉書、東上閣門官分左右立。六尚局應奉

① "云"字，底本作"於"，據本書卷三五《皇帝祈穀祀上帝儀上·齋戒》改。
② "執事"，底本作"職事"，據本書卷三五《皇帝祈穀祀上帝儀上·齋戒》改。
③ "常"字，底本脫，據本書卷三五《皇帝祈穀祀上帝儀上·齋戒》補。
④ "宣"字，底本脫，據本書卷三五《皇帝祈穀祀上帝儀上·齋戒》補。
⑤ "常"字，底本脫，據本書卷三五《皇帝祈穀祀上帝儀上·齋戒》補。

官,祗應通侍大夫以下①,武功大夫以下,並先退。次管軍臣僚宣名常起居②,贊"祗候引駕",並分左右。前導輦降東階垂拱殿門外,禁衛諸班親從自贊起居。次行宫使、御營巡檢一班常起居。如通侍大夫以下③,知客省使以下,武功大夫以下,知內侍兩省、帶御器械官、充行宫使、御營巡檢各歸本班。至大慶殿後閤降輦,入西閤,大慶殿簾降。前導官就次易朝服④,詣御榻前分左右侍立。知樞密院事、僉書樞密院事在東,西向,北上;同知樞密院事在西,東向;左輔一員在知樞密院事之北,贊拜東上閤門官一員又在其北,並西向;知客省事以下在僉書樞密院事之南,稍東,西向,北上;僉書客省事以下又在其南,稍却。通事舍人等分引行事、執事、陪祠文武官,各綷結佩,入詣大慶殿庭立班。次引禮部侍郎奏請中嚴。侍臣詣幄,奉迎內外。符寶郎奉寶先出,陳於御榻之左右。少頃,引禮部侍郎奏外辦。皇帝服通天冠、絳紗袍、綷結佩,出西閤乘輿,稱警蹕,侍衛如常儀。由西房至御榻西降輿,皇帝即御座,南向⑤,侍臣夾侍。贊拜東上閤門官於榻前贊:"樞密以下拜。"殿之上下應在位官皆再拜。東上閤門官贊拜訖,轉身北向隨拜訖,面西,贊"各祗候"。次禮直官引左輔詣御座前,俛伏,跪,奏稱:"左輔具官臣某言,請皇帝降座,詣齋室。"奏訖,俛伏,興,還侍立。凡左輔奏請准此⑥。皇帝降座,乘輿,由東房入齋室,侍臣各還所司,直衛者如常儀。通事舍人分引行事、執事、陪祠文武官以次出。三省、親王、樞密、宗室起居問聖體,並通事舍人引。

應行事、執事、陪祠官及從升者並散齋七日，宿於正寢；致齋三日，各宿於其次。<small>三省、樞密院官各宿於本廳及都堂。侍從官及尚書、侍郎分宿於秘書省、中書後省。餘官內庭有所司者各宿於其次①。諸方客使許赴陪位者各宿於其次。</small>凡散齋，治事如故，唯不弔喪、問疾、作樂、判書刑殺文書、決罰罪人及與穢惡。致齋之日，官給酒饌。唯蜡事得行，其餘悉禁。與蜡之官已齋而闕者，通攝行事。

陳設

前蜡三日，殿中監帥其屬尚舍設大次於外壝東門之內道南②，北向；小次於午階之東，西向。儀鸞司設文武臣次於大次之前，隨地之宜；行事、陪祠官、宗室及有司次於外壝東門之外；設東方、南方客使次於文官之後，西方、北方客使次於武官之後。又設饌幔於內壝東門、西門之外道北，南向。<small>壇上及東方、南方午階之東饌陳於東門外，西方、南方午階之西饌陳於西門外，北方之饌陳於北門外③。</small>

前蜡二日，郊社令帥其屬掃除壇之上下，積柴於燎壇，開瘞坎於子階之北壬地，方深取足容物，南出陛④。<small>七星以上玉、幣皆從燎。嶽鎮以下皆從瘞。</small>光祿牽牲詣祠所。大晟陳登歌之樂於壇上稍南，北向；宮架於壇南內壝外，立舞表於酇綴之間。

前一日，太常設神位席，太史設神位版“大明<small>西階設夜明位，後准此。</small>位於壇上北方，南向，席以藁秸。神農、后稷位於壇上東方，西向，北上，席以莞。歲星、句芒、田畯位於卯階之南，北上。<small>西蜡</small>

<small>① “者”字，底本作“省”，據十萬卷樓本校改。</small>
<small>② “東”字，底本脱，據本書卷三五《皇帝祈穀祀上帝儀上·陳設》補。</small>
<small>③ “門外”二字，底本脱，據本書卷二五《皇帝祀昊天下帝儀一·陳設》補。</small>
<small>④ “陛”字，底本作“階”，據《宋史》卷一〇三《禮六·蜡》校改。</small>

設太白、蓐收、田畯。角、亢、氐、房、心、尾、箕七星，壽星，大火，析木位於子階之東，東上。西蜡設奎、婁、胃、昴、畢、觜、參七宿，實沉，降婁，大梁。東嶽鎮海瀆、山川、林澤、丘陵、墳衍、原隰、井泉位於子階之西，東上。西蜡設西方嶽鎮海瀆以下。青龍[1]、水墉、坊、虎、鱗、羽、毛、介、郵表畷、臝、貓、昆蟲位於其後，東上。西蜡，設白虎[2]，不設青龍，餘同東蜡。席皆以莞。

奉禮郎、禮直官設皇帝版位於壇下小次前，西向[3]；飲福位於壇下午階之西，北向；望燎位於燎壇之北，南向。設爟火於望燎位之東，南向。東西各六人。設望燎位於其南，如省饌之位。

贊者設亞、終獻位於小次之南，稍東，西向；大禮使、太宰、左丞又於其南；行事吏部、戶部、禮部尚書，吏部、禮部侍郎，光禄卿，讀册、舉册官，光禄丞位於大禮使之東；光禄丞稍却。分獻官又於其東；奉禮郎，搏黍太祝、郊社、太官令位於小次之東北，俱東向。監察御史位二，一於壇下午階之西南，一於子階之西北，俱東向[4]。協律郎位二，一於壇上樂簴之西北，一于宫架之西北，俱東向。大樂令位於登歌樂簴之北，大司樂位於宫架之北，良醞令位於酌尊所，俱北向。又設陪祠文武官位於執事官之南，諸方客使在文官之南[5]，隨其方國。

光禄陳牲於東壝門外，西向，祝史各位於牲後；太常設牲位於牲西，大禮使、太宰、左丞在南，北向，西上。分獻官位於其後。

---

① “青龍”，《宋史》卷一〇三《禮六·蜡》作“倉龍”。
② “設”字，底本作“蜡”，據十萬卷樓本校改。
③ “向”字，底本脱，據本書卷三五《皇帝祈穀祀上帝儀上·陳設》補。
④ “監察御史位二一於壇下午階之西南一於子階之西北俱東向”二十五字，底本脱，據本書卷三五《皇帝祈穀祀上帝儀上·陳設》補。
⑤ “官”字，底本作“武”，據本書卷三五《皇帝祈穀祀上帝儀上·陳設》改。

行事吏部、户部、禮部尚書，吏部、禮部侍郎，大司樂、光禄卿，讀
册、舉册官，大樂令、光禄丞，奉禮、協律郎，搏黍太祝、郊社、太官
令在北，南向，西上。凡設大樂令以下皆稍却。監察御史在吏部尚書之
西，異位稍却。

　　光禄陳禮饌於東壝門外道北，南向。太常設省饌位版於禮
饌之南。大禮使、太宰、左丞在南，北向，西上。分獻官位於其
後。監察御史位二，俱在西，東向，北上。行事吏部、户部、禮部
尚書，吏部、禮部侍郎，大司樂、光禄卿，讀册、舉册官，大樂令、光
禄丞，奉禮、協律郎，搏黍太祝、郊社、太官令在東，西向，北上。

　　禮部帥其屬設祝册案於神位之右。司尊彝帥其屬設玉幣篚
於酌尊所。

　　次設籩、豆、簠、簋之位：正、配位皆左十有二籩，右十有二
豆，俱爲三行；俎三，一在籩前，二在豆右，爲二重；登一，在籩、豆
間；簠一、簋一，在籩、豆外，簠在左，簋在右。又設尊坫之位：正、
配位皆太尊五、山尊五，爲二重，在坫上東南隅，北向，西上。配位
設於正位酒尊之東。太尊在前，皆有坫，加勺①、冪，爲酌尊。又太尊
二、山尊二在神位前，著尊二、犧尊二在午階之西第一成，配位設於
酉階之北第一成。象尊二、壺尊六在壇下午階之西，俱北向，西上，配
位即設於酉階之北，俱東向，北上。皆加冪，設而不酌。又設從祀位，每
位皆左二籩，右二豆；俎一，在神位前；爵一，次之；簠一、簋一，在
爵之前，簠在左，簋在右。壇下卯階南三位設象尊一；子階西前
十五位設犧尊二、山尊二，後十二位設散尊二；子階東十位設壺
尊二。皆加勺、冪。又設正、配位籩、豆、簠、簋、俎各二，槃一，於

----

　　①　“加”字，底本作“蒙”，據本書卷三五《皇帝祈穀祀上帝儀上·陳設》改。

東壝門外饌幔內。設御洗二於壇下午階東南，北向。盥洗在東，爵洗在西。罍在洗東，加勺、冪。篚在洗西南肆，實以巾。若爵洗之篚，則又實以爵，加坫。設皇帝位於洗南，北向；內侍酌水位於洗東，執巾位於酌水內侍之北，俱西向；吏部侍郎位於爵洗之西，東向。又設亞、終獻盥洗、爵洗於本位之南；分獻官盥洗各於其方陛道之左。罍、篚各設於左右，皆內向。執罍、篚者位其後。

蜡日丑前五刻，郊社令與太史官屬各服其服，升壇，設大明、夜明。神農、后稷位版於壇上。太府卿、少府監帥其屬陳玉、幣於篚，大明、夜明玉以圭璧，盛以匣。大明幣以赤，夜明幣以白，大明配位及歲星以下幣以青，夜明配位及太白以下幣以白。禮神之玉，各置於神位前，燔玉加於幣[1]。光祿卿帥其屬入實正、配位籩、豆、簠、簋。籩三行，以右爲上。第一行：形鹽在前，魚鱐、糗餌次之。第二行：榛實在前，酏食、魚醢次之。第三行：豚拍在前，鹿臡、醓醢次之。簠實以稻。簋寔以黍。登寔以大羹。太官令帥其屬入實俎。籩前之俎一，寔以牛腥七體，兩髀、兩肩、兩脅并脊，兩髀在兩端，兩肩、兩脅次之，脊在中。豆右之俎二，爲二重，以北爲上。第一重實以牛腥，腸、胃、肺、離肺一在上，刌肺三次之，腸三、胃三又次之，第二重實以牛熟，腸、胃、肺，其載如腥。若配位之俎，以東爲上。良醞令帥其屬入實尊，太尊實以泛齊，山尊實以醴齊，著尊實以盎齊，象尊實以沉齊，各以一尊實明水。壺尊三實玄酒，三實三酒。明水、玄酒皆在上。又設從祀之饌。每位左二籩，桌在前，鹿脯次之；右二豆，菁菹在前，鹿臡次之；俎實以羊、豚腥肉；簠實以稷；簋實以黍；爵一及壇下之尊皆實以祠祭法酒。

太常設燭神位前，又設大禮使以下行事、執事官揖位於卯階之東內壝之外[2]，如省牲位。所司陳異寶嘉瑞及伐國之寶於宮架之南，東西相向。

---

① 底本"加"後衍"一"字，據本書卷三五《皇帝祈穀祀上帝儀上·陳設》刪。
② "外"字，底本作"內"，據本書卷三五《皇帝祈穀祀上帝儀上·陳設》改。

卷第六十四 吉禮

皇帝蜡東方西方百神儀中

車駕自大慶殿詣青城　省牲器　奠玉幣

車駕自大慶殿詣青城

前蜡一日,陪祠文武官先詣祠所。

其日,導駕官以下就位,各服其服。尚輦奉御進輿於大慶殿,乘黃令進玉輅於宣德門內,南向。設千牛將軍一員位於輅前,北向。門下侍郎一員位於左輔之前,贊者二人位又於其前。

少頃,東上閤門、御史臺、太常寺分引左輔、門下侍郎、太僕卿、乘黃令詣大慶殿西階下立,北向,東上。乘黃令位其後[①]。次引導駕官在其後,分東西相向立,以俟奉迎前導。次管軍臣僚,次行宮使、御營巡檢等又在其後。禮直官、通事舍人引禮部侍郎奏請中嚴。凡左輔、門下侍郎、禮部侍郎奏請,皆禮直官、通事舍人引。少頃,又奏外辦。皇帝服通天冠、絳紗袍,乘輿以出,降自西階,稱警蹕,如常儀。宣贊舍人贊左輔以下常起居,次導駕官常起居,已起居者,止奏"聖躬萬福"[②]。次管軍臣僚,次行宮使、御營巡檢等常起居。該宣名

---

① "其"字,底本作"宜",據十萬卷樓本、楊本校改。
② "萬福",底本作"萬歲",據十萬卷樓本、楊本校改。

者，即宣名。

太僕卿詣玉輅所，攝衣而升，正立執轡。導駕官前導皇帝出大慶殿門外，至玉輅所①。千牛將軍前跪執轡。左輔進，當輿前俛伏，跪奏："左輔具官臣某言，請皇帝降輿，升輅。"奏訖，俛伏，興，退，復位。凡左輔奏請准此。乘黃令稍前，東向，進玉輅。皇帝降輿，升輅。太僕卿正立授綏，導駕官分左右步導②。門下侍郎進，當輅前俛伏，跪奏："門下侍郎具官臣某言，請車駕進發。"奏訖，俛伏，興，退，復位。凡門下侍郎奏請准此。車駕動，稱警蹕。左輔先詣宣德門內以俟。門下侍郎及輦者夾侍以出，千牛將軍夾輅而趨。車駕將及宣德門，至侍臣上馬所，門下侍郎奏請車駕少駐，敕侍臣上馬。左輔前承旨，退稱曰："制可。"門下侍郎傳制，稱："侍臣上馬。"贊者承傳敕侍臣上馬，諸侍衛之官各督其屬左右翊駕，在黃麾內。符寶郎奉八寶前導，殿中監後部從，導駕官夾侍於前，贊者在左輔、門下侍郎之前。侍臣上馬畢，次大內留守於宣德門外再拜，奉辭。門下侍郎奏請車駕進發。車駕動，稱警蹕，不鳴鼓吹。

大駕鹵簿前導詣青城。車駕將至青城，東上閤門、御史臺分引陪祠文武官、宗室、客使，禮直官、贊者引行事、執事官俱詣齋殿門外立班，再拜奉迎訖，退。內已起居者，止奏"聖躬萬福"。車駕及門少駐，文武侍臣皆下馬，導駕官步導入門。車駕動，千牛將軍夾輅而趨。至行宮殿前迴輅南向，千牛將軍立於輅右。左輔奏請

皇帝降輅乘輿，尚輦奉御進輿於輅後。皇帝降輅乘輿入齋殿，侍衛如常儀。導駕官步導至殿門，皇帝降輅歸殿後閣，簾降。通事舍人承旨敕羣臣各還次。學士院以祝册授通進司進御書訖，付尚書禮部。如朝獻、朝享，即並如冬祀大禮車駕自太廟詣青城儀。

省牲器

省牲之日，午後十刻，去壇三百步禁行者。

未後二刻，郊社令帥其屬掃除壇之上下。司尊彝帥府史及執事者以祭器入設於位。凡設祭器，皆藉以席，籩、豆又加巾蓋。太府卿、少府監陳玉、幣於篚。告潔畢，權徹。

未後三刻，禮直官、贊者分引大禮使以下詣東壝門外省牲位，立定。光禄卿①、丞、執事者牽牲就位。禮直官贊揖，贊者引大司樂入行樂架。凡亞、終獻行事，皆禮直官、太常博士引，大禮使、太宰、左丞行事，皆禮直官引。餘官皆贊者引。次引禮部尚書升自卯階，凡行事、執事者升降，皆自卯階。視滌濯。次又引太宰申眂滌濯，執事者皆舉冪，曰：“潔。”俱復位。禮直官稍前，曰：“告潔畢，請省牲。”次禮部尚書、侍郎稍前省牲訖，退，復位。次引光禄卿出班巡牲一匝，西向躬曰：“充。”曰：“備。”次引光禄丞出班巡牲一匝②，西向躬曰：“腯。”俱復位。禮直官稍前，曰：“省牲畢，請就省饌位。”贊揖訖，引大禮使以下各就位立定。禮直官贊揖。所司省饌具畢，禮直官贊：“省饌畢。”贊揖訖，俱還齋所。光禄卿、丞及執事者以次牽牲詣廚，授太官令。次引禮部尚書詣廚，省鼎鑊，視滌溉。協律郎展

---

① “卿”字，底本脱，據本書卷三六《皇帝祈穀祀上帝儀中·省牲器》補。
② “西向躬曰充曰備次引光禄丞出班巡牲一匝”十八字，底本脱，據本書卷三六《皇帝祈穀祀上帝儀中·省牲器》補。

視樂器，乃還齋所。

晡後一刻，太官令帥宰人以鸞刀割牲，祝史各取毛血實於豆，俱詣饌所，遂烹牲。郊社令帥其屬掃除壇之上下。

奠玉幣

蜡日丑前五刻，行事用丑時七刻。諸蜡官及陪祠之官各服其服。郊社令與太史官屬入設神位版，太府卿、少府監入陳玉、幣，光禄卿入實籩、豆、簠、簋，太官令入實俎、豆，良醞令入實尊彝，樂正帥工人二舞以次入，與執尊、罍、篚、幂者各就位。次通事舍人等分引陪祠文武官及宗室、客使各入就位。次禮直官、贊官分引大禮使以下行事、執事官就卯階內壝門外揖位立定，禮直官贊揖。次引監察御史，次引大禮使入就位。次引監察御史按視壇之上下，糾察不如儀者，退，復位。

尚輦奉御進輿齋殿。皇帝服通天冠、絳紗袍，乘輿以出。近侍及扈從之官導從至大次門外。皇帝降輿入次，簾降。禮儀使、樞密院官、太常卿、東上閤門官、太常博士、禮直官分立於大次外之左右。次引禮部侍郎詣前奏請中嚴。少頃，又奏外辦。符寶郎奉寶陳於宮架之北。禮儀使當次前俛伏，跪奏：“禮儀使具官臣某言，請皇帝行事。”奏訖，俛伏，興，還侍立。禮儀使奏禮畢，准此。簾卷，皇帝服袞冕以出，侍衛如常儀。禮儀使以下前導至中壝門外。殿中監跪進大圭，殿中少監副之。凡殿中監進圭、受圭，皆少監副之。禮儀使奏請執大圭，前導皇帝入自正門。侍衛不應入者，止於門外。協律郎跪，俛伏，舉麾，興，凡行禮執事者取物、奠物，皆跪，俛伏，興。工鼓柷，宮架《儀安之樂》作。皇帝升降、行止，皆作《儀安之樂》。至午階位西向立，偃麾，戞敔，樂止。凡樂，皆協律郎跪，俛伏，舉麾，工鼓柷而後作，偃麾，戞敬而後止。禮儀使以下分左右侍立。凡行禮，皆禮儀使、樞密院官、太常卿、東上閤門官、太常博士、禮直官前導至位，即分立於左右。禮儀使前，奏：“有司謹具，請行事。”宫架作《景安之樂》、《帝臨降康之舞》，六成，止。太常升煙，燔牲首，光禄瘞血。禮儀使奏請再拜，皇帝再拜。贊者曰：“再拜。”在位官皆再拜[①]。内侍取玉、幣於篚，立於尊所。次引太宰、吏部尚書、侍郎升詣大明夜明。神位前立。太宰、吏部尚書俱西向，北上，侍郎東向。

禮儀使前導皇帝詣盥洗位，宫架樂作，至洗位，北向立，樂止。内侍酌水以進，禮儀使奏請皇帝搢大圭，盥手。内侍跪，取巾於篚，興以進，皇帝帨手。内侍受巾，跪，奠於篚。

禮儀使奏請執大圭，前導。皇帝升壇。大禮使從。皇帝升降，大禮使皆從，左右侍衛量人數升。宫架樂作，至壇下，樂止。升自午階，登歌樂作，至壇上，樂止。登歌《嘉安之樂》作，殿中監跪進鎮圭，禮儀使奏請搢大圭，執鎮圭，前導皇帝詣大明夜明。神位前，北向立。内侍先設繅藉於地[②]。禮儀使奏請跪，奠鎮圭於繅藉，執大圭，俛伏，興。又奏請搢大圭，跪。内侍加玉於幣，以授吏部尚書，吏部尚書以授太宰，太宰西向跪以進。禮儀使奏請受玉、幣，皇帝受，奠訖，吏部侍郎東向跪受以興，進奠于大明夜明。神位前。太宰、吏部尚書、侍郎俱詣神農氏神位前以俟。禮儀使奏請執大圭，俛伏，興。内侍取鎮圭、繅藉，詣神農氏神位前，先設繅藉於地。禮儀使奏請再拜，皇帝再拜訖，樂止。禮儀使前導皇帝詣神農氏，次詣后稷氏神位前，東向，奠幣，並如上儀。太宰以下

---

① “在位官皆再拜”六字，底本脱，據本書卷三六《皇帝祈穀祀上帝儀中·奠玉幣》補。

② “先”字，底本作“前”，據本書卷三六《皇帝祈穀祀上帝儀中·奠玉幣》改。

俱降,復位。

禮儀使前導皇帝還版位。登歌樂作,內侍舉鎮圭、繅藉,以鎮圭授殿中監,以還有司。皇帝降階,樂止。宮架樂作,至版位西向立,樂止。

初,皇帝將奠配帝之幣,贊者分引獻官俱詣盥洗,搢笏,盥手,帨手,執笏。詣從祀神位前,搢笏,跪,奠幣,執笏,俛伏,興,再拜。祝史、執事官各助奠訖,退,復位。

祝史奉毛血槃立於壇門外,各由其階升,太祝迎於壇上①,進奠於神位前。太祝與執事者退,立於尊所②。

---

① “壇”字,底本作“壝”,據本書卷三六《皇帝祈穀祀上帝儀中·奠玉幣》改。
② “尊所”,底本作“奠所”,據十萬卷樓本、楊本校改。

卷第六十五　吉禮

皇帝蜡東方西方百神儀下

進熟　望燎　車駕還内

進熟

　　蜡日,有司陳鼎二於神廚,各在鑊右。太官令帥其屬皆詣廚,以匕升牛於鑊,實于一鼎,肩、臂、臑、肫、胳、正脊一,直脊一,橫脊一,長脅一,短脅一,代脅一,皆二骨以并。正、配位各一鼎。皆設扃、冪。祝史對舉,陳於饌幔内①,重行,西向,以南爲上。光禄實籩、豆、簠、簋於饌幔内。籩實以粉餈,豆實以糗餌,簠實以粱,簋實以稷。次引禮部侍郎詣饌所,眡腥熟之節。俟皇帝升奠玉、幣訖,退位,樂止。引禮部尚書詣饌所,執籩、豆、簠、簋以入。户部尚書詣饌所,奉俎以入。太官令引入正門,宫架《豐安之樂》作,設饌於卯階下,北向,西上。奉牲者在東,祝史抽扃,委於鼎右,除冪。

　　初,鼎序入。有司執匕及俎以從。至卯階下,各設於鼎西,匕加於鼎。太官令以匕升牛,載於一俎。肩、臂、臑在上端,肫、胳在下端,脊、脅在中。正、配位各一俎。鼎先退。祝史進徹毛血盤②,以次出③。

---

① "陳"字,底本脱,據文津閣本、楊本校補。
② "盤"字,底本作"架",據本書卷三七《皇帝祈穀祀上帝儀下・進熟》改。
③ "出"字,底本脱,據本書卷三七《皇帝祈穀祀上帝儀下・進熟》補。

引禮部尚書搢笏，執籩、豆、簠、簋；户部尚書搢笏，奉俎以升，執事者各迎於壇上。禮部尚書奉籩、豆、簠、簋於大明_{夜明}。神位前，北向跪奠，啟蓋於下①，執笏，俛伏，興。有司設籩於糗餌前，豆於醓醢前，簠於稻前，簋於黍前。次引户部尚書奉俎，詣大明_{夜明}。位前，北向跪奠，執笏，俛伏，興，有司設於豆前。次詣神農氏，次詣后稷氏神位前，東向跪奠，並如上儀。樂止，俱降，復位。太祝取蒩擩于醢，祭於豆間三，又取黍、稷、肺祭如初，皆藉用茅，各還尊所②。次引太宰、左丞詣大明_{夜明}。神位前，西向立，以北爲上。次引吏部侍郎詣爵洗位，東向立。

禮儀使前導皇帝詣盥洗位，宮架樂作，至洗位，北向立，樂止。内侍酌水以進，禮儀使奏請搢大圭，盥手。内侍跪，取巾於篚，興以進，皇帝帨手。内侍受巾，跪，奠於篚。

禮儀使奏請執大圭，前導皇帝詣爵洗位，宮架樂作，至洗位，北向立，樂止。吏部侍郎跪，取爵於篚，興以進。禮儀使奏請搢大圭，受爵。内侍酌水以進。禮儀使奏請洗爵。内侍跪，取巾於篚，興以進，皇帝拭爵。内侍受巾，跪，奠於篚。吏部侍郎受爵，升自午階。

禮儀使奏請執大圭，前導。皇帝升壇，宮架樂作，至午階，樂止。升自午階，登歌樂作，至壇上，樂止。登歌《熙安之樂》作，_{夜明用《凝安》}。吏部侍郎奉爵，詣正位酌尊所，西向立。執尊者舉冪，良醞令酌太尊之泛齊訖，先詣神農氏位酌尊所，北向立。禮儀使前導皇帝詣大明_{夜明}。神位前，北向立。禮儀使奏請搢大圭，跪。

① "啟"字，底本脱，據本書卷三七《皇帝祈穀祀上帝儀下·進熟》補。
② "尊所"，底本作"奠所"，據文津閣本、十萬卷樓本校改。

禮部侍郎以爵授左丞，左丞授太宰，西向跪以進。禮儀使奏請執爵，祭酒，三祭於茅苴。奠爵，執大圭，俛伏，興。又奏請皇帝少立，樂止。太宰、左丞俱詣神農氏神位前①，北向立以俟。舉册官舉祝册，進於大明夜明。神位之右。讀册官搢笏，東向，跪讀册文。讀訖，執笏，興，先詣神農氏神位前，南向立。禮儀使奏請再拜，皇帝再拜。有司奠册於大明夜明。神位前。禮儀使前導皇帝詣神農氏，次詣后稷氏神位前，酌獻，並如上儀。太宰以下俱復位。

　　禮儀使前導皇帝還版位，登歌樂作。降階，樂止。宮架樂作，至版位，西向立，樂止。禮儀使奏請還小次，宮架樂作。至小次，禮儀使奏請釋大圭。殿中監跪，受大圭。皇帝入小次，簾降，樂止。

　　文舞退，武舞進，宮架《容安之樂》作。舞者立定，樂止。

　　初，皇帝將詣小次，禮直官、太常博士引亞獻官詣盥洗位，北向立，搢笏，盥手，帨手，執笏。詣爵洗位，北向立，搢笏，洗爵，拭爵，以授執事者，執笏，升詣正位酌尊所，西向立。宮架作《隆安之樂》、《神保錫羨之舞》。執事者以爵授亞獻，亞獻搢笏，執爵。執尊者舉冪，太官令酌山尊之醴齊訖，先詣神農氏位酌尊所，北向立。亞獻官以爵授執事者，執笏，詣大明夜明。神位前，北向，搢笏，跪。執事者以爵授亞獻，亞獻執爵，祭酒，三祭于茅苴。奠爵，執笏，俛伏，興，少退，北向，再拜。次詣神農氏，次詣后稷氏神位前，酌獻，並如上儀。樂止，降，復位。

　　初，亞獻行禮將畢，次禮直官、太宰博士引終獻詣洗及升壇，酌獻，並如亞獻之儀，降，復位。

---

① “俱”字，底本作“具”，據十萬卷樓本校改。

初①，亞獻將升，次分引諸位獻官詣盥洗位，搢笏，盥手，帨手，執笏。各由其階升，詣從祀神位前，俱搢笏，跪，執爵，三祭酒，奠爵，執笏，俛伏，興，再拜，降，復位。次引太祝於神位之右，跪讀祝文，讀訖，興，退，復位。

初，皇帝既奠玉、幣，光禄以牛左臂一骨及長脅、短脅俱二骨以並，載於胙俎，設於壇下飲福位之西。俟終獻既升獻，贊者引户部尚書，摶黍太祝、太官令詣飲福位，東向立。奉俎、豆、爵酒者各位其後。

禮儀使奏請詣飲福位，簾卷，出次，宮架樂作，殿中監跪進大圭②，禮儀使奏請執大圭，前導皇帝詣飲福位，將至位，樂止。宮架《禧安之樂》作，皇帝至飲福位，北向立。尚醖典御執尊，升詣酌尊所，良醖令酌上尊福酒合置一尊，典御奉尊降詣飲福位，以授殿中少監。尚醖奉御執爵，殿中少監酌之。奉御以爵酒授殿中監，殿中監西向捧以立。禮儀使奏請再拜，皇帝再拜。殿中監跪以爵酒進③。禮儀使奏請搢大圭，跪受爵，祭酒，三祭於地④。啐酒，奠爵，殿中監跪受爵以興⑤。

太祝帥執事者持俎進，減神位前正脊二骨、橫脊二骨，加於俎上。内侍受俎以授户部尚書，户部尚書西向跪以進。皇帝受俎，奠之。户部尚書受俎以興，復位。太官令取黍於簋，摶以授太祝，太祝受以豆，東向跪以進。皇帝授訖，奠之。太祝受豆以

---

① “初”字，底本作“於”，據本書卷六七《蜡南方北方百神儀·行事》改。
② “進”字，底本作“搢”，據楊本、本書卷三七《皇帝祈穀祀上帝儀下·進熟》校改。
③ “爵酒”，底本作“酌酒”，據本書卷三七《皇帝祈穀祀上帝儀下·進熟》改。
④ “三”字，底本作“受”，據楊本校改。
⑤ “受”字，底本作“授”，據本書卷三七《皇帝祈穀祀上帝儀下·進熟》改。

興,復位。

次殿中監再跪以爵酒進,禮儀使奏請受爵,飲福酒,奠爵。殿中監受虛爵以興,以授典御奉御,北向立。執事者俱退,復位。禮儀使奏請執大圭,俛伏,興。又奏請再拜,皇帝再拜,樂止。

禮儀使前導皇帝還版位,宮架樂作,至版位,西向立,樂止。

次引禮部尚書升壇,徹籩、豆,户部尚書升壇,徹俎,籩、豆、俎各一,俱少移故處。登歌《成安之樂》作,卒徹[①],樂止。禮部、户部尚書降,復位。禮直官曰:“賜胙。”行事。陪祠官再拜,贊者承傳,曰:“賜胙,再拜。”在位者皆再拜。

送神,宮架《景安之樂》作,一成,止。

望燎

《景安之樂》畢,禮儀使奏請詣望燎位,前導皇帝詣望燎位,宮架樂作。至位,南向立,樂止。

初,賜胙,再拜訖,郊社令以黍、稷、肺祭,藉以白茅束之。吏部侍郎帥太祝執篚進詣神位前,取玉、幣、祝册,藉以茅,俎載牲體、黍稷飯、爵酒,各由其階降壇,南行詣柴壇,自南陛升,以玉、幣、祝册、饌物置於燎柴。諸太祝各以星辰、七宿以上幣、帛、祝版從燎,神農氏、后稷氏、嶽鎮以下幣、帛、祝版從瘞。禮直官曰:“可燎。”舉爟火,燎壇火半柴。瘞坎,實土半坎。凡瘞,皆先省視訖[②],乃瘞。

禮儀使奏禮畢,前導皇帝還大次,宮架樂作。出中壝門外,

---

① “卒”字,底本脱,據本書卷三七《皇帝祈穀祀上帝儀下・進熟》補。

② “皆先省視”,底本作“先背脊視”,據本書卷八四《祭皇地祇儀有司行事・望瘞》改。

禮儀使奏請釋大圭。殿中監跪受大圭，以還有司，侍衛如常儀。皇帝至大次，樂止。禮部郎中奏解嚴，引大禮使以下詣卯階東內壝外揖位立，禮直官贊：“禮畢。”揖訖，退[1]。通事舍人引陪祠文武官及宗室、客使以次出。將士不得輒離部伍。行宮齋殿受賀並如冬祀端誠殿受賀儀[2]。

車駕還內

前期，殿中監帥其屬尚舍設御幄於大慶殿門外之東，南向[3]。大晟設宮架於宣德門外，稍南。

其日，禮畢，所司轉仗衛鹵簿於還途，如來儀。文武百官[4]、宗室、客使先詣宣德門外，就次以俟，立班奉迎。乘黃令進金輅於行宮殿外，南向。千牛將軍一員執長刀立於輅右。尚輦奉御進輿於齋殿，導駕官俱詣齋殿門外奉迎。禮部侍郎奏請中嚴，少頃，又奏外辦。簾卷，皇帝服通天冠、絳紗袍，乘輿以出。應導駕官並迎駕，奏“聖躬萬福”。內祇應官贊謝花再拜[5]。太僕卿出詣金輅所，攝衣而升，正立執轡。皇帝乘輿，降自西階，至金輅所。左輔奏請降輿升輅。太僕卿立授綏，千牛將軍馭駕，如來儀。門下侍郎奏請車駕進發，有司仍具大輦。若乘輦，即云：“降輿乘輦。”車駕動，稱警蹕，侍衛如儀。

至侍臣上馬所，門下侍郎奏請車駕少駐，敕侍臣上馬。左輔前承旨，退，稱曰：“制可。”門下侍郎傳制，稱：“侍臣上馬。”贊者

---

① “退”字，底本無，據本書卷三七《皇帝祈穀祀上帝儀下·望燎》補。
② “冬”字，底本作“各”，據本書卷三七《皇帝祈穀祀上帝儀下·望燎》改。
③ “向”字，底本脱，據本書卷三七《皇帝祈穀祀上帝儀下·車駕還內》補。
④ “百”字，底本無，據本書卷三七《皇帝祈穀祀上帝儀下·車駕還內》補。
⑤ “花”字，底本作“皆”，據文津閣本、十萬卷樓本、楊本校改。

承傳敕侍臣上馬。門下侍郎奏請車駕進發，車駕動，稱警蹕，鼓吹及諸軍樂振作。車駕將至宣德門外，文武百官、宗室、客使立班，再拜奏迎。次大内留守見，再拜訖，退。

　　車駕至宣德門外，少駐。文武侍臣皆下馬步導，千牛將軍降，立於輅右。車駕動，千牛將軍夾輅而趨。大樂正令奏《采茨之樂》①，入門，樂止。車駕至御幄前，左輔奏請降輅乘輿。若乘輦，即奏云："降輦。"皇帝降輅乘輿以入。禮部郎中奏解嚴。通事舍人承旨，敕羣官各還次，將士各還其所。若大赦，並如冬祀大禮宣德門肆赦儀。

---

① "令"字，底本無，據本書卷三七《皇帝祈穀祀上帝儀下·車駕還内》補。

卷第六十六　吉禮

蜡東方西方百神儀有司行事

時日　齋戒　陳設　省牲器

奠玉幣　進熟　望燎

時日

太常寺預於隔季以季冬臘前一日蜡祭東方、西方百神,關太史局。太史局以其日報太常寺。太常寺參酌訖[1],具時日散告。

齋戒

前蜡十日,受誓戒於尚書省。

其日五鼓,贊者設位版於公相廳下:吏部尚書在左,刑部尚書在右,並南向。初、亞、終獻官位於其南,稍東,北向,西上。監察御史位於其西,稍北,東向。光禄卿,兵部、工部郎中,大樂令、光禄丞位於其南,稍西,北向,東上。大樂令、光禄丞位稍却。奉禮郎,太祝、郊社、太官令位於其東,西向,北上。

質明,禮直官、贊者引行事、執事官就位立定。禮直官引吏部尚書由公相廳降階就位。禮直官贊揖,在位者對揖。吏部尚

---

① "訖"字,底本作"禮",據本書卷三八《祈穀祀上帝儀有司行事·時日》改。

書搢笏,讀誓文云:"某月某日季冬臘前一日,蜡祭於東方、西方百神。各揚其職,不共其事,國有常刑。"讀訖,執笏。禮直官贊奉禮郎、太祝、郊社、太官令先退,餘官對拜,乃退。

　　散齋七日,治事如故,宿於正寢,不弔喪、問疾、作樂、判書刑殺文書,決罰罪人及與穢惡。致齋三日,_{光禄卿、丞,郊社、太官令齋一}日。二日於本司。_{無本司者於太常齋舍,質明至齋所。}唯蜡事得行,其餘悉禁。前蜡一日質明,俱赴祠所齋宮,官給酒饌。蜡官已齋而闕者,通攝行事。

陳設

　　前蜡三日,儀鸞司設行事、執事官次於壇壝門外,隨地之宜;設饌幔於內壝東門外道北,南向。

　　前二日,光禄牽牲詣祠所。

　　前一日,郊社令帥其屬掃除壇之上下。太常設正、配神位席,太史設正、配神位版於壇上。_{凡設神位版,皆郊社令監視。}太常設祭器,_{凡設祭器,皆藉以席,籩、豆又加巾蓋。}以俟告潔[①]。_{既畢,權徹。}

　　光禄陳牲於卯階之東南內壝外,西向,祝史各位於牲後。太常設省牲位於牲西。三獻官、禮官在南,北向。光禄卿,兵部、工部郎中,大樂令、光禄丞,奉禮郎,太祝、郊社、太官令在北,南向。俱西上。_{凡設大樂令、光禄丞以下位皆稍却。}監察御史於光禄卿之西,少絶。

　　光禄陳禮饌於壇之東南內壝外,南向。太常設省饌位版於禮饌南。三獻官、禮官在南,北向,西上。監察御史在西,東向。

_{①　"潔"字,底本脱,據本書卷三八《祈穀祀上帝儀有司行事・陳設》補。}

光禄卿，兵部、工部郎中，大樂令、光禄丞，奉禮郎，太祝、郊社、太官令在東，西向，北上。大晟設登歌之樂於壇上稍南，北向。

蜡日丑前五刻，禮直官、贊者、諸司職掌各服其服。

太常設神位席，太史設神位版於壇之上下：大明位西蜡設夜明位，後准此。於壇上北方，南向，席以藁秸。神農、后稷位於壇上東方，西向，北上。歲星、句芒、田畯位於卯階之南，西向，北上。西蜡設太白、蓐收、田畯。角、亢、氐、房、心、尾、箕七宿，壽星、大火、析木位於子階之東，南向，東上。西蜡設奎、婁、胃、昴、畢、觜、參七宿，實沉、降婁、大梁。東嶽鎮海山林、川澤、丘陵、墳衍、原隰、井泉位於子階之西，南向，東上。西蜡設西方嶽鎮海瀆以下。青龍、水墉、坊、虎、鱗、介、羽、毛、郵表畷、蠃、猫、昆蟲位於其後[1]，東上。西蜡設白虎，不設青龍，餘同東蜡。席以莞。

太常陳玉於神位之左，玉以圭璧，盛以匣，燔玉用珉。禮神之玉，幣於神前，燔玉加於幣，配位不用玉。陳幣篚於神位之左，大明以赤，夜明以白，配位及歲星以青。祝版各於神位之右[2]，置於坫[3]。

次設祭器，光禄實之。正、配位各左十有二籩，爲三行，以右爲上；第一行：形鹽在前，魚鱐、糗餌、粉餈次之。第二行：榛實在前[4]，乾桃、乾棗、乾蔆次之。第三行：菱在前，芡、栗、鹿脯次之。右十有二豆，爲三行，以左爲上；第一行：芹菹在前，筍菹、葵菹、菁菹次之。第二行：韭菹在前，醓食、魚醢、兔醢次之。第三行：豚拍在前，鹿臡、醓醢、糝食次之。俎二，一在籩前，實以羊腥七體，兩髀、兩肩、兩脅并脊[5]，兩髀在兩端，兩肩、兩脅次之，脊在中。一在豆前；實以豕

---

① “蟲”字，底本作“蠱”，據本書卷六三《皇帝蜡東方西方百神儀上·陳設》改。
② “各”字，底本作“案”，據本書卷六七《蜡南方北方百神儀·陳設》改。
③ “坫”字，底本作“次”，據本書卷六七《蜡南方北方百神儀·陳設》改。
④ “榛”字，底本作“棗”，據本書卷五《序例·祭器》改。
⑤ “兩脅”二字，底本脱，據本書卷六七《蜡南方北方百神儀·陳設》補。

腥七體，其載如羊。又俎四，在豆右，爲二重，以北爲上；第一重，一實以羊腥、腸、胃、肺、離肺一在上端，刌肺三次之，腸三、胃三又次之，一實以豕腥膚九，橫載。第二重，一實以羊熟、腸、胃、肺，一實以豕熟，其載如腥。皆羊在左，豕在右。若配位，即以東爲上。登一，在籩、豆間；實以大羹。簠二、簋二，在籩、豆外，簠在左，簋在右。簠實以稻、粱，粱在稻前。簋實以黍、稷，稷在黍前。

設犧尊五，象尊五[1]，爲二重，在壇上東南隅，北向，西上，配位即設於正位酒尊之東。犧尊在前，皆有坫，加勺[2]、冪，爲酌尊。犧尊一實明水，爲上尊，餘實泛齊，代以供內法酒，初獻酌之。象尊一實明水，爲上尊，餘實醴齊，代以祠祭法酒，亞、終獻酌之。又設太尊二、山尊二在神位前，太尊一實泛齊，山尊一實醴齊，各以一尊實明水。著尊二、犧尊二在壇下午階之西，著尊一實盎齊，犧尊一實醍齊，各以一尊實明水。若配位即設於壇下酉階之北。象尊二、壺尊六在壇下子階之東，象尊一實明水，一實沉齊。壺尊三實玄酒，三實明水。明水、玄酒皆在上[3]。若配位即設於壇下酉階之南。俱北向，西上，若配位，即東向，北上。皆加冪。五齊三酒，設而不酌。

又設從祀神位。每位各左二籩，桌在前，鹿脯次之。右二豆，菁菹在前，鹿臡次之。俎一，在籩、豆前；實以羊、豕腥肉。爵一，次之；實以祠祭法酒。簠一、簋一，在爵之前，簠在左，簋在右。簠實稷，簋實黍。

太常設燭於神位前[4]，又設俎六於饌幔內，洗二於卯階東，北向。盥洗在東，爵洗在西。罍在洗東，加勺。篚在洗西南肆，實以巾。若爵洗之篚，則又實以爵，加坫。禮官盥洗各於陛道之左，俱內向。執罍、篚者位於其後。

又設揖位於卯階之東內壝之外，如省牲位。唯不設光祿卿、丞，郊

---

① “象尊五”三字，底本脱，據本書卷五《序例·祭器》補。

② “加”字，底本脱，據本書卷六七《蜡南方北方百神儀·陳設》補。

③ “明水”二字，底本脱，據本書卷六七《蜡南方北方百神儀·陳設》補。

④ “燭”字，底本作“酒”，據本書卷六七《蜡南方北方百神儀·陳設》改。

社令位。

　　積柴於燎壇。開瘞坎於西北壬地，方深取足容物，南出陛。又設望燎位於燎壇之北。三獻官禮官在北，南向，西上。監察御史在西，東向。兵部、工部郎中、大樂令、奉禮郎、太祝在東，西向，北上。設望瘞位於瘞坎之南，如省饌位。唯不設光祿卿、丞位。設三獻官、禮官席位於卯階之東北，西向，南上。兵部、工部郎中席位於卯階之東南，西向，北上。設監察御史、大樂令位於子階之南，北向；奉禮郎、太祝、太官令位於其後，俱西上。設光祿卿席位於監察御史之東，北向。又設監察御史位於壇上樂簴之北，在西，東向。奉禮郎、太祝在東，西向，北上。大樂令在樂簴之北，太官令在酌尊所，俱北向。

省牲器

　　前蜡一日，行事、執事官集獻官齋所肄儀，太祝習讀祝文，視玉幣及神位版訖，並赴壇所，各就次。禮直官、贊者分引行事、執事官詣壇東省牲位，凡初獻行事禮直官引，餘官皆贊者引。立定。禮直官贊揖。次引監察御史升自卯階，凡行事、執事官升降，皆自卯階。視滌濯，執事者舉冪，曰：“潔。”降，復位。禮直官稍前，曰：“告潔畢，請省牲。”太祝出班巡牲一匝，詣初獻前，西向躬曰：“充。”退，復位。光祿丞出班巡牲一匝，詣初獻前，西向躬曰：“腯。”退，復位。禮直官贊：“省牲畢，請詣省饌位。”揖訖，引行事、執事官各就位，立定。禮直官贊揖。所司省饌具畢，禮直官贊：“省饌訖。”揖訖①，俱還齋所。光祿丞、太祝以次牽牲詣廚，授太官令。次引監

―――――――――
　　①　“揖訖”二字，底本無，據本書卷六七《蜡南方北方百神儀·省饌》補。

察御史詣廚,省鼎鑊,視祭器滌溉,乃還齋所。

　　未後一刻,太官令帥宰人以鸞刀割牲,祝史以槃取毛血,各置於饌所①,遂烹牲。

　　晡後,郊社令帥其屬掃除壇之上下訖,還齋所。

奠玉幣

　　蜡日丑前五刻,行事用丑時七刻。初獻以下並赴壇所就次。郊社令先入,視設神位版訖,退。次太官令帥其屬實饌具畢。次引光禄卿入詣午階南席位,北向立。贊者曰:“再拜。”光禄卿再拜,升壇,點視禮饌畢。次引監察御史升壇,點閱陳設,糾察不如儀者。凡點視及點閱,皆先詣正位。次樂正帥工人升卯階,各就位。光禄卿還齋所,餘官各祭服。

　　次引行事、執事官各就卯階東内壇外揖位立定②,禮直官贊揖。次引大樂令先入就位卯階南席位,北向立。贊者曰:“再拜。”③大樂令再拜,升壇④,就位。次引監察御史、奉禮郎、太祝、太官令入就午階南次位,北向立。次引三獻官、禮直官、兵部、工部郎中入就卯階東席位,西向立。禮直官稍前,贊:“有司謹具,請行事。”《熙安之樂》作,六成,止。太常升烟,燔牲首。贊者曰:“再拜。”在位者皆再拜。次引監察御史、奉禮郎、太祝、太官令俱升壇,各就位立定。太官令詣正位酌尊所。

　　次引初獻官詣盥洗位,《肅安之樂》作,凡初獻升降、行止,皆作《肅

---

　　①　“祝史以槃取毛血置於饌所”十一字,底本脱,據本書卷六七《蜡南方北方百神儀·省饌》補。

　　②　“内”字,底本作“西”,據本書卷六七《蜡南方北方百神儀·奠玉幣》改。

　　③　“曰”字,底本脱,據文津閣本、楊本校補。

　　④　“壇”字,底本作“墰”,據十萬卷樓本校改。

安之樂》。至洗位，北向立，搢笏，盥手，帨手，執笏，升壇，詣大明_{夜明}。神位前，北向立，樂止。《欽安之樂》作，搢笏，跪。次引奉禮郎搢笏，西向跪。執事者以玉、幣授奉禮郎，奉禮郎以玉、幣授初獻，執笏，興，先詣帝神農氏位前，北向立。初獻官受玉、幣，奠訖，執笏，俛伏，興，再拜。次詣后稷氏位前，東向立，_{酌獻詣配位準此}。奠幣，如上儀，樂止，奉禮郎復位。初獻將降壇，樂作，復位，樂止。

進熟

蜡日，有司設鼎六於神廚，各在鑊右。光祿帥進饌者詣廚，以匕升羊於鑊，實於一鼎，_{肩、臂、臑、肫、胳、正脊一，直脊一，橫脊一，長脅一，短脅一，代脅一，皆二骨以並}。正、配位各一鼎。皆設扃、冪。祝史對舉，入設於饌幔內。俟初獻既升，奠玉、幣，入陳於卯階下，西向，南上。祝史抽扃，委於鼎右，除冪。

初，鼎序入。有司執匕及俎以從，至卯階下，俎各設於鼎西，匕加於鼎。光祿以匕升羊，載於一俎。_{肩、脅、臑在上端①，肫、胳在下端，脊②、脅在中}。次升豕如羊，載於一俎。_{正、配位設羊、豕各一俎}。鼎先退。

次引兵部、工部郎中詣卯階下，搢笏，奉俎，_{兵部奉羊，工部奉豕}。升壇。《承安之樂》作，詣大明神位前，北面，跪奠，先薦羊，次薦豕③，各執笏，俛伏，興，有司設於豆右，腸、胃、膚之前④。_{羊在左，豕在右}。次詣配位前，東向，奉俎，如上儀。樂止，俱降，復位。

---

① "臑"字，底本作"肺"，據十萬卷樓本校。
② "脊"字，底本作"肩"，據十萬卷樓本校改。
③ "羊次薦"三字，底本脫，據十萬卷樓本、楊本校補。
④ "膚"字，底本脫，據楊本校補。

次詣初獻再詣盥洗位,樂作,至洗位,北向立,搢笏,盥手,帨手,執笏。詣爵洗位,北向立,搢笏,洗爵,拭爵,以授執事者,執笏,升詣正位酌尊所,西向立,樂止。《褆安之樂》作。執事者以爵授初獻,初獻搢笏,執爵,執尊者舉冪,太官令酌犧尊之泛齊訖,先詣帝神農氏酌尊所,北向立。次詣后稷氏,准此。執事者以爵授初獻,初獻執爵,三祭酒,奠爵,執笏,俛伏,興。少立,樂止。次引太祝詣神位前,東向,搢笏,跪讀祝文訖,執笏,俛伏,興,先詣帝神農氏神位前,西向立。次詣后稷氏,准此。初獻再拜,詣帝神農氏,次詣后稷氏神位前,酌獻,並如上儀,樂止。太官令復詣正位酌尊所,太祝復位。初獻將降壇,樂作,復位,樂止。

次引亞獻詣盥洗位,北向立,搢笏,盥手,帨手,執笏。次詣爵洗位,北向立,搢笏①,洗爵,拭爵②,以授執事者,執笏,升詣正位酌尊所,西向立。《慶安之樂》作。執事者以爵授亞獻。亞獻搢笏,執爵,執尊者舉冪,太官令酌象尊之醴齊訖,先詣帝神農氏酌尊所,北向立。亞獻以爵授執事者,執笏,詣大明神位前,北向立,搢笏,跪。執事者以爵授亞獻,執爵,三祭酒,奠爵,執笏,俛伏,興,再拜。次詣帝神農氏位,次詣后稷氏神位前,酌獻,並如上儀。樂止,降,復位。

次引終獻詣洗及升壇行禮,並如亞獻之儀,降,復位。

亞獻將獻,引禮官各詣盥洗位,搢笏,盥手,帨手,執笏,詣諸從祀神位前,搢笏,跪,執爵,三祭酒,奠爵,執笏,俛伏,興,少立。次詣太祝各於神位之右,搢笏,跪讀祝文,讀訖,執笏,興,復位。

---

① "盥手帨手執笏次詣爵洗位北向立搢笏"十六字,底本脱,據本書卷六七《蜡南方北方百神儀·行事》補。
② "爵"字,底本脱,據楊本、本書卷六七《蜡南方北方百神儀·行事》校補。

禮官再拜，復位。禮直官曰："賜胙。"贊者承傳，曰："賜胙，再拜。"在位者皆再拜訖。

送神，《宣安之樂》作，一成，止。

望燎

初，《宣安之樂》畢，引三獻官、禮官、兵部、工部郎中詣望燎位。有司各詣神位前，取玉、帛、祝版置於燎壇。神農、嶽鎮以下幣、帛，皆置於瘞坎。次引監察御史、大樂令、奉禮郎、太祝降壇，詣望燎位，立定。禮直官曰："可燎。"火燎半柴。次引初獻以下詣望瘞位。禮直官曰："可瘞。"寘土半坎。

引初獻以下詣東壇門外揖位，立定。禮直官贊："禮畢。"揖訖，退。太官令帥其屬徹禮饌，監察御史詣壇，監視收徹訖，退，還齋所。光禄卿以胙奉進，監察御史就位，展視訖。光禄卿望闕，再拜，乃退。

卷第六十七　吉禮

蜡南方北方百神儀

時日　齋戒　陳設　省饌　行事

時日

太常寺預於隔季以季冬臘前一日蜡南、北方百神，關太史局。太史局以其日報太常寺。太常寺參酌訖^①，具時日散告。

齋戒

前蜡五日，應行事、執事官散齋三日，治事如故，宿於正寢，不吊喪、問疾、作樂、判書刑殺文書、決罰罪人及與穢惡；致齋二日，光禄少卿、太官令齋一日。一日於本司。無本司於太常齋舍，質明至齋所。唯蜡事得行，其餘悉禁。前蜡一日質明，俱赴祠所，官給酒饌。蜡官已齋而闕者，通攝行事。

陳設

前蜡三日，儀鸞司設行事、執事官次於壇壝門外，量地之宜。前二日，光禄牽牲詣祠所。

---

① “太常寺”三字，底本無，據文津閣本、十萬卷樓本、楊本校補。

前一日，陳禮饌於齋宫。太常設省饌位版於禮饌之南。三獻官在南，北向，西上。分獻官在其後。監察御史在西，東向。光禄少卿、大樂令、奉禮郎、太祝、太官令在東，西向，北上。凡設奉禮郎以下位皆稍却。大晟設登歌之樂於壇上稍南，北向。

蜡日丑前五刻，禮直官、贊者、諸司職掌各服其服[①]。

太常設神位席，太史設神位版於壇之上下。神農位版於壇上北方[②]，南向；后稷位於壇上東方，西向，席皆以莞。熒惑、祝融、田畯位於卯階之南，北向。北蜡設辰星、玄枵、田畯。井、鬼、柳、星、張、翼、軫七星，鶉火，鶉尾，鶉首位於子階之西，西上。北蜡設斗、牛、女、虚、危、室、壁七宿、星紀、玄枵、娵訾。南嶽鎮海瀆、山林、川澤、丘陵、墳衍、原隰、井泉位於子階之西，東上。北蜡設北方嶽鎮海瀆以下。朱雀、水墉、坊、虎、鱗、羽、介、毛、郵表畷、臝、貓、昆蟲位於其後，東上。北蜡設玄武，不設朱雀，餘同南蜡。中嶽鎮、山林、川澤、丘陵、墳衍、原隰、井泉位於午階之西。騶虞、水墉、坊、虎、鱗、羽、介、毛、郵表畷、臝、貓、昆蟲位於其後，西上。北蜡不設。席皆以莞。

太常陳幣篚於神位之左，正、配位幣以青，五星幣以黝。祝版各於神位之右，置於坫。

次設祭器，皆藉以席，光禄寔之。正、配位各左十籩，爲三行，以右爲上；第一行：乾蕿在前，乾棗、形鹽、魚鱐次之。第二行：鹿脯在前，榛實、乾桃次之。第三行：菱在前，芡、棗次之。右十豆，爲三行，以左爲上；第一行：芹菹在前，筍菹、葵菹、菁菹次之。第二行：韭菹在前，魚醢、兔醢次之[③]。第三行：豚拍在前，鹿臡、醓醢次之。俎二，一在籩前，實以羊腥七體，兩髀、兩肩、兩脅并脊，

① “職掌”，底本作“職事”，據十萬卷樓本校改。
② “農”字，底本脱，據楊本校補。
③ “兔醢”，底本作“兔醯”，據楊本校改。

兩髀在兩端，兩肩次之，脊在中。一在豆前。實以豕腥七體，其載如羊。又設俎六，在豆右，爲三重，以北爲上；第一重，一實以羊腥，腸、胃、肺、離肺一在上端，刌肺三次之；一實以豕腥膚九，橫載。第二重，一實以羊熟，腸、胃、肺；一實以豕熟膚，其載如腥。第三重，一實以羊熟十一體，肩、臂、臑、肫、胳、正脊一、直脊一、橫脊一、長脅一、短脅一、代脅一，皆二骨以並。肩、臂、臑在上端，肫、胳在下端，脊、脅在中①。一實以熟豕十一體，其載如羊。皆羊在左，豕在右。若配位，即以東爲上。簠二、簋二，在籩、豆外，二俎間，簠在左，簋在右；簠實以稻、粱，粱在稻前。簋實以黍、稷，稷在黍前。鉶三，在籩、豆間；實以羹，加芼滑。登二，一在鉶前，實以大羹。一於籩、豆之左；實以肝膋。槃一，在鉶後。實以毛血。

設犧尊四、象尊四，爲二重②，在壇上東南隅，北向，西上，配位即設於正位酒尊之東。犧尊在前，皆有坫，加勺、冪，爲酌尊。犧尊一寔明水③，爲上尊，餘實泛齊，代以供內法酒，初獻酌之。象尊一實明水，爲上尊，餘寔醴齊，代以祠祭法酒，亞、終獻酌之。又設太尊二、山尊二在神位前，太尊一實泛齊，山尊一實醴齊，各以一尊實明水。著尊二、犧尊二、象尊三、壺尊六在壇下，著尊一實盎齊，犧尊一實醴齊，象尊一實沉齊，各以一尊實明水。壺尊三實玄酒，三實三酒。明水、玄酒皆在上。俱北向，西上，若配位，即東向，北上。皆加冪。五齊三酒，設而不酌。

又設配位諸神。每位各左二籩，桌在前，鹿脯次之。右二豆；菁菹在前，鹿臡次之。俎一，在籩、豆前；實以羊、豕腥肉④。爵一，次之；實以祠祭法酒。簠一、簋一，在爵之前，簠在左，簋在右。簠實稷，簋實黍。各設酒二於神位之左。卯階、酉階各三位，北方位卯階南三位。設象尊二。子階西前十五位設壹尊二、山尊二，後十二位設散尊二。午

---

① “在”字，底本作“平”，據本書卷六六《蜡東方西方百神儀有司行事·陳設》改。

② “二”字，底本脱，據本書卷六六《蜡東方西方百神儀有司行事·陳設》補。

③ “一”字，底本作“二”，據文津閣本、十萬卷樓本、楊本校改。

④ “腥”字，底本作“鹿”，據本書卷六六《蜡東方西方百神儀有司行事·陳設》改。

階西前十三位設蜃尊二、山尊二,後十二位設散尊二。北方不設午階前後位。子階東十二位設壺尊二。並實以祠祭法酒。

太常設燭於神位前,洗二於卯階之東,北向①。盥洗在東,爵洗在西。罍在洗東,加勺。篚在洗西南肆,實以巾。若爵洗之篚,則又實以爵,加坫。執罍、篚者位其後。

設揖位於卯階東内壝之外。三獻官在南,北向。分獻官位於其後。監察御史、大樂令、奉禮郎、太祝、太官令在北,南向。俱西上。

開瘞坎於西北壬地,方深取足容物,南出陛。積柴於燎壇。設望瘞位於壇北,如省饌之位。唯不設光禄少卿、太官令位。設望燎位於壇南。三獻官在北,南向,西上。分獻官位於其後;監察御史在西,東向;大樂令、奉禮郎、太祝在東②,西向③,俱北上。設三獻官席位於卯階之東,西向④,北上。分獻官位於其後。監察御史、大樂令位於子階之南,北向。奉禮郎、太官令位於其後。俱西上。光禄少卿席位於監察御史之東,北向。又設監察御史位於壇上樂簴之北,在西,東向。奉禮郎、太祝在東,西向,北上。大樂令於樂簴之北,太官令於酌尊所⑤,俱北向。

省饌

前蜡一日,行事、執事官集初獻齋所肄儀,太祝習讀祝文及

---

① “北向”二字,底本無,據本書卷六六《蜡東方西方百神儀有司行事・陳設》補。
② “太祝”二字,底本脱,據本書卷六六《蜡東方西方百神儀有司行事・陳設》補。
③ “西向”二字,底本無,據本書卷六六《蜡東方西方百神儀有司行事・陳設》補。
④ “西”字,底本作“南”,據十萬卷樓本校改。
⑤ “尊”字,底本作“導”,據十萬卷樓本、楊本校改。

視幣^①、神位版。次禮直官贊者分引行事、執事官就省饌位，立定。<small>凡初獻行事禮直官引，餘官皆贊者引。</small>禮直官贊揖訖。所司省饌具畢，禮直官贊："省饌畢。"揖訖，俱還齋所。次引監察御史詣廚，視祭器滌溉及視牲充、腯，乃還齋所^②。

未後一刻，太官令帥宰人以鸞刀割牲，祝史以槃取毛血，置於饌所，遂烹牲。

晡後，有司帥其屬掃除壇之上下訖，還齋所。

行事

蜡日丑時五刻，<small>行事用丑時七刻。</small>初獻以下，並赴壇就次。太官令帥其屬實饌具畢。次引光禄少卿入詣午階南席位，北向立。贊者曰："再拜。"光禄少卿再拜，升自卯階，<small>行事執事官升階，皆自卯階。</small>點視禮饌畢。次引監察御史升壇，點閲陳設，糾察不如儀者。<small>凡點視及點閲，皆先詣正位。</small>次樂正帥工人升卯階，各入就位。光禄少卿還齋所，餘官各服祭服。

次引行事、執事官詣卯階東揖位，立定。禮直官贊揖。次引大樂令先入就壇下席位，北向立。贊者曰："再拜。"大樂令再拜^③，升壇，就位。次引監察御史、奉禮郎、太祝、太官令就下席位，北向立。次引初獻以下入就壇下席位，西向立。禮直官稍前，贊："有司謹具，請行事。"《簡安之樂》作，三成，止。光禄瘞血訖。贊者曰："再拜。"在位者皆再拜。次引監察御史、奉禮郎、太

<small>① "視"字，底本作"祝"，據文津閣本、十萬卷樓本、楊本校改。</small>

<small>② "詣廚視祭器滌溉乃還齋所"十一字，底本脱，據本書卷六六《蜡東方西方百神儀有司行事・省牲器》補。</small>

<small>③ "大樂令再拜"五字，底本脱，據本書卷六六《蜡東方西方百神儀有司行事・奠玉幣》補。</small>

祝、太官令俱升壇,各就位,太官令就正位酌尊所。立定。

次引初獻詣盥洗位,《穆安之樂》作,凡初獻升降[1]、行止,皆作《穆安之樂》。至洗位,北向立,搢笏,盥手,執笏,升詣神農氏位前,北向立,樂止。《吉安之樂》作,搢笏,跪。次引奉禮郎搢笏,西向跪。執事者以幣授奉禮郎[2],奉禮郎奉幣,跪,授初獻,執笏,興,先詣后稷氏神位前,北向立。初獻受幣,奠訖,執笏,俛伏,興,少退,再拜。次詣后稷氏神位前,東向立,酌獻詣配位,准此。奠幣,如上儀,樂止。奉禮郎復位。初獻將降壇,樂作,復位,樂止。

少頃,引初獻再詣盥洗位[3],樂作,至洗位,北向立,搢笏,盥手,帨手,執笏。詣爵洗位,北向立,搢笏,洗爵,拭爵,以授執事者,執笏,升詣正位酌尊所,西向立,樂止。《禔安之樂》作,執事者以爵授初獻,初獻搢笏,執爵[4],執尊者舉冪,太官令酌犧尊之泛齊訖,先詣配位酌尊所,北向立。初獻以爵授執事者,執笏,詣神農氏位前,北向立,搢笏,跪。執事者以爵授初獻,初獻執爵,三祭酒,奠爵,執笏,俛伏,興。少立,樂止[5]。次引太祝詣神位前,東向,搢笏,跪讀祝文。讀訖,執笏,興,先詣后稷氏神位前,東向立[6]。初獻再拜,次詣后稷氏神位前,酌獻,並如上儀,樂止。太官令復位詣正位酌尊所。太祝復位。初獻將降壇,樂作,復位,樂止。

----

　　① “升降”二字,底本脱,據本書卷六六《蜡東方西方百神儀有司行事·奠玉幣》補。

　　② “幣”字,底本作“盟”,據十萬卷樓本校改。

　　③ “洗”字,底本脱,據十萬卷樓本校補。

　　④ “執爵”二字,底本脱,據本書卷六六《蜡東方西方百神儀有司行事·進熟》補。

　　⑤ “止”字,底本作“作”,據本書卷六六《蜡東方西方百神儀有司行事·進熟》改。

　　⑥ 底本“向立”前衍“面搢笏獻再拜次詣后稷氏神位前南”十五字,據十萬卷樓本删。

次引亞獻詣盥洗位，北向立，搢笏，盥手，帨手，執笏。詣爵洗位，北向立，搢笏，洗爵，拭爵，以授執事者，執笏，升詣正位酌尊所，西向立。《曼安之樂》作。執事者以爵授亞獻[1]，亞獻搢笏，執爵，執尊者舉冪，太官令酌象尊之醴齊訖[2]，先詣配位酌尊所，北向立。亞獻以爵授執事者，執笏，詣神農氏位前，北向立，搢笏，跪。執事者以爵授亞獻，亞獻執爵，三祭酒，奠爵，執笏，俛伏，興，再拜。次詣后稷氏神位前，酌獻，並如上儀。樂止，降，復位。

次引終獻詣洗及升壇行禮，並如亞獻之儀，降，復位。

初，亞獻將升，引分獻官詣盥洗位，搢笏，盥手，帨手，執笏，詣壇下諸神位前，搢笏。奉禮郎跪，受幣[3]，奉奠訖，執爵，三祭酒，奠爵，執笏，俛伏，興。太祝各於神坐之右，跪讀祝文。讀訖，太祝復位。分獻官再拜，俱復位。

禮直官曰：“賜胙。”贊者承傳，曰：“賜胙，再拜。”在位者皆再拜。

送神，《代安之樂》作，一成，止。

次引三獻官、分獻官詣望瘞位。有司者詣神位前，取幣、祝版置於瘞坎。熒惑、辰星等幣，皆置於燎柴。次監察御史、大樂令、奉禮郎、太祝詣望燎位[4]，立定。禮直官曰：“可瘞。”實土半坎[5]。引初獻以下詣望燎位。禮直官曰：“可燎。”火燎半柴。

引初獻以下詣卯階揖位，立定。禮直官贊：“禮畢。”揖訖，退。太官令帥其屬徹禮饌，監察御史詣壇，監視收徹，乃退。

---

① “執事”，底本作“職事”，據文津閣本校改。
② “訖”字，底本作“及”，據本書卷六六《蜡東方西方百神儀有司行事·進熟》改。
③ “受”字，底本作“授”，據楊本校改。
④ 底本“位”前衍“前”字，據十萬卷樓本刪。
⑤ “實”字，底本作“寶”，據本書卷六六《蜡東方西方百神儀有司行事·望燎》改。

卷第六十八　吉禮

祀帝䰞儀

時日　齋戒　陳設　省饌
奠幣　薦饌　望燎

時日

太常寺預於隔季以夏土王日祀帝䰞，關太史局。太史局以其日報太常寺。太常寺參酌訖，具時日散告。

齋戒

前祀十日，受誓戒於尚書省。

其日五鼓，贊者設位版於公相廳下：初獻官在左，刑部尚書在右，並南向。亞、終獻位於其西，稍北，東向。戶部尚書，大司樂、光禄卿，大樂令、光禄丞位於其南，稍西，北向，東上。大樂令、光禄丞位稍却。奉禮、協律郎，太祝、郊社、太官令位於其東，西向，北上。

質明，贊者引行事、執事者就位，立定。禮直官引初獻降階，就位。禮直官贊揖，在位者對揖。初獻搢笏，讀誓文云："某月某日季夏土王日，祀帝䰞。各揚其職，不共其事，國有常刑。"讀訖，執笏。禮直官贊奉禮、協律郎,太祝、郊社、太官令先退,餘官對拜乃退。

散齋七日,治事如故,宿於正寢,不弔喪、問疾、作樂、判書刑殺文書、決罰罪人及與穢惡。致齋三日,_{光禄卿、丞,太官令齋一日。二日於本司。無本司者於太常齋舍,質明至齋所。}唯祀事得行,其餘悉禁。前祀一日質明,俱趙祠所齋宮,官給酒饌。祀官已齋而闕者,通攝行事。

陳設

前祀三日,儀鸞司設行事、執事官次於齋宮之內,隨地之宜;設饌幔於壇外。

前一日,郊社令帥其屬掃除殿之內外。

太常設祭器,_{凡設祭器,皆藉以席,籩、豆又加巾蓋。}以俟告潔。_{既畢,權徹。}設告潔位於殿東門外。三獻官在西,東向。戶部尚書,大司樂、光禄卿,大樂令、光禄丞,奉禮、協律郎,太祝、郊社、太官令在東,西向,北上。_{凡設大樂令以下皆稍却。}監察御史位於戶部尚書之北,少絕。

光禄陳禮饌於東門外,南向。太常設省饌位版於禮饌之南。三獻官在南,北向,西上。監察御史在西,東向。戶部尚書,大司樂、光禄卿,大樂令、光禄丞,奉禮、協律郎,太祝、郊社、太官令在東,西向,北上。大晟設登歌之樂於殿上,稍南,北向。設宮架於庭中,立舞表於酇綴之間。

祀日丑前五刻,禮直官、贊者、諸司職掌各服其服。

太常陳幣篚於神位之左,_{幣以黄。}祝版於神位之右,置於坫。

次設祭器,光禄實之。左十有二籩,爲三行,以右爲上;第一行：形鹽在前，梨、糗餌、粉餈次之。第二行：榛實在前，乾桃、乾蔆、乾棗次之。第三行：菱在前，芡、棗、乾柿次之。右十有二豆，爲三行，以左爲上；第一行：芹菹在前，筍菹、菁菹、葵菹次之。第二行：蓆在前，萵苣、松脯、蠯脯次之。第三行：酏食在前，瓜虀、醬、糝食次之。豆一，在籩前；實以乳餅。簠二、簋二，在籩、豆外，簠在左，簋在右。簠實以稻、粱，粱在稻前。簋實黍、稷，稷在黍前。

設太尊五、山尊五，爲二重，在殿上東南隅，北向，西上，太尊在前，皆有坫，加勺、冪，爲酌尊。太尊一實明水，爲上尊，餘實以泛齊，代以供內法酒，初獻酌之。山尊一實明水，爲上尊，餘實以醴齊，代以祠祭法酒，亞、終獻酌之。又設太尊二、山尊二於神位前，太尊一實泛齊，山尊一實醴齊，各以一尊實明水。著尊二、犧尊二、象尊二、壺尊六在下，著尊一實盎齊，犧尊一實醍齊，象尊一實沉齊，各以一尊實明水。壺尊三實玄酒，三實三酒。明水、玄酒皆在上。俱北向，西上，皆加冪。五齊三酒，設而不酌。

太常設燭於神位前，設俎二於饌幔內①，設洗二於殿庭之東南，直東霤。盥洗在東，爵洗在西。罍在洗東，加勺。篚在洗西，實以巾。若爵洗之篚，則又實以爵，加坫②。執罍、篚者位在其後。

又設揖位於殿東之外，如告潔位。唯不設光祿卿、丞位。

積燎柴於殿之南門外。設望燎位於其北。三獻官在北，南向，西上。監察御史在西，東向。戶部尚書，大司樂、大樂令，奉禮、協律郎，太祝、郊社令在東，西向，北上。又設三獻官席位於殿庭之東，西向，南上。戶部尚書於其南，西向。監察御史席位於殿庭之南，奉禮郎、太祝、郊社、太官令位於其後，大司樂、大樂令席位於監察御史之東，協律郎位於其後，光祿卿席位於大司樂

① “二”字，底本脱，據十萬卷樓本校補。
② “罍在洗東加勺篚在洗西實以巾若爵洗之篚則又實以爵加坫”二十五字，底本脱，據本書卷六九《祀八鼎儀·陳設》補。

之東，俱北向，西上。又設監察御史於殿上前楹西，東向。奉禮郎、太祝、郊社令在東，西向，北上。大樂令於樂虡之北，太官令於酌尊所，俱北向。協律郎位二，一於殿上前楹間稍西，一於宮架西北，俱東向。大司樂位於宮架北，北向。

省饌

前祀一日，行事、執事官集初獻齋所肄儀，太祝習讀祝文及視幣訖，俱詣殿門外。次禮直官、贊者分引行事、執事官詣殿東門外告潔位，凡初獻行事禮直官引，餘官皆贊者引。立定。禮直官贊揖。次引大司樂入行樂架。次引監察御史升殿，視滌濯，執事者舉幂，曰：“潔。”降，復位。禮直官稍前，曰：“告潔畢，請詣省饌位。”揖訖，引行事、執事官各就位立定。禮直官贊揖所司省饌具畢，禮直官贊：“省饌畢。”揖訖，俱還齋所。次監察御史詣廚，視祭器滌溉。協律郎展視樂器，乃還齋所。

晡後，郊社令帥其屬掃除殿之內外訖，還齋所。

奠幣

祀日丑前五刻，行事用丑時七刻。初獻以下，並赴殿門外就次。樂正帥工人二舞入就位。登歌工人候監察御史點閱訖，升殿各就位。次太官令帥其屬寔饌具畢。次引光禄卿入詣殿下席位，北向立。贊者曰：“再拜。”光禄卿再拜，升殿，點視禮饌畢。次引監察御史升殿，點閱陳設，糾察不如儀者。光禄卿還齋所，餘官各服祭服。

次引行事、執事官詣殿東門外揖位立定，禮直官贊揖。次引大司樂、大樂令、協律郎先入就殿庭席位，北向立。贊者曰：“再拜。”大司樂以下皆再拜，各就位。次引監察御史、奉禮郎、太祝、郊社、太官令入就殿庭席位，北向立。次引初獻、戶部尚書、亞、終獻俱入就殿庭席位，西向立。禮直官稍前，贊曰："有司謹具，請行事。"協律郎跪，俛伏，舉麾，興，工鼓柷，宮架作《景安之樂》、《帝臨嘉至之舞》，六成，偃麾，戛敔，樂止。凡樂，皆協律郎跪，俛伏[1]，舉麾，興，工鼓柷而後作，偃麾，戛敔而後止。贊者曰："再拜。"在位者皆再拜。次引監察御史、奉禮郎、太祝、郊社、太官令俱升殿，各就位立定。

次引初獻詣盥洗位，宮架《正安之樂》作，初獻升降、行止，皆作《正安之樂》。至洗位，北向立，搢笏，盥手，帨手，執笏，升殿，樂止。登歌樂作，詣帝舝神位前，北向立，樂止。登歌《嘉安之樂》作，搢笏，跪。次引奉禮郎搢笏，西向跪。執事者以幣授奉禮郎，奉禮郎以幣授初獻，執笏，興，復位。初獻受幣，奠訖，執笏，俛伏，興，再拜，樂止。初獻將降階，登歌樂作，降階，樂止。宮架樂作，復位，樂止。

薦饌

祀日，光禄帥其屬以饌實于俎，陳於饌幔內。初獻既升，奠幣，祝史入陳於殿階下，北向。

次引戶部尚書詣階下，搢笏，奉俎，升殿。宮架《豐安之樂》作，詣席爵神位前，北向跪奠，執笏，俛伏，興，有司設於豆前。樂止。降，復位。

次引初獻再詣盥洗位，宮架樂作。至位，北向立，搢笏，盥手，帨手，執笏。次詣爵洗位，北向立，搢笏，洗爵，拭爵，以授執事者，執笏，升殿，樂止。登歌樂作，詣酌尊所，西向立，樂止。登

---

① "俛"字，底本脱，據楊本校補。

歌《嘉安之樂》作。執事者以爵授初獻，初獻搢笏，執爵。執尊者舉冪，太官令酌太尊之泛齊。初獻以爵授執事者，執笏，詣帝龗神位前，北向立，搢笏，跪。執事者以爵授初獻，初獻執爵，祭酒，三祭於茅苴，奠爵，執笏，俛伏，興。少立，樂止。次引太祝詣神位前[①]，東向，搢笏，跪讀祝文。讀訖，執笏，興，復位。初獻再拜，將降階，登歌樂作，降階，樂止。宮架樂作，復位，樂止。

文舞退，武舞進，宮架《正安之樂》作。舞者立定，樂止。

次引亞獻詣盥洗位，北向立，搢笏，盥手，帨手，執笏。次詣爵洗位，北向立，搢笏，洗爵，拭爵，以授執事者，執笏，升殿，詣酌尊所，西向立。宮架作《大安之樂》、《神娛錫羨之舞》。執事者以爵授亞獻，搢笏，執爵，執尊者舉冪，太官令酌山尊之醴齊。亞獻以爵授執事者，執笏，詣帝龗神位前，北向立，搢笏，跪。執事者以爵授亞獻，亞獻執爵，祭酒，三祭於茅苴，奠爵，執笏，俛伏，興，再拜。樂止，降，復位。

次引終獻詣洗及升殿行禮，並如亞獻之儀，降，復位。

次引太祝徹籩、豆。籩、豆各一，少移故處。登歌《肅安之樂》作，卒徹，樂止。次引郊社令束茅訖，俱復位。禮直官曰：“賜福酒。”贊者承傳，曰：“賜福酒，再拜。”在位者皆再拜。

送神，宮架《景安之樂》作，一成，止。

望燎

初，《景安之樂》畢，引三獻官、戶部尚書詣望燎位。宮架樂作，至位，樂止。有司詣神位前，取幣、祝版，置於燎柴。次引監

---

① “太祝”二字，底本脫，據本書卷六九《祀八鼎儀·行事》補。

察御史，大司樂、大樂令，奉禮、協律郎，太祝、郊社令詣望燎位，立定。禮直官曰：“可燎。”火燎半柴。

次引初獻以下詣殿東門外揖位立。禮直官贊：“禮畢。”揖訖，退。太官令帥其屬徹禮饌[1]，監察御史詣壇，監視收徹訖，退。

---

[1]　“令”字，底本脱，據楊本校補。

卷第六十九　吉禮

祀八鼎儀

時日　齋戒　陳設　省饌　行事

時日

太常寺預於隔季以立春日祀牡鼎於九成宮，關太史局。春分日祀蒼鼎，立夏日祀罡鼎，夏至日祀肜鼎，立秋日祀皋鼎，秋分日祀晶鼎，立冬日祀魁鼎，冬至日祀寶鼎，准此。太史局以其日報太常寺。太常寺參酌訖，具時日散告。

齋戒

前祀五日，應行事、執事官散齊三日，治事如故，宿於正寢，不弔喪、問疾、作樂、判書刑殺文書、決罰罪人及與穢惡；致齋二日，光禄少卿、太官令齋一日。一日於本司。無本司者於太常齋舍，質明至齋所。唯祀事得行，其餘悉禁。前祀一日質明，俱赴祠所齋宮，官給酒饌。祀官已齋而闕者，通攝行事。

陳設

前祀一日，有司掃除宮之內外。

光禄陳禮饌於齋宮。太常設省饌位版於禮饌之南。三獻官在南，北向，西上。監察御史在西，東向①。光祿少卿、大樂令、奉禮郎、太祝、太官令在東，西向，北上。凡設奉禮郎以下位皆稍却。大晟設登歌之樂於殿前。

祀日丑前五刻，禮直官、贊者、諸司職掌各服其服。

太常陳幣篚於神位之左，幣隨方色。祝版於神位之右，置於坫。

次設祭器，皆藉以席，光祿實之。左十籩，爲三行，以右爲上；第一行：乾蔱在前，乾棗、形鹽、梨次之。第二行：乾柿在前，榛實、乾桃次之。第三行：菱在前，芡、栗次之。右十豆，爲三行，以左爲上；第一行：芹菹在前，筍菹、葵菹、菁菹次之。第二行：韮在前，菭苣、松脯次之。第三行：蠯脯在前，蠯醬次之。俎二，一在籩前，一在豆前；實以乳餅。簠二、簋二，在籩、豆外，二俎間，簠在左，簋在右。簠實以稻、粱，粱在稻前。簋實以黍、稷，稷在黍前。

設犧尊四、象尊四，爲二重，在殿上之左，稍前，以右爲上，犧尊在前，皆有坫，加勺、冪，爲酌尊。犧尊一實明水，爲上尊，餘實泛齊，代以供內法酒，初獻酌之。象尊一實明水，爲上尊，餘實醴齊，代以祠祭法酒，亞、終獻酌之。又設太尊二、山尊二在神位前，太尊一實泛齊，山尊一實醴齊，各以一尊實明水。著尊二、犧尊二、象尊二、壺尊六在殿下，著尊一實盎齊，犧尊一實醍齊，象尊一實沉齊，各以一尊實明水。壺尊三實玄酒，三實三酒。明水、玄酒皆在上。俱隨神位所向，以右爲上，加冪。五齊三酒，皆設而不酌。

太常設燭於神位前，洗二於殿下之左。盥洗在東，爵洗在西。罍在洗東，加勺。篚在洗西，實以巾。若爵洗之篚，則又實以爵，加坫。執罍、篚者位其後②。

又設揖位於殿門外。三獻官在右，監察御史、大樂令、奉禮

郎、太祝、太官令在左。

　　積燎柴於殿門外之左，稍前。設望燎位於燎柴之後。三獻官當中，監察御史在右，大樂令、奉禮郎、太祝在左。設三獻官席位於殿下之左，監察御史、大樂令席位於殿下當中，隨神位所向。奉禮郎、太祝、太官令在其後。光祿少卿席位於監察御史之左。又設監察御史位於殿上前楹之右；奉禮郎、太祝在左，相向立；大樂令於樂簴前；太官令於酌尊所，俱隨神位所向。

省饌

　　前祀一日，行事、執事官集初獻齋所肄儀，太祝習讀祝文及視幣訖。次禮直官、贊者引行事、執事官就齋宮內省饌位，凡初獻行事禮直官引，餘官贊者引。立定。禮直官贊揖所司省饌具畢，禮直官贊：“省饌畢。”揖訖，俱還齋所。次引監察御史詣廚，視祭器滌溉①，乃還齋所。

　　晡後，有司帥其屬掃除宮之內外訖，還齋所。

行事

　　祀日丑前五刻，行事，春、冬用丑時七刻，秋、夏用丑時一刻。太官令帥其屬實饌具畢。次引光祿少卿入詣殿庭席位，立。贊者曰：“再拜。”光祿少卿再拜，升殿，點視禮饌畢。次引監察御史升殿，點閱陳設，糾察不如儀者。次樂正帥登歌工人升殿，各入就位。光祿少卿還齋所，餘官各服其服。

　　次引行事、執事官詣殿門外揖位立定，禮直官贊揖。次引大

---

　　①　底本“器”前衍“酒”字，據本書卷六八《祀帝鼐儀·省饌》刪。

樂令先入就殿下席位立。贊者曰:"再拜。"大樂令再拜,升殿,就
位。次引監察御史、奉禮郎、太祝、太官令,次引三獻官各入就殿
下席位立。禮直官稍前,贊曰:"有司謹具,請行事。"《凝安之樂》
作,三成,止。贊者曰:"再拜。"在位者皆再拜。次引監察御史、
奉禮郎、太祝、太官令升殿,各就位,立定。

次引初獻詣盥洗位,《同安之樂》作,凡初獻升降、行止,皆作《同安之
樂》。至位,立,搢笏[1]、盥手,帨手,執笏,詣牡鼎神位前,立,樂止。
《明安之樂》作,搢笏,跪。次引奉禮郎詣神位之左,搢笏,跪。執
事者以幣授奉禮郎,奉禮郎奉幣授初獻訖,執笏,興,復位。初獻
受幣,奠訖,執笏,俛伏,興,少退,再拜,樂止。初獻將降階,樂
作,復位,樂止。

少頃,引初獻再詣盥洗位[2],樂作,至位,搢笏,盥手,帨手,執
笏。詣爵位,立,搢笏,洗爵,拭爵,以授執事者,執笏,升詣酌尊
所,立,樂止。《成安之樂》作,執事者以爵授初獻,搢笏,執爵。
執尊者舉冪,太官令酌犧尊之泛齊。初獻以爵授執事者,執笏,
詣牡鼎神位前,立,搢笏,跪。執事者以爵授初獻,初獻執爵,三
祭酒,奠爵,執笏,俛伏,興。少立,樂止。次引太祝詣神位之右,
搢笏,跪讀祝文。讀訖,執笏,興,復位。初獻再拜,將降階,樂
作,復位,樂止。

次引亞獻詣盥洗位,立,搢笏,盥手,帨手,執笏。詣爵洗位,
立,搢笏,洗爵,拭爵,以授執事者,執笏,升詣酌尊所,立。《成安
之樂》作。執事者以爵授亞獻。亞獻搢笏,執爵,執尊者舉冪,太

---

　　①　"搢"字,底本作"將",據文津閣本、十萬卷樓本、楊本校改。
　　②　"位"字,底本脱,據本書卷六八《祀帝鼐儀・薦饌》補。

官令酌象尊之醴齊。亞獻以爵授執事者，執笏，升詣牡鼎神位前，立，搢笏，跪。執事者以爵授亞獻，亞獻執爵，三祭酒，奠爵，執笏，俛伏，興，少退，再拜。樂止，降，復位。

次引終獻詣洗、升殿行禮，並如亞獻之儀，復位。

禮直官曰：“賜福酒。”贊者承傳，曰：“賜福酒，再拜。”在位者皆再拜。

送神，《凝安之樂》作，一成，止。

次引三獻官詣望燎位。有司詣神位前，取幣、祝版，置於燎柴。次引監察御史、大樂令、奉禮郎、太祝詣望燎位，立定。禮直官曰：“可燎。”火燎半柴。

引初獻以下詣殿門外搢位立。禮直官贊：“禮畢。”搢訖，退。太官令帥其屬徹禮饌，監察御史詣殿，監視收徹訖，退。

卷第七十　吉禮

祀九宮貴神儀

時日　齋戒　陳設　省牲器

奠玉幣　進熟　望燎

時日

太常寺預於隔季以仲春、仲秋祀九宮貴神，關太史局。太史局擇日，報太常寺。太常寺參酌訖，具時日散告。

齋戒

前祀十日，受誓戒于尚書省。

其日五鼓，贊者設位版於公相廳下：吏部尚書在左，刑部尚書在右，並南向。初獻、亞獻、終獻位於其南，稍東，北向，西上。監察御史位於其西，稍北，東向。光禄卿，兵部、工部郎中，大樂令、光禄丞位於其南，稍西，北向，東上。大樂令、光禄丞位稍却。奉禮郎，太祝、郊社、太官令位於其東，西向，北上。

質明，禮直官、贊者引行事、執事官就位立定。禮直官引吏部尚書由公相廳降階，就位。禮直官贊揖，在位者對揖。吏部尚書搢笏，讀誓文云："某月某日，祀九宮貴神。各揚其職，不共其事，國有常刑。"讀訖，執笏。禮直官、贊者、奉禮郎、太祝、郊社、太官令先退，餘官對拜，乃退。若冬祀大禮年遣官分祀，則與祀官與親祠行事、執事官同受誓戒於祠堂。散齋七日，治事如故，宿於正寢，不弔喪、問疾、作樂、判書刑殺文書、決罰罪人及與穢惡。致齋三日，光禄卿、丞，郊社、太官令齋一日。二日於本司。無本司者於太常齊舍，質明至齋所。惟祀事得行，其餘悉禁。前祀一日質明，俱赴祠所齋宮，官給酒饌。祀官已齋而闕者，通攝行事。

陳設

前祀三日，儀鸞司設行事、執事官次於壇壝門外、隨地之宜；設饌幔於內壝東門外道北，南向。

前二日，光禄牽牲詣祠所。

前一日，郊社令帥其屬掃除壇之上下。太常設神位席，太史設神位版於壇之上下。凡設神位版，皆郊祀令監視。太常設祭器，凡設祭器，皆藉以席，籩、豆又加巾蓋。以俟告潔。既畢[1]，俱徹。

光禄陳牲於卯階之東南內壝內，西向，祝史各位於牲後。太常設省牲位於牲西。三獻官在南，北向；光禄卿、兵部、工部郎中、大樂令、光禄丞、奉禮郎、太祝、郊社、太官令在北，南向，俱西上。凡設大樂令、光禄丞以下位皆稍却。監察御史於光禄卿之西，少絶。

光禄陳禮饌於壇之東南，北向。太常設省饌位版於禮饌之南。三獻官在南，北向[2]，西上。監察御史在西，東向。光禄卿，兵部、工部郎中，大樂令、光禄丞，奉禮郎，太祝、郊社、太官令在

---

①　"既"字，底本作"祭"，據文津閣本、十萬卷樓本、楊本、繆本校改。
②　"太常設省饌位版於禮饌之南三獻官在南北向"十九字，底本脱，據本書卷七一《祀熒惑儀・陳設》補。

東，西向，北上。大晟設登歌之樂於壇上稍南，北向。

　　祀日丑前五刻，禮直官、贊者、諸司職掌各服其服。

　　太常設神位席，太史設神位版於壇上，席以藁秸。

　　上元己亥、戊申、丁巳、丙寅、乙亥、甲申、癸巳，中元壬寅、辛巳、庚寅、己巳、戊寅、丁亥、丙申，下元乙巳、甲申、癸亥、壬申、辛巳、庚寅①，太乙在正北，軒轅在正東，咸池在正西，天一在正南，青龍在西北，太陰在東北，攝提在西南，招搖在東南，天符在正中。

　　上元庚子、己酉、戊午、丁卯、丙子、乙酉、甲午，中元癸卯、壬子、辛酉、庚午、己卯、戊子、丁酉，下元丙午、乙卯、甲子、癸酉、壬午、辛卯，天一在正北，攝提在正東，青龍在正西，太陰在正南②，天符在西北，咸池在東北，太乙在西南③，軒轅在東南，招搖在正中。

　　上元辛丑、庚戌、己未、戊辰、丁巳、丙戌、乙未，中元甲辰、癸丑、壬戌、辛未、庚辰、己丑、戊戌，下元丁亥、丙辰、乙丑、甲戌、癸未、壬辰，太陰在正北，太一在正東，天符在正西，咸池在正南，招搖在西北，青龍在東北，天一在西南，攝提在東南，軒轅在正中。

　　上元壬寅、辛亥、庚申、己巳、丙寅、丁亥、丙申，中元乙巳、甲寅、癸未、壬申、辛巳、庚寅，下元己亥、戊申、丁巳、戊寅、乙亥、甲申、癸巳，咸池在正北，天一在正東，招搖在正西，青龍在正南，軒轅在西北，天符在東北，太陰在西南，太一在東南，攝提在正中。

　　上元癸卯、壬子、辛酉、庚午、己卯、戊子、丁酉，中元丙午、乙卯、甲子、癸酉、壬午、辛卯，下元庚子、己酉、戊午、丁卯、丙午、乙酉、甲午，青龍在正北，太陰在正東，軒轅在正西，天符在正南，攝提在西北，招搖在東北，咸池在西南，天一在東南，太一在正中。

　　上元甲辰、癸丑、壬戌、辛未、庚辰、己丑、戊戌，中元丁未、丙辰、乙丑、甲戌、癸未、壬辰，下元辛丑、庚戌、己未、戊辰、丁丑、丙戌、乙未，天符在正北，咸池在正東，攝提在正西④，招搖在正南⑤，太一在西北，軒轅在東北，青龍在西南，太陰在東南，天一在正中。

---

① “庚寅”，底本作“戊寅”，據繆本、十萬卷樓本、本書卷二《序例·神位上》校改。
② “太陰”，底本作“太乙”，據繆本、十萬卷樓本、本書卷二《序例·神位上》校改。
③ “太乙”，底本作“太陰”，據繆本、十萬卷樓本、本書卷二《序例·神位上》校改。
④ “西”字，底本作“南”，據本書卷二《序例·神位上》改。
⑤ “南”字，底本作“西”，據本書卷二《序例·神位上》改。

上元乙巳、甲寅、癸亥、壬申、辛巳、庚寅，中元己亥、戊甲、丁巳、丙寅、乙亥、甲申、癸巳，下元壬寅、辛未、庚申、己巳、戊寅、丁亥、丙申，招搖在正北，青龍在正東，太一在正西，軒轅在正南，天一在西北，攝提在東北，天符在西南，咸池在東南，太陰在正中。

上元丙午、乙卯、甲子、癸酉、壬午、辛卯，中元庚子、己酉、戊午、丁卯、丙子、乙酉、甲午，下元癸卯、壬子、辛酉、庚午、己卯、戊子、丁酉，軒轅在正北，天符在正東，天一在正西，攝提在正南，太陰在西北，太一在東北①，招搖在西南，青龍在東南，咸池在正中。

上元丁未、丙辰、乙丑、甲戌、癸未②、壬辰，中元辛丑、庚戌、己未、戊辰、丁丑、丙戌、乙未，下元甲辰、癸丑、壬戌、辛未、庚辰、己丑、戊戌，攝提在正北，招搖在正東，太陰在正西，太乙在正南，咸池在西北，天乙在東北③，軒轅在西南，天符在東南，青龍在正中。

太常陳玉於神位之左，玉以圭璧，盛以匣④，燔玉用珉。禮神之玉，奠於神前，燔玉加以幣，陳幣篚各於神位之左，太一以黑，攝提以黃，軒轅以青，招搖以練，天符以纁，青龍以紫，咸池以白，太陰以紅，天一以赤。祝版各於神位之右，置於坫。

次設祭器，光祿實之。每位各左十有二籩，爲三行，以右爲上；第一行：形鹽在前，魚鱐、糗餌、粉餈次之。第二行：榛實、乾桃在前，乾蓤、乾棗次之。第三行：蓤在前，芡、栗、鹿脯次之。右十有二豆，爲三行，以左爲上；第一行：芹菹在前，筍菹、葵菹、菁菹次之。第二行：韭菹在前，醓食、魚醢、兔醢次之。第三行：豚拍在前，鹿臡、醓醢、糝食次之。俎二，一在籩前，實以羊腥七體，兩髀、兩肩、兩脅并脊，兩髀在兩端，兩肩、兩脅次之，脊在中。一在豆前；實以豕腥七體，其載如羊。又俎四，在右，爲二重；第一重，一實以羊熟，腸、胃、肺、離肺一在上端⑤，刌肺三次之，腸三、胃三又次之，一實以豕腥膚九，橫載。第二重，一實以羊熟，腸、胃、肺，一實以豕熟膚，其載如腥。皆羊在左，豕在右。登一，在籩、豆間；實以大羹。簠二、簋二，在籩、豆外，簠在左，簋在右。簠實以稻、粱，粱在稻前。簋實以黍、稷，稷在黍前。

設犧尊五、象尊五，爲二重^①，在壇上東南隅，北向，西上，犧尊在前，皆有坫，加勺、冪，爲酌尊。犧尊一實明水，爲上尊，餘實泛齊，代以供內法酒，初獻酌之。象尊一實明水，爲上尊，餘實醴齊，代以祠祭法酒，亞獻酌之。又設太尊二、山尊二在神位前太尊一實泛齊，山尊一實醴齊，各以一尊實明水。著尊二、犧尊二在壇第一成，著尊一實盎齊，犧尊一實醴齊，各以一尊實明水。象尊二、壺尊六在壇下，象尊一實沉齊，一實明水。壺尊三實玄酒，三實三酒。明水、玄酒皆在上。各隨神位所向，皆加冪。五齊三酒，設而不酌。

太常設燭於神位前，設俎十有八於饌幔內，設二洗於卯階東，北向。盥洗在東，爵洗在西。罍在洗東，加勺。篚在洗西南肆，寔以巾。若爵洗之篚，則又實以爵，加坫。執罍、篚者位於其後。

又設揖位於卯階之東內壝外，如省牲位。惟不設光禄卿、丞，郊社令位。

積柴於燎壇。設望燎位於其北。三獻官在北，南向，西上。監察御史在西，東向。兵部、工部郎中、大樂令、奉禮郎、太祝在東，西向，北上。

又設三獻官席位於卯階之東北，西向，南上。兵部、工部郎中席位於卯階之東南，西向，北上。監察御史、大樂令席位於午階之南，北向；奉禮郎、太祝、太官令位於其後，俱西上。光禄卿席位於監察御史之東，北向。又設監察御史位於壇上樂簴之北，

———————————————

①　"二"字，底本作"三"，據文津閣本校改。

在西,東向。奉禮郎、太祝在東,西向,北上。大樂令在樂簴之北,太官令在酌尊所,俱北向。

省牲器

前祀一日,行事、執事官集初獻齋所肄儀,太祝習讀祝文,視玉、幣及神位版訖,並赴壇所,各就次。禮直官、贊者分引行事、執事官詣壇東省牲位,凡初獻行事禮直官引,餘官皆贊者引。立定。禮直官贊揖。次引監察御史升自卯階①,凡行事、執事官升降,皆自卯階。視滌濯,執事者舉冪,曰:"潔。"降,復位。禮直官稍前,曰:"告潔畢,請省饌。"太祝出班巡牲一匝,詣初獻前,西向躬,曰:"充。"退,復位。光禄丞出班巡牲一匝,詣初獻前,西向躬曰:"腯。"②退,復位。禮直官贊:"省牲畢,請詣省饌位。"揖訖,引行事執事官各就位,立定。禮直官贊揖所司省饌具畢,禮直官贊:"省饌畢。"揖訖③,俱還齋所。光禄丞、太祝以次牽牲詣廚,授太官令。次引監察御史詣廚,省鼎鑊,視祭器滌溉,乃還齋所。

未後一刻,太官令帥宰人以鸞刀割牲,祝史以槃取毛血,各置於饌所④,遂烹牲。

晡後,郊社令帥其屬掃除壇之上下訖,還齋所。

奠玉幣

祀日丑前五刻,行事,春用丑前七刻,秋用丑時一刻。初獻以下並赴

---

①　"升"字,底本脱,據本書卷七一《祀熒惑儀·省牲器》補。

②　"西"字,底本作"南",據文津閣本校改。

③　"揖"字,底本脱,據本書卷七一《祀熒惑儀·省牲器》補。

④　"祝史以槃取毛血各置於饌所"十二字,底本脱,據本書卷七一《祀熒惑儀·省牲器》補。

壇所就次。郊社令先入,視設神位版訖,退。次太官令帥其屬實
饌具畢。次引光禄卿入,詣午階南席位,北向立。贊者曰:“再
拜。”光禄卿再拜,升壇,點視禮饌畢。次引監察御史升壇,點閲
陳設,糾察不如儀者。<small>凡點視、點閲,皆先詣太一位。</small>樂正帥登歌工人升
卯階各就位^①。光禄卿還齋所,餘官各服祭服。

　次引行事、執事官各就卯階東内壝外揖位立定,禮直官贊
揖。次引大樂令先入就午階南席位,北向立。贊者曰:“再拜。”
大樂令再拜,升壇,就位。次引監察御史、奉禮郎、太祝、太官令
入就午階南席位,北向立。次引三獻官、兵部、工部郎中入就卯
階東席位,西向立。禮直官稍前,贊:“有司謹具,請行事。”《景安
之樂》作,六成,止。太常升煙,燔牲首。贊者曰:“再拜。”在位者
皆再拜。次監察御史、奉禮郎、太祝、太官令俱升壇,各就位立
定。<small>太官令就太一官酌尊所。</small>

　次引初獻詣盥洗位,《正安之樂》作。<small>凡初獻升降、行止,皆作《正安
之樂》。</small>至洗位,北向立,搢笏,盥手,帨手訖,執笏,升壇。詣太一
神位前,立,樂止。《嘉安之樂》作,初獻搢笏,跪。次奉禮郎詣
前,搢笏,跪。執事者以玉、幣授奉禮郎,奉禮郎奉玉、幣授初獻,
執笏,興,先詣次位前,立。初獻受玉、幣,奠訖^②,執笏,俛伏,興,
再拜^③。次詣攝提、軒轅、招搖、天符、青龍、咸池、太陰、天一神位
前立,奠玉、幣如上儀,樂止。奉禮郎復位。初獻將降壇,樂作,
復位,樂止。

---

① “工人”,底本作“二人”,據十萬卷樓本、繆本校改。
② “奠”字,底本脱,據繆本校補。
③ 底本“再拜”後衍“樂止”二字,據本書卷七一《祀熒惑儀·奠玉幣》删。

進熟

祀日,有司設鼎十有八於神廚,各在鑊右。光禄帥進饌者詣廚,以匕升羊於鑊,寘於一鼎;肩、臂、臑、肫、骼、正脊一,直脊一,横脊一,長脅一,短脅一,代脅一,皆二脅以並。次升豕如羊,實於一鼎,逐壇羊、豕各一鼎。皆設扃、冪。祝史對舉,入設於饌幔内。俟初獻既升,奠玉、幣,入陳於坤階下,西向,南上。祝史抽扃,委於鼎右,除冪。

初,鼎序入。有司執匕及俎以從①,至坤階下,俎各設於鼎西,匕加於鼎。光禄以匕升羊,載於一俎;肩、臂、臑在上端,肫、骼在下端,脊、脅在中。次升豕如羊,載於一俎。逐壇羊、豕各一俎。鼎先退。

次引兵部、工部郎中詣坤階下,搢笏,奉俎,兵部奉羊,工部奉豕。升壇,《豐安之樂》作,詣太一神位前,跪奠,先薦羊,次薦豕,各執笏,俛伏,興,有司設於豆右,腸、胃、膚之前。羊在左,豕在右。次詣次位前,奉俎,並如上儀。樂止。俱降,復位。

次引初獻再詣盥洗位,樂作,至洗位,北向立,搢笏,盥手,帨手,執笏。次詣爵洗位,北向立,搢笏,洗爵,拭爵,以授執事者,執笏,升詣太一位酌尊所,立,樂止。《嘉安之樂》作。執事者以爵授初獻,初獻搢笏,執爵。執尊者舉冪,太官令酌犧尊之泛齊,先詣次位酌尊所,立。初獻以爵授執事者,執笏,詣太一神位前,搢笏,跪。執事者以爵授初獻,執爵,祭酒,奠爵,執笏,俛伏,興。少立,樂止。次引太祝詣神位前,搢笏,跪讀祝文。讀訖,執笏,興,先詣次位前,立。初獻再拜,次詣次位,並如上儀,樂止。太官令復詣太一位酌尊所,太祝復位。初獻將降壇,樂作,復位,

---

① "從"字,底本作"授",據本書卷七一《祀熒惑儀・進熟》改。

樂止。

次引亞獻詣盥洗位，北向立，搢笏，盥手，帨手，執笏。詣爵洗位，北向立，搢笏，洗爵，拭爵，以授執事者①，搢笏②，升詣太一位酌尊所，立。《文安之樂》作。執事者以爵授亞獻，亞獻搢笏，執爵，執尊者舉冪③，太官令酌象尊之醴齊訖，先詣次位酌尊所，立。亞獻以爵授執事者，執笏，詣太一神位前，立，搢笏，跪。執事者以爵授亞獻，亞獻執爵，三祭酒，奠爵，執笏，俛伏，興，再拜。次詣次位，酌獻，並如上儀。樂止，降，復位。

次引終獻詣洗及升壇行禮，並如亞獻之儀，降，復位。

禮直官曰："賜福胙。"贊者承傳，曰："賜胙，再拜。"在位者皆再拜訖。

送神，《景安之樂》作，一成，止。

望燎

初，《景安之樂》畢，引三獻官、兵部、工部郎中詣望燎位。有司各詣神位前，取玉、幣、祝版置於燎壇。次引監察御史、大樂令、奉禮郎、太祝降壇，詣望燎位，立定。禮直官曰："可燎。"火燎半柴。

次引初獻以下詣東壝門外揖位，立。禮直官贊："禮畢。"揖訖，退。太官令帥其屬徹禮饌，監察御史詣壇，監視收徹訖，還齋所。光禄以胙奉進，監察御史就位展視訖，光禄卿望闕，再拜訖，乃退。

---

① "者"字，底本脱，據文津閣本、繆本校補。
② "搢"字，底本作"執"，據文津閣本、繆本校改。
③ "者"字，底本脱，據楊本、繆本校補。

卷第七十一　吉禮

祀熒惑儀

時日　齋戒　陳設　省牲器

奠玉幣　進熟　望燎

時日

太常寺預於隔季以立夏祀熒惑，關太史局。太史局以其日報太常寺。太常寺參酌訖，具時日散告。

齋戒

前祀十日，受誓戒於尚書省。

其日五鼓，贊者設位版於公相廳下：吏部尚書在左，刑部尚書在右，並南向。初獻、亞獻、終獻位於其南，稍東，北向，西上。監察御史位於其西，稍北，東向。光禄卿，兵部、工部郎中，大樂令、光禄丞位於其南，稍西，北向，東上。大樂令、光禄丞位稍却。奉禮郎，太祝、郊社、太官令位於其東，西向，北上。

質明，禮直官、贊者引行事、執事官就位立定。禮直官引吏部尚書由公相廳降階，就位。禮直官贊揖，在位者對揖。吏部尚書搢笏，讀誓文云："某月某日立夏，祀熒惑。各揚其職，不共其事,國有常刑。"讀訖,執笏。禮直官贊奉禮郎、太祝、郊社、太官令先退,餘官對拜,乃退。

散齋七日,治事如故,宿於正寢,不弔喪、問疾、作樂、判書刑殺文書、決罰罪人及與穢惡。致齋三日,<small>光禄卿、丞,郊社、太官令齋一日。二日於本司。</small>無本司者於太常齋舍,質明至齋所。惟祀事得行,其餘悉禁。前祀一日質明,俱赴祠所齋宮,官給酒饌。祀官已齋而闕者,通攝行事。

陳設

前祀三日,儀鸞司設行事、執事官次於壇壝門外,隨地之宜;設饌幔於内壝北門外道東,西向。

前二日^①,光禄牽牲詣祠所。

前一日,郊社令帥其屬掃除壇之上下。太常設神位席,太史設神位版於壇上。<small>凡設神位版,亦皆郊社令監視。</small>太常設祭器,<small>凡設祭器,皆藉以席,籩、豆又加巾蓋。</small>以俟告潔。<small>既畢,權徹。</small>

光禄陳牲於卯階之東南内壝外,西向,祝史各位於牲後。太常設省牲位於牲西。三獻官在南,北向。光禄卿,兵部郎中,大樂令^②、光禄丞、奉禮郎,太祝、郊社、太官令在北,南向,俱西上。<small>凡設大樂令以下位皆稍却。</small>監察御史於光禄卿之西,少絶。

光禄陳禮饌於壇之東南内壝外,南向。太常設省饌位版於禮饌之南。三獻官在南,北向,西上。監察御史在西,東向。光禄卿,兵部、工部郎中,大樂令、光禄丞,奉禮郎,太祝、郊社、太官

---

① "二"字,底本作"一",據上下文改。

② "大樂令",底本作"太常令",據本書卷七〇《祀九宫貴神儀·陳設》改。

令在東,西向,北上。大晟設登歌之樂於壇上稍南,北向。

祀日丑前五刻,禮直官、贊者、諸司職掌各服其服。

太常設神位席,太史設神位版:熒惑位於壇上北方,南向,席以藁秸。閼伯位於壇上東方,西向,席以莞。

太常陳玉於神位之左,玉以圭璧,盛以匣①,燔玉用珉。禮神之玉,奠於神前,燔玉加於幣,配位不用玉。陳幣篚各於神位之左,幣以赤。祝版各於神位之左,置於坫。

次設祭器,光禄實之。每位各左十有二籩,爲四行,以右爲上;第一行:魚鱐在前,糗餌、粉餈次之。第二行:乾蔾在前,乾棗、形鹽次之。第三行:鹿脯在前,榛實、乾桃次之。第四行:蔆在前,芡、栗次之。右十有二豆,爲四行,以左爲上;第一行:芹菹在前,筍菹、葵菹次之。第二行:菁菹在前,韭菹、酏食次之。第三行:魚醢在前,兔醢、豚拍次之。第四行:鹿臡在前,醓醢、糝食次之。俎二,一在籩前,實以羊腥七體,兩髀、兩肩、兩脅并脊,兩髀在兩端,兩肩、兩脅次之,脊在中。一在豆前;實以豕腥七體,其載如羊。又俎四,在豆右,爲二重,以北爲上;第一重,一實以羊腥②,腸、胃、肺、離肺一在上端,刌肺三次之,腸三、胃三又次之;一實以豕腥膚九③,橫載。第三重,一實以羊熟,腸、胃④、肺;一實以豕熟膚,其載如腥。皆羊在左,豕在右。若配位,即以東爲上。登一,在籩、豆間;實以大羹。㽅一,在登前。實以毛血。簠二、簋二,在籩、豆外,二俎間,簠在左,簋在右。簠實以稻、粱,粱在稻前。簋實以黍、稷,稷在黍前。

設犧尊五、象尊五,爲二重,在壇上東南隅,北向,西上,配位即設於正位酒尊之東。犧尊在前,皆有坫,加勺、冪,爲酌尊。犧尊一實明

---

① "以"字,底本脱,據繆本校補。

② "一"字,底本脱,據本書卷七〇《祀九宫貴神儀・陳設》補。

③ "膚九",底本作"九膚",據本書卷七〇《祀九宫貴神儀・陳設》乙正。

④ "胃"字,底本脱,據本書卷七〇《祀九宫貴神儀・陳設》補。

水，爲上尊，餘實泛齊，代以供內法酒，初獻酌之。象尊一實明水，爲上尊，餘實醴齊，代以祠祭法酒，亞獻、終獻酌之。又設太尊二、山尊二在神位前，象尊一實泛齊，山尊一實醴齊，各以一尊實明水。著尊二、犧尊二在壇下午階之西，著尊一實盎齊，犧尊一實醴齊，各以一尊實明水。若配位，即在壇下西階之北①。象尊二、壺尊六在壇下午階之東，象尊一實明水，一實沉齊。壺尊三實玄酒，三實三酒。明水、玄酒皆在上。若配位，即在壇下西階之南。俱北向，西上，若配位，即東向，北上。加冪。五齊三酒，設而不酌。

太常設燭於位前，設俎四於饌幔內，洗二於卯階東，北向。盥洗在東，爵洗在西。罍在洗東，加勺。篚在洗西南肆，實以巾。若爵洗之篚，則又實以爵，加坫。執罍、篚者位於其後。

又設揖位於卯階之東內壝之外，如省牲位。惟不設光祿卿、丞，郊社令位。

積柴於燎壇。設望燎位於卯階之東南內壝之內。三獻官在北，南向，西上。監察御史在西，東向。兵部、工部郎中、大樂令、奉禮郎、太祝在東，西向，北上。又設三獻官席位於卯階之東北，西向，南上。兵部、工部郎中席位於卯階之東南，西向，北上。設監察御史、大樂令席位於午階之南，北向；奉禮郎、太祝、太官令位於其後，俱西上。光祿卿席位於監察御史之東，北向。又設監察御史位於壇上樂簨之北，在西，東向。奉禮郎、太祝在東，西向，北上。大樂令位樂簨北，太官令位酌尊所，俱北向。

省牲器

前祀一日，行事、執事官集初獻齋所肄儀，太祝習讀祝文，視玉幣及神位版訖，並赴壇所，各就次。禮直官、贊者分引行事、執事官詣壇東省牲位，凡初獻行事禮直官引，餘官皆贊者引。立定。禮直官贊揖。次引監察御史升自卯階，凡行事、執事官升降，皆自卯階。視滌濯，執事者舉冪，曰：“潔。”降，復位。禮直官稍前，曰：“告潔畢，請省牲。”太祝出班巡牲一匝，詣初獻前，西向躬，曰：“充。”退，復位。光禄丞出班巡牲一匝，詣初獻前，西向躬，曰：“腯。”退，復位。禮直官贊：“省牲畢，請詣省饌位。”揖訖，引行事、執事官各就位立定。禮直官贊揖所司省饌具畢，禮直官贊：“省饌畢。”揖訖，俱還齋所。光禄丞、太祝以次牽牲詣廚，授太官令。次引監察御史詣廚，省鼎鑊，視祭器滌溉，乃還齋所。

未後一刻，太官令帥宰人以鸞刀割牲，祝史以槃取毛血，置於饌所，遂烹牲。

晡後，郊社令帥其屬掃除壇之上下訖，還齋所。

奠玉幣

祀日丑前五刻，行事用丑時一刻。初獻以下並赴壇所就次。郊社令先入，視設神位版訖，退。次太官令帥其屬實饌具畢。次引光禄卿入詣午階南席位，北向立。贊者曰：“再拜。”光禄卿再拜，升壇，點視禮饌畢。次引監察御史升壇，點視陳設，糾察不如儀者。凡點視及點閱，皆先詣正位。樂正帥登歌工人升卯階，各就位。光禄卿還齋所，餘官各服祭服。

次引行事、執事官各就卯階東內壝外揖位立定，禮直官贊揖。次引大樂令先入就午階南席，北向立。贊者曰：“再拜。”大樂令再拜，升壇，就位。次引監察御史、奉禮郎、太祝、太官令入就午階南席位，北向立。次引三獻官、兵部、工部郎中入就卯階東席位，西向立。禮直官稍前，贊："有司謹具，請行事。"《景安之樂》作，六成，止。太常升煙，燔牲首。贊者曰："再拜。"在位者皆再拜。次引監察御史、奉禮郎、太祝、太官令俱升壇，各就位立定。太官令就正位酌尊所。

次引初獻詣盥洗位，《正安之樂》作。凡初獻升降、行止，皆作《正安之樂》。至洗位，北向立，搢笏，盥手，帨手訖，執笏，升壇。詣熒惑神位前，北向立，樂止。《嘉安之樂》作，搢笏，跪。次引奉禮郎搢笏，西向跪。執事者以玉、幣授奉禮郎，奉禮郎奉玉、幣授初獻，執笏[1]，興，先詣闕伯神位前，北向立。初獻受玉、幣，奠訖，執笏，俛伏，興，再拜。次詣闕伯神位前，東向立，初獻詣配位准此。奠幣，如上儀。樂止。奉禮郎復位。初獻將降壇，樂作，復位，樂止。

進熟

祀日，有司設鼎四於神廚，各在鑊右。光禄帥進饌者詣廚，以匕升羊於鑊，實於一鼎；肩、臂、臑、肫、胳、正脊一，直脊一，橫脊一，長脅一，短脅一，代脅一，皆二骨以並。次升豕如羊，實於一鼎，正、配位羊、豕各一鼎。皆設扃、冪。祝史對舉，入設於饌幔內。俟初獻既升，奠玉、幣，入陳於卯階下，西向，南上。祝史抽扃，委於鼎右，除冪。

初，鼎序入。有司執匕及俎以從，至卯階下，俎各設於鼎西，匕加於鼎。光禄以匕升羊，載於一鼎；肩、臂、臑在上端，肫、胳在下端，脊、脅在中。次升豕如羊，載於一俎。正、配位羊、豕各一俎。鼎先退。

次引兵部、工部郎中詣卯階下，搢笏，奉俎，兵部奉羊，工部奉豕。升壇，《豐安之樂》作，詣熒惑神位前，北向跪奠，先薦羊，次薦豕，

---

① "笏"字，底本作"事"，據本書卷七○《祀九宮貴神儀·奠玉幣》改。

各執笏，俛伏，興，有司設於豆右，腸、胃、膚之前。羊在左，豕在右。
次詣闕伯神位前，東向奉俎，如上儀。樂止，俱降，復位。

　　次引初獻再詣盥洗位，樂作，至洗位，北向立，搢笏，盥手，帨
手，執笏。次詣爵洗位，北向立，搢笏，洗爵，拭爵，以授執事者，
執笏，升詣正位酌尊所，西向立，樂止。《祐安之樂》作。執事者
以爵授初獻，初獻搢笏，執爵。執尊者舉羃①，太官令酌犧尊之泛
齊訖，先詣配位酌尊所，北向立。初獻以爵授執事者，執笏，詣熒
惑神位前，北向立，搢笏，跪②。執事者以爵授初獻，初獻執爵，三
祭酒，奠爵，執笏，俛伏，興。少立，樂止。次引太祝詣神位前，東
向搢笏，跪讀祝文。讀訖，執笏，興，先詣闕伯神位前，南向立。
初獻再拜。次詣闕伯神位前，酌獻，並如上儀，樂止。太官令復
詣正位酌尊所，太祝復位。初獻將降壇，樂作，復位，樂止。

　　次引亞獻詣盥洗位，北向立，搢笏，盥手，帨手，執笏。次詣
爵洗位，北向立，搢笏，洗爵，拭爵，以授執事者，執笏，升詣正位
酌尊所，西向立。《文安之樂》作，執事者以爵授亞獻，亞獻搢笏，
執爵，執尊者舉羃③，太官令酌象尊之醴齊訖，亦先詣配位酌尊
所，北向立。亞獻以爵授執事者，執笏，詣熒惑神位前，北向立，
搢笏，跪。執事者以爵授亞獻，亞獻執爵，三祭酒，奠爵，執笏，俛
伏，興，再拜。次詣闕伯神位前，行禮，並如上儀，樂止。降，
復位。

　　次引終獻詣洗及升壇行禮，並如亞獻之儀，降，復位。

　　禮直官曰：“賜胙。”贊者承傳，曰：“賜胙，再拜。”在位者皆

---

　　①　“執尊”，底本作“執事”，據楊本校改。
　　②　“跪”字，底本無，據本書卷七〇《祀九宮貴神儀·進熟》補。
　　③　“執尊”，底本作“執事”，據楊本、繆本校改。

再拜。

送神，《理安之樂》作，一成，止。

　　望燎[1]

初，《理安之樂》畢，引三獻官、兵部、工部郎中詣望燎位。有司各詣神位前，取玉、幣、祝版置於燎柴。次引監察御史、大樂令、奉禮郎、太祝降壇，詣望燎位，立定。禮直官曰：“可燎。”火燎半柴。

次引初獻以下詣東壝門外揖位立。禮直官贊：“禮畢。”揖訖，退。太官令帥其屬徹禮饌，監察御史詣壇，監視收徹訖，乃退。

---

①　“望燎”，底本作“燎望”，據文津閣本、十萬卷樓本、楊本、繆本乙正。

卷第七十二 吉禮

祀太一宮儀

時日 齋戒 陳設 省饌 行事

時日

前期,太常寺具立春日祀東太一宮散告。立夏、立冬日祀中太一宮,立秋日祀西太一宮,准此。

齋戒

前祀十日,應行事、執事官散齋七日,治事如故,宿於正寢,不吊喪、問疾、作樂、判書刑殺文書、決罰罪人及與穢惡;致齋三日,光禄卿、太官令齋一日。二日於本司。無本司於本宮,質明至齋所。惟祀事得行,其餘悉禁。前祀一日質明,赴祠所齋宮,官給酒饌。祀官已齋而闕者,通攝行事。

陳設

前祀一日,有司帥其屬掃除宮之内外。

光禄設禮饌於殿之東南,南向。太常設省饌位版於禮饌之南①。獻官在南,北向。分獻官位其後,西上。監察御史在西,東向。光禄卿、奉禮郎、太祝、太官令在東,西向,北上。凡奉禮郎以下位皆稍却。

祀日丑前五刻,禮直官、贊者、諸司職掌各服其服。

太常設幣篚各於神位之左,立春日幣以青,立夏日幣以赤,立秋日幣以白,立冬日幣以黑。祝版於五福太一神位之右,置於坫。

次設祭器,皆藉以席,光禄卿實之。十神太一等位,每位左十有二籩,爲三行,以右爲上;第一行:形鹽在前,梨、糗餌、粉餈次之。第二行:榛實在前,乾桃、乾蔆、乾棗次之。第三行:蔆在前,芡、栗、乾柿次之。右十有二豆,爲三行,以左爲上;第一行:芹菹在前,筍菹、葵菹、菁菹次之。第二行:韭在前,菁葅、松脯、蕡脯次之。第三行:酏食在前,瓜虀、醬、糁食次之。簠二、簋二,在籩、豆外,簠在左,簋在右。簠實以稻、粱,粱在稻前。簋實以黍、稷,稷在黍前。

設犧尊五,加坫,在殿上東南隅,北向,西上,加勺、冪,爲酌尊。一實明水,爲上尊,餘實泛齊,代以祠祭法酒,獻官酌之。又設太尊二、山尊二在神位前,太尊一實泛齊,山尊一實醴齊,各以一尊實明水。著尊二、犧尊二、象尊二、壺尊六在下,著尊一實盎齊,犧尊一實醴齊,象尊一實沉齊,各以一尊實明水。壺尊三實玄酒,三實三酒。明水、玄酒皆在上。俱北向,西上,加冪。五齊三酒,皆設而不酌。

又設從祀神位。三皇、五帝,每位左十籩,爲三行,以右爲上;第一行:形鹽在前,梨、榛實、乾桃次之。第二行:乾蔆在前,乾棗、乾脯次之。第三行:蔆在前,芡、栗次之。右十豆,爲三行,以左爲上;第一行:芹菹在前,筍菹、葵菹、菁菹次之。第二行:薤在前,菁苴、松脯次之。第三行:蕡脯在前,瓜虀、醬次

① “位版”,底本作“供版”,據文津閣本、楊本、繆本校改。

之。簠二、簋二，在籩、豆外，簠在左，簋在右；簠實以稻、粱，粱在稻前。簋實以黍、稷，稷在黍前。爵一，在神位前，加坫。天地水三官、九曜，每位左八籩，爲三行，以右爲上；第一行：形鹽在前，梨次之。第二行：榛實在前，乾桃、乾藤次之。第三行：乾棗在前，芡、栗次之。右八豆，爲三行，以左爲上。第一行：芹菹在前，筍菹次之。第二行：葵菹在前，菁菹、松脯次之。第三行：薑脯在前，瓜虀、醬次之。五嶽、九真君位，每位左四籩，爲二行，以右爲上；第一行：形鹽在前，梨次之。第二行：乾棗在前，栗次之。右四豆，爲二行，以左爲上。第一行：葵菹在前，菁菹次之。第二行：薑脯在前，醬次之。

餘從祀神位，每位左兩籩，栗在前，梨次之。右兩豆。菁菹在前，醬次之。天、地、水三官以下神位，皆簠一、簋一，在籩、豆外，簠在左，簋在右；簠實以黍，簋實以稷。爵一，在神位前，加坫。實以祠祭法酒。每廊各設犧尊二，加勺、冪。一實明水，一實祠祭法酒。

太常設燭於神位前，洗二於東階下，直東霤，北向。盥洗在東，爵洗在西。罍在洗東，加勺。篚在洗西南肆，實以巾。若爵洗之篚，則又實以爵，加坫。設分獻官洗於東西兩廊之北。東西各一洗。執罍、篚者各位於其後。

又設揖位於殿東偏門外。獻官在道南，北向。中太一宮、西太一宮即道西，東向。分獻官在其後[①]；監察御史、奉禮郎、太祝、太官令在道北，南向，俱西上。中太一宮、西太一宮即道東，西向，北上。

設燎柴於殿東南。設望燎位於其北。獻官在北，南向。分獻官在其後，西上。監察御史在西，東向。奉禮郎、太祝在東，西向，北上。設獻官席位於殿下東階之東，西向。分獻官在其後，北上。監察御史席位於殿庭之南，北向。奉禮郎、太祝、太官令

①　"其"字，底本作"於"，據文津閣本校改。

在其後①，西上。光禄卿在其東，北向。又設監察御史位於殿上前楹西，東向。奉禮郎、太祝在東，西向，北上。太官令位於酌尊所，北向。

省饌

前祀一日，行事、執事官集獻官齋所肄儀，太祝習讀祝文及視幣。次禮直官、贊者分引行事、執事官詣殿東南省饌位，凡獻官行事禮直官引，餘官皆贊者引。立定。禮直官贊揖所司省饌具畢，禮直官贊：“省饌畢。”揖訖，俱還齋所。次引監察御史入，詣廚，視祭器滌溉，乃還齋所。

晡後，所司掃除宮之内外。

行事

祀日丑前五刻，行事，春、冬用丑時七刻，夏、秋用丑時一刻。太官令帥其屬實饌具畢。次引光禄卿入詣殿庭席位，北向立。贊者曰：“再拜。”光禄卿再拜，升自東階，凡行事、執事官升降，皆自東階。點視禮饌畢。次引監察御史升殿，點閲陳設，糾察不如儀者。凡點視及點閲，皆先詣五福太一位。光禄卿還齋所，餘官各服祭服。

次引行事、執事官詣殿東偏門外揖位立定，禮直官贊揖。次引監察御史、奉禮郎、太祝、太官令入就殿下席位，北向立。次引獻官、分獻官各入就殿下席位，西向立。禮直官稍前，贊：“有司謹具，請行事。”贊者曰：“再拜。”在位者皆再拜。次引監察御史、奉禮郎、太祝、太官令升殿，各就位，立定。

---

① “其”字，底本無，據本書卷七三《祀陽德觀儀·陳設》補。

次引獻官詣盥洗位，北向立，搢笏，盥手，帨手，執笏，升殿。詣五福太一神位前，北向立，搢笏，跪。次引奉禮郎搢笏，西向跪。執事者以幣授奉禮郎，奉禮郎奉幣，授獻官訖，執笏，興，先詣君基太一神位前，西向立。獻官受幣，奠訖，執笏，俛伏，興，再拜。次詣君基太一，次詣大遊太一，次詣小遊太一，次詣天一太一，次詣地一太一，次詣四神太一，次詣臣基太一，次詣民基太一，次詣直符太一神位前，奠幣，如上儀，俱復位。中太一宮帥次詣歲德位後，酌獻，准此。

少頃，引獻官詣盥洗位，北向立，搢笏，盥手，帨手，執笏。詣爵洗位[1]，北向立，搢笏，洗爵，拭爵，以授執事者，執笏，升殿，詣五福太一神位酌尊所，西向立。執事者以爵授獻官，獻官搢笏[2]，執爵。執尊者舉冪，太官令酌犧尊之泛齊訖，先詣君基太一位酌尊所，北向立。獻官以爵授執事者，執笏，詣五福太一神位前，北向立，搢笏，跪。執事者以爵授獻官，獻官執爵，三祭酒，奠爵，執笏，俛伏，興，少立。次引太祝詣神位前，東向，搢笏，跪讀祝文。讀訖，執笏，興，復位。獻官再拜。次詣每位，酌獻，並如上儀。惟不讀祝文。俱復位。

獻官再詣洗位，將升。次引分獻官詣盥洗位，搢笏，盥手，帨手，執笏，詣從祀神位前，搢笏，跪，執爵，三祭酒，奠爵，執笏，俛伏，興，再拜。詣次位，並如上儀，退，復位。

次引獻官、分獻官詣望燎位。有司詣神位前，取幣、祝版置於燎柴。次引監察御史、奉禮郎、太祝詣望燎位，立定。禮直官曰：“可燎。”火燎半柴。

---

① “洗”字，底本作“後”，據文津閣本、十萬卷樓本、楊本、繆本校改。
② “獻官”二字，底本脫，據繆本校補。

　　次引獻官以下詣殿東偏門外揖位,立定。禮直官贊:"禮
畢。"揖訖,退。太官令帥其屬徹禮饌,監察御史詣殿,監視收徹
訖,退。

卷第七十三 吉禮

祀陽德觀儀

時日　齋戒　陳設　省饌　行事

時日

前期，太常寺具立夏日祀陽德觀，散告。

齋戒

前祀十日，應行事、執事官散齋七日，治事如故，宿於正寢，不弔喪、問疾、作樂、判書刑殺文書、決罰罪人及與穢惡；致齋三日，光禄卿、太官令齋一日。二日於本司。無本司者於本觀，質明至齋所。惟祀事得行，其餘悉禁。前祀一日質明，赴祠所齋宮，官給酒饌。祀官已齋而闕者，通攝行事。

陳設

前祀一日，有司帥其屬掃除觀之內外。

光禄設禮饌於殿之東南，南向。太常設省饌位版於禮饌之南。獻官在南，北向。分獻官位其後，西上。監察御史在西，東向。光禄卿、奉禮郎、太祝、太官令在東，西向，北上。凡奉禮郎以下位皆稍却。

祀日丑前五刻,禮直官、贊者、諸司職掌各服其服。

太常設幣篚於神位之左,幣以赤。祝版各於神位之右,置於坫。

次設祭器,皆藉以席,光祿實之。五配位各左十有二籩,爲三行,以右爲上;第一行:形鹽在前,梨、糗餌、粉餈次之。第二行:榛寔在前,乾桃、乾蔆、乾棗次之。第三行:蔆在前,芡、栗、乾柿次之。右十有二豆,爲三行,以右爲上;第一行:芹菹在前,筍菹、葵菹、菁菹次之。第二行:薤在前,蒿苣、松脯次之。第三行:醓食在前,瓜蠆、醬、糝食次之。簠二、簋二,在籩、豆外,簠在左,簋在右。簠實以稻、粱,粱在稻前。簋實以黍、稷,稷在黍前。

設犧尊五,加坫,在殿上前楹間,北向,西上,加勺、冪,爲酌尊。一實明水,爲上尊,餘實泛齊,代以祠祭法酒,獻官酌之。又設太尊二、山尊二在神位前,太尊一實泛齊,山尊一實醴齊,各以一尊實明水。著尊二、犧尊二、象尊二、壺尊六在下,著尊一實盎齊,犧尊一實醍齊,象尊一實沉齊,各以一尊實明水。壺尊三實玄酒,三實三酒。明水、玄酒皆在上。俱北向,西上,加冪。五齊三酒,皆設而不酌。

又設從祀神位。每位左二籩,栗在前,梨次之。右二豆;菁菹在前,醬次之。簠一、簋一,在籩、豆間,簠在左,簋在右;簠實以黍,簋實以稷。爵一,在神位前。實以祠祭法酒[1]。東西兩廊各設犧尊二,加勺、冪。一實明水,一實祠祭法酒。

太常設燭於神位前,洗二於東階下,直東霤,北向。盥洗在東,爵洗在西。罍在洗東,加勺。篚在洗西南肆,寔以巾。若洗爵之篚,則又實以爵,加坫。設分獻官洗於東西兩廊之北。東西各一洗。執罍、篚者各位於其後。

---

① "祠祭",底本作"祀祭",據十萬卷樓本、楊本、繆本校改。

設揖位於南神門外。獻官在西,東向。分獻官在其後,監察御史、奉禮郎、太祝、太官令在東,西向,俱北上。

設燎柴於殿東南。設望燎位於其北。獻官在北,南向。分獻官在其後,西上。監察御史在西,東向。奉禮郎、太祝在東,西向,北上。設獻官席位於殿下東階之東,西向、分獻官在其後,北上。監察御史席位於殿庭之南,北向。奉禮郎、太祝、太官令在其後,西上。光祿卿在其東,北向。又設監察御史位於殿上前楹西,東向。奉禮郎、太祝在東,西向,北上。太官令位於酌尊所,北向。

省饌

前祀一日,行事、執事官集獻官齋所肄儀,太祝習讀祝文及視幣訖。次禮直官、贊者分引行事、執事官詣殿東南省饌位,凡獻官行事禮直官引,餘官皆贊者引。立定。禮直官贊揖所司省饌具畢,禮直官贊:"省饌畢。"揖訖,俱還齋所。次引監察御史入,詣廚,視祭器滌溉,乃還齋所。

晡後,所司掃除觀之內外。

行事

祀日丑前五刻,行事用丑時一刻。太官令帥其屬寔饌具畢。次引光祿卿入,詣殿庭席位,北向立。贊者曰:"再拜。"光祿卿再拜,升自東階,凡行事、執事官升降,皆自東階。點視禮饌畢。次引監察御史升殿,點閱陳設,糾察不如儀者。凡點視及點閱,皆先詣正位。光祿卿還齋所,餘官各服祭服。

次引行事、執事官詣南神門外揖位,立定。禮直官贊揖。次引監察御史、奉禮郎、太祝、太官令入就殿下席位，北向立。次引獻官、分獻官各入就殿下席位，西向立。禮直官稍前，贊："有司謹具，請行事。"贊者曰："再拜。"在位者皆再拜。次引監察御史以下升殿，各就位，立定。

次引獻官詣盥洗位，北向立，搢笏，盥手，帨手，執笏，升殿；詣火德星君神位前，北向立，<small>若詣配位前則東向立。</small>搢笏，跪。次引奉禮郎搢笏，西向跪。執事者以幣授奉禮郎。奉禮郎奉幣，授獻官訖，執笏，興，先詣關伯神位前，北向立。獻官受幣，奠訖，執笏，俛伏，興，再拜。次詣關伯神位前，奠幣，如上儀，俱復位。

少頃，引獻官再詣盥洗位，北向立，搢笏，盥手，帨手，執笏。詣爵洗位，北向立，搢笏，洗爵，拭爵，以授執事者，執笏，升殿，詣正位酌尊所，西向立。執事者以爵授獻官，獻官搢笏，執爵。執尊者舉冪，太官令酌犧尊之泛齊訖，先詣配位爵尊所，北向立。獻官以爵授執事者，執笏，詣火德星君神位前，北向立，搢笏，跪。執事者以爵授獻官，獻官執爵，三祭酒，奠爵，執笏，俛伏，興，少立。次引太祝詣神位前，東向立，搢笏，跪讀祝文。讀訖，執笏，興，先詣關伯神位前，南向立。獻官再拜。次詣配位，酌獻[1]，並如上儀，俱復位。

獻官再詣洗位[2]，將升。次引分獻官詣盥洗位，搢笏，盥手，帨手，執笏，詣兩廊從祀神位前，搢笏，跪，執爵，三祭酒，奠爵，執笏，俛伏，興，再拜。詣次位，並如上儀，退，復位。

次引獻官、分獻官詣望燎位。有司詣神位前，取幣、祝版置

---

[1]　"酌獻"，底本作"爵獻"，據楊本校改。

[2]　"再"字，底本作"拜"，據本書卷七二《祀太一宮儀·行事》改。

於燎柴。次引監察御史、奉禮郎、太祝詣望燎位,立定。禮直官曰:"可燎。"火燎半柴。

次引獻官以下詣南神門外揖位,立定。禮直官贊:"禮畢。"揖訖,退。太官令帥其屬徹禮饌,監察御史詣殿,監視收徹訖,退。

卷第七十四　吉禮

應天府祀大火儀_闕

時日_闕　齋戒_闕　陳設_闕　省饌_闕　行事_闕

卷第七十五　吉禮

祀風師雨師雷神儀

時日_闕　齋戒_闕　陳設　省饌　行事

陳設

祀日丑前五刻[①]，禮直官、贊者、諸司職掌各服其服。

太常設神位席，席以莞。太史設神位版於壇上北方，南向。太常陳幣篚於神位之左，幣以白；祝版於神位之右，置於坫。

次設祭器，皆藉以席，光禄寔之。左十籩，爲三行，以右爲上；第一行：乾蔾在前，乾棗、形鹽、魚鱐次之。第二行[②]：鹿脯在前，榛寔、乾桃次之。第三行：菱在前，芡、栗次之[③]。右十豆，爲三行，以左爲上；第一行：芹菹在前，筍菹、葵菹、菁菹次之。第二行：蕰菹在前，魚鱐、兔醢次之。第三行：豚拍在前，鹿臡、醓醢次之。俎二，一在籩前，實以羊腥七體，兩髀、兩肩、兩脅并脊，兩髀在兩端，兩肩、兩脅次之，脊在中。一在豆前；實以豕腥七體，其載如羊。又俎六，在豆右，爲三重，以北爲上；第一重，一實以羊腥，腸、胃、肺、離肺一在上端，刊肺三次之，腸三、胃三又次之；一實以豕腥膚九，橫載。第二重，一實以羊熟，腸、胃、肺；一實以豕熟膚，其載如腥。第三重，一實以羊熟十一體，肩、臂、臑、肫、胳、正脊一，直

---

① 據文津閣本，"祀日丑前五刻"前有闕文。

② "二"字，底本作"三"，據文津閣本、十萬卷樓本、楊本、繆本校改。

③ 底本"芡"後衍"寔乾"二字，據文津閣本、十萬卷樓本、楊本、繆本删。

脊一，橫脊一，長脅一，短脅一，代脅一，皆二骨以并。肩、臂、臑在上端，肫、胳在下端，脊、脅在中。一實以豕熟十一體，其載如羊。皆羊在左，豕在右。登一，在籩、豆間；實以大羹。盤一，在登前；實以毛血。簠二、簋二，在籩、豆外，二俎間，簠在左，簋在右。簠實以稻、粱，粱在稻前。簋實以黍、稷，稷在黍前。

　　設犧尊四、象尊四，爲二重，在壇上東南隅，北向，西上，犧尊在前，皆有坫，加勺、冪，爲酌尊①。犧尊一實明水，爲上尊，餘實泛齊，代以供內法酒，初獻酌之。象尊一實明水，爲上尊，餘實醴齊，代以祠祭法酒，亞、終獻酌之。又設太尊二、山尊二在神位前，太尊一實泛齊，山尊一實醴齊，各以一尊實明水。著尊二、犧尊二、象尊二、壺尊六在壇下，著尊一實盎齊，犧尊一實醍齊，象尊一實沉齊，各以一尊實明水。壺尊三實玄酒，三實三酒。明水、玄酒皆在上。俱北向，西上，加冪。五齊三酒，皆設而不酌。

　　太常設燭於神位前，洗二於卯階東，北向。盥洗在東，爵洗在西。若立夏後申日，祀雨師、雷師，即設洗二於雷神壇卯階東②。罍在洗東，加勺。篚在洗西南肆，實以巾。若爵洗之篚，則又實以爵，加坫。執罍、篚者位於其後。

　　又設揖位於卯階東內壇之外。若立夏後申日祀雨師、雷神③，即設揖位於雷神壇卯階東內壇外。三獻官在南，北向。監察御史、大樂令、奉禮郎、太祝、太官令在北，南向。俱西上。

　　積柴於燎壇。設望燎位於其北。三獻官在北，南向，西上。監察御史在西，東向。大樂令、奉禮郎、太祝在東，西向，北上。又設三獻官席位於卯階之東，西向，北上。若立夏後申日祀雨師、雷神，即設三獻官位於雷神壇卯階之東。監察御史、大樂令席位於午階之南，

---

① “酌”字，底本作“勺”，據文津閣本、楊本校改。
② “洗二於”，底本作“洗於二”，據十萬卷樓本、繆本乙正。
③ “雷神”二字，底本脫，據文津閣本、十萬卷樓本、楊本、繆本校補。

北向；奉禮郎、太祝、太官令位於其後，俱西上。若立夏後申日祀雨師、雷神，即設監察御史、大樂令、奉禮郎、太祝、太官令位於兩壇間午階之南。光禄少卿席位於監察御史之東，北向。又設監察御史位於壇上樂虡之北，在西，東向。奉禮郎、太祝在東，西向，北上。大樂令於樂虡北，太官令於酌尊所，俱北向①。若立夏後申日祀雨師、雷神，即監察御史在雨師壇上，東向；奉禮郎、太祝在雷神壇上，西向，北上；大樂令在雨師壇上樂簴北。

省饌

前祀一日，行事、執事官集初獻齋所肄儀，太祝習讀祝文，視幣及神位版訖。次禮直官、贊者分引行事、執事官就齋宮內省饌位，凡初獻行事禮直官引，餘官皆贊者引。立定。禮直官贊揖所司省饌畢，禮直官贊：“省饌畢。”揖訖，俱還齋所。次引監察御史詣廚，省鑊，視祭器滌溉，及視牲充、腯，乃還齋所。

未後一刻，太官令帥宰人以鸞刀割牲，祝史以槃取毛血，置於饌所，遂烹牲。

晡後，有司帥其屬掃除壇之上下訖，還齋所。

行事

祀日丑前五刻，行事，春用丑時七刻，夏用丑時一刻。初獻以下並赴壇所就次。太官令帥其屬實饌具畢。次引光禄少卿入詣午階南席位，北向立。贊者曰：“再拜。”光禄少卿再拜，升自卯階，凡行事、執事官升降，皆自卯階。點視禮饌畢。次引監察御史升壇，點閱陳設，糾察不如儀者。次樂正帥工人升自卯階，各入就位。光禄少卿

---

①　“北向”，底本作“向北”，據文津閣本、楊本、繆本乙正。

還齋所，餘官各服祭服。

次引行事、執事官詣卯階東揖位，立定。禮直官贊揖。次引大樂令先入就午階南席位，北向立。贊者曰："再拜。"大樂令再拜，升壇，就位。次引監察御史、奉禮郎、太祝、太官令入就午階南席位，北向立。次引三獻官入就卯階東席位，西向立。禮直官稍前，贊："有司謹具，請行事。"[1]《欣安之樂》作，三成，止。太常升煙，燔牲首。贊者曰："再拜。"在位者皆再拜。次引監察御史、奉禮郎、太祝、太官令升壇，各就位，若立夏後申日祀雨師、雷神，即太官令就雨師壇酌尊所。立定。

次引初獻詣盥洗位，《欽安之樂》作，凡初獻升降、行止，皆作《欽安之樂》。至位，北向立，搢笏，盥手，帨手，執笏，升詣風師神位前，北向立，若立夏後申日祀雨師、雷神，即初獻詣雨師神位前，酌獻准此。樂止。《容安之樂》作，搢笏，跪。次引奉禮郎搢笏，西向跪。執事者以幣授奉禮郎，奉禮郎奉幣授初獻訖，執笏，興，復位。若立夏後申日祀雨師、雷神，即奉禮郎先詣雨師神位前，西向立。初獻受幣，奠訖，執笏，俛伏，興，少退，再拜，樂止。初獻將降壇[2]，樂作，復位，樂止。若立夏後申日祀雨師、雷神，即初獻降壇，升詣雨師神位前，奠幣，如上儀訖，俱復位。酌獻，准此。

少頃，引初獻再詣盥洗位，樂作，至位，北向立，搢笏，盥手，帨手，執笏。詣爵洗位，北向立，搢笏，洗爵，拭爵，以授執事者，執笏，升詣酌尊所，西向立，樂止。若立夏後申日祀雨師、雷神，即升詣雨師壇酌尊所[3]，西向立。亞、終獻酌獻准此。《雍安之樂》作，執事者以爵授初獻，初獻搢笏，執爵。執尊者舉冪，太官令酌犧尊之泛齊。若立夏

---

① "謹具請"三字，底本脱，據本書卷七三《祀陽德觀儀·行事》補。

② "將"字，底本作"時"，據文津閣本、十萬卷樓本、楊本、繆本校改。

③ "尊所"，底本作"享所"，據十萬卷樓本、楊本、繆本校改。

後申日祀雨師、雷神，即太官令酌泛齊訖，先詣雷神壇酌尊所，北向立。亞、終獻酌獻，准此。初獻以爵授執事者，執笏，詣風師神位前，北向立，搢笏，跪。執事者以爵授初獻，初獻執爵，三祭酒，奠爵，執笏，俛伏，興。少立，樂止。次引太祝詣神位前，東向，搢笏，跪讀祝文。讀訖，執笏，興，復位。若立夏後申日祀雨師、雷神，即太祝詣雷神神位前，東向立。初獻再拜，降壇，樂作，復位，樂止。

次引亞獻詣盥洗位，北向立，搢笏，盥手，帨手，執笏。詣爵洗位，北向立，搢笏，洗爵，拭爵，以授執事者，執笏，升壇，詣酌尊所，西向立。《雍安之樂》作。執事者以爵授亞獻。亞獻搢笏，執爵，執尊者舉冪，太官令酌象尊之醴齊。亞獻以爵授執事者，執笏，詣風師神位前，北向立，搢笏，跪。執事者以爵授亞獻，亞獻執爵，三祭酒，奠爵，執笏，俛伏，興，少退，再拜訖。樂止，降，復位。

次引終獻詣洗及升壇行禮，並如亞獻之儀，降，復位。

禮直官曰："賜胙。"贊者承傳，曰："賜胙，再拜。"在位者皆再拜。

送神，《欣安之樂》作，一成，止。

次引三獻官詣望燎位。有司詣神位前，取幣、祝版置於燎柴。次引監察御史、大樂令、奉禮郎、太祝詣望燎位，立定。禮直官曰："可燎。"火燎半柴。

引初獻以下詣卯階東揖位，立定。禮直官贊："禮畢。"揖訖，退。太官令帥其屬徹禮饌，監察御史詣壇，監視收徹訖，退。

卷第七十六　吉禮

州縣祀風師雨師雷神儀

時日　齋戒　陳設　省饌　行事

時日

州縣以立春後丑日，祀風師。前一日，檢舉關所屬排辦。_立夏後申日，祀雨師、雷神，准此。

齋戒

前祀三日，應行事、執事官散齋兩日，治事如故，宿于正寢，不吊喪、問疾、作樂、判書刑殺文書、決罰罪人及與穢惡；致齋一日。其日質明，赴祠所齋舍。惟祭事得行，其餘悉禁[①]。祀官已齋而闕者，通攝行事。

陳設

前祀三日，有司設行事、執事官次于壇壝門外，量地之宜。

前二日，有司牽牲詣祠所。

前一日，掃除壇之上下。設登歌之樂于壇上稍南，北向。_應

---

① “其”字，底本無，據楊本、繆本校補。

頒樂州府則設。

祀日丑前五刻,執事者設神位席、以莞。神位版于壇上北方,南向;陳幣篚於神位之左;幣以白。祝版於神位之右,置於坫。

次設祭器,皆藉以席,掌饌者寔之。左八籩,爲三行,以右爲上;第一行:形鹽在前,魚鱐次之。第二行:乾桃在前,乾蔆、乾棗次之。第三行:芡在前,鹿脯、榛實次之。右八豆,爲三行,以左爲上;第一行:芹菹在前,筍菹次之。第二行:菁菹在前,韭菹、魚醢次之。第三行:兔醢在前,鹿臡、醓醢次之。俎二,一在籩前,實以羊熟十一體,肩、臂、臑、肫、胳、正脊一,直脊一,橫脊一,長脅一,短脅一,代脅一,皆二骨以並①。肩、臑在上端,肫、胳在下端,脊、脅在中。一在豆前;實以豕熟十一體,其載如羊。簠一、簋一,在籩、豆外,二俎間,簠在左,簋在右。簠實以稷,簋寔以黍。

犧尊三、象尊三,爲二重,在壇上東南隅,北向,西上,犧尊在前,皆有坫,加勺、冪,爲酌尊。犧尊一實明水,爲上尊,餘實泛齊,初獻酌之。象尊一實明水,爲上尊,餘實醴齊,亞、終獻酌之。太尊二、山尊二在神位前,太尊一實泛齊,山尊一實醴齊,各以一尊實明水。著尊二、犧尊二、象尊二、壺尊六在壇下,著尊一實盎齊,犧尊一實醍齊,象尊一實沉齊,各以一尊實明水。壺尊三實玄酒,三實三酒。明水、玄酒皆在上。五齊三酒,皆以本處酒充。皆北向,西上,加冪。五齊三酒,皆設而不酌②。

有司設燭於神位前,洗二於卯階下,北向。盥洗在東,爵洗在西。若立夏後申日祀雨師、雷神,則設洗於雷神壇卯階下。罍在洗東,加勺。篚在洗西南肆,寔以巾。若爵洗之篚,則又寔以爵,加坫。執罍、篚者位於其後。

又設揖位於卯階東内壇之外。若立夏後申日祀雨師、雷神,即設位於

---

① "皆"字,底本作"背",據十萬卷樓本、楊本、繆本校改。

② 底本"皆"後衍"酌"字,據文津閣本、繆本刪。

雷神壇卯階東內壝外。初獻在南，北向。亞、終及祝在北，南向，西上。
祝位稍却。

積柴於燎壇。設望燎位於其北。三獻官在北，南向，西上。
祝在東，西向。又設三獻官席位於卯階之東，西向，北上。設祝
席位於午階之南，北向。設初獻飲福席位於午階之西，北向。又
設祝位於壇上在東，西向。若立夏後申日祀雨師、雷神，即設三獻官位於雷神
壇卯階之東，祝席位於兩壇間午階之南①，初獻飲福席位於雨師壇南，又設祝位於雨師
壇上。

省饌

前祀一日，祀官以下常服，閱饌物，視牲充、腯；詣廚，省鑊，
視滌溉訖，各還齋所。

晡後，有司掃除壇之上下。

行事

祀日丑前五刻，行事，春用丑時七刻，夏用丑時一刻。行事、執事官各
就次。掌饌者帥其屬寔饌具畢。贊禮者引初獻②凡行事、執事官行
止，皆贊禮者引。升自卯階，凡行事、執事官升降，皆自卯階。點視陳設訖。
次樂工升卯階，各入就位。初獻退，就次，各服其服。

次引初獻以下詣卯階東揖位，風師神位前，北向立，搢笏，
跪。執事者以爵授亞獻，亞獻執爵③，三祭酒，奠爵，執笏，俛伏，
興，少退，再拜訖。樂止，降，復位。次引終獻詣洗及升壇行事④，

---

① “兩”字，底本作“西”，據本書卷七五《祀風師雨師雷神儀·陳設》改。

② “禮”字，底本脫，據繆本校補。

③ “亞獻”二字，底本脫，據文津閣本、繆本校補。

④ “詣洗及升壇”，底本作“詣及洗升壇”，據十萬卷樓本、楊本、繆本乙正。

並如亞獻之儀，降，復位。

次引初獻詣飲福位，北向立。執事者各以爵酌福酒合置一爵，持爵，詣初獻之左，西向立。初獻再拜，搢笏，跪，受爵，祭酒，啐酒，奠爵。

執饌者以胙俎進，減神位前胙肉，加於俎上；又以豆取黍稷飯，合置一豆。先以飯授初獻，初獻受以授執饌者；又以俎授初獻，初獻受以授執饌者。執事再以爵授初獻。初獻啐爵，執事受虛爵，復於坫。初獻執笏，俛伏，興，再拜，退，復位。

贊禮者曰：“賜胙，再拜。”在位者皆再拜。已飲福、受胙者，不拜。

送神，《欣安之樂》作，一成，止。

次引初獻以下就望燎位。執事者詣神位前，取幣、祝版置於燎柴。贊禮者曰：“可燎。”火燎半柴。

引初獻以下詣卯階東揖位，立。贊禮者贊：“禮畢。”揖訖，退。有司監徹禮饌，乃退。

卷第七十七　吉禮

祀會應廟儀

時日　齋戒　陳設　省饌　行事

時日

太常寺預於隔季以仲春擇日，祀會應廟，關太史局。太史局擇日報太常寺。太常寺參酌訖，具時日散告。

齋戒

前祀五日，應行事、執事官散齋三日，治事如故，宿於正寢，不弔喪、問疾、作樂、判書刑殺文書、決罰罪人及與穢惡；致齋二日光禄少卿、太官令齋一日。於本司。無本司者於本廟，質明至齋所。惟祀事得行，其餘悉禁。前祀一日質明，俱赴祠所齋宮，官給酒饌。祀官已齋而闕者，通攝行事。

陳設

前祀二日，光禄牽牲詣祠所。

前一日，有司掃除廟之內外。

光禄陳禮饌於堂之東南，南向。太常設省饌位版於禮饌之南。三獻官在南，北向，西上。監察御史在西，東向。光禄少卿、大樂令、奉禮郎、太祝、太官令在東，西向，北上。凡設奉禮郎以下位皆稍却。大晟設登歌之樂於堂上前楹間，稍南，北向。

祀日丑前五刻，禮直官、贊者、諸司職掌各服其服。

太常陳幣篚各於神位之左，幣隨方色。祝版各於神位之右，置於坫。

次設祭器，皆藉以席，光禄寔之。每位左十籩，爲三行，以右爲上；第一行：乾桃在前，乾棗、形鹽、魚鱐次之。第二行：鹿脯在前，榛實、乾桃次之。第三行：菱在前，芡、栗次之。右十豆，爲三行，以左爲上；第一行：芹菹在前，筍菹、葵菹、菁菹次之。第二行：韭菹在前，魚醢、兔醢次之。第三行：豚拍在前，鹿臡、醓醢次之。俎二，一在籩前，實以羊腥七體，兩髀、兩肩、兩脅並脊，兩髀在兩端，兩肩、兩脅次之，脊在中。一在豆前；實以豕腥七體，其載如羊。又俎六，在豆右，爲三重，以北爲上；第一重，一實以羊腥，腸、胃、肺、離肺一在上端，刌肺三次之，腸三、胃三又次之；一實以豕腥膚九，横載。第二重，一實以羊熟，腸、胃、肺；一實以豕熟膚，其載如腥。第三重，一實以羊熟十一體，肩、臂、臑、肫、胳、正脊一、横脊一、直脊一，長脅一、短脅一，代脅一，皆二骨以並。肩、臂、臑在上端，肫、胳在下端，脊、脅在中。一實以豕熟十一體，其載如羊。皆羊在左，豕在右。簠二、簋二，在籩、豆外，二俎間，簠在左，簋在右。簠實以稻、粱，粱在稻前。簋實以黍、稷，稷在黍前。

設犧尊四、象尊四，爲二重[①]，在堂上東南隅[②]，北向，西上，犧尊在前，皆有坫，加勺、冪，爲酌尊。犧尊一實明水，爲上尊，餘實泛齊，代以供内法酒，初獻酌之。象尊一實明水，爲上尊，餘實醴齊，代以祠祭法酒，亞、終獻酌之。設太尊二、山尊二在神位前，太尊一實泛齊，山尊一實醴齊，各以一尊實明水。著尊二、犧尊二、象尊二、壺尊六在堂下，著尊一實盎齊，犧尊一實

---

① “二”字，底本作“三”，據本書卷七五《祀風師雨師雷神儀・陳設》改。
② “東南”，底本作“東西”，據繆本校改。

醴齊,象尊一實沉齊,各以一尊實明水。壺尊三實玄酒,三實三酒。明水、玄酒皆在上。俱北向,西上,加羃。五齊三酒,皆設而不酌。

太常設燭於神位前,洗二於東階下,直東霤,北向。盥洗在東,爵洗在西。罍在洗東,加勺。篚在洗西南肆,寔以巾。若爵洗之篚,則又實以爵,加坫。執罍、篚者位於其後。

又設揖位於廟南門外。三獻官在西,東向;監察御史、大樂令、奉禮郎、太祝、太官令在東,西向,俱北上。

積燎柴於堂之東南。設望燎位於其北。三獻官在北,南向,西上。監察御史、大樂令席位在南①,北向②;奉禮郎、太祝、太官令位其後,俱西上。光禄少卿席位於監察御史之東,北向。又設監察御史位於堂上前楹西,東向。奉禮郎、太祝在西,東向,北上。大樂令於樂簴北,太官令於酌尊所,俱北向。

省饌

前祀一日,行事、執事官集初獻齋所肄儀,太祝習讀祝文及視幣訖。次禮直官、贊者分引行事、執事官就堂東南省饌位,凡初獻行事禮直官引,餘官皆贊者引。立定。禮直官贊揖所司省饌具畢,禮直官贊:"省饌畢。"揖訖,俱還齋所。次引監察御史詣廚,省鑊,視祭器滌溉及視牲充、腯,乃還齋所。

未後一刻,太官令帥宰人以鸞刀割牲,遂烹牲。

晡後,有司帥其屬掃除廟之內外訖,還齋所。

行事

祀日丑前五刻，_{行事用丑時七刻。}太官令帥其屬寔饌具畢。次引光禄卿入詣殿庭席位，北向立。贊者曰："再拜。"光禄少卿再拜，升自東階，_{凡行事、執事官升降，皆自東階。}點視禮饌畢。次引監察御史升堂，點閱陳設，糾察不如儀者。_{凡點視及點閱，皆先詣廣仁王位，以至次位。}次樂正帥工人升東階，各入就位。光禄少卿還齋所，餘官各服祭服。

次引行事、執事官詣廟門南門外揖位，立定。禮直官贊揖。次引大樂令先入就堂下席位，北向立。贊者曰："再拜。"大樂令再拜，升堂，就位。次引監察御史、奉禮郎、太祝、太官令入就堂下席位，北向立。次引三獻官入就堂下席位，西向立。禮直官稍前，贊："有司謹具，請行事。"《禧安之樂》作，三成，止。太常升煙，燔牲首[①]。贊者曰："再拜。"在位者皆再拜。次引監察御史、奉禮郎、太祝、太官令升堂，各就位。_{太官令就廣仁王位酌尊所。}立定。

次引初獻詣盥洗位，《雅安之樂》作，_{凡初獻升降、行止，皆作《雅安之樂》。}至位，北向立，搢笏，盥手，帨手，執笏，詣廣仁王神位前，北向立，樂止。《乂安之樂》作，搢笏，跪。次引奉禮郎搢笏，西向跪。執事者以幣授奉禮郎，奉禮郎以幣授初獻訖，執笏，興，先詣嘉澤王神位前，西向立。初獻受幣，奠訖，執笏，俛伏，興，少退，再拜。次詣嘉澤王位，次詣孚惠王位，次詣義濟王位，次詣靈澤王位，奠幣，並如上儀，樂止。奉禮郎復位。初獻將降階[②]，樂作，

---

① 底本"燔"前衍"燎"字，據楊本、繆本刪。
② "降"字，底本作"升"，據十萬卷樓本校改。

復位,樂止。

少頃,引初獻再詣盥洗位,樂作,至位,北向立,搢笏,盥手,帨手,執笏。詣爵洗位,北向立,搢笏,洗爵,拭爵,以授執事者,執笏,升詣廣仁王位酌尊所,西向立,樂止。《愷安之樂》作,執事者以爵授初獻,初獻搢笏,執爵。執尊者舉冪,太官令酌犧尊之泛齊訖,先詣嘉澤王位酌尊所,北向立。初獻以爵授執事者,執笏,詣廣仁王神位前,北向立,搢笏,跪。執事以爵授初獻,初獻執爵,三祭酒,奠爵,執笏,俛伏,興。少立,樂止。次引太祝詣神位前,東向搢笏,跪讀祝文。讀訖,執笏,興,先詣嘉澤王神位前,東向立。初獻再拜,詣每位行禮,並如上儀。太官令復詣廣仁王位酌尊所。太祝復位。初獻將降壇,樂作,復位,樂止。

次引亞獻詣盥洗位,北向立,搢笏,盥手,帨手,執笏[1]。詣爵洗位,北向立,搢笏,洗爵,拭爵,以授執事者,執笏,升詣廣仁王位酌尊所,北向立。《嘉安之樂》作。執事者以爵授亞獻。亞獻搢笏,執爵,執尊者舉冪[2],太官令酌象尊之醴齊訖,先詣嘉澤王位酌尊所,北向立。亞獻以爵授執事者,執笏,升詣廣仁王神位前,北向立,搢笏,跪。執事者以爵授亞獻,亞獻執爵,三祭酒,奠爵,執笏,俛伏,興,少退,再拜。次詣每位行禮,並如上儀,樂止,降,復位。

次引終獻詣洗及升堂行禮,並如亞獻之儀,降,復位。

禮直官曰:“賜胙。”贊者承傳,曰:“賜胙,再拜。”在位者皆再拜。

---

① “詣盥洗位北向立搢笏盥手帨手執笏”十五字,底本脫,據本書卷七五《祀風師雨師雷神儀·行事》補。
② “執尊”,底本作“執事”,據楊本校改。

送神，《登安之樂》作，一成，止。

次引三獻官詣望燎位。有司各詣神位前，取幣、祝版置於燎柴。次引監察御史、大樂令、奉禮郎、太祝詣望燎位，立定。禮直官曰：“可燎。”火燎半柴。

引初獻以下詣廟南門外揖位立。禮直官贊：“禮畢。”揖訖，退。太官令帥其屬徹禮饌，監察御史詣堂，監視收徹訖，退。

卷第七十八　吉禮

祀司中司命司民司禄儀

時日　齋戒　陳設　省饌　行事

時日

太常寺預於隔季以立冬後亥日，祀司中、司命、司民、司禄，關太史局。太史局以其日報太常寺。太常寺參酌訖，具時日散告。

齋戒

前祀三日，應行事、執事官散齋二日，治事如故，宿於正寢，不吊喪、問疾、作樂、判書刑殺文書、決罰罪人及與穢惡；致齋一日。

其日質明①，赴祠所齋宮。惟祀事得行，其餘悉禁，官給酒饌。祀官已齋而闕者，通攝行事。

陳設

前祀二日，儀鸞司設行事、執事官次於壇壝門外，量地之宜。

---

① “日”字，底本脱，據本書卷七九《祀靈星壽星儀·齋戒》補。

光禄牽牲詣祠所。

前一日，陳禮饌於齋宮。太常設省饌位版於禮饌之南。獻官在南，北向。監察御史在西，東向。大樂令、光禄丞、太祝、太官令在東，西向，北上。大晟設登歌之樂於司中壇上稍南，北向。

祀日丑前五刻，禮直官、贊者、諸司職掌各服其服。

太常設神位席，以莞。太史設神位版於每壇上北方，南向。太常設祝版各於神位之右，置於坫。

次設祭器，皆藉以席，光禄寔之。每位各左八籩，爲三行，以右爲上；第一行：形鹽在前，魚鱐次之。第二行：乾桃在前，乾棗、乾蔏次之①。第三行：芡在前，鹿脯、榛實次之。右八豆，爲三行，以左爲上；第一行：芹菹在前，筍菹次之。第二行：菁菹在前，韭菹、魚醢次之。第三行：兔醢在前，鹿臡、醓醢次之。俎二，一在籩前，實以羊熟十一體，肩、臂、臑、肫、胳、正脊一，直脊一，横脊一，長脅一，短脅一，代脅一，皆二骨以並。肩、臂、臑在上端，肫、胳在下端，脊、脇在中。一在豆前；實以豕熟十一體，其載如羊。簠一、簋一，在籩、豆外，二俎間，簋在左，簠在右。簠實以稷，簋實以黍。

設犧尊三，在壇上東南隅，北向，西上，皆有坫，加勺、羃，爲酌尊。一實以明水，爲上尊，餘實泛齊，代以供内法酒。又設太尊二、山尊二在神位前，太尊一實泛齊，山尊一實醴齊，各以一尊實明水。著尊二、犧尊二、象尊二、壺尊六在壇下，著尊一實盎齊，犧尊一實醍齊，象尊一實沉齊，各以一尊實明水。壺尊三實玄酒，三實三酒。明水、玄酒皆在上。俱北向，西上，加羃。五齊三酒，皆設而不酌。

太常設燭於神位前，洗二於卯階東，北向。盥洗在東，爵洗在西。罍在洗東，加勺。篚在洗西南肆，實以巾。若盥洗之篚，則又實以爵，加

---

① “乾蔏”二字，底本脱，據十萬卷樓本、繆本校補。

站。執罍、篚者位於其後。

又設揖位於司禄壇卯階東①。獻官在南，北向。監察御史、大樂令、太祝、太官令在北，南向，西上。

積柴於燎壇。設望燎位於其北。獻官在北，南向。監察御史在西，東向②。大樂令、太祝在東，西向。又設獻官席位於司禄壇卯階之東，西向。監察御史、大樂令席位於四壇之南，中間，北向；太祝、太官令位其後，西上。光禄丞席位於監察御史之東，北向。又設監察御史位於司中壇上，東向。太祝於司禄壇上，西向。大樂令位於樂簴北，太官令於酌尊所，俱北向。

省饌

前祀一日，行事、執事官集獻官齋所肄儀，太祝習讀祝文及視神位版。次贊者分引行事、執事官詣齋宮内省饌位，凡行事、執事官皆贊者引。立定。贊者贊揖所司省饌具畢，贊者曰：“省饌訖。”揖訖，俱還齋所。次引監察御史詣廚，省鑊，眡祭器滌溉及視牲充、腯，乃還齋所。

未後一刻，太官令率宰人以鸞刀割牲，遂烹牲。

晡後，有司帥其屬掃除壇之上下訖，還齋所。

行事

祀日丑前五刻，行事用丑時七刻。獻官以下，並赴壇所就位。次太官令帥其屬實饌具畢。次引光禄丞入詣四壇之間席位，北向

---

① “揖”字，底本脱，據本書卷七九《祀靈星壽星儀・陳設》補。
② “西東向”，底本作“東西向”，據十萬卷樓本、楊本乙正。

立。贊者曰："再拜。"光禄丞再拜，升自卯階，<small>凡行事、執事官升降，皆自</small><small>卯階</small>。點視禮饌畢。次引監察御史陞壇，點閱陳設，糾察不如儀者。<small>凡點視及點閱，皆先詣司中壇，以至次壇</small>。次樂正帥工人升司中壇卯階，各入就位。光禄丞還齋所，餘官各服祭服。

　　次引行事、執事官就司禄壇卯階東揖位，立定。贊者贊揖。次引大樂令先入就四壇南席位，北向立。贊者曰："再拜。"大樂令再拜，升壇，就位。次引監察御史、太祝、太官令入就四壇南席位，北向立。次引獻官，就司禄壇卯階東席位，西向立。贊者稍前，贊："有司謹具，請行事。"《欣安之樂》作，三成，止。太常升烟，燔牲首。贊者曰："再拜。"在位者皆再拜。次引監察御史、太祝、太官令俱升壇，各就位，<small>太官令就司中酌尊所</small>。立定。

　　次引獻官詣盥洗位，《欽安之樂》作，<small>凡獻官升降、行止，皆作《欽安之</small><small>樂》</small>。至位，北向立，搢笏，盥手，帨手，執笏。詣爵洗位，北向立，搢笏，洗爵，拭爵，以授執事者，執笏，升詣司中酌尊所，西向立，樂止。《雍安之樂》作，執事者以爵授獻官。獻官搢笏，執爵。執尊者舉羃，太官令酌犧尊之泛齊訖，先詣司命壇酌尊所，北向立。獻官以爵授執事者，執笏，詣司中神位前，北向立，搢笏，跪。執事者以爵授獻官。獻官執爵，三祭酒，奠爵，執笏，俛伏，興。少立，樂止。次引太祝詣神位前，東向搢笏，跪讀祝文。讀訖，執笏，興，先詣司命壇神位前，東向立。獻官再拜。次詣司命壇，次詣司民壇，次詣司禄壇行禮，並如上儀訖。太官令復詣司中酌尊所。太祝復位。獻官將降壇，樂作，復位，樂止。

　　送神，《欣安之樂》作，一成，止。

　　次引獻官詣望燎位。有司各詣神位前，取祝版置於燎柴。次引監察御史、大樂令、太祝詣望燎位，立定。贊者曰："可燎。"

火燎半柴。

引獻官以下詣司禄壇卯階東揖位立。贊者贊："禮畢。"揖訖,退。太官令帥其屬徹禮饌,監察御史詣壇,監視收徹訖,退。

卷第七十九　吉禮

祀靈星壽星儀

時日　齋戒　陳設　省饌　行事

時日

太常寺預於隔季以立秋後辰日,祀靈星;秋分日,祀壽星,關太史局。太史局以其日報太常寺。太常寺參酌訖①,具時日散告。

齋戒

前祀三日,應行事、執事官散齋二日,治事如故,宿於正寢,不弔喪、問疾、作樂、判書刑殺文書、決罰罪人及與穢惡;致齋一日。

其日質明,赴齋宮。惟祀事得行,其餘悉禁,官給酒饌。祀官已齋而闕者,通攝行事。

陳設

前祀二日,儀鸞司設行事、執事官次於壇壝門外,量地之宜。

---

① "太常寺"三字,底本無,據繆本校補。

光禄牽牲詣祠所及陳禮饌於獻官齋所東南。太常設省饌位版於禮饌之南。獻官在南①，北向。監察御史在西，東向。光禄丞、太祝、太官令在東，西向，北上。

祀日丑前五刻，禮直官、贊者、諸司職掌各服其服。

太常設神位席，以莞。太史設神位版於壇上北方，南向；祝版於神位之右，置於坫。

次設祭器，皆藉以席，光禄寔之。左八籩，爲三行，以右爲上；第一行：形鹽在前，魚鱐次之；第二行：乾桃在前，乾䕩、乾棗次之。第三行：㷅在前，鹿脯、榛實次之。右八豆，爲三行，以左爲上；第一行：芹菹在前，筍菹次之。第二行：菁菹在前，韭菹、魚醢次之。第三行：兔醢在前，鹿臡、醓醢次之。俎二，一在籩前，實以羊熟十一體，肩、臂、臑、肫、胳、正脊一，直脊一，橫脊一，長脅一，短脅一，代脅一，皆二骨以並。肩、臂、臑在上端，肫、胳在其下端，脊、脅在中。一在豆前；實以豕熟十一體，其載如羊。簠一、簋一，在籩、豆外②、二俎間，簠在左，簋在右。簠實以稷，簋實以黍。

設犧尊三，在壇上東南隅，北向，西上③，皆有坫，加勺、冪，爲酌尊。一實明水，爲上尊，餘實泛齊，代以供内法酒。又設太尊二、山尊二在神位前，太尊一實泛齊，山尊一實醴齊，各以一尊實明水。著尊二、犧尊二、象尊二、壺尊六在壇下，著尊一實盎齊，犧尊一實醍齊，象尊一實沉齊，各以一尊實明水④。壺尊三實玄酒，三實三酒。明水、玄酒皆在上。俱北向，西上，加冪。五齊三酒，皆設而不酌。

太常設燭於神位前⑤，洗二於卯階東，北向。盥洗在東，爵洗在西。

---

① “獻官在南”四字，底本脱，據本書卷七八《祀司中司命司民司禄儀・陳設》補。

② “外”字，底本脱，據本書卷七八《祀司中司命司民司禄儀・陳設》補。

③ “西上”二字，底本脱，據本書卷七八《祀司中司命司民司禄儀・陳設》補。

④ “各以一尊實明水”，底本作“餘實明水爲上尊”，據繆本校改。

⑤ “太常”，底本作“太尊”，據文津閣本、楊本校改。

罍在洗東，加勺。篚在洗西南肆，寔以巾。若爵洗之篚，則又實以爵，加坫。執罍、篚者各位於其後。

又設揖位於卯階東。獻官在南，北向。監察御史、太祝、太官令在北，南向，西上。

積柴於燎壇。設望燎位於其北。獻官在北，南向。監察御史在西，東向。太祝在東，南向。惟不設光禄丞、太官令位。設獻官席位於卯階之東，西向。監察御史席位於午階之南，北向。太祝、太官令位其後，西上。光禄丞席位於監察御史之東，北向。又設監察御史位於壇上，東向。太祝位於壇上，西向。太官令位於酌尊所，北向。

省饌

前祀一日，行事、執事官集獻官齋所肄儀，太祝習讀祝文及視神位版。次贊者分引行事、執事官詣省饌位，凡行事、執事官皆贊者引。立定。贊者贊揖所司省饌具畢，贊者曰：“省饌訖。”揖訖，俱還齋所。次引監察御史詣廚，省鑊，視祭器滌溉及視牲充、腯，乃還齋所。

未後一刻，太官令帥宰人以鸞刀割牲，遂烹牲。

晡後，有司帥其屬掃除壇之上下訖，還齋所。

行事

祀日丑前五刻，行事用丑時一刻。獻官以下，並赴壇所就次。太官令帥其屬實饌具畢。次引光禄丞入詣午階之南席位，北向立。贊者曰：“再拜。”光禄丞再拜，升自卯階，凡行事、執事官升降，皆自卯階。點視禮饌畢。次引監察御史升壇，點閱陳設，糾察不如儀者。光禄丞還齋所，餘官各服祭服。

　　次引行事、執事官詣卯階東揖位，立定。贊者贊揖。次引監察御史、太祝、太官令，次引獻官各入就位。太常升煙，燔牲首。贊者曰："再拜。"在位者皆再拜。次引監察御史、太祝、太官令俱升壇，各就位，立定。

　　次引獻官詣盥洗位，北向立，搢笏，盥手，帨手，執笏。詣爵洗位，搢笏，洗爵，拭爵，以授執事者，執笏，升詣酌尊所，西向立。執事者以爵授獻官。獻官搢笏，執爵。執尊者舉幂，太官令酌犧尊之泛齋訖。獻官以爵授執事者，執笏，詣神位前，北向立，搢笏，跪。執事者以爵授獻官。獻官執爵，三祭酒，奠爵，執笏，俛伏，興。次引太祝詣神位前，東向搢笏，跪讀祝文。讀訖，執笏，興，復位。獻官再拜訖，降，復位。

　　次引獻官詣望燎位。有司詣神位前，取祝版置於燎柴。次引監察御史、太祝詣望燎位，立定。贊者曰："可燎。"火燎半柴。

　　引獻官以下詣卯階東揖位立。贊者贊："禮畢。"揖訖，退。太官令帥其屬徹禮饌，監察御史詣壇，監視收徹訖，退。

圖書在版編目(CIP)數據

總制之屬.第三冊 / 汪瀟晨點校. —杭州：浙江
大學出版社，2017.8
（中華禮藏.禮制卷）
ISBN 978-7-308-17300-1

Ⅰ.①總… Ⅱ.①汪… Ⅲ.①禮儀—中國—古代
Ⅳ.①K892.9

中國版本圖書館 CIP 數據核字（2017）第 202921 號

中華禮藏·禮制卷·總制之屬　第三冊

汪瀟晨　點校

出 品 人	魯東明
總 編 輯	袁亞春
項目統籌	黃寶忠　宋旭華
責任編輯	張小苹
責任校對	宋旭華
封面設計	張志偉
出版發行	浙江大學出版社
	（杭州市天目山路 148 號　郵政編碼 310007）
	（網址：http://www.zjupress.com）
排　　版	浙江時代出版服務有限公司
印　　刷	浙江印刷集團有限公司
開　　本	710mm×1000mm　1/16
印　　張	43.75
字　　數	530 千
版 印 次	2017 年 8 月第 1 版　2017 年 8 月第 1 次印刷
書　　號	ISBN 978-7-308-17300-1
定　　價	300.00 圓

中華禮藏

禮制卷 總制之屬 第四冊

浙江大學出版社
ZHEJIANG UNIVERSITY PRESS

政和五禮新儀
（下册）

［宋］鄭居中等　撰

汪瀟晨　周　佳　點校

卷第八十　吉禮

皇帝祭皇地祇儀一

時日　齋戒　奏告　陳設

時日

前期，降御札，以來年夏日至祭地于方壇。太常寺具時日散告。

齋戒

前祀十日質明，有司設行事、執事及陪祠文武官位于朝堂。太宰、刑部尚書在北，南向，太宰在右，刑部尚書在右。刑部尚書稍却。行事太宰、左丞在南，吏部、禮部、户部侍郎，大司樂、光禄卿，大樂令、光禄丞，功臣獻官在其南，凡設大樂令以下位皆稍却。次分獻官，次執事官，又于其南，俱北向，西上。監察御史位二，在西，東向，北上。讀册、舉册官，奉禮、協律郎，太祝、郊社、太官令在東，西向，俱北上。奉禮郎以下位皆稍却。設陪祠文武百官位于行事官之南，又設行事、執事及陪祠親王、宗室位于太廟齋坊。少宰、刑部侍郎在北，南向，少宰在左，刑部侍郎在右。刑部侍郎稍却。亞、終獻在南，北向，西上。親王及行事、執事、陪祠宗室在東，西向，北上。東上閤門、御史臺、太常寺以下分引羣官各就位。凡將引行事、執事、陪祠文武官立班，即御史臺引殿中侍御史一員先入就位。太宰讀誓于朝堂，刑部尚書涖之；少宰讀誓于太廟齋坊，刑部侍郎涖之。誓文曰："今年五月某日夏日至，皇帝祭地于方壇。前二日，朝獻景靈宮；前一日，朝饗太廟。各揚其職，其或不恭，國有常刑。"讀訖。內朝堂執事官奉禮郎以下，文官宣德郎以下，武官從義郎以下先退。餘官並對拜訖，退。

皇帝散齋七日於別殿，致齋三日。一日于大慶殿，一日于太廟，一日于青城。凡散齋，不弔喪、問疾、作樂，有司不奏刑殺文書。致齋日，前後殿不視事，惟行祭事。

前致齋一日，殿中監帥其屬尚舍鋪御座于大慶殿當中，南向；設東西房于御座之左右，稍北；又設西閣及齋室于殿後之左右，殿上前楹施簾。

致齋之日，質明，有司陳大駕鹵簿于宣德門外，尚輦陳平輦于垂拱殿庭。文武百官俱就次，各服其服。東上閤門奏請皇帝未後詣齋室，通事舍人自下分引知樞密院以下詣垂拱殿庭，立班。東上閤門附內侍進班齊牌，垂拱殿簾降。皇帝乘輦出，至殿上，少駐。輦官迎駕，自贊常起居。宣輦官上殿，簾卷，鳴鞭，行門禁衛諸班親從迎駕，自贊常起居，次舍人先贊知內侍省官以下常起居，次樞密以下通班常起居，贊"祗候引駕"。樞密、知客省事以下，至僉書、東上閤門官分左右立。六尚局應奉官，祗應通侍大夫以下[1]，武功大夫以下，並先退。次管軍臣僚宣名常起居，贊"祗候引駕"，並分左右。前導輦降東階垂拱殿門外，禁衛諸班

①　"通侍大夫以下"六字，底本脱，據本書卷二五《皇帝祀昊天上帝儀一・齋戒》補。

親從自贊常起居。次行宮使、御營巡檢一班常起居。如通侍大夫以下，知客省事以下，武功大夫以下①，知內侍兩省、帶御器械官、充行宮使，御營巡檢，各歸本班。至大慶殿後閣降輦，入西閣，大慶殿簾降②。前導官並就次易朝服，詣御榻前分左右侍立。知樞密院事、簽書樞密院事在東，西向，北上；同知樞密院事在西，東向；左輔一員在知樞密院之北，贊拜東上閣門官一員又在其北，並西向；知客省事以下在簽書樞密院事之南，稍東，西向，北上；簽書知客省事以下，又在其南，稍却。通事舍人等分引行事、執事、陪祠文武官，各緒結佩，入詣大慶殿立班。次引禮部侍郎奏請中嚴③。侍臣詣幄，奉迎內外。符寶郎奉寶先出，陳于御榻之左右。少頃，引禮部侍郎奏外辦。皇帝服通天冠、絳紗袍、緒結佩，出西閣乘輿，稱警蹕，侍衛如常儀。由西房至御榻西降輿，皇帝升御座，南向，侍臣夾侍，贊拜東上閣門官于榻前贊："樞密以下拜。"殿之上下應在位官皆再拜。東上閣門官贊拜訖，轉身北向隨拜訖，面西，贊"各祗候"。次禮直官引左輔詣御座前，俛伏，跪奏稱："左輔具官臣某言，請皇帝降座，就齋室。"奏訖，俛伏，興，還侍位。凡左輔奏請准此。皇帝降座，乘輿，由東房入齋室，侍臣各還所司，直衛者如常儀。通事舍人分引行事、執事、陪祠文武官以次出。三省、親王、樞密、宗室起居問聖體，並如儀。

　　應行事、執事、陪祠官及從升者並散齋七日④，宿于正寢；致齋二日，各宿于次。三省、樞密院官各宿于本廳、都堂。侍從官並尚書、侍郎分宿于祕書省、中書後省。餘官內庭有所司者各宿于其司。諸方客使許赴陪位者各宿

---

①　"武功大夫以下"六字，底本脱，據本書卷二五《皇帝祀昊天上帝儀一·齋戒》補。

②　"殿"字，底本脱，據文津閣本校補。

③　"侍"字，底本脱，據十萬卷樓本校補。

④　"從升"，底本作"升降"，據本書卷二五《皇帝祀昊天上帝儀一·齋戒》改。

_{于其次。}凡散齋,治事如故,惟不弔喪、問疾、作樂、判書刑殺文書、決罰罪人及與穢惡。致齋之日,官給酒饌。惟祭事得行,其餘悉禁。與祭之官已齋而闕者,通攝行事。

奏告

前祭二日,奏告太祖皇帝室,如常告之儀。

陳設

前祭三日①,殿中監帥其屬尚舍設大次于外壇東門之内道北,南向;小次于午階之東,西向。儀鸞司設文武侍臣次于大次之前,隨地之宜;行事、陪祠官、宗室及有司次于外壝東門之外;設東方、南方客使次于文官之後,西方、北方客使次于武官之後。又設饌幔于内壝東西門之外道南,北向;北門之外道東,西向。_{壇上及東方、南方午階之東饌陳于東門外;西方、南方午階之西饌陳于西門外;北方之饌陳于北門外②。}

前祭二日,郊社令帥其屬掃除壇之上下,開瘞坎于壇下子階之北壬地③,方深取足容物,南出陛。光禄牽牲詣祠所。大晟陳登歌之樂于壇上稍南,北向。設宫架于壇南壝之外,立舞表于酇綴之間。

前祭一日,太常設神位席,太史設神位版:皇地祇位于壇上北方,南向,席以藁秸;太祖皇帝位于壇上東方,西向,席以蒲越。

---

①　"祭"字,底本作"祀",據本書卷八四《祭皇地祇儀有司行事·陳設》改。

②　"北門外",底本作"門外北",據本書卷二五《皇帝祀昊天上帝儀一·陳設》乙正。

③　"壇下子階",底本作"壇上階",據本書卷八四《祭皇地祇儀有司行事·陳設》改。

　　木神勾芒、東嶽于壇第一龕，東鎮、海、瀆第二龕，東山林、川澤于壇下，東丘陵、墳衍、原隰于內壝之內，皆在卯階之北，以南爲上。

　　神州地祇、火神祝融、南嶽于壇第一龕，南鎮、海、瀆于第二龕，南山林、川澤于壇下，南丘陵、墳衍、原隰于內壝之內，皆在午階之東，以西爲上。

　　土神后土、中嶽于壇第一龕，中鎮于第二龕，中山林、川澤于壇下，中丘陵、墳衍、原隰于內壝之內，皆在午階之西，以西爲上。

　　金神蓐收、西嶽于壇第一龕，西鎮、海、瀆于第二龕，崑崙，西山林、川澤于壇下，西丘陵、墳衍、原隰于內壝之內，皆在酉階之南，以北爲上。

　　水神玄冥、北嶽于壇第一龕，北鎮、海、瀆于第二龕，北山林、川澤于壇下，北丘陵、墳衍、原隰于內壝之內，皆在子階之西，以東爲上。

　　神州地祇席以藁秸，餘以莞[1]，皆內向。

　　奉禮郎、禮直官設皇帝位版于壇下小次前，西向；飲福位于壇下午階之西，北向；望瘞位于瘞坎之南[2]，北向。設爟火于望瘞位之西，北向。<small>東西各六人。</small>

　　贊者設亞、終獻位小次之南，稍東，西向。大禮使、太宰、左丞又于其南；行事吏部、戶部、禮部尚書，吏部、禮部侍郎，光禄卿，讀册、舉册官，光禄丞位于大禮使之東[3]；<small>光禄丞稍却。</small>奉禮郎、搏黍太祝、郊社、太官令位于小次之東北，俱西向，北上。監察御

<hr />

① “莞”字，《宋史》卷一〇〇《禮三·北郊》作“莞席”。
② 底本“瘞”前衍“燎”字，據楊本删。
③ “使”字，底本脱，據本書卷八四《祭皇地祇儀有司行事·陳設》補。

史位二,一于壇下午階西南,一于子階西北,俱東向。協律郎位二,一于壇上樂簴之西北,一于宮架之西北,俱東向。大樂令位于登歌樂簴之北,大司樂位于宮架之北,良醞令位于酌尊所,俱北向。又設陪祠文武百官位于執事官之南,諸方客使在文官之南,隨其方國。

光禄陳牲于東壝門外,西向,祝史各位于牲後。太常設省牲位于牲西。大禮使、太宰、左丞在南,北向,東上,分獻官位于其後。行事吏部、户部、禮部尚書,吏部、禮部侍郎,大司樂、光禄卿,讀册、舉册官,大樂令、光禄丞,奉禮、協律郎,搏黍太祝、郊社、太官令在北,南向,西上。凡設大樂令以下位皆稍却。監察御史在吏部尚書之西,異位稍却。

光禄陳禮饌于東壝門外道南,北向。太常設省饌位版于禮饌之南①。大禮使、太宰、左丞在北,南向,西上,分獻官位于其後。監察御史位二,俱在西,東向,北上。行事吏部、户部、禮部尚書,吏部、禮部侍郎,大司樂、光禄卿,讀册、舉册官,大樂令、光禄丞,奉禮、協律郎,搏黍太祝、郊社、太官令在東,西向,北上。

禮部帥其屬設册祝案于神位之右,司尊彝帥其屬設玉幣篚于酌尊所。

次設籩、豆、簠、簋之位②:正、配位皆左十有一籩,右十有一豆,俱爲三行;俎三,一在籩前,二在豆右,爲二重;登一,在籩、豆間;簠一,簋一,在籩、豆外;簠在左,簋在右。又設尊坫之位:正、配位皆太尊五、山尊五,爲二重,在壇上東南隅,北向,西上。配位

---

① "省"字,底本脱,據本書卷二五《皇帝祀昊天上帝儀一·陳設》補。

② "之位"二字,底本脱,據本書卷二五《皇帝祀昊天上帝儀一·陳設》補。

設于正位酒尊之東。太尊在前,皆有坫,加勺、冪,爲酌尊。又設太尊二、山尊二在神位前,著尊二、犧尊二在午階之西第一龕,配位設于西階之北第一龕。象尊二、壺尊六在壇下午階之西,俱北向,西上,配位設于西階之北,俱東向,北上。皆加冪,設而不酌。又設從祀諸神籩、豆、簠、簋之位①:第一龕每位皆左十籩,右十豆,俱爲三行;俎二,在籩、豆前;登一、盤一,在籩、豆間;簠一、簋一,在籩、豆外,簠在左,簋在右;爵一,在俎前,加坫。其餘神位,每位皆左二籩,右二豆;俎一,在神位前;爵一,次之;簠一、簋一,在爵之前,簠在左,簋在右;登一,在籩、豆間。又設從祀尊坫之位②:第一龕,每方犧尊二、象尊二;第二龕,每方山尊二;山林、川澤,每方蜃尊二;餘每方散尊二,皆加勺、冪,在神位之左。又設正、配位籩、豆、簠、簋、盤、俎各一于饌幔内。設御洗二于壇下午階東南,北向。盥洗在東,爵洗在西。罍在洗東,加勺。篚在洗西南肆,寔以巾。若爵洗之篚,則又實以爵,加坫。設皇帝位于洗南,北向;内侍酌水位于洗東,執巾位于酌水内侍之北,俱西向。吏部侍郎位于爵洗之西③,東向。又設亞、終獻盥洗④、爵洗于本位之南,分獻官盥洗、爵洗各于其方陛道之左。罍、篚各設于左右,皆内向,執罍、篚者各于其後。

　　祭日丑前五刻,郊社令與太史官屬各服其服升壇⑤,設皇地祇、太祖皇帝神位版于壇上。又設神州地祇、五嶽位于壇第一龕。太府卿、少府監帥其屬陳玉、幣于篚。皇地祇玉以黄琮,神州地祇、

---

①　“諸神”二字,底本脱,據本書卷二五《皇帝祀昊天上帝儀一·陳設》補。

②　“尊”字,底本作“神”,據繆本校改。

③　“爵洗”,底本作“洗爵”,據文津閣本、十萬卷樓本、楊本、繆本乙正。

④　“終”字,底本脱,據本書卷二五《皇帝祀昊天上帝儀一·陳設》補。

⑤　“官屬各服其服升壇”八字,底本脱,據本書卷二五《皇帝祀昊天上帝儀一·陳設》補。

五嶽以兩圭有邸，皆盛以匣。皇地祇配帝幣以黃，神州地祇以黑，五行、五官①、五方嶽鎮、海、瀆以下各從方色。**禮神之玉，各置于神位前，瘗玉加于幣。** 光禄卿帥其屬入實正、配位籩、豆、簠、簋。籩三行，以右爲上。第一行：形鹽在前，魚鱐、糗餌次之。第二行：榛實在前，乾桃、乾橑、乾棗次之。第三行：菱在前，芡、栗實②、鹿脯次之。豆三行，以左爲上。第一行：芹菹在前，筍菹、葵菹、菁菹次之。第二行：韭菹在前，䐓食、魚醢、兔醢次之。第三行：豚拍在前，鹿臡、醓醢次之。簠實以稻。簋實以黍。登實以太羹。**太官令帥其屬入實俎。** 籩前之俎一，實以牛腥七體，兩髀、兩肩、兩脅并脊，兩髀在兩端，兩脅次之，脊在中③。豆右之俎二，爲二重，以北爲上。第一重實以牛腥，腸、胃、肺、離肺一在上端，刌肺三次之，腸三、胃三又次之④。第二重實以牛熟⑤，腸、胃、肺⑥，其載如腥。若配位即以東爲上。**良醞令帥其屬入實尊。** 太尊寔以泛齊，山尊寔以醴齊，著尊實以盎齊，犧尊實以醍齊，象尊實以沉齊，各以一尊實明水。壺尊三實玄酒，三實三酒。明水、玄酒皆在上。**又實從祀神位之饌⑦，**第一龕，籩三行，以右爲上。第一行：乾橑在前，乾桃、形鹽、魚鱐次之。第二行：鹿脯在前，栗實⑧、乾桃次之。第三行：菱在前，芡、榛實次之。豆三行，以右爲上。第一行：芹菹在前，筍菹、葵菹次之。第二行：韭菹在前，魚醢、兔醢次之⑨。第三行：豚拍在前，鹿臡、醓醢次之。**簠實以稻、粱，粱在稻前。簋實以黍、稷，稷在黍前。** 籩前之俎實以羊腥髀一，豆前之俎實以豕腥髀一。登實以大羹。鉶實以血。爵實以泛齊。其餘諸神位，每位左二籩，栗實在前⑩，鹿脯次之；右二豆，菁

---

① “五”字，底本脱，據十萬樓本校補。
② “栗”字，底本作“荔”，據本書卷二五《皇帝祀昊天上帝儀一・陳設》改。
③ “在”字，底本脱，據本書卷二五《皇帝祀昊天上帝儀一・陳設》補。
④ “又”字，底本脱，據本書卷二五《皇帝祀昊天上帝儀一・陳設》補。
⑤ 底本“牛”前衍“羊”字，據本書卷二五《皇帝祀昊天上帝儀一・陳設》删。
⑥ “肺”字，底本脱，據本書卷二五《皇帝祀昊天上帝儀一・陳設》補。
⑦ “神位”二字，底本脱，據本書卷二五《皇帝祀昊天上帝儀一・陳設》補。
⑧ “栗”字，底本作“荔”，據本書卷二五《皇帝祀昊天上帝儀一・陳設》改。
⑨ “第二行韭菹在前魚醢兔醢次之”十三字，底本脱，據本書卷二五《皇帝祀昊天上帝儀一・陳設》補。
⑩ “栗”字，底本作“荔”，據本書卷二五《皇帝祀昊天上帝儀一・陳設》改。

菹在前，鹿臡次之。簜實以稷，簠簋以黍，俎實以羊、豕腥肉，登實以大羹，爵實以齊酒。又寔從祀神位之尊①。犧尊實以泛齊，山尊實以醴齊②，蜃尊實以沉齊，散尊實以清酒，各以一尊實明水，象尊俱實明水。

　　太常設燭於神位前，又設大禮使以下行事、執事官揖位于卯階之東内壝外，如省牲位。所司陳異寶嘉瑞及伐國之寶于宫架之南，東西相向。

卷第八十一　吉禮

皇帝祭皇地祇儀二

車駕自太廟詣青城　省牲器　奠玉幣

車駕自太廟詣青城

前祀一日，皇帝於太廟朝饗畢，既還大次。禮部郎中奏解嚴。皇帝常服，乘輿，還齋殿。所司轉仗衛鹵簿。陪祠文武官先赴方壇齋宮。導駕官以下就次，各服其服。尚輦奉御進輿於齋殿。乘黃令進輅于廟南門外，少西，南向。千牛將軍一員位于輅前，北向。門下侍郎一員位于左輔之前，贊者二人位又于其前。

質明，知客省事以下，知內侍省以下，帶御器械官、祗應通侍大夫以下[1]，武功大夫以下，并六尚局應奉官于齋殿前闘班立定。東上閤門、御史臺、太常寺分引管軍臣僚及左輔、門下侍郎、太僕卿、乘黃令詣齋殿門外立班，並北向，東上。<small>乘黃令位其後。</small>次引導駕官以下俱詣大次門外，分東西相向立，以俟奉迎前導。次行宮使、御營巡檢各就位，立定。禮直官、通事舍人引禮部侍郎奏請中嚴。<small>凡左輔、門下侍郎、禮部侍郎奏請，皆禮直官、通事舍人引。</small>少頃，又奏外

---

① “通侍大夫以下”六字，底本脱，據本書卷二六《皇帝祀昊天上帝儀二・車駕自太廟詣青城》補。

辦。皇帝服通天冠、絳紗袍，乘輿以出，稱警蹕，如常儀。行門禁衛、諸班親從迎駕，奏“聖躬萬福”。知客省事以下，知內侍省以下，帶御器械官、祗應通侍大夫以下^①，武功大夫以下，六尚局應奉官闘班迎駕，奏“聖躬萬福”。次管軍臣僚宣名，奏“聖躬萬福”。次左輔以下常起居。次導駕官北向，常起居，內有已起居者止奏“聖躬萬福”。分東西立。次行宮使、御營巡檢常起居。該宣名者皆宣名。

太僕卿出詣玉輅所，攝衣而升，正立執轡。導駕官前導皇帝至廟南門內，少東。左輔進當輿前，俛伏，跪奏：“左輔具官臣某言，請皇帝降輿。”奏訖，俛伏，興，少退，復位^②。凡左輔奏請准此。皇帝降輿，步出門外，至玉輅所。千牛將軍前跪執轡。左輔奏請升輅。乘黃令稍前，東向，進玉輅。皇帝升輅，太僕卿立授綏，導駕官分左右步導。門下侍郎進，當輅前俛伏，跪奏請稱：“門下侍郎具官臣某言，請車駕進發。”奏訖，俛伏，興，退，復位。凡門下侍郎奏請准此。車駕動，稱警蹕。左輔先詣廟西門內以俟。門下侍郎及贊者夾侍以出。千牛將軍夾輅而趨。車駕將及廟西門，至侍臣上馬所，門下侍郎前奏請車駕少駐，敕侍臣上馬，左輔前承旨，退稱曰：“制可。”門下侍郎退，傳制稱：“侍臣上馬。”贊者承傳敕侍臣上馬，諸侍衛之官各督其屬左右翊駕，在黃麾內。符寶郎奉八寶前導，殿中監後部從，導駕官夾侍于前，贊者在左輔、門下侍郎之前。侍臣上馬畢，門下侍郎奏請車駕進發。車駕動，稱警蹕，

① “通侍大夫以下”六字，底本脱，據本書卷二六《皇帝祀昊天上帝儀二·車駕自太廟詣青城》補。

② “復位”二字，底本脱，據本書卷二六《皇帝祀昊天上帝儀二·車駕自太廟詣青城》補。

不鳴鼓吹。

大駕鹵簿前導赴青城^①。車駕將至青城,東上閤門、御史臺分引陪祠文武官、宗室、客使,禮直官、贊者引行事、執事官俱詣明禋門外立班,再拜奉迎訖,退。內有已起居者,止奏"聖躬萬福"。車駕及門少駐,文武侍臣皆下馬。導駕官步導入門^②。車駕動,千牛將軍夾輅而趨。至明禋殿前迴輅南向,千牛將軍立於輅右。左輔奏請皇帝降輅乘輿,尚輦奉御進輿于輅後^③。皇帝乘輿入齋殿,侍衛如常儀。導駕官步導至殿前,皇帝降輅歸後閣,簾降。通事舍人承旨敕羣官各還次。學士院以祝册授通進司進御書訖,付尚書禮部。

省牲器

省牲之日,午後十刻,去壇三百步禁行者。

未後二刻,郊社令帥其屬掃除壇上下,司尊彝帥府史及執事者以祭器入設于位。凡設祭器,皆藉以席,籩、豆又加巾蓋。太府卿、少府監陳玉、幣于筐。告潔畢,權徹。

未後三刻,禮直官、贊者分引大禮使以下詣東壝門外省牲位立定。光禄卿、丞與執事者牽牲就位。禮直官贊揖訖,贊者引大司樂入行樂架^④。凡亞、終獻行事皆禮直官、太常博士引,大禮使、太宰、左丞行事,皆禮直官引。餘官皆贊者引。次引禮部尚書升自卯階,視滌濯。凡行事、執事官升降,皆自卯階。次引太宰申視滌濯,執事者皆舉冪曰:

---

① "大"字,底本脱,據文津閣本校補。
② "步"字,底本作"少",據繆本校改。
③ "奉御",底本作"奉迎",據本書卷二六《皇帝祀昊天上帝儀二・車駕自太廟詣青城》改。
④ "贊者引"三字,底本脱,據本書卷二六《皇帝祀昊天上帝儀二・省牲器》補。

“潔。”俱復位。禮直官前,曰:“告潔畢,請省牲。”次引禮部尚書、侍郎稍前省牲訖,退,復位。次引光禄卿出班巡牲一匝,西向躬曰:“充。”曰:“備。”次引光禄丞出班巡牲一匝,西向躬曰:“腯。”俱復位。禮直官稍前曰:“省牲畢,請就省饌位。”①揖訖,引大禮使以下各就位立。禮直官贊揖。所司省饌具畢,禮直官贊:“省饌畢。”揖訖,俱還齋所。光禄卿、丞及執事者以次牽牲詣廚,授太官令。次引禮部尚書詣廚,省鼎鑊,視滌漑。協律郎展視樂器,乃還齋所。

晡後一刻,太官令帥宰人以鸞刀割牲,祝史各取毛血寘于槃,俱置饌所,遂烹牲。郊社令帥其屬掃除壇之上下。

奠玉幣

祭日丑前五刻②,行事用丑時一刻。諸祭官及陪祠之官各服其服。郊社令與太史官屬設神位版,太府卿、少府監陳玉、幣,光禄卿入寘籩、豆、簠、簋,太官令入寘俎,良醞令入寘尊,樂正帥工人二舞次以入,與執尊、罍、篚、冪者各就位。次引分獻、執事官各位于龕陛上下,並外向③。次通事舍人等分引陪祠文武官、宗室、客使各入就位。次禮直官、贊者分引大禮使以下行事、執事官就卯階內壝門外揖位立定,禮直官贊揖。先引大司樂以下入就位,次引監察御史以下入就位。次引監察御史按視壇之上下,糾察不如儀者,退,復位。次引大禮使以下俱入就位。

---

① 底本“禮直官”後衍“贊揖”二字,據本書卷二六《皇帝祀昊天上帝儀二·省牲器》删。“省牲畢”三字,底本脱,據本書卷二六《皇帝祀昊天上帝儀二·省牲器》補。

② “祭日”,底本作“祀日”,據繆本校改。

③ “外向”,底本作“内外”,據繆本校改。

尚輦奉御進輿于齋殿①。皇帝服通天冠、絳紗袍,乘輿以出。近侍及扈從之官導從至大次門外。皇帝降輿入次,簾降。禮儀使、樞密院官、太常卿、東上閣門官、太常博士、禮直官分立于大次外之左右。次引禮部侍郎詣前奏請中嚴。少頃,又奏外辦。符寶郎奉寶陳于宮架之北。禮儀使當次前俛伏②,跪奏:"禮儀使具官臣某言,請皇帝行事。"奏訖,俛伏,興,還侍位。<small>禮儀使奏禮畢,准此。</small>簾卷,皇帝衮冕以出,侍衛如常儀。禮儀使以下前導至中壝門外,殿中監跪進大圭,殿中少監副之。<small>凡殿中監進圭、受圭③,皆少監副之。</small>禮儀使奏請執大圭,前導皇帝入自正門。<small>侍衛不應入者,止于門外。</small>協律郎跪,俛伏,舉麾,興,<small>凡行禮執事者取物④、奠物,皆跪,俛伏,興。</small>工鼓柷,宮架《儀安之樂》作。<small>皇帝升降、行止,皆作《儀安之樂》。</small>至午階版位西向立,偃麾,戛敔,樂止。<small>凡樂,皆協律郎跪,俛伏,舉麾,興,工鼓柷而後作,偃麾,戛敔而後止。</small>禮儀使以下分左右侍立。<small>凡行禮,皆禮儀使、樞密院官、太常卿、東上閣門官、太常博士、禮直官前導,至位則分立于左右。</small>禮儀使前奏:"有司謹具,請行事。"宮架《寧安之樂》作、《廣生儲祐之舞》,八成,止。太常瘞血。禮儀使奏請再拜,皇帝再拜。贊者曰:"再拜。"在位官皆再拜。内侍取玉、幣于篚,立于尊前。<small>應龕陛上下諸位太祝取玉、幣,亦各立于尊所。</small>次引太宰、吏部尚書、侍郎升詣皇地祇神位前立。太宰、吏部尚書俱西向,北上,侍郎東向。

禮儀使前導皇帝詣盥洗位,宮架樂作,至洗位,北向立,樂止。内侍酌水以進。禮儀使奏請搢大圭,盥手。内侍跪,取巾于

628

篚，興以進，皇帝帨手。內侍受巾，跪，奠于篚。

　　禮儀使奏請執大圭，前導。皇帝升壇。大禮使從。_{皇帝升降，}大禮使皆從，左右侍衛量人數升。宮架樂作，至壇下，樂止。升自午階，登歌樂作，至壇上，樂止。登歌《嘉安之樂》作，殿中監跪進鎮圭，禮儀使奏請搢大圭，執鎮圭，前導皇帝詣皇地祇神位前，北向立。內侍先設繅藉于地①。禮儀使奏請跪，奠鎮圭于繅藉，執大圭，俛伏，興。又奏請搢大圭，跪。內侍加玉于幣，以授吏部尚書，吏部尚書授太宰，太宰西向跪以進。禮儀使奏請授玉、幣，皇帝受奠訖，吏部侍郎東向，跪受以興，進奠于皇地祇神位前。太宰、吏部尚書、侍郎俱詣太祖皇帝神位前以俟。禮儀使奏請執大圭，俛伏，興。內侍取鎮圭、繅藉，詣太祖皇帝神位前，先設繅藉于地。禮儀使奏請再拜，皇帝再拜訖，樂止。禮儀使前導皇帝詣太祖皇帝神位前，東向，奠幣，並如上儀。惟登歌作《恭安之樂》。太宰以下俱復位。

　　禮儀使前導皇帝還版位，登歌樂作，內侍舉鎮圭、繅藉，以鎮圭授殿中監，以還有司。皇帝降階，樂止。宮架樂作，至版位西向立，樂止。

　　初，皇帝將奠配位之幣，贊者分引分獻官俱詣盥洗位，搢笏，盥手，帨手，執笏，各由其階升，詣諸從祀神位前，各搢笏，跪，奠幣，執笏，俛伏，興，再拜。祝史、執事官各助奠訖，退，復位。祝史奉毛血盤立於壝門外，由其階升，太祝迎於壇上，俱進奠於神位前，太祝與執事者退立於尊所。

---

①　底本"設"前衍"詣"字，據本書卷二六《皇帝祀昊天上帝儀二·奠玉幣》刪。

卷第八十二　吉禮

皇帝祭皇地祇儀三

進熟　望瘞　明禋殿受賀

進熟

祭日，有司陳鼎二於神廚，各在鑊右，太官令帥進饌者詣廚，以匕升牛於鑊，寔於一鼎，肩、臂、臑、肫、胳、正脊一，直脊一，橫脊一，長脅一，短脅一，代脅一，皆二骨以並。正、配位各一鼎。皆設扃鼏，祝史對舉，陳於饌幔内，重行西向，以南爲上。光禄實籩、豆、簠、簋於饌幔内。籩實以粉餈①，豆實以糝食，簠實以粱，簋實以稷。次引禮部侍郎詣饌所，視腥熟之節。俟皇帝升奠玉、幣訖，還位，樂止，引禮部尚書詣饌所，執籩、豆、簠、簋以入，户部尚書詣饌所，奉俎以入。太官令引入正門②，宮架《豐安之樂》作，設於卯階下，北向，西上。奉牲者在東，祝史抽扃，委于鼎右，除鼏。

初，鼎序入。有司執匕及俎以從，至卯階下，各設於鼎西，匕加於鼎。太官令以匕升牛，載於一俎。肩、臂、臑在上端，肫、胳在下端，脊、脅在中。正、配位各一俎。鼎先退。祝史進徹毛血盤，以次出。

---

① “餈”字，底本脱，據本書卷二七《皇帝祀昊天上帝儀三・進熟》補。

② “引”字，底本脱，據本書卷二七《皇帝祀昊天上帝儀三・進熟》補。

次引禮部尚書搢笏，執籩、豆、簠、簋，户部尚書搢笏，奉俎以升，執事者各迎於壇上。禮部尚書奉籩、豆、簠、簋於皇地祇神位前，北向，跪奠，啟蓋於下，執笏，俛伏，興。有司設籩於糗餌前，豆於醓醢前，簠於稻前，簋於黍前。次引户部尚書奉俎詣皇地祇神位前，北向，跪奠，執笏，俛伏，興，有司設於豆前。次詣太祖皇帝神位前，東向，跪奠，並如上儀。樂止，俱降，復位。太祝取蕭擩于醢，祭于豆間三，又取黍、稷、肺祭如初，皆藉用茅，各還尊所。次引太宰、左丞詣皇地祇神位前，西向立[1]，以北爲上。次引吏部侍郎詣爵洗位，東向立。

禮儀使前導皇帝詣盥洗位[2]，宮架樂作，至洗位，北向立，樂止。内侍酌水以進。禮儀使奏請搢大圭，盥手。内侍跪，取巾於篚，興以進，皇帝帨手。内侍受巾[3]，跪，奠於篚。禮儀使奏請執大圭，前導皇帝詣爵洗位，宮架樂作，至洗位，北向立，樂止。吏部侍郎跪，取爵於篚，興以進。禮儀使奏請搢大圭，受爵。内侍酌水以進。禮儀使奏請洗爵。内侍跪，取巾於篚，興以進，皇帝拭爵。内侍受巾，跪，奠於篚。吏部侍郎受爵，升自午階。

禮儀使奏請執大圭，前導。皇帝升壇，宮架樂作，至午階，樂止。升自午階，登歌樂作，至壇上，樂止。登歌《光安之樂》作，吏部侍郎奉爵詣正位酌尊所，西向立，執尊者舉冪，良醞令酌大尊之泛齊訖，先詣配位酌尊所，北向立。禮儀使前導皇帝詣皇地祇神位前，北向立，禮儀使奏請搢大圭，跪，吏部侍郎以爵授左丞，

---

① “立”字，底本作“豆”，據十萬卷樓本、本書卷二七《皇帝祀昊天上帝儀三·進熟》校改。

② “禮儀”，底本作“禮直”，據十萬卷樓本校改。

③ “内侍”，底本作“内使”，據文津閣本、楊本校改。

左丞授太宰,太宰西向跪以進。禮儀使奏請執爵,祭酒,_{三祭于茅}_苴。奠爵,執大圭,俛伏,興,又奏請皇帝少立,樂止。太宰、左丞俱詣太祖皇帝神位前,北向立以俟。舉册官舉祝册,進於皇地祇神位之右。讀册官摺笏,東向,跪讀册文,讀訖,執笏,興,先詣太祖皇帝神位前,南向立。禮儀使奏請再拜,皇帝再拜①。有司奠册於皇地祇神位前。禮儀使前導皇帝詣太祖皇帝神位前,酌獻,並如上儀。_{惟登歌作《英安之樂》。}太宰以下俱復位。

禮儀使前導皇帝還版位,登歌樂作。降階,樂止。宮架樂作。至版位西向立,樂止。禮儀使奏請還小次,宮架樂作。將至小次,禮儀使奏請釋大圭,殿中監跪受大圭。皇帝入小次,簾降,樂止。

文舞退,武舞進,宮架《文安之樂》作。舞者立定,樂止。

初,皇帝將詣小次。禮直官、太常博士引亞獻詣盥洗位,北向立,摺笏,盥手,帨手,執笏,詣爵洗位,北向立,摺笏,洗爵,拭爵,以授執事者,執笏,升,詣正位酌尊所,西向立。宮架作《隆安之樂》、《厚載凝福之舞》。執事者以爵授亞獻,摺笏,執爵。執尊者舉冪,太官令酌山尊之醴齊訖,先詣配位酌尊所,北向立。亞獻以爵授執事者,執笏,詣皇地祇神位前,北向,摺笏,跪。執事者以爵授亞獻,亞獻執爵,祭酒,_{三祭于茅苴}。奠爵,執笏,俛伏,興,少退,北向,再拜。次詣太祖皇帝神位前,酌獻,並如上儀。樂止,降,復位。

初,亞獻行禮將畢,次禮直官、太常博士引終獻詣洗及升壇,酌獻,並如亞獻之儀,降,復位。

---

① "再"字,底本脱,據文津閣本、楊本校補。

　　初，亞獻將升，次分引分獻官詣盥洗位，搢笏，盥手，帨手，執笏，各由其階升。詣從祀諸神位前，俱搢笏，跪，執爵，三祭酒，奠爵，執笏，俛伏，興，再拜，降，復位。

　　皇帝既奠玉、幣，光禄以牛左臂一骨及長脅、短脅俱二骨以並，載于胙俎，設於壇下飲福之西。候終獻既升獻，贊官引户部尚書、搏黍太祝、太官令詣飲福位，東向立，奉俎、豆、爵酒者各位其後[1]。

　　禮儀使奏請詣飲福位，簾卷，出次，宮架樂作，殿中監跪進大圭，禮儀使奏請執大圭，前導皇帝至飲福位，將至位，樂止。宮架《禧安之樂》作，皇帝至飲福位，北向立。尚醖典御執尊，升詣酌尊所。良醖令酌上尊福酒合置一尊，典御奉尊，降，詣飲福位，以授殿中少監。尚醖奉御執爵，殿中少監酌之。奉御以爵授殿中監，殿中監西向捧以立。禮儀使奏請再拜，皇帝再拜。殿中監跪以爵酒進。禮儀使奏請搢大圭，跪受爵，祭酒[2]，三祭于地。啐酒，奠爵，殿中監跪受爵以興。

　　太祝帥執事者將胙俎進，減神前正脊二骨[3]、横脊二骨，加於俎上，内侍受俎以授户部尚書，户部尚書西向跪以進。皇帝受俎，奠之。户部尚書受俎以興，復位。太官令取黍於簋，搏以授太祝，太祝受以豆，東向跪以進。皇帝受訖[4]，奠之。太祝受豆以興，復位。

　　次殿中監再跪以爵酒進，禮儀使奏請受爵，飲福酒，奠爵。

---

①　"爵"字，底本作"酌"，據本書卷二七《皇帝祀昊天上帝儀三·進熟》改。

②　"酒"字，底本脱，據本書卷二七《皇帝祀昊天上帝儀三·進熟》補。

③　"二"字，底本作"一"，據十萬卷樓本、楊本校改。

④　"受"字，底本作"授"，據文津閣本校改。

殿中監受虛爵以興,以授典御奉御,北向立。執事者俱退,復位。禮儀使奏請執大圭,俛伏,興。又奏請再拜,皇帝再拜,樂止。

禮儀使前導皇帝還版位,宮架樂作。至版位,西向立,樂止。

次引禮部尚書升壇,徹籩、豆,戶部尚書升壇,徹俎。籩、豆、俎各一,俱少移故處。登歌《成安之樂》作,卒徹,樂止。禮部、戶部尚書降,復位。禮直官曰:"賜胙。"行事。陪祠官拜,贊者承傳曰:"賜胙,再拜。"在位官皆再拜。

送神,宮架《寧安之樂》作,一成,止。

望瘞

《寧安之樂》畢,禮儀使奏請詣望瘞位,前導皇帝詣望瘞位,宮架樂作。至位,北向立,樂止。

初,賜胙再拜訖,郊社令以黍、稷、肺祭,藉以白茅束之。吏部侍郎帥太祝執篚進詣神位前,取玉、幣、祝册藉以茅。五官以上,並以俎載牲體、黍稷飯、爵酒,各由其階降壇,東行詣瘞,以玉、幣、祝册、饌物置於坎,諸太祝又以諸位幣、帛從瘞。禮直官曰:"可瘞。"舉爟火,實土半坎。

禮儀使奏禮畢,前導皇帝還大次,宮架樂作。出中壝門外,禮儀使奏請釋大圭,殿中監跪受大圭,以還有司,侍衛如常儀。皇帝至大次,樂止。禮部郎中奏解嚴。引大禮使以下詣卯階東內壝外揖位立。禮直官贊:"禮畢。"揖訖,退。通事舍人引陪祠文武官及宗室、客使以次出。將士不得輒離部位。

明禋殿受賀

皇帝既還大次,奏解嚴訖。皇帝常服,乘輿,還青城,侍衛如常儀，鼓吹振作。至殿前，降輦，還齋殿。東上閤門、御史臺分引文武百官、宗室並常服詣殿前立班稱賀。東上閤門附內侍進班齊牌。皇帝常服出，升御坐，鳴鞭，禁衛奏"聖躬萬福"。

次舍人贊管軍臣僚等并行門躬，贊"再拜"，管軍臣僚以下皆再拜，班首奏"聖躬萬福"。舍人引班首出班，俛伏，跪，致詞訖，俛伏，興，退，復位。舍人揖，躬，贊"再拜"，管軍臣僚以下皆再拜，三稱"萬歲"。內侍詣御坐前承旨，退，降階，西向宣答訖。舍人贊"再拜"，管軍臣僚以下皆再拜，三稱"萬歲"。舍人贊"各祗候"，管軍臣僚詣殿下侍立，行門分左右立。

次太史局官詣當殿北向立。舍人揖，躬贊"再拜"。太史局官再拜，奏"聖躬萬福"，出班躬身奏祥瑞訖，退，復位①。舍人揖躬，贊"再拜"，太史局官再拜，贊"祗候"，太史局官東出。

次舍人揖樞密以下躬，舍人當殿通某官姓名以下起居稱賀，轉身於班前西向立。舍人贊"再拜"，樞密以下皆再拜，搢笏，舞蹈，三稱"萬歲"，又再拜。班首不離位，奏"聖躬萬福"，又再拜。舍人引班首出班，俛伏，跪，致詞訖，俛伏，興，退，復位。舍人揖，躬贊"再拜"，樞密以下皆再拜，搢笏，舞蹈，三稱"萬歲"，又再拜。東上閤門官當殿北向承旨，退，西向，稱"有制"，樞密以下皆再拜，宣答訖，復位。舍人曰："再拜。"樞密以下皆再拜，搢笏，舞蹈，三稱"萬歲"，又再拜。樞密直學士升殿侍立。並升西階。知客省事以下殿廷東侍立。餘官分班出。

---

① "舍人揖躬贊再拜太史局官再拜奏聖躬萬福出班躬身奏祥瑞訖退復位"二十九字，底本脱，據本書卷二七《皇帝祀昊天上帝儀三·端誠殿受賀》補。

舍人、禮直官揖宰臣以下躬①，舍人當殿通文武百官宰臣姓名以下起居稱賀。_{三公通某官。}舍人揖班首以下横行北向立，_{學士、待制、兩省官、將軍仍舊相向立。}稱賀如上儀。_{唯典儀贊拜，樞密詣御座前承旨，退詣折檻東，稱"有制宣答"。}賀訖，宰臣、執政官升殿，東西相向立。_{宰臣、執政官升東階，中書侍郎升西階。}樞密直學士下殿。餘官以次退。皇帝降坐，鳴鞭。殿上侍立官以次退。

---

① "殿廷東侍立餘官分班出舍人禮直官揖宰臣以下"二十字，底本脱，據本書卷二七《皇帝祀昊天上帝儀三・端誠殿受賀》補。

卷第八十三　吉禮

皇帝祭皇地祇儀四

車駕還內　宣德門肆赦

車駕還內

前期，殿中監帥其屬尚舍設御幄於大慶殿門外之東，南向。大晟設宮架於宣德門外，稍南。

其日，明禋殿受賀禮畢，所司轉仗衛鹵簿於還途，如來儀。文武百官、宗室、客使先詣宣德門，就次以俟，立班奉迎。乘黃令進金輅於行宮殿門外，南向。千牛將軍一員執長刀立於輅右。尚輦奉御進輿於齋殿，導駕官俱詣齋殿奉迎。禮部侍郎奏請中嚴，少頃，又奏外辦。簾卷，皇帝服通天冠、絳紗袍，乘輿以出。應導駕官等並迎駕，奏“聖躬萬福”訖。內祇應官贊謝花再拜[①]。太僕官出詣金輅所，攝衣而升，正立執轡。皇帝乘輿，降自西階，至金輅所。左輔奏請降輿升輅。太僕卿立授綏，千牛將軍馭駕，如來儀。門下侍郎奏請車駕進發。有司仍具大輦。若是乘輦，即云：“降輿乘輦。”車駕動，稱警蹕，侍衛如來儀。

至侍臣上馬所，門下侍郎奏請車駕少駐，敕侍臣上馬。左輔

---

① “花”字，底本作“皆”，據文津閣本校改。

前承旨，退，稱曰："制可。"門下侍郎傳制，稱："侍臣上馬。"贊者承傳敕侍臣上馬。門下侍郎奏請車駕進發。車駕，稱警蹕，鼓吹及諸軍樂振作。車駕將至宣德門，文武百官、宗室、客使並立班，再拜奉迎。次大内留守見，再拜訖，退。

車駕至宣德門外，少駐。文武侍臣皆下馬步導，千牛將軍降，立於輅右。車駕動，千牛將軍夾輅而趨。大樂正令奏《采茨之樂》[①]，入門，樂止。車駕至御幄前，左輔奏請降輅乘輿。若乘輦，即奏云："乘輦。"皇帝降輅乘輿以入。禮部郎中奏解嚴。通事舍人承旨，敕羣官各還次，將士各還其所。

宣德門肆赦

前期，殿中監帥其屬尚舍張設宣德門之内外。又設御座於前楹當中，南向。又設御幄於後。東上閤門設捧赦書儀物於御座之東，稍南。儀鸞司設文武百僚次於樓下[②]，隨地之宜。八作司設雞竿於御街之東，稍北。大晟府設鉦鼓一於宮架之西[③]，稍北，東向。

其日，刑部、大理寺、開封府以囚徒集於仗後。東上閤門、御史臺、太常寺設文武百官位於樓下。皇帝既歸幄次。少頃，乘輦，升宣德門。至御閤東，降輦，歸御閤，簾降。内侍進呈赦書。東上閤門於樓下侍立。二員於樓上祗應。禮直官、通事舍人分引三公、親王以下詣樓前分班立定。左輔、樞密升詣御座之東，翰林學士承旨一員，升詣御座之西，俱南向立。翰林學士承旨闕，即翰林學

---

① "令"字，底本脱，據十萬卷樓本、楊本校補。
② "儀鸞司"，底本作"鸞儀司"，據文津閣本、十萬卷樓本、楊本乙正。
③ "一"字，底本脱，據本書卷二八《皇帝祀昊天上帝儀四・宣德門肆赦》補。

士。引禮部侍郎奏請中嚴。少頃，又奏外辦，降，復本班。簾卷，大樂正令撞黃鍾之鐘，右五鐘皆應，《乾安之樂》作。内侍索扇，扇合，皇帝出御閤，臨軒，即御座樓下，鞭鳴，簾卷。内侍贊"扇開"，扇退，樂止，侍衛如常儀。禮直官、通事舍人分引三公、親王以下橫行北向立定。兩省、學士、待制①、將軍仍舊相向立。典儀曰："再拜。"在位官皆再拜，分班東西相向。

樓下舍人詣樓前北向立，左輔詣御座前承旨，退，稍前，西向宣曰："奉敕，立金雞。"退，復位。樓下舍人應喏，趨詣文武班南，北向揖訖，東向宣曰："奉敕，立金雞。"宣付所司退②，復位。金雞初立，大晟府擊鼓。每擊鼓投一杖，囚集，鼓聲止。初，宣立金雞，擊鼓，立金雞訖，即止，更不投杖。

樓上降赦書，閤門受以置於案。承受二人舉案于東偏門之西南，舍人二員對捧。東上閤門攝引至班心，北向揖，稱"宣付門下省"，退詣案西，東向立。引門下侍郎詣案南，北向揖笏，跪。閤門捧赦書以授門下侍郎受訖③，執笏，俛伏，興。舍人捧案，退，置於樓下近北訖，歸本班。東上閤門官隨案退，還侍立位。次門下侍郎捧赦書，詣班前，北向俛伏，跪奏："制書請付外施行。"制書權付禮直官。奏訖，俛伏，興，躬身北向。次引左輔詣御座前承旨，退，西向宣曰："制可。"退，復位。門下侍郎稱"宣付班首"，稍西，東向立。引班首相向，各俛伏，跪。門下侍郎揖笏，捧制書以授班首，受訖，執笏，俛伏，興，捧，歸位以付舍人，跪受，付提點承受

---

①　"待制"二字，底本脱，據本書卷二八《皇帝祀昊天上帝儀四·宣德門肆赦》補。

②　"所"字，底本作"兩"，據本書卷二八《皇帝祀昊天上帝儀四·宣德門肆赦》改。

③　"侍郎受訖"，底本作"省退詣案西"，據本書卷二八《皇帝祀昊天上帝儀四·宣德門肆赦》改。

啟封訖,復以授舍人。舍人捧制書,折方行至班心,近南,西向,又折方,北向立。東上閤門官一員並捧制書舍人於左省班復詣宣制位①。起居郎、舍人一人指摘句讀②。舍人宣曰:"有制。"典儀曰:"再拜。"在位官皆再拜。舍人宣制至"咸赦除之",獄吏詣班南,北向,躬,稱"脱枷"訖,奏"聖躬萬福",三呼"萬歲"。以罪人過宣制訖,樓上舍人贊知樞密院官、左輔、翰林學士承旨並賀再拜③。樓上閤門官不拜。東上閤門官歸侍立位④,舍人捧制書詣班首前,東向立,搢笏,跪,以制書授班首。班首受訖,舍人執笏,退,復侍立位。禮直官次引刑部尚書詣班首前,東向,搢笏,跪。班首搢笏,以制書授刑部尚書。刑部尚書受訖,執笏,以制書加於笏上,以授所司,歸本班。禮直官、通事舍人引三公、親王以下應橫行官就北向位立定。典儀曰:"再拜。"在位官皆再拜。禮直官、通事舍人引班首少前,俛伏⑤,跪,致詞訖,俛伏,興。典儀曰:"再拜。"在位官皆再拜,搢笏,舞蹈,三稱"萬歲",又再拜。東上閤門官詣樓前,北向承旨,退,於班首前西向稱:"有制。"典儀曰:"再拜。"在位者皆再拜。東上閤門官宣答訖,歸侍立位。典儀曰:"再拜。"在位者皆再拜,舞蹈,三稱"萬歲",又再拜。禮直官、通事舍人引三公、親王以下分東西班叙立。

禮直官引左輔詣御座前,奏"禮畢",退,復位。內侍索扇,扇合,大樂正令撞蕤賓之鍾,左五鍾皆應,《乾安之樂》作。簾降,皇

---

① "位"字,底本作"書",據本書卷二八《皇帝祀昊天上帝儀四·宣德門肆赦》改。

② "一人指"三字,底本脱,據本書卷二八《皇帝祀昊天上帝儀四·宣德門肆赦》補。"讀"字,底本脱,據本書卷二八《皇帝祀昊天上帝儀四·宣德門肆赦》補。

③ "並"字,底本作"曲",據本書卷二八《皇帝祀昊天上帝儀四·宣德門肆赦》改。

④ "位"字,底本脱,據本書卷二八《皇帝祀昊天上帝儀四·宣德門肆赦》補。

⑤ "俛伏"二字,底本脱,據本書卷二八《皇帝祀昊天上帝儀四·宣德門肆赦》補。

帝降座，還御幄，樂止。樓下鳴鞭，舍人詣樓前，北向躬承旨，四色官應喏，舍人北向稱"奉敕放仗"，四色官趨至班南，宣曰："奉敕放仗。"百僚再拜，退。宣詞令舍人於樓下宣勞將士。賜茶酒，拽馬隊並如儀。

卷第八十四　吉禮

祭皇地祇儀_{有司行事}

時日　齋戒　奏告　陳設　省牲器
奠玉幣　進熟　望瘞

時日

太常寺預于隔季以夏至日祭皇地祇于方壇，關太史局。太史局以其日報太常寺。太常寺參酌訖，具時日散告。

齋戒

前祭十日，受誓戒于尚書省。

其日五鼓，贊者設位版于公相廳下：初獻官在左，刑部尚書在右，並南向。亞、終獻禮官位于其南，稍東，北向，西上。分獻官位其後。監察御史位于其西，稍北，東向。戶部尚書，大司樂、光禄卿、大樂令、光禄丞位于其南，稍西，北向，東上。凡設大樂令以下位皆稍却。若冬祀大禮年上公攝事，增讀册、舉册官位在光禄卿下。其揖位、省牲、省饌位並准此。奉禮、協律郎，太祝、郊社、太官令位于其東，西向，北上。

質明，贊者引行事、執事官就位立定。禮直官引初獻降階，就位。禮直官贊揖，在位者對揖。初獻搢笏，讀誓文云："某月某日夏至,祭皇地祇。各揚其職,不共其事,國有常刑。"讀訖,執笏。禮直官贊奉禮、協律郎,太祝、郊社、太官令先退,餘官對拜,乃退。

散齋七日,治事如故,宿于正寢,不弔喪、問疾、作樂、判書刑殺文書、決罰罪人及與穢惡。致齋三日,光禄卿、丞,太官令齋一日。二日于本司。無本司者于太常齋舍,質明至齋所。唯祭事得行,其餘悉禁。

前祭一日質明,俱至祠所齋宮,官給酒饌。祭官已齋而闕者,通攝行事。若冬祀大禮年上公攝事,未受誓戒前,贊者引亞獻以下立于階下。亞獻、禮部尚書、終獻、太常卿、讀册、舉册官、大樂令、分獻官、協律郎、太官令西向,北上;户部尚書、刑部尚書、光禄卿、監察御史、禮直官、光禄丞、奉禮郎、太祝、郊社令東向,北上,立定。禮直官引初獻入就南向位,贊揖訖,歸次,以俟受誓。

奏告

前祭二日,奏告太祖皇帝室,如常告之儀。

陳設

前祭三日,儀鸞司設行事、執事官次於壇東壝門之外及齋宮之內,隨地之宜。設饌幔于內壝東門外道北,南向。

前二日,光禄牽牲詣祠所。

前一日,郊社令帥其屬掃除壇之上下。太常設正、配神位席,太史設正、配神位版於壇上。凡設神位版,皆郊社令監視。太常設祭器,凡設祭器,皆藉以席,籩、豆又加巾蓋。以俟告潔。既畢,權徹。

光禄陳牲于卯階之東南內壝之外,西向,祝史各位於牲後。太常設省牲位於牲西。三獻官、禮官在南,北向,分獻官在其後。户部尚書,大司樂、光禄卿、大樂令、光禄丞,奉禮、協律郎,太祝、郊社、太官令在北,南向。俱西上。凡設大樂令、光禄丞以下位皆稍却。監察御史於户部尚書之西,少絶。

　　光禄陳禮饌於壇之東南内壝之外,南向。太常設省饌位版於禮饌之南。三獻官、禮官在南,北向,西上。分獻官在其後。監察御史在西,東向。户部尚書,大司樂、光禄卿,大樂令、光禄丞,奉禮、協律郎,太祝、郊社、太官令在東,西向,北上。大晟設登歌之樂於壇上稍南,北向①。設宫架於壇南内壝之外,立舞表于鄭綴之間。

　　祭日丑時五刻,禮直官、贊者、諸司職掌各服其服。

　　太常設神位席,太史設神位版於壇之上下:皇地祇位於壇上北方,南向,席以藁秸。太祖皇帝位於壇上東方,西向,席以蒲。

　　木神勾芒、東嶽於壇第一龕,東鎮、海、瀆於第二龕,東山林、川澤於壇下,東丘陵、墳衍、原隰於内壝之内,皆在卯階之北,以南爲上。

　　神州地祇、火神祝融、南嶽於壇第一龕,南鎮、海、瀆於第二龕,南山林、川澤於壇下,南丘陵、墳衍、原隰於内壝之内,皆在午階之東,以西爲上。

　　土神后土、中嶽於壇第一龕,中鎮於第二龕,中山林、川澤於壇下,中丘陵、墳衍、原隰於内壝之内,皆在午階之西,以西爲上。

　　金神蓐收、西嶽于壇第一龕,西鎮、海、瀆于第二龕,崑崙,西山林、川澤于壇下,西丘陵、墳衍、原隰于内壝之内②,皆在酉階之南,以北爲上。

----

　　①　底本“北向”後衍“西上”二字,據本書卷二九《祀昊天上帝儀有司行事·陳設》删。

　　②　前一“内”字,底本作“大”,據文津閣本、十萬卷樓本、楊本校改。

水神玄冥、北嶽于壇第一龕,北鎮、海、瀆于第二龕,北山林、川澤于壇下,北丘陵、墳衍、原隰于內壝之內,皆在子階之西,以東爲上。

神州地祇席以藁秸,餘以莞席,皆內向。

太常陳玉於神位之左,玉以黃琮,盛以匣,瘞玉用珉。禮神之玉,奠于神前,瘞玉加于幣,配位不用玉。陳幣篚各于神位之左,幣以黃。祝版各于神位之右,置于坫。若冬祀大禮年上公攝事,則用竹册①,置于案。

太常設祭器,光禄實之。正、配位各左十有二籩,爲三行,以右爲上;第一行:形鹽在前,魚鱐、糗餌、粉餈次之。第二行:榛實在前,乾桃、乾蓤、乾棗次之。第三行:菱在前,茨、菓、鹿脯次之。右十有二豆,爲三行,以左爲上;第一行:芹菹在前,筍菹、葵菹、菁菹次之。第二行:韭菹在前,飽食、魚醢、兔醢次之。第三行:豚拍在前,鹿臡、醓醢、糝食次之。俎三,一在籩前,實以牛腥七體,兩髀、兩肩、兩脅并脊,兩髀在兩端②,兩肩、兩脅次之,脊在中。二在豆右,爲二重,以北爲上;第一重,實以牛腥,腸、胃、肺、離肺一在上端,刉肺三次之,腸三、胃三又次。第二行,寔以牛熟,腸、胃、肺,其載如腥。若配位,即以東爲上。登一,在籩、豆間;寔以大羹。盤一,在登前;實以毛血。簠二、簋二,在籩、豆外,簠在左,簋在右。簠實以稻、粱,粱在稻前。簋實以黍、稷,稷在黍前。

設泰尊五、山尊五,爲二重,在壇上東南隅,北向,西上,配位即設于正位酒尊之東。泰尊在前,皆有坫,加勺、冪,爲酌尊。泰尊一實明水,爲上尊,餘皆實以泛齊,代以供內法酒,初獻酌之。山尊一實明水,爲上尊,餘實以醴齊,代以祠祭法酒,亞、終獻酌之③。又設泰尊二、山尊二在神位前④,泰

___

①　"竹"字,底本作"行",據十萬卷樓本校改。

②　"并脊兩髀在兩端"七字,底本脫,據本書卷二九《祀昊天上帝儀有司行事·陳設》補。

③　"終"字,底本脫,據本書卷二九《祀昊天上帝儀有司行事·陳設》補。

④　"位"字,底本脫,據本書卷二九《祀昊天上帝儀有司行事·陳設》補。

尊一實泛齊，山尊一實醴齊，各以一尊實明水。著尊二、犧尊二在午階之西第一龕，著尊一實盎齊，犧尊一實醴齊，各以一尊實明水。若配位，即設於西階之北第一龕。象尊二、壺尊六在壇下午階之西，象尊一實明水，一實沈齊。壺尊三實玄酒，三實三酒。明水、玄酒皆在上。若配位，即設于壇下酉階之北。俱北向，西上，若配位，即東向，北上。皆加冪。五齊三酒，設而不酌。

第一龕神州地祇、五行、五官、五嶽、中鎮等每神位前，左四籩，爲二行，以右爲上；第一行：乾棗在前，形鹽次之。第二行：栗在前，鹿脯次之。右四豆，爲二行，以右爲上；第一行：芹菹在前，菁菹次之。第二行：兔醢在前，鹿臡次之。俎一，在籩、豆外；實以羊、豕腥肉。簠一、簋一，在俎前，簠在左，簋在右；簠實以稷，簋實以黍。登一，在籩、豆外；實以大羹。盤一，在登後；實以毛血。惟神州地祇、五官位用之。爵一，在俎前，加坫。實以祠祭法酒。

第二龕及壇下內壝之內各左二籩，棗在前，鹿脯次之。右二豆；菁菹在前，鹿臡次之。俎一，在籩、豆外；實以羊、豕腥肉。爵一，次之；實以祠祭法酒。簠一、簋一，在爵之前，簠在左，簋在右。簠實以稷，簋實以黍。

神州地祇、五行、五官、五嶽，每方各設犧尊二、象尊二；五方鎮及海、瀆每方各設山尊二；山林、川澤，每方各設蜃尊二；丘陵、墳衍、原隰，每方各設散尊二，皆加勺、冪。皆一實明水，一實祠祭法酒。

太常設燭于神位前，又設俎二于饌幔內，洗二于卯階之東，北向。盥洗在東，爵洗在西。罍在洗東，加勺。篚在洗西南肆，實以巾。若爵洗之篚，則又實以爵，加坫。禮官、分獻官盥洗各于陛道之左，俱內向。執罍、篚者位于其後。

又設揖位于卯階之東內壝之外，如省牲之位。惟不設光禄卿、丞位。

開瘞坎于壇下子階之北壬地，方深取足容物，南出陛。設望瘞位於卯階之東南内壇之内，如省饌之位。唯不設光禄卿、丞，太官令位。又設三獻官、禮官席位于卯階之東北，西向，南上，分獻官位其後、户部尚書席位于卯階之東南，西向。設監察御史席位于午階之南，北向、若冬祀大禮年上公攝事，增讀册、舉册官位在監察御史之西①。奉禮郎，太祝、郊社、太官令位于其後，大司樂、大樂令席位于監察御史之東，協律郎位于其後，光禄卿席位于大司樂之東，俱北向，西上。又設監察御史位于壇上樂簴之北，在西，東向。奉禮郎、太祝、郊社令在東，西向，北上。若冬祀大禮年上公攝事，增讀册、舉册官位在奉禮郎之上。大樂令于樂簴之北，太官令于酌尊所，俱北向。協律郎二，一位於壇上樂簴之西北②，一位于宫架之西北，俱東向。大司樂位于宫架之北，北向。

省牲器

前祭一日③，行事、執事官集初獻齋所肄儀，太祝習讀祝文視玉、幣及神位版訖，並赴壇所各就次。禮直官、贊者分引行事、執事官詣壇東省牲位，凡初獻行事禮直官引，餘官皆贊者引。立定。禮直官贊揖。次引大司樂入行樂架。次引監察御史升自卯階，凡行事、執事官升降，皆自卯階。視滌濯，執事者舉冪，曰："潔。"降，復位。禮直官稍前，曰："告潔畢，請省牲。"太祝出班巡牲一匝，詣初獻前，西向躬曰："充。"退，復位。光禄丞出班巡牲一匝，詣初獻前，西向躬曰："腯。"④退，復位。禮直官贊："省牲畢，請就省饌位。"揖訖，

---

①　"舉册"二字，底本脱，據本書卷二九《祀昊天上帝儀有司行事·陳設》補。
②　"北"字，底本脱，據本書卷二九《祀昊天上帝儀有司行事·陳設》補。
③　"祭"字，底本作"祀"，據文津閣本、十萬卷樓本、楊本校改。
④　"腯"字，底本作"循"，據文津閣本、十萬卷樓本、楊本校改。

引行事、執事官各就位立定。禮直官贊揖所司省饌具畢，禮直官贊："省饌畢。"①揖訖②，俱還齋所。光禄丞、太祝以次牽牲詣廚，授太官令。次引監察御史詣廚，省鼎鑊，視祭器滌溉。協律郎展視樂器，乃還齋所。

未後一刻，太官令帥宰人以鸞刀割牲，祝史以盤取毛血，各置于饌所，遂烹牲。

晡後，郊社令帥其屬掃除壇之上下訖，還齋所。

奠玉幣

祭日丑時五刻，行事用丑時七刻。初獻以下並赴壇所就次。郊社令先入，視設神位版訖，退。樂正帥工人二舞入就位。登歌工人候監察御史點閱訖，升卯階③，各就位。次太官令帥其屬寔饌具畢。次引光禄卿入詣午階之南席位，北向立，贊者曰："再拜。"光禄卿再拜，升壇，點視禮饌畢。次引監察御史升壇④，點閱陳設，糾察不如儀者。凡點視及點閱，皆先詣正位。光禄卿還齋所。餘官各服祭服。

次引行事、執事官皆詣卯階東內壝外揖位立定，禮直官贊揖。次引大司樂、大樂令、協律郎先入就午階南席位，北向立。贊者曰："再拜。"大司樂以下皆再拜，各就位。次引監察御史、奉禮郎、太祝、郊社令、太官令入就午階南席位，北向立。若冬祀大禮年上公攝事，則又引讀冊、舉冊官。次引初獻、户部尚書、亞、終獻、禮直、分獻官各入就卯階東席位，西向立。禮直官稍前，贊："有司謹

---

① "畢"字，底本脱，據本書卷二九《祀昊天上帝儀有司行事·省牲器》補。
② "揖"字，底本脱，據本書卷二九《祀昊天上帝儀有司行事·省牲器》補。
③ "卯"字，底本脱，據本書卷二九《祀昊天上帝儀有司行事·奠玉幣》補。
④ "引"字，底本作"因"，據文津閣本、十萬卷樓本、楊本校改。

具，請行事。"協律郎跪，俛伏，舉麾，興，工鼓柷，宮架作《寧安之樂》、《諸靈錫慶之舞》，八成，偃麾，戛敔，樂止。凡樂，皆協律郎跪，俛伏，舉麾，興，工鼓柷而後作，偃麾，戛敔而後止。光祿瘞血訖。贊者曰："再拜。"在位者皆再拜。次引監察御史、奉禮郎、太祝、郊社、太官令升壇，各就位立定。太官令就正位酌尊所。

次引初獻詣盥洗位，宮架《正安之樂》作，凡初獻升降、行止，皆作《正安之樂》。至洗位，北向立，搢笏，盥手，帨手，執笏，升壇，樂止。登歌樂作，至皇地祇神位前，北向立，樂止，登歌《嘉安之樂》作，搢笏，跪。次引奉禮郎搢笏，西向跪。執事者以玉、幣授奉禮郎，奉禮郎奉玉、幣授初獻訖，執笏，興，先詣太祖皇帝神位前，北向立。初獻受玉、幣，奠訖，執笏，俛伏，興，再拜，樂止。次引初獻至太祖皇帝神位前，東向立，酌獻詣配位準此。奠玉、幣，如上儀。惟登歌作《恭安之樂》。樂止，奉禮郎復位。初獻將降壇，登歌樂作，降階，樂止。宮架樂作，復位，樂止。

進熟

祭日，有司設鼎二于神廚，各在鑊右。光祿帥進饌者詣廚，以匕升牛于鑊，實於一鼎，肩、臂、臑、肫、胳、正脊一，直脊一，橫脊一，長脅一，短脅一，代脅一，皆二骨以並。正、配位各設一鼎。皆設扃、冪。祝史對舉，入設于饌幔內。俟初獻既升，奠玉、幣，入陳于卯階下，西向，南上。祝史抽扃，委于鼎右，除冪。

初，鼎序入。有司執匕及俎以從，至卯階下，各設于鼎西，匕加于鼎。光祿以匕升牛，載于一俎。肩、臂、臑在上端[1]，肫、胳在下端，脊、

---

[1]　"在上端"三字，底本脱，據本書卷二九《祀昊天上帝儀有司行事·進熟》補。

脅在中。正、配位各設俎。鼎先退。

次引户部尚書詣卯階下,搢笏,奉俎,升壇。宮架《豐安之樂》作,詣皇地祇神位前,北向跪奠,執笏,俛伏,興,有司設于豆前。次詣太祖皇帝神位前,東向①,奉俎,如上儀。樂止,俱降,復位。

初,奠俎訖,引太祝取菹擩于醢,祭于豆間三,又取黍、稷、肺祭如初,俱藉以茅,退,復位。

次引初獻再詣盥洗位,宮架樂作,至洗位,北向立,搢笏,盥手,帨手,執笏。詣爵洗位,北向立,搢笏,洗爵,拭爵,以授執事者,執笏,升壇,樂止。登歌樂作,詣正位酌尊所,西向立,樂止。登歌《嘉安之樂》作。執事者以爵授初獻,初獻搢笏,執爵。執尊者舉羃,太官令酌太尊之泛齊訖,先詣配位酌尊所,北向立。初獻以爵授執事者,執笏,詣皇地祇神位前,北向立,搢笏,跪。執事者以爵授初獻,初獻執爵,祭酒,三祭于茅苴,奠爵,執笏,俛伏,興。少立,樂止。次引太祝于神位前東向立,搢笏,跪讀祝文。讀訖,執笏,興,先詣太祖皇帝神位前,南向立。若冬祀大禮年上公攝事,則次引讀册、舉册官詣神位之右②,舉册官搢笏,對捧册③,跪。讀册官東向搢笏,跪讀册文。讀訖,各執笏,興,先詣配帝神位前,南向立。初獻再拜。次詣太祖皇帝神位前,酌獻,並如上儀。惟登歌作《英安之樂》。太官令復詣正位酌尊所,太祝復位。初獻將降壇,登歌樂作,降階,樂止。宮架樂作,復位,樂止。

---

①　"東向"二字,底本脱,據本書卷二九《祀昊天上帝儀有司行事 · 進熟》補。
②　"舉册"二字,底本脱,據本書卷二九《祀昊天上帝儀有司行事 · 進熟》補。
③　"對捧册"三字,底本脱,據本書卷二九《祀昊天上帝儀有司行事 · 進熟》補。

文舞退，武舞進，宮架《威安之樂》作[1]。舞者立定，樂止。

次引亞獻詣盥洗位，北向立，搢笏，盥手，帨手，執笏。詣爵洗位，北向立，搢笏，洗爵，拭爵，以授執事者[2]，執笏，升壇，詣正位酌尊所，西向立。宮架作《文安之樂》、《嚴恭將事之舞》。執事者以爵授亞獻，亞獻搢笏，執爵，執尊者舉冪，太官令酌山尊之醴齊訖，先詣配位酌尊所，北向立。亞獻以爵授執事者[3]，執笏，詣皇地祇神位前，北向立，搢笏，跪。執事者以爵授亞獻，亞獻執爵，祭酒，三祭于茅苴，奠爵，執笏，俛伏，興，再拜。次詣太祖皇帝神位前，行禮並如上儀訖。樂止，降，復位。

次引終獻詣洗及升壇行禮，並如亞獻之儀，降，復位。

初，亞獻將升獻[4]，分引禮官及分獻官各詣盥洗位，搢笏，盥手，帨手，執笏。詣諸從祀神位前，搢笏，跪，奠幣，執爵，三祭酒，奠爵，_{神位無幣者但祭酒}。執笏，俛伏，興，再拜，復位。

次引太祝詣正、配神位前，徹籩、豆。_{籩、豆各一，少移故處。}登歌《和安之樂》作。卒徹，樂止。次引郊社令束茅訖，俱復位。禮直官曰：“賜胙。”贊者承傳曰：“賜胙，再拜。”

送神，宮架《寧安之樂》作，一成，止。

望瘞

初，《寧安之樂》畢，引三獻官、户部尚書、禮官、分獻官詣望瘞位，宮架樂作。至位，樂止。有司各詣神位前，取玉、幣、祝版、

饌物及牲之左髀,束茅,實於瘞坎。若冬祀大禮年上公攝事,則又取祝册置於瘞坎。次引監察御史,大司樂、大樂令、奉禮、協律郎,太祝、郊社令詣望瘞位,若冬祀大禮年上公攝事,則又引讀册、舉册官。立定。禮直官曰:"瘞。"實土半坎。凡瘞,皆先省視訖,乃瘞。

次引初獻以下詣東壝門外揖位立。禮直官:"禮畢。"揖訖,退。太官令帥其屬徹禮饌,次引監察御史詣壇,監視收徹訖,還齋所。光禄以胙奉進,監察御史就位展視訖,光禄卿望闕,再拜,乃退。

卷第八十五　吉禮

皇帝祭神州地祇儀上

時日　齋戒　奏告　陳設

時日

前期,降御札,以今年立冬後祭神州地祇。太常寺帖太史局擇日。太史局得日,報太常寺參酌訖,申奏①,具時日散告。

齋戒

前祭十日質明,有司設行事、執事及陪祠文武官位于朝堂②。太宰、刑部尚書在北,南向,太宰在左,刑部尚書在右。刑部尚書稍却。行事太宰、左丞在南;吏部、户部、禮部尚書,吏部、禮部侍郎,大司樂、光禄卿,大樂令、光禄丞在其南;凡設大樂令以下位皆稍却。如朝獻、朝享,即初、亞獻官在光禄丞下。執事官又於其南,俱北向,西上。監察御史位二,在西,東向,北上。讀册、舉册官,奉禮、協律郎,太祝、郊社、太官令在東,西向,俱北上。奉禮郎以下位,皆稍却。設陪祠文武百官位於行事官之南,又設行事、執事及陪祠親王、宗室

---

① "申"字,底本作"中",據十萬卷樓本、楊本校改。
② "執事"二字,底本脱,據本書卷八〇《皇帝祭皇地祇儀一·齋戒》補。

位於太廟齋坊①。少宰、刑部侍郎在北,南向,少宰在左,刑部侍郎在右。刑部侍郎稍却。亞、終獻在南,北向,西上。親王及行事、執事、陪祠宗室位在東,稍北,西向,北上。東上閤門、御史臺、太常寺以下分引羣官各就位,凡將引行事、執事、陪祠文武官立班,即御史臺引殿中侍御史一員先入就位。太宰讀誓於明堂,刑部尚書涖之;少宰讀誓於太廟齋坊,刑部侍郎涖之。誓文曰:"今年某月某日,皇帝祭神州地祇。如朝獻、朝享,即云:"前二日朝獻景靈宮,前一日朝享太廟。"各揚其職,其或不恭,國有常刑。"讀訖。内朝堂執事官奉禮郎以下,文官宣德郎以下,武官從義郎以下先退。餘官並對拜訖,退。

皇帝散齋七日于別殿,致齋三日。二日于大慶殿②,一日于祠所齋殿③。若朝獻、朝享,即一日于大慶殿,一日于太廟,一日于齋殿。凡散齋,不弔喪、問疾、作樂,有司不奏刑殺文書。致齋之日,前後殿不視事,惟行祭事。

前致齋一日,殿中監帥其屬尚舍鋪御座于大慶殿當中,南向;設東西房於御座之左右,稍北;又設西閤及齋室于殿後之左右,殿上前楹施簾。

致齋之日,質明,有司陳大駕鹵簿于宣德門外,尚輦陳平輦於垂拱殿庭。文武百官俱就次,各服其服。東上閤門奏請皇帝未後詣齋室,通事舍人等自下分引知樞密院事以下詣垂拱殿庭,立班。東上閤門附内侍進班齊牌,垂拱殿簾降。皇帝乘輦出,至殿上,少駐。輦官迎駕,自贊常起居。宣輦官上殿④,簾捲,鳴鞭,

① "執事"二字,底本脱,據本書卷八〇《皇帝祭皇地祇儀一・齋戒》補。
② "二日",底本作"三日",據十萬卷樓本校改。
③ "祠所",底本作"初所",據十萬卷樓本校改。
④ "宣輦官",底本作"次舍人",據本書卷八〇《皇帝祭皇地祇儀一・齋戒》改。

行門禁衛諸班親從迎駕，自贊常起居。次舍人先贊知内侍省官以下常起居，次樞密以下通班常起居，贊"祗候引駕"。樞密、知客省以下，至簽書、東上閤門官分左右立。六尚局應奉官，祗應通侍大夫以下^①，武功大夫以下，並先退。次管軍臣僚宣名常起居，贊"祗候引駕"，並分左右。前導輦降東階垂拱殿門外，禁衛諸班親從自贊常起居。次行宮使、御營巡檢一班常起居。如通侍大夫以下，知客省事以下，武功大夫以下，知内侍兩省^②、帶御器械官、充行宮使，御營巡檢，各歸本班。至大慶殿後閤降輦，入西閤。大慶殿簾降，前導官並就次易朝服，詣御榻前分左右侍立。知樞密院事、簽書樞密院事在東，西向，北上；同知樞密院事在西，東向^③；左輔一員在知樞密院事之北，贊拜東上閤門官一員，又在其北，並西向；知客省事以下在簽書樞密院事之南，稍東，西向，北上；簽書客省事以下又在其南，稍却。通事舍人等分引行事、執事、陪祠文武官，各結佩，入詣大慶殿庭立班。次引禮部侍郎奏請中嚴。侍臣詣幄，奉迎内外。符寶郎奉寶先出，陳於御榻之左右。少頃，引禮部侍郎奏外辦。皇帝服通天冠、絳紗袍、結佩，出西閤乘輿，稱警蹕，侍衛如常儀。由西房至御榻西降輿，皇帝即御座，南向，侍臣夾侍，贊拜東上閤門官於御榻前贊："樞密以下拜。"^④殿之上下應在位官皆再拜。東上閤門官贊拜訖，轉身北向隨拜訖，面西，贊"各祗候"。次禮直官引左輔詣御座前，俛伏，跪奏稱："左輔具官臣某言，請皇帝降座，就齋室^⑤。"奏訖，俛伏，興，還侍立。凡左輔奏請准此。皇

---

① "通侍大夫以下"六字，底本脱，據本書卷八〇《皇帝祭皇地祇儀一·齋戒》補。

② "兩"字，底本脱，據本書卷八〇《皇帝祭皇地祇儀一·齋戒》補。

③ "北上同知樞密院事在西東向"十二字，底本脱，據本書卷八〇《皇帝祭皇地祇儀一·齋戒》補。

④ 底本後一"贊"後衍"拜"字，據本書卷八〇《皇帝祭皇地祇儀一·齋戒》删。

⑤ "就"字，底本作"詣"，據本書卷八〇《皇帝祭皇地祇儀一·齋戒》改。

帝降座,乘輿,由東房入齋室,侍臣各還所司,直衛者如常儀。通事舍人分引行事、執事、陪祠文武官以次出。_{三省、親王、樞密、宗室起居問聖體,並如儀。}

應行事、執事、陪祠官及從升者並散齋七日,宿于正寢;致齋三日,各宿于其次。_{三省、樞密院官各宿於其本廳及都堂。待從官并尚書、侍郎分宿于祕書省、中書後省①。餘官內庭有所司者各宿於其司②。諸方客使許赴陪位者各宿於其次。}凡散齋,治事如故,惟不弔喪、問疾、作樂、判書刑殺文書、決罰罪人及與穢惡。致齋之日,官給酒饌。唯祭事得行,其餘悉禁。與祭之官已齋而闕者,通攝行事。

奏告

前祭二日,奏告太宗皇帝室,如常告之儀。

陳設

前祭三日,殿中監帥其屬尚舍設大次於外壝東門之內道北,南向;小次于午階之東,西向。儀鸞司設文武侍臣次於大次之前,隨地之宜;行事、陪祠官、宗室及有司次于東壝東門之外。設東方、南方客使次于文官之後,西方、北方客使次于武官之後。又設饌幔于內壝東門之外道北,南向。

前祭二日,郊社令帥其屬掃除壇之上下,開瘞坎于壇子階之北壬地,方深取足容物,南出陛。光祿牽牲詣祠所。大晟陳登歌

---

① "後省",底本作"省後",據本書卷八〇《皇帝祭皇地祇儀一·齋戒》乙正。
② "庭"字,底本作"室",據十萬卷樓本、本書卷八〇《皇帝祭皇地祇儀一·齋戒》校改。

之樂于壇上稍南，北向。設宮架于壇南内壝之外[1]，立舞表于鄭綴之間。

前祭一日，太常設神位席，太史設神位版。神州地祇位于壇上北方，南向，席以藁秸；太宗皇帝位于壇上東方，西向，席以蒲越。

奉禮郎、禮直官設皇帝位版于壇下小次前，西向；飲福位于壇下午階之西，北向；望瘞位于瘞坎之南，北向。設爟火于望瘞位之西，北向。東西各六人。

贊者設亞、終獻位于小次之南稍東，西向；大禮使、太宰、左丞又於其南；行事吏部、户部、禮部尚書，吏部、禮部侍郎，光禄卿，讀册、舉册官，光禄丞位于大禮使之東[2]；光禄丞稍却。奉禮郎、摶黍太祝、郊社、大官令位於小次之東北，俱西向，北上。監察御史位二，一于壇下午階西南，一于子階西北，俱東向。協律郎位二，一于壇上樂簴之西北，一于宮架之西北[3]，俱東向。大樂令位于登歌樂簴之北，大司樂位于宮架之北，良醖令位於酌尊所，俱北向。又設陪祠文武官位於執事官之南，諸方客使在文官之南，隨其方國。

光禄陳牲于東壝門外，西向，祝史各位于牲後。太常設省牲位于牲西。大禮使、太宰、左丞在南，北向，西上。行事吏部、户部、禮部尚書，吏部、禮部侍郎，大司樂、光禄卿，讀册、舉册官，大樂令、光禄丞，奉禮、協律郎，摶黍太祝、郊社、太官令在北，南向，西上。凡設大樂令以下位皆稍却。監察御史在吏部尚書之西，異位

---

①　“架”字，底本作“樂”，據十萬卷樓本、楊本校改。
②　“東”字，底本作“後”，據本書卷八〇《皇帝祭皇地祇儀一·陳設》改。
③　“北”字，底本脱，據本書卷八〇《皇帝祭皇地祇儀一·陳設》補。

稍却。

光禄陳禮饌于東壇門外道南，北向。太常設省饌位版于禮饌之南。大禮使、太宰、左丞在南，北向，西上。監察御史位二，俱在西，東向，北上①。行事吏部、户部、禮部尚書，吏部、禮部侍郎，大司樂、光禄卿，讀册、舉册官，大樂令、光禄丞，奉禮、協律郎，搏黍太祝、郊社、太官令在東，西向，俱北上。

禮部帥其屬設册祝案于神位之右。司尊彝帥其屬設玉幣篚于酌尊所。

次設籩、豆、簠、簋之位：正、配位皆左十有一籩，右十有一豆，俱爲三行；俎三，一在籩前，二在豆右，爲二重；登一，在籩、豆間；簠一、簋一，在籩、豆之外，簠在左，簋在右。又設尊坫之位：正、配位皆太尊五、山尊五，爲二重，在壇上東南隅②，北向，西上。配位設于正位酒尊之東。太尊在前，皆有坫，加勺③、冪，爲酌尊。又太尊二、山尊二在神位前，著尊二、犧尊二在午階之西，配位設于西階之北。象尊二、壺尊六在壇下午階之西，俱北向，西上，配位即設于西階之北，東向，北上④。皆加冪，設而不酌。又設正、配位籩、豆、簠、簋、盤、俎各一於饌幔内。設御洗二於壇下午階之南，北向。盥洗在東，爵洗在西。罍在洗東，加勺。篚在洗西南肆，實以巾。若爵洗之篚，則又實以爵，加坫。設皇帝洗位于洗南，北向；内侍酌水位于洗東，執巾位於酌水内侍之北，俱西向。吏部侍郎位於爵洗之西，東向。又

---

① “北上”二字，底本脱，據本書卷八〇《皇帝祭皇地祇儀一·陳設》補。
② “東南隅”，底本作“東西隅”，據楊本校改。
③ “加”字，底本作“架”，據文津閣本、楊本校改。
④ “北上”二字，底本脱，據本書卷八〇《皇帝祭皇地祇儀一·陳設》補。

設亞、終獻盥洗、爵洗於本位之南①。罍、篚各設于左右，皆内向②，執罍、篚者位其後。

　　祭日丑前五刻，郊社令與太史官屬各服其服升壇，設神州地祇、太宗皇帝位版於壇上。太府卿、少府監帥其屬陳玉、幣于篚，玉以兩圭有邸，盛以匣。配位不用玉。幣皆以黑。禮神之玉，各置于神位前，瘞玉加于幣。光禄卿帥其屬入實正、配位籩、豆、簠、簋。籩三行，以右爲上。第一行：形鹽在前，魚鱐、糗餌次之。第二行：榛實在前，乾桃、乾蔝、乾棗次之。第三行：菱在前，芡、桌、鹿脯次之。豆三行，以左爲上。第一行：芹菹在前，筍菹、葵菹、菁菹次之。第二行：韭菹在前，酏食、魚醢、兔醢次之。第三行：豚拍在前，鹿臡、醓醢次之。簠實以稻。簋實以黍。登實以大羹。盤實以毛血。太官令帥其屬入實俎。籩前之俎，一實以牛腥七體，兩髀、兩肩、兩脅并脊，兩髀在兩端，兩肩、兩脅次之，脊在中。豆右之俎二，爲二重，以北爲上。第一重實以牛腥，腸、胃、肺、離肝一在上端，刉肺三次之，腸三、胃三又次之。第二重實以牛熟，腸、胃、肺，其載如腥。良醞令帥其屬入實尊。大尊實以泛齊，山尊實以醴齊，著尊實以盎齊，犧尊實以醍齊，象尊實以沉齊，各以一尊實明水。壺尊三實玄酒，三實三酒。明水、玄酒皆在上。

　　太常設燭于神位前，又設大禮使以下行事、執事官攝位于卯階之東内壝外③，如省牲位。所司陳異寶嘉瑞及伐國之寶於宮架之南，東西相向。

---

① “爵洗”二字，底本脫，據本書卷八〇《皇帝祭皇地祇儀一·陳設》補。
② “内”字，底本作“西”，據本書卷八〇《皇帝祭皇地祇儀一·陳設》改。
③ “外”字，底本作“内”，據本書卷八〇《皇帝祭皇地祇儀一·陳設》改。

卷第八十六　吉禮

皇帝祭神州地祇儀中

車駕自大慶殿詣青城　省牲器　奠玉幣

車駕自大慶殿詣青城

前祭一日，陪祠文武官先詣祠所。

其日，導駕官以下就次，各服其服。尚輦奉御進輿于齋殿，乘黃令進御輅于宣德門內，南向。設千牛將軍一員位于輅前，北向。門下侍郎一員位于左輔之前，贊者二人位，又于其前。

少頃，東上閤門、御史臺、太常寺分引左輔、門下侍郎、太僕卿、乘黃令詣大慶殿西階下立，北向，東上。乘黃令位其後。次引導駕官在其後，分東西相向立，以俟奉迎前導。次管軍臣僚，次行宮使、御營巡檢等又在其後。禮直官、通事舍人引禮部侍郎奏請中嚴。凡左輔、門下侍郎、禮部侍郎奏請，皆禮直官、通事舍人引。少頃，又奏外辦。皇帝服通天冠、絳紗袍，乘輿以出，降自西階，稱警蹕，如常儀。宣贊舍人贊左輔以下常起居，次導駕官常起居，已起居者，止奏“聖躬萬福”。次管軍臣僚，次行宮使、御營巡檢等常起居。該宣者即宣名。

　　太僕卿出詣玉輅所①，攝衣而升，正位執轡。導駕官前導皇帝出大慶殿門外，至玉輅所。千牛將軍前跪執轡。左輔進當輿前，俛伏，跪奏："左輔具官臣某言，請皇帝降輿，升輅。"奏訖，俛伏，興，退，復位。<small>凡左輔奏請准此。</small>乘黄令稍前，東向，進玉輅。皇帝降輿，升輅，太僕卿立授綏②，導駕官分左右步導。門下侍郎進，當輅前俛伏，跪奏："門下侍郎具官臣某言，請車駕進發。"奏訖，俛伏，興，退，復位。<small>凡門下侍郎奏請准此。</small>車駕動，稱警蹕。左輔先詣宣德門內以俟。門下侍郎及贊者夾侍以出。千牛將軍夾輅而趨。車駕將及宣德門，至侍臣上馬所，門下侍郎奏請車駕少駐，敕侍臣上馬。左輔前承旨，退稱曰："制可。"門下侍郎傳敕，稱："侍臣上馬。"贊者承傳敕侍臣上馬③，諸侍衛之官各督其屬左右翊駕，在黄麾內。符寶郎奉八寶前導，殿中監後部從，導駕官夾侍于前，贊者在左輔、門下侍郎之前。侍臣上馬畢，次大內留守于宣德門外再拜，奉辭。門下侍郎奏請車駕進發。車駕動，稱警蹕，不鳴鼓吹。

　　大駕鹵簿前導赴青城。車駕將至青城，東上閤門、御史臺分引陪祠文武官、宗室、客使，禮直官、贊者引行事、執事官俱詣齋殿門外立班④，再拜奉迎訖，退。<small>內有已起居者，止奏"聖躬萬福"。</small>車駕及門少駐，文武侍臣皆下馬，導駕官步導入門。車駕動，千牛將

---

　　① "卿"字，底本作"等"，據本書卷八一《皇帝祭皇地祇儀二·車駕自太廟詣青城》改。

　　② "授"字，底本作"設"，據文津閣本、楊本校改。

　　③ "敕稱侍臣上馬贊者承傳"十字，底本脱，據本書卷八一《皇帝祭皇地祇儀二·車駕自太廟詣青城》補。

　　④ "外"字，底本作"下"，據本書卷八一《皇帝祭皇地祇儀二·車駕自太廟詣青城》改。

軍夾輅而趨。至齋殿前迴輅南向,千牛將軍立于輅右。左輔奏請皇帝降輅乘輿,尚輦奉御進輿于輅後。皇帝降輅乘輿入齋殿,侍衛如常儀。導駕官步導至殿門,皇帝降輿歸殿後閣,簾降。通事舍人承旨敕羣官各還次。學士院以祝册授通政司進御書訖,付尚書禮部。如朝獻、朝享,即並如夏祭大禮車駕自太廟詣青城儀。

省牲器

省牲之日午後十刻,去壇三百步禁行者。

未後二刻,郊社令帥其屬掃除壇之上下,司尊彝帥其屬府史及執事者以祭器入設于位。凡設祭器,皆藉以席,籩、豆又加巾蓋。太府卿、少府監入陳玉、幣于篚。告潔畢,權徹。

未後三刻,禮直官、贊者分引大禮使以下詣東壝門外省牲位,立定。光禄卿、丞與執事者牽牲就位。禮直官贊揖。贊者引大司樂入行樂架。凡亞獻、終獻行事皆禮直官、太常博士引,大禮使、太宰、左丞行事皆禮直官引。餘官皆贊者引。次引禮部尚書升自卯階,凡行事、執事官升降,皆自卯階。視滌濯。次引太宰申眂濯溉,執事者舉冪,曰:“潔。”俱復位。禮直官稍前,曰:“告潔畢,請省牲。”次引禮部尚書、侍郎稍前省牲訖,退,復位。次引光禄卿出班巡牲一匝,西向躬曰:“充。”曰:“備。”次引光禄丞出班巡牲一匝,西向躬曰:“腯。”俱復位。禮直官稍前,曰:“省牲畢,請就省饌位。”贊揖訖,引大禮使以下各就位立定。禮直官贊揖所司省饌具畢,禮直官贊:“省饌畢。”揖訖,俱還齋所。光禄卿、丞及執事者以次牽牲詣廚,授太官令。次引禮部尚書詣廚,省鼎鑊,視滌濯。協律郎展視樂器,乃還齋所。

晡後一刻,太官令帥宰人以鸞刀割牲,祝史各取毛血實于盤，俱置饌所，遂烹牲。郊社令帥其屬掃除壇之上下。

奠玉幣

祭日丑前五刻，行事用丑時七刻。諸與祭及陪祠之官各服其服。郊社令與太史官屬入設神位版，太府卿、少府監入陳玉、幣，光禄卿入實籩、豆、簠、簋，太官令入實俎，良醞令入實尊，樂正帥工人二舞以次入，與執尊、罍、篚、冪者各就位。次通事舍人等分引陪祠文武官及宗室、客使各入就位。次禮直官、贊者分引大禮使以下行事、執事官就卯階內壇門外揖位立定，禮直官贊揖。次引監察御史①，次引大禮使以下入就位。次引監察御史按視壇之上下，糾察不如儀者，退，復位。

尚輦奉御進輿于齋殿。皇帝服通天冠、絳紗袍，乘輿以出。近侍及扈從之官導從至大次門外。皇帝降輿入次，簾降。禮儀使、樞密院官、太常卿、東上閤門官、太常博士、禮直官分立于大次外之左右。次引禮部侍郎詣前，奏請中嚴。少頃，又奏外辦。符寶郎奉寶陳于宮架之北。禮儀使當次前，俛伏，跪奏："禮儀使臣某言，請皇帝行事。"奏訖，俛伏，興，還侍位。禮儀使奏請禮畢，准此。簾卷，皇帝服裘被衮以出，侍衛如常儀。禮儀使以下前導至中壝門外。殿中監跪進大圭，殿中少監副之。凡殿中監進圭、受圭，皆少監副之。禮儀使奏請執大圭，前導皇帝入自正門。侍衛不應入者，止于門外。協律郎跪，俛伏，舉麾，興。凡行禮執事者取物，奠物，皆跪，俛伏，興。工鼓柷，宮架《儀安之樂》作。皇帝升降、行止，皆作《儀安之樂》。至午階版位西向立，偃麾，戛敔，樂止。凡樂，皆協律郎跪，俛伏，舉麾，興，工

---

①　"引"字，底本脫，據文津閣本、楊本校補。

鼓柷而後作，偃麾，戞敔而後止。禮儀使以下分左右侍立^①。凡行禮，皆禮儀使、樞密院官、太常卿、東上閣門官、太常博士、禮直官前導；至位，則分引分左右。禮儀使前奏："有司謹具，請行事。"宮架作《寧安之樂》、《廣生儲祐之舞》，八成，止。光禄瘞血。禮儀使奏再拜，皇帝再拜。贊者曰："再拜。"在位官皆再拜。内侍取玉。幣於篚，立于尊所。次引太宰、吏部尚書、侍郎升詣神州地祇神位前立。太宰、吏部尚書俱西向，北上，侍郎東向。

　　禮儀使以下前導皇帝詣盥洗位，宮架樂作，至洗位，北向立，樂止。内侍酌水以進。禮儀使奏請搢大圭，盥手。内侍跪，取巾于篚，興以進，皇帝帨手。内侍受巾，跪，奠于篚。

　　禮儀使奏請執大圭，前導。皇帝升壇。大禮使從。皇帝升降，大禮使皆從，左右侍衛量人數升。宮架樂作，至壇下，樂止。升自午階，登歌樂作，至壇上，樂止。登歌《禧安之樂》作，殿中監跪進鎮圭，禮儀使奏請搢大圭，執鎮圭，前導至神州地祇神位前，北向立。内侍先設繅藉於地^②。禮儀使奏請奠鎮圭于繅藉，執大圭，俛伏，興。又奏請搢大圭，跪。内侍加玉于幣，以授吏部尚書，吏部尚書以授太宰，太宰西向跪以進。禮儀使奏請授玉、幣，皇帝受奠訖，吏部侍郎東向跪受以興，進奠于神州地祇神位前。太宰、吏部尚書、侍郎俱詣太宗皇帝神位前以俟。禮儀使奏請執大圭，俛伏，興。内侍取鎮圭、繅藉，詣太宗皇帝神位前，先設繅藉於地。禮儀使奏請再拜，皇帝再拜訖，樂止。禮儀使前導皇帝詣太宗皇帝神位前，東向，奠幣，並如上儀。惟登歌作《化安之樂》。太宰以下俱

---

　　① "凡樂皆協律郎跪俛伏舉麾興工鼓柷而後作偃麾戞敔而後止禮儀使以下分左右侍立"三十五字，底本脱，據本書卷八一《皇帝祭皇地祇儀二·奠玉幣》補。

　　② "先"字，底本作"前"，據本書卷八一《皇帝祭皇地祇儀二·奠玉幣》改。

復位。

　　禮儀使前導皇帝還版位，登歌樂作，內侍舉鎮圭、繅藉，以鎮圭授殿中監，以還有司。皇帝降階，樂止。宮架樂作，至版位西向立，樂止。

　　祝史奉毛血盤立于壝門外，由其階升，太祝迎于壇上，俱進奠于神位前。祝史、太祝退，立于尊所①。

---

① “尊”字，底本作“奠”，據文津閣本、十萬卷樓本、楊本校改。

卷第八十七　吉禮

皇帝祭神州地祇儀下

進熟　望瘞　車駕還內

進熟

祭日，有司陳鼎二于神廚，各在鑊右。太官令帥進饌者詣廚，以匕升牛于鑊，實于二鼎，肩、臂、臑、肫、胳、正脊一，直脊一，橫脊一，長脅一，短脅一，代脅一，皆二骨以並。正、配位各一鼎。皆設扃、幂。祝史對舉，陳于饌幔內，重行，西向，以南爲上。光禄實籩、豆、簠、簋于饌幔內。籩實以粉餈，豆實以糝食[1]，簠實以粱，簋實以稷。次引禮部侍郎詣饌所，視腥熟之節。俟皇帝升奠玉、幣訖，還位，樂止，引禮部尚書詣饌所，執籩、豆、簠、簋以入，户部尚書詣饌所，奉俎以入。太官令引入門，宫架《豐安之樂》作，設于卯階下，北向，西上。奉牲者在南，祝史抽扃，委于鼎右，除幂。

初，鼎序入。有司執匕及俎以從，至卯階下，各設于鼎西，匕加于鼎。太官令以匕升牛，載于一俎。肩、臂、臑在上端[2]，肫、胳在下端，脊、脅在中。正、配位各一俎。鼎先退。次祝史進徹毛血盤，以次出。

---

① “實”字，底本作“食”，據文津閣本、十萬卷樓本、楊本校改。
② “臑”字，底本作“肝”，據十萬卷樓本校改。

　　次引禮部尚書搢笏，執籩、豆、簠、簋，户部尚書搢笏，奉俎以升，執事者各迎于壇上。禮部尚書奉籩、豆、簠、簋，詣神州地祇神位前，北向跪奠，啟蓋于下，執笏，俛伏，興。有司設籩于糗餌前，豆于醓醢前，簠于稻前，簋于黍前。次引户部尚書奉俎，詣神州地祇神位前，北向跪奠訖，執笏，俛伏，興，有司設于豆前。次詣太宗皇帝神位前，東向跪奠，並如上儀。樂止，俱降，復位。太祝取菹擩于醢，祭于豆間三，又取黍、稷、肺祭如初，皆藉以茅，各還尊所。次引太宰、左丞詣神州地祇神位前，西向立，以北爲上。次引吏部侍郎詣爵洗位，東向立。

　　禮儀使前導皇帝詣盥洗位，宮架樂作，至洗位，北向立①，樂止。内侍酌水以進，禮儀使奏請搢大圭，盥手。内侍跪，取巾于篚，興以進，皇帝帨手。内侍受巾，跪，奠于篚。

　　禮儀使奏請執大圭，前導皇帝詣爵洗位，宮架樂作，至洗位，北向立，樂止。吏部侍郎跪，取爵于篚，興以進。禮儀使奏請搢大圭，受爵。内侍酌水以進。禮儀使奏請洗爵。内侍跪，取巾于篚，興以進，皇帝拭爵。内侍受巾，跪，奠于篚。吏部侍郎受爵，升自午階。

　　禮儀使奏請執大圭，前導。皇帝升壇，宮架樂作，至午階，樂止。升自午階，登歌樂作，至壇上，樂止。登歌《光安之樂》作②，吏部侍郎奉爵，詣正位酌尊所，西向立。酌尊者舉冪，良醞令酌太尊之泛齊訖，先詣配位酌尊所，北向立。禮儀使前導皇帝詣神州地祇神位前，北向立。禮儀使奏請搢大圭，跪。吏部侍郎以爵

　　① “北”字，底本作“西”，據本書卷八二《皇帝祭皇地祇儀三·進熟》改。
　　② “光”字，底本作“充”，據十萬卷樓本、本書卷八二《皇帝祭皇地祇儀三·進熟》改。

授左丞，左丞授太宰，太宰西向跪以進。禮儀使奏請執爵，祭酒，三祭于茅苴。奠爵，執大圭，俛伏，興，又奏請皇帝少立，樂止。太宰、左丞俱詣太宗皇帝神位前，北向立以俟。舉册官舉祝册，進于神州地祇神位之右。讀册官搢笏，東向跪，讀册文，讀訖，執笏，興，先詣太宗皇帝神位前，南向立。禮儀使奏請再拜，皇帝再拜。有司奠册于神州地祇神位前。禮儀使前導皇帝詣太宗皇帝神位前，酌獻，並如上儀。惟登歌作《韶安之樂》。太宰以下俱復位。

禮儀使前導皇帝還版位，登歌樂作，降階，樂止[①]，宮架樂作。至版位西向立，樂止。禮儀使奏請還小次，宮架樂作。將至小次，禮儀使奏請釋大圭，殿中監跪受大圭，皇帝入小次，簾降，樂止。

文舞退，武舞進，宮架《儀安之樂》作[②]。舞者立定，樂止。

初，皇帝將詣小次。禮直官、太常博士引亞獻詣盥洗位，北向立，搢笏，盥手，帨手，執笏，詣爵洗位，北向立，搢笏，洗爵，拭爵，以授執事者，執笏，升詣正位酌尊所，西向立。宮架作《隆安之樂》、《厚載凝福之舞》。執事者以爵授亞獻，亞獻搢笏，執爵。執尊者舉羃，太官令酌山尊之醴齊訖，先詣配位酌尊所，北向立。亞獻以爵授執事者，執笏，詣神州地祇神位前，北向，搢笏，跪。執事者以爵授亞獻，亞獻執爵，祭酒，三祭于茅苴。奠爵，執笏，俛伏，興，少退，北向，再拜。次詣太宗皇帝神位前，酌獻，並如上儀。樂止，降，復位。

初，亞獻行禮將畢，次禮直官、太常博士引終獻詣洗及升壇，酌獻，並如亞獻之儀，降，復位。

---

① “止”字，底本作“正”，據文津閣本、十萬卷樓本、楊本校改。
② “儀安”，文津閣本作“乂安”，楊本作“文安”。

初,皇帝既奠玉、幣,光禄以左臂一骨及長脅、短脅俱二骨以並,載于胙俎,設于飲福位之西。俟終獻既升獻,贊者引户部尚書、搏黍太祝、太官令詣飲福位,東向立。奉俎、豆、爵酒者各位其後。

禮儀使奏請詣飲福位,簾捲,出次,宮架樂作,殿中監跪進大圭[①],禮儀使奏請執大圭,前導皇帝詣飲福位,將至位,樂止。宮架《禧安之樂》作,皇帝至飲福位,北向立。尚醞典御執爵[②],升詣酌尊所,良醞令酌上尊福酒合置一尊[③]。典御奉尊降至飲福位,以授殿中少監。尚醞奉御執爵,殿中少監酌之。奉御以爵酒授殿中監,殿中監西向捧以立[④]。禮儀使奏請再拜,皇帝再拜。殿中監跪以爵酒進。禮儀使奏請搢大圭,跪受爵,祭酒,三祭于地。啐酒,奠爵,殿中監跪受爵以興。

諸太祝帥執事者持胙俎進,減神位前正脊二骨、橫脊二骨,加于俎上。内侍受俎以授户部尚書,户部尚書西向跪以進。皇帝受俎,奠之。户部尚書受俎以興,復位。太官令取黍於簠,搏以授太祝。太祝受以豆,東向跪以進。皇帝受訖[⑤],奠之。太祝受豆以興,復位。

次殿中監再跪以爵酒進,禮儀使奏請受爵,飲福酒,奠爵。殿中監受虛爵以興,以授典御奉御,北向立。執事者俱復位。禮儀使奏請執大圭,俛伏,興。又奏請再拜,皇帝再拜,樂止。

禮儀使前導皇帝還版位,宮架樂作,至版位,西向立,樂止。

---

① “禮儀使奏請詣飲福位簾捲出次宮架樂作殿中監跪進大圭”二十四字,底本脱,據本書卷八二《皇帝祭皇地祇儀三·進熟》補。

② “爵”字,底本作“事”,據本書卷八二《皇帝祭皇地祇儀三·進熟》改。

③ “酒”字,底本作“飲”,據十萬卷樓本校改。

④ “殿中監”三字,底本脱,據本書卷八二《皇帝祭皇地祇儀三·進熟》補。

⑤ “受”字,底本作“授”,據文津閣本校改。

次引禮部尚書升壇，徹籩、豆，户部尚書升壇，徹俎，籩、豆、俎各一，俱少移故處。登歌《成安之樂》作，卒徹，樂止。禮部、户部尚書降，復位。禮直官曰："賜胙。"行事。陪祠官拜，贊者承傳，曰："賜胙，再拜。"在位官皆再拜。

送神，宫架《寧安之樂》作，一成，止。

望瘞

《寧安之樂》畢，禮儀使奏請詣望瘞位，前導皇帝詣望瘞位，宫架樂作。至位，北向立，樂止。

初，賜胙，再拜訖，郊社令以黍、稷、肺祭，藉以白茅，束之。吏部侍郎帥太祝執篚進詣神位前，取玉、幣、祝册，藉以茅，以俎載牲體、黍稷飦、爵酒，各由其階降壇，東行詣瘞，以玉、幣、祝册、饌物，置於坎。禮直官曰："可瘞。"舉爟火，寘土半坎[①]。

禮儀使奏禮畢，前導皇帝還大次，宫架樂作。至中壝門外，禮儀使奏請釋大圭，殿中監跪受大圭，以還有司，侍衛如常儀。皇帝至大次，樂止。禮部郎中奏解嚴。引大禮使以下詣卯階東内壝門外揖位立。禮直官贊："禮畢。"揖訖，退。通事舍人引陪祠文武官及宗室、客使以次出。將士不得輒離部位。行宫齋殿受賀並如夏祭大禮明禋殿受賀儀。

車駕還内

前期，殿中監率其屬尚舍設御幄於大慶殿門之東，南向。大晟設宫架於宣德門外，稍南。

---

① "半坎"，底本作"平坎"，據十萬卷樓本、楊本校改。

　　其日,禮畢,所司轉仗衛鹵簿於還塗,如來儀。文武百官、宗室、客使先詣宣德門外,就次以俟,立班奉迎。乘黃令進金輅於行宮殿門外,南向。千牛將軍一員執長刀立於輅右。尚輦奉御進輿於齋殿,導駕官俱詣齋殿門外奉迎。禮部侍郎奏請中嚴,少頃,又奏外辦。簾捲,皇帝服通天冠、絳紗袍,乘輿以出。應導駕官等並迎駕,奏“聖躬萬福”訖。內祇應官贊謝花再拜①。太僕卿出詣金輅所,攝衣而升,正立執轡。皇帝乘輿,降自西階,至金輅所。左輔奏請降輿升輅。太僕卿立授綏,千牛將軍御駕,如來儀。門下侍郎奏請車駕進發。有司并具大輦。若乘輦,即云:“降輿乘輦。”車駕動,稱警蹕,侍衛如儀。

　　至侍臣上馬所,門下侍郎奏請車駕少駐,敕侍臣上馬。左輔前承旨,退,稱曰:“制可。”門下侍郎傳制,稱:“侍臣上馬。”贊者承傳敕侍臣上馬。門下侍郎奏請車駕進發,車駕動,稱警蹕,鼓吹及諸軍樂振作。車駕將至宣德門外,文武百官、宗室、客使並立班,再拜奉迎訖②,退。次大內留守見,再拜訖,退。

　　車駕至宣德門外,少駐。文武侍臣皆下馬步導,千牛將軍降,立于輅右。車駕動,千牛將軍夾輅而趨。大樂正令奏《采茨之樂》③,入門,樂止。車駕至幄前,左輔奏請降輅乘輿。若乘輦,即奏云:“降輅乘輦。”④皇帝降輅乘輿以入。禮部郎中奏解嚴。通事舍人承旨,敕羣官各還次,將士各還其所。若大赦,並如夏祭大禮宣德門肆赦之儀。

───────────

① “花”字,底本作“皆”,據文津閣本、十萬卷樓本、楊本校改。
② “訖”字,底本脫,據十萬卷樓本校補。
③ “令”字,底本脫,據本書卷八三《皇帝祭皇地祇儀四·車駕還內》補。
④ “輅乘”二字,底本脫,據文津閣本校補。

卷第八十八　吉禮

祭神州地祇儀_{有司行事}　闕

卷第八十九　吉禮

皇帝祭太社太稷儀上^闕

卷第九十　吉禮

皇帝祭太社太稷儀中_闕

卷第九十一　吉禮

皇帝祭太社太稷儀下

進熟　望瘞　車駕還內

進熟

祭日,有司陳鼎十牛鼎二,羊、豕鼎八。於神廚,各在鑊右。太官令帥進饌者詣廚,以匕升牛於鑊,實於一鼎,肩、臂、臑[①]、肫、胳、正脊一,直脊一,橫脊一,長脅一,短脅一,代脅一,皆二骨以並。次升羊如牛,升豕如羊。正、配位各一鼎。皆設扃、冪。祝史對舉,陳於饌幔內,重行,東向,以北爲上。光禄實籩、豆、簠、簋於饌幔內,籩實以粉餈,豆實以糝食,簠實以粱,簋實以稷。次引禮部侍郎詣饌所,視腥熟之節。俟皇帝升奠玉、幣訖,還位,樂止。引禮部尚書詣饌所,執籩、豆、簠、簋以入,户部、兵部、工部尚書詣饌所,奉俎以入。太官令引太社、太稷之饌入自正門,配位之饌入自左闥,宮架《豐安之樂》作,設于酉階下[②],南向,東上。奉牲者在北,祝史抽扃,委于鼎右,除冪。

初,鼎序入。有司執匕及俎以從,至酉階下,各設于鼎東,匕加于鼎。太官令以匕升,牛載於一俎。肩、臂、臑在上端,肫、胳在下端,

---

① “臑”字,底本作“腰”,據文津閣本、十萬卷樓本校改。

② “酉”字,底本作“西”,據十萬卷樓本校改。

脊、脅在中。正、配位各一俎。鼎先退。次祝史進徹毛血盤，以次出。

次引禮部尚書搢笏，執籩、豆、簠、簋，户部尚書搢笏，奉俎以升，執事者各迎于壇上。禮部尚書奉籩、豆、簠、簋於太社神位前，南向跪奠，啟蓋於下，執笏，俛伏，興。有司設籩於糗餌前，豆於醓醢前，簠於稻前，簋於黍前。次引户部、兵部、工部尚書奉俎，詣太社神位前，先薦牛，次薦羊，三薦豕。南向跪奠訖，執笏，俛伏，興，有司設於豆前。次詣后土勾龍氏神位前，西向跪奠，並如上儀。次詣太稷壇正、配位，跪奠，如太社壇之儀。樂止，俱降，復位。太祝取菹擩于醢[1]，祭于豆間三，又取黍、稷、肺，祭如初，皆藉用茅，各還尊所。次引太宰、左丞詣太社神位前，東向立，以南爲上；次引吏部侍郎詣太社爵洗位，西向立。

禮儀使前導皇帝詣太社盥洗位，宮架樂作，至洗位，南向立，樂止。内侍酌水以進，禮儀使奏請搢大圭，盥手[2]。内侍跪，取巾于篚，興以進[3]，皇帝帨手。内侍受巾，跪，奠于篚。

禮儀使奏請執大圭，前導皇帝詣爵洗位，宮架樂作，至洗位，南向立，樂止。吏部侍郎跪，取爵於篚，興以進。禮儀使奏請搢大圭，受爵。内侍酌水以進。禮儀使奏請洗爵。内侍跪，取巾於篚，内侍跪，取巾於篚，興以進，皇帝拭爵。内侍受巾，跪，奠於篚[4]。吏部侍郎受爵，升自西階。

禮儀使奏請執大圭，前導。皇帝升壇，宮架樂作，至酉階，樂

---

① “菹”字，底本作“苴”，據十萬卷樓本校改。

② “内侍酌水以進禮儀使奏請搢大圭盥手”十六字，底本脱，據文津閣本校補。

③ “興”字，底本脱，據楊本校補。

④ “内侍跪取巾於篚興以進皇帝拭爵内侍受巾跪奠於篚”二十二字，底本脱，據文津閣本校補。

止。升自西階①，登歌樂作，至壇上，樂止。登歌《欽安之樂》作，吏部侍郎奉爵，詣正位酌尊所，東向立。執尊者舉冪②，良醖令酌太尊之泛齊訖，先詣配位酌尊所，南向立。禮儀使前導皇帝詣太社神位前，南向立。禮儀使奏請搢大笏，跪。吏部侍郎以爵授左丞，左丞授太宰，太宰東向跪以進。禮儀使奏請執爵，祭酒，三祭于茅苴。奠爵，執大圭，俛伏，興。又奏請皇帝少立，樂止。太宰、左丞俱詣后土勾龍氏神位前，南向立以俟。舉册官舉祝册，進於太社神位之右。讀册官搢笏，西向跪，讀祝册，讀訖，執笏，興，先詣后土勾龍氏神位前，北向立。禮儀使奏請再拜，皇帝再拜。有司奠册於太社神位前。禮儀使前導皇帝詣后土勾龍氏神位前，酌獻③，並如上儀。惟登歌作《徹安之樂》。次詣太稷壇正、配位，酌獻，並如太社壇之儀。正位作《阜安之樂》，配位作《明安之樂》。太宰以下俱復位。

禮儀使前導皇帝還版位，登歌樂作，降階，樂止。宮架樂作。至版位，東向立，樂止。禮儀使奏請還小次，宮架樂作。將至小次，禮儀使奏請釋大圭，殿中監受大圭，皇帝入小次，簾降，樂止。

文舞退，武舞進，宮架《儀安之樂》作④。舞者立定，樂止。

初，皇帝將詣小次。禮直官、太常博士引亞獻詣盥洗位，南向立，搢笏，盥手，帨手，執笏，詣爵洗位，南向立，搢笏，洗爵，拭爵，以授執事者，執笏，升詣正位酌尊所，東向立。宮架樂作《處安之樂》⑤、《殖福報功之舞》。執事者以爵授亞獻，亞獻搢笏，執

---

① "升"字，底本脱，據十萬卷樓本校補。
② "者"字，底本脱，據文津閣本校補。
③ "獻"字，底本脱，據文津閣本、楊本校補。
④ "儀安"，十萬卷樓本、楊本作"乂安"。
⑤ "處安"，文津閣本作"文安"。

爵，執尊者舉冪，太官令酌山尊之醴齊訖，先詣配位酌尊所，南向立。亞獻以爵授執事者，執笏，詣太社神位前，南向，搢笏，跪。執爵者以爵授亞獻，執爵，祭酒，三祭于茅苴。奠爵，執笏，俛伏，興，少退，南向，再拜。次詣后土勾龍氏神位前，酌獻，並如上儀。樂止。降，復位。次詣太稷洗位及升壇，酌獻，如社稷之儀，降，復位。

初，亞獻行禮將畢，次禮直官、太常博士引終獻詣洗及升壇，酌獻，並如亞獻之儀，降，復位。

初，皇帝既奠玉、幣，光禄以牛左臂一骨及長脅、短脅，俱二骨以並，載於胙俎，設于飲福位之東。俟終獻既升獻，贊者引户部尚書、搏黍太祝、太官令詣飲福位，西向立。奉俎、豆、爵酒者各位其後。

禮儀使奏請詣飲福位，簾捲，皇帝出次，宫架樂作，殿中監跪進大圭，禮儀使奏請執大圭，前導皇帝詣飲福位，將至位，樂止。宫架《賫安之樂》作，皇帝至飲福位，南向立。尚醖典御執尊升詣酌尊所，良醖令酌上尊福酒合置一尊。典御奉尊降詣飲福位，以授殿中少監。尚醖奉御執爵，殿中少監酌之。奉御以爵酒授殿中監，殿中監東向捧以立。禮儀使奏請再拜，皇帝再拜。殿中監以爵酒進。禮儀使奏請搢大圭，跪受爵，祭酒，三祭于地。啐酒，奠爵。殿中監跪受爵以興。

諸太祝帥執事者持胙俎進，減神位前正脊二骨、橫脊二骨，加于俎上。内侍受俎以授户部尚書，户部尚書東向跪以進。皇帝受俎，奠之。户部尚書受俎以興，復位。太官令取黍于簋，搏以授太祝，太祝受黍，西向跪以進。皇帝受訖，奠之。太祝受黍以興，復位。

次殿中監再跪以爵酒進，禮儀使奏請受爵，飲福酒，奠爵。殿中監受虛爵以興，以授典御奉御，南向立。執事者俱復位。禮儀使奏請執大圭，俛伏，興。又奏請再拜，皇帝再拜，樂止。

禮儀使前導皇帝還版位，宮架樂作，至版位，東向立，樂止。

次引禮部尚書升壇，徹籩、豆，户部、兵部、工部尚書升壇，徹俎，籩、豆、俎各一，俱少移故處。登歌《咸安之樂》作，卒徹，樂止。禮部、户部尚書降，復位。禮直官曰："賜胙。"行事。陪祠官拜，贊者承傳曰："賜胙，再拜。"在位官皆再拜。

送神，宮架《寧安之樂》作，一成，止。

望瘞

《寧安之樂》畢，禮儀使奏請詣望瘞位，前導皇帝詣望瘞位，宮架樂作。至位，北向立，樂止。

初，賜胙，再拜訖，郊社令以黍、稷、肺祭，藉以白茅束之。吏部侍郎帥太祝執筐進詣神位前，取玉、幣、祝册，藉以茅，以俎載牲體、黍稷飯、爵酒，各由其階降壇，西行詣瘞，以玉、幣、祝册、饌物置於坎。禮直官曰："可瘞。"舉燧火，瘞半坎。

禮儀使奏禮畢，前導皇帝還大次，宮架樂作。至大次門外，禮儀使奏請釋大圭，殿中監跪受大圭，以還有司，侍衛如常儀。皇帝至大次，樂止。禮部郎中奏解嚴，引大禮使以下詣西神門外揖位立。禮直官贊："禮畢。"揖訖，退。通事舍人引陪祠文武官及宗室、客使以次出。將士不得輒離部伍。行宮齋殿受賀如夏祭大禮明禋殿受賀儀。

車駕還內

前期，殿中監帥其屬尚舍設御幄於大慶殿門外之東，南向。

大晟設宮架於宣德門外,稍南。

　其日,禮畢,所司轉仗衛鹵簿於還途,如來儀。文武百官、宗室、客使先詣宣德門外,就次以俟,立班奉迎。乘黄令進金輅於行宮殿門外①,南向。千牛將軍一員執長刀立於輅右。尚輦奉御進輿於齋殿,導駕官俱詣齋殿門外奉迎。禮部侍郎奏請中嚴,少頃,又奏外辦。簾捲,皇帝服通天冠、絳紗袍,乘輿以出。應導駕官等並迎駕,奏"聖躬萬福"訖。內祇應官贊謝花再拜②。太僕卿出詣金輅所,攝衣而升,正立執轡。皇帝乘輿,降自西階,至金輅所。左輔奏請降輿升輅。太僕卿立授綏,千牛將軍御駕,如來儀。門下侍郎奏請車駕進發。有司并具大輦。若乘輦,即云:"降輿乘輦。"車駕動,稱警蹕,侍衛如儀。

　至侍臣上馬所,門下侍郎奏請車駕少駐,敕侍臣上馬。左輔前承旨,退,稱曰:"制可。"門下侍郎傳制,稱:"侍臣上馬。"贊者承傳敕侍臣上馬。門下侍郎奏請車駕進發,車駕動,稱警蹕,鼓吹及諸軍樂振作。車駕將至宣德門外,文武百官、宗室、客使並立班,再拜奉迎訖,退。次大內留守見,再拜訖,退。

　車駕至宣德門外,少駐。文武侍臣皆下馬步導,千牛將軍降,立于輅右。車駕動,千牛將軍夾輅而趨。大樂正令奏《采茨之樂》,入門,樂止。車駕至幄前,左輔奏請降輅乘輿。若乘輦,即奏云:"降輅乘輦。"皇帝降輅乘輿以入。禮部郎中奏解嚴。通事舍人承旨,敕羣官各還次,將士各還其所,若大赦,並如夏祭大禮宣德門肆赦之儀。

---

　① 底本"乘"後有注文"闕",後文爲闕,今據本書卷八七《皇帝祭神州地祇儀下·車駕還內》補全。

　② "花"字,底本作"皆",據文津閣本、十萬卷樓本、楊本校改。

卷第九十二　吉禮

祭太社太稷儀_{有司行事}

時日_闕　齋戒_闕　陳設　省牲器

奠玉幣　進熟　望瘞

陳設

_{前闕}太官令位於其後;大司樂、大樂令席位於監察御史之西,協律郎位於其後,光禄卿席位於大司樂之西,並南向,東上。又設監察御史位於社壇上樂簴之南①,在東,西向,南上。奉禮郎、太祝、郊社令位於稷壇上樂簴之南②,在西,東向,南上。大樂令位於樂簴之間,太官令位於酌尊所,俱南向。協律郎位三,一於社壇上樂簴之東,一於稷壇上樂簴之東,一於宮架之東,俱南向。大司樂位於宮架之南,南向。

省牲器

前祭一日,行事、執事官集初獻齋所肄儀,太祝習讀祝文,視玉、幣及神位版訖。禮直官、贊者分引行事、執事官詣西神門外

---

① 底本"社"後衍"稷"字,據十萬卷樓本、楊本删。
② 底本"稷"前衍"社"字,據十萬卷樓本、楊本删。

省牲位，凡初獻行事禮直官引，餘官皆贊者引。立定。禮直官贊揖。次引大司樂入行樂架。次引監察御史詣社壇，升自西階，凡行事、執事官升降，皆自西階。視滌濯①，執事者舉冪，曰：“潔。”次詣稷壇，如上儀，降，復位。禮直官稍前，曰：“告潔畢，詣省牲位。”太祝出班巡牲一匝，詣初獻前，東向躬曰：“充。”退，復位。光禄丞出班巡牲一匝，詣初獻前，東向躬曰：“腯。”退，復位。禮直官贊：“省牲畢，請就省饌位。”揖訖，引行事、執事官各就位立定。禮直官贊揖所司省饌具畢，禮直官贊：“省饌畢。”揖訖，俱還齋所。光禄丞、太祝以次牽牲詣廚，授太官令。次引監察御史詣廚，省鼎鑊，視祭器滌溉②。協律郎展視樂器，乃還齋所。

　　未後一刻，太官令帥宰人以鸞刀割牲，祝史以槃取毛血，置於饌所，遂烹牲。

　　晡後，郊社令帥其屬掃除壇之上下訖，還齋所。

奠玉幣③

　　祭日丑前五刻，行事，春、冬用丑時七刻，秋、用丑時一刻。郊社令先入，視設神位版訖，退。樂正帥工人二舞入就位。登歌工人俟監察御史點閱訖，升西階，各就位。次太官令帥其屬實饌具畢。次引光禄卿入詣子階之北席位，南向立。贊者曰：“再拜。”光禄卿再拜，升壇，點視禮饌畢。次引監察御史升壇，點閱陳設，糾察不如儀者。凡點視及點閱，皆先詣正位。光禄卿還齋所，餘官各服祭服。

---

　　①　“滌濯”，底本作“濯滌”，據文津閣本、十萬卷樓本、楊本乙正。
　　②　“滌溉”，底本作“溉滌”，據十萬卷樓本乙正。
　　③　“幣”字，底本作“帛”，據十萬卷樓本校改。

次引行事、執事官各就西神門外揖位立定,禮直官贊揖①。次引大司樂、大樂令、協律郎先入就子階北席位,南向立。贊者曰:"再拜。"大司樂令以下皆再拜,各就位。次引監察御史,奉禮郎,太祝、郊社、太官令就子階北席位,南向立②。次引三獻官,户部、兵部、工部侍郎、郎中入就壇下席位,南向立。禮直官稍前,贊:"有司謹具,請行事。"協律郎跪,俯伏,舉麾,興,工鼓柷,宮架作《寧安之樂》、《報本昭德之舞》,八成,偃麾,戞敔,樂止。凡樂,皆協律郎跪,俛伏,興,工鼓柷而後作,偃麾,戞敔而後止。光禄瘞血。贊者曰:"再拜。"在位者皆再拜。次引監察御史、奉禮郎、太祝、郊社、太官令升壇,各就位立定。太官令就社壇正、配位酌尊所。

次引初獻詣社壇盥洗位,宮架《正安之樂》作,凡初獻升降、行止,皆作《正安之樂》。至洗位,南向立,搢笏,盥手,帨手,執笏,升壇,樂止③。登歌樂作,詣太社神位前,南向立,樂止。登歌《嘉安之樂》作,搢笏,跪。次引奉禮郎搢笏,東向跪。執事者以玉、幣授奉禮郎,奉禮郎奉玉、幣授初獻,執笏,興,先詣后土勾龍氏神位前,南向立。初獻受玉、幣,奠訖,執笏,俯伏,興,再拜,樂止。次詣后土勾龍氏神位前,西向立,配獻詣配位准此。奠帛如上儀。

奉禮郎先詣太稷神位前,東向立。初獻將降壇,登歌樂作,降階,樂止。宮架樂作,復位,樂止。次詣稷壇洗位及升壇,奉幣,並如社壇之儀。奉禮郎復位。初獻將降壇,登歌樂作,降階,樂止。宮架樂作,復位,樂止。

---

① "直"字,底本脱,據文津閣本、楊本校補。
② "向"字,底本作"面",據文津閣本、十萬卷樓本、楊本校改。
③ "止"字,底本作"作",據文津閣本、十萬卷樓本校改。

進熟

祭日,有司設鼎十於神廚,各在鑊右。光禄帥進饌者詣廚,以匕升牛於鑊,實于一鼎;肩、臂、臑、肫、胳、正脊一,直脊一,橫脊一,長脅一,短脅一,代脅一,皆二骨以並。次升羊、豕如牛,各實于一鼎,正位各實牛、羊、豕鼎一,配位各實羊、豕鼎一。皆設扃、冪。祝史對舉,入設於饌幔內。俟初獻既升,奠玉、幣,入陳於西階下,東向,北上。祝史抽扃,委于鼎右,除冪。

初,鼎序入。有司執匕及俎以從,至西階下,俎各設于鼎右,匕加于鼎。光禄以匕升牛,載于一俎。肩、臂、臑在上端,肫、胳在下端,脊、脅在中。次升羊、豕如牛,各載于一俎。正位各設牛、羊、豕俎一,配位各設羊、豕俎一。鼎先退。

次引户部、兵部、工部郎中詣社壇酉階下,搢笏,奉俎,户部奉牛,兵部奉羊,工部奉豕。升壇,宮架《豐安之樂》作,詣太社神位前,南向跪奠,先薦牛,次薦羊,次薦豕,各執笏,俛伏,興。有司入設於豆前①。牛在左,羊在中,豕在右。次詣后土勾龍氏神位,西向,奉俎,如上儀。樂止,俱降,復位。次詣太稷壇,奉俎,並如社稷之儀,降,復位。

初,奠俎訖,引太祝取菹擩于醢,祭于豆間三,又取黍、稷、肺,祭如初,俱藉以茅,退,復位。

次引初獻再詣盥洗位,宮架樂作,至洗位,南向立,搢笏,盥手,帨手,執笏。詣爵洗位,南向立,搢笏,洗爵,拭爵,授執事者,執笏,升壇,樂止。登歌樂作,詣太社酌尊所,東向立,樂止。登

---

① "前"字,底本脱,據文津閣本校補。

歌《嘉安之樂》作。執事者以爵授初獻，初獻搢笏，執爵。執尊者舉冪，太官令酌太尊之泛齊訖，先詣后土勾龍氏神位酌尊所，南向立。初獻以爵授執事者①，執笏，詣太社神位前，南向，搢笏，跪。執事者以爵授初獻，初獻執爵，祭酒，三祭于茅苴，奠爵，執笏，俛伏，興。少立，樂止。次引太祝詣神位前，西向，搢笏，跪讀祝文。讀訖，執笏，興，先詣后土勾龍氏神位前，西向立。初獻再拜。次詣后土勾龍氏神位，酌獻，並如上儀。太官令復詣稷壇正位酌尊所。太祝詣稷壇正位前，東向立②。初獻將降壇，登歌樂作，降階，樂止。宮架樂作，復位，樂止。次詣稷壇洗位及升壇，酌獻，並如社壇之儀。太官令、太祝復位。初獻將降壇，登歌樂作，降階，樂止。宮架樂作，復位，樂止。

文舞退，武舞進，宮架《儀安之樂》作③。舞者立定，舞止。

次引亞獻詣盥洗位，南向立，搢笏，盥手，帨手，執笏。詣爵洗位，南向立，搢笏，洗爵，拭爵，以授執事者，執笏，升詣太社酌尊所，東向立。宮架作《儀安之樂》④、《殖福報功之舞》。執事者以爵授亞獻，搢笏，執爵，執尊者舉冪，太官令酌山尊之醴齊訖，先詣后土勾龍氏神位酌尊所，南向立。亞獻以爵授執事者，執笏，詣太社神位前，南向立，搢笏，跪。執事者以爵授亞獻，亞獻執爵，祭酒，三祭于茅苴，奠爵，執笏，俛伏，興，再拜。次引詣后土勾龍氏神位酌尊所，行禮並如上儀。樂止，降階，復位。次引詣太稷壇行禮，並如社壇之儀，降，復位。

---

① “以”字，底本作“執”，據文津閣本校改。
② “東向”二字，底本作“前”，據文津閣本校改。
③ “儀安”，文津閣本、十萬卷樓本作“乂安”。
④ “儀安”，文津閣本、十萬卷樓本作“乂安”。

次引終獻詣洗及升壇行禮,並如亞獻之儀,降,復位。

次引太祝徹籩、豆,籩、豆各一少移故處。登歌《娱安之樂》作[1]。卒徹,樂止。次引郊社令束茅。俱復位。禮直官曰:“賜胙。”贊者承傳曰:“賜胙,再拜。”在位者皆再拜。

送神,宫架《寧安之樂》作,一成,止。

望瘞

初,《寧安之樂》畢,引三獻官、户部、兵部、工部郎中詣社壇望瘞位,宫架樂作。至位,樂止。有司各詣神位前,取玉、幣、祝版、饌物及牲之左胖束茅、苴,瘞于坎。次引監察御史,大司樂、大樂令,奉禮、協律郎,太祝、郊社令詣望瘞位,立定。禮直官曰:“可瘞。”實土半坎。次詣稷壇望瘞位,並如上儀。

次引初獻以下詣西神門外揖位立。禮直官贊:“禮畢。”揖訖,退。太官令帥其屬徹禮饌,監察御史詣壇,監視收徹訖,還齋所。光禄卿以胙奉進,監察御史就位展視,光禄卿望闕,再拜,乃退。

---

① “娱安”,文津閣本作“咸安”。

卷第九十三　吉禮

州縣祭社稷儀

時日　齋戒　陳設　省饌　行事

時日

州縣以春社日,祭社稷。前一月,檢舉關所屬排辦。秋社日,准此。

齋戒

前祭三日,應行事、執事官散齋二日,治事如故,宿于正寢①,不弔喪、問疾、作樂、判書刑殺文書、決罰罪人及與穢惡;致齋一日,其日質明,赴祠所齋舍。唯祭事得行,其餘悉禁。祭官已齋而闕者,通攝行事。

陳設

前祭二日,有司設行事、執事官次于壇壝門外,量地之宜。

前一日,有司牽牲詣祠所。次掃除壇之上下,設登歌之樂于社稷壇上稍北,南向。應頒樂州府則設。

---

① "宿"字,底本作"處",據楊本校改。

　　祭日丑前五刻，執事者設神位席、神位版于壇上。社神位南方①，北向，_{稷壇設稷神位准此。}席以藁秸；后土勾龍氏位于其西，東向，_{稷壇設后稷位准此。}席以莞；陳幣筐各于神位之左，_{幣以黑。}祝版各于神位之右，置于坫。

　　次設祭器，皆藉以席，掌饌者實之。正、配位各左八籩，爲三行，以右爲上；_{第一行：形鹽在前，魚鱐次之。第二行：乾桃在前，乾蔌、乾棗次之。第三行：芡在前，鹿脯、榛實次之。}右八豆，爲三行，以左爲上；_{第一行：芹菹在前，筍菹次之。第二行：菁菹在前，韭菹、魚醢次之。第三行：兔醢在前，鹿臡、醓醢次之。}俎二，一在籩前，_{實以羊熟十一體，肩、臂、臑②、肫、胳、正脊一，直脊一，横脊一，長脅一，短脅一，代脅一，皆二脅以並。肩、背、臑在上端，肫、胳在下端，脊、脅在中。}一在豆前；_{實以豕熟十一體③，其載如羊。}簠一、簋一，在籩、豆外，二俎間，簠在左，簋在右。_{簠實以稷，簋實以黍。}

　　設犧尊三、象尊三，在壇上西北隅，南向，東上，_{配位即設于正位酒尊之西。}皆有坫，加勺、冪，爲酌尊。_{犧尊一實明水，爲上尊，餘實泛齊，初獻酌之。象尊一實明水，爲上尊，餘實醴齊，亞、終獻酌之。}又設太尊二、山尊二在神位前，_{太尊一實泛齊，山尊一實醴齊，各以一尊實明水。}著尊二、犧尊二、象尊二、壺尊六在壇下，_{著尊一實盎齊，犧尊一實醍齊，象尊一實沉齊，各以一尊實明水。壺尊三實玄酒，三實三酒。明水、玄酒皆在上。五齊三酒，皆以本處酒充。}俱南向，東上，皆加冪。五齊三酒，設而不酌。

　　有司設燭于神位前，洗二于每壇北階之西，南向。_{盥洗在西，爵洗在東。}罍在洗東，加勺。篚在洗西北肆，實以巾。_{若爵洗之篚，則又實以爵，加坫。}執罍、篚者位其後。

---

①　“社”字，底本作“設”，據十萬卷樓本校改。

②　“臑”字，底本作“腰”，據文津閣本、十萬卷樓本校改。

③　“豕”字，底本作“豚”，據文津閣本校改。

設揖位于壇壝門外。初獻在南,北向;亞、終獻及祝在北,南向,俱西上。祝位稍却。又設三獻官席位于北階之地,南向,西上。祝席位于其後。又設祝位于社壇上在西,東向。設初獻飲福席位于社壇神位之東北,南向。

開瘞坎各于逐壇之北壬地,方深取足容物,南出陛。設望瘞位于其南。三獻官在南,北向,西上。祝在東①,西向。

省饌

前祭一日②,祭官帥其屬常服,閱饌物,視牲充、腯;詣廚,視滌溉訖,各還齋所。

晡後,有司掃除壇之上下。

行事

祭日丑前五刻,行事,春用丑時七刻③,秋用丑時一刻④。行事、執事官各就次。掌饌者帥其屬實饌具畢。贊禮者引初獻凡行事、執事官,皆贊禮者引。升自北階,凡行事、執事者升降,皆自北階。點視陳設訖。次樂工升東階,各入就位。初獻退,就次,各服祭服。

次引三獻官以下詣揖位,立定。贊禮者贊揖⑤。次引祝入就壇下席位立,次引三獻官入就北階北席位立,並南向,西上。贊禮者詣初獻之右,贊:"請行事。"《寧安之樂》作,八成,止。次有

---

① "祝"字,底本脱,據文津閣本校補。
② 底本"一日"後衍"晡後"二字,據本書卷七六《州縣祀風師雨師雷神儀・省饌》删。
③ "用"字,底本作"月",據文津閣本、十萬卷樓本校改。
④ "用"字,底本作"月",據文津閣本、十萬卷樓本校改。
⑤ "揖"字,底本作"禮",據文津閣本校改。

司瘞血。贊禮者贊："再拜。"在位者皆再拜。次引祝升壇，就位立定。

　　次引初獻詣社壇盥洗位。《正安之樂》作。凡初獻升降、行止，皆作《正安之樂》。至洗位，南向立，搢笏，盥手，帨手，執笏，升詣社神位前，南向立，樂止。《嘉安之樂》作。次引祝詣神位前，東向，搢笏，跪。執事者以幣授祝，祝奉幣授初獻訖，執笏，興，先詣后土勾龍氏神位前，南向立。初獻受幣，奠訖，執笏，俛伏，興，再拜。次詣后土勾龍氏神位前，奠幣，並如上儀。祝先詣稷神位前，東向立。初獻將降壇，樂作，復位，樂止。次至稷壇盥洗及升壇，奠幣，並如社壇之儀。祝復位。初獻將降壇，樂作，復位，樂止。

　　少頃，引初獻再詣社壇洗位，樂作，至洗位，南向立，搢笏，盥手，帨手，執笏。詣爵洗位，南向立，搢笏，洗爵，拭爵，以授執事者，執笏，升詣社神酌尊所，東向立，樂止。《嘉安之樂》作，執事者以爵授初獻，搢笏，執爵。執尊者舉冪，執事者酌犧尊之泛齊①。初獻以爵授執事者，執笏，詣社神位前，南向立，搢笏，跪。執事者以爵授初獻，初獻執爵，三祭酒，奠爵，執笏，俛伏，興，少立，樂止。次引祝詣神位前，西向，搢笏，跪讀祝文，讀訖，執笏，興，先詣后土勾龍氏神位前，南向立。初獻再拜。次詣后土勾龍氏神位前，酌獻並如上儀②。祝先詣稷神位前，東向立。初獻再拜，將降壇，樂作，復位，樂止。次詣稷壇洗位及升壇行禮，並如社壇之儀。祝復位。初獻再拜，將降壇，樂作，復位，樂止。

　　次引亞獻詣盥洗位，南向立，搢笏，盥手，帨手，執笏。詣爵

---

①　"事"字，底本作"爵"，據文津閣本、十萬卷樓本、楊本校改。
②　"酌"字，底本脫，據文津閣本校補。

洗位，南向立，搢笏，洗爵，拭爵，以授執事者，執笏[1]，升詣社神酌尊所，東向立。《文安之樂》作，執事者以爵授亞獻，亞獻搢笏，執爵。執尊者舉冪，執事者酌象尊之醴齊。亞獻以爵授執事者，執笏，詣社神位前，搢笏，跪。執事者以爵授亞獻，亞獻執爵，三祭酒，奠爵，執笏，俛伏，興，再拜。次詣后土勾龍氏位，酌獻，並如上儀。樂止，復位。次至稷壇行禮，並如社壇之儀，降，復位。

次引終獻詣洗及升壇酌獻，並如亞獻之儀，降，復位。

次引初獻詣飲福位，南向立。執事者各以爵酌福酒合置一爵，持爵，詣初獻之左，西向立。初獻再拜，搢笏，跪，執爵，祭酒，啐酒，奠爵。

執饌者以胙俎進，減社稷神位前胙肉，各置一俎上；又以俎取黍稷飯，合置一豆。先以飯授初獻，初獻受訖，以授執饌者；又以俎授初獻，初獻受訖，以授執饌者。執事者再以爵授初獻。初獻卒爵，執事者受虛爵，復于坫。初獻執笏，俛伏，興，再拜，退，復位。

贊禮者曰：“賜胙，再拜。”在位者皆再拜。已飲福受胙者，不拜。

送神，《寧安之樂》作，一成，止。

次引初獻以下詣望瘞位，立。執事者詣神位前，取幣、祝版置於坎。贊禮者曰：“可瘞。”實土半坎。次詣稷壇，望瘞如上儀。

初獻以下詣門外揖位，立定。贊禮者贊：“禮畢。”揖訖，退。有司監徹禮饌，乃退。

---

[1]　“執笏”，底本作“執事”，據文津閣本、十萬卷樓本校改。

卷第九十四　吉禮

慶成軍祭后土儀

時日　齋戒　陳設　省饌　行事

時日

太常寺前期以仲春擇日，祭后土，_{仲秋，准此}。關太史局。太史局擇日，報太常寺。太常寺參酌訖，具時日下本軍。

齋戒

前祭五日，應行事、執事官散齋三日，治事如故，宿於正寢，不弔喪、問疾、作樂、判書刑殺文書、決罰罪人及與穢惡；致齋二日，一日於廳事。唯祭事得行，其餘悉禁。前祭一日質明，俱赴祠所齋舍。祭官已齋而闕者，通攝行事。

陳設

前祭三日，有司設行事、執事官次於廟門外，隨地之宜。

前二日，有司牽牲詣祠所。

前一日，掌廟者掃除廟之內外。

祭日丑前五刻，執事者陳幣篚於神位之左，_{幣以白}。祝版於神位之右，置於坫。

次設祭器，皆藉以席，掌饌者實之。左十籩，爲三行，以右爲上；第一行：乾蕡在前，乾棗、形鹽、魚鱐次之。第二行：鹿脯在前，榛實、乾桃次之。第三行：菱在前，芡、栗次之。右十豆，爲三行，以左爲上；第一行：芹菹在前，筍菹、菁菹次之。第二行：韭菹在前，魚醢、兔醢次之[①]。第三行：豚拍在前，鹿臡、醓醢次之。俎二，一在籩前，實以羊腥七體，兩髀、兩肩、兩脇并脊，兩肩、兩髀在兩端[②]，兩脇次之，脊在中。一在豆前；實以豕腥七體，其載如羊。又俎六，在豆右，爲三重，以北爲上；第一重：一實以羊腥[③]，腸、胃、肺、離肺一在上端，刌肺三次之，腸三、胃三，又次之；一實以豕腥膚九，橫載。第二重：一實以羊熟，腸、胃、肺；一實以豕熟膚，其載如腥。第三重：一實以羊熟十一體，肩、臂、臑、肫、胳、正脊一，直脊一，橫脊一，長脇一，短脇一，代脇一，皆二骨以並。肩、臂、臑在上端，肫、胳在下端，脊、脇在中。一實以豕熟十一體，其載如羊。皆羊在左，豕在右。簠二、簋二，在籩、豆外，二俎間，簠在左，簋在右。簠實以稻、粱，粱在稻前。簋實以黍、稷，稷在黍前。

　　設犧尊四、象尊四，爲二重，在堂上東南隅，北向，西上，犧尊在前，皆有坫，加勺、冪，爲酌尊。犧尊一實明水，爲上尊，餘實泛齊，初獻酌之。象尊一實明水，爲上尊，餘實醴齊，亞、終獻酌之。又設太尊二、山尊二在神位前，太尊一實泛齊，山尊一實醴齊，各以一尊實明水。著尊二、犧尊二、象尊二、壺尊六在堂下，著尊一實盎齊，犧尊一實醍齊，象尊一實沉齊，各以一尊實明水。壺尊三實玄酒，三實三酒。明水、玄酒皆在上。五齊三酒，皆以本處酒代。俱北向，西上，加冪。五齊三酒，皆設而不酌。

　　有司設燭於神位前，洗二於東階下，直東霤，北向。盥洗在東，爵洗在西。罍在洗東，加勺。篚在洗西南肆，實以巾。若爵洗之篚，則又實以爵，加坫。執罍、篚者位於其後。

---

①　“第二行韭菹在前魚醢兔醢次之”十三字，底本脱，據文津閣本校補。
②　“兩肩”二字，底本脱，據十萬卷樓本校補。
③　“腥”字，底本作“脾”，據文津閣本校改。

693

又設揖位於廟南門外。初獻在西，東向。亞、終獻及祝在東，西向，北上。祝位稍却。

開瘞坎於廟内堂之壬地，方深取足容物，南出陛。設望瘞位於其南。三獻官在南，北向，西上。祝在東，西向。又設三獻官席位於堂下東階東南，西向，北上。設祝席位於庭中，北向。設祝位於堂上前楹東，西向。

省饌

前祭一日，祭官以下常服，閲饌物，視牲充、腯；詣廚，省鑊，視滌溉訖，還齋所。

晡後，掌廟者掃除廟之内外。

行事

祭日丑前五刻，行事，春用丑時七刻，秋用丑時一刻。行事、執事官各就次。掌饌者帥其屬實饌具畢。贊禮者引初獻凡行事、執事官行止，皆贊禮者引。升自東階①，凡行事、執事官升降，皆自東階。點視陳設訖，退，就次，各服祭服。

次引初獻以下詣廟南門外揖位②，立定。贊禮者贊揖。次引祝入就堂下席位，北向立。次引三獻官入就堂下席位，西向立。贊禮者詣初獻之右，贊：“請行事。”訖，贊：“再拜。”在位者皆再拜。次引祝升堂，就位立定。有司瘞血。

次引初獻詣盥洗位，北向立，搢笏，盥手，帨手，執笏，陞詣后

---

① “者”字，底本脱，據文津閣本校補。
② “次引”二字，底本脱，據文津閣本、楊本校補。“初獻”，文津閣本、楊本作“三獻官”。

土神位前，北向立，搢笏，跪。次引祝詣神位前，西向，搢笏，跪。執事者以幣授祝，祝奉幣，授初獻，執笏，興，退，復位。初獻受幣，奠訖，執笏，俛伏，興，少退，再拜，降，復位。

少頃，引初獻再詣盥洗位，北向立，搢笏，盥手，帨手，執笏。詣爵洗位，北向立，搢笏，洗爵，拭爵，以授執事者，執笏，陞詣酌尊所，西向立。執事者以爵授初獻。初獻搢笏，執爵。執尊者舉冪，執事者酌犧尊之泛齊。初獻以爵授執事者，執笏，詣后土神位前，北向立，搢笏，跪。執事者以爵授初獻，初獻執爵，三祭酒，奠爵，執笏，俛伏，興，少立。次引祝詣神位前，東向，搢笏，跪讀祝文。讀訖，執笏，興，復位。初獻再拜，降，復位。

次引亞獻詣盥洗位，北向立，搢笏，盥手，帨手，執笏。詣爵洗位，北向立，搢笏，洗爵，拭爵，以授執事者，執笏，升詣酌尊所，西向立。執事以爵授亞獻。亞獻搢笏，執爵。執尊者舉冪，執事者酌象尊之醴齊。亞獻以爵授執事者，執笏，詣后土神位前，北向立，搢笏，跪。執事者以爵授亞獻，亞獻執爵，三祭酒，奠爵，執笏，俛伏，興，少退，再拜，降，復位。

次引終獻詣洗及升堂行禮，並如亞獻之儀，降，復位。

贊禮者曰："賜胙，再拜。"在位者皆再拜。

次引初獻以下就望瘞位。執事者詣神位前，取幣、祝版置於坎。贊禮者曰："可瘞。"實土半坎。

引初獻以下詣南門外揖位。贊禮者贊："禮畢。"揖訖，退。有司監徹禮饌，闔戶以降，乃退。

卷第九十五　吉禮

祭五方嶽鎮海瀆儀

時日　齋戒　陳設　省饌　行事

時日

太常寺預於隔季以四立、土王日，祭五方嶽鎮海瀆，關太史局。立春東方，立夏南方，立秋西方，立冬北方，土王日四方^①。太史局以其日報太常寺。太常寺參酌訖^②，具時日散告。

齋戒

前祭五日，應行事、執事官散齋三日，治事如故，宿於正寢，不弔喪、問疾、作樂、判書刑殺文書、決罰罪人及與穢惡；致齋二日^③，光禄少卿、太官令齋一日。一日於本司。無本司者於太常齋舍，質明至齋所。唯祭事得行，其餘悉禁。前祭一日質明，俱赴祠所齋宮，官給酒饌。祭官已齋而闕者，通攝行事。

---

① “四方”，十萬卷樓本、楊本作“中方”，文津閣本作“中央”。
② “太常寺”三字，底本脱，據文津閣本、十萬卷樓本、楊本校補。
③ “二”字，底本作“一”，據文津閣本校改。

陳設

前祭三日，儀鸞司設行事[①]、執事官次於壇壝門外，量地之宜。

前二日，光禄牽牲詣祠所。

前一日，光禄陳禮饌於獻官齋所東南。太常設省饌位版於禮饌之南[②]。三獻官在南，北向，西上。分獻官在其後。監察御史在西，東向。光禄少卿、大樂令、丞、奉禮郎、太祝、太官令在東，西向，北上。凡設奉禮郎以下位皆稍却。大晟設登歌之樂於壇上稍南，北向。

祭日丑前五刻，禮直官、贊者、諸司職掌各服其服。

太常設神位席，太史設神位版於壇之上下。嶽鎮海瀆位於壇上北方，南向，西上，唯中央設嶽鎮位。席皆以莞。太常陳玉於神位之右，玉以兩圭有邸，盛以匣，瘞玉用珉。禮神之玉，奠於神前，瘞玉加於幣；陳幣篚各於神位之左，幣各隨方色。祝版於神位之右，置於坫。

次設祭器，皆藉以席，光禄實之。各左十籩，爲三行，以右爲上；第一行：乾蔾在前，乾棗、形鹽、魚鱐次之。第二行：鹿脯在前，榛實、乾桃次之。第三行：菱在前，芡、栗次之。右十豆，爲三行，以左爲上；第一行：芹菹在前，筍菹、葵菹、菁菹次之。第二行：韭菹在前，魚醢、兔醢次之。第三行：豚拍在前，鹿臡、醓醢次之。俎二，一在籩前，實以羊腥七體，兩髀、兩肩、兩脇并脊，兩髀在兩端，兩肩、兩脇次之，脊在中。一在豆前；實以豕腥七體，其載如羊。又俎六，在豆

---

① "鸞"字，底本作"鑾"，據文津閣本、十萬卷樓本、楊本校改。
② "於獻官齋所東南太常設省饌"十一字，底本脱，據十萬卷樓本、楊本校補。"禮饌之南"，底本作"禮獻之南"，據楊本校改。

右，爲三重，以北爲上；第一重：一實以羊腥，腸、胃、肺、離肺一在上端，刌肺三次之，腸三、胃三，又次之。一實以豕腥膚九，橫載。第二重：一實以羊熟，腸、胃、肺；一實以豕熟膚，其載如腥。第三重：一實以羊熟十一體，肩、臂、臑、肫、胳、正脊一，直脊一，橫脊一，長脅一，短脅一，代脅一，皆二骨以並。肩、臂、臑在上端[①]，肫、胳在下端，脊、脅在中。一實以豕熟十一體，其載如羊。皆羊在左，豕在右。簠二、簋二，在籩、豆外，二俎間，簠在左，簋在右；簠實以稻、粱，粱在稻前。簋實以黍、稷，稷在黍前。鉶三，在籩、豆間；一在前，二在後，實以羹，加芼滑[②]。登二，一在鉶前，實以太羹。一於籩之左；實以肝膋。盤一，在鉶後。實以毛血。

設犧尊四、象尊四，爲二重，在壇上東南隅，北向，西上，犧尊在前，皆有坫，加勺、幂，爲酌尊。犧尊一實明水，爲上尊，餘實泛齊，代以供內法酒，初獻酌之。象尊一實明水，爲上尊，餘實醴齊，代以祠祭法酒，亞、終獻酌之。又設太尊二、山尊二在神位前，太尊一實泛齊，山尊一實醴齊，各以一尊實明水。著尊二、犧尊二、象尊二、壺尊六在壇下，著尊一實盎齊，犧尊一實醍齊，象尊一實沉齊，各以一尊實明水。壺尊三實玄酒，三實三酒。明水、玄酒皆在上。俱北向，西上，加幂。五齊三酒，皆設而不酌。

設山川位於壇下卯階南，西向，北上。五方山川依五方嶽鎮海瀆位。各左四籩，爲二行，以右爲上；第一行：乾棗在前，形鹽次之。第二行：稾在前，鹿脯次之。右四豆，爲二行，以左爲上；第一行：芹菹在前，葵菹次之。第二行：兔醢在前，鹿脯次之。登一，在籩、豆間；實以太羹。俎一，在籩、豆南；實以羊、豕腥肉。爵一，次之；左簠一，右簋一，在爵南；左實以稷，右實以黍。蜃尊一，在籩南。實以祠祭法酒。

太常設燭於神位前，洗二於卯階東，北向。盥洗在東，爵洗在西。罍在洗東，加勺。篚在洗西南肆，實以巾。若爵洗之篚，則又實以爵，加

---

① "臑"字，底本作"腰"，據文津閣本、楊本、十萬卷樓本校改。

② "滑"字，底本作"酒"，據文津閣本校改。

坫。執罍、篚者位於其後。

又設揖位於卯階東内壝之外。三獻官在南，北向。分獻官位其後。監察御史、大樂令、奉禮郎、太祝、太官令在北，南向。俱西上。

開瘞坎於西北壬地，方深取足容物，南出陛。設望瘞位於瘞坎之南。三獻官在南，北向，西上。分獻官位其後。監察御史，東向；大樂令、奉禮郎、太祝，西向，北上。

又設三獻官席位於卯階之東，西向，北上。分獻官位其後。監察御史、大樂令席位於午階之南，北向。奉禮郎、太祝、太官令位於其後。俱西上。光禄少卿席位於監察御史東，北向。又設監察御史位於壇上樂虡之北，在西，東向。奉禮郎、太祝在東，西向，北上。大樂令於樂虡西北，太官令於酌尊所，俱北向。

省饌

前祭一日，行事、執事官集初獻齋所肄儀，太祝習讀祝文，視玉、幣及神位版訖。次禮直官、贊者分引行事、執事官就省饌位，立定。凡初獻行事禮直官引，餘官皆贊者引。禮直官贊揖所司省饌具畢，禮直官贊：“省饌畢。”揖訖，俱還齋所。次引監察御史詣廚，省饌，視祭器滌溉及視牲充、腯，乃還齋所。

未後一刻，太官令帥宰人以鸞刀割牲，祝史以盤取毛血，置於饌所，遂烹牲。

晡後，有司帥其屬掃除壇之上下訖，還齋所。

行事

祭日丑前五刻，行事，春、冬用丑時七刻，夏、秋用丑時一刻。初獻以下，並赴壇所就次。太官令帥其屬實饌畢。次引光禄少卿入詣午階南西位，北向立。贊者曰："再拜。"光禄少卿再拜，升自卯階，凡行事、執事官升降，皆自卯階。點視禮饌畢。次引監察御史升壇，點閱陳設，糾察不如儀者①。次樂正帥工人升卯階，各入就位。光禄少卿還齋所，餘官各服祭服。

　　次引行事、執事官詣卯階東揖位，立定。禮直官贊揖。次引大樂令先入就壇下席位，北向立。贊者曰："再拜。"大樂令再拜，升壇就位。次引監察御史、奉禮郎、太祝、太官令就壇下席位，北向立。次引三獻以下入就壇下席位，西向立。禮直官稍前，贊："有司謹具，請行事。"《凝安之樂》作，三成，止。光禄瘞血訖，贊者曰："再拜。"在位者皆再拜。次引監察御史、奉禮郎、太祝、太官令升壇，各就位，立定。

　　次引初獻詣盥洗位，《同安之樂》作。凡初獻升降、行止，皆作《同安之樂》。至洗位，北向立，搢笏，盥手，帨手，執笏，升詣嶽神位前，北向立，樂止。《明安之樂》作，搢笏，跪。次引奉禮郎搢笏，西向跪。執事者以玉、幣授奉禮郎，奉禮郎奉玉、幣，跪，授初獻訖，執笏，興，先詣鎮神位前立。初獻受玉、幣，奠訖，執笏，俛伏，興，少退，再拜。次詣鎮、海、瀆神位前，奠玉、幣，並如上儀，樂止。奉禮郎復位。初獻將降壇，樂作，復位，樂止。

　　少頃，引初獻再詣盥洗位，樂作，至洗位，北向立，搢笏，盥手，帨手，執笏。詣爵洗位，北向立，搢笏，洗爵，拭爵，以授執事者，執笏，升詣嶽神酌尊所，西向立，樂止。《成安之樂》作，執事者以爵授初獻，初獻搢笏，執爵。執尊者舉冪，太官令酌犧尊之

---

①　"糾察"，底本作"糾刻"，據十萬卷樓本、楊本校改。

泛齊。初獻以爵授執事者，執笏，詣嶽神位前，北向立，搢笏，跪。執事者以爵授初獻，初獻執爵，三祭酒，奠爵，執笏，俛伏，興。少立，樂止。次引太祝詣神位前，東向搢笏，跪讀祝文。讀訖，執笏，興，詣以次神位前，東向立。初獻再拜，《成安之樂》作，次詣鎮、海、瀆酌尊所，酌獻，並如上儀，樂止。太祝復位。初獻將降壇，樂作，復位，樂止。

次引亞獻詣盥洗位，北向立，搢笏，盥手，帨手，執笏。詣爵洗位，北向立，搢笏，洗爵，拭爵，以授執事者，執笏，陞詣嶽神酌尊所，西向立。《成安之樂》作。執事者以爵授亞獻，亞獻搢笏，執爵，執尊者舉冪，太官令酌象尊之醴齊。亞獻以爵授執事者，執笏，詣嶽神位前，搢笏，跪。執事者以爵授亞獻，亞獻執爵，三祭酒，奠爵，執笏，俛伏，興，再拜。次詣鎮、海、瀆神位前，酌獻，並如上儀。樂止，降，復位。

次引終獻詣洗升壇酌獻，並如亞獻之儀，降，復位。

初，亞獻將陞，引分獻官詣洗位，盥手，帨手，詣壇下山神位前，搢笏，跪。奉禮郎跪，受幣①，奉幣，奠訖，執爵，三祭酒，奠爵，執笏，俛伏，興。太祝各於神座之右，跪讀祝文。讀訖，太祝復位。分獻官再拜。次詣川神位前，搢笏，跪，執爵，三祭酒，奠爵，執笏，俛伏，興，再拜訖，復位。五方山川神同。

禮直官曰："賜胙。"贊者承傳，曰："賜胙，再拜。"在位者皆再拜。

送神，《凝安之樂》作，一成，止。

次引三獻官詣望瘞位。有司各詣神位前，取玉、幣、祝版置

---

① "受"字，底本作"授"，據楊本校改。

於瘞坎。次引監察御史、大樂令、奉禮郎、太祝詣望瘞位,立定。禮直官曰:"可瘞。"實土半坎。凡瘞,皆先省視訖,乃瘞。

　　引初獻以下詣卯階揖位,立定。禮直官贊:"禮畢。"揖訖,退。太官令帥其屬撤禮饌,引監察御史詣壇,監視收撤訖,退。

卷第九十六　吉禮

諸州祭嶽鎮海瀆儀

時日　齋戒　陳設　省饌　行事

時日

太常寺前期以立春日，祭嶽鎮海瀆，立夏、立秋、立冬、土王日，並准此。關太史局。太史局以其日報太常寺。太常寺參酌訖，具時日下本州。立春日，祭東嶽泰山於兗州界，東鎮沂山於青州界，東海於萊州界，東瀆大淮於唐州界。立夏日，祭南嶽衡山於潭州界，南鎮會稽山於越州界，南海於廣州界，南瀆大江於益州界。土王日祭中嶽嵩山於河南府界，中鎮霍山於晉州界。立秋日祭西嶽華山於華州界，西鎮吳山於瀧州界，西海、西瀆、大河於河中府界。立冬日，祭北嶽恒山及遙祭北鎮醫巫閭山於定州界，北海、北瀆、大濟於孟州界。

齋戒

前享五日，應行事、執事官散齋三日，治事如故，宿於正寢，不弔喪、問疾、作樂、判書刑殺文書、決罰罪人及與穢惡；致齋二日，一日於廳事。唯享事得行，其餘悉禁。前事一日質明，俱赴祠所齋舍。享官已齋而闕者，通攝行事。

陳設

前享三日，有司設行事、執事官次於廟門外，隨地之宜。

前二日，有司牽牲詣祠所。

前一日，掌廟者掃除廟之内外。

享日丑前五刻，執事者陳幣篚於神位之左，祝版於神位之右，置於坫。

次設祭器，皆藉以席，掌饌者實之。左十籩，爲三行，以右爲上；第一行：乾蘈在前，乾棗、形鹽、魚鱐次之。第二行：鹿脯在前，榛實、乾桃次之。第三行：菱在前，芡、栗次之。右十豆，爲三行，以左爲上；第一行：芹菹在前[1]，筍菹、葵菹、芹菹次之。第二行：韭菹在前，魚醢、兔醢次之[2]。第三行：豚拍在前，鹿臡、醓醢次之。俎二，一在籩前，實以羊腥七體，兩髀、兩肩、兩脇并脊，兩髀在兩端，兩肩、兩脇次之，脊在中。一在豆前；實以豕腥七體，其載如羊。俎六，在豆右，爲三重，以北爲上；第一重：一實以羊腥，腸、胃、肺、離肺一在上端[3]，刌肺三次之，腸三、胃三，又次之。一實以豕腥膚九，橫載。第二重：一實以羊熟，腸、胃、肺；一實以豕熟膚，其載如腥。第三重：一實以羊熟十一體，肩、臂、臑、肫、胳、正脊一、直脊一、橫脊一、長脇一、短脇一、代脇一，皆二骨以並。肩、臂、臑在上端，肫、胳在下端，脊、脇在中。一實以豕熟十一體[4]，其載如羊。皆羊在左，豕在右。簠二、簋二，在籩、豆外，二俎間，簠在左，簋在右。簠實以稻、粱，粱在稻前。簋實以黍、稷，稷在黍前。

設犧尊四、象尊四，爲二重，在堂上東南隅，北向，西上，犧尊在前，皆有坫，加勺、冪，爲酌尊。犧尊一實明水，爲上尊，餘實泛齊，初獻酌之。象尊一實明水，爲上尊，餘實醴齊，亞、終獻酌之。又設太尊二、山尊二在神位前，太尊一實沉齊，山尊一實醴齊，各以一尊實明水。著尊二、犧尊二、象尊二、壺尊六在堂下，著尊一實盎齊，犧尊一實醍齊，象尊一實沉齊，各以一尊實明水。壺尊三實玄酒，三實三酒。明水、玄酒皆在上。五齊三酒，皆以本處酒代。

---

① 底本“芹菹”後衍“箈菹”二字，據文津閣本刪。

② “兔醢”二字，底本脱，據文津閣本校補。

③ “離肺”二字，底本脱，據文津閣本、十萬卷樓本校補。

④ “十一”，底本作“十二”，據文津閣本、楊本、十萬卷樓本校改。

皆北向，西上，加冪。五齊三酒，皆設而不酌。

有司設燭於神位前，洗二於東階下，直東霤，北向。盥洗在東，爵洗在西。罍在洗東，加勺。篚在洗西南肆，實以巾。若爵洗之篚，則又實以爵，加坫。執罍、篚者位於其後。

又設揖位於廟南門外。初獻在東，西向。亞、終獻及祝在西，東向，北上。祝位稍却。

開瘞坎於廟內堂下之壬地，方深取足容物，南出陛。設望瘞位於其南。三獻官在南，北向，西上。祝在東，西向。又設三獻官席位於堂下東階東南，西向，北上。設祝席位於庭中，北向。又設祝位於堂上前楹東，西向。

省饌

前享一日，享官以下常服，閱饌物，視牲充、腯；詣廚，省鑊視滌溉訖，還齋所。

晡後，掌廟者掃除廟之內外。

行事

享日丑前五刻，行事，春、冬用丑時七刻，夏、秋用丑時一刻。行事、執事官各就次。掌饌者帥其屬實饌具畢。贊禮者引初獻凡行事、執事官行止，皆贊禮者引。升自東階，凡行事、執事官升降，皆自東階。點視陳設訖，退，就次，各服祭服。

次引初獻以下詣廟南門外揖位，立定。贊禮者贊揖。次引祝入就堂下席位，北向立。次引三獻官入就堂下席位，西向立。贊禮者詣初獻之右，贊："請行事。"訖，贊："再拜。"在位者皆再拜。次引祝升堂，就位立定。執事者瘞血。

次引初獻詣盥洗位，北向立，搢笏，盥手，帨手，執笏，升詣神位前，北向立，搢笏，跪①。次引祝詣神位前，西向，搢笏，跪。執事者以幣授祝，祝奉幣，授初獻，執笏，興，退，復位。初獻受幣，奠訖，執笏，俛伏，興，少退，再拜，降，復位。

少頃，引初獻再詣盥洗位，北向立，搢笏，盥手，帨手，執笏。詣爵洗位，北向立，搢笏，洗爵，拭爵，以授執事者，執笏，升堂，詣酌尊所，西向立。執事者以爵授初獻。初獻搢笏，執爵。執尊者舉幂，執事者酌犧尊之泛齊。初獻以爵授執事者，執笏，詣神位前，北向立，搢笏，跪。執事者以爵授初獻，初獻執爵，三祭酒，奠爵，執笏，俛伏，興，少立。次引祝詣神位前，東向，搢笏，跪讀祝文。讀訖，執笏，興，退，復位。初獻再拜，降，復位。

次引亞獻詣盥洗位，北向立，搢笏，盥手，帨手，執笏。詣爵洗位，北向立，搢笏，洗爵，拭爵，以授執事者，執笏，升詣酌尊所，西向立。執事者以爵授亞獻。亞獻搢笏，執爵。執尊者舉幂，執事者酌象尊之醴齊。亞獻授執事者，執笏，詣神位前，北向立，搢笏，跪。執事者以爵授亞獻，亞獻執爵，三祭酒，奠爵執笏，俛伏，興，少退，再拜，降，復位。

次引終獻詣洗及升堂行禮，並如亞獻之儀，降，復位。

贊禮者曰："賜胙，再拜。"在位者皆再拜。

次引初獻以下就望瘞位。執事者詣神位前，取幣、祝版置於坎。贊禮者曰："可瘞。"實土半坎。

引初獻以下詣南門外揖位立。贊禮者贊："禮畢。"揖訖，退。有司監徹禮饌，闔戶以降，乃退。

---

① 底本"跪"後衍"次引祝詣神位前北向立搢笏跪"十三字，據文津閣本刪。

卷第九十七　吉禮

皇帝祫享太廟儀一

時日　齋戒　陳設

時日

前期，降御札，以今年孟冬祫享太廟。太常寺帖太史局，於時享前擇日。太史局擇日報太常寺。太常寺參酌訖①，申奏，具時日散告。

齋戒

前享十日質明，有司設行事及助祭文武官位於朝堂②。太宰、刑部尚書在北，南向，太宰在左，刑部尚書在右。刑部尚書稍却。行事太宰、左丞在南，吏部、户部、禮部、兵部、工部尚書，吏部、禮部侍郎，大司樂、光禄卿，大樂令、光禄丞，功臣獻官在其南，凡設大樂令以下位皆稍却。執事官又在其南，俱北向，西上。監察御史位二，在西，東向；讀册、舉册官，奉禮、協律郎，太祝、郊社、太官令在東，西向，俱北上。奉禮郎以下位皆稍却。設助祭文武百官位於行

---

① "太常寺"三字，底本脱，據《文獻通考》卷一〇二《宗廟考十二·祫禘》校補。
② "朝堂"，底本作"廟堂"，據文津閣本、十萬卷樓本校改。

事官之南。又設行事、執事及助祭親王、宗室位於太廟齋坊。少宰、刑部侍郎在北，南向，少宰在左，刑部侍郎在右。刑部侍郎稍却。亞、終獻在南，北向，西上。親王及行事、執事、助祭宗室在東，西向，北上。東上閣門、御史臺、太常寺以下分引羣官各就位。凡將引行事、執事、助祭文武官立班，即御史臺引殿中侍御史一員先入就位。太宰讀誓於廟堂，刑部尚書涖之；少宰讀誓於太廟齋坊，刑部侍郎涖之。誓文曰："今年某月某日孟冬，皇帝祫享太廟[1]。前一日，朝獻景靈宮。各揚其職，其或不恭，國有常刑。"讀訖。內朝堂執事官奉禮郎以下[2]，文官宣德郎以下，武官從義郎以下先退。餘官並對拜訖，退。

皇帝散齋七日於別殿，致齋三日。二日於大慶殿，一日於太廟。凡散齋，不弔喪、問疾、作樂，有司不奏刑殺文書。致齋日，前後殿不視事，唯行享事。

前致齋一日，殿中監帥其屬尚舍鋪御座於大慶殿當中，南向；設東西房於御座之左右，稍北；又設西閣及齋室於殿後之左右，殿上前楹施簾。

致齋之日，質明，有司陳法駕鹵簿於宣德門外，尚輦陳平輦於垂拱殿庭。文武百官俱就次，各服其服。東上閣門奏請皇帝未後詣齋室，通事舍人等自下分引知樞密院事以下詣垂拱殿庭，立班。東上閣門附內侍進班齊牌，垂拱殿簾降，皇帝乘輦出，至殿上，少駐。輦官迎駕，自贊常起居。宣輦官上殿，捲簾，鳴鞭，行門禁衛諸班親從迎駕，自贊常起居。次舍人先贊知內侍省官以下常起居，次樞密以下通班常起居，贊"祗候引駕"。樞密、知

---

① 底本"祫"後衍"祀"字，據《文獻通考》卷一〇二《宗廟考十二 · 祫禘》删。

② "執事"，底本作"職事"，據文津閣本校改。

客省事以下，至簽書、東上閣門官分左右立。六尚局應奉官①，祇應通侍大夫以下②，武功大夫以下，並先退。次管軍臣僚宣名常起居，贊"祇候引駕"，並分左右。前導輦降東階垂拱殿門外，禁衛諸班親從自贊常起居。次行宮使、御營巡檢一班常起居。如通侍大夫以下，知客省事以下，武功大夫以下，知內侍兩省、帶御器械官、充行宮使、御營巡檢，各歸本班。至大慶殿後閣降輦，入西閣，大慶殿簾降。前導官並就次易朝服，詣御榻前分左右侍立。知樞密院事、簽書樞密院事在東，西向，北上；同知樞密院事在西，東向；左輔一員在知樞密院事之北，贊拜東上閣門官一員又在其北，並西向；知客省事以下在簽書樞密院事之南③，稍東，西向，北上；簽書客省事以下又在其南，稍却。通事舍人等分引行事、執事、文武助祭官，各繢結佩，入詣大慶殿庭立班。次引禮部侍郎奏請中嚴。侍臣詣幄，奉迎內外。符寶郎奉寶先出，陳於御榻之左右。少頃，引禮部侍郎奏外辦。皇帝服通天冠、絳紗袍、繢結佩，出西閣乘輿，稱警蹕，侍衛如常儀。由西房至御榻西降輿，皇帝即御座，南向，侍臣夾侍，贊拜東上閣門官於榻前贊："樞密以下拜。"殿之上下應在位官皆再拜。東上閣門官贊禮訖，轉身北向隨拜訖，面西，贊"各祇候"。次禮直官引左輔詣御座前，俛伏，跪奏："左輔具官臣某言，請皇帝降座，就齋室。"奏訖，俛伏，興，還侍位。凡左輔奏請准此。皇帝降座，乘輿，由東房入齋室，侍臣各還所司，直衛者如常儀。通事舍人分引行事、執事、文武助祭官以次出。三省、親王、樞密、宗室起居問聖體，並如儀。

　　應行事、執事、助祭官及從陞者並散齋七日，宿於正寢；致齋

---

①　"六"字，底本脱，據十萬卷樓本校補。
②　"通侍"，底本作"通事"，據文津閣本校改。
③　"在"字，底本脱，據文津閣本校補。

三日，各宿於其次。三省、樞密院官各宿於本廳及都堂。侍衛官并尚書、侍郎，分宿於秘書省、中書後省。餘官内庭有所司者各宿於其司。諸方客使許赴倍位者各宿於其次。凡散齋，治事如故，唯不弔喪、問疾、作樂、判書刑殺文書、決罰罪人及與穢惡。致齋之日，官給酒饌。唯享事得行，其餘悉禁。與享之官已齋而闕者，通攝行事。

陳設

前享三日，殿中監帥其屬尚舍設大次於太廟東門外道北，南向；小次於阼階東，稍南，西向。儀鸞司設文武侍臣次於大次之前[①]，隨地之宜；行事、助祭官、宗室及有司次於廟之内外。設東方、南方客使次於文官之後，西方、北方客使次於武官之後。設饌幔於廟南門之外，東西相向。每室饌幔各一。設權奉安別廟神主幄次於南神門外，東向。又設七祀次一，於殿下橫街之北道西，東向。配享功臣次於殿下橫街之南[②]，東西相向。每室配享功臣各爲一次。

前享二日，宮闈令帥其屬掃除廟之内外，開瘞坎於殿西階之東南，方深足容物，南出陛。太常設七祀燎柴於齋宮内。光禄牽牲詣祠所。太常帥其屬設堂上位，每位並設幄帳，舖筵，設几。大晟陳登歌之樂於殿上前楹間，稍南，北向；設宮架於庭中，立舞表於鄹綴之間。户部陳諸州歲貢於宮架南，龜爲前列，金次之，玉帛又次之，餘爲後，東西相向。

前享一日，奉禮郎、禮直官設皇帝位版於阼階上，飲福位於

---

① "儀鸞"，底本作"鸞儀"，據文津閣本、《文獻通考》卷九八《宗廟考八·祭祀時享》乙正。

② 底本"南"後衍"道之"二字，據《文獻通考》卷九八《宗廟考八·祭祀時享》刪。

東序，皇子受爵位於飲福位之北，稍東，俱西向。贊者設亞、終獻位於小次南，稍東；助祭親王、宗室、使相在其南；進幣爵酒官、受爵酒官、奉幣官、薦牛俎官、薦籩豆官、薦羊俎豕俎魚俎官、受幣官、罍洗奉爵官、奉瓚槃官、進搏黍官、舉册官、七祀獻官在助祭宗室、使相之南，並西向，北上。大禮使位於西階之西，稍南；與亞、終獻相對。行事光禄卿、讀册官、光禄丞、功臣獻官在其西；助祭宰相、使相位在大禮使之南；執政官在其西；又設監察御史位二於西階下，俱東向，北上。奉禮郎、太祝、太官令於東階下，俱西向，北上。協律郎位二，一於殿上前楹間，一於宫架西北，俱東向。大樂令於登歌樂虡之北，大司樂於宫架北，良醞令於酌尊所，俱北向。又設助祭文武羣官、宗室位於横街之南。諸方客使位於廟門之外，隨其方國。

　　光禄陳牲於東神門外，當門西向，以南爲上。祝史各位於牲後。太常設省牲位於西。大禮使、進幣爵酒官、受爵酒官、奉幣官、受幣官、罍洗奉爵官、奉瓚盤官位於道南，北向，西上。七祀配享功臣獻官在其後。薦牛俎官、薦籩豆官，大司樂、光禄卿，進搏黍官，讀册、舉册官，大樂令、光禄丞，奉禮、協律郎，太祝、太官、宫闈令位於道北，南向，西上。大樂令以下位皆稍却。監察御史在薦俎官之右，異位稍却。

　　光禄設禮饌於東神門外道北，南向。太常設省饌位版於禮饌之南。大禮使、進幣爵酒官、受爵酒官、奉幣官、受幣官、罍洗奉爵官、奉瓚槃官位在南，北向，西上。七祀配享功臣獻官在其後。監察御史位二，在西①，東向。薦牛俎官、薦籩豆官，大司樂、

_____

① “二在”二字，底本脱，據文津閣本校補。

光禄卿,進搏黍官,讀册、舉册官,大樂令、光禄丞,奉禮、協律郎,太祝、太官、宫闈令位在西,東向①,北上。

礼部帥其屬設祝册案於幄次外之右,司尊彝帥其屬設幣篚於酌尊所。次設籩、豆、簠、簋之位,每位左十有一籩,右十有一豆,俱有四行;加豆二於豆前;登一,在籩、豆間;鉶三,在登前;簠一、簋一,在籩、豆外,簠在左,簋在右。設爐炭於幄外,稍前。

設尊彝之位。每位太尊五、山尊五②,爲二重,太尊在前,皆有坫,在神位之左;虎彝一在太尊之右,蜼彝一在山尊之右,皆有舟,俱加勺、幂,爲酌尊。又設太尊二、山尊二在神位前,著尊二、犧尊二在殿上,象尊二、壺尊六在下,俱北向,西上,加幂,皆設而不酌。

太常設七祀位於殿下横街之北次内,司命、户、竈、中霤、門、厲、行。又設配享功臣位於横街之南次内。韓王趙普、周王曹彬位於横街之南道西,東向。太師薛居正、太師石熙載、鄭王潘美位在其西,太師李沆、太師王旦、太師李繼隆位又在其西。又設太師王曾、太師吕夷簡、侍中曹瑋位於横街之南道東,西向。司徒韓琦、太師曾公亮位在其東,次舒王王安石位,次太師蔡確又在其東,俱北上。皆設神位席。太廟設神位版於座首③。

司尊彝設祭器。每位左二籩,右二豆,俎一,在神位前;爵一,次之;簠一、簋一,在爵之前,簠在左,簋在右;象尊一,在籩前,加勺、幂。又設俎四、豆二、籩一、簠一、簋一、盤一、篚一於南神門外每室饌幔内。設御洗二於阼階下直東霤,北向。盥洗在東,爵洗在西。罍在洗東,加勺。篚在洗西南肆,實以巾。若爵洗之篚,則

————————

① "在東西向",底本作"在西東向",據《文獻通考》卷九八《宗廟考八·祭祀時享》乙正。
② "山尊五"三字,底本脱,據十萬卷樓本校補。
③ "設神"二字,底本脱,據十萬卷樓本校補。

又實以瓚及爵，加坫。設皇帝位於洗南，北向；內侍酌水位於洗東，執
巾位於酌水內侍之北，俱西向。奉瓚爵官位於爵洗西，東向。又
設亞、終獻盥洗、爵洗於本位之南①，太官令盥洗於西階下。七祀配
享功臣獻官盥洗於從享神位之前。七祀及配享功臣位前盥洗各一。罍、篚各設
於左右。執罍、篚者位其後。

　　享日丑前五刻，宮闈令開室，帥其屬掃除。太府卿帥其屬入
陳幣於篚。篚以白。光祿卿帥其屬入實籩、豆、簠、簋。籩四行，以右爲
上。第一行：魚鱐在前，糗餌次之。第二行：乾藬在前，乾棗、形鹽次之。第三行：鹿脯
在前，榛實、乾桃次之。第四行：菱在前，芡、栗次之。豆四行，以左爲上。第一行：芹菹
在前，筍菹、葵菹次之。第二行：菁菹在前，韭菹、醓食次之。第三行：魚醢在前，兔醢、
豚拍次之。第四行：鹿臡在前，醓醢次之。加豆二，實以稻、雁，稻左，雁右。簠實以稻，
簋實以黍，登實以大羹。鉶實以羹，加芼滑。良醞令帥其屬入實尊彝。蜼彝
實以明水，虎彝實以鬱鬯，太尊實以汎齊，山尊實以醴齊，著尊實以盎齊，犧尊實以醍
齊，象尊實沉齊，各以一尊實明水。壺尊三實玄酒，三實三酒。明水、玄酒皆在上。
又實七祀配享功臣位禮饌。每位左二籩，槀在前，鹿脯次之。右二豆，菁菹在
前，鹿臡次之。俎實以羊、豕腥肉②。簠實以稷，簋實以黍。爵一、象尊一，實以祠祭
法酒。

　　太常設燭於神位前，又設大禮使以下行事、執事官褖位於東
神門外，如省牲之位；設望燎位於瘞坎之南，如省饌之位。所司
陳異寶嘉瑞及伐國之寶於宮架之南，東西相向。

---

　　①　"爵洗"二字，底本脫，據十萬卷樓本校補。
　　②　"俎"字，底本作"菹"，據文津閣本、《文獻通考》卷九八《宗廟考八·祭祀時享》
校改。

卷第九十八　吉禮

皇帝祫享太廟儀二

車駕自景靈宮詣太廟　　省牲器

別廟神主過太廟　　晨祼　　朝踐

車駕自景靈宮詣太廟

前享一日，皇帝於景靈宮朝獻畢，既還大次。禮部郎中奏解嚴。所司轉仗衛鹵簿。文武助祭官先詣太廟祠所。導駕官以下就次，各服其服。乘黃令進玉輅於昌福門内，南向。設千牛將軍一員位於輅前，北向。門下侍郎一員位於左輔之前，贊者二人位又於其前。

少頃，知客省事以下，知内侍省事以下，帶御器械官、祗應通侍大夫以下，武功大夫以下，六尚局應奉官於齋殿前闢班立定。東上閤門、御史臺、太常寺分引管軍臣僚及左輔、門下侍郎、太僕卿、乘黃令詣御幄幕殿門外立班，北向，東上。<small>乘黃令位其後。</small>次引導駕官以下在其後，分東西相向立，以候奉迎前導。次引行宮使、御營巡檢等又在其後。禮直官、通事舍人引禮部侍郎奏請中嚴。<small>凡左輔、門下侍郎、禮部侍郎，皆禮直官、通事舍人引。</small>少頃，又奏外辦。皇帝服通天冠、絳紗袍，乘輿以出，稱警蹕，如常儀。行門禁衛、諸班親從迎駕，奏"聖躬萬福"。次知客省事以下，知內侍省事以下，帶御器械官、祗應通侍大夫以下，武功大夫以下，六尚局應奉官闕班迎駕，奏"聖躬萬福"。皇帝乘輿，降自西階①，稱警蹕，如常儀。管軍臣僚奏"聖躬萬福"。次左輔以下，次導駕官，次行宮使、御營巡檢等逐班奏"聖躬萬福"。該宣名者即宣名。

　　太僕卿詣玉輅所，攝衣而陞，正立執轡。導駕官前導皇帝至昌福門內玉輅所。千牛將軍前跪執轡。左輔進當御前俛伏，跪奏："左輔具官臣某言，請皇帝降輿，升輅。"奏訖，俛伏，興，退，復位。凡左輔奏請准此。乘黃令稍前，東向，進玉輅。皇帝降輿升輅，太僕立授綏，導駕官分左右步導。門下侍郎進當門前俛伏，奏："門下侍郎具官臣某言②，請車駕進發。"奏訖，俛伏，興，退，復位。凡門下侍郎奏請准此。車駕動，稱警蹕。左輔先詣昌福門以俟。門下侍郎及贊者夾侍以出。千牛將軍夾輅而趨。車駕將及昌福門，至侍臣上馬所，門下侍郎奏請車駕少駐，敕侍臣上馬。左輔前承旨，退稱曰："制可。"門下侍郎退，傳制稱："侍臣上馬。"贊者承傳敕侍臣上馬，諸侍衛之官各督其屬左右翊駕，在黃麾內。符寶郎奉八寶前導，殿中監後部從，導駕官夾侍於前，贊者在左輔、門下侍郎之前。侍臣上馬畢，門下侍郎奏請車駕進發。車駕動，稱警蹕，不鳴鼓吹。

　　法駕鹵簿前導詣太廟。車駕將近太廟，東上閣門、御史臺分引文武助祭官、宗室、客使，禮直官、贊者引行事、執事俱詣廟西門外立班，再拜奉迎訖，退。內已起居者，止奏"聖躬萬福"。車駕及門少

①　"西"字，底本作"兩"，據文津閣本校改。
②　"言"字，底本脫，據十萬卷樓本校補。

715

駐，文武侍臣皆下馬。導駕官步導入廟西門。車駕動，千牛將軍夾輅而趨。近廟南門迴輅南向，千牛將軍立於輅左。左輔奏請皇帝降輅，步入廟，稍東。左輔奏請皇帝乘輿，尚輦奉御進輿。皇帝乘輿以入齋殿，侍衛如常儀。導駕官步導至殿門，皇帝降輿歸殿後閣，簾降。通事舍人承旨敕羣臣各還次。學士院以祝册授通政司進御書訖，付尚書禮部。

省牲器

省牲之日，未後二刻，宮闈令帥其屬掃除廟之内外，司尊彝帥府史及執事者以祭器入設於位。<small>凡祭器，皆藉以席，籩、豆又加巾蓋。</small>太府卿入陳幣於篚。<small>告潔畢，權徹。</small>

未後三刻，禮直官、贊者分引大禮使以下詣東門外省牲位，立定。光禄卿、丞與執事者牽牲就位。禮直官贊揖，贊者引大司樂入行樂架。<small>凡亞、終獻行事皆禮直官[1]、太常博士引，大禮使、執政官及申眠滌濯官[2]、受爵酒官[3]、進爵酒官行事禮直官引，餘官皆贊者引。</small>次引申眠滌濯官入[4]，升自西階，<small>凡行事、執事官升降，皆自西階[5]。</small>眠滌濯。次引申眠滌濯官申眠滌濯[6]，執事者皆舉幂，曰："潔。"俱復位。禮直官稍前，

---

① "禮直官"三字，底本脱，據《文獻通考》卷九八《宗廟考八·祭祀時享》校補。

② "執政"，底本作"執事"，據文津閣本、十萬卷樓本、《文獻通考》卷九八《宗廟考八·祭祀時享》校改。

③ "受"字，底本作"授"，據文津閣本、《文獻通考》卷九八《宗廟考八·祭祀時享》校改。

④ "申"字，底本脱，據《文獻通考》卷九八《宗廟考八·祭祀時享》校補。

⑤ 底本"凡行事執事官升降皆自西階"十二字作正文大字，據文津閣本、《文獻通考》卷九八《宗廟考八·祭祀時享》改作注文小字。

⑥ 後"申眠滌濯"四字，底本脱，據《文獻通考》卷九八《宗廟考八·祭祀時享》校補。

曰："告潔畢，請省牲。"次引省牲官稍前省牲訖，退，復位。次引光禄卿出班巡牲一匝，西向躬，曰："充。"曰："備。"次引光禄丞出班巡牲一匝，西向躬曰："腯。"俱復位。禮直官稍前①，曰："省牲畢②，請就省饌位。"揖訖，引大禮使以下各就位立定，禮直官贊揖訖。所司省牲具畢。禮直官贊："省饌畢。"揖訖，俱還齋所。光禄卿、丞及執事者以次牽牲詣廚，授太官令。次引省鼎鑊官詣廚③，省鼎鑊，視滌溉。協律郎展視樂器，乃還齋所。

晡後一刻，太官令帥宰人以鸞刀割牲，祝史各取毛血，實於槃，又取膟脊，實於登，俱置饌所④，遂烹牲。宮闈令帥其屬掃除廟之内外。

別廟神主過太廟

前享一日，所司陳儀仗於別廟門之外。中道，清道二人，分左右，執黑漆杖，服武弁、緋衫、革帶。次幰弩一，箭釵全，執人並服平巾幘、緋衫、勒帛。次扇二，分左右，服緋畫衫。次曲蓋一，次方繖一，服黃畫衫；次導蓋一，服黃衫，並抹額、勒帛。次部轄員僚二人⑤，分左右，服黑平巾幘、儀刀、紫文袍、勒帛。次排列執掌四人，分左右，重行，服紫羅寬衫。次團扇十四，爲七重；次方扇四，次曲蓋四，重行；次方繖二，次花蓋二，以上並分左右，服武弁冠、緋衫、白袴、錦臘蛇。次排列執掌二，分左右，服緋衣。又於團扇、方扇内設行障一，在前；次行障二，次坐障二，並分左右；次坐障一在後⑥，腰輿一，在行障、坐障内，已上服同執花蓋。部轄節級一名，在排列執掌内，服

---

① 底本"稍前"前衍"贊揖"二字，據《文獻通考》卷九八《宗廟考八·祭祀時享》刪。
② "省牲畢"三字，底本脱，據《文獻通考》卷九八《宗廟考八·祭祀時享》校補。
③ "鼎"字，底本脱，據《文獻通考》卷九八《宗廟考八·祭祀時享》校補。
④ "置"字，底本作"至"，據十萬卷樓本、《文獻通考》卷九八《宗廟考八·祭祀時享》校改。
⑤ "員僚"，底本作"員察"，據十萬卷樓本校改。
⑥ "次坐"，底本作"坐次"，據文津閣本乙正。

同執花蓋,又加金銅腰帶。次左右街司衙官十二人,分左右,爲六重。外仗,分左右廂。青衣四人,爲二重,執竿,並袋,服黑平巾幘、青衫、袴、勒帛。次車幡棒四,重行,服赤平巾幘、緋衫、袴、勒帛。次鸞頭竿六、信幡六,爲六重,皆竿一在前,幡一次之,服同執扇。次戟二十,爲十重,服同執曲蓋。次刀、盾二十,各盾左、刀右,爲十重,服皂衫、帽、勒帛。次稍十,爲五重,服青衫、抹額、勒帛。次弓箭十四,每弓一箭二,箭靫全,爲七重,服銀褐衫、抹額、勒帛。次儀刀十,爲五重,服平巾幘、銀褐衫、勒帛。次儀鍠斧四,爲二重,服同執曲蓋。

　　享日丑前五刻,所司陳方扇、團扇、行障、坐障於別廟南神門外,設腰輿于殿階之下[①],南向。少頃,禮直官、贊者分引內常侍以下於殿庭,北向,西上,重行立。別廟,內常侍行事禮直官引,餘官皆贊者引。贊者曰:"再拜。"內常侍以下皆再拜。本廟宮闈令升殿,開室,捧惠恭皇后神主至室門。次引內常侍北向,俛伏,跪,稍前,內常侍奏:"臣某言,恭請惠恭皇后神主祫享於太廟,降殿乘輿。"奏訖,俛伏,興。凡內常侍奏請准此。又宮闈令捧接神主,內常侍前引,置於輿。內常侍以下分左右前導,詣太廟南神門外幄次,東向,權奉安。儀仗至太廟門外止。方扇、團扇、行障、坐障至太廟南神門外止。內常侍以下俟導引詣殿上神幄[②],如別儀。

晨裸

　　享日丑前五刻,行事用丑時七刻。諸享官及助祭之官各服其服。宮闈令開室,帥其屬掃除。太府卿入陳幣,光禄卿入實籩、豆、簠、簋,良醖令入實尊彝,樂正帥工人二舞以次入,與執尊、罍、篚、幂者各就位。次執事官各入就位。次通事舍人分引文武助

---

　　① "于"字,底本脱,據文津閣本、《文獻通考》卷一〇二《宗廟考十二・祫禘》校補。
　　② "俟"字,底本脱,據《文獻通考》卷一〇二《宗廟考十二・祫禘》校補。

祭官及宗室、客使，贊者引薦羊俎官以下各入就位。禮直官、贊者分引大禮使以下行事、執事者詣廟東門外揖位，立定。禮直官贊揖。次引監察御史，次引大禮使以下入次就位。次引監察御史按視殿之上下，糾察不如儀者，退，復位。

　　尚輦奉御進輿於齋殿。皇帝服通天冠、絳紗袍，乘輿以出。近侍及扈從之官導從至大次門外。皇帝降輿入次，簾降。禮儀使、樞密院官、太常卿、東上閣門官、太常博士、禮直官分立於大次外左右。次引禮部侍郎詣前奏請中嚴。少頃，又奏外辦。符寶郎奉寶陳於宮架之北。禮儀使當次前俛伏，跪奏：“禮儀使具官臣某言，請皇帝行事。”奏訖，俛伏，興，還侍位①。禮儀使奏禮畢，准此。簾捲，皇帝服袞冕以出，侍衛如常儀。禮儀使以下前導至東神門外，殿中監跪進大圭，殿中少監副之。凡殿中監進圭、受圭，皆少監副之。禮儀使奏請執大圭，前導皇帝入自正門。侍衛不應入者，止於門外。協律郎跪，俛伏，舉麾，興，凡行禮執事者取物，奠物，皆跪，俛伏，興。工皷柷，宮架《乾安之樂》作。皇帝升降、行止，皆奏《乾安之樂》。至阼階下，偃麾，戛敔，樂止。凡樂②，皆協律郎跪，俛伏，舉麾，興，工皷柷而後作，偃麾，戛敔而後止。升自阼階，登歌樂作。左右侍衛之官量人數從升。至版位西向立，樂止。禮儀使以下分左右侍立。凡行事③，皆禮儀使、樞密院官、太常卿、東上閣門官④、太常博士前導，至位即分立分左右。祠祭官於殿上贊：

---

① “位”字，底本作“立”，據文津閣本、十萬卷樓本校改。
② 底本“樂”後衍“作”字，據文津閣本、《文獻通考》卷九八《宗廟考八·祭祀時享》刪。
③ “事”字，《文獻通考》卷九八《宗廟考八·祭祀時享》作“禮”。
④ “官”字，底本脫，據文津閣本、十萬卷樓本校補。

"奉神主。"①次引薦香燈官入室，搢笏，於室內奉帝主設於座②，奉神主詣神幄內，于几後啟匱設於座，以白羅巾覆之。執笏，退，復執事位。次引宮闈令奉后主③，如上儀，以青羅巾覆之。退，復執事位。

初④，殿上贊："奉神主。"內常侍以下於太廟南門外神幄奉別廟神主腰輿入南神西偏門，至殿下，南向。內常侍以下北向立。內常侍稍前，奏："惠恭皇后神主袷享於太廟。"奏訖，退，詣惠恭皇后神主前，奏請降輿，升殿。奏訖，宮闈令捧神主，升自泰階，至殿上，本廟宮闈令捧接，祔於宣仁聖烈皇后神主之左，設於座。奉神主設於座，並如上儀。內常侍以下退，於東神門內道南以俟。祠祭官於殿上贊："奉神主訖。"禮儀使前，奏："有司謹具，請行事。"又奏請再拜，皇帝再拜。贊者曰："再拜。"在位官皆再拜。次引奉瓚官升詣僖祖神位前，西向立。詣西向神位則北向立，詣東則南向立。奉瓚槃官詣爵洗西，東向立。

禮儀使前導皇帝詣盥洗位⑤，登歌樂作，降自阼階，樂止。宮架樂作，至洗位，北向立，樂止。內侍酌水以進。禮儀使奏請搢大圭，盥手。內侍跪，取巾於篚，興以進，皇帝帨手。內侍受巾，跪，奠於篚。

禮儀使奏請執大圭，前導皇帝詣爵洗位，宮架樂作，至洗位，

---

①　"祠"字，底本作"祀"，據文津閣本、十萬卷樓本、《文獻通考》卷九八《宗廟考八 · 祭祀時享》校改。

②　"帝"字，底本作"皇"，據文津閣本、《文獻通考》卷九八《宗廟考八 · 祭祀時享》校改。

③　"后"字，底本作"皇"，據文津閣本、《文獻通考》卷九八《宗廟考八 · 祭祀時享》校改。

④　"初"字，底本作"於"，據文津閣本、十萬卷樓本校改。

⑤　底本"詣"後衍"階"字，據十萬卷樓本、楊本刪。

北向立，樂止^①。奉瓚槃官跪，取瓚於篚，興以進。禮儀使奏請搢大圭，受瓚。内侍酌水以進。禮儀使奏請洗瓚。内侍跪，取巾於篚，興以進，皇帝拭瓚。内侍受巾，跪，奠於篚。

　　奉瓚槃官捧槃，升自東階。禮儀使奏請執大圭，前導。皇帝升殿。大禮使從。<small>皇帝升降，大禮使皆從。</small>宮架樂作，至阼階下，樂止。升自阼階，登歌樂作。禮儀使前導皇帝詣僖祖位^②，樂止。奉瓚槃官詣僖祖位尊彝所，西向立，<small>若詣東西向神位，即皆南北向^③。</small>以瓚泲鬯，執彝者舉冪，宗室酌鬱鬯訖，先詣次位尊彝所，東向立。<small>若詣東向神位尊彝所，即西向立。</small>禮儀使前導皇帝詣僖祖神位前，北向立。<small>若詣西向神位，即東向立；東向神位，即西向立。</small>禮儀使奏請搢大圭，跪。奉瓚槃官西向立，以瓚授奉瓚官，奉瓚官西向跪以進^④。禮儀使奏請執圭瓚，皇帝執瓚，以鬯祼地，奠之。奉瓚官受瓚，以授奉瓚槃官，奉瓚槃官以槃受瓚訖，俱詣次位以候。禮儀使奏請執大圭，俛伏，興，前導皇帝少退，北向立。禮儀使奏請再拜，皇帝再拜。

　　禮儀使前導詣順祖位，次詣翼祖位，次詣宣祖位，次詣太祖位，次詣太宗位，次詣真宗位，次詣仁宗位，次詣英宗位，次詣惠恭皇后位^⑤，次詣神宗位，次詣哲宗位，祼鬯，並如上儀。<small>別廟神位，止祼於座前，不拜。</small>奉瓚官、奉瓚槃官酌鬱鬯。宗室俱降，復位。禮儀使前導皇帝還版位，登歌樂作，至位，西向立，樂止。

　　次太官令升詣僖祖位酌尊所，北向立。次太祝詣盥洗位，搢

---

① “止”字，底本作“作”，據文津閣本校改。
② “僖”字，底本作“禧”，據十萬卷樓本校改。下同。
③ “南北向”，底本作“皆向北”，據文津閣本校改。
④ “奉瓚官”三字，底本脱，據文津閣本校補。
⑤ “皇后”，底本作“皇帝”，據文津閣本校改。

筭,盥手,帨手,執筭。詣爵洗位,搢筭,洗斝,以授執事者,執筭,
詣僖祖位酌尊所,西向立。執事者以斝授太祝,太祝執斝,太官
令酌犧尊之泛齊訖,先詣次位酌尊所,東向立。太祝以斝授執事
者,執筭,詣僖祖神位前。執事者以斝授太祝,太祝搢筭,執斝,
跪,奠於鉶南,執筭,興。次詣每位,奠斝,並如上儀,退,復位。
宮架作《興安之樂》、《文德之舞》,九成,止。

朝踐

享日,太官令帥進饌者詣每室饌幔內,設腥體於俎,以牛兩髀、
兩肩、兩脅並脊,實於一俎。兩髀在兩端,兩肩、兩脅次之,脊在中。次升羊、豕如牛,
各實於一俎。次升牛、羊、豕牲首各一,實於一俎。次升牛腥,腸、胃、肺,實於一俎。離
肺一在上端,刌肺三次之,腸三、胃三又次之。次升羊腥,腸、胃、肺,實於一俎,其載如
牛。次升豕腥膚九,實於一俎,橫載。次升魚十有五,實於一俎,縮載。俱設於饌
幔內,東西相向。

皇帝晨祼既畢,執事宗室奉毛血槃及肝膋豆立於南門外,奉
爐炭、蕭蒿、稷黍者各立於其後,以次由正門入,陞殿,其執事宗
室各迎取於階上,入奠於神位前。奉毛血、肝膋者各退,立於尊
所[①]。次執事宗室奉爐炭設於神位之左,其蕭蒿、稷黍各置於爐
炭,以次出。

太官令取肝,以鸞刀割之,洗於鬱鬯,貫之以膋,燎於爐炭。
薦香燈官別廟神主以太祝。以肝膋詔於神座,又以墮祭,三祭於茅
苴,降,詣盥洗位,盥手,帨手,升復執事位。次執事宗室升牲首,
入設於豆右,牛在左,羊在中,豕在右。俱退,復位。

---

① "尊"字,底本作"奠",據文津閣本、十萬卷樓本校改。

次薦腥於筵前。薦俎宗室詣饌所[①]，奉俎以入，太官令引入自正門，搢笏，奉俎，升殿。執事宗室各迎取於階上。薦俎官詣神位前，跪奠，先薦牛，次薦羊，次薦豕及魚，各執笏，俛伏，興。有司設牛俎在形鹽前，羊次之；豕俎在酏食前，魚次之；腸、胃、膚俎在牲首前。<small>皆牛在左，羊在中，豕在右。</small>每位奉奠並如上儀，俱退，復位。

---

① "詣"字，底本作"以"，據文津閣本校改。

卷第九十九　吉禮

皇帝祫享太廟儀三

饋食

享日，有司陳鼎四十有八於神廚，各在鑊右。太官令帥進饌者詣廚，以匕升牛於鑊，實於一鼎。肩、臂、臑、肫、胳、正脊一，直脊一，橫脊一，長脅一，短脅一，代脅一，二骨以並，離肺一、刌肺三、腸三、胃三。次升羊如牛，實於一鼎；次升豕於鑊，實於一鼎；羊熟十一體，其次如牛。又豕熟膚九[①]。次升魚十有五，實於一鼎，每室牛、羊、豕、魚各一鼎。皆設扃、幂。執事宗室對舉，入設於每室饌幔内，東西相向，以北爲上。光禄實籩、豆、簠、簋於每室饌幔内。籩實以粉餈，豆實以糝食，簠實以粱，簋實以稷。次引視腥熟節官詣饌所，視腥熟之節。

初，皇帝晨祼畢，還位，樂止。宮闈令入詣僖祖室内，設神位。每位鋪筵，設几。昭位在北，南向；穆位在南，北向。祠祭官於殿上贊："奉神主。"次薦香燈官、宮闈令詣神幄内[②]，捂笏，奉帝后神主於僖宗室内，設於座訖，其奉神主設於座，並上儀。退，復執事位[③]。祠祭官於殿上贊："奉神主訖。"

禮儀使前導皇帝還小次，登歌樂作，降自阼階，樂止。宮架

---

① "熟"字，底本脱，據文津閣本校補。
② "幄"字，底本脱，據文津閣本、十萬卷樓本校補。
③ 底本"復"後衍"位"字，據文津閣本刪。

樂作。將至小次，禮儀使奏請釋大圭，殿中監跪受大圭。皇帝入小次，簾降，樂止。有司各帥其屬徙堂上饌於室中訖。禮儀使前導皇帝入版位，簾卷，出次，宮架樂作。殿中監跪進大圭。禮儀使奏請執大圭，前導皇帝升殿，樂止。登歌樂作，至版位，西向立，樂止。

次引薦籩豆簠簋官詣饌所，執籩、豆、簠、簋以次入[1]；薦俎官詣饌所，奉俎入[2]，太官令引入正門。宮架《豐安之樂》作。設於西階下，北面，北上。奉牲者在南，執事宗室抽扃，委於鼎北，除幂。

初，鼎序入。執事宗室執匕及俎以從，至西階下，設於鼎右，匕加於鼎。太官令以匕升牛，載於一俎；肩、臂、臑、肫、骼、正脊一，直脊一，橫脊一，長脅一，短脅一，代脅一，載於一俎。肩、臂、臑在上端，肫、骼在下端，脊、脅在中。以離肺一、刌肺三、腸三、胃三，載於一俎，其次如腥。次升羊如牛，各載於一俎；次升豕，各載於一俎；並熟十二體，其次如牛；豕膚九體，於一俎，其次如腥。次升魚，載於一俎。魚十有五，其次如腥。鼎先退。宗室進徹毛血槃，以次出。

次薦籩豆簠簋官搢笏，執籩、豆、簠、簋；薦俎官搢笏，奉俎以升，執事宗室各迎取於階上。薦籩豆簠簋官奉籩、豆、簠、簋於神位前，北向跪奠，啟蓋以下，執笏，俛伏，興。有司設籩於糗餌前[3]，豆於醓醢前，簠於稻前，簋於黍前。次薦俎官奉俎，詣僖祖神位前[4]，北向跪奠，先薦牛，次薦羊，次薦豕及魚，各執笏，俛伏，

---

① “入”字，底本脱，據文津閣本校補。
② “奉”字，底本作“奏”，據文津閣本、十萬卷樓本校改。
③ 底本“籩”後衍“豆”字，據十萬卷樓本刪。
④ “僖祖”二字，底本脱，《文獻通考》卷一〇二《宗廟考十二·袷享》校補。

興。有司設牛、羊、豕俎於腸、胃、膚之前，牛在左，羊在中，豕在右。魚俎於牲首之右。詣次位奉奠[①]，並如上儀。樂止，俱降，復位。次奉肝脊宗室取蕭合稷黍，擩於脂，燎於爐炭，各還尊所。當饋熟之時，取菹擩於醢[②]，祭於豆間三。又取黍、稷、肺，祭如初，皆藉用茅，各還尊所。次引奉幣官、受幣官、進幣官、受爵酒官、進爵酒官陞詣僖祖位。奉幣官、進幣官、受爵酒官、進爵酒官在東，西向立，北上；受幣官在西，東向立。次引奉爵酒官詣爵洗西，東向立。

禮儀使前導皇帝詣盥洗位，登歌樂作，降自阼階，樂止。宮架樂作，至洗位，北向立，樂止。內侍酌水以進。禮儀使奏請搢大圭，盥手。內侍跪，取巾於篚，興以進，皇帝帨手。內侍受巾，跪，奠於篚。

禮儀使奏請執大圭，前導皇帝詣爵洗位，宮架樂作，至洗位，北向立，樂止。次奉爵酒官跪[③]，取爵於篚，興以進。禮儀使奏請進大圭，受爵。內侍酌水以進。禮儀使奏請洗爵。內侍跪，取巾於篚[④]，興以進，皇帝拭爵。內侍受巾，跪，奠於篚。奉爵酒官受爵，升自東階。

禮儀使奏請執大圭，前導皇帝升殿，宮架樂作，至阼階下，樂止。升自阼階，登歌樂作。殿中監跪進鎮圭。禮儀使奏請搢大圭，執鎮圭，前導皇帝詣僖祖位，樂止。宮架作《基命之樂》，順祖位《大寧之樂》，翼祖位《大順之樂》，宣祖位《天元之樂》，太祖位《皇武之樂》，太宗位《大定

---

①　“詣”字，底本作“諸”，據文津閣本、十萬卷樓本校改。

②　“擩”字，底本脱，據《文獻通考》卷一〇二《宗廟考十二·祫享》校補。

③　“爵酒”，底本作“爵洗”，據十萬卷樓本校改。

④　“取巾”，底本作“奠”，據文津閣本、十萬卷樓本、楊本校改。

之樂》，真宗位《熙文之樂》，仁宗位《美成之樂》，英宗位《治隆之樂》^①、神宗位《大明之樂》，哲宗位《重光之樂》^②，惠恭皇后位《慈安之樂》。文舞作。奉爵酒官奉爵，詣僖祖位酌尊所，南向立。執尊者舉幂，良醞令酌犧尊之泛齊訖，先詣順祖位酌尊所，北向立。禮儀使前導皇帝詣僖祖神位前，西向立。若詣南向神位前，則北向立。若詣北向神位前，則南向立。內侍先設繅藉於地。禮儀使奏請跪奠鎮圭於繅藉，執大圭，俛伏，興。又奏請搢大圭，跪。次內侍跪，取幣於篚，以幣授奉幣官，奉幣官以授進幣官^③，進幣官南向跪以進^④。禮儀使奏請受幣，皇帝受奠訖。受幣官北向跪受以興，若南向神位，則東向跪受。若北向神位，則南向跪受。進奠於僖祖神位前。次奉爵酒官以爵授受爵酒官，受爵酒官以授進爵酒官，進爵酒官南向跪以進。若南向神位，則西向跪進。若北向神位，則東向跪進。禮儀使奏請執爵，祭酒，三祭於茅苴。奠爵，執大圭，俛伏，興。次奉幣官、進幣官、受幣官、奉爵酒官、受爵酒官、進爵酒官俱詣次位以俟。禮儀使前導皇帝少退，西向。又奏請少立，樂止。內侍取鎮圭、繅藉詣次位，先設繅藉於地。次舉冊官舉祝冊進於僖祖座右。讀冊官搢笏，跪讀冊文，讀訖，執笏，興，先詣次位神座之右。禮儀使奏請再拜，皇帝再拜。有司入，奠冊於神位之右，興，還尊所。禮儀使前導皇帝詣次位，奠幣，酌獻，並如上儀。次奉幣官、進幣官、受幣官、奉爵酒官^⑤、受爵酒官、進爵酒官俱降，復位。內侍舉鎮圭、繅藉，以鎮圭授殿中監，以還有司。

---

① “英宗位治隆之樂”七字，底本脫，據文津閣本校補。
② “哲”字，底本作“誓”，據文津閣本校改。
③ “奉幣官以”四字，底本脫，據文津閣本校補。
④ 底本“跪”前衍“立”字，據文津閣本刪。
⑤ “受幣官奉爵酒官”七字，底本脫，據本書卷一〇四《皇帝時享太廟儀下·饋食》補。

讀册官以下俱降,復位。

　　禮儀使前導皇帝還版位,登歌樂作,至位,西向立,樂止。禮儀使奏請還小次,登歌樂作,前導皇帝降自阼階,樂止①,宮架樂作。將至小次②,禮儀使奏請釋大圭,殿中監跪受大圭。皇帝入小次,簾降,樂止。

　　文舞退,武舞進,宮架《正安之樂》作。舞者立定,樂止。

　　初,皇帝將詣小次。禮直官、太常博士引亞獻詣盥洗位,北向立,搢笏,盥手,帨手,執笏。詣爵洗位,北向立,搢笏,洗爵,拭爵,以授執事者,執笏,升詣僖祖位酌尊所③,西向立。宮架作《正安之樂》、《武功之舞》。執事者以爵授亞獻,亞獻進笏,執爵。執尊者舉冪,太官令酌象尊之醴齊訖,先詣順祖位酌尊所,西向立。亞獻以爵授執事者,執笏,入詣僖祖神位前,北向立④,搢笏,跪。執事者以爵授亞獻,亞獻執爵,祭酒,三祭於茅苴,奠爵,執笏,俛伏,興,少退,再拜。次詣每位,酌獻,並如上儀。樂止,降,復位。

　　初⑤,亞獻行禮將畢。次禮直官、太常博士引終獻詣洗及升殿,酌獻,並如亞獻之儀,降,復位。

　　初,終獻既升,次引七祀及配享功臣獻官詣盥洗位⑥,搢笏,盥手,帨手,執笏,進詣神位前,搢笏,跪,執爵,三祭酒,奠爵,執笏,俛伏,興,再拜。詣次位,並如上儀,退,復位。唯七祀先詣司命位

---

　　① “登歌樂作前導皇帝降自阼階樂止”十四字,底本脱,據本書卷一〇四《皇帝時享太廟儀下·饋食》補。

　　② “宮架樂作將至小次”八字,底本脱,據文津閣本校補。

　　③ “升”字,底本作“盥”,據文津閣本、十萬卷樓本校改。

　　④ “北向立”三字,底本無,據本書卷一〇四《皇帝時享太廟儀下·饋食》補。

　　⑤ “初”字,底本作“和”,據文津閣本、十萬卷樓本校改。

　　⑥ “祀”字,底本作“祝”,據文津閣本、十萬卷樓本校改。

奠爵訖，興，少立。次引太祝進詣神位前，北向跪讀祝文，讀訖，退，復位。獻官再拜。

初，皇帝既晨祼，光禄以牛左臂一骨及長脅、短脅，俱二骨以並，載於胙俎，升設於僖祖室户外，候終獻既升[1]。次引進俎官、進摶黍官、太官令詣飲福位，北向立[2]。奉俎、豆、爵酒官者各位於其後[3]。

禮儀使奏請詣飲福位，簾卷，出次，宮架樂作。殿中監跪進大圭，禮儀使奏請執大圭，前導皇帝至阼階下[4]，樂止。升自阼階，登歌樂作，將至飲福位，樂止。登歌《僖安之樂》作，皇帝詣飲福位，西向立。尚醖典御執尊詣酌尊所[5]，良醖令酌上尊飲福酒合置一尊[6]。典御奉尊詣飲福位，以授殿中少監。尚醖奉御執爵[7]，殿中少監酌之。奉御以爵酒授殿中監，殿中監北向捧以立[8]。禮儀使奏請皇帝再拜，皇帝再拜。殿中監跪以爵酒進。禮儀使奏請執大圭，跪受爵，祭酒，三祭於地。啐酒，奠爵。殿中監跪受爵，興。

諸太祝帥執事者持胙俎進[9]，減神位前正脊二骨、橫脊二骨，加於俎上。内侍受俎以授進俎官，進俎官南向，跪以進。皇帝受俎，奠之。進俎官受俎以興，降，復位。太官令取黍于簋[10]，摶以

① “候”字，文津閣本作“俟”。
② “北”字，底本作“次”，據文津閣本校改。
③ “酒”字，底本脱，據本書卷一○四《皇帝時享太廟儀下·饋食》補。
④ “阼”字，底本作“降”，據文津閣本、十萬卷樓本校改。
⑤ “醖”字，底本作“醴”，據文津閣本校改。
⑥ “置”字，底本作“簋”，據文津閣本校改。
⑦ “醖”字，底本作“醴”，據文津閣本校改。
⑧ “殿中監”，底本作“奉爵”，據文津閣本校改。
⑨ “諸”字，底本作“請”，據文津閣本校改。
⑩ “于”字，底本作“二”，據文津閣本校改。

授進摶黍官^①，進摶黍官受以豆，北向跪以進。皇帝受訖，奠之。進摶黍官受豆以興，降，復位。次殿中監再跪以爵酒進，禮儀使奏請受爵，飲福酒^②，奠爵。殿中監受虚爵^③，興，以授典御奉御^④。執事者俱降，復位。禮儀使奏請執大圭，俛伏，興。又奏請再拜，皇帝再拜，樂止。禮儀使前導皇帝還版位，登歌樂作，至版位，西向立，樂止。

次禮直官、太常博士引皇子詣受爵位，西向立。太祝詣每位鉶南，舉羃，合置一羃，内侍受爵。皇子再拜。内侍奉羃，以授皇子。皇子跪，搢笏，受羃而飲訖，奠羃，興，再拜以降。

次徹籩豆官升殿，徹籩、豆；徹牛俎官升殿，徹俎，籩、豆、俎各一，俱少移故處。登歌《豐安之樂》作，卒徹，樂止。徹籩豆官、徹牛俎官降，復位。禮直官曰：“賜胙。”行事。助祭官拜。贊者承傳，曰：“賜胙，再拜。”在位官皆再拜。

送神，宫架《興安之樂》作，一成，止。

祠祭官於殿上贊：“納神主。”次引薦香燈官搢笏，奉帝主入祏室訖，薦香燈官先捧匱置於神座，納神主於匱訖，捧匱入祏室。執笏，退，復位。次引宫闈令奉后主，如上儀，退，復位。若别廟神主還本廟，則俟祠祭官贊“納神主”，次引内常侍以下先入詣殿庭，北向候納神主訖^⑤。次引内常侍升殿，詣惠恭皇后神主前，奉請惠恭皇后神主降殿乘輿，赴本廟，奏訖，宫闈令捧神主降自泰階。内常侍前導，置於輿。内常侍以下分左右前導，腰輿出太廟南神西偏門^⑥。至廟

---

① “進”字，底本脱，據十萬卷樓本校補。
② “酒”字，底本脱，據本書卷一〇四《皇帝時享太廟儀下・饋食》補。
③ “受”字，底本作“收”，據文津閣本校改。
④ “典御奉御”，底本作“興降奉”，據文津閣本校改。
⑤ “候”字，文津閣本、十萬卷樓本作“俟”。
⑥ “神”字，底本作“門”，據文津閣本、十萬卷樓本校改。

門外^①，所司轉儀仗還別廟，如還太廟之儀。腰輿至本廟殿下^②，北向。內常侍詣腰輿前^③，奏請惠恭皇后神主降輿陞殿，奏訖，復位。本廟宮闈令捧接神主，入祔室，並如太廟之儀，闔戶以降。內常侍以下北向，西上，立。贊者曰："拜。"內常侍以下再拜訖^④，退。

禮儀使奏禮畢，前導皇帝降阼階，登歌樂作，降自阼階，樂止。宮架樂作，出門，樂止。禮儀使奏請釋大圭，殿中監跪受大圭。皇帝還大次。禮部郎中奏請解嚴。皇帝常服，乘輿，還齋殿。

宮闈令以黍、稷、肺祭，藉用白茅，束而埋之於西階東。有司各取幣置於坎。大禮使以下就望瘞位。禮直官曰："可瘞。"實土半坎。本廟宮闈令監視。

次引大禮使以下詣東門外揖位立。禮直官贊："禮畢。"揖訖，退。文武助祭官及宗室以次出。引七祀獻官詣齋宮內七祀望燎位，南向立。有司置祝版於燎柴，焚訖，退。太官令帥其屬徹禮饌，次監察御史詣殿，監視收徹訖，退。宮闈令闔戶以降，乃退。太常藏祝版於匱。

<hr>

① "至"字，底本作"主"，據文津閣本校改。
② "至"字，底本脱，據文津閣本校補。
③ "詣"字，底本作"啟"，據文津閣本校改。
④ "訖"字，底本作"皆"，據文津閣本校改。

卷第一百　吉禮

皇帝祫享太廟儀四

車駕還内　紫宸殿受賀　宣德門肆赦

車駕還内

前期，殿中監帥其屬尚舍設御幄於大慶殿門外之東，南向。大晟設宮架於宣德門外，稍南。

其日，禮畢，所司轉仗衛鹵簿於還途，如來儀。文武百官、宗室、客使先詣宣德門外，就次以俟，立班奉迎。乘黄令進金輅於御幄前，南向。千牛將軍一員執長刀立於輅前。尚輦奉御進輿於齋殿，導駕官俱詣齋殿門外奉迎。禮部侍郎奏請中嚴，少頃，又奏外辦。簾卷，皇帝服通天冠、絳紗袍，乘輿以出。應導駕官等並迎駕，奏"聖躬萬福"訖，内祗應官贊謝花再拜①。步導出殿門外。太僕卿出詣金輅所，攝衣而陞，正立執轡。皇帝乘輿，降自西階，至金輅所。左輔奏請皇帝降輿升輅。有司仍具大輦。若乘輦，即云："降輿，乘輦。"太僕卿立授綏，千牛將軍馭駕，如來儀。門下侍郎奏請車駕進發，車駕動，稱警蹕，侍衛如儀。

至侍臣上馬所，門下侍郎奏請車駕少駐，敕侍臣上馬。左輔

---

①　"花"字，底本作"皆"，據文津閣本、十萬卷樓本、楊本校改。

前承旨,退,稱曰:"制可。"門下侍郎傳制,稱侍臣上馬。贊者承傳敕侍臣上馬。門下侍郎奏請車駕進發,車駕動,稱警蹕,鼓吹及諸軍樂振作。車駕將至宣德門外,文武百官、宗室、客使立班,再拜奉迎。大内留守見,再拜訖,退。

車駕至宣德門外,少駐。文武侍臣皆下馬步導,千牛將軍降,立於輅右。車駕動,千牛將軍夾輅而趨。大樂正令奏《采茨之樂》,入門,樂止。車駕至御幄前,左輔奏請皇帝降輅乘輿。_{若乘輦,即奏云:"降輦乘輿。"}皇帝降輅乘輿以入。禮部郎中奏解嚴。通事舍人承旨,敕羣官各還次,將士各還其所。

紫宸殿受賀

前期,殿中監帥其屬尚舍設御座於紫宸殿當中,南向,又於殿後設御閣如儀。儀鸞司設文武百僚次於殿門之外,隨地之宜。

其日,禮畢,車駕還内,管軍臣僚、東上閤門官引駕。詣紫宸殿後閤。文武百僚並常服入,就次。

少頃,東上閤門、御史臺分引詣殿下立班。東上閤門附内侍進班齊牌。皇帝常服出,升御座,鳴鞭,禁衛奏"聖躬萬福"。

次舍人揖管軍臣僚等並行門躬①,贊"再拜",管軍臣僚以下皆再拜,班首奏"聖躬萬福"。舍人引班首出班,俛伏,跪,致詞訖,俛伏,興,退,復位。舍人揖,躬贊"再拜"。管軍臣僚以下皆再拜,三稱"萬歲"。内侍詣御座前承旨,退,降階,西向宣答訖。舍人贊"再拜",管軍臣僚以下皆再拜,三稱"萬歲"。舍人贊"各祗候",管軍臣僚詣殿下侍立,行門外左右立。

---

① 底本"軍"後衍"官"字,據十萬卷樓本刪。

次太史局官詣當殿北向立,舍人揖躬,贊"再拜"①,次太史局官再拜,奏"聖躬萬福",出班,躬身奏祥瑞訖②,退,復位。舍人揖躬,贊"再拜",太史局官再拜,贊"祗候",太史局官東出。

次舍人揖樞密以下躬,舍人當殿通某官姓名以下起居稱賀,轉身於班前西向立。舍人贊"再拜",樞密以下皆再拜,搢笏,舞蹈,三稱"萬歲",又再拜。班首不離位,奏"聖躬萬福",又再拜。舍人引班首出班,俛伏,跪,致詞訖,俛伏,興,退,復位。舍人揖躬,贊"再拜",樞密以下皆再拜,搢笏,舞蹈,三稱"萬歲",又再拜。東上閤門官當殿北向承旨,退,西向,稱"有制",樞密院以下再拜,宣答訖,復位。舍人贊:"再拜。"樞密以下皆再拜,搢笏,舞蹈,三稱"萬歲",又再拜。樞密直學士升殿,侍立③。並升西階。知客省事以下殿廷東侍立,餘官分班出④。

舍人、禮直官揖宰臣以下躬,舍人當殿通文武百官宰臣姓名以下起居稱賀。三公通某官。舍人揖班首以下橫行北向立⑤,學士、待制、兩省官、將軍仍舊相向立。稱賀如上儀。唯典儀贊拜,樞密詣御座前承旨,退詣折檻東⑥,稱"有制宣答。"賀訖,宰臣、執政官升殿,東西相向立。宰臣、執政官陞東階,中書侍郎升西階。樞密直學士下殿。餘官以次退。皇帝降坐,鳴鞭。殿上侍立官以次退。

---

① "次太史局官詣當殿北向立舍人揖躬贊再拜"十八字,底本脱,據本書卷三三《皇帝宗祀上帝儀四·紫宸殿受賀》補。

② "訖"字,底本作"氣",據本書卷三三《皇帝宗祀上帝儀四·紫宸殿受賀》改。

③ "立"字,底本脱,據本書卷三三《皇帝宗祀上帝儀四·紫宸殿受賀》補。

④ "餘官"二字,底本脱,據文津閣本、十萬卷樓本、楊本校補。

⑤ "立"字,底本脱,據本書卷三三《皇帝宗祀上帝儀四·紫宸殿受賀》補。

⑥ "承旨退詣折檻東",底本作"丞檻東",據本書卷三三《皇帝宗祀上帝儀四·紫宸殿受賀》改。

宣德門肆赦

前期，殿中監帥其屬尚舍張設宣德門之內外。又設御座於前楹當中，南向，又設御幄於後。東上閣門設捧赦書儀物於御座之東，稍南。儀鸞司設文武百僚次於樓前，隨地之宜。八作司設雞竿於御街之東，稍北。大晟府設鉦鼓一於宮架之西，稍北，東向。

其日，刑部、大理寺、開封府以囚徒集於仗後。東上閣門、御史臺、太常寺設文武百官位於樓下。皇帝御紫宸殿受賀畢。少頃，乘輦，升宣德門，至御閣東，降輦，歸御閣，簾降。內侍進呈赦書。東上閣門官於樓下侍立[①]。二員於樓上祗應。禮直官、通事舍人分引三公[②]、親王以下詣樓前，分班立定。左輔、樞密升詣御座之東，翰林學士承旨一人，升詣御座之西，俱南向立。翰林學士承旨闕，即翰林學士。次引禮部侍郎奏請中嚴。少頃，又奏外辦，降，復本班。簾卷，大樂正令撞黃鍾之鍾，右五鍾皆應，《乾安之樂》作。內侍索扇，扇合。皇帝出御閣，臨軒，即御座，樓下鳴鼓，簾卷。內侍贊"扇開"，扇退[③]，樂止，侍御如常儀。禮直官、通事舍人分引三公、親王以下橫行北向立定。學士、待制、兩省官、將軍仍舊相向立。典儀曰："再拜。"在位官皆再拜，分班東西相向。

樓下舍人詣樓前北向立，左輔詣御座前承旨，退，稍前，西向宣曰："奉敕，立金雞。"退，復位。樓下舍人應喏，趨詣文武班南，北向揖訖，東向宣曰："奉敕，立金雞。"宣付所司退，復位。金雞

---

① "侍立"二字，底本脱，據本書卷三三《皇帝宗祀上帝儀四·宣德門肆赦》補。
② "引"字，底本作"司"，據文津閣本校改。
③ "扇退"二字，底本脱，據本書卷三三《皇帝宗祀上帝儀四·宣德門肆赦》補。

初立，大晟府擊鼓。每擊鼓投一杖，囚集，鼓聲止。初，宣立金雞，即擊鼓，立金雞訖，即止，更不投杖。

　　樓上降赦書，閤門受以置於案，承受二人舉案於東偏門之西南，舍人二員對捧。東上閤門官揖引至班心，北向揖，稱"宣付門下省"，退詣案西，東向立。引門下侍郎詣案南，北向搢笏，跪。閤門捧赦書以授門下侍郎，門下侍郎受訖，執笏，俛伏，興。舍人捧案，退，置於樓下近北訖，歸本班。東上閤門官還侍立位。次引門下侍郎捧赦書，詣班前，北向俛伏，跪奏："制書請付外施行。"制書權付禮直官。奏訖，俛伏，興，躬身北向。次引左輔詣御座前承旨①，退，西向宣曰："制可。"退，復位。門下侍郎稱"宣付班首"，稍西，東向立。次引班首相向，各俛伏，跪。門下侍郎搢笏，捧制書以授班首。班首受訖，執笏，俛伏，興，捧，歸位，以付舍人。舍人跪受，付提點承受啟付訖，復授舍人。舍人捧制書，折方行至班心。近南，西向，又折方，北向立。東上閤門官一員並捧制書舍人於左省班後詣宣制位②。起居郎、舍人一員指摘句讀③。舍人宣曰："有制。"典儀曰："再拜。"在位官皆再拜。舍人宣制至"咸赦除之"，獄吏詣班南，北向躬，稱"脫枷"訖，奏"聖躬萬福"，三稱"萬歲"。以罪人過宣制訖，樓上舍人贊樞密院官、左輔、翰林學士承旨並賀再拜④。樓上閤門官不拜。東上閤門官歸侍立位，舍人捧制書詣班首前，東向立，搢笏，跪，以制書授班首。班首授訖，舍人執笏，退，復侍立位。禮直官次引刑部尚書詣班首前，東

　　①　"詣"字，底本脫，據本書卷三三《皇帝宗祀上帝儀四・宣德門肆赦》補。
　　②　"詣"字，底本作"請"，據本書卷三三《皇帝宗祀上帝儀四・宣德門肆赦》改。"位"字，底本作"立"，據本書卷三三《皇帝宗祀上帝儀四・宣德門肆赦》改。
　　③　"指摘句讀"四字，底本脫，據本書卷三三《皇帝宗祀上帝儀四・宣德門肆赦》補。
　　④　"並"字，底本作"曲"，據本書卷三三《皇帝宗祀上帝儀四・宣德門肆赦》改。

向，搢笏，跪。班首搢笏，以制書授刑部尚書。刑部尚書受訖，執笏，以制書加於笏上，以授所司，歸本班。禮直官、通事舍人引三公、親王以下及應橫行官就北向位立定。典儀曰："再拜。"在位官皆再拜。禮直官、通事舍人引班首稍前，俛伏，跪，致祠訖，俛伏，興。典儀曰："再拜。"在位官皆再拜，搢笏，舞蹈，三稱"萬歲"，又再拜。東上閤門官詣樓前，承旨，退，於班首前西向稱"有制"，典儀曰："再拜。"在位者皆再拜。東上閤門官宣答訖，歸侍立位。典儀曰："再拜。"在位官皆再拜，舞蹈，三稱"萬歲"，又再拜。禮直官、通事舍人引三公、親王以下分東西班叙立①。

禮直官引左輔詣御座前，奏"禮畢"，退，復位。內侍索扇，扇合，大樂正令撞蕤賓之鐘，左五鐘皆應，《乾安之樂》作。簾降，皇帝降座，還御幄，樂止。樓上鳴鞭。舍人詣樓前，北向承旨，四色官應喏②，舍人北向稱"奉敕放仗"，四色官趨至班南，宣曰："奉敕放仗。"百僚再拜，退。宣詞令舍人樓下宣勞將士訖，退。賜茶酒，拽馬隊，並如儀。

---

① "立"字，底本作"位"，據本書卷三三《皇帝宗祀上帝儀四·宣德門肆赦》改。
② "應"字，底本脱，據本書卷三三《皇帝宗祀上帝儀四·宣德門肆赦》補。

卷第一百一　吉禮

祫享太廟儀_{有司行事}

時日　齋戒　陳設　省牲器
別廟神主過太廟　晨祼　饋食

時日

太廟三年一祫，以孟冬之月。其年，太常寺預以隔季以孟冬時享前擇日祫享太廟，關太史局。太史局擇日，報太常寺參酌訖，具時日散告。

齋戒

前享十日，受誓戒於尚書省。

其日五鼓，贊者設位版於公相廳下：初獻官在左，刑部尚書在右，並南向。亞獻、終獻禮官位於其南稍東，北向，西上。監察御史位於其西①，稍北，東向。户部、兵部、工部尚書，大司樂、光禄丞位於其南，稍西，北向，東上。_{凡設大樂令、光禄丞位皆稍却。}奉禮、協律郎，太祝，太官令，内常侍、内給事、内謁者監、内僕丞、宫闈令、夾侍内臣、舁神主内臣位於其東，西向，北上。捧俎齋郎位

---

① “其”字，底本脱，據《文獻通考》卷一〇二《宗廟考十二·祫享》校補。

其後。

質明，贊者引行事、執事官就位立定，禮直官引初獻降階就位。禮直官贊揖，在位者對揖。初獻搢笏，讀誓文云：“某月某日孟冬，祫享太廟。各揚其職，不共其事，國有常刑。”讀訖，執笏。禮直官贊奉禮、協律郎，太祝、太官令，内常侍以下先退。餘官對拜，乃退。

散齋七日，治事如故，宿於正寢，不弔喪、問疾、作樂、判書刑殺文書、決罰罪人及與穢惡。致齋三日，光禄卿、丞，太官令齋一日。二日於本司，親王於本府翊善廳。宗室於睦親、廣親宅都廳；相妨，即於學舍。餘官無本司者①，並於太廟齋宮。別廟行事官内常侍以下，即於別廟齋宮。質明至齋所。唯享事得行，其餘悉禁。前享一日質明，俱赴祠所齋宮，官給酒饌。享官已齋而闕者，通攝行事。

陳設

前享三日，儀鸞司設饌幔於東神門外②，每室饌幔各一。設權奉安別廟神主幄次於南神門外，東向。又設七祀次一於殿下横街之北道西，東向。配享功臣次於横街之南③，東西相向。每室配享功臣各爲一次。

前二日，光禄牽牲詣祠所。

前一日，宫闈令帥其屬掃除廟之内外。太常設堂上位，自西序以東，每位並設幄帳，鋪筵，設几於筵上。太常設祭器，凡設祭器，皆藉以席，籩、豆又加巾蓋。以俟告潔。既畢，權徹。

---

① “者”字，底本脱，據文津閣本、十萬卷樓本、楊本校補。
② “神”字，底本脱，據《文獻通考》卷九八《宗廟考八·祭祀時享》校補。
③ 底本“南”後衍“道之”二字，據《文獻通考》卷九八《宗廟考八·祭祀時享》删。

　　設揖位於齋宫内。三獻官、禮官在道南,北向,西上。户部、兵部、工部尚書,大司樂、光禄卿,大樂令、光禄丞,奉禮、協律郎,太祝、太官令,内常侍,内給事,内謁者監,内僕丞,宫闈令,夾侍内臣,舁神主内臣在道北,南向,西上。凡設大樂令以下位皆稍却。若享日,即不設光禄卿、丞、常侍以下位。監察御史於户部尚書之西,少絶。

　　光禄丞陳牲於東神門外,當門,西向,祝史各位於牲後。太常設省牲位於牲西。三獻官、禮官在道南,北向。户部、兵部、工部尚書,大司樂、光禄卿,大樂令、光禄丞,奉禮、協律郎,太祝、太官令,内常侍,内給事,内謁者監,内僕丞,宫闈令,夾侍内臣,舁神主内臣在道北,南向。俱西上。捧俎齋郎在後。監察御史於户部尚書之西,少絶。

　　光禄陳牲饌於東神門外道北,南向。太常設省饌位版於禮饌之南。三獻官、禮官在南,北向,西上。監察御史在西,東向。户部、兵部、工部尚書,大司樂、光禄卿,大樂令、光禄丞,奉禮、協律郎,太祝、太官令,内常侍,内給事,内謁者監,内僕丞,宫闈令,夾内侍臣,舁神主内臣在東,西向,北上。捧俎齋郎在其後。大晟設登歌之樂於殿上前楹間,稍南,北向,設宫架於庭中,立舞表於酇綴之間。

　　享日丑前五刻,禮直官、贊者、諸司職掌各服其服。宫闈令入殿,開室,帥其屬掃除。

　　太常陳幣篚各於神位之左,幣以白。祝版各於神位之右,置於坫。

　　次設祭器,光禄實之。每位左十有二籩,爲四行,以右爲上;第一行:魚鱐在前,糗餌、粉餈次之。第二行:乾蔆在前,乾棗、形鹽次之。第三行:鹿脯在前,榛實、乾桃次之。第四行:菱在前,芡、棗次之。右十有二豆,爲四行,以左爲上；第一行：芹菹在前，筍菹、葵菹次之。第二行：菁菹在前，韭菹、酏食次之。第三行：魚醢在前，兔醢、豚拍次之。第四行：鹿臡在前，醓醢、糝食次之。加豆二在豆前；左實以雁，右實以稻。俎三，二在籩前，爲二重，第一重：實以牛腥七體，兩髀、兩肩、兩脅并脊①，兩髀在兩端，兩肩、兩脅次之，脊在中。第二重：實以羊腥七體，其載如牛。一在豆前；實以豕腥七體，其載如羊。又俎九在豆右，爲三重；第一重：實以牛、羊、豕首各一。第二重：一實以牛腥，腸、胃、肺，離肺一在上端，刌肺三次之，腸三、胃三又次之；一實以羊腥，腸、胃、肺，其載如牛；一實以豕腥膚九，橫載。第三重：一實以牛熟，腸、胃、肺；一實以羊熟，腸、胃、肺；一實以豕熟膚，其載如腥。皆牛在左，羊在中，豕在右。登一，在籩、豆間；實以大羹。鉶三，在登前；實以羹，加芼滑。簠二、簋二，在籩、豆外，簠在左，簋在右；簠實以稻、粱，粱在稻前。簋實以黍、稷，稷在黍前。登一，在籩之左；實以肝膋。槃一，在神位之左；實以毛血。爐炭在神位前，置蕭蒿於爐上。

設太尊五、山尊五，爲二重，太尊在前，皆有坫，在神位之左；太尊一實明水，爲上尊，餘實以泛齊，代以供內法酒，初獻酌之。山尊一實明水，爲上尊，餘實以醴齊，代以祠祭法酒，亞、終獻酌之。虎彝一在太尊之右，實以鬱鬯。蜼彝一在山尊之右，實以明水。皆有舟，俱加勺、冪，爲酌尊。又設太尊二、山尊二在神位前，太尊一實泛齊，山尊一實醴齊，各以一尊實明水。著尊二、犧尊二、象尊二、壺尊六在下，著尊一實盎齊，犧尊一實醍齊，象尊一實沉齊，各以一尊實明水。壺尊三實玄酒，三實三酒。明水、玄酒皆在上，皆加冪。五齊三酒，設而不酌。

太常設七祀位於殿下橫街之北次內，又設配享功臣位於橫街之南次內。韓王趙普、周王曹彬位於橫街之南道西，東向。太師薛居正、太師石熙載、鄭王潘美位在其西，太師李沆、太師王旦、太師李繼隆位又在其西。又設太師王

---

① "并"字，底本脱，據文津閣本、《文獻通考》卷九八《宗廟考八·祭祀時享》校補。

曾、太師吕夷簡、侍中曹瑋位於横街之南道東，西向。司徒韓琦、太師曾公亮位在其東，次舒王王安石位，次太師蔡確位又在其西。俱北向。皆設神位席①，太廟設神位版。

太常設祭器，光禄實之。每位左二籩，栗在前，鹿脯次之。右二豆；菁菹在前，鹿臡在後。俎一，在神位前；實以羊、豕腥肉。爵一，次之；實以祠祭法酒。簠一、簋一，在爵之前，簠在左，簋在右；簠實以稷，簋實以黍。象尊一，在籩前，加勺、幂。實以祠祭法酒。

太常設燭於神位前②，又設俎三於東神門外每室饌幔内，洗二於東階下直東霤，北向。盥洗在東③，爵洗在西④。罍在洗東，加勺。篚在洗西南肆，實以巾。若爵洗之篚，即又實以瓚及爵，加坫。設禮官盥洗於從祀神位之前，執罍、篚者位於其後。七祀及配享功臣各一洗。

又設揖位於東神門外，如省牲位。唯不設光禄卿、丞，捧俎齋郎，内常侍以下位。

開瘞坎於殿内階之東，方深取足容物，南出陛。設望瘞位於其南，如省饌位。唯不設光禄卿、齋郎、内常侍以下位。

設七祀燎柴於齋宫内。設三獻官、禮官席位於殿下東階之東南，西向，南上。户部、兵部、工部尚書於其南，西向，北上。監察御史、大司樂、大樂令席位於殿庭之南，北向；奉禮、協律郎，太祝，太官令位其後，俱西上。光禄卿席位於監察御史之東，北向。又設監察御史位於殿上前楹西，東向。奉禮郎、太祝在東，西向，

① "席"字，底本脱，據文津閣本、楊本、《文獻通考》卷九八《宗廟考八·祭祀時享》校補。
② "太常設燭於"五字，底本脱，據楊本、《文獻通考》卷九八《宗廟考八·祭祀時享》校補。
③ "洗"字，底本作"設"，據文津閣本校改。
④ "洗"字，底本作"設"，據文津閣本、十萬卷樓本、楊本校改。

北上。大樂令於樂簴之北，北向。太官令於酌尊所。協律郎位二，一於殿上前楹間稍西，一於宮架西，北向。

省牲器

前享一日，行事、執事官集初獻齋所肄儀，太祝習讀祝文及視幣訖。次禮直官、贊者分引行事、執事官就齋宮内揖位，凡初獻行事禮直官引，餘官皆贊者引。立定。禮直官贊揖訖，分引詣東神門外省牲位，立定。禮直官贊揖訖，次引大司樂入行樂架，次引監察御史入，升自西階，凡行事、執事官升降，皆自西階。視滌濯，執事者舉冪，曰：“潔。”降，復位。禮直官稍前，曰：“告潔畢，請省牲。”太祝出班巡牲一匝，詣初獻前，西向躬曰：“充。”退，復位。光禄丞出班巡牲一匝，詣初獻前，西向躬曰：“腯。”退，復位。禮直官贊：“省牲畢，請詣省饌位。”揖訖，引行事、執事官各就位立定。禮直官贊揖。所司省饌具畢，禮直官贊：“省饌畢。”揖訖，俱還齋所。光禄丞、太祝以次牽牲詣廚，授太官令。次引監察御史詣廚，省鼎鑊，視祭器滌濯訖，協律郎展視祭器，乃還齋所。

未後一刻，太官令帥宰人以鸞刀割牲，祝史以槃取毛血，各置於饌所，遂烹牲。

晡後，宮闈令帥其屬掃除廟之内外訖，還齋所。

別廟神主過太廟

前享一日，所司陳儀仗於別廟門之外。中道，清道二人，分左右[1]，執黑漆仗，服武弁、羅衫、革帶。次幨弩一，箭韜全，執人並服平巾幘、緋衫、勒帛。次

---

[1]　底本“中道”二字在“左右”後，據文津閣本、楊本移正。

扇二，分左右，服緋畫衫；次曲蓋一，次方繖一，服黃畫衫；次導蓋一，服黃衫，並抹額、勒帛。次部轄員僚二人，分左右，服黑平巾幘、儀刀、紫文袍、勒帛。次排列職掌四人，分左右，重行，服紫羅寬衫。次團扇十四，爲七重；次方扇四，次曲蓋四，重行；次方繖二，次花蓋二，已上並分左右，服武弁冠、緋衫、白袴、錦臆蛇。次排列執掌二，分左右，服緋衣。又於團扇、方扇内設行障一，在前；次行障二，次坐障二，並分左右；次坐障一，在後；腰輿一，在行障、坐障内，已上服同執花蓋。部轄節級一名，在排列執掌内，服同執花蓋，又加金銅腰帶。次左右街司衙官十二人，分左右，爲六重。外仗，分左右廂。青衣二人，爲二重，執竿，並袋，服黑平巾幘、青衫、袴、勒帛。次車輻棒四①，重行，服赤平巾幘②、緋衣、袴、勒帛。次鸞頭竿六③、信幡六，爲六重，皆竿一在前，幡一次之，服同執扇。次戟二十，爲十重，服同執曲蓋。次刀、盾二十，各盾左、刀右，爲十重，服皂衫帽、勒帛。次稍十，爲五重，服青衫、抹額、勒帛。次弓箭十四，每弓一箭二，箭靫全，爲七重，服銀褐衫、抹額、勒帛。次儀刀十，爲五重，服平巾幘、銀褐衫、勒帛。次儀鍠斧四，爲二重，服同執曲蓋。

　　享日丑前五刻，所司陳方扇、團扇、行障、坐障於別廟南神門外，設腰輿於殿階之下，南向。少頃，禮直官、贊者分引内常侍以下於殿庭，北向，西上，重行立。別廟，内常侍行事禮直官引，餘官皆贊者引④。贊者曰："再拜。"内常侍以下皆再拜。本廟宮闈令升殿，開室，捧惠恭皇后神主至室門。次引内常侍北向，俛伏，跪，稍前，内常侍奏⑤："臣某言，恭請惠恭皇后神主祫享於太廟⑥，降殿乘輿。"奏訖，俛伏，興。凡内常侍奏請准此。又宮闈令捧接神主，内常侍前引⑦，置於輿。内常侍以下分左右前導，詣太廟南神門外幄次，

---

　　①　"輻"字，底本作"幡"，據文津閣本、十萬卷樓本、楊本校改。
　　②　"赤"字，底本作"黑"，據文津閣本、楊本校改。
　　③　"次"字，底本作"水"，據文津閣本、十萬卷樓本、楊本校改。
　　④　"禮直官引餘官"，底本作"執事禮直官"，據文津閣本、楊本校改。
　　⑤　"捧惠恭皇后神主至室門次引内常侍北向俛伏跪稍前内常侍"二十五字，底本脱，據文津閣本校補。
　　⑥　"臣某言恭請"五字，底本脱，據文津閣本校補。
　　⑦　"引"字，底本脱，據文津閣本校補。

東向，權奉安。儀仗於太廟門外止。方扇、團扇、行障、坐障至太廟南神門外止。內常侍以下俟導引詣殿上神幄，如別儀。

晨祼

享日丑前五刻，行事用丑時七刻。祠祭官引宮闈令入詣殿庭，北向立。祠祭官曰：“再拜。”宮闈令再拜，升殿開室，整拂神幄，帥其屬掃除，退，就執事位。次引薦香燈官入詣殿庭，北向立①。凡宮闈令、薦香燈官行事，皆祠祭官引。祠祭官曰：“再拜。”薦香燈官再拜，升殿，各就執事位。次樂正帥工人二舞入就位。登歌工人俟監察御史點閱訖，升西階，各就位。次太官令帥其屬實饌具畢。次引光禄卿入詣殿庭席位，北向立。贊者曰：“再拜。”光禄卿再拜，升殿，點視禮饌畢。次引監察御史陞殿，點閱陳設，糾察不如儀者。凡點視、點閱，皆先詣僖祖位，以至次位。光禄卿還齋所，餘官各服其服。

次引行事、執事官詣齋宮內揖位，立定。禮直官贊揖，引詣東神門外揖位②，立定。禮直官贊揖。次引大司樂、大樂令、協律郎，次引監察御史、奉禮郎、太祝、太官令入，就殿下席位，北向立。次引初獻，戶部、兵部、工部尚書，亞、終獻，禮直官入，就殿下席位，西向立。祠祭官於殿上贊：“奉神主。”次引薦香燈官入室，搢笏，於祐室內奉帝主出，詣殿上神幄，設於座，奉神主詣神幄內，於几後啟匱，設於座，以白羅巾覆之。執笏，退，復執事位。次引宮闈令奉后主如上儀，以青羅巾覆之。退，復執事位。

---

① “立”字，底本脱，據《文獻通考》卷一〇二《宗廟考十二·祫禘》校補。

② “位”字，底本脱，據文津閣本、楊本校補。

　　初①,殿上贊:"奉神主。"内常侍以下於太廟南門外神幄承別廟神主腰輿入南神西偏門,至殿下,南向。内常侍以下北向立。贊者曰:"再拜。"内常侍以下再拜。候殿上奉神主訖②,内常侍稍前,奏:"惠恭皇后神主祔享於太廟。"奏訖,退,詣惠恭皇后神主前,奏:"請降輿升殿。"奏訖,宮闈令捧神主,升自泰階,至殿上,本廟宮闈令捧接,祔於宣仁聖烈皇后神主之左,設於座。奉神主設於座如上儀。内常侍以下退詣東神門内道南以俟。祠祭官於殿上贊:"奉神主訖。"

　　禮直官稍前,贊:"有司謹具,請行事。"贊者曰:"再拜。"在位者皆再拜。次引監察御史,大司樂、大樂令,奉禮、協律郎,太祝、太官令各就位立定。太官令就僖祖位尊彝所。

　　次引初獻詣盥洗位,北向立,搢笏,盥手,帨手,執笏;詣爵洗位,北向立,搢笏,洗瓚,拭瓚,以授執事者,執笏,陞殿,詣僖祖位尊彝所,東向立。若南北向神位尊彝所,即東西向立③。酌獻准此。執事者以瓚授初獻,初獻搢笏,執瓚。執彝者舉冪,太官令酌鬱鬯訖,先詣順祖位尊彝所,北向立。若詣北向神位尊彝所④,即南向立⑤。酌獻准此。初獻以瓚授執事者,執笏,詣僖祖神位前,西向立⑥,若南向神位,即北

---

　　① "初"字,底本作"於",據文津閣本、《文獻通考》卷一〇二《宗廟考十二·祫禘》校改。

　　② "候"字,文津閣本、《文獻通考》卷一〇二《宗廟考十二·祫禘》作"俟"。

　　③ "東"字,《文獻通考》卷一〇二《宗廟考十二·祫禘》作"皆"。

　　④ "詣"字,底本無,據《文獻通考》卷一〇二《宗廟考十二·祫禘》校補。"向"字,底本作"爲",據文津閣本、《文獻通考》卷一〇二《宗廟考十二·祫禘》校改。

　　⑤ "向"字,底本作"爲",據文津閣本、十萬卷樓本、楊本、《文獻通考》卷一〇二《宗廟考十二·祫禘》校改。

　　⑥ "立"字,底本脱,據文津閣本、《文獻通考》卷一〇二《宗廟考十二·祫禘》校補。

向立。若北向神位，即南向立。酹獻准此。搢笏，跪。次引奉禮郎搢笏，南向跪。執事者以瓚授奉禮郎。奉禮郎奉瓚，授初獻，初獻執瓚，以鬯祼地，奠訖，以瓚授執事者。次執事者以幣授奉禮郎，奉禮郎奉幣授初獻訖，執笏，興，先詣順祖神位前，西向立。若北向神位，即東向立。初獻受幣，奠訖，執笏，俛伏，興，少退，再拜。次詣順祖位，次詣翼祖位，次詣宣祖位，次詣太祖位，次詣太宗位，次詣真宗位，次詣仁宗位，次詣英宗位，不詣惠恭皇后位。次詣神宗位，次詣哲宗位，祼鬯，奠幣，並如上儀，俱復位。協律郎跪，俛伏，興，舉麾，工鼓柷，宮架作《興安之樂》、《孝熙昭德之舞》，九成，偃麾，戛敔，樂止。凡樂，皆協律郎跪，俛伏，舉麾，興，工鼓柷而後作，偃麾，戛敔而後止。

既晨祼，薦香燈官入取毛血，奠於神位前。太官令取肝，以鸞刀割之，洗於鬱，貫之以膋，燎於爐炭。薦香燈官以肝膋詔於神位，又以墮祭，三祭於茅苴。退，復位。

饋食

享日，有司設鼎三十有六於神廚，各在鑊右。光祿帥進饌者詣廚，以匕升牛於鑊，實於一鼎；肩、臂、臑、肫、胳、正脊一，直脊一，橫脊一，長脅一，短脅一，代脅一，皆二骨以並。次升羊、豕如牛，各實於一鼎，每位牛、羊、豕各一鼎。皆設扃、冪。祝史對舉，入，設於饌幔內。候初獻升祼[1]，入陳於西階下北向，北上。祝史抽扃，委於鼎右，除冪。

初，鼎序入。有司執匕，齋郎捧俎以從，至西階下，俎各設於鼎北，匕加於鼎。光祿以匕升牛，載於一俎；肩、臂、臑在上端，肫、胳在下端，脊、脅在中。次升羊、豕如牛，各載於一俎。每位牛、羊、豕各一俎。鼎先退。

---

① “候”字，文津閣本、《文獻通考》卷一〇二《宗廟考十二·祫禘》作“俟”。

次引户部、兵部、工部尚書詣西階下，搢笏，奉俎，_{户部奉牛，兵}部奉羊，工部奉豕。升殿，宮架《豐安之樂》作，詣僖祖神位前，西向跪奠，_{若南向神位，即北向跪奠。北向神位，即南向跪奠。}先薦牛，次薦羊，次薦豕。各執笏，俛伏，興。有司入設於豆右，腸、胃、膚之前。_{牛在左，羊在中，豕在右。}次詣每位，奉俎，並如上儀。樂止，俱降，復位。

初，奠俎訖，次引薦香燈官取蕭，合黍、稷，擩於脂，燎於爐炭，當饋熟之時，薦香燈官取菹擩於醢，祭於豆間三。又取黍、稷、肺，祭如初，俱藉以茅。退，復位。

次初獻再詣盥洗位，宮架《正安之樂》作，_{初獻升降、行止，皆作《正安之樂》。}至位，北向立，搢笏，盥手，帨手，執笏。詣爵洗位，北向立，搢笏，洗爵，拭爵，以授執事者。執笏，升殿，樂止。登歌樂作，詣僖祖位酌尊所，東向立，樂止。登歌《基命之樂》作[1]，_{順祖位《大寧之樂》，翼祖位《大順之樂》，宣祖位《天元之樂》，太祖位《皇武之樂》，太宗位《大定之樂》，真宗位《熙文之樂》，仁宗位《美成之樂》，英宗位《治隆之樂》，神宗位《大明之樂》，哲宗位《重光之樂》，惠恭皇后位《慈安之樂》。}執事者以爵授初獻，初獻搢笏，執爵。執尊者舉冪，太官令酌太尊之泛齊訖，先詣順祖位酌尊所，北向立。初獻以爵授執事者，執笏，詣僖祖神位前，西向立，搢笏，跪。執事者以爵授初獻，初獻執爵，祭酒，三祭於茅苴，奠爵，執笏，俛伏。少立，樂止。次引太祝詣神位前，北向，搢笏，跪讀祝文，讀訖，執笏，興，先詣順祖神位前，東向立。_{若南向神位即西向立。}初獻再拜。次詣每位行禮，並如上儀。太官令復詣僖祖位酌尊所[2]，太祝復位。初獻將降階，登歌樂作，降階，樂止。宮架樂作，復位，樂止。

---

① "作"字，底本脱，據《文獻通考》卷一〇二《宗廟考十二·祫禘》校補。

② 底本"太官令復"後衍"位"字，據文津閣本、十萬卷樓本、楊本删。

文舞退，武舞進，宮架《正安之樂》作。舞者立定，樂止①。

次引亞獻詣盥洗位，北向立，搢笏，盥手，帨手，執笏；詣爵洗位，北向立，搢笏，洗爵，拭爵，以授執事者，執笏，升殿；詣僖祖位酌尊所，東向立。宮架作《文安之樂》、《孝熙昭德之舞》。執事者以爵授亞獻，亞獻搢笏，執爵。執尊者舉冪②，太官令酌山尊之醴齊訖，先詣順祖位酌尊所，北向立。亞獻以爵授執事者，執笏，詣僖祖神位前，西向立，搢笏，跪。執事者以爵授亞獻，亞獻執爵，祭酒，三祭於茅苴，奠爵，執笏，俛伏，興，少退，再拜。次詣每位行禮，並如上儀。樂止，降，復位。

初，亞獻將詣太室，次引終獻詣洗及升殿行禮，並如亞獻之儀，復位。

初，終獻畢，既升，次引七祀及配享功臣禮官詣盥洗位，搢笏，盥手，帨手，執笏，詣神位前，搢笏，跪，執爵，三祭酒，奠爵，執笏，俛伏，興，再拜③。詣次位，並如上儀，退，復位。唯七祀先詣司命位，奠爵訖，興，少立。次太祝北向跪讀祝文，讀訖，退，復位。禮官再拜。

次引太祝徹籩、豆，籩、豆各一少移故處。登歌《恭安之樂》作，卒徹，樂止。次引宮闈令束茅訖，俱復位。

禮直官曰：“賜胙。”贊者承傳曰：“賜胙，再拜。”在位者皆再拜。

送神，宮架《興安之樂》作，一成，止。

---

① “文舞退武舞進宮架正安之樂作舞者立定樂止”十九字，底本脫，據《文獻通考》卷一〇二《宗廟考十二·祫禘》校補。

② “尊”字，底本作“事”，據文津閣本、楊本、《文獻通考》卷一〇二《宗廟考十二·祫禘》校改。

③ “次詣每位行禮並如上儀樂止降復位初亞獻將詣太室次引終獻詣洗及升殿行禮並如亞獻之儀復位初終獻畢既升次引七祀及配享功臣禮位詣盥洗位搢笏盥手帨手執笏詣神位前搢笏跪執爵三祭酒奠爵執笏俛伏興再拜”九十一字，底本脫，據文津閣本、《文獻通考》卷一〇二《宗廟考十二·祫禘》校補。

祠祭官於殿上贊："奉神主入祫室。"次引薦香燈官揩笏，奉帝主入祫室，薦香燈官先捧匱置於神座，納神主於匱訖，捧入祫室。執笏，退，復位。次引宫闈令奉后主入祫室，並如上儀，退，復位。若別廟神主還本廟①，則俟祠祭官贊"納神主"，次引内常侍以下先入詣殿庭北向立，俟納神主訖，次引内常侍升殿詣英宗神幄内，於惠恭皇后神主前奏請惠恭皇后神主降殿乘輿，赴本廟，奏訖，宫闈令捧神主降自泰階，内常侍前導，置於輿。内常侍以下分左右前導，腰輿出太廟南神西偏門，至廟門外，所司轉儀仗過別廟②，如過太廟之儀。腰輿至本廟殿下，北向，内常侍詣腰輿前奏請惠恭皇后神主降輿升殿，奏訖，復位。本廟宫闈令捧接神主，入祫室，並如太廟之儀，闔户以降。内常侍以下北向，西上立。贊者曰："拜。"内常侍以下再拜訖，退。

次引初獻，户部、兵部、工部尚書，亞、終獻，禮官就望瘞位。有司詣神位前，取幣，束茅置於坎③。次引監察御史，大司樂、大樂令，奉禮、協律郎，太祝就望瘞位，立定。禮直官曰："可瘞。"實土半坎。本廟宫闈令監視。

次引初獻以下詣東門外揖位立。禮直官贊："禮畢。"揖訖，退。次引禮官詣西神門外七祀望燎位，西向立，有司置祝版于燎柴，焚訖，退。太官令帥其屬徹禮饌，監察御史詣殿監視收徹訖，還齋所。宫闈令闔户以降，乃退。太常藏祝版於匱，光禄卿以胙奉進，監察御史就位展視，光禄卿望闕再拜，乃退④。

----

① "主"字，底本脱，據十萬卷樓本、楊本、《文獻通考》卷一〇二《宗廟考十二·祫禘》校補。

② "過"字，底本作"導"，據《文獻通考》卷一〇二《宗廟考十二·祫禘》校改。

③ "置"字，底本作"苴"，據楊本、《文獻通考》卷一〇二《宗廟考十二·祫禘》校改。

④ "詣東門外揖位立禮直官贊禮畢揖訖退次引禮官詣西神門外七祀望燎位西向立有司置祝版于燎柴焚訖退太官令帥其屬徹禮饌監察御史詣殿監視收徹訖還齋所宫闈令闔户以降乃退太常藏祝版於匱光禄卿以胙奉進監察御史就位展視光禄卿望闕再拜乃退"一百零七字，底本脱，據《文獻通考》卷一〇二《宗廟考十二·祫禘》校補。

卷第一百二　吉禮

皇帝時享太廟儀上

時日　齋戒　陳設

時日

前期，降御札，以來年孟春時享太廟。夏享准此。若秋享、冬享時，即云："以今年某月時享太廟。"太常寺帖太史局擇日。太史局擇日，報太常寺。太常寺參酌訖，申奏，具時日散告。若臘享，即不帖太史局擇日，但具時日散告。

齋戒

前享十日質明，有司設行事及助祭文武百官位於朝堂。太宰、刑部尚書在北，南向，太宰在左，刑部尚書在右。刑部尚書稍却。行事大司樂、光禄卿、大樂令、光禄丞、功臣獻官在南，如廟獻，即設行事太宰、左丞在南，吏部、户部、禮部、兵部、工部尚書，吏部、禮部侍郎及大司樂以下位在其南①。凡設大樂令以下位皆稍却。執事官又在其南，俱北向，西上。監察御史位二，在西，東向；讀册、舉册官，奉禮、協律郎，太祝、郊社、太官令在東，西向，俱北上。奉禮郎以下位，皆稍却。設助祭文武

---

① "大"字，底本脱，據十萬卷樓本校補。

百官位於行事官之南。又設行事、執事及助祭親王、宗室位於太廟齋坊①。少宰、刑部侍郎在北，南向，少宰在左，刑部侍郎在右。刑部侍郎稍却。亞、終獻在南，北向，西上。親王及行事、執事、助祭宗室在東，西向，北上。東上閣門、御史臺、太常寺以下分引羣官各就位。凡將引行事、助祭文武百官立班，即御史臺引殿中侍御史一員先入就位。太宰讀誓于朝堂，刑部尚書涖之；少宰讀誓於太廟齋坊，刑部侍郎涖之。誓文曰："今年某月某日孟春，夏云"孟夏"，秋云"孟秋"，冬云"孟冬"，臘云"季冬臘日"。皇帝時享太廟。如廟獻，即云"前一日，朝獻景靈宫"。各揚其職，其或不恭，國有常刑。"讀訖，內朝堂執事官奉禮郎以下，文官宣德郎以下，武官從義郎以下，皆退。餘官並對拜訖，退。

皇帝散齋七日於別殿，致齋三日。二日於大慶殿②，一日於太廟。凡散齋，不弔喪、問疾、作樂，有司不奏刑殺文書。致齋日，前後殿不視事，唯行享事。

前致齋一日，殿中監帥其尚舍鋪御座於大慶殿當中，南向；設東西房於御座之左右，稍北；又設西閣及齋室於殿後之左右③，殿上前楹施簾。

致齋之日，質明，有司陳法駕鹵簿於宣德門外，尚輦陳平輦於垂拱殿庭。文武百官俱就次，各服其服。東上閣門奏請皇帝未後詣齋室，通事舍人等自下分引知樞密院事以下詣垂拱殿庭，立班。東上閣門附內侍進班齊牌，垂拱殿簾降，皇帝乘輦出，至殿上，少駐。輦官迎駕，自贊常起居。宣輦官上殿，簾卷，鳴鞭，行門禁衛諸班親從迎駕，自贊常起居。次舍人先贊知內侍省官

---

① "執事"二字，底本脱，據《文獻通考》卷九九《宗廟考九·祭祀時享》校補。
② "二"字，底本作"三"，據《文獻通考》卷九九《宗廟考九·祭祀時享》校改。
③ "右"字，底本脱，據《文獻通考》卷九九《宗廟考九·祭祀時享》校補。

以下常起居，次樞密以下通班常起居，贊“祗候引駕”。樞密、知客省事以下，至簽書、東上閤門官分左右立。六尚局應奉官，祗應通侍大夫以下，武功大夫以下，並先退。次管軍臣僚宣名，常起居，贊“祗候引駕”①，並分左右。前導輦降東階垂拱殿門外，禁衛諸班親從自贊常起居。次行宮使、御營巡檢一班常起居。如通侍大夫以下，知客省事以下，武功大夫以下，知內侍兩省、帶御器械官、充行宮使、御營巡檢，各歸本班。至大慶殿後閤，降輦，入西閤，大慶殿簾降②。前導官並就次易朝服，詣御榻前，分左右侍立。知樞密院事、簽書樞密院事在東，西向，北上；同知樞密院事在西，東向③；左輔一員在知樞密院事之北，贊拜東上閤門官一員又在其北，並西向；知客省事以下在簽書樞密院事之南，稍東，西向，北上；簽書客省事以下又在其南，稍卻。通事舍人等分引行事、執事、文武助祭官，各結佩，入詣大慶殿庭立班。次引禮部侍郎奏請中嚴。侍臣詣幄，奉迎內外。符寶郎奉寶先出，陳於御榻之左右。少頃，引禮部侍郎奏外辦。皇帝服通天冠、絳紗袍、結佩，出西閤乘輿，稱警蹕，侍衛如常儀。由西房至御榻西降輿，皇帝即御座，南向，侍臣夾侍，贊拜東上閤門官於榻前贊：“樞密以下拜。”殿之上下應在位官皆再拜。東上閤門官贊拜訖，轉身北向隨拜畢，西向，贊“各祗候”。次禮直官引左輔詣御座前，俛伏，跪奏：“左輔具官臣某言，請皇帝降座，就齋室。”奏訖，俛伏，興，還侍位。凡左輔奏請准此。皇帝降座，乘輿，由東房入齋室，侍臣各還所司，直衛者如常儀。通事舍人分引行事、執事、文武助祭官以次出。三省、親王、樞密、宗室起居問聖體，並如上儀。

<hr>

① “候”字，底本脫，據十萬卷樓本、楊本校補。
② “殿”字，底本脫，據文津閣本、楊本校補。
③ “北上同知樞密院事在西東向”十二字，底本脫，據楊本校補。

應行事、執事、助祭官及從升者並散齋七日，宿於正寢；致齋三日，各宿于其次。三省、樞密院官各宿于本廳及都堂。侍從官并尚書、侍郎分宿于祕書省、中書後省。餘官内庭有所司者各宿于其司。諸方客使許赴陪位者各宿于其次。

凡散齋，治事如故，唯不弔喪、問疾、作樂、判書刑殺文書、決罰罪人及與穢惡。致齋之日，官給酒饌。唯享事得行，其餘悉禁。與享之官已齋而闕者，通攝行事。

陳設

前享三日，殿中監帥其屬尚舍設大次于太廟東門外道北，南向；小次于阼階東，稍南，西向。儀鸞司設文武侍臣次于大次之前，隨地之宜；行事、助祭官、宗室及有司次于廟之内外。設東方、南方客使次于文官之後，西方、北方客使次于武官之後。設饌幔于廟南門之外，東西相向。每室設饌幔各一。又設七祀次一于殿下橫街之北道西，東向。又設配享功臣次于殿下橫街之南①，東西相向。每室配享功臣各爲一次。

前享二日，宮闈令帥其屬掃除廟之内外，開瘞坎于殿西階之東南，方深取足容物，南出陛。太常設七祀燎柴于齋宫内。光禄牽牲詣祠所。大晟陳登歌之樂于殿上前楹間②，稍南，北向；設宫架于庭中，立舞表于酇綴之間。户部陳諸州歲貢于宫架南，龜爲前列，金次之，玉帛又次之，餘爲後，東西相向③。

---

① 底本“南”後衍“道之”二字，據文津閣本、《文獻通考》卷九九《宗廟考九・祭祀時享》删。
② “上”字，底本脱，據《文獻通考》卷九八《宗廟考八・祭祀時享》校補。
③ “相”字，底本脱，據十萬卷樓本校補。

　　前享一日，奉禮郎、禮直官設皇帝位版于阼階上，飲福位于東序，俱西向。贊者設亞、終獻位于小次南，稍東；助祭親王、宗室、使相在其南，進幣爵酒官、受爵酒官、奉幣官、薦牛俎官、薦籩豆官、薦羊俎豕魚俎官[①]、受幣官[②]、罍洗奉爵官[③]、奉瓚槃官、進搏黍官、舉册官、七祀獻官在助祭宗室、使相之南，並西向，北上。大禮使位于西階之西，稍南；與亞、終獻班相對。行事光禄卿、讀册官、光禄丞、功臣獻官在其西。助祭宰相、使相位大禮使之南，執政在其西。又設監察御史位二于西階下，俱東向，北上。奉禮郎、太祝、太官令于東階下，俱西向，北上。協律郎位二[④]，一于殿上前楹間，一于宫架西北，俱東向。大樂令于登歌樂虡北，大司樂于宫架北，良醖令于酌尊所，俱北向。又設助祭文武羣官、宗室于横街之南。諸方客使位于廟門之外，隨其方國。

　　光禄陳牲于東神門外，當門西向，以南爲上。祝史各位於牲後。太常設省牲位于牲西。大禮使、進幣爵酒官、受爵酒官、奉幣官、受幣官、罍洗奉爵官、奉瓚槃官位於道南，北向，西上。七祀配享功臣獻官在後。薦牛俎官、薦籩豆官，大司樂、光禄卿，進搏黍官，讀册、舉册官，大樂令、光禄丞，奉禮、協律郎，太祝、太官令，宫闈令位道北，南向，北上。大樂令以下位皆稍却。監察御史在薦俎官之右，異位稍却[⑤]。

　　光禄設禮饌于東神門外道北，南向。太常設省饌位版于禮

---

①　“羊”字，底本作“牛”，據十萬卷樓本、楊本校改。

②　“官”字，底本脱，據文津閣本、十萬卷樓本、楊本校補。

③　“洗”字，底本脱，據十萬卷樓本、楊本校補。

④　“位”字，底本脱，據十萬卷樓本、楊本、《文獻通考》卷九九《宗廟考九·祭祀時享》校補。

⑤　底本“異”後衍“上”字，據十萬卷樓本、楊本删。

饌之南。大禮使、進幣爵酒官、受爵酒官、奉幣官、受幣官①、罍洗奉爵官、奉瓚槃官位在南，北向，西上。七祀配享功臣獻官在其後。監察御史位二，在西，東向②。薦牛俎官、薦籩豆官，大司樂、光禄卿，進搏黍官，讀册、舉册官，大樂令、光禄丞，奉禮、協律郎，太祝、太官令，宮闈令位在東，西向，北上。

礼部帥其屬祝册案于室户外之右，司尊彝帥其屬設幣篚于酌尊所。次設籩、豆、簠、簋之位于室户外。每室左十有一籩③，右十有一豆④，俱爲四行；加豆二于豆前；俎四，二在籩前，二在豆前，各爲二重。又設俎九在豆右，爲三重；登一，在籩、豆間；鉶三，在登前；簠一、簋一，在籩、豆外，四俎間，簠在右，簋在右。若夏享、秋享，則設鑑一在籩之左。設爐炭于室户外，稍前。

設尊彝之位。每室犧尊五、秋冬臘享，即設著尊。象尊五，秋冬臘享，即設壺尊。爲二重，犧尊在前，皆有坫，在室户外之左；雞彝一秋冬臘享，即設斝彝。在犧尊之右，鳥彝一秋冬臘享，即設黃彝。在象尊之右，皆有舟，俱加勺、冪，爲酌尊。又設太尊二、山尊二在室，著尊二在殿上，象尊二、壺尊六在下，俱北向，西上，加冪，皆設而不酌。

太常設七祀位于殿下橫街之北次内。司命、户、竈、中霤、門、厲、行。又設配享功臣位于橫街之南次内。設韓王趙普、周王曹彬位于橫街之南道西，東向。太師薛居正、太師石熙載、鄭王潘美位在其西，太師李沆、太師王旦、太師李繼隆位又在西。又設太師王曾、太師吕夷簡、侍中曹瑋位於橫街之南道東，西向。司

---

① "受幣官"三字，底本脱，據文津閣本校補。
② "東向"，底本作"南向"，據十萬卷樓本、楊本校改。
③ "一"字，底本作"二"，據上下文改。
④ "一"字，底本作"二"，據上下文改。

徒韓琦、太師曾公亮位在其東,次舒王王安石位,次太師蔡確又在其東,俱北上。 皆設神位席。 太廟設神位版于座首。

　　司尊彝設祭器。 每位左二籩,右二豆;俎一在神位前;爵一,次之;簠一、簋一,在爵之前,簠在左,簋在右;象尊一,在籩前,加勺冪。 又設俎四、豆二、籩一、簠一、簋一、槃一、篚一于南神門外每室饌幔内。 設御洗二于阼階下直東霤,北向。盥洗在東,爵洗在西。罍在洗東,加勺。 篚在洗西南肆,實以巾。若爵洗之篚,則又實以瓚及爵,加坫。 設皇帝位于洗南,北向;内侍酌水位于洗東,執巾位于酌水内侍之北,俱西向。 奉瓚爵官位於爵洗西①,東向。 又設亞、終獻盥洗、爵位于本位之南,太官令盥洗于西階下,七祀配享功臣獻官盥洗于從享神位之前。七祀及配享功臣位前盥洗各一。 罍、篚各設于左右。 執罍、篚者位其後。

　　享日丑前五刻,宮闈令開室,帥其屬掃除,鋪筵在室内北墉下,几在筵上,如常儀。 司尊彝入設祭器。 太府卿帥其屬入陳幣于篚。幣以白。光禄卿帥其屬入實籩、豆、簠、簋。籩四行,以右爲上。第一行:魚鱐在前,糗餌次之。 第二行:乾蓤在前,乾棗、形鹽次之。 第三行:鹿脯在前,榛實、乾桃次之。 第四行:菱在前,芡、栗次之。 豆四行,以左爲上。第一行:芹菹在前,筍菹、葵菹次之。 第二行:菁菹在前,韭菹、酏食次之。 第三行:魚醢在前,兔醢、豚拍次之。 第四行:鹿臡在前,醓醢次之②。 加豆二,春實以韭、卵,夏實以麥③、魚,秋實以黍、豚,冬實以稻、雁。 簠實以稻。 簋實以黍。 登實以大羹。 鉶實以羹,加芼滑。 若夏享、秋享,則籩左之鑑實以冰爲之。 太官令帥其屬入實俎。籩前之俎,爲二重,

　　① 前一“爵”字,底本脱,據十萬卷樓本、本書卷九七《皇帝祫享太廟儀一·陳設》補。 “位於”二字,底本脱,據本書卷九七《皇帝祫享太廟儀一·陳設》補。

　　② “第三行魚醢在前兔醢豚拍次之第四行鹿臡在前醓醢次之”二十四字,底本脱,據楊本校補。

　　③ “麥”字,底本作“黍”,據十萬卷樓本、楊本校改。

757

以北爲上。第一重：實以牛腥七體^①。兩髀、兩肩、兩脅并脊，兩脾在兩端，兩肩、兩脅次之，脊在中。第二重：實以羊腥七體，其載如牛。豆前之俎，爲二重，以北爲上。第一重：實以豕腥七體^②，其載如羊。第二重：實以魚腥十有五，縮載。豆右之俎九，爲三重，以北爲上。第一重：以牛、羊、豕牲首各一。第二重：一實以牛腥，腸、胃、肺、離肺一在上端，刌肺三次之，腸三、胃三又次之。一實以羊腥，腸、胃、肺^③，其載如牛。一實以豕腥膚九，橫載。第三重：一實以牛熟，腸、胃、肺^④。一實以羊熟，腸、胃、肺^⑤。一實以豕熟膚，其載如腥。皆牛在左，羊在中，豕在右。**良醖令帥其屬入實尊彝**，酌尊之齊，鳥彝實以明水，雞彝實以鬱鬯，犧尊實以泛齊，象尊實以醴齊，太尊實以泛齊，山尊實以醴齊，著尊實以盎齊，犧尊實以醍齊，象尊實以沉齊，各以一尊實明水。壺尊三實三酒，三實玄酒。明水、玄酒皆在上。**又實七祀及配享功臣位禮饌**。每位左二籩，栗在前^⑥，鹿脯次之；右二豆，菁菹在前，鹿臡次之；俎實以羊、豕腥肉；簠實以稷；簋實以黍；爵一、象尊一實以祠祭法酒。

太常設燭於神位前，設大禮使以及行事、執事官揖位于東神門外，如省牲之位；設望瘞位于瘞坎之南，如省饌之位。所司陳異寶嘉瑞及伐國之寶于宫架之南，東西相向。

---

① "實"字，底本脱，據文津閣本、楊本、《文獻通考》卷九九《宗廟考九·祭祀時享》校補。
② "以"字，底本脱，據文津閣本、十萬卷樓本、楊本、《文獻通考》卷九九《宗廟考九·祭祀時享》校補。
③ "肺"字，底本脱，《文獻通考》卷九九《宗廟考九·祭祀時享》校補。
④ "肺"字，底本脱，《文獻通考》卷九九《宗廟考九·祭祀時享》校補。
⑤ "肺"字，底本脱，《文獻通考》卷九九《宗廟考九·祭祀時享》校補。
⑥ "栗"字，底本作"一"，據《文獻通考》卷九九《宗廟考九·祭祀時享》校改。

卷第一百三　吉禮

皇帝時享太廟儀中

車駕自大慶殿詣太廟　　省牲器　　晨祼

車駕自大慶殿詣太廟

前享一日，文武助祭官先詣太廟祠所。

其日，導駕官以下就次，各服其服。尚輦奉御進輿于大慶殿，乘黃令進玉輅于宣德門內，南向。設千牛將軍一員位于輅之前①，北向。門下侍郎一員位于左輔之前，贊者二人位又于其前。

少頃，東上閤門、御史臺、太常寺分引左輔、門下侍郎、太僕卿、乘黃令詣大慶殿西階下立班，北向，東上。乘黃令位其後。次引導駕官以下在其後，分東西相向立，以俟奉迎前導。次管軍臣僚，次行宮使、御營巡檢等又在其後。禮直官、通事舍人引禮部侍郎奏請中嚴。凡左輔、門下侍郎、禮部侍郎奏請，皆禮直官、通事舍人引。少頃，奏外辦。皇帝服通天冠、絳紗袍，乘輿以出，降自西階②，稱警蹕，如常儀。宣贊舍人贊左輔以下常起居，次導駕官常起居，已起居者，止奏"聖躬萬福"。次管軍臣僚，次行宮使、御營巡檢等常起居。

---

① "輅"字，底本作"左輔"，據楊本校改。
② "西"字，底本脫，據文津閣本校補。

該宣名者即宣名。

　　太僕卿出詣玉輅所，攝衣而升，正立執轡。導駕官前導皇帝出大慶殿門外，至玉輅所。千牛將軍前跪執轡。左輔進，當輿前俛伏，跪奏：“左輔具官臣某言，請皇帝降輿，升輅。”奏訖，俛伏，興，退，復位。凡左輔奏請准此。乘黃令稍前，東向，進玉輅。皇帝降輿，升輅，太僕卿立授綏，導駕官分左右步導。門下侍郎進，當輅前俛伏，跪奏：“門下侍郎具官臣某言，請車駕進發。”奏訖，俛伏，興，退，復位。凡門下侍郎奏請准此。車駕動，稱警蹕。左輔先詣宣德門內以俟。門下侍郎及贊者夾侍以出。千牛將軍夾輅而趨。車駕將及宣德門，至侍臣上馬所，門下侍郎奏請車駕少駐，敕侍臣上馬。左輔前承旨，退稱曰：“制可。”門下侍郎傳制，稱：“侍臣上馬。”贊者承傳敕侍臣上馬。諸侍衛之官各督其屬左右翊駕，在黃麾內。符寶郎奉八寶前導，殿中監後部從①，導駕官夾侍于前，贊者在左輔、門下侍郎之前。侍臣上馬畢，次大內留守于宣德門外再拜，奉辭。門下侍郎奏請車駕進發。車駕動，稱警蹕，不鳴鼓吹。

　　大駕鹵簿前導詣太廟。車駕將至太廟，東上閤門、御史臺分引文武助祭官、宗室、客使，禮直官、贊者引行事、執事官俱詣廟西門外立班，再拜奉迎訖，退。內已起居者，止奏“聖躬萬福”。車駕及門少駐，文武侍臣皆下馬，導駕官步導入廟門西。車駕動，千牛將軍夾輅而趨。至廟南門迴輅南向②，千牛將軍立于輅右。左輔奏請皇帝降輅。皇帝降輅，步入廟，稍東。左輔奏請皇帝乘輿，尚輦奉御進輿。皇帝乘輿以入齋殿，侍衛如常儀。導駕官步導至

---

　　① “後”字，底本作“復”，據文津閣本校改。
　　② “至”字，底本作“迎”，據文津閣本校改。

殿門，皇帝降輿歸殿後閤，簾降。通事舍人承旨敕羣臣各還次。
學士院以祝册授通進司進御書訖，付尚書禮部。若朝獻，即並如祫享
大禮車駕自景靈宮詣太廟儀。

省牲器

省牲之日，未後二刻，宮闈令帥其屬掃除廟之内外，司尊彝
帥府史及執事者以祭器入設于位。凡祭器，皆藉以席，籩、豆又加巾蓋。
太府卿入陳幣于篚。告潔畢，權撤。

未後三刻，禮直官、贊者分引大禮使以下詣東門外省牲位，
立定。光禄卿、丞、執事者牽牲就位。禮直官贊揖①，贊者引大司
樂入行樂架。凡亞、終獻行事皆禮直官、太常博士引，大禮使、執政官及申眠滌濯
官②、受爵酒官、進爵酒官行事皆禮直官引，餘官皆贊者引。次引申眠滌濯官
入③，升自西階，凡行事、執事官升降，皆自西階。眠滌濯。次引申眠滌濯
官申眠滌濯，執事者皆舉冪，曰：“潔。”俱復位。禮直官稍前，曰：
“告潔畢，請省牲。”次引省牲官稍前省牲訖，退，復位。次引光禄
卿出班巡牲一匝，西向躬曰：“充。”曰：“備。”次引光禄丞出班巡
牲一匝，西向躬曰：“腯。”俱復位。禮直官稍前，曰：“省牲畢，請
就省饌位。”揖訖，引大禮使以下各就位立定，禮直官贊揖。所司
省饌具畢④，禮直官贊：“省饌畢。”揖訖，俱還齋所。光禄卿、丞及
執事者以次牽牲詣廚，授太官令。次引省鼎鑊官詣廚，省鼎鑊，
視濯溉。協律郎展視樂器，乃還齋所。

---

① “贊揖”二字，底本脱，據《文獻通考》卷九九《宗廟考九·祭祀時享》校補。
② “執政”，底本作“執事”，據《文獻通考》卷九九《宗廟考九·祭祀時享》校改。
③ “申”字，底本脱，據《文獻通考》卷九九《宗廟考九·祭祀時享》校補。
④ “具畢”，底本作“畢具”，據文津閣本、楊本、《文獻通考》卷九九《宗廟考九·祭
祀時享》乙正。

晡後一刻[1]，太官令帥宰人以鸞刀割牲。祝史各取毛血，實于槃，又取膟膋，實于登，俱置饌所，遂烹牲。宫闈令帥其屬掃除廟之内外。

晨祼

享日丑前五刻，行事，春、冬用丑時七刻，夏、秋用丑時一刻。諸享官及助祭之官各服其服。宫闈令開室，帥其屬掃除。太府卿入陳幣，光禄卿入實籩、豆、簠、簋，太官令入實俎，良醖令入實尊彝，樂正帥工人二舞以次入，與執尊、罍、篚、冪者各就位[2]。次執事官各入就位。次通事舍人分引文武助祭官及宗室、客使，贊者引薦羊俎官以下宗室各入就位。禮直官、贊者分引大禮使以下行事、執事官詣廟東門外揖位，立定。禮直官贊揖。次引監察御史，次引大禮使以下入就位。次引監察御史按視殿之上下，糾察不如儀者，退，復位。

尚輦奉御進輿于齋殿。皇帝服通天冠、絳紗袍，乘輿以出。近侍及扈從之官導從至大次門外。皇帝降輿入次，簾降。禮儀使、樞密院官、太常卿、東上閤門官、太常博士、禮直官分立于大次外左右[3]。次引禮部侍郎詣前，奏請中嚴。少頃，又奏外辦。符寶郎奉寶陳于宫架之北。禮儀使當次前俛伏，跪奏："禮儀使具官臣某言，請皇帝行事。"奏訖，俛伏，興，還侍位。禮儀使奏禮

① "晡"字，底本作"戌"，據十萬卷樓本、楊本、《文獻通考》卷九九《宗廟考九·祭祀時享》校改。

② 底本"執"後衍"事者"二字，據楊本、《文獻通考》卷九九《宗廟考九·祭祀時享》删。

③ "外"字，底本脱，據文津閣本、十萬卷樓本校補。

畢①,准此。簾卷,皇帝服袞冕以出,侍衛如常儀。禮儀使以下前導至東神門外,殿中監跪進大圭,殿中少監副之。凡殿中監進圭、受圭,皆少監副之。禮儀使奏請執大圭②,前導皇帝入自正門。侍衛不應入者,止於門外③。協律郎跪,俛伏,舉麾,興,凡行事執事者取物、奠物,皆跪,俛伏,興。工鼓柷,宮架《乾安之樂》作。皇帝升降、行止,皆奏《乾安之樂》。至阼階下,偃麾,戛敔,樂止。凡樂④,皆協律郎跪,俛伏,舉麾,興,工鼓柷而後作。偃麾,戛敔而後止⑤。升自阼階,登歌樂作。左右侍衛之官量人數升。至版位西向立,樂止。禮儀使以下分左右侍立。凡行禮,皆禮儀使、樞密院官、太常卿、東上閤門官、太常博士、禮直官前導,至位即分立于左右。祠祭官于殿上贊:“奉神主。”次引薦香燈官入室,搢笏,于祐室內奉帝主出,詣殿上神幄,設于坐,奉神主詣神幄內,于几後啟匱,設于坐,以白羅巾蓋之。執笏,退,復執事位。次引宮闈令奉后主,如上儀,以青羅巾蓋之。退,復執事位。祠祭官于殿上贊:“奉神主訖。”禮儀使前,奏:“有司謹具,請行事。”又奏請再拜,皇帝再拜。贊者曰:“再拜。”在位官皆再拜。次引奉瓚官詣僖祖室神位前,西向立。奉瓚槃官詣爵洗西,東向立。

禮儀使前導皇帝詣盥洗位,登歌樂作,降自阼階,樂止。宮架樂作,至洗位,北向立,樂止。內侍酌水以進。禮儀使奏請搢大圭,盥手。內侍跪,取巾于篚,興以進。皇帝帨手。內侍受巾⑥,跪,奠于篚。

---

① 底本“禮”後衍“儀”字,據文津閣本、楊本刪。
② “使”字,底本脫,據十萬卷樓本校補。
③ “於門外”三字,底本脫,據《文獻通考》卷九九《宗廟考九·祭祀時享》校補。
④ 底本“樂”後衍“作”字,據《文獻通考》卷九九《宗廟考九·祭祀時享》刪。
⑤ “後”字,底本脫,據楊本、《文獻通考》卷九九《宗廟考九·祭祀時享》校補。
⑥ “受”字,底本作“授”,據上下文改。

禮儀使奏請執大圭，前導皇帝詣爵洗位[1]，宮架樂作，至洗位，北向立，樂止。奉瓚槃官跪，取瓚于篚，興以進。禮儀使奏請搢大圭，受瓚。內侍酌水以進。禮儀使奏請洗瓚。內侍跪，取巾于篚，興以進，皇帝拭瓚。內侍受巾，跪，奠于篚。

奉瓚槃官捧槃，升自東階。禮儀使奏請執大圭，前導。皇帝升殿。大禮使從。皇帝升降，大禮使從。宮架樂作，至阼階下，樂止。升自阼階，登歌樂作。禮儀使前導皇帝詣僖祖室，樂止。奉瓚槃官詣僖祖室尊彝所，西向立，以瓚沰鬯，執彝者舉冪，宗室酌鬱鬯訖，先詣次室尊彝所，北向立。禮儀使前導皇帝入詣僖祖室神位前，北向立。禮儀使奏請搢大圭，跪。奉瓚槃官西向立，以瓚授奉瓚官，奉瓚官西向跪以進[2]。禮儀使奏請執圭瓚，皇帝執瓚，以鬯祼地，奠之。奉瓚官受瓚，以授奉瓚槃官，奉瓚槃官以槃受瓚訖，俱詣次室以俟。禮儀使奏請執大圭，俛伏，興，前導皇帝出戶外，北向立。禮儀使奏請再拜，皇帝再拜。

禮儀使前導皇帝詣翼祖室，次詣宣祖室，次詣太祖室，次詣太宗室，次詣真宗室，次詣仁宗室，次詣英宗室，次詣神宗室，次詣哲宗室，祼鬯，並如上儀。奉瓚官、奉瓚槃官酌鬱鬯。宗室俱降[3]，復位。

禮儀使前導皇帝還版位，登歌樂作，至位，西向立，樂止。宮架作《興安之樂》、《文德之舞》，九成，止。

執事宗室奉毛血槃及肝膋豆立于南門外，奉爐炭、蕭蒿、稷

---

①　"位"字，底本脱，據《文獻通考》卷九九《宗廟考九·祭祀時享》校補。

②　"奉瓚官"三字，底本脱，據十萬卷樓本、楊本、《文獻通考》卷九九《宗廟考九·祭祀時享》校補。

③　"降"字，底本脱，據文津閣本校補。

黍者各立于其後，以次由正門入，升殿。其執事宗室各取于階上①，入實于室。奉毛血、肝膋者各退，立于尊所。次執事宗室奉爐炭，設于室户外之左，其蕭蒿、稷黍各置于爐炭，以次出。太官令取肝，以鸞刀割之，洗於鬱鬯，貫之以膋，燎于爐炭。薦香燈官以肝膋入詔神于室，又出以墮祭于室户外之左②，三祭于茅苴，降，詣盥洗位，盥手，升復執事位。

---

① 底本“上”前衍“下”字，據本書卷九八《皇帝祫享太廟儀二·朝踐》删。
② “外之”，底本作“之外”，據文津閣本、十萬卷樓本、楊本、《文獻通考》卷九九《宗廟考九·祭祀時享》乙正。

卷第一百四　吉禮

皇帝時享太廟儀下

饋食　車駕還内

饋食

享日，有司陳鼎四十于神廚，各在鑊右[1]。太官令帥進饌者詣廚，以匕升牛於鑊，實于一鼎。<small>肩、臂、臑、肫、骼、正脊一，直脊一，横脊一，長脅一，短脅一，代脅一，皆二骨以並。</small>次升羊、豕如牛，各實于一鼎。次升魚十有五，實于一鼎。<small>每室牛、羊、豕、魚各一鼎。</small>皆設扃、冪。執事宗室對舉，入設于每室饌幔内，東西相向，以北爲上。光禄實籩、豆、簠、簋于每室饌幔内。<small>籩實以粉餈，豆實以糝食，簠實以粱，簋實以稷。</small>次引視腥熟之節官詣饌所，視腥熟之節[2]，候皇帝晨祼訖，還位，樂止。次引薦籩豆簠簋官詣饌所，執籩、豆、簠、簋以次入；薦俎官詣饌所[3]，奉俎以入，太官令引入正門，宮架《豐安之樂》作，設于西階下，北面，北上。奉牲者在南，執事宗室抽扃，委于鼎

---

①　“在”字，底本作“位”，據十萬卷樓本、楊本校改。

②　“官詣饌所視腥熟之節”九字，底本脱，據《文獻通考》卷九九《宗廟考九·祭祀時享》校補。

③　“執籩豆簠簋以次入薦俎官詣饌所”十四字，底本脱，據本書卷九九《皇帝祫享太廟儀三·饋食》補。

右，除羃。

　　初，鼎序入。執事宗室執匕及俎以從，至西階下，各設于鼎右，匕加于鼎。太官令以匕升牛，載于一俎；肩、臂、臑在上端，肫、胳在下端，脊、脅在中。次升羊及豕，各載于一俎，其載如牛；次升魚，載于一俎，其載如豕。每室升羊、豕、魚各一俎。鼎先退。宗室進徹毛血槃，以次出。

　　次薦籩豆簠簋官搢笏，執籩、豆、簠、簋①、薦俎官搢笏，奉俎以升，執事宗室各迎取于階上。薦籩豆簠簋官奉籩、豆、簠、簋于神位前，北向跪奠，啟蓋于下②，執笏，俛伏，興。有司設籩于糗餌前，豆于醓醢前，簠于稻前，簋于黍前。次薦俎官奉俎，詣僖祖室神位前③，北向跪奠，先薦牛，次薦羊，次薦豕及魚，各執笏，俛伏，興。有司設牛、羊、豕俎于腸、胃、膚之前，牛在左，羊在中，豕在右。魚俎于牲首之右。詣次室奉奠，並如上儀。樂止，俱降，復位。次奉肝膋宗室取蕭合黍稷，擩于脂，燎于爐炭，各還尊所。當饋熟之時，取菹擩于醢，祭於豆間三。又取黍、稷、肺，祭如初，皆藉用茅，各還尊所。次引奉幣官、進幣官、受幣官④、受爵酒官、進爵酒官升詣僖祖室。奉幣官、進幣官、受爵酒官、進爵酒官在東，西向立，北上；受幣官在東，西向立。次引奉爵酒官詣爵洗西，東向立⑤。

---

　　①　“官搢笏執籩豆簠簋”八字，底本脱，據本書卷九九《皇帝祫享太廟儀三·饋食》補。

　　②　“蓋”字，底本作“奏”，據文津閣本校改。

　　③　“僖祖室”三字，底本脱，據《文獻通考》卷九八《宗廟考八·祭祀時享》校補。

　　④　“受幣官”三字，底本脱，據《文獻通考》卷九八《宗廟考八·祭祀時享》校補。

　　⑤　“向立”二字，底本脱，據楊本、《文獻通考》卷九八《宗廟考八·祭祀時享》校補。

　　禮儀使前導皇帝詣盥洗位，登歌樂作，降自阼階，樂止。宮架樂作，至洗位，北向立，樂止。內侍酌水以進。禮儀使奏請搢大圭，盥手。內侍跪，取巾于篚，興以進，皇帝帨手。內侍跪，受巾，奠于篚。

　　禮儀使奏請執大圭，前導皇帝詣爵洗位，宮架樂作，至洗位①，北向立，樂止。次奉爵酒官跪，取爵于篚，興以進。禮儀使奏請搢大圭，受爵。內侍酌水以進。禮儀使奏請洗爵。內侍跪，取巾于篚，興以進，皇帝拭爵。內侍受巾，跪，奠于篚。奉爵酒官受爵，升自東階。

　　禮儀使奏請執大圭，前導皇帝升殿，宮架樂作，至阼階下，樂止。升自阼階，登歌樂作。殿中監跪進鎮圭。禮儀使奏請搢大圭，執鎮圭，前導皇帝詣僖祖室，樂止。宮架作《基命之樂》。翼祖室《大順之樂》，宣祖室《天元之樂》，太祖室《皇武之樂》，太宗室《大定之樂》，真宗室《熙文之樂》，仁宗室《美成之樂》，英宗室《治隆之樂》，神宗室《大明之樂》，哲宗室《重光之樂》。文舞作②。奉爵酒官奉爵，詣僖祖室酌尊所，西向立③。執尊者舉冪，良醞令酌犧尊之泛齊訖，先詣次室酌尊所，北向立。禮儀使前導皇帝入詣僖祖室神位前，北向立。內侍先設繅藉于地。禮儀使奏請跪奠鎮圭于繅藉，執大圭，俛伏，興。又奏請搢大圭，跪。次內侍跪，取幣于篚，以授奉幣官，奉幣官授進幣官，進幣官西向立跪以進。禮儀使奏請受幣，皇帝受奠訖。受幣官東向跪受以興，進奠于僖祖神位前。次奉爵酒官以爵授受爵酒官，受爵

---

　　① "宮架樂作至洗位"七字，底本脱，據文津閣本、十萬卷樓本、楊本校補。

　　② "舞"字，底本作"樂"，據十萬卷樓本、楊本、《文獻通考》卷九八《宗廟考八·祭祀時享》校改。

　　③ "立"字，底本脱，據十萬卷樓本、楊本校補。

酒官授進爵酒官①，進爵酒官西向跪以進。禮儀使奏請執爵，祭酒，三祭于茅苴。奠爵，執大圭，俛伏，興。次奉幣官、進幣官、受幣官、奉爵酒官、受爵酒官、進爵酒官俱詣次室以候②。禮儀使前導皇帝出戶外，北向。又奏請少立，樂止。內侍取鎮圭、繅藉詣次室，先設繅藉于地。次舉祝册官舉祝册至戶外之右③。讀册官搢笏，東向，跪讀册文，讀訖，執笏，興，先詣次室戶外，東向立。禮儀使奏請再拜，皇帝再拜訖。有司入，奠于神位之右，興，還尊所。禮儀使前導皇帝詣次室，奠幣，酌獻，並如上儀。次奉幣官、進幣官、受幣官、奉爵酒官④、受爵酒官、進爵酒官俱降，復位。內侍舉鎮圭、繅藉，以鎮圭授殿中監，以還有司。讀册官以下俱降，復位。

禮儀使前導皇帝還版位，登歌樂作，至位，西向立，樂止。禮儀使奏請還小次，登歌樂作，前導皇帝降自阼階，樂止。宮架樂作。將至小次，禮儀使奏請釋大圭，殿中監跪受大圭，皇帝入小次，簾降，樂止。

文舞退，武舞進，宮架《正安之樂》作。舞者立定，樂止。

初，皇帝將詣小次。禮直官、太常博士引亞獻詣盥洗位，北向立，搢笏，盥手，帨手，執笏。詣爵洗位，北向立，搢笏，洗爵，拭爵，以授執事者，執笏，升詣僖祖室酌尊所，西向立。宮架作《正

　　① “受爵酒官受爵酒官授”九字，底本脱，據《文獻通考》卷九八《宗廟考八·祭祀時享》校補。
　　② “進爵酒官”四字，底本脱，據文津閣本、十萬卷樓本、楊本、《文獻通考》卷九八《宗廟考八·祭祀時享》校補。
　　③ “舉祝册官”四字，底本脱，據《文獻通考》卷九八《宗廟考八·祭祀時享》校補。
　　④ “酒”字，底本脱，據文津閣本、楊本、《文獻通考》卷九八《宗廟考八·祭祀時享》校補。

安之樂》、《武功之舞》。執事者以爵授亞獻，亞獻搢笏，執爵。執
尊者舉冪，太官令酌象尊之醴齊訖，先詣次室酌尊所，北向立。
亞獻以爵授執事者，執笏，入詣僖祖室神位前，北向立，搢笏，跪。
執事者以爵授亞獻，亞獻執爵，祭酒，三祭于茅苴，奠爵，執笏，俛
伏，興，出戶外，北向，再拜。次詣每室，酌獻，並如上儀。樂止，
降，復位。

　　初，亞獻行禮將畢，次禮直官、太常博士引終獻詣洗及升殿，
酌獻，並如亞獻之儀，降，復位。

　　初，終獻既升，次引七祀及配享功臣獻官詣盥洗位，搢笏，盥
手，帨手，執笏，進詣神位前，搢笏，跪，執爵，三祭酒，奠爵，執笏，
俛伏，興，再拜。詣次位，並如上儀。退，復位。唯七祀先詣司命位奠
爵訖，興，少立。次引太祝進詣神位前，北向跪讀祝文[①]，讀訖，退，復位。獻官再拜。

　　皇帝既晨祼，光祿以牛左臂一骨及長脅、短脅，俱二骨以並，
載于胙俎，升設于僖祖室戶外，候終獻既升獻。次引進俎官、進
搏黍官、太官令詣飲福位，北向立。奉俎、豆、爵酒者各位于
其後。

　　禮儀使奏請詣飲福位，簾卷，出次，宮架樂作。殿中監跪進
大圭，禮儀使奏請執大圭，前導皇帝至阼階下，樂止。升自阼階，
登歌樂作，至飲福位，樂止。登歌《禧安之樂》作，皇帝詣飲福位，
西向立。尚醞典御執尊詣酌尊所，良醞令酌上尊福酒合置一尊。
典御奉尊詣飲福位[②]，以授殿中少監。尚醞奉御執爵，殿中少監
酌之。奉御以爵酒授殿中監，殿中監北向捧以立。禮儀使奏請

---

①　"讀祝文"三字，底本脱，據《文獻通考》卷九八《宗廟考八·祭祀時享》校補。
②　"位"字，底本脱，據文津閣本、十萬卷樓本、楊本、《文獻通考》卷九八《宗廟考八·祭祀時享》校補。

再拜①,皇帝再拜。殿中監跪以爵酒進。禮儀使奏請搢大圭,跪受爵,祭酒,_{三祭于地}。啐酒,奠爵。殿中監跪受爵,興。

諸太祝帥執事者持胙俎進②,減神位前正脊二骨、橫脊二骨③,加于俎上。內侍受俎以授進俎官,進俎官南向,跪以進。皇帝受俎,奠之。進俎官受俎以興,降,復位。太官令取黍于簋,搏以授進搏黍官。進搏黍官受以豆④,北向跪以進。皇帝受訖⑤,奠之。進搏黍官受豆以興,降,復位。次殿中監再跪以爵酒進⑥。禮儀使奏請受爵,飲福酒,奠爵。殿中監受虛爵,興,以授典御奉御。執事者俱降,復位。禮儀使奏請執大圭,俛伏,興。又奏請再拜,皇帝再拜,樂止。禮儀使前導皇帝還版位⑦,登歌樂作,至版位,西向立,樂止。

次引徹籩豆官升殿,徹籩、豆;徹牛俎官升殿,徹俎。_{籩、豆、俎各一,俱少移故處}。登歌《豐安之樂》作,卒徹,樂止。徹籩豆官、徹牛俎官降,復位。禮直官曰:“賜胙。”行事。助祭官拜。贊者承傳,曰:“賜胙,再拜。”在位官皆再拜。

送神,宮架《興安之樂》作,一成,止。

祠祭官于殿上贊:“納神主。”次引薦香燈官搢笏,奉帝主入

---

① “奏”字,底本作“奉”,據文津閣本、楊本校改。
② “諸”字,底本作“設”,據楊本校改。
③ 後“二骨”二字,底本脫,據十萬卷樓本校補。
④ “進”字,底本脫,據文津閣本、十萬卷樓本、楊本校補。
⑤ “訖”字,底本作“跪”,據十萬卷樓本、楊本、《文獻通考》卷九八《宗廟考八·祭祀時享》校改。
⑥ “以”字,底本脫,據文津閣本、十萬卷樓本、楊本、《文獻通考》卷九八《宗廟考八·祭祀時享》校補。
⑦ “使”字,底本脫,據文津閣本、十萬卷樓本、楊本校補。

祔室訖[1]，薦香燈官先捧匱置于神座，納神主于匱訖，捧入祔室。執笏，退，復位。次引宮闈令奉后主，如上儀，退，復位。

禮儀使奏禮畢，前導皇帝降阼階，登歌樂作，降自阼階，樂止。宮架樂作，出門，樂止。禮儀使奏請釋大圭，殿中監跪受大圭。皇帝還大次。禮部郎中奏請解嚴。皇帝常服，乘輿，還齋殿。

宮闈令以稷、黍、肺祭，藉用白茅，束而埋之于西階東。有司各取幣置於坎[2]。次大禮使以下就望瘞位。禮直官曰：“可瘞。”實土半坎。本廟宮闈令監視。

次引大禮使以下詣東門外揖位立[3]。禮直官贊：“禮畢。”揖訖，退。文武助祭官及宗室以次出[4]。引七祀獻官詣齋宮內七祀望燎位[5]，南向立。有司置祝訖于燎柴，焚訖，退。太官令帥其屬徹禮饌，次監察御史詣殿[6]，監視收徹訖[7]，退。宮闈令闔戶以降，乃退。太常藏祝版于匱。

車駕還內

前期，殿中監帥其屬尚舍設御幄于大慶殿門外之東，南向。

---

①　“奉”字，底本脱，據楊本、《文獻通考》卷九八《宗廟考八·祭祀時享》校補。

②　“坎”字，底本作“次”，據文津閣本、十萬卷樓本、楊本、《文獻通考》卷九八《宗廟考八·祭祀時享》校改。

③　“使”字，底本脱，據文津閣本、十萬卷樓本、楊本、《文獻通考》卷九八《宗廟考八·祭祀時享》校補。

④　“出”字，底本脱，據《文獻通考》卷九八《宗廟考八·祭祀時享》校補。

⑤　“七祀獻官詣齋宮內七”九字，底本脱，據十萬卷樓本、《文獻通考》卷九八《宗廟考八·祭祀時享》校補。

⑥　“御史”，底本作“御使”，據文津閣本、十萬卷樓本、楊本校改。

⑦　“訖”字，底本作“方”，據十萬卷樓本、楊本校改。

大晟設宮架于宣德門外,稍南。

其日,禮畢,所司轉仗衛鹵簿于還途,如來儀。文武百官、宗室、客使先詣宣德門外,就次以俟,立班奉迎。乘黃令進金輅于御幄前,南向。千牛將軍一員執長刀立于輅前。尚輦奉御進于齋殿,導駕官俱詣齋殿門外奉迎。禮部侍郎奏請中嚴,少頃,又奏外辦。簾卷,皇帝服通天冠、絳紗袍,乘輿以出。應導駕官等並迎駕,奏"聖躬萬福",內祗應官贊謝花再拜①。步導出殿門外。太僕卿出詣金輅所,攝衣而升,正立執轡。皇帝乘輿,降自西階,至金輅所。左輔奏請皇帝降輿,升輅。有司仍具大輦。若乘輦,即奏云:"降輿升輦。"太僕卿立授綏,千牛將軍馭駕,如來儀。門下侍郎奏請車駕進發,車駕動,稱警蹕,侍衛如儀。

至侍臣上馬所,門下侍郎奏請車駕少駐,敕侍臣上馬。左輔前承旨②,退,稱曰:"制可。"門下侍郎傳制,稱"侍臣上馬"③。贊者承傳敕侍臣上馬。門下侍郎奏請車駕進發,車駕動,稱警蹕,鼓吹及諸軍樂振作。車駕將至宣德門外,文武百官、宗室、客使立班,再拜奉迎。次大內留守見,再拜訖,退。

車駕至宣德門外,少駐④。文武侍臣皆下馬步導,千牛將軍降,立于輅右。車駕動,千牛將軍夾輅而趨⑤。大樂正令奏《采茨之樂》,入門,樂止。車駕至御幄前,左輔奏請皇帝降輅乘輿。若

---

① "花"字,底本作"皆",據文津閣本、十萬卷樓本、楊本校改。
② 底本"承旨"前衍"導"字,據楊本、本書卷一〇〇《皇帝祫享太廟儀四·車駕還內》刪。
③ "稱"字,底本脫,據文津閣本、十萬卷樓本、楊本校補。
④ "少"字,底本脫,據本書卷一〇〇《皇帝祫享太廟儀四·車駕還內》補。
⑤ "輅"字,底本作"道",據楊本、本書卷一〇〇《皇帝祫享太廟儀四·車駕還內》校改。

乘輦，即奏云：“降輦乘輿。”皇帝降輅乘輿以入。禮部郎中奏解嚴。通事舍人承旨，敕羣官各還次，將士各還其所[①]。

---

　　① “車駕至御幄前左輔奏請皇帝降輅乘輿若乘輦即奏云降輦乘輿皇帝降輅乘輿以入禮部郎中奏解嚴通事舍人承旨敕羣官各還次將士各還其所”五十九字，底本脱，據本書卷一〇〇《皇帝祫享太廟儀四·車駕還内》補。

卷第一百五　吉禮

時享太廟儀_{有司行事}

時日　齋戒　陳設　省牲器　晨祼　饋食

時日

太常寺預于隔季以孟春擇日享太廟，關太史局。_{孟夏、孟秋、孟冬並准此。若臘享，則預以隔季以季冬臘日享太廟，關太史局。}太史局擇日報太常寺。_{臘享，則以其日報太常寺。}太常寺參酌訖，具時日散告。

齋戒

前享十日，受誓戒于尚書省。

其日五鼓，贊者設位版于公相廳下：初獻官在左，刑部尚書在右，並南向①。亞、終獻位于其南，稍東，北向，西上。_{若冬享、臘享，則又設禮官位于終獻之東。其揖位、省牲位、省饌位准此。}監察御史位于其西，稍北，東向。兵部、工部尚書，大司樂、光禄卿，大樂令、光禄丞位于其南，稍西，北向，東上。_{凡設大樂令、光禄丞位稍却。}奉禮、協律郎，太祝、太官、宮闈令位于其東，西向，北上。捧俎齋郎位其後。

質明，贊者引行事、執事官就位，立定。禮直官引初獻降階，

---

① "南"字，底本作"北"，據《文獻通考》卷九九《宗廟考九·祭祀時享》校改。

就位。禮直官贊揖，在位者對揖。初獻搢笏，讀誓文云：“某月某日孟春，薦享太廟。<small>夏云“孟夏”，秋云“孟秋”，冬云“孟冬”，臘享云“季冬臘享”。</small>各揚其職，不共其事，國有常刑。”讀訖，執笏。禮直官贊奉禮、協律郎，太祝、太官、宮闈令以下先退。餘官對拜，乃退。

散齋七日，治事如故，宿于正寢，不弔喪、問疾、作樂、判書刑殺文書、決罰罪人及與穢惡。致齋三日，<small>光禄卿、丞，太官令齋一日。二日于本司。親王于本府翊善廳。宗室于睦親、廣親宅都廳，相妨即于學舍。餘官</small><small>無本司者，並于太廟齋宮，質明至齋所。</small>唯享事得行，其餘悉禁。前享一日質明，俱赴祠所齋宮，官給酒饌。享官已齋而闕者，通攝行事。

陳設

前享三日，儀鸞司設饌幔于東神門外。<small>每室饌幔各一。若冬享，則</small>設配享功臣次于殿下橫街之南[①]，東西相向，每室配享功臣各爲一次。若臘享[②]，則設七祀次一于橫街之北道西[③]，東向。

前二日，光禄牽牲詣祠所。

前一日，宮闈令帥其屬掃除廟之内外。太常設祭器，<small>凡設祭器，皆藉以席，籩、豆又加巾蓋。</small>以俟告潔。<small>既畢，權徹。</small>

設揖位于齋宮内。三獻官在道南，北向，西上。兵部、工部尚書，大司樂、光禄卿，大樂令、光禄丞，奉禮、協律郎，太祝、太官令、宮闈令在道北，南向，西上。<small>凡設大樂令以下位皆稍却。若享日，則不設光禄卿、丞，太官令位[④]。</small>監察御史于兵部尚書之西，少絶。

---

①　底本“南”後衍“道之”二字，據《文獻通考》卷九九《宗廟考九·祭祀時享》刪。

②　“享”字，底本脱，據楊本、《文獻通考》卷九九《宗廟考九·祭祀時享》校補。

③　“道”字，底本脱，據文津閣本、十萬卷樓本、楊本、《文獻通考》卷九九《宗廟考九·祭祀時享》校補。

④　“太官令”，《文獻通考》卷九九《宗廟考九·祭祀時享》作“宮闈令”。

光禄陳牲于東神門外，當門西向，祝史各位于牲後，太常設省牲位于牲西。三獻官在道南，北向；兵部、工部尚書，大司樂、光禄卿，大樂令、光禄丞，大樂令、光禄丞，奉禮、協律郎，太祝、太官、宮闈令在道南，北向，俱西上。捧俎齋郎在其後。監察御史于兵部尚書之西，少絶。

光禄陳禮饌于東神門外道北，南向。太常設省饌位版于禮饌之南。三獻官在南，北向，西上。監察御史在西，東向。兵部、工部尚書，大司樂、光禄卿，大樂令、光禄丞①，奉禮、協律郎，太祝、太官、宮闈令在東，西向，北上。捧俎齋郎在其後。大晟設登歌之樂于殿上前楹間，稍南，北向；設宮架于庭中，立舞表于酇綴之間。

享日丑前五刻②，禮直官、贊者、諸司職掌各服其服。宮闈令入殿，開室，整拂神幄，帥其屬掃除，鋪筵在室内北墉下，南向，几在筵上，如常儀。太常陳幣篚各于神位之左，幣以白。祝版各于神位之右，置于坫。

次設祭器，光禄實之。每室左十有二籩，爲四行，以右爲上；第一行：魚鱐在前，糗餌、粉餈次之。第二行：乾蕡在前，乾棗③、形鹽次之④。第三行：鹿脯在前，榛實、乾桃次之。第四行：菱在前，芡、栗次之。右十有二豆，爲四行，以左爲上；第一行：芹菹在前，筍菹、葵菹次之。第二行：菁菹在前，韭菹、醓食次之。第三行：魚醢在前，兔醢、豚拍次之。第四行：鹿臡在前，醓醢、糝食次之。加豆二，在豆前；春實以韭、卵，夏實以麥、魚，秋實以黍、豚，冬實以稻、雁。俎二，一在籩前，實

<hr>

①　"大樂令光禄丞"六字，底本脱，據本書卷一〇一《祫享太廟儀有司行事·陳設》補。

②　"丑"字，底本脱，據文津閣本、楊本、《文獻通考》卷九九《宗廟考九·祭祀時享》校補。

③　"乾棗"，底本作"蕡棗"，據十萬卷樓本、楊本校改。

④　"形鹽"二字，底本脱，據本書卷五《序例·祭器》補。

以羊腥七體。兩髀、兩肩、兩脅、脊，兩髀在兩端，兩肩、兩脅次之，脊在中。一在豆前；實以豕腥七體，其載如羊。又俎六，在豆右，爲三重，以北爲上；第一重，實以羊、豕首各一。第二重，一實以羊腥，腸、胃、肺，離肺一在上端，刌肺三次之，腸三、胃三又次之；一實以豕腥膚九，橫載。第三重，一實以羊熟，腸、胃、肺，一實以豕熟膚[1]，其載如腥。皆羊在左，豕在右。登一，在籩、豆間；實以大羹。鉶三，在登前；實以羹，加芼滑。簠二、簋二，在籩、豆外[2]，二俎間，簠在左，簋在右；簠實以稻、粱，粱在稻前。簋實以黍、稷，稷在黍前。登一，在籩之左；實以肝膋。若夏享、秋享，則設鑑一于登南，實以冰。槃一，在室户内稍東；實以毛血。爐炭于室户外之左稍前，置蕭蒿于爐上。

設犧尊五、秋、冬、臘享，則設著尊。象尊五，秋、冬、臘享，則設壺尊。爲二重，犧尊在前，皆有坫，在室户外之左；犧尊一實明水，爲上尊，餘實泛齊，代以供内法酒，初獻酌之。象尊一實明水，爲上尊，餘實醴齊[3]，代以祠祭法酒，亞獻、終獻酌之。雞彝一秋、冬、臘享，則設斝彝。在犧尊之右，實以鬱鬯。鳥彝一秋、冬、臘享，則設黄彝。在象尊之右，實以明水。皆有舟，俱加勺、羃，爲酌尊。又設太尊二、山尊二在室，太尊一實泛齊，山尊一實醴齊，各以一尊實明水。著尊二、犧尊二在殿上，著尊一實盎齊，犧尊一實醍齊，各以一尊實明水。象尊二、壺尊六在下，象尊一實明水，一實沈齊。壺尊三實玄酒，三實三酒。明水、玄酒皆在上。俱北向，西上，皆加羃。五齊三酒，設而不酌。

太常設燭于神位前，若冬享，則設配享功臣位于殿下横街之南次内。韓王趙普、周王曹彬位于横街之南道西，東向。太師薛君正、太師石熙載、鄭王潘美位在其西，太師李沆、太師王旦、太師李繼隆位又在其西。又設太師王曾、太師吕夷簡、侍中曹瑋位于横街之南道東，西向。司徒韓琦、太師曾公亮位其東，次舒王王安石位，次

---

①　底本"一"前衍"次"字，據十萬卷樓本、《文獻通考》卷九九《宗廟考九·祭祀時享》删。

②　"在"字，底本脱，據楊本、《文獻通考》卷九九《宗廟考九·祭祀時享》校補。

③　"實"字，底本作"入"，據文津閣本、楊本校改。

太師蔡確位又在其東。俱北上。若臘享，則設七祠司命、户、竈、中霤、門、厲、行以横街之北次内。皆太常設神位席，本廟設神位版。太常設祭器，光禄實之。每位左二籩①，桌在前，鹿臡次之；俎一，在神位前，實以羊、豕腥肉；爵一次之，實以祠祭法酒；簠一實以稷②，簋一實以黍，在爵之前，簠在左，簋在右；象尊設在籩前，實祠祭法酒，加勺。設燭于神位前。又俎二于東神門外每室饌幔内，洗二于東階下直東霤，北向。盥洗在東，爵洗在西。罍在洗東，加勺。篚在洗西南肆，實以巾。若爵洗之篚③，則又實以珪瓚及爵，加坫。執罍、篚者位其後。若冬享、臘享，則必設禮官盥洗位于從祠神位前。

又設揖位于東神門外，如省牲位。唯不設光禄卿、丞、捧俎齋郎、宫闈令位。開瘞坎于殿西階之東，方深取足容物，南出陛。設望瘞位于其南，如省饌之位。唯不設光禄卿、丞、太官令、捧俎齋郎、宫闈令位。若臘享，則積七祀燎柴于齋宫内。又設三獻官席位於殿下東階之東南，西向，南上。若冬享、臘享，則又設禮官位于終獻之北④。兵部、工部尚書于其南，西向，北上。監察御史、大司樂、大樂令席位于殿庭之南，北向；奉禮、協律郎，太祝、太官令位其後，俱西上。光禄卿席位于監察御史之東，北向。又設監察御史位于殿上前楹西，東向。奉禮郎、太祝在東，西向，北上。大樂令位于樂虡之北，太官令于酌尊所，俱北向。協律郎位二，一于殿上前楹間稍西，一于宫架西北，俱東向。大司樂位于宫架北，北向。

---

①　“每位”，底本作“位每”，據楊本乙正。
②　底本“簋一”後衍“實以粱簋一”五字，據文津閣本、十萬卷樓本、楊本删。
③　“爵洗”，底本作“洗爵”，據《文獻通考》卷九九《宗廟考九·祭祀時享》乙正。
④　“禮”字，底本作“私”，據十萬卷樓本、楊本、《文獻通考》卷九九《宗廟考九·祭祀時享》校改。

省牲器

前享一日,行事、執事官集初獻齋所肄儀,太祝習讀祝文及視幣訖。次禮直官、贊者分引行事、執事官就齋宫内揖位①,凡初獻行事禮直官引,餘官皆贊者引。立定。禮直官贊揖訖,分引詣東神門外省牲位,立定。禮直官贊揖訖,次引大司樂入行樂架。次引監察御史入,升自西階,凡行事、執事官升降,皆自西階。視滌濯。執事者舉羃②,曰:"潔。"降,復位。禮直官稍前,曰:"告潔畢,請省牲。"太祝出班巡牲一匝,詣初獻前,西向躬曰:"充。"退,復位。光禄丞出班巡牲一匝③,詣初獻前,西向躬曰:"腯。"退,復位。禮直官贊:"省牲畢,請詣省饌位。"揖訖,引行事、執事官各就位,立定。禮直官贊揖。所司省饌具畢,禮直官贊:"省饌畢。"揖訖,俱還齋所。光禄丞、太祝以次牽牲詣廚,授太官令。次引監察御史詣廚,省鼎鑊,視祭器滌溉;協律郎展視樂器,乃還齋所。

未後一刻,太官令帥宰人以鸞刀割牲,祝史以槃取毛血,各置于饌所,遂烹牲。

晡後,宫闈令帥其屬掃除廟之内外訖,還齋所。

晨祼

享日丑前五刻,行事,春、冬用丑七刻,夏、秋用丑一刻。祠祭官引宫闈令入詣殿庭,北向立。祠祭官曰:"再拜。"宫闈令再拜,升殿開室,整拂神幄,帥其屬掃除畢,退,就執事位。引薦香燈官入詣殿

---

① "揖"字,底本作"攝",據本書卷一〇一《祫享太廟儀有司行事·省牲器》改。
② "者"字,底本脱,據楊本校補。
③ "牲"字,底本脱,據文津閣本、楊本校補。

庭，北向立。凡宮閩令、薦香燈官行事，皆祠祭官引。祠祭官曰："再拜。"薦
香燈官再拜，升殿，各就執事位。次樂正帥工人二舞入就位。登
歌工人俟監察御史點閱訖，升西階，各就位。次太官令帥其屬實饌具畢。
次引光祿卿入詣殿庭席位，北向立。贊者曰："再拜。"光祿卿再
拜，升殿，點視禮饌畢。次引監察御史升殿，點閱陳設，糾察不如
儀者。凡點視及點閱，皆先詣僖祖室①，以至次室。光祿卿還齋所，餘官各
服祭服。

次引行事、執事官詣齋宮內揖位立定，禮直官贊揖。引詣東
神門外揖位立定。禮直官贊揖。次引大司樂、大樂令、協律郎，
次引監察御史、奉禮郎、太祝②、太官令入就殿下席位，北向立。
次引初獻，兵部、工部尚書，亞、終獻入就殿下席位③，西向立。若
冬享、臘享，則引禮官。祠祭官于殿上贊："奉神主。"次引薦香燈官入
室，搢笏，于祐室內奉帝主，設於座，奉神主詣神幄內，于几後啟匱，設于
座，以白羅巾覆之。執笏，退，復執事位。次引宮閩令奉后主④，如上
儀，以青羅巾覆之。退，復執事位。祠祭官于殿上贊："奉神主訖。"

禮直官稍前，贊："有司謹具，請行事。"贊者曰："再拜。"在位
者皆再拜。次引監察御史，大司樂、大樂令，奉禮、協律郎，太祝、
太官令各就位立定。太官令就僖祖位尊彝所。

次引初獻詣盥洗位，北向立，搢笏，盥手，帨手，執笏。詣爵
洗位，北向立，搢笏，洗瓚，拭瓚，以瓚授執事者，執笏，升殿，詣僖

---

　　①　"詣僖祖"，底本作"僖倍祖"，據文津閣本、十萬卷樓本、楊本、《文獻通考》卷九
九《宗廟考九·祭祀時享》校改。
　　②　"太祝"二字，底本脫，據楊本、《文獻通考》卷九九《宗廟考九·祭祀時享》校
補。
　　③　底本"入"後衍"席"字，據楊本、《文獻通考》卷九九《宗廟考九·祭祀時享》刪。
　　④　"次引"，底本作"候"，據《文獻通考》卷九九《宗廟考九·祭祀時享》校改。

祖室尊彝所,西向立①。執事者以瓚授初獻,初獻搢笏,執瓚,執彝者舉冪,太官令酌鬱邑訖,先詣翼祖室尊彝所,北向立。初獻以瓚授執事者,執笏,詣僖祖室神位前,北向立,搢笏,跪。次引奉禮郎搢笏,西向跪。執事者以瓚授奉禮郎,奉禮郎以瓚授初獻,初獻執瓚,以邑裸地,奠訖,以瓚授執事者。次執事者以幣授奉禮郎,奉禮郎奉幣授初獻,執笏,興,先詣翼祖室神位前,西向立。初獻受幣,奠訖,執笏,俛伏,興,出戶外,北向再拜。次詣翼祖室,次詣宣祖室,次詣太祖室,次詣太宗室,次詣真宗室,次詣仁宗室,次詣英宗室,次詣神宗室,次詣哲宗室,裸邑,奠幣,並如上儀,復位。協律郎跪,俛伏,舉麾,興,工鼓柷,宮架作《興安之樂》、《孝熙昭德之舞》,九成,偃麾,戛敔,樂止。凡樂,皆協律郎跪,俛伏,舉麾,興,工鼓柷而後作,偃麾,戛敔而後止。

　　既晨裸,薦香燈官入,取毛血奠于神座前。太官令取肝,以鸞刀割之,洗于鬱②,貫之以膋,燎于爐炭。薦香燈官以肝膋入,詔神于室,又出,以墮祭于戶外之左③,三祭于茅苴,退,復位。

饋食

　　享日,有司設鼎二十于神廚,各在鑊右。光祿帥進饌者詣廚,以匕升羊于鑊,實于一鼎;肩、臂、臑、肫、胳、正脊一,直脊一,橫脊一,長肩一,短肩一,代脅一,皆二脅以並。次升豕如羊,實于一鼎,每室羊、豕各一鼎。皆設扃、冪。祝史對舉,入設于饌幔內。俟初獻既升裸,入陳

---

　　① “尊彝所西向立”六字,底本脱,據《文獻通考》卷九九《宗廟考九・祭祀時享》校補。
　　② “鬱”字,底本作“爵”,據《文獻通考》卷九九《宗廟考九・祭祀時享》校改。
　　③ “以”字,底本作“于”,據楊本、《文獻通考》卷九九《宗廟考九・祭祀時享》校改。

于西階下，北向，北上。祝史抽扃，委于鼎右，除冪。

初，鼎序入。有司執匕①，齋郎捧俎以從，至西階下，俎各設于鼎北，匕加于鼎。光禄以匕升羊，載于一俎；肩、臂、臑在上端，肫、胳在下端，脊、脅在中。次升豕如羊，載于一俎。每室羊、豕各一俎。鼎先退。

次引兵部、工部尚書詣西階下，搢笏，奉俎，兵部奉羊，工部奉豕。升殿，宮架《豐安之樂》作，詣僖祖神位前，北向跪奠，先薦羊，次薦豕，各執笏，俛伏，興。有司入設于豆右，腸、胃、膚之前。羊在左，豕在右。次詣每室奉俎，並如上儀，樂止，俱降，復位。

初，奠俎訖。次引薦香燈官取蕭合黍稷，擩于脂，燎于爐炭。當饋熟之時，薦香燈官取菹擩於醢②，祭于豆間三；又取黍、稷、肺祭如初，俱藉以茅，退，復位。

次引初獻再詣盥洗位，宮架《正安之樂》作，初獻行止、升降，皆作《正安之樂》。至位，北向立，搢笏，盥手，帨手，執笏；詣爵洗位，北向立，搢笏，洗爵，拭爵，以授執事者，執笏，升殿，樂止。登歌樂作，詣僖祖室酌尊所，西向立，樂止。登歌《基命之樂》作，翼祖室《大順之樂》，宣祖室《天元之樂》，太祖室《皇武之樂》，太宗室《大定之樂》，真宗室《熙文之樂》，仁宗室《美成之樂》，英宗室《治隆之樂》，神宗室《大明之樂》，哲宗室《重光之樂》。執事者以爵授初獻，初獻搢笏，執爵。執尊者舉冪，太官令酌犧尊之泛齊，先詣翼祖酌尊所，北向立。初獻以爵授執事者，執笏，入詣僖祖室神位前，北向立，搢笏，跪。執事者以爵授初獻，初獻執爵，祭酒，三祭于茅苴，奠爵，執笏，俛伏，興，出户外，北向立，樂止。次引太祝詣室户外，東向，搢笏，跪讀祝文，讀訖，執笏，

---

①　“執匕”二字，底本脱，據本書卷一〇一《祫享太廟儀有司行事·饋食》補。

②　“菹”字，底本作“俎”，據文津閣本校改。“擩”字，底本脱，據《文獻通考》卷九九《宗廟考九·祭祀時享》校補。

興，先詣翼祖位户外東向立。初獻再拜。次詣每室行禮，並如上儀。太官令復位，詣僖祖室酌尊所。太祝復位。初獻將降階，登歌樂作，降階，樂止。宫架樂作，復位，樂止。

次引亞獻詣盥洗位，北向立，搢笏，盥手，帨手，執笏；詣爵洗位，北向立，搢笏，洗爵，拭爵，以授執事者，執笏，升殿；詣僖祖室酌尊所，西向立。宫架作《文安之樂》、《孝熙昭德之舞》。執事者以爵授亞獻，亞獻搢笏，執爵，執尊者舉幂，太官令酌象尊之醴齊訖，先詣翼祖室酌尊所，北向立。亞獻以爵授執事者，執笏，詣僖祖室神位前，北向立，搢笏，跪。執事者以爵授亞獻，亞獻執爵，祭酒，三祭于茅苴，奠爵，執笏，俛伏，興，出户外，北向再拜。次詣每室行禮，並如上儀。樂止，降，復位。

次文舞退，武舞進。宫架《正安之樂》作。舞者立定，樂止。

次引終獻詣盥洗及升殿行禮，並如亞獻之儀，唯宫架作《武安之樂》、《禮洽儲祥之舞》。降，復位。若冬享，則俟終獻將升[1]，次引禮官詣盥洗位，搢笏，盥手，帨手，執笏；詣配享功臣神位前[2]，執笏，跪，執爵，三祭酒，奠爵，執笏，俛伏，興，再拜。詣次位行禮，並如上儀，退，復位。若臘享，則俟終獻將升，次引禮官詣盥洗位，搢笏，盥手，帨手，執笏，詣司命神位前，搢笏，跪，執笏，三祭酒，奠爵，執笏[3]，俛伏，興，少立；次引太祝進詣神位前，北向，搢笏[4]，跪讀祝文，讀訖，興[5]，退，復位。禮官再拜，詣每位前行禮，並如上分獻配享功臣之儀，退，復位。

次引太祝徹籩、豆，籩、豆各一，少移故處。登歌《恭安之樂》作，卒

---

① “將”字，底本脱，據《文獻通考》卷九九《宗廟考九・祭祀時享》校補。

② “配享功臣”四字，底本脱，據《文獻通考》卷九九《宗廟考九・祭祀時享》校補。

③ “盥手帨手執笏詣司命神位前搢笏跪執笏三祭酒奠爵執笏”二十四字，底本脱，據楊本、《文獻通考》卷九九《宗廟考九・祭祀時享》校補。

④ “搢笏”二字，底本脱，據《文獻通考》卷九九《宗廟考九・祭祀時享》校補。

⑤ “興”字，底本作“具”，據文津閣本、十萬卷樓本、楊本、《文獻通考》卷九九《宗廟考九・祭祀時享》校改。

徹，樂止。次引宮闈令束茅訖①，俱復位。

礼直官曰：“賜胙。”贊者承傳，曰：“賜胙，再拜。”在位者皆再拜。

送神，宮架《興安之樂》作，一成，止。

祠祭官于殿上贊：“奉神主入祜室。”次引薦香燈官擂笏，奉帝主入祜室，薦香燈官先捧匣置于神座②，納神主于匣訖，捧入祜室。執笏，退③，復位。次引宮闈令奉后主入祜室，並如上儀，退，復位。

次引初獻，兵部、工部尚書，亞、終獻就望瘞位。若冬享、臘享，則又引礼官就望瘞位。有司詣室，取幣，束茅④，置于坎。次引監察御史，大司樂、大樂令，奉礼、協律郎，太祝就望瘞位立定。礼直官曰：“可瘞。”實土半坎。本廟宮闈令監視。

次引初獻以下詣東神門外揖位立。礼直官贊：“礼畢。”揖訖，退。若臘享，則次引礼官詣齋宮內七祀望燎位，南向立，有司置祝版于燎柴⑤，焚訖，退。太官令帥其屬徹礼饌，次引監察御史詣殿庭，監視收徹訖⑥，還齋所。宮闈令闔戶以降。太常藏祝版于匣。光禄卿以胙奉進⑦，監察御史就位展視，光禄卿望闕再拜乃退⑧。

---

　　①　“茅”字，底本作“第”，據十萬卷樓本、楊本、《文獻通考》卷九九《宗廟考九·祭祀時享》校改。

　　②　“匣”字，底本脱，據《文獻通考》卷九九《宗廟考九·祭祀時享》校補。“座”字，底本作“廚”，據十萬卷樓本、楊本、《文獻通考》卷九九《宗廟考九·祭祀時享》校改。

　　③　“執笏退”三字，底本脱，據《文獻通考》卷九九《宗廟考九·祭祀時享》校補。

　　④　“茅”字，底本作“第”，據十萬卷樓本、楊本、《文獻通考》卷九九《宗廟考九·祭祀時享》校改。

　　⑤　“燎柴”，底本作“壇”，據《文獻通考》卷九九《宗廟考九·祭祀時享》校改。

　　⑥　“監視”二字，底本脱，據楊本、《文獻通考》卷九九《宗廟考九·祭祀時享》校補。

　　⑦　“卿”字，底本脱，據《文獻通考》卷九九《宗廟考九·祭祀時享》校補。

　　⑧　“乃退”二字，底本脱，據楊本、《文獻通考》卷九九《宗廟考九·祭祀時享》校補。

卷第一百六　吉禮

時享別廟儀

時日　齋戒　陳設　省牲器　晨祼　饋食

時日

太常寺預于隔季以孟春擇日享別廟,關太史局。孟夏、孟秋、孟冬並准此。若臘享,預于隔季以季冬臘月享別廟,關太史局。太史局擇日報太常寺。臘享,即以其日報太常寺。太常寺參酌訖,若大禮年遣官行事,即于享太廟日。具時日散告。

齋戒

前享十日,受誓戒于尚書省。

其日五鼓,贊者設位版于公相廳下:初獻官在左,刑部尚書在右,並南向。亞、終獻位于其南,稍東,北向,西上。監察御史位于其西,稍北,東向。兵部、工部尚書,大司樂、光禄卿,大樂令、光禄丞位于其南,稍西,北向,東上。大樂令、光禄丞位稍却。奉禮①、協律郎,太祝、太官令、宫闈令位于其東,西向,北上。捧俎齋郎位其後。

---

① "奉禮",底本作"奉祀",據文津閣本、十萬卷樓本、楊本校改。

質明，贊者引行事①、執事官就位，立定。禮直官引初獻降階，就位。禮直官贊揖，在位者對揖。初獻搢笏，讀誓文云："某月某日孟春，薦享別廟。夏云"孟夏"，秋云"孟秋"，冬云"孟冬"，臘享云"季冬臘享"。各揚其職，不共其事，國有常刑。"讀訖，執笏。禮直官贊奉禮、協律郎，太祝、太官、宮闈令以下先退。餘官對拜，乃退。若大禮年遣官行事，即與享官與親祠行事、助祭官同受誓戒于廟堂。若宗室，即同受誓戒于太廟齋坊。

散齋七日，治事如故，宿于正寢，不弔喪、問疾、作樂、判書刑殺文書、決罰罪人及與穢惡。致齋三日，光禄卿、丞、太官令齋一日。二日于本司。親王于本府翊善廳②，宗室于睦親、廣親宅都廳③；相妨即于學舍。餘官無本司者並于別廟齋宮，質明至齋所。唯享事得行，其餘悉禁。前享一日質明，俱赴祠所齋宮，官給酒饌。享官已齋而闕者，通攝行事。

陳設

前享三日，儀鸞司設饌幔于東神門外。

前二日，光禄牽牲詣祠所。

前一日宮闈令帥其屬掃除廟之內外。太常設祭器，凡設祭器，皆藉以席，籩、豆又加巾蓋。以俟告潔。既畢，權徹。

設揖位于齋宮內。三獻官在道北，南向，東上。兵部、工部尚書，大司樂、光禄卿，大樂令、光禄丞，奉禮、協律郎，太祝、太官令、宮闈令在道南，北向，東上，凡設大樂令以下位皆稍却。若享日，即不設

① "引"字，底本脱，據《文獻通考》卷九九《宗廟考九·祭祀時享》校補。

② "府"字，底本作"司"，據楊本、《文獻通考》卷九九《宗廟考九·祭祀時享》校改。"廳"字，底本作"所"，據《文獻通考》卷九九《宗廟考九·祭祀時享》校改。

③ "親"字，底本作"就"，據文津閣本、《文獻通考》卷九九《宗廟考九·祭祀時享》校改。"廳"字，底本作"所"，據《文獻通考》卷九九《宗廟考九·祭祀時享》校改。

_{光禄卿、丞,宫闈令位。}監察御史于兵部尚書之西,少絕。

　　光禄陳牲于東神門外,當門西向,祝史各位于牲後,太常設省牲位于牲西。三獻官在道南,北向;兵部、工部尚書,大司樂、光禄卿,大樂令、光禄丞,奉禮、協律郎,太祝、太官、宫闈令在道北,南向,俱西上。捧俎齋郎在其後。監察御史于兵部尚書之西,少絕。

　　光禄陳禮饌于東神門外道北①,南向。太常設省饌位版于禮饌之南②。三獻官在南,北向,西上。監察御史在西,東向。兵部、工部尚書,大司樂、光禄卿,大樂令、光禄丞,奉禮、協律郎,太祝、太官、宫闈令在東,西向,北上。捧俎齋官在其後。大晟設登歌之樂于殿上前楹間,稍南,北向;設宫架于庭中,立舞表于酇綴之間。

　　享日丑前五刻,禮直官、贊者、諸司職掌各服其服。宫闈令入殿開室③,整拂神幄④,帥其屬掃除,鋪筵在室内北墉下,南向,几在筵上,如常儀。太常陳幣篚于神位之前,_{幣以白。}祝版于神位之右,置于坫。

　　次設祭器,光禄實之。左十有二籩,爲四行,以右爲上;_{第一行:魚鱐在前,糗餌、粉餈次之。第二行:乾藁在前,乾棗、形鹽次之。第三行:鹿脯在前,榛實、乾桃次之。第四行:菱在前,芡、栗次之。}右十有二豆,爲四行,以左爲上;_{第一行:芹菹在前,筍菹、葵菹次之。第二行:菁茨在前,韭菹、酏食次之。第三行:魚醢在前,兔醢、豚拍次之。第四行:鹿臡在前,醓醢、糝食次之。}加豆二,在

---

　　①　"禮饌",底本作"牲",據《文獻據考》卷九九《宗廟考九·祭祀時享》校改。

　　②　"省饌",底本作"饌省",據楊本、《文獻通考》卷九九《宗廟考九·祭祀時享》乙正。

　　③　"殿"字,底本脱,據《文獻通考》卷九九《宗廟考九·祭祀時享》校補。

　　④　"整拂",底本作"整室",據楊本校改。

豆前；春實以韭、卵，夏實以魚、麥，秋實以黍、豚，冬實以稻、雁。俎二，一在籩前，實以羊腥七體，兩髀、兩肩、兩脅并脊，兩髀在前，兩肩、兩脅次之，脊在中。一在豆前；實以豕腥七體，其載如羊。又俎六，在豆右，爲三重，以北爲上；第一重，實以羊、豕首各一。第二重，一實以羊腥，腸、胃、肺、離肺一在上端，刌肺三次之，腸三、胃三又次之；一實以豕腥膚九，橫載。第三重，一實以羊熟，腸、胃、肺①。一實以豕熟膚，其載如腥。皆羊在左，豕在右。登一，在籩、豆間；實以大羹。鉶三，在登前；實以羹，加芼滑。簠二、簋二，在籩、豆外，二俎間，簠在左，簋在右；簠實以稻、粱，粱在稻前。簋實以黍、稷，稷在黍前。登一，在籩之左；實以肝膋。若夏享、秋享，則設鑑一于登南，實以冰。槃一，在室户外，稍東；實以毛血。爐炭于室户外之左稍前，置蕭蒿于爐上。

設犧尊五、秋、冬、臘享，則設壺尊。象尊五②，秋、冬、臘享，即設壺尊。爲二重，犧尊在前，皆有坫，在室户之左；犧尊一實明水，爲上尊，餘實泛齊，代以供內法酒，初獻酌之。象尊一實明水，爲上尊，餘實醴齊，代以祠祭法酒，亞、終獻酌之。雞彝一秋、冬、臘享，即設斝彝。在犧尊之右，實以欝鬯。鳥彝一秋、冬、臘享，即設黃彝。在象尊之右，實以明水。皆有舟，俱加勺、冪，爲酌尊。又設太尊二、山尊二在室，太尊一實泛齊，山尊一實醴齊，各以一尊實明水。著尊二、犧尊二在殿上，著尊一實盎齊，犧尊一實醍齊，各以一尊實明水。象尊二、壺尊六在下，象尊一實明水，一實沉齊。壺尊三實玄酒，三實三酒。明水、玄酒在上。俱北向，西上，皆加冪。五齊三酒，設而不酌。

太常設燭于神位前，又設俎二于東神門外饌幔內，洗二于東階下直東霤，北向。盥洗在東，爵洗在西。罍在洗東，加勺。篚在洗西南肆，實以巾。若爵洗之篚，則又實以璋瓚及爵，加坫。執罍、篚者位其後。

---

① "羊熟腸胃肺"，底本作"羊腸胃肺熟"，據《文獻通考》卷九九《宗廟考九·祭祀時享》乙正。

② "秋冬臘享則設壺尊象尊五"十一字，底本脫，據本書卷一〇五《時享太廟儀有司行事·陳設》補。

又設揖位于東神門外，如省牲位。唯不設光禄卿、丞、捧俎齋郎、宮闈令位。開瘞坎于殿西階之東，方深取足容物，南出陛。設望瘞位于其南，如省饌位。唯不設光禄卿、丞，太官令①、捧俎齋郎、宮闈令位。設三獻官席位于殿下東階之東南，西向，南上。兵部、工部尚書于其南，西向，北上。監察御史、大司樂、大樂令席位于殿庭之南，北向；奉禮、協律郎，太祝、太官令位其後，俱西上。光禄卿席位于監察御史之東，北向。又設監察御史位于殿上前楹西，東向。奉禮郎、太祝在東，西向，北上。大樂令于樂虡之北，太官令于酌尊所，俱北向。協律郎位二，一于殿上前楹間稍西，一于宮架西北，俱東向。大司樂位于宮架北，北向。

省牲器

前享一日，行事、執事官集初獻齋所肄儀，太祝習讀祝文及視幣訖。次禮直官、贊者分引行事、執事官就齋宮内揖位，凡初獻行事禮直官引，餘官皆贊者引。立定。禮直官贊揖訖，分引詣東神門外省牲位，立定。禮直官贊揖訖，次引大司樂入行樂架。次引監察御史入，升自西階，凡行事、執事官升降，皆自西階。視滌濯，執事者舉冪，曰：“潔。”降，復位。禮直官稍前，曰：“告潔畢，請省牲。”太祝出班巡牲一匝，詣初獻前，西向躬曰：“充。”②退，復位。光禄丞出班巡牲一匝，詣初獻前，西向躬曰：“腯。”退，復位。禮直官贊：“省牲畢，請詣省饌位。”揖訖，引行事、執事官各就位，立定。禮

---

①　“官”字，底本作“常”，據《文獻通考》卷九九《宗廟考九·祭祀時享》校改。

②　“向”字，底本作“階”，據文津閣本、楊本、《文獻通考》卷九九《宗廟考九·祭祀時享》校改。

直官贊揖訖。所司省饌具畢①,禮直官贊:"省饌畢。"揖訖,俱還齋所。光禄丞②、太祝以次牽牲詣廚,授太官令。次引監察御史詣廚,省鼎鑊,視祭器滌溉;協律郎展視樂器,乃還齋所。

未後一刻,太官令帥宰人以鸞刀割牲,祝史以槃取毛血,置於饌所,遂烹牲。

晡後,宮闈令帥其屬掃除廟之内外訖,還齋所。

晨祼

享日丑前五刻,行事,春、冬用丑時七刻,夏、秋用丑時一刻。祠祭官引宮闈令入詣殿庭,北向立。凡宮闈令行事,皆祠祭官引。祠祭官曰:"再拜。"宮闈令再拜,升殿開室,整拂神幄,帥其屬掃除訖,退,就執事位。次樂正帥工人二舞入就位。登歌工人俟監察御史點閱訖,升西階,各就位。次太官令帥其屬實饌具畢。次引光禄卿入詣殿庭席位,北向立。贊者曰:"再拜。"光禄卿再拜,升殿,點視禮饌畢。次引監察御史升殿,點閱陳設,糾察不如儀者。光禄卿還齋所。餘官各服祭服。

次引行事、執事官詣齋宮内揖位立定,禮直官贊揖。引詣東神門外揖位立定,禮直官贊揖,次引大司樂、大樂令、協律郎,次引監察御史、奉禮郎、太祝、太官令入就殿下席位,北向立。次引初獻,兵部、工部尚書,亞、終獻入就殿下席位,西向立。祠祭官於殿上贊:"奉神主。"次引宮闈令入室,搢笏,於祜室内奉惠恭皇

---

① "具"字,底本脱,據本書卷一〇五《時享太廟儀有司行事·省牲器》補。

② 底本"丞"前衍"寺"字,據《文獻通考》卷九九《宗廟考九·祭祀時享》删。

后神主,設於座,_{奉神主於神幄内}①,_{於几後啟匣}②,_{設於座,以青羅巾覆之}。執
笏,退,復執事位。祠祭官於殿上贊:"奉神主訖。"

　　禮直官稍前,贊:"有司謹具,請行事。"贊者曰:"再拜。"在位
者皆再拜。次引監察御史,大司樂、大樂令,奉禮、協律郎,太祝、
太官令各就位立定。

　　次引初獻詣盥洗位,北向立,搢笏,盥手,帨手,執笏;詣爵洗
位,北向立,搢笏,洗瓚,拭瓚,以授執事者,執笏,升詣爵所,西向
立。執事者以瓚授初獻,初獻搢笏,執瓚,執彝者舉冪,太官令酌
鬱鬯。初獻以瓚授執事,執笏,入詣惠恭皇后室神位前,北向立,
搢笏,跪。次引奉禮郎搢笏,西向跪。執事者以瓚授奉禮郎,奉
禮郎奉瓚授初獻,初獻執瓚,以鬯祼地,奠訖,以瓚授執事者。次
執事者以幣授奉禮郎,奉禮郎奉幣,授初獻訖,執笏,興,退,復
位。初獻受幣③,奠訖,執笏,俛伏,興,出户外,北向再拜訖,降,
復位。協律郎跪,俛伏,舉麾,興,工皷祝,宮架作《興安之樂》、
《孝熙昭德之舞》,九成,偃麾,戛敔,樂止。<sub>凡樂,皆協律郎跪,俛伏,舉
麾,興,工鼓祝而後作,偃麾,戛敔而後止。</sub>

　　既晨祼,太祝入,取毛血奠於神位前。太官令取肝,以鸞刀
割之,洗於鬱鬯,貫之以臂,燎于爐炭。太祝以肝臂入,詔神於
室,又出,以墮祭於室户外之左,三祭於茅苴④,退,復位。

---

　　① "主"字,底本作"立",據十萬卷樓本、楊本、《文獻通考》卷九九《宗廟考九・祭
祀時享》校改。

　　② "啟"字,底本作"廠",據十萬卷樓本、楊本、《文獻通考》卷九九《宗廟考九・祭
祀時享》校改。

　　③ "受"字,底本作"授",據《文獻通考》卷九九《宗廟考九・祭祀時享》校改。

　　④ "苴"字,底本作"葅",據文津閣本、十萬卷樓本、楊本、《文獻通考》卷九九《宗
廟考九・祭祀時享》校改。

饋食

享日，有司設鼎二於神廚，各在鑊右。光禄帥進饌者詣廚，以匕升羊于鑊①，實于一鼎②。肩、臂、臑、肫、骼、正脊一，直脊一，横脊一，長脇一，短脇一，代脇一，皆二骨以並。次升豕如羊，實於一鼎，皆設扃、冪。祝史對舉，入設于饌幔内。俟初獻既升祼，入陳于西階下，北向，北上。祝史抽扃，舉于鼎右，除冪。

初，鼎序入。有司執匕，齋郎捧俎以從，至西階下，俎各設于鼎北，匕加于鼎。光禄以匕升羊，載于一俎；肩、臂、臑在上端，肫、骼在下端，脊、脅在中。次升豕如羊，載于一俎。鼎先退。

次引兵部、工部尚書詣西階下，搢笏，奉俎，兵部奉羊，工部奉豕。升殿，宮架《徽安之樂》作，詣神位前，北向跪奠，先薦羊，次薦豕，各執笏，俛伏，興。有司入設于豆右，腸、胃、膚之前。羊在左，豕在右。樂止，俱降，復位。

初，獻官奠俎。次引太祝取蕭合黍稷，擩于脂，燎于爐炭。當饋熟之時，太祝取菹擩于醢③，祭于豆間三；又取黍、稷、肺祭如初，俱藉於茅④，退，復位。

次引初獻再詣盥洗位，宮架《嘉安之樂》作，初獻升降、行止，皆作《嘉安之樂》。至位，北向立，搢笏，盥手，帨手，執笏；詣爵洗位，北向

---

① “鑊”字，底本作“鑽”，據文津閣本、楊本、《文獻通考》卷九九《宗廟考九·祭祀時享》校改。

② “實”字，底本脱，據文津閣本、楊本、《文獻通考》卷九九《宗廟考九·祭祀時享》校補。“一”字，底本作“乙”，據文津閣本、十萬卷樓本、楊本、《文獻通考》卷九九《宗廟考九·祭祀時享》校改。

③ “太”字，底本脱，據《文獻通考》卷九九《宗廟考九·祭祀時享》校補。

④ “茅”字，底本作“第”，據文津閣本、十萬卷樓本、楊本、《文獻通考》卷九九《宗廟考九·祭祀時享》校改。

立,搢笏,執爵,拭爵,以授執事者,執笏,升殿[1],樂止。登歌樂作,至殿上酌尊所,西向立,樂止。登歌《慈安之樂》作,執事者以爵授初獻,初獻搢笏,執爵。執尊者舉冪,太官令酌犧尊之泛齊訖。初獻以爵授執事者,執笏,入詣惠恭皇后室神位前,北向立,搢笏,跪。執事者以爵授初獻,初獻執爵,祭酒,三祭于茅苴,奠爵,執笏,俛伏,興,出戶外,北向立,樂止。次引太祝詣室戶外,東向,搢笏,跪讀祭文訖,執笏,興,退,復位。初獻再拜訖,將降階,登歌樂作,降階[2],樂止。宮架樂作,復位,樂止。

次引亞獻詣盥洗位,北向立,搢笏,盥手,帨手,執笏;詣爵洗位,北向立,搢笏,洗爵,拭爵,以授執事者,執笏;詣酌尊所,西向立。宮架作《神安之樂》、《孝熙昭德之舞》。執事者以爵授亞獻,亞獻搢笏,執爵。執尊者舉冪,太官令酌象尊之醴齊。亞獻以爵授執事者,執笏,入詣惠恭皇后室神位前,北向立,搢笏。執事者以爵授亞獻,亞獻執爵,祭酒,三祭于茅苴,奠爵,執笏,俛伏,興,出戶外,北向再拜訖。樂止,降,復位[3]。

文舞退,武舞進,宮架《昭安之樂》作,舞者立定,樂止。

次引終獻詣洗及升殿行禮,並如亞獻之儀,唯宮架作《儀安之樂》、《禮洽儲祥之舞》。降,復位。

次引太祝徹籩、豆,籩、豆各一,少移故處。登歌《成安之樂》作,卒徹,樂止。次引宮闈令束茅訖,俱復位。

---

① 底本"升殿"前衍"升殿"二字,據文津閣本、楊本、《文獻通考》卷九九《宗廟考九·祭祀時享》刪。

② "登歌樂作降階"六字,底本脫,據文津閣本、《文獻通考》卷九九《宗廟考九·祭祀時享》校補。

③ "復"字,底本作"退",據文津閣本、楊本、《文獻通考》卷九九《宗廟考九·祭祀時享》校改。

　　禮直官曰："賜胙。"贊者承傳,曰："賜胙,再拜。"在位者皆再拜。

　　送神,宮架《興安之樂》作,一成,止。

　　祠祭官于殿上贊："奉神主入祧室。"次引宮闈令搢笏,奉入祧室訖,宮闈令先捧匱置于神座[①],納神主于匱訖,捧入祧室。執笏,退,復位。

　　次引初獻,兵部、工部尚書,亞、終獻就望瘞位。有司詣室取幣,束茅,置於坎。次引監察御史,大司樂,奉禮、協律郎,太祝就望瘞位立定。禮直官曰："可瘞。"實土半坎。本廟宮闈令監視。

　　次引初獻以下詣東神門外揖位立定。禮直官贊："禮畢。"揖訖,退。太官令帥其屬徹禮饌,次引監察御史詣殿,監視收徹訖,還齋所。宮闈令闔戶以降。太常藏祝版於匱。

---

　　① "置于",底本作"于置",據十萬卷樓本、楊本、《文獻通考》卷九九《宗廟考九·祭祀時享》乙正。

卷第一百七　吉禮

皇帝親祠前期朝享太廟儀上

陳設　車駕自景靈宮詣太廟　省牲器

陳設

前享三日，殿中監帥其屬尚舍設大次于太廟東門外道北，南向；小次于阼階東，稍南，西向。儀鸞司設文武侍臣次于大次之前，隨地之宜；設行事、助祭官，宗室及有司次于廟之內外。設東方、南方客使次于文官之後，西方、北方客使次于武官之後。設饌幔于廟南門之外，東西相向。每室饌幔各一。又設七祀次一于殿下橫街之北道西，東向①。又設配享功臣次于殿下橫街之南②，東西相向。每室配享功臣各爲一次。

前享二日，宮闈令帥其屬掃除廟之內外，開瘞坎于殿西階之東南，方深取足容物，南出陛。太常設七祀燎柴于齋宮內。光祿牽牲詣祠所。大晟陳登歌之樂于殿上前楹間，稍南，北向；設宮架于庭中，立舞表于酂綴之間。户部陳諸州歲貢于宮架南，龜爲

---

① “道西東向”，底本作“道東西向”，據楊本、《文獻通考》卷九八《宗廟考八・祭祀時享》乙正。

② 底本“南”後衍“道之”二字，據文津閣本、《文獻通考》卷九八《宗廟考八・祭祀時享》刪。

前列，金次之，玉帛又次之，餘爲後，東西相向。

　　前享一日，奉禮郎、禮直官設皇帝位版于阼階上，飲福位于東序，俱西向。贊者設亞、終獻位於小次南①，稍東；助祭親王、宗室、使相在其南，進幣爵酒官、受爵酒官、奉幣官、薦牛俎官、薦籩豆官、薦羊俎豕俎魚俎官、受幣官、罍洗奉爵官、奉瓚槃官②、進摶黍官、舉册官、七祀獻官在助祭宗室、使相之南，並西向，北上。大禮使位于西階之西，稍南。與亞、終獻班相對。行事光祿卿、讀册官③、光祿丞、功臣獻官在其西。助祭宰相、使相位在大禮使之南，執政官在其西。又設監察御史位二于西階下④，俱東向，北上。奉禮郎、太祝、太官令于東階下，俱西向，北上。協律郎位二，一于殿上前楹間，一于宮架西北，俱東向。大樂令於登歌樂虡北⑤，大司樂于宮架北，良醞令于酌尊所，俱北向。又設助祭文武羣官、宗室位于橫街之南⑥，諸方客使位于廟門之外，隨其方國。

　　光祿陳牲于東神門外，當門西向，以南爲上。祝史各位於牲後。太常設省牲位于牲西。大禮使、進幣爵酒官、受爵酒官⑦、奉幣官、受幣官、罍洗奉爵官、奉瓚槃官位于道南，北向，西上。七祀配享功臣獻官在其後。薦牛俎官、薦籩豆官，大司樂、光祿卿，

---

①　“小”字，底本作“外”，據《文獻通考》卷九八《宗廟考八·祭祀時享》校改。
②　“奉瓚槃官”，底本作“贊樂官”，據《文獻通考》卷九八《宗廟考八·祭祀時享》校改。
③　“讀”字，底本作“設”，據《文獻通考》卷九八《宗廟考八·祭祀時享》校改。
④　“下”字，底本脱，據《文獻通考》卷九八《宗廟考八·祭祀時享》校補。
⑤　“於”字，底本脱，據楊本、《文獻通考》卷九八《宗廟考八·祭祀時享》校補。
⑥　“街”字，底本作“階”，據楊本、《文獻通考》卷九八《宗廟考八·祭祀時享》校改。
⑦　“官”字，底本脱，據《文獻通考》卷九八《宗廟考八·祭祀時享》校補。

進搏黍官，讀册、舉册官，大樂令、光禄丞，奉禮、協律郎，太祝、太官、宮闈令于道北①，南向，西上。大樂令以下位皆稍却。監察御史在薦俎官之右②，異位稍却。

光禄設禮饌于東神門外道北，南向③。太常設省牲位版于禮饌之南。大禮使，進幣爵酒官、受爵酒官、奉幣官、受幣官④、罍洗奉爵官、奉瓚槃官位在南，北向，西上。七祀配享功臣獻官在其後。監察御史位二，在西，東向。薦牛俎官、薦籩豆官，大司樂、光禄卿，進搏黍官，讀册、舉册官，大樂令、光禄丞，奉禮、協律郎，太祝、太官、宮闈令位在東，西向，北上。

禮部帥其屬設祝册于室户外之右⑤，司尊彝帥其屬設幣筐于酌尊所。次設籩、豆、簠、簋之位于室户外。每室左十有一籩，右十有一豆，俱爲四行；加豆二於豆前；俎四，二在籩前，二在豆前⑥，各爲二重。又設俎九于豆右，爲三重；登一在籩、豆間，鉶三在登前；簠一、簋一在籩外，四俎間，簠在左，簋在右。若夏享、秋享，則設鑑一在籩豆之左。設爐炭于室户外，稍前。

設尊彝之位。每室犧尊五、秋、冬朝享即設著尊。象尊五，秋享、朝享即設壺尊。爲二重，犧尊在前，皆有坫，在室户外之左；鷄彝一秋享、朝享，即設斝彝。在犧尊之右，鳥彝一秋、冬朝享，即設黄彝。在象尊

———————

①　“闈”字，底本作“帖”，據文津閣本、十萬卷樓本、楊本、《文獻通考》卷九八《宗廟考八·祭祀時享》校改。

②　“薦俎官”，底本做“薦官俎”，據文津閣本、楊本乙正。

③　“道北南向”，底本作“道南北向”，據《文獻通考》卷九八《宗廟考八·祭祀時享》乙正。

④　“受幣官”三字，底本脱，據《文獻通考》卷九八《宗廟考八·祭祀時享》校補。

⑤　“帥”字，底本作“設”，據文津閣本、十萬卷樓本、楊本、《文獻通考》卷九八《宗廟考八·祭祀時享》校改。

⑥　“豆二豆前於俎四二在籩前二在”十三字，底本脱，據十萬卷樓本校補。

右，皆有舟，俱加勺、冪，爲酌尊。又設太尊二、山尊二在室①，著尊二、犧尊二在殿上，象尊二、壺尊六在下，俱北向，西上，加冪，皆設而不酌。

太常設七祀位于殿下横街之北次内，司命、户、灶、中霤、門、厲、行。又設配享功臣位于横街之南次内，韓王趙普、周王曹彬位于横街之南道西，東向。太師薛居正、太師石熙載、鄭王潘美位于其西，太師李沆、太師王旦、太師李繼隆位又在其西。又設太師王曾、太師吕夷簡、侍中曹瑋位于横街之南道東，西向。司徒韓琦、太師曾公亮位在其東；次舒王王安石位，次太師蔡確位又在其東，俱北向。皆設神席。太廟設神位版于座首。

司尊彝設祭器。每位左二籩，右二豆；俎一，在神位前；爵一，次之；簠一、簋一，在爵之前，簠在左，簋在右，象尊一，在籩前，加勺、冪。又設俎四、豆二、籩二、簠一、簋一、槃一、篚一於南神門外每室饌幔内。設御洗二于阼階下直東霤，北向。盥洗在東，爵洗在西。罍在洗東，加勺。篚在洗西南肆，實以巾。若爵洗之篚，即又實以爵，加坫。設皇帝位于洗南，北向；内侍酌水位于洗東，執巾位于酌水内侍之北，俱西向。奉瓚爵官位于爵洗東②，西向。又設亞、終獻盥洗、爵位于本位之南，太官令盥洗于西階下。七祀配享功臣獻官盥洗于從享神位之前。七祀及配享功臣位前盥洗各一。罍、篚各設于左右。執罍、篚者位其後。

享日丑時五刻，宫闈令開室，帥其屬掃除，鋪筵在室内北墉下，几在筵上，如常儀。司尊彝入設祭器。太府卿帥其屬入陳幣于篚。幣以白。光禄卿帥其屬入實籩、豆、簠、簋。籩四行，以右爲上。第一行：魚鱐在前，糗餌次之。第二行：乾蕨在前，乾棗、形鹽次之。第三行：鹿脯在前，

---

① “山尊”，底本作“山奠”，據文津閣本、楊本校改。
② “洗”字，底本脱，據十萬卷樓本校補。

榛實、乾桃次之。第四行：菱在前，芡、栗次之。豆四行，以左爲上。第一行：芹葅在前，筍葅、葵葅次之。第二行：菁葅在前，韭葅、醓食次之。第三行：魚醢在前，兔醢、豚拍次之。第四行：鹿臡在前，醢醢次之。加豆二，春實以韭、卵，夏實以麥、魚，秋實以豕、豚，冬實以稻、鴈。簠實以稻。簋實以黍。登實以大羹。鉶實以羹，加芼滑。若夏享、秋享，則籩左之鑑實以冰。**太官令帥其屬入實俎**[①]。籩左之俎，爲二重，以北爲上。第一重：實以牛腥七體，兩肩、兩脇、兩髀并脊，以兩髀在兩端，兩肩、兩脇次之，脊在中。第二重：實以羊腥七體，其載如牛。豆前之俎，爲二重，以北爲上。第一重，實以豕腥七體，其載如羊。第二重，實以魚腥十有五，縮載。豆右之俎九，爲三重，以北爲上。第一重，實以牛、豕牲首各一。第二重，一實以牛腥，腸、胃、肺，離肺一在上端，刌肺三次之，腸三、胃三又次之；一實羊腥，腸、胃、肺，其載如牛；一實以豕腥膚九[②]，橫載。第三重，一實以牛熟，腸、胃、肺；一實以羊熟，腸、胃、肺；一實以豕熟膚，其載如腥。皆牛在左，羊在中，豕在右。**良醞令帥其屬入實尊彝**，酌尊之齊，鳥彝實以明水，鷄彝實以鬱鬯，犧尊實以泛齊，象尊實以醴齊。又太尊實以泛齊，山尊實以醴齊，著尊實以盎齊，犧尊實以醴齊，象舞實以泛齊，各以一尊實明水。壺尊三實玄酒，三實三酒。明水、玄酒皆在上。**又實七祀及配享功臣位禮饌**。每位左二籩，栗在前，鹿脯次之；右二豆，菁葅在前，鹿臡次之；俎實以羊、豕腥肉；簠實以稷；簋實以黍；爵一、象尊一實以祠祭法酒。

太常設燭于神位前，設大禮使以下行事、執事官揖位于東神門外，如省牲之位；設望瘞位于瘞坎之南，如省饌之位。所司陳異寶嘉瑞及伐國之寶于宮架之南，東西相向。

車駕自景靈宮詣太廟

前享一日，皇帝于景靈宮朝獻畢，既還大次。禮部郎中奏解

---

①　“帥”字，底本作“設”，據文津閣本、十萬卷樓本、楊本、《文獻通考》卷九八《宗廟考八・祭祀時享》校改。

②　“九”字，底本作“七”，據《宋會要輯稿・禮》一七之四六《禮部太常寺修立郊祀大禮前一日朝享太廟行禮儀注》校改。

嚴。所司轉仗衛鹵簿。文武助祭官先詣太廟祠所。導駕官以下就次，各服其服。乘黃令進玉輅于昌福門內，南向。設千牛將軍一員位于輅前，北向。門下侍郎一員位于左輔之前，贊者二人位又于其前。

少頃，知客省事以下，知內侍省事以下，帶御器械官、祗應通侍大夫以下[①]，武功大夫以下，并六尚局應奉官于齋殿前鬬班立定。東上閤門、御史臺、太常寺分引管軍臣僚及左輔、門下侍郎、太僕卿、乘黃令詣御幄幕殿門外立班，北向，東上。乘黃令位其後。次引導駕官以下在其後，分東西相向立，以候奉迎前導。次引行宮使、御營巡檢等又在其後。禮直官、通事舍人引禮部侍郎奏請中嚴。凡左輔、門下侍郎、禮部侍郎，皆禮直官、通事舍人引。少頃，又奏外辦。皇帝服通天冠、絳紗袍，乘輿以出，稱警蹕，如常儀。行門禁衛、諸班親從迎駕，奏“聖躬萬福”。次知客省事以下，知內侍省事以下，帶御器械官、祗應通侍大夫以下，武功大夫以下，六尚局應奉官鬬班迎駕，奏“聖躬萬福”。皇帝乘輿，降自西階，稱警蹕，如常儀。管軍臣僚奏“聖躬萬福”。次左輔以下，次導駕官，次行宮使、御營巡檢等逐班奏“聖躬萬福”。該宣名者即宣名。

太僕卿詣玉輅所，攝衣而陞，正立執轡。導駕官前導皇帝至昌福門內玉輅所。千牛將軍前跪執轡。左輔進當御前俛伏，跪奏：“左輔具官臣某言，請皇帝降輿，升輅。”奏訖，俛伏，興，退，復位。凡左輔奏請准此。乘黃令稍前，東向，進玉輅。皇帝降輿升輅，太僕立授綏，導駕官分左右步導。門下侍郎進當門前俛伏，奏：“門下侍郎具官臣某言，請車駕進發。”奏訖，俛伏，興，退，復位。

---

① “通侍”，底本作“通事”，據文津閣本、十萬卷樓本、楊本校改。

凡門下侍郎奏請准此。車駕動，稱警蹕。左輔先詣昌福門以俟。門下侍郎及贊者夾侍以出。千牛將軍夾輅而趨。車駕將及昌福門，至侍臣上馬所，門下侍郎奏請車駕少駐，敕侍臣上馬。左輔前承旨，退稱曰：“制可。”門下侍郎退，傳制稱：“侍臣上馬。”贊者承傳敕侍臣上馬，諸侍衛之官各督其屬左右翊駕，在黃麾内。符寶郎奉八寶前導，殿中監後部從，導駕官夾侍於前，贊者在左輔、門下侍郎之前。侍臣上馬畢，門下侍郎奏請車駕進發。車駕動，稱警蹕[1]，不鳴鼓吹。

　　鹵簿前導詣太廟。冬祀、夏祭大禮則用大駕鹵簿，宗祀、祫享則用法駕鹵簿。車駕將至太廟，東上閤門、御史臺分引助祭文武官、宗室、客使，禮直官、贊者引行事、執事官俱詣廟西門外立班，再拜奉迎，退。内已起居者，止奏“聖躬萬福”。車駕及門少駐，文武侍臣皆下馬。導駕官步導入廟西門。車駕動，千牛將軍夾輅而趨。近廟南門迴輅南向。千牛將軍立于輅左。左輔奏請皇帝降輅，皇帝步入廟，稍東。左輔奏請皇帝乘輿[2]，尚輦奉御進輿[3]。皇帝乘輿以入齋殿，侍御如常儀。導駕官步導至殿門，皇帝降輿入閤[4]，簾降。通事舍人承旨敕羣官各還次。學士院以祝册授通進司進御書訖，付尚書禮部。

---

　　① “殿門外立班……車駕動”五百三十八字，底本脱，據本書卷九八《皇帝祫享太廟儀二・車駕自景靈宮詣太廟》補。

　　② “輿”字，底本作“輦”，據文津閣本、十萬卷樓本校改。

　　③ “尚輦”二字，底本脱，據本書卷九八《皇帝祫享太廟儀二・車駕自景靈宮詣太廟》補。

　　④ “入”字，底本作“升”，據文津閣本校改。

省牲器

省牲之日，未後二刻，宮闈令帥其屬掃除廟之內外，司尊彝帥府史及執事者以祭器入設于位。凡祭器，皆藉以席，籩、豆又加巾蓋。太府卿入陳幣于篚①。告潔畢，權徹。

未後三刻，禮直官、贊者分引太禮使以下詣東門外省牲位。光祿卿、丞與執事者牽牲就位。禮直官贊揖，贊者引大司樂入行樂架。凡亞、終獻行事皆禮直官、太常博士引，大禮使、執政官及申視滌濯官②、受爵酒官、進爵酒官行事皆禮直官引，餘官皆贊者引。次引申視滌濯官入③，升自西階，凡行事、執事官升降，皆自西階。視滌濯。次引申視滌濯官申眂滌濯④，執事者舉冪，曰："潔。"俱復位。禮直官稍前，曰："告潔畢，請省牲。"⑤次引省牲官稍前，省牲訖，退，復位。次引光祿卿出班巡牲一匝，西向躬曰："充。"曰："備。"次引光祿丞巡牲一匝，西向躬曰："腯。"俱復位。禮直官稍前，曰："省牲畢，請就省饌位。"揖訖，引大禮使以下各就位，立定。禮直官贊揖。所司省饌具畢，禮直官贊："省饌畢。"揖訖，俱還齋所。光祿卿、丞及執事者以次牽牲詣廚，授太官令。次引省鼎鑊官詣廚⑥，省鼎鑊，視濯溉；協律郎展視樂器，乃還齋所。

---

① "陳"字，底本脫，據楊本、《文獻通考》卷九八《宗廟考八·祭祀時享》校補。

② "執政"，底本作"執事"，據文津閣本、《文獻通考》卷九八《宗廟考八·祭祀時享》校改。

③ "申"字，底本脫，據《文獻通考》卷九八《宗廟考八·祭祀時享》校補。

④ "官申眂滌濯"五字，底本脫，據《文獻通考》卷九八《宗廟考八·祭祀時享》校補。

⑤ "請"字，底本作"詣"，據文津閣本、《文獻通考》卷九八《宗廟考八·祭祀時享》校改。

⑥ "鼎"字，底本脫，據《文獻通考》卷九八《宗廟考八·祭祀时享》校補。

　　晡後一刻，太官令帥宰人以鸞刀割牲，祝史各取毛血，實于槃，又取脺脅，實于登，俱置饌所，遂烹牲。宮闈令帥其屬掃除廟之内外。

卷第一百八　吉禮

皇帝親祠前期朝享太廟儀下闕

　　晨祼闕　　饋食闕

卷第一百九　吉禮

朔祭太廟儀_闕

齋戒_闕　陳設_闕　省饌_闕　行事_闕

卷第一百十　吉禮

朔祭別廟儀_闕

齋戒_闕　陳設_闕　省饌_闕　行事_闕

卷第一百十一　吉禮

薦新太廟儀_闕

時日_闕　齋戒_闕　陳設_闕　省饌_闕　行事_闕

卷第一百十二　吉禮

薦新別廟儀_闕

卷第一百十三　吉禮

皇帝親祠前期朝獻景靈宮儀

陳設　省饌　車駕自大慶殿詣景靈宮
奉玉幣　薦饌　望燎

陳設

前朝獻三日，殿中監帥其屬尚舍設大次于明福殿。儀鸞司設文武侍臣次于大次之前，隨地之宜；行事助祭官、宗室及有司次于宮之内外。設東方、南方客使次于文官之後，西方、北方客使次于武官之後。又設饌幔于天興殿東階之南。

前二日①，郊社令帥其屬掃除宮之内外。太常設燎爐于庭之東南。大晟陳登歌之樂于殿上前楹間，稍南，北向；設宮架于庭中，立舞表于酇綴之間。

前朝獻一日，奉禮郎②、禮直官設皇帝位版于阼階上，西向；飲福位于聖像之西南，北向；望燎位于殿之東，南向。贊者設亞、終獻位于阼階之東稍南，西向；大禮使、太宰、少宰、左丞于西階

---

①　“二”字，底本作“一”，據《宋會要輯稿・禮》一七之六八《郊祀大禮前二日朝獻景靈宮行禮儀注》、《文獻通考》卷九九《宗廟考九・祭祀時享》校改。
②　“禮郎”二字，底本脱，據《宋會要輯稿・禮》一七之六八《郊祀大禮前二日朝獻景靈宮行禮儀注》、《文獻通考》卷九九《宗廟考九・祭祀時享》校補。

之西稍南，東向；與亞、終獻班相對。行事吏部、户部尚書、侍郎，光禄卿，讀册官、舉册官，光禄丞位于其西；光禄丞稍却。奉禮郎，搏黍太祝、郊社、太官令位于亞獻之北，西向，俱北上。監察御史位二于大禮使之北，東向，俱稍却。又設協律郎位二，一于殿上前楹之間稍西，一于宫架西北，俱東向。大樂令于登歌樂虞北，大司樂位于宫架北，良醖令於酌尊所，俱北向。設文武助祭官、宗室位于行事、執事官之南。諸方客使位于殿門之外，隨其方國。

又設告潔位于天興殿東偏門外。設大禮使[1]、太宰、少宰、左丞于道西，東向；行事吏部、户部尚書，吏部侍郎，大司樂、光禄卿，讀册官、舉册官，大樂令、光禄丞，奉禮、協律郎，搏黍太祝、郊社、太官令位于道東，西向，大樂令以下位稍却。俱以北爲上。監察御史之位于尚書之位右，異位少退。

光禄設禮饌于殿門内外，在北，南向。太常設省饌位版于禮饌之南[2]。大禮使、太宰、少宰、左丞在南，北向，西上。監察御史位二，在西，東向。行事吏部、户部、禮部尚書，吏部侍郎，大司樂、光禄卿，讀册官、舉册官，大樂令、光禄丞，奉禮、協律郎，搏黍太祝，郊社、太官令位在東，西向，北上。禮部帥其屬設祝册案于殿上之西，司尊彝帥其屬設玉幣筐于酌尊所。次設籩、豆、簠、簋之位。設牙盤一于聖像前。左十有一籩，右十有一豆，俱爲三行；俎一，在籩前；簠一、簋一，在籩豆外，簠在左，簋在右。

---

①　“使”字，底本脱，據《宋會要輯稿·禮》一七之六八《郊祀大禮前二日朝獻景靈宫行禮儀注》、《文獻通考》卷九九《宗廟考九·祭祀時享》校補。

②　“設”字，底本作“説”，據文津閣本、十萬卷樓本、楊本、《宋會要輯稿·禮》一七之六八《郊祀大禮前二日朝獻景靈宫行禮儀注》、《文獻通考》卷九九《宗廟考九·祭祀時享》校改。

又設尊坫之屬於室户外之左^①。太尊五、山尊五，爲二重，在殿上東南隅，北向，西上，太尊在前，皆有坫，加勺、冪，爲酌尊。又太尊二、山尊二在聖像前，著尊二、犧尊二在殿上，象尊二、壺尊六在下，俱北向，西上，加冪，皆設而不酌。

又設里域真官位祭器。左八籩、右八豆，俱爲二行；簠一、簋一，在籩豆外，簠在左，簋在右；犧尊一，在户外，加勺、冪，有坫。

又設籩、豆、簠、簋、俎各一於饌幔内，設御洗二于阼階下直東霤，俱北向。盥洗在東，爵洗在西。罍在洗東，加勺。篚在洗西南肆^②，實以巾。若爵洗之篚，則又實以爵，加坫。設皇帝位于洗南，北向；内侍酌水位于洗東，執巾位于酌水内侍之北，俱西向；吏部侍郎位于爵洗西，東向。又設亞、終獻爵洗、盥洗于本位之南，里域真官獻官盥洗、爵洗于本位東階下。罍、篚各設于左右。執罍、篚者位其後。

前朝獻五刻，太府卿、少府監帥其屬入陳玉、幣于篚，玉以四圭有邸，盛以匣。幣以蒼。禮神之玉置于聖像前，燔玉加于幣。光禄卿帥其屬入實籩、豆、簠、簋。籩三行，以右爲上。第一行，形鹽在前，黎^③、糗餌次之。第二行，榛實在前，乾桃、乾蔆、乾棗次之^④。第三行，菱在前，芡、栗、乾柿次之^⑤。豆三行，以左爲上。第一行，芹菹在前，筍菹、菁菹、葵菹次之。第二行，蒲在前，

---

①　"屬"字，《宋會要輯稿‧禮》一七之六九《郊祀大禮前二日朝獻景靈宮行禮儀注》、《文獻通考》卷九九《宗廟考九‧祭祀時享》作"位"。

②　底本"洗"字前衍"内"字，據《宋會要輯稿‧禮》一七之六九《郊祀大禮前二日朝獻景靈宮行禮儀注》《文獻通考》卷九九《宗廟考九‧祭祀時享》刪。

③　"黎"字，底本作"黍"，據《宋會要輯稿‧禮》一七之六九《郊祀大禮前二日朝獻景靈宮行禮儀注》《文獻通考》卷九九《宗廟考九‧祭祀時享》校改。

④　"乾桃乾蔆乾棗"，底本作"魚鱐乾蔆"，據《宋會要輯稿‧禮》一七之六九《郊祀大禮前二日朝獻景靈宮行禮儀注》、《文獻通考》卷九九《宗廟考九‧祭祀時享》校改。

⑤　"乾柿"，底本作"乾桃"，據文津閣本、《宋會要輯稿‧禮》一七之六九《郊祀大禮前二日朝獻景靈宮行禮儀注》、《文獻通考》卷九九《宗廟考九‧祭祀時享》校改。

麨筋、松脯、蕐脯次之①。第三行，酏食在前，瓜菹、醬次之。簠實以黍，簋實以稻。太官令帥其屬入實俎。籩前之俎②，實以乳餅。良醞令帥其屬入實尊。太尊實以泛齊，山尊實以醴齊，著尊實以盎齊，犧尊實以醍齊，象尊實以沉齊，各以一尊實明水。壺尊三實玄酒，三實三酒，明水、玄酒皆在上。有司設神御殿禮饌及供奉之物，如常儀。

太常、光禄又設里域真官位禮饌。籩三行，以右爲上。第一行，蔆在前，乾柿次之。第二行，乾蓤在前，乾棗、形鹽次之。第三行，茭在前，榛實、乾桃次之。豆三行，以左爲上。第一行，筍菹在前，菁菹次之。第二行，蘁在前，芹菹、醬次之。第三行蕐脯在前，瓜菹、松脯次之③。簠實以稷，簋實以稻。犧尊實以祠祭法酒。

太常設燭於聖像前，設大禮使以下行事、執事官揖位于殿東偏門外，如告潔之位。

省饌

前朝獻一日質明，郊社令帥其屬掃除宫之内外，司尊彝帥府史及執事者以祭器入設於位。凡祭器，皆藉以席④，籩、豆又加巾蓋。太府卿、少府監入陳玉、幣於篚。告潔畢，權徹。

少頃，禮直官、贊者分引大禮使以下詣殿東偏門外告潔位立定。禮直官贊揖訖。次贊者引大司樂入行樂架。亞、終獻行事皆禮直官、太常博士引，大禮使、執政官行事皆禮直官引，餘官皆贊者引。次引禮部尚書入，升自西階，凡行事、執事官升降，皆自西階。視滌濯。次引太宰申視

---

①　"麨筋松脯蕐脯"，底本作"韭菹深蒲"，據《宋會要輯稿·禮》一七之六九《郊祀大禮前二日朝獻景靈宫行禮儀注》、《文獻通考》卷九九《宗廟考九·祭祀時享》校改。

②　"前"字，底本作"豆"，據《宋會要輯稿·禮》一七之七〇《郊祀大禮前二日朝獻景靈宫行禮儀注》、《文獻通考》卷九九《宗廟考九·祭祀時享》校改。

③　"松脯"，底本作"魚醢"，據十萬卷樓本、楊本校改。

④　"席"字，底本作"帛"，據《宋會要輯稿·禮》一七之七〇《郊祀大禮前二日朝獻景靈宫行禮儀注》、《文獻通考》卷九九《宗廟考九·祭祀時享》校改。

滌濯，執事者皆舉冪，曰："潔。"俱退，復位。禮直官稍前，曰："告潔畢，請就省饌位。"揖訖，引大禮使以下各就位，立定。禮直官贊揖。所司省饌具畢，禮直官贊："省饌畢。"揖訖，俱還齋所。次引禮部尚書詣廚，視濯溉。協律郎展視樂器，乃還齋所。

晡後，郊社令帥其屬掃除宮之內外。

車駕自大慶殿詣景靈宮

前朝獻一日，學士院以祝册授通進司進御書訖，降付尚書禮部。

其日，文武助祭官先詣景靈宮祠所。導駕官以下就次，各服其服。尚輦奉御進輿於大慶殿，乘黃令進玉輅於宣德門外，南向。設千牛將軍一員位於輅前，北向。門下侍郎一員位在左輔之前，贊者二人位又在其前。

少頃，東上閣門、御史臺、太常寺分引左輔、門下侍郎、太僕寺卿、乘黃令詣大慶殿西階下立，北向，東上。乘黃令位其後。次引導駕官在其後，分東西相向立，以俟奉迎前導。次管軍臣僚，次行宮使、御營巡檢等又在其後。禮直官、通事舍人引禮部侍郎奏請中嚴。凡左輔、禮部侍郎、門下侍郎奏請，皆禮儀官、通事舍人引。少頃，又奏外辦。皇帝通天冠、絳紗袍，乘輿以出，降自西階，稱警蹕，如常儀。宣贊舍人贊左輔以下常起居，次導駕官常起居，已起居者，止奏"聖躬萬福"。次引管軍臣僚，次行宮使、御營巡檢等常起居。該宣名者即宣名。

次太僕卿出詣玉輅所[①]，攝衣而升，正立執轡。導駕官前導

---

① "玉輅"，底本作"玉輿"，據楊本校改。

皇帝出大慶殿門外，至玉輅所。千牛將軍前跪執轡。左輔進，當輿前俛伏，跪奏：“左輔具官臣某言，請皇帝降輿，乘輅。”奏訖，俛伏，興，退，復位。凡左輔奏請准此。乘黃令稍前①，東向進玉輅。皇帝降輿，乘輅，太僕卿立授綏，導駕官分左右步導。門下侍郎進，當輅前俛伏，跪奏：“門下侍郎具官臣某言，請車駕進發。”奏訖，俛伏，興，退位。凡門下侍郎奏請准此。車駕動，稱警蹕。左輔先詣宣德門內以俟。門下侍郎及贊者夾侍以出。千牛將軍夾輅而趨。車駕將及宣德門，至侍臣上馬所。門下侍郎奏請車駕少駐，敕侍臣上馬。左輔前承旨，退，稱曰：“制可。”門下侍郎傳制，稱：“侍臣上馬。”贊者承傳敕侍臣上馬。諸侍衛之官各督其屬左右翊駕，在黃麾內。符寶郎奉八寶前導，殿中監後部從②，導駕官夾侍于前。贊者在左輔、門下侍郎之前。侍臣上馬畢。次大內留守于宣德門外再拜，奉辭。門下侍郎奏請車駕進發。車駕動，稱警蹕，不鳴鼓吹。

　　鹵簿前導詣景靈宮。冬祀、夏祀大禮則用大駕鹵簿，宗祀、祫享大禮則用法駕鹵簿。車駕將至景靈宮，東上閣門、御史臺分引文武助祭官、宗室、客使，禮直官、贊者引行事、執事官俱詣門外立班，再拜奉迎訖，退。內已起居者，止奏“聖躬萬福”。車駕及門，少駐。文武侍臣皆下馬。導駕官步導入昌福門。導駕官係行事者，先退，服祭服。車駕動③，千牛將軍立于輅右。左輔奏請皇帝降輅，乘輿。尚輦奉御進輿于輅後。皇帝乘輿，入齋殿，侍衛如常儀。導駕官至齋殿前，皇帝降輿歸殿後閣，簾降。通事舍人承旨，敕羣官各還次，以

---

①　“前”字，底本脫，據楊本校補。

②　“中”字，底本作“前”，據楊本校改。

③　“車駕動”後疑有脫字。

俟行禮。

奉玉幣

朝獻日，未行事前，諸行事及助祭之官各服其服。太府卿、少府監入陳玉、幣，光禄卿入實籩、豆、簠、簋，太官令入實俎，良醞令入實尊，樂正帥工人二舞以次入位，執尊、罍、篚、幂者各就位。次通事舍人分引文武助祭及宗室、客使入就位。次禮直官、贊者分引大禮使以下行事、執事官詣天興殿東門外揖位，立定。禮直官贊揖。次引監察御史，次引大禮使以下入就位。禮直官引宮內外行掃除訖，降，復位。次引監察御史按視殿之上下，糾察不如儀者，退，復位。次禮儀使、樞密院官、太常卿、東上閤門官、太常博士、禮直官分立于大次外之左右①。

次引禮部侍郎詣次前奏請中嚴②。少頃，又奏外辦。符寶郎奉寶陳于宮架之北。禮儀使當次前俛伏，跪奏："禮儀使具官臣某言，請皇帝行事。"奏訖，俛伏，興，還侍位。禮儀使奏禮畢，准此。簾卷，皇帝服袞冕以出，侍衛如常儀。禮儀使以下前導至東神門外。殿中監跪進大圭，殿中少監副之。凡殿中監進圭、受圭，皆少監副之。禮儀使奏請執大圭，前導皇帝入自正門。侍衛不應入者，止于門外。協律郎跪，俛伏，舉麾，興。凡行事執事者取物、奠物，皆跪，俛伏，興。工鼓祝，宮架《乾安之樂》作。皇帝升降、行止，皆奏《乾安之樂》。至阼階下，偃麾，戛敔，樂止。凡樂，皆協律郎跪，俛伏，舉麾興工、鼓、柷而後作，偃麾，戛敔而

---

① "右"字，底本脱，據《宋會要輯稿·禮》一七之七二《郊祀大禮前二日朝獻景靈宮行禮儀注》、《文獻通考》卷九九《宗廟考九·祭祀時享》校補。

② "詣次"二字，底本脱，據《宋會要輯稿·禮》一七之七二《郊祀大禮前二日朝獻景靈宮行禮儀注》、《文獻通考》卷九九《宗廟考九·祭祀時享》校補。

後止。升自阼階，大禮使從，皇帝升降，大禮使皆從[1]。左右侍衛之官量人數升[2]。登歌樂作，至版位，西向立，樂止。禮儀使以下分左右侍立。凡行禮，皆禮儀使、樞密院官、太常卿、東上閤門官、太常博士、禮直官前導，至位，分左右立。

禮儀使前，奏："有司謹具，請行事。"宮架作《太安之樂》、《發祥流慶之舞》，六成，止。禮儀使奏請再拜，皇帝再拜。贊者曰："再拜。"在位官皆再拜。內侍取玉幣于篚，立於尊所。次引太宰、少宰，吏部尚書、侍郎升詣聖祖座前立。太宰、吏部尚書西向，少宰、吏部侍郎東向，俱北上。

禮儀使前導皇帝詣盥洗位，登歌樂作，降自阼階，樂止。宮架樂作，至洗位，北向立，樂止。內侍酌水以進。禮儀使奏請皇帝搢大圭，盥手。內侍跪，取巾于篚，興以進，皇帝帨手。內侍受巾，跪，奠于篚。

禮儀使奏請執圭，前導。皇帝升殿。大禮使從。皇帝升降，大禮使皆從。宮架樂作，至阼階下，樂止。升階，登歌樂作，至殿上，樂止。登歌《靈安之樂》作，殿中監跪進鎮圭。禮儀使奏請搢大圭，執鎮圭，前導皇帝詣聖祖座前，北向立。內侍先設繅藉于地[3]。禮儀使奏請跪奠鎮圭于繅藉，執大圭，俛伏，興。又奏請搢大圭，跪。內侍加玉于幣，以授吏部尚書，吏部尚書以授太宰，太宰西

---

①　"下偃麾戛敔樂止凡樂皆協律郎跪俛伏舉麾興工鼓柷而後作偃麾戛敔而後止升自阼階大禮使從皇帝升降大禮使皆從"四十九字，底本脫，據《宋會要輯稿・禮》一七之七二《郊祀大禮前二日朝獻景靈宮行禮儀注》、《文獻通考》卷九九《宗廟考九・祭祀時享》校補。

②　"左右侍衛之官量人數升"十字，原在下句"登歌樂作"之下，據此前諸儀注例移正。

③　"地"字，底本作"北"，據文津閣本、《宋會要輯稿・禮》一七之七三《郊祀大禮前二日朝獻景靈宮行禮儀注》、《文獻通考》卷九九《宗廟考九・祭祀時享》校改。

向跪以進。禮儀使奏請受玉幣，皇帝受奠訖①。少宰東向跪，俛伏，以授吏部侍郎，進奠，置于聖像前。太宰、少宰、吏部尚書、侍郎俱降，復位。禮儀使奏請執大圭，俛，伏興。又奏請再拜，皇帝再拜訖，樂止。

禮儀使前導皇帝還版位，登歌樂作，至位，西向立，樂止。內侍舉鎮圭、繅藉，以鎮圭授殿中監，以還有司②。

薦饌

朝獻日，太官令以饌實俎及籩、豆、簠、簋，陳于饌幔內，東西相向。俎實以乳餅，籩實以粉餈③，豆實以糝食，簠實以黍，簋實以稷。俟皇帝升奉玉幣訖，還位④，樂止。次引禮部尚書詣饌所，執籩、豆、簠、簋以入；戶部尚書詣饌所，奉俎以入，太官令引入正門，宮架《吉安之樂》作，設于西階下，北向⑤，北上，奉俎者在南。次引禮部尚書搢笏，執籩、豆、簠、簋；戶部尚書搢笏，奉俎以升，太祝迎取于階上。禮部尚書奉籩、豆、簠、簋于聖像前，北向，跪奠，啟蓋于下，執笏，俛伏，興。有司設籩于糗餌前，豆于醬前，簠于稻前，簋于黍前。次戶部尚書奉俎于聖像前，北向跪奠訖，執笏，俛伏，興，

---

① “奠”字，底本作“幣”，據文津閣本、楊本、《宋會要輯稿‧禮》一七之七三《郊祀大禮前二日朝獻景靈宮行禮儀注》、《文獻通考》卷九九《宗廟考九‧祭祀時享》校改。

② “還”字，《宋會要輯稿‧禮》一七之七三《郊祀大禮前二日朝獻景靈宮行禮儀注》、《文獻通考》卷九九《宗廟考九‧祭祀時享》作“授”。

③ “粉”字，底本脫，據《宋會要輯稿‧禮》一七之七三《郊祀大禮前二日朝獻景靈宮行禮儀注》、《文獻通考》卷九九《宗廟考九‧祭祀時享》校補。

④ “還”字，底本作“退”，據《宋會要輯稿‧禮》一七之七三《郊祀大禮前二日朝獻景靈宮行禮儀注》、《文獻通考》卷九九《宗廟考九‧祭祀時享》校改。

⑤ “北向”二字，底本脫，據《宋會要輯稿‧禮》一七之七三《郊祀大禮前二日朝獻景靈宮行禮儀注》、《文獻通考》卷九九《宗廟考九‧祭祀時享》校補。

有司設于豆前。樂止，俱降，復位。太祝還奠所。次引太宰、少宰、左丞詣聖祖座前立^①。太宰、左丞西向，北上，少宰東向。次引吏部侍郎詣爵洗位，東向立。

禮儀使前導皇帝詣盥洗位，登歌樂作，降自阼階，樂止。宮架樂作，至洗位，北向立，樂止。內侍酌水以進。禮儀使奏請搢大圭，盥手。內侍跪，取巾于篚，以進，皇帝帨手。內侍受巾，跪，奠于篚。

禮儀使奏請執大圭，前導皇帝詣爵洗位。宮架樂作，至洗位，北向立，樂止。吏部侍郎跪，取爵于篚，興以進。禮儀使奏請搢大圭^②，受爵。內侍酌水以進。禮儀使奏請洗爵。內侍跪，取巾于篚，興以進，皇帝拭爵。內侍受巾，跪，奠于篚。吏部侍郎受爵，升自東階。

禮儀使奏請執大圭，前導皇帝升殿^③。宮架樂作。至阼階下，樂止。升自阼階，登歌樂作，至殿上，樂止。登歌《禧安之樂》作，吏部侍郎奉爵詣酌尊所，東向立。執尊者舉冪，良醞令酌太尊之泛齊。禮儀使前導至聖祖座前，北向立。禮儀使奏請搢大圭，跪。吏部侍郎以爵授左丞，左丞授太宰，太宰西向跪以進。禮儀使奏請執爵^④，進酒，再進酒，三進酒，以爵授少宰，置于聖像前。禮儀使奏請執大圭，俛伏，興。又奏請少立，樂止。太宰以下俱復位。舉册官舉祝册，進于聖像之右。讀册官搢笏，東向，

---

① “立”字，底本無，據《宋會要輯稿‧禮》一七之七四《郊祀大禮前二日朝獻景靈宮行禮儀注》、《文獻通考》卷九九《宗廟考九‧祭祀時享》校補。

② 底本“禮儀使”前衍“禮儀使”三字，據楊本刪。

③ “前”字，底本脫，據十萬卷樓本校補。

④ “執”字，底本作“奠”，據《宋會要輯稿‧禮》一七之七四《郊祀大禮前二日朝獻景靈宮行禮儀注》、《文獻通考》卷九九《宗廟考九‧祭祀時享》校改。

跪讀祝文。讀訖，執笏，興。禮儀使奏請再拜，皇帝再拜。有司奠册立于聖像右。禮儀使前導皇帝還版位。登歌樂作，至版位，西向立，樂止。

文舞退，武舞進，宮架《正安之樂》作。舞者立定，樂止。

次禮直官、太常博士引亞獻詣盥洗位，北向立，搢笏，盥手，帨手，執笏；詣爵洗位，北向立，搢笏，洗爵，拭爵，以授執事者，執笏；升詣酌尊所，東向立。宮架作《冲安之樂》、《降真觀德之舞》。執事者以爵授亞獻，亞獻搢笏，執爵。執尊者舉冪，太官令酌山尊之醴齊。亞獻以爵授執事者，執笏，詣聖祖座前，北向，搢笏，跪。執事者以爵授亞獻官，亞獻執爵，三進酒①，俛伏，興，少退，北向再拜。樂止，降，復位。

初，亞獻行禮將畢，禮直官、太常博士引終獻詣洗及升殿酌獻，並如亞獻之儀②，訖，降，復位。

初，終獻既升，次引殿中監、少監、搏黍太祝、太官令詣飲福位，東向立。奉豆及爵酒者各位于其後。

禮儀使奏請詣飲福位，前導皇帝。登歌樂作，將至位，樂止。又登歌《報安之樂》作。皇帝至飲福位，北向立。尚醞典御執爵詣酌尊所③，良醞令酌上尊福酒合置一尊。典御奉尊詣飲福位以

---

① “三進酒”，底本作“酒三進”，據文津閣本、十萬卷樓本、《宋會要輯稿・禮》一七之七五《郊祀大禮前二日朝獻景靈宮行禮儀注》、《文獻通考》卷九九《宗廟考九・祭祀時享》乙正。

② “並”字，底本作“一”，據十萬卷樓本、楊本、《宋會要輯稿・禮》一七之七五《郊祀大禮前二日朝獻景靈宮行禮儀注》、《文獻通考》卷九九《宗廟考九・祭祀時享》校改。

③ “尚醞典御”，底本作“典御尚醞”，據《宋會要輯稿・禮》一七之七五《郊祀大禮前二日朝獻景靈宮行禮儀注》、《文獻通考》卷九九《宗廟考九・祭祀時享》乙正。“執爵詣”，底本作“于”，據《宋會要輯稿・禮》一七之七五《郊祀大禮前二日朝獻景靈宮行禮儀注》、《文獻通考》卷九九《宗廟考九・祭祀時享》校改。

授殿中監、少監。尚醞奉御執爵，殿中少監酌之。奉御以爵授殿中監，殿中監西向捧以立。禮儀使奏請再拜，皇帝再拜。殿中監跪以爵酒進。禮儀使奏請搢大圭，跪，受爵，祭酒，三祭于地。啐酒，奠爵。殿中監跪受爵以興。太官令取黍于簋，搏以受太祝，太祝取以豆，東向跪以進。皇帝受訖，奠之。太祝受豆以興，降，復位。次殿中監再跪以爵酒進。禮儀使奏請受爵，飲福酒，奠爵。殿中監受虛爵以興，以授典御奉御①。執事者俱降，復位。禮儀使奏請執大圭，俛伏，興。又奏請再拜，皇帝再拜，樂止。

　　禮儀使前導皇帝還版位。登歌樂作，至版位，西向立②，樂止。次引禮部尚書升殿，徹籩、豆；户部尚書升殿，徹俎。籩、豆及俎各一，俱少移故處。登歌《吉安之樂》作，卒徹，樂止。禮部、户部尚書降，復位。禮直官曰：“賜福酒。”行事助祭官拜。贊者承傳，曰：“賜福酒，再拜。”在位官皆再拜。

　　送神，宫架《太安之樂》作，一成，止。

望燎

　　《太安之樂》畢，禮儀使奏請詣望燎位，前導皇帝詣望燎位，登歌樂作。降自阼階，樂止。宫架樂作，至位，南向立，樂止。

　　初，賜福酒，再拜訖。吏部侍郎帥太祝執篚進詣聖祖座前，

---

　　①　後一“御”字，底本脱，據《宋會要輯稿·禮》一七之七五《郊祀大禮前二日朝獻景靈宫行禮儀注》、《文獻通考》卷九九《宗廟考九·祭祀時享》校補。

　　②　底本“西向立”前衍“樂止”字，據十萬卷樓本、楊本、《宋會要輯稿·禮》一七之七五《郊祀大禮前二日朝獻景靈宫行禮儀注》、《文獻通考》卷九九《宗廟考九·祭祀時享》删。

取玉幣、祝册。執事官以俎載稷黍飯及爵酒①，降殿，置于柴上。禮直官曰：“可燎。”東西各以炬燎，半柴。

禮儀使奏禮畢，前導皇帝還大次，宮架樂作。出門外，禮儀使奏請釋大圭。殿中監跪受大圭，以還有司②。侍衛如常儀。皇帝至大次，樂止。禮部郎中奏解嚴。次引大禮使以下詣南門外揖位立。禮直官贊：“禮畢。”揖訖，退。通事舍人等分引文武助祭官及宗室、客使以次出③。將士不得輒離部伍。

次引諸神御殿及里域真官分獻官及太祝各入就位。太祝在南，北向。分獻官在東，西向④。神御殿獻官、太祝具常服，里域真官獻官、太祝具祭服。贊者曰：“再拜。”⑤在位者皆再拜。太祝升詣香案之西，東向立。次分獻官升詣香案前，北向立，搢笏，三上香，跪。執事者以琖奠茶⑥，三奠酒⑦，執笏，俛伏，興，少立。太祝跪讀祝文，讀訖，執笏，興，舉版置于案，降，復位。分獻里域真官，則分獻官詣里域真官座再拜訖。詣盥洗位，搢笏，盥手，帨手，執笏。次詣爵洗位，搢笏，洗爵，拭爵，

---

① “俎”字，底本作“饌按”，據《宋會要輯稿·禮》一七之七六《郊祀大禮前二日朝獻景靈宮行禮儀注》、《文獻通考》卷九九《宗廟考九·祭祀時享》校改。

② “還”字，《宋會要輯稿·禮》一七之七六《郊祀大禮前二日朝獻景靈宮行禮儀注》、《文獻通考》卷九九《宗廟考九·祭祀時享》作“授”。

③ “次出”，底本作“下”，據《宋會要輯稿·禮》一七之七六《郊祀大禮前二日朝獻景靈宮行禮儀注》《文獻通考》卷九九《宗廟考九·祭祀時享》校改。

④ 底本“西向”後衍“分獻官”三字，據《宋會要輯稿·禮》一七之七六《郊祀大禮前二日朝獻景靈宮行禮儀注》、《文獻通考》卷九九《宗廟考九·祭祀時享》刪。

⑤ “者”字，底本脱，據文津閣本、十萬卷樓本、楊本、《宋會要輯稿·禮》一七之七六《郊祀大禮前二日朝獻景靈宮行禮儀注》、《文獻通考》卷九九《宗廟考九·祭祀時享》校補。

⑥ “以”字，《宋會要輯稿·禮》一七之七六《郊祀大禮前二日朝獻景靈宮行禮儀注》、《文獻通考》卷九九《宗廟考九·祭祀時享》作“執”。

⑦ “三”字，底本無，據《宋會要輯稿·禮》一七之七六《郊祀大禮前二日朝獻景靈宮行禮儀注》、《文獻通考》卷九九《宗廟考九·祭祀時享》校補。

以授執事者，執笏，升詣尊所[①]，搢笏[②]。執尊者舉冪，酌酒。分獻官以爵授執事者，執笏，詣里域真官神位前，搢笏，北向立，跪，執爵，三祭酒，奠爵，執笏，俛伏，興，少立。太祝搢笏，跪讀祝文訖，興，舉版置于案，降，復位。分獻官再拜訖，降，復位。有司取祝版，置于燎柴。獻官以下各詣殿門外，南向立，太祝重行焚訖，俱退。

---

① "詣"字，底本脱，據楊本校補。
② "搢"字，底本作"授"，據楊本校改。

卷第一百十四　吉禮

皇帝朝獻景靈宮儀

時日　齋戒　陳設　朝獻景靈東宮
朝獻景靈西宮

時日

前期，太常寺具孟春之月九日、十日，朝獻景靈宮，孟秋、孟冬之日以十五、十六、十七日。若孟夏之月，則太常寺預于春季關太史局擇日，太史局擇日報太常寺，申奏。具時日散告。

齋戒

前朝獻一日[①]，皇帝齋福寧殿，御崇政殿視事如常[②]。惟不弔喪、問疾、作樂，有司不奏刑殺文書。其行事、執事前導官齋于本司，視事如故[③]，宿于本司。惟不判書刑殺文書及行刑罰[④]。

---

① 底本"前"後衍"期"字，據《宋會要輯稿·禮》一七之七八《四孟朝獻景靈宮儀注》、《文獻通考》卷九九《宗廟考九·祭祀時享》刪。

② "崇政"，底本作"勤政"，據《文獻通考》卷九九《宗廟考九·祭祀時享》校改。"常"字，《宋會要輯稿·禮》一七之七八《四孟朝獻景靈宮儀注》、《文獻通考》卷九九《宗廟考九·祭祀時享》作"故"。

③ "視"字，《文獻通考》卷九九《宗廟考九·祭祀時享》作"治"。

④ 《文獻通考》卷九九《宗廟考九·祭祀時享》"刑"後無"罰"字。

陳設

前期,殿中監帥其屬尚舍張設于齋殿之內外,張御幄于天興殿東,南向;_{神御殿即于殿東,南向。}陳香案及供奉之物于聖像前。_{神御殿即于神御前。}又設皇帝褥位于香案之南①,北向。

朝獻日未行事前,東上閤門、御史臺設祭文武官位于殿庭,北向。

朝獻景靈東宮

朝獻日質明,內東門開,鳴鞭,行門禁衛、諸班親從等諸司祗應人員以下各自贊常起居。次知客省事,次樞密都承旨,_{待制正徵以充樞密都、副承旨,即隨宰相以下班。}知內侍省以下,帶御器械官、六尚局應奉官②、祗應通侍大夫以下,武功大夫以下及當庫務文臣一班,常起居。皇帝常服,出內東門,即御座。宰相、親王以下應從駕臣僚一班,次管軍臣僚貯廊下,並常起居。皇帝乘車,鳴鞭,車行,執毬仗。使臣分東西相向,常起居。皇帝車出宣德門,將至宮。燒香官、執事官前導及助祭之官奉迎于宮門外,再拜。皇帝由昌福門入,_{西宮則由昭德門入。}至齋殿,降輦③。東上閤門官前導至天興殿御幄,簾降。

初,乘輿將入昌福門。禮直官、太常博士、太常卿于御幄前,東向立。東上閤門官相向立。禮直官引執事升殿,于香案前東西對立。_{神御殿執事官于香案前,西向。}東上閤門、御史臺、太常寺分引

---

① 底本"南"前衍"前"字,本書卷一七〇《納皇后儀五·皇后朝謁景靈宮》刪。
② 底本"六尚局"後衍"舍"字,據十萬卷樓本、楊本刪。
③ "輦"字,底本作"鞏",據文津閣本、十萬卷樓本、楊本校改。

文武助祭官入詣天興殿庭北向位,立定。

皇帝至御幄,東上閤門報班齊。禮直官、太常博士次引太常卿詣御幄前,_{凡太常卿奏詣,皆太常博士、禮直官引。}俛伏,跪奏:"太常卿臣某言,請皇帝行朝獻之禮。"奏訖,俛伏,興。_{太常卿奏禮畢准此。}簾卷,太常卿、東上閤門官、太常博士、禮直官前導皇帝詣殿上褥位,北向立。_{凡行禮,皆太常卿、東上閤門、太常博士、禮直官前導,至位,即分立于左右。}太常卿奏請再拜,皇帝再拜。_{內三位神御者即每位再拜。}贊者曰:"再拜。"在位官皆再拜。內侍奉香。太常卿奏請上香,再上香,三上香。內侍以茶授執事官。太常卿奏請跪,進茶。_{神御殿即奠茶。}執事官奉進。皇帝獻訖,_{神御殿即奠訖。}以授執事官,置于聖像前。_{神御即以授執事官。}皇帝進酒,再進酒,三進酒,如進茶之儀。_{神御殿即三奠酒。}執事退,先詣保寧閣香案前以俟。太常奏請俛伏,興。又奏請再拜,皇帝再拜。贊者曰:"再拜。"在位官皆再拜。太常卿前導皇帝還御幄,簾降。太常卿奏請禮畢,退,復位。

助祭者先詣保寧閣,北向立。皇帝詣保寧閣,次詣天興殿,次詣太始殿,次詣皇武殿,次詣儷極殿,次詣大定殿,次詣輝德殿,次詣熙文殿,次詣衍慶殿,次詣美成殿,次詣繼仁殿,次詣治隆殿,次詣徽音殿,朝獻,並如上儀。

皇帝還齋殿。少頃,乘輿,還內,如來儀。

朝獻景靈西宮

前朝獻質明,皇帝常服,自內東門乘輿,詣西宮,朝獻大明殿,次詣神元殿,次詣重光殿,朝獻訖,還內,並如東宮之儀。_{孟夏、孟秋、孟冬,一日朝獻至天興殿,至輝德殿,至熙文殿,至徽音殿,又次日朝獻內宮。}

卷第一百十五　吉禮

坊州朝獻聖祖儀

時日　齋戒　陳設　省饌　行事

時日

太常寺前期以仲春擇日，朝獻聖祖天尊大帝，仲秋准此。關太史局。太史局擇日報太常寺。太常寺參酌訖，具時日下本州。

齋戒

前朝獻十日，應行事、執事官散齋七日，治事如故，宿于正寢，不弔喪、問疾、作樂、判書刑殺文書、決罰罪人及與穢惡；致齋三日，二日于廳事。惟朝獻事得行，其餘悉禁。前朝獻一日質明，俱赴祠所齋舍。朝獻官已齋而闕者，通攝行事。

陳設

前朝獻三日，有司設行事執事官次于廟門外，隨地之宜。

朝獻日丑前五刻，執事者陳幣篚各于神位之左，幣以蒼。青詞于神位之右，配位即陳祝版。置于坫。

　　次設祭器，皆藉以席，掌饌者實之①。正、配位各左十有二籩，爲三行，以右爲上；第一行：形鹽在前，梨、糗餌、粉餈次之。第二行：榛實在前，乾桃、乾䕅、乾棗次之。第三行：菱在前，芡、栗、乾桃次之。右十有二豆，爲三行，以左爲上；第一行：芹菹在前，筍菹、菁菹、葵菹次之。第二行：韮在前，麷筋、松脯②、薧脯次之。第三行：醢食在前③，瓜薑④，醢、粉食次之。俎二，一在籩前，一在豆前；實以乳餅。簠二、簋二，在籩、豆外，二俎間，簠在左，簋在右。簋實以稻、粱，粱在稻前。簠實以黍、稷，稷在黍前。

　　設太尊五、山尊五，爲二重，在堂上東南隅，北向，西上⑤，配位即于正位酒尊之東⑥。太尊在前，皆有坫，加勺、冪，爲酌尊。太尊一實明水，爲上尊，餘實泛齊，初獻酌之。山尊一實明水，爲上尊，餘實醴齊，亞、終獻酌之。又設太尊二、山尊二在神位前，太尊一實盎齊，山尊一實醴齊，各以一尊實明水。著尊二、犧尊二、象尊二、壺尊六在殿下，著尊一實盎齊，犧尊一實醍齊，象尊一實沉齊，各以一尊實明水。壺尊三實玄酒，三實三酒。明水、玄酒皆在上。俱北向，西上，加冪。五齊三酒，皆設而不酌。

　　有司設燭于神位前，洗二于東階下直東霤，北向。盥洗在東，爵洗在西。罍洗在東，加勺。篚在洗西南肆，實以巾。若爵洗之篚，則又實以爵，加坫。執罍、篚者位于其後。

　　設揖位于廟南門外。初獻在西，東向。亞、終獻及祝在東，西向，北上。祝位稍却。

　　積燎柴于廟之東南。設望燎位于燎柴之北。三獻官在北，

---

① “掌”字，底本作“常”，據十萬卷樓本、楊本校改。
② “松脯”，底本作“栢脯”，據本書卷五《序例・祭器》改。
③ “醢食”，底本作“配食”，據文津閣本、十萬卷樓本校改。
④ “瓜薑”，底本作“瓜韭”，據本書卷五《序例・祭器》改。
⑤ “西”字，底本脱，據楊本校補。
⑥ “正”字，底本脱，據十萬卷樓本校補。

南向,東上。祝位在西,東向。又設三獻官席位于殿下東階東南,西向,北上。設祝席位于庭中,北向。又設祝位于殿上前楹東,西向。

省饌

前朝獻一日,朝獻官以下常服,閱饌物,詣廚,視祭器滌溉訖[①],還齋所。

晡後,所司掃除殿之上下。

行事

朝獻日丑前五刻,行事,春用丑時七刻,秋用丑時一刻。行事、執事官入就次。掌饌者帥其屬設饌具畢[②]。贊禮者引初獻,凡行事、執事官皆贊禮者引。升自東階,行事、執事官升降,皆自東階。點視陳設,退,就次,各服祭服。次引獻官以下詣南門外揖位立定。贊禮者贊揖。次引太祝入就殿下席位,北向立。

次引三獻官入就殿下席位,西向立。贊禮者詣初獻之右,贊:"請行事。"贊:"再拜。"在位者皆再拜。次引太祝升殿,就位立定。

次引初獻詣盥洗位,北向立,搢笏,盥手,帨手,執笏,升殿,詣聖祖座前,北向立,搢笏,跪。次引太祝搢笏,西向跪。執事者以幣授太祝,太祝奉幣授初獻訖,執笏,興,先詣配位前立。初獻受幣,奠訖,執笏,俛伏,興,少退,再拜。詣配位前,奠幣,並如上

---

① "祭器",底本作"滌器",據楊本校改。

② "掌"字,底本脱,據楊本校補。

儀訖,俱退,復位。

少頃,引初獻再詣盥洗位,北向立,搢笏,盥手,帨手訖,執笏。次詣爵洗位,北向立,搢笏,洗爵,拭爵訖,以爵授執事者,執笏,升詣正位酌尊所。執事者以爵授初獻,初獻搢笏,執爵。執尊者舉冪,執事者酌太尊之泛齊。初獻以爵授執事者,執笏,詣聖祖座前,北向立,搢笏。執事以爵授初獻,初獻執爵,三進酒,執笏,俛伏,興,少退,北向立。次引太祝詣聖祖座前,東向,搢笏,跪讀青詞。讀訖,執笏,興,先詣配位前立。初獻再拜。次詣配位,酌獻,並如上儀,<small>惟三祭酒</small>。俱復位。

次引亞獻詣盥洗位,北向立,搢笏,盥手,帨手,執笏;詣爵洗位,北向立,搢笏,洗爵,拭爵,以爵授執事,執笏;升詣正位酌尊所,西向立。執事者以爵授亞獻,亞獻搢笏,執爵。執尊者舉冪,執事者酌山尊之醴齊。亞獻以爵授執事者,執笏,詣聖祖座前,北向立,搢笏,跪。執事者以爵授亞獻,亞獻執爵,三進酒,執笏,俛伏,興,少退,再拜。次詣配位,並如上儀,<small>惟三祭酒</small>。降,復位。

次引終獻詣洗及升殿行禮,並如亞獻之儀,降,復位。

贊禮者曰:"賜福酒,再拜。"在位者皆再拜。

次引初獻以下就望燎位。執事者詣聖祖座前,取幣及青詞、祝版置于燎柴。贊禮者曰:"可燎。"火燎半柴。

次引初獻以下詣南門外揖位立。贊禮者贊:"禮畢。"揖訖,退。有司監徹禮饌,闔戶以降,乃退。

卷第一百十六　吉禮

春秋二仲薦獻諸陵儀

時日　齋戒　受香表　陳設　省饌　行事

時日

太常寺前期以仲春擇日，薦獻諸陵，仲秋准此。關太史局。太史局擇日報太常寺參酌訖，具時日散告。

齋戒

獻官以下沿路宿于驛舍，或沿途官廨，或觀寺。不弔喪、問疾、作樂、決罰罪人及與穢惡。至陵，宿于齋所。惟薦獻事得行，其餘悉禁。前一日質明，應行事、執事、陪位官並齋于陵所，陵給酒饌。獻官已齋而闕者[1]，通攝行事。

受香表

前期，太常卿奉香表至鞏縣驛[2]，以香表置于腰輿，諸陵獻官以次從。行至昭孝禪院，禮直官引香表，腰輿置于堂上。贊者引

---

① "闕"字，底本作"却"，據文津閣本、楊本校改。
② 底本"太常"後衍"寺"字，據楊本刪。

諸陵獻官于堂上，東向立。禮直官引太常卿升堂，西向立。禮直官贊揖。次贊者引永安陵獻官稍前，東向對立。贊者以表授太常卿，太常卿搢笏，接表，執笏，以表加于笏上。禮直官、贊者各俛伏，跪。太常卿受笏，以表授永安陵獻官，獻官搢笏，接表訖，各執笏。獻官加表于笏上。禮直官贊："各俛伏，興。"贊者引獻官退，省視香表訖，復置于腰輿，從行至陵所。次引諸陵獻官授香表，如上儀。

陳設

前一日，都監常服，帥其屬詣陵，闔宮殿門，升殿，行掃除于上，降，行掃除于下，設神御座于殿上當中，南向[①]；惟永安陵，則設宣祖皇帝座，稍西；又設昭憲皇帝座于宣祖皇帝之東，俱南向。陳香案及供奉之物于座前訖，闔宮殿門。永昌陵則先詣太祖皇帝陵，陳設畢，次詣孝惠皇后、孝明皇后、孝章皇后陵。永熙陵則先詣太宗皇帝，陳設畢，次詣淑德皇后、懿德皇后、明德皇后、元德皇后陵。永定陵則先詣真宗皇帝陵，陳設畢，次詣章懷皇后、章穆皇后、章憲明肅皇后、章懿皇后陵。永昭陵則先詣仁宗皇帝陵，陳設畢，次詣慈聖光獻皇后陵。永厚陵則先詣英宗皇帝陵，陳設畢，次詣宣仁聖烈皇后陵。永裕陵則先詣神宗皇帝陵，陳設畢，次詣欽聖憲肅皇后、欽成皇后、欽慈皇后、惠恭皇后陵。陳設，並如上儀。又設獻官以下次于門外。

薦獻日行事前，陳表于案上，在右。惠恭皇后陳祝文。

設揖位于殿門外。獻官、陪位官在西，東向；監視禮事官、太祝在東，西向，俱北上。凡設陪位官、太祝位皆稍却。

置燎柴於爐內。設望燎位于其北。獻官、陪位官在北，南向，西上。監視禮事官在西，東向。太祝在東，西向。又設獻官

---

① 　底本"向"前衍"面"字，據本書卷一〇《序例·奏告諸陵上宮·陳設》刪。

席位于階東，陪位官席位又于其南，俱西向，北上。設監視禮事席位于庭南，北向。太祝在其後。又設獻官位于香案之前，北向①。監視禮事官位于香案之西，東向。太祝位于香案之西，東向。

省饌

前一日，獻官以下常服，並集獻官齋所肄儀，太祝習讀表文訖。獻官詣廚，閱饌物，省鑊，視滌溉。

晡後，都監帥其屬臨造神饌。

行事

薦獻日質明，獻官以下常服，並詣陵南門外就次。奉饌者各陳于外。都監帥其屬闔宮殿門，進饌者設饌具畢，都監還。監視禮事官先入，升殿，點閱陳設，糾察不如儀者。次禮直官、贊者、禮生分引獻官以下詣殿門外揖位，立定。凡太常卿行事禮直官引，詣陵獻官行事贊者引。餘皆禮生引。禮直官贊揖訖。諸陵並同贊者，准此。引監視禮事官、太祝入就殿庭席位，北向立。次引獻官、陪位官入就殿庭席位，西向立。

禮直官詣獻官之右，贊："請行事。"贊："再拜。"在位者皆再拜。次引監視禮事官、太祝升，就位。

次引獻官詣神御香案前。執事者奉香，獻官搢笏，三上香。執事者奉茶酒，獻官跪，執醆酹茶，三祭酒，皆以虛醆授執事者，

---

① "之前北向"，底本作"之北前向"，據本書卷一〇《序例·奏告諸陵上宮·陳設》乙正。

執笏，俛伏，興，少退，立。太祝搢笏，取表，進詣神座右，東向跪讀訖，執笏，興，置表於案。惠恭皇后陵即讀祝文。獻官再拜，俱降，復位。惟永安陵詣宣祖皇帝神御香案前，行禮畢，次詣昭憲皇后神御香案前，行禮畢，並如上儀。禮直官曰：“再拜。”在位者皆再拜。

次引獻官以下就望燎位。執事者取表置于燎柴。惠恭皇后陵即取祝文置於燎柴①。次引監視禮事官、太祝就望燎位。禮直官曰：“可燎。”火燎半柴。

獻官以下詣殿門外揖位，立定。禮直官贊：“禮畢。”揖訖，退。

有司徹禮饌，監視禮事官監視收徹訖，退。永昌陵先詣太祖皇帝陵，行禮畢②，次詣孝惠皇后、孝明皇后、孝章皇后陵。永熙陵先詣太宗皇帝陵，行禮畢，次詣淑德皇后、懿德皇后、明德皇后、元德皇后陵。永安陵先詣真宗皇帝陵，行禮畢，次詣章懷皇后、章穆皇后、章憲明肅皇后、章懿皇后陵。永昭陵先詣仁宗皇帝陵，行禮畢，次詣慈聖光憲皇后陵。永原陵先詣英宗皇帝陵，行禮畢，次詣宣仁聖烈皇后陵。永裕陵先詣神宗皇帝陵，行禮畢，次詣欽聖憲肅皇后、欽成皇后、欽慈皇后、惠恭皇后陵。行禮，並如上儀。

太常卿徧詣諸陵及下宮，朝拜訖，周視陵城，應合掃除、芟薙、修治，隨事處分。乃退。

---

① “於燎柴”三字，底本脱，據本書卷一〇《序例·奏告諸陵上宮·行事》補。
② “禮”字，底本作“事”，據本書卷一〇《序例·奏告諸陵上宮·行事》改。

卷第一百十七　吉禮

進獻諸陵上宮儀

時日　陳設　省饌　行事

時日

諸陵有司以元日、中元、冬至日節進獻上宮。

陳設

前一日，都監常服，帥其屬詣陵，闢宮殿門，升殿，行掃除于上①，降，行掃除于下②，設神御座于殿上當中，南向③；惟永安陵，則設宣祖皇帝座于殿上，稍西；又設昭憲皇后座于宣祖皇帝之東，俱南向。陳香案及供奉之物于座前訖，闔宮殿門。永昌陵則先詣太祖皇帝陵，陳設畢，次詣孝惠皇后、孝明皇后、孝章皇后陵。永熙陵則先詣太宗皇帝陵，陳設畢，次詣淑德皇后、懿德皇后、明德皇后、元德皇后陵。永定陵則先詣真宗皇帝陵，陳設畢，次詣章懷皇后、章穆皇后、章獻明肅皇后、章懿皇后、章惠皇后陵。永昭陵則先詣仁宗皇帝陵，陳設畢，次詣慈聖光獻皇后陵。永原陵則先詣英宗皇帝陵，陳設畢，次詣宣仁聖烈皇后陵。永裕陵則先詣神宗皇帝陵，陳設畢，次詣欽聖憲肅皇后、欽成皇后、欽慈皇后、惠

---

① "除"字，底本脱，據文津閣本校補。
② 底本"下"後衍"降"字，據文津閣本刪。
③ 底本"向"前衍"面"字，據本書卷一〇《序例·奏告諸陵上宮·陳設》刪。

恭皇后陵。並如上儀。

進獻日行事前,設都監位于庭,北向。

又設望燎位于門外,都監南向,香火内侍位其後。

省饌

前進獻一日,都監常服,閲饌物,詣廚,省鑊,視滌溉。

晡後,帥其屬臨造神饌。

行事

進獻日質明,都監以下常服,帥其屬詣陵,闢宫殿門以俟陳設畢。奉饌者各陳于外。進饌者序入。

都監、香火内侍入就位,再拜,升殿。都監詣香案前,搢笏,三上香,執笏,少退,再拜,搢笏,進湯,次進酒饌,恭奠于座前,執笏,侍于側。俟進酒饌畢,徹酒,再酌酒,進次味至,少移故處,並香火内侍供應。惟永安陵則先詣宣祖皇帝神御香案前,搢笏,三上香,執笏,少退,再拜訖;次詣昭獻皇后神御香案前,上香,拜訖;次逐位進湯,進酒饌。俟酌獻畢,進表。無,即不進。

少頃,進茶訖,徹饌,洒熄香火,俱降,復位,再拜,出。詣望燎位,視燎畢,闔宫殿門,乃退。永昌陵則先詣太祖皇帝陵,行禮畢,次詣孝惠皇后、孝明皇后、孝章皇后陵。永熙陵則先詣太宗皇帝陵,行禮畢,次詣淑德皇后、懿德皇后、明德皇后、元德皇后陵。永定陵則先詣真宗皇帝陵,行禮畢,次詣章懷皇后、章穆皇后、章獻明肅皇后、章懿皇后陵。永昭陵則先詣仁宗皇帝陵,行禮畢,次詣慈聖光獻皇后陵。永原陵則先詣英宗皇帝陵,行禮畢,次詣宣仁聖烈皇后陵。永裕陵則先詣神宗皇帝陵,行禮畢,次詣欽聖憲肅皇后、欽成皇后、欽慈皇后、惠恭皇后陵。行禮並如上儀[①]。

---

① 底本"禮"後衍"畢"字,據本書卷一〇《序例·奏告諸陵上宫·行事》删。

卷第一百十八　吉禮

進獻諸陵下宮儀

時日　陳設　省饌　行事

時日

諸陵有司以元日，冬至，寒食節第二、第三日，上元節等前後各一日，中元節前一日，立春，二月二日，春社，上巳，重午，初伏，七夕，秋社，中秋望日，重陽，下元節，臘朔、望各一日，進獻下宮。

陳設

前一日，都監常服，帥其屬闢寢宮門①，設神御座，南向；永安陵設宣祖皇帝座當寢殿，又設昭憲皇后座于其西；永昌陵設太祖皇帝座當寢殿，又設孝惠皇后座于其西，孝明皇后座于其東，孝章皇后座于孝惠皇后之西；永熙陵設太宗皇帝座當寢殿，又設淑德皇后座于其西，懿德皇后座于其東，明德皇后座于淑德皇后之西，元德皇后座于懿德皇后之東；永定陵設真宗皇帝座當寢殿，又設章懷皇后座于其西，章穆皇后座于其東，章獻明肅皇后座于章懷皇后之西，章懿皇后座于章穆皇后之東；永昭陵設仁宗皇帝座當寢殿，又設慈聖光獻皇后座于其西；永原陵設英宗皇帝座當寢殿，又設宣仁聖烈皇后座于其西；永裕陵設神宗皇帝座當寢殿，又設欽聖憲肅皇后座于其西，欽成皇后座于其東，欽慈皇后座于欽聖憲肅皇后之西；永泰陵設哲宗

---

① "寢宮"，底本作"宮寢"，據本書卷一〇《序例·奏告諸陵下宮·陳設》乙正。

皇帝座當寢殿,俱南向。陳供奉之物于座前訖,闔寢宫門。

進獻日行事前[①],設都監位于庭,北向,香火内侍位其後。焚獻者仍設望燎位于門外,都監南向,香火内侍位其後。惟永定陵,都監先詣真宗皇帝下宫陳設畢,帥其屬詣章惠皇后陵,闔宫殿門,升殿,行掃除于上[②],降,行掃除于下訖,設神御座于殿上當中,南面,陳香案及供奉之物于座前訖,闔宫殿門,設行事望燎位,同上儀。永裕陵下宫惠恭皇后位陳設並如諸陵下宫之儀。

省饌

前進獻一日,都監常服,閲饌物,詣廚,省鑊,視滌濯。

晡後,帥其屬臨造神饌。若七夕、中元節、冬至日,前一日造饌。

行事

進獻日質明,若七夕、中元節前一日,即未後。都監以下常服,帥其屬闔寢宫門以俟陳設畢。奉饌者各陳于外。進饌者序入。

都監、香火内侍入就位,再拜,升自東階,由殿後詣神御室,卷簾,褰帳。都監詣香案前,搢笏,三上香,執笏,少退,再拜。逐位再拜。詣每位神御前,永安陵,詣宣祖皇帝,次詣昭憲皇后。永昌陵,詣太祖皇帝,次詣孝惠皇后、孝明皇后、孝章皇后。永熙陵,詣太宗皇帝,次詣淑德皇后、懿德皇后、明德皇后、元德皇后。永定陵,詣真宗皇帝,次詣章懷皇后、章穆皇后、章獻明肅皇后、章懿皇后。永昭陵,詣仁宗皇帝,次詣慈聖光獻皇后。永原陵,詣英宗皇帝,次詣宣仁聖烈皇后。永裕陵,詣神宗皇帝,次詣欽聖憲肅皇后、欽成皇后、欽慈皇后。永泰陵,詣哲宗皇帝。搢笏,進湯,次進酒饌,恭奠于座前,執笏,侍于側。候進酒饌畢,徹酒,再酌酒,進次味至,少移故處,並香火内侍供應。俟酌獻畢,進表。無,即不進。

---

① "前"字,底本作"首",據本書卷一一七《進獻諸陵上宫儀·陳設》改。
② "除"字,底本脱,據文津閣本校補。

少頃，進茶訖，徹饌，洒熄香火，下幃簾，闔牖户，俱降，復位，再拜以出，焚獻香，詣望燎位，執燎。闔宮門，乃退。若永定陵則都監先詣真宗皇帝下宫，行禮畢，帥其屬詣章惠皇后陵，闔宮殿門，以俟陳設訖^①，行禮並如上儀，闔宮殿門訖，退。永裕陵則都監先詣神宗皇帝下宫，行禮畢，帥其屬詣惠恭皇后位，行禮並如上儀。

---

① “陳設”，底本作“降設”，據楊本校改。

卷第一百十九　吉禮

薦新諸陵儀

時日　陳設　省饌　行事

時日

每月，陵所遇有新物，薦獻下宮。孟春以韭菁[1]、茵陳、卵。仲春以冰[2]、鳧茈。季春以筍、蒲、白酪、煮酒、藕、鮪魚。如鮪魚闕，代以鮹脯。孟夏以含桃、李、荼、麥仁、豕。仲夏以黍、鷃鷄、瓜、杏、林禽。季夏以菱、芡、蓮實[3]。孟秋以粟[4]、稷、棗、梨、蒲萄。仲秋以麻、稻、醴酒、鴐。季秋以白小豆、兔、栗、榴、榲桲[5]。孟冬以雁[6]、山藥。仲冬以麕、橘、橙、柑。季冬以魚酢[7]。

陳設

前薦新一日，有司具新物詣陵所。都監常服，帥其屬闢寢宮門，設神御座如儀；及陳供奉之物於座前訖，闔宮門。

薦新日未行事前，設都監位於庭，北向。香火内侍位其後。

---

① "韭菁"，底本作"韭葁"，據本書卷五《序例・祭器》校改。
② "冰"字，底本作"水"，據本書卷五《序例・祭器》校改。
③ "蓮實"，底本作"遒蓬"，據本書卷五《序例・祭器》校改。
④ "粟"字，底本作"黍"，據《宋會要輯稿・禮》一七之八九《薦新》校改。
⑤ "榲桲"，底本作"梠桲"，據本書卷五《序例・祭器》校改。
⑥ "雁"字，底本作"馬"，據楊本校改。
⑦ 底本"魚酢"後衍"仲春薦"三字，據本書卷五《序例・祭器》删。

惟永定陵，都監先詣真宗皇帝下宮陳設畢，帥其屬詣章懿皇后陵，闔宮殿門，升殿，行掃除於上，降，行掃除於下訖，設神御座於殿上，當中，南向；陳香案及供奉之物於座前訖，闔宮殿門，設行事位，如上儀。

省饌

前薦新一日，都監常服，閱薦物，視滌漑。進饌者詣廚[①]，省饌，以時帥其屬臨造。

行事

薦新日質明，都監常服，帥其屬闔寢宮門，以俟陳設畢，奉薦物，各陳於外。進饌者序入[②]。

都監、香火內侍入就位，再拜，升自東階，由殿後詣神御室，卷簾，褰帳。都監詣香案前，搢笏，三上香，執笏，少退，搢笏，奉薦物，恭置於神御前訖，執笏，詣香案前，再拜，逐位再拜，並香火內侍供應。侍於側。

如食頃，徹畢，灑熄香火，下帷簾，闔牖戶，俱降，復位，再拜，闔寢宮門訖，退。若永定陵，則都監先詣真宗皇帝下宮，行禮畢，帥其屬詣章懿皇后陵，闔宮殿門，俟陳設訖[③]，行禮並如上儀訖，闔宮殿門，乃退。

---

①　"進"字，底本作"應"，據十萬卷樓本校改。
②　"進饌者"三字，底本脫，據本書卷一一八《進獻諸陵下宮儀・行事》補。
③　"設"字，底本脫，據楊本校補。

卷第一百二十　吉禮

皇帝視學酌獻文宣王儀

陳設　酌獻文宣王　視學

陳設

殿中監前期一日帥其屬尚舍設皇帝御幄於廟殿之東，南向。儀鸞司設三公以下幕次於國子監門外，稍東，量地之宜。

至日，御史臺、太常寺、閤門設陪祠官班於殿下，如月朔視廟之儀。

太常設祭器於文宣王神位前，光禄實之。左籩一，實以鹿脯。右豆一；實以鹿臡。爵一，在籩、豆前；犧尊一，在殿上前楹間。實以供內法酒。

設香爐於神位前。

又設配享及從祀位。每位各左籩一，實以鹿脯。右豆一；實以鹿臡。爵一，在籩、豆前。共設象尊四，實以祠祭法酒。一設於殿上前楹東，一設於前楹西，其二分設於兩廡階北，並加坫。設太官令位於文宣王酌尊所，北向。

酌獻文宣王

其日，皇帝服靴袍，乘輦。將至國子監，禮部祠部郎官、太常

寺、本監并太學官、學生奉迎於路左。車駕由監門入，降輦，歸
幄。禮直官、太常博士、太常卿立於幄前，東向。禮直官、通事舍
人引三公、親王、使相、執政官，御史臺、閤門引尚書侍郎以下文
武官各入詣殿下位。閤門報班齊。

太常卿詣御幄前，俛伏，跪奏："太常卿臣某言，請皇帝行酌
獻之禮。"奏訖，俯伏，興。簾卷，禮直官、太常博士、太常卿前導
皇帝出幄，升自東階，詣至聖文宣王神位前。太常卿奏請皇帝
跪，又奏上香，再上香，三上香。侍臣執爵，詣酒尊所。太官令酌
酒，以授侍臣，侍臣跪以爵進。皇帝再拜。贊者曰："再拜。"在位
官皆再拜。太常卿前導皇帝降自東階，歸御幄，簾降。

太常卿詣御幄前，俛伏，跪奏："太常卿臣某言，禮畢。"奏訖，
俛伏，興。簾卷，皇帝出幄，乘輦，赴太學，如別儀。禮部祠部郎
官、太常丞、博士及國子監、太學官詣配享及從祀分奠，如常儀。

視學

尚舍局預設次於敦化堂後。又設次於敦化堂上，稍北，當
中，南向，內鋪御座。閤門設臣僚班於堂下，如月朔視朝之儀。
及設宰臣以下從官次於中門之外。

皇帝於文宣王廟酌獻禮畢，乘輦，幸太學，入至敦化堂上，降
輦，入次，簾降，更衣。禮直官、通事舍人引與講官入就堂下北向
位。講書、執經官、學士各立於堂下，東西相向。俟閤門報班齊。

皇帝出次，升御座。班首奏"聖躬萬福"。知東上閤門官詣
御座前承旨，臨階，西向宣曰："升堂。"通事舍人贊："再拜。"三公
以下皆再拜，分左右升堂，各就位後少立。起居郎、舍人左右侍
立。禮直官、通事舍人引講書及執經官就北向位。班首奏"聖躬

萬福”。知東上閤門官宣曰：“升堂。”舍人贊：“再拜。”講書及執
經官再拜，由東西階升堂，立於御座左右。講書官在西，東向；執
經官在東，西向。學生就北向位。舍人贊：“再拜。”在位者皆再
拜，分立於東西兩廊，皆北上。

　　内侍進書案、牙籤，以經授執經官，稍前，進於案上。舍人贊
曰：“就坐。”宰臣以下並坐。講書官講畢，通事舍人曰：“可起。”
羣臣皆起，降階，東西相向立。執經官降階。講書官於御座前致
辭訖，降階，北向。通事舍人贊：“再拜。”講書官再拜。如有宣答，即
再贊拜。次起居郎、舍人歸本班。

　　知東上閤門官宣坐，賜茶。通事舍人、禮直官引三公以下各
就位，北向。通事舍人贊：“再拜。”三公以下再拜訖，升堂，各立
於後。學生各就北向位。通事舍人贊：“再拜。”應在位者皆再
拜，分立東西廊，以北爲上，立定。舍人贊曰：“各就坐。”上下皆
就坐。賜茶畢，禮直官、通事舍人引堂上官降階，就位。通事舍
人贊：“再拜。”在位官皆再拜。禮直官、通事舍人分引以出。次
學生就北向位。通事舍人贊：“再拜。”學生皆再拜，退訖。若有特
旨，臨時謝恩。皇帝降座，還次，乘輿，還内，如來儀①。

---

　　① “皇帝降座還次乘輿還内如來儀”十三字，底本作注文小字，據十萬卷樓本、文
津閣本改爲正文大字。

卷第一百二十一　吉禮

釋奠文宣王儀

時日　齋戒　陳設　省饌　行事

時日

太常寺預於隔季以仲春上丁，仲秋上丁。釋奠至聖文宣王，關太史局。以其日報太常寺參酌訖，具時日散告。

齋戒

前釋奠五日，應行事、執事官散齋三日，治事如故，宿於正寢，不弔喪、問疾、作樂、判書刑殺文書、決罰罪人及與穢惡；致齋二日，光禄少卿、太官令齋一日。一日於本司。無本司者於太常齋舍，質明至齋所。惟釋奠事得行①，其餘悉禁。前一日質明，並赴祠所，官給酒饌。釋奠已齋而闕者，通攝行事。

陳設

前釋奠三日，儀鸞司設行事、執事官次於祠所。

前一日，光禄陳禮饌於殿之東南，南向，牽牲詣祠所。太常

---

① “得”字，底本作“聽”，據本書卷一二二《釋奠武成王儀·齋戒》改。

設省饌位於禮饌之南。三獻官在南，北向，西上。分奠官位於其後。監察御史在西，南向。光禄少卿、大樂令、奉禮郎、太祝、太官令在東，西向，北上。凡奉禮郎以下位皆稍却。大晟設登歌之樂於殿上前楹間，稍南，北向。

　　釋奠日丑前五刻，禮直官、贊者、諸司職掌各服其服。太常設幣篚各於神位之左，幣以白。祝版各於神位之右，置於坫。

　　次設祭器，皆藉以席，光禄實之。正位至聖文宣王，配位兗國公顔回、鄒國公孟軻、舒王王安石。每位各左十籩，爲三行，以右爲上；第一行：乾蓲在前，乾棗、形鹽、魚鱐次之。第二行：鹿脯在前，榛實、乾桃次之。第三行：菱在前，芡、栗次之。右十豆，爲三行，以左爲上；第一行：芹菹在前，筍菹、葵菹、菁菹次之。第二行：韭菹在前，魚醢、兔醢次之。第三行：豚拍在前，鹿臡、醓醢次之。俎二，一在籩前，實以羊腥七體，兩髀、兩肩、兩脇并脊。兩髀在兩端，兩肩、兩脅次之，脊在中。一在豆前[1]；實以豕腥七體，其載如羊。又俎六，在豆右，爲三重，以北爲上；第一重，一實以羊腥，腸、胃、肺、離肺一在上端，刌肺三次之，腸三、胃三又次之；一實以豕腥膚九，橫載。第二重，一實以羊熟，腸、胃、肺；一實以豕熟膚，其載如腥。第三重：一實以羊熟十一體，肩、臂、臑、肫、胳、正脊一，直脊一，橫脊一，長脇一，短脇一，代脇，一，皆二骨以並。肩、臂、臑在上端，肫、胳在下端，脊、脇在中。一實以豕熟十一體，其載如羊。皆羊在左，豕在右。簠二、簋二，在籩、豆外，二俎間，簠在左，簋在右；簠實以稻、粱，粱在稻前。簋實以黍、稷，稷在黍前。鉶三，在籩、豆間；一在前，二在後，實以羹，加芼滑。登二，一在鉶前，實以大羹。一在籩左；實以肝膋。槃一，在鉶後。實以毛血。

　　設犧尊四、象尊四，爲二重，在殿前楹間，北向，西上，犧尊在前，皆有坫，加勺、冪，爲酌尊。犧尊一實明水，爲上尊，餘實泛齊，代以供内

―――――――――

　　[1]　"實以羊腥七體兩髀兩肩兩脇并脊兩髀在兩端兩肩兩脅次之脊在中一在豆前"三十二字，底本脱，據本書卷一二二《釋奠武成王儀·陳設》補。

法酒，初獻酌之。象尊一實明水，爲上尊，餘實醴齊，代以祠祭法酒，亞、終獻酌之。又設太尊二在神位前，著尊一寔泛齊，山尊一實醴齊，各以一尊實明水。著尊二、犧尊二、象尊二、壺尊六在殿下，太尊一實盎齊，犧尊一實醴齊，象尊一實沉齊，各以一尊實明水。壺尊三實玄酒，三實三酒。明水、玄酒皆在上。俱北向，西上，加冪。五齊三酒，皆設而不酌，藉以席。

又設諸從祀位祭器。每位各左二籩，栗在前，鹿脯次之。右二豆；菁菹在前，鹿臡次之。俎一，在籩、豆間；實以羊、豕腥肉。簠一，在籩南；實以稷。簠一，在豆南；實以黍。爵一，在籩、豆之南。兩廡各設象尊二。實以祠祭法酒。

太常設燭於神位前，洗二于東階之東。盥洗在東，爵洗在西。罍在洗東，加勺。篚在洗西南肆，實以巾。若爵洗之篚，則又實以爵，加坫。執罍、篚者位于其後。

設揖位于南神門外。三獻官在西，東向；分奠官位於其後；監察御史、大樂令、奉禮郎、太祝、太官令在東，西向，俱北上。

開瘞坎于殿西北壬地，方深取足容物，南出陛。設望瘞位于瘞坎之南，如省饌之位。惟不設太官令位。又設三獻官席位于殿下東階之東，西向，北上。分奠官位于其後。監察御史、大樂令位于殿下之南，北向。奉禮郎、太祝、太官令位其後，俱西向。光禄少卿席位于監察御史之東，陪位生員位其後，俱北向，西上。又設監察御史位于殿上樂虡之北，在西，東向。奉禮郎、太祝在東，西向，北上。大樂令于樂虡北，太官令于酌尊所，俱北向。

省饌

前釋奠一日，行事、執事官集初獻齋所肄儀，太祝習讀祝文及視幣。次禮直官、贊者分引行事、執事官就省饌位，凡初獻行事禮直官引，餘官皆贊者引^①。立定。禮直官贊揖。所司省饌具畢，禮直官贊："省饌畢。"揖訖，俱還齋所。次引監察御史詣廚，省鑊，視祭器濯滌及視牲充、腯，乃還齋所^②。

未後一刻，太官令帥宰人以鸞刀割牲，祝史以槃取毛血，置于饌所，遂烹牲。

晡後，有司帥其屬掃除殿之內外訖，還齋所。

行事

釋奠日丑前五刻，行事，春用丑時七刻，秋用丑時一刻。初獻以下並赴祠所，就次。太官令帥其屬實饌具畢。次引光禄少卿入就殿下席位，北向立。贊者曰："再拜。"光禄少卿再拜，升自東階，凡行事、執事官升降，皆自東階。點視禮饌畢。次引監察御史升殿，點閱陳設，糾察不如儀者。凡點視及點閱，皆先詣正位。次樂正帥工人升東階，各入就位。光禄少卿還齋所。餘官各服祭服。

次引行事、執事官詣南神門外揖位，立定。禮直官贊揖^③。次引大樂令先入就殿下席位，北向立。贊者曰："再拜。"大樂令再拜，升殿，就位。次引監察御史、奉禮郎、太祝、太官令入就殿下席位，北向立。次引三獻官入就殿下席位，北向立。

禮直官稍前，贊："有司謹具，請行事。"《凝安之樂》作，三成，止。贊者曰："再拜。"在位者皆再拜。次引監察御史、奉禮郎、太祝、太官令俱升殿，各就位，立定。

---

①　"餘官"，底本作"饌官"，據十萬卷樓本、楊本校改。
②　"次引監察御史詣廚省鑊視祭器濯滌及視牲充腯乃還齋所"二十四字，底本脱，據本書一二二《釋奠武成王廟·省饌》補。
③　底本"禮直官"後衍"稍前贊有司謹具請"八字，據本書卷一二二《釋奠武成王儀·行事》刪。

次引初獻詣盥洗位，《同安之樂》作。凡初獻升降、行止，皆作《同安之樂》。至洗位，北向立，搢笏，盥手，帨手訖，執笏，升詣文宣王神位前，北向立，樂止。《明安之樂》作，搢笏，跪。次引奉禮郎進笏，西向跪。執事者以幣授奉禮郎。奉禮郎奉幣授初獻，執笏，興，先詣兗國公神位前，北向立。初獻受幣[1]，奠訖，執笏，俛伏，興，少退，再拜。次詣鄒國公神位，次詣舒王位前，奠幣，並如上儀，樂止。奉禮郎復位。初獻將降階，樂作，復位，樂止。

少頃，引初獻再詣盥洗位，樂作。至洗位，北向立，搢笏，盥手，帨手，執笏；詣爵洗位，北向立，搢笏，洗爵，拭爵，以授執事者，執笏，升詣正位酌尊所，西向立，樂止。《成安之樂》作，執事者以爵授初獻，搢笏，執爵，執尊者舉冪，太官令酌犧尊之泛齊訖，先詣兗國公酌尊所，北向立。初獻以爵授執事者，執笏，詣文宣王神位前，北向立，搢笏，跪。執事者以爵授初獻，初獻執爵，三祭酒，奠爵，執笏，俛伏，興。少立，樂止。次引太祝詣神位前，東向，搢笏，跪讀祝文，讀訖，執笏，先詣兗國公神位前，南向立。初獻再拜。次詣配位每位行禮，並如上儀。太官令復詣正位酌尊所。太祝復位。初獻將降階，樂作，復位，樂止。

次引亞獻詣盥洗位，北向立，搢笏，盥手，執笏；詣爵洗位，北向立，搢笏，洗爵，拭爵，以授執事者，執笏，升詣文宣王位酌尊所，西向立。《成安之樂》作，執事者以爵授亞獻，亞獻搢笏，執爵，執事者舉冪，太官令酌象尊之醴齊訖，先詣兗國公位酌尊所，北向立。亞獻以爵授執事者，執笏，升詣文宣王神位前，北向立，搢笏，跪。執事者以爵授亞獻，亞獻執爵，三祭酒，奠爵，執笏，俛

---

[1] “受”字，底本作“授”，據楊本校改。

伏，興，少退，再拜。次詣每位行禮，並如上儀。樂止，降，復位。

次引終獻詣洗升殿行禮，並如亞獻之儀，降，復位。

初，亞獻將升，引分奠官詣盥洗[1]，盥手，帨手訖，分奠殿内及兩廡諸神位，搢笏，跪，執爵，三祭酒，奠爵，執笏，俛伏，興，再拜，分奠訖，俱降，復位。

禮直官曰：“賜胙。”贊者承傳，曰：“賜胙，再拜。”在位者皆再拜。

送神。《凝安之樂》作，一成，止。

次引三獻官詣望瘞位。有司各詣神位前，取幣、祝版置于瘞坎。次引監察御史、大樂令、奉禮郎、太祝詣望瘞位，立定。禮直官曰：“可瘞。”實土半坎。凡瘞，皆先省視訖，乃瘞。

初獻以下詣南神門外揖位，立定。禮直官贊：“禮畢。”揖訖，退。太官令帥其屬徹禮饌，監察御史詣殿上，監視收徹，乃退。

---

① “盥”字，底本脱，據本書卷一二二《釋奠武成王儀·行事》補。

卷第一百二十二　吉禮

釋奠武成王儀

時日　齋戒　陳設　省饌　行事

時日

太常寺預于隔季以仲春上戊，仲秋上戊。釋奠昭烈武成王，關太史局。太史局以其日報太常寺。太常寺參酌訖，具時日散告。

齋戒

前釋奠五日，應行事、執事官致齋三日，治事如故，宿于正寢，不弔喪、問疾、作樂、判書刑殺文書、決罰罪人及與穢惡；致齋二日，光禄少卿、太官令齋一日。一日于本司。無本司者于太常齋舍，質明詣齋所。惟釋奠事得行，其餘悉禁。前一日質明，並赴祠所，官給酒饌。釋奠官已齋而闕者，通攝行事。

陳設

前釋奠三日①，儀鸞司設行事、執事官次于祠所。

前一日，光禄牽牲詣祠所，次陳禮饌于殿之東南，南向。太

---

① “三”字，底本作“一”，據本書卷一二一《釋奠文宣王儀·陳設》改。

常設省饌位版於禮饌之南①。三獻官在南，北向，西上。分奠官位于其後。監察御史在西，東向。光禄卿、大樂令、奉禮郎、太祝、太官在東，西向，北上。_{凡奉禮郎以下位皆稍却。}大晟設登歌之樂于殿上前楹間，稍南，北向。

　　釋奠日丑前五刻，禮直官、贊者、諸司職掌各服其服。太常設幣篚各于神位之左，_{幣以白。}祝版各于神位之右，置于坫。

　　次設祭器，皆藉以席，光禄實之。正、配位各左十籩，爲三行，以左爲上；_{第一行：乾薐在前，乾棗、形鹽、魚鱐次之。第二行：鹿脯在前，榛實、乾桃次之。第三行：菱在前，芡、栗次之。}右十豆，爲三行，以左爲上；_{第一行：芹菹在前，筍菹、葵菹、菁菹次之。第二行：韭在前，魚醢、兔醢次之。第三行：豚拍在前，鹿臡、醓醢次之。}俎二，一在籩前，_{實以羊腥七體，兩髀、兩肩、兩脇并脊。兩髀在兩端，兩肩、兩脊次之，脊在中。}一在豆前；_{實以豕腥七體，其載如羊。}又設俎六，在豆右，爲三，重以北爲上；_{第一重：一實以羊腥，腸、胃、肺、離肺一在上端，刌肺三次之，腸三、胃三又次之；一實以豕腥膚九，横載。第二重：一實以羊熟，腸、胃、肺；一實以豕熟膚，其載如腥。第三重，一實以羊熟十一體，肩、臂、臑、肫、胳、正脊一，直脊一，横脊一，長脅一，短脅一，代脅一，皆二骨以並。肩、臂、臑在上端，肫、胳在下端，脊在中。一實以豕熟十一體，其載如羊。皆羊在左，豕在右。}簠二、簋二，在籩、豆外，二俎間，簠在左，簋在右；_{簠實以稻、粱，粱在稻前。簋實以黍、稷，稷在黍前。}鉶三，在籩、豆間；_{一在前，二在後，實以羹，加芼滑。}登二，一在鉶前，_{實以大羹。}一在籩左；_{實以肝膋。}槃一，在鉶後。_{實以毛血。}

　　設犧尊四、象尊四，爲二重，在殿上前楹間，北向，西上，犧尊在前，皆有坫，加勺、冪，爲酌尊。_{犧尊一實明水，爲上尊，餘實泛齊，代以祠}

----

　　①　"省饌位版於"，底本作"齋饌于位版"，據本書卷一二一《釋奠文宣王儀·陳設》改。

祭法酒,亞、終獻酌之。又設太尊二、山尊二在神位前,太尊一實泛齊,山尊一實醴齊,各以一尊實明水。著尊二、犧尊二、象尊二、壺尊六在殿下,著尊一實盎齊,犧尊一實醍齊,象尊一實沉齊,各以一尊實明水。壺尊三實玄酒,三實三酒。明水、玄酒皆在上。俱北向,西上,加冪。五齊三酒,皆設而不酌,藉以席。

又設諸從祀位祭器。每位各左二籩,栗在前,鹿脯次之。右二豆;菁菹在前,鹿臡次之。俎一,在籩、豆間;實以羊、豕腥肉。簠一,在籩南;實以稷。簋一,在豆南;實以黍。爵一,在籩、豆之南。兩廡各設象尊二。實以祠祭法酒。

太常設祝于神位前,洗二于東階之東。盥洗在東,爵洗在西。罍在洗東,加勺。篚在西南肆,實以巾。若爵洗之篚,則又實以爵,加坫。執罍、篚者位于其後。

設揖位于南神門外。三獻官在西,東向;分奠官位于其後;監察御史、大樂令、奉禮郎、太祝、太官令在東,西向,俱北上。開瘞坎于殿西北壬地,方深取足容物,南出陛。設望瘞位于瘞坎之南,如省饌之位。惟不設太官令位。又設三獻官席位于殿下東階之東,西向,北上。分奠官位于其後。監察御史、大樂令位于殿下之南,北向①。奉禮郎、太祝、太官令位其後,俱西向。光禄少卿席位于監察御史位之東,本學陪位生員位其後,俱北向,西上。又設監察御史位于殿上樂虡之北,在西,東向。奉禮郎、太祝在東,西向,北上②。大樂令于樂虡北,太官令于酌尊所,俱

---

① “分奠官位于其後監察御史大樂令奉禮郎太祝太官令在東西向俱北上開瘞坎于殿西北壬地方深取足容物南出陛設望瘞位于瘞坎之南如省饌之位惟不設太官令位又設三獻官席位于殿下東階之東西向北上分奠官位于其後監察御史大樂令位于殿下之南北向”一百零九字,底本脱,據本書卷一二一《釋奠文宣王儀·陳設》補。

② “上”字,底本脱,據文津閣本校補。

北向。

省饌

前釋奠一日，行事、執事官集初獻齋所肄儀，太祝習讀祝文及視幣。次禮直官、贊者分引行事、執事官就省饌位，_{凡初獻行事禮直官引，餘官皆贊者引。}立定。禮直官贊揖。所司省饌具畢，禮直官贊："省饌畢。"揖訖①，俱還齋所。次引監察御史詣廚，省鑊，視祭器濯滌及視牲充、腯，乃還齋所。

未後一刻，太官令帥宰人以鸞刀割牲，祝史以槃取毛血，置于饌所，遂烹牲。

晡後，有司帥其屬掃除殿之内外訖，還齋所。

行事

釋奠日丑前五刻，_{行事，春用丑時七刻，秋用丑時一刻。}初獻以下並赴祠所，就次。太官令帥其屬實饌具畢。次引光禄少卿入就殿下席位，北向立。贊者曰："再拜。"光禄少卿再拜，升自東階，_{凡行事、執事官升降，皆自東階。}點視饌禮畢。次引監察御史升殿，點閲陳設，糾察不如儀者。_{凡點視及點閲，皆先詣正位。}次樂正帥工人昇東階，各入就位②。光禄少卿還齋所。餘官各服祭服。

引行事、執事官詣南神門外揖位，立定。禮直官贊揖。次引大樂令先入就殿下席位，北向立③。贊者曰："再拜。"大樂令再

---

①　"揖"字，底本脱，據文津閣本校補。

②　"次樂正帥工人升東階各入就位"十三字，底本脱，據本書卷一二一《釋奠文宣王儀·行事》補。

③　"立"字，底本脱，據本書卷一二一《釋奠文宣王儀·行事》補。

拜，升殿，就位。次引監察御史、奉禮郎、太祝、太官令入就殿下席位①，北向立。次引三獻官入就殿下席位，西向立。

禮直官稍前，贊：“有司謹具，請行事。”《凝安之樂》作，三成，止。贊者曰：“再拜。”在位者皆再拜。次引監察御史、奉禮郎、太祝、太官令俱升殿，各就位，立定。

次引初獻詣盥洗位，《同安之樂》作。凡初獻升降、行止，皆作《同安之樂》。至洗位，北向立，搢笏，盥手，帨手訖，執笏，升詣武成王位前，北向立，樂止。《明安之樂》作，搢笏，跪。次引奉禮郎進笏，西向跪。執事者以幣授奉禮郎，奉禮郎奉幣授初獻，執笏，興，先詣少傅留侯位前，北向立。初獻受幣，奠訖，執笏，伏俛，興，少退，再拜。次詣配位前行禮，奠幣②，如上儀，樂止。奉禮郎復位。初獻將降階，樂作，復位，樂止。

少頃，引初獻再詣盥洗位，樂作，至洗位，北向，搢笏，盥手，帨手，執笏；詣爵洗位，北向立，搢笏，洗爵，以授執事者，執笏；升詣正位酌尊所，西向立，樂止。《成安之樂》作，執事者以爵授初獻，初獻搢笏，執爵，執尊者舉冪，太官令酌犧尊之泛齊訖，先詣少傅留侯酌尊所，北向立。初獻以爵授執事者，執笏，詣武成王神位前，北向立，搢笏，跪。執事者以爵授初獻，初獻執爵，三祭酒，奠爵，執笏，俛伏，興。少立，樂止。次引太祝詣神位前，東向，搢笏，跪讀祝文，讀訖，執笏，興，先詣少傅留侯神位前，南向立。初獻再拜。次詣配位行禮，並如上儀。太官令復詣正位酌尊所。太祝復位。初獻將降階，樂作，復位，樂止。

---

①　“席”字，底本脱，據本書卷一二一《釋奠文宣王儀·行事》補。

②　“奠幣”，底本作“搢笏”，據本書卷一二一《釋奠文宣王儀·行事》改。

次引亞獻詣盥洗位，北向立，搢笏，盥手，帨手，執笏；詣爵洗位①，北向，搢笏，洗爵，拭爵，以授執事者，執笏；升詣正位酌尊所，西向立。《成安之樂》作，執事者以爵授亞獻，搢笏，執爵，執尊者舉冪，太官令酌象尊之醴齊訖，先詣少傅留侯位酌尊所，北向立。亞獻以爵授執事者，執笏，升詣武成王位前，北向立，搢笏，跪。執事者以爵授亞獻，亞獻執爵，三祭酒，奠爵，執笏，俛伏，興，少退，再拜。次詣少傅留侯神位前行禮，並如上儀。樂止，降，復位。

次引終獻詣洗升殿行禮，並如亞獻之儀，降，復位。

初，亞獻將升②，引分奠官詣盥洗，盥手，帨手訖，引詣殿內及兩廡諸神位，搢笏，跪，執爵，三祭酒，奠爵，執笏，俛伏，興，再拜，分奠訖，俱降，復位。禮直官曰：“賜胙。”贊者承傳，曰：“賜胙，再拜。”③在位者皆再拜。

送神，《凝安之樂》作④，一成，止。

次引三獻官、分奠官詣望瘞位。有司各詣神位前，取幣、祝版置于瘞坎。次引監察御史、大樂令、奉禮郎、太祝詣望瘞位，立定。禮直官曰：“可瘞。”實土半坎。凡瘞，皆先省視訖，乃瘞。

初獻以下詣南神門外揖位，立定。禮直官贊：“禮畢。”揖訖，退。太官令帥其屬徹禮饌，監察御史詣殿上，監視收徹訖，乃退。

---

① “爵”字，底本脱，據本書卷一二一《釋奠文宣王儀·行事》補。

② “亞”字，底本脱，據楊本校補。

③ “分奠訖俱降復位禮直官曰賜胙贊者承傳曰賜胙再拜”二十二字，底本脱，據本書卷一二一《釋奠文宣王儀·行事》補。

④ “凝安”，底本作“疑安”，據文津閣本、十萬卷樓本、楊本校改。

卷第一百二十三　吉禮

辟廱釋菜儀

時日　齋戒　陳設　行事

時日

前期，太常寺具元日釋菜至聖文宣王散告。

齋戒

釋菜前一日質明，應行事、執事官赴祠所致齋。惟釋菜事得行，其餘悉禁，官給酒饌。釋菜官已齋而闕者，通攝行事。

陳設

前釋菜一日，儀鸞司設行事、執事次于本學。大晟設登歌之樂于殿上前楹間，稍南，北向。

釋菜日丑前五刻，禮直官、贊者、諸司職掌各服其服。太常設祝版於正、配神位之右，置于坫。

次設祭器，皆藉以席，光禄實之。每位各左一籩，實以鹿脯。右一豆。實以芹菹、筍菹、葵菹、韭菹。設犧尊一于殿上東南隅，北向，有坫，加勺、冪。實以泛齊，代以祠祭法酒。

太常設爝于神位前，洗二于東階之東，北向。盥洗在東，爵洗在西。罍在洗東,加勺。篚在洗西南肆,實以巾。若爵洗之篚,則又實以爵,加坫。執罍、篚者位于其後,北上。

又設獻官席位于殿下東階之東,西向。分奠官位于其後,北上。大樂令、太祝、太官令席位于殿庭之南,應貢士位于其後,俱北向,西上。又設太祝位于殿上,西向。大樂令于樂虡北,太官令于酌尊所,俱北向。

行事

釋菜日丑前五刻,行事用丑時七刻。獻官以下常服,就次。太官令帥其屬實饌具畢。次引獻官升殿,點閱陳設。次貢士等先入就位。次引大樂令先入就殿下席位,立。贊者曰:"再拜。"升殿,就位。次引獻官、分獻官、太祝、太官令各入殿下席位,立定。《凝安之樂》作,三成,止。贊者曰:"再拜。"在位者皆再拜。次引太祝、太官令俱升殿,各就位,立定。

次引獻官詣盥洗位,《同安之樂》作,獻官升降、行止,皆作《同安之樂》。至洗位,北向立,搢笏,盥手,帨手,執笏;詣爵洗位,北向立,搢笏,洗爵,拭爵,以授執事者,執笏;升詣酌尊所,西向立,樂止。《成安之樂》作,執事者以爵授獻官,獻官搢笏,執爵,執尊者舉冪,太官令酌犧尊之泛齊。獻官以爵授執事者,執笏,詣文宣王神位前,北向立,搢笏,跪。執事者以爵授獻官,獻官三祭酒,奠爵,執笏,俛伏,興。少立,樂止。次引太祝詣神位前,東向,搢笏,跪讀祝文,讀訖,執笏,興,先詣兖國公神位前,東向立。獻官再拜。次詣配位行禮,並如上儀。太祝復位。獻官將降階,樂作,復位,樂止。

初,獻官既酌獻配位,次引分奠官詣盥洗,搢笏,盥手,帨手,執笏；詣從祀神位前，搢笏，跪，執爵，三祭酒，奠爵，執笏，俛伏，興，再拜；分奠訖，俱退，復位。

送神，《凝安之樂》作，一成，止。

次引獻官以下詣望瘞位。有司各詣神位前，取祝版置于坎。禮直官曰：“可瘞。”置土半坎。獻官以下以次出。

卷第一百二十四　吉禮

皇太子釋奠文宣王儀上

齋戒　陳設　皇太子詣祠所

齋戒

皇太子散齋五日于別殿，致齋二日于正殿。凡散齋，不弔喪、問疾、作樂、判書刑殺文書。不視事，惟行釋奠事。

致齋前一日，典設郎設皇太子幄坐于正殿東序及室內，俱西向。又張幄楹下。

致齋之日質明，有司各勒所部屯門下列仗如常儀[①]。左庶子跪，請內嚴。太子舍人引宮官文武七品以上，陪位諸侍衛之官各服其服。諸近侍之官並緄結佩，俱詣閣，奉迎。左庶子啟請外備。皇太子服遠遊冠、朱明衣、緄結佩以出，侍衛如常儀。皇太子即西向坐，侍官夾侍如常。左庶子前，跪稱："左庶子具官姓某言，請降座，就齋室。"俛伏，興，還侍位。皇太子降座入室，文武侍官各還本司，直衛者如常。典謁引陪位者以次出。

凡與釋奠官，散齋五日，宿于正寢；致齋二日于本司。近侍官應從升者及從釋奠官、國子監官各于本司，致齋一日。

---

① "下"字疑爲衍字。

散齋，治事如故，惟不弔喪、問疾、作樂、判書刑殺文書、決罰罪人及與穢惡。致齋之日，惟釋奠事得行，其餘悉禁。釋奠官已齋而闕者，通攝行事。

陳設

前釋奠三日，典設郎帥其屬設皇太子便次于廟東，西向。又設便次于國子監，隨地之宜。守宮設文武侍官次于便次之後，文在左，武在右。又設諸釋奠官、從釋奠官次于國子監，隨地之宜。

前釋奠二日①，所司帥其屬掃除廟之內外，光禄牽牲詣祠所。

前一日，設省饌位于禮饌之南。亞、終獻北向，西上。分奠官位于其後。監察御史東向。大樂令，奉禮、協律郎，太祝，太官令西向，北上。大晟設登歌之樂于殿上前楹間，北向。設軒架之樂于廟。

釋奠日丑前五刻，諸司職掌各服其服，陳幣篚于正配神位之左，幣以白。祝版于神位之右，置于坫。

設祭器于正、配位之前，藉以席，光禄實之。正位，至聖文宣王；配位，兖國公顔子、鄒國公孟軻、舒王王安石。每位各十籩，爲三行，以右爲上；第一行：乾蘽在前，乾棗、形鹽、魚鱐次之。第二行：鹿脯在前，榛實、乾桃次之。第三行：菱在前，芡、栗次之。右十豆，爲三行，以左爲上；第一行：芹菹在前，筍菹、葵菹、菁菹次之。第二行：韭菹在前，魚醢、兔醢次之。第三行：豚拍在前，鹿臡、醓醢次之。俎二，一在籩前，實以羊腥七體。兩髀、兩肩、兩脇并脊，兩髀在兩端，兩肩、兩脇次之，脊在中。一在豆前；實以豕腥七體，其載如羊。又設俎六于豆右，爲三重；第一重：一實以羊腥，腸、胃、肺、離肺一在上端，刌肺三次之，腸三、

---

①　"二"字，底本作"三"，據十萬卷樓本校改。

胃三又次之；一實以豕腥膚九，横載。第二重，一實以羊熟，腸、胃、肺；一實以豕熟膚，其載如腥。第三重，一實以羊熟十一體，肩、臂、臑、肫、胳、正脊一，直脊一，横脊一，長脅一，短脅一，代脅一，皆二骨以並。肩、臂、臑在上端，肫、胳在下端，脊、脅在中。一實以豕熟十一體，其載如羊。皆羊在左，豕在右。簠二、簋二，在籩、豆外，二俎間，簠在左，簋在右；簠實以稻、粱，粱在稻前。簋實以黍、稷，稷在黍前。鉶三，在籩、豆間；一在前，二在後，實以羹，加芼滑。登二，一在鉶前，實以太羹。一在籩左。實以肝脊。槃一，在鉶後。實以毛血。

設犧尊四、象尊四，皆有坫，加勺、冪[1]，爲酌尊，于殿上前楹間。犧尊一實明水，爲上尊，餘實泛齊，代以供内法酒，初獻酌之。象尊一實明水，爲上尊，餘實醴齊，代以祠祭法酒，亞、終獻酌之。又設太尊二、山尊二在神位前，太尊一實泛齊，山尊一實醴齊，各以一尊實明水。著尊二、犧尊二、象尊二、壺尊六在殿下，著尊一實盎齊，犧尊一實醍齊，象尊一實沉齊，各以一尊實明水；壺尊三實玄酒，三實三酒，明水、玄酒皆在上。加冪。五齊三酒，皆設而不酌，藉以席。

又設諸從祀位祭器[2]。每位各左二籩，菜在前，鹿脯次之。右二豆；菁菹在前，鹿臡次之。俎一，在籩、豆間；實以羊、豕腥肉。簠一，在籩、豆間；實以黍。爵一，次之。兩廡各設象尊二。實以祠祭法酒。

太常設燭于神位前，洗二于東階之東。盥洗在東，爵洗在西。罍在洗東，加勺。篚在洗西南肆，實以巾。若爵洗之篚，則又實以爵，加坫。執罍、篚者各位于其後。

又設揖位于南神門外。亞、終獻東向，北上。分獻官位其後。監察御史、大樂令、奉禮郎、太祝、太官令西向，北上。

開瘞坎于殿下西北壬地，方深取足容物，南出陛。設望瘞位

---

① “冪”字，底本作“幕”，據文津閣本、十萬卷樓本、楊本校改。

② “祭器”，底本作“器祭”，據十萬卷樓本、楊本乙正。

于瘞坎之南，如省饌之位。

　　奉禮郎設皇太子位于東階之東，西向。飲酌位于殿上西南，北向。亞、終獻位于皇太子位東南，分獻官位于其後，俱重行，西向，北上。設監察御史位于殿庭南，北向。奉禮郎、太祝位于其後，大樂令位于其東，協律郎位于其後。又設從釋奠官七品以上位于樂架之西，當宮官，東向；學生位于宮官、監學官之後，俱重行，北上。又設監察御史位于殿上樂虡之北，在西，東向。奉禮郎、太祝在西，東向，北上。大樂令位于樂虡之北，東向。協律郎位于樂虡之西北，東向。太官令位于酌尊所，俱北向。

　　典設郎設皇太子座于學堂之東壁下，西向。有司設講榻于北壁下，南向。又設執經者座于前楹間，當講榻，北向。守宮設三師、三少座于皇太子西北，南向，東上。若有家令、詹事以下座，即設座于皇太子之南，北面，東上。侍講者坐于執經西北。若有上臺三品已上觀講者，設座于侍講之北，南向，東上。

　　掌儀設版位①。宮官七品以上于東階東南，西向，北上。執經、侍讀等于西階西南，監官及學官非侍讀者于侍讀之後；若有上臺三品以上視讀者，位于執經之北，稍退，重行，皆東向，北上。學生分位于宮官、學官之後，皆重行，北上。又設掌儀位于宮官之北。贊者二人在南，皆西向。

　　晡後，所司帥其屬以鑊、坫、罍、洗、篚、冪入設于位。升堂者自東階。

皇太子詣祠所

　　前出宮二日，守宮設從釋奠宮官次于東宮朝堂，如常儀。

---

　　①　“版位”，底本作“祝版”，據十萬卷樓本校改。

　　其日質明，東宮應從官各服其服。所司陳鹵簿于東宮門外。奉禮郎設從釋奠宮官位于東宮朝堂，如常儀。文武宮官七品已上依時刻俱集于次。諸衛率各勒所部陳設如式。禮直官引左庶子啟請内嚴，右庶子負寶如式，俱詣閣奉迎。僕進金輅于閣外，南向。左内率執刀立于輅前，北向。中允一員在近侍官之前。贊者二人又在中允之前。禮直官引左庶子宮外俟。

　　僕攝衣而升，正立執轡。皇太子服遠遊冠、朱明衣，升輿以出。左右侍衛如常儀。左庶子進詣輿前，俛伏，跪稱：“左庶子姓某言，請皇太子降輿，升輅。”言訖，俛伏，興。凡左庶子啟請，並准此。皇太子降輿升輅，僕立授綏，左庶子已下夾侍。贊善進，當輅前俛伏，跪稱：“贊善姓某言，請進輅。”言訖，俛伏，興，退，復位。凡贊善啟請，並准此。輅動，贊者夾引以至侍官上馬所，贊善請輅權駐，令侍官上馬。左庶子前承令，退稱曰：“令若。”贊善退，稱：“侍官上馬。”贊者承傳曰：“文武侍官上馬。”畢。贊善請進輅。輅動，東宮官以下皆乘馬以從。出皇城門，不鳴鼓吹。

　　至廟南門外迴輅南向。左庶子進當輅前，請降輅。皇太子降輅，入幄次。

卷第一百二十五　吉禮

皇太子釋奠文宣王儀下

省饌　行事　講經　皇太子還東宮

省饌

前釋奠一日，行事、執事官集亞獻齋所肄儀，太祝習讀祝文及視幣。次禮直官、謁者分引行事、執事者就省饌位，立定。謁者贊揖。所司陳饌具畢，謁者贊："省饌具畢。"揖訖，俱還齋所。

次引監察御史詣廚，省鑊，申視祭器滌濯，及視牲充腯，乃還齋所①。

未後一刻，太官令帥宰人以鸞刀割牲，祝史以槃取毛血，置于饌所，遂烹牲。

晡後，有司帥其屬掃除廟之内外訖，還齋所。

行事

釋奠日丑前五刻，有司陳設祭器、祭饌，如常儀。

少頃，諸釋奠官及陪位官、學生各服其服。

初，皇太子就次訖，從釋奠官、學生、監生各入就位，立定。

---

① "乃"字，底本作"及"，據文津閣本校改。

禮直官、謁者各分引釋奠官就揖位。禮直官贊揖訖，以次入就位，如常儀。皇太子駐便次。

半刻頃，率更令立便次門外，當門，東向。左庶子啟請内嚴，又請外備。皇太子出便次，侍衛如常儀。率更令引皇太子至廟東門。中允進圭，皇太子執圭。近侍者從入，如常儀。皇太子至版位，西向立。每立定，率更令退，立于左。率更令啟請再拜，退，復位。皇太子再拜。謁者曰："衆官再拜。"在位者及學生皆再拜。

率更令前，啟："有司謹具，請行事。"退，復位。協律郎跪，俛伏，舉麾，興，工鼓柷，軒樂作《崇安之樂》、《天縱將聖之舞》，三成，偃麾，戛敔，樂止。凡樂，皆協律郎跪，俛伏，舉麾，興，工鼓柷而後作，偃麾，戛敔而後止。率更令啟請再拜，退，復位，皇太子再拜。謁者曰："再拜。"在位者皆再拜。

率更令引皇太子詣盥洗位，軒架《翼安之樂》作，至洗位，北向立，樂止。執事者酌水，率更令啟請皇太子搢笏①。執事者跪，取巾于篚，興以授皇太子，皇太子帨手。執事者受巾，跪，奠于篚。

率更令引皇太子執圭，升殿，登歌樂作。至文宣王神位前，北向立，樂止。凡皇太子降階行止，皆軒架樂作；殿上行止，則登歌樂作，皆奏《翼安之樂》。登歌《成安之樂》作。奉禮郎跪，奉幣授左庶子。左庶子奉幣，北向以授皇太子，執笏，興，先詣兗國公，奠幣②，並如上儀，樂止。率更令引皇太子將降階，樂作，至殿下位，西向立，樂止。

少頃，率更令引皇太子再詣盥洗位，樂作，至洗位，北向立，

---

① "啟請"，底本作"啟讀"，據文津閣本、十萬卷樓本、楊本校改。
② "奠"字，底本脫，據文津閣本校補。

搢圭,盥手,並如上儀。次詣爵洗位。奉爵者跪,取爵,興以授皇太子。皇太子拭爵,奉爵者受爵以升。執巾者跪,受巾,奠于篚。

率更令啟請執圭,升殿,軒架樂作。升階,樂止。登歌樂作,至文宣王位酌尊所,西向立,樂止。《恭安之樂》作,奉爵者以爵詣酌尊所。執事者舉冪,太官令酌犧尊之泛齊訖,先詣兗國公酌尊所,北向立。皇太子搢圭,跪,執爵,三祭酒,奠爵,執圭,俛伏,興。率更令引皇太子少退,北向立,樂止。

次引太祝詣神位前,東向,搢笏,跪讀祝文。讀訖,執笏,興,先詣兗國公神位前,北向立。皇太子再拜[①]。次詣配位每位行禮,並如上儀。惟登歌作《憲安之樂》。

太官令復請正位酌尊所。太祝復位。率更令引皇太子將降階,樂作,至版位,西向立,樂止。

文舞退,武舞進。軒架《宣安之樂》作。舞者立定,樂止。

初,皇太子將復位。次引亞獻詣盥洗位,北向立,搢笏,洗爵,拭爵,以授執事者,執笏,升詣文宣王位酌尊所,西向立。軒架作《肅安之樂》、《無思不服之舞》。執事者以爵授亞獻,亞獻執爵,執尊者舉冪,太官令酌象尊之醴齊訖,先詣兗國公位酌尊所,北向立。亞獻以爵授執事者,執笏,升詣文宣王位前,北向立,搢笏,跪。執事者以爵授亞獻,亞獻執爵,三祭酒,奠爵,執笏,俛伏,興,少退,再拜。次詣每位行禮,並如上儀。樂止,降,復位。

次引終獻詣洗升殿行禮,並如亞獻之儀,降,復位。

初,亞獻將升。分奠官詣洗位,盥手,帨手訖,分奠殿內及兩廡諸神位,搢笏,跪,執爵,三祭酒,奠爵,執笏,俛伏,興,再拜。

---

① “再拜”,底本作“并拜”,據文津閣本、十萬卷樓本、楊本校改。

分奠訖，俱降，復位。

初，皇太子既奠幣。光禄寺以牲左臂一骨及長脅、短脅，俱二骨以並，載于胙俎，升，設于殿上。俟終獻既升，贊飲福。執事者升詣東席飲福位，北向立。

率更令啟請皇太子詣飲福位，樂作。率更令啟請執圭，皇太子執圭，升殿，將至位，樂止。登歌作《介安之樂》。皇太子至位，北向立。執事者各以爵酌上尊福酒合置一爵。又，贊禮者受爵，北向立。率更令啟請再拜，皇太子再拜。執事者跪以進。率更令跪，啟請搢圭。皇太子搢圭，跪，執爵，祭酒，三祭于地，啐酒，奠爵，俛伏，興。執事者跪受爵以興。

太祝帥執事持胙俎進，減神位前正脊二骨、橫脊二骨，加于俎上。執事南向跪以進。皇太子受俎，奠之。執事者受以興。太官令取黍于簋，搏以授太祝，太祝受以豆，北向跪，以授皇太子，受訖，奠之。太祝受以興。執事者又取爵以授皇太子，飲福酒，奠之。執事者受虛爵，興。俱降，復位。率更令啟請皇太子執圭，俛伏，興。又啟請再拜，皇太子再拜，樂止。

率更令引皇太子還版位，樂作，至位，樂止。禮直官曰：“賜胙。”贊者承傳，曰：“賜胙，再拜。”在位者皆再拜。

送神，軒架《崇安之樂》作，一成，止。

率更令前，曰：“禮畢。”[①]引皇太子出門，樂作，至門外，樂止。率更令啟請去圭。執事者跪，受圭。皇太子還入次。左庶子啟請解嚴。

次引行事官以下詣望瘞位。有司各詣神位前，承幣、祝版，

---

① “禮畢”，底本作“拜畢”，據楊本校改。

置于瘞坎。禮直官曰："可瘞。"置土半坎。凡瘞，置先省視訖，乃瘞。

行事官以下詣南神門外揖位，立定。禮直官贊："禮畢。"俱揖訖，俱還齋所。陪祠官以次出。太官令帥其屬徹禮饌，監察御史監視收徹訖，乃退。

講經

皇太子既入便次，服常服。執經、侍講、侍讀等官並常服。舍人分引羣官及學生等以次就位。次左庶子啟請內嚴，又啟請外備。皇太子乘輿，出便次，侍衛如常儀。至學，降輿，詣堂下，南向立。左右侍衛量人數從。三師、三少並從。舍人曰："揖。"羣官及學生皆躬，揖，皇太子報揖，皆升，就位。左庶子跪，啟請令執經等升，俛伏，興。又左庶子稱曰："令若。"左庶子退，降，詣西階下，立于執經等前，北面宣令訖。執經以書並升，就座，不應升堂者，升兩廡。講經，如常儀。

左庶子跪請①："禮畢。"羣官皆起。舍人各降，復堂下位，揖。皇太子降，揖，還便次。羣官以次出。

皇太子還東宮

皇太子既入便次，左庶子啟請解嚴。將士不得輒離部位。皇太子更朝服，駐便次。

一刻頃，左庶子啟請"內嚴"。僕進金輅于學門外，南向。禮直官引左庶子言"外備"。皇太子乘輿，出便次，至門外，降輿升輅。侍官上馬，如來儀。輅動，鼓吹振作。

---

①　"請"字，底本作"講"，據十萬卷樓本校改。

　　至皇城門，鼓吹止。至東宮外門，宮官、文武官俱下馬。皇太子乘輅入。三師、三少退。皇太子至殿前迴輅南向。左庶子啟請降輅。皇太子降輅升輿入，侍官從至閣，左庶子、諸將士各還本所。

卷第一百二十六　吉禮

州縣釋奠文宣王儀

時日　齋戒　陳設　省饌　行事

時日

州縣以春、秋，<small>仲春上丁，仲秋上丁。</small>釋奠文宣王。前一月①，檢舉閱所屬排辦。

齋戒

前釋奠五日，應行事、執事官散齋三日，治事如故，宿于正寢，不弔喪、問疾、作樂、判書刑殺文書、決罰罪人及與穢惡；致齋二日，一日于廳事。其日質明，赴祠所。

惟釋奠事得行，其餘悉禁。奠官已齋而闕者，通攝行事。

陳設

前釋奠三日，有司設行事、執事官次于廟門外，隨地之宜。

前二日，有司牽牲詣祠所。

---

① “月”字，底本作“日”，據《文獻通考》卷四四《學校考五·侯國通祀儀禮州縣釋奠至聖文宣王儀》校改。

　　前一日，掃除廟之内外，設登歌之樂于殿上稍南，北向。_{應頒}樂州縣則設。

　　釋奠日丑前五刻，執事者陳幣篚各於神位之左，_{幣以白。}祝版各於神位之右，置于坫。

　　次設祭器，掌饌者實之。每位各左十籩，爲三行，以右爲上；_{第一行：乾蔶在前，乾棗、形鹽、魚鱐次之。第二行：鹿脯在前，榛實、乾桃次之。第三行：菱在前，芡、栗次之。}右十豆，爲三行，以左爲上；_{第一行：芹菹在前，筍菹、葵菹、菁菹次之。第二行：韭菹在前，魚醢、兔醢次之。第三行：豚拍在前，鹿臡、醓醢次之。}俎二，一在籩前，_{實以羊腥七體，兩髀、兩肩、兩脅并脊，兩髀在兩端，兩肩①、兩脅次之，脊在中。}一在豆前；_{實以豕腥七體，其載如羊。}又俎六，在豆右，爲三重，以北爲上；_{第一重：一實以羊腥，腸、胃、肺，離肺一在上端，刌肺三次之，腸三、胃三又次之；一實以豕腥膚九，横載。第二重，一實以羊熟，腸、胃、肺；一實以豕熟膚，其載如腥。第三重，一實以羊熟十一體，肩、臂、臑、肫、胳、正脊一，直脊一，横脊一，長脅一，短脅一，代脅一，皆二骨以並。肩、臂、臑在上端，肫、胳在下端，脊、脅在中。一實以豕熟十一體，其載如羊。皆羊在左，豕在右。}簠一、簋一，在籩、豆外，二俎間，簠在左，簋在右。_{簠實以稻、粱，粱在稻前。簋實以黍、稷，稷在黍前。}

　　設著尊四、犧尊四，爲二重，在殿上東南隅，北向，西上，_{配位即于正位酌尊之東。}著尊在前，皆有坫，加勺、冪，爲酌尊。_{著尊一實明水，爲上尊，餘實泛齊，初獻酌之。犧尊一實明水，爲上尊，餘實醴齊，亞、終獻酌之。}又設太尊二、山尊二在神位前，_{太尊一實泛齊，山尊一實醴齊，各以一尊實明水。}著尊二、犧尊二、象尊二、壺尊六_{著尊一實盎齊，犧尊一實醍齊，象尊一實沈齊，各以一尊實明水。壺尊三實玄酒，三實三酒。明水、玄酒皆在上。五齊三酒，皆以本處酒充。}在殿下，皆北向，西上，加冪。五齊三酒，皆設而不酌。

－－－－－－－－

　　①　"兩肩"二字，底本脱，據十萬卷樓本、《文獻通考》卷四四《學校考五·侯國通祀儀禮州縣釋奠至聖文宣王儀》校補。

又設諸從祀位祭器。每位各左二籩，棗在前，鹿脯次之。右二豆；菁菹在前，鹿臡次之。俎一，在籩、豆間；實以羊、豕腥肉。簠一，在籩前；實以稷。簋一，在豆前；實以黍。爵一，在籩、豆之前。兩廡各設象尊二。實以法酒。

有司設燭于神位前，洗二于東階之東。盥洗在東，爵洗在西。罍在洗東，加杓。篚在洗西南肆，實以巾。若爵洗之篚，則又實以爵，加坫。執罍、篚者位于其後。

設揖位于廟南門外。初獻官在西，東向。亞、終獻及祝在東，西向，北上。祝位稍却。

又設三獻官席位于殿下東階下東南，西向，北上。分獻位其後。祝位二于庭中，稍北。學生位于庭中，北向，西上。設初獻飲福位于東序西。

開瘞坎于殿下西北，方深取足容物，南出陛。設望瘞位于坎之南。三獻官在南，北向，西上。祝在東，西向。

省饌

前釋奠一日，釋奠官帥其屬常服，閱饌及視牲充、腯；詣廚，視滌溉訖，各還齋所。

晡後，掌廟者掃除廟之內外。

行事

釋奠日丑前五刻，行事，仲春用丑時七刻，仲秋用丑時一刻。行事、執事官各入就次。掌饌者帥其屬實饌具畢。贊禮者引初獻，凡行事、執事官，皆贊禮者引。升自東階，凡行事、執事官升降，皆自東階。點視陳設訖，退，就次，各服其服。

　　學生先入就位。次引三獻官詣廟南門外揖位，立定。贊禮者贊揖。次引祝入就殿下席位，西向立。次引三獻官入就殿下席位，西向立。

　　贊禮者少前，于初獻之右贊：“請行事。”《凝安之樂》作，三成，止。贊禮者曰：“再拜。”初獻以下皆再拜。次引祝升堂，就位，立定。

　　次引初獻詣盥洗位，《同安之樂》作。<small>初獻官升降、行止，皆作《同安之樂》。</small>至位，北向立，搢笏，盥手，帨手，執笏；升詣文宣王神位前，北向立，樂止。《明安之樂》作，搢笏。次引祝詣神位前，西向搢笏，跪。執事者以幣授祝，祝奉幣授初獻，執笏，興，先詣兖國公神位前，北向立①。初獻受幣，奠訖，執笏，俛伏，興，再拜。次詣兖國公、鄒國公、舒王神位前，東向奠訖②，並如上儀，樂止。祝復位。初獻降階，樂作，復位，樂止。

　　少頃，引初獻再詣盥洗位，樂作，至位，北向立，搢笏，盥手，帨手，執笏；次詣爵洗位，北向立，搢笏，洗爵，拭爵，以授執事者，執笏，升殿；詣文宣王酌尊所，南向立，樂止。《成安之樂》作。執事者以爵授初獻，搢笏，執爵。執尊者舉羃，執事者酌犧尊之泛齊。初獻以爵授執事者，執笏，詣文宣王位前，北向立，搢笏，跪。執事者以爵授初獻，初獻執爵，三祭酒，奠爵，執笏，俛伏，興，樂止。次引祝詣神位前，東向，搢笏，跪讀祝文，讀訖，執笏，興，先詣配位前，東向立。初獻再拜。《成安之樂》作。次詣兖國公、鄒國公、舒王神位

<hr>

　　①　“北向”二字，底本脱，據《文獻通考》卷四四《學校考五·侯國通祀儀禮州縣釋奠至聖文宣王儀》校補。

　　②　“東向”二字，底本脱，據《文獻通考》卷四四《學校考五·侯國通祀儀禮州縣釋奠至聖文宣王儀》校補。“訖”字，《文獻通考》卷四四《學校考五·侯國通祀儀禮州縣釋奠至聖文宣王儀》作“幣”。

前,酌獻,並如上儀,俱復位。初獻降階,樂作,復位,樂止。

次引亞獻官詣盥洗位,北向立,搢笏,盥手,帨手,執笏;次詣爵洗位,北向立,搢笏,洗爵,拭爵,以授執事者,執笏;升詣文宣王酌尊所,南向立。《成安之樂》作。執事者以爵授亞獻,亞獻搢笏,執爵。執尊者舉幂,執事者酌象尊之醴齊。亞獻以爵授執事者,執笏,詣文宣王神位前,搢笏,跪。執事者以爵授亞獻,亞獻執爵,三祭酒,奠爵,執笏,俛伏,興,再拜。次詣兗國公、鄒國公、舒王神位前,並如上儀,降,復位,樂止。

次引終獻詣洗升殿酌獻,並如亞獻之儀,降,復位。

次引初獻升殿,詣東序,西向立。執事者各以爵酌福酒合置于一爵,持爵,詣初獻之左,北向立。初獻再拜,搢笏,跪,受爵,祭酒,啐酒,奠爵。

執饌者以俎進,減正、配位胙肉,合置一俎;又以豆取黍稷飯,合置一豆。先以飯授初獻,初獻受訖,以授執饌者;又以俎授初獻,初獻受訖,以授執饌者。執事者再以爵授初獻。初獻受爵,飲卒爵。執事者受虛爵,復于坫。初獻執笏,俛伏,興,再拜,降,復位。

初,終獻將升,次引分獻官詣洗,盥手,帨手訖,分獻殿內及兩廡諸神位,搢笏,跪,執爵,三祭酒,奠爵訖,執笏,俛伏,興,再拜,分獻訖,俱復位。

贊禮者曰:“賜胙,再拜。”在位者皆再拜。已飲福、受胙者,不拜。

次引初獻以下就望瘞位。執事者取幣、祝版置于瘞坎。贊禮者曰:“可瘞。”置土半坎。

初獻以下詣南門外揖位,立定。贊:“禮畢。”揖訖,退。有司監徹禮饌,闔戶以降,乃退。

卷第一百二十七　吉禮

皇帝耕籍儀

時日　陳設　享先農　車駕詣籍田
耕籍　車駕還内

時日

孟春之月，太史擇日，皇帝親耕籍田，命有司享帝神農氏。

陳設

殿中監前期帥其屬尚舍設御座于籍田思文殿，當中，南向；設東西閤于殿後之左右，殿上前楹施簾。儀鸞司設文武羣官次于思文殿門外左右，量地之宜。

其日[1]，奉禮郎設御耕褥位于耕籍所，南向，尚舍又設皇帝觀耕御座于壇上，南向。若御思文殿觀耕，則不設壇上之位。典儀設侍耕羣臣位于御耕位之東，西向，北上[2]。又設從耕三公、諸王、羣臣官位于御耕位之東南，與侍耕羣臣班少却，重行異位，西向，北上。

---

[1]　《宋史》卷一〇二《禮五·籍田》“其日”後有“早”字。

[2]　“向北上”三字，底本脱，據《宋會要輯稿·禮》六之二八《親享先農耕籍儀》校補。

奉禮郎設御耒席于三公之北，稍西，南向。太僕設御耕牛于御耕位之西，稍北。太僕卿位于御耕牛之東，稍前，南向。太常設左輔位于御耕位之東，稍南，西向；設司農卿位二，一位于左輔之後，一位于其南，並西向，北上。籍田令位三^①，皆于司農卿之南^②，少退，皆西向^③，北上。奉青箱官位于籍田令之後。青箱制如常箱，不施蓋，兩頭設擡擧，施以青色，內有九隔，設九穀，覆青帊。諸執耒耜者位于公卿耕者之後、從耕者之前^④，西向^⑤。三公、三少、宰臣^⑥、諸王^⑦，每員各三人，執政二人^⑧，從耕；羣官各一名助耕^⑨，並服絳衣、介幘。三公、諸王及從耕官耒耜各一具^⑩，每耒耜一具，牛二，餘充副。每牛隨一名^⑪，以明閑農耕者充。

又設庶人耕位于從耕官位之南，少東十步外；庶人四十人^⑫，並青

---

① “三”字，《宋會要輯稿・禮》六之二八《親享先農耕籍儀》、《文獻通考》卷八七《郊社考二十・籍田享先農》作“二”。

② “于”字，《宋史》卷一〇二《禮五・籍田》作“位”。

③ “皆西向”三字，底本脱，據《宋會要輯稿・禮》六之二八《親享先農耕籍儀》、《文獻通考》卷八七《郊社考二十・籍田享先農》校補。

④ “從耕者”，《宋史》卷一〇二《禮五・籍田》作“侍耕者”，《宋會要輯稿・禮》六之二八《親享先農耕籍儀》、《文獻通考》卷八七《郊社考二十・籍田享先農》作“執畚鍤者”。

⑤ “西向”，底本作“西面”，《宋史》卷一〇二《禮五・籍田》、《宋會要輯稿・禮》六之二八《親享先農耕籍儀》校改。

⑥ “三少宰臣”四字，底本脱，據《宋史》卷一〇二《禮五・籍田》校補。

⑦ “諸王”，《宋史》卷一〇二《禮五・籍田》作“親王”。

⑧ “執政二人”四字，底本脱，據《宋史》卷一〇二《禮五・籍田》校補。

⑨ “助耕”，底本作“從耕”，據文津閣本、楊本、《宋史》卷一〇二《禮五・籍田》校改。

⑩ “具”字，底本作“員”，據《宋史》卷一〇二《禮五・籍田》校改。

⑪ “一名”，《宋史》卷一〇二《禮五・籍田》作“二人”。

⑫ “四十”，《宋史》卷一〇二《禮五・籍田》作“百”。

衣。耕牛八十^①，每兩牛隨一人。耒耜四十具^②，畚二十具^③，鍤四十具^④，以木爲刃^⑤。耆老陪耕位于庶人耕位之南，西向^⑥。耆老五十人^⑦，並常服陪位。司農少卿位二于庶人耕位之前，郊社令位于司農少卿之西，少退，俱北向。畿内諸縣令位于庶人耕位之東，視侍耕羣臣班齊，西向。諸縣令並常服，陪位。兵部帥其屬陳法駕鹵簿儀仗，自宣德門外以次排列如式。

享先農

親耕日，有司享帝神農氏、后稷氏，如常享之儀。

車駕詣籍田

前期，殿中監帥其屬尚舍設御幄于大慶殿後殿上，前楹施簾。儀鸞司設導駕等官次于殿門之外。大晟設宫架于宣德門外^⑧，稍南，北向，如式。

其日未明二刻，諸侍衛之官各服其服。乘黄令進耕根車于宣德門内，南向。設千牛將軍一員位于車前，北向。門下侍郎一員位于左輔之前，贊者二人位又于其前。通事舍人等分引知樞

---

① “八十”，《宋史》卷一〇二《禮五・籍田》作“二百”。
② “四十”，《宋史》卷一〇二《禮五・籍田》作“百”。
③ “二十”，《宋史》卷一〇二《禮五・籍田》作“五十”。
④ “四十”，《宋史》卷一〇二《禮五・籍田》作“二十五”。
⑤ “刃”字，底本作“兩”，據《宋史》卷一〇二《禮五・籍田》校改。
⑥ “西向”二字，底本脱，據《文獻通考》卷八七《郊社考二十・籍田享先農》、《宋史》卷一〇二《禮五・籍田》校補。《宋會要輯稿・禮》六之二九《親享先農耕籍儀》作“南向”。
⑦ “五十”，《宋會要輯稿・禮》六之二九《親享先農耕籍儀》、《宋史》卷一〇二《禮五・籍田》作“百”。
⑧ “大晟”，底本作“大成”，據楊本校改。

密院事以下詣垂拱殿庭立班，如常儀。東上閣門附內侍進班齊牌。垂拱殿簾降，皇帝乘輿出至殿上，少駐。輦官迎駕，自贊常起居。宣贊官上殿，簾卷，鳴鞭，行門禁衛諸班親從迎駕，自贊常起居。次舍人先贊知內侍省官以下常起居，次樞密以下通班常起居，贊"祗候引駕"。樞密、知客省事以下，簽書、東上閣門官分左右立①。六尚局應奉官，祗應通侍大夫以下，武功大夫以下並先退。次管軍臣僚宣名常起居，贊"祗候引駕"，分左右。前導乘輿降階垂拱殿門外，禁衛諸班親從自贊常起居。皇帝至大慶殿後閣降輿，入西閣。導駕官以下就次，各易其服。

少頃，東上閣門、御史臺、太常寺分引左輔、門下侍郎、太僕卿、乘黃令詣大慶殿西階下立，北向，東上。乘黃令位其後。次引導駕官在其後，分東西相向立，以俟奉迎前導。禮直官、通事舍人引左輔奏請中嚴。凡左輔、門下侍郎奏請②，皆禮直官、通事舍人引。少頃，又奏外辦。皇帝服通天冠、絳紗袍，乘輿以出，降自西階，稱警蹕，如常儀。宣贊舍人贊左輔以下常起居，次導駕官常起居。已起居者，止奏"聖躬萬福"。

太僕卿出詣耕根車所，攝衣而升，正立執轡。導駕官前導皇帝出大慶殿門外③，至耕根車所。千牛將軍詣前跪④，執轡。左輔進當輿前俛伏，跪奏："左輔具官臣某言，請皇帝降輿，乘輦。"奏訖，俛伏，興，退，復位。凡左輔奏請准此。乘黃令稍前，東向，進耕根車。皇帝降輿，升車，太僕卿立授綏，導駕官分左右前導。乘黃

① "左右"，底本作"方又"，據楊本校改。
② "奏請"，底本作"奏謁"，據楊本校改。
③ 底本"前"後衍"駕"字，據十萬卷樓本刪。底本"門"前衍"從"字，據十萬卷樓本刪。
④ "詣"字，底本作"將"，據文津閣本、十萬卷樓本校改。

令進耒耜。左輔奉耒耜,載以象輅,列于仗内御前。門下侍郎進當車前俛伏,跪奏:"門下侍郎具官臣某言,請車駕進發。"奏訖,俛伏,興,退,復位。凡門下侍郎奏請准此。協律郎跪,俛伏,舉麾,興,工鼓柷,奏《采茨之樂》。凡樂,皆協律郎舉麾,興,工鼓柷而後作,偃麾,戛敔而後止。車駕動,稱警蹕。左輔先詣宣德門内以俟。門下侍郎及贊者夾侍以出。千牛將軍夾車而趨。車駕將及宣德門,至侍臣上馬所,門下侍郎奏請車駕少駐,敕侍臣上馬。左輔前承旨,退稱曰:"制可。"門下侍郎傳制,稱:"侍臣上馬。"贊者承傳敕侍臣上馬,諸侍衛之官各督其屬左右翊駕,在黄麾内。符寶郎奉八寶前導,殿中監後部從,導駕官夾侍于前,贊者在左輔、門下侍郎之前。侍臣上馬畢,門下侍郎奏請車駕進發。車駕動,稱警蹕,樂止。鼓吹振作。

法駕鹵簿導詣籍田。車駕將至籍田,東上閤門、御史臺分引文武官、侍耕官、諸方客使、禮直官、贊者升,從耕。執事官俱詣籍田西門外,立班,再拜奉迎訖,退。内已起居者,止奏"聖躬萬福"。車駕及門少駐,文武侍臣皆下馬,導駕官步導入門。車駕動,千牛將軍夾車而趨。至思文殿前回車南向,導駕官分左右立,千牛將軍立於車右[1]。左輔奏請皇帝降車乘輿。尚輦奉御進輿于車後。皇帝降車乘輿入思文殿,侍衛如常儀。左輔以御耒耜授乘黄令,乘黄令受以授籍田令,籍田令受耒耜[2],橫執之,詣耕籍所,置于席,遂守之。凡執耒耜者橫執之,受則先其耒後其耜。皇帝降輿歸殿後閤,簾降。通事舍人承旨敕羣臣官各還次,以俟耕籍。

---

① "立"字,底本作"一",據十萬卷樓本、楊本校改。

② "受"字,底本作"授",據上下文改。

耕籍

皇帝將詣耕籍位①，御史臺先引殿中侍御史一員先入就位②。次禮直官、通事舍人等分引侍耕及從耕羣官各就位。司農卿、籍田令、奉青箱官、諸執耒耜者各就位。尚輦奉御進輿于思文殿③。禮直官、太常博士、太常卿立于西閣之右，西上。左輔奏請中嚴。少頃，又奏外辦。皇帝服通天冠、絳紗袍，乘輿以出。禮直官、太常博士、太常卿前導。凡行禮，皆禮直官、太常博士、太常卿前導。皇帝乘輿，降自西階，至御耕位。禮直官、博士、太常卿詣輿前，俛伏，跪奏：“太常卿具官臣某言，請皇帝降輿，就耕籍位。”奏訖，俛伏，興，退。凡太常卿奏請准此。皇帝降輿，詣褥位，南向立。

禮直官、博士引太常卿詣皇帝褥位前，北向奏請皇帝行耕籍之禮。奏訖，退，復位。禮直官引籍田令進詣御耒席南，北向。又引司農卿詣籍田令之東，西向。籍田令俛伏，跪，摺笏。執事者以綃授籍田令。籍田令解綃④，出耒耜，執耒，起⑤，東向立，以耒授司農卿。司農卿摺笏，受耒訖。籍田令少退。司農卿以耒授執事者，執笏，東向立。禮直官引左輔詣司農卿前，西向。執事者以耒授司農卿。司農卿摺笏，受耒，以授左輔。左輔摺笏，

---

① “詣”字，《宋會要輯稿·禮》六之三六《親享先農耕籍儀》作“入”。

② “一員先”三字，底本脱，據《宋史》卷一〇二《禮五·籍田》、《宋會要輯稿·禮》六之三六《親享先農耕籍儀》校補。

③ “輿”字，《宋會要輯稿·禮》六之三六《親享先農耕籍儀》、《文獻通考》卷八七《郊社考二十·籍田享先農》、《宋史》卷一〇二《禮五·籍田》皆作“輦”。下同。

④ “籍田令”三字，底本脱，據《宋會要輯稿·禮》六之三七《親享先農耕籍儀》、《宋史》卷一〇二《禮五·籍田》校補。

⑤ “起”字，《宋會要輯稿·禮》六之三七《親享先農耕籍儀》、《宋史》卷一〇二《禮五·籍田》作“興”。

受訖。禮直官引左輔詣御耕位前，少東，北向。

太常卿奏請皇帝受耒耜，左輔執耒耜以進。皇帝受之，三推訖，左輔前受耒耜。左輔以耒耜復授司農卿，司農卿以授籍田令，還本位。籍田令復耒于綯，執耒，起①，以授執事者，退②，復位。

皇帝初耕，諸執耒耜者以耒耜各授從耕者。禮直官、博士引太常卿詣御耕位前，北向，奏請皇帝升壇，若御思文殿觀耕，則奏請乘輿，升殿觀耕。奏訖，退，復位。太常卿前導皇帝詣親耕壇，即御座，南向。若御思文殿觀耕，則尚御進輿，皇帝乘輿，禮直官、博士、太常卿前導皇帝升殿西階，至殿上降輿，即御座，南向。禮直官、博士、太常卿近東，西向立，北上。禮直官引耕籍三公、三少、宰臣③、諸王各五推④，餘從耕官各九推，訖。執耒耜者前受耒耜，退，復位。

禮直官引左輔詣御座前，跪奏：“禮畢。”奏訖，退，復位。皇帝降壇，乘輿，歸殿後閤，簾降。左輔奏解嚴。侍耕、從耕羣官皆退。禮直官引司農少卿帥庶人以次耕于千畝。次籍田令以青箱授司農卿，奉青箱穜稑之種詣耕所，灑之訖⑤。次司農少卿帥郊社令檢校終千畝。次司農卿省功訖，詣思文殿下，北向，俛伏，跪

---

① “起”字，《宋會要輯稿·禮》六之三七《親享先農耕籍儀》、《宋史》卷一〇二《禮五·籍田》作“興”。

② “退”字，底本無，據《宋會要輯稿·禮》六之三七《親享先農耕籍儀》、《宋史》卷一〇二《禮五·籍田》校補。

③ “三少宰臣”四字，底本脫，據《宋會要輯稿·禮》六之三七《親享先農耕籍儀》、《宋史》卷一〇二《禮五·籍田》校補。

④ “諸王”，《宋會要輯稿·禮》六之三七《親享先農耕籍儀》、《宋史》卷一〇二《禮五·籍田》作“親王”。

⑤ “灑”字，《宋會要輯稿·禮》六之三八《親享先農耕籍儀》、《文獻通考》卷八七《郊社考二十·籍田享先農》、《宋史》卷一〇二《禮五·籍田》作“播”。

奏:"司農卿具官臣某言,省功畢。"奏訖,俛伏,興,退。

車駕還內

前期,殿中監帥其屬尚舍設御幄于大慶殿門外之東,南向。

其日,皇帝耕籍畢,還思文殿。所司轉仗衛鹵簿於還途,如來儀。文武百官、客使等並先詣宣德門外,就次以俟,立班奉迎。乘黃令進耕根車于思文殿門外,南向。千牛將軍一員執長刀立于車前。尚輦奉御進輿於思文殿。導駕官俱詣思文殿西階奉迎。左輔奏請中嚴,少頃,又奏外辦。簾卷,皇帝服通天冠、絳紗袍,乘輿以出。應導駕官等並迎駕,奏"聖躬萬福"訖,步導出殿門外。太僕卿出詣耕根車所,攝衣而升,正立執轡。皇帝升輿,降自西階,至耕根車所。左輔奏請皇帝降輿升車。有司仍具大輦。若乘輦,即曰:"降輿乘輦。"太僕卿立授綏,千牛將軍馭駕,如來儀。門下侍郎奏請車駕進發。車駕動,稱警蹕,侍衛如儀。

將至侍臣上馬所,門下侍郎奏請車駕少駐,敕侍臣上馬。左輔前承旨,退,稱曰:"制可。"門下侍郎傳制,稱:"侍臣上馬。"贊者承傳敕侍臣上馬。門下侍郎奏請車駕進發,車駕動,稱警蹕,鼓吹諸軍樂振作。車駕將至宣德門外,文武百官立班,再拜奉迎。

車駕至宣德門外,少駐。文武侍臣皆下馬步導。千牛將軍降,立于車右。車駕動,千牛將軍夾車而趨。大樂正令奏《采茨之樂》[①],入門,樂止。車駕至御幄前,左輔奏請皇帝降車乘輿。若乘輦,即奏云"降輦"。皇帝降車乘輿以入,至大慶殿後閣。左輔奏解嚴。通事舍人承旨,敕羣官各還次,將士各還其所。

---

① "正"字,底本脱,據本書卷二八《皇帝祀昊天上帝儀四·車駕還內》補。

卷第一百二十八　吉禮

享先農儀闕

卷第一百二十九　吉禮

皇后親蠶儀[①]

時日　陳設　享先蠶　皇后親詣蠶所
親蠶　皇后還內

時日

季春之月，太史擇日，皇后親蠶。

陳設

前期，殿中監帥尚舍設坐殿上，南向；前楹施簾，設東西閣殿後之左右。又設內命婦妃嬪以下次於殿之左右，外命婦以下次於殿門內外之左右，隨地之宜，量施帷幄。於採桑壇外，四面開門，設皇后幄次於壇壝東門之內道北，南向。

其日，有司設褥位壇上，少東，東向。設內命婦位壇下東北，南向；設外命婦位壇下東南，北向，俱異位重行西上。內外命婦，一品各二人；二品、三品各一人。又設從採桑內命婦等位於外命婦之東，南向；用內命婦一員充詣蠶室，授蠶母桑以食蠶。設從

---

① 此卷原闕，今據《宋史》卷一〇二《禮五‧先蠶》宣和元年三月所行親蠶儀制補。

採桑外命婦等位於外命婦東，北向，俱異位重行西上。設執皇后鈎箱者位於内命婦之西，少南，西上。尚功執鈎，司制執箱；内外命婦鈎箱者，各位於後，典制執鈎，女史執箱。又于壇上設執皇后鈎箱位於皇后採桑位之北，稍東，南向，西上。

享先蠶

命有司享先蠶氏於本壇。

皇后親詣蠶所

前出宮一日，兵部率其屬陳小駕鹵簿於宣德門外，太僕陳厭翟車東偏門内，南向。

其日未明，外命婦應採桑及從採桑者，先詣親蠶所幕次，以俟起居，各令其女侍者進鈎箱，載至親蠶所，授内謁者監以授執鈎箱者。

前一刻，内命婦各服其服，内侍引内命婦妃嬪以下，俱詣殿庭起居訖，内侍奏請中嚴；少頃，又奏外辦。皇后首飾、鞠衣，乘龍飾肩輿如常儀，障以行帷，出内東門至左升龍門。内侍跪奏："具官臣某言，請降肩輿升厭翟車。"訖，俯伏，興，少退。御者執綏升厭翟車，内侍詣車前奏，請車進發，出宣德東偏門，執事者進鈎箱，載之車。至親蠶所殿門，降車，乘肩輿入殿後西閤門，侍衛如常儀。

親蠶

内侍先引内外命婦及從採桑者俱就壇下位，諸執鈎箱者各就位。内侍奏請中嚴；少頃，奏外辦。皇后首飾、鞠衣，乘肩輿，內侍前導至壇東門，華蓋、仗衛止於門外，近侍者從之入。內侍奏請降肩輿，至幄次內，下簾。又內侍至幄次，請行禮，導皇后詣壇，升自南陛，東向立。執鉤箱者自北陛以次升壇就位次，內侍引尚功詣採桑位前西向，奉鉤以進，皇后受鉤採桑，司制奉箱進以受桑，皇后採桑三條，止，以鉤授尚功，尚功受鉤，司制奉箱俱退，復位。

初，皇后採桑，典制各以鉤授內外命婦，皇后採桑訖，內外命婦以次採桑，女使執箱者受之，內外命婦一品各采五條，二品、三品各采九條止，典制受鉤，與執箱者退，復位。內侍各引內外命婦退，復位。內侍詣皇后前，奏禮畢，退，復位。內侍引皇后降自南陛，歸幄次。少頃，奏請乘肩輿如初。內侍前導，皇后歸殿後閣，內侍奏解嚴。

初，皇后降壇，內侍引內命婦詣蠶室，尚功帥執鉤箱者以次從至蠶室，尚功以桑授蠶母，蠶母受桑縷切之，授內命婦食蠶，灑一簿訖。

皇后還內

內侍引內外命婦各還次，皇后還宮。

卷第一百三十　吉禮

享先蠶闕

卷第一百三十一　吉禮

諸州享歷代帝王儀闕

卷第一百三十二　吉禮

七祀儀阙

卷第一百三十三　吉禮

享司寒儀_闕

卷第一百三十四　吉禮

祭馬祖先牧馬社馬步儀闕

卷第一百三十五　吉禮

品官時享家廟儀闕

卷第一百三十六　賓禮

大慶殿元正冬至大朝會儀上_闕

卷第一百三十七　賓禮

大慶殿元正冬至大朝會儀中_闕

卷第一百三十八　賓禮

大慶殿元正冬至大朝會儀下

上壽

　　有司排設備，大晟府設登歌於殿上，立舞表於鄧綴之間。尚醞設壽尊於御座之東稍北，設坫於尊南，加爵一。_{尊、坫、爵皆以御前}金玉器充。尚食設御牀於御座之西稍北^①。有司設群官酒尊、酒器於殿下^②。又設群官座：三公、三少、左輔、右弼、太宰、少宰在御榻之東稍南；門下、中書侍郎，尚書左、右丞在其東。次特進，觀文殿大學士，太子三少，觀文殿學士，資政殿大學士，六曹尚書，金紫、銀青光禄大夫，翰林學士承旨，翰林學士，資政、端明殿學士，龍圖閣學士，左、右散騎常侍。_{太子三少以下稍却，尚書以下又稍却。}次開封尹、六曹侍郎、直學士。次宣奉、正奉、正議、通議、通奉大夫，大司成，太子賓客，詹事，給事中，中書舍人，通議大夫^③，左、右諫議大夫，待制^④，太中大夫，太常、宗正卿。次廂都指揮使、軍都指揮使，又在其東。並西向北上。太子三師在右丞之南，御史

---

　　①　"尚食設御牀於御座之西稍北"，文津閣本作"尚食設御座之東西稍北"。

　　②　"設群官酒尊酒器於殿下"，文津閣本、十萬卷樓本作"設群官酒尊於殿下之東西"。

　　③　此處"通議大夫"與同句前文"宣奉正奉正議通議通奉大夫"中的"通議"二字重複，疑有誤。

　　④　"待制"，底本作"侍制"，據上下文改。下同。

大夫在常侍之南，中丞在直學士之南，各少空。並西向北上。親
王、使相在御榻之西稍南，使相稍却。樞密在其西。次節度使，次
留後、觀察使，次廂都指揮使、軍都指揮使，又在其西。太尉在樞
密之南。左、右金吾衛，左、右衛諸衛上將軍在節度使之南。諸衛
上將軍稍却。大遼使、副使在將軍之南。比節度使稍却，副使又稍却。防
禦使、團練使、刺史在軍都指揮使之南。各少空。並東向北上。秘
書監至朝奉大夫並夏國使、副在東朵殿。量地布座，少卿以次升，至朝奉
郎，如尚書有餘席①，以次升，官多，郎遷益損於廊上，夏國使、副在南楹間②。諸軍
都虞侯在其東。並西向北上。如東朵殿百官員多，郎併在西朵殿。宗室
遙郡團練使以上、外官大將軍至副率並高麗、交州使、副在西朵
殿，高麗、交州使、副在南楹間。諸軍都虞侯在其西，並東向北上。文臣
通直郎以上在東廊；諸軍正、副指揮使在其南；次諸方及海外蕃
客；如止一國，即在西廊。次夏國人從，又在其南，並西向北上。諸軍
正、副指揮使在西廊；大遼人從在其南；次諸方海外蕃客，次高麗
上中節，次交州職員，又在其南，並東向北上。東閤門、客省、四
方館承受，御史臺知班。太常寺、禮直官、舍人引三公、宰相、親
王、使相、宗室、文武百僚、諸方及海外蕃客並人從等各就位。三
公、親王以下分東、西相向序立。諸方及海外蕃客在大遼人從之西，高麗上中節人從
在蕃客之西，交州職員又在其西，並北向東上。夏國人從在宮架東南、蕃客之東，並北
向西上。

　　禮直官、舍人先引左輔版奏中嚴。少頃，又版奏外辦。皇帝
服通天冠、絳紗袍，簾卷③。大樂正令撞黃鍾之鐘，右五鐘皆應。

---

①　“如尚書有餘席”，據前後文意，“書”字疑是衍文。
②　“南楹”，文津閣本作“南楹”。
③　“簾卷”，文津閣本作“簾降”。

内侍承旨索扇，扇合，殿上鳴鞭，皇帝御輿，出東閤。協律郎跪，俯伏，舉麾，興，工鼓柷，宮架奏《乾安之樂》。皇帝出自東房，降輿，即御座，南向，簾卷，内侍又贊扇開，殿下鳴鞭。戞敔，樂止。爐烟升。禮直官、通事舍人引班首以下横行北向。_{西省官、學士、待制、上將軍以下，依舊東西相向立。}典儀曰：“拜。”贊者承傳，在位官皆再拜，隨拜三稱“萬歲”。引班首以下分班東西序立。禮直官引殿中監、少監升殿，詣酒尊所。次禮直官、舍人引光禄卿詣横街南承制位，北向，俯伏，跪，奏稱：“光禄卿具官臣某言，請允群臣上壽。”俯伏，興，躬。禮直官、舍人引左輔詣東階，東上閤門官接引，升進御榻前，躬，承旨，退臨折檻稍東①，西向曰：“制可。”左輔少退。舍人曰：“拜。”光禄卿再拜，訖，贊祗候，復本班。内侍進御茶牀。次殿侍於横街南醻酒，訖。禮直官、舍人引三公、親王以下横行北向，典儀曰：“拜。”賀者承傳，在位官皆再拜，隨拜三稱“萬歲”。禮直官、通事舍人、太常博士引上公自東階升，詣酒尊所，北向。殿中監以爵授上公，上公搢笏，受爵，詣御榻前，少東，西向立。尚醖典御開爵，殿中少監注酒於爵，訖。_{凡進酒，皆典御開爵，殿中少監注酒。}禮直官、太常博士、東上閤門官引上公升榻，詣御座前，躬，進，皇帝執爵，上公執盤，虚跪，興，降榻，以盤授殿中監。上公執笏，詣御榻前，俯伏，跪，_{百僚皆躬。}奏稱：“文武百僚、上公具官臣某等稽首言，元正首祚，_{冬至云“天正長至”。}臣等不勝大慶，謹上萬歲壽②。”俛伏，興，_{百僚直身立。}引退，降階，復位。典儀

---

①　“退臨折檻稍東”，《文獻通考》卷一〇八《王禮考二》“元正冬至大朝會儀注”條作“臨退階”。

②　“謹上萬歲壽”，《文獻通考》卷一〇八《王禮考三》“元正冬至大朝會儀注”條作“謹上千萬歲壽”；《宋史》卷一一六《禮十九》作“謹上千萬壽”。

曰："拜。"贊者承傳，在位官皆再拜，三稱"萬歲"，躬。禮直官引左輔詣御榻前承旨，退，西向[1]，宣曰："舉公等觴。"典儀曰："拜[2]。"贊者承傳，在位官皆再拜，隨拜三稱"萬歲"。引班首以下分班東西序立。禮直官、通事舍人、太常博士引上公自東階升，至殿中監前，北向，搢笏，受盤，升榻，詣御座前，西向立。皇帝舉第一爵，宮架作《和安之樂》，飲訖，樂止。上公受虛爵，訖，虛跪，興，降榻，以爵授殿中監，訖，執笏，引降階。班首以下復北向位，立定。典儀曰："拜。"贊者承傳，在位官皆再拜，搢笏，舞蹈，又拜。宗室遙郡刺史及武功大夫以下並伎術官，並退門外，賜酒。

禮直官、舍人引左輔自東階升，進御榻前，俯伏，跪，奏稱："左輔具官臣某言，請延公王等升殿。"俯伏，興，降階，復位。次引左輔詣御榻前，躬，取旨[3]，西向稱："有制。"典儀曰："拜。"贊者承傳，在位官皆再拜。宣曰："延公王等升殿。"左輔退，典儀曰："拜。"贊者承傳，在位官皆再拜，搢笏，舞蹈，又拜。禮直官、舍人引公王以下升殿，兩廊群臣並立於席後。殿中監升榻，詣御座東，西向，進皇帝第二爵酒。第三、第四爵進酒，並如上儀。上進酒[4]，舍人、臣僚起，立席後，進酒訖，贊就座。登歌奏某曲，元正、冬至上壽，登歌曲名樂章，並每年命詞臣取歲中所有祥瑞撰。第二、第三、第四爵，並同。飲訖，樂止，殿中監受虛爵，殿上群臣就橫行位，不升殿者於席後立。舍人曰："各賜酒。"舍人曰："拜。"贊者承傳，上下群臣皆再拜，隨拜三稱"萬歲"。舍人曰："就座。"群臣皆坐。太官令行群官酒，群臣搢笏受

酒，宮架作《正安之樂》，文舞入，立宮架北，觴行一周。_{凡酒巡周，並}
_{太官令奏}①。宮架奏《天下化成之舞》，三成止，出。殿中監進皇帝
第三爵酒，群臣立於席後，登歌奏某曲，飲訖，樂止。殿中監受
爵②。舍人曰："就座。"群臣皆坐。太官令行群臣酒，宮架作《正安
之樂》，武舞入，觴行一周，樂止。尚食典御、奉御進食，置御座前。
太官設群臣食。宮架奏《四夷來王之舞》，三成止，出。殿中監進皇
帝第四爵酒，登歌奏某曲，太官令行群臣酒，並如第二爵之儀。觴
行一周，樂止。舍人曰："可起。"群臣皆立於席後。禮直官、舍人引
左輔詣御榻前，俯伏，跪，奏稱："左輔具官臣某言，禮畢。"俯伏，興，
群臣俱降，復位，立定。典儀曰："拜。"贊者承傳，在位官皆再拜，搢
笏，舞蹈，又再拜，訖，分東西序立。內侍承旨索扇，扇合，簾降，鳴
鞭。大樂正令撞蕤賓之鐘，左五鐘皆應③。協律郎俯伏，跪，舉麾，
興，工鼓柷，奏《乾安之樂》。皇帝降座，御輿，入自東房，還東閤，侍
衛如來儀，內侍又贊扇開，戞敔，樂止。禮直官、通事舍人引左輔版
奏解嚴，所司承旨放仗。在位官皆再拜，退。宣詞令於橫街南，慰
勞將士，_{隨詞逐句應喏}。再拜，退。次大晟府樂工退。

---

① "凡酒巡周並太官令奏"，《宋史》卷一一六《禮十九》作"凡行酒訖並太官令奏
巡周"。

② "受爵"，《文獻通考》卷一〇八《王禮考三》"元正冬至大朝會儀注"條、《宋史》
卷一一六《禮十九》均作"受虛爵"。

③ "左五鐘"，《宋史》卷一一六《禮十九》作"左右鐘"。

卷第一百三十九　賓禮

文德殿月朔視朝儀

陳設　起居

陳設

前期，殿中監帥其屬尚舍張設垂拱、文德殿。設御座於文德殿當中，南向。設後閣於殿後，施簾於前楹，設香案於螭陛間。儀鸞司設文武百官、客使等次於朝堂之內外。

其日，尚輦陳腰輿、小輿於東、西朵殿，繖扇於殿下，列馬於殿庭東、西上閣門外，金吾列張旗幟。尚書兵部帥其屬列黃麾半仗於殿門之內外。

起居

質明，闢文德殿門，文武百官各服其服。客使等入就次。先諸軍將校入殿庭立。次四方館引諸蕃國首領，閣門引高麗、交州使、副。次御史臺知班先引殿中侍御史就位。起居注在殿庭之南。次引起居郎、舍人夾香案對立。起居郎西向，舍人東向。次閣門引伎術及武功大夫以下。次知班引百官至開封尹，次兩省官，次節度使至刺史、上將軍至率府副率，次御史臺官，次學士、待制，次太尉，次一品、二品文官。

俟垂拱殿起居將畢，引贊官、閤門舍人引三公以下至執政官入。三公、三少、左輔、右弼在橫街之南，稍東；太宰、少宰在其南；尚書左、右丞又在其南，俱北向西上。門下侍郎在右弼之北，稍東，西向；左散騎常侍在其東；次給事中、右諫議大夫；次左司諫、外符寶郎、左正言又在其東，每等重行異位。觀文殿大學士、學士①，資政殿大學士，翰林學士承旨，翰林學士，資政、端明殿學士在左散騎常侍之南，觀文殿學士、資政殿大學士稍前，觀文殿大學士又稍前。並西向北上。親王在橫街之南，稍西；使相在其南，俱北向東上。中書侍郎在親王之稍西北，東向；右散騎常侍在其西；次中書舍人，右司諫、右正言又在其西；龍圖閣學士以下在右散騎常侍之南，直學士在其西，待制又在其西，每等重行異位，並東向北上。左金吾衞、左衞、左諸衞上將軍在橫街南黃道之東，諸大將軍在其東，率府副率又在其東，俱西向北上。右金吾衞、右衞、右諸衞上將軍在橫街南黃道之西，諸將軍在其西，率府副率又在其西，俱東向北上。特進在左、右丞之南，稍東；六曹尚書至光禄大夫在其南。次六曹侍郎、開封尹至大司成。開封尹以下在六曹侍郎之東少絕，別爲一班。次太常卿至中大夫，次殿中丞、少監，次中散大夫，次七寺少卿至奉直大夫，次左、右司員外郎至朝奉大夫，次六曹員外郎、朝奉郎，次太常丞至承議郎，次開封知縣至奉議郎，次太史局至通直郎②，又在其南。御史大夫在光禄大夫之東，中丞在其南。次侍御史、監察御史，又在其南。太子三師在御史大夫之東，與特進班齊。三少在其南。次賓客、詹事，次左、右庶子以下，又

---

① "學士"二字，文津閣本無。
② "太史局"，底本作"大史局"，據上下文改。

在其南。每等重行異位，並北面西上。太尉在特進之西，與特進班齊，當班心。節度使在其南，次節度觀察留後、觀察使，次防禦使，次團練使，次刺史，次武功大夫以下至武翼大夫，次武功郎以下至武翼郎，次敦武郎，次修武郎，又在其南，每等重行異位，並北向東上。通侍大夫至右武大夫在防禦使之西少絕，中亮郎以下至右武郎在其南。和安大夫以下至翰林良醫在武翼大夫之西少絕，和安郎以下至翰林醫正在其南，並北向東上。初至位，先東、西相向立。翰林醫官、醫學在東班百官之後，翰林待詔、藝學在西班百官之後。軍員分位於黃道之東、西，俱北向。在東者，以西爲上。在西者，以東爲上。高麗、交州使、副分東、西，在百官之內。初至位，先東、西相向立。諸蕃國在正、副指揮使之後、員僚之前。夏國不赴，如止一國，即在西。

　　垂拱殿皇帝將出宮，讀奏目官在殿階之南，六尚局應奉典御、奉御在其東少絕。宣贊引班對立，並引三公、宰相、親王。舍人在讀奏目官之南，簿書官在其西少絕，覺察失儀，提點使臣在其南，並北向。舍人以西爲上，簿書官以下以東爲上。宣贊舍人立班前，西向。東上閤門附內侍進班齊牌。

　　皇帝出宮，守踏道、行門禁衛諸班親從迎駕，自贊常起居。皇帝服靴袍，坐，鳴鞭。讀奏目宣贊引班對立，並引三公、宰相、親王、舍人、簿書官、六尚局應奉典御、奉御大起居。讀奏目官升、降自東階。次知內侍省事以下四拜起居。如殿上傳旨常起居，即讀奏目官以下至行門並常起居。帶御器械官易窄衣，帶器械。知內侍省事以下升東朶殿侍立。次管軍臣僚大起居，訖，退，易窄衣，執杖子以俟。

　　引駕至文德殿後次，行門指揮使四拜起居。次引樞密以下大班入就位。知樞密院事,同知、簽書樞密院事在儀石之南,北向東上。知入内内侍省事、同知入内内侍省事在知樞密院事之東南。知客省、引進司、四方館、東司西上閣門事①;次閣門通事舍人;次閣門祇候,次看班祇候,又在其南。六尚局勾管官在同知入内内侍省事之東,典御在其南,奉御又在其南。外監臨武功大夫在簽書客省事之西②,武功郎在其南。次敦武郎,次從義、忠訓、成忠郎,又在其南,每等重行異位。内符寶郎在武功大夫之東,並北向西上。樞密都承旨在簽書樞密事院之西南,承旨在其南,次副都承旨、副諸房副承旨又在其南。内監臨武德大夫以下至武翼大夫在武功大夫之西;武德郎以下至武翼郎在其南;次修武郎,次秉義、忠翊、保義郎又在其南,每等重行異位,並北向東上。立定,舍人揖,躬,通班贊大起居,訖。皇帝乘輦③。樞密④、樞密都承旨至諸房副承旨,知客省事至簽書東上閣門官分左、右前導,餘並先退。文德殿兩朵殿侍立舍人赴侍立位。

　　輦降東階垂拱殿門外,禁衛諸班親從迎駕,自贊常起居。至文德殿後閣,皇帝降輦,入後閣。樞密以下前導官並帶御器械官分東、西就殿上侍立位。宣贊東上閣門官以下並就殿下位立。宣贊東上閣門官在大班之北稍東,西向贊拜,於侍立舍人前立,宣贊舍人在宣舞閣門官之北,對立舍人在其西,並橫街之南北自對立。餘舍人在橫街之北稍東,西向北上。引班舍人在東西班首之北,相向立。贊殿中侍御史舍人在其班⑤,北向西上。舍人傳警,四色官二人趨就殿下稱警。東上閣門附内侍進班齊牌。

---

① “東司西上閣門事”,“司”字疑是衍文。
② “外”,文津閣本、十萬卷樓本作“在”。
③ “皇帝乘輦”,文津閣本作“皇帝乘輦降輿”。
④ 此“樞密”二字,文津閣本無。
⑤ 此句文意不通,疑有誤。

　　皇帝出自後閣，殿上鳴鞭，禁衛諸班親從及輿輦下應奉人、鐘鼓樓節級以下迎駕，自贊常起居。輿輦下人起居訖，升朵殿立。内侍承旨索扇，扇合，皇帝即御座，簾卷①，内侍又贊扇開，殿下鳴鞭，鑪烟升。舍人就位，贊殿内外執儀人四拜起居。次鐘鼓樓上雞唱。次舍人揖，殿中侍御史大起居，訖，揖，分東、西由文武班後趨就對立位。對立位在兩省分南與北班齊②。次舍人引左、右金吾將軍由東、西黄道赴起居位。大起居，引班首出班，右金吾身躬③。躬奏云："軍國内外平安。"歸位，又贊"再拜"，贊"各祇候"，直身立，揖，分東、西由黄道趨就押仗位對立。押仗位在繳扇南稍前，東西相向。宣贊舍人退，近南，當庭中，北向立。對立舍人退於西階下，東向立。引班舍人各揖，三公、親王以下躬。宣贊舍人通文武百僚、宰臣姓名三公、親王等爲班首，通其官姓名，親王不通姓。以下起居。引班舍人引班首以下橫行北向。兩省官學士、待制，上將軍以下，依舊東西相向立。舍人揖，躬。東上閣門官贊大起居，引班首出班，至儀石北，俯伏，跪，奏云："文武百僚、宰臣某官臣姓名等，孟春之吉，仲冬月同夏秋冬，各隨月言。伏惟皇帝陛下膺受時祉，與天無窮，臣等無任歡呼抃蹈之至。"俯伏，興，引歸位，揖，躬。東上閣門官贊"再拜"，搢笏，舞蹈，再拜，贊"各祇候"，直身立，揖。宰相、執政官升殿。並升自東階，中書郎升自西階。宣贊東上閣門官隨升東階，各歸侍立位。餘官卷班④，分東、西由黄道出。轉對官⑤，吏部左、右選，刑部侍郎，大理卿，押仗殿中監各就位。押仗殿中監在繳扇前近北，西向；轉對官

---

①　"簾卷"，文津閣本作"簾降"。
②　"北班"，文津閣本作"正言"。
③　"身"字，文津閣本作"且"。
④　"卷班"，文津閣本作"逐班"。
⑤　"轉對官"，底本作"轉對門"，據文津閣本改。

在左諫議大夫之南；吏部左選、刑部侍郎、大理卿又在其南，爲一列。吏部左選侍郎在右諫議大夫之南^①，與左選侍郎對立。立定，左、右選侍郎搢笏，出班，藉出笏，置藉笏上。次兩省官，奏殿内無事，給事中未退。次侍從官，次金吾衛上將軍以下，分東、西由黄道出。舍人引轉對官於奏事位立，揖，躬，贊拜。門下侍郎進當御座前，躬，承旨，退，臨折檻稍東，西向立。轉對官再拜，引班首出班，躬，奏云："臣等次當轉對，所有管見，已詣東上閤門上進，干犯宸嚴，無任戰懼，屏營之至。"門下侍郎稱："所奏知。"退，還侍郎位。引轉對官舞位，揖，躬，贊"再拜"，隨拜三稱"萬歲"，贊"各祗候"，直身立，卷班由西道出^②。如已投文字後，内員以故不赴，即一員奏事，如班首之儀，若俱有故，即不出班。次吏部左、右選，刑部侍郎，大理卿；次殿中侍御史，並對揖，分東、西由黄道出。如班内有失儀官，右班則左彈之，左班則右彈之，若左右俱有，俟左彈訖，復位，次右彈之。如執政官以上有，即左右合班，班首出班奏彈。若左、右班及執政官以上同時俱有，即皆合班奏彈。如失彈及自失儀者，左右班互彈之^③，即被彈者不得復彈元糾之人^④，其奏彈准奏云："班内有官失儀，見别具奏陳。"餘並如轉對官奏事及門下侍郎宣答之儀。次舍人引給事中於奏事位立，揖，躬，奏云："殿内無事。"贊"祗候"，由西黄道出。次引起居郎、舍人於奏事位立，皆揖，躬，贊"祗候"，分東、西由黄道出。内侍承旨索扇，扇合，簾降，皇帝降座，殿上鳴鞭，内侍又贊扇開，殿下鳴鞭。至殿後，升輦，侍衛如來儀。舍人當殿承旨，傳四色官趨赴宣制石南，稱奉敕放仗。押殿中監、金吾將軍皆再拜，訖，退，各就次。

---

① "左選侍郎"，文津閣本作"在選侍郎"。"在右諫議大夫"，文津閣本作"左右諫議大夫"。

② "卷班"，文津閣本作"逐班"。

③ "互"字，文津閣本作"立"。

④ "復"字，十萬卷樓本作"獲"。

引文武百僚於殿門外階下謝茶酒。奏事及侍立官免謝。

　　皇帝垂拱殿坐，三省、樞密院及百僚奏事如儀。稱三省者，謂宰相，門下、中書侍郎，尚書左、右丞。稱樞密者，謂知、同知、簽書樞密院事。自九月一日至二月終過殿，不引上殿班。

卷第一百四十　賓禮

紫宸殿望參儀

　　垂拱殿皇帝將出宮，讀奏目官在殿庭之南，宣奏引班對立舍人在其南，簿書官在舍人之西少絶，覺察失儀，提點使臣在其南，並北向。<small>舍人以西爲上，簿書官以東爲上。通事舍人以下兼簿書官者歸本班。餘準此。</small>宣贊舍人立班前，西向東上。閤門附内侍進班齊牌。

　　皇帝出宮，守踏道、行門禁衛諸班親從迎駕，自贊常起居。皇帝服䙆袍，坐，鳴鞭。舍人先贊讀奏目官以下大起居。<small>如殿上傳旨常起居，讀奏目官以下至行門並常起居，讀奏目官升降自東階。</small>次知内侍省事，<small>帶御器械官公服、䙆笏，綴内侍班。</small>次御前忠佑馬步軍都軍器頭以下，次殿前都指揮使至諸軍副指揮使，次駙馬都尉，<small>係正位即歸本班。</small>次選前司諸軍員僚[①]，次宗室將軍以下，逐班先面西立，俟班到，橫行起居。次行門指揮使起居。<small>行事退，大起居，止四拜。</small>俟舍人南階下直身奏班絶，皇帝降座，鳴鞭，詣紫宸殿後幄，排立諸班親從迎駕，自贊常起居。

　　初，垂拱殿起居班將畢[②]，紫宸殿樞密以下大班入就位，知、同知、簽書樞密院事在儀石之南，北向東上；知、同知入内内侍省

---

　　①　“選前司”，疑是“殿前司”。
　　②　“畢”字底本作“軍”，據上下文改。

事在知樞密院事之東南①；知客省事至知西上閣門事在其南②。次簽書客省事至簽書西上閣門事，次閣門通事舍人，次閣門祗候，次看班祗候，又在其南。内符寶郎在簽書客省事之西。六尚局勾管官在同知入内内侍省事之東③，典御在其南，奉御又在其南。通侍、中侍、中衛、左武大夫在知樞密院事之南稍東。中亮、拱衛、左武郎在左武大夫之東稍却。每等重行異位，並北向西上。觀文殿大學士、學士，資政殿大學士，翰林學士承旨，翰林學士，資政、端明殿學士，龍圖閣學士在簽書樞密院事之西南，觀文殿學士以下稍却，翰林學士承旨以下又稍却。直學士在其南，與知入内内侍省事班齊。待制又在其南。樞密都承旨在直學士之西，承旨在其南，次副都承旨，次副承旨，諸房逐房副承旨又在其南。正侍、中亮、拱衛、左武大夫在簽書樞密院事之南稍西。中衛、右武郎在右武大夫之西稍却。每等重行異位，並北向東上。武功大夫在六尚局勾管官之東，武功郎在其東，次敦武郎，次從義、忠訓、成忠郎又在其東。和安大夫至翰林良醫在武功大夫之南少絶，和安郎至翰林醫正在其東。每等重行異位，並西向北上。武德大夫至武翼大夫在樞密都承旨之西，武德郎至武翼郎在其西，次修武郎，次秉義、忠翊、保義郎又在其西，每等重行異位，並東向北上。翰林醫學、官在殿庭南稍東，西上。翰林待詔、藝學士在殿庭南稍西④，東上，皆北向。各視本班祗候稍却。宣贊舍人在班前，西向，對

---

①　“知樞密院事”，底本作“知樞密事院”，十萬卷樓本作“知樞密事院事”，均誤，據文意改。

②　“西上閣門事”，文津閣本作“東上閣門事”。

③　“六尚局勾管官”，十萬卷樓本作“六尚局管勾官”。“六尚局勾管官”，十萬卷樓本多作“六尚局管勾官”，以下各處不一一出校説明。

④　“稍”字，文津閣本作“面”。

立舍人在班前,東向,立定。東上閤門附内侍進班齊牌。

　　皇帝御紫宸殿坐,鳴鞭。宣贊舍人揖,樞密以下躬,與對立舍人皆北向。通班大起居訖,再鳴鞭。樞密直學士自西階升殿侍立。知引進司、東上閤門官以下殿庭東、西向侍立。<small>若無進奉,引進司官先出。</small>宣贊舍人各歸位,餘官分班出。次東上閤門官引親王就位,揖,躬,進。<small>如大起居,揖而出,餘準此。</small>若殿上傳旨常起居①,即親王以下至馬步軍員僚並常起居。次馬步軍都指揮使至諸軍副指揮使,次開府儀同三司,<small>宗室在班前②,別班入③。</small>次馬步軍員僚起居,訖。三公以下文武百僚門外序班,立定。先殿中侍御史入,側宣大起居,訖,分班歸覺察位。<small>殿中侍御史二員在兩省班之南④,各少却,東西相向。舍人二員各立其後。左同殿中侍御史覺察訖,復位。右自外入,覺察訖,同出。</small>知引進司、東上閤門官以下退,立東階下。對立舍人對立西階下。宣贊舍人退,近南,當庭中立。舍人分引兩省官入。次舍人二員,一員門外引三公以下及左班東入,一員引三少以下及右班西入殿庭,東、西相向立,<small>以上至親王邊班並側宣。大遼國及高麗使、副準此。餘蕃國不側宣。</small>揖,躬。宣贊舍人當殿通宰臣姓名以下起居。<small>三公通某官。</small>舍人分引班首以下横行北向,<small>兩省官依舊立。</small>三公、左輔在儀石之西北⑤,稍東;太宰在其南。次尚書左丞,次特進,次六曹尚書、左丞,次特進,次六曹尚書至光禄大夫⑥,次六曹侍郎、開封尹至

———————

① “常起居”,文津閣本、十萬卷樓本作“當起居”。

② “班前”,文津閣本作“班首”。

③ “入”字,文津閣本作“前”。

④ “兩省班”,十萬卷樓本作“西省班”。

⑤ “西北”,十萬卷樓本作“西”。

⑥ “次六曹尚書至光禄大夫”中的“六曹尚書”與同句前文“次六曹尚書”重複,疑有誤。

大司成，_{開封尹以下稍空。}次太常卿至中大夫，次殿中少監至中散大
夫，次七等少卿至奉直大夫，次尚書左、右司員外郎至朝奉大夫，
次六曹諸司員外郎至朝奉郎，次太常丞至承議郎，次開封知縣至
奉議郎，次太史局正至通直郎，又在其南。御史大夫在光禄大夫
之東，中丞在其南，次侍御史、監察御史，又在其南。太子三師在
御史大夫之東，_{與執政官班齊。}太子三少在其南。次賓客、詹事，次
左、右庶子以下，又在其南。每等重行異位，並北向西上。三少、
右弼在儀石之北，稍西；少宰在其南。次尚書右丞，次太尉[1]、節
度使，次節度觀察留後、觀察使，次防禦使，次團練使，次刺史，又
在其南。每等重行異位，並北向東上。門下侍郎在尚書左丞之
東，左散騎常侍在其東。次給事中、左諫議大夫，次起居郎、左司
諫、符寶郎、左正言，又在其東。每等重行異位，並西向北上，在
中書左丞之西，右散騎常侍在其西[2]。次中書舍人、右諫議大夫，
次起居舍人、右司諫、正言，又在其西，每等重行異位，並東向北
上。宣贊舍人揖，左班近前，自班後詣東階下立。_{門下、中書侍郎押}
_{班，並立左丞西。餘官押班止依並垂拱殿四參準此。}引班舍人班前對立，揖，
躬。東上閤門官贊拜[3]，班首以下大起居，訖，揖。宰相、執政官
分東、西升殿，_{樞密直學士下殿出。}贊拜，東上閤門官還立位，引班舍
人退，餘官分出。次兩省官出，次殿中侍御史對揖，出。_{有失儀彈}
_{奏。}知引進司、東上閤門官以下還侍立位。次引見、謝、辭班。宣
奏贊對舍人稍南，相向立。進奉自西入，陳於殿庭，列定，贊文武
常起居，訖。_{牽馬者不拜。}門下侍郎於折檻東、西向立。對立舍人

---

①　"太尉"，底本作"大尉"，據文津閣本改。
②　"右散騎常侍"，文津閣本作"左散騎常侍"。
③　"贊拜"，文津閣本作"贊拜訖"。

當殿躬,奏某官姓名進奉,訖,復對立位。<small>諸蕃國云某國進奉。</small>門下侍郎曰:"進奉出。"還侍立位。文武應諸員僚引進奉從東側門出。宣對立舍人復位,合班躬奏"無事",卷班西出。

　　皇帝降座,鳴鞭。知引進司、東上閤門官以下並奏班出。皇帝復御垂拱殿,三省、樞密及百僚奏事如儀。舍人一員立殿門屏東,俟班退,南陛階下直身奏"閤門無公事"。皇帝降座,還内。

卷第一百四十一　賓禮

垂拱殿四參儀

　　垂拱殿皇帝將出宮，讀奏目官以下橫行序立，如望參儀。東上閤門附内侍進班齊牌。皇帝出宮，守踏道、行門禁衛諸班親從迎駕，自贊常起居。皇帝御垂拱殿坐，鳴鞭。讀奏目官、宣贊引班對立舍人、簿書官覺察失儀，提點使臣常起居，_{讀奏目官升降自東}階。_{次知内侍省事以下}，知内侍省事以下起居訖，於東朵殿侍立，至宰臣、執政官升殿，退。次御前忠佐馬步軍都軍頭以下，次殿前都指揮使至諸軍副指揮使，次駙馬都尉，係正任即歸本班。次在内王府官，該綴宰相班者①，即出赴外班。次殿前諸司軍員僚，次宗室將軍以下，並逐班面西立，俟班到，橫行起居。行門指揮使起居訖，引樞密以下大班就位。知、同知、簽書樞密院事在儀石之南，北向東上。知、同知入内内侍省事在樞密之東南，知客省事至知西上閤門事在其南。次簽書客省事至簽書西上閤門事，次閤門通事舍人，次閤門祗候，次看班祗候，又在其南。六尚局勾管官在同知入内内侍省事之東，典御在其南，奉御又在其南。殿中省主簿在奉御之南，稍西。_{與通事舍人班齊。}内符寶郎在簽書客省事之西，在内監臨及殿庭祗應通侍、中侍、中衛、左武大夫在知樞密院事之南，稍東，武

---

　　① “綴”，底本作“級”，據十萬卷樓本改。

功大夫在其南。次武功郎，次敦武郎，次從義、忠訓、成忠郎，又在其南。中亮、拱衛、左武郎在左武大夫之東稍却。每等重行異位，並北向西上。觀文殿大學士、學士，資政殿大學士，翰林學士承旨，翰林學士，資政、端明殿學士，龍圖閣學士在簽書樞密院事之西南。觀文殿學士以下稍却，翰林學士承旨以下又稍却①。直學士在其南，與知入内内侍省事班齊。待制又在其南。樞密都承旨在直學士之西，承旨在其南。次副都承旨，次副承旨，諸房逐房副承旨又在其南。在内監臨及殿庭祗應正侍、中亮、拱衛、左武大夫在簽書樞密院事之南②，稍西。武德大夫至武翼大夫在其南。次武德郎至武翼郎，次修武郎，次秉義、忠翊、保義郎，又在其南。中衛、右武郎在右武大夫之西稍却，翰林天文、保義郎又在其南，中衛、右武郎在右武大夫之西稍却，翰林天文在保義郎之西③，每等重行異位，並北向東上。宣贊舍人立班前，西向揖，樞密以下躬，通班常起居，訖。如連假三日以上，即大起居。樞密自西階升殿侍立。知東上閣門官以下殿庭東、西向侍立。宣贊舍人各歸位，餘官分班出。次東上閣門官引親王就位，退。如大起居，揖而出。若殿上傳旨起居，即親王以下至馬步軍員僚並常起居。次馬步軍都指揮使至諸軍副指揮使，次開府儀同三司，宗室在班前，別班入。次馬步軍員僚起居，訖。

　　三公以下文武百僚門外序班，立定。先殿中侍御史入，側宣大起居，訖，分班歸覺察位。殿中侍御史二員在兩省班之南少却，東西相向。舍人二員各立其後。左同殿中侍御史覺察訖，復位。右自外入，覺察訖，同出，復其位向。知東上閣門官以下退立東階下，對立舍人退立西階下。

————————

① “稍却”，文津閣本、十萬卷樓本作“稍却西”。
② “左武大夫”，十萬卷樓本作“右武大夫”。
③ 以上四句句意重複，疑有錯簡並衍文。

宣贊舍人退，近南，當庭中立。舍人分引兩省官入。次舍人二員，一員門外引三公以下及左班東入，一員引三少以下及右班西入殿庭，東西相向立，揖，躬。宣贊舍人當殿通宰相姓名以下起居。三公通某官。舍人分引班首以下橫行北向。兩省官依舊立。三公、左輔在儀石之北稍東，太宰在其南，尚書左丞又在其南。特進在儀石之南，六曹尚書在其南，次六曹侍郎、開封尹、殿中監、大司成，開封尹以下稍空。次太常卿至秘書監，次殿中少監至秘書少監，次七等少卿至都水使者①，次尚書左、右司員外郎至開封府左、右司録，次六曹諸司員外郎至殿中丞，又在其南。御史大夫在光禄大夫之東，中丞在其南，侍御史、監察御史又在其南。太子三師在御史大夫之東，與執政官班齊。太子三少在其南。與尚書班齊。次賓客、詹事，次左、右庶子以下，又在其南。每等重行異位，並北向西上。三少、右弼在儀石之北稍西，少宰在其南，尚書右丞又在其南。太尉在儀石之南稍西，節度使在其南。次節度觀察留後、觀察使，次防禦使，次團練使，次刺史，又在其南。每等重行異位，並北向東上。門下侍郎在左丞之東，左散騎常侍在其東。次給事中、左諫議大夫，次起居郎、左司諫、符寶郎、左正言，又在其東。每等重行異位，並西向北上。中書侍郎在右丞之西，右散騎常侍在其西。次中書舍人、右諫議大夫。次起居舍人、右司諫、右正言又在其西。每等重行異位，並東向北上。宣贊舍人引左班近前，自班後詣東階下立。引班舍人班前對立，揖，躬。東上閣門官贊拜，班首以下大起居，訖，揖，宰相、執政官令東西升殿，贊拜，東上閣門官還立位，引班舍人退，餘官分出。次兩省官

---

① "七等少卿"，十萬卷樓本作"七寺少卿。"

出。次殿中侍御史對揖,出。_{有失儀弹奏。}次三省、樞密院奏事。次知東上閤門官以下還侍立位。次引見、謝、辭,班絶,知東上閤門官以下並退。如有進奉,宣贊舍人少退近南,舍人引進奉西入,對立定,揖,文武躬,僚奏"聖躬萬福"①,贊各祗候,員僚引進奉當殿過,東出。宣贊、對立舍人分東、西出。三省、樞密及臣僚奏事畢,舍人一員立殿門屏東,俟班退,南階下直身奏"閤門無公事",皇帝降座,鳴鞭。

---

① "僚"字疑作"員僚"。

卷第一百四十二　賓禮

紫宸殿日參儀

　　垂拱殿皇帝將出宮，讀奏目官以下橫行序立，如望參儀。東上閤門附內侍進班齊牌。皇帝出宮，守踏道、行門禁衛諸班親從迎駕，自贊常起居。皇帝垂拱殿坐[①]，鳴鞭。讀奏目官、宣贊引班對立舍人、簿書官覺察失儀，提點使臣常起居。讀奏目官升降自東階。次知內侍省事以下，次御前忠佐馬步軍都軍頭以下，次殿前都指揮使至諸軍副指揮使，次駙馬都尉，係正任即歸本班。次在內王府官，次殿前司諸軍員僚，次宗室將軍以下，各逐班，先面西立，俟班到，橫行起居。次行門指揮使起居。次舍人南階下直身奏“班絕”。皇帝降座，鳴鞭，詣紫宸殿後幄，排立諸班親從迎駕，自贊常起居。

　　初垂拱殿起居班將畢，紫宸殿樞密以下大班入就位。知、同知、簽書樞密院事在儀石之南，北向東上。吏部、户部、禮部尚書在知樞密院事之南稍東，侍郎在其南。在內監臨通侍、中侍、中衛、左武大夫又在其南。中亮、拱衛、左武郎在左武大夫之東稍却。左散騎常侍在禮部尚書之東，給事中、左諫議大夫在其南，起居郎在其南。開封尹、大司成在左諫議大夫之東。知、同知入

---

　　① “垂拱殿”，文津閣本作“服鞾袍”。

內內侍省事在大司成之東，知客省事至知西上閤門事在其南。次簽書客省事至簽書西上閤門事，次閤門通事舍人，次閤門祇候，次看班祇候，又在其南。殿中監在同知入內內侍省事之東，殿中少監在其南。次殿中丞，次殿中省主簿，又在其南。六尚局勾管官在殿中監之東，典御在其南，奉御又在其南。太子三師在六尚局勾管官之東，與執政官班齊。太子三少在其南。次賓客、詹事以下又在其南。每等重行異位，並北向西上。兵部、刑部、工部尚書在簽書樞密院之南稍西，侍郎在其南。內監臨正侍、中亮、拱衛在右武大夫之西稍却。右散騎常侍在工部尚書之西，中書舍人、右諫議大夫在其南，起居舍人又在其南。御史大夫在右散騎常侍之西，中丞在其南，侍御史又在其南。觀文殿大學士、學士，資政殿大學士，翰林學士承旨，翰林學士，資政、端明殿學士，龍圖閣學士在御史大夫之西，觀文殿學士、資政殿大學士稍前，觀文殿大學士又稍前。直學士在其南，待制又在其南。樞密都承旨在直學士之西，承旨在其南。次副都承旨，次副承旨，諸房逐房副承旨又在其南。每等重行異位，並北向東上。在內監臨並殿庭祇應武功大夫在殿庭之內，武功郎在其東，次敦武郎，次從義、忠訓、成忠郎又在其東，每等重行異位，並西向北上。在內監臨並殿庭祇應武德大夫至武翼大夫在殿庭之西，武德郎至武翼郎在其西，次修武郎，次秉義、忠翊、保義郎又在其西，每等重行異位，並東向北上。翰林天文在殿庭南稍西，北面。宣贊舍人在班前，西向。對立舍人在班前，東向。東上閤門附內侍進班齊牌。

　　皇帝御紫宸殿坐，鳴鞭。宣贊、對立舍人揖，樞密以下躬，皆北向，通班常起居，訖。如連三日假以上及朔望直假，次日即大起居。再鳴鞭。樞密並樞密直學士自西階升殿侍立。知引進司、東上閤門官以下殿庭東、西向侍立。宣贊、對立舍人各復位。餘官分班出。次東上閤門官引親王就位，揖，躬，退。如大起居，揖而出。若殿上傳旨起居，即親王以下馬步軍員僚並常起居。次馬步軍都指揮使至諸軍副指揮使，次開府儀同三司，次太尉，次節度使，上將軍特恩內殿起居，次節度使後入。次節度觀察留後、觀察使，特恩綴節度使班者稍却。次防禦、團練使、刺史，宗室本班前別班入，特恩綴別班者稍却。次馬步軍員僚。次引見①、謝、辭班。次三公，三少，左輔，右弼，太宰，少宰，門下、中書侍郎，尚書左、右丞以上逐班並側宣。起居，訖。贊上殿並升東階，樞密直學士下殿出。宣贊、對立舍人稍南，相向立。進奉自西入，當殿庭列定，贊文武常起居，訖。牽馬者不拜。門下侍郎於折檻東，西向立。對立舍人當殿躬，奏某官姓名進奉，訖，復對立位。諸蕃國云某國進奉。門下侍郎曰："進奉從東側門位。"文武應諸員僚引進奉從東側門出。宣贊、對立舍人復位，合班躬奏閤門無事，卷班而出。

皇帝復御垂拱殿，三省、樞密及臣僚奏事如儀。舍人一員立殿門屏東，俟班退，南階下直身奏閤門無公事。皇帝降座，還內。

---

①　"引"字，十萬卷樓本無。

卷第一百四十三　賓禮

垂拱殿日參儀

　　垂拱殿皇帝將出宮，讀奏目官以下橫行序立，如望參儀。東上閣門附內侍進班齊牌。皇帝出宮，守踏道、行門禁衛諸班親從迎駕，自贊常起居。皇帝御垂拱殿坐，鳴鞭。讀奏目官、宣贊引班對立舍人、簿書官覺察失儀，提點使臣常起居，讀奏目官升降自東階。次知內侍省事以下，知內侍省事以下起居訖，於東朵殿侍立，至三省、樞密院升殿，退。次御前忠佐馬步軍都軍頭以下，次行門指揮使起居。如傳宣前殿不坐，俟行門指揮使起居訖，引班、對立舍人二員引三公以下文武官分東、西以次入。三公、左輔在儀石之北稍東；太宰在其南；門下、中書侍郎，尚書左、右丞又在其南。吏部、戶部、禮部尚書在儀石之南稍東，侍郎在其南。左散騎常侍在禮部尚書之東，給事中、左諫議大夫在其南，起居郎又在其南。與起居舍人輪入。開封尹、大司成在左諫議大夫之東。知、同知入內內侍省事在大司成之東，知客省事至知西上閣門事在其南。次簽書客省事至簽書西上閣門事，次閣門通事舍人，次閣門祗候，次看班祗候[①]，又在其南。殿中監在同知入內內侍省事之東，殿中省少監在其南。次殿中丞，次殿中省主簿，又在其南。六尚局管勾

---

　　①　"看班祗候"，文津閣本作"通班祗候"。

官在殿中監之東，典御在其南①，奉御又在其南。太子三師在六尚局管勾官之東，與執政官班齊。太子三少在其南，賓客、詹事以下又在其南。在內監臨並殿庭祗候應通事②、中侍、中衛、左武大夫在吏部郎中南。次武功大夫，次武功郎，次敦武郎，次從義、忠訓、成忠郎，又在其南。中亮、拱衛、左武郎在左武大夫之東稍却。每等重行異位，並北向西上。三少、右弼在儀石之北稍西，少宰在其南，知、同知、簽書樞密院事又在其南。兵部、刑部、工部尚書在儀石之南稍西，侍郎在其南。右散騎常侍在工部尚書之西，中書舍人、右諫議大夫在其南，起居散舍人又在其南③。御史大夫在右散騎常侍之西，中丞在其南，侍御史又在其南。觀文殿大學士、學士，資政殿大學士，翰林學士承旨，翰林學士，資政、端明殿學士，龍圖閣學士在御史大夫之西；觀文殿學士、資政殿大學士稍前，觀文殿大學士又稍前。直學士在其南；待制又在其南。樞密都承旨在直學士之西，承旨又在其南。在內監臨並殿庭祗應中亮、拱衛、右武大夫在兵部侍郎之南，次武德大夫至武翼大夫，次武德郎至武翼郎，次修武郎，次秉義郎、忠翊、保義郎，又在其南。翰林學士天文在保義郎之西，中衛、右武郎在右武大夫之西稍却。每等重行異位，並北向東上。宣贊舍人在班前，西向。對立舍人在班前，東向。通班常起居，訖，對立舍人西出。如連假三日以上及朔望俱假，次日即大起居。三省、樞密分東、西升殿奏事。三省、樞密如不奏事，至殿上侍立位，即退。知東上閣門官以下殿庭東侍立，餘官分出。次東上閣門官引親王就退位。如大起居，揖而出。若殿上傳宣常起居，即親

---

① “典御”，文津閣本作“侍御”。

② “通事”，疑是“通侍”。

③ “起居散舍人”，疑是“起居舍人”。

王以下至馬步軍員僚並常起居。次殿前都指揮使至諸軍副指揮使，次開府儀同三司，次殿前司諸軍員僚，次太尉，次節度使，上將軍特恩內殿起居訖①，次節度使後入。次節度觀察留後、觀察使，特恩綴節度使班者稍却。次馬步軍都指揮使，次諸軍副指揮使，次防禦、團練使，次刺史，次宗室將軍以下，宗室本班前別班入，特恩綴別班者稍却。次駙馬都尉，係正任者，依本班。次在內王府官，次見、謝、辭，班絕，知東上閤門官以下退。如有進奉，宣贊舍人特南②。對立舍人引進奉西入，對立定，揖，文武躬，員僚奏："聖躬萬福"，贊"各祗候"。員僚引進奉當殿過，東出。宣贊、對立舍人分東、西出。三省、樞密及臣僚奏事，訖。舍人一員立殿門屏東，俟班退，南階下直身奏"閤門無公事"。皇帝降座，鳴鞭。

---

① "訖"字，十萬卷樓本作"者"。
② "特南"二字語意不通，疑有誤。

卷第一百四十四　賓禮

崇政殿再坐儀

皇帝將出宫，内侍傳排立。樞密都副承旨、知客省事以下、起居郎、舍人及殿庭祗應官並西向立。皇帝出宫，諸班親從迎駕，自贊常起居。已起居者奏萬福，帶御器械官綴内侍班。次諸班都虞侯以下奏“聖躬萬福”，訖，前導駕至殿，分東、西立。

皇帝御崇政殿坐，知内侍省事以下、知内侍省事，同知、簽書省事，帶御器械官謝，上殿侍立，次閣門班後，餘本班後。樞密院都副承旨、諸房副承旨以上係後班殿祗應者亦赴，逐房副承旨權公事同。知客省事以下、當直起居郎、舍人、待制以上充樞密都承旨及權起居郎、舍人，即次知客省事以下。勾當皇城軍頭管勾、係正任即次管軍班，若正任充樞密都承旨者同。六尚局應奉官及殿庭祗應庫務官一班。祗應庫關武臣[1]，監官係承務郎以上並承節、承信郎，次行門班，行門不入，次樞密都承旨，又不入，次閣門班後，如已起居，綴閣門奏萬福。次管軍臣僚，並奏“聖躬萬福”。次行門指揮使等奏“聖躬萬福”，各依位立。管軍臣僚、勾當皇城軍頭司、行門並諸班直以下，如軍頭司無引見公事，並樞密都副承旨不奏事，並不入。引告謝班，先管軍臣僚，次改賜章服官班。餘官如閣門別引公事，以告謝班。次承旨司傳奏公事，軍頭司公事，次吏部引人[2]，次呈試武藝人及校射等。並於吏

---

① “庫關”，文津閣本作“庫務”。
② “吏部引人”，底本作“吏部引入”，據十萬卷樓本改。

部引人畢呈試^①。次軍頭司奏稟事。次再引諸蕃國。次進呈書籍物樣等。次宰臣、執政官及降麻臣僚告謝。次管軍臣僚奏急速公事。次承旨司奏事。次當直起居郎、舍人奏史事。次引上殿班，俟舍人奏史事^②，次引上殿班。俟舍人奏"門外無公事"，皇帝降座。

　　如復御延和殿，內侍省引呈公事；次內侍省屏人，奏事；次入內、內侍兩省屏人，同奏事。如止延和殿，內侍省引呈公事，於宰臣、執政官及降麻臣僚告謝班後引^③，若屏人奏事，於起居郎、舍人奏史事後，入內、內侍兩省奏事又次之。奏事畢，舍人再奏無公事。皇帝還內。

---

①　"吏部引人畢呈試"，文津閣本作"吏部引人前起居引人畢呈試"，十萬卷樓本作"吏部引人前伏居引人畢呈試"。

②　"次引上殿班俟舍人奏史事"十一字，與前後文重複，疑是衍文。

③　"降麻"，文津閣本作"降殿"。

卷第一百四十五　賓禮

崇政殿假日起居儀

　　皇帝將出宮，内侍傳排立。皇帝出宮，先帶御器械官，窄衣，不贊。次守踏道、行門禁衛諸班親從迎駕，自贊常起居。

　　皇帝御崇政殿坐。讀奏目官、宣贊對立舍人、簿書官覺察失儀。提點使臣繫鞚。常起居，讀奏目官升降自東階。次知内侍省事以下，並窄衣。簽書省事以上由東朵殿升殿侍立，餘東朵殿侍立，至宰相、執政官升殿，退。次殿前都指揮使至捧日、天武四廂都指揮使，次衛親軍馬步軍都指揮使至龍、神衛四廂都指揮使，次御前忠佐馬步軍都軍頭以下，次軍頭司祗候員僚，並窄衣。次行門指揮使，並常起居。宣贊舍人引三公、左輔以下西向立，對立舍人引三少、右弼以下東向立，俟行門指揮使起居訖，俱引橫行北向立。三公、左輔在殿階之南稍東；太宰在其南；門下、中書侍郎，尚書左、右丞又在其南。知、同知入内内侍省事在右丞之東南，知客省事至知西上閤門事在其南。次簽書客省事至簽書西上閤門事，次閤門通事舍人，次閤門祗候，次看班祗候，又在其南。殿中監在同知入内内侍省事之東，殿中少監在其南。次殿中丞，次殿中省主簿，又在其南。六尚局管勾官在殿中監之東，典御在其南，奉御又在其南。在內監臨通事[1]、中侍、中衛、左武大夫在殿庭之南稍東，與知客省事班齊。武功大夫在其南。次武功郎，次敦武郎，次從義、忠訓、成忠郎，又在其南。中亮、拱衛、左武郎在左武大夫之東稍却，當直起居郎在左武郎之東[2]。與左武大夫班齊。每等重行異位，並北向西上。三少、右弼在殿階之南稍西，少宰在其南，知、同知、簽書樞密院事又在其南。樞密直學士在簽書樞密院事之西南。樞密都承旨在樞密直學士之西，承旨在其南。次副都承旨，次副承旨，諸房逐房副承旨又在其南。在內監臨正侍、中亮、拱衛、右武大夫在殿庭之南稍西，武德大夫至武翼大夫在其南。次武德郎至武翼郎，次修武郎，次秉義郎，忠翊、保義郎又在其南。中衛、右武郎在右武大夫之西稍却。當直起居舍人在右武郎之西。與起居郎輸入。每等重行異位，並北向東上。勾當皇城軍頭司在內監臨武功大夫以下，殿庭祗應庫務官從義郎以下並繫鞡，內勾當皇城軍頭司係正任轄笏，依前殿班入，再坐，奏萬福，在管軍之次，別班祗候。軍監官係承務郎以上升，繫鞡，綴大班。宣贊舍人在班前，東向。宣贊舍人贊常起居，訖。

三省、樞密分東、西升殿奏。三省、樞密如不奏事，殿下趨殿子[3]。知東上閤門以下殿庭東侍立，餘官退。次東上閤門官引親王就位退。次宗室、開府儀同三司，次節度使，次節度觀察留後、觀察使，次防禦、團練使、刺史，次將軍以下，次駙馬都尉，係正位者依大班。並轄笏，逐班常起居。次引見、謝、辭班。知客省事以下退。次引進奉，如垂拱殿四參儀。三省、樞密奏事退，次引上殿

---

① “在內監臨通事”，文津閣本作“在內殿監通事”，十萬卷樓本作“在內監臨通侍”。

② “當直”，文津閣本作“當殿”。

③ “殿下趨殿子”，文津閣本作“至殿上趨殿下即退”。

班。次管軍臣僚奏急速公事①。次承旨司奏事。次起居郎、舍人
奏史事。班絕，有雜公事，臨軒先引謝上殿侍立官，次告謝班，先
管軍臣僚，次改賜章服官，次餘官。如東上閤門別引公事，次告
謝班後，次承旨司傳送公事，次軍頭司公事，次吏部引人，次呈試
武藝人及校射等，並於吏部引人畢呈試。次軍頭司奏稟事，次再引諸
蕃國，次進呈書籍物樣等。次宰相、執政官及降麻臣僚告謝②，
退。舍人奏門外無公事。皇帝降座。

　　如復御延和殿，內侍省引呈公事，次內侍省屏人奏事，次入
內、內侍兩省屏人同奏事，畢。舍人再奏無公事。皇帝還內。若
再出宮，如前殿退御後殿再坐儀。內侍省若有公事奏呈，先計會閤門，若不
隔過上殿班，即後皇帝自崇政殿起，復坐延和殿，奏呈。若有上殿班後再出宮，於上殿
班前進呈。

---

①　"奏"，底本作"奉"，據十萬卷樓本改。
②　"降麻"，文津閣本作"降殿"。

卷第一百四十六　賓禮

群臣拜表儀

引贊官報宰相催班。知班先引殿中侍御史一員入就位。次東上閣門、御史臺分引文武朔參官及諸軍將校。次禮直官引三公以下至執政官各就位，北向立。三公、三少、左輔、右弼在東上閣門階下，稍東；太宰、少宰在其南；門下、中書侍郎，尚書左、右丞又在其南。特進在門下侍郎之南。次六曹尚書至光禄大夫，次六曹侍郎、開封尹至大司成，開封尹以下稍空。次太常卿至中大夫，次殿中少監至中散大夫、七等少卿至奉直大夫[1]，次左、右司員外郎至朝奉大夫，次六曹諸司員外郎至朝奉郎[2]，次太常丞至承議郎，次開府知縣至奉議郎[3]，次太史局正至通直郎，又在其南。觀文殿大學士、學士，資政殿大學士，翰林學士承旨，翰林學士，資政、端明殿學士，閣學士在光禄大夫之東；觀文殿學士、資政殿大學士稍前，觀文殿大學士又稍前。直學士在其南，待制又在其南。御史大夫在閣學士之東，中丞在其南，侍御史、殿中侍御史、監察御史又在其南。左、右散騎常侍在御史大夫之東；給事中，中書舍人，

---

① “七等少卿”，十萬卷樓本作“七寺少卿”。

② 文津閣本在此句“次六曹諸司員外郎至朝奉郎”前，多出“次六曹諸司員外郎至朝奉大夫”十三字。

③ “開府”，十萬卷樓本作“開封”。

左、右諫議大夫在其南;起居郎,舍人,左、右司諫,符寶郎,左、右
正言又在其南。太子三師在右散騎常侍之東,與執政官班齊。太子
三少在其南。與常侍班齊。次賓客、詹事,次左、右庶子以下,又在
其南。每等重行異位,並北向西上。親王在東上閤門南階下,稍
西;使相在其南;知、同知樞密院事又在其南。太尉在同知樞密
院事之南①。次節度使,次節度觀察留後、觀察使,次防禦使,次
團練使,次刺史,次武功大夫至武翼大夫②,次武功郎至武翼郎,
次敦武郎,次修武郎③,次諸軍副指揮使以下④,又在其南。左、右
金吾衛,左右衛諸衛上將軍在節度使之西;諸衛上將軍稍却。大將軍
在其南;次將軍以下,又在其南。知客省事至知西上閤門事在大
將軍之西,簽書客省事至簽書西上閤門事在其南。次閤門通事
舍人,次閤門祗候,次看班祗候⑤,又在其南。通侍大夫至右武大
夫在知西上閤門事之西,中亮郎至右武郎在其南。樞密院都承
旨在右武大夫之西,視觀察留後班齊。承旨在其南。次副都承旨,次
副承旨,諸房逐房副承旨又在其南。和安大夫至翰林良醫在武
翼大夫之西,和安郎至翰林醫官正在其南。每等重行異位,並北
向東上。

　　禮直官引禮部郎中押表案至褥位,郎官於表案東,西向立,
揖,班首以下躬,典儀曰:"拜。"贊者承傳,在位官皆再拜,訖。引
禮部郎官於案上取表,置笏上,案退。引班首對立褥位,各俯伏,

①　"同知樞密院事",十萬卷樓本作"知樞密院事"。
②　"至武翼大夫",文津閣本作"次武翼大夫"。
③　"次修武郎"四字,文津閣本、十萬卷樓本無。
④　"以下",文津閣本、十萬卷樓本作"以上"。
⑤　"看班",文津閣本作"通班"。

跪,搢笏。禮部官傳表,班首接表①,並出笏,班首以表加笏上,各
俯伏,興,禮部郎官歸本班,引閤門官與班首對立,各俯伏,興,搢
笏。班首傳表,閤門官接表,並出笏,閤門官以表加笏上,各俯
伏,興,閤門官以表入進,班首歸位。閤門官入東上閤門,三公以
下文武百僚退。元日、冬至賜茶酒。舍人贊"再拜",退。若元日、冬
至皇帝不御殿,即親王、宗室不赴,三公以下至執政官不分班,以東爲上,餘如上禮。

① "班首",底本作"班道",據上下文改。

卷第一百四十七　賓禮

群臣聽御札批答儀

引贊官報宰相催班。知班先引殿中侍御史一員入就位。次東上閤門、御史臺分引文武朔參官及諸軍將校。次禮直官引三公以下至執政官各就北向立。三公、三少、左輔、右弼在東上閤門南階下，稍東；太宰少宰在其南；門下、中書侍郎，尚書左、右丞又在其南。特進在門下侍郎之南。次六曹尚書至光禄大夫，次六曹侍郎、開封尹至大司成、開封尹以下稍空。太常卿至中大夫，次殿中少監至中散大夫，次七等少卿至奉直大夫①，次左、右司員外郎至朝奉大夫，次六曹諸司員外郎至朝奉郎，次太常丞至承議郎，次開封知縣至奉議郎，次太史局正至通直郎，又在其南。觀文殿大學士、學士，資政殿大學士，翰林學士承旨，翰林學士，資政、端明殿學士，閣學士在光禄大夫之東②，觀文殿學士、資政殿大學士稍前，觀文殿大學士又稍前。直學士在其南，待制又在其南。御史大夫在閣學士之東，中丞在其南，侍御史、殿中侍御史、監察御史又在其南。左、右散騎常侍在御史大夫之東；給事中，中書舍人，左、右諫議大夫在其南；起居郎，舍人，左、右司諫，符寶郎，左、右正

---

① “七等少卿”，文津閣本、十萬卷樓本作“七寺少卿”。
② “閣學士”三字，文津閣本無。

言又在其南。太子三師在右散騎常侍之東，與執政官班齊。太子三少在其南。與常侍班齊。次賓客、詹事，次左、右庶子以下，又在其南。每等重行異位，並北向西上。親王在東上閤門南階下，稍西；使相在其南；知、同知樞密院事又在其南。太尉在知樞密院事之南。次節度使，次節度觀察留後、觀察使，次防禦使，次團練使，次刺史，次武功大夫至武翼大夫，次武功郎至武翼郎，次敦武郎，次修武郎，次諸軍副指揮使以下[1]，又在其南。左右金吾衛、左右衛諸衛上將軍在節度使之西，諸衛上將軍稍却。大將軍在其南，次將軍以下又在其南。知客省事至知西上閤門事在大將軍之西，簽書客省事至簽書西上閤門事在其南。次閤門通事舍人，次閤門祗候，次閤門看班祗候[2]，又在其南。通侍大夫至右武大夫在知西上閤門事之西，中亮郎至右武郎在其南。樞密院都承旨在右武大夫之西，視觀察留後班齊。承旨在其南。次副都承旨，次副承旨，諸房逐房副承旨又在其南。和安大夫至翰林良醫在武翼大夫之西，和安郎至翰林醫正在其南。每等重行異位，並北向東上。知東上閤門官於班前西向立，宣曰：“有制。”王公以下再拜，宣，訖，捧箱近前，宰相至執政官展請[3]，訖，引贊官捧御札或批答於東上閤門階上南向立，搢笏，宣讀，訖，降階，西向立。三公以下再拜，搢笏，舞蹈，再拜，退。若批答不允，止再拜，更下舞蹈[4]，再拜。

---

① “以下”，文津閣本、十萬卷樓本作“以上”。
② “看班”，文津閣本作“通班”。
③ “請”，十萬卷樓本作“讀”。
④ “更下舞蹈”，據上下文意，疑作“更不舞蹈”。

卷第一百四十八　賓禮

蕃國主來朝儀上

遣使迎勞　遣使戒見日　陳設　朝見

遣使迎勞

前一日，有司設次於館門之外道西，南向。

其日，使者至，掌次者引就次。蕃主服其國服，所司引立於東階下，西面。凡蕃主行止，皆所司先引，制使皆謁者前導。使者朝服出次，立於門西，東面。從者執束帛，立於使者之南。蕃主至，有司出門東，西面曰：“敢請事。”使者曰：“奉制勞某主。稱其國名。”有司入告，蕃主迎於館門之外東，西面再拜。使者與蕃主俱入，使者升自西階，執束帛者從升，立於使者之北，俱東面①。蕃主升，立東階上，西面，執束帛者以帛授使者。使者稱“有制”，蕃主將下拜，使者曰②：“有後敕③。”蕃主再拜，宣勞訖，又再拜。使者降出，蕃主送於館門之外，西向再拜。使者還，蕃國主入。

---

① “東面”，底本作“東西”，據文津閣本改。
② “使者曰”，文津閣本作“使者宣曰”。
③ “有後敕”，文津閣本作“有敕”。

遣使戒見日

前一日，有司設次於候館門之外道西，南向。

其日，使者至，掌次者引就次。蕃主服其國服，降，立於東階下，西面。蕃國諸官立於蕃主之後，西向北上。使者朝服出次，立於門西，東面。蕃國有司出門東①，西面曰：“敢請事。”使者曰：“奉制戒某主見日。”有司入告。蕃主出迎於館門外之東，西面再拜。使者與蕃主俱入，使者升自西階，東面；蕃主升自東階，西面。使者稱：“有制。”蕃主再拜。宣制曰：“某日見蕃主。”又再拜。使者降出，蕃主送於館門之外，西面再拜。使者還，蕃國主入。

陳設

殿中監前期帥其屬尚舍張設垂拱、大慶殿門之內。設御榻於大慶殿當中，南向。設東、西房於御榻之左、右，稍北。設東、西閣於殿後之左、右。殿上前楹施簾，設香案於丹墀螭階間。大晟府展宮架之樂於殿庭橫街之南，設協律郎位於宮架西北，俱東向。設大司樂押樂位於宮架之前，北向。儀鸞司設文武百官等次於殿門之外。又設蕃國主次於宣德門外之西，蕃國諸官次於其後。尚輦陳輿輦於龍墀②，繖扇於沙墀，陳五輅於宮架之南，列御馬於龍墀，在輿輦之後。尚書兵部帥其屬設黃麾仗於殿門之內外，張旗幟。典儀設文武百官位於殿庭，又設蕃主朝見位於宮

---

① “蕃國”，十萬卷樓本作“蕃主”。
② “輿輦”，文津閣本作“輿”，無“輦”字。

架之北,稍西,北向。蕃國諸官在其後。又設蕃主賜座位於御榻之東,稍南。設典儀位於丹墀南,稍東,西向。贊者三人在其後。餘並如大慶殿元正、冬至大朝會儀。

朝見

其日,所司引蕃國主及蕃國諸官至宣德門外次,各服其國服。闢大慶門。文武百官等集於次,服朝服。大樂正帥樂工先入就位,協律郎入就舉麾位,大司樂入就押樂位,典儀帥贊者先入就位,並如大慶殿元正、冬至大朝會之儀。凡執事者以次入。垂拱殿簾降。東上閤門官先引武功大夫以下至保義郎並副承旨,次通事舍人以下、六尚局典御奉、內符寶郎,次知內侍省以下,次管勾六尚局,次通事大夫以下,次知客省事以下,次樞密都承旨以下,次知入內內侍省事以下,立定。皇帝將出宮,引知樞密院事以下入就位如儀。東上閤門附內侍進班齊牌。

皇帝乘輦出,殿上少駐,簾卷,殿下鳴鞭,先輦下應奉入。行門指揮使、禁衛諸班親從並自贊常起居。宣贊舍人揖,樞密以下躬,赴當殿北向,躬,通樞密某官姓名以下大起居,訖。樞密知客省事以下至簽書東上閤門官、樞密都承旨至諸房副承旨分左、右立以俟。前導六尚局應奉官侍立。武功大夫以下易朝服,歸侍立,餘位並先退。管軍臣僚窄衣。舍人贊四拜起居,贊祗候,分左、右引駕,俟輦降東階垂拱殿門外,禁衛諸班親從自贊四拜起居。至大慶殿後,管軍臣僚易公服,執杖於殿階下,分東、西侍立。皇帝降輦,入西閤,前導官易朝服,詣御榻前,分左、右侍立。知樞密院、知客省事以下在東;同知、簽書樞密院事,樞密都承旨至諸房副承旨在西。帶御器械官及侍三閤門舍人以下兩朵殿立①，不當祇候舍人並丹墀東階外立②。諸軍將校先入。内外符寶郎奉寶，俱詣閤近③。次閤門、御史臺、太常寺、四方館分引文武百官殿門外序立，並如大慶殿元正、冬至大朝會之儀。内外符寶郎奉寶先出，陳於御榻之左右。禮直官、舍人引左輔版奏中嚴，少頃，又奏外辦。

　　皇帝服通天冠、絳紗袍，簾卷④。大樂正令撞黄鍾之鐘，右五鐘皆應，殿上鳴鞭，禁衛諸班親從與輦下應奉人自贊四拜起居⑤。皇帝御輿，出西閤。協律郎跪，俯伏，舉麾，興，工鼓柷，作《乾安之樂》。樂章俟國王朝日，臨時命詞臣撰，後準此。皇帝出自西方，内侍承旨⑥，禮直官⑦、舍人北向贊起儀⑧，將士就位，四拜起居。皇帝降輿，升御榻，東上閤門官於榻前班北稍東，西向，贊殿上侍臣、樞密以下再拜，贊拜，閤門官贊拜，訖，北向隨班再拜，畢，西向贊各祇候。皇帝南向坐，簾卷，内侍又贊扇開，殿下鳴鞭。偃麾，戛敔，樂止，爐煙升。禮直官、舍人引殿門外班官分東、西入，宫架作《正安之樂》，俱就位，分東、西相向序立。樂止，並如大慶殿元正、冬至大朝會之儀。

　　通事舍人引蕃國主立於大慶殿門南階下，稍西，蕃國諸官在其後，並北向東上。若諸蕃俱來朝，以國之大小爲序。次禮直官、通事舍

① “侍三”，文津閣本作“侍御”。
② “不當祇候”，文津閣本、十萬卷樓本作“不祇應”。
③ “近”，文津閣本、十萬卷樓本作“奉近”。
④ “簾卷”，文津閣本作“簾降”。
⑤ “禁衛”，文津閣本作“侍衛”。“與”，文津閣本作“人”。
⑥ “内侍承旨”，文津閣本作“内侍承旨索扇扇合”。
⑦ “禮直官”三字，文津閣本無。
⑧ “起儀”，文津閣本作“起居”。

人引班首以下橫行北向立。_{兩省官學士、待制，上將軍以下，依舊東、西相向立。}典儀曰：“再拜。”贊者承傳，在位官皆再拜，搢笏，舞蹈，又再拜，班首不離位，奏“聖躬萬福”。典儀曰：“再拜。”贊者承傳，在位官皆再拜。三公以下分東、西相向立。通事舍人引蕃國主入就位。_{蕃國諸官未入。}蕃國主入門，《正安之樂》作，蕃國主至位，樂止。通事舍人通某國蕃臣姓名見，典儀曰：“再拜。”贊者承傳，蕃國主再拜，舞蹈，又再拜。蕃國主不離位，奏“聖躬萬福”，又再拜。左輔承旨揮，詣蕃國主東北，稱“有制”，蕃國主再拜，宣制，訖，又再拜。左輔回奏，又承旨降勞，令升殿就座，蕃國主再拜。通事舍人引蕃國主升殿，樂作，至階，樂止。東上閤門官接引，升至座後，贊就座，蕃主俯伏，避席，將下拜，左輔承旨曰：“無下拜。”蕃國主復位，再拜，訖。左輔回奏，又承旨勞還館。通事舍人引蕃國主降自西階，樂作，出門，復位，樂止。蕃國主再拜，訖。通事舍人引蕃國主出，樂作，出門，樂止。

初，蕃國主就位，通事舍人引蕃國諸官以次入就位，立定。典儀曰：“再拜。”贊者承傳，蕃國諸官俱再拜，舞蹈，又再拜。班首不離位，奏“聖躬萬福”，又再拜。通事舍人承旨揮[①]，降自西階，詣蕃國諸官東北，稱“勅旨”[②]，蕃國諸官俱再拜，宣旨訖，又再拜。通事舍人回奏，又承旨勞還館，蕃國諸官俱再拜。至蕃國主出，通事舍人引蕃國諸官以次出，訖。

左輔進當御座前，俯伏，跪，奏稱：“左輔具官臣某言，禮畢。”俯伏，興。群臣俱降，復北向就位[③]。典儀曰：“再拜。”贊者承傳，

---

①　“旨揮”，文津閣本作“旨”，無“揮”字。

②　“勅旨”，文津閣本作“承旨”。

③　“復北向就位”，十萬卷樓本作“復北向位”。

在位官皆再拜，搢笏，舞蹈，又再拜，訖，分東、西侍立。内侍承旨
贊扇，扇合，簾降，鳴鞭。大樂正令撞蕤賓之鐘，左五鐘皆應。協
律郎跪，俯伏，舉麾，興，工鼓柷，作《乾安之樂》。皇帝降座，閤門
官贊殿上侍臣樞密以下再拜。御輿入自東房，還東閤，侍衛如來
儀。内侍又贊扇，扇開，偃麾，戛敔，樂止。禮直官、通事舍人引
左輔版奏解嚴，文武百官退，仗設如舊，就位小休，樞密都承旨以
下退，如別儀。

卷第一百四十九　賓禮

蕃國主來朝儀下

會蕃國主

有司排設備，大樂令設登歌於殿上，二舞入，立於酇綴之間，並如大慶殿元正、冬至朝會之儀。尚醞設御酒尊、酒器於御座之東，尚食設御茶牀於御座之西，俱稍北。有司設群官將尊①、酒器於殿下。又設蕃國主座於御榻之東，稍南，蕃國諸官位於東、西朵殿，餘並如大慶殿元正、冬至大朝會之儀。閤門、御史臺、太常寺引班首以下及蕃國主、蕃國諸官各就位。分東、西相向序立。禮直官、通事舍人先引左輔版奏中嚴，少頃，又奏外辦。

皇帝服通天冠、絳紗袍，簾卷，大樂正令撞黃鍾之鐘，右五鐘皆應，殿上鳴鞭。皇帝御輿，出東閤。協律郎跪，俯伏，舉麾，興，工鼓柷，奏《乾安之樂》。皇帝出自東房，降輿，即御座，向南，簾卷②，內侍又贊扇，扇開。殿下偃麾，戛敔，樂止，爐煙升。禮直官、通事舍人引班首以下及蕃國主、蕃國諸官橫行北向。兩省學士、待制、上將軍以下依舊。典儀曰：“再拜。”贊者承傳，在位官皆再拜，隨

---

① “將尊”，據上下文意，疑作“酒尊”。
② “簾卷”，文津閣本作“簾降”。

拜三稱萬歲。引班首以下及蕃國主、蕃國諸官分班東、西序立。
禮直官引殿中監、少監升殿，詣酒尊所，内侍進御茶牀，次殿侍於
横階南酹酒，訖。引班首以下及蕃國主、蕃國諸官横行北向立。
典儀曰："再拜。"贊者承傳，在位官皆再拜，三稱"萬歲"。禮直
官、通事舍人、太常博士引班首自東階升，詣酒尊所，北向立。殿
中監以爵授班首官，班首搢笏，受爵，詣御榻前，少東，西向立。
尚醖典御、奉御開爵，殿中少監酌酒。凡進酒，皆典御、奉御開爵，殿中少
監酌酒。禮直官、太常博士、東上閤門官引班首升榻，詣御座前，
躬，進，皇帝執爵，班首執盤，虛跪，興，降榻，以盤授殿中監。班
首執笏，詣御榻前，俯伏，跪，百僚皆躬。奏稱："文武百僚具官臣某
等，詞俟蕃國主朝日時，命詞臣撰。臣等不勝大慶，謹上千萬歲壽。"俯
伏，興，百僚直身立。引退，降階，復位。典儀曰："再拜。"贊者承傳，
在位官皆再拜，隨拜三稱萬歲，躬身。左輔詣御榻前，承旨，退，
西向宣曰："舉公等觴。"典儀曰："再拜。"贊者承傳，在位官皆再
拜，隨拜三稱萬歲。引班首以下及蕃國主、蕃國諸官分班東、西
序立。禮直官、通事舍人、太常博士引班首自東階升，至殿中監
前，北向立，搢笏，執爵，升榻，西向立。皇帝舉第一爵，宮架作
《和安之樂》，止，班首受虛爵，訖，虛跪，興，降榻，以爵授殿中監，
訖，執笏，引降階。班首以下及蕃國主、蕃國諸官復北向就位[①]。
典儀曰："再拜。"贊者承傳，在位官皆再拜，搢笏，舞蹈，又再拜。
宗室遙郡刺史及武功大夫以下並伎術官並退門外，賜酒。禮直官、通事舍人引
左輔自東階升，進御榻前，俯伏，跪，奏稱："左輔具官臣某官，請
延公王等升殿。"俯伏，興，降階，復位。又引左輔詣御榻前，躬

---

①　"復北向就位"，文津閣本、十萬卷樓本作"復北向位"。

身，承旨，西向稱制。典儀曰：“再拜。”贊者承傳，在位官皆再拜。
宣曰：“延公王等升殿。”典儀曰：“再拜。”贊者承傳，在位官皆再
拜，搢笏，舞蹈，又再拜。禮直官、通事舍人引公王等以下升殿①，
兩廊群臣立於席後②。

　　殿中監升榻，詣御座東，西向，進皇帝第二爵酒。第三、第四爵進
酒，並如上儀。每進酒，舍人揖，蕃國主、蕃國諸官、文武臣僚興，立席後，進酒訖，贊就
座。登歌作某樂，飲訖，樂止，殿中監受虛爵。殿上群官就橫行
位，不升殿者於序後立。舍人曰：“各賜酒。”典儀曰：“拜。”贊者
承傳，上下群臣皆隨拜三稱萬歲。舍人曰：“就坐。”群官皆坐。
大官令行群官酒，群官搢笏，受酒，宮架作《正安之樂》，文舞入，
立宮架北。觴行一周，凡酒巡周③，並大官令奏。樂止。尚食典御、奉
御進食，置御座前。大官令設群官食。凡食偏④，並大官令奏。宮架奏
《天下化成之舞》，三成止，出。

　　殿中監進皇帝第三爵酒，群官立於席後，登歌作某樂，飲訖，
樂止，殿中監受虛爵。舍人曰：“就坐。”群官皆坐。大官令行群
官酒，宮架作《正安之樂》，武舞入。觴行一周，樂止。尚食典御、
奉御進食，置御座前。大官令設群官食。宮架奏《四夷來王之
舞》，三成止，出。

　　殿中監進皇帝第四爵酒，登歌作某樂。大官令行群官酒，並
如第二爵之儀。觴行一周，樂止。舍人曰：“可起。”百僚皆立於
席後。引左輔進當御榻前，俯伏，跪，奏稱：“左輔具官臣某言，禮

---

　　①　“通事舍人”，十萬卷樓本作“舍人”。
　　②　“席後”，文津閣本作“其後”。
　　③　“周”，底本作“同”，據本書卷一三八《大慶殿元正冬至大朝會儀下》“上壽”條
改。
　　④　“食偏”，文津閣本作“進食”。

畢。"俯伏,興。群官俱降,復位。典儀曰:"再拜。"贊者承傳,在位官皆再拜,搢笏,舞蹈,又再拜,訖,分東、西序立。內侍承旨索扇,扇合,簾降,鳴鞭。大樂正令撞蕤賓之鐘,左五鐘皆應。協律郎跪,俯伏,舉麾,興,工鼓柷,奏《乾安之樂》。皇帝降座,御輿,入自東房,還東閣,侍衛如來儀,內侍又贊扇,扇開。偃麾,戛敔,樂止。禮直官、通事舍人引左輔版奏解嚴,所司承旨放仗,在位官皆再拜,退。宣詞令於橫街南,慰勞將士。隨詞逐名唱喏。再拜,退。次大晟府樂工退。賜酒贊拜,殿上舍人,殿下如儀。

卷第一百五十　賓禮

紫宸殿大遼使朝見儀

陳設　起居　宴

陳設

　　前期，殿中監帥其屬尚舍張設紫宸、垂拱殿門之内，設御座於殿上當中，南向。尚醖設御酒尊、酒器於垂拱殿御座之東，尚食設御茶牀於御座之西，俱稍北。有司設群官酒尊、酒器於垂拱殿下。又設群公座：三公、三少、左輔、右弼、太宰、少宰在御座之東，稍南。知樞密院事，門下、中書侍郎，尚書左、右丞，同知、簽書樞密院事在其東。次觀文殿大學士，太子三少，觀文殿學士，資政殿大學士，六曹尚書，翰林學士承旨，翰林學士，資政、端明殿學士，閣學士[1]，左、右散騎常侍。三少以下稍却，尚書以下又稍却。次開封尹、六曹侍郎、直學士[2]，又在其東。太子三師在樞密之南，御史大夫在散騎常侍之南，中丞在直學士之南，各少空。並西向北上。親王、使相在御座之西，稍南。使相稍却。太尉在其西，次節度觀察留後、觀察使，又在其西。大遼使、副在節度使之南。大遼

---

　　①　“閣”字，底本作“閣”，據文津閣本改。下凡“閣學士”一詞，均作相同校改，不一一説明。

　　②　文津閣本在“直學士”後，多“閣學士”三字。

使稍却,副使又稍却。舍利、從人分位於兩廊。

其日,尚輦陳輿輦於紫宸東西朵殿①,及繖扇於階下。尚書兵部列黄麾角仗及殿中細仗於紫宸殿。

起居

垂拱殿皇帝將出宫,讀奏目官以下横行立定,如望參儀②。東上閤門附内侍進班齊牌。皇帝出宫,守踏道、行門禁衛諸班親從迎駕,自贊常起居。皇帝服鞾袍,坐,鳴鞭。讀奏目官以下常起居。讀奏目官升降自東階。次知内侍省事以下,次御前忠佐馬步軍頭以下,次殿前都指揮使至諸軍副指揮使,次駙馬都尉,係正任③,即歸本班。次殿前司諸軍員僚,次宗室將軍以下,各逐班先面西立,俟班到,横行起居。次行門指揮使起居。俟舍人南階下直身奏班絶。皇帝降座,鳴鞭,詣紫宸殿後幄。排立諸班親從迎駕,自贊常起居。初,垂拱起居班將畢,紫宸殿樞密以下大班入,各就位,並如望參儀。武功大夫以下至保義郎並殿庭祗應及在内監臨官並起居④。舍人傳稱警,四色官趨赴殿庭稱警。東上閤門附内侍進班齊牌。

皇帝御紫宸殿坐,鳴鞭。平輦逍遥下應奉人朵殿階下迎駕,自贊常起居,訖,升,赴平輦逍遥下立。舍人贊執仗人四拜起居。次宣贊舍人揖,樞密以下躬,興,對立舍人並北向通班起居,訖。若值假三日以上,即大起居。再鳴鞭,樞密以下分東、西升殿侍立。樞密

① "紫宸"二字,文津閣本無。
② "如望參儀",文津閣本作"如朝參儀",十萬卷樓本作"如參儀"。
③ "正任",底本作"正位",據文津閣本改。
④ "並殿庭祗應",文津閣本、十萬卷樓本作"非殿庭祗應";"起居",文津閣本、十萬卷樓本作"起"。

並樞密直學士升自西階,樞密都副承旨西出,殿屏外過,由東升。知客省事以下庭東侍立。其合升朵殿者,升朵殿侍立。如起居在東,合在西朵侍立者,由殿屏外赴侍立位①。宣贊、對立舍人各復位。使臣復排立位,餘官分班出。次東上閣門官引親王就位,揖,躬,退。如大起居,揖而出。若殿上傳旨常起居,即親王以下至馬步軍員僚並常起居。次侍衛親軍馬步軍都指揮使至諸軍副指揮使,勾管軍臣僚升朵殿侍立②。次開府儀同三司,宗室本班前別班入③。次馬步軍員僚。三公以下百官門外序班立,先殿中侍御史入,側宣大起居,訖,分班,復覺察位。舍人二員各立其後。左同殿中侍御史,覺察訖,復位。右自外入,覺察訖,內同出。知客省事以下退,立東階下。對立舍人退,立西階下。宣贊舍人退,近當南庭中立。次舍人分引兩省官入。次東上閣門官、舍人詣門外,引班首以下分東、西入殿庭,東、西相向,通直郎以上雖非釐務及職事官,並赴。立定。以上至親王進班,並側宣。東上閣門官揖,躬,宣贊舍人當殿通宰臣若三公即通某官。姓名以下起居,東上閣門官引班首以下橫行北向,並如望參儀。宣贊舍人揖左班近前,自班後東階下立,贊拜,東上閣門官揖,班首以下躬,大起居。如百僚不赴起居,三省俟大班退,入,側宣常起居。東上閣門官揖,宰相、執政官升殿,並升自東階,內中書侍郎升自西階。宣贊東上閣門官復侍立位,引右班舍人由右班前出,餘官分出。殿中省押仗官復押仗位。如百僚不赴起居,隨樞密班,樞密已起居,即隨宰相班。次兩省官出,次殿中侍御史對揖,出,有失儀,彈奏。知客省事以下復侍立位,宣贊、對立舍人各復位。次館伴官入,側宣大起居,訖。於知客省事以下南稍東立,俟賜國信使例物訖,出。若知客省事以下館伴,即東

---

① "由殿屏外",文津閣本、十萬卷樓本作"由殿屏外過"。

② "勾"字,文津閣本作"凡"。

③ "入"字,文津閣本無。

出，接國信使，俟見訖，同出。接書傳語。知客省事官升殿，引國信使、副自外捧書迎入^①，舍人承受，引天武舉禮物分東、西入。列殿庭內，以東爲上。國信使、副當殿立，接書，知客省事官降階，至國信使前。舍人入，揖，國信使稍前，跪，進書匣，知客省事官側身，擂笏，跪，接，出笏，起，揖，國信使復位立。知客省事官執笏，捧書匣，升殿，暫授入內省官，知客省事官擂笏，捧至御座前，進呈，退，復授入內省官。接書知客省事官退，復殿上立位。天武常起居。牽馬捧酒者止應喏，呼萬歲。入內省官發匣，取書，傳三省與樞密同進讀。殿下引禮物出殿東偏門，進書，訖，付入內省官，各復侍立位。舍人與館伴副使謂知客省事以下充副使者。引國信使、副至殿東階下傳語，知客省事官降階，揖，同升殿。知客省事官於宰相北立，俟宣回問。國信使當折檻北向立。舍人揖，國信使稍前^②，跪，傳大遼國主問聖躬，傳事譯授舍人，舍人當國信使班前躬，奏，訖，揖，起，復位立。知客省事官詣御座前，躬，承旨，近國信使班前，西向立，具宣問授。傳事舍人揖，國信使稍前，跪，傳事譯授，訖，具回奏譯授舍人，舍人當班前，躬，奏如初，揖，起，復位，如常有傳語回問，並如上儀。引降東階對見辭位，西向立，揖，躬。舍人側宣，引當殿大起居，奏聖躬萬福，逐次出班致詞，並傳事譯授舍人當班前躬身代奏。非漢服者拜譯，並服本國儀，後準此。班首出班，謝面天顏，復位，五拜，又出班，謝沿路館驛茶藥御筵，傳宣撫問，復位，五拜，宣有勅各等第賜對衣、衣著、銀器、鞍轡馬，跪，受賜，起，五拜，西次出^③。舍人傳事，引舍利分

---

①　"捧書迎入"，十萬卷樓本作"捧書匣入"。
②　"國信使稍前"，底本作"國信使班稍前"，據十萬卷樓本改。
③　"西次出"，十萬卷樓本作"西出次"。

入①，當殿合班大起居。傳事代奏萬福。宣有勑各等第賜衣服、束帶、衣著、銀器分物，跪，受賜，起，五拜，東出②。次舍人傳事引從人入，當殿合班，四拜起居，自奏"聖躬萬福"。宣有勑各等第賜衣服、腰帶、衣著、銀器分物，跪，受，賜，訖，再拜，分出。次樞密直學士下殿出，舍人合班躬奏"閤門無事"，卷班西出。皇帝降座，鳴鞭。知客省事以下排立，使臣並卷班出。舍人當殿承旨，傳四色官趨赴殿庭，稱奉勑放仗，押仗官再拜，訖，退。

宴

國信使以下服所賜衣帶，舍利、從人垂拱殿門外階下立。赴宴官轡笏，同國信使、副於屏門外，分東西，南向立。諸司排當備，內侍傳牌立③，東上閤門附內侍奏班齊。

皇帝出宮，鳴鞭，行門禁衛諸班親從迎駕，奏"聖躬萬福"。皇帝即御座，殿中監以下、知客省事以下、知內侍省事以下、帶御器械官二人、六尚局應奉官、祗應武功大夫以下，闢班各奏"聖躬萬福"。次管軍臣僚奏"聖躬萬福"，各復侍立祗應位。次舍人引赴宴官並國信使、副依東、西座位入④，當殿立定，奏"聖躬萬福"，訖，贊"各就座"，再拜，贊"就座"，舍人分引升殿，席前相向立。如無⑤，國信使、副再拜，即引下殿，贊"再拜"，贊"就座"。次引舍利，次從人，並分入當殿，贊"各就座"，再拜，贊"就座"，分引升兩廊。次教坊使以下通班四拜起居。次看筵人謝升殿，再拜。內侍進御茶牀，

---

① "分入"，文津閣本作"從人"。
② "東出"，文津閣本、十萬卷樓本作"分出"。
③ "內侍傳牌立"，文津閣本作"內侍排傳立"，十萬卷樓本作"侍內排牌立"。
④ "座位"，文津閣本作"庭位"。
⑤ "無"字，文津閣本、十萬卷樓本作"撫"。

殿侍酹酒，訖。東上閣門官詣御座前，躬，奏班首姓名以下進酒。舍人分引殿上臣僚横行北向，贊“再拜”。舍人引班首稍前，東上閣門官接引，詣御座東，北向，搢笏，殿中監奉盤、醆，授班首，奉御啟醆，班首西向立，殿中少監以酒注於醆，班首捧酒，詣御座前，躬，進，訖，虛跪，興，以盤授殿中監，出笏，東上閣門官引退，舍人接引復位，贊“再拜”。舍人引班首稍前，殿上臣僚席前相向立。東上閣門官接引班首詣御座前，北向，搢笏，殿中監授盤，捧詣御座前，西向立，樂作，皇帝飲，訖。舍人分引臣僚横行北向①，東上閣門官引班首接醆，訖，少退，虛跪，興，授殿中監，出笏，引退，舍人接引復位，贊“再拜”，舍人贊“各賜酒”，群官再拜。贊“就座”，群官俱立席後，復贊“就座”，群官俱坐。酒初行，群官搢笏，受酒，先宰臣，次百官，皆作樂。尚食典御、奉御進食，大官令設群官食。後準此。皇帝再舉酒，自此並殿中監、少監進酒。群官俱立席後，樂作，飲，訖，贊“各就座”，復行群官酒，樂作。第三、第四、第五，並如第二之儀。若宣示醆，即隨所向，東上閣門官以下揖，稱“宣示醆”，躬，贊“就座”。若宣勸，即立席後，躬，飲，訖，贊“再拜”。內侍舉御茶牀，舍人引班首以下降階，横行再拜，搢笏，舞蹈，又再拜，分班出。次舍利五拜，次從人再拜，並分出。次教坊謝祗應，並再拜。加賜茶酒②，殿中監以下、知客省事以下、知內侍省事以下、帶御器械官，次尚局應奉官、祗應武功大夫以下，次行門禁衛諸班親從、教坊等，逐班贊謝茶酒，再拜。

　　東上閣門官殿上側奏“無事”，皇帝降座，鳴鞭。常朝日起居，國信使、副次侍郎司員僚後，先館伴使、副，次國信使副，次舍利、從人，並不入，即門謝。

――――――――

① “北向”二字，文津閣本、十萬卷樓本無。
② “加賜茶酒”，十萬卷樓本作“如賜茶酒”。

所賜者，先館伴使、副，次國信使、副，並殿門階上謝，伴賜酒食官同館伴一班謝。當上
壽儀日，舍利、從人賜衣服，並殿門階下謝。

卷第一百五十一　賓禮

紫宸殿正旦宴大遼使儀

陳設　宴

陳設

前期，殿中監帥其屬尚舍張設紫宸殿門之内，設御座於殿上當中，南向。尚醞設御酒尊、酒器於御座之東，尚食設御茶牀於御座之西，俱稍北。有司設群官酒尊、酒器於殿下。又設群官座：三公、三少、左輔、右弼、太宰、少宰在御座之東，稍南。門下、中書侍郎，尚書左、右丞在其東。次觀文殿大學士，太子三少，觀文殿學士，資政殿大學士，六曹尚書，翰林學士承旨，翰林學士，資政、端明殿學士，閣學士，左、右散騎常侍。三少以下稍却，尚書以下又稍却。次開封尹、六曹侍郎、直學士。次大司成，太子賓客，詹事，給事中，中書舍人，左、右諫議大夫，待制，太常卿，大司樂，宗正卿。次廂都指揮使、軍都指揮使，又在其東。太子三師在左、右丞之南，御史大夫在散騎常侍之南，中丞在直學士之南，各少空。並西向。親王、使相在御座之西，稍南，使相稍却。樞密在其西。次節度使，次節度觀察留後、觀察使，次廂都指揮使、軍都指揮使，又在其西。太尉在樞密之南，左右金吾衛諸、左右衛諸衛上將軍在節度使之南，諸衛上將軍稍却。大遼使、副在上將軍之南。_{大遼使比節度使稍却，副使又稍却。}防禦、團練使，刺史在軍都指揮使之南，_{各少空。}並東向。秘書監以下並夏國使、副在東朶殿，都虞侯在其東，並西向北上。_{夏國使、副在南檻間。}大將軍以下並高麗、交州使、副在西朶殿，都虞侯在其西，並東向北上。_{高麗、交州使、副在南檻間。}指揮使分位於東、西廊，大遼舍利、從人各在其南。夏國從人在東廊舍利之南①。諸蕃使、副、首領，高麗、交州從人，溪洞衙內指揮使②，在西廊舍利之南。

宴

　　垂拱殿皇帝將出宮，讀奏目官以下橫行序立如常儀。東上閤門附內侍進班齊牌。皇帝出宮，守踏道、行門禁衛諸班親從迎駕，自贊常起居。皇帝服䪏袍，坐，鳴鞭。舍人贊讀奏目官以下常起居，應赴宴官外起居，並如常儀。_{或值假，應假日後殿起居官僚並䪏笏赴起居，帶御器械官案衣綴內侍班。}殿中監以下至簽書東上閤門官次第押班。皇帝降座，鳴鞭，詣紫宸殿後幄，排立諸班親從迎駕，自贊常起居。御史臺引殿中侍御史一員先入就位。次赴宴官以下並以次入殿庭，東、西相向立。東上閤門附內侍進班齊牌。

　　皇帝紫宸殿坐，鳴鞭，舍人引班首以下橫行北向。三公、三少、左輔、右弼、太宰、少宰在殿階之南，稍東。門下、中書侍郎，左、右丞在其南。次六曹尚書；次六曹侍郎、開封尹、大司成；_{開封尹以下稍空。}次太常卿至秘書監；次七寺卿至秘書少監；次七寺少卿至都水使者；次左、右司員外郎至開封府左、右司錄；次六曹諸

司員外郎至軍器少監，又在其南。觀文殿大學士，學士，資政殿大學士，翰林學士承旨，翰林學士，資政、端明殿學士，閣學士在工部尚書之東，_{資政殿大學士以上稍前，觀文殿大學士又稍前。}直學士在其南，待制又在其南。御史大夫在閣學士之東，御史中丞在其南，侍御史、殿中侍御史、監察御史又在其南。其左、右散騎常侍在御史大夫之東；給事中，中書舍人，左、右諫議大夫在其南。起居郎，舍人，左、右司諫，符寶郎，左、右正言又在其南。太子三師在散騎常侍之東；_{與執政官齊。}太子三少在其南；賓客，詹事，左、右庶子以下又在其南。每等重行異位，並北向西上。親王、使相在殿階之南，稍西。_{使相稍卻。}知、同知、簽書樞密院事在其南。次太尉，次節度使，_{與六曹尚書齊。}次節度觀察留後、觀察使，次防禦使，次團練使，次刺史，又在其南。左、右金吾衛，左、右衛諸衛上將軍在節度使之西；_{諸衛上將軍稍卻。}將軍以下在其南。每等重行異位。大遼使、副在上將軍之西，_{與節度使齊，副使稍卻。}並北向東上。夏國使、副在文官班百官之南。_{副使稍卻。}次諸軍將校，次諸蕃首領、夏國人從，_{夏國人從稍空。}又在其南。高麗、交州使、副在武班百官之西。_{副使各稍卻。}次諸將軍校，次高麗、交州人從，次溪洞銜內指揮使，又在其南。每等重行異位，俱北向。_{在東者以西爲上，在西者以東爲上。}

　　立定，知東上閣門官贊大起居，班首出班，俯伏，跪，致詞，訖，俯伏，興，復位，群官再拜，搢笏，舞蹈，又再拜，贊“各就座”，再拜，舍人分引升殿席前，相向立，案殿西廊官立於席後次①。分引舍利入，大起居，贊“各就座”，再拜，贊“就座”，分引升兩廊。

---

① “案”字與上下文義不合，疑有誤。

次從人分入，四拜起居，餘如舍利儀。次教坊使以下通班大起居。看毬人謝，升殿，再拜①，訖。

內侍進御茶牀，殿侍酹酒，訖。知東上閤門官詣御座前，躬，奏班首姓名以下進酒。舍人分引殿上臣僚橫行北向，贊“再拜”。舍人引班首稍前，知東上閤門官接引，詣御座東，北向，搢笏，殿中監奉盤、琖，授班首，殿中少監啟琖，班首西向立，殿中少監以酒注於琖，班首奉酒，詣御座前，躬，進，訖，少退，虛跪，興，以盤授殿中監，出笏，知東上閤門官引退，舍人接引復位，贊“再拜”。舍人引班首稍前，殿上臣僚席前相向立，知東上閤門官接引班首詣御座前②，北向，搢笏，殿中監授盤，捧詣御座前，西向立，樂作，皇帝飲，訖。舍人分引殿上臣僚橫行北向。知東上閤門官引班首接琖，訖，少退，虛跪，興，授殿中監，出笏，引退，舍人接引復位，贊“再拜”。

舍人贊“各賜酒”，群官俱再拜，贊“各就座”，群官俱立席後，復贊“就座”，群官俱坐。酒初行，群官搢笏，受酒，先宰臣，次百官，皆作樂。後準此。皇帝再舉酒，自此並殿中監、少監進酒。群官俱立席後，凡舉御酒，準此。樂作，飲訖，舍人贊“就座”，復行群官酒。皇帝三舉酒，如第二之儀。尚食典御、奉御進食，大官令設群官食。後準此。樂作，次賜祗應臣僚酒食，先管軍，次殿中監以下、知客省事以下，次知內侍省事以下、帶御器械官、六尚局應奉官、祗應武功大夫以下並內侍，逐班贊謝酒食，拜訖，各復位。皇帝四舉酒，如上儀。樂工前致語，初致語，群官興，立席後，致語訖，贊“拜”，

---

① “再拜”，底本作“垂拜”，據文津閣本改。

② “前”，文津閣本、十萬卷樓本作“東”。

群官皆再拜,贊"就座",樂合。皇帝五舉酒,樂工殿上奏樂,庭下舞隊前致詞,樂作,舞隊出。

知東上閤門官奏再坐時刻①,俟放隊訖,内侍舉御茶牀,皇帝降座,鳴鞭。群官退,賜花有差。再坐前二刻②,御史臺、東上閤門催班,群官帶花,北向立定。東上閤門附内侍進班齊牌。知内侍省事以下並帶御器械官先於垂拱殿迎駕,奏"聖躬萬福",謝花,再拜。紫宸殿後排立諸班親從奏"聖躬萬福",自贊謝花,再拜。皇帝詣紫宸殿,行門禁衛諸班親從迎駕,自奏"聖躬萬福",自贊謝花,再拜。皇帝即御座,殿中監以下、知客省事以下、六尚局應奉官、祗應武功大夫以下立大班前,奏"聖躬萬福",訖,各復侍立祗應位。次赴宴官奏"聖躬萬福",謝花,再拜,餘謝花準此。又贊各就座,再拜。贊就座,舍人分引升殿席後,相向立。朶殿兩廊官立於席後。次分引舍利入,當殿贊謝花,再拜,贊各就座,再拜,贊就座,分升兩廊。次從人如舍利儀。次管軍臣僚奏"聖躬萬福",謝花。次殿中監以下、知客省事以下、六尚局應奉官、祗應武功大夫以下謝花。次教坊使以下奏"聖躬萬福",自贊謝花。

内侍進御茶牀,皇帝舉酒,樂工殿上奏樂,庭下作樂。皇帝再舉酒,庭下樂作。第三、第四,並如上儀。若宣示琖,即隨所向,知東上閤門官以下揖稱"宣示琖",躬贊就座。若宣勸,即立席後,躬,飲,訖,再拜。

内侍舉御茶牀。舍人引班首以下降階,橫行北向,再拜,搢笏,舞蹈,又再拜,訖,分班出。次舍利五拜,次從人再拜,並分出。次教坊使以下謝祗應,並再拜。教坊使以下謝恩,又再拜。

---

① "奏再坐時刻",文津閣本作"奏再拜上時刻",十萬卷樓本作"奏再以上時刻"。
② "再坐",文津閣本作"再拜"。

如賜茶酒，殿中監以下、知客省事以下、知内侍省事以下、帶御器械官、六尚局應奉官、祇應武功大夫以下、行門禁衛諸班親從、教坊等逐班贊謝茶酒，再拜。教坊使以下起居並宴舞祇應謝恩，並舍人贊。餘祇應作樂謝恩，並教坊使副贊。知東上閤門官殿上側奏無事，皇帝降座，鳴鞭。

卷第一百五十二　賓禮

紫宸殿大遼使辭朝儀

陳設　起居　宴

陳設

前期，殿中監帥其屬尚舍張設紫宸殿門之內，設御座於殿上當中，南向。尚醞設御酒尊、酒器於御座之東，尚食設御茶牀於御座之西，俱稍北。有司設群官酒尊、酒器於殿下，又設群官座，如大遼使朝見之儀。

起居

垂拱殿皇帝將出宮，讀奏目官以下橫行立定，如望參儀。東上閤門附內侍進班齊牌。皇帝出宮，守踏道、行門禁衛諸班親從迎駕，自贊常起居，皇帝降座，鳴鞭。起居班將畢，內侍傳宣前殿不坐，應人使見日，紫宸殿起居班並赴垂拱殿起居如儀。三省①、樞密升殿奏事，如不奏事，並侍立。俟內殿起居班絕，殿中侍御史出，降階，舍人奏閤門無公事。皇帝降座，鳴鞭，詣紫宸殿後幄，排立諸班親從自贊常起居。

---

① “三省”，十萬卷樓本作“二省”。

宴

諸司排當備，赴宴官韡笏，入殿庭，東、西相向立。東上閤門附內侍進班齊牌。皇帝紫宸殿座，鳴鞭。舍人贊館伴使、副常起居，次引國信使、副常起居，<small>如三日以上</small>[①]，<small>即大起居，舍利同從人四拜起居，傳事譯授舍人代奏萬福，如見儀，後準此。</small>引西序節度使班。舍人分引赴宴官橫行，奏"聖躬萬福"，訖，贊"各就座"，再拜，舍人分引升殿席前，相向立。次從人入，逐班常起居，贊"各就座"，再拜，分引升兩廊。次教坊使以下通班常起居。次看瑤人謝，升殿，再拜。

內侍進御茶牀，殿侍酹酒，訖。東上閤門官當御座前，躬，奏班首姓名以下進酒。舍人分引殿上臣僚橫行北向，贊"再拜"，舍人引班首稍前，東上閤門官接引，詣御座東，北向，搢笏，殿中監奉盤、瑤授班首，奉御啟瑤，班首西向立，殿中少監以酒注於瑤。班首奉酒詣御座前，躬，進，訖，虛跪，興，以盤授殿中監，出笏，東上閤門官引退，舍人接引復位，贊"再拜"。舍人引班首官稍前，殿上臣僚席前相向立。東上閤門官接引班首詣御座東，北向，搢笏，殿中監授盤，捧詣御座前，西向立，樂作，皇帝飲，訖。舍人分引臣僚橫行，東上閤門官引班首接瑤，訖，少退，虛跪，興，授殿中監，出笏，引退，舍人接引復位，贊"再拜"，贊"各賜酒"。群官就位，贊"再拜"，群官俱立席後，復贊"就位"，群官俱坐。酒初行，群官搢笏，受酒，先宰相，次群官，皆作樂。尚食典御、奉御進食，大官令設群官食。<small>後準此。</small>皇帝再舉酒，<small>自此並殿中監、少監進酒。</small>群官俱立席後，樂作，贊"各就座"，行群官酒，樂作。第三、第四、第

五，並如第二之儀。若宣示賤，即隨所向，東上閤門官以下揖，稱"宣示賤"，躬，贊"就座"。若宣勸，即立席後，躬，飲，訖，贊"再拜"。内侍舉御茶牀，舍人揖，班首以下降階，橫行再拜，搢笏，舞蹈，又再拜。

　　三省、樞密、直學士復升殿，分東、西侍立。樞密都副承旨從東入，亦升殿侍立。餘官並國信使、副分出。次舍利五拜，次從人再拜，並分出。次教坊謝祗應，並再拜，出。如賜茶酒，殿中監以下、知客省事以下、知内侍省事以下、帶御器械官、六尚局合應奉官①、祗應武功大夫以下，次行門禁衛諸班親從、教坊等，逐班贊謝茶酒，再拜，出。知客省事以下、宣贊對立舍人復位，引國信使、副東入，西向立，舍人側宣，引當殿再拜。班首出班，致詞，復位，再拜，宣有勅各等第賜窄衣②、金束帶、衣著、銀器，跪受，訖，五拜，西出。次舍利分入閤③，各合班，再拜。宣有勅各等第賜衣服、衣著、銀器分物，跪受，訖，再拜，分出。國信使、副自外服所賜衣帶，再引東入，當殿再拜，由東階升殿，於折檻北向立。<small>知客省事官先於宰相後近北立，俟宣旨。</small>傳語知客省事官詣御座前，躬，承旨，退，近國信使前，西向立，具宣傳語受傳事舍人，揖，國信使稍前，跪，傳事譯授，訖，揖，起，復位，傳語知客省事官還殿上侍立位。次捧書知客省事官搢笏，知入内省官捧書匣，授知客省事官，詣御座前，躬，進呈，訖，近國信使前，西向立，揖，國信使稍前，跪，知客省事官以書匣跪付國信使，知客省事官出笏，起，復位，揖，國信使起，復位，引降東階，西出。國信使、副將至殿南階，宣贊

對立舍人合班，躬，奏閤門無事，卷班西出。知客省事以下出。皇帝降座，鳴鞭，宰相以下退。

卷第一百五十三　賓禮

崇政殿假日大遼使朝見儀

陳設　起居　宴

陳設

前期，殿中監帥其屬尚舍張設崇政殿，設御座於殿上當中，南向。尚醖設御酒尊、酒器於御座之東，尚食設御茶牀於御座之西，俱稍北。有司設群官酒尊、酒器於殿下，又設群官座，如紫宸殿大遼使朝見之儀。

起居

皇帝將出宫，内侍傳排立。皇帝服鞾袍，出宫，先帶御器械官、窄衣。尚輦局官公服，繫鞾。迎駕常起居。不贊。平輦道遥下應奉人，守踏道、行門禁衛諸班親從迎駕，自贊常起居。皇帝延和殿升輦，鳴鞭，至崇政殿，降輦，坐，鳴鞭。讀奏目官、宣贊舍人、簿書官覺察失儀。提點使臣鞾笏。常起居。讀奏目官升降自東階。次知内侍省事以下，公服，繫鞵。簽書省事以上由東朶殿升殿侍立，餘東朶殿侍立。至宰相、執政官升殿，退。次殿前都指揮使至捧日、天武四廂都指揮使，次侍御親軍馬步都指揮使至龍、神衛四廂都指揮使^①，並窄衣，執仗子。次御前忠佐馬步軍都以下，次軍頭司祗候員僚，並窄衣。次行門指揮使起居。次舍人引三公以下東、西相向立，俟行門指揮使起居訖，引横行。三公、左輔在殿階之南，稍東。次太宰，在其南。次門下、中書侍郎，尚書左、右丞，次吏部、禮部尚書，次侍郎，又在其南。左散騎常侍在禮部尚書之東，當直起居郎在其南，開封尹在左散騎常侍之東^②，與侍郎班齊。知、同知入內內侍省事在開封尹之東，知客省事至知西上閤門事在其南。次簽書客省事至簽書西上閤門事，次閤門通事舍人，次閤門祗候，次看班祗候，又在其南。殿中監在同知入內內侍省事之東，殿中少監在其南。次殿中丞，次殿中省主簿，又在其南。六尚局管勾官在殿中監之東，典御在其南，奉御又在其南。太子三師在六尚局官之東，與執政官班齊。太子三少在其南。在內監臨並殿庭祗應通侍、中侍、中衛、左武大夫在吏部侍郎之南。次武功大夫，次武功郎，次敦武郎，次從義、忠訓、成忠郎又在其南。中亮、拱衛、左武郎在左武大夫之東，稍却，每等重行異位，並北向西上。三少、右弼在殿階之南，稍西。少宰在其南。次知、同知、簽書樞密院事，次兵部、工部尚書^③，次侍郎，在其南。右散騎常侍在工部尚書之西，當直起居舍人在其南。御史大夫在右散騎常侍之西，中丞在其南。觀文殿大學士，資政殿大學士，翰林學士承旨，翰林學士，資政、端明殿學士，閣學士在御史大夫之西，觀文殿學士以下稍却，翰林

---

①　"次殿前都指揮使至捧日天武四廂都指揮使次侍御親軍馬步都指揮使至龍神衛四廂都指揮使"三十九字，文津閣本省作"次殿前都指揮使龍神衛四鑲都指揮使"十六字。

②　"當直起居郎在其南開封尹在左散騎常侍之東"十九字，文津閣本無。

③　"工部"二字，十萬卷樓本無。

學士承旨以下又稍却。直學士在其南。樞密都承旨在學士之西,承旨在其南。次都承旨,次副承旨,諸房逐房副承旨又在其南。在内監臨及殿庭祗應正侍[①]、中亮、拱衛、右武大夫在兵部侍郎之南。次武德大夫至武翼大夫,次武德郎至武翼郎,次修武郎,次秉義、忠翊、保義郎又在其南。中衛、右武郎在右武大夫之西[②],稍却,每等重行異位,並北向東上。宣贊對立舍人在班前,東西相向。勾當皇城軍頭司在内監臨武功大夫以下,殿庭祗應庫務官、從義郎以下並繫鞓[③]。勾當皇城軍頭司係正任,依前殿班入。祗應庫關使臣並官係承務郎以上,亦繫鞓,綴大班。常起居訖,三省、樞密分東、西升殿,奏事。三省、樞密如不奏事,下殿趨閤子。知客省事以下殿庭東侍立,餘官退。次東上閤門官引親王就位,退。次宗室、開府儀同三司,次節度使,次節度觀察留後、觀察使,次防禦、團練使、刺史,次宗室將軍以下,次駙馬都尉係正任者依本班。赴宴觀察事以上,依前殿班次。並鞾笏,逐班常起居。

　　俟起居班絶,知客省事以下退。次三省、樞密奏事畢,知客省事以下復侍立位。宣贊對立舍人各復位。三省、樞密升殿侍立。次館伴官入,大起居。於知客省事以下南稍東立,俟賜國信使例物訖,出。若知客省事以下館伴,即東出,接國信使,俟見訖,同出[④]。接書傳語知客省事官升殿,於執政官南階東立。引國信使、副自外捧書匣入,舍人承受,引天武舉禮物入。到殿庭内[⑤],以東爲首。國信使、副當殿立,接書知客省事官降階,至國信使前,舍人揖,國信使稍前,跪,進書匣,知客省事官側身,搢笏,跪,接,出笏,起,揖,國信使復位立。知

---

① "祗應",底本作"祗候應",據十萬卷樓本改。
② "右武大夫",文津閣本作"左武大夫"。
③ "並繫鞓",文津閣本作"並服繫鞓"。
④ "同出"後,文津閣本尚有"立俟"二字。
⑤ "到"字,十萬卷樓本作"列"。

客省事官執笏,捧書匣,升殿,暫授入內省官,搢笏,捧至御座前,進呈畢,復授入內省官。接書知客省事官退,復殿上立位。天武常起居。牽馬捧酒者,止應喏呼萬歲。入內省官發匣,取書,傳三省與樞密同進讀。殿下引禮物東出,進書訖,付入內省官,各復侍立位。舍人與館伴副使謂知客省事以下充副使者。引國信使、副至殿東階下,傳語知客省事官降階,揖,同升殿。知客省事官於宰相北立,俟宣回問。國信使當折檻北向立,舍人揖,國信使稍前,跪,傳大遼國主問聖體,傳事譯授舍人,舍人當國信使班前,躬,奏,訖,揖,起,復位立。知客省事官詣御座前,躬,承旨,近國信使班前,西向立,具宣問授,傳事舍人揖,國信使稍前,跪,傳事譯授,訖,具回奏譯授舍人,舍人當班前躬,奏如初,揖,起,復位,若尚有傳語回問,並如上儀。引向東階,赴當殿大起居。奏“聖躬萬福”,逐次出班致詞,並傳事譯授舍人當班前躬身代奏。非漢服者拜舞,並依本國儀,後準此。班首出班,謝面天顏,復位,五拜,又出班,謝沿路館驛茶藥御筵,傳宣撫問,復位,五拜。宣有勑各等第賜對衣、衣著、銀器、鞍轡馬,跪,受賜訖,五拜,東出。次舍人傳事引舍利入殿大起居。傳事代奏萬福。宣有勑各等第賜衣服、束帶、衣著、銀器分物,跪,受,訖,五拜,東出。次舍人傳事引從人入當殿,四拜,起居。自奏“聖躬萬福”。宣有勑各等第賜衣服、腰帶、衣著、銀器分物,跪,受賜訖,再拜,東出。舍人奏“門外無公事”。皇帝降座,鳴鞭,歸後幄。

宴

國信使以下服所賜衣帶,舍利、從人於崇德殿門外階下立,赴宴官轉笏,同國信使、副於屏門外分立。諸司排當備,內侍傳排立,東上閤門附內侍奏班齊。皇帝坐,鳴鞭,行門禁衛諸班親從迎駕，奏“聖躬萬福”。次殿中監以下、知客省事以下、知內侍省事以下、帶御器械官、六尚局應奉官、祗應武功大夫以下闒班，各奏“聖躬萬福”。次管軍臣僚奏“聖躬萬福”，各復侍立祗應位。次舍人引赴宴官並國信使、副依東、西座位入，當殿立定，奏“聖躬萬福”，訖，贊“各就座”，再拜，贊“就座”，舍人分引升殿，席前相向立。如無宣問，國信使、副即引下殿，贊“再拜”，贊“就座”。次引舍利，次從人入，當殿贊“各就位”，再拜，贊“就座”，引東廊。

　　次內侍進御茶牀，殿侍酹酒，訖。東上閤門官當御座前，躬，奏班首姓名以下進酒，舍人分引殿上臣僚橫行北向，贊“再拜”。舍人引班首官稍前，東上閤門官接引，詣御座東，北向，搢笏，殿中監奉盤、琖授班首，奉御啟琖，班首西向立，殿中少監以酒注於琖，班首奉酒，詣御座前，躬，進，訖，虛跪，興，以盤授殿中監，出笏，東上閤門官引退，舍人接引復位，贊“再拜”。舍人引班首稍前，東上閤門官接引，詣御座東，北向，搢笏，殿中監授盤，捧詣御座前，西向立，皇帝飲，訖，東上閤門官引班首接琖，訖，少退，虛跪，興，授殿中監，出笏，引退，舍人接引復位，贊“再拜”。

　　舍人贊“各賜酒”，群官再拜，贊“就座”，群官俱立席後，復贊“就座”，群官俱坐。酒初行，群官搢笏，受酒。尚食典御、奉御進食，大官令設群官食。後準此。皇帝再舉酒，自此並殿中監、少監進酒。群官俱立席後，飲，訖，贊“各就座”。復行群官酒，皇帝再舉酒，並如第二之儀。若宣示琖，即隨所向，東上閤門官以下揖，稱“宣示琖”，躬，贊“就座”。若宣勸，即立席後，躬，飲，訖，贊“再拜”。

　　內侍舉御茶牀，舍人引班首以下降階，橫行再拜，搢笏，舞蹈，又再拜，分班出。次舍利五拜，次從人再拜，並東出。如賜茶酒，殿中監以下、知客省事以下、知內侍省事以下、帶御器械官、六尚局應奉官、祗應武功大夫以下，次行門禁衛諸班親從等，逐班贊謝茶酒，再拜，訖。

舍人奏“門外無公事”。皇帝降座，升輦，鳴鞭。至延和殿，降輦，鳴鞭。舍人再奏“無公事”，皇帝還内。

卷第一百五十四 賓禮

崇政殿假日大遼使朝辭儀

陳設 起居 宴

陳設

前期，殿中監帥其屬尚舍張設崇政殿，設御座於殿上當中，南向。尚醞設御酒尊、酒器於御座之東，尚食設御茶牀於御座之西，俱稍北。有司設群官酒尊、酒器於殿下，又設群官座，如紫宸殿大遼使朝見之儀。

起居

皇帝將出宮，内侍傳排立。皇帝服鞾袍，出宮，先帶御器械官、_{窄衣}。尚輦局官_{公服}，_{繫鞓}。迎駕，常起居。_{不贊}。平輦逍遥下應奉人^①，守踏道、行門禁衛諸班親從迎駕，自贊常起居。皇帝延和殿升輦，鳴鞭，至崇政殿降輦，坐，鳴鞭。讀奏目官、宣贊舍人、簿書官覺察失儀，提點使臣_{鞾笏}。常起居。_{讀奏目官升殿自東階}。次知内侍省事以下，_{公服}，_{繫鞓}。簽書省事以上由東朵殿升殿侍立，餘朵殿侍立，至宰

---

① "人"字，文津閣本作"官"。

相、執政官升殿,退。次殿前都指揮使至捧日、天武四廂都都指揮使①,並窄衣,執杖子。次御前忠佐馬步軍都軍頭以下②,次軍頭司祗候員僚,並窄衣。次行門指揮使逐班常起居。次舍人引三公以下東、西相向立,俟行門指揮使起居訖,橫行常起居,如假日大遼使朝見之儀。三省、樞密分東、西升殿奏事。三省、樞密如不奏事,升殿趨閣子。知客省事以下殿庭東侍立,餘官退。東上閣門官引親王就位,退。次宗室、開府儀同三司,次節度使,次節度觀察留後、觀察使,次防禦、團練使、刺史,次宗室將軍以下,次駙馬都尉,係正任者,依本班。次赴宴觀察使以上,依前殿班次。並鞓笏,逐班常起居。俟起居班絕知,客省事以下退。三省、樞密奏事,退。舍人奏"門外無公事"。皇帝降座,鳴鞭,歸後幄。

宴

諸司排當備,內侍傳排立,引赴宴官入殿庭,東、西相向立。東上閣門官附內侍奏班齊。皇帝坐,鳴鞭。行門禁衛諸班親從迎駕,奏"聖躬萬福"。次殿中監以下、知客省事以下、樞密都副承旨、當直起居郎、舍人,待制以上充樞密都副承旨並催起居郎③、舍人,即相次別爲一班。樞密都副承旨節正任者管軍④,復別班。知內侍省事以下、帶御器械官、六尚局應奉官、祗應武功大夫以下闕班,各奏"聖躬萬

---

①　"天武四廂都都指揮使",十萬卷樓本作"天武四廂都指揮使",文津閣本作"天武四鑲都指揮使"。文津閣本於此句後尚多"次侍衛親軍馬步軍都指揮使至龍神衛四鑲都指揮使"二十二字。十萬卷樓本於此句後尚多"次侍衛親軍馬步軍都指揮使至龍神衛四廂都指揮使"二十二字。

②　"軍頭"二字,文津閣本無。

③　"催"字與上下文義不合,疑有誤。

④　"節"字,文津閣本作"係"。

福”，訖。樞密都副承旨退，俟賜酒畢，歸侍立位。次管軍臣僚奏“聖躬萬福”，各復侍立祗應位。次舍人贊館伴使常起居。依坐次立，如館伴使、副係知客省事以下①，即東出，接人使同入②。次國信使、副常起居。如三日以上，即大起居。舍利同從人四拜起居，傳事譯授舍人代奏萬福③，如見儀，後準此。引西序節度使班。舍人分引赴宴官横行，奏“聖躬萬福”，訖，贊“各就座”，再拜，贊“就位”，舍人分引殿前席相向立。次引舍利，次從人入，逐班常起居，贊“各就位”，再拜，贊“就位”，引升東廊。

次内侍進御茶牀④，殿侍酹酒，訖。東上閤門官當御座前，躬，奏班首姓名以下進酒。舍人分引殿上臣僚横行北向，贊“再拜”。舍人引班首官稍前，東上閤門官接引，詣御座東，北向，搢笏，殿中監奉盤、琖授班首，奉御啓琖，班首西向立，殿中少監以酒注於琖，班首奉酒，詣御座前，躬，進，訖，虚跪，興，以盤授殿中監，出笏，東上閤門官引退，舍人接引復位，贊“再拜”。舍人引班首官稍前⑤，東上閤門官接引，詣御座東，北向，搢笏，殿中監授盤，捧詣御座前，西向立。皇帝飲，訖，東上閤門官引班首接琖，訖，少退，虚跪，興，授殿中監，出笏，引退，舍人接引復位，贊“再拜”。舍人贊“各賜酒”，群官再拜，就座。群官俱立席後，復贊“就位”，群官俱坐。酒初行，群官搢笏，受酒。尚食典御、奉御進食，大官令設群官食。後準此。皇帝再舉酒，自此並殿中監、少監進酒。群官俱立席後，飲，訖，贊“各就座”。復行群官酒，皇帝三舉酒，

---

① “館伴使副”，十萬卷樓本作“館伴副使”。
② “接人使同入”，文津閣本作“與從出入”。
③ “事”字，底本作“使”，據文津閣本改。
④ “牀”字，文津閣本作“酒”。
⑤ “東上閤門官引退舍人接引復位贊再拜舍人引班首官稍前”二十四字，文津閣本無。

並如第二之儀。若宣示琖，即隨所向，東上閤門官以下揖，稱“宣示琖”，躬，贊“就座”。若宣勸，即立席後，躬，飲，訖，贊“再拜”。內侍舉御茶牀。舍人揖，班首以下降階，橫行，再拜，搢笏，舞蹈，又再拜。三省、樞密院復升殿，分東、西侍立，餘官退，國信使東出。^{館伴使、副並國信使、副於屏門外立。}次舍利五拜，次從人再拜，並東出。

　　如賜茶酒，殿中監以下、知客省事以下、知內侍省事以下、帶御器械官、六尚局合應奉官、祗應武功大夫以下，次行門禁衛諸班親從等逐班贊謝茶酒，再拜，各復侍立祗應位。宣贊對立舍人復位立。樞密都副承旨升殿侍立。館伴使、副於知客省事以下南稍東立。^{俟賜國信使、副物出，如知客省事以下館伴，隨人使出入。}次國信使、副入，引當殿再拜。班首出班，致詞，復位，再拜。宣有勅各等第賜衣服、衣著、銀器分物，跪，受，訖，五拜，東出。次從人入，再拜，宣有勅各等第賜衣服、衣著、銀器分物，跪，受，訖，再拜，東出。國信使、副自外服所賜衣帶，再引入當殿再拜，由東階升殿，於折檻北向立。^{知客省事先於宰相後近北立，俟宣旨。}傳語知客省事官詣御座前，躬，承旨，退，近國信使、副，西向立，具宣傳語授傳事舍人，揖，國信使稍前，跪，傳事譯授，訖，揖，起，復位，傳語知客省事官還殿上侍立位。次捧書知客省事官搢笏，知入內省官捧書匣，授知客省事官，詣御座前，躬，進呈，訖，近國信使前，西向立，揖，國信使稍前，跪，知客省事官跪，以書匣傳付國信使^①，起，復位，引降東階出。^{傳語、捧書知客事官下殿。}

　　舍人奏“門外無公事”。^{大遼使、副於侍立舍人後過。}宰相以下退，

---

① “付國信使”，文津閣本作“副國使”。

皇帝降座,升輦,鳴鞭,至延和殿,降輦,鳴鞭。舍人再奏"無公事",皇帝還内。

卷第一百五十五　賓禮

夏國進奉使見辭儀　高麗國進奉使見辭儀_{僧見辭附}
交州進奉使見辭儀　宜州西南蕃黎州等處進奉
使人見辭儀　海外進奉蕃客見辭儀_{僧見辭附}

夏國進奉使見辭儀

見日，俟見班絶，謝班前引。高麗、交州同辭日，並辭班引。使捧表函，引入殿庭，副使隨入，西向立。舍人揖，躬。舍人當殿躬，通夏國進奉使姓名以下祇候見①，引當殿②，引使稍前③，跪，進表函，_{舍人一員，搢笏，躬，接表函，出笏，捧詣東朵殿，付入内侍省官接進。}起，歸位，四拜起居。舍人宣有勑賜某物兼賜酒食④，跪，受，箱馬過⑤，俯伏，興，再拜。舍人曰："各祇候。"揖，西出。_{常日不起居。}次從人入，不通⑥，即引當殿四拜起居。舍人宣有勑賜分物兼賜酒食，跪受，箱過，俯伏，興，再拜。舍人曰："各祇候。"揖，西出。

辭日，引使、副入殿庭，西向立。舍人揖，躬。舍人當殿躬，

① "通"字，《宋史》卷一一九《禮二十二》作"奏"。
② "引當殿"，文津閣本作"當殿"，無"引"字。
③ "引當殿引使稍前"，《宋史》卷一一九《禮二十二》作"引當殿前"。
④ "酒食"，《宋史》卷一一九《禮二十二》作"酒饌"。
⑤ "箱馬過"，《宋史》卷一一九《禮二十二》作"箱過"。
⑥ "不通"，《宋史》卷一一九《禮二十二》作"不奏"。

通夏國進奉使姓名以下祇候辭①，引當殿四拜起居，舍人宣有勑賜某物兼賜酒食②，跪，授，箱過，俯伏，興，再拜。舍人曰："好去。"揖，西出。次從人入辭，如見儀。凡蕃客見辭③，同日者，先夏國，次高麗，次交州④，次海外蕃客，次山後諸蠻⑤。

高麗國進奉使見辭儀僧見辭附

見日，使捧表函，引入殿庭，副使隨入，西向立。舍人揖，躬⑥。舍人當殿躬，通高麗國進奉使姓名以下祇候見，引當殿，引使稍前，跪，進表函，舍人一員，搢笏，躬，接表函，出笏，捧詣客省接進。俯伏，興，起，歸位，大起居。班首出班，躬，附起居⑦，歸位，再拜，又出班前面天顔⑧、沿路館券、都城門外茶酒，歸位，再拜，搢笏，舞蹈，俯伏，興，再拜。假日不舞蹈，交州同。舍人宣有勑賜某物兼賜酒食，搢笏，跪，授，箱馬過⑨，俯伏，興，再拜。舍人曰："各祇候。"揖，西出。每過立班起居，在侍御同員僚後入。次押物以下入，不通，即引當殿四拜起居。宣有勑賜某物兼賜酒食，跪，授，箱過，俯伏，興，再拜起居。舍人曰："各祇候。"揖，西出。

辭日，引使、副入殿庭，西向立。舍人揖，躬。舍人當殿躬，通高麗進奉使姓名以下祇候辭，引當殿四拜起居。班首出班，致

---

① "通"字，《宋史》卷一一九《禮二十二》作"奏"。
② "酒食"，《宋史》卷一一九《禮二十二》作"酒饌"。
③ "蕃客"，《宋史》卷一一九《禮二十二》作"蕃使"。
④ "交州"，《宋史》卷一一九《禮二十二》作"交阯"。
⑤ "山後諸蠻"，《宋史》卷一一九《禮二十二》作"諸蠻"，無"山後"二字。
⑥ "舍人揖躬"，《宋史》卷一一九《禮二十二》作"舍人鞠躬"。
⑦ "附起居"，《宋史》卷一一九《禮二十二》作"謝起居"。
⑧ "又出班前面天顔"，《宋史》卷一一九《禮二十二》作"又出班謝面天顔"。
⑨ "箱馬過"，《宋史》卷一一九《禮二十二》作"箱過"。

詞,歸位,再拜。舍人宣有勑賜某物兼賜酒食,搢笏,跪,授,箱過,俯伏,興,再拜。舍人曰:"好去。"揖,西出。次從人入辭,如見儀。使、副疾,謁告參日,俟見班絶,入通某姓名參假大起居[1]。使、副知加恩告謝,俟謝班絶,入,管勾所前一日申閤門。若使、副以下授恩命,謝恩各依常參官謝恩之儀。若中謝例物,不拜勑,止唱賜者唱再拜,舞蹈,俯伏,興,再拜。

僧見辭,不通,當殿奏"聖躬萬福",三呼萬歲。宣有勑賜僧衣兼賜齋食,三呼萬歲。贊曰:"祗候。"辭贊曰:"好去。"三呼萬歲,西出。次本國使入,後入者同。

交州進奉使見辭儀

見日,使捧表函,引入殿庭,副使隨入,或押衙,則押衙捧表函。西向立。舍人揖,躬。舍人當殿躬,通交州進奉使姓名以下祗候見,或押衙,即不過班[2],辭日同。引當殿,引使稍前,跪,進表函,舍人一員,搢笏,躬,接表函,出笏,接詣客省接進[3]。俯伏,興,起,歸位大起居。班首躬,附起居,歸位,再拜。舍人宣有勑賜某物兼賜酒食,跪,授,箱馬過,俯伏,興,再拜,舞蹈,俯伏,興,再拜。舍人曰:"各祗候。"揖,西出。每過垂拱殿起居,在殿前司員僚後入。將軍[4]、從人等並門見,賜例物酒食。

辭日,引使、副或押衙入殿庭,西向立。舍人揖,躬。舍人當殿躬,通交州進奉使姓名祗候辭,引當殿四拜起居[5]。班首出班,致詞,歸位,再拜。舍人宣有勑賜某物兼賜酒食,搢笏,跪,授,箱

---

① "參假大起居",文津閣本作"參假日起居"。
② "過"字,十萬卷樓本作"通"。
③ "接詣",據本卷"高麗國進奉使見辭儀"條,疑當作"捧詣"。
④ "將軍",文津閣本、十萬卷樓本作"軍將"。
⑤ "當"字,文津閣本作"見"。

過，俯伏，興，再拜，舞蹈，俯伏，興，再拜。舍人曰："好去。"揖，西出。軍將、從人等並門辭①，如見儀。使、副疾，謁告參日於垂拱殿大班復入②，不通之起居③。若使、副加恩告謝及使、副以下授恩命謝恩，及有中謝例物，不拜勑，止唱賜者，並如高麗使之儀。

宜州西南蕃黎州等處進奉使人見辭儀

見日，首領捧表函，引當殿。班首出班，跪，進表函，舍人一員接表函，捧詣客省投進。俯伏，興，歸位，揖，躬，四拜起居。舍人宣有勑賜某物兼賜酒食，跪，授，箱過，俯伏，興，再拜。舍人曰："各祗候。"揖，東出。

辭日，引當殿四拜起居。舍人宣有勑賜某物兼賜酒食，跪，授，箱過，俯伏，興，再拜。舍人曰："好去。"揖，東出。從人並門見辭，賜例物酒食。

海外進奉番客見辭儀僧見辭附

見日，首領捧表函入，不通，引當殿通④。班首出班，跪，進表函，舍人一員搢笏，躬，接表函，出笏，捧詣客省投進。俯伏，興，歸位，揖，躬，四拜起居。班首出班，躬，附起居，歸位，再拜。舍人宣有勑賜某物兼賜酒食，跪，授，箱過，俯伏，興，再拜。舍人曰："各祗候。"揖，西出。既出，服所賜衣服，崇政殿再引。過朔、望前殿後入。常日不起居。

辭日，不通，升殿，四拜起居。舍人宣有勑賜某物兼賜酒食，

---

① "門辭"，文津閣本作"入辭"。
② "復"字，十萬卷樓本作"後"。
③ "之"字，十萬卷樓本作"大"。
④ "引當殿通"，"通"字疑是衍文。

跪，授，箱過，俯伏，興，再拜。舍人曰："好去。"揖，西出。從人並門見辭，賜例物酒食。

　　僧見、辭，如高麗僧見、辭儀。凡復殿再拜[1]，引蕃國進奉使、副、首領以下，各服所賜，客者關本俗衣服者[2]，依例候軍頭引公事畢，當殿贊曰："賜酒食。"再拜。舍人贊曰[3]："就座。"酒食畢，再拜，出。

---

① "赴殿"，文津閣本作"升殿"。
② "客"字，文津閣本作"服"。
③ "舍人"，文津閣本、十萬卷樓本作"又"。

卷第一百五十六　賓禮

皇太子與師傅保相見儀

皇太子元正冬至　受群官賀儀

皇太子與師傅保相見儀

前一日，所司設師、傅、保以下次於宫門外道西南向。設軒架之樂於殿庭，近南，北向。

其日質明，諸衛率各勒所部屯門列仗。典謁設皇太子位於殿東階下[①]，西向。設師、傅、保位於殿西階之西，三少位於傅、保之南稍却，俱東向北上。師、傅、保以下俱朝服，至宫門，通事舍人引就次。左庶子請内嚴。通事舍人引師、傅、保立於正殿門之西，三少在其南稍却，俱東向北上。左庶子言外備，諸侍奉之官各服其器服，俱詣閤奉迎。皇太子朝服以出，左右侍衛如常儀，軒架作《翼安之樂》，至東階下，西向立，樂止。

通事舍人引師、傅、保及三少入就位，軒架作《正安之樂》，至位，樂止。皇太子再拜，師、傅、保以下答拜。若三少特見，則三少先拜。通事舍人引師、傅、保出[②]，軒架《正安之樂》作，出門，樂止。左庶

---

①　"典謁"，底本作"興謁"，據宋史卷一一七《禮二十》改。

②　"通事舍人引師傅保出"，宋史卷一一七《禮二十》作"通事舍人引師傅保以下出"。

子前，跪稱："左庶子某言，禮畢。"皇太子入，左右侍衛及樂作如
來儀。

皇太子元正冬至受群官賀儀

前一日，有司於東宮門外①，量地之宜，設三公以下文武群官
等次如常儀。典儀設皇太子答拜褥位於階下，南向。又設文武
群官版位於門之外。

其日，禮直官、舍人先引三公以下文武群官以次入，就位立
定。禮直官、舍人引左庶子詣皇太子前，跪請內嚴，少頃，又言外
備。內侍褰簾，皇太子常服出次。左右侍衛如常儀。皇太子降
階，詣南向褥位，典儀曰："再拜。"贊者承傳曰："再拜。"三公以下
皆再拜，皇太子答拜。班首少前，稱賀云："元正首祚，冬至云"天正
長至"。景福惟新②。伏惟皇太子殿下，與時同休。"賀訖，少退，復
位。左庶子前，承令，詣群官前答云："元正首祚，冬至云"天正長至"。
與公等均慶。"典儀曰："再拜。"班首以下皆再拜。皇太子答拜，
訖。禮直官、通事舍人引三公以下文武百官以次出。內侍引皇
太子升階，還次，簾降，侍衛如常儀。

少頃，禮直官、舍人引知樞密院官以下入，就位立定。內侍
引皇太子降階，詣南向褥位，樞密以下參賀，並如上儀，訖，退。
次引師、傅、保、賓客以下入，就位，參賀如上儀。師、傅、保以下
次出。

內侍引皇太子升座，禮直官引文武宮官入，就位，重行北向，

---

① "東宮門外"，宋史卷一一七《禮二十》作"東門外"。
② "惟"字，宋史卷一一七《禮二十》作"維"。

立定。典儀曰："再拜。"在位官皆再拜。左庶子少前，跪，言："具官某言：元正首祚，冬至"云天正長至"。伏惟皇太子殿下，與時同休。"俯伏，興，復位。典儀曰："再拜。"在位者皆再拜，分東、西序立。左庶子少前，跪言禮畢①。左右近侍降簾，皇太子降座，宮官退，左右侍衛以次出。

---

① "少前跪"，底本作"少跪前"，據宋史卷一一七《禮二十》改。

卷第一百五十七　軍禮

皇帝御樓受蕃王降儀

陳設　御樓引見

陳設

前期，殿中監帥其屬尚舍設御座於宣德門樓上前楹當中，南向；又設御幄於御座之北。儀鸞司分設文武百僚等及蕃國降王以下次於樓之左、右。

其日未明，尚書兵部帥其屬陳列黃麾大仗於宣德門外，分左、右、中道，外仗排立至朱雀門，如大禮肆赦之儀。唯不設輦、輅、輿、馬等。所司備蕃國降王以下所賜衣帶等於樓側，以俟宣取。

御樓引見

其日，宰相、親王、使相、執政官、文武百僚、宗室、諸方客使等各赴樓前就次。皇帝常服，出內東門。先知客省事以下、六尚局應奉官、祇應武功大夫至保義郎、知內侍省事以下、帶御器械官鬭班，立定。屏門開，先禁衛諸班親從等迎駕，自贊常起居。知客省事以下、知內侍省事以下常起居。次樓上立知樞密院官、翰林學士承旨宣名常起居，貯廊南管軍臣僚宣名常起居，訖。管軍臣僚導駕至宣德門，赴樓下侍立。

　　皇帝乘輿，升宣德門樓，降輿，歸御幄①。禮直官、舍人分引文武百僚立班於樓下，如大禮肆赦之儀。管勾降王使臣並隨行舊蕃官北向立定。樓下東上閤門進班齊牌，以紅條袋引升②，樓上東上閤門附內侍進，訖。內侍承旨索扇，扇合，皇帝即御座，簾卷。內侍又贊扇，扇開，內侍衛如常儀。諸班親從並裹圍降王人等迎駕，自贊常起居。次舍人贊執儀將士常起居。次管勾使臣等並隨行舊蕃官常起居③。次禮直官、舍人分引文武百僚重行北向④，贊者曰："拜。"在位官皆再拜，搢笏，舞蹈，三稱萬歲，又再拜，班首奏"聖躬萬福"，又再拜，訖，禮直官、舍人分引各就東、西序立。舍人引蕃國降王各服本蕃衣冠詣樓前，北向，立定。婦人少西，僧又少西，俱立其後⑤。入內省官詣御座前承旨⑥，傳樓上東上閤門承旨錄訖，以紅條袋降制樓下，凡有旨宣問等，並準此。樓下東上閤門官，承旨，退。蕃國降王以下俯伏於地，東上閤門官至，令通事舍人扶蕃國降王等起，首領以下亦起，並躬。東上閤門官宣曰："有敕。"蕃國降王以下再拜。僧尼止躬呼萬歲，餘準此。東上閤門官錄敕旨，付管勾官⑦，訖，蕃國降王等躬聽詰問。如有回奏，東上閤門錄訖，以紅條袋引升殿⑧。入內省官詣御座前承旨⑨，傳樓上東上閤門官，承

----

① "歸御幄"，《宋史》卷一二一《禮二四》作"坐御幄"。
② "升"，《宋史》卷一二一《禮二四》作"升樓"。
③ "管勾使臣等"，《宋史》卷一二一《禮二四》作"管幹降王使臣"。
④ "重行"，《宋史》卷一二一《禮二四》作"橫行"。
⑤ "俱立其後"，《宋史》卷一二一《禮二四》作"尼立於後"。
⑥ "入內省官"，文津閣本作"入內省事官"。
⑦ "官勾官"，《宋史》卷一二一《禮二四》作"管幹官"。
⑧ "升殿"，《宋史》卷一二一《禮二四》作"升樓"。
⑨ "入內省官詣御座前承旨"句前，《宋史》卷一二一《禮二四》尚有"如無復奏"四字。

旨稱：“有勑，赦罪。”宣訖，舍人贊：“謝恩拜。”蕃國降王以下再拜，隨拜三稱萬歲，序立。舍人①、入内省官再詣御座前承旨，傳樓上東上閤門官，東上閤門官承旨，稱有勑各賜幞頭、衣帶等②。樓下東上閤門官承旨，引所賜服襜牀陳列稍西③。舍人宣曰：“有勑。”蕃國降王等再拜，訖，躬。舍人稱各賜某物，蕃國降王以下跪。僧尼、婦人躬。賜物過，又再拜，三稱萬歲。如賜官，即贊謝，再拜。並歸次，易所賜服。舍人先引蕃國降王以下至授遙郡以上當樓前，北向東上，重行異位，立定，贊再拜，舞蹈，三稱萬歲，又再拜，訖。次贊服冠帔婦女再拜謝，或有授遙郡以上職名僧，別班謝。引還。次贊樓上侍立官稱賀，再拜。禮直官、舍人分引文武百僚橫行北向立定④。贊者再曰：“再拜。”在位官皆再拜。班首少前，俯伏，跪，稱賀，其詞，中書省隨行事撰述。賀訖，俯伏，興，退，復位。贊者曰：“拜。”在位官皆再拜，搢笏，舞蹈，三稱萬歲，又再拜。東上閤門官進詣樓前承旨，就班首宣曰：“有制。”贊者曰：“拜。”在位官皆再拜，宣答，訖。其詞，學士院隨事撰述。贊者曰：“拜。”在位者皆再拜，搢笏，舞蹈，三稱萬歲，又再拜，分班。樓上樞密院官少前，俯伏，跪，奏稱：“具官臣某言，禮畢。”俯伏，興，退，復位。内侍承旨索扇，扇合，皇帝降座，簾降。内侍又贊扇，扇開。所司承旨放仗，樓下鳴鞭。贊文武百僚再拜，訖，退。如宣臣僚觀六軍騎士拽隊，賜茶酒，臨時取旨。皇帝乘輿還內，如常儀。

---

① “舍人”二字，《宋史》卷一二一《禮二四》無。
② “幞頭衣帶”，《宋史》卷一二一《禮二四》作“首服袍帶”。
③ “引所賜服襜牀陳列稍西”，《宋史》卷一二一《禮二四》作“引所賜襜床陳於西”。
④ “分引”，底本作“引方引”，據文津閣本、十萬卷樓本、《宋史》卷一二一《禮二四》改。

卷第一百五十八　軍禮

命將出征儀上

受旌節　引見　造廟　宜社

受旌節

前一日,儀鸞司設大將次於朝堂。

其日,大將常服入就次。執事者設褥位於東上閣門外階下。設制誥箱於褥位之前,少西。持旌節者少南。謁者引大將至,就褥位,北向立,揖。東上閣門官宣"有勑",大將再拜,躬,聽口宣,訖,搢笏。謁者二人持箱①,進於大將之前,大將受,訖。次少府監執事者交旌節,大將俯伏,興,再拜,搢笏,舞蹈,又再拜,訖,出文德殿門,次端禮門,入右昇龍門,出宣德西偏門。大將勒所部兵衛並偏將、裨將,各建旗以正行列。大將建旗,飾以熊虎;偏將建旗,飾以鳥隼;裨將建旗,飾以龜蛇。執擎旌節,並押節人、騎士、槍牌、步兵、樂工等,分左右前導至第。

引見

其日早,大將常服,入就殿門外次,舍人引詣殿庭,進當殿

---

① "二人",文津閣本作"一人"。

陛，北向立，揖，躬，大將再拜，興，奏“聖躬萬福”，又再拜，引大將少前，躬，致詞，歸位，再拜，西出。少頃，舍人再拜，再引大將詣殿庭，進當殿陛，北向，再拜，訖，引至東階，揖，升殿，近御前之左。大將奏事，稟方略，訖，降東階下殿，再拜，西出。

造廟

前期，太史擇日。太常寺具時日，散告諸司。

前告二日，儀鸞司設告官以下次於常所。設大將次於南門之外道東，西向。

前一日質明，告官以下赴祠所清齋。行事、執事官並集告官齋所肄儀。太祝習讀祝文，眡禮饌香幣①。次贊者引監察御史點閱禮饌，視牲充腯，凡告官、大將行事，禮直官引；餘官，贊者引。乃還齋所。

未後一刻，大官令帥宰人以鸞刀割牲，遂烹牲脯。後有司帥其屬清掃廟之內外。

告日前三刻，禮直官、贊者、諸司職掌各服其服。贊者先引宮闈令入詣殿庭，北向再拜，升殿，開室，訖。太常陳幣、篚於神位之左，幣以帛。祝版於神位之右，置於殿②，香爐並合置於案上。御封香。次設祭器，藉以席，光祿實之，每位左十有二籩，爲四行，以右爲上。第一行魚鱐在前，糗餌、粉餈次之。第二行乾蔾在前，乾棗、形鹽次之。第三行鹿脯在前，榛實、乾桃次之。第四行蔆在前，芡、栗次之。右十有二豆，爲四行，以左爲上。第一行芹菹在前，筍菹、葵菹次之。第二行菁菹在前，韭菹、酏食次之。第三行魚醢在前，兔醢、豚拍次之。第四行鹿臡在前，醓醢、糝食次之。俎

---

① “香”字，文津閣本作“食”。
② “殿”字，文津閣本作“坫”。

二：一在籩前，實以羊腥七體，兩髀、兩肩、兩脅並脊，兩髀在兩端，兩肩、兩脅次之，脊在中。一在豆前。實以豕腥七體，其載如羊。又俎六，在豆右，爲三重，以北爲上。第一重：一實以羊腥腸、胃、肺，離肺二在上端，離肺三次之，腸三、胃三又次之；一實以豕腥膚九，橫載。第二重[1]：一實以羊熟腸、胃、肺，一實以豕熟膚，其載如腥。第三重：一實以羊熟十一體，肩、臂、臑、肫、胳、正脊一、直脊一、橫脊一、長脅一、短脅一、代脅一，皆[2]二骨以並，肩、臂、臑在上端，肫、胳在下端，脊、脅在中；一實以豕熟十一體，其載如羊，皆羊在左，豕在右。又俎二，在胙俎之北。實以羊豕牲首。槃一，在室户外之左。實以毛血。甒二，一在鉶之前，實以大羹。一在籩之左。實以肝膋。鉶三，在甒之後，籩、豆之間。實以羹，加芼滑。簠、簋各二，在籩、豆外，二俎間，簠在左，簋在右。簠實以稻、粱，粱在稻南。簋實以黍、稷，稷在黍南[3]。設犧罇一，置於坫，加勺幕[4]，置諸户前楹間，北向。實以供内法酒。太常設燭於神位前，洗二於東階之東。盥洗在東，爵洗在西。罍在洗東，加勺篚，在洗西南肆，實以巾。若爵洗之篚[5]，則又寘以爵，加坫。執罍、篚者在於其後。又設虛揖位於齋宫内道南及東神門外。告官、大將在南，北向；監察御史、奉禮郎、太祝、太官令在北，南向西上。開瘞坎於西階之東，北向，方深取足容物。設望瘞位於瘞坎之南。告官、大將北向，監察御史東向，奉禮郎、太祝西向北上。又設告官位於東階之東，西向。又設大將位於告官之南，西向。監察御史位於殿庭之南，北向。奉禮郎、太祝、太官令位於其後，西上。光禄卿位於監察御史之東，北向。又設監察御史位於殿上之西，東向。奉禮、太祝在東，

----

①　"第二重"，底本作"三重"，據上下文義改。

②　"皆"字，底本作"背"，據文津閣本改。

③　"南"字，文津閣本作"前"。

④　"幕"字，文津閣本、十萬卷樓本作"冪"。

⑤　"爵洗"，十萬卷樓本作"爵"。

西向北上。太官令於酒尊所,北向。

告日未明,太官令帥其屬實饌具畢,引光祿卿入定位。贊者曰:"再拜。"光祿卿再拜,升自西階,凡行事執官升降階①,準此。點眡禮饌畢。次引監察御史升殿,點閱陳設,糾察不如儀者。光祿卿還齋所。餘官各服祭服。引告官、大將以下詣東神門外虛揖位,禮直官贊揖,訖。贊者引監察御史、奉禮郎、太祝、太官令先入就位。次引告官並大將各入就位,立受②。祠祭官於殿上贊奉神主。次引宮闈令入室,搢笏,於祐室內奉神主設於座,奉神主詣神幄內,於後啟匵設於座③,以白羅巾覆之。執笏,退,復執事位。祠祭官於殿上贊奉神主,訖。禮直官稍前,贊有司謹具請行事,贊者曰:"再拜。"在位者皆再拜。引監察御史、奉禮郎、太祝、太官令升就位,立定。次引告官詣盥洗位,北向立,搢笏,盥手,帨手,執笏,升,詣僖祖室神位前,搢笏④,跪,三上香⑤,引奉禮郎搢笏,西向跪,執事者以幣授奉禮郎,奉禮郎以幣授告官,訖,執笏,興,詣次室,以俟告官受幣奉奠,訖,執笏,俯伏,興,再拜,訖。引告官以次詣翼祖、宣祖、太祖、太宗、真宗、仁宗、英宗、神宗、哲宗室,奉奠並如上儀,降,復位。少頃,引告官再詣盥洗位,北向立,搢笏,盥手,帨手,執笏,詣爵洗位,北向立,搢笏,洗爵,拭爵,以爵授執事者,執笏,升,詣僖祖酒尊所,西向立。執事者以爵授執事者,執笏,詣僖祖神位前,搢笏,跪,執事者以爵授告官,告官執爵⑥,跪,三

---

① "執官",文津閣本作"執事"。
② "立受",十萬卷樓本作"立定"。
③ "匵",文津閣本作"櫃"。
④ "盥手帨手執笏升詣僖祖室神位前搢笏"十六字,文津閣本無。
⑤ 該句後,文津閣本尚多"引奉禮郎搢笏室神位前搢笏跪三上香"十六字。
⑥ "告官"二字,文津閣本無。

祭酒,奠爵,執笏,俯伏,興,出室户外,北向,少立。太祝搢笏,於室户外之右,東向跪,讀祝文,訖,<small>祝文隨時事撰述。</small>執笏,興,復位。告官再拜,訖。引告官以次詣翼祖、宣祖、太祖、太宗、真宗、仁宗、英宗、神宗、哲宗室,酌獻並如上儀,降,復位。禮直官曰:“賜胙。”贊者曰:“再拜。”告官、大將以下皆再拜。祠祭官於殿上贊奉神主入祐室,引宫闈令搢笏,奉神主入祐室,訖。<small>宫闈令先捧匱,置於神位,納神主於匱,訖,捧匱入祐室。</small>次引告官、大將詣望瘞位。有司詣神位前,取祝幣置於瘞坎。次引監察御史、奉禮郎、太祝降望瘞位,立定。禮直官曰:“可瘞。”置土半坎。引告官以下復詣東神門外虚揖位對立,禮直官贊“禮畢”,揖,訖,退。太官令帥其屬徹禮饌。監察御史升殿,監眡收徹,訖,退。宫闈令闔户以降。太常藏祝板於匱。

若凱旋祭告,惟陳俘馘及軍實於南門之外,北面東上,其告禮,並如上儀。

宜社

前期,太史擇日。太常寺以時日散告諸司。

前告二日,儀鸞司設告官以下次於常設所。設大將次於設宫北門之外道西,東向。

前一日質明,告官以下赴祠所清齋。行事、執事官並集告官齋所肄儀。太祝習讀祝文,眡禮饌香玉幣。次贊者引監察御史點視禮饌,視牲充腯。<small>凡告將行事,禮直官引;餘官,贊者引。</small>

齋所未後一刻[①],太常令帥宰人以鸞刀割牲,遂烹牲脯。後

---

① “齋所”,文津閣本作“還齋所”。

有司帥其屬掃除壇之上下。

告日前三刻，禮直官、贊者、諸司職掌各服其服。太常設神位席，太史設神位版於壇上南方，北向。太常陳幣、筐於神位之左，禮神之玉奠於神前，瘞玉加於幣，玉以兩圭有邸，幣以黑。祝版於神位之右，置於坫，香爐並合置於案上。以御封香。次設祭器，藉以席。光祿實之，每位各左十有二籩，爲三行，以右爲上。第一行，形鹽在前，魚鱐、糗餌、粉餈次之。第二行，榛實在前，乾桃、乾蔆、乾棗次之。第三行，菱在前，芡、栗、鹿脯次之。右十有二豆，爲三行，以左爲上。第一行，芹菹在前，筍菹、菁菹次之。第二行，韭菹在前，醓食、魚醢、兔醢次之①。第三行，豚拍在前，鹿臡、醓醢、糝食次之。俎二，一在籩前，實以羊腥七體，兩髀、兩肩、兩脅並脊，兩髀在兩端，兩肩、兩脅次之，脊在中②。一在豆前。實以豕腥七體，其載如羊。又俎六在豆右，爲三重，以北爲上。第一重，一實以羊腥腸、胃、肺，離肺二在其上，端離肺三次之，腸三，胃三又次之；一實以豕腥，膚九，橫載。第二重，一實以羊熟腸、胃、肺，一實以豕熟膚，其載如腥。第三重，一實以羊熟十一體③，肩、臂、臑、肫、胳、正脊一、直脊一、橫脊一、長脅一、短脅一、代脅一④，皆二骨以並，肩、臂、臑在上端，肫、胳在下端，脊、脅在中；一寔以豕熟十一體，其載如羊，皆羊在左，豕在右。槃一，在神前，實以血。鉶三，在槃之前，籩、豆之間。實以羹，加芼滑。簠、簋各二，在籩、豆外，二俎間，簠在左，簋在右。簠實以稻、粱，粱在稻南。簋實以黍、稷，稷在黍南。設犧尊一，置於坫，加勺冪，在壇上西北隅，南向。實以供内法酒。太常設燭於神位前，洗二於卯階之東。盥洗在東，爵洗在西。罍在洗東，加勺篚，在洗西南肆，實以巾。若爵洗之篚，則又

---

① “兔”字，文津閣本作“醓”。

② “實以羊腥七體兩髀兩肩兩脅並脊兩髀在兩端兩肩兩脅次之脊在中”，十萬卷樓本作“第三行豚拍在前鹿臡醓醢实以羊尊七體兩髀兩肩兩脅并脊兩髀在兩端兩肩兩脅次之脊在中”。

③ 該句後，文津閣本尚多“代脅一”三字。

④ “代脅一”三字，文津閣本無。

實以爵，加坫。執罍篚者位於其後。又設虛揖位於壇東，告官、大將在南，北向；監察御史、奉禮郎、太祝、太官令在北，南向西上。開瘞坎於子階之西北，南向，方深取足容物。設望瘞位於瘞坎之南，告官、大將在南，北向；監察御史在東，西向；奉禮郎、太祝在西，東向南上。又設告官位於墠下，南向。監察御史位於兩壇之間，南向。奉禮郎、太祝、太官令在其後，東上。光禄卿在其西，南向。又設監察御史位於社壇上之東，西向。奉禮郎、太祝位於稷壇上之西，東向南上。太官令於酒尊所，南向。

　　告日未明，太官令帥其屬實饌具畢，引光禄卿入就位，贊者曰：“再拜。”光禄卿再拜，升自印階①，凡行事、執事官升降，準此。點眂禮饌畢。次引監察御史升壇，點閱陳設，糾察不如儀者。光禄卿還齋所，餘官各服祭服。次引監察御史、奉禮郎、太祝、大官令先入就位。次引告官並大將就位②，立定。

　　禮直官稍前，贊“有司謹具，請行事”。贊者曰：“再拜。”在位者皆再拜。次引監察御史、奉禮郎、太祝、大官令升壇，各就位，大官令就酌尊所。立定。次引告官詣盥洗位，南向立，搢笏，盥手，帨手，執笏，升，詣太社神位前，搢笏，跪，三上香。次引奉禮郎搢笏，東向跪，執事者以玉幣授奉禮郎，奉禮郎以玉幣授告官，訖，執笏，興，詣太稷壇以俟。告官受玉幣，奉奠，訖③，執笏，俯伏，興，再拜。次引告官詣太稷壇，奉奠如上儀，降，復位。少頃，引告官再詣盥洗位，南向立，搢笏，盥手，帨手，執笏，詣爵洗位，南向立，搢笏，洗爵，拭爵，以爵授執事者，執笏，升，詣太社酒尊所，

---

①　“印階”，文津閣本作“西階”。
②　“並”字，文津閣本無。“就位”，文津閣本作“升就位”。
③　“奉奠訖”三字，文津閣本作“奉禮郎”。

東向立，執事者以爵授告官，告官搢笏，執爵，執尊者舉羃，大官
令酌酒，告官以爵授執事者，執笏，詣太社神位前，搢笏，跪，執事
者以爵授告官，告官執爵，三祭酒，奠爵，執笏，俯伏，興，少立。
引太祝詣神位前，西向，搢笏，跪，讀祝文，訖，_{祝文隨事撰述。}執笏，
興，詣太稷壇以俟。告官再拜，訖，引告官以次詣太稷酒尊所，酌
獻如上儀，降，復位。

　　禮直官曰："賜胙。"贊者曰："再拜。"告官、大將以下皆再拜，
受賜。引告官詣望瘞位，有司各詣神位前，取玉幣、祝版，置於瘞
坎。次引監察御史、奉禮郎、太祝降詣望瘞位，立定。禮直官曰：
"可瘞。"寘土半坎。引告官以下復詣虛揖位，對立。禮直官贊禮
畢，揖，訖，退。太官令帥其屬徹禮饌，引監察御史升壇，監視收
徹，訖，退。

　　若凱旋祭告，唯陳俘馘及軍實於北門之外，南面西上，其告
禮並如上儀。

卷第一百五十九　軍禮

命將出征儀下

告武成王廟　禡祭　師旋奏凱
御樓獻俘宣露布

告武成王廟

前期，太史擇日。太常寺具時日散告諸司。

前告二日，儀鸞司設告官以下次於祠所。又設大將次於廟南門之外道東①，西向。

前一日質明，告官以下赴祠所清齋。執事官並集告官齋所肄儀。太祝習讀祝文，眂禮饌香幣，退。

告日前三刻，禮直官、贊者、諸司職掌各服其服。太常陳幣、篚於神位之左，幣用白。祝版於神位之右，置於坫，香爐並合置於案上。以御封香。次設祭器，藉以席，光禄實之，每位各左一籩，實以鹿脯。右一豆。實以鹿臡。犧尊一，置於坫，加勺幕②，在於殿堂上前楹間，北向，實以供内法酒。太常設燭於神位前，置二洗於東階之東，盥洗在東，爵洗在西。罍在洗東，加勺。篚在洗西南肆，實

---

① “南門”，十萬卷樓本作“前門”。
② “幕”字，文津閣本、十萬卷樓本作“冪”。

以巾。若爵洗之篚，則又實以爵，加坫。執罍、篚者位於其後。開瘞坎於殿後之西北壬地，方深取足容物，設望瘞位於瘞坎之南，告官北向，大將位於西，東向。奉禮郎、太祝、太官令位於東，西向南上。設告官位於東階之東，西向。又設大將位於告官之南，西向。奉禮郎、太祝、太官令位於殿庭之南，北向西上。又設奉禮郎、太祝位於殿上之東，西向北上。太官令於酒尊所，北向。

　　告日未明，大官令帥其屬實饌具畢。告官以下各服祭服。贊者引奉禮郎、太祝、太官令先入就位。告官、大將，禮直官引。餘官，贊者引。次禮直官引告官並大將入就位，立定。禮直官稍前，贊"有司謹具，請行事"。贊者曰："再拜。"在位者皆再拜。次引奉禮郎、太祝、太官令升自東階，凡行事、執事官升降，皆準此。就位。次引告官詣盥洗位，北向立，搢笏，盥手，帨手，執笏，升詣神位前，搢笏，跪，三上香。次引奉禮郎搢笏，西向跪，執事者以幣授奉禮郎，奉禮郎奉幣，授告官，訖，執笏，興，復位①。告官受幣，奠奠，□執笏，俯伏，興，再拜，降，復位。少頃，引告官再詣盥洗位，北□□帨手，執笏，詣爵洗位，北向立，搢笏，洗爵，拭□□□□□執笏，升，詣尊所②，西向立。執事者以爵授告□□執尊者舉冪，太官令酌酒，告官以爵授執事者，執笏，詣神位前，北向立，搢笏，跪，執事者以酒授告官，告官執爵，三祭酒，奠爵，執笏，俯伏，興，少立③。次引太祝詣神位前東④，搢笏，跪，讀祝文，訖，祝文隨時事撰述。執笏，興，復位。告官再

---

① "復位"，十萬卷樓本作"再拜"。
② "尊所"，文津閣本作"酌尊所"。
③ "少立"，文津閣本作"復位"。
④ "東"，文津閣本作"東向"。

拜,訖,降,復位。次引告官詣望瘞位,有司詣神位前,取祝幣置於瘞。次引奉禮郎、太祝降,詣望瘞位,立定。禮直告曰:"可瘞。"實土半坎。禮直官曰:"禮畢。"引告官以下退。

禡祭

前祭一日,所司預於祭所設壇,量地之宜。建二旗於四門之外,各以地色。又設皇帝神位於壇內近北[①],南向。奉以熊席。置甲冑弓矢於神位之右,建稍於其後。

祭日前三刻,禮直官、贊者各服其服。所司陳幣於神位之左,幣以白。祝版於神位之右,置於坫,香爐並合置於案上。又設祭器,藉以席,籩一在左,實以鹿脯。豆一在右。實以鹿臡。犧尊一,置於坫,加勺冪,在壇內之東南。實以法酒。設燭於神位前,洗二位於東階之東。盥洗在東,爵洗在西。罍在洗東,加勺。篚在洗西南肆,實以巾。若爵洗之篚,則實以爵,加坫。執罍、篚者位於其後。開瘞坎於神位之北壬地,方深取足容物。設望瘞位於瘞坎之南。設獻官位於壇之東門內,西向。奉禮郎、太祝、太官令位於壇門內,北向西上。獻官將充奉禮郎、太祝、大官令以上,以本處曹官充攝。又設奉禮郎、太祝位於神位前之東,西向北上。太官令位於酒尊所,北向。

質明,太官令帥其屬實饌具畢。獻官具戎服,餘官常服。贊者引奉禮郎、太祝、太官令先入就位。獻官,禮直官引。餘官,贊者引。禮直官引獻官就位。禮直官稍前,贊"有司謹具,請行事"。贊者曰:"再拜。"引奉禮郎、太祝、太官令各就位。次引獻官詣盥洗位,北向立,盥手,帨手,詣神位前,跪,三上香。次引奉禮郎搢

---

① "皇帝",底本作"黃帝",據十萬卷樓本改。

笏,西向跪,執事者以幣授奉禮郎,奉禮郎奉幣,授獻官,訖,執笏,興,復位。獻官受幣,奉奠,訖,俯伏,興,再拜,退,復位。少頃,引獻官再詣盥洗位,北向立,盥手,帨手,詣爵洗位,北向立,洗爵,拭爵,以爵授執事者,詣酒尊所,西向立,以爵授獻官,獻官執爵,執尊者舉冪,太官令酌酒,獻官以爵授執事者,詣神位前,北向立,執事者以爵授獻官,獻官跪,執爵,三祭酒,奠酒,俯伏,興,少立。次引太祝詣神位前,東向,搢笏,跪,讀祝文,訖,<small>祝文隨時事撰述。</small>執笏,興,復位。獻官再拜,訖,退,復位。次引獻官以下詣望瘞位。有司詣神位前,取祝幣置於瘞坎。次引奉禮郎、太祝詣望瘞位,立定。禮直官曰:"可瘞實土半坎。"禮直官贊禮畢,引獻官以下退。

師旋奏凱

某日[①],大將勒所部兵衛,執俘陳於都門外。鼓吹令、丞押凱樂,分前、後二部,並其次第陳列。將入都門,鼓吹振作,迭奏樂歌。<small>其詞隨時事撰述。</small>行至太廟及太社門,工人下馬,陳列於門外,奏歌曲,俟告獻禮畢,復導引奏曲。至宣德門樓前,兵仗外二十步,樂工皆下馬,徐行前進。兵部尚書於中路前導至樓下。次協律郎二人,公服,執麾分導,鼓吹令引樂工等至獻俘位之南面,重行,立定。大司樂於樂工之前,俯伏,跪,奏:"具官臣某言,請奏凱樂。"協律郎舉麾,鼓吹大作,徧奏樂曲,協律郎偃麾,樂止。司樂又跪,奏:"臣某言,奏凱樂畢。"兵部尚書、大司樂進[②],協

---

① "某日",文津閣本作"其日"。
② "進"字,十萬卷樓本作"退"。

郎導，鼓吹令引樂工等並於兵仗外序立。次引復入獻，如別儀。

御樓獻俘宣露布

前期，殿中監帥其屬尚舍設御座於宣德門樓上前楹當中，南向。又設御幄於御座之右北。儀鸞司分設文武百僚及獻俘將校次於樓下之左右，隨地之宜。

其日未明，尚書兵部率其屬陳列黃麾大仗於樓前。東上閣門、御史臺、太常寺設文武百僚等班位，並如受降之儀。又設獻俘位於樓前，少南。又設獻俘將校位於獻俘位之北。刑部尚書奏請獻俘位又於其北，並北向。門下侍郎受露布於樓下之東，兵部尚書位於其南，並西向。

文武百僚、諸方客使各赴樓前就位次。皇帝常服，出內東門。先知客省事以下、六尚局應奉官、祗應武功大夫至保義郎、知內侍省事以下、帶御器械官闘班立定。屏門開，先禁衛諸班親從等迎駕，自贊常起居。次知客省事以下、知內侍省事以下常起居。次樓上侍立知樞密院官、翰林學士承旨宣名常起居。貯廊南管軍臣僚宣名常起居，訖。管軍臣僚導從駕至僚門[①]，導赴樓下侍立。

皇帝乘輿，升宣德門樓，降輿，歸御幄。禮直官、舍人分引文武百僚就位，立定。樓下東上閣門進班齊牌[②]，以紅條袋引升，樓上東上閣門附內侍進，訖。內侍承旨索扇，扇合，皇帝即御座，簾捲，內侍又贊扇，扇開，侍衛如常儀。諸班親從並裹圍人等迎駕，自贊常起居。次舍人贊執儀將士常起居。次禮直官、舍人分引

---

① “僚門”，文津閣本作“閣門”。
② “樓下”，文津閣本作“樓上”。

文武百僚橫行北向,贊曰①:"拜。"在位官皆再拜,搢笏,舞蹈,三
稱萬歲,又再拜,班首奏"聖躬萬福",又再拜,訖,禮直官、舍人分
引各就東、西序立。次樓上侍臣承旨進詣樓前,宣引獻俘,宣訖,
將校執俘就北面位,立定。東上閤門官引露布案於樓前②,北向
稱宣附訖,附門下省,東上閤門官案西,東向立,引門下侍郎於案
南,北向,搢笏,跪,提點承受闕,即行首承受。於案上捧露布,躬,授
門下侍郎,俯伏,興,置案於近北。東上閤門官隨案退。門下侍
郎以露布傳授通事舍人,折方南行,詣文武班南宣③,宣訖,通事
舍人捧露布跪,授門下侍郎,轉授兵部尚書。次禮直官引刑部尚
書進當樓前,俯伏,跪,進奏:"具官臣某言,某使某官某以某處所
俘執獻,請付所司。"奏訖,復位,以俟旨。合就刑者,立於西廂,
東向,禮直官引大理卿受之,詣法場,准式。若上命釋罪者,通事
舍人詣樓前,南向宣:"有勅,釋縛。"釋縛訖,俟命。又東上閤門
官宣制釋放④,其詞學士院隨事撰述。宣訖,通事舍人贊:"謝恩拜。"再
拜,隨拜三稱萬歲,訖,於東廂西向序立。如有賜物,即臨時承旨。宣賜
贊謝恩,如受降之儀。贊樓上侍立官稱賀,再拜。禮直官、舍人分引文
武百僚橫行,北向立定。贊者曰:"拜。"在位官皆再拜。班首少
前,俯伏,跪,稱賀,訖,其詞,中書省隨事撰述。俯伏,興,退,復位。贊
曰⑤:"拜。"在位官皆拜,搢笏,舞蹈,三稱萬歲,又再拜。東上閤
門官進詣樓前,承旨,就班首宣曰⑥:"有制。"贊者曰:"拜。"在位

---

① "贊",文津閣本作"贊者"。
② "樓前",文津閣本作"前",無"樓"字。
③ "詣",十萬卷樓本作"詣"。
④ "釋放",文津閣本作"釋縛"。
⑤ "贊",文津閣本作"贊者"。
⑥ "班首",底本作"班者",據十萬卷樓本改。

官皆再拜，宣答，訖，_{其詞}，_{學士院隨事撰述}。贊者曰：“拜。”在位官皆再拜，搢笏，舞蹈，三稱萬歲，又再拜，分班。樓上樞密院少進前，俯伏，跪，奏稱：“具官臣某言，禮畢。”俯伏，興，退，復位。内侍承旨索扇，扇合，皇帝降座，簾降，内侍省贊扇，扇開。所司承旨放仗，樓下鳴鞭，贊文武百僚再拜，訖，退。皇帝乘輿，還内，如常儀。

卷第一百六十　軍禮

皇帝田獵儀上

時日　祭告　陳設　車駕詣田獵所

時日

仲冬之月，太史擇日，皇帝田獵於近郊。獵以剛日。

祭告

皇帝將獵，遣官告於宗廟、社稷，如常告之儀。有司禡祭於田所，設皇帝神位①，南向，建旓於神位之後，置甲冑弓矢於神位之側。設制幣、籩、豆、尊、坫、篚、冪，並如命將出征禡祭之儀。

陳設

前期，户部尚書治徒庶，侍郎會卒伍。虞部萊所田之野②，量地之廣狹，以旌爲和門。殿中監帥其屬尚舍設御幄殿於近北，南向；設東、西閤於殿後之左、右；殿上前楹施簾。儀鸞司文武群官次於幄殿門外之左右，量地之宜。典儀設侍獵群臣位於和門内

① “皇帝”，底本作“黄帝”，據十萬卷樓本改。
② “萊”字，文津閣本作“治”。

之左右。又設王公以下從獵位於和門内之東南，與侍獵群臣班稍却，重行異位，西向北上。又設百姓位於王公從獵位之南，少東，隨地之宜。

前獵一日未明，兵部尚書建旗於所田之後。諸將以鼓鐸鐲鐃帥士徒集於旗下，毋得諠譁。

質明，幣旗罰後至者①。兵部侍郎分申田令，禁麛卵者與毒。駕、鹵簿、仗自宣德門外以次排列如式。

車駕詣田獵所

前期，殿中監帥其屬尚舍設御幄於大慶殿後殿上，前楹施簾。儀鸞司設導駕等官次於殿門之外。大晟設宮架於宣德門外稍南，北向如式。

其日未明二刻，諸侍衛之官各服其器服。乘黄令進木輅於宣德門内，南向設。千牛將軍一員位於輅前，北向。門下侍郎一員位於左輔之前，贊者二人位又在其前。通事舍人分引樞密院事以下詣垂拱殿立班，如常儀。東上閣門附内侍進班齊牌。垂拱殿簾降，皇帝乘輦，出殿上，少駐，輦官迎駕，自贊常起居②。宣贊官上殿，簾捲，鳴鞭，行門禁衛、諸班親從迎駕，自贊常起居。次舍人先贊知内侍省官以下常起居。次樞密以下通班常起居，贊祗候引駕，樞密知客省事以下至簽書東上閣門官分左、右立。六部尚書局應奉官、祗應通事大夫以下、武功大夫以上並先退。次管軍臣僚宣名常起居，贊祗候引駕，分左、右前導。輦降東階

---

① "幣旗"，文津閣本作"建旗"。
② "贊"字，底本作"殿"，據文津閣本改。

垂拱殿門外，禁衛諸班親從自贊常起居。皇帝至大慶殿後閣，降輿，入西閤。導駕官以下就次，各易其服。少頃，東上閤門、御史臺、太常寺分引左輔、門下侍郎、太僕卿、乘黃令詣大慶殿西階下立，東向，乘黃令位其後。次引導駕官在其後，分東、西相向立定以俟命，奉迎前導，禮直官、通事舍人引左輔奏請中嚴。凡左輔、門下侍郎奏請，皆禮直官、通事舍人引。少頃，又奏外辦。

皇帝服武弁之服，乘輿以出，降自西階，稱警蹕如常儀。宣贊舍人贊左輔以下常起居。次導駕官常起居。已起居者，止奏"聖躬萬福"。太僕卿出詣木輅所，攝衣而升，正立執轡。導駕官前導，帝出大慶殿門外，至木輅所，千牛將軍前，跪，執轡。左輔進詣輿前①，俯伏，興，跪，奏："左輔具官臣某言，請皇帝降輿升輅。"奏訖，俯伏，興，退，復位。凡左輔奏請，準此。乘黃令稍前，東向，進木輅，皇帝降輿，升輅，太僕卿立授綏，導駕官分左、右前導。門下侍郎進當輅前，俯伏，跪，奏："門下侍郎具官臣某言，請車駕進發。"奏訖，俯伏，興，退，復位。凡門下侍郎奏請，準此。協律郎跪，俯伏，舉麾，興，工鼓柷，奏《采茨之樂》。凡樂，皆協律郎舉麾，興，工鼓柷而後作；偃麾，戛敔而後止②。車駕動，稱警蹕。左輔先詣宣德門內以俟。門下侍郎及贊者夾以出，千牛將軍夾輅而趨。

車駕將及宣德門，至侍臣上馬所，門下侍郎奏請車駕少駐，勅侍臣上馬。左輔前承旨，退稱曰："制可。"門下侍郎傳制，稱："侍臣上馬。"贊者承傳，勅侍臣上馬。諸侍衛之官各督其屬，左右翊駕在黃麾內，符寶郎奉八寶前導③，殿中監後部從，導駕官夾

① "詣"，十萬卷樓本作"當"。
② "止"，文津閣本作"樂止"。
③ "符寶郎"，底本作"行寶郎"，據文津閣本改。

侍。侍臣上馬畢①,門下侍郎奏請車駕進發,車駕動,稱警蹕,樂止,鼓吹振作,小駕鹵簿前導,詣田所。

車駕將至田所北和門,兵部尚書戎服,乘馬奉引。東上閤門、御史臺分引文武侍獵官、諸方客使,禮直官、贊者引從獵官,俱詣門外立班,再拜奉迎,訖,退。內已起居者,止奏"聖躬萬福"。

車駕入門,少駐,文武侍臣皆下馬,導駕官步導入門,車駕動,千牛將軍夾輅而趨,至幄殿西階,回輅南向,導駕官分左、右立,千牛將軍立於輅左。左輔奏請皇帝降輅乘輿。尚輦奉御進輿於輿後②,皇帝降輅,乘輿,入幄殿,侍衛如常儀。皇帝降輿,歸後西閤③,簾降。通事舍人承旨,勅群臣各還次,以俟田獵。

---

① "畢"字,底本作"率",據文津閣本改。
② "奉御",文津閣本作"奏御"。"輿後",文津閣本作"後輦"。
③ "歸後西閤",文津閣本作"詣西閤後"。

卷第一百六十一　軍禮

皇帝田獵儀下

田獵　賜射餘獲　車駕還內

田獵

皇帝將獵，御史臺先引殿中侍御史入就位。次禮直官、通事舍人等分引侍獵群官就位。內侍傳宣王公以下從獵官並賜旋襴鞾子。次引王公以下服所賜，俱入幄殿門內，分班立定。太僕進田馬於御幄之西階。尚輦奉輿於殿後西閣，近東，南向。左輔奏中嚴，少頃，又奏外辦。

簾卷，皇帝乘輿以出，警蹕侍衛如常儀，至殿上，少駐，通事舍人贊，隨駕從獵官奏"聖躬萬福"，訖，又贊"謝恩拜"，王公以下再拜，訖。左輔詣輿前，俯伏，跪，奏請皇帝降輿乘馬，太僕卿授綏，兵部尚書戎服步導。將至幄殿門，門下侍郎詣駕前，俯伏，跪①，奏請皇帝少駐，勑從獵官上馬。左輔前承旨，退稱曰："制可。"門下侍郎傳制，從獵官上馬，贊者承傳，勑從獵官上馬②，王公以下從獵官俱乘馬從後。

---

① "跪"字，文津閣本無。
② "勑"，文津閣本作"宣勑"。

兵部尚書乘馬奉引至圍前①。皇帝鼓行赴圍。鼓吹令以鼓六十陳於駕前東南，西向；六十於西南，東向，皆乘馬，各備簫角。次將士皆馳入圍。乃設驅逐之夫百有二十②，分左右相向。皇帝乘馬南向③，太僕卿斂大綏以從。王公以下皆帶弓矢，陳於駕左右。所司之屬又斂小綏以從。遂驅獸出於駕前④，近侍整飭弓矢以進。皇帝受弓矢，從禽左而射之⑤。每射中狐兔，王公以下並下馬，再拜賀。門下侍郎詣駕前，俯伏，跪，奏請皇帝觀獵，奏訖，皇帝乘馬南向。王公以下各以序射，若射中狐兔，即下馬再拜謝。射訖，乃止驅逐之騎⑥。驅逐之騎止⑦，然後百姓獵田。虞部建旗於圍內，從駕之鼓及諸軍之鼓俱振，卒徒譟呼。得禽者獻於旗下，以備宗廟、賓客、庖廚之實，其餘還以饋田家。

賜射餘獲

前期，殿中監帥其屬尚舍設御幄殿於射所，南面，又設東、西閣於殿後。有司設王公以下射席位於幄殿前之東，又設釋弓矢席位於殿門外之左右，俱北上。田將畢，張獸皮於御幄殿之南，量地遠近。陳所獲之禽於幄殿下已南⑧，少東。

田既畢，門下侍郎奏請皇帝觀射，奏訖。皇帝至自田所，王

---

① “奉”，文津閣本作“奏”。
② “驅逐之夫”，底本作“驅逐之”，“夫”字據文津閣本補。“驅逐”，十萬卷樓本作“驅逆”。
③ “南向”，文津閣本作“次向”。
④ “獸”，文津閣本作“犬”。
⑤ “從”字，文津閣本無。
⑥ “驅逐”，文津閣本、十萬卷樓本作“驅逆”。
⑦ “驅逐”，文津閣本、十萬卷樓本作“驅逆”。
⑧ “於幄殿下”，文津閣本作“幄設下”。

公以下並持弓矢，分左、右前導。皇帝升幄，侍衛警蹕如常儀。王公以下至幄殿門，皆跪，釋弓矢於位。禮直官、舍人入，以序列於庭門下。侍郎奏請王公以下射，左輔前承旨，退稱曰："制可。"贊王公以下再拜^①，訖，出詣門外位，跪，取弓矢入，就射而中者，立於東階西面，依疏密爲序；不中者立於西階，其序依品，並北上，立定，贊者曰："拜。"在位者皆再拜，訖。所司以次授於中者，授訖，俱復位，贊者曰："拜。"在位者皆再拜。左輔詣御座前，跪，奏禮畢，退。皇帝乘輿，歸殿後東閣，簾降。左輔奏解嚴，禮直官、舍人引王公以下次出。

車駕還内

前期，殿中監帥其屬尚舍設御幄於大慶殿門外之東，南向。

其日，皇帝觀射訖，還幄殿後東閣。所司轉仗衛鹵簿於還塗，如來儀。文武百官、客使等並先詣宣德門外，就次以俟，立班奉迎。乘黃令進木輅於幄殿門外，南向。千牛將軍一員執長刀，立於輅前。尚輦奉御進輿於殿後閣^②。導駕官俱詣幄殿下奉迎。左輔奏請中嚴，少頃，又奏外辦。

簾卷，皇帝服武弁服，乘輿以出，應導駕官等並迎駕，奏"聖躬萬福"，訖，步導出門外。太僕卿先詣木輅所，攝衣而升，正立，執轡。皇帝乘輿，降自西階，至木輅所，左輔奏請皇帝降輿升輅。<small>有司仍具文輦^③，若乘輦，即奏云"降輿乘輦"。</small>太僕卿正立，授綏，千牛將軍馭駕，如來儀。門下侍郎奏請車駕進發，車駕動，警蹕侍衛如常

---

① "贊"字，文津閣本無。
② "奉御"，文津閣本作"奉迎"。
③ "文輦"，文津閣本、十萬卷樓本作"大輦"。

儀。將至侍臣上馬所，門下侍郎奏請車駕少駐，勅侍臣上馬。左輔前承旨，退稱曰：“制可。”門下侍郎傳制，稱侍臣上馬，贊者承傳，勅侍臣上馬。門下侍郎奏請車駕進發，車駕動，警蹕①，鼓吹，諸軍樂振作。

車駕將至宣德門外，文武百官立班，再拜奉迎。車駕至宣德門外②，少駐，文武侍臣皆下馬步導。千牛將軍降立於輅右③，車駕動，千牛將軍夾輅而趨。大樂正令奏《采茨之曲》，入門，樂止。車駕至御幄前，左輔奏請皇帝降輅乘輿。若乘輦，即奏云降輦。皇帝降輅，乘輿以入，至大慶殿後閣。左輔奏解嚴，通事舍人承旨，勅群官還次④，將士各還其所。

---

① “警蹕”，文津閣本作“稱警蹕”。
② “文武百官立班再拜奉迎車駕至宣德門外”十七字，文津閣本無。
③ “降立”，文津閣本作“侍立”。
④ “次”字，文津閣本無。

卷第一百六十二　軍禮

册命諸王大臣儀

陳設　臨軒册命

陳設

前期，殿中監帥其屬尚舍張設垂拱、大慶殿門之内，設御座於大慶殿當中，南向；設東、西房於御座之左、右稍北；設東、西閤於殿後之左、右。殿上前楹施簾，設香案於丹墀螭陛間。大晟展宮架之樂於殿庭横街之南；設協律郎舉麾位於宮架西北，東南①；大司樂押樂位於宮架之北，北向。儀鸞司設受册者次於右昇龍門裏近地②，東向；文武百僚應行事官次於大慶殿門外及朝堂之内外；又設册案位次於殿後東廂，南向。前一日，尚書工部奉册進入。

其日，尚輦陳輿輦於龍池③，繖扇於沙墀。太僕陳五輅於庭，玉輅在其中，金輅在其東，象輅次之，革輅在其西，木輅次之，玉輅稍前，俱北向。尚輦列御馬於龍墀，在御輦之後④，東西相向。金吾列仗陳旂幟。兵部帥其屬設黄麾半伏於殿外之内外。典儀

---

① “東南”，十萬卷樓本作“東向”。
② “近地”，十萬卷樓本作“近北”。
③ “龍池”，十萬卷樓本作“龍墀”。
④ “御輦”，十萬卷樓本作“輿輦”。

設左輔承制位於御座之東,西向。又設受册者位於殿庭橫街之南,北向。設權置册褥位於近東,稍北向。又於受册位前東北,西向設褥位一,以俟右弼奉册。又於奉册位之北,設褥位一,以俟左輔宣制、右弼讀册。應行事官位又於近北,西向,北爲上①。典儀於宮架東北,贊者二人在南,少退,俱西南②。

臨軒册命

其日未明前,受册者服朝服,自第備本品南簿入右掖門③,至端禮門,降車。禮直官、通事舍人贊引入右昇龍門就次。

質明,闢大慶殿門,文武百僚及應行事官入就次,服朝服。大樂正帥樂工先入就位,協律郎入就舉麾位,大司樂入就押樂位。典儀帥贊者先入就位。掌管内臣承旨降册出垂拱殿門,禮部職掌以次捧舉,至大慶殿後幄次以俟④。皇帝將出宮,東上閤門引知樞密院事以下詣垂拱殿立班,如常儀。東上閤門附内侍進班齊牌。

垂拱殿簾降,皇帝乘輦,出至殿上,少駐,輦官迎駕,自贊常起居。宣贊官上殿,簾卷,鳴鞭,行門禁衛諸班親從迎駕,自贊常起居。次舍人先贊知内侍省以下常起居。次樞密以下通班常起居,贊祗候引駕,樞密知客省事以下至簽書東上閤門官分左、右立。六尚局應奉官、祗應通事大夫以下、武功大夫以下並先退。管軍臣僚窄衣執仗,宣名常起居,贊祗候引駕,分左右前導。

---

① “北爲上”,十萬卷樓本作“以北爲上”。
② “西南”,十萬卷樓本作“南向”。
③ “南簿”,十萬卷樓本作“鹵簿”。
④ 中間“承旨降册出垂拱殿門禮部職掌以次捧舉至大慶殿”二十一字,文津閣本無。

　　輦降東階垂拱殿門外，禁衛親從自贊常起居，訖。至大慶殿後，管軍臣僚易公服，執仗於殿階下，分東西立侍。武功大夫至武翼郎分立於龍墀上，敦武郎至保義郎分立於沙墀上，並重行，東西相向。皇帝降輦，入西閣，前導官易朝服，詣御座前，分左右侍立。樞密院、簽書樞密院、知客省事以下、簽書東上閣門官在東，同知樞密院在西，閣門以下各詣兩朵殿上，不當祗應舍人並殿下西向立。諸將軍校先入，分立殿門左右內外。符寶郎俱詣閣奉迎。御史臺先引殿中侍御史一員先入就位。次東上閣門、御史臺、太常寺、四方館分列三公以下文武百僚等入①，詣大慶殿庭立班，東西相向，如正、至朝會之儀。禮直官引右弼、中書侍郎及捧冊官並詣大慶後幄次前立，少頃，捧冊出幄次②。捧冊官帥執事人等捧舉以行，禮直官、通事舍人前引，中書侍郎押冊，右弼從後，援衛如儀，由大慶東過，至大慶殿庭，權制，訖。禮直官、通事舍人贊引受冊者立於殿門外之東，西向。禮直官、通事舍人引左輔版奏中嚴。內外符寶郎奉寶先出，陳於御榻之左右。少頃，又引左輔版奏外辦。

　　皇帝服通天冠、絳紗袍，簾捲，大樂正令撞黃鍾之鐘，右五鐘皆應，殿上鳴鞭，禁衛諸班親從自贊常起居。皇帝出西閣，乘輦，協律郎俯伏，跪，舉麾，興，工鼓柷，宮架奏《乾安之樂》。凡樂，皆協律郎舉麾，工鼓柷而後作；偃麾，戛敔而後止。皇帝出自西房，內侍承旨索扇，扇合，皇帝降輦，即御座，簾捲，內侍又贊扇，扇開，殿下鳴鞭。戛敔，樂止，爐煙升③。

―――――――――

①　"分列"，十萬卷樓本作"分引"。
②　"捧"，十萬卷樓本作"奉"。
③　"御座簾捲內侍又贊扇扇開殿下鳴鞭戛敔樂止爐煙"二十一字，文津閣本無。

　　禮直官、通事舍人引受册者入，樂作，至位，樂止。典儀曰：
"再拜。"受册者再拜，搢笏，舞蹈，又再拜，奏"聖躬萬福"，又再
拜，訖，引受册者進東西向立。禮直官、通事舍人引文武百僚俱
橫行北向。兩省官學士、待制以上，將軍以下，依舊東、西相向立。典儀曰："再
拜。"贊者承傳，在位官皆再拜，搢笏，舞蹈，又再拜，班首奏"聖躬
萬福"，又再拜，分班。禮直官、通事舍人引受册者復受册位①。
引左輔詣御座前承旨，退，降階，宣制位，稱："有制。"典儀曰："再
拜。"受册者以下應在位官皆再拜，左輔宣制，訖，受册者以下再
拜，左輔升，復位。禮直官、通事舍人引右弼詣讀册位，中書侍郎
引册案立於右弼之右。右弼搢笏，捧册，跪，讀，訖，興，置於案，
典儀曰："再拜。"受册者再拜。次引右弼詣奉册位②，中書侍郎引
册案立於右弼之右③，右弼捧册，受册者搢笏，跪，受，訖，興，置於
案。舉案者退，立於其後。右弼、中書侍郎俱退，位奉班④，典儀曰："再
拜。"受册者再拜。禮直官、通事舍人引受册者退，樂作，出門，
樂止。

　　左輔進當御座前，俯伏，跪，奏稱："左輔臣某言，禮畢。"俯
伏，興，復位。内侍承旨索扇，扇合，簾降，鳴鞭。大樂正令撞蕤
賓之鐘，左右五鐘皆應。協律郎俯伏，跪，舉麾，興，工鼓柷，奏
《乾安之樂》。皇帝降座，入自東房，還東閤，侍衛如常儀，内侍又
贊扇，扇開。戛敔，樂止。禮直官、通事舍人引左輔版奏解嚴⑤，
所司承旨放仗，應在位官俱再拜，訖，以次出。

---

　　①　"受册位"，底本作"受册"，"位"字據文津閣本、十萬卷樓本補。
　　②　"奉册"，文津閣本作"奉迎"。
　　③　"引"，文津閣本、十萬卷樓本作"復引"。
　　④　"奉班"，十萬卷樓本作"本班"。
　　⑤　"版奏"，底本作"版"，"奏"字據文津閣本補。

卷第一百六十三　軍禮

紫宸殿賀勝捷儀　大儺儀
州縣儺儀　諸州歲貢儀

紫宸殿賀勝捷儀

　　垂拱殿皇帝將出宮，讀奏目官以下橫行序立，如望參儀。東上閣門附內侍進班齊牌。皇帝出宮，守踏道、行門禁衛諸班親從迎駕，自贊常起居，訖，又自贊賀再拜，訖。皇帝服鞾袍，坐，鳴鞭。讀奏目官以下起居，訖。讀奏目官升降自東階。班首出班，致詞稱賀，歸位，再拜。如宣答，又再拜。次知內侍省事以下，帶御器械官公服，鞾笏，綴內侍近班①。次管軍臣僚，各逐班，先面西立，俟班到，橫行贊起居稱賀，並如上儀。次行門起居稱賀，再拜，訖。俟舍人南階下直身奏"班絕"，皇帝降座，鳴鞭，詣紫宸殿後幄，排立諸班親從迎駕，自贊常起居。

　　初垂拱殿起居稱賀班將畢，紫宸殿樞密以下大班入就位，並如賀祥瑞立班之儀。東上閣門附內侍進班齊牌。皇帝御紫宸殿坐，鳴鞭。舍人揖樞密以下躬，起，當殿通某官姓名以下起居稱賀，復位。贊樞密以下再拜，搢笏，舞蹈，又再拜。班首奏"聖躬

---

①　"綴內侍近班"，十萬卷樓本作"綴內侍臣班"。

萬福", 又再拜, 班首出班, 致詞稱賀, 復位, 又再拜, 搢笏, 舞蹈, 又再拜。知東上閤門官當殿北向承旨, 訖, 西向稱"有制", 樞密以下再拜, 宣答, 訖, 又再拜, 舞蹈, 又再拜, 訖, 再鳴鞭。樞密直學士自西階升殿侍立。知引進司、東上閤門官以下殿庭東、西向侍立, 餘官分班出。宣贊舍人退近南, 當庭中。對立舍人西出。

文武百僚、諸軍將校殿門外序班, 立定。知引進司官、東上閤門官以下退, 立東階下。殿中侍御史一員先入就位。次兩省, 次上將軍以下, 分班入次。舍人分引三公以下文武百僚入殿庭, 東、西相向立。將校排列不盡者, 正殿門外立班。舍人揖, 班首以下躬, 宣贊舍人當殿通文武百僚、宰臣三公通某官。姓名以下起居稱賀, 舍人引班首以下橫行北向, 兩省上將軍以下依舊立。並如賀祥瑞立班之儀。宣贊舍人揖左班近前, 舍人自班後詣東階下立。東上閤門官至通唱位①。舍人揖, 班首以下躬, 東上閤門官贊"再拜", 班首出班, 致詞稱賀, 復位。樞密詣御座前承旨, 退, 詣折檻東, 西向宣答, 班首以下再拜, 並如上儀, 訖。次東上閤門官揖, 宰相、執政官升殿, 並升自東階, 中書侍郎升自西階②, 樞密直學士出殿。贊拜。東上閤門官還位, 引右班舍人由右班前, 餘官分出, 次兩省, 次上將軍以下。知引進司、東上閤門官以下還侍立位。宣贊舍人復位。次引進奉如儀③。

舍人合班躬奏"無事", 皇帝降位, 鳴鞭。知引進司官以下並卷班出。皇帝御垂拱殿, 三省、樞密院臣僚奏事畢。舍人一員立殿門屏東, 候班退, 南階下直身奏"閤門外無公事"。皇帝降座,

---

① "通唱位", 文津閣本作"通鳴位"。
② "中書侍郎升自西階", 文津閣本作"內中書侍郎升自東西階"。
③ "儀", 文津閣本作"常儀"。

還內。

大儺儀

前一日,所司奏聞。侲子選年十二以上、十五以下充,著假面,衣赤布,袴褶。二十四人爲一隊,六人作一行,凡四隊。執事者十二人,著赤幘、褠衣,執鞭。上人二人[①],其一著假面,黃金目,蒙熊皮,元衣朱裳,右執戈,左揚楯[②];其一爲唱帥,著假面,皮衣,執捧;鼓、角各十,合爲一隊。隊內有鼓吹令一員、太卜令一員,各監所部坐;巫帥二人,令以下皆服手巾幘,裌褶[③]。太祝一員。有司預備每門雄雞及酒,陳於宮城正門、皇城諸門,磔禳設祭。執事者開瘞坎,各於皇城中門外之右,方深取足容物。

先一日之夕,儺者各赴集所,具器服,依次陳布以俟。

其日未明,諸衛依時刻勒所部,屯門列仗,入陳於階,如常儀。鼓吹令帥儺者案於宮門外。內侍詣皇帝所御殿前,奏:“侲子備,請逐疫。”奏訖,出,命內侍伯六人分引儺者於宮門,以次入,鼓譟以進,執戈揚楯,唱帥侲子和曰:“甲作食殖,胇胃食虎,雄伯食魅,騰簡食不祥,覽諸食咎,伯奇食夢[④],強梁、祖明共食磔死寄生[⑤],委隨食觀,錯斷食巨,窮奇、騰根共食蠱,凡使一十二神追惡鬼曰[⑥]:赫汝軀,拉汝幹,節解汝肉,抽汝肺腸,汝不急去,後者爲糧。”周呼訖,前後鼓譟而出。諸隊各取門出郭而上。

---

① “上人”,文津閣本作“上刃”。
② “揚”,文津閣本作“執”。
③ “裌褶”,十萬卷樓本作“袴褶”。
④ “伯奇”,文津閣本、十萬卷樓本作“伯期”。
⑤ “祖明”,文津閣本作“袒明”。
⑥ “曰”,文津閣本、十萬卷樓本作“卤”。

初，儺者將出，太祝布神席，當中門南向。出訖，宰人帥執事者副牲旁①，磔之神席之西，藉以席地，北首。執事酌酒，太祝受而奠之。祝史持版於座右，跪，讀祝文，讀訖，興，奠版於席，乃舉牲並酒瘞坎，訖，退。其內侍伯導引出門外，止。

州縣儺儀

方相氏，州四人，縣二人，俱執戈、楯。戈，今用小戟。唱帥，州四人，縣二人。方相、唱帥，並杖直充。侲子，選年十三以上、十五以下充。帥府及上州，六十人；中下州，四十人；縣，二十人。杖直八人，四人執鼓，四人執鞭。

前夕，前所司帥領儺者宿於州府門外。縣亦如之。未辨色，所司白長吏：“請引儺者入。”質明，執事者二人出門，各執青麾，引儺者鼓譟呼以進。方相氏執戈揚楯②，唱帥、侲子和曰：“甲作食㐫，胇胃食虎，雄伯食魅，騰簡食不祥，覽諸食咎，伯奇食夢，强梁、祖明共食磔死寄生，委隨食觀，錯斷食巨，窮奇、騰根共食蠱，凡使一十二神追惡鬼曰③：赫汝軀，拉汝幹，節解汝肉，抽汝肺腸，汝不急去，後者爲糧。”周呼訖。執事者引之，遍索諸室及門巷，訖。執事者引出，所司接引，鼓譟出大門外，爲分四部，各趨四城門，出郭外而止。

初，儺者入，祝史五人各帥執事者，以酒脯各詣州府門及城四門以俟，酒以爵，脯以籩。縣亦如之。及開瘞坎於諸門之右，方深取足容物。儺者將出，執事者酌酒脯於門右。祝史跪，讀祝文，

---

①　“宰人”，文津閣本作“宰入”。“旁”，文津閣本作“襄”，十萬卷樓本作“卤”。

②　“執戈”，文津閣本作“擊戈”。

③　“曰”，文津閣本、十萬卷樓本作“卤”。

讀訖，興，奠版於席，乃舉酒脯瘞於坎，退。

諸州歲貢儀

前期，所司具貢物包匭，長吏緘印、書名如式。所司設次於長吏治所中門內之東、西。

其日質明，掃除廳事之前望闕，設香案；布長吏以下席位於其後，重行異位；設貢物案及幄次於香案之左，訖。長吏帥僚佐以下就次。執事者先引貢物入，置於案，又置進表案於貢物之前。表置案上。次引長吏並僚佐以下就席位，立定。長吏搢笏，上香，訖，執笏，贊禮曰：“再拜。”在位者皆再拜。執事者以授長吏，表藉以箱[①]。長吏少前，搢笏，跪，受表，置於案，執笏，俯伏，興，退，復位。贊禮者曰：“再拜。”在位者皆再拜，引長吏以下退。

---

① “藉”，文津閣本作“盛”。

卷第一百六十四 軍禮

合朔伐鼓儀

齋戒 陳設 祭告 伐鼓

齋戒

前一日質明,行事、執事官赴祠所請齊,集告官齋所肄儀,太祝習讀祝文,眡禮饌玉幣[①],訖,退。

陳設

前二日,儀鸞司設行事、執事官次於祠所。

告日前三刻,禮直官、贊者、諸司職掌各服其服。太常設神位席。太史設神位版於壇上南方,北向。太常陳幣篚於神位之左,禮神之玉奠於神前,瘞玉加於幣[②]。玉以兩圭,有邸,幣以黑。設祝版於神位之右,置於坫,香爐並合置於案上。以御封香。次設祭器,藉以席,光禄實之,每位各左一籩,實以鹿脯。右一豆。實以鹿臡。犧尊一,置於坫,加勺冪,在壇上西北隅,南向。實以供内法酒。太常設燭於神位前,洗二於卯階之東,北向。罍在洗東,加勺;篚在洗西

---

① "饌",文津閣本作"饌者",十萬卷樓本作"饌香"。
② "幣"字,底本作"韠",據文津閣本改。

南肆，實以巾。若爵洗之篚，則又實以爵，加坫。執罍、篚者位於其後。開瘞坎於子階之西北，設望瘞位於瘞坎之南。告官在南，北向。監察御史在東，西向。奉禮郎、太祝、太官令在西，東向南上。設告官席位於北壝下，光禄卿位於壇之北，監察御史位於告官之西，奉禮郎、太祝、太官令位於其後，俱南向東上。又設監察御史位於壇上之東，西向。奉禮郎、太祝位在西，東向南上。太官令於尊所，南向。社之四門並壇下近北①，各置鼓一，並植以麾旒，四門各依方色，壇下以黃②。麾杠長一丈，旒長八尺。

祭告

其日時前，太官令帥其屬實饌具畢。贊者引光禄卿入，詣壇下位，南向。凡告官行事，禮直官引。餘官，贊者引。贊者曰：“再拜。”光禄卿再拜，升自卯階，凡行事、執事官升降準此。點眂禮饌畢，退。餘官各服祭服。次引監察御史、奉禮郎、太祝、太官令先入就位。次引告官入就位。禮直官稍前，贊：“有司謹具，請行事。”贊者曰：“再拜。”在位者皆再拜。次引監察御史③、奉禮郎、太祝、太官令升，就位，太官令就酌尊所。立定。次引告官詣盥洗位，南向立，搢笏，盥手，帨手，執笏，升，詣太社神位前，搢笏，跪，三上香。次引奉禮郎搢笏，西向跪，執事者以玉幣授奉禮郎，奉禮郎以玉幣授告官，訖，執笏，興，復位。告官受玉幣，奠，訖，執笏，俯伏，興，再拜，降，復位。少頃，引告官再詣盥洗位，南向立，搢笏，盥手，帨手，詣爵洗位，南向立，搢笏，洗爵，拭爵，以爵授執事者，執笏，升詣

---

① “並”，《宋史》卷一二一《禮二四》作“及”，文津閣本作“等”。

② “壇下以黃”，《宋史》卷一二一《禮二四》作“壇下立黃麾”。

③ “監察御史”，《宋史》卷一二一《禮二四》作“御史”，無“監察”二字。

酒尊所,東向立。執事者以爵授告官,搢笏,執爵,執事者舉冪,太官令酌酒,告官以爵授執事者,執笏,詣太社神位前,搢笏,跪,執事者以爵授告官,告官執爵,三祭酒,奠爵,執笏,俯伏,興,少立。引太祝詣神位前,西向,搢笏,跪,讀祝文,訖,執笏,興,復位。告官再拜,降,復位。次引告官詣望瘞位。有司詣神位前,取玉幣、祝版置於瘞坎。次引監察御史、奉禮郎、太祝詣望瘞位,立定。禮直官曰:"可瘞。"實土半坎。禮直官贊:"禮畢。"引告官以下退。

伐鼓

其日時前,太史局官一員立於壇下眂日。鼓吹令帥工人二十人①,依色服分置於鼓之左右以俟。日有變,太史曰:"祥有變。"②工人齊伐鼓③。明復,太史稱止④,工人即罷。其日廢務⑤,百司守職⑥。

---

① "鼓吹令帥工人二十人",《宋史》卷一二一《禮二四》作"鼓吹令率工十人"。

② "日有變太史曰祥有變",《宋史》卷一二一《禮二四》作"太史稱日有變"。"祥有變",文津閣本作"祥變"。

③ "工人",《宋史》卷一二一《禮二四》作"工"。

④ "止"字,底本作"北",據文津閣本、《宋史》卷一二一《禮二四》改。

⑤ "務"字,底本作"物",據《宋史》卷一二一《禮二四》改。

⑥ "百司守職",《宋史》卷一二一《禮二四》作"而百司各守其職如舊儀"。

卷第一百六十五　嘉禮

天寧節上壽儀

陳設　垂拱殿上壽　紫宸殿上壽

陳設

前期，殿中監帥其屬尚舍陳設紫宸殿門之內，設御座於殿上當中，南向。尚醞設御酒尊、酒器於御座之東，尚食設御茶牀於御座之西，俱稍北。有司設群官酒尊、酒器於殿下。又設群官座：三公、三少、左輔、右弼、太宰、少宰在御座之東，稍南；門下、中書侍郎，尚書左、右丞在其東。次特進，觀文殿大學士，三少，觀文殿學士，資政殿大學士，六曹尚書，金紫、銀青光禄大夫，翰林學士承旨，翰林學士，資政、端明殿學士，閣學士，左、右散騎常侍；三少以下稍却，尚書以下又稍却。次開封尹、六曹侍郎、直學士；次宣奉、正奉、正議、通奉大夫，大司成，太子賓客，詹事，給事中，中書舍人，通議大夫，左、右諫議大夫，待制，太中大夫，太常卿，大司樂，宗正卿；次廂都指揮使，又在其東。太子三師在左、右丞之南，御史大夫在常侍之南，中丞在直學士之南，各少空。並西向北上。親王、使相在御座之西，稍南。使相稍却。樞密在其西。次節度使，次節度觀察留後、觀察使，次廂都指揮使，又在其西。太尉在樞密之南；左右金吾衛、左右衛、諸衛上將軍之南；視節度使稍却，副使又稍却。防禦、團練使、刺史在廂都指揮使之南，各少空。並東向北上。秘書監以下在東朵殿，都虞候在其東，夏國進奉使、副在其南，少空。並西向北上。外官大將軍以下在西朵殿，都虞候在其西，高麗、交州進奉使、副在其南，並東向北上。餘並在西廊下隔門之南①。

垂拱殿上壽

前期，殿中監帥其屬尚舍陳設垂拱殿，設御座，當中南向。尚醞設御酒尊、酒器於御座之東，尚食設御茶牀於御座之西，俱稍北。

其日，讀奏目官、知引進司官、知東上閣門官贊喝引班。對立舍人、簿書官並覺察失儀。提點使臣於殿庭稍南，北向鬪班立。六尚局應奉官於東上閣門官東立。公服，係鞸，捧尊，捧醆，尚醞典、奉御鞸笏。知內侍省事以下，鞸笏。帶御器械官窄衣，並西向立。東上閣門附內侍進班齊牌。皇帝出，守踏道禁衛諸班親從迎駕，自贊常起居。皇帝御垂拱殿坐，鳴鞭，讀奏目、知引進司官、知東上閣門官以下一班常起居，訖，復位。知東上閣門官升，詣御座前，讀奏目。內藥局官一員對展《上壽圖》。次知內侍省事以下一班常起居。次舍人贊行門常起居，班首奏“聖躬萬福”，復位立。次舍人引樞密以下入就位。知、同知、簽書樞密院事在儀石之南，北向東上。知客省事至知西上閣門事在知樞密院事之東南。次簽書客省事至簽書西上閣門事在其南。次閣門通事舍人，次閣門祗候，次看班祗候，又在其南。管勾六尚書官在知西上閣門事之東，稍前，

---

① “西廊下隔門之南”，十萬卷樓本作“西廊下及隔門之南”。

典御在其南，奉御又在其南。通侍、中侍、中衛、左武大夫在知樞密院事之南，稍東。武功大夫在其南。次武功郎，次敦武郎，次從義郎，次翰林醫官、醫學又在其南。中亮、拱衛、左武郎在武功大夫之東稍却①。和安大夫至翰林良醫在左武大夫之東，和安郎至翰林醫正在其南，每等重行異位，並北向西上。正侍、中亮、拱衛、右武大夫在簽書樞密院事之南稍西。武德大夫在其南。次武德郎以下至武翼郎，次修武郎，次秉義、忠翊、保義郎，次翰林待詔、藝學又在其南。中衛、右武郎在右武大夫之西稍却。樞密都承旨在樞密之西南，承旨在其南，次副承旨，諸房逐房副承旨又在其南，每等重行異位，並北向東上。立定，通班起居，訖，分班，樞密以下西向立，武功大夫以下、管勾六尚局以下分東、西相向立。從義郎以下、醫官、待詔等先退。

　　知引進司官一員讀奏目，知東上閤門官一員奏進壽酒，並由東階升殿。舍人通教坊使以下贊再拜，奏“聖躬萬福”，又再拜，各復祗應位立。次看醆人稍前，舍人贊儀拜②，贊上殿祗候。各分東、西，詣西階立，候進酒升殿。次舍人引親王入殿庭，北向立，贊再拜，班首奏“聖躬萬福”。舍人引進奉西入，列於親王後。酒器擔牀置馬前，揖，天武躬，奏“聖躬萬福”，進奉馬先出。內侍進御茶牀，殿侍酳酒③，訖，知東上閤門官殿上北向，躬，奏：“親王某以下進壽酒。”舍人揖，親王以下躬，奏再拜④。舍人引親王二員由東階升殿，知東上閤門官殿上接引，舍人東階下西向立，後準此。詣御座

① “稍却”，底本作“稍左武大夫却”，據底本卷一百四十《紫宸殿望參儀》改。
② “儀拜”，《宋史》卷一一二《禮十五》作“再拜”。
③ “殿侍”，《宋史》卷一一二《禮十五》作“殿中監”。
④ “奏”字，《宋史》卷一一二《禮十五》作“贊”。

東,北向立。尚醖典御奉盤、醆,訖,出笏,少立①,首搢笏授②,西向立,奉御啟醆,親王一員搢笏,以酒注於醆,訖,出笏,少立,班首捧詣御座東,躬,進,訖,少退,虛跪,興,以盤授典御,退,知東上閤門官引降詣③。舍人接引,當殿北向立,東上,贊再拜,興,搢笏,跪,執進奉表,舍人接表。一員在東,餘詣親王西,各搢笏,接表,訖,出笏,置表笏上,以表授引進。知引進司官殿上讀奏目,訖,退。親王以下俛伏,興,躬,舍人贊再拜。舍人引班首升東階,餘殿下分立,知東上閤門官接引,詣御座東,北向,搢笏。尚醖典御授盤、醆,班首搢笏,捧詣御座東,西向立,奏樂,皇帝飲,訖,班首躬,接醆,少退,虛跪,興,以盤、醆授典御,出笏,階下。親王北向立,知東上閤門官引親王降階,舍人接引復位,北向立,贊再拜,躬。知引進司官詣折檻東,西向宣曰:"進奉收。"贊再拜,舞蹈,又再拜,訖,西出。親王以下赴紫宸殿立班。知引進司官宣:"進奉出。"天武進奉以出。知東上閤門官退,復殿上侍立位,後准此。教坊使贊"送御酒",又再拜,教坊致語,訖,贊再拜,退。次舍人引知樞密院以下、橫行引進奉西入,列於班後。酒後擔牀置馬前,舍人揖,天武躬,奏聖躬萬福,進奉馬先出。東上閤門官殿上北向躬,奏知樞密院姓名以下進壽酒。舍人揖,樞密以下躬,贊再拜。舍人引班首由東階升殿,知東上閤門官殿上接引,詣御座東,北向立。尚醖典御授盤、醆,班首搢笏,捧受,西向立,奉御啓醆,奉御以酒注於醆,班首捧詣御座東,躬,進,訖,少退,虛跪,興,以盤授典御,退,知東上閤

---

① "少立",文津閣本作"少頃"。

② "首搢笏授",文津閣本作"搢笏奉授",《宋史》卷一一二《禮十五》作"搢笏受盤醆"。

③ "降詣",《宋史》卷一一二《禮十五》作"降階"。

門官引降階，舍人接引復位，贊再拜。餘官分東、西序立。樞密院官搢笏①，跪，執進奉表，舍人接表，如上儀。知引進司官殿上讀奏目，訖，退。知樞密院以下俛伏，興，躬，舍人贊再拜。舍人引班首升東階，餘官殿下分立。知東上閤門官引詣御座東，北向，搢笏，尚醖典御授盤，捧詣御座東，西向立，奏樂，皇帝飲，訖，班首躬，接醆，少退，虛跪，興，以盤、醆授典御，出笏，殿下立班官橫行，北向立。知東上閤門官引班首降階，舍人接引復位，北向立，贊再拜，舞蹈，再拜，非進奉官先退。知引進司官以下復侍立位。舍人揖，樞密躬。知引進司官詣折檻東，西向宣曰：“進奉收。”贊“再拜”，舞蹈，又再拜。知樞密院官升東階，北上西向侍立。知引進司官宣：“進奉出。”天武舉進奉以出。教坊使贊：“送御酒人再拜。”教坊致語，訖，贊再拜，退。次舍人引管軍觀察使以上常起居，引進奉西入，列於後。酒器擔牀置馬前，舍人揖，天武躬，奏聖躬萬福，進奉馬先出。知東上閤門殿上北向躬，奏班首姓名以下進壽酒。舍人揖，管軍臣僚躬，贊再拜。舍人引班首由東階升殿，知東上閤門官殿上接引，詣御座東，北向立。尚醖典御授盤、醆，班首搢笏，捧受，西向立，奉御啟醆，奉御以酒注於醆，班首捧詣御座東，躬，進，訖，少退，虛跪，興，以盤授典御，退，知東上閤門官引降階，舍人接引復位，贊再拜，興，各搢笏，跪，執表，舍人接受表，如上儀。知引進司官殿上讀奏目，訖，退。班首以下俛伏，興，躬，舍人贊再拜。舍人引班首升東階，殿下分立，樞密降階東出，赴紫宸殿侍立。知東上閤門官接引，詣御座東，北向，搢笏，尚醖典御接授盤、醆，捧詣御座東，西向立，奏樂，皇帝飲，訖，班

---

① “樞密院”，底本作“樞院”，“密”字據文津閣本補。

首躬,接醆,少退,虚跪,興,以盤、醆受典御,出笏。殿下官合班。知東上閣官引班首降階,舍人接引復位,北面立,贊再拜,躬。知引進司官詣折檻東,西向宣曰:"進奉收。"贊再拜,舞蹈,又再拜,揖,西出。知引進司官又宣:"進奉出。"天武舉進奉以出。教坊使贊送御酒人再拜①。内侍舉御茶牀,舍人贊教坊使以下謝祗應,再拜,訖。

知東上閣門官側奏無事。皇帝降座,鳴鞭,赴紫宸殿後閣以俟受群臣上壽,如别儀。

紫宸殿上壽

其日質明,三公以下文武百僚並赴紫宸殿門外就次。御史臺引殿中侍御史一員先入就位。東上閣門、御史臺、太常寺分引三公以下文武百僚入詣殿庭,東、西相向立。東上閣門附内侍進班齊牌。皇帝出閣,禁衛諸班親從迎駕,自贊常起居。皇帝升御座,鳴鞭,禮直官、通事舍人引三公至執政官,御史臺、東上閣門分引文武百僚,並横行北向立定。三公、三少、左輔、右弼、太宰、少宰在殿階之南,稍東。次門下、中書侍郎,尚書左、右丞在其南。次特進,次六曹尚書至光禄大夫,次六曹侍郎、開封尹至大司成,開封尹以下稍空。次太常卿至中大夫,次七寺卿至中散大夫,次七寺少卿至奉直大夫,次左、右司員外郎至朝奉大夫,次六曹諸司員外郎至朝奉郎,次太常丞至承議郎,次開封知縣至奉儀郎,次太史局正至通直郎,又在其南。觀文殿大學士,資政殿大學士,翰林學士承旨,翰林學士,資政、端明殿學士,閣學士在光

---

① "送御酒人再拜",文津閣本作"送御酒皆再拜"。

禄大夫之東^①，資政殿大學士以上稍前，觀文殿大學士又稍前。直學士在其南，待制又在其南。御史大夫在閣學士之東，御史中丞在其南，侍御史、殿中侍御史、監察御史又在其南。左、右散騎常侍在御史大夫之東，給事中、中書舍人、右諫議大夫在其南。次起居郎，舍人，右司諫，符寶郎，左、右正言又在其南。太子三師在散騎常侍之東，與執政官班齊。太子三少在其南。次賓客、詹事，次左、右庶子已下在其左，每等各重行異位，並北向西上。親王、使相在殿階之南，稍西。使相稍却。次太尉在其南。與特進班齊。次節度使，次節度觀察使留後、觀察使，次防禦使，次團練使，次刺史，次宗室遙郡以下，又在其南。左右金吾衞、左右衞諸衞上將軍在節度使之西；諸衞上將軍稍却。大將軍在其南；次將軍，次率府率，次率府副率，又在其南，每等各重行異位，並北向東上。大遼使、副在上將軍之西。視節度使班，副使稍却。夏國使、副在百官之南。諸軍將校又在其南。立定。典儀曰：“再拜。”贊者承傳，在位官皆再拜，搢笏，舞蹈，又再拜，班首奏“聖躬萬福”，又再拜，訖，分東、西序立。禮直官引殿中監、少監升東階，詣酒尊所稍西，南向西上立，舍人揖，教坊使以下通班大起居。次看醆人謝升殿，贊再拜。内侍進御茶牀^②，殿侍酹酒，訖。禮直官、通事舍人分引三公至執政官，御史臺、東上閣門分引文武百僚，並橫行北向立定^③，典儀曰：“再拜。”贊者承傳，在位官皆再拜。禮直官、通事舍人引上公升東階，東上閣門官接引升殿，詣酒尊所，北向，搢笏。殿中監奉盤、醆，授上公，殿中少監啟醆，上公西向立，殿中監以酒注於醆，

---

① “閣學士”，文津閣本作“學士”。

② “進御茶牀”，底本作“御進茶牀”，據《宋史》卷一一二《禮十五》改。

③ “橫行”，底本作“行”，“橫”字據《宋史》卷一一二《禮十五》補。

上公奉酒詣御座前，躬，進，訖，少退，虛跪，興，以盤授殿中監，出笏。禮直官、東上閤門官引上公詣御座前，俛伏，跪，奏：“文武百僚、上公具官臣某等稽首言：天寧令節，臣等不勝大慶，謹上千萬歲壽。”奏訖，俛伏，興，退，降階，舍人接引復位。典儀曰：“再拜。”贊者承傳，在位官皆再拜。禮直官引知樞密院官詣御座前，北向，躬，承旨，退，詣折檻稍東，西向宣曰：“得公等壽酒，與公等同慶。”知樞密院官退，復位。典儀曰：“再拜。”贊者承傳，在位官皆再拜。禮直官、通事舍人等分引三公以下文武百僚分東、西序立。禮直官、通事舍人引上公升東階，東上閤門官、殿中監引詣御座東，北向，搢笏。殿中監授盤，上公捧詣御座東，西向立，樂作，皇帝飲，訖，東上閤門官引上公接醆，少退，虛跪，興，以醆授殿中監，出笏，引退，降階，舍人接引復位。禮直官、通事舍人等分引三公以下文武百僚橫行北向，立定，典儀曰：“再拜。”贊者承傳，在位官皆再拜，搢笏，舞蹈，又再拜。宗室遙郡以下先退。禮直官引知樞密官詣御前，北向，躬，承旨，退，詣折檻稍東，西向宣曰：“宣群官升殿。”宣訖，退，東向立。典儀曰：“再拜。”贊者承傳，在位官皆再拜。禮直官、通事舍人分引三公以下升東階，親王、使相以下升西階①。御史臺、東上閤門分引秘書監以下升西朵殿②，並東、西廂席後立③。尚醞典御以醆授殿中監，奉御啟醆，殿中監西向立，殿中少監以酒注於醆，第二、第三准此。殿中監奉酒詣御座前，躬，進，訖，少退，捧盤，西向立。樂作，皇帝飲，訖，殿中監接

---

①　“親王使相以下升西階”，底本作“親王使相以下升東階親王以下升西階”，據《宋史》卷一一二《禮十五》改。

②　“西朵殿”，《宋史》卷一一二《禮十五》作“兩朵殿”。

③　“東西廂”，《宋史》卷一一二《禮十五》作“東西廊”。

醆，少退，以授奉御，訖，執笏，復位。通事舍人分引殿上官橫行北向，舍人贊再拜，典儀曰："再拜。"贊者承傳，群官皆再拜。舍人贊就座，群官皆坐。酒初行，先宰臣，次百官，皆作樂。尚食典御、奉御進食，太官設群官食。後准此。皇帝再舉酒，群官興，立席後，樂作，飲，訖，通事舍人贊"就座"，再拜，行群官酒。皇帝三舉酒，並如第二之儀。酒三行訖，通事舍人曰："可起。"群官興，立席後。若宣示醆，即隨向東上閤門官以下揖①，稱"宣示醆"，躬，贊"就座"。若宣勸，即立席②，躬，飲，訖，贊再拜。

　　內侍舉御茶牀，禮直官引左輔詣御座前，北向，俛伏，跪，奏："左輔具官某言禮畢。"俛伏，興，退，復位。禮直官、通事舍人引三公以下文武百僚降階，橫行北向立。樞密院官在親王後。典儀曰："再拜。"贊者承傳，群官皆再拜，搢笏，舞蹈，再拜，訖，退。皇帝降座，還內，如來儀。

---

① "隨向"，《宋史》卷一一二《禮十五》作"隨"。
② "席"，《宋史》卷一一二《禮十五》作"席後"。

卷第一百六十六　嘉禮

納皇后儀一

奏告天地社稷宮觀　　陳設　　臨軒命使發制書

奏告天地社稷宮觀

前期，太史局擇日差官，奏告昊天上帝、皇地祇、太社、太稷、中太一宮[①]、祐神觀、醴泉觀、上清儲祥宮、太清儲慶宮、九成宮，並如常告之儀。

陳設

前期，殿中監帥其屬尚舍張設垂拱、文德殿門之內，又設御座於文德殿當中，南向；東、西房於御座之左、右，稍北；東、西閣於殿之左、右；殿上前楹施簾，設香案於殿下螭陛間。大晟展宮架之樂於殿庭橫街之南；協律郎舉麾位於宮架西北，東向；大司樂押樂位於宮架之北，北向。儀鸞司設文武百僚及應行事官次於朝堂之內外；又設使、副次於右昇龍門之內；設制書幄次於殿後東廂，南向。前一日，學士院奉制書入進[②]。太僕奉紬絡網犢車入宣

---

① “中太一宮”，十萬卷樓本作“中太乙宮”。
② “前一日學士院奉制書入進”十一字，文津閣本作正文。

德東偏門，陳於右昇龍門內東，西面。

其日，尚輦陳大輦於殿西階下，東向；陳御馬於殿門外東廂，西向。尚書兵部帥其屬列黃麾細仗於殿庭。典儀設使、副受制位於橫街南，北向東上；又設左輔承制位於御座之東；又設左輔宣制位及門下侍郎奉節位、右弼奉制書位在使、副東北，並西向；又設權置制書位於近東稍北，西向。又於使、副受制書位稍北，設褥位二①，以俟使、副受制書。應行事官位又於近北，西向，以北爲上。設典儀位於宮架東北，贊者二人位少退，西向。

臨軒命使發制書

其日質明，闢文德殿門，文武百僚等及應行事官入就次，服朝服。大樂正帥樂工先入就位，協律郎入就舉麾位，大司樂入就押樂位，樂備而不作。典儀帥贊者先入就位②。管勾內臣承旨降制書出垂拱殿門，禮部職掌以次奉舉，至文德殿後幄次以待。禮直官引使、副入，立於文德殿門外道東、西向。門下侍郎帥掌節者奉節立左嘉福門內道北。

皇帝將出宮，東上閤門引知樞密院事以下詣垂拱殿立班，如常儀。東上閤門附內侍進班齊牌。垂拱殿簾降，皇帝乘輦，出至殿上，少駐。輦官迎駕，自贊常起居，訖，宣輦官上殿，簾卷，鳴鞭。行門禁衛諸班親從迎駕，自贊常起居。次舍人先贊知內侍省事以下常起居，次樞密以下通班常起居，贊祇候引駕。樞密知省事以下至簽書東上閤門官分左、右立。六尚局應奉官、祇應武功大夫以下並

---

① “設”，文津閣本作“特設”。
② “典儀”，十萬卷樓本作“典儀郎”。

先退。管軍臣僚窄衣，執杖子，宣名常起居，贊祗候引駕，並分左、右前導。輦降東階垂拱殿門外，禁衛諸班親從自贊常起居，訖。至文德殿後，管軍臣僚易公服，執杖，於殿階下分東、西侍立。皇帝降輦，入西閣。前導官易朝服，詣御座前，分左、右侍立。知樞密院、簽書樞密院、知各省事以下至簽書東上閣門官在東①，同知樞密院在西，閣門舍人以下各詣兩朵殿上，不當祗應舍人並殿下西向立。諸軍將校先入，分立殿門內左右內外。符寶郎俱詣閣奉迎②。御史臺引殿中侍御史一員先入就位。次東上閣門、御史臺、太常寺、四方館分引三公以下文武百僚入詣文德殿庭立班，東西相向，如月朔視朝之儀。未升朝官應立班者，文臣承務郎以上位於通直之東，西向；武臣承信郎以上位於修武郎之東，西向，每等重行異位，並北上。禮直官引左輔③、右弼、中書侍郎及捧制書官等，並詣文德殿後幄次前位立。少頃，奉制書出幄次，捧制書官帥執事人捧舉以行，禮直官、通事舍人、太常博士前引，中書侍郎押制書，右弼後從，援衛如儀，由東上閣門出，至文德殿庭權置，訖。禮直官、通事舍人引左輔版奏中嚴。內外符寶郎奉寶先出。少頃，又引左輔版奏外辦。

皇帝服通天冠、絳紗袍，簾卷，殿上鳴鞭，禁衛諸班親從自贊常起居。皇帝出西閣，乘輦，禮直官、太常博士、禮儀使前導。皇帝出自西房，內侍承旨索扇，扇合，皇帝降輦，即御座，簾卷。內侍又贊扇開。殿下鳴鞭，爐煙升。禮直官④、太常博士、禮儀使立於御座前稍東，西向。符寶郎奉八寶陳於御座之左右，分立如

---

① "知各省事以下"，疑當作"知客省事以下"。
② "閣"，文津閣本作"閤"。
③ "左輔"二字，文津閣本無。
④ "禮直官"，底本作"直官"，"禮"字據文津閣本補。

儀。禮直官、通事舍人、太常博士引使、副入就受制位,立定。典儀曰:"再拜。"贊者承傳,在位官皆再拜。左輔詣御座前,承制,降自東階,詣使、副前,稍東,西向稱:"有制。"典儀曰:"再拜。"贊者承傳,使、副以下及在位官皆再拜。左輔宣制曰:"納某官女某氏爲皇后,命公持節行禮①。"宣制訖,使、副又再拜。左輔升,復位。門下侍郎率掌節者脱節衣,詣使者前東北②,西向立。掌節者以節授門下侍郎,掌節者退,門下侍郎西向,以節授使者,使者跪受,以授掌節者,掌節者立於使者之左,門下侍郎退。次引使、副俱詣受制書位,立定。又引右弼使者前東北,西向立。中書侍郎引置書案立於右弼之右,右弼跪,取采擇制書授使者訖,受訖,興,置於案。舉案者退,立於後。次右弼取問名制書授使者,並如上儀,訖。右弼、中書舍人、侍郎俱退,復位本班。典儀曰:"再拜。"贊者承傳,使、副以下應在位官皆再拜,訖。禮直官、通事舍人、太常博士引使、副從制書案出,持節者前導,奉案者次之。出文德殿門,掌節加節衣③,由端禮門入右昇龍門,案制書於紬絡網犢車內④,使、副步從,出宣德門。

初,制書案出,禮直官、太常博士引禮儀使進當御座前,俛伏,跪,奏:"禮儀使具官臣某言,禮畢。"俛伏,興,復位。內侍承旨索扇,扇合,簾降,鳴鞭,皇帝降座,乘輦入自東房,內侍又贊扇,扇開,禮直官、通事舍人引左輔版奏解嚴。所司承旨放仗,應在位官皆再拜,訖,出。以後告吉、告成、告期、命使,並如采擇之儀。

---

①　"命公持節行禮",《文獻通考》卷二五六《帝系考七》作"命公等持節行禮"。
②　"東北",文津閣本作"東"。
③　"加",文津閣本作"掌"。
④　"案",《文獻通考》卷二五六《帝系考七》作"安"。

卷第一百六十七　嘉禮

納皇后儀二

采擇_{制文} _{答文}　問名_{制文} _{答文}　告吉_{制文} _{答文}
告成_{制文} _{答文}　告期_{制文} _{答文}

采擇

前一日，有司設使、副次於皇后第大門外道右，南向東上；又設使、副次於中門外之西，東面北上。

其日，使、副乘車持節，備儀仗，鼓吹備而不作，至皇后第大門外，降車，掌次者延入次。主朝服，受於廟。_{無廟者，於廳事中門外設神位。}執事者皆公服。禮直官引使、副出次，執事者取制書，降車，置於案。禮直官引使、副立①於大門外之西，東向北上。持幡節者立於使、副之北，少退。令使二人對舉置案，立於使、副之南，執鴈者又在其南，俱東面。主人立於大門內之東，西面。儐者立於主人之左，北面，進受命，出曰："敢請事。"使者曰："某奉制采擇。"儐者入告，主人曰："臣某之女，未知壼儀，方飭姆訓，既蒙制訪，臣某不敢辭。"儐者出告，訖，入，引主人出迎使、副，立於大門外之南，北面再拜，使、副不答拜。

---

① "次執事者取制書降車置於案禮直官引使副立"十九字，文津閣本無。

　　主人揖使、副，先入室，於階西面立。使、副入，幡節前導，其持案及執鴈者從入。幡節立於西階之西，東面。持節者脫節衣。使者自西階升，立於兩楹間，南向。副使在使者西南，持案及執鴈者又在副使南，少退，俱東面。主人升東階，詣使者前，北面立。持案者以案進，副使取制書，持案者退，復位。副使奉制書進，授使者，還，復位。使者曰：“有制。”執鴈者以鴈陳於庭，三分庭，一在南，北向。主人降詣階間，北面再拜。使者宣制畢，主人又再拜，稽首，訖，升，進，復詣使者前。使者以制書授主人，各俛伏，跪，主人受制書，訖，各俛伏，興。主人少退，以授掌事者，仍北面立。儐者引二人對舉答表案進，立於主人後少西。儐者取表以授主人，主人受表，進授使者，如上儀，訖，退，復位。主人再拜，持節者加節衣，禮直官引使、副降自西階以出。

　　制文凡大禮制書，皆以版長一尺二寸，博四寸，厚八分。后家答表亦如之。

　　皇帝曰：“咨！某官姓名：肇經天人，爰始夫婦，正位基化，敦叙天倫，敷求賢明，是推令族，率由盛典，式舉徽章。今遣使持節上公封某、宗正卿封某以禮采擇。”

　　答文

　　皇帝嘉命，舉大婚之禮，下逮微陋，備數采擇。臣之女方祗保傅，式嚴諄誨，恭承令典，肅荷徽章。某官臣姓名稽首，再拜承制詔。

　　問名

　　使、副既出中門外就次，主人降，立於中門內，西向。禮直官引使、副出次,立於中門外之西,東面北上。持節者立於使、副之北,少退。令史二人對舉制案,立於使、副之南;執鴈者又在其南,俱東向。儐者進受命,出曰:"敢請事。"使者曰:"將加卜筮,奉制問名。"儐者入告,主人曰:"臣某之女,被預詢擇,聞命祗懼,既蒙制問,臣某不敢辭。"儐者出告,訖,入,引主人迎使、副,立於中門外之南,北面再拜,使、副不答拜。

　　主人揖使、副先入,至於階,西面立。使、副入,幡節前導,其持案及執鴈者從入。幡節立於西階西,東面,持節者脫節衣。使者自西階升,立於兩楹間,南面。副使在西南,持案及執鴈者又在副使南,少退,俱東面。主人升東階,詣使者前,北面立。持案者以案進副使前,副使取制書,持案者退,復位。副使奉制書進,授使者,退,復位。使者曰:"有制。"執鴈者以鴈陳於庭,三分庭,一在南,北向。主人降詣階間,北面再拜。使者宣制畢,主人又再拜,稽首,訖,升,進,復詣使者前。使者以制書授主人,各俛伏,跪,主人受制書,訖,各俛伏,興。主人少退,以授掌事者,仍北向立。儐者引二人對舉答表案進,立於主人後,少西。儐者取表,以授主人,主人受表,進授使者,如上儀,訖,退,復位。主人再拜,持節者加節衣。禮直官引使、副降自西階,出,立於中門外之西,副使在南,少退,俱東面。主人降,立於中門內,西面。儐者進受命,出曰:"敢請事。"使者曰:"禮畢。"儐者入告,主人曰:"某公奉制命,至於某之室,某有先人之禮,請禮從者。"儐者出告,使者曰:"某既得將事,敢辭。"儐者入告,主人曰:"先人之禮,敢固以請。"儐者出告,使者曰:"某辭既不獲,敢不從。"儐者入告,遂引主人升,立於序端。掌事者徹神位,設禮賓席。儐者引主人降迎,使、副報揖。主人入,使、副從入階,即座,行飲食之禮。會畢，賓主俱興，掌事者奉幣以授主人，主人以授使、副，使、副降自西階，從者受幣。使、副退，主人反於寢。

使、副奉答表升車，儀仗導從，至左掖門外，降車，儀仗退。使、副乘馬至合下馬門外，詣內東門，以表附內侍進入，訖，退。

制文

皇帝曰："咨！某官姓名，自昔受命之君，必擇建厥配，以奉天地，以承宗廟，以御於家邦，德至茂也。肆朕稽古，永惟大猷，謀於公卿，咸以祇若，率由舊典，式舉徽章。今遣使持節上公封某、宗正卿封某以禮問名。"

答文

皇帝嘉命使者某重宣中制，問臣名族。臣女，先臣某官之遺元孫，先臣某官之遺曾孫，先臣某官之遺孫，先臣某姓某之外孫女，年若干，恭承令典，肅荷徽章。某官臣姓名稽首頓首，再拜承制。若女祖以上在，直云某官臣之孫女。

告吉

前一日，有司設使、副次，如常儀。

其日，使、副至皇后第大門外，降車，掌次者延入次，主人受禮，並如采擇之儀。執事者皆公服。禮直引使、副出次。執事者取制書，降車，置於案。禮直官引使、副立於大門外之西，東面北上。持幡節者立於使、副之北，少退，東面。令史二人對舉制案，立於使、副之南，執鴈者又在其南，俱東面。主人立於大門內之東，西面。儐立於主人之左，北面，進受命，出曰："敢請事。"使者曰："加諸卜筮[①]，占曰從制，使某告吉。"儐者入告，主人曰："臣某之女，祗嚴女功，未燭婦道[②]，卜筮協吉，臣與有榮[③]。臣某謹奉典制。"儐者出告，訖，入，引主人出迎使、副，立於大門外之南，北面再拜，使、副不答拜。

　　主人揖使、副先入，至於階，西面立。使、副入，幡節前導，其持案及執鴈者從入，幡節立於西階之西，東面，持節者脫節衣。使者由西階升，立於兩楹間，南面。副使在使者西南，其持案及執鴈者又在副使南，少退，俱東面。主人升東階，詣使者前，北面立。持案者以案進，副使取制書，持案者退，復位。副使奉制書進，授使者，退，復位。使者曰："有制。"執鴈者以鴈陳於庭，三分庭，一在南，北向。主人降，詣階間，北面再拜，使者宣制畢，主人又再拜，稽首，訖，升，進，復詣使者前。使者以制授主人，各俛伏，跪，主人受制書，訖，各俛伏，興。主人少退，以授掌事者，仍北面立。儐者引二人對舉答表案進，立於主人後，少西。儐者取表，以授主人，主人受表，進，授使者，如上儀，訖，退，復位。主人再拜，持節者加節衣，禮直官引使、副降自西階出，立於中門外之西，副使在南，少退，俱東面。主人降[④]，立於中門內，西面。儐者進受命[⑤]，出曰："敢請事。"使者曰："禮畢。"其禮使、副，使、副復命，並如問名之儀。

---

①　"加諸卜筮"，《文獻通考》卷二五六《帝系考七》作"加請卜筮"。

②　"祗嚴女功未燭婦道"，文津閣本作"功未燭媒道"，十萬卷樓本作"祗嚴女功未燭媒道"。

③　"臣與有榮"，文津閣本、十萬卷樓本作"臣預有爲"。

④　"立於中門外之西副使在南少退俱東面主人降"十九字，文津閣本無。

⑤　"儐者"，十萬卷樓本作"使者"。

制文

皇帝曰："咨！某官姓名，稽謀所自，燕及神民，濬發祥占，從以元吉，六合之慶，是爲大同，今遣使持節上公封某、宗正卿封某以禮告吉。"

答文

皇帝嘉命使者某重宣中制，太卜元吉，微陋之族，懼不克堪，恭承徽章，肅奉典制。某官臣姓名稽首頓首，再拜承制詔。

告成

前一日，有司設使、副次，如常儀。

其日，使、副至皇后第大門外，降車，掌次者延入次，主人受禮，並如告吉之儀。執事者入，設冪於中門之外。玄纁束帛陳於冪上，北向。奉穀珪以匱，俟於冪東，西向。禮直官引使、副出次。執事者取制書，降車，置於案。禮直官引使、副立於大門外之西，東面北上。持幡節者立於使、副之北，少退；令史二人對舉制案，立於使、副之南，俱東面。主人立於大門內之東，西面。儐者立於主人之左，北面，進受命，出曰："敢請事。"使者曰："某奉制告成。"儐者入告，主人曰："奉制使賜臣以重禮，臣某祇奉典制。"儐者出告，訖，入，引主人出迎使、副，立於大門外之南，北面再拜，使、副不答拜。

主人揖使、副先入，至於階，西面立。使、副入，幡節前導，持案及奉穀珪者從入，舉束帛者次之。執事者坐，啓匱取圭，加於玄纁上，三分庭，一在南，北面西上。幡節立於西階之西，東面，持節者脫節衣。使者由西階升,立於兩楹間,南向。副使在使者西南,持案者又在副使之南,少退,俱東面。主人升東階,詣使者前,北面立。持案者以案進副使前,副使取制書,持案者退,復位。副使奉制書進,授使者,退,復位。使者曰:"有制。"主人降,詣階間,北面再拜,使者宣制畢,主人再拜,稽首,訖,升,進,復詣使者前。使者以制書授主人,各俛伏,跪,主人受制書,訖,各俛伏①,興。主人少退,以授掌事者,仍北面立。掌事者授玉幣於庭,自左受之以東,奉玉幣者自西南出。儐者引二人對舉答表案進,立於主人後,少西。儐者取表以授主人,主人受進表②,以授使者,如上儀,訖,退,復位。主人再拜,持節者加節衣,禮直官引使、副降自西階出,立於中門外之西,副使在南,少退,俱東面。主人降,立於中門內,西面。儐者進受命,出曰:"敢請事。"使者曰:"禮畢。"其禮使、副,使、副復命,如告吉之儀。

制文

皇帝曰:"咨！某官姓名之女,毓秀中閨,膺華高胄,詠葛覃之本,尊嚴師傅,崇卷耳之志,夙念恭勤,將延登於太微,永迓承於介福,以玄纁穀珪,式章典禮。今遣使持節上公封某、宗正卿封某以禮告成。

答文

皇帝嘉命使者某重宣中制,降婚卑陋,崇以上公,寵以盛禮,

---

① "跪主人受制書訖各俛伏"十字,文津閣本無。
② "主人受進表",文津閣本作"主人受衍表"。

備物典册，恭承天奬，肅荷徽章。某官臣姓名，稽首頓首再拜承制詔。

告期

前一日，有司設使、副次，如常儀。

其日，使、副至皇后第大門外，降車，掌次者延入次，主人受禮，並如告成之儀。執事者皆公服。禮直官引使、副出次。執事者取制書，降車，置於案。禮直官引使、副闕①立於大門外之西，東面北上。持幡節者立於使、副之北，少退。令史二人對舉制案，立於使、副之南，執鴈者又在其南，俱東面。主人立於大門內之東，西面。儐者立於主人之左，北面，進受命，出曰：“敢請事。”使者曰：“制使某告期。”儐者入告，主人曰：“臣謹奉制詔。”儐者出告，訖，入，引主人出迎使、副，立於大門之南，北面再拜，使、副不答拜。

主人揖使、副先入，至於西階，東面立。使、副入，幡節前導，其持案及執鴈者從入②，幡節立於西階之西，東面，持節者脱節衣。使者由西階升，立於兩楹間，南面。副使在使者西南，持案及執鴈者又在使副南，少退，俱東面。主人升東階，詣使者前，北面立。持節者以案進副使前，副使取制書③，持案者退，復位。副使奉制書進，授使者，退，復位。使者曰：“有制。”執鴈者以鴈陳於庭，三分庭，一在南，北向。主人降詣階間，北面再拜，使者宣制畢，主人又再拜，稽首，訖，升，進，復詣使者前。使者以制書授

---

① “闕”字，文津閣本、十萬卷樓本無。
② “持案及執鴈者”，十萬卷樓本作“持鴈及執案者”。
③ “副使”，文津閣本作“使副”。

主人，各俛伏，跪，主人受制書，訖，各俛伏，興。主人少退，以授掌事者，仍北面立。儐者引二人對舉答表案進，立於主人後少西。儐者取表以授主人，主人受表，進授使者，如上儀，訖，退，復位。主人再拜，持節者加節衣，禮直官引使、副降自西階出，立於中門外之西，副使在南，少退，俱東面。主人降，立於中門内，西面。儐者進受命，出曰："敢請事。"使者曰："禮畢。"其禮使、副，使、副復命①，並如告成之儀。

制文

皇帝曰："咨！某官姓名，今月吉日，備序來儐②，爰定厥祥，率遵典禮。今遣使持節上公封某、宗正卿封某以禮告期。"

答文

皇帝嘉命使者某重宣中制，告曰某月某日可迎。臣恭承令典，肅荷徽章。某官姓名稽首頓首，再拜承制詔。

---

① "復命"，文津閣本作"復位立贊再拜訖宣命"。
② "儐"，文津閣本作"嬪"。

卷第一百六十八　嘉禮

納皇后儀三

奏告太廟景靈宮諸陵　臨軒命使册后及奉迎

奏告太廟景靈宮諸陵

前期，太史局擇日，差官奏告太廟、景靈東宮、景靈西宮、永安陵、永昌陵、永熙陵、永定陵、永昭陵、永厚陵、永裕陵、永泰陵，並如常告之儀。

臨軒命使册后及奉迎

前期，諸司各帥其屬陳設垂拱、文德殿門之内，如命使采擇之儀。儀鸞司設皇后册、寶及奉迎制書幄次三於殿後東廂，俱南向。前一日，尚書工部奉册、寶，學士院奉制書進入。典儀設使、副受制位於橫街南，北向東上。受册、寶訖，其受奉迎制書使、副亦在位。又設左輔承制位於御座之東，又設左輔宣制位及門下侍郎奉節位，左輔、右弼奉册寶、制書位在使、副東北，益西向①。又設權置册、寶褥位二於近東，稍北向，册在北，寶在南。發册、寶畢，徹一，以俟權置奉迎制書。又於册使受制書稍北，設褥位一，以俟册使受册、副使受寶。

---

① “益”，文津閣本作“面”，十萬卷樓本作“並”。

受冊、寶畢，添設褥位一，以俟受奉制書使、副並立。

其日質明，闢文德殿門，文武百僚及應行事官入就次，服朝服。應執事者先入就位。管勾内臣承旨降冊、寶及制書出垂拱殿門，禮部取掌以次捧舉至文德殿後幄次以俟。禮直官引使、副入，立於文德殿門外道東，西面。門下侍郎帥持節者奉節立於左嘉福門内道北。

皇帝將出宫，東上閤門引知樞密院事以下詣垂拱殿立班，如常儀。東上閤門附内侍進班齊牌。垂拱殿簾降，皇帝乘輦出，至殿上，少駐，輦官迎駕，自贊常起居。宣贊官上殿，簾卷，鳴鞭，行門禁衛諸班親從迎駕，自贊常起居。次舍人先贊知内侍省事以下常起居，次樞密院以下通班常起居，贊祗候引駕。樞密知客省事以下至簽書東上閤門官分左、右立。六尚局應奉官、祗候武功大夫以下並先退。管軍臣僚窄衣，執杖子，宣名常起居，贊祗候引駕，並分左、右前導。輦降東階垂拱殿門外，禁衛諸班親從自贊常起居，訖。至文德殿後，管軍臣僚易公服，執杖子[1]，殿階下分東、西侍立。皇帝降輦，入西閤。前導官易朝服，詣御座前，分左、右侍立。知樞密院、簽書樞密院、知客省事以下至簽書東上閤門官在東，同知樞密院在西，閤門舍人以下各詣兩朵殿上，不當祗應舍人並殿下，西向立。諸軍將校先入，分立殿門内左右内外。符寶郎俱詣閤奉迎。御史臺引殿中侍御史一員先入就位。東上閤門[2]、御史臺、太常寺、四方館分引三公以下文武百僚入，詣文德殿庭立班，東西相向，並如命使采擇之儀。禮直官引左輔、右弼、門下侍郎、中書侍郎及捧冊、寶官等，並詣文德殿後幄

---

[1]　"子"，文津閣本作"於"。

[2]　"御史臺引殿中侍御史一員先入就位東上閤門"十九字，文津閣本無。

次前立。少頃,奉册、寶出幄次,捧册、寶官帥執事人捧舉以行,禮直官、通事舍人、太常博士前引,中書侍郎押册,右弼後從;門下侍郎押寶,右輔後從,援衛如儀,由東上閤門出,至文德殿庭褥位權置,訖。禮直官、通事舍人引左輔版奏中嚴內外。符寶郎奉寶先出,少頃,又引左輔版奏外辦。

　　皇帝服通天冠、絳紗袍,簾卷,殿上鳴鞭,禁衛諸班親從自贊常起居。皇帝出向西閤①,乘輦,禮直官、太常博士、禮儀使前導。皇帝出自西房,內侍承旨索扇,扇合,皇帝降輦,即御座,簾卷,內侍又贊扇開,殿上鳴鞭,爐煙升。禮直官、太常博士、禮儀使立於御座前稍東,西向。符寶郎奉八寶陳於御座之左右,分立如儀。禮直官、通事舍人、太常博士引册使、副使入,就受制位,立定。典儀曰:“再拜。”贊者承傳,在位者皆再拜。左輔詣御座前承旨,降自東階,詣使、副前稍東,西向稱“有制”,典儀曰:“再拜。”贊者承傳,使、副以下應在位官皆再拜。左輔宣制曰:“册某氏爲皇后,命公等持節展禮。”宣制訖,册使、副使再拜,左輔升,復位。門下侍郎帥掌節者脫節衣,詣册使所東北,西向立。掌節者以節授門下侍郎,掌節者退。門下侍郎西向,以節授册使,册使跪,受,以授掌節者,立於册使之左,門下侍郎退。次引册使詣受册褥位,立定,又引右弼詣册使前東北,西向立。中書侍郎引册案立於右弼之左,右弼跪,取册,授册使,册使跪,受,訖,興,置於案。舉案者少退,以册置於案。册使、右弼、中書侍郎俱退,復本班。次引副使詣受寶褥位,立定,又引左輔詣副使前東北,西向立。門下侍郎引寶案立於左輔之右,左輔跪,取寶以授副使,副使跪,

_____

　　① “向”字疑是衍文。

受，訖，興，置於案。舉案者少退，以寶置於案。副使、左輔、門下侍郎俱退，復本班。典儀曰："再拜。"贊者承傳，使、副以下應在位官皆再拜，訖。

　　禮直官、通事舍人、太常博士引冊使押冊，副使押寶，持節者前導，舉冊寶輿者次之，出殿門，加節衣物。使、副將受冊、寶畢，禮直官又引右弼、中書侍郎及捧制書官等並詣文德殿後幄次前立，以使奉制書出幄次。奉制書官帥執事人捧舉以行，禮直官、通事舍人、太常博士前引，中書侍郎押制書，右弼後從，援衛如儀，出東上閤門，至殿庭，權置，訖。援衛人少退。次引奉迎使、副就受制書。左輔詣御座前承旨，降自東階，詣使、副前東北，西向稱"有制"，典儀曰："再拜。"贊者承傳，使、副及在位官皆再拜。左輔宣制曰："皇帝制令公等持節奉迎皇后。"宣制訖，使、副又再拜。左輔升，復位。門下侍郎帥掌節者脫節衣，詣使者前，掌節者以節授門下侍郎，掌節者退。門下侍郎西向，以節授使者，使者跪，受，以授掌節者，立於使者之左，門下侍郎退。次引使、副俱就受制書褥位，又引右弼詣使者東北，西向立。中書侍郎引制書案立於右弼之右，右弼跪，取制書，授使者，使者跪，受，訖，興，置於案。舉案者退，立於後。右弼、中書侍郎俱退，復本班。典儀曰："再拜。"贊者承傳，使、副以下在位官皆再拜。禮直官、通事舍人、太常博士引使、副從制書案出，持節者前導，舉案者次之，出殿門，加節衣。捧舉官等分左、右夾侍冊寶輿、制書案，由端禮門入右昇龍門，安制書於紬絡網犢車內奉迎，使、副就次以俟。

　　晡後，詣皇后第奉迎。冊使、副步從冊寶輿出宣德門。初，制書案出，禮直官、太常博士引禮儀使進當御座前，俛伏，跪奏："禮儀使具官臣某言，禮畢。"俛伏，興，復位。內侍承旨索扇，扇合，簾降，鳴鞭，皇帝降座，乘輦入自東房，內侍又贊扇，扇開。禮直官、通事舍人引左輔版奏解嚴，所司承旨放仗，應在位官俱再拜，訖，以次出。

卷第一百六十九　嘉禮

納皇后儀四

册后　奉迎 _{制文} _{答文}　同牢　皇后表謝

册后

前一日，有司設使、副次如常儀。設尚宮以下次於皇后閤外道西，東向。設香案於中庭①，中庭隨闕所向②。又設權置册、寶二案於香案之右。典儀設使者位於大門外，副使及内侍位於使者之南，舉册、寶案者又在其南，持節者在使者之北，俱少退，東向。設主人位於中門外之南，北向。設使、副以下及主人位於中門外，亦如之。設内謁者監位於中門外，主人之南，西向。

其日，使、副乘車持節，備儀仗，鼓吹備而不作，至皇后第大門外，降車，掌次者延入次。尚宮以下至，各就次内。僕進重翟等車。尚書兵部帥其屬布鹵簿儀仗，並於大門之外。執事者取册、寶降輿，置於案上。禮直官引使、副出次，持幡節及舉册、寶案者從之，俱在門外位③，捧舉册官夾侍。

主人朝服，立於大門内之東，西面。儐者立於主人之左，北

---

① “中庭”，十萬卷樓本作“庭中”。
② “中庭”，十萬卷樓本作“庭中”。
③ “在”，十萬卷樓本作“就”。“位”，文津閣本作“立”。

面，進受命，出曰："敢請事。"使者曰："某奉制，授皇后備物典册。"儐者入告，遂引主人出迎使、副於大門外之東南，北面再拜，使、副不答拜。主人引揖使、副先入，立於中門外之東，西面。使、副入，幡節前導，持案者次之，至中門外，各就位，立定。持節者脫節衣。内侍及舉册者皆進，詣使者前，使者取册以授内侍，各俛伏，跪，内侍受册，訖，各俛伏，興，以授内謁者監，使者退，復位。副使以寶授内侍，如上儀，訖。内謁者監持册、寶入，立於閣外之東，西面跪，置册、寶於案，俛伏，興。

尚宫以下入閣，奉皇后首飾、褘衣，訖。傅姆贊出，尚宫引皇后降自東階，詣香案前，向闕立。内侍跪，取寶進，立於皇后之右，少前。司言、司寶二員進，立於皇后之左，少前。又内侍稱"有制"，内侍贊"再拜"，皇后再拜，内侍宣册，訖，内侍又贊"再拜"，皇后再拜。内侍捧册進，授皇后，皇后受，訖，以授司言。又内侍奉寶進，授皇后，皇后受，訖，以授司寶。内侍贊"再拜"，皇后再拜，訖。内侍贊"升座"，尚宫引皇后升座①。内命婦以下皆序立於庭，皇后北面東上立定②，司贊曰"再拜"，典贊承傳，在位者皆再拜，訖。應侍衛者各升立於侍衛。尚儀前，跪奏"禮畢"，皇后降座，尚宫引皇后入於閣。内侍出告"禮畢"，捧册、寶官退。主人禮使、副，使、副復命，並如告期之儀。

奉迎

前一日，有司設使、副次如常儀。又設尚宫以下次於皇后閣

---

① 該句後，文津閣本尚多"少頃俟皇后升座"七字。
② "皇后"，十萬卷樓本作"重行"。

外道西,東向。又設香案於庭中,隨闕所向。典儀設使者位於大門外,副使及内侍位於使者之前,持案及執鴈者又在其南,持節者在使者之北,俱少退,東向。司贊設尚儀以下位於堂前。

其日,使、副乘車持節,備儀仗,鼓吹備而不作,至皇后大門外,降車,掌次者延入次。宮人等至,各就次。文武百官奉迎,皆陪立於大門之外,東西相向,並如文德殿命使立班之儀,立定。尚儀詣皇后前,奏請中嚴。執事者取制書,降車,置於案。禮直官引使、副出次,立於大門外之西,東面。内侍及執事者各就門外位①。

主人朝服,立於大門内東,西面。儐者立於主人之左,北面,進受命,出曰:“敢請事。”使者曰:“再奉制②,以合吉辰,以禮奉迎。”儐者入告,主人曰:“臣某謹奉典制。”儐者出告,入,引主人出迎於大門外之南,北面再拜,使、副不答拜。主人揖使、副先入,立於東階西面。使、副入,幡節前導,其持案及執鴈者從入,幡節立於西階之東,西面,持節者脱節衣。使者由西階升,立於西檻間③,南面。副使在使者西南,持案及執鴈者入,在副使後④,少退,俱東面。主人升東階,詣使者前,北面立。持案者以案進副使前,副使取制書,持案者退,復位⑤。副使奉制書進,授使者,退⑥,復位。使者曰:“有制。”執鴈者以鴈陳於庭,三分庭,一在南,北向。主人降,詣階間,北面再拜。使者宣制畢,主人又北面

---

① “就門外位”,文津閣本作“就位侍立”,十萬卷樓本作“就位外立”。
② “再”字,十萬卷樓本作“某”。
③ “西檻”,十萬卷樓本作“兩檻”。
④ “入在副使後”,文津閣本作“又在副使南”。“後”,十萬卷樓本作“南”。
⑤ “復位”,底本作“授位”,據文津閣本、十萬卷樓本改。
⑥ “退”字,底本作“進”,據文津閣本、十萬卷樓本改。

再拜，稽首，訖，升，進，復詣使者前，使者以制書授主人，各俛伏，跪，主人受制書，訖，各俛伏，興。主人少退，以授掌事者，仍北面立。儐者引二人對舉答表案進，立於主人後少西。儐者取表以授主人，主人受表，進，授使者，如上儀，訖，退，復位。主人再拜，持節者加節衣，禮直官引使、副降自西階以出，立於中門之外，北面東上。

傅姆導皇后，尚宮前引[①]，升堂，宮人侍衛如常儀。主婦出，立於門外之西，南面。內侍出中門外[②]，西面。典儀曰：“再拜。”贊者承傳，使、副俱再拜。使者曰：“今月吉日，某等率職奉迎。”內使受以入，傳於司言，受以奏聞，訖。主人奉幣以授使、副，使、副退。皇后降自東階，向闕立於庭。尚儀贊詣皇后再拜，皇后再拜，訖，升堂。主人升自東階，進，西面誡之曰：“誡之慎之，夙夜無違命。”主人退，母立於西階上，施衿、結帨，誡之曰：“勉之誡之，夙夜無違命。”重翟車進中門外，肩輿進堂上。肩輿爲擔子，下准此。尚宮前導，皇后升輿，六尚以下侍衛如儀。至中門外，降輿，升車，內侍導引，應乘車引從者，如鹵簿常儀。

皇后車出大門外，文武百官北向班迎，再拜，訖，分班東西立[③]。使、副以下群官當引從者以次引從，至宣德門，鳴鐘鼓。鳴鐘鼓者，所以聲告內使。鹵簿止於門外，使、副復命，並如冊后之儀。

制文

皇帝曰：“咨！某官姓名，嘉月惠時吉日，惟某率由典禮。今

---

① “尚宮”，《宋史》卷一一一《禮十四》、《文獻通考》卷二五六《帝系考七》作“尚宅”。
② “中門”，十萬卷樓本作“宮門”。
③ “立”字，底本作“主”，據十萬卷樓本改。

遣使持節上公封某、宗正卿封某備禮以迎。"

答文

皇帝嘉命使者某重宣中詔,吉日維某,備禮以迎。臣卑陋之族,叨膺大恩①,以榮爲懼,臣恭承令典,肅荷徽章。某官臣姓名稽首頓首,再拜承制詔。

同牢

前一日,所司預設皇后大次二:一於大慶殿門外之西,南向;一於内殿庭之南,北向。尚寢設皇后櫛幄於所御殿之室中,設御榻於室中之西,又設皇后對榻於御榻之東。司設設巾、洗各二:一於東階南,一於室之北,水在洗東。司醞設御酒尊於室中,實四爵、兩卺於篚。爵、卺以今酒器代之②。

至日晡後,皇后入宣德門,至大慶殿門外次前,回車南向,施步障、繖扇等畢。内侍進當車前,跪,奏請皇后降車輿,退,復位。皇后降車,入次,肩輿進,皇后升輿,至内東門,降輿,執扇燭者布列前後,尚宮導皇后詣内殿庭之大次以俟。内侍以版奏請中嚴。

皇帝服通天冠、絳紗袍以出,即御座,南向,左右侍衛如常儀。皇后入次,少頃,尚宮前引皇后出,詣殿庭之東,西向。内侍版奏外辦,又奏皇帝降座禮迎。皇帝降座,内侍前引,詣殿庭西,東向,揖皇后以入,皇后從入,升自西階。皇帝盥於南洗,皇后盥於北洗,入室,各就榻前立。尚食跪奏:"請皇帝、皇后皆坐。"尚

---

① "膺",文津閣本作"蒙",十萬卷樓本作"塵"。
② "今"字,底本作"闕",據文津閣本、十萬卷樓本改。

食以饌進，皇帝、皇后皆食。司醞以酒進，皇帝、皇后俱受醆以飲，尚食以饌從。再飲、三飲，如初儀。尚儀跪奏"禮畢"，皇帝、皇后俱興。尚宮奏請皇帝更禮服，尚寢請皇后服常服。

次日，以禮朝見，並如宮中之儀。

皇后表謝

皇后至宮之明日，質明，具服以出。司言引尚宮，尚宮引皇后，降自西階，立於庭，北向，左右侍從如常儀。內侍贊"再拜"，皇后再拜。內侍以謝表授皇后，又內侍以案少前，皇后以表置於案上，內侍贊"再拜"，皇后再拜。內侍奉表以聞。內侍詣皇后前，跪奏"禮畢"，俛伏，興。皇后還閣。

卷第一百七十　嘉禮

納皇后儀五

皇后朝謁景靈宮

皇后朝謁景靈宮

前一日，有司於景靈宮東張次於明福殿上。<small>西宮即於潔成殿。</small>又於天興殿之東廊設幄次，稍南，西向。又於殿東階之東稍南設皇后褥位，西向。又於殿上設皇后褥位，西向。又於殿上設皇后褥位於香案之南，北向，及供奉之物，如常儀。又設內命婦妃嬪以下陪列位於殿庭之東，外命婦陪列位於殿庭之西，皆重行北向。保寧閣、天元、太始、皇武、儺極、太定、輝德、熙文、衍慶、美成、繼仁、治隆、徽音、景靈西宮、大明、坤元、重光殿，並如上儀，訖。又設內命婦妃嬪以下及外命婦並應奉官次於齋殿門內外，量殿之宜。太僕寺陳重翟車於宣德門偏東，南向。

其日，未明前二刻，有司設小駕鹵簿儀仗於重翟車左右，以次排列。外命婦先自景靈殿後門入就次。皇后未出宮前一刻，內侍引內命婦妃嬪以下俱詣殿庭起居，訖。內侍奏請中嚴，少頃，又奏外辦。

皇后首飾、褘衣，乘龍飾肩輿如常儀，障以行。幄出內東門，由宣祐門[①]、左銀臺門、左嘉肅門、左長慶門入左昇龍門。内侍詣皇后肩輿前，俛伏，跪奏："具官臣某言，請皇后降肩輿，升重翟車。"奏訖，俛伏，興，少退。凡内侍奏請之儀，准此。皇后升重翟車，内侍詣車前，奏請重翟車進發。車進，行出宣德東偏門，内命婦妃嬪以下自内東門各升所乘車，由左掖門至宣德門外，從皇后車。

至景靈東宮昌福門，西宮即於昭德門。小駕鹵簿止於門外，車入門，迴車南向，内侍詣車前，奏請皇后降車升肩輿。皇后降車，升肩輿，入大次。内命婦妃嬪以下並降車以入。内侍引外命婦詣皇后大次前，起居，訖，並先赴殿庭陪位。少頃，内侍前導，皇后至天興殿幄次，降簾。又内侍詣幄次前，奏請皇后行朝謁之禮。簾卷，内侍前導，皇后詣殿階下西面褥位立，内侍奏請"再拜"，皇后再拜，内命婦妃嬪以下及外命婦皆再拜。内侍前導，皇后升殿東階，詣聖祖天尊大帝香案前褥位，北向立。内侍奏請皇后上香，再上香，三上香，又奏請"再拜"，皇后再拜，内命婦妃嬪以下及外命婦皆再拜。内侍前導，皇后還幄次，簾降，内侍詣幄次前奏言"禮畢"。次詣保寧閣、天元、太始、皇武、儷極、太定、輝德殿朝謁，如天興殿儀，訖，歸大次。

内侍詣大次前奏解嚴，内、外命婦皆還次。少頃，小駕鹵簿轉仗衛於還途，如來儀。外命婦先退。太僕進重翟車於昌福門内，南向。内侍奏請中嚴，少頃，又奏外辦。皇后乘肩輿以出，至車前，内侍詣肩輿前，奏詣皇后降肩輿升重翟車。皇后升車，馭者執綏，内侍詣車前，奏請重翟車進發。内命婦妃嬪以下皆升所乘車。重翟車進行，鼓吹振作前導。車至宣德東偏門内，迴車南

---

① "宣祐門"，文津閣本作"宣政門"。

向，内侍詣車前，奏皇后降升肩輿，皇后乘肩輿，障以行幄[①]，由内東門還内，内命婦妃嬪以下從入[②]。内侍奏請解嚴，將士等各還其所。

　　次日，又朝謁熙文、衍慶、美成、繼仁、治隆、徽音殿，並如天元殿之儀。又次日，詣西宫，朝謁大明、坤元、重光殿，並如熙文殿之儀。

---

①　“幄”，文津閣本作“帷”。

②　“入”，底本作“人”，據文津閣本、十萬卷樓本改。

卷第一百七十一　嘉禮

皇太子納妃儀上

陳設　臨軒命使

陳設

前期，殿中監帥其屬尚舍張設垂拱、文德殿門之内，設御座於文德殿門當中，南向；東、西房於御座之左、右，稍北；東、西閤於殿後之左、右。殿上前檻施簾，設香案於殿下螭陛間。大晟展宫架之樂於殿庭横街之南。協律郎舉麾位於宫架西南北①，東向。大司樂押樂位於宫架之北，北向。儀鸞司設文武朔參官、應行事官、東宫官次於朝堂之内外，又設使、副次於右昇龍門内東南。

其日，尚輦陳大輦於殿西階下，東向；陳御馬於殿門外東廂，西向。尚書兵部帥其屬列黄麾細仗於殿庭。典儀設使、副受制位於横街南，北向東上；設在朝承制位於御座之東；又設左輔宣制位於使、副之東北，並西向。又設應行事官位於近北，西向，以北爲上。設典儀位於宫架東北，贊者二人在南，少退，俱西向。

---

① “北”字，文津閣本無。

臨軒命使

其日質明,闢文德殿門,文武朔參官及應行事官入就次,各服其服。大樂正帥樂工先入就位,協律郎入就舉麾位,大司樂入就押樂位,備而不作。典贊者先入就位。禮直官引使、副入,立於文德殿門外道東,西向。

皇帝將出宮,東上閣門引知樞密事以下詣垂拱殿立班,如常儀。東上閣門附內侍進班齊牌。垂拱殿簾降,皇帝乘輦出,至殿上,少駐。輦官迎駕,自贊常起居,訖,宣輦官上殿,簾捲,鳴鞭,行門禁衞諸班親從迎駕,自贊常起居。次舍人先贊知內侍省事以下常起居。次樞密以下通班常起居,贊祇候引駕,樞密知客省事以下至簽書東上閣門官分左右,六尚局應奉官、祇應武功大夫以下並先退。管軍臣僚窄衣,執杖子,宣名常起居,贊祇候引駕,並分左右前導。輦降東階垂拱殿門外,禁衞諸班親從自贊常起居,訖。至文德殿後,管軍臣僚易公服,執杖子,殿階下分東西侍立。皇帝降輦,入西閣,前導官易朝服,詣御座前,分左右侍立。知樞密院、簽書樞密院、知密省事以下至簽書東上閣門官在東[①];同知樞密院在西。閣門舍人以下各詣兩朵殿上,不當祇應舍人並殿下,西向立。諸軍將校先入,分立殿門內左右內外。符寶郎俱詣閣奉迎。御史臺引殿中侍御史一員先入就位。次東上閣門、御史臺、太常寺分引三公以下文武百僚入,詣文德殿庭立班,東西相向,如月朔視朝之儀。禮直官、通事舍人引左輔版奏中嚴內外。符寶郎奉寶先出。少頃,又引左輔版奏外辦。

---

① "知密省事",十萬卷樓本作"知客省事"。

　　皇帝服通天冠、絳紗袍，簾卷，殿上鳴鞭，禁衞諸班親從自贊常起居。皇帝出西閤，乘輦，禮直官、太常博士引禮儀使前導。皇帝出自西房，内侍承旨索扇，扇合。皇帝降輦，即御座，簾卷，内侍又贊扇，扇開，殿下鳴鞭，爐煙升。禮直官、太常博士、禮儀使立於御座前稍東，西向。符寶郎奉八寶，陳於御座之左右，分立如儀。禮直官、通事舍人、太常博士引使、副入，就位，立定。典儀曰：“再拜。”贊者承傳，使、副以下在位官皆再拜。左輔詣御座前承旨，降自東階，詣使、副前稍東，西向稱：“有制。”典儀曰：“再拜。”贊者承傳，使、副以下應在位官皆再拜。左輔宣制，訖，使、副又再拜。左輔升，復位。禮直官、通事舍人、太常博士引使、副出，由文德殿門出右掖門，乘車備儀仗而行。

　　初，使、副出，禮直官、太常博士引禮儀使進當御座前，俛伏，跪奏：“禮儀使具官臣某言，禮畢。”俛伏，興，復位。内侍承旨索扇，扇合，簾降，鳴鞭，皇帝降座，乘輦，入自東房，内侍又贊扇，扇開。禮直官、通事舍人引左輔版奏解嚴。所司承旨放仗，應在位官俱再拜，訖，以次出。

卷第一百七十二　嘉禮

皇太子納妃儀中^①

采擇　問名　告吉　告成

告期　奏告　册妃

采擇

前一日，主人設使、副次於大門之外道右，南向。

其日大昕，使、副至妃氏大門外，掌次者延入次。主人及行事者皆公服。主人受於廟。無廟者，於廳事中間設神位。使、副出次，謁者引立於大門外之西，東面。主人立於東階下，西面。儐者立於主人之左，北面受命，出，立於東門，西面曰："敢請事。"使者曰："奉制，儲宮納配，屬於令德，邦有典常，使某行采擇之禮。"儐入告。主人曰："臣某之子^②，昧於閨儀，未足以備采擇之禮，儐者恭承制命，臣某不敢辭。"儐者入告^③，訖，入，引主人迎於大門外之南，北面再拜，使、副不答拜。謁者引使、副入門而左，主人入門而右，執鴈者從而入，以鴈陳於庭，三分庭，一在南，北向。使、副升自

---

① 底本卷首標題無"中"字，據文津閣本補。
② "子"字，文津閣本作"女"。
③ "入"字，十萬卷樓本作"出"。

西階,立於兩檻間,南面。主人升自東階,進使、副前,北向。使者曰:"某奉制采擇。"主人降階間,北面再拜,退,立於東階上。謁者引使、副降自西階以出。

問名

使、副既出,立於中門之西,東向。主人降詣階間,立於東階下,西面。儐者進受命,出請事。使者曰:"儲宮之配,采擇既諧,將謀卜筮,承制命問名。"儐者入告,主人曰:"制以臣某之子可以奉侍儲宮,臣某不敢辭。"儐者出告,入,引主人迎於中門外之南,北面再拜,使、副不答拜。謁者引使、副入門而左,主人入門而右,執鴈者從入,以鴈陳於庭,三分庭,一在南,北向。使、副升自西階,立於兩檻間,俱南面。主人升自東階,進使、副前,北面。使者曰:"某奉制問名,將謀卜筮。"主人降自階間,北面再拜,升階,仍北面曰:"臣某第幾女,某氏出。"使、副降自西階,出,立於中門之外,東面。主人降,立於中門之內,面西。儐者進受命,出請事,使者曰:"禮畢。"儐者入告,主人曰:"某公奉制命至於某之室,請禮從者。"①儐者出告,使者曰:"某既得將告事②,敢辭。"儐者入告,主人曰:"敢固以請。"儐者出告,使者曰:"某辭不獲命,敢不從。"儐者入告,遂引主人升,立於序端。掌事者徹神位,設禮賓席。儐者引入,主人降迎,使、副報揖。主人入,使、副從入,升階,即座,行飲食之禮。會畢,賓主俱興,掌事者奉幣以授主人,主人以授使、副,使、副降自西階,從者受幣,使、副退,主人送

---

① "儐者入告主人曰某公奉制命至於某之室請禮從者"二十一字,文津閣本無。
② "告"字,十萬卷樓本作"吉"。

於門外。

告吉

前一日，主人設使、副次，如常儀。

其日大昕，使、副至妃氏大門外，掌次者延入次，主人受禮，如采擇之儀。使、副出次，謁者引立於大門外之西，東面。主人立於東階下，西面。儐者進受命，出請事，使者曰：“某謀諸卜筮，其吉協從①，制使某告吉。”儐者入告，主人曰：“臣某之子惷愚②，懼弗克堪卜筮之吉，惟臣之幸，臣某謹奉制典。”儐者出告，訖，入，引主人迎於大門外之南，北面再拜，使、副不答拜。謁者引使、副入門而左，主人入門而右，執鴈者從入，以鴈陳於庭，三分庭，一在南，北向。使、副升自西階，立於兩楹間，俱南面。主人升自東階，進使、副前，北面。使者：“奉制告吉。”主人降詣階間，北面再拜。使、副降自西階，出，立於中門外之西，東面③。主人退，立於中門内，西面。儐者進受命，出請事，使者曰：“禮畢。”其禮使、副，如問名之儀④。

告成

前一日，主人設使、副次，如常儀。

---

① “吉”字，文津閣本作“占”。
② “子”字，文津閣本作“女”。
③ 此處底本多出“主人退之南北面再拜使副不答拜謁者引使副入門而左主人入門而右執鴈者以鴈入陳於庭三分庭一在南北向使副升自西階立於兩楹間俱南面主人升自東階進使副前北面使者曰某奉制告期主人降詣階間北面再拜使副降自西階出立於中門外之西東向。”一段文字，據文津閣本、底本卷一六七“告期”條删。
④ “問名”，十萬卷樓本作“告成”。

　　其日大昕，使、副至妃氏大門外，掌次者延入次。執事者設幕於中門之外①，玄纁束帛陳於幕上，北向。玄三匹，纁三匹，合之其他禮物，自如常儀。奉穀珪以匱，俟於幕東，西向。主人受禮，如告吉之儀。使、副出次，謁者引立於大門外之西，東面。主人立於東階下，西面。儐者進受命，出請事，使者曰：“卜筮不違，嘉耦既定，制使某以儀物告成。”儐者入告，主人曰：“奉制賜臣以重禮，臣某謹奉典制。”儐者出告，入，引主人迎於大門外之南，北面再拜，使、副不答拜。謁者引使、副入門而左，主人入門而右，奉穀珪者從入，奉束帛者次之，諸奉禮物者皆從其後②，三分庭，一在南，北向西上。使、副升自西階，立於兩楹間，俱南面。主人升自東階，進使、副前，北面。使者曰：“某奉制告成。”主人降詣階間，北面再拜。使、副降自西階，出，立於中門外之西，東面。主人退，立於中門內，西面。儐者進受命，出請事，使者曰：“禮畢。”其禮使、副，如告吉之儀。

告期

　　前一日，主人設使、副次，如常儀。

　　其日大昕，使、副至妃氏大門外，掌次者延入次，主人受禮，如告成之儀。使、副出次，謁者引立於大門外之西，東面。主人立於東階下，西面。儐者進受命，出請事，使者曰③：“涓辰之良，

---

　　①　“幕”字，底本作“幕”，據文津閣本、十萬卷樓本改，下同。
　　②　“奉”字，文津閣本作“持”。
　　③　“使者”，底本作“使”，“者”字據文津閣本補。

某月某日吉，制使某告期。"儐者入告，主人曰："臣某謹奉制。"①
儐者出告，訖，入，引主人迎於大門外之南，北面再拜，使、副不答
拜②。謁者引使、副入門而左，主人入門而右，執鴈者以鴈入陳於
庭，三分庭，一在南，北向。使、副升自西階，立於兩楹間，俱南
面。主人升自東階，進使、副前，北面。使者曰："某奉制告期。"
主人降詣階間，北面再拜。使、副降自西階，出立於中門外之西，
東面。主人退，立於中門内，西面。儐者進受命，出請事，使者
曰："禮畢。"其禮使、副，如告成之儀③。

　　奏告④

　　前期，大司局擇日差官奏告太廟⑤、別廟、景靈東宮、景靈西
宮、永安陵、永昌陵、永熙陵、永定陵、永昭陵、永厚陵、永裕陵、永
泰陵，並如常告之儀。

---

　　①　此處底本多出"儐者出告訖入引主人迎於大門外置於案禮直官引使副出次持
節及舉册印案者從之俱就門外位捧舉册印官夾侍主人立於門外由東階下西面儐者進
受命出請事使者曰某奉制授皇太子妃册印儐者入告主人曰臣某謹奉制"一段文字，據文
津閣本、底本卷一六七"告期"條删。
　　②　此處底本多出"主人揖使副先入持節者前導舉案者次之至中門外各就位立定
捧册印官奉册印就褥位持節者脱節衣内侍及舉册者皆進詣使者取册以授内侍各俛伏
跪内侍受册訖各俛伏興以授内謁者使者退復位副使以印授内侍如儀訖内謁者持册印
立於庭中跪置印册於案俛伏興宮人等入閤奉妃首飾褕翟衣服訖傅姆贊出内侍引妃降
自東階詣香案前向闕立内侍稱有制内侍贊再拜妃再拜訖内侍捧册授妃妃受訖以授執
事者内侍捧印授妃妃受訖以授執事者内侍又贊再拜妃再拜訖内侍引妃升座東宮侍衞
人等皆序立於庭重行北向東上立定贊曰再拜諸宮人皆再拜應侍衞者各升立於侍衞内
侍詣妃前啟禮畢妃降座傅姆引妃還於堂内侍出告禮畢主人禮使副如告期之儀使副乘
車而還"一段文字，據文津閣本、底本卷一六七"告期"條、卷一七二"册妃"條删。
　　③　從"謁者引使副入門而左主人入門而右"至"其禮使副如告成之儀"這段文字，
底本無，據文津閣本補。
　　④　"奏告"及以下"册妃"兩部分，文津閣本放在"告吉"之後、"告成"之前。
　　⑤　"大司局"，文津閣本作"大史局"。

册妃

前一日，主人設使、副次，如常儀。又設宮人以下次於妃氏閣外道西，東向。設香案於寢庭，隨闕所向。又設權置册、印二案於香案之右。典儀設使者位於大門外；副使及內侍位於使者之南，北向。設使、副以下及主人位於中門外，亦如之。設內謁者位在於中門外，主人之南，西向。

其日，使、副朝服，乘車持節，備儀仗，鼓吹備而不作，至妃氏大門外，降車，掌次者延入次。宮人等至，各就次。兵部尚書帥其屬，陳妃儀仗於大門之外。掌事者取册、印，降輿①，置於案。禮直官引使、副出次，持節及舉册印案者從之，俱就門外位，捧舉册印官夾侍。主人立於門外內東階下，西面。儐者進受命，出請事，使者曰：“某奉制授皇太子妃册印。”儐者入告，主人曰：“臣謹奉制。”儐者出告，訖，入，引主人迎於大門外之南，北面再拜，使、副不答拜。主人揖使、副先入，持節者前導，舉案者次之，至中門外，各就位，立定。捧册印官奉册印就褥位，持節者脫節衣。內侍及舉册者皆進詣，使者取册，以授內侍，各俛伏，跪，內侍受册，訖，各俛伏，興，以授內謁者，使者退，復位。副使以印授內侍如儀，訖。內謁者持册印，立於庭中，跪，置印册於案，俛伏，興。宮人等入閣，奉妃首飾、褕翟衣服，訖。傅姆贊出，內侍引妃降自東階，詣香案前，向闕立。內侍稱：“有制。”內侍贊：“再拜。”妃再拜，訖。內侍捧册授妃，妃受，訖，以授執事者。內侍捧印授妃，

---

① 此處底本多出“立於中門內西面儐者進受命出請車使者曰禮畢其禮使副如問名之儀”二十九字，據文津閣本刪。

妃受,訖,以授執事者。内侍又贊:"再拜。"妃再拜,訖。内侍引妃升座,東宫侍衛人等皆序立於庭,重行北向東上,立定。贊曰:"再拜。"諸宫人皆再拜。應侍衛者各升,立於侍衛。内侍詣妃前啟:"禮畢,妃降座。"傅姆引妃還於堂。内侍出告:"禮畢。"主人禮使、副,如告期之儀,使、副乘車而還。"①

_____

① 　從"置於案禮直官引使副出次"至"主人禮使副如告期之儀使副乘車而還"這段文字,底本無,據文津閣本補。

卷第一百七十三　嘉禮

皇太子納妃儀下[①]

醮戒　親迎　同牢　妃朝見　盥饋

醮戒

前期，諸司各帥其屬陳設垂拱、文德殿門之内，如臨軒命使之儀。儀鸞司設皇太子次於朝堂，又設文武朔參官及應行事官、東宮官次於朝堂之内外。典儀設皇太子褥位於殿西階上，東向；設皇太子朝見位於横街南，北向。

其日質明，闢文德殿門，文武朝參官及應行事官入於次，服朝服。應執事者俱入就位。東宮官導引皇太子入就次。皇帝將出宮，東上閤門引知樞密院事以下詣垂拱殿立班，如常儀。東上閤門附内侍進班齊牌。垂拱殿簾降，皇帝乘輦出，至殿上，少駐，輦官迎駕，自贊常起居，訖，宣輦官上殿，簾卷，鳴鞭。行門禁衛諸班親從迎駕，自贊常起居。次舍人先贊知内侍省事以下常起居，次樞密以下通班常起居，贊祗候引駕。樞密知客省事以下至簽書東上閤門官分左、右立。六尚局應奉官、祗應武功大夫以下並先退。管軍臣僚窄衣，執杖子，宣名常起居，贊伺候引駕，並分

---

① 底本卷首标题無"下"字，據文津閣本補。

左、右前導。輦降東階垂拱殿門外，禁衛諸班親從自贊常起居，訖。至文德殿後，管軍臣僚易公服，執杖，於殿階下分東、西侍立。皇帝降輦，入西閣。前導官易朝服，詣御座前，分左、右侍立。知樞密院、簽書樞密院、知客省事以下、簽書東上閣門官在東；同知樞密院在西。閣門舍人以下各詣兩朵殿上，不當祗應舍人並殿下，西向立。諸軍將校先入，分立殿門內左右內外。符寶郎俱詣閣奉迎。御史臺引殿中侍御史一員先入就位。次東上閣門、御史臺、太常寺分引文武百僚入，立班，如臨軒命使之儀。

皇太子服袞冕之服以出，中允少前，進圭，皇太子執圭。禮直官、太子舍人贊引至殿門外之東，西向立。禮直官、通事舍人引左輔版奏中嚴內外。符寶郎奉寶先出。少頃，又引左輔版奏外辦。

皇帝服通天冠、絳紗袍，簾卷，殿上鳴鞭，禁衛諸班親從自贊常起居。皇帝出西閣，乘輦，禮直官、太常博士、引禮使前導。皇帝出自西房，內侍承旨索扇，扇合，皇帝降輦，即御座，簾卷，內侍又贊扇，扇開，殿下鳴鞭，爐煙升。禮直官、太常博士、禮儀使立於御座前稍東，西向。符寶郎奉八寶，陳於御座之左右，分立如儀。禮直官、通事舍人、太常博士引皇太子入就位。太常博士請再拜，皇太子再拜，贊者承傳，在位官皆再拜，搢圭，舞蹈，再拜，百官搢笏。奏聖躬萬福，又再拜，訖。

引皇太子升自西階，進，立於位西，東向。內侍取醆，又內侍以酒注於醆，授詣皇太子位前，皇太子跪，搢圭，受醆。太官令奉饌設於位前，皇太子即座，飲食，訖，降階，北向，又再拜。禮直官、通事舍人、太常博士引皇太子升自東階，詣御座前，西向立，皇帝命之曰："親迎惟古，趨辰之良，往帥以恭。"皇太子曰："臣謹奉制。"引皇太子降階，北向再拜，訖，出。禮直官、通事舍人、太常博士引禮儀使進當御座前，俛伏，跪，奏："禮儀使具官臣某言，禮畢。"俛伏，興，復位。内侍承旨索扇，扇合，簾降，鳴鞭，皇帝降自座，乘輦，入自東房，内侍又贊扇，扇開。禮直官、通事舍人引左輔版奏解嚴。所司承旨放仗，應在位官俱再拜，訖，以次出。

親迎

前一日，有司設皇太子次於妃氏大門外道右，南向；又設東宮官次於皇太子次之西南，東面。

其日大昕，妃父服其服，告於禰廟。無廟者，設神位於廳事中間。

親迎前三刻，東宮門外，禮直官引左庶子跪請内嚴，右庶子負寶如式，俱詣閤奉迎。

初昏，僕進金輅於閤外，南向。左内率執刀立於輅前，北向。中允一人在侍官之前，贊者二人又在中允之前。禮直官引左庶子跪言外備。僕攝衣而升，正立執轡。皇太子服袞冕之服，升輿以出，左右侍衛如常儀。左庶子進詣輿前，俛伏，跪稱："左庶子姓某言，請皇太子降輿升輅。"言訖，俛伏，興。凡庶子有請，並准此。皇太子降輿，升輅，僕正立授綏，左庶子以下夾侍。贊善進當輅前，俛伏，跪稱："贊善姓某言，請進輅。"言訖，俛伏，興。凡贊善有請，並准此。輅動，贊善與贊者夾引以出，至侍官上馬所，贊善請輅權駐，令侍官上馬，左庶子前承令，退稱曰："令諾。"贊善退稱："侍官上馬。"贊者承傳，文武群官皆上馬，左庶子以下夾侍於輅前。侍官上馬畢，贊善請進輅，輅動，東宮官以下皆乘馬以從。

皇太子將至，主人設神位於寢户之西；又設醴女位於户内，南向。皇太子至妃氏大門外次前①,迴輅南向。禮直官引左庶子進當輅前,請皇太子降輅。皇太子降輅,入次。妃服褕翟花釵,就位,南向立。姆立於其右②,女從者陪其後。主人升自東階,立於寢戶外之西面。內贊者設酒饌,妃就位,坐,飲食,訖,降,再拜,內贊者徹酒饌。

　　主人降,立於東階東南,西面。禮直官引左庶子請皇太子出次,立於門西,東面,左右侍衛如常儀。儐者進受命,出,立於門東,西面曰:“敢請事。”左庶子承傳,跪言訖,皇太子曰:“某奉制親迎,敢不恭承。”左庶子承傳,於儐者入告③,主人曰:“某固恭具以須。”儐者出,傳於左庶子,跪言如初。儐者入,引主人出迎於大門外之東④,西面再拜,皇太子答拜,訖。主人揖,皇太子報揖。皇太子入門而左,主人入門而右,三揖,至於階三遜。執鴈者從入,以鴈陳於庭,三分庭,一在南,北向。主人升立於東階上,西面。皇太子升西階,進當寢戶前,北面再拜,降出,主人不降送。初,皇太子入門,母出,立於寢戶外之西,南面。皇太子入門⑤,拜訖,傅姆導妃出,立於母左。父少進,命之曰:“戒之戒之,夙夜恪勤,毋或違命。”母命之曰:“勉之勉之,爾父有訓,往承惟欽。”庶母申之曰:“恭聽父母之言。”

　　妃出,乘厭翟車,陳鹵簿如式。皇太子先出大門外,至次,有司轉仗衛於還途,妃儀仗次於後。僕進金輅於次前,禮直官引左庶子跪請皇太子升輅,侍官上馬,皆如來儀。輅動,至東宮門外,

---

①　“皇太子”,底本作“皇大子”,據文津閣本、十萬卷樓本改。
②　“其右”,文津閣本、十萬卷樓本作“左右”。
③　“於”字,文津閣本作“使”。
④　“迎”字,文津閣本作“立”。
⑤　“皇太子入門”,文津閣本、十萬卷樓本作“於皇太子入門”。

俱下馬，入至閤前，迴輅南向。禮直官引左庶子請皇太子降輅，皇太子降輅，升輿，入，侍官從至閤，將士各還本所。

同牢

初昏，掌事者設巾、洗各二：一於東階東南，一於室之北，水在洗東。尊於室中，實四爵①、兩甒於篚。爵、甒以常用酒器代之。皇太子至，降輅以俟。妃至，降車，贊者引就北面立，引皇太子揖妃以入，及寢門，又揖。贊者引妃升階，入於室，執扇燭者陳列於前後。贊者引妃入於室，皇太子盥於南洗，妃從者沃之；妃盥於北洗，皇太子從者沃之。贊者設酒饌，匕箸從設。掌事者設對位。皇太子揖妃，皆即座。司饌北面告饌具，贊者二人各以酒注於醆，授皇太子及妃。皇太子及妃受醆，飲，訖，贊者受虛醆，遂薦饌。再飲、三飲，如初儀。皇太子及妃俱興，再拜，司饌跪言：“禮畢。”帥其屬徹酒饌訖，退。

妃朝見

其日，妃夙興沐浴，服褕翟，乘厭翟車以出。有司依式陳鹵簿於東宮門外。入至降車所，妃降車，司賓引妃障扇侍從以入，立於閤外。近侍入奏，皇帝即御座，南向，侍衛如常。司賓引妃入，詣庭前，北向再拜，訖，奉棗栗，升自西階，北面置於御座前，尚食進徹以東。司賓引妃降，復位，又再拜。

次又引妃詣皇后所御之殿，立於閤外。尚儀入奏，皇后即南向座，侍衛如常。司賓引妃入，立於庭，北面再拜，請奉腶修升自

---

① “實四爵”，文津閣本作“實爵”。

西階，北面置於皇后前。尚食進徹以東，司賓引妃降，復位，又再拜。司賓引妃出。

皇帝、皇后醴妃，如宮中之儀。

盥饋

其日，妃夙興沐浴，服褕翟，乘厭翟車以出。有司依式陳鹵簿於東宮門外。入至降車所，妃下車，司賓引妃立於閤外。俟皇帝進膳，司賓引妃入，立於庭，北面再拜，訖。尚食以膳授妃，司賓引妃升自西階，北面，置於皇帝前，司賓引降，復位，又再拜。司賓引妃出。

詣皇后所御之殿，立於閤外。俟皇后進膳，司賓引妃入，立於庭，北面再拜，訖。尚食以膳授妃，司賓引妃升自西階，北面，置於皇后前。司賓引妃降，復位，又再拜。司賓引妃出。

皇帝、皇后饗妃，如宮中之儀。

卷第一百七十四　嘉禮

皇子納夫人儀

采擇　問名　告吉　告成　告期　奏告
賜告　醮戒　親迎　同牢　夫人朝見　盥饋

采擇

前一日，主人設使者次於大門之外道右，南向①。

其日大昕，使者公服至於女氏大門外，掌次者延入次。主人及行事者皆公服。主人受於廟。無廟者，設神位於廳事中間②。使者出次，謁者引立於大門外之西，東面。主人立於東階下，西面。儐者立於主人之左，北面受命，出，立於門東，西面曰：“敢請事。”使者曰：“奉制，某王之儷，屬於懿淑③，慎之重之，使某行采擇之禮。”儐者入告，主人曰：“臣某之子顓愚，不足以備采擇，恭承制命，臣某不敢辭。”儐者出告，訖，入，引主人迎於大門外之南，北面再拜，使者不答拜。謁者引使者入門而左，主人入門而右。執鴈者從入，以鴈陳於庭，三分庭，一在南，北向。使者升自西階，立於兩楹

---

① “南向”，文津閣本作“東南向”。
② “廳事”，十萬卷樓本作“廳”。
③ “屬於懿淑”，《宋史》卷一一五《禮十八》作“屬子懿淑”。

間，南面。主人升自東階，進使者前，北面。使者曰："某奉制采擇。"主人降詣階間，北面再拜，退，立於東階上，西面。使者降自西階以出。

問名

使者既出，立於中門外之西，東面。主人降，立於東階下，西面。儐者進受命，出請事。使者曰："某王之儷，采擇既諧，將加官占，奉制問名。"儐者入告，主人曰："制以臣某之子可以奉侍某王，臣某不敢辭。"儐者出告，訖，引主人迎於中門外之南，北面再拜，使者不答拜。謁者引使者入門而左，主人入門而右，執鴈者從入，以鴈陳於庭，三分庭，一在南，北向。使者升自西階，立於兩楹間，南面。主人升自東階，進使者前，北面。使者曰："某奉制問名。"主人降詣階間，北面再拜，升階，仍北面曰："臣某第幾女，某氏出。"使者降自西階，出，立於中門外之西，東面。主人降，立於中門內，西面。儐者進受命，出請事。使者曰："禮畢。"儐者入告，主人曰："某公奉制命之於某之室，請禮從者。"儐者出告，使者曰："某既得將事，敢辭。"儐者入告，主人曰："敢固以請。"儐者出告，使者曰："某辭不獲聞命，敢不從。"儐者入告，遂引主人升立於序端。掌事者徹神位，設禮賓席。儐者引主人降迎，使者報揖。主人入，使者從入，升階，即座，行飲食之禮。會畢，賓主俱興。掌事者奉幣以授主人，主人以授使者，降自西階，從者受幣，使者退，主人送於門外。

告吉

前一日，主人設使者次，如常儀。

其日大昕，使者至女氏大門外，掌次者延入次，主人受禮，如采擇之儀。使者出次，謁者引立於大門外之西，東面。主人立於東階下，西面。儐者進受命，出請事，使者曰："官占既吉，奉制以告。"儐者入告，主人曰："臣某之子，愚弗克堪，占既之吉，臣與有幸，臣某謹奉典制。"儐者出告，訖，入，引主人迎於大門外之南，北面再拜，使者不答拜。謁者引使者入門而左，主人入門而右。執鴈者從入，以鴈陳於庭，三分庭，一在南，北向。使者升自西階，立於兩楹間，南面。主人升自東階，進使者前，北面。使者曰："奉制告吉。"主人降詣階間，北面再拜。使者降自西階，出，立於中門外之西，東面。主人退，立於中門，西面。儐者進受命，出請事，使者曰："禮畢。"其禮使者，如問名之儀。

告成

前一日，主人設使者次，如常儀。

其日大昕，使者至女氏大門外，掌次者延入次。執事者入，設幕於中門之外，玄纁束帛陳於幕之北面。玄三疋，纁三疋，合束之，其他禮物自如常儀。執事者奉璋以俟於幕西①，東面。主人受禮，如告吉之儀。使者出次，謁者引立於大門外之東，西面。主人立於東階下，西面。儐者進受命，出請事，使者曰："官占云吉，嘉耦既定②，制使某以儀物告成。"儐者入告，主人曰："奉制賜臣以重禮，臣謹奉典制③。"儐者出告，入，引主人迎於大門外之南，北面再

---

① "奉璋以"，文津閣本作"奉璋以匵"。

② "耦"字，《宋史》卷一一五《禮十八》作"偶"。

③ "臣謹奉典制"，文津閣本作"謹奉典制"，《宋史》卷一一五《禮十八》作"臣某謹奉典制"。

拜，使者不答拜。謁者引使者入門而左，主人入門而右，奉璋者從入，奉束帛者次之，諸持禮物者皆從其後，三分庭，一在南，北向西上。使者升自西階，立於兩楹間，南面。主人升自東階，進使者前，北面。使者曰："某奉制告成。"主人降詣階間，北面再拜。使者降自西階，出，立於中門外之西，東面。主人退，立於中門內，西面。儐者進受命，出請事，使者曰："禮畢。"其禮使者，如告吉之儀。

告期

前一日，主人設使者次，如常儀。

其日大昕，使者至女氏大門外，掌次者延入次，主人受禮，如告成之儀。使者出次，謁者引立於大門外之西，東面。主人立於東階下，西面。儐者進受命，出請事，使者曰："涓辰之良，某月某日吉，制使某告期。"儐者入告，主人曰："臣某謹奉制。"儐者出告，訖，入，引主人迎於大門之外之南，北面再拜，使者不答拜。謁者引使者入門而左，主人入門而右，執鴈者從入，以鴈陳於庭，三分庭，一在南，北向。使者升自西階，立於兩楹間，南面。主人升自東階，進使者前，北面。使者曰："某奉制告期。"主人降詣階間，北面再拜。使者降自西階，出，立於中門外之西①，東面。主人退，立於中門外，西向。儐者進受命，出請事，使者曰："禮畢。"其禮使者，如告成之儀。

奏告

前期，太史局擇日差官奏告景靈東、西宮，如常告之儀。

---

① "立"字，底本無，據文津閣本補。

賜告

前一日，主人設使者次，如常儀。使者以内侍充。又設權置告箱次於中門之外，北面。設香案於寢庭，隨闕所向。

其日大昕，使者公服至夫人門外，掌次者延入次。史二人對舉箱，置於次。夫人花釵翟衣，俟於閤，姆立於其右，女贊者二人夾侍。使者出次，謁者引立於大門外之西，東面。主人立東階下，西面。儐者進受命，出請事，使者曰："奉制賜某國夫人告。"儐者入告，主人曰："臣某謹奉制。"儐者出告，訖，入，引主人出，迎立於大門外之南，北面再拜，使者不答拜。謁者引使者入門而左，主人入門而右，舉告箱者從入。至寢門，以内侍代。主人立於香案之左，使者立於香案之右。舉告箱者以告置於香案①。女相者引夫人出，面闕立。使者稱："有制。"女相者贊："再拜。"夫人再拜。使者曰："賜某國夫人告。"又再拜，訖，夫人退。使者出，立於中門外之西，東面。主人立於中門内，西面。儐者進受命，出請事，使者曰："禮畢。"其禮使者，如告期之儀。

醮戒

皇子將行親迎，皇帝醮戒於所御之殿内。贊者設御座，南向。又設皇子位於西階上，東向。設酒饌，如常儀。

皇帝即御座，贊禮者引皇子北面再拜。皇子升自東階，進，立於位西，東向。次内贊者取醆，内侍以酒注於醆，進皇子位前，

---

① "舉告箱者"，底本作"告箱者"，"舉"字據文津閣本、《宋史》卷一一五《禮十八》補。

皇子跪,受醴。又内贊者奉饌,設於皇子位前,皇子就位,座,飲食,訖。贊禮者引皇子降階,北面再拜。又引皇子進當御座前,西向立,皇帝命之曰:"親迎惟古,往帥以恭。"皇子曰:"臣謹奉制。"次贊禮者引皇子降階,北面再拜,訖,出。

親迎

前一日,主人設皇子次於夫人大門之外道右,南向。又設王府官次於皇子次之西南,東向。

其日大昕,夫人父服其服,告於祖廟①。無廟者,設神位於廳事中間。

親迎前三刻,應執事者俱服其服,所司依式陳鹵簿於本閣門外。

初昏,所司進象輅於皇子閣外,南向。贊者二人在前,馭者奮衣而升②,正立執轡。皇子服九旒冕以出,左右侍衛如常儀。禮直官請皇子升輅,皇子升輅,訖,馭者立授綏,王府官夾侍。禮直官請進輅,輅動,贊者夾引以出。至王府官上馬所,禮直官請輅駐,令王府官上馬,王府官上馬畢③,禮直官請進輅,輅動,王府官以下皆乘馬以從。

皇子將至,主人設神位於寢户外之西,又設醴女位於户内,南向,具酒饌,如常儀。皇子至夫人大門外次前,迴輅南向。禮直官請皇子降輅,皇子降輅,入次。夫人著花釵,服翟衣,就位,

---

① "祖廟",文津閣本、十萬卷樓本作"襧廟"。
② "而升",底本作"西升",據十萬卷樓本改。
③ "王府官上馬畢",文津閣本作"俱上馬畢"。

南向立，姆立於其右①，女從者陪其後。主人升自東階，立於寢戶外之東，西面。內贊者設酒饌，夫人就位坐，飲食，訖，降，再拜。內贊者徹酒饌。

主人降，立於東階東南，西面。禮直官引皇子出次，立於門西，東面。儐者進受命，出門東，西面曰：“敢請事。”皇子曰：“某奉制親迎，敢不恭承。”儐者入告，主人曰：“某固恭具以須。”儐者出告，入，引主人迎於大門外之東，西面拜揖②，皇子答拜，主人揖，皇子報揖。皇子入門而左，主人入門而右，一揖③，至於階三遜。執鴈者從入，以鴈陳於庭，三分庭，一在南，北向。主人升，立於東階上，西面。皇子升西階，進當寢戶前，北面再拜，降出，主人不降送。初，皇子入門，母出，立於寢戶外之西，南面。於皇子拜訖④，姆導夫人出於母左。父少進，命之曰：“戒之戒之，夙夜恪勤，毋或違命。”母命之曰：“勉之勉之，爾父有訓，往承惟欽。”庶母申之曰：“恭聽父母之言。”

夫人出，乘厭翟車，陳鹵簿如式。皇子先出大門，至次，有司轉仗衞於還途，如來儀。所司進象輅於次前，禮直官請皇子升輅，王府官上馬，皆如來儀。輅動，至本宮門外，俱下馬，入至閤前，迴輅南向。禮直官請皇子降輅，皇子降輅，入。王府官從至閤，將士各還本所。

同牢

初昏，掌使者設巾洗二：一於東階東南，一於室之北，水在洗

---

① “其右”，文津閣本作“其左右”，十萬卷樓本作“左右”。
② “西面拜揖”，十萬卷樓本作“西面拜”。
③ “一揖”，十萬卷樓本作“三揖”。
④ “於”字，文津閣本作“俟”。

東。尊於室中,實四爵、兩否於篚。_{爵、否以常用酒器代之。}

皇子至,降輅以俟。夫人至,降車,北面立。皇子揖夫人以入,及寢門,又揖夫人升階,入於室。皇子盥於南洗,夫人從者沃之;夫人盥於北洗,皇子從者沃之。贊者設酒饌,匕箸從設,掌事者布對位。皇子揖夫人即對位,皆坐。贊禮者二人以酒注於醆[1],皇子及夫人受醆,飲,訖,贊者受醆,遂薦饌。再飲[2]、三飯如初儀。皇子及夫人皆興,再拜,掌事者徹酒饌,訖,退。

夫人朝見

其日,夫人夙興沐浴,著花釵,服翟衣,乘厭翟車以出。有司依式陳鹵簿於閤外。入至降車所,夫人降車,司賓引夫人止閤外。內侍入奏,皇帝即御座,南向坐,侍衛如常。夫人奉棗栗,司賓引夫人入,立於庭中,北面再拜。司賓引夫人升自西階,進,北面置於御座前,尚食進,徹以東。司賓引夫人降,復位,又再拜。

司賓引夫人出,詣皇后所御之殿,立於閤外。尚儀入奏,皇后即南向座,侍衛如常。司賓引夫人入,立於庭,北面再拜,訖。夫人奉腶脩,司賓引夫人升自西階,進,北面置於皇后前,尚食進,徹以東。司賓引夫人降,復位。司賓引夫人出。

皇帝、皇后醴夫人,如宮中之儀。

盥饋

其日,夫人夙興沐浴,著花釵,服翟衣,乘厭翟車以出。有司

---

① "贊禮者",十萬卷樓本作"贊者"。
② "再飲",底本作"再飯",據十萬卷樓本改。下句"三飯"同。

依式陳鹵簿。入至降車所，夫人下車，司賓引夫人立於閤外。俟皇帝進膳，司賓引夫人入，立於庭，北面再拜，訖。尚食以膳授夫人，司賓引夫人升自西階，北面置於皇帝前。司賓引夫人降，復位，又再拜。司賓引夫人出。

詣皇后所御之殿，立於閤外。俟皇后進膳，司賓引夫人立於庭，北面再拜，訖。尚食以膳授夫人，司賓引夫人升自西階，北面置於皇后前①。司賓引夫人降，復位，又再拜。司賓引夫人出。

皇帝、皇后饗夫人，如宮中之儀。

---

① “皇帝前司賓引夫人降復位又再拜司賓引夫人出詣皇后所御之殿立於閤外俟皇后進膳司賓引夫人立於庭北面再拜訖尚食以膳授夫人司賓引夫人升自西階北面置於”六十九字，文津閣本無。

卷第一百七十五　嘉禮

帝姬降嫁儀

納采問名　　納吉　　納成　　請期　　奏告
親迎　　同牢　　見舅姑　　醴婦　　盥饋　　饗婦

納采問名

前一日，壻家具禮物，用鴈。修表如儀，陳於廳事。掌昏者公服，省視訖，各置於綵輿。

其日大昕，掌事者設香案於庭中，掌昏者率壻向闕再拜，訖，捧舉以行，表在前，禮物次之，掌昏者乘馬於後，入東華門，下馬，至内東門外，權置。少頃，禮直官引掌昏者門外西向立，掌事者以納采表授掌昏者，掌昏者跪，搢笏，受，以授内謁者，進入，訖。禮物從入，准此。掌昏者退，就次内。謁者出，詣内東門。禮直官引掌昏者出次，西向立，掌事者又以問名表授掌昏者，掌昏者跪，搢笏，受，以授内謁者，進入，訖，退。諸捧舉者以次出。

納吉

前一日，壻家具禮物，用鴈。修表如儀，陳於廳事。掌昏者公服，省事訖，置於綵輿。

其日大昕，掌事者設香案於庭中，掌昏者率壻向闕再拜，訖，捧舉以行，表在前，禮物次之，掌昏者乘馬於後，入東華門，下馬，至內東門外，權置。少頃，禮直官引掌昏者詣門外，西向立，掌事者以納吉表授掌昏者，掌昏者跪，搢笏，受，以授內謁者，進入，訖，退。捧舉者以次出。

納成

前一日，壻家具禮物，_{用玉幣等。}修表如儀，陳於廳事。掌昏者公服，省視訖，各置於綵輿。

其日大昕，掌事者設香案於庭中，掌昏者率壻向闕再拜，訖，捧舉以行，表在前，玉幣次之，諸禮物又次之，掌昏者乘馬於後，入東華門，下馬，至內東門外，權置。少頃，禮直官引掌昏者詣門外，西向立，掌事者以納成表授掌昏者，掌昏者跪，搢笏，受，以授內謁者，進入，訖，退。諸捧舉者以次出。

請期

前一日，壻家具禮物，_{用鴈。}修表如儀，陳於廳事。掌昏者公服，省視訖，置於綵輿。

其日大昕，掌事者設香案於庭中，掌昏者率壻向闕再拜，訖，捧舉以行，表在前，禮物次之，掌昏者乘馬於後，入東華門，下馬，至內東門外，權置。少頃，禮直官引掌昏者詣門外，西向立，掌事者以請期表授掌昏者，掌昏者跪，搢笏，受，以授內謁者，進入，訖，退。捧舉者以次出。

奏告

前期，太史局擇日差官奏告景靈東、西宮，如常告之儀。

親迎

前一日，所司於內東門外量地之宜，西向設壻次。

其日大昕，壻之父服其服，告於禰廟曰：_{無廟者，於廳事中間設神}位①。“國恩覜室於某②，_{壻名。}以某日親迎，敢告。”再拜。子將行③，父醮子於廳事。贊者設父位於中間，南向；設子位於父位之西近南，東向。父即座，子公服，升自西階，進立於位前。贊者注酒於醆，西向授子，子再拜，受，訖④。贊者又奉饌設於位前，子舉酒，興，即飲食，訖，降，再拜，贊禮者引立於父位前。父命之曰：“往迎肅雍，以昭惠宗廟⑤。”子再拜，曰：“祇率嚴命⑥。”又再降出⑦，乘馬至東華門內，下馬，禮直官引就次。

有司陳帝姬鹵簿儀仗於內東門外，俟帝姬將升厭翟車，禮直官引壻出次，入於內東門外，躬身西向。掌事者以鴈陳於前，內謁者奉鴈以進。俟帝姬升車，訖，壻再拜，先還第。

---

① “中間”，十萬卷樓本作“東間”。
② “恩”字，文津閣本作“思”。
③ “子”字，底本作“于”，據十萬卷樓本改。
④ “受訖”，文津閣本、十萬卷樓本作“訖受”。
⑤ “廟”字，文津閣本無。
⑥ “祇”字，底本作“衹”，據文津閣本改。
⑦ “又再降出”，文津閣本作“又再拜降出”。

同牢

其日初昏，掌事者設巾、洗各二：一於東階東南①，一於室之北，水在洗東。尊於室中，實四爵、兩卺於篚。爵、卺以常用酒器代之。壻至本第，下馬以俟。帝姬至，降車。

贊者引壻揖帝姬以入寢門，又揖，壻導帝姬升階，執扇燭者陳列於前後。贊者引帝姬入於室。壻盥於南洗，帝姬從者沃之；帝姬盥於北洗，壻從者沃之。贊者設酒饌，匕箸從設，掌事者布對位。壻揖帝姬，皆即座，贊禮者二人俱注酒於醆，以授壻及帝姬，壻及帝姬俱興，受醆，即座，飲，訖，贊者受虛醆，遂薦饌。再飲、三飲如初儀。壻及帝姬俱興，再拜，訖②。贊者徹酒饌畢，退。

見舅姑

夙興，帝姬著花釵、服褕翟以俟見。贊者設舅姑位於堂上，東西相向，舅位於東，姑位於西。舅姑服其服，俱就位後立。女相者引帝姬升自西階，詣舅姑位前，再拜，訖。贊者以棗桌授帝姬，帝姬奉棗桌，置於舅位前。舅即座，贊者進，徹以東，帝姬退，復位，又再拜。女相者又引帝姬詣姑位前，再拜，訖。贊者以腵脩授帝姬，帝姬奉腵脩，置於姑前，姑即座，贊者進，徹以東，帝姬退③，復位，又再拜。次醴婦如別儀。

---

① “東階”二字，文津閣本無。

② “贊者受虛醆遂薦饌再飲三飲如初儀壻及帝姬俱興再拜訖”二十四字，文津閣本無。

③ “帝姬奉腵脩置於姑前姑即座贊者進徹以東帝姬”二十字，文津閣本無。

醴婦

見舅姑禮畢，贊禮設帝姬位於姑位之北少西，東向。女相者引帝姬立於位之面[①]。贊者注酒於醆，授帝姬，帝姬東面受醆，贊者西向拜送[②]。次又奉饌置於位前，帝姬即座，飲食，訖，降，再拜，贊者答拜，降階以退。

盥饋

贊者設舅姑位於堂上，東西相向，舅位於東，姑位於西。舅姑服其服，俱即座。女相者引帝姬升自西階，進詣舅姑之東，西向。贊者以饌授帝姬，帝姬受饌，置於舅位前，贊者加以匕箸。女相者又引帝姬進詣姑位之西，東向。贊者以饌授帝姬，帝姬受饌，置於姑位前，贊者加以匕箸，舅姑俱食，食畢，帝姬各再拜。次饗婦如別儀。

饗婦

盥饋舅姑禮畢，贊者設饗婦位於姑位之北少西，東向。女相者引帝姬立於位之西，贊者奉饌置於位前，加以匕箸。帝姬立即座，食畢，再拜，降階以退。

---

① "面"，文津閣本作"東面"，十萬卷樓本作"西"。
② "贊者"，十萬卷樓本作"贊禮者"。

卷第一百七十六　嘉禮

諸王以下昏儀

納采　問名　納吉　納成　請期　親迎
同牢　廟見　見舅姑　醴婦　盥饋　饗婦
舅饗送者　姑饗婦人送者

納采

前一日，主人設賓次於大門之外<small>賓謂夫家之屬使往來者</small>。道右，南向。<small>非南向者，各隨所向，餘放此。</small>

其日大昕，賓至女氏大門外，掌次者延入次，<small>賓主及行事者皆公服，不合公服者常服，下准此。</small>主人受於廟。<small>無廟者，於廳事中間設神位。</small>賓出次，立於大門外之西，東面。主人立於東階下，西面。儐者立於主人之左，北受命，出，立於門東，西面曰："敢請事。"賓曰："某官以伉儷之重施某王，<small>某官謂主人，某王謂壻。</small>某王率循彝典，以某將事[1]，敢請納采。<small>某王謂壻，父某謂賓。</small>"儐者入告，主人曰："某之子[2]，弗閑於姆訓，維是殷脩棗栗之饋，未知所以告虔也，某聽命於廟，敢不拜嘉。"儐者出告，訖，入，引主人迎於大門之東，西面。主人

---

[1] "以某將事"，底本作"以將事"，"某"字據《宋史》卷一一五《禮十八》補。

[2] "子"字，文津閣本作"女"。

揖賓，賓報揖。主人入門而右，賓入門而左，執鴈者從入，以鴈陳於庭，三分庭，一在南，北向。無鴈者，聽用羔，下准此。主人曰："請吾子升。"賓曰："某敢辭。"主人升東階，西面；賓升西階，東面。賓曰："敢納采。"主人西面再拜，訖，賓降自西階以出。

問名

賓既出，立於中門之西，東面。主人降，立於東階下，西面。儐者進受命，出請事，賓曰："合二姓之好，必稽諸龜筮，敢請問名。"儐者入告，主人曰："某王恭慎，重正昏禮，將又加諸卜，某敢不以告。"儐者出告，訖，入，引主人迎於中門外之東，西面。主人揖賓，賓報揖。主人入門而右①，賓入門而左②，執鴈者從入，以鴈陳於庭，三分庭，一在南，北面。主人升東階，西面；賓升西階，東面曰："敢問名。"主人西面再拜，訖，進，立於兩楹間，西面。賓進，立於主人之西，東面。主人曰："某第幾女，某氏出。"賓降自西階，立於中門外之西，東面。主人降，立於中門內，西面。儐者進受命，出請事，賓曰："禮畢。"儐者入告，主人曰："吾子今以事至於某之室，請禮從者。"儐者出告，訖，賓曰："某既得將事，敢辭。"儐者入告，主人曰："敢固以請。"儐者告，訖，賓曰："某辭不獲聞命，敢不從。"儐者入告，遂引主人升立於序端。掌事者徹神位，設禮賓席。儐者引主人降迎，賓報揖。主人入，賓從入，升階，即座，行飲食之禮。會畢，賓主俱興，掌事者捧幣以授主人，主人以授賓，賓降自西階，從者受幣，賓退，主人送於門外。

---

① "右"字，文津閣本作"左"。
② "左"字，文津閣本作"右"。

納吉

前一日，主人設賓次如常儀。

其日大昕，賓至女氏大門外，掌次者延入次，主人受禮，如納采之儀。賓出次，立於大門外之西，東面。主人立於東階下，西面。儐者進受命，出請事，賓曰："某王承嘉命，稽諸卜筮，龜筮協從，使某以告。"儐者入告，主人曰："某王不忘寒素，欲施德於某未教之女，而卜以吉告，其曷敢辭。"儐者出告，訖，入，引主人迎賓於大門外之東，西面。主人揖賓，賓報揖。主人入門而右，賓入門而左。執鴈者從入，以鴈陳於庭，三分庭，一在南，北向。主人升東階，西面。賓升西階，東面曰："敢納吉。"主人西面再拜，訖，賓降自西階以出，立於中門外之西，東面。主人降，立於中門內，西面。儐者進受命，出請事，賓曰："禮畢。"其禮賓，如問名之儀。

納成

前一日，主人設賓次如常儀。

其日大昕，賓至女氏大門外，掌次者延入次。掌事者入，設幕於中門之外，玄纁束帛陳於幕上，<small>玄三疋，纁二疋，各束之</small>①，其他禮物自<small>如常儀。</small>函書盛於箱，置於案。主人受禮，如納吉之儀。賓出次，立於大門之外西，東面。主人立於東階下，西面。儐者進受命，出請事，賓曰："某官以伉儷之重，施於某王，<small>某王謂壻。</small>某王率循彝典，<small>某王謂壻父。</small>有不腆之幣，使某將事，敢請納成。"主人曰："某

---

① "各"字，十萬卷樓本作"合"。

王順彝典，申之以備物，某敢不重拜嘉。"賓者出告，入，引主人迎賓於大門外之東，西面。主人揖賓，賓報揖。主人入門而右，賓入門而左，舉函書案者從入，奉束帛者次之，諸持禮物者皆從其後，三分庭，一在南，北向西上。主人升自東階，西面；賓升自西階，東面。賓曰："敢納成。"主人西面再拜，進，立於兩楹間。賓進，立於主人之西，相向立。掌事者以函書授賓，賓執函書以授主人，受，以授掌事者，訖。賓降自西階以出，立，於中門外之西，東面。主人降，立於中門內，西面。儐者進受命，出請事，賓曰："禮畢。"其禮賓，如納吉之儀。

請期

前一日，主人設賓次如常儀。

其日大昕，賓至女氏大門外，掌次者延入次，主人受禮，如納成之儀。賓出次，立於大門外之西，東面。主人立於東階下，西面。儐者進受命，出請事，賓曰："某王慎重嘉禮，將卜諸近日，使某請期。"儐者入告，主人再辭。儐者出告，賓曰："某既不獲受命於某官，某王得吉卜曰某日，敢不以告。"儐者入告，主人曰："謹奉命以從。"賓者出告，訖，入，引主人迎賓於大門外之東，西面。主人揖賓，賓報揖。主人入門而右，賓入門而左，執鴈者從入，以鴈陳於庭，三分庭，一在南，北向。主人升東階，西面。賓升西階，東面曰："敢告期。<small>某月日甲子吉。</small>"主人西面再拜，訖。賓降自西階以出，立於中門外之西，東面。主人降，立於中門內，西面。儐者進受命，出請事，儐曰："禮畢。"其禮賓，如納成之儀。

親迎有故，聽以媒氏往迎。

前一日，主人設賓次如常儀。

其日大昕，壻之父服其服，告於禰廟。無廟者，廳事間設神位，於禮有不應設神位者不設。子將行，父醮之於廳事。贊者設父位於中間，南向；設子位於父位之西近南，東向。父即座，子公服，升自西階，進，立於位前。贊者注酒於醆，西向授子，子再拜，跪，受。贊者又以饌設於位前，子舉酒，興，即座，飲食，訖，降，拜，進，立於父位前。父命之曰：“躬迎佳耦，釐爾內治。”子再拜，曰：“敢不奉命。”又再拜，降出，詣女氏家。主人服其服，告於禰廟，如請期之儀。

賓將至，賓謂壻。主人設神位於寢戶外之西，又設醴女位於戶內，南向，具酒饌如常儀。賓至，贊禮者引就次。女盛服立於房中，就位南向立，姆立於右，從者陪其後。父公服，升自東階，立於寢戶外之西，東向。內贊者設酒饌，女就位坐，飲食，訖，降，再拜，內贊者徹酒饌。主人降，立於東階東南，西面。贊禮者引賓出次，立於門西，東面。儐者進受命，出請事。賓曰：“某受命於父，以茲嘉禮，躬聽成命。”儐者入告，主人曰：“某固願從命。”儐者出告，訖，入，引主人迎賓於大門外之東，西面。主人揖賓，賓報揖。主人入門而右，賓入門而左。執鴈者從入，以鴈陳於庭，三分庭，一在南，北向。主人升立於東階上，西面。賓升西階，進當寢戶前，北面再拜，降出，主人不降送。

初，賓入門，母出，立於寢戶外之西，南面。於賓拜訖^①，姆導

———

① “於”字，文津閣本作“俟”。

出，於母左。父命之曰：“往之女家①，以順爲正，無無恭肅。”母戒之曰：“必恭必戒，無違舅姑之命。”庶母申之曰：“爾忱聽於訓言，毋作父母羞。”女出門，壻先還第。壻乘馬，女乘牛車或擔子。

同牢

初昏，掌事者設巾、洗各二：一於東階東南，一於室中之北，水在洗東。尊於室中，實四爵、兩柕於篚。爵、柕以常用酒器代之。婦至，贊者引就北面立，引壻揖婦入，以及寢門，又揖婦升階，入於室。壻盥於南洗，婦從者沃之；婦盥於北洗，壻從者沃之。贊者設酒饌，匕箸從設，掌事者布對位。壻揖婦，皆即座。贊禮者二人俱注酒於醆，以授壻及婦，壻及婦俱興，受醆，即座，飲，訖，贊者受虛醆，遂薦饌。再飲、三飲，如初儀。壻及婦俱興，再拜。掌事者徹酒饌，訖，退。

廟見

質明，贊見婦於廟。無廟者，於廳事中間設神位，於禮有不應設神位者，不用此儀。贊者引主人位於東階下，引主母位於西階下，諸親子壻婦各以序分立於後②，非南向者，各隨所向，左右尊畢序立③。立定。贊者引婦進詣庭中，北面再拜，訖，復位。主人升自東階，詣諸神位前，上香，祭酒，再拜，祝曰：“某氏來婦，敢率以見。”主人降自西階，復位。贊者曰：“拜。”主人以下皆再拜，訖，退。

---

① “女”字，《宋史》卷一一五《禮十八》作“汝”。
② “諸親子壻婦”，十萬卷樓本作“諸親與壻婦”。
③ “左右尊畢序立”，文津閣本作“左右尊卑俱序立”，十萬卷樓本作“左右尊卑序立”。

見舅姑

其日，婦服其服，至寢門外。贊者設舅姑位於堂上，東西相向，舅位於東，姑位於西。俟舅姑俱即座，贊者引婦奉棗栗自寢門入，立於庭，再拜，訖，升自西階，置於舅位前，贊者進，徹以東，婦降階，又再拜。次又奉腵脩，再拜，訖，<small>腵脩，婦從者執於階下。</small>升自西階，置於姑位前，贊者受以東，婦降階，又再拜。次醴婦，如別儀。

醴婦

見舅姑禮畢，贊者設醴婦位於姑位之北少西，東向。婦升階，立於位之西，贊者注酒於醆，詣婦位前，西向立。又贊者以饌設於位前，婦拜[1]，受醆，即座，飲食畢，降階，再拜，訖，退。

盥饋

贊者設舅姑位於堂上，東西相向，舅位於東，姑位於西。俟舅姑俱即座，贊者引婦立於庭，各再拜，訖，升自西階，立於舅位之東，西向。贊者以饌授婦，婦奉饌，置於舅位前，贊者加以匕箸。婦進，立於姑位之西，東向。贊者以饌授婦，婦奉饌，置於姑位前，贊者加以匕箸。舅姑俱食，食畢，婦降階，又再拜。次饗婦如別儀。

---

① “拜”，底本作“拜拜”，十萬卷樓本作“再拜”，據文津閣本改。

饗婦

盥饋舅姑禮畢，贊者設饗婦位於姑位之北少西，東向。婦升階，徹饌，設於位前，贊者贊之，加以匕箸。婦再拜，訖，即座，餕姑之饌食畢，降階，俱再拜，訖，退。

舅饗送者①

其日質明②，主人命掌事者設賓次於大門之外。又於廳事之兩楹間東北設主人位，西北設賓位，皆南向；西東對設衆賓位。賓至，掌次者延入次，儐者入告，主人出迎。贊禮者引賓出於大門外之西，東面。主人立於門東，西面。主人揖賓，賓報揖。主人入門而右，賓入門而左。主人升東階，賓升西階，東西相對，各再拜，訖。賓主以下俱立於座，立定，俱坐。酒行如常會，畢，賓主俱興，儐者引賓立於西階上，東面；主人立於東階上，西面。掌事者奉幣以授主人，主人以授賓，賓降自西階，從者受幣，賓退，主人送於門外。

姑饗婦人送者③

其日，內贊者設賓位於堂上兩楹間之西，主人位於堂上兩楹間之東，皆南向。賓之親黨位於西面④，東向。主人之親黨位於東南⑤，西向。賓至，儐者入告，主人出迎。內贊者引賓，主人、衆

---

① "送者"，十萬卷樓本作"從者"。
② "質明"，底本作"明"，據文津閣本改。
③ "送者"，十萬卷樓本作"從者"。
④ "西面"，十萬卷樓本作"西南"。
⑤ "東南"，文津閣本作"東面"。

賓從入,至階俱升,東西相對,各再拜,訖,立於坐後,立定。賓、主人以下俱坐,酒行如常會,畢①,賓、主俱興,掌事者奉幣以授主人,主人以授賓,賓降自西階,從者受幣,賓退,主人送於門内。賓出,内贊者引主人入。

---

① "畢"字,底本無,據文津閣本補。

卷第一百七十七　嘉禮

宗姬族姬嫁儀

納采　問名　納吉　納成　請期　親迎
同牢　廟見　見舅姑　醴婦　盥饋　享婦
舅享送者　姑享婦人送者

納采

前一日，主人設賓次於大門之外_{賓謂夫家之屬使往來者}。道右，南向。_{非南向者，各隨所向，餘放此。}

其日大昕，賓至主人大門外，掌次者延入次，_{賓、主及行事者皆公服，不合公服者常服，下准此。}主人受於廟。_{無廟者，於廳事中間設神位，於禮有不應設神位者不設，下准此。}賓出次，立於大門外之西，東面。主人立於東階下，西面曰："敢請事。"賓曰："某王以伉儷之重，_{某王謂主人，非王稱其官，下准此。}施某官之子某，率循彝典，以某將事，敢請納采。"儐者入告，主人曰："某聽命於廟，敢不拜嘉。"儐者出告，訖，入，引主人迎於大門外之東，西面。主人揖賓，賓報揖。主人入門而右，賓入門而左，執鴈者從入，以鴈陳於庭，三分庭，一在南，北向。_{無鴈者，聽用羊，下准此。}主人曰："請吾子升。"賓曰："某敢辭。"主人升東階，西面；賓升西階，東面。賓曰："敢納采。"主人西面再拜，訖，賓降，自西階以出。

問名

賓既出，立於中門外之西，東面。主人降，立於東階下，西面。儐者進受命，出請事。賓曰："合二姓之好，必稽諸龜筮，敢請問名。"儐者入告，主人曰："某官恭慎，重正昏禮，將又加諸卜，敢不以告。"儐者出告，訖，入，引主人迎於中門外之東，西面。主人揖賓，賓報揖。主人入門而右，賓入門而左，執鴈者從入，以鴈陳於庭，三分庭，一在南，北向。主人升東階，西面。賓升西階，東面曰："敢問名。"主人西面再拜，訖，進，立於兩楹間，西面。賓進於主人之西，東面。主人曰："某第幾女宗姬。族姬即云宗姬①。"賓降自西階，出，立於中門外之西，東面。主人降，立於中門內，西面。儐者進受命，出請事。賓曰："禮畢。"儐者入告，主人延賓以飲食之會，畢，賓主俱興。掌事者奉幣以授主人，主人以授賓。賓降自西階，從者受幣，賓退，主人送於門外。

納吉

前一日，主人設賓次如常儀。

其日大昕，賓至主人大門外，掌次者延入次，主人受禮，如納采之儀。賓出次，立於大門外之西，東面。主人立於東階下，西面。儐者進受命，出請事②。儐曰："某官恭承嘉命，龜筮協從，使某以告。"主人曰："某官不忘厚貺，而卜以告吉，某不敢辭。"儐者

---

① "族姬即云宗姬"，底本作"族姬即云族姬"，據文津閣本改。
② "事"字，文津閣本作"命"。

出告，訖，入，引主人迎賓於大門之東，西面。主人揖賓，賓報揖。主人入門而右，賓入門而左，執鴈者從入，以鴈陳於庭，三分庭，一在南，北向。主人升東階，西面。賓升西階，東面曰："敢告納吉。"主人西面再拜，訖，賓降自西階以出，立於中門外之西①，東面。主人降，立於中門内，西面。儐者進受命，出請事，賓曰："禮畢。"其禮賓，如問名之儀。

納成

前一日，主人設賓次如常儀。

其日大昕，賓至主人大門外，掌次者延入次。掌事者入，設幕於中門之外，玄纁束帛陳於幕上。<small>玄三匹，纁二匹，合束之，其他禮物自如常儀。</small>函書盛於箱，置於案。主人受禮，如納吉之儀。

賓出次，立於大門外之西，東面。主人立於東階下②，西面。儐者進受命，出請事。賓曰："某王以伉儷之重，加惠某官之子，某官率循彝典，有不腆之幣，以某將事，敢請納成。"儐者入告，主人曰："某官順彝典，申之以備物，某敢不重拜嘉。"儐者出，入，引主人迎賓於大門外之東，西面。主人揖賓，賓報揖。主人入門而右，賓入門而左，舉函書者從之，奉束帛者次之，諸持禮物者皆從其後，三分庭，一在南，北向西上。主人升自東階，西面；賓升自西階，東面。賓曰："敢納成。"主人西面再拜，訖，進，立於兩楹間，賓進，立於主人之西，相向立。掌事者以函書授賓，賓執函書以授主人，主人受，以授掌事者，訖。賓降自西階，出，立於中門

---

① "立於中門外之西"，文津閣本作"主人於中門外之西"。
② "主人立於東階下"，"立"字底本無，據文津閣本補。

外之西,東面。主人降,立於中門内,西面。儐者進受命,出請事。賓曰:"禮畢。"其禮賓,如納吉之儀。

請期

前一日,主人設賓次如常儀。

其日大昕,賓至主人大門外,掌次者延入次,主人受禮,如告成之儀。賓出次,立於大門外之西,東面。主人立於東階下,西面。儐者進受命,出請事。賓曰:"某官慎重嘉禮,將卜諸近日,使某請期。"主人再辭,賓曰:"某既不獲受命於某王,某官得吉曰某日,敢不以告。"主人曰:"某謹奉命以從。"儐者出告,訖,入,引主人迎於大門外之東,西面。主人揖賓,賓報揖。主人入門而右,賓入門而左,執鴈者從入,以鴈陳於庭,三分庭,一在南,北向。主人升東階,西面。賓升西階,東面曰:"敢告期。某月日甲子吉。"主人西面再拜,訖。賓降自西階以出,立於中門外之西,東面。主人降,立於中門内,西面。儐者進受命,出請事,賓曰:"禮畢。"其禮賓,如納成之儀。

親迎有故,聽以媒氏往迎。

前一日,主人設賓次如常儀。

其日大昕,壻之父服其服,告於禰廟。無廟者,於廳事東間設神位。子將行,父醮之於廳事。贊者設父位於中間,南向;設子位於父位之西近東,南向。父即座,子公服,升自西階,進,立於位前。贊者注酒於醆,西向授子,子再拜,跪,受。贊者又以饌設於位前,子舉酒,興,即座,飲食,訖,降,再拜,進,立於父位前。父命之曰："躬迎佳耦①，釐爾內治。"子再拜，曰："敢不奉命。"又再拜，降出，詣女氏家。

主人服其服，告於禰廟，如請期之儀。賓將至，賓謂壻。主人設神位於寢戶外之西，又設醴女位於戶內，南向，具酒饌如常儀。賓至，贊者引就次。女盛服立於房中，就位，南向立，姆立於右，女從者陪後。父公服，升自東階，立於寢戶外之東，西向。內贊者設酒饌，女就位坐，飲食，訖，降，再拜，內贊者徹酒饌。主人降，立於東階東南，西面。贊者引賓出次，立於門西，東面。儐者進受命，出請事。賓曰："某受命於父，以茲嘉禮，恭聽成命。"儐者入告，主人曰："某固願從命。"儐者出告，訖，入，引主人迎於大門外之東，西面。主人揖賓，賓報揖。主人入門而右，賓入門而左，執鴈者從入，以鴈陳於庭，三分庭，一在南，北向。主人升立於東階上，西面；賓升西階，進當寢戶前，北面再拜，降出，主人不降送。

初，賓入門，母出，立於寢戶外之西面。於賓拜訖②，姆導女出，於母左。父誡之曰："往之女家，以順爲正，無忘肅恭。"母戒之曰："必恭必戒，無違舅姑之命。"庶母申之曰："爾忱聽於訓言，毋作父母羞。"女出門，壻先還第。壻乘馬，女乘牛車或擔子。

同牢

初昏，掌事者設巾、洗各二：一於東階東南，一於室之北，水在洗東。尊於室中，實於爵③、兩卺於篚。爵、卺以常用酒器代之。婦

---

①　"佳"字，底本作"進"，據文津閣本、十萬卷樓本改。
②　"於"字，文津閣本作"俟"。
③　"實於爵"，文津閣本作"實四爵"。

至,贊者引就北面立,引壻揖婦以入,及寢門,又揖婦升階,入於室。壻盥於南洗,婦從者沃之;婦盥於北洗,壻從者沃之。贊者設酒饌,匕箸從設,掌事者布對位。壻揖婦,皆即座。贊者二人俱注酒於醆,授壻及婦,皆興,受醆,即座,飲,訖,贊者受虛醆,遂薦饌。再飲、三飲,如初儀。壻及婦俱興,再拜。掌事者徹酒饌,訖,退。

廟見

質明,贊見婦於廟。無廟者,於廳事中間設神位。贊者引主人立於東階下,引主婦立於西階下,諸親與壻各以序分立於後。非南向者,分左右各隨尊卑序立。立定,贊者引婦進詣庭中,北面再拜,訖,復位。主人升自東階,詣神位前,上香,祭酒,再拜,祝曰:"某氏來歸,敢率以見。"主人降自西階,復位。贊者曰:"拜。"主人以下皆再拜,訖,退。

見舅姑

其日,婦服其服,至寢門外。贊者設舅姑位於堂上,東西相向,舅位於東,姑位於西。俟舅姑俱即座,贊者引婦奉棗栗自寢門入,立於庭,再拜,訖,升自西階,置於舅位前,贊者進徹以東,婦降階,又再拜。次又奉腵脩,再拜,訖,腵脩,婦從者執①,俟於階下。升自西階,置於姑位前,贊者受以東,婦降階,又再拜。次醴婦,如別儀。

---

① "從者",文津閣本作"送者"。

醴婦

見舅姑禮畢，贊者設醴婦位於姑位之北少西，東向。婦升階，立於位之西，贊者注酒於醆，詣婦位前，西向立。又贊者以饌設於位前，婦再拜，受醆，即座，飲食畢，降階，再拜，訖，退。

盥饋四品以下不用此儀。

贊者設舅姑位於堂上，東西相向，舅位於東，姑位於西。俟舅姑俱即座，贊者引婦立於庭，各再拜，訖，升自西階，立於舅位之東，西向。贊者以饌授婦，婦奉饌，置於舅位前，贊者加以匕箸。婦進，立於姑位之西，東向。贊者以饌授婦，婦奉饌置於姑位前，贊者加以匕箸。舅姑俱食，食畢，婦降階，又再拜。次享婦如別儀。

享婦四品以下不用此儀。

盥饋舅姑禮畢，贊者設享婦位於姑位之北少西，東向。婦升階，徹饌，設於位前，贊者贊之，加以匕箸。婦再拜，即座，餕姑之饌食畢①，降階，俱再拜，訖，退。

舅享送者

其日質明，主人命掌事者設賓次於大門之外。又設廳事之兩楹間，東北設主人位，西北設賓位，皆南向；東西對設衆賓位。賓至，掌次者延入次。儐者入告，主人出迎，贊禮者引賓出，立於

---

① "餕"字，文津閣本作"食"。

大門外,東面。主人立於門東,西面。主人揖賓,賓報揖。主人入門而右,賓入門而左。主人升東階,賓升西階,東西相向對,各再拜,訖。賓主以下俱立於座後①,立定,俱坐定,酒行如常會,畢,賓主俱興。儐者引賓立於西階上,東面;主人立於東階上,西面。掌事者奉幣以授主人,主人以授賓,賓降自西階,從者受幣,賓退,主人送於門外。

姑享婦人送者

其日質明②,贊者設賓位於堂上兩楹間之西,主人位於堂上兩楹間之東③,皆南向。賓之親黨位於西南,東向。主人親黨位於東南,西向。賓至,儐者入告,主人出迎。內贊者引賓,主人、衆賓從入,至階,俱升,東西相對,各再拜,訖,立於座後④,立定。賓主以下俱坐,酒行如常會,畢,賓主俱興。掌事者奉幣以授主人,主人以授賓,賓降自西階,從者受幣,賓退,主人送於門內。賓出,內贊者引主人入。

①　“立”字,文津閣本作“退”。
②　“質明”,底本作“明”,據文津閣本改。
③　“位”字,文津閣本、十萬卷樓本作“立”。
④　“座”字,底本作“坐”,據文津閣本改。

卷第一百七十八　嘉禮

品官昏儀

納采　問名　納吉　納成　請期　親迎
同牢　見祖禰[①]　見舅姑　醴婦　盥饋
饗婦　舅饗送者　姑饗婦人送者

納采

前一日，主人設賓次於大門外賓謂夫家之屬使往來者。道右，南向。非南向者，各隨所向，餘放此。

其日大昕，賓至女氏大門外，掌次者延入次，賓、主及行事者皆公服[②]，不合公服者常服，下准此。主人受於廟。無廟者，於廳事中間設神位。賓出次，立於大門外之西，東面。主人立於東階下，西面。儐者立於主人之左，北面受命，出於門東，西面曰："敢請事。"賓曰："某官以伉儷之重施於某，某官謂主人，某謂壻。某官率循彝典，某官謂壻父。以某將事，敢請納采。"儐者入告，主人曰："某之子[③]，弗閑於姆訓，維是腶脩棗栗之饋，未知所以告虔也，其聽命於廟，敢不拜

① 底本該處原作"廟見"，據正文小標題改。
② "行事者"，底本作"行事"，"者"字據文津閣本補。
③ "子"字，文津閣本作"女"。

嘉。"儐者出告，訖，入，引主人迎賓於門外之東，西面。主人揖賓，賓報揖。主人入門而右，賓入門而左，執鴈者從入，以鴈陳於庭，三分庭，一在南，北向。<small>無鴈者，聽用羊，餘准此。</small>主人曰："請吾子升。"賓曰："某敢辭。"主人升東階，西面；賓升西階，東面。賓曰："敢納采。"主人西面再拜，訖。賓降自西階以出。

問名

賓既出，立中門外之西，東面。主人降，立於東階，西面。儐者進受命，出請事，賓曰："合二姓之好，必稽諸龜筮，敢請問名。"儐者入告，主人曰："某官恭慎，重正昏禮^①，將又加諸卜，某敢不以告。"儐者出告，訖，入，引主人迎賓於中門外之東，西面。主人揖賓，賓報揖。主人入門而右，賓入門而左，執鴈者從入，以鴈陳於庭，三分庭，一在南，北向。主人升東階，西面。賓升西階，東面曰："敢問名。"主人西面再拜，訖，立於兩楹間，西面。賓進，立於主人之西，東面。主人曰："某第幾女，某氏出。"賓降自西階，出，立於中門外之西，東面。主人降，立於中門内，西面。儐者進受命，出請事。賓曰："禮畢。"儐者入告，主人曰："吾子今以事至於某之室，請禮從者。"儐者出告，賓曰："某既得將事，敢辭。"儐者入告，主人曰："敢固以請。"儐者出告，賓曰："某辭不獲聞命。敢不從。"儐者入告，主人升立於序端。掌事者徹神位，設主賓席^②。贊者引主人降迎，賓報揖。主人入，賓從入，升階，即座，行飲食之禮，會畢，賓主俱興。掌事者奉幣以授主人，主人以授賓，

---

① "昏禮"，文津閣本作"嘉禮"。
② "主賓席"，文津閣本作"禮賓席"。

降自西階①,從者受幣②,賓退,主人送於門外。

納吉

前一日,主人設賓次如常儀。

其日大昕,賓至女氏大門外,掌次者延入次,主人受禮,如納采之儀。賓出次,立於大門外之西,東面。主人立於東階下,西面。儐者進受命,出請事。賓曰:“某官承嘉命,稽諸卜筮,龜筮協從,使某以告。”儐者入告,主人曰:“某官惠顧前好,欲施德於某未教之女,而卜以吉告,其曷敢辭。”儐者出告,訖,入,引主人迎賓於大門外之東,西面。主人揖賓,賓報揖。主人入門而右,賓入門而左,執鴈者從入,以鴈陳於庭,三分庭,一在南,北向。主人升東階,西面。賓升西階,東面曰:“敢納吉。”主人西向再拜,訖,賓降自西階以出,立於中門外之西,東面。主人降,立於中門內,西面。儐者進受命,出請事,賓曰:“禮畢。”其禮③,如問名之儀。

納成

前一日,主人設賓次如常儀。

其日大昕,賓至女氏大門外,掌次者延入次。掌事者入,設幕於中門之外,玄纁束帛陳於幕上。<small>玄三匹,纁二疋,合束之,其他禮物自如常儀。</small>函書盛於箱,置於案。主人受禮,如納吉之儀。賓出次,立於大門外之東,西面。主人立於東階下,西面。儐者進受命,

---

① “降自西階”,文津閣本作“賓降自西階”。
② “受”字,文津閣本作“授”。
③ “禮”,文津閣本作“禮賓”。

出請事，賓曰："某官以伉儷之重，加惠某官^①，上某官謂主人，下某官謂壻。某官率循彝典，某官謂壻父。有不腆之幣，以某將事，敢請納成。"主人曰："某官順彝典，申之以備物，某敢不重拜嘉。"儐者出告，訖，入，引主人迎賓於大門外之東，西面。主人揖賓，賓報揖。主人入門而右，賓入門而左，舉函書案者從之，奉束帛者次之，持諸禮物者皆從其後，三分庭，一在南，北向西上。主人升自東階，西面；賓升自西階，東面。賓曰："敢納成。"主人西面再拜，進，立於兩楹間，賓進，立於主人之西，相向立。掌事者以函書授賓，賓執函書以授主人，主人受，以授掌事者，訖。賓降自西階以出，立於中門外之西，東面。主人降，立於中門內，西面。儐者進受命，出請事，賓曰："禮畢。"其禮賓^②，如納吉之儀。

請期

前一日，主人設賓次如常儀。

其日大昕，賓至女氏大門外，掌次者延入次，主人受禮，如告成之儀。賓出次，立於大門外之西，東面。主人立於東階下，西面。儐者進受命，出請事。賓曰："某官慎重嘉禮，將卜諸近日，使某請期。"儐者入告，主人再辭，儐者出告。賓曰："某既不獲受命於某官，某官得卜吉曰某日，敢不以告。"儐者入告，主人曰："謹奉命以從。"儐者出告，訖，入，引主人迎賓於大門外之東，西面。主人揖賓，賓報揖。主人入門而右，賓入門而左，執鴈者從入，以鴈陳於庭，三分庭，一在南，北向。主人升東階，西面。賓

---

① "加惠某官"，文津閣本作"加惠某"，無"官"字。
② "禮賓"底本作"禮"，"賓"字據文津閣本補。

升西階，東面曰："敢告。_{某月日甲子吉}。"主人西面再拜，訖。賓降自西階以出，立於中門外之西，東面。主人降，立於中門內，西面。儐者進受命，出請事。賓曰："禮畢。"其禮賓，如納成之儀。

親迎_{有故，則以媒氏往迎}[①]。

前一日，主人設賓次如常儀。

其日大昕，壻之父服其服，告於禰廟。_{無廟者，於所事東間設神位}[②]。子將行，父醮之於廳事。贊者設父位於中間，南向；設子位於父位之西近南，東向。父即座，子公服，升自西階，進，立於位前。贊者注酒於醆，西向授子，子再拜，跪，受。贊者又以饌設於位前。父命之曰："躬迎佳耦，釐爾內治。"子再拜曰："敢不奉命。"又再拜，降出，詣女氏家。

主人服其服，告於禰廟，如請期之儀。賓將至，_{賓謂壻}。主人設神位於寢戶外之西，又設醴婦位於戶內，南向。主人升東階，西面。賓升西階，進當房戶前，北面。掌事者陳鴈於階。賓曰："某受命於父，以茲嘉禮，恭聽成命。"主人曰："某固願從命。"賓再拜，降出，主人不降送。初，女出，父戒之曰："往之汝家，無忘肅恭[③]。"母戒之曰："夙夜以思，無有違命。"諸母申之曰："無違爾父母之訓[④]。"女出，壻先還，俟於門外。

同牢

婦至，贊者引就北面立，壻南面揖以入。至於室，掌事者設

---

①　"則"字，文津閣本作"聽"。

②　"所事"，文津閣本作"廳事"。

③　"無忘肅恭"，文津閣本作"無違恭肅"。

④　"訓"字，文津閣本作"命"。

對位於室中，壻、婦皆即座。贊者注酒於醆，授壻及婦。壻及婦受醆，飲，訖，遂設饌。再飲、三飲並如上儀。婿及婦興，再拜。贊者徹酒饌。

見祖禰[①]

質明，婦服其服，以俟見。掌事者設神位如常儀。贊者引主人位於東階下，引主婦位於西階下，諸親及壻、婦各以序分立於後，非南向者，各隨所向，分左右尊卑序立。立定。贊者引婦進，詣庭中，北面再拜，訖，復位。主人升階，詣神位前，上香，祭酒，祝曰："某氏來婦，敢率以見。"祝訖，降自西階，復位。主人以下皆再拜，訖，退。

見舅姑

贊者設舅姑位於堂上，東西相向，舅位於東，姑位於西。俟舅姑俱即座，贊者引婦奉棗栗立於庭，再拜，訖，升階，置於舅位前，贊者受之，婦降階，又再拜。次又奉腶脩再拜，訖，腶脩，婦從者執，俟於階下。升階，置於姑位前，贊者受之，婦降階，又再拜。醴婦如別儀。

醴婦

贊者設醴婦位於姑位之北少西，東向。婦升階，立於位之西。贊者注酒於醆，授婦，婦再拜，受醆，訖。贊者又以饌設於位

---

① "見祖禰"，文津閣本作"廟見"。

前①，婦即座，飲食，畢，降階，再拜，訖，退。

盥饋

　　贊者設舅姑位於堂上，東西相向，舅位於東，姑位於西。俟舅姑俱即座，贊者引婦立於庭，各再拜，訖，升自西階，立於舅位之東，西向。贊者以饌授婦，婦奉饌，置於舅位前，贊者加以匕箸。婦進，立於姑位之西②，贊者以饌授婦，婦奉饌，置於姑位前，贊者加以匕箸。舅姑俱食，畢，婦降階，又再拜。次享婦如別儀。

饗婦

　　盥饋舅姑禮畢，贊者設享婦位於姑位之北少西③，東向。婦升階，徹饌，設於位前，贊者贊之，加以匕箸。婦再拜，即座，餕姑之饌，食畢，降階，俱再拜，訖，即退。

舅饗送者

　　其日質明，主人命掌事者設賓次於大門之外。又於廳事之兩楹間東北設主人位，西北設賓位，皆南向，東西對設衆賓位。賓至，掌次者延入次。儐者入告④，主人出迎。贊禮者引賓出，立於大門外之西，東面。主人立於門東，西面。主人揖賓，賓報揖。主人入門而右，賓入門而左，主人升東階，賓升西階，相對，各再拜，訖。賓、主以下俱立於座後，俱坐定，酒行如常會，畢，賓主俱

---

　　①　“設於位前”，文津閣本作“設於姑之位前”。
　　②　“立於姑位之西”，十萬卷樓本作“立於姑之右”。
　　③　“贊者”，底本作“替者”，據文津閣本、十萬卷樓本改。
　　④　“掌次者延入次儐者入告”，文津閣本作“掌次者入告”。

興。儐者引賓立於西階上，東面。主人立於東階上，西面。掌事者奉幣以授主人，主人以授賓①，賓降自西階，從者受幣，賓退，主人送於門外。

姑饗婦人送者

其日，内贊者設賓位於堂上兩楹間之西，主人位於堂上兩楹間之東，皆南向。賓之親黨位於西南，東向。主人之親黨位於東南，西向。賓至，儐者入告，主人出迎。内贊者引賓，主人、衆賓從入，至階，俱升，東西相對，各再拜，訖，立於座後，立定。賓主以下俱坐，酒行如常，會畢，賓主俱興。掌事者奉幣以授主人，主人以授賓，賓降自西階，從者受幣，賓退，主人送於門内。賓出，内贊者引主人入。

---

① “主人以授賓”，文津閣本作“主人執以授賓”。

卷第一百七十九　嘉禮

庶人昏儀

納采問名　納吉　納成請期　親迎
見祖禰　見舅姑　醴婦　饗送者

納采問名

其日，媒氏至女氏門。掌事者設禰位於廳事南向。_{非南向者，}隨所向，餘倣此。主人受禮於神位前，迎媒氏於門外。主人揖，入，媒氏報揖，從入。主人升東階，媒氏升西階，_{非東西階者，主人升左，媒氏升}右，餘放此。對揖，訖，俱即座。從者以鴈陳於階。_{三舍生無鴈者，並聽用}羊。庶人聽以雉及鳩鶩代^①，下准此。媒氏曰："吾子將修好於某，某獲預將事，敢請納采。"主人曰："某之子^②，弗閑於姆訓，敢不拜嘉。"媒氏曰："將加卜筮，敢問名。"主人以函書授媒氏^③。稱某第幾女^④，年若干。媒氏將出，主人曰："敢禮從者。"媒氏曰："敢辭。"主人曰："敢固請。"禮訖，媒氏出，主人送於門外。

---

① "鳩"字，文津閣本作"鸛"，十萬卷樓本作"鷄"。
② "子"字，文津閣本作"女"。
③ "函書"，十萬卷樓本作"書函"。
④ "某"字，文津閣本作"其"。

納吉

其日,媒氏至女氏門。掌事者設神位如初。主人受禮,如納采之儀,迎媒氏於門外,主人揖,入,媒氏報揖,從入。主人升東階,媒氏升西階,對揖,訖,俱即座。從者以鴈陳於階。媒氏曰:"稽諸龜筮,牧卜曰吉[①],使某以告。"主人曰:"龜筮協從,其曷敢辭。"餘如問名之儀。

納成請期

其日,媒氏至女氏門。掌事者設神位如初。主人受禮,如納吉之儀,迎媒氏於門外,媒氏執函書,主人揖,入,媒氏報揖,從入,持禮物者從其後。函書如常儀,書其物之數,玄帛三,纁帛二,不及者聽。主人升東階,媒氏升西階,對揖,訖,俱即座。從者以禮物陳於階。媒氏曰:"吾子既修好於某,某使某請納成[②]。上某謂壻父,下某謂媒氏[③]。"媒氏以函書授主人,主人曰:"備物者敢不重拜。"主人復書以授媒氏,媒氏復致命曰:"某使某請吉日。"主人曰:"某固聽命。"媒氏曰:"請以某甲子。"主人曰:"敢不承命。"餘如納吉禮。

親迎有故,聽以媒氏往迎。

質明,掌事者設襧位於廳東間,南向。壻之父服其服,北面再拜,祝曰:"某子某名,年若干,禮宜有室,娉某氏第幾女,以某日親迎,敢告。"子將行,父坐於廳事中間,南向。子服其服,三舍生

及品官子孫假九品,餘並帛衫衣、折上巾。立於父位之西少南,東向。贊者注酒於醆,授子,子再拜,跪,受。贊者又以饌設於位前,子舉酒,興,即座,飲食,訖,降,再拜,進,立於父位前,父命之曰:"釐爾内治,往求爾匹①。"子再拜,曰:"敢不奉命。"又再拜,訖,降出。

初昏,掌事者設酒及饌於室中,置二醆於盤。壻服其服,如前所服。至女氏家,贊者引就次。掌事者設禰位,主人受禮,如請期之儀。主人謂女父。女盛服立於房中。父升階,立於房外之東,西向。非南向者,各隨其所向,立於門外之左,餘倣此。贊者注酒於醆,授女,女再拜,受醆。贊者又以饌設於位前,女即座,飲酒,訖,降,再拜。父降,立於東階下。賓出次,賓謂壻。主人迎於門,揖賓,入,賓報揖,從入②。掌事者陳鴈於階,賓曰:"某受命於父,以兹嘉禮,恭聽成命。"主人曰:"某固願從命。"賓再拜,降出。主人不降送。初,女出,父戒之曰:"往之汝家,無忘恭肅。"母戒之曰:"夙夜以思,無有違命。"諸母申之曰:"無違爾父母之訓。"女出,壻先還,俟於門外③。

見祖禰④

質明,婦服其服以俟見。掌事者設神位如常儀。贊者引主人位於東階下,引主婦位於西階下,諸親及壻、婦各以次序分立

---

① "求"字,文津閣本作"迎",十萬卷樓本作"來"。

② 底本於該句後,尚有一段文字:"主人及諸親與壻婦各以次序分立於後非南向者各隨所向分左右尊卑序立立定贊者引婦進詣庭中北面再拜訖復位主人升自東階詣神位前上香祭酒再拜祝曰某子某子名聘某王第幾女宗姬族姬即云族姬以某日來婦敢率以見主人降自西階復位贊者曰拜主人以下降階再拜訖退"。這段文字文津閣本無,據其内容,當是宗姬族姬嫁儀,而非庶人昏儀内容,故刪去。

③ 從"掌事者陳鴈於階"至"壻先還俟於門外"這段文字,底本無,據文津閣本補。

④ "見祖禰"一节全文,底本無,據文津閣本補。

於後，非南向者，各隨所向，分左右尊卑序立。立定。贊者引婦進詣庭中，北面再拜，訖，復位。主人升自東階，詣神位前，上香，祭酒，再拜，祝曰："某氏來婦，敢率以見。"祝訖，降自西階，復位。主人以下皆再拜，訖，退。

見舅姑

其日，婦服其服，至寢門外。贊者設舅姑位於堂上，東西相向，舅位於東，姑位於西，俱即座。贊者引婦奉棗栗自寢門入，立於庭，再拜，訖，升自西階，置於舅位前，贊者進，徹以東，婦降階，又再拜。次又奉腵脩，再拜，訖，腵脩，婦從者執，俟於階下。升自西階，置於姑位前，贊者受以東①，婦降階，又再拜。次醴婦，如別儀。

醴婦

見舅姑禮畢，贊禮者設醴婦位於姑位之北少西，東向。婦升階，立於位之西。贊者注酒於醆，詣婦位前，西向立。又贊者以饌設於位前，婦再拜，受醆，即座，飲食畢，降階，俱再拜，訖，退。

饗送者

其日，掌事者預於廳事對設主人及眾賓位。賓至，主人降迎，揖賓以入。主人升東階，賓升西階，進詣兩楹間，相對，各再拜，訖。暨送者俱即座。具酒饌如常儀。會訖，賓、主俱興，掌事者奉幣以授主人，主人以授賓，賓降自西階，從者受幣，賓退，主

---

① "贊者"，底本作"贊"，據文津閣本、十萬卷樓本改。

人送於門外。若女賓送者①，則主婦會於寢，亦有幣，餘如丈夫禮。

卷第一百八十　嘉禮

皇太子冠儀上

奏告　陳設　皇帝御文德殿行禮　朝見皇后

奏告

前期，太史局擇日差官奏告昊天上帝、皇地祇、太廟、別廟、太社、太稷、景靈東宮、景靈西宮、中太乙宮、祐神觀、醴泉觀、上清儲祥宮、太清儲慶宮、九成宮、永安陵、永熙陵、永定陵、永昭陵、永昌陵、永厚陵、永裕陵、永泰陵，並如常告之儀。

陳設

前期，殿中監帥其屬尚舍張設垂拱、文德殿門之內。設御座於文德殿當中，南向；東、西房於御座之左、右稍北；東、西閤於殿後之左、右。殿上前楹施簾，設香案於殿下螭陛間。又爲房於東朵殿。大晟展宮架之樂於殿庭橫街之南；設協律郎舉麾位於宮架西北①，東向；大司樂押樂位於宮架之前，北向。儀鸞司設文武朝參官及掌冠、贊冠、掌冠以禮部尚書，贊官以鴻臚卿。應行禮官、東宮官次於朝堂之內外。

---

① “協律郎”，底本作“協律”，“郎”字據文津閣本補。

　　其日，尚輦陳大輦於殿西階下，東向；列御馬於殿門外東廂，西向。尚書兵部帥其屬列黄麾細仗於殿庭。典儀設皇太子朝見位於横街南，北向；又設掌冠、贊冠者受制位於皇太子位稍北，東上；又設左輔承制位於御座之東；又設左輔宣制位於皇太子位之東北，並西向。又設掌冠、贊冠者及應行禮官位於東階下，東宫官又位於後，並西向北上。太常設皇太子冠席於東階下稍北，西向；設褥位，陳服於席南，東領北上。袞冕：垂白珠九旒①，紅絲組爲纓，青纊充耳，犀簪導。青衣，朱裳，九章。五章在衣：山、龍、華蟲、火、宗彝。四章在裳：藻、粉米、黼、黻②。白紗中單，青褾、襈、裾，革帶，塗金銀鉤䚢，蔽膝，隨裳色，火、山二章。瑜玉雙佩，四采織成大綬，間施二玉環③。白韈，朱履④，桓圭。遠遊冠：十八梁，金塗銀花飾。博山，附蟬，紅絲組爲纓，犀簪導。朱明服：紅裳，白紗中單，方心曲領，絳紗蔽膝，餘同袞冕。白韈，黑舃，折上巾。公服遠遊冠簪導、袞冕簪導同箱，在服南。設罍、洗於阼階東，罍在洗東，篚在洗西⑤，實巾一，加勺冪。光禄實側尊，在席南。饌設於席，加冪。執事者並公服，立於罍洗酒饌之所。九旒冕、遠遊冠、折上巾各

---

　　①　"九旒"，底本作"九旋"，據文津閣本、《宋會要輯稿》輿服四之二"徽宗政和三年四月二十九日議禮局上皇太子冠服之制"條、《文獻通考》卷一一三《王禮考八》"君臣冠冕服章"改。

　　②　"黻"字，底本無，據文津閣本、《宋會要輯稿》輿服四之二"徽宗政和三年四月二十九日議禮局上皇太子冠服之制"條補。

　　③　"間施二玉環"，《宋會要輯稿》輿服四之二"徽宗政和三年四月二十九日議禮局上皇太子冠服之制"條、《文獻通考》卷一一三《王禮考八》"君臣冠冕服章"、底本卷十二"皇太子冠服"條作"間施玉環三"。

　　④　"朱履"，《宋會要輯稿》輿服四之二"徽宗政和三年四月二十九日議禮局上皇太子冠服之制"条、《文獻通考》卷一一三《王禮考八》"君臣冠冕服章"作"朱舄"。

　　⑤　"罍在洗東篚在洗西"，文津閣本作"罍在洗西"。

一①,奉禮郎三人執以待於東階之東②,西面北上。設典儀位於宮架東北,贊者二人在南,少退,俱西向。

皇帝御文德殿行禮

其日質明,闢文德殿門,文武朝參官及掌冠、贊冠、應行禮官、東宮官入就次,服朝服。大樂正帥樂工先入就位,協律郎入就舉麾位,大司樂入就押樂位。典儀帥贊者先入就位,又引掌冠③、贊冠者入,立於文德殿門外道東,西向。東宮官以下自東宮導從皇太子至殿門外。禮直官、通事舍人、太常博士引皇太子詣文德朵殿東房,訖。

皇帝將出宮,東上閤門引知樞密院事以下詣垂拱殿立班,如常儀。東上閤門附內侍進班齊牌。垂拱殿簾降,皇帝乘輦出,至殿上,少駐,輦官迎駕,自贊常起居。宣輦官上殿,簾卷,鳴鞭,行門禁衛諸班親從迎駕,自贊常起居。次舍人先贊知內侍省官以下常起居。次樞密以下通班常起居,贊祗候引駕。樞密知客省事以下至簽書東上閤門官分左、右立。六尚局應奉官、祗候武功大夫以下並先退。管軍臣僚窄衣,執杖子,宣名常起居,贊祗候引駕,並分左、右前導。輦降東階垂拱殿門外,禁衛諸班親從自贊常起居,訖。至文德殿後,管軍臣僚易公服,執杖,於殿階下分東、西侍立。皇帝降輦,入西閤,前導官易朝服,詣御座前,分左、右侍立。知樞密院、簽書樞密院、知客省事以下至簽書東上閤門官在東,同知樞密院在西。閤門舍人以下各詣兩朵殿上,不當祗

---

① “各一”,十萬卷樓本作“各一匭”。
② “待”字,文津閣本作“侍”。
③ “又”字,底本作“入”,據文津閣本改。

應舍人並殿下，西向立。諸軍將校先入，分立殿門内左右内外。符寶郎俱詣閣奉迎。御史臺引殿中侍御史一員先入就位①，次東上閣門、御史臺、太常寺分引三公以下文武百僚入詣文德殿立班，東西相向②，如月朔視朝之儀。禮直官、通事舍人引左輔版奏中嚴内外。符寶郎奉寶先出。少頃，又引左輔版奏外辦。

皇帝服通天冠、絳紗袍，簾卷，大樂正令撞黄鍾之鐘，右五鐘皆應，殿上鳴鞭。禁衛諸班親從自贊常起居。皇帝出西閣，乘輦，協律郎俛伏，跪，舉麾，興，凡樂，皆協律郎舉麾，工鼓柷而後作，偃麾，戛敔而后止。工鼓柷，奏《乾安之樂》。禮直官、太常博士引禮儀使前導，皇帝出自西房，内侍承旨索扇，扇合，皇帝降輦，即御座，簾卷，内侍又贊扇，扇開，殿下鳴鞭。戛敔，樂止，爐煙升。禮直官、太常博士、禮儀使立於御座前稍東，西向。符寶郎奉八寶陳於御座之左右，分立如儀③。禮直官、通事舍人、太常博士引掌冠、贊冠者初入門④，《肅安之樂》作，至位，樂止。立定，典儀曰：“再拜。”贊者承傳，在位官皆再拜。左輔詣御座前承制，降東階，詣掌冠者前稍東，西向稱：“有制。”典儀曰：“再拜。”贊者承傳，在位官皆再拜，訖。左輔宣制曰：“皇太子冠，命卿等行禮。”宣制訖，掌冠、贊冠者再拜，左輔復位。文臣侍從官、宗室、武臣節度使以上升殿，分東、西侍立。禮直官、通事舍人、太常博士引掌冠、贊冠者及應行禮官詣東階下位，立定。

東宫官入，詣皇太子東房，次禮直官、通事舍人、太常博士詣

---

① “一員”，文津閣本作“二員”。
② “東西相向”，文津閣本作“東西向”。
③ “分立如儀”，文津閣本作“侍立如常儀”。
④ “引掌冠贊冠者初入門”，文津閣本作“引掌冠贊冠者入就位掌冠者初入門”。

太子東房，引皇太子，内侍二人夾侍，東宫官後從①。自後准此。皇太子初行，《欽安之樂》作，即席，西向坐，樂止。禮直官、通事舍人、太常博士引掌冠、贊冠者以次詣罍洗，樂作，搢笏，盥手，帨手，訖，執笏，升，樂止。執折上巾者升，掌冠者降一等受之，右執項，左執前，進皇太子席前，北向立，祝曰：“咨爾元子，肇冠於阼階②，筮日擇賓，德成禮具，於萬斯年，成天之祐。”乃跪，冠，《順安之樂》作。掌冠者興，席南，北面立。贊冠者進席前，北面跪，正冠，興，立於掌冠者之後。皇太子興，内侍跪，進服，服訖，樂止。掌冠者揖，皇太子復坐。禮直官、通事舍人、太常博士引掌冠、贊冠者降，詣罍洗，樂作，搢笏，盥手，帨手，訖，執笏，升，樂止。贊冠者進席前，北面跪，脱折上巾，置於筐③，興。内侍跪，受服，興，置於席。

　　執遠遊冠者升，掌冠者降二等受之，右執項，左執前，進皇太子席前，北向立，祝曰：“爰即今辰④，申加玄服，崇學以齒，三善皆得，副於一人，受天百福⑤。”乃跪，冠，《懿安之樂》作。掌冠者興，席南，北面立。贊冠者進席前⑥，北面跪，簪結紘，興，立於掌冠者之後。皇太子興，内侍跪，進服，服訖，樂止。掌冠者揖，皇太子復坐。禮直官、通事舍人、太常博士引掌冠、贊冠者降，詣罍洗，樂作，搢笏，盥手，帨手，執笏，升，樂止。贊冠者進席前，北向跪，脱遠遊冠，置於筐，興。内侍跪，受服，置於席。

---

① “東宫官”，文津閣本作“宫官”。
② “肇冠於阼階”，《宋史》卷一一五《禮十八》作“肇冠於阼”。
③ “筐”，文津閣本作“櫃”，十萬卷樓本作“匶”。
④ “即”，文津閣本作“及”。
⑤ “福”，文津閣本作“禄”。
⑥ “贊冠者”，底本作“贊者者”，據文津閣本、十萬卷樓本改。

執袞冕者升，掌冠者降三等受之，右執項，左執前，進皇太子席前，北向立，祝曰：“三加彌尊①，國本以正，無疆惟休，有室大競，懋昭厥德，保兹永命。”乃跪，冠，《成安之樂》作。掌冠者興，席南，北面立。贊冠者進席前，北面跪，簪結紘，興，立於掌冠者之後。皇太子興，内侍跪，進取服②，服訖，樂止。

禮直官、通事舍人、太常博士引皇太子降自東階，樂作，由西階升，即醴席，南向坐，樂止。禮直官、通事舍人、太常博士引掌冠者詣罍洗，樂作，搢笏，盥手，帨手，訖，執笏，升西階，樂止。贊冠者跪，取爵，内侍以酒注於爵，掌冠者受爵，跪，進皇太子席前，北向立，祝曰：“旨酒嘉薦，有飶其香，拜受制文③，以定爾祥，令德壽考，日進無疆。”皇太子搢圭，跪，受爵，《正安之樂》作，飲，訖，奠爵，執圭。太官令奉饌設於皇太子席前，皇太子搢圭，食，訖，樂止，執圭，興，太官令徹饌及爵。禮直官、通事舍人、太常博士引皇太子降自西階，詣朵殿東房，易朝服。皇太子初行，樂作，至次，樂止。

禮直官、通事舍人、太常博士引皇太子降，立於橫街南，北向位。東宫官復東階下，西向位。皇太子初行，樂作，至位，立定，樂止。禮直官、通事舍人、太常博士引掌冠④、贊冠者詣皇太子位前稍東，西向。掌冠者少進，字之曰：“始生爲名⑤，而實之賓⑥，既

---

① “彌尊”，文津閣本作“稱尊”。
② “進取服”，文津閣本作“進服”。
③ “拜受制文”，文津閣本作“拜受祭文”，《宋史》卷一一五《禮十八》作“拜受祭之”。
④ “掌冠”，底本作“掌掌冠”，據文津閣本改。
⑤ “始生爲名”，文津閣本作“治生爲民”，《宋史》卷一一五《禮十八》作“始生而名”。
⑥ “而實之賓”，《宋史》卷一一五《禮十八》作“爲實之賓”。

冠而字，以蓋厥文①，永受保之②，承天之慶，奉勑字某。”太常博士
請再拜，皇太子再拜，訖，摺笏，舞蹈，再拜，奏“聖躬萬福”，又再
拜，訖。掌冠者、贊冠者復東階下位。左輔詣御座前承旨，降自
東階，詣皇太子前稍東，西向宣曰：“有勑。”太常博士請再拜，皇
太子再拜。左輔宣勑戒曰：“事親以孝，接下以仁，遠接近儀③，禄
賢使能，古訓是式，大猷是經。”宣訖，左輔退，復位。太常博士請
再拜，皇太子再拜，訖。禮直官、通事舍人、太常博士引皇太子進
前，俛伏，跪，奏稱：“臣雖不敏，敢不祗奉。”奏訖，俛伏，興，復位
立。太常博士請再拜，皇太子再拜，訖。

　　禮直官、通事舍人、太常博士前引太子出殿門。皇太子初
行，樂作，出門，樂止。文武侍從官以上、武臣節度使以上及侍立
官並降，復位，立定。典儀曰：“再拜。”贊者承傳，在位官皆再拜，
訖。禮直官、太常博士引禮儀使詣御座前，俛伏，跪，奏：“禮儀使
具官臣某言，禮畢。”俛伏，興，復位。內傳承旨索扇，扇合，簾降，
鳴鞭。大樂正令撞蕤賓之鐘，左五鐘皆應，《乾安之樂》作。皇帝
降座，入自東房，內侍入，贊扇，扇開，樂止。禮直官、通事舍人引
左輔版奏解嚴，所司承旨放仗，應在位官皆再拜，訖，以次出。

朝見皇后

　　皇太子朝見皇帝訖，入內朝見皇后，如宮中之儀。

---

① “以蓋厥文”，《宋史》卷一一五《禮十八》作“以益厥文”。
② “受”字，十萬卷樓本作“定”。
③ “遠接近儀”，《宋史》卷一一五《禮十八》作“遠接近義”。

卷第一百八十一　嘉禮

皇太子冠儀下

謁太廟　謁別廟^①　皇帝受群臣賀

群臣上禮　皇帝會群臣

謁太廟

前期，太常寺下太史局擇日謁廟。

前一日，宮闈令帥其屬清掃廟之內外。有司於廟東神門外道北，南向設皇太子幄次；又於殿庭東階下近東，西向，及逐室戶內，各設皇太子褥位；又於幄次之南道東西，並南極星門內外，設東宮官及應從官等次，各量地之宜。皇太子宿齋於本宮，東宮官及應從官各宿於本寺。內執事官宿於奉廟^②。

其日質明，東宮官、應從官各服其服。所司陳鹵簿於東宮門外，禮直官引左庶子請內嚴，右庶子負寶如式^③，俱詣閣奏迎。僕進金輅於閣外，南向。左內率執刀立於輅前，北向。中允一員在侍官之前，贊者二人又在中允之前。禮直官引左庶子言外備。

---

① “謁別廟”，文津閣本作“謁祖廟”。
② “奉廟”，十萬卷樓本作“本廟”。
③ “右庶子負寶如式”，文津閣本作“右庶子進負寶如式”。

僕攝衣而升，正立執轡。皇太子服遠遊冠、朱明衣，升輿以出，左
右侍衞如常儀。左庶子進詣輿前，俛伏，跪稱：“左庶子姓某言，
請皇太子降輿升輅。”言訖，俛伏。凡庶子有請，並准此。皇太子降輿，
升輅，僕立授綏，左庶子以下夾侍。贊善進當輅前，俛伏，跪稱：
“贊善姓某言，請進輅①。”言訖，俛伏，興。凡贊善有請，並准此。輅動，
贊善興，贊者夾引以出。至侍官上馬所，贊善請輅權駐，令侍官
上馬。左庶子前承令，退稱曰令。諸贊善退稱“侍官上馬”，贊善
承傳②，文武侍官皆上馬，左庶子以下夾侍於輅前。侍官上馬畢，
贊善請進輅，輅動，東宮官以下皆乘馬以從。

　　至太廟西欞星門外，迴輅南向。禮直官引左庶子進當輅前，
請降輅。皇太子降輅，入幄次。一刻頃，禮直官引左庶子言外
備。皇太子服袞冕出次。中允進圭，皇太子執圭，東宮導從如
儀，入詣殿庭東階之東，西向位，立定，東宮官分立於左右。禮直
官引率更令請再拜，皇太子再拜，訖。禮直官引率更令前導，皇
太子升自西階，詣僖祖室神位前，北向立。率更令請再拜，皇太
子再拜，訖。次詣翼祖③、宣祖、太祖、太宗、真宗、仁宗、英宗、神
宗、哲宗室，行禮如上儀，訖，降西階，復西向立位。禮直官引率
更令詣皇太子前，跪稱：“率更令姓某言，禮畢。”言訖，俛伏，興，
前導皇太子出東神門外。中允少前，受圭，前引皇太子歸幄次，
更朝服。

　　有司轉仗衞於還途，如來儀。僕進金輅於西欞星門外，南
向。禮直官引左庶子言外備。皇太子出次，至西欞星門外，升

---

①　“進”字，文津閣本作“升”。
②　“贊善”，文津閣本作“贊者”。
③　“詣”字，底本作“請”，據十萬卷樓本改。

輅，侍官上馬如來儀。輅動，至東宫所外①，俱下馬，入至閣前，迴
輅南向。左庶子請降輅，皇太子降輅，升輿入，侍官從至閣。左
庶子請將士各還本司②。

謁別廟③

並如太廟之儀。

皇帝受群臣賀

其日質明，文武百僚並常服，早入就次。皇帝將出宫，讀奏
目官在殿庭之南，宣贊引班對立舍人在其南，簿書官在舍人之西
少絶，覺察失儀，提點使臣在其南，並向北。舍人以西爲上，簿書官以下
東爲上。宣贊舍人立班前，西向。東上閣門附内侍進班齊牌。

皇帝出宫，守踏道行門禁衛諸班親從迎駕，自贊常起居，訖，
又自贊賀再拜，訖。皇帝服鞾袍，坐，鳴鞭。讀奏目官以下起居，
訖。讀奏目官升降自東階。班首出班，致辭稱賀，歸位，再拜。如宣答，又
再拜。次知内侍省事以下、管軍臣僚各逐班先面西立，俟班到，橫
行北向，贊起居，稱賀，並如上儀。次行門起居，稱賀，再拜，訖。
俟舍人南階下直身奏“班絶”，皇帝降座，鳴鞭，詣紫宸殿後幄，排
立諸班親從迎駕，自贊常起居。

初，垂拱殿起居稱賀，立班將畢，樞密以下大班入就位，並如
賀祥瑞立班之儀。東上閣門附内侍進班齊牌。皇帝御紫宸殿
坐，鳴鞭。舍人贊樞密以下躬赴當殿，通某官姓名以下起居稱

---

① “至東宫所外”，文津閣本、十萬卷樓本作“至宫門外”。
② “本司”，文津閣本作“本所”。
③ “謁別廟”，文津閣本作“謁祖廟”。

賀,復位。贊樞密以下再拜,搢笏,舞蹈,又再拜。班首奏"聖躬萬福",又再拜,訖。班首出班,致辭稱賀,復位,再拜,搢笏,舞蹈,又再拜。知東上閤門官當殿北向承旨,訖,西向稱"有制",樞密以下再拜,宣答訖,再拜,搢笏,舞蹈,又再拜,訖,鳴鞭。樞密直學士自西階升殿侍立,知東上閤門官以下殿庭東西侍立,餘官分班出。宣贊舍人退近南,當庭中立,對立舍人西出。文武百僚及諸軍將校殿門外序班,立定。知東上閤門官以下退,立東階下。次殿中侍御史一員先入就位,次上將軍以下分班入,舍人分引文武班入詣殿庭,東西相向立。將校排立不盡者,正殿門外立班。舍人揖,班首以下躬。宣贊舍人當殿通文武百僚宰臣三公通某官。姓名以下起居,稱賀。舍人揖,班首以下橫行北向,西省上將軍以下依舊位①。並如賀祥瑞立班之儀。宣贊舍人揖左班進前,舍人自班後詣東階下立,知東上閤門官至通唱位,舍人揖,班首以下躬,知東上閤門贊拜。班首出班,致辭稱賀,復位。樞密詣御座前承旨,退,詣折檻東②,西向宣答,班首以下再拜,並如上儀,訖。

　　知東上閤門官揖,宰相、執政官升殿,並自東階,內中書侍郎升自西階,樞密直學士下殿出。贊拜,知東上閤門官還位,引右班舍人由右班前出,餘官分出。知引進司、東上閤門官還侍立位,宣贊舍人復位。次引進奉入,如別儀。

群臣上禮

　　其日,引進司先以所進馬陳列於殿門外,北向東上。俟群臣

---

①　"西省",十萬卷樓本作"兩省"。
②　"檻"字,十萬卷樓本作"櫃"。

稱賀禮畢，宣贊對立舍人稍南，相向立。天武自西牽馬陳於殿庭，三分庭，一在南，北首東上，立定，贊天武常起居，訖。_{牽馬者不拜。}門下侍郎於折檻東，西向立①。對立舍人當殿躬②，奏：“某官姓名以下進奉。”訖，復對立位。門下侍郎曰：“進奉出。”還侍立位。天武應喏，員僚引應奉從事側門出③，宣贊對立舍人復位，合班躬奏“閤門無事”，卷班西出。皇帝降座，鳴鞭，還幄次。知引進司官以下並卷班出，三省、樞密院官並退，舍人引應進奉官殿門外謝④，如常儀。

皇帝會群臣

前期，殿中監帥其屬尚舍張設紫宸殿門之內，設御座於殿上當中，南向。尚醞設御酒尊、酒器於御座之東，尚食設御茶牀於御座之西，俱稍北。有司設群官酒尊、酒器於殿下，又設群官座，並如宴百官坐次之儀。

其日，群臣上禮畢，俟諸司排當備，御史臺分引三公以下文武官以次入詣殿庭，東西相向立。東上閤門附內侍進班齊牌。皇帝出幄次，鳴鞭，先行門禁衛諸班親從迎駕，奏“聖躬萬福”，訖。皇帝即御座，鳴鞭。殿中監以下，知、同知入內內侍省事，知客省事以下，知內侍省事以下，帶御器械官，六尚局應奉官，祗應武功大夫以下，祗應諸司文臣鬭班⑤，各奏“聖躬萬福”。次管軍臣僚奏“聖躬萬福”，各復侍內祗應位。次舍人引班首以下橫行

---

① “西向立”，底本作“西西向”，據文津閣本改。
② “對立舍人”，底本作“對舍人”，據文津閣本、十萬卷樓本改。
③ “事側門”，十萬卷樓本作“東側門”。
④ “進奉官”，底本作“退奉官”，據文津閣本、十萬卷樓本改。
⑤ “鬭班”，文津閣本作“就班”。

北向，並如宴百官立班之儀。班首奏“聖躬萬福”訖。舍人贊“各就坐”，再拜，舍人分班升殿席前，相向立。朵殿兩廊官立於席後。教坊使以下通班大起居，看醆人謝升殿，再拜，訖。

内侍進御茶牀，殿侍酹酒，訖。知東上閤門官詣御座前，躬，奏班首姓名以下進酒。舍人分引殿上臣僚橫行北向，贊再拜。舍人引班首稍前，知東上閤門官接引詣御座東，北向，搢笏，殿中少監以酒注於醆，班首奉酒詣御座前，躬，進，訖，少退，虛跪，興，以盤授殿中監，出笏，知東上閤門官引退，舍人接引復位，贊再拜。舍人引班首少前，殿上臣僚席前相向立。知東上閤門官接引班首詣御座東，北向，搢笏，殿中監受盤，捧詣御座前，西向立，樂作，皇帝飲，訖，舍人分引殿上臣僚橫行北向，知東上閤門官引班首接盞，訖，少退，虛跪，興①，授殿中監，出笏，引退，舍人接引復位，贊再拜。舍人贊“各賜酒”，群官俱再拜，贊“就位”，群官俱立席後，復贊“就座”，群官俱坐。酒初行，群官搢笏，受酒，先宰臣，次百官，皆作樂。尚食典御、奉御進御食，太官令設群官食②。後准此。皇帝再舉酒，自此並殿中監、少監進酒。群官俱立席後，樂作，飲，訖，舍人贊“就座”。復行群官酒，皇帝三舉酒，次行群官酒，並如第二之儀。若宣示醆，即隨所向，東上閤門官以下揖，稱“宣示醆”，躬，贊“就座”。若宣勸，即立席後，躬，飲訖，贊“再拜”。内侍舉御茶牀，舍人引班首以下俱降階，橫行北向，再拜，搢笏，舞蹈，又再拜，分班出。次教坊使以下謝祇應，再拜，訖。如賜祇應臣僚茶酒，並舍人逐班贊再拜。知東上閤門官側奏無事，皇帝降座，鳴鞭。

---

① “興”字，文津閣本無。
② “太官令”，底本作“太官”，據文津閣本改。

卷第一百八十二　嘉禮

皇子冠儀

奏告　陳設　皇帝御文德殿行禮　朝見皇后

奏告

前期，太史局擇日差官奏告景靈東宮、景靈西宮，如常告之儀。

陳設

前期，殿中監帥其屬尚舍張設垂拱殿、文德殿門之內；設御座於文德殿當中，南向；東、西房於御座之左、右，稍北；東、西閣於殿後之左、右。殿上前楹施簾，設香案於殿下螭陛間①。又爲房於東朵殿。大晟展宮架之樂於殿庭橫街之南；設協律郎舉麾位於宮架西北，東向；大司樂押樂位於宮架之前，北向。儀鸞司設文武朝參官及掌冠、贊冠、掌冠以太常卿，贊冠以閤門官。應行禮官、王府官次朝堂之內外。

其日，尚輦陳大輦於殿西階下，東向；列御馬於殿門外東廂，西向。尚書兵部帥其屬列黃麾細仗於殿庭。次典儀設皇子朝見

---

① “香案”，底本作“香”，“案”字據文津閣本補。

位於橫街南,北向;設掌冠、贊冠者受制位於皇子稍北,東上;設左輔承制位於御座之東;設左輔宣制位於皇子位之東,並西向。又設掌冠、贊冠者及應行禮官位於東階下,王府官又位於後,並西向北上。太常設皇子冠席於東階上稍北,南向。設褥席,陳服於席南,東領北上。九旒冕,旒以青琪爲之。犀簪導,青纊充耳。青衣,朱裳,九章。白羅中單,青褾、襈、裾,革帶,鉤䚢,大帶,蔽膝,玉佩,暈錦綬,間施二玉環,朱韤,朱履。七梁冠,金鍍銀梁[①],貂蟬籠巾,犀簪[②],銀立筆,排羅大袖裙,白羅中單,皁襈白羅,方心曲領,緋羅蔽膝,緋白羅大帶,銀褐綾勒帛間金鍍銀,束帶間金鍍銀裝,玉佩,錦綬[③],青絲網玉環[④],白綾韤,馬皮履[⑤],折上巾。公服七梁冠簪導[⑥]、九旒冕簪導同箱,在服南。設罍、洗於阼階東,罍在洗東,篚在洗西,實巾一,加勺羃。光禄實側尊在席南[⑦],饌設於席,加羃。執事者並公服,立於罍洗酒饌之所。九旒冕、七梁冠、折上巾各一篚[⑧],奉禮郎三人執以侍於東階之東,西向北上。設典儀位於樂架東北,贊者二人在南少退,俱西向。

皇帝御文德殿行禮

其日質明,闢文德殿門,文武朝參官及掌冠、贊冠、應行禮

---

①　"金鍍銀梁",《文獻通考》卷一一三《王禮考八》"君臣冠冕服章"作"金塗銀稜"。

②　"犀簪",《文獻通考》卷一一三《王禮考八》"君臣冠冕服章"作"犀簪導"。

③　"錦綬",文津閣本作"天下樂宴錦綬",十萬卷樓本作"錦天下樂宴綬"。《文獻通考》卷一一三《王禮考八》"君臣冠冕服章"作"錦綬以天下樂暈錦"。

④　"絲"字,文津閣本無。

⑤　"馬皮履",十萬卷樓本作"烏皮履"。

⑥　"簪"字,底本作"贊",據十萬卷樓本改。

⑦　"在席南",文津閣本、十萬卷樓本作"前席南"。

⑧　"篚"字,文津閣本無。

官、王府官就次,服朝服。大樂正帥樂工先入就位,協律郎入就舉麾位,大司樂入就押樂位。典儀帥贊者先入就位;又引掌冠、贊冠者入,立於文德殿門外道東,西向。王府官以下自本閤導從皇子至殿門外,禮直官、通事舍人、太常博士引皇子詣文德朵殿東房,訖。

皇帝將出宮[①],東上閤門引知樞密院事以下詣垂拱殿立班,如常儀。東上閤門附內侍進班齊牌。垂拱殿簾降,皇帝乘輦至殿上,少駐,輦官迎駕,自贊常起居,訖。宣輦官上殿,簾卷,鳴鞭,行門禁衛諸班親從迎駕,自贊常起居。次舍人先贊知內侍省官以下起居。次樞密以下通班常起居,贊祗候引駕。樞密知客省事以下至簽書東上閤門官分左右立。六尚局應奉官[②]、祗應武功大夫以下並先退。管軍臣僚窄衣,執杖子,宣名常起居,贊祗候引駕,並分左右前導。輦降東階垂拱殿門外,禁衛諸班親從自贊常起居,訖。至文德殿後,管軍臣僚易公服,執杖於殿階下,分東、西侍立。皇帝降輦,入西閤。前導官易朝服,詣御座前,分東、西侍立[③]。知樞密院、簽書樞密、知客省事以下、知簽書東上閤門官在東,同知樞密院在西。閤門舍人以下各詣兩朵殿上,不當祗應舍人並殿下,西向立。諸軍將校先入,分立殿門內左右內外。符寶郎俱詣閤奉迎。御史臺引殿中侍御史先入就位。次東上閤門、御史臺、太常寺分引三公以下文武臣僚入詣文德殿立班,東西相向,如月朔視朝之儀。禮直官、通事舍人引左輔版奏中嚴,內外符寶郎奉寶先出。少頃,又引左輔版奏外辦。

---

① "將"字,底本作"降",據十萬卷樓本改。
② "六尚局",底本作"六尚","局"字據文津閣本補。
③ "東西",文津閣本作"左右"。

　　皇帝服通天冠、絳紗袍，簾卷。大樂正令撞黃鍾之鐘，左五鐘皆應，殿上鳴鞭，禁衛諸班親從自贊常起居。皇帝出西閤門，乘輦。協律郎跪，俛伏，舉麾，興，凡樂，皆協律郎舉麾，工鼓柷而後作。偃麾，戛敔而後止。工鼓柷，奏《乾安之樂》。禮直官、太常博士引禮儀使前導①，皇帝出自西房，內侍承旨索扇，扇合，皇帝降輦，即御座，簾卷，內侍贊扇，扇開，殿下鳴鞭，戛敔，樂止，爐煙升。禮直官、太常博士、禮儀使立於御座前稍東，西向。符寶郎奉八寶陳於御座之左右，分立如儀。禮直官、通事舍人、太常博士引掌冠、贊冠者入就位。掌冠者初入門，《抵安之樂》作②，至位，樂止，立定。典儀曰：“再拜。”贊者承傳，在位官皆再拜。左輔詣御座前承制，降自東階，詣掌冠者前稍東，西向稱：“有制。”典儀曰：“再拜。”贊者承傳，在位官皆再拜，訖。左輔宣制曰：“皇子冠，命卿等行禮。”宣制訖，掌冠、贊冠者再拜。左輔復位。文臣侍從官、宗室、武臣節度使以上升殿，東、西侍立。禮直官、通事舍人、太常博士引掌冠、贊冠者及應行禮官以次詣東階下位，立定。

　　王府官入，詣皇子東房，引皇子，內侍二人夾侍，王府官後從。自後准此。皇子初行，《恭安之樂》作，即席，南向坐，樂止。禮直官、通事舍人、太常博士引掌冠、贊冠者以次詣罍、洗，樂作，搢笏，盥手，帨手，訖，執笏，升，樂止。執折上巾者升，掌冠者降一等受之，右執項，左執前，進皇子席前，北向跪，冠，《修好之樂》作③，掌冠者興，席南，北面立。贊冠者進席前，北向跪，正冠④，立

---

① “太常博士”，底本作“太常博”，據文津閣本、十萬卷樓本改。
② “抵”字，文津閣本作“祇”，十萬卷樓本作“祗”。
③ “修好之樂”，十萬卷樓本作“修安之樂”。
④ “正冠”，文津閣本作“簪結紈興”。

於掌冠之後。皇子興，内侍跪，進服，訖，樂止。掌冠者揖，皇子復坐，贊冠者跪，取爵，内侍以酒注於爵，跪，進皇子席前，北向立，祝曰："酒醴和旨，籩豆静嘉，授爾玄服，兄弟具來，永言保之，降福孔皆。"皇子搢笏，跪，受爵，《翼安之樂》作，飲，訖，奠爵，執笏。太官令奉饌，設於皇子席前。皇子搢笏，食訖，樂止，執笏，太官令徹饌。禮直官、通事舍人、太常博士引掌冠、贊冠者降，詣罍洗，樂作，搢笏，盥手，帨手，訖，執笏，升，樂止。贊冠者進席前，北向跪，脱折上巾，置於篋①，興。内侍跪，受服，興，置於席。

　　執七梁冠者升，掌冠者降二等受之，右執項，左執前，進皇子席前，北向跪，冠，《進安之樂》作，掌冠者興，席南，北面立。贊冠者進席前，北面跪，簪結紘②，興，立於掌冠者之後。皇子興，内侍跪，進服，服訖，樂止。掌冠者揖，皇子復坐。贊冠者跪，取爵，内侍以酒注於爵，掌冠者受爵，跪，進皇子席前，北向立，祝曰："賓贊既戒，殽核維旅，申加厥服，禮儀有序，允觀爾成，承天之祐。"皇子搢笏，跪，受爵，《輔安之樂》作，飲，訖，奠爵，執笏。太官令奉饌設於皇子席前，皇子搢笏，食，訖，樂止，執笏，太官令徹饌。禮直官、通事舍人、太常博士引掌冠、贊冠者降，詣罍洗，樂作，搢笏，盥手，帨手，訖，執笏，升，樂止。贊冠者進席前，北向跪，脱七梁冠，置於篋③，興。内侍跪，受服，興，置於席。

　　執九旒冕者升，掌冠者降三等受之，右執項，左執前，進皇子席前，北向跪，冠，《慶安之樂》作，掌冠者興，席南，北面立，贊冠

---

① "篋"字，文津閣本作"箱"。
② "紘"字，文津閣本作"紞"。
③ "篋"字，文津閣本作"箱"。

者進席前，北面跪，簪結紘①，興，立於掌冠之後。皇子興，內侍跪，進服，服，訖，樂止。掌冠者揖，皇子復位②。贊冠者跪，取爵，內侍以酒注於爵，掌冠者受爵，跪，進皇子席前，北向立，祝曰："旨酒嘉栗，甘薦令芳，三加爾服，眉壽無彊，永承天休，俾熾而昌。"皇子揖笏，跪，受爵，《賢安之樂》作，飲，訖，奠爵，執笏。太官令奉饌，設於皇子席前。皇子揖笏，食，訖，樂止，執笏，興，太官令徹饌。

　　禮直官、通事舍人、太常博士降，引皇子降自東階，詣朵殿東房，易朝服。皇子初行，樂作，至次，樂止。禮直官、通事舍人、太常博士引皇子降，立於橫街南，北向位。王府官復東階下，西向位。皇子初行，樂作，至位，立定，樂止。禮直官、通事舍人、太常博士引掌冠、贊冠者詣皇子位前稍東，西向。掌冠者少進，字之曰："歲日云吉，威儀孔時，昭告厥字，君子攸宜，順爾成德，永受保之，奉勑字某。"太常博士請再拜，皇子再拜，訖，揖笏③，舞蹈，再拜，奏"聖躬萬福"，又再拜，訖。掌冠者復東階下位立。左輔詣御座前承旨，降自東階，詣皇子前稍東，西向宣曰："有勑。"太常博士請再拜，皇子再拜。左輔宣勑戒曰："好禮樂善，服儒講藝，蕃我王室，交於兄弟④，不溢不驕，惟以守之。"宣訖，左輔退，復位。太常博士請再拜，皇子再拜，訖。禮直官、通事舍人、太常博士引皇子進前，俛伏，跪，奏稱："臣雖不敏，敢不祗奉。"奏訖，俛伏，興，復位。太常博士請再拜，皇子再拜，訖。

---

①　"紘"字，文津閣本作"紈"。
②　"復位"，文津閣本、十萬卷樓本作"復坐"。
③　"揖笏"，文津閣本作"執笏"。
④　"交"字，十萬卷樓本作"友"。

　　禮直官、通事舍人、太常博士前引皇子出殿門。皇子初行，樂作，出門，樂止。文臣侍從官以上、武臣節度使以上及侍立官並降，復位，立定。典儀曰："再拜。"贊者承傳，在位官皆再拜，訖。禮直官[1]、太常博士引禮儀使詣御座前，俛伏，跪，奏："禮儀使具官臣某言，禮畢。"俛伏，興，復位。內侍承旨索扇，扇合，簾降，鳴鞭，大樂正令撞蕤賓之鐘，右五鐘皆應，《乾安之樂》作，皇帝降座，入東房，內侍又贊扇，扇開，樂止。禮直官、通事舍人引左輔版奏解嚴，所司承旨，俛伏。應在位官俱再拜，訖，以次出。

　　次日，文武百僚詣閤門拜表稱賀，如常儀。

朝見皇后

　　皇子朝見皇帝訖，入內朝見皇后，如宮中之儀。

---

　　① "禮直官"，十萬卷樓本作"禮直官皆再拜"。

卷第一百八十三　嘉禮

品官嫡子冠儀

告廟　戒賓　宿賓　行事　禮賓

告廟

將冠，主人諏日，擇賓，告於禰廟。無廟者，爲位於廳事兩楹之間，南面。主人公服，再拜，乃告曰："某子某年若干矣，卜某甲子冠吉，賓某官某①，贊某官某，不泯先君之嗣，徽福於我②，先君實辱臨之，以始卒冠事，謹告。"凡行事，如非南向，並各因所向陳設，以後准此。

戒賓

前三日，主人戒賓。賓如，主人服，出門立，西面，肅而入，賓入門而左，主人入門而右。賓升東階，主人升西階，主人再拜，賓答拜。主人曰："某之子某，將以某日加冠於其首，願吾子終教之。"賓曰："某不敏，恐不能共事以病吾子③，敢辭。"主人曰："某猶願吾子終教之也。"賓曰："吾子重有命，某敢不從。"主人再拜，

---

① "賓某官某"，文津閣本作"賓某官"。
② "徽"字，文津閣本作"徵"。
③ "恐不能共事"，文津閣本作"恐不能以供事"。

賓答拜。主人退，賓退於門外①。

宿賓

前一日，主人擇賓可使冠子者一人而宿之，如戒賓之儀。宿曰："某將加冠於子某之首，願吾子將蒞之，敢宿。"賓對曰："某敢不宿。"興宿，贊冠者亦如之。賓贊善，主人有故，以書戒宿。

行事

質明，執事者設洗於東階東南，水在洗東，箱實巾一，在洗西。陳服於房中，東領北上。無房者，張帷爲之。平冕，金鍍鍮石稜角簪，青羅素裙蔽膝，白綏中單②，緋白羅大帶，金鍍銅華革帶，緋羅履襪，五品以上五旒冕，青生色大袍③，緋羅繡裙蔽膝，皂綾銅環，餘同平冕服。三梁冠，朝服，金鍍銀稜角簪，銀立筆，緋羅大袖裙，白紗中單，皂襈白羅，方心曲領，緋羅蔽膝，緋白羅大帶，銀褐綬勒帛④，金鍍銅束帶，佩方勝練鵲錦綬⑤，青絲網鍮石環，五品以上四梁羅，金鍍銀稜犀簪，束帶銀佩簇四盤賜錦綬⑥，餘同二梁冠。折上巾，公服巾總，二梁冠，平冕笄組紘，實於篋。平冕、二梁冠、折上巾各一箱。執以待於西隅，南面東上。賓升，則東面。設洗於房中之東，水在洗東，箱實巾一，在洗西。

質明，主人公服，立於東階下，西面。兄弟各服其服，立於洗

---

① "退"字，十萬卷樓本作"送"。
② "白綏"，文津閣本作"白綾"。
③ "大袍"，十萬卷樓本作"大袖"。
④ "帛"字，文津閣本作"白"，十萬卷樓本作"台"。
⑤ "綬"字，十萬卷樓本作"綾"。
⑥ "賜"字，十萬卷樓本作"鵙"。

東,西面北上。將冠者立於房中,南面。賓、贊如主人服,立於外門之外。主人出迎,揖,先入,三揖,至於階三遜。設主人位於東階上,西面;賓、贊位於西階上,東面。主人以賓升就位,贊冠者盥於洗西,升,立於房中,西面。設冠位於主人東北,西面。

　　將冠者出房,南面。贊冠者奠巾總於席南端。賓揖,將冠者即席坐。贊冠者坐,設巾總。賓降,主人從降,賓辭請勿降,主人曰:"吾子降辱,敢不從降。"賓既盥,一揖一遜,升,主人復初位。賓即將冠者席前,跪,正巾,興,降西階一等。執折上巾者升,東面授賓[1]。賓右手執項,左手執前,進揖冠者席前,東向立,祝曰:"粵惟初冠,考禮之稱,正爾容體,順爾辭令,盡革童心,永膺天慶。"乃跪,冠,興,復位。贊冠者跪,正折上巾。冠者興,賓揖,冠者適房服,折上巾服[2]。出房,南面立。賓、主俱興,賓揖,冠者即席坐。贊冠者跪,脫折上巾,設笄。賓降,主人從降,辭對如初。

　　賓既盥,揖,遜,升。賓即冠者席前,跪,正巾,興,降西階二等,執二梁冠者升,東面授賓[3]。賓右手執項,左手執前,進冠者席前,東向立[4],祝曰:"載契我龜,載加爾服,爾既順遂[5],毋曰欲速,自天申之,申以百福。"乃跪,冠,興,復位。贊冠者卒紘[6],冠者興。賓揖,冠者適房服,二梁冠服。出房,南面立。賓、主俱興,賓揖,冠者即席坐,贊冠者跪,脫二梁冠,設笄。賓降,主人從降,

---

　　① "執折上巾者升東面授賓",文津閣本作"執折上巾者升東階西面授賓"。

　　② "折上巾服",底本作"折上中服",據十萬卷樓本改。"巾""中"形近而誤,下文中遇到類似情況,徑改不再出校。

　　③ "執二梁冠者升東面授賓",文津閣本作"執二梁冠者升東階西面授賓"。

　　④ "東向立",文津閣本作"東西向立"。

　　⑤ "順遂",文津閣本、十萬卷樓本作"順序"。

　　⑥ "紘"字,文津閣本作"紞"。"紘"字,文津閣本多作"紞",以下各處不一一出校說明。

辭對如初。

賓既盥，揖，遜，升。賓即冠者席前，跪，正巾，興，降西階三等。執平冕者升，東西授賓①。賓右手執項，左手執前，進冠者席前，東向立，祝曰："授時之吉，迎天之休，抗以高明，掖其進修，三加彌尊，百禄是道。"乃跪，冠，興，復位。贊冠者卒紘，冠者興。賓揖，冠者，房服，平冕服。出房，南面立。賓、主俱興。

執事者徹折上巾、二梁冠席，入於房。執事者布席於西階上，南面，設酒饌如常儀。執事者盥手、洗爵於房中。贊冠者以酒注於爵，賓揖，冠者即席西，南面立，賓受爵，進席前，北向立，祝曰："旨酒既載，嘉肴斯阜，既曰克家，亦惟繼祖，孝友慈祥，受天之祐②。"冠者席西拜，受爵，賓東面答拜。贊冠者薦饌，贊冠者即席坐③，飲食，訖，降席，再拜，賓答拜。易服，拜父，父爲起，入拜母，母爲起。賓降，當西序東面。主人降，當東序西面立④。冠者出，立於西階東，南面，賓少進，字之曰："卜筮云吉，禮儀孔明，爰字爾德，嘉爾有成，其成伊何，曰伯某甫。仲、叔、季，唯其所當。"冠者曰："某雖不敏，敢不祇奉。"

賓出，主人西面詣賓曰⑤："吾子辱執事，請禮從者。"賓曰："某既得將事，敢辭。"主人曰："敢固以請。"賓曰："某辭不得命，敢不從。"賓就次⑥，如别儀。冠者廟見及見諸父、諸兄、姑姊，如常儀。若以巾帽折上巾爲三加者，聽。

---

① "執平冕者升東西授賓"，文津閣本作"執平冕冠者升東階西面授賓"。
② "祐"字，十萬卷樓本作"祜"。
③ "席"字，底本作"座"，據文津閣本改。
④ "當東序西面立"，文津閣本作"當西序東面立"。
⑤ "詣"字，十萬卷樓本作"請"。
⑥ "就次"，文津閣本作"執次"。

禮賓

冠訖，主人釋服，改席。賓與贊冠者如主人服，出次，立於門西，東面。主人出門東，西面。主人揖賓，先入，賓及贊冠者從之，至階，揖，遜，升，各即席，衆賓皆與。執事者奉幣酬賓。會訖，賓主俱興，主人再拜，賓答拜。賓出，主人送於門外。孤子冠，即諸父、諸兄爲主，如上儀。品官子孫、三舍生冠，依品官儀。

卷第一百八十四　嘉禮

品官庶子冠儀

告廟　戒賓　宿賓　行事　禮賓

告廟

如嫡子之儀。

戒賓

如嫡子之儀。

宿賓

如嫡子之儀。

行事

質明，執事者設洗於東階東南，水在洗東，筐實巾一，在洗西。陳服房中，東領北上。無房者，張帷爲之。平冕，金鍍鍮石稜角簪，青羅素大袖，緋羅素裙，蔽膝，白綾中單，緋白羅大帶，金鍍銅革帶，緋羅履襪，五品以上五旒冕，青羅生色大袖，緋羅綉裙，蔽膝，皂綾綬銅環，餘同平冕服。二梁冠，朝服，金鍍銀稜角簪，銀立筆，緋羅大袖裙，白紗中單，皂襈白羅，方心曲領，緋羅蔽膝，緋白羅大帶，銀褐綾勒白，金鍍銅束帶，佩方勝練鵲錦綬，青絲網鍮石環①，五品以上四梁冠，金鍍銀稜角簪，銀束帶，銀佩簇，四盤鵰錦綬，餘同二梁冠服也②。折上巾，公服，巾總，二梁冠，笄組紘，實於篋。平冕、二梁、折上巾，各一箱，執以待於西隅，南面東上。賓升，則東面升③。洗於房中之東，水在洗東，篚實巾一，在洗西。

質明，主人公服立於東階下，西面。兄弟各服其服，立於洗東，西面北上。將冠者立於房中④，南面。賓、贊如主人服，立於外門之外。主人出迎，揖，先入，三揖⑤，至於階三遜。設主人之位於東階，西面；賓、贊位於西階上，東面。主人與賓升，就位。贊冠者盥手洗西，升，立於房中，西面。設冠者位於房戶外之西⑥，南面。設酒饌如常儀。

將冠者出房，南面。贊冠者奠巾總於席東端。賓揖，將冠者即席座。贊冠者坐，設巾總⑦。賓降，主人從降，賓辭請毋降，主人曰：「吾子降辱，敢不從降。」賓既盥⑧，一揖一遜，升，主人復初位。賓即將冠者席前，跪，正巾，興，降西階一等。執折上巾者升東階，西面授賓，賓右手執項，左手執前，進將冠者席前，北向跪，冠，興，復位。贊冠者跪，正折上巾。冠者興，賓揖，遜⑨。冠者適

---

① 「鍮」字，底本作「輸」，據文津閣本、十萬卷樓本改。
② 「二梁冠服」，底本作「二染冠服」，據文津閣本改。
③ 「升」字，文津閣本無。
④ 「將冠者」，十萬卷樓本作「將執冠者」。
⑤ 「三揖」，十萬卷樓本作「立揖」。
⑥ 「冠者位」，文津閣本作「冠位」。
⑦ 「贊冠者坐設巾總」，文津閣本作「贊冠者設席巾總」，十萬卷樓本作「贊冠者坐席巾總」。
⑧ 「盥」字，十萬卷樓本無。
⑨ 「賓揖遜」，文津閣本作「賓進揖」。

房服，折上巾服。出房，南面立。賓、主俱興，賓揖，冠者即席坐①。執事者盥手、洗爵於房中。贊冠者以酒注於爵，賓受爵，進席前，北向立，祝曰："穀旦既治，言設其醴，助爾成德，治此嘉禮，既醮於初，昭受多祉。"冠者再拜，受爵，賓東面答拜。贊冠者薦饌，冠者即席坐②，飲食，訖，降席，再拜，賓答拜。賓揖，冠者即席坐。贊冠者跪，脫折上巾，設笄。賓降，主人從降，辭對如初。

賓既盥，揖，遜，升。賓即冠者席前，正巾，興，降西階二等。執二梁冠者升東階，西面授賓，賓右手執項，左手執前，進冠者席前，北向跪，冠，興，復位。贊冠者跪，卒紘，冠者興，賓揖，訖。冠者適房服，二梁冠服。出房，南向立。賓、主俱興，賓揖冠者，即席立。執事者盥手、洗爵於房中。贊冠者以酒注於爵，賓受爵，進席前，北向立，祝曰："有脯斯設，有酒斯盈，載加爾服，聿觀其成，革爾幼習，保茲令名。"冠者再拜，受爵，賓東面答再拜③。贊冠者薦饌，冠者即席坐，飲食，訖，降席，再拜，賓答拜。賓揖，冠者即席坐。贊冠者跪，脫二梁冠，設笄。賓降，主人從降，辭對如初。

賓既盥，揖，遜，升。賓即冠者席前，正巾，興，降西階三等。執平冕者升東階，西面授賓，賓右手執項，左手執前，進冠者席前，北向跪，冠，興，復位。贊冠者跪，卒紘。冠者興，賓揖，冠者適房服，平冕服。出房，南面立。賓、主俱興，賓揖冠者，即席立。執事者盥手、洗爵於房中。贊冠者以酒注於爵，賓受爵，進席前，北向立，祝曰："旨酒思柔，殽核維旅，受言醮之，三加具舉，爾德

---

① "坐"字，文津閣本、十萬卷樓本作"立"。
② "席"字，底本作"座"，據十萬卷樓本改。
③ "答再拜"，文津閣本、十萬卷樓本作"答拜"。

既成，有秩斯祜①。”冠者再拜，受爵，賓東面答拜。贊冠者薦饌，冠者即席坐，飲食，訖，降席，再拜，賓答拜②。執事者徹冠席、酒饌及折上巾、二梁冠，入於房中。冠者易服，拜父，父爲起，入拜母，母爲起。賓降，當西序，東面。主人降，當東序，西面立。冠者出，立於西階東，南面。賓少進，字之曰：“卜筮云吉，禮儀孔明，爰字爾德，嘉爾有成，其成伊何，曰孟某甫。”冠者曰：“某雖不敏，敢不祗奉。”

　　賓出，主人西面請賓曰③：“吾子辱執事，請禮從者。”賓曰：“某既得將事，敢辭。”主人曰：“敢固以請。”賓曰：“某辭不得命，敢不從。”賓就次，如別儀。

　　冠者廟見及見諸父、諸兄、姑姊，如常儀。若以巾帽折上巾爲三加者，聽。

禮賓

　　如嫡子之儀。孤子冠，即諸父、諸兄爲主，如上儀。品官子、三舍生冠，依品官之儀，折上巾服用緑。

---

① “祜”字，文津閣本作“祐”。
② “贊冠者薦饌冠者即席坐飲食訖降席再拜賓答拜”二十字，文津閣本無。
③ “請”字，文津閣本作“詣”。

卷第一百八十五　嘉禮

庶人嫡子冠儀

告禰　行事

告禰

將冠,主人諏日,擇賓,告於禰,爲位於廳事南面。主人北面再拜,乃告曰:"某子某年若干矣,卜以某甲子冠吉,乃速賓某以始卒冠事,庶幾臨之,謹告。"凡廳事,如非南向,並各因所向陳設,以後准此。

行事

前期,主人戒賓曰:"某日將加冠於子某,首願吾子淴之。"賓許諾。

其日夙興,張帷爲房於廳事之東,陳服其中,謂每加所易之服。東領北上。酒饌在服北,帽一,折上巾一,陳於西階之西①。爲賓、主位如常儀。爲冠者席於主人東少北②,西向。將冠者待於房中,賓至,主人出迎,揖而入,坐定。冠者出自房,執事者曰:"請行事。"主人曰:"敢勞吾子。"賓揖,將冠者即席坐。執帽者

---

① "西"字,底本作"兩",據文津閣本、十萬卷樓本改。
② "席"字,文津閣本作"位"。

升，賓降，受之，進冠者席前，東向立，祝曰："令月吉日，始加首服，棄爾幼志，茂爾成德，俾壽而臧，以介多福。"乃跪，加帽，興，復位。賓揖，冠者適房易服，出，即冠席①，復坐。賓跪，脱帽。執折上巾者升，賓降受之，進冠者席前，東向立，祝曰："吉月令辰，申加爾服，欽爾威儀，柔嘉維則，壽考不忘，以終厥德。"乃跪，冠，興，復位。賓揖，冠者適房。執事者徹冠箱、冠席，入於帷中，爲醴席於西階，南向。冠者易服出，賓、主俱興，執事者以酒注於醆，賓揖，冠者即醴席，西向立，賓受醆，進席前，北向立，祝曰："爾酒既湑，爾肴伊旅，拜受祭之，自求多祜②。"冠者席西拜受，賓答拜。執事者薦饌於席前，冠者坐，飲食，訖，再拜，賓答拜。冠者興，離席，立於東階之西，東南向。賓少進，字之曰："爾服既莊，爾儀既備③，兄弟偕止，爰告爾字，永保受之，令德是似。"冠者拜，賓答拜。

　　冠者廟見如常儀。拜父，父爲起，入拜母，母爲起；拜諸父群從之尊者。主人享賓，出，主人送於門外。孤子冠，即諸父、諸兄爲主，如上儀。戒賓，若主人有故，聽以函書。

---

① "即冠席"，文津閣本作"即冠者席"。
② "祜"字，文津閣本作"福"。
③ "爾儀既備"，文津閣本作"出儀既備"。

卷第一百八十六　嘉禮

庶人庶子冠儀

告禰　行事

告禰

將冠，主人諏日，擇賓，告於禰，爲位於廳事南面。主人北面再拜，乃告曰："某子某年若干矣，卜以某甲子冠吉，乃速賓某以始卒冠事[1]，庶幾臨之，謹告。"凡廳事，如非南面，並各因所向陳設，後准此。

行事

前期，主人戒賓曰："某日將加冠於子某，首願吾子涖之。"賓許諾。

其日夙興，張帷爲房，於廳事之東，陳服其中，謂每加所易之服[2]。東領北上。席一在南。酒饌在服北。帽一，折上巾一，各一箱，陳於西階之西。爲賓、主位如常儀。設冠者席於房戶外之西，南面。

將冠者待於房中。賓至，主人出迎，肅而入，坐定。冠者出

---

① "某"字，底本作"其"，據文津閣本改。
② "每"字，十萬卷樓本作"各"。

自房。執事者曰："請行事。"主人曰："敢勞吾子。"賓揖，將冠者即席坐。執帽者升，賓降，受之，進冠者席前，跪，加帽，興，復位。賓揖，冠者適房服，出房，南面立。賓、主俱興，執事者以酒注於醆，賓受醆，進席前，北面立，祝曰："涓吉戒賓，初加首服，旨酒嘉薦，用綏爾服①，飭行謹身，毋俾作慝②。"冠者再拜，受爵，賓北面答拜。執事者薦饌，冠者即席坐③，食飲，訖，執事者徹酒饌於房中④。賓跪，脫帽，執折上巾者升，賓降，受之，進冠席前，跪，加折上巾，興，復位。賓揖，冠者適房服，出房，南面立。賓、主俱興，執事者以酒注於醆，賓受醆，進席前⑤，北向立，祝曰："旨酒既清，嘉薦亶時，乃申爾服，成爾令儀，綏受多福，永言保之。"冠者再拜，受爵，賓北面答拜。執事者薦饌，冠者即席坐，飲食，訖，執事者徹酒饌於房中。冠者興，離席，立於東階之西，南向。賓少進，字之曰："容服既莊⑥，禮儀有序，茂爾成德，爰告爾字，鐸言禮嘉⑦，尚克是似。"冠者拜，賓答拜。

　　冠者廟見如常儀。拜父，父爲起；拜母，母爲起；拜諸父群從之尊者。主人享賓，出，主人送於門外。孤子冠，即諸父、諸兄爲主，如上儀。戒賓，若主人有故，聽以函書。

---

① "服"字，文津閣本作"福"。
② "毋俾作慝"，文津閣本作"俾無作慝"。
③ "席"字，底本作"座"，據文津閣本、十萬卷樓本改。
④ "執事者"，底本作"執徹者"，據十萬卷樓本改。
⑤ "進席前"，文津閣本作"進前"。
⑥ "容服既莊"，文津閣本作"爾服既莊"。
⑦ "鐸"字，文津閣本作"澤"。"禮"，十萬卷樓本作"孔"。

卷第一百八十七　嘉禮

册皇后儀一

奏告　陳設　臨軒發册

奏告

前期，太史局擇日，差官奏告昊天上帝、皇地祇、太廟、太稷、太社、景靈東宫、景靈西宫、中太乙宫、祐神觀、醴泉觀、上清儲祥宫、太清儲慶宫、九成宫、永安陵、永昌陵、永熙陵、永定陵、永昭陵、永厚陵、永裕陵、永泰陵，並如常告之儀。

陳設

前期，殿中監帥其屬尚舍張設垂拱、文德殿門之内。設御座於文德殿當中，南向；東、西房於御座之左、右，稍北；東、西閤位殿後之左、右。殿上前楹施簾，設香案於殿下螭陛間。大晟展宫架之樂於殿庭橫街之南。協律郎舉麾位於宫架西北，東向。大司樂押樂位於宫架之北，北向。儀鸞司設文武百僚及應行事次於朝堂之内外①，又設册、寶幄次二於殿後東廂，俱南向。前一日，

---

① “應行事”，疑爲“應行事官”。

尚書工部奉册寶進入[1]。

　　其日，尚輦於殿西階下東西[2]，列御馬於殿門外東廂，西向。尚書兵部帥其屬列黃麾細仗於殿庭。典儀設册使、副受制位橫街南，北向東上；又設左輔承制位於御座之東；又設左輔宣制位於册使位東北，並西向。又設門下侍郎奉節位及左輔、右弼奉册、寶位册使、副東北，西向。又設權置册、寶褥位二於橫街南向黃道東稍北，西向，册在北，寶在南。又於册使受制位稍北，設褥位一，以俟册使受册、副使受寶。應行事官位於近北[3]，西向[4]。又設典儀位於宮絮東北[5]，贊者二人在南少退，俱西向。

臨軒發册

　　其日質明，闢文德殿門，文武百僚及應行事官入就次，服朝服。大樂正帥樂工先入就位，協律郎入就舉麾位，大司樂入就押樂位。典儀帥贊者先入就位。管勾內臣承旨降册、寶出垂拱殿門，禮部職掌以次奉舉至文德殿後幄次以俟。禮直官引册使、副入，立於文德殿門外道東，西向。門下侍郎帥掌節者奉節立於左嘉福門內道北。

　　皇帝將出宮，東上閤門引知樞密院事以下詣垂拱殿立班如常儀。東上閤門附內侍進班齊牌。垂拱殿簾降，皇帝乘輦出，至殿上，少駐，輦官迎駕，自贊常起居。宣輦官上殿，簾捲，鳴鞭，行

---

① "工部"，底本作"二部"；"册寶"，底本作"册宣"，均據十萬卷樓本改。
② "東西"，十萬卷樓本作"東向"。
③ "於近北"，文津閣本、十萬卷樓本作"又於近北"。
④ "西向"，文津閣本作"西向東上"。
⑤ "又設"二字，文津閣本無，十萬卷樓本作"爲上"。"宮絮"，文津閣本作"宮架"。

門禁衛諸班親從迎駕，自贊常起居。次舍人先贊知內侍省事以下常起居。次樞密院以下通班常起居，贊祗候引駕，樞密知客省事以下至簽書東上閤門官分左、右立。六尚局應奉官、祗應武功大夫以下並先退。管軍臣僚窄衣，執仗子，宣名常起居，贊祗候引駕，並分左、右前導。輦降東階垂拱殿門外，禁衛諸班親從自贊常起居，訖。至文德殿後，管軍臣僚易公服，執仗子殿階下[①]，分東、西侍立。皇帝降輦，入西閤[②]。前導官朝服，詣御座前，分左、右立。知樞密院事、簽書知樞密院、知客省事以下至簽書東上閤門官在東，同知樞密院在西。閤門舍人以下各詣兩朵殿上，不當祗候舍人並殿下西向立。諸軍將校先入，分立殿門內左右內外。符寶郎俱詣閤奉迎。御史臺引殿中侍御史一員先入就位。次東上閤門、御史臺、太常寺、四方館分引三公以下文武百僚入詣文德殿庭立班，東西相向，如月朔視朝之儀。未升朝官應立班者[③]，文臣承務郎以上[④]，位於通直郎之東，西向；武臣承信郎以上，位於修武郎之西，東向，每等重行異位，俱北上。禮直官引左輔、右弼、門下侍郎、中書侍郎及捧冊、寶官等並詣文德殿後幄次前立。少頃，奉冊、寶出幄次，捧冊、寶官帥執事人捧舉以行[⑤]，禮直官、通事舍人、太常博士前引，中書侍郎押冊，右弼後從，門下侍郎押寶，左輔後從，援衛如儀，由東上閤門出，至文德殿庭權置，訖。禮直官、通事舍人引左輔版奏中嚴內外。符寶郎奉寶先出。少頃，又引左輔版奏

---

① "執仗子殿階下"，文津閣本作"執仗於殿階下"。
② "入"字，文津閣本、十萬卷樓本作"出"。
③ "未升朝官應立班者"，文津閣本作"未升朝官有應立班者"。
④ "承務郎"，底本作"承郎"，據文津閣本改。
⑤ "捧冊寶官"，底本作"捧冊寶"，據文津閣本改。"行"字，文津閣本、十萬卷樓本作"待"。

外辦。

皇帝服通天冠、絳紗袍，簾捲。大樂正令撞黃鍾之鐘，右五鐘皆應，殿上鳴鞭，禁衛諸班親從自贊常起居。皇帝出閤，乘輦，協律郎跪，俛伏，舉麾，興，工鼓柷，奏《乾安之樂》。凡樂，皆協律郎舉麾，工鼓柷而後作；偃麾、戛敔而後止。禮直官、太常博士引禮儀使前導，皇帝出自西房，內侍承旨索扇，扇合。皇帝降輦，即御座，簾捲，內侍又贊扇，扇開，殿下鳴鞭。戛敔，樂止，爐煙升。禮直官、太常博士、禮儀使立於御座前稍東，西向。符寶郎奉八寶陳於御座之左右，分立如儀。禮直官、通事舍人、太常博士引冊使、副入就位。冊、使副初入門，《正安之樂》作，至位，樂止，立定。典儀曰："再拜。"贊者承傳，在位官皆再拜。左輔詣御座前承旨，降自東階，詣冊使前東北，西向稱"有制"，典儀曰"再拜"，贊者承傳，冊使以下應在位官皆再拜。左輔宣制曰："冊某氏爲皇后，命公等持節展禮。"宣制訖，冊使、副再拜，左輔升，復位。

門下侍郎帥將節者脫節衣，詣冊使所，掌節者以節授門下侍郎，掌節者退。門下侍郎西向，以節授冊使，冊使跪，受，以授掌節者，立於冊使之左，門下侍郎退。次引冊使詣受冊位，立定。又引右弼詣冊使前東北，西向立。中書侍郎引冊案立於右弼之右，右弼跪，取冊，以授冊使，冊使跪，受，訖，興，置於案。舉案者退，立於後。冊使、右弼、中書侍郎俱退，復本班。次引副使詣受寶褥位，立定，又引左輔詣副使前東北，西向立。門下侍郎引寶案立於左輔之左，左輔跪，取寶，以授副使，副使跪，受，訖，興，置於案。舉案者退，立於後。副使、左輔、門下侍郎俱退，復本班。典儀曰："再拜。"贊者承傳，冊使、副使以下應在位官皆再拜，訖。禮直官、通事舍人、太常博士引冊使押冊、副使押寶，持節者前導，

《正安之樂》作,捧册、寶官捧舉,由中道出文德殿東偏門,樂止。掌節者加節衣,由端禮門、右長慶門、右嘉肅門、右銀臺門、右承天門至穆清殿門外幄次,權置册、寶,訖。册使從之歸次。

　　初,册、寶出文德殿門,禮直官、太常博士引禮儀使進當御座前,俛伏,跪,奏:"禮儀使具官臣某言,禮畢。"俛伏,興,復位。内侍承旨索扇,扇合,簾降,鳴鞭。大樂正令撞蕤賓之鐘,左五鐘應之①,協律郎跪,俛伏,舉麾,興,工鼓祝奏《乾安之樂》,皇帝降座,乘輦,入自東房,内使又贊扇,扇開,戛敔,樂止。禮直官、通事舍人引左輔版奏解嚴,所司承旨放仗,應在位官俱再拜,訖,以次出。

卷第一百八十八　嘉禮

册皇后儀二

皇后受册　皇后表謝　皇后受内外命婦賀
皇后會外命婦

皇后受册

前一日，有司於穆清殿設皇后座於中間，南向；又設皇后東、西房於座之左、右稍北；又設東、西閣於殿後之左、右；又設皇后受册位於殿庭階間，北向。又設寶位四：其二在殿東階之東，西向；其二在殿西階之西，東向。又設内命婦妃嬪以下次於庭之左、右。司樂展宮架之樂於殿庭；設麾於殿上西階之西，東向。又於殿門外設册、寶幄次二，量地之宜。又設行事官及外命婦次於門之左、右。

其日，兵部於穆清殿門外、皇城裏角門内外設皇后黃麾仗，左右排列如儀。所司設册寶使、副位於門外，西向北上，内侍又於其南少退，又設舉册、寶案位於使、副之前，北向。又設内給事位於北廂，南向。又設内謁者監位於其東南，西向。司贊設内命婦及内官非俱奉者陪列之位於受册正殿之庭東廂，西面，重行北上。又設内命婦等朝位於殿庭道東，重行，北向西上。又設外命婦朝位於殿庭東道之左内近南，每等重行異位，北向。又設司贊位於東階東南階，典贊二人在南，少退，俱西向。

質①，帥樂女工人先入就位。典樂升就舉麾位。司贊帥典贊就殿庭位。外命婦各就門外次。皇后常服，乘龍飾肩輿，肩輿謂擔子，下准此。至穆清後殿西閤。内命婦等應陪列位，各服其服，奉從至閤，訖，各入次以俟。册、寶至殿門外幄次，應行事官並次。内侍版奏皇后中嚴，應行事官各就門外位，立定。持節者立於册使之左，少退。内外引命婦各就陪列位。内侍又版奏外辦。皇后首飾褘衣，司言引上宫，上宫引皇后出，典樂舉麾，《坤安之樂》作。凡樂，皆典樂舉麾，工鼓祝而后作②；偃麾，戞敔而後止。皇后出自西房，至殿上中間，南向立定，樂止。禮直官、通事舍人引册使、副就内給事前，北向跪，稱："册使姓某，副使姓某，奉制授皇后備物典册③。"俛伏，興，復位。内給事入，詣皇后前，北向跪，奏，訖，俛伏，興，退。又内侍進，詣册使前，東向跪，受册，以授内謁者監，册使退，復位。又副使以寶授内侍，如上儀，訖。内謁者監及管勾内臣等持册、寶入殿門，内侍從之，以次入詣殿庭，置册、寶於西階之西，東向位。册、寶初入門，《宜安之樂》作，至位，樂止。内侍贊引皇后降自東階，至庭中，北向位，皇后初行，《承安之樂》作，至位，樂止。内侍跪，取册入，内侍跪，取寶，進，立於皇后之右少前，西向。司言、司寶二員進，立於皇后之左，少前，東向。又内侍稱"有制"，内侍贊"再拜"，皇后再拜，内侍宣册，訖，内侍又贊"再拜"，皇后再拜，内侍奉册進，授皇后，皇后受，訖，以授司

---

① "質"，疑爲"質明"。

② "工"字，底本作"上"，據文津閣本、十萬卷樓本改。

③ "奉制"，十萬卷樓本作"奉旨"。

寶。司言、司寶置册、寶於東階之東，西向位。皇后初受册、寶，《成安之樂》作，受訖，樂止。又内侍贊"再拜"，皇后再拜。表謝如别儀。册使、副退，詣文德殿庭橫街南道東，北向西上。交中書令立於册使東北^①，西向。册使等再拜，復命曰："奉制授皇后備物典册，禮畢。"又再拜。中書令奉文，册使等退。

皇后表謝

皇后受册畢，内侍贊"再拜"，皇后再拜。内侍以謝表授皇后，内侍以案少前，皇后置表案上，内侍贊"再拜"，皇后再拜。内侍奉表以聞。内侍詣皇后前，跪，奏稱"禮畢"，俛伏，興。受賀如别儀。

皇后受内外命婦賀

皇后受册、表謝訖，内侍跪奏"禮畢"，司言引尚宫^②，尚宫引皇后升皇后座。皇后初行，《和安之樂》作，即座，南向，司寶奉寶至於庭前，樂止。司賓引内命婦陪列位者以次進，就北向位，班首初行，典樂舉麾，《惠安之樂》作，至位，樂止。司贊曰："再拜。"典贊承傳，内命婦皆再拜。司賓引班首詣西階，升，樂作，至階，樂止，進當皇后座前，北向，躬，致詞稱賀^③，降自階，樂作，至位，樂止。司贊曰："再拜。"典贊承傳，内命婦等皆再拜。司舍前承令，降自西階，詣内命婦前西北，東向稱令旨，内命婦等以下皆再拜，宣令旨，訖，司贊曰："再拜。"典贊承傳，在位者皆再拜。司賓

---

① "交"字，文津閣本作"又"。
② "尚宫"，底本作"尚官"，據十萬卷樓本改。下句"尚宫"同。
③ "稱賀"，底本作"稱贊"，據十萬卷樓本改。

以次引內命婦還宫,班首初行,樂作,出門,樂止。

內侍引外命婦出次,至殿門,司賓引詣東向位,班首初入門,《咸安之樂》作,至位,樂止,立定。司贊曰:“再拜。”典贊承傳,外命婦皆再拜,訖。司賓引班首進,升階,奏賀,復位,再拜,樂作,至位,樂止。及宣令再拜等,皆如內命婦之儀,訖。司賓引外命婦以次出,班首初行,樂作,出門,樂止。內侍詣皇后前,跪,奏稱禮畢,俛伏,興。皇后降座,《徵安之樂》作,入東房,樂止。歸閤,《泰安之樂》作,至閤,樂止。女工人退。會外命婦,如別儀。

皇后會外命婦

皇后受內、外命婦賀禮畢,皇后更常服,內使承令,宣外命婦入。皇后升座,會外命婦,並如宫中常儀。會畢,司賓引外命婦降階,横行北上,司贊曰:“再拜。”興,贊者承傳[①],在位者皆再拜,訖,以次出。皇后還宫。

---

① “者”字,底本無,據文津閣本補。

卷第一百八十九　嘉禮

册皇后儀三

皇帝受群臣賀　　群臣上禮　　皇帝會群臣

皇帝受群臣賀

其日質明，文武百僚並常服，早入就次。皇帝將出宫，讀奏目官以下詣垂拱殿，讀奏目官在殿庭之南；宣贊引班對立舍人在其南；簿書官在舍人之西少絶，覺察失儀；提點使臣在其南，並北向。舍人以西爲上，簿書官以下以東爲上。宣贊舍人立班前，西向東上。閣門附内侍進班齊牌。

皇帝出宫，守踏道、行門禁衛諸班親從迎駕，自贊常起居，訖，又自贊賀，再拜，訖。皇帝服鞾袍，坐，鳴鞭。讀奏目官以下起居，訖。讀卷目官升降自東階①。班首出班，致詞稱賀，歸位，再拜。如宣答，又再拜②。次知内侍省事以下、管軍臣僚各逐班先面西立，俟班到，横行北向③，贊起居，稱賀，如上儀。次行門起居④，稱賀，再拜，訖。俟舍人南階下直身奏班絶，皇帝降座，鳴鞭，詣紫宸殿

---

① “讀卷目官”，疑當作“讀奏目官”。
② “又再拜”，底本作“再又拜”，據十萬卷樓本改。
③ “北向”二字，十萬卷樓本無。
④ “行門”，十萬卷樓本作“行門禁”。

後幄,排立諸班親從迎駕,自贊常起居。

　　初垂拱殿起居稱賀班將畢,紫宸殿樞密院以下大班入就位,並如賀祥瑞立班之儀。東上閤門附内侍進班齊牌。皇帝御紫宸殿座,鳴鞭。舍人揖,樞密以下躬赴當殿,通某官以下起居稱賀,復位,贊樞密以下再拜,搢笏,舞蹈,又再拜,班首奏"聖躬萬福",又再拜,訖。班首出班,致詞稱賀,復位,又再拜,搢笏,舞蹈,又再拜。知東上閤門官當殿北向承旨,訖,西向稱"有制",樞密以下再拜,宣答,訖,又再拜,搢笏,舞蹈,又再拜,訖,鳴鞭。直學士自西階升殿侍立。知東上閤門官以下殿庭東、西相向侍立,餘官分班出。宣贊舍人退近南[①],當庭中立,對立舍人西出。文武百僚及諸軍將校殿門外序班立定。知東上閤門官以下退立東階下[②]。次殿中侍御史一員先入就位。次兩省,次上將軍以下分班入[③]。舍人分引文武班入詣殿庭,東西相向。將校排列不盡者,正殿門外立班。舍人揖,班首以下躬,宣贊舍人當殿通文武百官、宰臣三公通三公[④]。姓名以下起居稱賀。舍人揖,班首以下橫行北上,兩省上將軍以下,依舊立班。並如賀祥瑞之儀。次宣贊舍人揖,左班進前,舍人自班後詣東階下立。知東上閤門官至通唱位[⑤],舍人揖,班首以下躬,知東上閤門官贊拜,班首出班,致詞稱賀,復位。樞密詣座前承旨,退,詣折檻東,西向宣答,班首以下再拜,如上儀,訖。知東上閤門官揖,宰相、知政官升殿,並升自東階,内中書侍郎升自西階,樞密院直學士下殿。贊拜,知東上閤門官還位立,引右班舍人由右班前出,餘官

分出。知引進司、東上閣門官還侍立位。宣贊舍人復位，次引進，如別儀。

群臣上禮

其日，引進司先以所進馬陳引於殿門外[①]，北向東上。俟群臣稱禮畢，宣贊對立舍人稍南，相向立。天武自西牽馬陳於殿庭，三分庭，一在南，北首東上，立定。贊天武常起居[②]，訖。牽馬者不拜。門下侍郎於折檻東西向對立。舍人當殿躬，奏某官姓名以下進奉，訖，復對立位。門下侍郎曰："進奉出。"還侍立位。天武應喏，員僚司進奉從東側門出[③]。宣贊對立舍人復位，合班躬奏閣門無事，卷班而出。皇帝降座，鳴鞭，還幄次。知引進司官以下並卷班出[④]，三省、樞密院官並退。舍人引進奉官殿門外謝，如常儀。應進爲官謂文臣侍從官以上[⑤]、武臣遙郡以上。

皇帝會群臣

前期，殿中監帥其屬尚舍張設紫宸殿門之內，設御座於殿上當中，南向。尚醞設御酒器於御座之東，尚食設御茶牀於御座之西，俱稍北。有司請設群官酒尊、酒器於殿下。又設群官座，並如紫宸殿宴百官之儀。

其日，群臣上禮畢，俟諸司排當備，御史臺先引殿中侍御史

---

①　"馬"字，底本無，據文津閣本補。"陳引"，文津閣本、十萬卷樓本作"陳列"。

②　"天武"，底本作"文武"，據文津閣及上下文義改。"天武"一詞底本誤作"文武"者，下文作同樣處理，不再出校。

③　"員僚司進奉"，文津閣本作"員僚引進奉"。

④　"知引進司官"，底本作"知司進司官"，據文津閣本、十萬卷樓本改。

⑤　"爲"字，十萬卷樓本作"馬"。

1157

一員入就位。東上閤門、御史臺分引三公以下文武官以次入詣殿庭，東西相向立。東上閤門附内侍進班齊牌。皇帝出幄次，鳴鞭，先行門禁衛諸班親從迎駕，奏聖躬萬福，訖。皇帝即御幄，鳴鞭。殿中監以下，知、同知入内内侍省事，知客省事以下①，知内侍省事以下，御器械官，六尚局應奉官，祗應武功大夫以下，祗應諸司文臣闘班，合奏聖躬萬福。次管軍臣僚奏聖躬萬福，各復侍立祗應位。次舍人引班首以下，横行北向，並如紫宸殿宴立班之儀。班首奏聖躬萬福，訖，舍人贊各就座，再拜，舍人分引升殿，席前相向立。朵殿兩廊官立於席後。教坊使以下通班大起居②。看醆人謝，升殿，再拜，訖。内侍進御茶牀，殿侍醑酒③，訖。知東上閤門官詣御座前，躬，奏班首以下姓名進酒。舍人分引殿上臣僚，横行北向，贊再拜。舍人引班首稍前，知東上閤門官接引，詣御座東，北向④，搢笏，殿中監奉盤琖授班首，殿中少監受琖⑤，班首西向立，殿中少監以酒注於醆，班首奉酒詣御前，躬，進，訖，少退，虚跪，興，以盤授殿中監，出笏，知東上閤門官引退，舍人接引復位，贊再拜。舍人引班首少前，殿上臣僚席前相向立，知東上閤門官接引班首詣御座東，北向，搢笏，殿中監受盤⑥，捧詣御座前，西向立，樂作，皇帝飲，訖。舍人引殿上臣僚横行北向。知東上閤門官引班首接琖，訖，少退，跪，興，授殿中監，出笏，引退，舍人接引復位，贊再拜。

---

① “下”字，底本無，據文津閣本補。
② “教坊使”，底本作“教方使”，據十萬卷樓本改。
③ “醑酒”，十萬卷樓本作“酬酒”。
④ “北向”，文津閣本作“北上”。
⑤ “受琖”，文津閣本、十萬卷樓本作“答琖”。
⑥ “受”字，文津閣本作“授”。

　　舍人贊“各賜酒”，群官俱再拜，贊“就座”，群官俱立席後，復贊“群官俱坐”。酒初行，群官搢笏，受酒，訖，先宰臣，次百官，皆作樂。尚食典御、奉御進御食①，太官設群臣食。後准此。皇帝再舉酒，自此並殿中監、少監進酒。群官俱立席後，樂作，飲，訖，舍人贊“就位”。復行群官酒。皇帝三舉酒，次行群官酒，並如第二之儀。若宣示琖，即隨所向，知東上閣門官以上揖稱“宣示琖”，躬，贊“就座”。若宣勸，即立席後，躬，飲，訖，贊“再拜”。內侍舉御茶牀，舍人引班首以下俱降階，橫行北向，再拜，搢笏，舞蹈，又再拜，分班出。次教坊使以下謝祗應，再拜，訖。如賜祗應臣僚茶酒，並入，逐班贊“再拜”。東上閣門官側奏“無事”，皇帝降座，鳴鞭。

---

① “尚食典御”，文津閣本作“尚食興”。

卷第一百九十　嘉禮

册皇后儀四

皇后朝謁景靈宮

皇后朝謁景靈宮

前一日，有司於景靈東宮張大次於明福殿上。西宮即於潔誠殿。又於天興殿之東廊設幄，東南西向。又於殿東階之東西南設皇后褥位，西向。又於殿上設皇后褥位於香案南，北向，及供奉之物，如常儀。又設内命婦妃嬪以下陪列位於殿庭之東，外命婦陪列位於殿庭之西，皆重行北向。保寧閣、天元、大始、皇武、儷極、大定、輝德、熙文、衍慶、美成、繼仁、治隆、徽音、景靈西宮、大明、坤元、重光殿，並如上儀，訖。又設内命婦妃嬪以下及外命婦並應奉官次於齊殿門内外，量地之宜。太僕寺陳重翟車於宣德門内偏東，南向。

其日未明前二刻，有司陳小駕鹵簿儀仗於重翟車左右，以次排列。外命婦先至景靈宮後門，入就次。

皇后未出宮前一刻，内侍引命婦妃嬪以下俱詣殿庭[①]，起居，訖。内侍奏請中嚴，少頃，又奏外辦。皇后首飾褘衣，乘龍飾肩

---

① “命婦妃嬪”，疑作“内命婦妃嬪”。

輿，如常儀，障以行，出内東門。<small>由宣祐門、左銀臺門、左嘉肅門、左長慶門入</small><small>左升龍門。</small>内侍詣皇后肩輿前，俛伏，跪，奏："具官臣某言，請皇后降肩輿，升重翟車。"奏訖，俛伏，興，少退。<small>凡内侍奏請之儀，准此。</small>馭者執綏，皇后升重翟車。内侍詣車前，奏請重翟車進發。車進，行出東偏門。内命婦妃嬪以下自内東門升階乘車[①]，由左掖門至宣德門外，從皇后車至景靈東宮昌福門。<small>西宮即於昭德門。</small>小駕鹵簿止於門外，車入門，迴車南向。内侍詣車前，奏請皇后降車升肩輿。皇后降車，升肩輿，入大次。内命婦妃嬪以下並降車以入[②]。内侍引外命婦詣皇后大次前，起居，訖，並先赴殿庭陪位。少頃，内侍前導，皇后至天興殿幄次，降簾。又内侍詣幄次，請皇后行朝謁之禮，簾卷，内侍前導，皇后詣殿庭西向褥位立。内侍奏請再拜，皇后再拜，内命婦妃嬪以下及外命婦皆再拜。内侍前導，皇后升殿東階，詣聖祖天尊大帝案前褥位，北向立。内侍奏請皇后上香，再上香，三上香。又奏請再拜，皇后再拜，内命婦妃嬪以下及外命婦皆再拜。内侍前導，皇后還幄次，降簾。内侍詣幄次前奏言禮畢。次詣保寧閣、天元、大始、皇武、儷極、大定、輝德殿朝謁，如天興殿。謁訖，歸大次。内侍詣大次前，奏内解嚴。内外命婦皆還次。

少頃，小駕鹵簿轉仗衛於還途，如來儀。外命婦先退。太僕進重翟車於昌福門内，南向。内侍奏請中嚴，少頃，又奏外辦。皇后乘肩輿以出，至車前，内侍詣肩輿前，奏請皇后降肩輿升重翟車。皇后升車，馭者執綏，内侍詣車前，奏請重翟車進發。内

---

① "升階乘車"，文津閣本作"各升所乘車"。
② "内命婦妃嬪以下"，十萬卷樓本作"内命婦及妃嬪以下"。

命婦妃嬪以下升所乘車。重翟車進行，鼓吹振作前導，車至宣德東偏門，迴車南向。內侍詣車前，奏請皇后降車升肩輿。皇后乘肩輿，障以行帷，由內東門還內，內命婦妃嬪以下從入。內侍奏請解嚴，將士各還其所。

次日，又朝見熙文、衍慶、美成、繼仁、治隆、徽音殿，並如天元殿之儀。又次日，謁西宮，朝謁大明、坤元、重光殿，並如東宮之儀。

卷第一百九十一　嘉禮

册皇太子儀上①

奏告　陳設　臨軒册命　朝見皇后②

奏告

前期,太史局擇日差官奏告昊天上帝、皇地祇、太廟、別廟、太社、太稷、景靈西宮③、中太乙宮、祈神觀④、醴泉觀⑤、上清儲祥宮、太清儲慶宮、九成宮⑥、永安陵、永昌陵、永熙陵、永定陵、永昭陵、永厚陵、永裕陵、永泰陵,並如常告之儀。

陳設

前期,殿中監帥其屬尚舍張設垂拱殿、大慶殿門之内。設御座於大殿當中,南向;東、西房於御座之左、右稍北;東、西閣於殿後之左、右。殿上前楹施簾,設香案於丹墀螭陛間。大晟展宮架之樂於殿庭橫街之南⑦。協律郎舉麾位於宮架西北,東向。大司

---

① “皇太子”,底本作“皇后太子”,據十萬卷樓本改。
② “朝見”,十萬卷樓本作“朝謁”。
③ “景靈西宮”四字前,文津閣本尚多“景靈東宮”四字。
④ “祈神觀”,文津閣本作“祐神觀”。
⑤ “觀”字,底本無,據文津閣本補。
⑥ “宮”字,底本無,據文津閣本補。
⑦ “殿庭”,十萬卷樓本作“殿前”。

樂押樂位於宮架之北，北向。儀鸞司設皇太子次於大慶殿門外之東，西向。又設文武百僚、應行事官、東宮官等次於大慶殿門外及朝堂之內外。又設冊、寶幄次二於殿後東廂，俱南向。前日①，尚書工部奉冊、寶進②。

其日，尚輦陳輿輦於龍墀，繖扇於沙墀③。太僕陳輅於庭，玉輅在中，金輅在東，象輅次之，革輅在其西，木輅次之，玉輅次之，玉輅稍前，俱北向南。輦列御馬於龍墀④，在輿輦之後，東西相向。尚書兵部帥其屬設黃麾仗於殿門之內外。典儀設左輔承制位於御座之東，西向。又設皇太子受冊位於殿庭橫街之南，北向。設權置冊、寶褥位二於近東，稍北向西上，冊在北，寶在南。又設皇太子受冊位前東北，西向。設褥位一，以俟右弼奉冊，左輔奉寶。又於奉冊寶位之北設褥位一，以俟左輔宣制，右弼讀冊。應行事官位又於近北，西向，以北爲上。典儀位於宮架東北，贊者二人在南少退，俱西向。

臨軒冊命

其日質明，闢大慶殿門，文武百僚及應事官入就次，服朝服。大樂正帥樂工進入就位，協律郎入就舉麾位，大司樂入押樂位。典儀帥贊者先入就位。東宮官自東宮導引皇太子至殿門外就位⑤。管勾內臣承旨降冊、寶出垂拱殿，禮部職掌以次捧舉，至大慶殿後幄次以俟。皇帝將出宮，東上閣門引知樞密院事以下

---

① "前日"，十萬卷樓本作"前一日"。
② "進"，十萬卷樓本作"進入"。
③ "繖扇"，底本作"徹扇"，據十萬卷樓本改。
④ "輦"，疑當作"尚輦"。
⑤ "至"，十萬卷樓本作"入"。

詣垂拱殿立班如常儀。東上閣門附内侍進班齊牌。

　　垂拱殿簾降，皇帝乘輦出，至殿上，少駐。輦官迎駕，自贊常起居。宣輦官上殿，簾卷，鳴鞭。行門禁衛諸班親從迎駕，自贊常起居，贊祗候。先知内侍省事以下常起居，次樞密院以下通班常起居，贊祗候引駕，樞密知客省事以下並先退。管軍臣僚窄衣，執杖子，宣名常起居，贊祗候引駕，並分左右，前導駕。輦降東階垂拱殿門外，禁衛諸班親從自贊常起居，訖。至大慶殿後①，管軍臣僚易朝服②，執杖，於殿階下分東、西立。武臣大夫至武翼郎分立於龍墀上，敦武郎至保義郎分立於沙墀，並重行，東西向。皇帝降輦，入西閣。前導官易朝服，詣御座前，分左、右侍立。知樞密院、簽書樞密、知客省事以下至簽書東上閣門官在東，同知樞密院在西。閣門舍人以下各詣兩朵殿上，不當祗應舍人並殿下，西向立。諸軍將校先入③，分立殿門内左右内外。符寶郎俱詣閣門奉迎。御史臺引殿中侍御史一員先入就位。東上閣門、御史臺、太常寺、四方館分引三公以下文武百僚等入詣大慶殿庭立班，東西相向，如正月朝會之儀。禮直官引左輔、右弼、門下侍郎、中書侍郎及捧册、寶官並詣大慶殿後幄次前立。少頃，奉册、寶出幄次，捧册、寶出，帥執事人等捧舉以行。禮直官、通事舍人、太常博士前引，中書侍郎押册，右弼後從，門下侍郎押寶，左輔後從，援衛如儀。由大慶殿東過，至大慶殿庭，權置，訖。

　　皇太子服遠遊冠、朱明衣出次，中允稍前，進桓圭，皇太子執圭。禮直官、通事舍人、太常博士、禮儀使引皇太子，三師、三少

---

① “至”，底本作“自”，據文津閣本改。
② “朝服”，十萬卷樓本作“公服”。
③ “諸”，底本作“詣”，據文津閣本、十萬卷樓本改。

以下導從,立於殿門外之東,西向。近侍量人數從入,不應入者立於門外。禮直官、通事舍人、左輔版奏中嚴。少頃,又奏外辦。

皇帝服通天冠、絳紗袍,簾卷。大樂正令撞黃鍾之鐘①,右五鐘皆應,殿上鳴鞭。禁衛諸班親從自贊常起居。皇帝出西閣,乘輦。協律郎跪,俛伏,舉麾,興,工鼓柷,奏《乾安之樂》。凡樂,皆協律郎舉麾,工鼓柷而後作。偃麾,戛敔而後止。禮直官、太常博士引禮儀使前導,皇帝出自西房,內侍承旨索扇,扇合,皇帝降輦,即御座,簾捲,內侍又贊扇,扇開。殿下鳴鞭。戛敔,樂止,爐煙升。禮直官、太常博士、禮儀使立於御座前稍東,西向。符寶郎奉八寶②,陳於御座之左右,分立如儀。

禮直官、通事舍人、太常博士、禮儀使引皇太子入門,《明安之樂》作,至位,樂止。三師、三少以下從入。立於皇太子位東南,西向。典儀曰:"再拜。"皇太子再拜,搢笏,舞蹈,又再拜。班首奏聖躬萬福,又再拜,訖,分班。禮直官、通事舍人、太常博士、禮儀使引皇太子復受册位,引左輔詣御座前承旨,退,降階,詣宣制位,稱:"有制。"典儀曰:"再拜。"贊者承傳,皇太子以下應在位官皆再拜。左輔宣制曰:"册某王爲皇太子。"皇太子以下又再拜,左輔升,復位。禮直官、通事舍人、太常博士引右弼詣讀册位,中書侍郎引册案立於右弼之右,右弼搢笏,捧册,跪,讀,訖,興,置於案。典儀曰:"再拜。"皇太子又再拜。次引右弼詣奉册位,中書侍郎復引册案,立於右弼之右。右弼捧册,跪,授皇太子。皇太子搢圭,跪,受册,訖,以授右庶子,俛伏,興。右庶子以册置於案。舉

---

① "黃鍾",底本作"黃鐘",據文津閣本改。
② "八寶",底本作"入寶",據文津閣本、十萬卷樓本改。

案者退，立於其後。右弼、中書侍郎俱退，復本位。次引左輔詣奉寶
位，門下侍郎引寶案立於左輔之右。左輔捧寶，跪，授皇太子。
皇太子搢圭，跪，受寶，訖，以授左庶子，俛伏，興。右庶子以寶置
於案①。舉案者退，立於後。左輔、門下侍郎俱退，復本班。典儀曰：
"再拜。"皇太子再拜。

　　禮直官、通事舍人、太常博士、禮儀使引皇太子退。初行，樂
作，中書舍人押册、寶以出，皇太子出殿門，樂止。禮直官、太常
博士引禮儀使詣御座前，俛伏，跪奏："禮儀使具官臣某言，禮
畢。"俛伏，興，復位。内侍承旨索扇，扇合，簾降，鳴鞭。大樂正
令撞蕤賓之鐘，左五鐘皆應。協律郎跪，俛伏，舉麾，興，工鼓柷，
奏《乾安之樂》。皇帝降座，入至東房，還東閤，侍衛如來儀，内侍
又贊扇，扇開。戛敔，樂止。禮直官、通事舍人引左輔版奏解嚴，
所司承旨放仗，應在位官俱再拜，訖，以次出。

朝見皇后

　　皇太子受册畢，入内朝見皇后，如宫中之儀。

---

　　① "右庶子"，十萬卷樓本作"左庶子"。

卷第一百九十二　嘉禮

册皇太子儀中

謁太廟　謁別廟　皇帝受群臣賀[①]

謁太廟

前期，太常寺下太史局擇日謁廟[②]。

前一日，宮闈令帥其屬清掃廟之內外。有司於廟東神門外道北，南向設皇太子幄次。又於殿庭東階下近東西向及逐室戶內，各設皇太子褥位。又於幄次之南道東西並南櫺星內外門，設東宮官次。東宮官及應從官等各宿於本司。內執事官宿於廟[③]。

其日質明，東宮官、應從官各服其服。所司陳鹵簿於東宮門外。禮直官引左庶子詣內嚴，右庶子負寶如式，俱詣閣奉迎。僕進金輅於閣外，南向。左右內率執刀立於輅前，北向。中允一人在近侍官之前，贊者二人又在中允之前。禮直官引左庶子言外備。僕攝衣而升，正立執轡。皇太子服遠遊冠、朱明衣，升輿以出，左右侍衛如常儀。左庶子進詣輿前，俛伏，跪，稱："左庶子姓某言，請皇太子降輿升輅。"言訖，俛伏，興。凡左庶子有請，並准此。

---

① "皇帝"，底本作"皇后"，據正文改。
② "廟"，十萬卷樓本作"太廟"。
③ "廟"，十萬卷樓本作"本廟"。

皇太子降輿,升輅,僕立授綏,左庶子以下夾侍。贊善進當輅前,俛伏,跪,稱:"贊善姓某言,請進輅。"言訖,俛伏,興。凡贊善有請,並准此。輅動,贊善與贊者夾引以出。至侍官上馬所,贊善請輅權駐,令侍官上馬。左庶子前承令,退稱曰令,諸贊善退稱:"內侍官上馬。"贊者承傳,文武侍官皆上馬,左庶子以下夾侍於輅前。侍官上馬畢,贊善請進輅,輅動,東宮官以下皆乘馬以從。

至太廟西欞星門外,迴輅南向。禮直官引左庶子進當輅前,請降輅。皇太子降輅,入幄次。一刻頃,禮直官引左庶子言外備。皇太子服袞冕出次,中允進圭,皇太子執圭,東宮官導從如儀,入詣殿庭東階之東,西向位,立定,東宮官分立於左右。禮直官引率更令請再拜,皇太子再拜,訖。禮直官引率更令前導,皇太子升自西階,詣僖祖室神位前,北向立,率更令請再拜,皇太子再拜,訖。次詣翼祖、宣祖、太祖、太宗、真宗、仁宗、英宗、神宗、哲宗室行禮,如上儀,訖。降西階,復西向位立。禮直官引率更令詣皇太子前,跪稱:"率更令姓某言,禮畢。"言訖,俛伏,興,前導。

皇太子出東神門外,中允少前,受圭①,前引皇太子歸幄次,更朝服。有司轉仗衛於還途,如來儀。僕進金輅於西欞星門外,南向②。禮直官引左庶子言外備。皇太子出次,至西欞星門外,升輅,侍官上馬,如來儀。輅動,至東宮門外,俱下馬,入至閣前,迴輅南向。左庶子請降輅,皇太子降輅,升輿,入。侍官從至閣,左庶子請將士各還本所。

---

① "受圭",文津閣本、十萬卷樓本作"進圭"。
② "向"字,底本無,據文津閣本改。

謁別廟

並如謁太廟之儀。

皇帝受群臣賀

其日質明，文武百僚並常服，早入就次。皇帝將出宮，讀奏目官以下詣垂拱殿。讀奏目官在殿庭之南，宣贊引班對立舍人在其南，簿書官在舍人之西少絶，覺察失儀，提點使臣在其南，並北向。舍人以西爲上，簿書官以下以東爲上。宣贊舍人立班前，西向。東上閤門附內侍進班齊牌。

皇帝出宮，守踏道、行門禁衛諸班親從迎駕，自贊常起居，訖，又自贊賀再拜，訖。皇帝服鞾袍，坐，鳴鞭。讀奏目官以下起居，訖。讀奏目官升降自東階。班首出班，致詞稱賀，歸位，再拜。如宣答，又再拜。次知內侍省事以下，次管軍臣僚，各逐班，先面西立，候班到，橫行北向，贊起居稱賀，並如上儀。次行門起居稱賀，再拜，訖。俟舍人南階下直身奏班絶，皇帝降座，鳴鞭，詣紫宸殿後幄，排立諸班親從迎駕，自贊常起居。

初，垂拱殿起居稱賀班將畢，紫宸殿樞密以下大班入就位，並如賀祥瑞立班之儀。東上閤門附內侍進班齊牌。皇帝御紫宸殿坐，鳴鞭。舍人揖，樞密以下躬赴當殿，通某官姓名以下起居稱賀，復位。贊樞密以下再拜，搢笏，舞蹈，又再拜，班首奏聖躬萬福，又再拜，訖。班首出①，致詞稱賀，復位，又再拜，搢笏，舞蹈，又再拜。知東上閤門官當殿北向承旨，訖，西向稱："有制。"

---

① "出"，十萬卷樓本作"出班"。

樞密以下再拜，宣答訖，又再拜，搢笏，舞蹈，又再拜，訖，鳴鞭。樞密直學士自西階升殿侍立，知東上閤門官以下殿庭東西侍立，餘官分班出。宣贊舍人退近南，當庭中立。對立舍人西出。文武百僚及諸軍將校殿門外序班，立定。知東上閤門官以下退，立東階下。次殿中御史一員先入就位，次兩省，次上將軍以下分班入。舍人分引文武班入詣殿庭，東西相向立。將校排列不盡者，正殿門外立班。舍人揖，班首以下躬，宣贊舍人當殿通文武百僚、宰臣三公通某官。姓名以下起居稱賀。舍人揖，班首以下橫行北向，兩省及上將軍以下，依舊立①。並如賀祥瑞立班之儀。次宣贊舍人揖，左班近前，舍人自班後詣東階下立，知東上閤門官贊拜，班首出班，致詞稱賀，復位。樞密詣御座前承旨，退詣折檻東，西向宣答，以下再拜②，並如上儀，訖。知東上閤門官揖，宰相、執政官升殿，並升自東階，內中書侍郎升自西階，樞密直學士下殿出。贊拜，知東上閤門官還立，引右班舍人由右班前出，餘官分出。知引進司、東上閤門官以下還侍立位，宣贊舍人復位。次引進奉人③，如別儀。

---

① "立"，文津閣本作"位"。
② "以下"二字，疑有闕文。
③ "人"，文津閣本作"人"。

卷第一百九十三　嘉禮

册皇太子儀下

群臣上禮　皇帝會群臣　皇后受内外命婦賀
皇后會外命婦　皇太子受群官賀

群臣上禮

其日,引進司先以所進馬陳列於殿門外,北向東上。俟群臣
稱賀禮畢,宣贊對立舍人稍南,相向立①。天武自西牽馬陳於殿
庭,三分庭,一在南,北首東上,列定,天武起居。牽馬者不拜。門下
侍郎於折檻東,西向立。舍人當殿躬,奏某官姓名以下進奉,訖,
復對立位。門下侍郎曰:“進奉出。”還侍立位。天武應答員寮引
進奉從東側門出②。宣贊對立舍人復位,合班躬奏閤門無事,卷
班西出。皇帝降座,鳴鞭,還幄次。知引進司官以下並卷班出。
三省、樞密院官並退。舍人引應進奉官殿門外謝,如常儀。

皇帝會群臣

前期,殿中監帥其屬尚舍張設紫宸殿門之内③,設御座於殿

---

① “相向立”,底本作“相内立”,據文津閣本、十萬卷樓本改。
② “應答”,文津閣本、十萬卷樓本作“應諾”。
③ “殿中監”,底本作“殿中並”,據十萬卷樓本改。

上當中①，南向。尚醴設御酒尊、酒器於御座之東，尚食設御茶牀
於御座之西，俱稍北。有司設群官酒尊、酒器於殿下，又設群官
座，並如紫宸殿宴百官之儀。

其日，群臣上禮畢，俟諸司排當備，御史臺先引殿中侍御史
一員入就位。東上閤門、御史臺分引三公以下文武官以次入詣
殿庭，東西相向立。東上閤門附內侍進班齊牌。皇帝出幄次，鳴
鞭，先行門禁衛諸班親從迎駕②，奏聖躬萬福，訖。皇帝即御座，
鳴鞭。殿中監以下，知、同知入內省事，知客省事以下，知內侍省
事以下，帶御器械官，六尚應奉官，祗應武功大夫以下，祗應諸司
文臣闞班，各奏聖躬萬福。次管軍臣僚奏聖躬萬福，訖，各復侍
立祗應位。次舍人引班首以下，橫行北上，並如紫宸殿宴立班之
儀。班首奏聖躬萬福，訖。舍人贊各就座，再拜。舍人分引升殿
席前，相向立。朵殿兩廊官立於席後。教坊使以下通班大起居。
次看醆人謝，升殿再拜，訖。

內侍進御茶牀，殿侍酹酒③，訖。知東上閤門官詣御座前，
躬，奏班首姓名以下進酒。舍人分引殿上臣僚橫行北向，贊再
拜。舍人引班首稍前，知東上閤門官引接，詣御座前，東北向，搢
笏，殿中監奉盤、醆授班首，殿中少監啟，班首西向立，殿中少監
以酒注於醆，班首奉酒詣御座前，躬，進，訖，少退，虛跪，興，以盤
授殿中監，知東上閤門官引退，舍人接引復位，贊再拜，舍人引班
首少前，殿上臣僚席前相向立。知東上閤門官接引班首詣御座
東，北向，搢笏，殿中監授盤，捧詣御座前，西向立，樂作，皇帝飲，

---

① “當中”，底本作“當下”，據文津閣本、十萬卷樓本改。
② “諸班親從”，底本作“詣班親從”，據上下文改。
③ “酹”字，文津閣本作“酬”。

訖。舍人分引殿上臣僚橫行北向。知東上閤門官引班首接醆，訖，少退，虛跪，興，殿中監出笏，引退，舍人接引復位，贊再拜。舍人贊"各賜酒"，群官俱再拜，贊"就座"，群官俱立席後，復贊"就座"，群官俱坐。酒初行，群官搢笏，受酒，先宰臣，次百官，皆作樂。尚食典御、奉御進御食，太官設百官食。後准此。皇帝再舉酒，自此並殿中監、少監進酒。群官俱立席後，樂止，飲訖①，舍人贊"就座"。復行群官酒，皇帝三舉酒，次行群官酒，並如第二之儀。若宣示醆，即隨所向，知東上閤門官以下揖，稱"宣示醆"，躬，贊"就位"。若宣勸，即立席後，躬，飲，訖，贊"再拜"。

內侍舉御茶牀，舍人引班首以下，俱降階，橫行北向，再拜，搢笏，舞蹈，又再拜，分班出。次教坊使以下謝祗應，再拜，訖。如賜祗應臣僚茶酒，並舍人逐班贊"再拜"。知東上閤門官側奏"無事"，皇帝降座，鳴鞭。

皇后受內外命婦賀

前一日，有司於皇后所御之殿設皇后座於中間，南向。又設東、西房於座之左、右，稍北。設東、西閤於殿後之左、右。設內命婦妃嬪以下次於殿之左、右，外命婦次於殿門之左、右。

其日，司贊設內命婦等稱賀位於殿庭道東，重行北向，西上。又設外命婦稱賀位於殿庭之左右，近南，每等重行異位，北向東上。又設司贊位於東階東南，典贊二人在南，少退，俱西向。

俟皇太子朝見禮畢，司賓引內命婦以次進，就北向，立定。

---

①　"飲"，十萬卷樓本作"飲食"。

司言引尚宮，尚宮引皇后升南向座。司贊曰："再拜。"典贊承傳[1]，内命婦等皆再拜。司賓引班首自西階升，進當皇后座前，北向跪，致詞稱賀，降自西階[2]，復位。司贊曰："再拜。"典贊承傳，内命婦等皆再拜。司言前承令，降自西階，詣内命婦前西北，東向稱"令旨"，内命婦等以下皆再拜，宣令，訖，司贊曰："再拜。"典贊承傳，在位者皆再拜，訖。司賓以次司内命婦還宮[3]。

内侍引外命婦出次，至殿門，司賓引詣北向，立定。司贊曰："再拜。"典贊承傳，外命婦皆再拜，訖。司賓引班首拜[4]，進，稱賀，復位，宣令再拜，皆如内命婦之儀。内侍詣皇后前，跪，奏禮畢，俛伏，興。皇后降座，入自東房，還東閣，會外命婦如别儀。

皇后會外命婦

皇后受内、外命婦賀禮訖，俟諸司排當備，内侍承旨宣外命婦入。皇后常服出，升南向座，會外命婦，並如宮中常儀。會畢，司賓引外命婦降自西階，横行北向，立定。司贊曰："再拜。"典贊承傳，在位者皆再拜，訖，以次出。皇后降座，還宮，侍衛如來儀。

皇太子受群官賀

前一日，有司於東宮門外量地之宜，設三公以下文武群官等次。典儀設皇太子答拜褥位於階下，南向。又設文武群官位於門之内外，親王與宰相對立，其餘宗室各隨本班。

---

① "承傳"，底本作"承侍"，據文津閣本改。
② "降"字，底本作"皆"，據文津閣本改，十萬卷樓本作"階"。
③ "司"字，文津閣本、十萬卷樓本作"引"。
④ "拜"字，十萬卷樓本作"升"。

其日，禮直官、舍人先引三公以下文武群官皆以次就位①，群官排列不盡者，止於門外。禮直官引左庶子詣皇太子前，跪請內嚴②，少頃，又跪言外備。內侍褰簾，皇太子常服出次，左右侍衛如常儀。內侍引皇太子降階，詣南向褥位。典儀曰：“再拜。”贊者承傳，三公以下俱再拜，皇太子答拜，班首稍前，致詞稱賀，訖，少退，復位。典儀曰：“再拜。”三公以下俱再拜，訖，皇太子答拜。禮直官引三公以下以次出。內侍引皇太子升階，還次，侍衛如常儀。少頃，禮直官、舍人又引知樞密院官以下入就位，立定。內侍引皇太子降階，復詣南向褥位。典儀曰：“再拜。”贊者承傳，樞密以下俱再拜，皇太子答拜。班首少前，致詞稱賀畢，少退，復位。典儀曰：“再拜。”樞密以下俱再拜，訖，皇太子答拜。禮直官引樞密以下以次出。次引師③、保、賓客等入就位，立定。典儀曰：“再拜。”贊者承傳，師、保、賓客等俱再拜，皇太子答拜。班首少前，致詞稱賀，賀訖，少退，復位。典儀曰：“再拜。”師、保以下俱再拜，訖，皇太子答拜。禮直官引師、保以下以次出。內侍引皇太子升座，禮直官引東宮官左庶子以下入就位，重行北向，立定。典儀曰：“再拜。”在位官俱再拜。左庶子少前，跪，致詞稱賀，賀訖，俛伏，興，復位。典儀曰：“再拜。”在位官皆再拜，訖，各就東、西位立。左、右庶子少前，跪言禮畢。左、右內侍降簾，皇太子還宮。左、右侍衛以次出，並如常儀。

---

① “皆”字，十萬卷樓本無。“就位”，文津閣本作“入就位”。
② “跪請”，文津閣本作“奏畢”。
③ “師”字，底本作“帥”，據文津閣本、十萬卷樓本改。

卷第一百九十四　嘉禮

册帝姬儀

陳設　發册　受册

陳設

前期，儀鸞司設文武百僚次於朝堂之内外，又於内東門外東廊設册使、副等次，西向北上。

其日，典儀設册使、副受制位於文德殿庭橫街之南，北向東上。又設知樞密院官宣制位於使副東北，西向。又設門下侍郎奉節位及右弼、禮部侍郎奉册、印位於册使東北，西向。又設權置册、印褥位二於橫街南黄道東，稍北，西向，册在北，印在南。_{前一日，尚書工部奉册、印進入。}又於册、印褥位後，各設使、副褥位。又於册使、副受制位稍北，設褥位一，以俟册使受册、副使受印。應行事官位又於近北，西向北上。又設册使奉册位於内東門外，副使及内給事位於其南，並東向北上。設册、印案位於册使之前。又設内給事位於册使位之東北，俱南向。所司設帝姬受册位於本位庭階下，北向。又設内命婦位於本位門外，並量地之宜。

發册

質明，闢文德殿門，文武百僚並常服，早入就次。禮直官、通事舍人引册使、副入,立於文德殿門外道東,西向。門下侍郎引掌節者奉節立於左嘉福門内道北。禮直官、通事舍人、太常博士分引右弼、中書侍郎、禮部侍郎、禮部郎中及册、印官等並詣垂拱殿門外,分左、右立以俟。内臣自内中承旨降册、印出。其捧册、印官俱搢笏,帥執事人等捧舉以行。禮直官、通事舍人、太常博士前引,中書侍郎押册,右弼後從,禮部郎中押印,禮部侍郎後從,援衛如儀,由東上閤門出,至文德殿庭權置。援衛人少退。

　　御史臺先引殿中侍御史一員入就位。東上閤門、御史、太常寺、四方館分引三公以下文武百僚入詣殿庭立班,東西相向,如月朔視朝之儀。内起居郎、舍人立本省班東。升朝官文臣承務郎以上位於通直郎之東,西向;武臣保義郎以上位於修武郎之西,東向。知客省事以下位於防禦使之南,每等重行異位,東向,俱北上。禮直官、通事舍人、太常博士引册使、副入,就受制位,立定。禮直官又引知樞密院官詣册使前稍東,西向稱“有制”,典儀曰:“再拜。”贊者承傳,册使以下在位官皆再拜。知樞密院官宣制曰:“皇帝幾女,封某號帝姬,命公等持節展禮。”宣制訖,册使、副再拜,知樞密院官退①,復位。門下侍郎帥掌節者脱節衣,詣册使之右,掌節者以節授門下侍郎,掌節者退,門下侍郎西向,以節授册使,册使跪,受,以授掌節者,掌節者立於册使之左,門下侍郎退。次引册使詣受册褥位,立定。又引右弼詣册使東北,西向立。中書侍郎引册案立於右弼之右,右弼跪,取册,以授册使,册使跪,受,訖,興,收置於案。舉案者退,立於後。册使、右弼、中書侍郎俱退,復本班。次引副使詣受印褥位,立定。又引禮部侍郎詣副使東,西北向立。禮部郎中引印案立

---

① “知樞密院官”,底本作“如樞密院官”,據文津閣本、十萬卷樓本改。

於禮部侍郎之右，禮部侍郎跪，取印，以授副使，副使跪，受，訖，興，收置於案。舉案者退，立於後。副使、禮部侍郎、禮部郎中俱退^①，復本班，立定。典儀曰：“再拜。”贊者承傳，冊使、副以下應在位官皆再拜，訖。禮直官、通事舍人、太常博士引冊使押冊、副使押印，持節者前導，援衛如儀，出文德殿門。文武百僚班退，掌節者加節衣，以次出朝堂門，由左昇龍門入大慶殿門^②，由殿西過，至殿後門出，由宣祐門至內東門，權置冊、印，入內，如別儀。

受冊

其日，自文德殿奉冊、印，將至內東門，內給事入，詣帝姬本位庭前^③，請帝姬服褕翟衣。俟奉冊、印至內東門外，權置訖。奉冊、印官少退。禮直官先引冊使、副及內給事俱就東向位，立定。少頃，又引內給事進就南向位。通事舍人、太常博士引冊使、副就內給事前，副使稍却。東向，躬，稱：“冊使姓某，副使姓某，奉制授帝姬冊、印。”退，復位。內給事又詣帝姬本位庭前，躬言，訖。內臣引內命婦等俱入就位。內給事進詣冊使前，西向立。冊使以冊跪授內給事，內給事跪，受冊，訖，以授內謁者，冊使退，復位。副使少前，以印跪授內給事，內給事跪，受印，訖，以授內謁者，副使退，復位。內謁者及管勾內官持冊、印入內東門，內給事從之，冊使、副並行事官並退。以次入。帝姬降詣庭中^④，就受冊位，立定。內給事跪，取冊、印，進，立於帝姬之右，少前，西向。又內給事一

---

①　“禮部郎中”，文津閣本作“吏部郎中”。

②　“左昇龍門”，十萬卷樓本作“右昇龍門”。

③　“本位”，十萬卷樓本作“奉位”。

④　“帝姬降詣庭中”，底本作“詣帝姬請降庭中”，據文津閣本改，十萬卷樓本作“於帝姬降詣庭中”。

員進,立於帝姬之左,少前,東向。內給事稱"有制",贊帝姬再拜,訖。內給事捧册,授帝姬,帝姬受,以授內給事。內給事捧印,授帝姬,帝姬受,以授內給事,如奉册之儀。內給事贊帝姬再拜,帝姬再拜,訖。內給事前,引帝姬升階[①]。內臣以次引內命婦賀,如常儀。內給事贊言:"禮畢。"內命婦退,內給事引帝姬謝,並如宫中之儀。

---

① "升階",十萬卷樓本作"升降"。

卷第一百九十五　嘉禮

册內命婦儀

陳設　發册　受册

陳設

前期，儀鸞司設文武百僚次於朝堂之內外。又於內東門外東廊設册使、副等次，西向北上。

其日，典儀設册使、副受制位於文德殿庭橫街之南，北向東上。又設知樞密院官宣制位於使、副東北，西向。又設門下侍郎奉節位及右弼、禮部侍郎奉册、印位，在册使東北，西向。又設權置册、印褥位二，於橫街南黃道東，稍北，西面，册在北，印在南。前一日①，尚書工部奉册②、印進入。又於册、印褥位後，各設使、副褥位。又於册使、副受制位稍北，設褥位一，以俟册使受册、副使受印。應行事官位又於近北，西向北上。又設册使奉册位於內東門外，副使及內給事位於其南，並東向北上。設册、印案位於册使之前，又設內給事位於册使位之東北，俱南向。所司設妃受册位於本位庭階下，北向。又設內命婦諸位次於本位門外③，並量地之宜。

---

① “前一日”，底本作“前一月”，據文津閣本、十萬卷樓本改。
② “工部”，底本作“主部”，據文津閣本、十萬卷樓本改。
③ “諸位次”，十萬卷樓本作“位”。

發册

質明,闢文德殿門,文武百僚並常服,早入就次。禮直官、通事舍人引册使、副入,立於文德殿門外道東,西向。門下侍郎引掌節者奉節立於左嘉福門内道北。禮直官、通事舍人、太常博士分引右弼、中書侍郎、禮部侍郎、禮部郎中及捧册、印官等並詣垂拱殿門外,分左右立以俟。内臣自内中承旨降册、印出,其捧册、印官俱搢笏,帥執事人等捧舉以行,禮直官、通事舍人、太常博士前引,中書侍郎押册,右弼後從,禮部郎中押印,禮部侍郎後從,援衛如儀,由東上閣門出,至文德殿庭權置。援衛人少退。

御史臺先引殿中御史一員入就位。東上閣門、御史臺、太常寺、四方館分引三公以下文武百僚入,詣殿庭立班,東西相向,如月朔視朝之儀。凡起居郎、舍人立本省班東[1]。升朝官文臣承務郎以上位於通直郎之東,西向;武臣保義郎以上位於修武郎之西,東向。知客省事以下位於防禦使之南[2],每等重行異位,東向,俱北上。禮直官、通事舍人、太常博士引册使、副入,就受制位,立定。禮直官又引知樞密院官詣册使前東,西向稱“有制”,典儀曰:“再拜。”贊者承傳,册使以下在位官皆再拜。知樞密院官宣制曰:“某氏將封某妃[3],已有封者,即云進封。令公等持節展禮。”宣制訖,册使、副再拜,知樞密院官退位。門下侍郎帥掌節者脱節衣[4],詣册使之右,掌節者以節授門下侍郎,掌節者退,門下侍郎西向,以節授册使,册使跪,受,以授掌節者,掌

---

① “東”字,十萬卷樓本作“末”。
② “知客省事”,底本作“如客省事”,據文津閣本、十萬卷樓本改。
③ “將”字,十萬卷樓本作“特”。
④ “帥”字,底本作“例”,據文津閣本、十萬卷樓本改。

節者立於冊使之左，門下侍郎退。次引冊使詣受冊褥位^①，立定。又引右弼詣冊使東北，西向立。中書侍郎引冊案立於右弼之右，右弼跪，取冊，授冊使，冊使跪，受，訖，興，置於案。_{舉案者皆退，立於}_{後。}冊使、右弼、中書侍郎俱退，復本班。次引副使詣受印褥位，立定。又引禮部侍郎詣副使東北，西向立。禮部郎中引印案立於禮部侍郎之右，禮部侍郎跪，取印，以授副使，副使跪，受，訖，興，置於案。_{舉案者退，立於後。}副使、禮部侍郎、禮部郎中俱退，復本班，立定。典儀曰："再拜"，贊者承傳，冊使、副以下應在位官皆再拜，訖。禮直官、通事舍人、太常博士引冊使押冊、副使押印，持節者前導，授衛如儀，出文德殿門。文武百僚班退，掌節者加節衣，以次出朝堂門，由右昇龍門入大慶殿門，由殿西過，至殿後門，由宣祐門至內東門，權置冊、印，入內，如別儀。

受冊

　　其日，自文德殿奉冊、印，將至內東門，內給事入，詣妃本位庭前，請妃服褕翟衣。俟奉冊、印至內東門外，權置訖。_{捧冊、印官}_{少退。}禮直官先引冊使、副及內給事俱就東向位，立定。少頃，又引內給事就南向位。通事舍人、太常博士引冊使、副就內給事前，_{副使稍却。}東向，躬，稱："冊使姓某，副使姓某，奉制授某妃冊、印。"退，復位。內給事入，詣妃本位庭前，躬，言訖。內臣引內命婦諸親俱入，就位。內給事進，詣冊使前，西向立。冊使以冊跪授內給事，內給事跪，受冊，訖，以授內謁者，冊使退，復位。副使少前，以印跪授內給事，內給事跪，受，訖，以授內謁者，副使退，

復位。

　　内謁者及管勾内臣持册、印入内東門，内給事從之。册使、副並行事官並退，以次入，詣妃受册、印位前，各置於案。内給事引妃降，詣庭中，就受册位，立定。内給事跪，取册、印，進，立於妃之右少前，西向。又内給事中一員進，立於妃之左少前，東向。内給事稱"有制"，贊妃再拜，妃再拜，訖。内給事捧册授妃，妃受，以授内給事。内給事捧印授妃，妃受印，以授内給事，如奉册之儀。内給事贊妃再拜，妃再拜，訖。内給事前，引妃升階，内臣以次引内命婦諸親賀，如常儀。内給事贊言"禮畢"，内命婦退。内給事引妃謝，並如宮中之儀。

卷第一百九十六　嘉禮

文德殿宣制儀

其日，俟東上閣門官押制書到東上閣門外，置於案上，引贊官報宰臣催班。知班先引殿中侍御史一員入殿庭就位，次引望參官以次入。左散騎常侍在橫街南，東黃道之東；給事中、左諫議大夫在其東；起居郎、左司諫、符寶郎、左正言又在其東①。御史大夫在左散騎常侍之南；中丞在東，其侍御史、殿中侍御史、監察御史又在其東。特進在御史大夫之南；六曹尚書，金紫、銀青光禄、光禄大夫在其東②。與御史大夫班齊。次六曹侍郎、開封尹至大司成；開封尹以下稍空。次太常卿至中大夫；次殿中少監至中散大夫③；次七寺少卿至奉直大夫；次左、右司員外郎至朝奉大夫；次六曹員外郎至朝奉郎④；次太常丞至承議郎⑤；次開封知縣至奉議郎；次太史局正至通直郎，又在其東。太子三師在特進之南，三少在其東；次賓客、詹事；次左、右庶子以下，又在其東，每等各重行異位，並西向北上。右散騎常侍在橫街南，西黃道之西。中書舍人、右諫議大夫在其西；起居舍人、右司諫、右正言又在其西，

---

① “左正言”，底本作“左正”，“言”字據上下文意補。
② “光禄大夫”，底本作“榮禄大夫”，據上下文改。
③ “殿中少監”，底本作“殿中監少”，據文津閣本改。
④ “員外郎”，底本作“員外部”，據文津閣本改。
⑤ “承議郎”，底本作“議丞郎”，據上下文改。

每等各重行異位，並東向北上。

引贊官引門下省宰臣立於本省班南稍前。如宰臣不赴，即門下侍郎入，立於本省官之上。東上閣門官引制案，當殿北向，揖，訖，稍西，東向立。引贊官引宰臣於制案前，北向立，搢笏，跪。閣門承受行首捧制授宰臣，俛伏，興，執笏，捧制歸位，搢笏，轉授通事舍人，宰臣不赴，即門下侍郎受，又不赴，即通事舍人受，並如宰臣之儀。執笏，捧制，南向揖，訖，由東黃道赴宣制石位西南①，揖，訖，就位，北向立，搢笏，宣讀。若赦書、德音或后妃、親王、皇子、帝姬制書，俟舍人宣“有制”，在位官各再拜，宣訖，再拜，搢笏，舞蹈，再拜。舍人執笏，捧制，搢笏，授宰臣，宰臣付有司。百官以次退。如班內有官除授，俟宣姓名，引贊官引本位官北向立，東班官於宣制石東②，西班官於宣制石西③。再拜，聽宣，訖，再拜，搢笏，舞蹈，再拜。加恩者引歸本班④，出鎮罷相者引赴朝堂。

---

①　“宣制石位”，底本作“宣制右衛”，據文津閣本改。
②　“石東”，底本作“右東”，據上下文改。
③　“石西”，底本作“右西”，據上下文改。
④　“加恩者”，底本作“加息者”，據文津閣本、十萬卷樓本改。

卷第一百九十七　嘉禮

皇帝養老於太學儀

陳設　車駕詣太學　酌獻文宣王

養老　車駕還內

陳設

前期三日，殿中監率其屬尚舍設大次於太學敦化堂之後。儀鸞司設三老、五更次於學堂南門外之西，群老次於其南，皆東向。又設文武百僚次：文官於門外之東，西向；武官於群老之南，東向，皆北上。又設三公、親王、使相、執政官以下次於國子監門外。

前一日，尚舍設御幄於文宣王廟殿之東，又設於敦化堂上當中間，鋪御座於幄中，皆南向。儀鸞司設三老座於西楹之東，五更座於其南；設國老三人座於三老、五更之後；設衆國老座於堂下西廡；設庶老座於國老之後①，俱東向北上。大晟陳登歌之樂於堂上前楹間稍南，北向；設宮架樂於庭中；立舞表於酂綴之間；設典樂位於宮架之北，大樂令位於登歌樂虡之北。協律郎位二：一於堂上前楹間近西，稍南；一於宮架之西北，俱東向。尚醞設

---

① “國老”，十萬卷樓本作“衆國老”。

酒尊於前楹之北，西向，加玄酒，有坫，以置爵。尚食陳珍羞黍稷
之屬。尚輦奉輿輦、徹扇於堂下。翰林設衆國老、庶官酒器於
西廡。

車駕詣太學

前期，殿中監帥其屬尚舍設御幄於大慶殿上，前楹施簾①。
儀鸞司設導駕官次於殿門之外。大晟陳宮架之樂於宣德門外稍
南，北向。所司陳法駕鹵簿於宣德門外。

其日未明二刻，諸侍衛之官各服其器服②，乘黄令進金輅於
宣德門内，南向設。千牛將軍一員位於輅前，北向。門下侍郎一
員位於左輔位之前，贊者二人位又於其前。尚輦陳平輦於垂拱
殿庭。文武百官俱就次，各服其服。通事舍人等自下分引知樞
密院事以下詣垂拱殿庭立班。東上閤門附内侍進班齊牌。

垂拱殿簾降，皇帝乘輿出，至殿上，少駐，輦官迎駕，自贊常
起居，宣輦官上殿，簾卷，鳴鞭。行門禁衛諸班親從迎駕，自贊常
起居。次舍人先贊知内侍省官以下常起居。次樞密以下通班常
起居，贊祗候引駕。樞密知客省事以下至簽書東上閤門官分左、
右立。六尚局應奉官、祗應通事大夫以下、武功大夫以下並先
退。次管軍臣僚宣名常起居，贊祗候引駕，並分左、右前導。輦
降東階垂拱殿門外，禁衛諸班親從自贊常起居。皇帝至大慶殿
後閤，降輿，入西閤。導駕官以下就次，各易其服。少頃，東上閤
門、御史臺、太常寺分引左輔、門下侍郎、太僕卿、乘黄令詣大慶

---

① “簾”字，文津閣本作“虡”。
② “器服”，文津閣本作“公服”。

殿西階下立，北向東上。乘黃令位其後。次引導駕官在其後，分東、西相向立定，以俟奉迎前導。禮直官、通事舍人引左輔奏請中嚴，凡左輔、門下侍郎奏請，皆禮直官、通事舍人引。少頃，又奏外辦。

皇帝服通天冠、絳紗袍，乘輿以出，降自西階，稱警蹕，侍衛如常儀。宣贊舍人贊左輔以下常起居，次導駕官常起居。已起居者，止奏聖躬萬福。太僕卿出，詣金輅所，攝衣而升，正立執轡。導駕官前導，皇帝出大慶殿門外，至金輅所，千牛將軍前，跪，執轡。左輔進當輿前，俛伏，跪，奏："左輔具官臣某言，請皇帝降輿升輅。"奏訖，俛伏，興，退，復位。凡左輔奏請，准此。乘黃令稍前，東向，進金輅，皇帝降輿，升輅，太僕卿立授綏，導駕官分左、右前導。門下侍郎進當輅前，俛伏，跪，奏："門下侍郎具官臣某言，請車駕進發。"奏訖，俛伏，興，退，復位。凡門下侍郎奏請，准此。大樂正令撞黃鍾之鐘，右五鐘皆應。協律郎跪，俛伏，舉麾，興，工鼓柷，宮架奏《采茨之樂》。凡樂，皆協律郎舉麾，興，工鼓柷而後作，偃麾，戛敔而後止。車駕動，稱警蹕。左輔先詣宣德門內以俟，門下侍郎及贊者夾侍以出，千牛將軍夾輅而趨。

車駕將及宣德門，至侍臣上馬所，門下侍郎奏請車駕少駐，勑侍臣上馬。左輔前承旨，退稱曰："制可。"門下侍郎傳制，稱"侍臣上馬"，贊者承傳，勑侍臣上馬。諸侍衛之官各督其屬，左右翊駕在黃麾內，符寶郎奉八寶前導，殿中監後部從，導駕官夾侍於前，贊者在左輔、門下侍郎之前。侍臣上馬畢，門下侍郎奏請車駕進發。車駕動，稱警蹕，樂止①，鼓吹振作，法駕鹵簿前導，詣太學。

---

① "樂止"，文津閣本作"樂興"。

車駕將至學①,東上閣門、御史臺、太常寺、客省、四方館分引文武官、宗室、客使、禮部祠部郎官、太常寺、國子監、太學官並諸生俱詣門外立班,再拜奉迎,訖,退。內已起居者,止奏聖躬萬福。

車駕及門,少駐,文武侍臣皆下馬。導駕官步導入門,車駕動,千牛將軍夾輅而趨。至廟門外,回輅南向,導駕官分左、右立,千牛將軍立於輅右,左輔奏請皇帝降輅乘輿,尚輦奉御進輿於輅後。皇帝降輅,乘輿以入,侍衛如常儀。通事舍人承旨,勅群官各還次以俟。

酌獻文宣王

前期,太常寺設祭器於文宣王神像前,光禄實之。左一籩,實以鹿脯。右一豆。實以鹿臡。爵一,在籩、豆前。犧尊一,在殿上前楹間。實以供內法酒。香爐一,在神像前。又設配享十哲及兩廡從祀位,各左一籩、實以鹿脯。右一豆,實以鹿臡。爵一,在籩、豆前。象尊四:一於殿上前楹之東,一於前楹之西,二分於兩廡之北,俱實以祠祭法酒。皆有坫。設良醖令位於文宣王酌尊所,北向。

其日,皇帝既歸御幄,禮直官、太常博士、太常卿立於幄前,東向。禮直官、通事舍人引三公、宰臣、親王、使相、執政官,御史臺、東上閣門引尚書、侍郎以下文武官,各朝服,入詣殿下位。如陪祠班。引左輔奏請中嚴,少頃,又奏外辦。

太常卿詣御幄前,俛伏,跪,奏:“太常卿臣某言,請皇帝行酌獻之禮。”奏訖,俛伏,興。簾捲,禮直官、太常博士、太常卿前導,皇帝出幄,升自東階,詣文宣王神像前。太常卿奏請皇帝跪,又

---

① “學”,疑當作“太學”。

奏上香，再上香，三上香。侍臣親爵詣酒尊所，良醞令酌酒以授侍臣。侍臣跪，以爵酒進。皇帝受爵，三祭酒，奠爵，俛伏，興。太常卿奏“請再拜”，皇帝再拜，贊者承傳，在位官皆再拜。太常卿前導，皇帝降自東階，歸御幄，簾降。太常卿詣御幄前，跪，奏禮畢。簾捲，皇帝出幄，乘輦，詣太學，如別儀。禮部祠部郎官、太常丞、博士及國子監、太學官分詣殿上，配享十哲及兩廡從祀位分奠如常儀。

養老

其日，車駕初出宮，量時刻，遣中使迎三老、五更於其第。三老、五更朝服，俱乘安車，前後導從，至學門，下車就次。國老、庶老，有司預戒之，各服朝服，皆集於其次。

皇帝既謁至聖文宣王畢，大樂正帥工人、二舞入，立於庭。東上閤門[①]、御史臺、太常寺、客省、四方館自下分引文武官僚[②]、宗室、客使、學生等，以次入就位。如視學班。太常博士贊三老、五更俱出次，引立於學堂南門外之西，東向北上。奉禮郎先贊國老，次庶老，並出次，引立於三老、五更之後，重行異位。

禮直舍人引左輔奏請中嚴，少頃，又奏外辦。皇帝服通天冠、絳紗袍，出大次，侍衛如常儀。太常卿、太常博士、禮直官前導。皇帝將出，太樂正令撞黃鍾之鐘，右五鐘皆應。協律郎跪，俛伏，舉麾興，宮架《乾安之樂》作，皇帝即御座，南向，樂止。典儀曰：“再拜。”在位官皆再拜。三老、五更皆杖而入，各左右二人

---

① “閤”字，底本作“閣”，據文津閣本改。
② “自下”，文津閣本作“以下”。“分引”，底本作“分別”，據文津閣本、十萬卷樓本、《宋史》卷一一四《禮十七》改。

夾扶，太常博士前引，叟執筆以從①。三老入門，宮架《和安之樂》作，至宮架北，北向立，以東爲上。奉禮郎引羣老隨入，位於其後，立定，樂止。太常博士揖，進②，三老在前，五更在後，仍杖夾扶如初，宮架《和安之樂》作，至西階下，樂止。太常博士揖，三老、五更升自西階，國老、衆國老、庶老立於堂下③。三老、五更至堂上，當御座前，北向，躬，揖，羣老揖於堂下，皇帝爲興。次奉禮郎揖，國老升堂，太常博士引三老、五更，奉禮郎引國老以下，各於席後立。典儀贊：“各就坐。”贊者承傳，宮架《尊安之樂》作，三老、五更以下俱就坐。三公授几，九卿正履，殿中監、尚食奉御進珍羞及黍稷等，先詣御座前進呈，遂設於三老之前，樂止。次尚食奉御詣三老座前，執醬而饋，訖。尚醞奉御詣酒尊所，取爵，酌酒，奉御執爵，奉於三老。次太官、良醞令以次進珍羞酒食於五更、國老、庶老之前，國老、庶老等皆食。大樂正引工人升，登歌奏《惠安之樂》，三終。史臣執筆，録三老所論善言善行。事終，宮架作《申安之樂》，《獻言成福之舞》既畢④，文舞退，作《受成告功之舞》，既畢，三老以下降筵。太常博士引三老、五更於堂上，當御座前，奉禮郎引羣老復堂下位，俱北向，躬，揖，皇帝爲興。三老、五更降階，至堂下，宮架《和安之樂》作，出門，樂止。引左輔前⑤，奏禮畢⑥，退，復位。典儀曰：“拜。”贊者承傳，在位者皆再拜。皇帝降座，太常卿前導，皇帝還大次。文武百僚、客使、學生

---

① “叟”，《宋史》卷一一四《禮十七》作“史臣”。
② “進”字，十萬卷樓本作“遜”。
③ “立”字，底本作“是”，據文津閣本、十萬卷樓本、《宋史》卷一一四《禮十七》改。
④ “獻言成福之舞”，《宋史》卷一一四《禮十七》作“憲言成福之舞”。
⑤ “引左輔前”，《宋史》卷一一四《禮十七》作“禮直官通事舍人引左輔前”。
⑥ “奏”字，底本作“奉”，據《宋史》卷一一四《禮十七》改。

等以次退。三老、五更升安車，導從而還。明日，詣闕表謝。

車駕還內

前期，殿中監帥其屬尚舍設御幄於大慶門外之東，南向。其養老禮畢，皇帝既還大次，所司轉仗衛鹵簿於還途，如來儀。文武百僚、宗室、客使並先詣宣德門外，就次以俟，立班奉迎。乘黃令進金輅於廟門外，南向。千牛將軍一員，執長刀，立於輅前。尚輦奉御進輿於學堂前，導駕官俱詣學堂西階下奉迎。左輔奏請中嚴，少頃，又奏外辦。

簾捲，皇帝服通天冠、絳紗袍，乘輿以出，應導駕官等並迎駕，奏“聖躬萬福”，訖，步道出門。太僕卿先詣金輅所，攝衣而升，正立執轡。皇帝乘輿，降自西階，至金輅所，左輔奏請皇帝降輿乘輅，有司仍具大輦，若乘輦，即奏云“降輿乘輦”。太僕卿立授綏，千牛將軍馭駕，如來儀。門下侍郎奏請車駕進發，車駕動，稱警蹕，侍衛如儀。行至侍臣上馬所①，門下侍郎奏請車駕少駐，勅侍臣上馬。左輔前承旨，退稱曰：“制可。”門下侍郎傳制，稱“侍臣上馬”，贊者承傳，勅侍臣上馬。門下侍郎奏請車駕進發，車駕動，稱警蹕，鼓吹及諸軍樂振作。

車駕將至宣德門，文武百僚俱詣門外立班，再拜奉迎。車駕將至宣德門外，少駐，文武侍臣皆下馬步道。千牛將軍降立於輅右②。車駕動，千牛將軍夾輅而趨。大樂正令撞蕤賓之鐘，右五鐘皆應，宮架奏《采茨之樂》，車駕至御幄前，樂止。左輔奏請皇

---

① “行至”，文津閣本、十萬卷樓本作“將至”。
② “降立”，文津閣本作“侍立”。

帝降輅乘輿，若乘輦，即奏云"降輅乘輦"。皇帝降輅，乘輿，以至大慶殿後閣。左輔奏解嚴，通事舍人承旨，勑群官各還，將士各還其所。

卷第一百九十八　嘉禮

皇帝宴射儀

陳設　宴射

陳設

殿中監前期帥其屬尚舍陳設射殿，設御位於殿中間。尚醞設御酒尊、酒器於御座之左。尚食設御茶牀於御座之右。俱稍却。有司設群官酒尊、酒器於殿下。又設群官座：三公、三少、左輔、右弼、太宰、少宰在御座之左，稍前。知樞密院事，門下、中書侍郎，尚書左、右丞，同知、簽書樞密院事在其後。次特進，觀文殿大學士，太子三少，觀文殿學士，資政殿大學士，六曹尚書，金紫、銀青光禄大夫，光禄大夫，翰林學士承旨，翰林學士，資政、端明殿學士，閣學士，左、右散騎常侍，三少以下稍却，尚書以下又稍却。次開封尹、六曹侍郎、直學士。次宣奉、正奉、正議、通奉大夫，殿中監，大司成，太子賓客，詹事，給事中，中書舍人，通議大夫，左、右諫議大夫，待制，太中大夫，太常卿，大司樂，宗正卿。次秘書監、起居郎、舍人，常日即富①。侍御史又在其後②。太子三

---

① “常日即富”四字，文津閣本無。
② “侍御史”，文津閣本作“監察侍御史”。

師在簽書樞密院事之左,御史大夫在散騎常侍之左,中丞在直學士之左。各少空。親王、使相在御座之右,稍前。使相稍却①。太尉在其後,次節度使,次節度觀察留後、觀察使,次防禦、團練使、刺史,駙馬都尉又在其後。左、右金吾衛,左、右衛諸衛上將軍在節度使之右。少空,諸衛上將軍稍却。

宴射

其日,射殿諸司排當備。三公、親王以下與燕射,宣詣殿下,相向立班。次同知、知內侍省事,帶御器械官,殿中省官,六尚局應奉官,祗應武功大夫以下,祗應諸司文臣鬭班立。侍燕官公服,繫射官裦衣。立定。東上閣門附內侍奏班齊。

皇帝出閣門,禁衛諸班親從迎駕,奏"聖躬萬福"。皇帝即御座,鳴鞭。知、同知入內侍省事,帶御器械官,殿中省官,六尚局應奉官,祗應武功大夫以下,祗應諸司文臣奏"聖躬萬福",訖,各侍立祗應位。次舍人分引與宴射官橫行,奏"聖躬萬福",未起居者,別班常起居。贊"各就座",再拜,分引升殿,各立席後。次招箭班自贊常起居。次教坊使以下通班常起居。已起居者,止奏"聖躬萬福"。以上如賜花,逐班謝花,再拜。次看醆人謝升殿。次內侍進御茶㫋,殿侍酌酒,訖。舍人贊"就座",群官俱坐。將進酒,舍人揖,稱"進酒",群官各立席後,尚醞典御捧盤、醆,奉御以酒注於醆,班首奉酒②,詣御座前,躬,進,訖。樂作,皇帝飲,訖,典御受醆,退。舍人贊"就座",群官俱坐。次行群官酒,先宰臣,次百官,樂作,後准

---

① "却"字,底本無,據文津閣本補。
② "班首",文津閣本、十萬卷樓本作"典御"。

此。飲，訖。尚食進食，太官令設群官食。後准此。如賜祗應臣僚酒食，並內侍贊如儀。若別殿已賜，更不賜。酒三行，舉御茶牀，群官興，諸司收座物等。

　　次引射官降階，執弓矢，謝恩，再拜。如階庭窄，即階上，凡謝者准此。三公以下在右，射官在左。不射者依坐次分立。皇帝初射中，舍人贊拜，凡左右祗應臣僚並階上下再拜。唯內侍免拜。行門禁衛諸班親從、諸班祗應人並自贊再拜。下准此。招箭班殿上射奏訖①，跪，進椀。射官先傳弓箭與殿侍，且側立。內侍接椀，訖，拜，起，降階，再拜。有司進御茶牀，文武引進奉馬列射垛前，員僚奏"聖躬萬福"。東上閤門官詣御座前，躬，奏班首姓名以下進酒。班首以下橫行立定，贊"再拜"。舍人引班首稍前，東上閤門官接引，詣御座前之左。尚醞典御奉盤、醆授班首，奉御啟醆，以酒注於醆。班首奉酒，詣御座前，躬，進，訖，少退，虛跪，興，以盤授典御，東上閤門官引退，舍人接引復位，贊"再拜"。引進司官奏進奉揖，班首以下躬，贊"再拜"。舍人引班首稍前。殿上臣僚席前相向立。東上閤門官接引班首詣御座之左，典御授盤，捧詣御前，西向立，樂作，皇帝飲，訖。舍人分引殿上臣僚橫行，立定。東上閤門官引班首接，訖，少退，虛跪，興，以授典御，引退，舍人接引復位。諸司復收座物等。贊"再拜"，引進司宣進奉收，贊"再拜"。舍人贊"各賜酒"，群官俱再拜，贊"各就座"，群官皆立席後。引進司官臨階，宣進奉出，天武奉馬以出，樂合，復贊"就座"，群官俱坐，飲，訖，揖，興，侍立。諸司復收座物等。射官左側臨階，取弓箭侍立。

　　皇帝再射，中中心或雙中，如上儀，進酒臨時取旨，如得旨進酒，更不

---

① "射奏"，《宋史》卷一一四《禮十七》作"躬奏"。

進奉。中偏椀及鮮中,更不賀。不進酒。臣僚射中,引降階,再拜,訖,殿下側立。御箭解中,招箭班進椀,如上儀。舍人再引射,中官當殿揖,躬,奏:"有勑,賜窄衣金帶。"如合賜散馬,即同宣賜。跪受,箱過,再拜,過殿側服所賜,訖,再引當殿再拜,更不射。如宣再射,又引當殿再舍射殿依次序射,訖,或更賜箭令射,如未退,即就位再拜。如再射中,御箭再解中,賜鞍轡馬,如上儀。臣僚射中,御箭不解,引降階,再拜,且立。招箭班殿上躬奏訖,下殿。舍人宣"有勑,賜銀椀。"跪,受執椀並箭,就拜,起,再拜。如合賜散馬,即同宣賜,宣有勑賜銀椀兼賜散馬若干匹[①]。

　　射訖,進御茶牀,諸司復陳座物等。群官各立席後,贊"就座",群官俱坐。酒五行,宣示醵、宣勸如儀。皆樂作。宴畢,内侍舉御茶牀。三公、親王以下降階,再拜,退。皇帝降座,鳴鞭。如宣别殿賜宴,如常儀。

---

①　"銀椀",十萬卷樓本作"銀花"。

卷第一百九十九　嘉禮

集英殿春秋大宴儀

陳設　大宴

陳設

　　前期，殿中監帥其屬尚舍張設集英殿門之内，設御座於殿上當中，南向。尚醖設御酒尊、酒器於御座之東，尚食設御茶牀於御座之西，俱稍北。有司設群官酒尊、酒器於殿下。三公、三少、左輔、右弼、太宰、少宰在御座之東，稍南。門下、中書侍郎，尚書左、右丞在其東。次特進，觀文殿大學士，太子三少，觀文殿學士，資政殿學士，六曹尚書，金紫、銀青光禄大夫，光禄大夫，翰林學士承旨，翰林學士，資政、端明殿學士，左、右散騎常侍。三少以下稍却，尚書以下又稍却。次開封尹、六曹侍郎、直學士。次宣奉、正奉、正議、通奉大夫，大司成，太子賓客，詹事，給事中，中書舍人，通議大夫，左、右諫議大夫，待制①，太中大夫，太常卿，大司樂，宗正卿。次廂都指揮使，軍都指揮使，又在其東。太子三師在右丞之南，中丞在直學士之南，各少空。並西向北上。親王、使相在御座之西，稍南。使相稍却。樞密在西，次節度使，次節度觀察留後、

---

① “待制”，底本作“待御”，據文津閣本、十萬卷樓本改。

觀察使，次廂都指揮使，軍都指揮使又在其西。太尉在樞密之南；左、右金吾衛，左、右衛諸衛上將軍在節度使之南；諸衛上將軍稍却。防禦、團練使、刺史在軍都指揮使之南①，各少空。並東向北上。秘書監以下在東垛殿②，都虞候在其東，並西向北上。宗室遙郡團練使以上及外官大將軍以下在西朵殿，都虞候在其西，並東向北上。餘與宴百官在東廊，諸軍將校在西廊，在東廊者，位於百官之南。若大遼人使在闕，郎諸軍副指揮使以上座③。並東西相向，北上。大遼、夏國、高麗、交州使、副及諸番國首領在闕，即大遼使、副在上將軍之南，大遼使位次節度使位稍却，副使又稍却。夏國副使位在東朵殿南楹間。高麗、交州使、副在西朵殿。夏國人從在東廊將校之南，舍利人從在西廊將校之南，高麗交州人從及諸番首領又在其南，各少空。

大宴

其日，殿中監以下④，知、同知入内内侍省事，知客省事以下，六尚局官，樞密都承旨以下，在内監臨並祗應。通侍大夫以下、武功大夫以下、祗應諸司文臣、鐘鼓院管勾官於殿庭北向立班⑤。次御史臺先引殿中侍御史一員先入就位。次東上閣門、御史臺分引與宴文武百僚入詣殿庭，東、西相向立。東上閣門附内侍進班齊牌。

皇帝出宮，需雲殿排立親從迎駕，自贊常起居。皇帝御需雲殿，鳴鞭。讀奏目東上閣門官贊喝，引班舍人、簿書官並當覺察

---

① “刺史”，底本作“刺使”，據文津閣本改。
② “垛”字，文津閣本作“朵”。
③ “郎”字疑作“即”。
④ “殿中監”，底本作“設中監”，據文津閣本改。
⑤ “鐘鼓院”，文津閣本作“鐘鼓樓”。

失儀,提點承受,六尚局應奉官①。次知内侍省以下,帶御器械官、内侍武功大夫以下寄班祗候。帶御械器官窄衣,餘公服繫鞵。次管軍臣僚、新舊城巡檢、軍都指揮使以上起居,訖,出次。殿前指揮使左班②,次貯廊西殿前指揮使右班,並排立,親從並常起居。皇帝降座,鳴鞭,詣集英殿。禁衛諸班並行門親從托食③,天武迎駕④,自贊常起居。皇帝御集英殿,鳴鞭。殿中監以下通班起居,殿中監、少監升殿侍立,並通喚東上閤門官升殿⑤,知客省事以下殿下立⑥。攝左在軍巡使鞵笏⑦,起居訖,繫鞵,執杖子侍立,餘非應奉官分出⑧。次鐘鼓樓節級就位,四拜起居。次舍人通喚訖⑨,分引群官横行北上。三公、三少、左輔、右弼、太宰、少宰在殿階之南,稍東;門下、中書侍郎,尚書左、右丞在其南。次特進,次六曹尚書至光禄大夫,次六曹侍郎、開封尹至大司成,開封府尹以下少空。次太常卿至中大夫,次七寺卿至中散大夫,次七寺少卿至奉直大夫,次左、右司員外郎至朝奉大夫,次六曹諸司員外郎至朝奉郎,太常丞至承議郎,次開封府知縣至奉議郎,次太史局正至通直郎,又在其南。觀文殿大學士,學士,資政殿大學士,翰林學士承旨,翰林學士,資政、端明殿學士,閣學士,在光禄大夫之東;資政殿大學士以上稍前,觀文殿大學士又稍前。直學士在其南,待制又在其南。御史大夫在

---

①　本句後疑有脱文。
②　"殿前指揮使",底本作"殿前前指揮使",據文津閣本、十萬卷樓本改。
③　"托食"二字,文津閣本無。
④　"天武",文津閣本作"武功大夫"。
⑤　"通喚",文津閣本作"通知"。
⑥　"殿下",十萬卷樓本作"殿上"。
⑦　"左在軍",十萬卷樓本作"左右軍"。
⑧　"分出",文津閣本作"分出仗"。
⑨　"通喚",文津閣本作"通事"。

閣學士之東，御史中丞在其南，侍御史、殿中侍御史、監察御史又在其南。左、右散騎常侍在御史大夫之東；給事中，中書舍人，左、右諫議大夫在其南；起居郎，舍人，左、右司諫，符寶郎，左、右正言又在其南。太子三師在散騎常侍之南，與執政官班齊。太子三少在其南。次賓客，詹事，次左、右庶子以下，又在其南，每等各重行異位，並北向西上。親王、使相在殿階之南，稍西。使相稍却。知、同知、簽書樞密院事在其南，次太尉，次節度使，次節度觀察留後、觀察使，次防禦使，次團練使，次刺史，次宗室遥郡防禦使①，次宗室遥郡團練使，又在其南。左、右金吾衛，左、右衛諸上將軍在節度使之西；諸衛上將軍稍却。大將軍在其南；次將軍，次率府，次率府副率，又在其南，每等各重行異位，並北向東上。諸軍將校在百官後，大遼人使在闕，即諸軍副指揮使以上立班。分東西，北向。大遼、夏國、高麗、交州使、副及諸蕃首領在闕，即大遼使、副位在上將軍之西，副使稍却；夏國副使在文武官之南；高麗、交州副使在武官之南。夏國、高麗、交州人從並諸番首領，在諸軍將校之南。

　　東上閣門官贊大起居，班首出班，俛伏，跪，致詞，訖，俛伏，興，復位。群官再拜，搢笏，舞蹈，又再拜。贊各就位，再拜，舍人分引升殿席前，相向立。朵殿兩廊官立於席後。大遼人使在闕，舍人傳事，引大遼舍利俱入，大起居，贊各就座，贊再拜，贊就座，引升西廊。次舍人侍事引從人分入②，四拜起居，謝座，並同舍利使。教坊使以下通班大起居，看醆入謝③，升殿，再拜。內侍進御茶牀，殿侍酹酒，訖。次贊天武門外祗候。東上閣門官詣御座前，躬，奏班首姓名以下進酒④。舍

---

①　"宗室"，底本作"宗"，據文津閣本改。
②　"侍事"，文津閣本作"執事"，十萬卷樓本作"傳事"。
③　"看醆入謝"，文津閣本、十萬卷樓本作"看醆人謝"。
④　"進酒"，十萬卷樓本作"進御酒"。

人分引殿上臣僚横行北向，贊“再拜”。舍人引班首稍前，東上閤門官接引，詣御座東，北向，搢笏，殿中監奉盤琖，授班首，殿中少監啓琖，班首西向立，殿中少監以酒注於琖，班首西向，奉酒詣御座前，躬，進，訖，少退，虛跪，興，以盤授殿中監，出笏，東上閤門官引退，舍人接引復位，贊“再拜”。舍人引班首稍前，殿上臣僚席前相向立，東上閤門官接引，詣御座東，北向，搢笏，殿中監授盤，捧詣御座前，西向立，樂作，皇帝飲，訖。舍人分引殿上臣僚横行北向，東上閤門官引班首接醆，訖，少退，虛跪，興，殿中監出笏，引退，舍人接引復位，贊“再拜”。

　　舍人贊“各賜酒”，群官俱再拜，贊“各就位”，群官皆立席後留，復贊“就座”，群官俱坐。酒初行，群官搢笏，受酒，先宰臣，次百官，皆作樂。後准此。皇帝再舉酒，自此並殿中監、少監進酒。群官俱立席後，凡舉御酒，准此。樂作，飲，訖，舍人贊“各就座”。復行群官酒，皇帝三舉酒，如第二之儀。尚食典御、奉御進食，大官令設群官食。後准此。樂作，賜祗應臣僚酒食，先管軍，次殿中監以下、知客省事以下、知内侍省事以下、帶御器械官、六尚局應奉官、樞密都承旨以下①、祗應武功大夫以下、祗應諸司文臣並内侍②，逐班贊謝酒食，拜訖，各復位。皇帝四舉酒③，自此並與御進酒④。樂工前致語，初致語，群官俱立席後，致語訖，贊“拜”，百官皆再拜，贊“就座”，樂合。皇帝五舉酒，樂工殿上奏樂，庭下舞隊前致詞，樂作，舞隊出。東上閤門官奏再座時刻，俟放隊訖，内侍舉御茶牀。

---

①　“以下”二字，文津閣本無。
②　“内侍”，底本作“内寺”，據文津閣本、十萬卷樓本改。
③　“酒”字，底本無，據文津閣本、十萬卷樓本補。
④　“與”字，文津閣本作“舉”，十萬卷樓本作“典”。

皇帝降座,鳴鞭,群官退,賜花有差。

　　再座前二刻,御史臺、東上閤門催班,群官戴花,北向立定。東上閤門附內侍進班齊牌。知內侍省事以下並帶御器械官先於需雲殿起駕①,奏"聖躬萬福",自贊謝花,再拜。復殿前指揮使親從迎駕②,奏"聖躬萬福",自贊謝花,再拜。皇帝詣集英殿,行門禁衛諸班親從迎駕,奏"聖躬萬福",自贊謝花,再拜。皇帝即御座,殿中監以下、知客省事以下、六尚局應奉官、樞密都承旨以下、祗應武功大夫以下、祗應諸司文臣立大班前,奏"聖躬萬福",訖,各復侍立祗應位。次赴宴官奏"聖躬萬福",贊謝花,再拜。餘謝花准此。又贊"各就坐",舍人分引升殿席後,相向立。朵殿兩廊官立於席後。大遼人使在闕,次舍利,次從人,並面向人③,贊謝花,再拜,贊各就位,再拜,贊就座④,升西廊⑤。次管軍臣僚奏"聖躬萬福",謝花。次殿中監以下、知客省事以下、六尚局應奉官⑥、樞密都承旨以下、祗應武功大夫以下、祗應詣司文臣謝花。次教坊使以下奏"聖躬萬福",自贊謝花。內侍進御茶牀,皇帝舉酒,樂工殿上奏樂,庭下作樂。皇帝再舉酒,樂工殿上奏樂,庭下舞隊前致詞,樂作,舞隊出。皇帝三舉酒,樂作。皇帝四舉酒,如上儀。若宣示琖,即隨所向,東上閤門官以下進,稱"宣示琖",躬,贊"就座"。若宣勸,即立席後,躬,飲訖,贊"再拜"。內侍舉御茶牀,舍人引班首以下降階,橫行北向,再拜,搢笏,舞蹈,又再拜,訖,分班出。大遼人使在闕,次舍利,次從人,降階,再拜,並西出。

_____

①　"起駕",十萬卷樓本作"迎駕"。
②　"復"字,十萬卷樓本作"後"。
③　"面向人",文津閣本作"西向立",十萬卷樓本作"西向入"。
④　"贊"字,底本作"贊",據文津閣本改。
⑤　"升"字,十萬卷樓本作"引"。
⑥　"應奉官",底本作"應奏官",據十萬卷樓本改。

次教坊使以下謝祗應，並再拜，教坊使以下謝恩，又再拜。如賜茶酒，殿中監以下、知客省事以下、知内侍省事以下、帶御器械官、六尚局應奉官、樞密都承旨以下、祗應武功大夫以下、祗應諸司文臣、行門禁衛諸班親從、教坊等，逐班贊謝茶酒，再拜。教坊以下起居，並宴畢謝祗應、謝恩，並舍人贊。餘祗應、作樂、謝恩，並教坊使、副贊。東上閣門官殿上側奏"無事"，皇帝降座，鳴鞭。

卷第二百　嘉禮^闕

卷第二百一　嘉禮

垂拱殿曲宴儀

陳設　曲宴

陳設

前期，殿中監帥其屬尚舍張設垂拱殿門之內①，設御座於殿上當中，南向。尚醞設御酒尊、酒器於御座之東，稍北。尚食設御茶牀於御座之西，稍北。有司設群官酒尊、酒器於殿下。又設群官座：三公、三少、左輔、右弼、太宰、少宰在御座之東，稍南。知樞密院事，門下、中書侍郎，尚書左、右丞，同知、簽書樞密院事在其東。次觀文殿大學士，太子三少，觀文殿學士，資政殿大學士，六曹尚書，翰林學士，資政、端明殿學士，閣學士，左、右散騎常侍。三少以下稍却，尚書以下又稍却。次開封尹、六曹侍郎、直學士，又在東。太子三師在右丞之南，侍御史大夫在散騎常侍之南，中丞在直學士之南，各少空，並西向北上②。親王、使相在御座之西，稍南。使相稍却。次太尉，次節度使，次節度觀察留後、觀察使，又在其西，並東向北上。宗室在令官之上③。管軍觀察以上不坐者爲管軍節

---

① “屬”，底本作“局”，據十萬卷樓本改。
② “西向”，底本作“面向”，據文津閣本改。
③ “令官”，十萬卷樓本作“本官”。

度使^①,開宴即坐。

曲宴

　　皇帝視事畢,東上閤門進呈坐圖,訖。舍人奏"閤門無公事",皇帝降座,鳴鞭,入殿。後閤諸司排當備,東上閤門附內侍奏班齊。皇帝出閤,禁衛諸班親從迎駕,奏"聖躬萬福",皇帝升御座,鳴鞭。殿中監以下,知、同知入內內侍省事,知客省事以下,知內侍省事以下,帶御器械官,六尚局應奉官,祗應武功大夫以下,祗應諸司文臣闒班,各奏"聖躬萬福",訖,各侍立祗應位。次管軍臣僚奏"聖躬萬福",訖,殿下侍立。次分引三公至直學士以上、親王、使相至觀察使以上,分東、西入,詣殿庭,橫行北向,立定。班首奏"聖躬萬福",舍人贊"各就座",再拜,訖,分引詣東、西階,升殿席前,相向立。次教坊使以下常起居。次看琖人謝升殿。次內侍進御茶牀,殿侍酌酒,訖。東上閤門官詣御座前,躬,奏班首姓名以下進酒。舍人分引殿上臣僚橫行北向,贊"再拜"。舍人引班首稍前,東上閤門官接引,詣御座東,北向。尚醞典御奉盤、琖授班首,奉御啟琖,班首西向立,奉御以酒注於琖,班首奉酒詣御座前,躬,進,訖,少退,虛跪,興,以盤授典御,東上閤門官引退,舍人接引復位,贊"再拜"。舍人引班首稍前,殿上臣僚席前相向立,東上閤門官接引,詣御座東,北向。典御授盤,捧詣御座前^②,西向立,樂作,皇帝飲,訖。舍人分引殿上臣僚橫行,北向東上。閤門官引班首接琖,訖,少退,虛跪,興,授典御,引退,舍人接引,復贊"再拜"。

---

①　"者"字,十萬卷樓本作"若"。
②　"捧"字,底本作"俸",據文津閣本、十萬卷樓本改。

　　舍人贊"各賜酒"①，群官俱再拜。贊"各就座"，群官皆立席後，復贊"就座"，群官俱坐。酒初行，群官受酒，次宰臣，次百官，皆作樂。_{後准此。}尚食典御、奉御進食，太官令設群官食，酒五行。若宣示琖，即隨所向，東上閣門官揖，稱"宣示琖"，躬，贊"就座"。若宣勸，即立席後，躬，飲，訖，贊"再拜"。內侍舉御茶牀，舍人引班首以下降階，橫行北向，再拜，分班出。次教坊使以下謝祇應，再拜。如賜祇應臣僚茶酒，並舍人逐班贊再拜。

　　東上閣門官側奏"無事"，皇帝降座，鳴鞭，侍衛還如來儀。

---

　　①　"贊"，底本作"贊贊"，據十萬卷樓本改。

卷第二百二　嘉禮

上巳重陽賜宴儀

陳設　賜宴

陳設

應與宴官：宰臣至待制、管軍臣僚，在瓊林苑。親王、宗室及通侍大夫以下、知客省事以下、武功大夫至武翼郎，在端聖園。門下、中書後省起居郎以下，尚書左、右司郎官，秘書省官，尚書六曹諸司郎中，殿中少監，寺監長貳，御史，兩院御史[①]，大理寺正、丞、評事、司直，開封府少尹，在玉津園。節度使至正任刺史、駙馬都尉[②]，在宜春苑。入内内侍兩省知省至簽書省事、勾當皇城司及帶御器械官，並在内當宿。武功大夫至武翼郎在皇城司。皆前期儀鸞司陳設宴所，設中使及與宴官次於門内。

賜宴

其日，與宴官以下並赴宴所就次。諸司排當備。與宴官以下詣庭中望闕位，立定。次中使詣班首之左，稍前立。中使宣

---

① “兩院”，十萬卷樓本作“西院”。
② “駙馬都尉”，底本作“駙馬都郡”，據文津閣本、十萬卷樓本改。

曰："有勑。"在位官皆再拜，訖。中使宣曰："賜卿等御筵。"在位官皆再拜，搢笏，舞蹈，又再拜，中使退①。使退，與宴官分東、西升階，就座。酒行，樂作，飲訖，食畢，樂止。酒五行，與宴官並興，就次，賜花有差。少頃，戴花訖，與宴官詣望闕位，立定，謝花，再拜，訖，分東、西升階，就座。酒行，樂作，飲訖，食畢，樂止。酒四行訖，退。

---

① "中使"，底本作"叩使"，據十萬卷樓本改。

卷第二百三　嘉禮

辟雍賜聞喜宴儀

陳設　賜宴

陳設

前期，儀鸞司陳設辟廱精義閣下及東、西兩廊，設中使及押宴官以下次於學門内，設押宴官以下[①]、釋褐貢士座於精義閣下及東、西兩廊。釋褐貢士序位以齒。大晟設特架於庭。

賜宴

其日，押宴官以下及釋褐貢士並赴辟雍就次。諸司排當備。押宴官以下及釋褐貢士班首初入門，《正安之樂》作，至庭中望闕位，立定，樂止。與宴官就位[②]，再拜，訖。押宴官西向立。中使詣班首前稍東，西向立。中使宣曰："有勑。"在位者皆再拜，訖。中使宣曰："賜卿等聞喜宴。"在位皆再拜，搢笏，舞蹈，又再拜。次引押宴官稍前，謝坐，再拜，在位者皆再拜。若賜敕書，即引貢士班首稍前，立定。中使詣班首前，西向立，宣曰："有敕。"貢士再拜。中使宣曰："賜卿等勑書。"班

---

① "設"字，底本作"訖"，據十萬卷樓本改。

② "與宴官"，《宋史》卷一一四《禮十七》作"預宴官"。

首稍前，搢笏，跪，中使授敕書，訖，少退。班首執笏，以勅書加於笏上，俛伏，興，歸位，再拜。在位者皆再拜。與宴官分東①、西升階，就座。酒初行，《賓興賢能之樂》作，飲訖，食畢，樂止。酒再行，《於樂辟廱之樂》作。酒三行，《樂育人材之樂》作。酒四行，《樂且有儀之樂》作。酒五行，《正安之樂》作。再座，酒行，樂作，節次並如上儀，唯不作《正安之樂》。皆飲訖，食畢，樂止。押宴官以下俱興，就次，賜花有差，少頃，戴花，訖。次引押宴官以下並釋褐貢士詣庭中望闕位，立定，謝花，再拜，分東、西升階，就座。酒行，樂作，訖，食畢，樂止。酒四行訖，退。

次日，與宴官及釋褐貢士入謝如常儀②。

① 　“與宴官”，《宋史》卷一一四《禮十七》作“預宴官”。
② 　“與宴官”，《宋史》卷一一四《禮十七》作“預宴官”。

卷第二百四　嘉禮

節日賜飲食儀

前期,執事者設中使次於大門外道西,南向。望闕設受賜褥位於庭,又設香案於位前。

其日,中使至親王大門外,掌次者延入次。親王常服,出,詣庭中望闕褥位,立定。直省官引中使入中門,執事者二人對捧賜從入。中使立於親王之右,宣曰:"有勅。"親王再拜,訖,躬身。中使又宣曰:"某節賜卿某物若干。"親王搢笏,跪,執事者捧賜物,少前,親王受,訖,執事者以賜物過,親王執笏,俛伏,興,又再拜。親王搢笏,以謝表授中使,中使搢笏,受表,各執笏。親王與中使相見如常儀。中使退,持表以聞。

卷第二百五　嘉禮

賜脤膰儀

皇帝親祠畢，命中使賜胙於親王。

前期，執事者設中使次於大門外道西，南向。望闕設受賜褥位於庭，又設香案於位前。

其日，中使至親王大門外，掌次者延入次。親王常服，出，詣庭中望闕位，立定。直省官引中使入中門，執事者二人對捧胙肉案從入。中使立於親王之右，宣曰：“有勅。”親王再拜，訖，躬身。中使又宣曰：“某祀畢，皇帝命賜卿胙。”親王搢笏，跪，執事者捧胙肉案，少前，親王受，執事者以胙肉案過，親王執笏，俛伏，興，再拜。親王搢笏，以謝表授中使，中使搢笏，受表，各執笏。親王與中使相見如常儀。中使退，持表以聞。

卷第二百六　嘉禮

紫宸殿賀祥瑞儀

　　垂拱殿皇帝將出宮。讀奏目官在殿之南,宣贊引班對立舍人在其南,簿書官在舍人之西少絶,覺察失儀;提點使臣在其南,俱北向。舍人以西爲上,簿書官以東爲上。宣贊舍人立班前。西東上閤門附內侍進班齊牌。

　　皇帝出,守宮踏道、行門禁衛諸班親從迎駕,自贊常起居,訖,又自贊賀,再拜,訖。皇帝服鞾袍,坐,鳴鞭,讀奏目官以下起居,訖。讀奏目官升、降自東階。班首出班,致辭稱賀,歸位,再拜。如宣答,又再拜。次知內侍省官,帶御器械官公服蹲笏[①],綴內侍班。次管勾臣僚,各逐班先面西立,俟班到,横行,贊起居,稱賀,並如上儀[②]。次行門起居,稱賀,再拜,訖。俟舍人南階下直身奏“班絶”,皇帝降座,鳴鞭,詣紫宸殿後幄,排立諸班親從迎賀常起居。

　　初,垂拱殿起居稱賀班將畢,紫宸殿樞密以下大班入就位[③]。知、同知、簽書樞密院事在儀石之南[④],北向東上[⑤]。知、同知入內

---

① “蹲笏”,文津閣本作“搢笏”。
② 該句後,文津閣本尚多“次宗室親王以下文武臣僚等俱稱賀再拜訖”十八字。
③ “大班”,文津閣本作“大夫班”。
④ “簽書樞密院事”,底本作“僉書樞密院事”,據文津閣本改。
⑤ “北向東上”,文津閣本作“北向西上”。

内侍省事在知樞密院事之東南，知客省事至知西上閤門事在其南①。次簽書客省事至簽書西上閤門②，次閤門通事舍人，次閤門祗候，次看班祗候，又在其南。内符寶郎在簽書客省事之西③，六尚局管勾官在同知入内内侍省事之東，典御在其南，奉御又在其南。通侍、中侍、中衛、左武大夫在知樞密院事之南，稍東。中亮、拱衛、左武郎，左武大夫之東稍却，每等重行異位，並北向西上。觀文殿大學士，次資政殿大學士、翰林學士承旨、翰林學士，次宣政、端明殿學士，閤學士，在簽書樞密院事之西南④，觀文殿學士以下稍却，翰林學士承旨以下又稍却。直學士在其南，與知入内内侍省事班齊。待制又在其南。樞密都承旨在直學士之西，承旨在其南。次副都承旨、諸房逐房副承旨，又在其南。正侍、中亮、拱衛、右武大夫在簽書樞密院事之南⑤，稍西。中衛、右武郎在右武大夫之西稍却，每等重行異位，並東向北上⑥。武功大夫在六尚局管勾官之東，武功郎在其東。次敦武郎，次從義、忠訓、成忠郎，又在其東。和安大夫至翰林良醫在武功大夫之南，少絶⑦。和安郎至翰林醫正在其東，每等重行異位，並西向北上。武德大夫至武翼大夫在樞密都承旨之西，武德郎至武翼郎在其西，次修武郎，次秉義、忠翊、保義郎，又在其西，每等重行異位，並東向北上。翰林醫官、醫學在殿庭南，稍東，西上。翰林侍詔、藝學在殿庭南，

---

① “閤”字，底本作“閣”，據文津閣本改。

② “簽書客省事”，底本作“僉書客省事”；“簽書西上閤門”，底本作“僉書西上閤門”，均據文津閣本改。

③ “僉書客省事”，底本作“僉書客省事”，據文津閣本改。

④ “簽書樞密院事”，底本作“僉書樞密院事”，據文津閣本改。

⑤ “簽書樞密院事“，底本作“僉書樞密院事”，據文津閣本改。

⑥ “東向北上”，文津閣本、十萬卷樓本作“北向東上”。

⑦ “少絶”，文津閣本作“少却”。

稍西，東上，皆北向。視看班祗候少却。宣贊舍人在班前，西向。對
立舍人在班前，東向。東上閣門附内侍進班齊牌。

　　皇帝御紫宸殿坐，鳴鞭。舍人揖，樞密以下躬赴當殿，通某
官姓名以下起居，稱賀，復位，贊樞密以下再拜，摺笏，舞蹈，又再
拜①，班首奏"聖躬萬福"，又再拜。班首出班，致詞稱賀，復位，又
再拜，摺笏，舞蹈，又再拜。知東上閣門官當殿北向承旨，訖，西
向稱"有制"，樞密以下再拜，宣答，訖，又再拜，摺笏，舞蹈，又再
拜，訖，再鳴鞭。樞密直學士自西階升殿侍立。知引進司、東上
閣門官以下殿庭東、西向侍立，餘官分班以次出。宣贊舍人退，近南，
當庭中立，對立舍人兩出②。文武百僚及諸軍將校殿門外序班，立定。
知引進司、東上閣門官以下退，立東階下。殿中侍御史一員先入
就位。次兩省，次上將軍以下分班入。次舍人分引三公以下文
武百僚入殿庭，東西相向。將被排立③，列不盡者，正殿門外立班。舍人
揖，班首以下躬。宣贊舍人當殿通文武百僚宰臣三公通某官。姓名
以下起居稱賀。舍人引班首以下橫行北向。兩省上將軍以下依舊立。
三公、三少、左輔、右弼在儀石之北，稍東。太宰、少宰在其南。
次尚書左、右丞，次特進，次六曹尚書至光禄大夫，次六曹侍郎、
開封尹至大司成，開封尹以下稍空。次太常卿至中大夫，次殿中少監
至中散大夫，次七寺少卿至奉直大夫，次尚書左、右司員外郎至
朝奉大夫，次六曹諸司員外至朝奉郎，次太常丞至承儀郎，次開
封知縣至奉議郎，次太史局正至通直郎，又在其南。御史大夫在
光禄大夫之東，中丞在其南，次侍御史、殿中侍御史、監察御史，

---

①　該句後，文津閣本尚多"宗室親王及文武百官俱拜訖"十二字。
②　"兩出"，文津閣本作"西出"。
③　"將被排立"，文津閣本作"凡殿排立"，十萬卷樓本作"將校排立"。

又在其南。太子三師在御史大夫之東，與執政官齊班。太子三少在其南，與尚書班齊。次賓客、詹事，次左、右庶子以下，又在其南，每等重行異位，並北向西上。親王在儀石之北，稍西，使相在其南，次太尉，與特進班齊。次節度使，次節度觀察留後①，次防禦使，次團練使，次刺史，又在其南，每等重行異位，並北向東上。門下侍郎在右弼之東，稍北，左散騎常侍在其東。次給事中、左諫議大夫，次起居郎、左司諫、符寶郎、左正言，又在東。左金吾衛、左諸衛上將軍在左散騎常侍之南，左諸衛上將軍稍却。諸大將軍在其東，率府率又在其東，每等重行異位，並西向北上。中書侍郎在親王之西，稍北。又散騎常侍在其西。次中書舍人、右諫議大夫，次起居舍人、右司諫、右正言，在其西②。右金吾衛、右諸衛上將軍在右散騎常侍之南，右諸衛上將軍稍却。諸將軍在其西，率府副率又在其西，每等重行異位，並東向北上。宣贊舍人揖，左班近前，舍人自班後詣東階下立。東上閤門官至通唱位。舍人揖，班首以下躬，東上閤門官贊拜，班首出班，致詞稱賀，復位。樞密詣御座前承旨，退，詣折檻東，西向宣贊等拜③，班首以下再拜，並如上儀，訖。次東上閤門官揖，宰臣、執政官升殿，並升自東階，內中書侍郎升自西階，樞密直學士下殿出。贊拜，東上閤門官還位立，引右班舍人由右班前出，餘官分出。次兩省，次上將軍以下出④。知引進司、東上閤門官以下還侍立位，宣贊舍人復位，次引奉如儀。舍人合班躬奏“無事”。皇帝升座，鳴鞭。知引進司官以下並卷班出。

---

① “節度觀察留後”，底本作“節度觀察晉後”，據文津閣本改。
② “在其西”，文津閣本作“又在其西”。
③ “等拜”，文津閣本作“答拜”，十萬卷樓本作“拜”。
④ “下”字，文津閣本無。

　　皇帝復御垂拱殿,三省、樞密院及臣僚奏事畢。舍人一員立殿門屏東,俟班退,南階下直身奏"閣門無公事",皇帝降座還内。

卷第二百七　凶禮

忌辰群臣進名奉慰儀　忌辰群臣詣景靈宮

忌辰群臣進名奉慰儀

其日質明，文武朔參官俱入①，詣朝堂就次。少頃，御史臺先引殿中侍御史一員入就位。次西上閤門、御史臺分引文武朝參官及諸軍將校。次禮直官引三公以下至執政官各就北向立。三公、左輔在西上閤門南階下，稍東。太宰、少宰在其南。門下、中書侍郎，尚書左、右丞又在其南。特進在門下侍郎之南。次六曹尚書至光禄大夫，次六曹侍郎、開封尹、大司成，開封尹以下稍空。次太常卿至中大夫，次殿中少監至中散大夫，次七寺少卿至奉直大夫，次左、右司員外郎至朝奉大夫，次六曹諸司員外郎至朝奉郎，次太常丞至承議郎，次開封府知縣至奉議郎，次太史局正至通直郎，又在其南。觀文殿大學士，學士②，資政殿大學士，翰林院學士承旨，翰林學士，資政、端明殿學士，閣學士，在光禄大夫之東。觀文殿學士、資政殿大學士稍前，觀文殿大學士又稍前。直學士在其南，待制又在其南。御史大夫在閣學士之東，中丞在其南，侍御史、殿中

---

① "朔參官"，文津閣本、《宋史》卷一二三《禮二十六》作"朝參官"。
② "學士"二字，文津閣本無。

侍御史、監察御史又在其南。左、右散騎常侍在御史大夫之東；給事中，中書舍人，左、右諫議大夫在其南；起居郎，舍人，左、右司諫，符寶郎，左、右正言，又在其南。太子三師在右散騎常侍之東，與執政官班齊。太子三少在其南。與常侍班齊。次賓客、詹事，次左、右庶子①，又在其南。每等重行異位，並北向西上。

　　三少、右弼在西上閤門南階下，稍西②。使相在其南。知、同知、簽書樞密院事又在其南③。太尉在知樞密院事之南。次節度使，次節度觀察留後、觀察使，次防禦使，次團練使，次刺史，次武功大夫至武翼大夫，次武功郎至武翼郎，次敦武郎，次修武郎，次諸軍副指揮使以上，又在其南。左右金吾衛、左右衛諸衛上將軍在節度使之西，諸衛上將軍稍却。大將軍在其南，次將軍以下又在其南。知客省事至知西上閤門事在大將軍之西，簽書客省事至簽書西上閤門事在其南④。次閤門通事舍人，次閤門祗候，次看班祗候，又在其南。通侍大夫至右武大夫在知西上閤門事之西，中亮郎至右武郎在其南。樞密院都承旨在右武大夫之西，與觀察留後班齊。承旨在其南。次副都承旨，次副承旨，諸房逐房副承旨又其南。和安大夫至翰林良醫在武翊大夫之西，和安郎至翰林醫正在其南。每等重行異位，並北向東上。

　　知西上閤門官於班前西向立，搢笏，執名紙，躬。三公以下文武百僚俱再拜，俟知西上閤門官執笏、置名紙於笏上，西上閤

---

①　"右庶子"，十萬卷樓本作"右庶子以下"。

②　"西"，文津閣本作"西上"。

③　"簽書"，底本作"僉書"，據文津閣本改。

④　"簽書客省事"，底本作"僉書客省事"；"簽書西上閤門事"，底本作"僉書西上閤門事"，均據文津閣本改。

門退訖①。

忌辰群臣詣景靈宮

　　群臣奉慰畢，詣景靈宮就次。少頃，御史臺先引殿中侍御史一員入就位。次西上閤門、御史臺分引文武朔參官及諸軍副指揮使以上②，次禮直官、通事舍人引三公以下至執政官各就位。三公、左輔在殿階下，稍東。太宰、少宰在其南。門下、中書侍郎，尚書左、右丞又在其南。特進在左丞之南。次六曹尚書至光禄大夫，次六曹侍郎、開封尹至大司成，開封尹以下稍空。次太常卿至中大夫，次殿中少監至中散大夫，次七寺少卿至奉直大夫，次左、右司員外郎至朝奉大夫，次六曹諸司員外郎至朝奉郎，次太常丞至承議郎③，次開封知縣至奉議郎，次太史局正至通直郎，又在其南。觀文殿大學士，學士，資政殿大學士，翰林學士承旨，翰林學士，資政、端明殿學士，閣學士④，在光禄大夫之東。觀文殿學士、資政殿大學士稍前，觀文殿大學士又稍前。直學士在其南，待制又在其南。御史大夫在閣學士之東，中丞在其南，侍御史、殿中侍御史、監察御史又在其南。左、右散騎常侍在御史大夫之東；給事中，中書舍人，左、右諫議大夫在其南；起居郎，舍人，左、右司諫，符寶郎，左、右正言，又在其南。太子三師在右散騎常侍之東⑤，與執政官班齊。太子三少在其南。與常侍班齊。次賓客、詹事，次左、右庶子，又在其南。每等重行異位，並北向西上。

---

　①　“西上閤門退訖”，《宋史》卷一二三《禮二十六》作“入西上閤門訖退”。

　②　“朔參官”，文津閣本作“朝參官”。

　③　“承議郎”，底本作“承儀郎”，據同卷“忌辰群臣進名奉慰儀”條改。

　④　“閣學士”，文津閣本作“學士”。

　⑤　“在”字，十萬卷樓本作“左”。

　　三少、右弼在殿階下，稍西。使相在其南。知、同知、簽書樞密事又在其南①。太尉在知樞密院事之南。次節度觀察留後、觀察使，次防禦使，次團練使，次刺史，次武功大夫，次武翼大夫，次武功郎、武翼郎，次敦武郎②，次修武郎，次諸軍副指揮使以上③，又在其南。左右金吾衛、左右衛諸衛上將軍在節度使之西④，諸衛上將軍稍却⑤。大將軍在其南，次將軍以下又在其南。知客省事至知西上閤門事在大將軍之西，簽書客省事至簽書西上閤門事在其南⑥。次閤門通事舍人，次閤門祗候，次看班祗候，又在其南。通侍大夫至右武大夫在知西上閤門事之西，中亮郎至右武郎在其南。樞密都承旨在右武大夫之西，與觀察留後班齊。承旨在其南。次副都承旨，次副承旨、諸房逐房副承旨又在其南。和安大夫至翰林良醫在武翼大夫之西，和安郎至翰林醫正在其南。每等重行異位，並北向東上。

　　禮直官揖，班首以下再拜，訖，引班首自東階升殿，舍人接引同升，詣香案前，搢笏，上香，跪，奠祭⑦，訖，執笏，興，降階，復位，又再拜。次引班首以下分左、右搢笏，行香。宰相、執政官分左、右行香，訖，執笏，俱復位。引班首升，詣殿香案前⑧，俛伏，興，

---

①　"簽書樞密事"，底本作"僉書樞密事"，據文津閣本改。

②　"敦武郎"，底本作"敦武功郎"，據同卷"忌辰群臣進名奉慰儀"條改。

③　"以上"，文津閣本作"以下"。

④　"左右衛諸衛上將軍在節度使之西"，文津閣本作"左右諸衛上將軍又在節度使之西"。

⑤　"衛"，底本作"位"，據文津閣本改。

⑥　"簽書客省事"，底本作"僉書客省事"；"簽書西上閤門事"，底本作"僉書西上閤門事"，均據文津閣本改。

⑦　"奠祭"，《宋史》卷一二三《禮二十六》作"奠茶"。

⑧　"引班首升詣殿香案前"，《宋史》卷一二三《禮二十六》作"引班首升殿詣香案前"。

跪，搢笏，執鑪①，俟讀疏畢，執笏，俛伏，興，降階，復位，又再拜，訖，退。天興殿、保寧閣行香，先當殿再拜，訖，移班。天興殿稍東，保寧閣稍西，位於後殿。並先前殿再拜，次詣後殿，如上儀。內煇德、衍慶、坤元殿行香，俟本位禮畢，次逐位各再拜。班首詣香案前，搢笏，上香，執笏，復位，再拜，訖，退。

---

① "鑪"字，十萬卷樓本作"爐"。

卷第二百八　凶禮

賑撫儀

遣使賑撫諸州水旱蟲災

使者將至，所在長官預集本州官屬及鄉老等。所司先於長官廳大門外設使者次。又於門外設使者位，東向；長官以下位，北向西上。又於庭望闕設長官以下位，重行；設使者位於長官之左。

使者至，所司引就次，各服公服。贊者先引長官以下立於門外位，又引使者就位立。史二人以案奉詔書立於使者之南。贊者曰：“拜。”長官以下皆再拜。贊者引長官以下以次先入，就庭中位。史捧詔書案前行，使者從之，入就庭中位。贊者贊使者搢笏，取詔書，執笏，以詔書加於笏上，史以案退。使者稱：“有詔。”贊者曰：“拜。”長官以下皆再拜。使者宣詔書，訖，長官以下皆再拜。贊者引使者及長官各少前，相向，俛伏，跪，搢笏，使者以詔書授長官，訖，各執笏，長官以詔書加於笏上，各俛伏，興。贊者曰：“再拜。”長官以下皆再拜。贊者引使者還次，長官以下退。

卷第二百九　凶禮

問疾儀

皇帝遣使問諸王以下疾　皇帝遣使問帝姬以下疾　中宮遣使問諸王以下疾　中宮遣使問帝姬以下疾　東宮遣使問諸王以下疾　東宮遣使問帝姬以下疾

皇帝遣使問諸王以下疾

前期，有司於受勞問者之第大門外①，設使者位於受勞問者之左。

使者至，贊者引入次。使者及受勞問者皆公服。贊者引使者立於門西，東向；引受勞問者立於門東，西向。史二人以案奉詔書立於使者之南。贊者曰："拜。"受勞問者再拜。贊者引受勞問者入，就望闕位立。史捧詔書案前行，使者從之，入就庭中位。贊者贊使者搢笏，取詔書，執笏，加詔書於笏上，史以案退。使者稱："有詔。"受勞問者再拜。使者宣詔書，訖，受勞問者又再拜。贊者引使者及受勞問者少前，相向，各俛伏，跪，搢笏，使者以詔

---

①　"勞問"，底本作"問勞"，據十萬卷樓本改。

書授受勞問者，訖，各執笏，受勞問者加詔書於笏上，各俛伏，興，復位。贊者曰："拜。"受勞問者再拜。贊者引使者歸次，受勞問者乃入。若受勞問者疾未間，不能親受，則子弟代受如儀①。

皇帝遣使問帝姬以下疾

以內給事一人爲使者。前期，有司於受勞問者之第大門外設使者次；又於寢庭望闕設受勞問者位；使者位於其前少北，南向。

使者至，內侍引入次。使者服公服。女侍引受勞問者朝服出，詣望闕位立。內侍引使者出次。給使二人以案奉詔書前引②，使者從之，入就庭中位。內侍贊使者搢笏，取詔書，執笏，加詔書於笏上，給使捧案退。使者稱："有詔。"內侍曰："拜。"受勞問者再拜，宣訖，又再拜。女侍進詣使者前③，受詔書，退，授受勞問者，訖。內侍曰："拜。"受勞問者再拜。內使引使者歸次，受勞問者乃入。若受勞問者疾未間，不能親受，則以女侍迎攝受詔書如上儀，以所受詔書詣寢閤授之。

中宮遣使問諸王以下疾

以內給事一人爲使者。前期，有司於受勞問者之第大門外設使者次；又於庭中設受勞問位，北向；使者位，南向。

使者至，贊者引入次。使者及受勞問者皆公服。贊者引使者立於門東，西向。給使二人以案奉令書，立於使者之南。贊者

---

① "如儀"，十萬卷樓本作"如上儀"。
② "給使"，十萬卷樓本作"給事"。"前引"，十萬卷樓本作"前行"。
③ "女侍"，文津閣本作"內侍"。

1228

曰："拜。"受勞問者再拜。贊者引受勞問者入,就庭中位。贊者贊使者揗笏,取令書,執笏,加令書於笏上,給使捧案退。使者稱："有令。"受勞問者再拜,讀訖,又再拜。贊者引使者及受勞問者少前,相向,各俛伏,跪,揗笏,使者以令書授受勞問者,訖,各執笏,受勞問者加令書於笏上,各俛伏,興,復位。贊者曰："拜。"受勞問者再拜。贊者引使者歸次,受勞問者乃入。若受勞問者疾未間,不能親受,則以子弟代受,如上儀。

中宮遣使問帝姬以下疾

以内給事一人爲使者。前期,有司於受勞問者之第大門外設使者次;又於寢庭少北設使者位,南向;受勞問者北向位①。

使者至,内侍引入次,使者公服,訖。女侍引受勞問者朝服出②,詣庭中位。内侍引使者出次。給使二人以案奉令書前行,使者從之,至庭中位。内侍贊使者揗笏,取令書,執笏,加令書於笏上,給使以案退。使者稱："有令書。"内侍曰："拜。"受勞問者再拜,讀訖,又再拜。女侍進詣使者前,受令書③,退,授受勞問者。内侍曰："拜。"受勞問者再拜。内侍引使者歸次,受勞問者乃入。若受勞問者疾未間,不能親受,則以女侍迎攝受令書如上儀,以所受令書詣寢閣授之。

東宮遣使問諸王以下疾

前期,所司於受勞問者之第大門外設使者次;又於庭中設受

---

① "北向位",十萬卷樓本作"位北向"。
② "女侍引受勞問者朝服出",文津閣本作"内侍受勞問者車服出"。
③ "受"字,底本作"授",據上下文意和本卷"皇帝遣使問帝姬以下疾"條改。

勞問者位，西向；使者位，東向。

使者至，贊者引入次。使者及受勞問者皆公服。贊者引使者立於門西，東向；引受勞問者立於門東，西向。史二人以案奉令書，立於使者之南。贊者曰："拜。"受勞問者再拜。贊者引受勞問者入，就庭中位立。史奉令書案前行[①]，使者從之，入就庭中位。贊者贊使者搢笏，取令書，執笏，加令書於笏上，使史以案退[②]。使者稱："有令。"贊者曰："拜。"受勞問者再拜，讀，訖，受勞問者又再拜。贊者引使者及受勞問者少前，相向，各俛伏，跪，搢笏[③]，使者以令書授受勞問者，訖，各執笏，受勞問者加令書於笏上，各俛伏，興，復位。贊者曰："拜。"受勞問者再拜。贊者引使者歸次，受勞問者乃入。若受勞問者疾未間，不能親受，則子弟代如上儀[④]。

東宮遣使問帝姬以下疾

以內給事一人爲使者。前期，有司於受勞問者之第大門外設使者次；又於寢庭西階下設使者位，東向；受勞問者位，西向。

使者至，內侍引入次，使者公服，訖。女侍引受勞問者朝服出，詣庭中位立。內侍引使者出次。給使二人以案奉令書前行，使者從之，至庭中位。內侍贊使者搢笏[⑤]，取令書，執笏，加令書於笏上，給使以案退。使者稱："有令。"內侍曰："拜。"受勞問者

---

① "史"字，文津閣本作"御史"。
② "使史"，文津閣本作"御史"。
③ "搢笏"，十萬卷樓本作"執笏"。
④ "代"字，十萬卷樓本作"代受"。
⑤ "使者"，底本作"者使"，據十萬卷樓本改。

再拜，讀訖，又再拜。女侍進詣使者前①，受令書，退，授受勞問者，訖。內侍曰：“拜。”受勞問者再拜。內侍引使者歸次，受勞問者乃入。若受勞問者疾未間，不能親受，則以女侍迎攝受令書如上儀②，以所受令書詣寢閤授之。其皇太子於諸王、帝姬疾，從家人親屬之禮，遣近侍勞問，則受勞問者侍之亦從家人之禮，不行迎拜送與授受之儀。

---

① “女侍”，文津閣本作“內侍”。
② “女侍”，文津閣本作“內侍”。

卷第二百十　凶禮

訃奏儀

皇帝爲諸王以下喪舉哀　皇帝爲大遼國喪舉哀　皇帝爲蕃國喪舉哀

皇帝爲諸王以下喪舉哀

訃奏，命太史擇日舉哀。前一日，尚舍奉御於後苑正北偏西壬地設御幄，南向，周以簾帷。

其日，皇帝常服，乘輿詣幄，降輿，侍衛警蹕如常儀。皇帝至御幄，南向坐，簾降。俟時，文武朔參官以上並赴崇政殿門外立班。以俟進名奉慰。至時，皇帝釋常服，服素服。禮直官、太常博士引鴻臚卿當御幄簾前，俛伏，跪，奏：“鴻臚卿臣某言，請皇帝爲某官封某薨若婦人稱某人某氏，若大臣稱某官封姓名。舉哀。”奏訖，俛伏，興，又奏：“請舉哀。”皇帝舉哭，十五舉音。又奏：“請可止。”皇帝哭止。禮直官、太常博士、鴻臚卿復位立，並退。文武百僚進名奉慰，訖。皇帝釋素服，服常服，乘輿還内，如常儀。

皇帝爲大遼國喪舉哀

訃奏，命太史擇日舉哀。前一日，尚舍奉御於内東門貯廊北設御幄，周以簾帷。

其日，皇帝常服，乘輿詣幄，降輿，侍衛警蹕如常儀。皇帝至御幄，南向坐，簾降。俟時，文武朔參官以上並赴西上閤門立班。以俟進名奉慰。至時，皇帝釋常服，服素服。禮直官、太常博士引鴻臚卿當御座前，俛伏，跪，奏："鴻臚卿臣某言，請皇帝爲北朝北主凶訃至舉哀。"奏訖，俛伏，興，又奏："請舉哀①。"皇帝舉哭，五舉音。向其國而哭之。又奏："請可止。"皇帝哭止。禮直官、太常博士、鴻臚卿復位，西向立。文武百僚進名奉慰，訖。皇帝釋素服，服常服，乘輿還內，如常儀。

皇帝爲蕃國喪舉哀

訃奏，命太史擇日舉哀。前一日，尚舍奉御於內東門貯廊北設御幄，周以簾帷。

其日，皇帝常服，乘輿詣幄，降輿，侍衛警蹕如常儀。皇帝至御幄，南向坐，簾降。俟時，文武朔參官以上並赴西上閤門立班。以俟進名奉慰。至時，皇帝釋常服，服素服。禮直官、太常博士引鴻臚卿當御座前，俛伏，跪，奏："鴻臚卿臣某言，請皇帝爲某國主姓名薨舉哀。"奏訖，俛伏，興，又奏："請皇帝舉哭。"五舉音。向其國而哭之。又奏："請可止。"皇帝哭止。禮直官、太常博士、鴻臚卿復位，西面立，並退。文武百僚進名奉慰，訖。皇帝釋素服，服常服，乘輿還內，如常儀。

---

① "舉哀"，十萬卷樓本作"舉哭"。

卷第二百十一　凶禮

臨奠吊喪儀　會喪儀

臨奠吊喪儀_{皇帝臨奠諸王以下喪　皇帝遣使弔諸王以下喪　皇帝遣}

_{使奠諸王以下喪}　會喪儀_{皇帝遣百僚會喪}

臨奠吊喪儀

皇帝臨奠諸王以下喪

訃奏，命太史擇日臨奠。前一日，尚舍奉御於受奠者之第大廳中間設御幄，周以簾帷。有司於大門之外設從駕臣僚次。

其日質明，皇帝常服，出内東門①，文武從駕臣僚及侍衛、應奉人起居如常儀。尚輦奉御奉輦稍前，典御進輦，皇帝乘輦以出，侍衛警蹕如常儀。不由宣德門，餘皆臨時取旨。

將至，主人服縗，免絰去杖，哭，出於門外立班。如未成服，則着帽收髮，皂衫，紫帽帶。望見乘輿，止哭，迎駕起居。本家人各從其後。舍人贊："拜。"主人以下皆再拜，訖，退。俟宣乃入。從駕臣僚至門外，退，就次。皇帝至御幄，降輦，步至靈座前，婦人縗服，起居於堂西階下。三上香，三奠酒，訖，退，歸幄，南向坐。宣主人入，立於階下，北

---

① "内東門"，底本作"東内門"，據十萬卷樓本改。

面,宣問,賜賻贈,訖。無男子者,遣內侍宣問本家婦人之長者。舍人贊:
"拜。"主人皆再拜,訖,退,出門外立班,拜送。奉御奉輦稍前,典
御進輦,皇帝乘輦還內,如常儀。有陳乞者,皆即時附表以聞。

皇帝遣使弔諸王以下喪

前期,所司於受弔者之第大門外設使者次。使者至,贊者引
入次,內外縗服。贊者引受弔者以下降,立哭於東階下。婦人立
哭於殯所。使者常服,出次,於門外西向立。史二人以案奉詔
書,立於使者之側。贊者引受弔者免絰去杖,出門,止哭,迎使者
大門外,見訖,先入庭下望闕立。史二人捧詔書案前行,贊者引
使者從入[1],內外止哭。使者詣庭下,少北向立。史以案進,使者
搢笏,詔書加於笏上[2],史以案退。使者少進,於受弔者前,稱"有
詔弔",受弔者舉哭,再拜稽顙,內外皆哭。贊者引受弔者進,詣
使者前,跪,受詔書,興,復位。贊者引使者歸次。受弔者以詔書
授執事者,舉哭,拜送使者於大門外。使者還,贊者引受弔者杖
哭而入,升堂,取詔書,奠於柩前。若致賻或賵,如受弔書之儀。

皇帝遣使奠諸王以下喪

前期,所司於受奠者之第大門外設使者次。使者至,贊者引
入次。內外縗服。贊者引主人以下降,立哭於東階下。婦人升,
立哭於柩之右。使者常服,出次,立於大門外[3]。有司陳饌於柩
前。贊者引主人去杖,出中門,止哭,於大門外迎見使者,訖,先

---

① "贊者",底本作"者贊",據文津閣本、十萬卷樓本改。
② "詔書",十萬卷樓本作"取詔書"。
③ "立於大門外",文津閣本作"立候於大門外"。

入，立於門右。贊者引使者入，內外止哭。使者升自東階，立柩前之右。贊者引主人升自西階，立當使者前。使者以餕奠酒，訖，曰："某官封諡，將歸幽宅，詔使某奠。"^{有祭文，則贊者宣讀。}主人降階間，北面舉哭，再拜稽顙，內外俱哭。主人退，哭於東階下。贊者引使者出，從者從出，主人止哭，拜送使者於大門外。使者還，主人杖哭而入。

會喪儀

皇帝遣百僚會喪

前期一日，所司於主人第大門右，量地之宜，設百官^{朔參官以上。}會弔者次。

其日，先於主人寢庭設百官位，重行。應會弔者集於門外次，各常服，贊者以次引入就位，立定。贊者曰："可哭。"百官在位者皆哭，十五舉音。贊者曰："可止。"百官在位皆止哭。贊者引爲首一員升，詣主人前，展慰，訖，贊者引降出。諸在位者以次而出。^{應致恭者，皆再拜而出。}會葬如會喪之儀。

卷第二百十二　凶禮

中宮爲諸王以下喪舉哀儀
中宮爲祖父母成服儀
中宮遣使弔諸王以下喪儀

中宮爲諸王以下喪舉哀儀

訃奏至，命太史擇日舉哀。前一日，有司於舉哀所設次，周以簾帷。又設內外命婦次，隨地之宜。

其日，皇后常服，乘肩輿，肩輿諸擔子，下准此。詣次，侍衛如常儀。至次，降輿，尚儀引皇后入次，南向坐。俟時至，釋常服，服素服。尚儀以內臣攝，下同。詣次前，俛伏，跪，奏：“具官臣姓名言，請皇后爲某官封某薨舉哀。若婦人曰某人某氏，餘依所稱。”奏訖，俛伏，興。又跪奏：“請舉哭。”十五舉音。又跪奏：“請可止。”皇后哭止，尚儀退。贊者以內臣攝，下成服同。引內命婦奉慰，次引外命婦奉踐慰，訖。皇后釋素服，服常服，乘肩輿還，如常儀。

中宮爲祖父母成服儀

訃至，命太史擇日成服。前一日，有司於主人第正寢東設皇后次，周以簾帷。又設內外命婦次於中門內外，隨地之宜。

其日，皇后服常服，乘肩輿，侍衛如常儀。至主人第次前，降興，尚儀前引詣坐。俟時至，皇后釋常服，服素服，訖。尚儀詣次前，俛伏，跪，奏：“具官臣某姓名言，請皇后爲祖父某官封薨成服。祖母曰祖妣某夫人某氏，餘喪各隨所稱。”奏訖，俛伏，興。又躬奏：“請舉哭。”十五舉音。又躬奏：“請可止。”皇后哭止。贊者引內命婦詣次前奉慰，次引外命婦牋慰，訖。皇后釋素服，服常服，乘肩輿還內，如常儀。

中宮遣使弔諸王以下喪儀

以內給事一人爲使者。前期，所司於主人第大門外設次。使者至，贊者引之次。內外縗服。贊者引主人以下降，立哭於東階下。婦人升①，立哭於殯所。使者常服，出次，立於門外之西，東向。史二人以案奉令書，立於其右。贊者引主人去杖免絰，出中門，止哭，於大門外迎見使者，訖，先入，立於庭下，北面。史捧令書案前行，贊者引使者從入，內外止哭。使者入門左，立於階間，南面。史以案進，贊者贊使者搢笏，取令書，執笏，加令書於案上②，史以案退。使者少進於主人前，稱：“有令弔。”贊者曰：“拜。”主人舉哭，再拜稽顙，內外皆哭。贊者引主人進，詣使者前，跪，受令書，興，復位。贊者引使者歸次。主人以令書授左右，舉哭，再拜，送使者於大門外。使者還，贊者引主人杖哭而入，升堂，取令書奠於柩前。

---

① “升”字，文津閣本作“降”。
② “案”字，據上下文，疑當作“笏”。

卷第二百十三　凶禮

東宮爲諸王以下喪舉哀儀
東宮臨奠諸王以下喪儀
東宮遣使弔諸王以下喪儀
東宮遣使奠諸王以下喪儀

東宮爲諸王以下喪舉哀儀

訃至，命太史擇日舉哀。前一日，所司於舉哀所設次，周以簾帷。

其日，皇太子常服就次，侍衛如常，至次，南向坐，俟時至，釋常服，服素服。禮直官引左庶子當次，俛伏，跪曰："某官姓名言，請皇太子爲某官封某薨舉哀。婦人稱某人某氏，各隨所稱。"言訖，俛伏，興。又躬曰："請皇太子舉哀。"十五舉音。又躬請可止，皇太子哭止。禮直官引左庶子退，西向立。宮官以下奉慰，訖。皇太子釋素服，服常服，還如儀。

東宮臨奠諸王以下喪儀

訃至，命太史擇日臨奠。前一日，有司於主人之第廳西設皇太子次。

其日質明,皇太子服常服以出,侍衛如常①。將至,主人以下
縗服,去絰杖,出中門,止哭,迎於大門,再拜,退,先入,立於門
右。皇太子至廳前,就次。主人升,立哭於柩東。婦人立哭於柩
西。婦人隔以行帷。贊者以內侍攝。引皇太子出次,步至靈座前,三上
香,三奠酒。主人進,詣皇太子前,跪,哭,皇太子撫慰,訖。主人
以下皆再拜,退。皇太子出就次,還宮,如儀。

東宮遣使弔諸王以下喪

前期,所司於主人第大門外設使者次。使者至,贊者引之
次②。內外縗服。贊者引主人以下降,立哭於東階下。婦人升,
立哭於柩所。使者常服,出次,於門外西向。史二人以案奉令
書,位於其左。贊者引主人去杖,出中門,止哭,於大門外迎見使
者,先入,立於庭下,北向。史以令書案前行,贊者引使者從入,
內外哭止。使者入門,詣庭下,相向立。史以案進,贊者贊使者
搢笏,取令書,執笏,加令書於笏上,史以案退。使者少進,於受
弔者前稱:“有令。”訖③。主人舉哭,再拜稽顙,內外皆哭。贊者
引主人進,詣使者前,跪,受令書,興,復位。贊者引使者歸次。
主人以令書授左右,舉哭,出中門,哭止,拜送使者於大門外。使
者還,贊者引主人杖哭而入,升堂,取令書奠於柩前。

東宮遣使奠諸王以下喪

前期,所司於主人之第大門外設使者次。使者至,贊者引之

---

① “如常”,文津閣本作“如常儀”。
② “引之次”,文津閣本作“引就次”。
③ “訖”字,文津閣本作“弔”,十萬卷樓本作“吊”。

次①。内外縗服。贊者引主人以下降，立哭於東階下。婦人升，立哭於堂上柩之右。使者常服，立於大門外，從者陳饌於柩前。贊者引主人去杖，出中門，止哭，於大門外迎見使者，訖，先入，立於門右。贊者引使者入，内外止哭。使者升自東階，立於柩前之右。贊者引主人升自西階，立當使者前。使者以琖奠酒，訖，曰："某官封謚，將歸幽宅，令使某奠。"有祭文，則贊者宣讀。主人降詣階間，舉哭，再拜稽顙，内外俱哭。主人退，哭於東階下。贊者引使者出，從者從出。主人止哭，拜送使者於大門外。使者還，主人杖哭而入。

---

① "引之次"，文津閣本作"引入次"。

卷第二百十四　凶禮

東宮妃爲祖父母以下喪舉哀儀
東宮妃爲祖父母喪成服儀

東宮妃爲祖父母以下喪舉哀儀

訃至，擇日舉哀。前一日，所司於舉哀所設次，周以簾帷。

其日，皇太子妃服常服就次，侍衛如常。至次，南向坐，俟時至，釋常服，服素服。尚儀以内臣攝，下同[①]。詣次前，跪曰：“請皇太子妃爲外祖父某官封薨舉哀。或稱卒。外祖母曰外祖妣某人某氏，餘皆依所稱。”言訖，俛伏，興。又躬曰：“請舉哭。”皇太子妃舉哭，十五音。又躬曰：“可止。”皇太子妃哭止。尚儀退，西向立。贊者以内臣攝[②]，下同。引東宮命婦詣次前奉慰，訖。皇太子妃釋素服，服常服，還東宮如儀。

東宮妃爲祖父母喪成服儀

訃至，擇日成服。前一日，所司於主人正寢東階下設皇太子妃次，周以簾帷。所司設東宮内命婦次[③]。

---

①　“下同”，底本作“不同”，據文津閣本、十萬卷樓本改。
②　“攝”字，十萬卷樓本無，據上下文，疑當作“攝”。
③　“所司”，文津閣本作“中廳内”。

其日，皇太子妃服常服，侍衛如常[①]，至主人第廳前，降車，贊者前引詣次，西向坐。俟時至，皇太子妃釋常服，服素服。尚儀詣次前，跪曰："請皇太子妃爲祖父某官封薨成服。或稱卒。祖母曰祖妣某官某氏，父母隨所稱。"言訖，俛伏，興。又躬曰："請舉哭。"皇太子妃舉哭，十五舉音。又躬曰："可止。"皇太子妃止哭。尚儀退，西向立[②]。贊者引東宮內命婦奉慰，訖。皇太子妃釋素服，服常服，還東宮如儀。

---

① "如常"，文津閣本作"如常儀"。
② "西向立"，文津閣本作"西向東立"。

卷第二百十五　凶禮

品官喪儀上

初終　小歛　大歛　成服

初終_{自有疾至襲。}

有疾者，齋於正寢，東首，北牖下。養者皆公服，齋，後樂^①。藥先嘗之^②。疾困，去故衣，加新衣。清掃内外，分禱所祝^③。侍者四人坐持手足。_{内喪以婦人充。}遺言則書之。屬纊以候氣，氣絶，廢牀，寢於地。主人啼，餘皆哭。男子以白布衣，披髮，徒跣。婦人青縑衣，披髮，不徒跣，女子亦然。_{父爲長子，爲人後者爲某本生父母，皆素冠不徒跣。女子嫁者髽。}齊衰期以下，丈夫素布巾，婦人去首飾。主人坐於牀東，餘在其後，啼踊無算。兄弟之子以下又在其後，俱西面南上。妻坐於牀西，妾及女子在其後，哭踊無算。兄弟之女以下又在其後，俱東面南上，藉藁坐哭。内外之際，隔以行帷。祖父以下於帷東北壁下，南面西上；祖母以下於帷西北壁下，南面東上；外姻丈夫於户外之東，北面西上；婦人於主婦西南，北面東上，皆舒席坐哭。_{若舍窄，則宗親丈夫在户外之東，北面西上；外姻丈夫在户}

---

① “後樂”，文津閣本作“徹樂”。
② “藥”字，文津閣本作“飲藥”。
③ “祝”字，十萬卷樓本作“祀”。

外之西，北面東上。若內喪，則尊行丈夫、外親丈夫席位於前堂，若户外之左右，俱南面。宗親户東西上，外親户西東上。凡喪位，皆以服精粗爲序。

　　復於正寢。復者三人六品以下二人，婦人視其夫。皆常服。以死者之上服左荷之，升自前東榮，當屋履危，危，屋棟也①。北面西上。左執領，右執腰，招以左，每招，曰皐某復，三呼而止，丈夫稱字或伯仲，婦人皆稱姓。投衣於前，受以箱，升自東階，入以覆尸。復者降自後西榮②。復衣不以襲殮。浴則去之。

　　設牀第於室户內之西③，去脚，舒簟，設枕，施幄。去裙，遷尸於牀，南首，覆用夷衾，大殮時所用之衾也，黄衣素裏，下同。去死衣。疾困所加新衣。即牀而奠。贊者以脯醢，酒用吉器，升自東階，設於尸東，當䏩④。內喪，皆內贊者行事，受於户外，入而設之。既奠，贊者降出帷堂。

　　掌事者掘坎於階門⑤，少西，廣尺深三尺⑥，長二尺。爲塊竈於西牆下，東向，以俟煑沐。塊竈⑦，掘土爲之。新盆、盤、瓶、鬲皆濯之，陳於西階下。盆以盛水，盤以盛濡濯，瓶以汲水。鬲，瓦甖，一品以下六，四品以下四，六品以下二。沐巾一，浴巾二，用絺若綌。櫛及浴衣，各寔於篋⑧，六品以下無篋⑨，以箱。皆具於西序下，南上。

　　陳襲事於房中。襲衣三稱，西領南上。公服一稱，裳服之稱⑩，皆受

---

① “屋棟”，十萬卷樓本作“室棟”。
② “後”字，文津閣本無。
③ “室户內”，十萬卷樓本作“室內户”。
④ “䏩”字，文津閣本作“隅”。
⑤ “階門”，文津閣本、十萬卷樓本作“階間”。
⑥ “廣尺”，文津閣本作“掘坎”。
⑦ “塊竈”，十萬卷樓本作“塊牡”。
⑧ “各寔於篋”，文津閣本作“各實於筐”。
⑨ “篋”字，文津閣本作“筐”。
⑩ “裳服之稱”，十萬卷樓本作“常服二稱”。

以箱[①]，承以席，凡陳衣如之[②]，六品以下一稱。明衣裳，履襪具掩，練帛一，方尺八寸[③]，掩，裹首也。充耳用白纊，幎目用緇綷裏[④]，方尺二寸[⑤]，組繫，幎目，面衣也，組繫可結[⑥]，下同。握手用緇纁裏，長尺二寸，廣五寸，著組繫。

　　將沐，掌事者淅稷米，六品以下用粱米。取潘煮之，又汲爲湯，以俟浴。以盆承潘及沐盤，升自西階，以授沐者。以侍者四人爲之，六品以下三人。沐者執潘及盤入。主人以下皆出戶外，北面西上，俱立哭。丈夫在東，婦人在西，婦人權障以帷，下同。乃沐櫛，束髮用組。浴則四人抗衾，二人浴，拭用巾，挋用浴衣。濡濯棄於坎。設牀於尸東，衽下莞上簟。浴者舉尸，易牀，設枕，剪鬇斷爪，盛以小囊，大殮內於棺。著明衣裳，以方巾覆面，仍以大殮之衾覆之。主人以下入，就位，哭，乃唅。

　　贊者奉盤水及笲，笲，竹器也。飯用稷，唅用璧，升堂。六品以下用粱與貝。唅者六品以下，主人自爲之。盥手於戶外，贊者沃盥，唅者洗稷、璧，粱、貝同。實以笲，執以入，贊者從入，北面。徹枕，奠笲於尸東。唅者坐於牀東，西面，發巾，實飯唅於尸口，訖。主人復位，位在尸東。

　　襲者以牀升，入設於尸東，布枕席如初。執服者陳襲衣於席。遷尸於席上而衣之。凡衣死者，左衽不紐。祝去巾，加面衣，設充

---

① “受”字，文津閣本作“實”。
② “凡”字，底本原作“几”，據文津閣本改。“如之”，十萬卷樓本作“以如之”。
③ “八寸”，十萬卷樓本作“八尺”。
④ “綷”字，文津閣本作“絰”。
⑤ “尺”字，十萬卷樓本作“又”。
⑥ “組繫可結”，文津閣本作“組繫可結者也”。

耳,著握手①,納履若舄,覆以夷衾。內外皆就位,哭如初。諸尊者於卑幼之喪及嫂叔兄弟娣姪婦哭②,朝脯之間非有事③,則休於別室。

設銘以絳,廣充幅,四品以下廣絳幅④。韜杠,杠,銘竿也,其長視絳。四品以上,長九尺;六品以上,長八尺;九品以上,長七尺。書曰"某官封之柩"婦人視其夫,有官封則曰"某官封某人姓氏之柩",未有封曰"某姬或妻某氏之柩"。

爲重,以木刊鑿之,爲懸北⑤。長八尺,橫者半之,五品以下七尺,七品以下六尺。置於中度⑥,參分庭,一在南。掌事者以沐之米爲粥,寔於二鬲。鬲各視其數。冪用疏布,繫以竹篓,垂於重。覆用葦席,北向,屈兩端交於後⑦,兩端在上,綴以竹篓⑧。祝取銘置於重,又於殯堂前楹下,夾以葦席,簾門以布,又設葦障於庭。

厥明乃殯。凡言贊者、祝掌事者,皆以常使者臨時爲之。東西之序,臨時隨所居之向背設之。

小殮

小殮之禮,以喪之明日。夙興,陳殮衣九稱謂朝服、公服各一稱,餘皆常服。不足各隨所辦,下同。於東房,西領,南上,非正色不入,絺綌不入。饌於東堂階下。隨宜設禮饌器,皆以素,下依此。

具牀席於堂西。歛者盥訖,執服者以殮衣入。主人以下少退,西南;主婦以下少退,東南,內外俱哭。歛者歛訖,覆以夷衾,

---

① "握"字,文津閣本作"偓"。
② "娣"字,底本作"好",據文津閣本、十萬卷樓本改。
③ "朝脯",文津閣本作"朝夕",十萬卷樓本作"朝晡"。
④ "絳"字,十萬卷樓本作"糸"。
⑤ "北"字,十萬卷樓本作"孔"。
⑥ "中度",十萬卷樓本作"中庭"。
⑦ "兩端",十萬卷樓本作"西端"。
⑧ "竹"字,十萬卷樓本作"行"。

設牀於兩楹間，衽衽,寢臥之席也。下莞上簟，設枕。卒殮，開帷。帷裳,堂之帷①,事畢則下之。主人以下西面殯哭踊無算；主婦以下東面殯亦如之。

男子括髮，衰巾帕頭。六品以下布束。婦人括髮而髽。殮者舉尸，男女從奉之，遷於堂，覆以夷衾。哭位如室中，踊無算。

贊者盥手，奉饌至階，升，奠於尸東，徹襲奠，自西階降出，下帷。內外俱坐，以親疏爲之代哭。宵爲燎於庭。厥明，滅燎，乃大殮。

大殮

大殮之禮，以小殮之明日。夙興，陳衣於東序十稱，期服②、公服各一稱,餘皆常服,不足省隨所有。西領南上。內喪則具花釵。饌於堂東階下如初。掘殯坎於西階之上。

棺入，內外哭止，升棺於殯所。灰炭枕席之屬,皆預設於棺內。升訖，內外皆哭。熬黍稷六箱，皆加魚腊③。燭俟於饌東。贊者徹小殮之饌，降出，乃適新饌所。殮者盥訖，與執服者以殮衣入，內外皆少退，立哭。殮者歛訖，覆以夷衾，卒殮，開帷，主人以下殯哭如初，退，復位。諸親以次殯哭。殮者四人舉牀，男女從奉。尸殮於棺，乃加蓋，覆以夷衾，內外皆復位如初④。設熬穀首足各一箱⑤，傍各二箱，以木覆棺上，乃塗，卒塗，乃設帟於殯上。祝取銘置於殯。

---

① "帷裳堂之帷"，文津閣本作"帷堂之帷"，十萬卷樓本作"帷堂堂之帷"。
② "期服"，文津閣本作"朝服"。
③ "加"字，底本原作"如"，據文津閣本改。
④ "復位"，文津閣本作"哭位"。
⑤ "穀"字，文津閣本、十萬卷樓本無。

贊者盥手，以饌升，入室，西面設於殯前，降出，下帷。内外皆就位，哭如初。既殯，設靈座於下室西間，東向。下室謂燕寢，在下室者設靈座於殯東①，六品以下止設於殯東。施牀、案、屏障、服飾以時，上飲膳及湯沐如平生。大功以下，異門者各歸其家。

成服三日成服，除死之日爲三日。

前一日，掌事者先爲廬次於殯堂東廊下，近南，北向户。設苫凷於内。諸子各一廬，五品以上廬皆營之。期親以廬南累墼爲堊室，俱北户，剪蒲爲席，不緣。大功於堊室之南，張帷，席以蒲。婦人次於西房，若殯堂無房者，次於後或别室。

其日夙興，内外皆哭，盡哀，各就次，服縗服，無服者素服。贊者引主人以下俱杖，童子、婦人不杖，不居廬，不著屝屨。若嫡子，雖童亦杖，不能自杖，人執之。升，立哭於殯東，西面南上。婦人升，詣殯西，東面南上。期親以下各就位。若殯近西壁②，婦人皆位於殯北，南面東上，尊行者坐。内外皆哭，盡哀。諸子孫就祖父及諸父前跪哭③，皆撫哭盡哀；就祖母及諸母前哭，亦如之。女子就祖母及諸母前哭，與就祖父④、諸父前哭，如男子之儀，惟不撫。主婦以下就伯叔母哭，亦如之。訖，乃復位。諸尊者降出，還次。主人以下降，立於東階下，外姻在南，俱西面北上，哭盡哀，各還次，闔户。

既成服，大功以下異門者各歸其家。主人及諸子、妻、妾、女

---

① “在下室者”，文津閣本作“處下室者”，十萬卷樓本作“無下室者”。
② “若殯近西壁”，文津閣本作“若殯道西壁”，十萬卷樓本作“若殯逼西壁”。
③ “前”字，底本無，據文津閣本補。
④ “與”字，十萬卷樓本作“遂”。

子子哭於其次①，晝夜無時。父母之喪，居倚廬寢，苫枕凷寢，不脱経帶②。頭有瘡則沐，身有瘍則浴。有疾則飲酒食肉，疾止復初。升降不由東階，出入不當門隧。避涕泣而見人。諸尊及婦人諸親男女之喪，有事則哭於殯所；若無事有時須哭者，或在正寢，則於北壁下舒席，南面坐哭。

親故弔贈③，如別儀。

每日先具朝服奠於東階下④。隨宜設酒饌⑤。内外夙興，各縗服。應杖者皆杖，下准此。男子升詣殯東，婦人升於殯西，内外皆就位哭。凡朝夕哭帷⑥。質明，掌事者升自東階，徹宿奠，降出，乃以朝奠入，升自東階，設於殯前如初，乃出。日出少頃，内外俱止哭，還次。至夕，内外俱就位哭，徹朝奠，進夕奠如初。日入後少頃，止哭，還次。哭者闔户，主人以下哭於次如初⑦。自是至啟殯，朝夕如之。五品以下若遇朔望，則具盛奠，比朝夕奠物品卷衆⑧。如朝奠之儀，不饋於下室，至夕，則徹之，奠如常禮⑨。六品以下，則百日乃卒哭。

其日夙興，掌事具奠於堂東，内外夙興各縗服。贊者引主人以下俱杖，升，立哭於靈座東，西面南上。婦人升，詣靈座西，東面南上。内外俱就位哭。贊者升自東階，入，徹夕奠出如初。掌饌者以饌升於靈座前如初。贊者引主人降自西階，初獻，盥手，

① "女子子"，底本作"女子之"，據底本卷二一八"成服"條改。

② "経帶"，文津閣本作"衣帶"，十萬卷樓本作"輕帶"。

③ "贈"字，文津閣本作"賻"。

④ "朝服奠"，底本卷二一八"成服"條作"朝奠"。

⑤ "酒"字，文津閣本無。

⑥ "凡朝夕哭帷"，文津閣本作"凡朝夕哭於帷"，底本卷二一八"成服"條作"凡朝夕哭開惟"。

⑦ "哭"，文津閣本作"俱哭"，十萬卷樓本作"自哭"。

⑧ "卷衆"，文津閣本作"也"。

⑨ "奠"字，十萬卷樓本作"奠"。

訖，_{主人以下，長爲初獻，次爲亞，終獻則以親賓代獻}①。自後，虞祭、小祥、禫祭，皆如
之。進詣靈座前，以醆跪，奠酒，俛伏，興，少退，西向立。祝入，立
於靈座南，北面。内外哭止。祝跪，讀祝文曰：“維某年某月某朔
日辰，孤子某，_{母喪曰哀子}。敢昭告於考某官封：_{妣云妣某人某氏，未有封}
_{云妣某氏，下同}。日月不居，奄及卒哭，叩地號天，五情糜潰。謹以清
酌庶羞之儀②，哀薦成事於考某官封③，尚饗。”祝興。主人哭，再
拜，退，復位。次引亞獻，盥手、奠酒如初。_{不讀祝文}。次引終獻，亦
如之。内外皆再拜，哭盡哀，各還次，闔户。自卒哭之後，朝一
哭，夕一哭，乃諱名。

---

① “終獻則以親賓代獻”，文津閣本作“終獻無則以親賓代之”，十萬卷樓本作“終
獻則以親賓代育”。
② “儀”字，文津閣本作“物”。
③ “哀”字，底本無，據文津閣本、十萬卷樓本補。

卷第二百十六　凶禮

品官喪儀中

弔賵　啟殯　葬　祭后土

弔賵

弔者至，掌事者引之次，素服。若主人未成服，弔者不變服。贊者入告，内外縗服。贊者引主人以下立哭於東階下，婦人升，哭於殯西。弔者入，立於庭，北面西上，爲首者進當主人前，云："如何不淑。"主人哭，再拜稽顙。爲首者復位。弔者俱哭十餘聲，乃出。少頃，主人以下各還次。

若哭殯，内外俱升就殯堂，尊者坐，若賓敵體，賓初入則起，賓坐亦坐，賓起亦起。内外俱哭。贊者引弔者入，升堂立於殯東，西向南上，尊者坐，哭盡哀，乃出，卑者再拜，訖，乃就主人前，慰訖，贊者引以次出。恩深者，賓拜訖，入哭，盡哀。少頃，還次如初。賓客以弔而重來者，主人哭而見，其去也，哭送之，未葬必備縗絰而後見。

若遣使致賵，使者至，立於大門外之西，東面。從者以箱奉玄纁束帛立於使者之側。凡賵通以貨財①，不限以玄纁束帛②。贊者入

---

① "贈"字，文津閣本、十萬卷樓本作"賵"。
② "纁"字，文津閣本作"纁"。

告，主人立哭。贊者引使者入，立於門內之西，東面。從者以箱授使者。主人哭止。使者奉箱少進，東面曰：“某封某官使某賻。”主人哭，再拜。使者又少進，坐委之，興，復位。掌事者進，坐舉之，興以東^①，使者出，主人拜送。若使者致物不以器，掌事者迓受之，不委於地。餘賻物則從者執之，立於使者之側，掌事者受之，以束藏之。

啟殯

墓兆葬日，皆前期擇之。葬有期，前一日之夕，掌事者除葦障，備饌於東階下。如大殮之奠。設賓次於大門外之右，南向。夕哭內外如常儀。

啟之日，夙興，內外縗服，主人及諸子去冠絰，以衰巾帕頭，皆升，就位哭。尊行者坐。祝縗服，執功布，長五尺。升自西階，詣殯南，北向。止哭。祝三聲噫嘻，乃曰：“謹以吉辰啟殯。”既告，內外皆哭，盡哀，各還次。祝與執饌者升，徹宿奠如常。祝取銘旌，置重北建之。掌事者升，徹殯塗訖，設席於柩東，升柩於席上。祝以功布拂柩，覆用夷衾，降出。設帷，東面開^②。贊者引主人以下升^③，哭於帷東，西面；妻、妾、女子子已下哭於帷西，東面，俱南上。祖父以下帷東北壁下，南面西上；祖母以下帷西北壁下，南面東上。外姻丈夫帷東，北面西上；婦人帷西，北面東上。尊者坐。掌饌者以饌升，設於柩前，降出。祝以酒奠之，主人以下哭踊無算，內外俱哭於位。如未成服之禮，以親疏代哭，晝夜不絕聲。

若親賓致奠，於主人啟奠之後。諸奠者以次立於寢門之外，

---

① “興以東”，文津閣本作“興少東”。
② “東面開”，文津閣本作“東面開聲”，十萬卷樓本作“東面開户”。
③ “贊者”，底本作“輦者”，據文津閣本、十萬卷樓本改。

1253

東向。謂卑幼者。有故則遣使。祭饌陳於前。贊者入告。内外卑者皆興，立哭於位。執饌者以饌升，設訖，降出。贊者引奠者以次入，詣柩前，西面南上。爲首者進，以醆跪，奠酒，俛伏，興，少退，内外哭止。奠者曰："某位伯叔各從官爵稱之。將歸幽宅，謹奉奠。"若異姓者，從其稱。若遣使者，云"某封若某姓各聞某封若某官將歸幽宅[1]，使某奉辭。"奠畢，應拜者皆再拜，内外皆哭。主人拜稽顙，奠者哭，盡哀，乃出。掌事者以次徹饌而退。

既奠，乃告贈，亦於柩。或贈或謚皆告，無則不告。主人升，立於饌東，西面。祝持贈文，升自東階，進，立於柩東南，北面。内外哭止。祝少進，跪，讀文，訖，興。主人哭拜稽顙。祝進，跪，奠之於柩東，興，降出。内外哭，盡哀，復位，哭如初。

葬

啟之日，掌事者納輛車於大門内，當門南向，設靈車於右。内外所乘之車陳於大門外。丈夫之車門西，婦人於東。先於宿所張吉凶帷，凶帷西，吉帷東，俱南向。設靈座於吉帷下，如常儀。

啟之夕，未發前五刻，擊鼓爲節。陳布吉凶儀仗，方相、四品以上爲方相，黃金四目；八品以上爲魌頭，兩目；九品無。皆深青衣朱裳，執戈揚盾。誌一、九品以下無。大棺車及明器以下，陳於柩車前。紼、披、鐸、翣、挽歌者皆具。紼，引輛車索也[2]。披者，繫於輛車，四周在傍，執之以備傾蔑[3]。諸將紼披翣者[4]，皆布幘布深衣。挽歌者白練幘白，練構衣。

---

① "姓各"，十萬卷樓本作"姓名"。"某封若某官"，十萬卷樓本作"其若某官"。
② "輛車"，底本作"輛車"，據十萬卷樓本改。
③ "傾蔑"，文津閣本作"馳逐"，十萬卷樓本作"傾覆"。
④ "將"字，十萬卷樓本作"持"。

二刻，再擊鼓爲節①。掌饌者徹啟奠以出，內外俱興，立哭於位。執綍者皆入，掌事者徹帷。持翣者俱升，以翣障柩。執綍乃升。執鐸者入，當西階立。執纛者入，當西階南，北面立。七品以下無纛，下同。掌事者取重出，待於門外之東。執旌者立於執纛者南，北向。諸執旌、纛者，皆布深衣介幘。若無纛，執旌者立於西階南，北面。陳布訖，三擊鼓爲節。乃引靈車於內門外，南向。祝詣靈座前，西向跪，昭告曰："孤子某母曰哀子。謹用吉辰，奉歸先兆，若新卜宅，云"奉歸幽宅"。靈車就引，神道紆迴，惟以荒蔓，無任梗絕。"興，立。

少頃，執鐸者俱振鐸，引柩降階間，南向。加披綍於上。持翣者常以翣障柩，柩降階，執纛者却行而引，止，則迴北向立。執旌者繼纛而行，止，則北向立。無纛者，則執旌者引。主人以下以次從柩，哭而降，主婦以下又次之。

柩至庭，主人及諸子以下於柩東，西面南上。祖父以下於東北，南面西上；異姓丈夫於主人東南，西面北上；妻、妾、女子子以下於柩西，東面南上；祖母以下於西北，南面東上；異姓婦人於主婦西南，東面北上，皆立哭。內外之際，障以行帷。

庭位既定，祝帥執饌者設祖奠於柩東。如盛奠之饌。祝以酒奠，訖，詣饌南，北面跪，曰："永遷之禮，靈神不留，謹奉旋車，式遵祖道，尚饗。"興，少頃，徹之。

若致賵，賓立於大門外西，從者以箱奉玄纁束帛，立於賓側。贊者入告，乃引賓入，當柩車東南，北面。從者以箱授賓，退。內外哭止。賓曰："某謚封君某將歸幽宅，敢致賵。"辭畢乃哭，內外

---

① "再"字，文津閣本作"胥"。

皆哭。主人拜稽顙。賓止哭，進，奠幣於柩前，詣西面出①，主人拜稽顙，送之。初，賓出，掌事者於柩前取幣，以束藏之②。

柩動，旌先，纛次之。主人以下從哭於柩後，婦人次之。柩至輀車，輀車，載柩之車也。執紼者解紼，屬於輀車，設帷障於柩後，執紼、披者如常設，靈車送，升柩於輀車上。內外哭位如初在庭之儀。乃設遣奠於柩車前③，如祖奠之儀。祝奠酒，訖，少頃，徹饌。

靈車動，從者如常。若二品以上，設鹵簿、鼓吹儀仗於靈車之前。三品以上，陳鹵簿，無鼓吹。靈車後，方相車，無方相，設魌頭車。次誌石車，九品無。次大棺車，誌石與大棺者先設於墓④，不在陳設。次明器輿，次下帳輿、次米輿⑤，次酒脯醢輿，次食輿，食器其從人皆布幘深衣⑥。次銘旌，次纛，次鐸，分左右。次挽歌，次輀車。主人及諸子俱絰杖繐服，先者衺巾加絰⑦。徒跣哭從，餘各依服精粗爲序，從哭出門。內外尊行者皆乘車馬，哭不絕聲。

出郭門，若親賓還者，權停柩車，乘者皆下，立哭。贊者引親賓以次俱向柩，立哭盡哀，卑者再拜而退，婦人亦如之。親賓既還，乘車馬如初。若墓遠及病不堪步者，出郭，主人及諸子亦乘，去塋三百步乃下。

靈車至帷門外，謂吉帷。迴南向。遂薦常食於靈座前，若食

---

① “西面”，十萬卷樓本作“西”。
② “束”字，十萬卷樓本作“東”。
③ “設”字，十萬卷樓本作“去”。
④ “者”字，十萬卷樓本作“若”。
⑤ “次”字，底本原作“吹”，據文津閣本改。
⑥ “其”字，十萬卷樓本作“具”。“布幘”，文津閣本作“赤幘”。
⑦ “先者”，文津閣本作“喪者”，十萬卷樓本作“禿者”。

頃,徹之。每於停宿之所設靈座薦食①。柩車至,入凶帷,停於西廂,南
向。祝設几席於柩車之東。初至宿次,内外皆就柩車所,分東、
西如常,立哭。凡停宿,薦酒脯之奠於柩東,如朝夕之儀。既設
奠,内外各就位,迭哭不絕聲。

　　將至,乘車者卑行見墳而下,尊行及塋而下,以序哭。靈車
至帷門外,掌事者先於墓門内道西,張帷幕、設靈座如初。迴車南向,遂設酒
脯之奠。柩車至壙前,迴南向,哭位如在庭之儀。掌事者陳明器
於壙東南,西面北上。

　　設靈車於柩車之後,張帷,下柩於靈車。迴靈車者止用席②。丈
夫柩東,婦人柩西,以次憑哭盡哀,各退,復位。内外卑者哭,再
拜辭訣。贊者引主人以下哭於羨道東,西面北上。妻及女子子
以下哭於羨道西,東面北上,踊無算,婦人皆障以行帷。

　　掌事者施席於壙内,遂下柩於壙内席上,北首,覆以夷衾。
持翣者入,倚翣於壙内兩廂,遂以下帷張於柩東,南向。米、酒、
脯陳於帳東北,食器設於帳前,醯醢設於食器南,藉以版,明器設
於壙内。

　　左右掌事者以玄纁束帛授主人,主人授祝,祝奉以入,奠於
靈座。主人拜稽顙。施銘旌誌石於壙内,置訖,於户設關篇,遂
復土三。主人以下稽顙,哭盡哀。内外俱就靈所,哭。乃祭后
土,具別儀。

　　饌者徹酒脯之奠,設靈於帷車外,陳布如來儀。少頃,靈車
發行,内外從哭如初。出墓門,尊行者乘車馬,去墓百步許,卑者

---

①　“停宿”,文津閣本作“庭宿”。“靈座”,文津閣本作“庋座”。
②　“迴”字,十萬卷樓本作“無”。

迤乘。靈車至宅，內外乘者皆下。靈車入，至西階，迴南向。少頃，靈車退。主人以下升，立哭於庭座東①，西面南上。內外皆升。祖父以下哭於帷東，南面西上；妻及女子子以下哭於靈座西，東面南上；祖母以下哭於帷西，南面東上；外姻丈夫帷東，北面西上；婦人帷西，北面東上。親賓弔如初，弔於庭者，稱“痛當奈何”，哭盡哀。主人以下各還次，沐浴，俟虞。

祭后土

掌事者先於墓左除地爲祭所。柩車至，祝吉服②，鋪后土神席於北方，南向。饌者備饌於其側。既復土，告者吉服，親賓爲告者。贊者引告者及祝俱立於神位東南，立定，俱再拜。贊者曰：“告者請行事。”掌饌者以饌入，設於席位，乃出。贊者引告者盥手，詣神席前，以醆跪，奠酒，俛伏，興，少退，北向立。祝於神席右，西向跪，讀祝文曰：“維某年某月某朔日，某官某姓名敢昭告於后土之神：某官封謚，窆兹幽宅，神其保佑，俾無後艱。謹以清酌庶羞，明薦於后土之神，尚饗。”祝興，告者再拜。贊者引告者退，復位，俱再拜，以次出，乃徹饌席。

---

① “庭座”，十萬卷樓本作“靈座”。
② “祝吉服”，文津閣本作“衣吉服”。

卷第二百十七　凶禮

品官喪儀下

虞　小祥　大祥　禫　祔　聞喪
奔喪　三殤　改葬

虞

柩既入壙，掌事者先歸修虞事，具饌於堂東。靈車將至，掌事者先施靈座於寢堂室內戶西，東向。於靈座東，南北設帷，東出戶。若室窄，則設靈座於堂。

既沐浴，主人以下內外升詣靈所[①]。主人及諸子倚杖於堂內外[②]，內外皆哭[③]。掌饌者以饌入，陳於靈座前，降出。贊者請主人止哭，盥手，進詣靈座前，以盞跪，奠酒，俛伏，興，少退，西向立。內外哭止。祝進於靈座之右，跪，讀祝文曰："維某年某月某朔日辰，孤子母稱哀子。某敢昭告於考某官封諡：日月遄速，奄及反虞，叩地號天，五情糜潰，謹以清酌庶羞，哀薦祫事於考某官封諡，尚享。"祝興。主人哭，再拜。主人退，復位。次引亞獻、終

---

① "升"字，文津閣本作"俱"。
② "堂內外"，文津閣本作"堂內外靈戶外皆哭"。
③ "內外皆哭"，底本作"戶外皆哭"，據文津閣本改。

獻，皆如之。不讀祝文。內外哭盡哀。

　　主人以下出，杖，降自西階，就次。妻、妾、女子子各還別室。少頃，徹饌，闔户，降出，乃埋重於門外道左。三品以上七虞，五品以下五虞，九品以上三虞①，如初虞之禮，皆以日。祝辭中虞曰"哀薦成事"，餘皆曰"哀薦虞事"。卒哭，掌事者改廬，前屏②，柱楣，塗廬不塗見面。裹則塗，外不塗③。

小祥

　　前一日之夕，毁廬爲堊室，設蒲席。周喪堊室者除之，設地席。陳練冠於次。主人及諸子俱浴，櫛，爪剪。具饌，如盛奠。

　　其日夙興，祝先入室，登拂几筵以出④。內外襂服⑤。主人倚杖於階東，俱升就位，應拜者在杖位⑥。哭盡哀。贊者引主人杖就次，主婦以下各就次。主人及諸子降首絰，著練冠，妻、妾、女子子除腰絰。周服者除之，丈夫素服吉冠履。婦人素服吉冠履⑦。贊者引主人及諸子倚杖如初。內外俱升就位哭。掌饌者以饌入，升自東階，設如初。贊者引主人盥手及奠酒如初。祝進位於靈左右，北面。內外皆止哭。祝跪⑧，讀祝文曰："維某年某月某朔日辰，孤子某母曰哀子。敢昭告於考某官封謚：歲月驚迫，奄及

---

①　"以上"，文津閣本作"以下"。
②　"前"字，文津閣本作"翦"，十萬卷樓本作"剪"。
③　此句後，十萬卷樓本尚多"剪蒲爲席不緣以木爲枕"十字。
④　"登"字，十萬卷樓本作"整"。
⑤　"內"字，底本原無，據文津閣本補。
⑥　"應拜者在杖位"，文津閣本作"應拜者在其位"，十萬卷樓本作"應祥者在復位"。
⑦　"婦人素服吉冠履"七字，文津閣本無。
⑧　"祝"字，底本作"柷"，據文津閣本改。

小祥,攀慕永遠,重增屠裂,謹以清酌庶羞,祇薦祥事於考某官封諡,尚享。"祝興。主人拜,退[1],復位[2]。次引亞獻、終獻,如虞祭之儀。内外再拜,哭盡哀。贊者引主人杖降自西階,就次,内外皆出。少頃,徹饌,闔户,降出。

自小祥之後,止朝夕之哭,哭無時。哀至則哭。始食菜菓,飯食素。

大祥

前一日之夕,除堊室,張帷,備内外大祥之服於次。主人及諸子沐浴、具饌如初。

其日夙興,祝先入,拂几筵,降出。内外素服。主人以下升,哭盡哀,哭止。掌事者設饌如初。内外俱就位哭。贊者引主人盥手、奠酒如初。祝於靈座右,跪,讀祝文曰:"維年月朔日辰,孤子某母曰哀子。敢昭告於考某官封諡:日月逾邁,奄及大祥,攀慕永遠,無任荒踣,謹以清酌庶羞,祇薦祥事於考某官封諡,尚享。"餘皆如小祥之儀。

主人以下還外寢,妻、妾、女子以下還於寢。掌事者除靈座。自大祥之後,外無哭者,間月而禫。

禫

祭前一日之夕,掌事者先備内外禫服,各陳於別所。主人及諸子俱沐浴,具饌如初。

---

① "退"字,文津閣本作"進"。
② "復位",底本作"伏位",據十萬卷樓本改。

其日夙興，祝入，設几筵於奠所。主人及諸子、妻、妾、女子子仍祥服，內外俱升，就位，哭盡哀，降，釋祥服，服禫服，復升，就位哭。設饌如初。贊者引主人盥手、奠酒如初。祝進，立於靈座右，止哭。祝跪，讀祝文曰："維年月朔日辰，孤子某母曰哀子。敢昭告於考某官封諡：禫制有期，追遠無及，謹以清酌庶羞，祇薦禫事於考某官封諡，尚享。"餘如故大祥之儀。贊者引主人以下出，降自東階，還寢。祝收几筵以出。

自禫之後，內無哭者，擇日乃祔，如別儀。凡父母之喪，周而葬者，則以葬之後月小祥、大祥，取再周之禮，禫亦如之。若再周而後葬者，則以葬之後月練，又後月爲大祥，祥而即吉[1]，無復禫矣。其未再周葬，則以二十五月練，二十六月祥，二十七月禫。若再周而未葬，則俟已葬而後除服。

祔

將祔，乃擇日。以柔日。

前期三日，主人及亞獻、終獻、諸執事謂祝及贊者之類。俱散齋二日，致齋一日。

前一日之夕，掌事者清掃廟之內外。無廟者，正寢之內外[2]。設祖考之座於廟。無廟者於正寢，或五位，或三位，或二位，皆臨時視品秩設之。尊者東向，餘以南北相向。祭二世者，止爲南北位而已。若祔姙，則設祖姙及姙之座位數如之，更不設祖考位。其有考、姙同祔，則皆設之，下依此。設三獻位於東階東南，皆西向。諸子孫位於庭，北向西上。

其日夙興，掌饌者具饌於階下。主人以下入，就位。贊者曰："再拜。"在位者皆再拜。掌饌者以饌升，各陳於座前，設訖，

---

①　"祥而即吉"，底本作"祥而祥即吉"，據文津閣本改。
②　"正"字，十萬卷樓本作"止"。

降出。贊者引初獻盥手，升詣東階，進，詣東向位前，以醆跪，奠，俛伏，興。又引詣次位，奠酒如初，再詣東向位前，西面立。祝進於神座之右，跪，讀祝文曰："維年月朔日辰，某孫某官封某_{各隨其}_{官爵稱之。}敢昭告於某祖某官封謚：_{無官封謚者，云某祖之靈。}謹以清酌庶羞，祇薦於某祖某官封謚某，妣某人某氏配，_{餘依此例。}考某封謚。_{若母先亡，則云妣某人某氏配。若祔妣，則曰某祖妣某人某氏。餘依此例①。妣}_{某人某氏若同祔②，則如上儀，皆言配。如母亡而父在，更不祔，止爲他室祭之也。}尚享。"祝興，主人再拜，興，降出。贊者引主人詣諸座前，各再拜，乃復位。次引亞獻盥手，詣諸座前，奠酒，再拜如初，_{不讀祝文。}復位。引終獻亦如之，復位。贊者曰："再拜。"在位皆再拜。贊者引主人以下出，掌饌者徹饌，別薦酒脯之奠，少頃，徹之。

聞喪

諸聞喪舉哀者，於聞喪所哭盡哀，問故，又哭盡哀，改服素服。子、妻、妾、女子俱披髮。三日成服，廬、堊室，苫凷、薦席變除之節，皆如在家之禮，惟不設奠祭。若除喪而後歸，則之墓，諸子以下素服待於墓左③，西向；婦人待於墓右④，東向，俱北上⑤。歸者素服，至墓南，北面哭盡哀，再拜，又哭盡哀，再拜⑥。於家不哭喪。

自外至者，小歛而反，則子素服，衰巾帕頭，徒跣哭從，大歛

---

① "餘依此例"，文津閣本作"若同祔則胥依此例"。
② "若同祔"三字，文津閣本無。
③ "墓左"，文津閣本、十萬卷樓本作"墓東"。
④ "墓右"，文津閣本、十萬卷樓本作"墓西"。
⑤ "北上"，文津閣本、十萬卷樓本作"北向"。
⑥ "又哭盡哀再拜"六字，文津閣本無。

亦如之。若先遭重喪，後遭輕喪，皆爲制服，往哭則服之，反則如初。有殯，聞遠兄弟之喪，哭之他室，無他室，哭於門内之右。

奔喪

奔喪之禮：如聞親喪，以哭答使者，盡哀，問故，又哭盡哀。服布深衣，素冠，遂行。父母之喪，見星而舍，若未得奔，則成服而後行。

至家，内外哭待於堂上。奔喪者入門而左，升自西階，殯東西面憑哭盡哀，少退，再拜，退於序東，披髮，復位，坐哭，又盡哀，尊卑撫哭如常，訖。内外各還次，奔喪者乃還。如未成服者三日成。若至在小斂前，與主人俱成服。小斂以後，自用日數。

賓弔，拜賓如常。奔喪者非主人，則主人爲之拜賓。不及殯，則先之墓，北面近墓哭。主人以下哭待於墓左，西面；主婦以下於墓右，東面，皆北上。奔喪者盡哀，再拜，又於墓東，披髮，復位，哭盡哀。贊者告禮畢，奔喪者又再拜，遂冠而歸，入門而左，升自西階，靈東西向憑靈哭。主人以下升哭如常，盡哀，再拜，各還次。三日成服。婦人奔喪，入自闈門，升自西階側，殯西，東面。妻、妾、女子子憑哭、披髮，皆如男子之儀。不及殯，則被髮於墓西，亦皆如男子之儀。

三殤

三殤之喪：始死，浴襲、大小斂及葬送、哭泣之位，與成人同，不復，無唅，辨而葬，一虞乃除之。其虞祝詞云："維某年月朔日辰，父告於子某：兄云'兄告弟某'。弟云'弟某昭告某兄'。有官稱官，以下同。

日月易往，奄及反虞，悲令相續①，心焉如燬。兄云'悲慟猥至，情何可處'。弟云'哀痛無已②，五情可割'。今以弟祭兄云'謹以'。清酌庶羞，薦虞事於子某，魂某享之③。弟祭兄云'尚享'。"嫡殤者時享，皆祔食。

改葬凡有改葬者④，皆具事因聞於官，勘驗得實，行之。

將改葬，先於墓所隨地之宜張白布帷幕，南向開戶。

其日，內外諸親皆至墓所，各就便次。主人以下及妻、妾、女子俱總麻服，周親以下素服。丈夫於墓東，西向；婦人於墓西，東向，皆北上。婦人障以行帷，俱立哭盡哀。卑者再拜。立於羨道南，外向。內外哭止。祝三聲噫嘻，啟以改葬之故。內外又哭盡哀，權就別所。掌事者開墳，訖，置棺於席上，內外俱從哭於羃所⑤，分東、西位，如常儀。祝以功布拭棺。掌饌者設饌於柩南。主人盥手，以饌跪⑥，奠酒，再拜，訖，少頃，徹奠。

進柩車於帷門外，南向。升柩於車，遂詣墓所，內外俱哭。掌事者先設牀於墓下，有枕席，周設帷。柩車至帷門外，丈夫柩東，婦人柩西，俱立哭。掌事舉柩入，設牀柩東，舉尸出，置於牀，南首。遂歛⑦，如大歛之儀。加明衣裳下殯⑧。乃設靈座於吉帷內幕下西廂，東向。施牀帷、屏、服飾。以時上飲膳及沐，如平生。及葬，將引柩，

---

① "令"字，十萬卷樓本作"念"。
② "痛"字，文津閣本、十萬卷樓本作"慟"。
③ "魂某享之"，文津閣本作"魂某其享之"。
④ "改葬"，文津閣本作"啟葬"。
⑤ "羃所"，文津閣本作"墓所"。
⑥ "饌"字，十萬卷樓本作"醊"。
⑦ "歛"字，文津閣本作"殯"。
⑧ "下殯"，十萬卷樓本作"不殯"。

告白①："以今吉辰，用即宅兆。"不設祖奠，無反哭②，無方相、魌頭，餘如常葬之儀。

既葬，就吉帷，靈座前一虞，虞如常儀，其祝詞云："維年月朔日辰，孝子某敢③昭告於考某官封謚：改遷幽宅，禮畢終虞，夙夜匪寧，啼號罔極。謹以清酌庶羞，祇薦虞事於考某官封謚，尚享。"既虞，主人以下出就別所，釋緦服及素服而還。掌饌者徹靈座④。

————————

①　"告白"，十萬卷樓本、底本卷二二○"改葬"條作"告曰"。

②　"反"字，十萬卷樓本作"及"。

③　"帷靈座前一虞虞如常儀其祝詞云維年月朔日辰孝子某敢"二十四字，十萬卷樓本無。

④　"掌饌者徹靈座"，文津閣本作"掌饌者徹饌掌事者徹靈座"。

卷第二百十八　凶禮

庶人喪儀上

初終　小斂　大斂　成服

初終_{自有疾至襲。}

有疾者，齋於正寢，東首，北墉下。養者齋，徹樂。飲藥先嘗之。疾困，去故衣，加新衣。清掃內外，分禱所祀。使人坐持手足，_{內喪使婦人。}遺言則書之。屬纊以候氣，氣絕，廢牀，寢於地。主人啼，餘皆哭。男子易以白布衣，披髮，徒跣。婦人青縑衣，披髮，不徒跣，女子子亦然。_{父母長子①，爲人後者爲其本生父母，皆素冠不徒跣。女子子嫁者髽②。}期親以下，丈夫素巾，婦人去首飾。主人坐於牀東，餘次之，啼踊無算。兄弟之子以下又在其後，俱西面南上。妻坐於牀西，妾及女子子次之，哭踊無算。兄弟之女以下又在其後，俱東向南上，藉藁坐哭。內外之際，隔以行帷③。宗親尊行丈夫帷於東壁下④，南面西上；婦人帷於西北壁下⑤，南面東上；外姻

---

① “父母長子”，文津閣本作“父爲長子”。
② “女子子嫁者”，文津閣本作“女子及嫁者”。
③ “隔以行帷”，文津閣本作“隔以帷”。
④ “帷於”，十萬卷樓本作“於帷”。
⑤ “婦人帷於西北壁下”，文津閣本作“婦人於帷西北壁下”。

丈夫於户外之東，北面西上；婦人於主婦西南^①，北面東上，皆坐席而哭。凡喪位，皆以服精粗爲序。

復於正寢，復者一人，以死者之上服左荷之，升自前東榮，當屋履危，北面西上。左執領，右執腰，招以左，每招曰皋某復，三呼而止。稱名，婦人稱姓。投衣於前，授以箱，升自東階，入以覆尸。復者降自後西榮，復衣不以襲斂，浴則去之。

設牀於室户内之西，去脚，舒簟，設枕。遷尸於牀，南首，覆用夷衾，大斂時所用之衾，黄素表裏，下同。去死衣。疾困所加新衣。即牀而奠。贊者以親或所使者爲之。以醣醢，酒用吉器，升自東階，設於尸東，當膈^②。内喪皆内贊者行事，受於户外，入而設之。既奠，贊者降出帷堂。

掌事者掘坎於階間，少西，坎深三尺，長二尺。爲塊竈於西墙下，東向，以俟煮沐。掘土爲竈。新盆、盤、瓶皆濯，陳於西階下。沐巾一，浴巾二，皆用布。櫛及浴衣各實於箱，皆具於室西，南上。

陳襲事於房中，襲衣一稱，西領南上。明衣裳，履襪具掩，練帛一，方尺八寸，掩者，衣也。充耳用白纊，面衣用緇絟裏^③，方尺二寸，握手用緇纁裏，長尺二寸，廣五寸。

將沐，掌事者淅粱米，取潘煮之，又汲爲湯，以待浴。以盆承潘及沐盤，升自西階，以投沐者^④。沐及浴，皆二人抗衾，一人浴。沐者受沐，主人以下皆出户外，北面西上，俱立哭。丈夫在東，婦人在西，權障以帷。乃沐櫛，拭用巾，挋用沐衣，束髮用組，濡濯棄於坎。設牀

---

① "於"字，底本作"子"，據十萬卷樓本改。
② "膈"字，文津閣本作"隅"。
③ "絟"字，文津閣本作"纗"。
④ "投"字，文津閣本作"授"。

於尸東^①，衻下莞上簟^②。浴者舉尸，易牀，設枕，剪髭斷爪，盛以小囊，大斂内於棺。著明衣裳，以方巾覆面，仍以大斂之衾覆之。主人以下入就位，哭，乃唅。

贊者舉奉盤以及柶，飯用粱，唅用貝，升堂。主人出，盥手於戶外，洗粱貝^③，實以柶，執以入，徹枕，奠柶於尸東。主人坐於牀東，西面，發巾，實飯唅於尸口，訖，主人復位。

襲者以牀升，入設於尸東，布枕席如初。執服者陳襲於席^④。遷尸於席上而衣之。<small>左衻不紐。</small>襲者去巾，加面衣，設充耳，著握手^⑤，覆以夷衾。内外哭如初。<small>諸尊者於卑幼之喪及嫂叔兄姊弟侄婦哭，朝脯之間非有事，休於別室。</small>

設銘於西階下。<small>銘以絳，廣充幅，韜扛，書云"某人之柩"。</small>爲重，置於庭。厥明乃小斂。

小斂

小斂之禮，以喪之明日。夙興，陳斂衣一稱於東房，西領，南上。饌於堂東階下。<small>隨宜設醴饌器，皆以素，下同。</small>

具牀於堂西。斂者盥訖，執服者以斂衣入。主人以下少退，西面；主婦以下少退，東面，内外俱哭。斂者斂訖，覆以夷衾，設牀於兩楹間，衻如初，設枕。卒斂，開帷。<small>帷堂之帷，事畢則下之。</small>主人以下西面憑踊無算；主婦以下東面憑踊亦如之。

男子衰巾束髮。婦人束髮而髽。斂者舉尸，男女從奉之，遷

---

① "東"字，文津閣本作"東壁"。
② "衻"字，文津閣本無。
③ "貝"字，底本作"具"，據文津閣本、十萬卷樓本改。
④ "襲"字，文津閣本作"衣"。
⑤ "著握手"，文津閣本作"着納履"。

於室，覆以夷衾，哭位如室中，踊無算。

贊者奉饌至階，升，奠於尸東，徹襲奠，自西階降出，下帷。內外俱坐，以親疏爲之代哭。宵爲燎於庭。厥明，滅燎，乃大斂。

大斂

大斂之禮，以小斂之明日。夙興，陳衣三稱於東序，西領南上。饌於堂東階下，如小斂。掘殯坎於西階之上。

棺入，內外哭止，升棺於殯所。灰炭枕席之屬，皆預設於棺內。升訖，內外皆哭，熬黍稷二箱，加魚腊。燭俟饌東。贊者徹小斂之饌，降出，乃適新饌所。斂者盥訖，與執服者以斂衣入，內外皆少退，立哭。斂者斂訖，覆以夷衾，卒斂，開帷，主人以下憑哭。斂者四人舉牀，男女從奉。尸斂於棺，乃加蓋，覆以夷衾，內外皆復位如初。設熬穀首足各一箱，以木覆棺上，乃塗，卒塗，乃設帟。

贊者以饌入，設於殯前，降出，下帷。內外皆就位，哭如初。既殯，設靈座於殯東，施牀、案、屏障、服以時，上飲食及湯沐如平生。大功以下，異門者各歸其家。

成服

前一日，掌事者先爲廬次於殯堂東廊下，近南，北户①。設苫凷。諸子各一②。婦人次於西房，若殯堂無房者，次於後或別室。

其日夙興，內外皆哭盡哀，降就次③，服縗，無服者素服。贊者引主人以下俱杖，童子、婦人不杖，不居廬，不著扉履。若嫡子，雖童亦杖，不

① "北户"，底本卷二一五"成服"條作"北向户"。
② "各一"，十萬卷樓本作"各一廬"。
③ "降就次"，文津閣本作"各就次"。

能自杖，人代執之。升，立哭於殯東，西面南上；婦人殯西，東面南上。期親以下各就位。若殯逼西壁，婦人皆殯北①，南面東上，尊行者坐。內外皆哭盡哀。諸子孫就祖父及諸父前跪哭，皆撫哭盡哀；就祖母及諸母前哭，亦如之。女子子就祖母及諸母前哭，與就祖父及諸父前哭②，如男子之儀，惟不撫。主婦以下就伯叔母哭，亦如之。訖，乃復位。諸奠者降出，還次。主人以下降，立於東階下，外姻在南，俱西向北上③，哭盡哀，還次，闔戶。

既成服，期以下各歸其家。主人及諸妻、妾、女子子哭於其次，晝夜無時。父母之喪，居倚廬寢，苫枕凷寢，不脫巾帶。頭有瘡則沐④，身有瘍則浴。有疾則飲酒食肉，疾止復初。諸尊者及婦人於諸親男女之喪，有事則哭於殯所；若無事有時須哭者，或在正寢，則於壁下舒席⑤，南面坐哭。親故弔賻，如別儀。

每日先具朝奠於東階下。酒饌隨宜。夙興，各縗服，應杖者皆杖，下同。男子升詣殯東，婦人升詣殯西，就位哭。凡朝夕哭開帷⑥。質明，掌饌者升，徹宿奠，降出，乃以朝奠入，升自東階，設於殯前如初，乃出。日出少頃，內外止哭，還次。至夕，俱就坐哭⑦，徹朝奠，進夕奠如初。日入後少頃，還次，闔戶，主人以下哭於次。自是至啟殯，朝夕如之，百日乃卒哭。

其日夙興，掌事者俱饌於堂東，內外各縗服。贊者引主人以

---

① "皆"字，文津閣本作"位"。
② "與"字，十萬卷樓本作"遂"。
③ "西向"，文津閣本作"西面"，十萬卷樓本作"西南"。
④ "瘡"字，十萬卷樓本作"傷"。
⑤ "則於壁下舒席"，文津閣本作"則於壁不舒席"。
⑥ "凡朝夕哭開帷"，文津閣本作"凡朝夕哭於帷"。
⑦ "就坐"，文津閣本、十萬卷樓本作"就位"。

下俱杖，升，立哭於殯東，西面南上。婦人升詣殯西，東面南上。内外俱就位哭。贊者升自東階，入，徹夕奠出如初。執饌者以饌升，設於殯前如初。贊者引主人降階，盥手，訖，進詣殯前，以踐跪，奠酒，俛伏，興，少退，西面。祝入，立於殯南，北面，内外哭止，跪，讀祝文曰："維某年某月某朔日辰，孤子某_{母曰哀子}。敢昭告於考某人：_{妣曰妣某氏，下同}。日月不居，奄及卒哭，叩地號天，五情糜潰。謹以清酌庶羞，哀薦成事於考某人，尚享。"祝興。主人再拜，哭。應拜者皆再拜，哭盡哀。主人以下各還次，闔户。自卒哭後，朝一哭，夕一哭，乃諱名。

卷第二百十九　凶禮

庶人喪儀中

弔賻　啟殯　葬　祭后土

弔賻

弔者至，掌事者引之次，素服。若主人未成服，吊者不變服。贊者入告，引主人以下立哭於東階下，婦人升，哭於殯西。弔者入，立於庭，北面西上，爲首者進當主人前，云："如何不淑。"主人哭，再拜稽顙。爲首者復位。弔者俱哭十餘聲，乃出。少頃，主人以下各還次。

若哭殯，俱升就殯堂哭。尊者坐。若賓敵體以上①，賓出入則起②，賓坐亦坐，賓起亦起。贊者引親賓入，升堂，立於賓東③，西面南上，尊者坐，哭盡哀，乃出。卑者再拜④，訖，乃就主人前，慰訖，贊者引以次出，少頃，還次如初。

若追遣使致賻⑤，使者至，於大門外之西，東面。從者以箱奉

① "若賓敵體以上"，文津閣本作"若賓與爲敵體"。
② "出入"，文津閣本作"初入"。
③ "賓"字，文津閣本、底本卷二一六"弔賻"條作"殯"。
④ "卑者"，文津閣本作"弔者"。
⑤ "追"字，文津閣本作"行"。

玄纁束帛立於使者之側。凡賵通以貨財，不限以玄纁采帛。贊者入告，主人立哭。贊者出，引使者入，立於門内之西，東面。從者以箱授使者，主人哭止，使者奉箱少進，面曰："某封若某官使賵。無官曰某人。"主人哭，再拜。使者又少進，坐委之，興，復位。掌事者進，坐舉之，興少東。使出，主人拜送。若使者致物不以器，掌事者迓受之，不委於地。餘賵物者從者執之，立於使者之側，掌事者受之以東藏之①。

啟殯

墓地葬日②，皆前期擇之。葬有期，前一日之夕，掌事者除葦障，備饌於東階下。如大斂。設賓次於大門外之右，南向。内外夕哭如常儀。

啟之日，夙興，内外縗服，主人及諸子去冠絰，以袭巾帕頭③，皆升就位哭。尊行者坐。贊者縗服，執功布，長三尺。升自西階，詣殯南，北向。内外止哭。祝三聲噫嘻，乃曰："謹以吉辰啟殯。"既告，内外皆哭盡哀，各還次。執饌者升，徹夕奠如常④。祝移銘旌⑤，重北建之。掌事者升，徹殯塗訖，設席於柩東，升柩於席上。贊者以功布拂柩，覆用夷衾，降出，設帷，東面開⑥。如主人以下升⑦，哭於帷東，西面；妻、妾、女子子哭於帷西⑧，東面，俱南上。宗親尊行丈夫以下帷東北壁下，南面東上；外姻丈夫帷東，北面西上；婦人帷

---

① "東藏之"，文津閣本作"束藏之"。
② "墓地葬日"，文津閣本、底本卷二一六"啟殯"條作"墓兆葬日"。
③ "袭巾"，文津閣本作"衰巾"。
④ "夕奠"，文津閣本作"宿饌"。
⑤ "移"字，文津閣本作"取"。
⑥ "開"，文津閣本作"開聲"。
⑦ "如"字，十萬卷樓本作"户"。
⑧ "妻妾女子子哭於帷西"，文津閣本、十萬卷樓本作"妻妾以下於帷西"。

西,北面東上。尊行者坐。執饌者以饌升,奠於柩東,降出。贊者以酒奠之。主人以下哭踊無算,內外俱哭於位。如未成服之禮,以親疏代哭,晝夜不絕聲。

若賓親致奠,於主人啟奠之後。諸奠者以次入於寢門內,東向。謂卑幼者。有故則遣使。祭饌陳於前,贊者入告,內外卑者皆興,立哭於位。執饌者以饌升,設訖,降出。奠者以次入,詣柩前,西向南上。爲首者進,以醆跪,奠酒,俛伏,興,少退。內外哭止。尊者曰:"某位伯叔將歸幽宅,謹奉奠。"若異姓,各從其稱。若使者,云:"某官封若某姓位聞某人將歸幽宅,使某奉辭。"奠畢①,應拜者再拜,內外皆哭。主人拜稽顙,奠者哭盡哀,乃出。掌事者以次徹饌而退。

葬

啟之日,掌事者納柩車於大門內,當門南向,設靈車於右。內外所乘之車陳於大門外。丈夫之車門西,婦人之車門東。先於宿所張吉凶帷,凶帷西,吉帷東。設靈座於吉帷下,如常儀。

啟之夕,未發前一日,引靈車於內門外,南向。祝詣靈座前,西向跪,昭告曰:"孤子某母曰哀子。謹用吉辰,奉歸先城,若爲新墓②,則曰"奉歸幽宅"。靈車就引,神道紆迴,惟以荒蔓,無任梗絕。"興,立。少頃,柩動,降就階間。主人以下以次從柩,哭而降,主婦又次之。

柩至庭,庭內先設牀席以居柩。主人以下於柩東、西立哭,丈夫在東,婦人在西,以服之輕重爲序。內外之際,障以行帷。庭位既定,祝帥執饌者設祖奠於柩東,如啟奠。祝以酒奠,訖,詣饌南,北面跪,曰:

---

① "奠畢",底本作"尊卑",據文津閣本、底本卷二一六"啟殯"條改。

② "若爲新墓",十萬卷樓本作"若新爲墓"。

"永遷之禮，靈辰不留，謹奉旋車，式遵祖道，尚享。"興。少頃，徹饌。

親賓致賻之禮。其詞曰："某人將歸幽宅，敢致賻。"辭畢，哭盡哀，奠幣於柩東。

柩動，旌先之，主人以下以次從哭。柩至柩車，設帷帳於後，遂升柩於車。内外哭位如在庭之儀。乃設遣奠如祖奠。祝奠酒，訖，少頃，徹饌。

靈車動，餘以次設靈車後，次明器輿，次下帷輿，次米輿，次酒脯醢輿，次食輿，食器具。次柩車。主人及諸子俱絰杖繐服，禿者襃巾，巾皆絰①。跣哭從②。丈夫、婦人皆依服輕重爲序，從哭出門。内外尊行者皆乘車馬，哭不絶聲。

出郭外，若親賓還者，權停柩車，乘者皆下，立③。親賓向柩，立哭盡哀。卑者再拜而退，婦人亦如之。賓既還④，乘車馬如初。

靈車至吉帷門外，迴南向。遂薦常食於靈座前，若食頃，徹之。每於停宿之所，皆設靈座，薦食。柩車至，入凶帷，停於西廂，南向。至宿次，内外皆就柩車所，主人以下分東、西立，哭如初。凡停宿，薦酒脯之奠於柩車。

至墓，乘馬者卑行見墳而下，尊行及塋而下。靈車至帷門外，掌事者先於墓門内道南，張吉帷，設靈座，薦食。迴車南向，遂設酒脯之奠。柩車至壙前，迴南向，哭位如在庭。

掌事者陳明器於壙東南，西向北上。設牀席於柩車之後，張

---

① "巾皆絰"，文津閣本、十萬卷樓本作"皆絰"。
② "跣哭從"，文津閣本、十萬卷樓本作"徒跣哭從"。
③ "立"字，底本卷二一六"葬"條作"立哭"。
④ "還"字，十萬卷樓本作"退"。

帷，舉柩於席上。丈夫柩東，婦人柩西，次以憑哭盡哀①，各退，復位②。內外卑者再拜辭訣。贊者引主人以下哭於羨道東，西面北上；妻及女子哭於羨道西③，東面北上，踊無算。婦人設帷。

設席於壙內，遂下柩於壙內席上，覆以夷衾。遂以下帷張於柩東，南向。米、酒、鋪陳設於帳東北，食器設於下帳前，醯醢於食器南，藉以板，明器設壙內左右。主人拜稽顙，哭盡哀。內外俱就靈所，哭。乃祭后土，具別儀。

饌者徹酒脯之奠，設靈車於帷外。少頃，靈車發行，內外從哭如初。出墓門，尊行者乘車馬。去墓百步許，卑行者乃乘。靈車至宅，內外乘者皆下行。靈車入，至西階前，迴南向。少頃，靈車退。主人以下升，立哭於靈座東，西面南上。內外以次升。妻及女子子以下哭於靈座西，東面南上。祖父以下哭於帷東，南面西上。祖母以下哭於帷西，南面東上。外姻丈夫帷東，北面西上；婦人帷西，北面東上。親賓弔如初，弔於庭者，稱“痛當奈何”，哭盡哀。主人以下還次，沐浴，以俟虞。

祭后土

掌事者先於墓左除地爲祭所。柩車至，祝吉服，鋪后土神席北方，南向。饌者備饌於其側。既復土，告者吉服。以親賓爲告者。贊者引告者及祝俱立於神席東南，立定，俱再拜。掌饌者以饌入，設於席位，乃出。贊者引告者盥手，詣神席前，以茭跪，奠酒，

---

① “次以憑哭盡哀”，文津閣本作“以次憑哭盡哀”，十萬卷樓本作“憑次以哭盡哀”。

② “復位”，底本作“伏位”，據文津閣本、十萬卷樓本改。

③ “女子”，十萬卷樓本作“子女”。

俛伏，興，少退，北向立。祝於神座右，西面跪①，讀祝文曰："維某年某月朔日辰，姓名敢昭告於后土之神：某人定兹幽宅，神其保佑，俾無後艱。謹以清酌庶羞明薦於后土之神，尚享。"訖，興。告者再拜，贊者引告者復位，俱再拜，以次出。少頃，乃徹席饌。

---

① "西面"，十萬卷樓本作"西南"。

卷第二百二十　凶禮

庶人喪儀下

　　虞　小祥　大祥　禫　聞喪

　　奔喪　三殤　改葬

虞

　　柩既入壙，掌事者先歸修虞事，具饌於堂東。靈車將至，掌事者先施靈座於寢堂室內户西，東向。於靈座東，南北設帳，東户①。

　　既沐浴，主人以下內外俱詣靈所。主人及諸子倚杖於靈户外，內外俱哭。掌饌者以饌入，設於靈座前，降出。贊者請主人止哭，盥手，詣靈座前，以踐跪，奠酒，俛伏，興，少退，西向立，內外哭止。祝進，立於靈座右，跪，讀祝文曰：“維年月朔日辰，孤子某敢昭告於考某人之靈曰：日辰遄速，奄及反虞，叩地號天，五情糜潰。謹以清酌庶羞，表薦虞事於考某人之靈②，尚享。”祝興。主人哭，再拜，主人退，復位。內外哭盡哀。

　　主人以下出，杖，降自西階，就次。妻、妾、女子子還別室。

---

① “東户”，文津閣本、底本卷二一七“虞”條作“東出户”。
② “表”字，十萬卷樓本、底本卷二一七“虞”條作“哀”。

少頃，徹饌，闔户。 既虞，掌事者改廬，翦屏，柱楣，塗廬不塗見面。哀塗引不塗者^①。翦蒲爲席，不緣以木爲枕。

小祥

前一日之夕，熸廬爲堊室，設蒲席。 陳練冠於次。 主人及諸子俱沐浴，具饌於堂東。

其日夙興，祝入^②，拂几筵以出。 内外縗服。 主人以下倚杖於階東，俱升就位，哭盡哀。 贊者引主人杖就次，主婦以下各就次。 主人及諸子降首絰，著練冠。 妻、妾、女子子除腰絰。 周服者除之，丈夫素服吉巾履，婦人素服吉履。 贊者引主人倚杖如初，乃升。 内外俱升，就位哭。 設饌如初。 贊者引主人盥手及奠酒如初。 祝進，立於靈座右。 内外止哭。 祝跪，讀祝文曰：“維年月朔日辰，孤子某母曰哀子。敢昭告於某人之靈：歲月驚迫，奄及小祥，攀慕永遠，重增屠裂。 謹以清酌庶羞，祗薦祥事於考某人之靈，尚享。”餘如虞祭之禮。 自小祥之後，止朝夕之哭，哭無時。哀至則哭。

大祥

前一日之夕，除堊室，張帷，備大祥之服於次。 主人及諸子沐浴，具饌如初。

其日夙興，祝先入，拂几筵，降出。 内外於次，哭盡哀。 掌事者設饌如初。 内外俱就位哭。 贊者引主人盥手、奠酒如初。 祝立於

---

①　“哀塗引不塗者”，文津閣本、底本卷二一七“虞”條作“裏則塗外不塗”，十萬卷樓本作“哀塗升不塗者”。

②　“祝入”，文津閣本作“祝入室”。

靈座右，跪，讀祝文曰[1]：“維年月某朔日辰，孤子某母曰哀子。敢昭告於考某人之靈：日月逾邁，奄及大祥，攀慕永遠，無任荒踣[2]。謹以清酌庶羞，祗薦祥事於考某人之靈，尚享。”餘如小祥之禮。

主人以下還外寢，妻、妾、女子子還於寢。掌事者除靈座。自大祥之後，外無哭者，間月而禫。

禫

祭前一日之夕，掌事者先備禫服，陳於別所。主人及諸子俱沐浴，具饌如初。

其日夙興，祝入，設几筵於奧[3]。主人及諸子、妻、妾、女子子仍祥服。內外俱升，就位，哭盡哀[4]，降，釋祥服，服禫服，興[5]，就位哭，設饌如初。贊者引主人盥手、奠酒如初。祝立靈座右，止哭。祝跪，讀祝文曰：“維年月朔日辰，孤子某母曰哀子。敢昭告於考某人之靈：禫制有期，追遠無及。謹以清酌庶羞，祗薦禫事於考某人之靈，尚享。”如大祥之禮。贊者引主人以下出，降自東階，還次。

自禫之後，內無哭者。祝收几筵以出。凡父母之喪，周而葬者，則以葬之後月小祥、大祥，依再周之禮，禫亦如之。若再周而後葬者，則以葬之後月練，又後月爲大祥，祥而即吉，無復禫矣。其未再周葬，則以二十五月練[6]，二十六月祥，二十七月禫。若再周而未葬，則俟已葬而後除服也[7]。

① “讀”字，底本作“請”，據文津閣本改。
② “踣”字，十萬卷樓本作“踏”。
③ “奧”字，文津閣本作“靈所”。
④ “哭盡哀”，底本作“哭晝夜”，據文津閣本、底本卷二一七“禫”條改。
⑤ “興”字，文津閣本作“升”，底本卷二一七“禫”條作“復升”。
⑥ “月”字，底本無，據文津閣本、底本卷二一七“禫”條補。
⑦ “已葬”，底本作“以葬”，據文津閣本改。

聞喪

諸聞喪舉哀者，於聞喪所哭盡哀，問故，又哭盡哀，改著素服。子、妻、妾、女子子俱披髮，三日成服。及廬、堊室、苫凷、薦席變除之節，皆如在家之禮，惟不設奠祭。若除喪而後歸，則之墓。諸子以下素服待於墓東，西向；婦人待於墓西，東向，俱北上。歸者素服，至於墓南，北面，哭盡哀，再拜，又哭盡哀，再拜，於家不哭。

凡死於外者，小歛而反，則子素服，袞巾帕頭①，徒跪哭從②，大歛而反亦如之。若先遭重喪，後遭輕喪，皆爲制服③，往哭則服之，反則服之，反則服其重服。有殯，聞遠兄弟之喪，哭之他室，無他室，哭於門內之右。

奔喪

奔喪之禮：如聞親喪，以哭答使者，盡哀，問故，又哭盡哀。服布深衣，素冠。遂行，日行百里，不以夜。惟父母之喪，見星而行，見星而舍。若未得奔，則成服而後行。

至於家，內外哭待於堂上。奔喪者入門而左，升自西階，殯東西面憑殯哭，盡哀，少退，再拜，退於序東，披髮，復殯東，西面坐哭，又盡哀，尊卑撫哭如常，訖。內外各還次，奔喪者乃還次。未成服者三日成服。若至在小歛前④，與主人俱成服，若小歛以後至者，自用日數⑤。

---

① "袞巾"，文津閣本作"衰巾"。
② "徒跪"，文津閣本、十萬卷樓本作"徒跣"。
③ "制服"，文津閣本作"制度"。
④ "在"字，文津閣本作"則"。
⑤ "自用日數"，文津閣本作"自用致"。

賓吊者，拜賓如常。奔喪者非主人，則主人爲之拜賓。已葬，先之墓北面哭。主人以下哭待於墓左右。奔喪者盡哀，再拜，又於墓東，披髮，伏位①，坐哭盡哀。贊者告禮畢，奔喪者又再拜，遂冠而歸，入門而左，升自西階，靈東西面憑哭②。主人以下升，哭於堂上如常，奔喪者哭盡哀，再拜，各就三日成服如儀。婦人奔喪，入自闈門，升自西階側，殯西，東面。妻、妾、女子子則憑殯哭，盡哀，少退，再拜，退，披髮，伏位坐哭③，又盡哀，尊卑撫哭如常，子還次，不及殯，披髮於墓西，坐哭盡哀，披髮如常，餘如男子④。

三殤

三殤之喪，始死，浴襲、大小斂及葬送、哭泣之位，與成人同，不復⑤，無含，辦而葬，一虞乃除之。其虞祝詞云：“維年月朔日辰，父告子某：若兄，云“兄告弟某”⑥。若弟，云“弟某昭告某兄”。日月易往，奄及反虞，悲念相續，心焉如燬。兄云“悲慟猥至，情何可處”。弟云“哀痛無已，五情如割”。今以弟祭兄則云“謹以”。清酌庶羞，薦虞事於子某，弟某、兄某。魂其饗之。”弟祭兄云“尚享”。

改葬

將改葬，先於墓所隨地之宜張白布帷幕，南向開户。

其日，內外諸親皆至墓所，各就便次。主人以下及妻、妾、女子

---

① “伏位”，文津閣本作“復位”。
② “憑哭”，十萬卷樓本作“憑靈哭”。
③ “伏位”，十萬卷樓本作“復位”。
④ “披髮如常餘如男子”，文津閣本作“披髮如男子之儀”。
⑤ “不”字，文津閣本作“下”。
⑥ “云兄告弟某”，文津閣本作“云告若弟某”。

子俱總麻服①,周親以下素服。丈夫於墓東,西向;婦人於墓西,東向,皆北上。婦人障以行帷,俱立哭盡哀。卑者再拜。

祝立於墓之南,北向,内外哭止。祝三聲噫嘻,啟以開坟改葬之故。内外又哭盡哀,權就別所。掌事者開坟,訖。内外又就位,哭如初。掌事者設席於墓下,舉柩出,置於席上,内外俱從,哭於墓所,分東、西位,如常儀。祝以功布拭棺。掌饌者設饌於柩南。主人盥手,以踐跪,奠酒,訖,再拜,少頃,徹奠。

進柩車於帷門外,南向。升柩於車,遂詣墓所,内外俱哭。掌事者先設牀於墓下,有祝席②。柩車至帷門外,丈夫柩東,婦人柩西,俱立哭。掌事者舉柩,降置於席,入設於牀東。若於墓所即歛如初奠,訖,不進在車③,止設牀於柩東而加枕席,遂舉尸收歛。舉尸出,置於牀,南首。遂殯④,如大歛之儀。加明衣裳,不殯⑤。設靈座於吉帷内幕下西廂,東向。施牀帷、屏、服飾。以時上飲膳及沐浴,如平生。及葬,將引柩,告曰:"以今吉辰,即用宅兆。"不設祖奠,無反哭,餘如常儀。

既葬,就吉帷,靈座一虞,乃徹之。其虞祝詞云:"維年月某朔日辰,孝子某敢昭告於考某人之靈:改遷幽宅,禮畢終虞,夙夜匪寧,啼號罔極。謹以清酌庶羞,祇薦事於考某人之靈,尚享。"訖,釋總服,及素服而還。

---

① "俱"字,底本作"供",據文津閣本、十萬卷樓本改。
② "祝席",文津閣本、十萬卷樓本作"枕席"。
③ "在"字,十萬卷樓本作"柩"。
④ "殯"字,十萬卷樓本作"殮"。
⑤ "不殯",文津閣本作"下殯"。

附　録

四庫全書總目提要

《四庫全書總目提要》卷八二《史部・政書類》

《政和五禮新儀》二百二十卷，兩淮馬裕家藏本。宋徽宗時議禮局官、知樞密院鄭居中等撰。

前有徽宗《御製序》，題政和新元三月一日，蓋政和改元之年。錢曾《讀書敏求》記誤以新元爲心元，遂以爲不知何解，謬也。

次列局官隨時酌議科條及逐事御筆指揮，商榷損益如凡例然。

次列《御製冠禮》，蓋當時頒此十卷爲格式，故以冠諸篇首。

次爲《目録》，六卷。次爲《序例》，二十四卷，禮之綱也。次爲《吉禮》，一百一十一卷。次爲《賓禮》，二十一卷。次爲《軍禮》，八卷。次爲《嘉禮》，四十二卷，升婚儀于冠儀前，徽宗所定也。次爲《凶禮》，十四卷，惟官民之制特詳焉。是書頗爲朱子所不取，自《中興禮書》既出，遂格不行，故流傳絶少。

今本第七十四卷、第八十八卷至九十卷、第一百八卷至一百十二卷、第一百二十八卷至一百三十七卷、第二百卷皆已佚，第七十五卷、九十一卷、九十二卷亦佚其半。然北宋一代典章如《開寶禮》、《太常因革禮》、《禮閣新儀》，今俱不傳，惟是書僅存，亦攷掌故所必資也。

歷代書目著録

《通志》卷六四《藝文略》二

《五禮新儀》二百四十卷。

《遂初堂書目》禮類

《政和五禮新儀》。

《直齋書録解題》卷六《禮注類》

《政和五禮新儀》二百四十卷、《目録》五卷。議禮局官、知樞密院鄭居中、尚書白時中、慕容彦逢、學士强淵明等撰。首卷祐陵《御製序文》,次九卷《御筆指揮》,次十卷《御製冠禮》,餘二百二十卷,局官所修也。

《玉海》卷六九《禮儀·禮書下》

《政和五禮新儀》、《御製冠禮》

《書目》二百四十卷。鄭居中等撰二百二十卷,《御製序》一卷,《御筆指揮》九卷,《御製冠禮》十卷,合二百四十卷。又《目録》六卷在外。

政和三年正月二十九日壬午頒行《五禮新儀》。

先是大觀元年正月朔,詔講求典禮。十三日,尚書省置議禮局。二年十一月十七日,御製《冠禮沿革》十一卷,付議禮局,餘五禮令視此編次。四年二月九日戊寅,修成《大觀新編禮書·吉禮》二百三十一卷,《祭服制度》十六卷,《祭服圖》一册,詔行之。政和

元年三月六日續編成賓、軍等四禮四百九十七卷,詔頒行。於是鄭
居中等奏編成《政和五禮新儀》並《序例》總二百二十卷,《目錄》六
卷。三年三月癸亥朔,《御製序》曰:"循古之意而勿泥於古,適今之
宜而勿牽於今。"議禮局請刻石太常寺。

七月己亥,詔比裒集三代鼎彝簠簋盤匜爵豆之類五百餘器,
載於圖,詔有司改造祭器,置禮制局,討論古今沿革,以成一代之
典。六年閏正月,太府丞王鼎言:"《新儀》藏在有司,民未通曉,望
依新樂頒行,令州縣召禮生肄業,使之推行民間,並以《新儀》從
事。"二十五日,從之。

《文獻通考》卷一八七《經籍考十四・經・儀注》

《政和五禮新儀》二百四十卷、《目錄》五卷。

陳氏曰:議禮局官、知樞密院鄭居中、尚書白時中、慕容彥逢、
學士強淵明等撰。首卷祐陵《御製序文》,次九卷《御筆指揮》,次十
卷《御製冠禮》,餘二百二十卷局官所修也。

石林葉氏曰:國朝典禮,初循用唐《開元禮》舊書一百五十卷。
太祖開寶初,始命劉溫叟、盧多遜、扈蒙三人補緝遺逸,通以今事,
爲《開寶通禮》二百卷,又《義纂》一百卷,以發明其旨。且依《開元
禮》,設科取士。嘉祐初,歐陽文忠公知太常禮院,復請續編,以姚
闢、蘇洵掌其事,爲《太常因革禮》一百卷,議者病其太簡。元豐中,
蘇子容復議以《開寶通禮》及近歲詳定禮文,分有司、儀注、沿革爲
三門,爲《元豐新禮》,不及行。至大觀中,始修之。鄭達夫主其事。
然時無知禮舊人,書成頗多牴牾,後亦廢。

《朱子語錄》曰:唐有《開元》、《顯慶》二禮,《顯慶》已亡,《開元》
襲隋舊爲之。本朝修《開寶禮》,多本《開元》,而頗加詳備。及政和

間修五禮，一時姦邪以私智損益，疏略牴牾，更没理會，又不如《開元禮》。

《宋史》卷二〇四《藝文志》三

《政和五禮新儀》二百四十卷。鄭居中、白時中、慕容彦逢、强淵明等撰。

《國史經籍志》卷三《史類·儀注》

《政和五禮新儀》二百四十卷。鄭居中。

《曝書亭集》卷四三《政和五禮新儀跋》

宋之初，仍沿唐制用《開元禮》取士，禮器則准聶崇義《圖》繪於論堂之上。既而開寶有《通禮》，景祐有《太常新禮》，嘉祐有《太常因革禮》，先後不無損益。議者或誚其書繁簡失中，不合古制。蘇明允之言曰："今特編集故事，使後世無忘焉爾。非曰制爲典禮，遂使遵而行之也。"

至崇寧二年，有詔令講議司官詳求歷代禮樂沿革，修典訓以貽永世。大觀初元，乃設議禮局，以知樞密院事鄭居中，刑部尚書白時中、慕容彦逢，學士强淵明等一十四人主之，疑義許具劄子上請。祐陵疊賜御筆指揮，親定《冠禮》十卷，蓋閲七載而成書。於是鑄九鼎於汴京，勒豐碑於河朔，將謂禮樂與天地同流。

曾幾何時而金源百萬之師盟於城下，徙之冰天雪窖中。自古亡國之君所遭慘黷，未有甚於帝者。觀於是書，稽古之勤自非庸主所能斷決。然則帝之亡，天實亡之。後之君子當念舊章之不可忘，無拘成敗之跡以論世，從而詬之，庶乎其可已。

《讀書敏求記》卷二之上《史》

《政和五禮新儀》二百四十卷、《目録》六卷。

首卷冠以《御製序》,題政和心元三月一日,不知心元何謂。次九卷《御筆指揮》,次十卷《御製冠禮》,其二百二十卷,乃鄭居中等所編,政和三年四月廿九日進呈者也。劄子云:"悉稟訓指,靡所建明。"殆有微意歟。《目録》六卷,《文獻通考》謂五卷者,誤。

《天一閣進呈書目校録·史部·政書類》

《政和五禮新儀》二百四十卷。

宋知樞密院事鄭居中等奉勅撰。抄本。凡制度、儀節、器具、品物、條議皆備。

《文選樓藏書記》卷三

《政和五禮新儀》二百四十卷。抄本。

是書係宋知樞密院事鄭居中等奉勅撰修,凡制度、儀節、器具、品物、條議皆備。

《鐵琴銅劍樓藏書目録》卷一二《史部》五《政書類》

《政和御製冠禮》十卷,《五禮新儀》二百二十卷。舊鈔本。

宋議禮局官、知樞密院事鄭居中等奉敕撰。前有徽宗《御製序》及御筆指揮、局官劄子。以《御製冠禮》十卷冠首,後列吉、賓、軍、嘉、凶五禮,凡官民之制具詳。舊闕第七十四卷、第八十八至九十卷、第一百八至一百十二卷、第一百二十八至一百三十七卷、第二百卷,皆有録無書,其第七十五、九十一、九十二三卷中亦多殘闕。

案《宋史》,大觀初設議禮局,以知樞密院事鄭居中,刑部尚書白時中、慕容彥逢,學士强淵明等十四人主之。疑義許具劄子上請。故是書《卷首》詳載局官累上諸劄,徽宗疊降御筆指揮。歷七載而後成書,北宋典章略備。自後世拘於成敗之跡,並此書亦視若弁髦,以致日就零落,殘編僅存,惜哉。

《愛日精廬藏書志》卷一九《史部・政書類》

《政和御製冠禮》十卷、《五禮新儀》二百二十卷。舊抄本。

宋鄭居中等撰,前有御筆指揮及尚書省議禮院累次所上劄子。《御製冠禮》十卷,蓋當時頒此爲格式者,故以弁首不入卷。闕卷七十四、卷八十八至九十、卷一百八至一百十二卷一百二十八至一百三十七、卷二百,共闕二十卷。

《御製序》。略。

尚書省牒議禮院。略。

《皕宋樓藏書志》卷三五《史部・政書類》

《政和御製冠禮》十卷、《五禮新儀》二百二十卷。舊抄本,曝書亭舊藏。

宋鄭居中等撰,前有御筆指揮及尚書省議禮院累次所上劄子。《御製冠禮》十卷,蓋當時頒此爲格式者,故以弁首,不入卷數。計闕卷七十四、卷八十八至九十、卷一百八至一百十二、卷一百二十八至一百三十七,卷二百,共闕二十卷。

《御製序》。略。

尚書省牒議禮院。略。

《宋存書室宋元秘本書目》卷三《子部·鈔本》

舊鈔本《五禮新儀》一百二十六卷，四十八册。

《善本書室藏書志》卷一三《史部》八

《政和御製冠禮》十卷、《五禮新儀》二百二十卷。舊鈔本。

前有政和新元三月一日徽宗《御製序》，又尚書省牒議禮局、知樞密院事鄭居中等劄子。諸臣銜名末則題特進、知樞密院事、滎陽郡開國公、食邑四千七百户、實封八百户臣鄭居中。是書蓋居中奉敕撰也。又崇寧、大觀、政和御筆指揮若干件，《御製冠禮》十卷冠於首，後列吉、賓、軍、嘉、凶五禮。凡官民之制，悉爲詳載。原闕第七十四、卷第八十至九十卷、第一百八至一百十二卷、第一百二十八至一百三十七卷、第二百卷，皆有目無書。其第七十五、九十一、九十二三卷中亦有殘闕。是書歷七載始成。北宋典章，略備於斯。自未可因道君不道，遂弁髦視之也。有相軒主人藏書印。

《八千卷樓書目》卷九《史部·政書類》

《政和五禮新儀》二百二十卷。宋鄭居中等奉敕撰，抄本。

《藝風藏書記》卷四《史學第五》

《政和御製冠禮》十卷、《五禮新儀》百二十卷。

舊鈔本。收藏有"春草閒房"白文方印，"士鍾私印"、"汪氏脹園"兩朱文方印。

《藝風藏書續記》卷四《史學第五》

《政和五禮新儀》。

舊鈔本。只存五卷，汪閬園舊藏。

《靜嘉堂秘籍志》卷二一《史部》五《政書類》

《政和五禮新儀》宋鄭居中等奉敕撰。舊抄十一本。

志《政和御製冠禮》十卷，《五禮新儀》二百二十卷。舊抄本，曝書亭舊藏。

宋鄭居中等撰。前有御筆指揮及尚書省議禮院累次所上劄子。《御製冠禮》十卷，蓋當時頒此爲格式者，故以弁首，不入卷數。計闕卷七十四、卷八十八至九十、卷一百八至一百十二、卷一百二十八至一百三十七，卷二百，共闕二十卷。

《御製序》。政和新元三月一日。

尚書省牒議禮院。政和三年四月二十九日。

案，《提要》云：是書頗爲朱子所不取，自《中興禮書》既出，遂格不行，故流傳絕少。然北宋一代典章如《開寶禮》、《太常因革禮》、《禮閣新儀》，今俱不傳，惟是書僅存，亦論掌故所宜參考矣。

卷末有徐洪鼇手跋云：猶是曝書亭舊物云云。卷中有“徐洪鼇印”白文，“蟄菴”朱文，兩方印。

圖書在版編目（CIP）數據

總制之屬.第四冊 / 汪瀟晨，周佳點校. —杭州：浙江
大學出版社，2017.8
（中華禮藏.禮制卷）
ISBN 978-7-308-17282-0

Ⅰ.①總… Ⅱ.①汪… ②周… Ⅲ.①禮儀—中國—古代
Ⅳ.①K892.9

中國版本圖書館 CIP 數據核字（2017）第 196377 號

中華禮藏·禮制卷·總制之屬　第四冊

汪瀟晨　周　佳點校

出 品 人	魯東明
總 編 輯	袁亞春
項目統籌	黄寶忠　宋旭華
責任編輯	張小苹
責任校對	宋旭華
封面設計	張志偉
出版發行	浙江大學出版社
	（杭州市天目山路 148 號　郵政編碼 310007）
	（網址：http://www.zjupress.com）
排　　版	浙江時代出版服務有限公司
印　　刷	浙江印刷集團有限公司
開　　本	710mm×1000mm　1/16
印　　張	43
字　　數	500 千
版 印 次	2017 年 8 月第 1 版　2017 年 8 月第 1 次印刷
書　　號	ISBN 978-7-308-17282-0
定　　價	300.00 圓

浙江大學出版社發行中心聯繫方式：(0571)88925591；http://zjdxcbs.tmall.com